리눅스 서버 관리 바이블

리눅스 서버 관리 바이블

CentOS 기반 필수 서버 프로그램 완벽 정리

정철 지음

i!i
에이콘

지은이 소개

정철 (tland12@naver.com)

성균관대학교에서 정보보호 전공으로 석사 과정을 졸업했고, 다양한 IT 기업과 대학교에서 소프트웨어 개발, 네트워크 관리, 리눅스 기반 서버 관리와 웹사이트 개발 등의 실무 경력을 쌓았다. 또한 쌍용 교육센터, 삼성 멀티캠퍼스, 레드햇 교육센터, 썬교육 센터, HP 교육센터 등에서 리눅스, 시스코 네트워킹 코스, 보안 및 해킹 등의 교육을 담당했고, RHCE, CCIE R&S, CISSP 등의 국제 자격증을 취득했다. 2008년 캄보디아 이주 후 NPIC, UP, ITC, RUPP 대학교에서 리눅스, 시스코 네트워킹 코스, 네트워크 보안 교육을 담당했으며, 현재 왕립 프놈펜 대학교 Royal University of Phnom Penh에서 대학원생을 대상으로 네트워크 보안 강의를 맡고 있다. 다양한 비디오 강의를 개발해 유튜브로 100개 이상의 콘텐츠를 영문으로 제공하고 있으며, 세계의 IT 인재들과의 소통을 즐긴다. 현재 리눅스 서버, 클라우딩(오픈스택), DevOps, 보안 관련 코스를 개발했거나 개발하고 있으며, 관련 서적 집필을 추진 중이다.

지은이의 말

"우리나라에도 이런 책이 있었으면 좋겠다."

언젠가 한 웹사이트에서 어떤 독자의 서평을 읽던 중 뇌리에 인상 깊게 남았던 글입니다. 그 독자는 일본의 한 저자가 집필한 리눅스 번역서를 읽고 남긴 리뷰에서 그 저자를 칭찬하며, 한편으로는 이런 훌륭한 도서가 국내에는 부족한 현실에 대해 아쉬움을 표현했습니다. 저는 그 독자의 글을 집필 내내 기억하며 이 책을 읽는 독자들에게도 기억에 남을 만한 훌륭한 서적을 집필해야겠다는 각오를 다졌습니다. 부디 이 책을 읽는 독자들에게 유익한 도움이 되길 간절히 소망합니다.

이 책을 집필하기로 한 동기는 크게 두 가지입니다.

첫 번째는 개인적으로 약 18년 정도 IT 관련 업무 및 강의를 통해 배우고 가르쳤던 내용을 전체적으로 정리하기 위한 목적입니다. 세월이 흘러가면서 과거에 배웠던 많은 내용들이 빠르게 업데이트되어, 그때마다 새로운 내용을 학습하기 위해 많은 시간과 노력을 들여야 했습니다. 그런데 이러한 지식들이 정리되지 않고 흩어진 구름처럼 여기저기 떠다니고 있는 것 같은 느낌이 들어, 더 나이가 들기 전에 제가 가진 지식들을 체계적으로 정리해 기록으로 남기는 것이 좋겠다는 개인적인 소견에서 출발했습니다. 이 서적이 그 출발점이며, 다른 주제들(예를 들어 보안과 해킹, 클러스터링, 클라우딩, DevOps, 네트워킹 등)과 관련된 다양한 서적들도 향후 정리해서 세상에 소개할 예정입니다.

두 번째는 해외의 여러 웹사이트에서 소개하고 있는 양질의 리눅스 관련 블로그를 국내 독자들에게도 소개하고 싶은 마음이 동기가 되었습니다. 이 책의 내용 중 상당 부분은 개인적으로 검색 중에 발견한 해외 웹사이트에서 훌륭한 블로그들을 선택해 직접 테스트하고, 매뉴얼을 찾아서 연구하며, Q&A 사이트를 참조해 습득한 내용을 제 경험과 더불어 자체적으로 종합 정리한 결과물입니다. 특히 CentOS 7 버전 이후 서버 프로그램들에 여러 변화가 있었는데, 이러한 새로운 기술들도 소개할 수 있는 좋은 기회라고 판단돼 집필을 시작했습니다. 각 장에서 본문 다음에 책 집필에 도움이 되었던 이러한 유용한 웹사이트를 정리해 놓았으니, 독자들도 자주 참고하면 큰 도움이 되리라 확신합니다.

집필하면서 가장 중점을 두었던 부분은 균형입니다. 책이 너무 이론적으로 치우쳐도 곤란하고, 너무 실무 중심으로 치우쳐 설명이나 이해가 부족해도 안 되기 때문에 균형

감각을 유지하는 것이 큰 목표 중 하나였습니다. 특히 의미 없이 매뉴얼의 내용이나 명령어를 단지 나열하거나, 설명이나 이해 없이 단지 따라 하기 방식의 예제만 제공하는 것에 염증을 느낀 경험이 많았기 때문에 이 부분을 특히 지양하려고 많이 노력했습니다. 그래서 설정 파일에서 한 문장씩 또는 사용된 명령어 하나하나에 번호를 부여해 자세하게 설명하려고 노력했고, 필요한 경우 표나 그림도 적극적으로 사용했습니다. 또한 명령어 사용의 결과를 함께 추가해 독자들이 직접 자신이 도출한 결과와 비교, 분석할 수 있게 배려했습니다.

"돈에 맞춰 일하면 직업이고, 돈을 넘어 일하면 소명이다. 직업으로 일하면 월급을 받고 소명으로 일하면 선물을 받는다." 저는 백범 김구 선생님의 이 말씀이 참 좋습니다. 분량이 너무 많아 마치 터널처럼 끝이 보이지 않을 것 같던 지난 1년간, 도중에 지쳐서 포기하고 싶을 때 한 가지 떠오른 생각은 "이것을 소명으로 생각하고 진행하자"였습니다. 많은 선배로부터 이러한 지식을 배웠으니 후배들에게 전달할 책임이 있다는 조그마한 소명 의식이 결국 최종 결과물에까지 이르게 한 큰 원동력이 되었습니다. 지난 시간이 때로는 힘들었지만, 한편으로는 이 1년이라는 시간이 제 인생에서 가장 많은 지식을 섭취한 기간으로서 풍성한 지식의 향연이 펼쳐진 축복과 감사의 시간이 되기도 했습니다.

집필하는 과정 동안 많은 도움을 주신 여러분께 감사를 드리고 싶습니다. 첫 만남에서 선뜻 집필 계획을 허락해주신 에이콘 출판사 관계자분들과 오랫동안 기다려주고 실질적으로 많은 도움을 많이 주신 황영주 상무님께 진심으로 감사를 드립니다. 또한 책 집필을 위해 결정적 도움을 제공하신 하이미디어 컴퓨터학원 이덕주 원장님, (주)에이콘이즈 최건식 대표이사님, HBI 기술연구소 성영한 소장께도 깊은 감사를 드립니다. 부족한 저를 위해 멀리서 날마다 기도로 도와주시는 어머니께 사랑한다는 말을 전하고 싶습니다. 집필 기간 동안 깊은 인내와 사랑으로 대해준 아내와 딸에게도 진심으로 사랑하고 고맙다는 말을 전합니다. 마지막으로 부족한 저에게 언제나 힘주시고 능력주시는 나의 생명 되신 하나님께 진심으로 감사를 드리고, 영광을 그 분께 돌려 드립니다.

– 정철

2017년 12월 프놈펜에서

차례

1부 리눅스 서버 필수 시스템 관리 기술

3장 서비스 관리   143

2부 리눅스 핵심 네트워크 서버

10장 VSFTP 서버   583

3부 리눅스 애플리케이션 네트워크 서버

11장 Samba 서버   623

15장 OpenLDAP 서버   763

16장 Squid 프록시 서버   809

4부 리눅스 보안, 모니터링, 로그, 백업 서버

들어가며
독자 필수 안내 지침

반드시 읽어야 할 이 책의 안내서!

'들어가며'에서는 이 책을 읽기 전에 반드시 알아야 할 내용을 정리한다. 이 책의 특징과 전체 적인 구성 내용, 참고 사항, 학습 방법 등을 설명하고, 실습 환경 및 자료 제공 웹사이트 정보 등을 소개한다. 그러므로 '들어가며'를 반드시 읽고 이해한 다음 본문으로 들어가기 바란다.

이 책의 특징

이 책의 특징을 5가지로 정리하면 다음과 같다.

A. 최신 네트워크 서버들을 총망라

최신 CentOS 7.2 기반 리눅스 서버 관리에 필수적인 시스템 관리 방법 및 서버에서 부터 핵심 서버 프로그램들, 애플리케이션 서버들, 보안, 모니터링과 로그 및 백업 서버까지 인터넷 서비스 제공을 위해 그 어떤 리눅스 서적에서도 경험하지 못한 유용하면서도 중요 한 20가지 이상의 광범위한 서버 프로그램을 집중적으로 소개한다.

B. 구체적인 실습 및 결과, 그리고 자세한 설명

이 책은 각 서버 프로그램을 기초부터 고급 기능까지 구체적인 예제와 충분한 실습 및 결과를 통해 소개한다. 또한 명령어 하나까지도 놓치지 않으려는 자세한 설명을 통해 실습 과 설명의 균형을 추구하려 했고, 각 서버에서 깊이 있는 내용까지 전달하기 위해 노력했 다. 또한 명령어와 설정 내용, 그리고 그 결과마다 각기 번호를 부여해 상세하게 설명했다.

C. 입문자와 중고급자도 만족할 만한 새롭고 높은 수준의 내용

CentOS 7에서 새롭게 소개된 Systemd와 방화벽 Firewalld를 비롯해 Nginx 웹 서버,

Kerberos 인증 서버, Nagios 모니터링 서버 같은 기존 리눅스 서적에서 소개하지 않은 새로운 서버 프로그램들이 포함돼 새로운 지식을 갈구했던 중고급 사용자들도 이 책을 통해 모두 만족할 수 있다. 또한 각 장은 원리 및 기초 내용 소개부터 시작해 마지막 보안 내용까지 차츰 고급 기술을 소개하는 순서로 배치돼 있다. 그래서 리눅스 입문자부터 중고급 기술 사용자까지 모두 만족할 만한 내용으로 구성돼 있다.

D. 체계적인 정리와 내용 배치
총 4개의 부와 24개의 장으로 구성된 이 책은 각 부를 학습 로드맵에 맞게 순서대로 배치했고, 각 부 내의 장들도 모두 앞뒤 단원과의 유기적인 관계를 고려해 배치했다. 또한 각 장은 본문 내용 설명 이후 참고 웹사이트 소개, 요약정리, 연습 문제와 연구과제를 추가해 독자들이 체계적이면서 효과적으로 각 서버 프로그램들을 충분히 경험할 수 있게 배려했다.

E. 확실한 사후 관리 서비스
책 출판 이후 서적을 구입한 독자들을 위한 사후 서비스로 네이버 카페, 유튜브, 웹사이트를 통해 정오표, Q&A, 그리고 본문에서 사용된 모든 실습 및 설정 파일들을 제공할 예정이다. 또한 추가로 블로그 및 비디오, 그리고 연구 과제에서 제시한 일부 내용들이 제공될 것이다. 이를 통해 독자들은 책 구입 이후에도 책에서 시간 및 공간의 제약으로 인해 제공하지 못한 유용하면서도 중요한 정보들을 쉽고 빠르게 획득할 수 있다.

이 책의 구성

이 책은 총 4개의 부와 24개의 장으로 구성돼 있다.

각 부의 구성

각 부에서 다루는 내용은 다음과 같다.

1부, 리눅스 서버 필수 시스템 관리 기술
리눅스 서버를 관리하기 위한 필수 시스템 관리 기술을 소개한다. 1부에서 소개하는 내용은 모두 서버 관리에 반드시 필요하며, 특히 3장의 Systemd를 이용한 서비스 관리와 4장의 Firewalld 방화벽 관리는 CentOS 7에 새롭게 소개된 서비스이므로 반드시 알아둬야 한다. 또한 1장의 사용자 관리와 2장의 패키지 관리를 통해 서버 프로그램을 쉽고 효율적으로 관리하기 위한 시스템 기술을 습득할 수 있다.

2부, 리눅스 핵심 네트워크 서버

리눅스 서버 프로그램 중에서 가장 중요한 서버 프로그램들을 정리했다. 현재 인터넷 서비스를 제공하는 가장 중요하면서도 핵심적인 서버 프로그램들을 망라했다. 5장의 Bind를 이용한 DNS 서버 관리 방법, 6장의 Apache 서버를 이용한 웹 서버 관리 방법, 7장의 Nginx를 이용한 웹 서버 관리 방법, 8장의 Postfix를 이용한 메일 서버 관리 방법, 9장의 MariaDB를 이용한 데이터베이스 서버 관리 방법, 10장의 VSFTP를 이용한 FTP 서버 관리 방법에 대해 각 서버의 원리와 실습 내용을 자세한 설명과 함께 소개한다. 각 장은 이러한 서버의 기본 사용법과 고급 기술의 사용법은 물론 보안까지 총망라해 실습과 더불어 자세하게 설명한다.

3부, 리눅스 애플리케이션 네트워크 서버

2부에서 다룬 핵심 서버들 못지않게 자주 사용되는 애플리케이션 서버 프로그램들을 모두 정리했다. 11장의 Samba 서버와 12장의 NFS 서버를 이용해 파일 공유 서비스를 제공하는 방법, 13장의 SSH 서버와 14장의 VNC 서버를 이용해 커맨드라인과 GUI를 통해 원격 서버를 관리하는 방법, 15장의 OpenLDAP 서버를 이용해 디렉토리 서비스를 사용하는 방법, 16장의 Squid를 이용해 프록시 서버를 관리하는 방법, 17장의 Apache Tomcat 서버를 이용해 자바 애플리케이션 서버를 사용하는 방법, 18장의 DHCP 서버를 사용하는 방법, 19장의 NTP를 이용해 시간 서버를 관리하는 방법, 20장의 iSCSI 서버를 이용해 SAN 서비스를 제공하는 방법을 구체적인 실습 예제와 더불어 자세하게 설명한다.

4부, 리눅스 보안, 모니터링, 로그, 백업 서버

일반적인 서버 프로그램에 특별한 서비스를 제공하는 서버 프로그램들을 정리했다. 21장의 Kerberos 서버를 이용해 각 서버에 보안 인증 서비스를 제공하는 방법, 22장의 Nagios 서버를 이용해 각 서버를 모니터링하는 방법, 23장의 Log 서버를 이용해 각 서버가 생성한 로그를 관리하는 방법, 24장의 Bacula 서버를 이용해 각 서버의 데이터를 백업하고 복구하는 방법을 구체적인 실습 예제와 더불어 자세히 설명한다.

각 장의 구성

각 장에서 다루는 내용들을 구체적으로 살펴보면 다음과 같다.

1장, 사용자 관리

리눅스의 서버 관리를 위해 필요한 사용자와 그룹을 관리하는 방법을 설명한다. 사용자와 그룹 관리에 필요한 파일과 디렉토리, 명령어를 이용한 사용자와 그룹 관리, 패스워드 관리와 에이징 사용, GUI 프로그램을 사용한 사용자 관리에 대해 구체적인 실습 예제와 더불어 자세히 설명한다.

2장, 패키지 관리

리눅스에서 서버 프로그램을 관리하기 위한 필수 기술인 패키지 관리 방법을 설명한다. 바이너리 프로그램을 관리하는 RPM, YUM과 DNF 사용법, 소스코드를 이용해 컴파일과 설치, GUI 프로그램을 이용한 패키지 관리 등을 실습 예제와 더불어 자세히 설명한다.

3장, 서비스 관리

이전 버전에서 시스템과 서비스 관리를 위해 사용하던 Init을 대신 해 CentOS 7부터 새롭게 소개된 Systemd를 다루는 방법을 설명한다. Systemd의 구성 요소와 부팅 과정, Systemd Unit과 Target을 사용하는 방법, Unit 파일을 생성하는 방법과 Journalctl을 사용하는 방법을 구체적인 실습 예제와 더불어 자세히 설명한다.

4장, Firewalld 방화벽

기존 Iptables 방화벽을 대신해 CentOS 7에 새롭게 소개된 Firewalld 방화벽에 대해 설명한다. Firewalld 방화벽의 개념과 서비스 시작, Firewalld Zone 소개와 Firewalld 방화벽을 사용하는 방법을 구체적인 실습 예제와 더불어 자세히 설명한다.

5장, Bind DNS 서버

리눅스 서버에서 Bind를 이용해 DNS 서비스를 제공하는 방법을 설명한다. DNS의 원리와 구조, Bind 패키지를 이용한 DNS 서버 구현 방법, DNS 서버의 고급 기능 사용 방법과 DNS 서버 보안, DNSSEC의 구축, GUI 프로그램 Webmin의 사용 방법 등을 구체적인 실습 예제와 더불어 자세히 설명한다.

6장, Apache 웹 서버

리눅스 서버에서 가장 인기 있는 웹 서버인 Apache 서버의 관리방법을 설명한다. Apache 서버 설치와 서비스 시작, CGI 사용 방법과 인증방법, 가상 호스트의 사용법과 HTTPS 구현, Apache 보안과 GUI 사용자 분석 프로그램, CMS WordPress 설치 방법 등을 구체적인 실습 예제와 더불어 자세히 설명한다.

7장, Nginx 웹 서버

Apache 웹 서버와 더불어 최근 가장 인기 있는 웹 서버 중 하나인 Nginx 서버의 관리 방법을 설명한다. Nginx의 이해, 서비스 시작, CGI 사용법 및 가상 호스트와 HTTPS, 리버스 프록시 사용 방법과 Nginx 보안에 대해 구체적인 실습 예제와 더불어 자세히 설명한다.

8장, Postfix 메일 서버

리눅스에서 가장 중요한 서버 중 하나인 Postfix 메일 서버의 관리 방법을 설명한다. 이메일의 개념, Postfix 서버 및 Dovecot 서버 설정과 TLS를 사용한 인증 방법, Postfix 보안, 웹 메일과 DKIM의 사용 방법을 구체적인 실습 예제와 더불어 자세히 설명한다.

9장, MariaDB 데이터베이스 서버

CentOS 7뿐 아니라 여러 리눅스 배포판에서 MySQL을 대체해 기본 데이터베이스 서버로 채택돼 사용되고 있는 MariaDB 서버를 설명한다. 데이터베이스의 개념, MariaDB 서버 시작, 데이터베이스와 테이블 관리, SQL을 이용한 데이터 다루기와 사용자 관리, 백업과 복구, 복제 설정, MariaDB GUI 툴을 사용하는 방법을 실습 예제와 더불어 자세히 설명한다.

10장, VSFTP 서버

리눅스에서 VSFTPD 패키지를 이용해 FTP 서버를 관리하는 방법을 설명한다. FTP 서버 파일 다운로드 및 업로드 설정 방법, 사용자 관리, SSH를 이용한 SFTP와 SSL/TLS를 이용한 안전한 FTPS 서버 구축 방법을 구체적인 실습 예제와 더불어 자세히 설명한다.

11장, Samba 서버

리눅스에서 리눅스 및 윈도우 클라이언트에게 파일 공유 서비스를 제공하는 Samba 서버를 설명한다. Samba Stand-alone 서버 설정, 액티브 디렉토리[Active Directory] PDC 및 멤버 서버 설정, 리눅스와 윈도우에서의 클라이언트 프로그램 사용 등을 구체적인 실습 예제와 더불어 자세히 설명한다.

12장, NFS 서버

리눅스 및 유닉스 시스템에서 파일 공유 서비스를 제공하는 NFS 서버를 설명한다. NFS 서버 설정 및 NFS 클라이언트 사용 방법, NFS 서버 보안에 대해 구체적인 실습 예제와 더불어 자세히 설명한다.

13장, OpenSSH 서버

리눅스에서 암호화 기능을 지원해 안전한 서버 접속을 가능케 하는 OpenSSH 서버를 설명한다. SSH 서버의 이해, SSH 서버 시작과 인증 방법, SSH 서버의 고급 기능 사용, SSH 클라이언트 프로그램의 사용, SSH 서버 보안에 대한 내용을 실습 예제와 더불어 자세히 설명한다.

14장, VNC 서버
리눅스에서 데스크톱 환경을 원격지의 클라이언트에 제공하는 VNC 서버를 설명한다. VNC 서버의 개념 및 서버 시스템 시작, 리눅스와 윈도우에서 VNC 클라이언트 프로그램을 사용하는 방법, SSH 터널링 기법을 사용한 접속방법을 구체적인 실습 예제와 더불어 자세히 설명한다.

15장, OpenLDAP 서버
리눅스의 중앙 서버에 저장된 정보에 클라이언트가 TCP/IP 기반의 네트워크를 통해 접근할 수 있게 허용하는 디렉토리 서비스를 제공하는 OpenLDAP 서버를 설명한다. OpenLDAP 서버의 개념 및 서버 시작, LDAPS 구현 및 LDAP 서버 복제, OpenLDAP 클라이언트 프로그램의 사용, GUI 프로그램을 사용한 LDAP 서버 관리에 대해 구체적인 실습 예제와 더불어 자세히 설명한다.

16장, Squid 프록시 서버
웹 서버와 클라이언트 사이에 위치해 웹 서버의 정보를 캐시에 저장해 클라이언트에게 제공하는 Squid 프록시 서버를 설명한다. Squid 프록시 서버의 종류 및 Squid 서버 시작, 인증 사용, 리눅스와 윈도우에서 Squid 서버를 이용하는 방법을 구체적인 실습 예제와 더불어 자세히 설명한다.

17장, Apache Tomcat 서버
웹에서 자바 프로그램을 사용할 수 있게 지원하는 Apache Tomcat 서버를 설명한다. Tomcat 서버의 개념 및 서버 시작, 자바 애플리케이션 사용과 가상 호스트 사용 방법, Apache 서버와의 연동 방법, SSL 사용 방법을 구체적인 실습 예제와 더불어 자세히 설명한다.

18장, DHCP 서버
리눅스 서버에서 클라이언트에게 자동으로 IP 주소를 비롯한 네트워크 정보를 할당하는 DHCP 서버를 구축하는 방법을 설명한다. DHCP의 개념, DHCPv4와 DHCPv6 서버 설정, DHCP 릴레이 에이전트의 사용, 클라이언트 테스트 등을 구체적인 실습 예제와 더불어 자세히 설명한다.

19장, NTP 시간 서버

리눅스 서버에서 정확한 시간과 날짜 서비스를 클라이언트에게 제공하는 NTP 서버를 설명한다. NTP 서버의 개념 및 서버 설정, 리눅스와 윈도우에서 NTP 클라이언트 설정 방법, Autokey를 이용한 인증 등을 구체적인 실습 예제와 더불어 자세히 설명한다.

20장, iSCSI 서버

리눅스 서버에서 TCP/IP를 이용해 스토리지 공간을 원격지의 클라이언트에게 제공하는 iSCSI 서버를 설명한다. iSCSI 기본 개념 및 서버 설정, 리눅스와 윈도우에서 클라이언트 프로그램을 이용해 iSCSI 서비스를 사용하는 방법을 구체적인 실습 예제와 더불어 자세히 설명한다.

21장, Kerberos 인증 서버

리눅스에서 안전한 인증 서비스를 클라이언트에 제공하는 Kerberos 서버를 설명한다. Kerberos 작동 원리 및 Kerberos 서버 설정, 클라이언트에서 Kerberos의 인증을 이용해 서비스를 사용하는 방법 등을 구체적인 실습 예제와 더불어 자세히 설명한다.

22장, Nagios 모니터링 서버

리눅스 서버에서 다양한 기능을 제공하는 모니터링 서버인 Nagios 서버를 설명한다. Nagios 서버 설정, 리눅스와 윈도우 서버 시스템을 Nagios 서버로 모니터링하는 방법, GUI 프로그램을 사용해 Nagios 서버를 관리하는 방법 등을 구체적인 실습 예제와 더불어 자세히 설명한다.

23장, 로그(Log) 서버

리눅스 시스템에서 발생하는 다양한 종류의 로그 파일, 로그 서버 관리 방법을 설명한다. 로그의 종류 및 로그를 관리하기 위한 Rsyslog 서버, GUI 로그 관리 프로그램인 ELK 스택의 사용 방법을 구체적인 실습 예제와 더불어 자세히 설명한다.

24장, Bacula 백업 서버

리눅스 서버에서 네트워크를 통해 백업 서비스를 제공하는 Bacula 서버를 설명한다. Bacula 서버의 개념 및 구성 요소 설명, 서버 설정, 리눅스와 윈도우 서버를 Bacula 클라이언트로 추가하는 방법, 데이터를 백업 및 복구하는 방법, Bacula 서버 관리를 위한 GUI 프로그램의 사용 방법 등을 구체적인 실습 예제와 더불어 자세히 설명한다.

부가 항목의 소개

각 장마다 4개의 부가적인 항목들이 본문 뒤에 포함돼 있다. 각 항목의 종류와 목적은 다음과 같다.

A. 참고문헌

각 장의 내용을 위해 참고했던 웹사이트를 모두 모아 정리했다. 모두 영문 웹사이트로 구성돼 있으며, 기회가 되면 방문해서 이 책에서 다루지 못한 많은 훌륭한 정보를 얻기를 바란다.

B. 요약

각 장을 마친 후에는 전체 내용을 요약 정리한다. 각 요약 항목은 모두 빈칸을 포함하고 있는데, 이 빈칸은 개인적으로 채워보고, 책 뒤편에서 부록으로 정답을 별도로 제공하므로, 나중에 확인하기 바란다.

C. 연습문제

요약 뒤에는 독자들이 학습한 내용을 스스로 연습할 수 있도록 연습문제를 제공한다. 이 책에서는 연습문제에 대한 정답을 제공하지 않으며, 난이도가 높다고 판단되는 연습문제의 경우엔 저자의 네이버 카페(cafe.naver.com/knowledgepia)를 통해 정답을 공개할 예정이다.

D. 연구과제

각 장의 마지막에는 연구과제가 있다. 보통 2개 내지 3개의 질문으로 구성돼 있으며, 정답 또한 제공하지 않는다. 이 연구과제를 제공하는 두 가지 이유는 다음과 같다.

1. **더 높은 수준의 지식을 원하는 독자를 위해** 본문 내용을 모두 학습한 다음에 본문 내용만으로는 만족하지 못하고 더 높은 수준의 지식이나 기술을 원하는 독자를 위해 시간 및 기타 이유로 본문에서 다루지 못한 내용을 이 연구과제를 통해 제시한다. 독자가 연구과제를 통해 제시한 질문을 스스로 찾아보고 연구한다면 더 높은 고급 수준의 지식을 축적할 수 있으리라 확신한다.
2. **업데이트 버전에 반영하기 위해** 언제가 될지 그 정확한 시점은 모르지만 미래에 이 책의 업데이트가 필요한 경우 이 연구 과제에서 제시한 일부 내용들을 포함할 것이다. 이를 위해 업데이트 버전 공개 전에 저자의 네이버 카페를 통해 일부 연구과제에 대한 내용들을 공개할 예정이다.

이 책의 대상 독자

이 책은 다음과 같은 독자들에게 도움이 되리라 확신한다.

- 리눅스 설치 방법과 명령어는 알지만 서버 구축의 순서와 방법은 알지 못하는 리눅스 입문자
- 다양한 종류의 리눅스 서버 프로그램을 이해하고 충분한 실습을 통해 더 높은 고급 수준으로 도약하고 싶어 하는 리눅스 중급 사용자
- 명령어와 설정 파일에 대한 간단한 소개만 제공하는 입문자 위주의 설명에 실망한 중고급 리눅스 사용자
- 새로움이 없는 콘텐츠 구성에 실망한 중고급 사용자, 새로운 기술과 지식 습득에 열정과 흥미를 가진 사용자
- 기존에 알고 있던 리눅스 서버 프로그램에 대한 더 깊고 넓은 지식을 갈구하는 중고급 리눅스 사용자
- 1,000페이지 이상의 기술 서적도 체계적이고 자세한 정리로 지루함 없이 쉽게 읽고 싶은 리눅스 사용자
- 리눅스 서버 구축에 대해 두려움을 갖고 있거나 먼 훗날의 계획으로 미뤄둔 윈도우 사용자
- 서점에서 구입할 만한 리눅스 책이 별로 없다고 포기하거나 발걸음을 돌린 사용자
- 책을 구입해서 읽은 후에 책값이 아까워 후회하는 사용자, 서평에 본인이 구입한 책을 사지 말라고 리뷰를 남긴 사용자
- 책 구입 이후 사후 서비스에 만족하지 못한 독자
- 주위 친구 또는 지인에게 추천할 만한 리눅스 책이 없다고 생각하는 독자
- 명령어 하나까지도 놓치지 않는 자세한 설명을 기대하는 독자
- 리눅스 서적의 수준이 아직 외국 서적에 비해 많이 뒤떨어진다고 생각하는 독자
- 충분한 이해와 설명 없이 단지 따라 하기식 학습 방법에 대해 염증을 느낀 독자

이 책의 학습 방법과 학습 로드맵

독자의 수준에 따른 학습 방법과 학습 로드맵은 다음과 같다.

독자 수준별 학습 방법

"산을 먼저 보고 그 다음에 나무를 보자."

저자가 가장 강조하는 학습 방법이다. 여기서 산이란 전체 내용과 흐름을 의미하고, 나무란 각 장의 구체적인 내용을 의미한다. 1장부터 마지막 24장까지 순서대로 학습하는 방법도 도움이 되지만, 이 책이 소개하는 전체 내용이 어느 수준에 속하는지, 그리고 각 파트별 내용이 어떻게 연관되는지를 먼저 이해하기 바란다. 그러고 나서 각 장을 선택해 순서대로 학습하고, 각 장 내에서도 전체 구성이 어떻게 이뤄졌는지를 먼저 이해하기 바란다. 구체적으로 사용자 수준별로 추천하는 이 책의 학습 방법은 다음과 같다.

A. **리눅스 입문자** 이 책은 리눅스 기본 지식이 아닌 시스템 및 서버 관리를 설명하고 있으므로 입문자에게는 조금 어려울 수 있다. 그래서 반드시 시중에 판매되는 기본 내용이 충실한 리눅스 서적을 읽고 난 후에 이 책을 학습하길 추천한다. 최소 리눅스 시스템 설치 방법, 기본 명령어 사용법, 셸 사용 방법, 그리고 파일과 디렉토리 및 네트워크 설정에 대한 기본 개념을 반드시 익힌 다음에 이 책의 내용을 학습 및 실습하길 바란다. 실습 시에는 반드시 본인의 데스크톱이나 노트북에 CentOS 7 이상을 설치해서 본문의 내용을 처음부터 끝까지 순서대로 학습하길 바란다. 이해가 되지 않거나 실습 시 에러가 나는 부분은 매뉴얼, 또는 카페의 Q&A를 이용하거나 설정 파일을 다운로드해서 사용하기 바란다.

B. **리눅스 중고급 사용자** 최소 리눅스 시스템 사용 기간이 1년 이상으로, 이 책을 이해 및 실습하는 데 별로 어려움이 없는 사용자들이다. 책의 본문 내용 중에서 본인이 이미 잘 알고 있는 부분은 건너뛰고 현재 업무에 직접 관련이 있는 내용이나 새로운 내용을 먼저 선택해서 학습하길 바란다. 실습을 위해 본인이 사용 가능한 데스크톱이나 노트북을 이용하고, 실제 서버 사용 경험을 위해 호스팅 회사가 제공하는 VPS^{Virtual Private Server} 사용을 추천한다.

C. **배포판이 다른 경우** 본문에서 사용한 CentOS 7 대신에 다른 배포판, 예를 들어 RHEL, Fedora, Oracle Linux 등은 명령어 체계가 비슷하므로 바로 본문 내용을 적용해도 문제가 없다. 그런데 Ubuntu, Debian 계열 리눅스 사용자들은 개념이 동일하기 때문에 패키지 및 설정 파일, 명령어 정도만 다르게 해서 테스트하기 바란다.

D. **윈도우 사용자** 오랫동안 윈도우 운영체제만 사용한 사람들은 리눅스가 낯선 운영체제이므로 먼저 리눅스의 설치 및 기본 명령어, 그 구조를 이해한 다음 이 책을 학습하기 바란다. 본문의 내용은 윈도우와 기본 개념은 유사하지만 구현하는 방법에는 차이가

많으므로 충분히 기본기를 익힌 다음 학습하길 추천한다.

학습 로드맵

이 책의 효과적인 학습을 위해 독자에게 제시하는 학습 로드맵은 다음과 같다. 아래에 제시된 내용은 표준화된 내용이 아니며, 일반적으로 교육센터나 서적에서 다루는 주요 내용을 기반으로 해서 정리한 내용이다.

1단계: 리눅스 기초

리눅스 설치하기, 기본 명령어 사용하기, 데스크톱 사용하기, 파일 및 디렉토리 다루기, 파일 시스템 이해와 권한 설정하기, vim을 비롯한 편집기 사용하기, TCP/IP 네트워크 설정하기, 사용자와 그룹 관리하기, Systmed를 이용한 서비스와 데몬 다루기, 부팅 프로세스, 부트 로더, 로그 확인하기, 패키지 설치와 업데이트, 기본 셸 사용하기

2단계: 리눅스 시스템 관리

디스크와 파티션 다루기, 작업 예약, LVM 스토리지 사용하기, RAID 사용하기, 기본 방화벽 프로그램 사용하기, 디스크 Quota, 커널 컴파일, SELinux 다루기, KVM 가상화 사용하기, NFS와 Samba 서버, VNC와 OpenSSH 서버 등

3단계: 리눅스 네트워크 서버 프로그램

Bind 서버, Apache 웹 서버, Nginx 웹 서버, Postfix 메일 서버, MariaDB 서버, VSFTP 서버, Apache Tomcat 서버, OpenLDAP 서버, Squid 서버, DHCP 서버, NTP 서버, iSCSI 서버, PostgreSQL 서버, ProFTPD 서버, 389 디렉토리 서버 등

4단계: 리눅스 서버 보안, 모니터링, 로그, 백업 서버

앞 3단계 네트워크 서버의 개별 보안, SELinux, 각 서버에 SSL/TLS 적용하기, PAM, Iptables와 Firewalld 방화벽, Kerberos 인증 서버, IPA 인증 서버, Nagios & Cacti 모니터링 서버, ELK 로그 서버, Bacula 백업 서버, OpenVPN 서버, Rsyslog 서버 등

이 책은 앞의 1, 2단계의 일부와 대부분은 3, 4단계의 내용을 다루고 있으며, 이 책에서 소개하고 있는 각 장을 학습하기 위한 로드맵은 기본적으로 부의 순서에 따르길 추천한다. 각 장에 대한 로드맵을 좀 더 구체적으로 소개하면 다음과 같다.

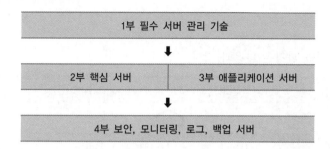

1. 기본적으로 1부에서 필수 서버 관리 기술을 이해하고, 2부에서 리눅스 서버가 제공하는 핵심 서버들을, 3부에서 이러한 핵심 서버와 관련 있는 애플리케이션 서버를 학습하며, 마지막으로 4부에서 이러한 앞 단원의 서버들을 보호하고 더 효율적으로 사용하기 위한 서버들을 순서대로 학습한다.

2. 2부와 3부에서는 학습 순서가 크게 중요하지 않지만, 3부 중에서 13장의 SSH 서버와 14장의 VNC 서버는 2부를 시작하기 전에 먼저 학습한다. 이들은 직접적으로 서버들을 관리하기 위해 사용되는 원격 접속 서버들이기 때문이다.

3. 1부에서는 1장의 사용자 관리부터 4장의 Firewalld 방화벽까지 순서대로 학습하길 추천한다. 여기서 제공되는 내용은 2부를 비롯한 나머지 부를 학습하기 위한 기본 기술로 사용된다.

4. 2부에서는 5장의 DNS 서버와 6장의 Apache 웹 서버를 먼저 학습하고, 나머지 장들은 순서에 상관없이 학습해도 문제없다. DNS 서버는 다른 서버를 사용하기 위해 반드시 필요하므로 2부에서 첫 번째 순서에 배치했다.

5. 3부에서는 13장의 SSH, 14장의 VNC 서버를 제외하고 나머지 서버들은 순서대로 학습하되 11장의 Samba, 12장의 NFS 서버는 2부 10장의 VSFTP 서버와 같이 공유 서비스로서 학습하면 되며, 16장의 Squid, 17장의 Apache Tomcat 서버는 2부 6장의 Apache 서버, 7장의 Nginx 웹 서버와 같이 웹서비스와 연관해서 학습하면 도움이 된다.

6. 4부는 21장의 Kerberos부터 24장의 Bacula 백업 서버까지 순서대로 학습하길 추천한다. 21장의 Kerberos서버는 11장의 Samba, 12장의 NFS, 13장의 SSH 서버와 설정 관련이 있으므로 함께 학습하는 것도 도움이 된다.

실습 환경

이 책의 전체 실습 환경은 다음과 같다.

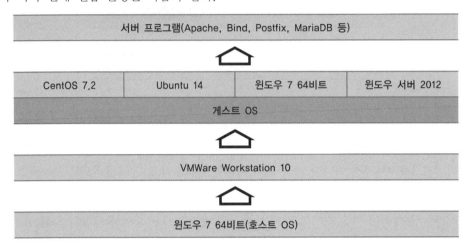

서버 프로그램(Apache, Bind, Postfix, MariaDB 등)			
CentOS 7.2	Ubuntu 14	윈도우 7 64비트	윈도우 서버 2012
게스트 OS			
VMWare Workstation 10			
윈도우 7 64비트(호스트 OS)			

운영체제 정보

실습에서 사용된 각 운영체제는 다음과 같다.

A. 전체 환경

전체 실습 환경을 위해 호스트 OS로 윈도우 7 64비트 기반의 컴퓨터에 가상머신 프로그램 VMWare Workstation 10을 설치했고, 이 프로그램 기반에 여러 게스트 OS를 설치해서 모든 실습을 진행했다.

B. 게스트 OS 종류

이 책에서 사용된 모든 게스트 OS 종류는 다음과 같다.

운영체제	버전 종류		
리눅스	CentOS 7.1	CentOS 7.2	Ubuntu 14
윈도우	윈도우 7 64비트	윈도우 서버 2012	

1. 리눅스의 경우 총 세 가지의 버전을 사용했는데, Ubuntu 14의 경우 1장에서 패스워드 실습을 위해 단 한 번 사용했고, 나머지는 모두 CentOS를 사용했다.

2. CentOS의 경우 7.1과 7.2 두 가지의 버전이 사용됐다. 이 책의 처음 집필 시작 당시에는 CentOS 7.1로 시작했지만, 도중에 (정확치 않음) 7.2로 업그레이드되면서 모든 실습 내용을 최신 버전인 7.2 기반에서 사용하게 됐다.

3. CentOS 7.1의 경우 총 3개 장, 즉 1장의 사용자 관리, 2장의 패키지 관리, 5장의 Bind를 이용한 DNS 서버 관리에서 사용됐고, 나머지 장은 모두 CentOS 7.2 버전을 사용했다. 그러나 CentOS 7.1이나 7.2 버전을 사용해도 본문의 모든 내용을 실습하는 데 전혀 문제가 없다.

4. 윈도우의 경우 두 가지 버전, 즉 클라이언트 시스템으로 윈도우 7 64비트, 서버용 버전으로 윈도우 서버 2012가 사용됐다.

호스트와 IP 정보

책 전반에 걸쳐 각 장의 실습을 위해 사용된 호스트와 IP 정보는 다음과 같다.

호스트 이름	IP 주소	OS
master.chul.com	192.168.80.5 10.1.1.5 192.168.20.5	CentOS Linux release 7.2
node1.chul.com	192.168.80.6 10.1.1.6 192.168.20.6	CentOS Linux release 7.2
node2.chul.com	192.168.80.7 10.1.1.7 192.168.20.7	CentOS Linux release 7.2 Ubuntu 14
windows.chul.com	192.168.80.1 또는 11	윈도우 7 64비트
winserver.chul.com	192.168.80.12	윈도우 서버 2012

1. 표에서처럼 각 호스트는 임의의 도메인 chul.com을 사용해 이름을 지정했고, IP 주소 또한 할당했다. 도메인 chul.com의 경우 이 책 전반에 걸친 실습을 위해 사용된 도메인 이며, 5장의 DNS 서버 설정에서도 주 도메인으로 사용되고 있다.

2. 리눅스 호스트의 경우 각기 세 개의 IP 주소를 사용하고 있는데, 각 호스트 간의 연결 및 서버 설정에서는 192.168.80.0/24 네트워크 주소가 사용됐고 나머지 두 개의 IP 주소는 DHCP 서버와 같은 일부 실습을 위해 사용되고 있다.

3. node2의 경우 1장의 사용자 관리에서만 Ubuntu 14를 사용했고, 나머지 장에서는 모두 CentOS 7.2를 사용했다.

4. 윈도우 7의 경우 상황에 따라 두 개의 IP 주소를 사용하고 있다. 일반적으로 IP 주소 192.168.80.1의 경우 호스트 OS로 사용되는 윈도우 7이며, 192.168.80.11의 경우 게스트 OS로 사용되는 윈도우 7이다.

자료 제공 웹사이트

이 책과 관련된 자료는 다음의 세 웹사이트에서 목적에 따라 사용할 수 있다.

A. 네이버 카페(cafe.naver.com/knowledgepia)

이 책과 관련 있는 대부분의 정보를 제공한다. 정오표, Q&A, 책에서 사용된 설정 파일 및 실습 파일 등이 이 카페를 통해 제공될 예정이다. 또한 이 책에서 시간 및 공간의 제약으로 인해 다루지 못한 추가 자료도 제공할 예정이며, 연구과제에서 제시한 일부 내용도 이 사이트를 통해 제공한다.

B. 유튜브 채널(www.youtube.com/user/tland12)

현재 저자의 유튜브 채널에는 100여 개 이상의 비디오가 업로드돼 있는데, 모두 영어로 돼 있다. 아직 명확하지 않으나 차후 이 책에 대한 비디오 녹화가 필요한 경우 모두 이 채널을 통해 제공할 예정이다. 비디오 업로드에 대한 공지는 네이버 카페를 통해 알릴 예정이다.

1부

리눅스 서버 필수 시스템 관리 기술

1부에서는 리눅스 서버를 관리하기 위해 필요한 필수 시스템 관리 기술을 소개한다. 여기에서 소개하는 내용들은 모두 서버 관리 시 반드시 필요하며, 각각 1장 사용자 관리, 2장 패키지 관리, 3장 Systemd를 이용한 서비스 관리, 4장 Firewalld 방화벽 내용을 통해 서버 프로그램을 쉽고 효율적으로 관리하기 위한 시스템 기술과 지식을 습득할 수 있다.

1장
사용자 관리

서버 관리를 위한 사용자 및 그룹 관리의 모든 것

리눅스 시스템에서 사용자를 추가, 수정, 삭제하는 작업은 패키지 관리와 더불어 시스템 관리자가 해야 할 가장 중요한 업무 중 한 가지라고 할 수 있다. 일반 사용자 관리와 더불어 각각의 프로그램도 사용자들이 필요한 경우가 있는데, 이 또한 중요한 업무라고 할 수 있다. 또한 사용자 관리는 서버 보안과도 밀접한 관련이 있으므로, 그 중요성을 여러 번 강조해도 부족하지 않을 것이다. 1장에서는 기본적으로 사용자를 관리하는 방법, 그룹을 관리하는 방법, 사용자 관리에 필요한 파일들을 살펴보고 이러한 사용자 관리와 밀접한 관련이 있는 패스워드 구조 분석과 사용법, 사용자 관리에서 필요한 sudo 및 기타 내용들을 자세한 예제와 더불어 설명한다.

사용자 관리는 직접적인 서버 관리 부분은 아니지만 서버 관리에 앞서서 반드시 알아야 할 내용이기에 1장에 배치했다. 1장뿐만 아니라 '2장. 패키지 관리', '3장. 서비스 관리'도 마찬가지로 직접적인 서버 관리는 아니지만 서버 관리를 위해 필수적인 지식이기에 서버 관리에 앞서 설명한다. 1장을 마치면 사용자와 그룹 관리 방법에 대한 지식을 습득해 실제 서버 관리에 적용해 사용하는 데 부족함이 없으리라 확신한다.

1장에서 사용자와 그룹 관리를 설명하기 위해 사용되는 호스트의 정보는 다음 표와 같다.

호스트 이름	IP 주소	OS 버전	역할
master.chul.com	192.168.80.5	CentOS Linux release 7.1	서버
node1.chul.com	192.168.80.6	CentOS Linux release 7.1	클라이언트

그리고 1장에서는 다루는 내용은 다음과 같다.

- 사용자와 그룹 관리에 필요한 파일과 디렉토리
- 명령어를 이용한 사용자 관리
- 리눅스 패스워드 관리
- 패스워드 에이징^{Password Aging} 사용
- 그룹 관리
- 파일 Sudoers 이용 root 권한 부여
- 사용자 관리를 위한 GUI 프로그램 사용

1.1 사용자와 그룹 관리에 필요한 파일과 디렉토리

사용자를 생성, 수정, 삭제하는 작업을 하기 이전에 먼저 리눅스에서 이러한 작업과 밀접한 관련이 있는 파일과 디렉토리 내용 및 구조를 아는 것이 중요하다. 이러한 파일과 디렉토리가 실제 사용자와 그룹 관리의 기본 내용을 결정하기 때문이다. 이 부분을 이해한 다음에 다음 절에서 명령어를 이용해 사용자를 생성, 수정, 삭제하는 방법을 알아본다.

1.1.1 사용자와 그룹 관리에 필요한 기본 파일

사용자와 그룹 관리에 사용되는 중요한 파일을 정리하면 표 1-1과 같다.

표 1-1 사용자와 그룹 관리 파일

파일	설명
/etc/passwd	사용자의 기본 정보를 저장하는 파일
/etc/shadow	사용자의 패스워드에 관련된 내용을 저장하는 파일
/etc/group	그룹 및 그룹에 속한 사용자의 내용을 저장하는 파일
/etc/gshadow	그룹 사용자의 패스워드가 저장된 파일

사용자 및 그룹을 생성하거나 수정, 삭제하면 기본적으로 그 정보들과 관련이 있는 파일이 표 1-1에서 보여준 4개의 파일이다. 먼저 각 파일들의 모습을 살펴보면 다음과 같다.

```
[root@master ~]# grep root/etc/passwd /etc/shadow /etc/group /etc/gshadow
/etc/passwd:root:x:0:0:root:/root:/bin/bash
/etc/shadow:root:$6$jP5vx1CX$ws2s6.BG69ZWKOuN3NBjcdBY8apIAFzs5ysH1xGPJ
```

```
jjcnaJT8.eQSXiO5GOOq9.8pqHmKDfAEEg4XuMHWoRV01:16536:0:99999:7:::
/etc/group:root:x:0:
/etc/gshadow:root:::
```

파일에서 특정 단어를 추출하는 명령어 grep을 이용해 각 파일에 저장된 사용자 root의
정보를 추출해보면 위와 같다. 각 파일의 형식은 나중에 패스워드 설명 부분에서 자세히
설명한다. 사용자 및 그룹을 생성하거나 변경하는 경우 반드시 위 4개의 파일들을 이용해
변경 내용이 반영됐는지 확인하는 것이 중요하다.

1.1.2 사용자 생성 환경에 필요한 파일과 디렉토리

1.1.1절에서 사용자와 그룹의 정보가 변경되면 반영되는 파일이 네 가지라고 설명했는데,
이러한 파일들은 기본적으로 사용자 생성 환경설정 파일 및 디렉토리에 따라 영향을 받게
된다. 먼저 사용자 생성 시 그 환경을 구성하는 파일과 디렉토리들을 정리하면 표 1-2와
같다.

표 1-2 사용자 생성 환경 파일과 디렉토리

파일 또는 디렉토리	설명
/etc/skel	사용자 생성 시에 자동으로 사용자의 홈 디렉토리에 복사되는 파일과 디렉토리를 포함하는 디렉토리
/etc/default/useradd	사용자 생성에 사용되는 기본 내용을 정의한 파일
/etc/login.defs	암호화된 사용자의 패스워드 파일을 구성하는 요소들이 포함된 파일

위의 내용들을 자세히 차례대로 살펴보면 다음과 같다.

A. 디렉토리 /etc/skel

이 디렉토리는 사용자 생성 시 필요한 파일과 디렉토리 등을 이 디렉토리에 저장하면 사용
자 생성 시 자동으로 그 사용자의 홈 디렉토리에 복사된다. 기본적으로 이 디렉토리엔
다음과 같은 파일들이 있다.

```
[root@master ~]# ls -a /etc/skel
.  ..  .bash_logout  .bash_profile  .bashrc  .mozilla
```

예를 들어 모든 사용자에게 홈페이지 생성에 필요한 기본 파일과 디렉토리를 생성하는 경우는 다음과 같다.

```
[root@master ~]# mkdir /etc/skel/public_html
[root@master ~]# cp /var/www/html/index.html  /etc/skel/public_ html/index.html
```

이렇게 하면 사용자가 생성될 때마다 그 사용자의 홈 디렉토리에 홈페이지 디렉토리 public_html과 기본 파일인 index.html이 자동으로 생성된다.

B. 파일 /etc/default/useradd

사용자 생성 시 필요한 몇 가지 조건들을 정의한 파일로, 이 파일을 열어보면 다음과 같은 내용들이 있다.

```
[root@master ~]# cat /etc/default/useradd
# useradd defaults file
GROUP=100
HOME=/home
INACTIVE=-1
EXPIRE=
SHELL=/bin/bash
SKEL=/etc/skel
CREATE_MAIL_SPOOL=yes
```

위 파일의 내용은 표 1-3과 같다.

표 1-3 /etc/default/useradd 파일 설명

키워드	설명
GROUP=100	Users 그룹 아이디, 사용자 생성 시 특별 그룹을 지정하지 않으면 사용자 이름과 동일한 그룹이 생성되는 것을 피하고 싶은 경우 -n 옵션을 사용하면 사용자는 기본적으로 이 그룹에 속하게 된다.
HOME=/home	사용자 생성 시 사용자의 홈 디렉토리가 생성될 디렉토리를 정의한다. 기본 값으로는 /home이 사용된다.
INACTIVE=-1	패스워드 만료 후 계정이 비활성화되는 날짜를 의미한다. '-1'은 이 옵션을 사용치 않음을, '0'은 패스워드가 만료되자마자 계정도 비활성화하라는 의미다.
EXPIRE=	계정의 만료 날짜를 의미하며, YYYY(year)-MM(month)-DD(day) 형태를 갖고 있다.

(이어짐)

키워드	설명
SHELL=/bin/bash	사용자 생성 시 기본적으로 사용할 셸을 정의한다. 다른 셸로 변경하는 경우 /etc/shells에 저장된 다른 셸을 사용할 수 있다.
SKEL=/etc/skel	사용자 생성 시 사용할 skel(skeleton) 디렉토리를 정의한다.
CREATE_MAIL_SPOOL=yes	사용자 생성 시 사용자의 메일을 저장할 파일을 생성할지를 정의한다. 'yes'인 경우 예를 들어 사용자가 linux라면 /var/spool/mail/linux 파일에 사용자의 메일이 저장된다.

위 파일의 내용을 확인하는 명령어는 다음과 같다.

```
[root@master log]# useradd -D
GROUP=100
HOME=/home
INACTIVE=-1
EXPIRE=
SHELL=/bin/bash
SKEL=/etc/skel
CREATE_MAIL_SPOOL=yes
```

C. 파일 /etc/login.defs

사용자 생성 시 사용자의 ID$^{User\ ID}$ 및 패스워드 에이징(1.4절에서 설명) 등의 내용이 정의돼 있다. 중요한 내용을 설명하면 표 1-4와 같다.

표 1-4 /etc/login.defs 파일 설명

키워드	설명
MAIL_DIR	사용자의 메일이 저장되는 디렉토리를 정의한다. 기본 값으로 /var/spool/mail을 사용한다.
PASS_MAX_DAYS	패스워드를 변경하지 않고 사용할 수 있는 최대 날짜 수를 의미한다. 기본 값으로 99999일을 사용한다.
PASS_MIN_DAYS	패스워드 변경 후 그 패스워드를 사용해야 하는 최소 날짜 수를 의미한다. 기본 값은 0인데, 이것은 제한이 없다는 의미다.
PASS_WARN_AGE	패스워드 변경 전 경고 메시지를 보내는 날짜 수를 의미한다.
UID_MIN	사용자 생성 시 할당되는 최저 UID(User ID)를 의미한다. 기본 값은 1000인데, 이것은 리눅스 설치 후 처음 사용자를 생성할 경우 그 사용자의 UID는 1000이라는 의미다.

(이어짐)

키워드	설명
UID_MAX	사용자 생성 시 갖게 되는 최대 UID다. 기본은 60000인데, 이는 사용자를 1000부터 60000까지 총 59000명을 생성 가능하다는 의미인데, 환경에 따라 이 값은 변경 가능하다.
SYS_UID_MIN SYS_UID_MAX	시스템 사용자에게 사용되는 최소 및 최대 UID다. 기본 값은 201이며, 최대는 999다. 시스템 사용자는 주로 사용자나 그룹을 필요로 하는 패키지를 설치할 때 사용되며, UID 201부터 999까지 자동으로 할당되고 사용자 생성 시 패스워드 에이징이 적용되지 않으며, 기본적으로 홈 디렉토리도 생성되지 않는다. 시스템 사용자를 생성하기 위해 명령어 useradd -r admin을 사용한다.
GID_MIN GID_MAX	그룹에 사용되는 최소 GID(Group ID) 및 최대 GID를 정의한다. 기본 값은 사용자의 경우처럼 최소 1000, 그리고 최대 60000을 사용한다.
CREATE_HOME	사용자 생성 시 홈 디렉토리를 만들지 결정한다. 기본 값은 yes로서 /home 디렉토리에 사용자의 홈 디렉토리를 생성하게 된다.
UMASK	사용자의 홈 디렉토리 생성 시 이 디렉토리가 갖게 되는 디렉토리 권한을 의미한다. 기본 값은 077인데, 이는 700의 권한을 의미하며, 이 권한은 총 권한(777) - 기본 값(077) = 실제 권한(700)으로 파악한다. 예를 들어 사용자 linux인 경우 다음과 같다. `# ls -l /home` `drwx------  6 linux linux  4096 May 25 17:34 linux` `(7  0  0)`
USERGROUPS_ENAB	사용자 제거 시 그 사용자의 그룹에 다른 사용자가 없다면 그 그룹도 삭제할 것인지를 정의한다. 기본 값은 yes다.
ENCRYPT_METHOD	패스워드를 암호화하는 알고리즘을 정의한다. 기본 값은 해시 함수인 SHA512로, 1.3절에서 자세히 설명한다.

1.2 명령어를 이용한 사용자 관리

1.1절에서 사용자 관리에 필요한 기본 파일을 설명했다면 1.2절에서는 명령어를 사용해 사용자를 관리하는 방법을 설명한다. 물론 GUI 프로그램을 사용해 사용자를 관리하는 것도 가능한데, 이 부분은 1장의 마지막인 1.7절에서 설명한다.

1.2.1 사용자 생성(useradd/adduser)

사용자 생성은 명령어 useradd나 adduser를 사용한다. 여기에서는 useradd를 사용한다.

A. 기본 값을 사용한 사용자 생성

사용자 생성 시 별다른 옵션을 사용하지 않고 기본 값으로 사용자를 생성하는 방법이다.

```
[root@master ~]# useradd han ❶
[root@master ~]# grep han /etc/passwd /etc/shadow /etc/group /etc/gshadow ❷
/etc/passwd:han:x:1003:1003::/home/han:/bin/bash
/etc/shadow:han:!!:16581:0:99999:7:::    ❸
/etc/group:han:x:1003:              ❹
/etc/gshadow:han:!::
[root@master ~]# passwd han       ❺
Changing password for user han.
New password:
BAD PASSWORD: The password contains the user name in some form
Retype new password:
passwd: all authentication tokens updated successfully.
[root@master ~]# grep han /etc/passwd /etc/shadow ❻
/etc/passwd:han:x:1003:1003::/home/han:/bin/bash
/etc/shadow:han:$6$mcHgztH9$MVxVYwRhuQnhK38Jkl8WkbKhkUraBPaeUYU0qG9RUb
UQQIQw3SMvHi0nm/JrwmML/6Z016igvEti2no23z7En0:16581:0:99999:7:::    ❼
```

❶ useradd라는 사용자 생성 명령어를 사용해 han이라는 사용자를 생성했다.

❷ han 사용자 생성 후에 사용자 생성과 관련된 4개의 파일에서 정보를 확인하는 명령어다.

❸ han 사용자의 패스워드에 대한 정보가 /etc/shadow 파일에 저장되는데, 두 번째 필드
(콜론과 콜론 사이)의 !!는 아직 패스워드가 생성되지 않았음을 의미한다. /etc/passwd와
/etc/shadow 파일의 내용은 다음 절에서 자세히 설명한다.

❹ 사용자 생성 시 아무런 옵션을 사용치 않으면 사용자의 이름과 동일한 그룹 이름이
생성된다. 이것을 피하고 싶을 경우 -n 옵션을 사용하면 users(100) 그룹으로 속하게
된다고 앞에서 설명했다.

❺ 사용자에게 패스워드를 부여하는 명령어다.

❻ 사용자 han에게 패스워드를 부여한 뒤 /etc/passwd와 /etc/shadow 파일을 확인하기 위해
서 특정 단어 추출 명령어 grep을 사용했다.

❼ 처음과는 다르게 /etc/shadow 파일의 두 번째 필드에 암호화된 패스워드가 저장된 것을
확인할 수 있다. 반면 /etc/passwd 파일은 아무런 변화가 없다.

B. UID, GID 등 여러 가지 옵션을 사용한 사용자 생성

이번에는 UID 및 GID를 비롯한 몇 가지 옵션을 사용해 사용자를 생성한다.

```
[root@master ~]# useradd -u 1500 -g admin -G mail -s /bin/csh -d
/home/kim-home -e 2015/10/31 kim    ❶
[root@master ~]# grep test /etc/passwd /etc/shadow /etc/group
/etc/passwd:kim:x:1500:1004::/home/kim-home:/bin/csh    ❷
/etc/shadow:kim:!!:16581:0:99999:7::16739:    ❸
/etc/group:mail:x:12:postfix,kim    ❹
```

❶ -u 옵션은 사용자의 UID를 지정할 때, -g는 사용자의 기본 그룹을 지정할 때, -G는 사용자의 보조 그룹을 지정할 때, -s는 사용자의 셸을 지정할 때, -d는 사용자의 홈 디렉토리를 기본 값이 아닌 다른 값으로 변경할 때, -e는 사용자의 계정 만료 날짜를 지정할 때 사용한다. 참고로 셸 변경은 파일 /etc/shells에 지정된 셸만 사용 가능하다. 그룹에 대해서는 나중에 1.5절에서 설명한다.

❷ /etc/passwd 파일에서 UID가 1500, 그리고 GID가 1004(admin), 홈 디렉토리가 /home/kim-home, 그리고 셸이 기본인 /bin/bash가 아니라 /bin/csh로 변경된 것을 확인했다.

❸ 여기서는 앞에서 han 사용자 생성 시와 비교할 때 16739라는 숫자가 더해진 것을 알 수 있는데, kim 사용자의 계정 비활성화 날짜가 2015년 10월 31일인 것을 의미한다. 이 부분도 다음 절에서 자세히 설명한다.

❹ 사용자 kim 생성 시 -G 옵션을 사용했는데, 이는 사용자 kim이 postfix와 더불어 mail (GID 12)이라는 보조 그룹의 멤버임을 확인했다.

C. 주석과 skel 디렉토리 지정 옵션 사용

이번에는 두 가지 옵션으로 주석과 Skel 디렉토리를 지정하며 사용자를 생성하는 방법을 알아본다.

```
[root@master ~]# mkdir -p /etc/skel2/public_html    ❶
[root@master ~]# cp -r /etc/skel/.* /etc/skel2/    ❷
[root@master ~]# ls -a /etc/skel2    ❸
.  ..  .bash_logout  .bash_profile  .bashrc  .mozilla  public_html
[root@master ~]# useradd -c "Admin Users" -m -k /etc/skel2 park    ❹
[root@master ~]# grep test2 /etc/passwd    ❺
test2:x:1501:1501:Admin Users:/home/park:/bin/bash
```

```
[root@master ~]# ls -a /home/park     ❻
.  ..  .bash_logout  .bash_profile  .bashrc  .mozilla  public_html
```

❶ skel 디렉토리 테스트를 위해 /etc/skel2/와 /etc/skel2/public_html 디렉토리를 옵션 -p
  (parents)를 이용해 동시에 생성했다.

❷ 사용자 생성 시 필요한 환경설정 파일도 /etc/skel2로 복사했다.

❸ /etc/skel2에 파일 복사와 디렉토리 생성이 됐는지 확인했다.

❹ park라는 사용자 생성 시 -c 주석 옵션과 -m -k skel 디렉토리 지정 옵션을 동시에
  사용했다.

❺ /etc/passwd 파일에 Admin Users라는 주석이 저장돼 있음을 확인했고

❻ /home/park 디렉토리에 public_html이 생성돼 있음을 통해 -m -k 옵션이 정상적으로
  사용됐음을 확인했다.

1.2.2 사용자 정보 수정(usermod)

사용자를 생성한 후에 그 정보들을 변경할 경우 명령어 usermod를 사용한다.

A. 사용자 kim의 셸과 홈 디렉토리 변경

1.2.1절의 B에서 사용자 kim을 생성했는데, 이 사용자의 셸과 홈 디렉토리를 -s 옵션과
-m -d 옵션을 이용해 변경한다.

```
[root@master ~]# usermod -s /bin/bash -m -d /home/kim kim
[root@master ~]# grep kim /etc/passwd
kim:x:1500:1004::/home/kim:/bin/bash
```

B. 사용자의 이름 변경

옵션 -l(login)을 이용해 사용자의 이름을 변경한다.

```
[root@master ~]# usermod -l jeong kim     ❶
[root@master ~]# grep kim /etc/passwd
jeong:x:1500:1004::/home/kim:/bin/bash     ❷
```

❶ 기존 사용자의 이름을 변경하는 경우 옵션 -l(login)을 사용하는데, 여기서 사용자 kim을
  새로운 이름 jeong으로 변경했다.

❷ 이 내용이 변경됐는지 확인하기 위해 /etc/passwd 파일을 확인해보면 기존 정보는 그대로 있고 사용자의 이름만 kim에서 jeong으로 변경된 것을 확인할 수 있다.

C. 사용자 잠금과 해제

이번에는 사용자를 임시로 접근 제어하거나 해제하는 방법을 알아본다.

```
[root@master ~]# usermod -L jeong      ❶
[root@master ~]# passwd -l jeong       ❷
Locking password for user jeong.
passwd: Success
[root@master ~]# grep jeong /etc/shadow      ❸
jeong:!$6$cJUKLZ0s$fyDRHk2sdNr2u.u0S9yOgoDHbDEV86zu1Te122f4fotOekQ58/KswbjwXqRGZFES
oWJr672n80aQSeOYfRF9m0:16582:0:99999:7::16739:
[root@master ~]# usermod -U jeong      ❹
[root@master ~]# passwd -u jeong       ❺
Unlocking password for user jeong.
passwd: Success
[root@master ~]# grep jeong /etc/shadow      ❻
jeong:$6$cJUKLZ0s$fyDRHk2sdNr2u.u0S9yOgoDHbDEV86zu1Te122f4fotOekQ58/Ks
wbjwXqRGZFESoWJr672n80aQSeOYfRF9m0:16582:0:99999:7::16739:
```

❶과 ❷는 동일한 명령어로서 사용자 jeong을 임시로 잠금 상태로 만들려면 옵션 -L(lock) 또는 -l을 사용한다.

❸ 위의 ❶과 ❷를 사용한 후에 /etc/shadow 파일을 보면 '$' 앞에 '!' 또는 '!!'가 추가된 것을 확인할 수 있다. 암호화된 패스워드 앞에 '!' 또는 '!!'가 놓이면 사용자의 잠금 상태를 의미해 이 사용자는 시스템에 접근이 허용되지 않는다.

❹와 ❺에서 사용자의 잠금 상태를 해제하려면 -U 옵션 또는 -u(unlock)를 사용한다.

❻ 다시 /etc/shadow 파일을 보면 패스워드 '$' 앞에 '!'가 사라진 것을 확인할 수 있다.

D. 기존 사용자의 UID와 GID 변경

이번에는 기존 사용자 jeong의 UID와 GID를 명령어 usermod를 이용해 변경한다.

```
[root@master ~]# grep jeong /etc/passwd /etc/group
/etc/passwd:jeong:x:1500:1004::/home/kim:/bin/bash      ❶
/etc/group:mail:x:12:postfix,jeong
[root@master ~]# usermod -u 1200 -g 4 jeong      ❷
[root@master ~]# grep jeong /etc/passwd /etc/group
```

```
/etc/passwd:jeong:x:1200:4::/home/kim:/bin/bash          ❸
/etc/group:mail:x:12:postfix,jeong
```

❶ 현재 사용자 jeong의 UID와 GID를 확인해보면 1500과 1004인 것을 확인했다.

❷ 사용자의 UID^{User ID}를 변경하려면 -u 옵션을 사용하고, GID^{Group ID}를 변경하려면 -g 옵션을 사용한다.

❸ /etc/passwd 파일에서 확인해보면 처음 UID 1500과 GID 1004에서 UID 1200과 GID 4로 변경된 것을 확인할 수 있다.

E. 계정 만료 날짜 변경

명령어 usermod에 옵션 -e(expire)를 이용해 사용자 jeong의 계정 만료 날짜를 설정한다.

```
[root@master ~]# grep jeong /etc/shadow
jeong:$6$cJUKLZ0s$fyDRHk2sdNr2u.u0S9yOgoDHbDEV86zu1Te122f4fotOekQ58/Ks
wbjwXqRGZFESoWJr672n80aQSeOYfRF9m0:16582:0:99999:7::16739:        ❶
[root@master ~]# usermod -e 2015/12/31 jeong          ❷
[root@master ~]# grep jeong /etc/shadow
jeong:$6$cJUKLZ0s$fyDRHk2sdNr2u.u0S9yOgoDHbDEV86zu1Te122f4fotOekQ58/KswbjwXqRGZFESo
WJr672n80aQSeOYfRF9m0:16582:0:99999:7::16800:                ❸
[root@master ~]# usermod -e "" jeong        ❹
[root@master ~]# grep jeong /etc/shadow
jeong:$6$cJUKLZ0s$fyDRHk2sdNr2u.u0S9yOgoDHbDEV86zu1Te122f4fotOekQ58/KswbjwXqRGZFESo
WJr672n80aQSeOYfRF9m0:16582:0:99999:7:::❺
```

❶ 현재 사용자 jeong의 계정 만료 날짜는 2015년 10월 31인 것을 숫자 16739를 통해 확인했다.

❷ 사용자 계정의 만료 날짜를 변경하려면 옵션 -e(expire)를 사용해 날짜를 변경해주면 된다.

❸ 날짜 변경 후 /etc/shadow 파일을 보면 기존 16739에서 16800으로 변경됐는데, 이는 10월 31일부터 12월 31일까지 61일이 추가됐음을 의미한다.

❹ 사용자의 만료 날짜를 해제하려면 -e 옵션 뒤에 ""를 추가하면 해제된다.

❺ 다시 /etc/shadow 파일을 보면 숫자 16800이 사라지고 콜론(:)과 콜론(:) 사이가 비어 있음을 확인할 수 있다.

1.2.3 사용자 제거(userdel)

기존 사용자를 제거할 필요가 있는 경우 명령어 userdel을 사용할 수 있다.

A. 홈 디렉토리를 남기고 사용자 삭제

사용자는 삭제하되 그 사용자의 홈 디렉토리는 남기고 삭제하는 경우다.

```
[root@master ~]# userdel han          ❶
[root@master ~]# grep han /etc/passwd /etc/shadow     ❷
[root@master ~]# ls /home
han kim linux test2 tland     ❸
```

❶ 사용자 han을 삭제하기 위해 명령어 userdel을 사용했다.

❷ 사용자 삭제 후 /etc/passwd와 /etc/shadow 파일에서 사용자 han의 정보가 없음을 확인했다.

❸ 그러나 사용자 han의 홈 디렉토리 /home/han은 삭제되지 않았음을 확인했다.

B. 홈 디렉토리까지 함께 삭제

이번에는 사용자와 그 홈 디렉토리까지 함께 삭제하는 경우다.

```
[root@master ~]# userdel  -f -r jeong     ❶
[root@master ~]# grep jeong /etc/passwd /etc/shadow     ❷
[root@master ~]# ls /home
han linux test2 tland     ❸
```

❶ 사용자 jeong의 홈 디렉토리까지 삭제하려면 명령어 userdel에 옵션 -r(remove)을 사용하고, 로그인한 상태의 사용자를 삭제하려면 옵션 -f(force)도 같이 사용할 수 있다.

❷ /etc/passwd와 /etc/shadow 파일에서 사용자 jeong이 삭제됐음을 확인했다.

❸ 사용자 jeong의 홈 디렉토리인 /home/kim도 삭제됐음을 확인했다.

1.2.4 파일과 디렉토리 소유권자 변경(chown)

파일이나 디렉토리의 소유권자를 변경하는 명령어는 chown^{change owner}이다.

A. 디렉토리 소유권자 변경

명령어 chown을 사용해 디렉토리의 소유권자만을 변경하는 경우다.

```
[root@master jeong]# ls -l /home/jeong
drwxr-xr-x 2 jeong jeong  6 May 26 16:16 public_html     ❶
drwxrwxr-x 3 jeong jeong 18 May 27 11:28 test
```

```
[root@master jeong]# chown kim:root public_html          ❷
[root@master jeong]# ls -l
drwxr-xr-x 2 kim root   6 May 26 16:16 public_html        ❸
```

❶ 사용자 jeong의 **public_html** 디렉토리 소유권자가 현재 jeong jeong으로 설정돼 있다.

❷ 이 디렉토리의 소유권자를 kim(user):root(group)로 변경하기 위해 명령어 chown을 사용했다.

❸ **public_html** 디렉토리 소유권자가 처음 jeong jeong에서 kim root로 변경된 것을 확인했다.

B. 하위 파일과 디렉토리까지 소유권자 변경

이번에는 -R 옵션을 사용해 한 디렉토리 내부의 파일과 그 하위 디렉토리까지 소유권자를 변경하는 경우다.

```
[root@master jeong]# chown -R kim:root test     ❶
[root@master jeong]# ls -l test
drwxrwxr-x 3 kim root 18 May 27 11:28 test2      ❷
```

❶ 명령어 chown만 사용하면 디렉토리 내부 하위 디렉토리와 파일의 소유권자는 변경되지 않는다. 이런 경우 옵션 -R(recursive)을 사용하면 하위 디렉토리 소유권자까지 변경된다.

❷ test 디렉토리 내부의 test2 디렉토리도 처음 소유권자가 jeong jeong에서 kim root로 변경된 것을 확인했다.

1.2.5 모든 사용자 접근 불허

정기 시스템 점검 같은 특별한 상황에서 사용자 root를 제외한 모든 사용자의 접근을 금지하려면 /etc/nologin이라는 파일을 사용하면 된다. 이 파일은 처음에 존재하지 않으므로 새롭게 생성해야 한다. 참고로 사용자 root의 로그인은 이 파일에 영향을 받지 않는다.

```
[root@master ~]# cat > /etc/nologin ❶
지금은 시스템 점검 중입니다. 20시 이후 로그인해 주시기 바랍니다. 감사합니다!! ❷
[root@node1 ~]# ssh jeong@master     ❸
jeong@master's password:
지금은 시스템 점검 중입니다. 20시 이후 로그인해주시기 바랍니다. 감사합니다!!    ❹
Connection closed by 192.168.80.5   ❺
```

❶ 명령어 cat을 이용해 존재하지 않는 /etc/nologin 파일을 생성하고 있다.

❷ 이 파일에 들어갈 내용을 입력한 후 **Ctrl+C**를 이용해 종료한다.

❸ 다른 호스트 node1에서 **master** 시스템으로 ssh를 이용해 접속을 시도한다.

❹ 사용자 jeong의 패스워드 입력 후 /etc/nologin 파일의 내용을 보여준다.

❺ 접속이 되지 않고 연결이 되지 않았음을 보여주는 메시지다. 작업이 완료된 후 이 파일의 이름을 변경하거나 삭제하는 것을 잊지 말자.

1.2.6 사용자 정보 모니터링

사용자를 생성, 추가, 변경, 삭제하는 작업도 중요하지만 그에 못지않게 이러한 사용자 정보를 모니터링하는 작업 또한 중요하다. 사용자가 시스템에 접속하거나 접속 실패 등 기본적으로 그 정보를 저장하는 파일과 그 내용을 보여주는 몇 가지 명령어에 대해 알아보자.

A. 사용자 정보를 모니터링해 저장하는 파일 목록

사용자의 정보를 모니터링해 그 정보를 저장하는 파일 목록을 정리하면 표 1-5와 같다.

표 1-5 사용자 정보 모니터링 파일 목록 정리

파일	설명
/var/run/utmp	각 사용자의 현재 로그인 정보를 기록하며, 명령어 who나 w를 이용해 정보를 확인 가능하다.
/var/log/wtmp	사용자의 모든 로그인과 로그아웃을 기록하는 파일이며, 명령어 last를 이용해 확인 가능하다.
/var/log/btmp	사용자의 로그인 실패를 기록하는 파일이며, 명령어 lastb로 확인이 가능하다.
/var/log/lastlog	모든 사용자의 가장 최근 로그인 정보를 기록하는 파일이며, 명령어 lastlog를 이용해 확인이 가능하다.
/var/log/secure	인증 및 권한 부여에 대한 정보를 저장하는데, 특히 ssh와 관련된 모든 정보를 기록하며 텍스트 파일로 저장되기 때문에 vim이나 cat를 이용해 직접 그 내용을 읽기 가능하다.

표 1-5에서 /var/log/secure 파일을 제외한 나머지 파일들은 모두 데이터 파일이므로 cat, vim 또는 tail 같은 텍스트 읽기 명령어로 읽을 수 없고, 특정한 명령어를 사용해 그 내용을 확인할 수 있다.

B. 사용자 정보 모니터링 명령어 목록

앞의 파일을 이용해 그 정보를 알기 원하는 경우 사용하는 명령어 목록과 그 설명은 표 1-6과 같다.

표 1-6 사용자 정보 모니터링 명령어

파일명	설명
/usr/bin/w /usr/bin/who	현재 어떤 사용자가 로그인돼 있는지 알려주는 명령어이며, /var/log/utmp 파일에서 그 정보를 가져온다.
/usr/bin/lastlog	모든 사용자의 최근 로그인 정보를 보여주며, /var/log/lastlog 파일에서 정보를 가져온다.
/usr/bin/lastb	사용자의 실패한 모든 로그인 정보를 보여주며 /var/log/btmp 파일에서 정보를 가져온다.
/usr/bin/last	/var/log/wtmp 파일이 생성된 이후 모든 사용자의 로그인 정보를 보여준다.

예를 들어 명령어 who 같은 경우 이러한 결과를 보여준다.

```
[root@master log]# who
  ❶         ❷           ❸                  ❹
root     :0        2015-05-27 10:04    (:0)
root     pts/0     2015-05-27 09:29    (192.168.80.1)
root     pts/1     2015-05-27 09:29    (192.168.80.1)
root     pts/2     2015-05-27 11:50    (master)
root     tty3      2015-05-27 12:12
root     pts/3     2015-05-27 12:12    (:0)
```

❶ 로그인 이름을 나타낸다.

❷ 사용자가 접속한 터미널의 종류를 나타내며 tty는 콘솔 접속인 경우를 의미하고, pts$^{psuedo\ terminal\ slave}$는 xterm이나 ssh로 접속한 경우 사용된 가상 터미널 접속을 의미한다.

❸ 사용자의 로그인 시간을 의미한다.

❹ 접속한 원격 호스트(192.168.80.1) 또는 데스크톱 접속(:0)을 나타내준다.

이상에서 설명한 사용자 생성의 순서를 여섯 단계로 정리하면 다음과 같다.

Step 1
사용자 생성 시 기본 값을 확인하기 위해 /etc/login.defs와 /etc/default/useradd 파일 읽기
Step 2
명령어 useradd의 어떤 옵션이 사용되는지 확인 후 기본 값을 옵션의 값으로 변경
Step 3
기본 값과 옵션의 정보를 이용해 사용자 정보를 /etc/passwd와 /etc/shadow 파일에 기록
Step 4
기본 값을 사용하는 경우 사용자 이름과 동일한 그룹을 /etc/group, /etc/gshadow에 생성
Step 5
/home 디렉토리에 사용자이름과 동일한 홈 디렉토리 생성
Step 6
/etc/skel 디렉토리의 파일 및 디렉토리를 /home의 사용자 디렉토리로 복사

1.3 리눅스 패스워드 관리

리눅스 시스템에서 사용자의 패스워드에 관련된 모든 내용은 크게 두 파일 /etc/passwd와 /etc/shadow에 저장된다. 1.3절에서는 이 두 파일의 구조를 자세히 살펴보고, 그 다음에 이 파일들을 사용하는 방법을 차례대로 알아본다.

1.3.1 두 파일의 구조 분석

useradd나 usermod 또는 userdel과 같은 명령어를 이용해 사용자 정보를 변경하는 경우 그 내용이 모두 두 파일 /etc/passwd와 /etc/shadow에 영향을 미치는데, 이번 절에서는 먼저 이 두 파일의 구조를 분석한 후 그 중에서 암호화된 부분을 더욱 자세히 설명한다.

A. /etc/passwd 파일의 구조

먼저 새로운 사용자가 생성되면 /etc/passwd 파일에 다음과 같은 정보들이 저장된다. 예를 들어 jeong이라는 사용자인 경우 다음과 같다.

```
[root@master ~]# grep jeong /etc/passwd
```

```
jeong:x:1003:1003::/home/jeong:/bin/bash
```

jeong	x	1003	1003	::	/home/jeong	/bin/bash
loginname	password	UID	GID	GECOS	home directory	shell
❶	❷	❸	❹	❺	❻	❼

/etc/passwd 파일의 각 필드를 설명하면 다음과 같다.

❶ 사용자 이름을 의미하며, 명령어 useradd를 이용해 사용자 생성 시의 이름이 저장된다. 명령어 usermod를 이용해 사용자 이름을 변경 가능하다.

❷ 사용자의 패스워드를 나타내는 필드다. 여기에는 크게 세 가지의 값이 올 수 있는데, 'x'는 패스워드가 암호화돼 /etc/shadow에 저장된다는 의미이고, 빈칸인 경우 패스워드 없이 로그인이 가능하다는 의미이며, '*'(asterisk)가 오는 경우 로그인이 불가능하다는 뜻인데 기본 값은 'x'다.

❸ User ID(UID)를 의미하며 일반 사용자의 경우 이 숫자가 1000부터 60000까지 자동으로 할당된다는 내용이 파일 /etc/login.defs에 정의돼 있다.

❹ Group ID(GID)를 의미하며 UID와 마찬가지로 1000부터 60000까지 자동으로 할당되며, 기본적으로 사용자의 이름과 동일한 그룹이 생성되는데 이것을 피하고 싶은 경우 사용자 생성 시 useradd -n 옵션을 사용하면 users라는 그룹에 속하게 된다.

❺ GECOS General Electric Comprehensive Operating System는 사용자의 전체 이름이나 기타 정보, 예를 들어 이메일이나 전화번호 또는 직책 등을 기록한다. 이 공간에 정보를 저장하고 싶으면 useradd -c라는 옵션을 사용해야 하며, 기본 값은 비어 있다.

❻ 사용자의 홈 디렉토리를 의미하는 필드이며, 기본적으로 사용자의 이름과 동일한 디렉토리가 /home에 생성되고 이를 변경하는 경우 useradd -d라는 옵션을 사용해 변경할 수 있다.

❼ 사용자의 셸을 의미하는 필드이며, 기본 값은 /bin/bash다. 사용자 생성 시 셸을 변경하는 경우 -s 옵션을 이용해 /etc/shells에 정의된 셸을 사용해야 한다.

B. /etc/shadow 파일의 구조

사용자가 생성되면 /etc/passwd 파일과 더불어 /etc/shadow 파일에 사용자의 정보, 특히 암호화된 패스워드가 저장된다. 그 정보들을 자세히 설명하면 다음과 같다.

```
[root@master ~]# grep jeong /etc/shadow
jeong:$6$ypmguzLS$QxnmVkHoSVwQxXvYc5iCDos0hnCVpBputpqXu8NFfaOkCi5wdd.f
g4FNHcFRhcfnUi5A5iWjbgG0/uJ/MwijX/:16582:0:99999:7::16800:    ❾
```

jeong	6ypmguzLS	16582	0	99999	7	::	16800
Login name	Encrypted Password	Last Password Change	Minimum	Maximum	Warn	Inactive	Expire
❶	❷	❸	❹	❺	❻	❼	❽

위의 각 필드를 설명하면 다음과 같다.

❶ 사용자 이름을 의미하며, /etc/passwd 파일의 내용과 동일하다.

❷ 암호화된 패스워드가 저장되며, 암호화를 위해 여기에 사용된 알고리즘은 해시 함수 SHA512인데 /etc/login.defs에 정의돼 있다고 표 1-4에서 설명했다. 이 필드에 '!!'가 오는 경우 아직 패스워드가 생성되지 않았음을 의미하고, '!'나 '*'는 로그인이 불가능함을 의미하고, 빈값은 패스워드 없이 로그인이 가능함을 의미한다. 아래에서 더 자세히 설명한다.

❸ 마지막으로 사용자의 패스워드가 변경된 날짜를 의미하며, 숫자 16582는 1970년 1월 1일부터 변경된 날짜까지의 총 날짜수를 의미한다. 여기서 1970년 1월 1일은 유닉스와 리눅스 시스템에서 기준이 되는 날짜인데, 실제 유닉스는 1969년 여름에 개발됐으나 1970년 1월 1일을 시스템 날짜의 기준으로 삼고 있다.

❹ 사용자의 패스워드 변경 후 최소한 그 패스워드를 사용해야 되는 날짜수를 의미하며, 기본 값 0은 제한 없이 언제든지 변경이 가능하다는 뜻이다.

❺ 사용자가 패스워드 생성 또는 변경 후에 다시 변경 없이 최대로 사용 가능한 날짜수를 의미한다. 기본 값 99999일(약 274년)은 보안상 좋지 않으므로 2개월(60일) 또는 3개월(90일) 단위로 변경할 것을 추천한다.

❻ 패스워드 만료 며칠 전부터 경고 메시지를 보낼지 결정하는 날짜수로, 기본 값은 7일이다.

❼ 패드워드가 만료된 이후에 계정도 그 이후 얼마 후에 사용 불능으로 할 것인지를 결정하는 날짜를 의미하는데, 기본 값은 비어 있다.

❽ 1970년 1월 1일부터 며칠째 되는 날짜에 사용자의 계정이 만료될 것인지를 결정하는 필드인데, 여기서 16800은 1970년 1월 1일부터 2015년 12일 31일까지 날짜수를 의미

하고, 이는 곧 2015년 12일 31일이 사용자 계정이 만료된다는 것을 의미한다.

❾ Expire 필드 뒤에 위치한 특수한 플래그[Special flag]로, 미래에 사용하기 위한 목적으로 빈 공간으로 남겨됐다.

C. 암호화된 패스워드에 대한 더 자세한 설명

파일 /etc/shadow에서 암호화된 패스워드 필드만 보면 다음과 같이 세부분으로 나눠진다.

$6	$ypmguzLS$	QxnmVkHoSVwQxXvYc5iCDos0hnCVpBputpqXu8NFfaOkCi5wdd.fg4FNHcFR hcfnUi5A5iWjbgG0/uJ/MwijX/
id	salt	encrypted
❶	❷	❸

❶ 사용자의 패스워드를 암호화하는 해시 함수의 종류를 의미하는 숫자다. 여기서 6은 SHA-512, 1은 MD5, 2a는 Blowfish, 3은 NT Hash, 5는 SHA-256을 의미한다.

❷ SALT라고 하며 동일한 패스워드는 동일한 해시 값만을 만들 수 있는 해시 함수의 특징을 보완하기 위해 사용되고 있다. 즉, 서로 다른 사용자가 같은 패스워드를 사용해도 이 SALT 때문에 서로 다른 암호화된 부분이 생성된다.

❸ 실제 사용자의 패스워드가 해시 함수 SHA-512에 의해 암호화된 부분인데, 86 문자로 고정돼 있다. 참고로 MD5는 22, 그리고 SHA-256은 43 문자로 고정된 값을 사용한다.

●● 중요: 해시 함수(Hash Function)의 특징

리눅스에서 암호화된 패스워드 생성 시 사용되는 해시 함수는 다양한 크기의 입력 값을 받아 항상 고정된 크기의 출력 값을 갖는데, 그 값을 해시 값(Hash Value) 또는 해시 코드(Hash Code)라고 한다. 해시 함수의 가장 중요한 특징 두 가지는 다음과 같다.

1. One-way Property: 평문을 입력받아 해시 값을 가질 수는 있지만, 특정 해시 값을 이용해 평문을 발견하는 것은 불가능해야 한다는 성질로서 일반 암호화 알고리즘(AES, DES, RSA) 등과는 다른 성질이라 할 수 있다. 보통 이 특징을 이용해 패스워드 크래킹이 이뤄진다.
2. Collision-free Property: 두 개의 서로 다른 평문이 같은 해시 값을 갖는 것이 불가능해야 한다는 성질이다. 즉 서로 다른 평문은 서로 다른 해시 값만을 생성해야 한다는 의미다.

리눅스 시스템에서 SALT와 사용자의 패스워드를 이용해 암호화된 패스워드를 생성하는 과정을 그림 1-1을 이용해 간단히 설명하면 다음과 같다.

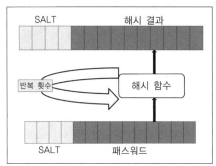

그림 1-1 해시 함수를 이용한 패스워드 암호화 과정

1. 사용자가 임의의 숫자와 글자를 패스워드로 입력하면 리눅스는 이 패스워드에 SALT를 추가해서 해시 함수로 보낸다.

2. 이때 SALT는 두 가지 방법으로 생성되는데, 첫 번째는 일련의 고정된 문자열이고 두 번째는 무작위^{Random}의 문자열이 사용된다. 두 번째 방법이 일반적으로 사용되며, SALT가 사용하는 최소 길이는 8바이트다.

3. SALT와 사용자의 패스워드를 전달받은 해시 함수는 이 두 개의 값을 혼합해 각 알고리즘이 지정한 횟수만큼 반복한 뒤에 해시 값을 생성한다.

4. 암호화된 해시 값과 SALT, 그리고 알고리즘을 표시하는 숫자가 /etc/shadow 파일에 저장되는데 이때 SALT 값은 해시화되지 않은 채로 저장된다.

5. 사용자가 시스템에 패스워드를 입력하고 로그인을 시도하면 리눅스는 그 패스워드와 /etc/shadow 파일에 저장된 SALT 값을 사용해 해시 값을 생성하고, 이 해시 값이 /etc/shadow 파일의 해시 값과 일치하면 로그인을 허용한다.

1.3.2 /etc/shadow 파일에서 패스워드 없이 로그인

1.3.1절에서 두 파일 /etc/passwd와 /etc/shadow 파일의 구조를 설명했다. 이번에는 그 응용으로 /etc/shadow 파일의 두 번째 필드가 빈값이면 패스워드 없이 로그인이 가능하다고 설명했는데, 이것을 테스트해보자.

```
[root@master ~]# grep jeong /etc/shadow  ❶
jeong::16584:0:99999:7:::
root@node1:~# ssh jeong@master  ❷
jeong@master's password:
Permission denied, please try again.
jeong@master's password:
```

```
Permission denied, please try again.
jeong@master's password:

root@node1:~# telnet master              ❸
Trying 192.168.80.15...
Connected to master.chul.com.
Escape character is '^]'.
master login: jeong          ❹
Last failed login: Fri May 29 15:47:17 ICT 2015 from node2 on ssh:notty
There was 1 failed login attempt since the last successful login.
Last login: Fri May 29 15:46:57 from node2
[jeong@master ~]$
```

❶ 사용자 jeong의 /etc/shadow 파일에서 두 번째 필드가 빈값임을 확인했다.

❷ 클라이언트 node1에서 사용자 jeong 계정을 이용해 ssh로 로그인을 시도하고 있다. 그러나 로그인이 되지 않는다.

❸ 다시 텔넷telnet을 이용해 master로 로그인을 시도한다.

❹ ID jeong을 입력하면 이번에는 패스워드 없이 로그인이 가능하다. ssh는 기본적으로 패스워드 없는 사용자의 로그인을 금지하지만 텔넷은 그런 옵션이 없으므로 패스워드 없이 로그인이 가능함을 보여준다.

1.3.3 SHA-512를 이용한 패스워드 생성 시 SALT 사용 테스트

명령어 mkpasswd를 이용해 암호화된 패스워드 생성 시 어떻게 SALT를 이용하는지 알아보자.

```
root@node2:~# apt-get install whois              ❶
root@node2:~# mkpasswd -m sha-512 mypasswd saltsalt              ❷
$6$saltsalt$dixExmEx8wQFEeh8ueRq/sAFvAGRL92CUS.P9KQWszvqodA/Zd5MtDaqczBxRkfhE8WW/gE
7yQBEzowJRs4oe0
root@node2:~# mkpasswd -m sha-512 mypasswd saltsalt2              ❸
$6$saltsalt2$V8RL2ovrP7Qz.MPERVWJS1lyIytyUMKbDITCPFYE8/GXwHjNDPp0WL8Jl
osNWqZs7IvceTrXjYyLo0uzpo3aM/
root@node2:~# mkpasswd -m sha-512 mypasswd $(openssl rand -base64 16 |
tr -d '+=' | head -c 16)      ❹
$6$BcbeShf/wHXpSsGF$Ar.RAyhohXp69n0t4/0xAkZDTmd./vgPnIJgi4p1JUgBLAFHFf
LEDd8P28geN0bJQ8olQbzKSu6lFBa/igrUg/
```

❶ 명령어 mkpasswd를 사용하기 위해 우분투^{Ubuntu} 14에서 whois 패키지를 설치하고 있다.

> **●● 참고: mkpasswd를 우분투 14에서 테스트한 이유**
>
> 명령어 mkpasswd는 사용자의 패스워드를 생성하기 위해 사용된다. CentOS 7인 경우 expect 패키지를 설치(# yum install expect)하면 되고, 우분투나 데비안(Debian)인 경우 whois 패키지를 설치하면 사용할 수 있다. 그런데 CentOS 7에 설치된 mkpasswd는 해시 함수 종류와 SALT 입력을 옵션으로 지원하지 않지만, 우분투에 설치된 mkpasswd는 지원한다. 서로 다른 사용자가 같은 패스워드를 사용해도 SALT가 다르면 암호화된 부분이 다르다는 점을 설명하기 위해 부득이 하게 우분투 14에서 테스트했다.

❷ sha-512와 SALT 값 'saltsalt', 그리고 패스워드 'mypasswd'를 입력하며, 그 아래의 해시 값을 얻었다.

❸ ❷와 동일하며 오직 SALT 값만 'saltsalt2'로 변경해 그 암호화 결과가 다름을 알 수 있다. 즉 암호가 같아도 SALT가 다르면 서로 다른 패스워드가 생성된다는 것을 확인했다.

❹ ❷, ❸과 동일하지만 임의의 SALT 값을 입력하기 위해 openssl을 사용했다. 그 결과를 보면 두 번째 필드에 16글자의 임의의 SALT가 입력돼 패스워드가 같아도 암호화된 부분이 다르다는 것을 확인할 수 있다.

1.3.4 명령어 pwconv와 pwunconv 사용

앞에서 /etc/passwd와 /etc/shadow 파일의 구조를 설명했는데, 이번에는 두 명령어 pwconv와 pwunconv를 사용해 이 두 파일의 관계를 알아본다.

```
[root@master ~]# grep root /etc/shadow    ❶
root:$6$jP5vx1CX$ws2s6.BG69ZWKOuN3NBjcdBY8apIAFzs5ysH1xGPJjjcnaJT8.eQS
Xi05GO0q9.8pqHmKDfAEEg4XuMHWoRV01:16536:0:99999:7:::
dockerroot:!!:16575:::::::
[root@master ~]# pwunconv    ❷
[root@master ~]# grep root /etc/shadow    ❸
grep: /etc/shadow: No such file or directory
[root@master ~]# grep root /etc/passwd    ❹
root:$6$jP5vx1CX$ws2s6.BG69ZWKOuN3NBjcdBY8apIAFzs5ysH1xGPJjjcnaJT8.eQS
Xi05GO0q9.8pqHmKDfAEEg4XuMHWoRV01:0:0:root:/root:/bin/bash
```

```
[root@master ~]# pwconv        ❺
[root@master ~]# grep root /etc/passwd /etc/shadow❻
/etc/passwd:root:x:0:0:root:/root:/bin/bash
/etc/shadow:root:$6$jP5vx1CX$ws2s6.BG69ZWKOuN3NBjcdBY8apIAFzs5ysH1xGPJ
jjcnaJT8.eQSXiO5GO0q9.8pqHmKDfAEEg4XuMHWoRV01:16584:0:99999:7::::
[root@master ~]# ls -l /etc/passwd /etc/shadow        ❼
-rw-r--r-- 1 root root 4451 May 29 15:02 /etc/passwd
-r-------- 1 root root 2753 May 29 15:02 /etc/shadow
```

❶ /etc/shadow 파일에서 명령어 grep을 이용해 root 사용자의 정보를 추출했다.

❷ pwunconv라는 명령어를 사용한 후에

❸ 다시 ❶을 실행하면 /etc/shadow 파일이 없다는 메시지가 나타난다.

❹ /etc/passwd 파일을 보면 두 번째 필드에 root 사용자의 암호화된 정보가 저장돼 있다.

❺ 명령어 pwconv를 실행한 후에

❻ 앞에서 공부한 대로 /etc/passwd 파일과 /etc/shadow 파일이 정상적으로 나타나고 있다.

두 명령어의 내용을 종합하면 본래 /etc/passwd 파일에 사용자의 암호화된 패스워드까지 저장돼 있었고 /etc/shadow 파일은 필요가 없었다. 그런데 언제부터인가 /etc/passwd 파일에서 암호화된 패스워드를 따로 분리해 /etc/shadow 파일에 저장했고, 이 관계를 두 명령어 pwconv와 pwunconv를 이용해 확인했다.

그렇다면 본래 /etc/passwd 파일 하나에 모두 암호화 부분까지 포함했었는데, 왜 이 부분을 별도로 /etc/shadow 파일에 분리해서 저장해야 했을까? 그 답은 ❼에 있다.

❼ 파일 /etc/passwd는 누구나(others) 읽을 수 있는 권한(read)을 갖고 있다. 권한 rw-r--r-- 에서 마지막 r--가 이 부분을 의미한다. 즉 누구나 이 파일에 접근해 암호화된 부분을 읽은 후에 패스워드 크래킹을 시도할 수 있어서 오직 root만 접근이 가능한(-r--------) /etc/shadow 파일에 암호화된 부분을 분리해서 저장한 것이다.

1.4 리눅스 패스워드 에이징 사용

이번에는 명령어 chage를 이용한 패스워드 에이징Password Aging을 사용해 /etc/shadow 파일의 사용자 정보를 변경해보겠다. 패스워드 에이징이란 리눅스 시스템에서 패스워드의 수명lifetime을 결정하는 방법을 의미한다. 패스워드 에이징을 위해 명령어 chage 를 이용하거나 system-config-users 패키지를 설치 후 GUI를 이용해 설정할 수 있지만, 여기서는 명령어 chage를 이용해 설명한다. GUI를 이용한 사용자 관리는 1.7절에서 설명한다. 패스워드 에이징을 위해 명령어 chage를 사용하는 이유는 직접 /etc/shadow 파일을 수정하는 작업은 때로 위험할 수 있으므로 안전하게 사용자들의 패스워드 정보를 변경하기 위해서다.

1.4.1 사용자 정보 확인

먼저 옵션 -l(list)를 사용해 기본 정보를 확인한다.

```
[root@master ~]# chage -l jeong
Last password change                                 : May 29, 2015
Password expires                                     : never
Password inactive                                    : never
Account expires                                      : never
Minimum number of days between password change       : 0
Maximum number of days between password change       : 99999
Number of days of warning before password expires    : 7
```

현재 /etc/login.defs에 정의된 기본 값이 정의돼 있음을 사용자 jeong의 정보를 통해 알 수 있다.

1.4.2 최소(m), 최대(M), 경고 날짜(W) 변경

옵션 m(Mindays), M(Maxdays), W(Warndays)를 이용해 패스워드 정보를 변경한다.

```
[root@master ~]# chage -m 5 -M 60 -W 10 jeong         ❶
[root@master ~]# chage -l jeong         ❷
Last password change                                 : May 29, 2015
Password expires                                     : Jul 28, 2015
Password inactive                                    : never
Account expires                                      : never
Minimum number of days between password change       : 5
Maximum number of days between password change       : 60
Number of days of warning before password expires    : 10
[root@master ~]# grep jeong /etc/shadow         ❸
jeong:$6$xB.0Hc.R$gLwjz0YW/HiNLF5.GCui7a.s1iHI5MgHfnGcEepvza2IIhJC46.:
16584:5:60:10:::
```

❶ 명령어 chage와 최소 날짜(m) 5일, 최대(M) 60일, 그리고 경고 날짜(W) 10일로 값을 변경하

는 명령어다. 즉 패스워드를 최소 5일, 그리고 최대 60일까지 사용할 수 있으며 만료 10일 전부터 경고 메시지를 받는다는 의미다.

❷ 결과를 확인해보면 각각 5, 60, 10일로 변경된 것을 확인할 수 있다. 특히 패스워드의 만료가 5월 29일에서 60일 이후인 7월 28일로 변경된 것도 확인할 수 있다.

❸ /etc/shadow 파일을 확인해보면 마찬가지로 마지막에 5, 60, 10일로 기본 값과 다른 값이 입력돼 있음을 확인했다.

1.4.3 계정 만료 기간 설정

옵션 -E(Expiredate)를 사용해 계정 만료 기간을 설정한다.

```
[root@master ~]# chage -I 10 -E 2015-12-31 jeong          ❶
[root@master ~]# chage -l jeong
Last password change                            : May 29, 2015
Password expires                                : Jul 28, 2015
Password inactive                               : Aug 07, 2015    ❷
Account expires                                 : Dec 31, 2015    ❸
Minimum number of days between password change  : 5
Maximum number of days between password change  : 60
Number of days of warning before password expires : 10
[root@master ~]# grep jeong /etc/shadow
jeong:$6$xB.0Hc.R$gLwjz0YW/HiNLF5.GCui7a.s1iHI5MgHfnGcEepvza2IIhJC46DH
SNI84qf7WJ78IyTl85p5P9Ex8kDd/NfRD.:16584:5:60:10:10:16800:          ❹
```

❶ 명령어 chage에 inactive 10일, 그리고 만료 날짜Expire date를 2015년 12월 31일로 설정했다.

❷ 패스워드 inactive 날짜가 패스워드 만료 날짜 7월 28일부터 Inactive 10일 후인 8월 7일로 설정된 것을 확인했다. 여기서 inactive란 패스워드가 만료된 이후에 10일 동안 로그인을 하지 않으면 강제로 계정이 잠금 상태로 변경됨을 의미한다. 즉 ❸에서 계정 만료 날짜가 되지 않았어도 이 설정으로 인해 계정을 패스워드 만료 후에 사용할 수 없게 된다. 이 설정 없이 패스워드가 만료된 경우 다음번에 로그인을 하면 패스워드 변경을 할 수 있다.

❸ 사용자 jeong의 만료 날짜가 2015년 12월 31일로 설정돼 있음을 확인했다.

❹ /etc/shadow 파일에서 숫자 10과 16800을 통해 두 가지의 정보가 변경된 것을 확인했다.

1.5 그룹 관리

그룹 관리에서는 먼저 리눅스 그룹의 특징과 그룹의 종류, 그룹 관리에 관련된 명령어 등을 알아본다. 사용자 관리와 비슷한 부분이 있기 때문에 겹치는 부분은 설명을 생략한다.

1.5.1 리눅스 그룹의 몇 가지 특징

먼저 리눅스 시스템에서 그룹의 몇 가지 특징을 열거하면 다음과 같다.

- 한 명의 사용자는 한 개 이상의 그룹의 멤버가 될 수 있다.
- 여러 개의 그룹에 속한 사용자는 현재의 그룹에서 그 사용자가 속한 다른 그룹으로의 변경이 패스워드 없이 가능하다.
- 특정 그룹에 속하지 않은 사용자를 그 그룹으로 변경하려면 패스워드가 필요하며, 그 그룹은 미리 패스워드를 생성한 후 사용자에게 패스워드를 부여하면 그 그룹으로의 변경이 가능하다.
- 한 명 또는 여러 명의 사용자는 특정 그룹의 그룹 관리자가 될 수 있다.
- 그룹 관리자는 그룹의 패스워드를 생성, 변경, 삭제할 수 있으며, 그룹에 사용자를 추가하거나 삭제도 가능하다.

  위의 내용들은 명령어를 통해 확인하고 테스트하겠다.

1.5.2 리눅스 그룹의 종류

리눅스 그룹은 크게 시스템 그룹과 일반 그룹으로 분류되며, 일반 그룹은 또한 다음과 같이 세 가지로 분류할 수 있다.

시스템 그룹	시스템 사용자와 마찬가지로 시스템에 설치되는 애플리케이션을 위해 사용되는 그룹이며, 보통 최소 201에서 최대 999의 Group ID(GID)를 사용한다(예: apache, users, mail).
일반 그룹	일반 사용자를 관리하기 위해 사용되는 그룹이며, 보통 최소 1000에서 최대 60000까지의 Group ID(GID)를 사용한다.

일반 사용자를 위한 일반 그룹은 또한 다음과 같이 세 가지로 분류가 가능하다.

기본 그룹	사용자는 반드시 한 개 이상 그룹의 멤버가 돼야 하며, 이 그룹은 /etc/passwd 파일에 GID가 표시되고, 파일과 디렉토리의 권한에도 참여하게 된다.
보조 그룹	사용자는 기본 그룹 이외에 다른 그룹의 사용자가 될 수 있으며, 이 그룹의 사용자는 /etc/group 파일에 특정 그룹의 사용자로 나타나고, 파일과 디렉토리의 권한에 참여하지 못한다.
UPG(User Private Group)	사용자가 생성될 때마다 기본적으로 그 사용자와 같은 이름으로 생성되는 그룹을 칭하는 이름을 의미한다.

예를 들어 사용자 jeong의 정보를 사용해 설명하면 다음과 같다.

```
[jeong@master ~]$ id            ❶
uid=1003(jeong) gid=1003(jeong) groups=1003(jeong),12(mail)     ❷
[jeong@master ~]$ groups        ❸
jeong mail   ❹
[jeong@master ~]$ ls -l
drwxrwxr-x 2 jeong jeong  6 Jun  1 11:37 linux        ❺
```

❶ 특정 사용자의 사용자 및 그룹 정보를 보려면 명령어 id를 사용한다.

❷ 사용자 jeong의 경우 jeong과 mail이라는 그룹에 속해 있는데, 여기서 jeong은 사용자 jeong의 기본 그룹 및 사용자 개인 그룹이며, mail은 사용자 jeong의 보조 그룹이다.

❸ 특정 사용자의 그룹 정보를 보려면 명령어 groups를 사용한다.

❹ 앞의 jeong은 기본 그룹을 의미하고 mail은 보조 그룹을 의미한다. 일반 사용자 그룹의 종류는 명령어를 통해 더 자세히 설명한다.

❺ 기본 그룹은 파일과 디렉토리의 권한에 참여하지만 보조 그룹은 그렇지 않다고 설명했는데, 예를 들어 사용자 jeong의 linux라는 디렉토리를 보면 기본 그룹의 사용자인 jeong은 rwx(Read-Write-Execute)의 권한을 갖지만, 보조 그룹의 사용자인 mail은 이 디렉토리의 권한에 나타나지 않음을 알 수 있다.

1.5.3 그룹 관리에 사용되는 파일

그룹 관리에는 /etc/group, /etc/gshadow 파일이 사용된다. 먼저 /etc/group 파일의 mail이라는 그룹을 예로 들어 설명하면 다음과 같다.

```
[root@master log]# grep mail /etc/group
mail:x:12:postfix,exim
```

mail	x	12	postfix,exim
Group Name	Password	Group ID	User List
❶	❷	❸	❹

❶ 그룹의 이름을 의미하며, 보통 명령어 groupadd를 사용해 그룹 생성이 가능하다.

❷ 그룹의 패스워드를 사용하는 경우 암호화된 패스워드가 /etc/gshadow 파일에 저장된다.

❸ Group ID^{GID}를 의미하며, mail 그룹의 경우 GID가 12다.

❹ mail이라는 그룹의 사용자로서 현재 postfix와 exim이 가입돼 있다.

마찬가지로 mail 그룹을 예로 /etc/gshadow 파일을 살펴보면 다음과 같다.

```
[root@master log]# grep mail /etc/gshadow
mail:!:tland:postfix,exim
```

mail	!	tland	postfix,exim
Group name	Encrypted Password	Administrators	User List
❶	❷	❸	❹

❶ 그룹의 이름을 의미한다.

❷ 그룹에 패스워드가 생성된 경우 저장되는 필드이며, 기본 값은 비어있거나 '!'이고 '!' 또는 '*'가 있는 경우 사용자는 이 그룹으로의 전환 시 패스워드를 사용할 수 없다는 의미다. 그룹에 패스워드를 사용하려면 명령어 gpasswd를 사용한다. 패스워드의 구조 는 /etc/shadow 파일과 동일하다.

❸ 그룹의 관리자를 저장하는 필드인데 기본 값은 비어있으며, 관리자를 임명할 경우 명령 어 gpasswd를 사용할 수 있다.

❹ 그룹에 속한 사용자의 목록이다.

1.5.4 명령어를 사용한 리눅스 그룹 관리

리눅스 그룹 관리에 사용되는 주요 명령어는 groupadd, groupmod, groupdel, newgrp, gpasswd 등이며, 이 명령어를 사용해 그룹을 관리하는 방법을 차례대로 알아본다.

A. 명령어 groupadd를 이용한 그룹 생성

그룹을 처음 생성하는 경우 명령어 groupadd를 사용한다.

```
[root@master ~]# groupadd centos                    ❶
[root@master ~]# groupadd -g 1100 redhat            ❷
[root@master ~]# grep centos /etc/group /etc/gshadow
/etc/group:centos:x:1019:  ❸
/etc/gshadow:centos:!::    ❹
[root@master ~]# grep redhat /etc/group /etc/gshadow
/etc/group:redhat:x:1100:  ❺
/etc/gshadow:redhat:!::    ❻
```

❶ 명령어 groupadd를 이용해 centos라는 그룹을 생성한다.

❷ redhat 그룹을 생성할 때 GID 1100을 부여하기 위해 -g 옵션을 사용했다.

❸ centos 정보를 /etc/group과 /etc/gshadow에서 확인하는데, GID 1019

❹ 그리고 gshadow에 패스워드가 없음을 확인했다.

❺ redhat 그룹의 경우 GID 1100을 /etc/group에서 확인할 수 있고

❻ /etc/gshadow 파일에서 패스워드가 비어 있음을 확인할 수 있다.

B. 명령어 groupmod를 이용한 그룹 정보 수정

이번에는 그룹의 정보를 수정하기 위해 명령어 groupmod를 사용한다.

```
[root@master ~]# groupmod -g 1200 redhat            ❶
[root@master ~]# groupmod -n fedora redhat          ❷
[root@master ~]# grep fedora /etc/group /etc/gshadow  ❸
/etc/group:fedora:x:1200:      ❹
/etc/gshadow:fedora:!::        ❺
```

❶ 그룹의 정보를 변경하는 명령어 groupmod에 -g 1200 옵션을 사용해 redhat 그룹의 GID
를 변경했다.

❷ 옵션 -n(new)을 사용해 기존 redhat 그룹의 이름을 fedora로 변경했다.

❸ 변경된 정보의 확인을 위해 /etc/group과 /etc/gshadow 파일을 확인해보면

❹ redhat 그룹이 fedora로, GID가 1100에서 1200으로 변경된 것을 확인할 수 있고

❺ /etc/gshadow 파일에서도 그룹의 이름이 fedora로, 패스워드는 아직 생성되지 않았음을
확인할 수 있다.

C. 명령어 groupdel을 이용한 그룹 삭제

이번에는 생성한 그룹을 삭제하기 위해 명령어 groupdel을 사용한다.

```
[root@master ~]# groupdel fedora          ❶
[root@master ~]# grep fedora /etc/group /etc/gshadow    ❷
[root@master ~]#          ❸
```

❶ 그룹을 삭제하기 위해 명령어 groupdel을 사용해 그룹 fedora를 삭제했다.

❷ /etc/group과 /etc/gshadow 파일에서 그룹 fedora를 확인하면

❸ 아무런 정보가 없음을 확인할 수 있다.

1.5.5 명령어 gpasswd를 이용한 그룹 관리

이번에는 명령어 gpasswd를 이용해 그룹을 관리하는 방법을 차례대로 알아본다.

A. 그룹 패스워드 설정

먼저 명령어 gpasswd를 사용해 특정 그룹에 패스워드를 부여하면 다음과 같다.

```
[root@master ~]# gpasswd centos          ❶
Changing the password for group centos
New Password:
Re-enter new password:
[root@master ~]# grep centos /etc/gshadow          ❷
centos:$6$VHFDDoKEHnfTaRI/$HJ8X.8LaY6ai/G0dk64vhltmFTdjGo/knKixKnW4JlE
Mro5fJ3q3jdvWbhUh0EJMHJg8sbZ70frUJSWc8xpGG1::lee,park          ❸
```

❶ 그룹 centos에 패스워드를 부여하기 위해 명령어 gpasswd를 사용했고

❷ 암호화된 패스워드를 확인하기 위해 /etc/gshadow 파일을 확인해보면

❸ 두 번째 필드에 centos 그룹의 암호화된 패스워드를 확인할 수 있고, 현재 이 그룹에
두 명의 사용자 lee와 park이 있음을 확인했다.

이번에는 앞에서 명령어 gpasswd을 사용해 그룹에 패스워드를 부여했는데, 이 명령어가
어떻게 사용되는지 확인해본다.

```
[root@master ~]# usermod -G 1019 kim          ❶
[root@master ~]# su - kim          ❷
[kim@master ~]$ id          ❸
```

```
uid=1012(kim) gid=1017(kim) groups=1017(kim),1019(centos)        ❹
[kim@master ~]$ newgrp centos    ❺
[kim@master ~]$ id
uid=1012(kim) gid=1019(centos) groups=1017(kim),1019(centos)     ❻
[root@master ~]# su - jeong      ❼
[jeong@master ~]$ id
uid=1003(jeong) gid=1003(jeong) groups=1003(jeong),12(mail)      ❽
[jeong@master ~]$ newgrp centos      ❾
Password:
[jeong@master ~]$ id          ❿
uid=1003(jeong)gid=1019(centos)groups=1003(jeong),12(mail),1019(centos)
```

❶ 사용자 kim을 centos 그룹에 추가하기 위해 usermod에 -G 옵션을 사용했다.

❷ 현재 사용자 root에서 사용자 kim으로 로그인하기 위해 명령어 su -를 사용했다.

❸ 사용자 kim의 UID와 GID를 확인하기 위해서 명령어 id 사용해

❹ 현재 kim이 두 개의 그룹 kim(기본 그룹), centos(보조 그룹)에 포함됐음을 확인했다.

❺ 그룹 변경 명령어인 newgrp를 사용해 기본 그룹을 centos 그룹으로 변경했는데, 이때는 패스워드 없이 변경 가능함을 확인했다.

❻ 명령어 id를 이용해서 확인해보면 기본 그룹이 kim에서 centos로 변경됐음을 확인했다.

❼ 이번에 또 다른 테스트를 위해 사용자 jeong으로 로그인했다.

❽ 사용자 jeong은 현재 기본 그룹이 jeong이고, 보조 그룹이 mail임을 확인했다.

❾ centos 그룹으로 변경하기 위해 newgrp을 사용할 때 패스워드를 요구했고, 이 패스워드를 입력하면

❿ centos 그룹의 사용자임과 동시에 기본 그룹이 centos 그룹으로 변경된 것을 확인할 수 있다.

B. 그룹 관리자 설정

이번에는 명령어 gpasswd를 이용해 특정 그룹의 관리자를 임명하고 사용자를 가입하거나 삭제하는 방법을 알아본다.

```
[root@master ~]# grep centos /etc/group
centos:x:1019:kim,lee,park       ❶
[root@master ~]# gpasswd -A kim centos          ❷
[root@master ~]# grep centos /etc/gshadow
centos:$6$VHFDDoKEHnfTaRI/$HJ8X.8LaY6ai/G0dk64vhltmFTdjGo/knKixKnW4JlE
```

```
Mro5fJ3q3jdvWbhUh0EJMHJg8sbZ70frUJSWc8xpGG1:kim:kim,lee,park    ❸
[root@master ~]# su - kim         ❹
[kim@master ~]$ gpasswd -a jeong centos        ❺
Adding user jeong to group centos
[root@master ~]# grep centos /etc/gshadow        ❻
centos:$6$VHFDDoKEHnfTaRI/$HJ8X.8LaY6ai/G0dk64vhltmFTdjGo/knKixKnW4JlE
Mro5fJ3q3jdvWbhUh0EJMHJg8sbZ70frUJSWc8xpGG1:kim:kim,lee,park,jeong
[kim@master ~]$ gpasswd -d lee centos       ❼
Removing user lee from group centos
[root@master ~]# grep centos /etc/gshadow
centos:$6$VHFDDoKEHnfTaRI/$HJ8X.8LaY6ai/G0dk64vhltmFTdjGo/knKixKnW4JlE
Mro5fJ3q3jdvWbhUh0EJMHJg8sbZ70frUJSWc8xpGG1:kim:kim,park,jeong       ❽
```

❶ centos 그룹의 멤버를 확인한 결괴 현재 kim, lee, park이 포함돼 있음을 /etc/group 파일에서 확인했다.

❷ kim을 centos 그룹의 관리자로 임명하기 위해 gpasswd -A(Administrators)를 사용했다.

❸ /etc/gshadow 파일에서 암호화된 패스워드 다음에 kim이 삽입됐는데, 이는 kim이 그룹의 관리자임을 의미한다.

❹ centos 그룹의 관리자가 된 kim 사용자의 권한을 확인하기 위해 로그인했고

❺ 현재 centos 그룹의 멤버가 아닌 jeong을 centos 그룹에 가입시키기 위해 gpasswd -a(add)를 사용해

❻ 처음엔 없던 사용자 jeong이 centos 그룹의 멤버로 등록된 것을 확인할 수 있고

❼ 이번엔 사용자 lee를 centos 그룹에서 삭제하기 위해 gpasswd -d(delete)를 사용한 결과

❽ 사용자 lee가 /etc/gshadow 파일에서 사라진 것을 확인할 수 있다.

C. 그룹 변경 불허

이번에는 특정 그룹으로의 변경을 허용하지 않는 경우의 사용법을 알아본다.

```
[root@master ~]# gpasswd -R centos    ❶
[root@master ~]# su - lee       ❷
[lee@master ~]$ newgrp centos     ❸
Password:
Invalid pass      ❹
[root@master ~]# grep centos /etc/group /etc/gshadow
/etc/gshadow:centos:!:kim:kim,park,jeong       ❺
```

❶ centos 그룹으로의 변경을 허용치 않기 위해 gpasswd -R(restrict) 옵션을 사용했다.

❷ B절의 ❼에서 lee를 centos 그룹에서 삭제했는데, 테스트를 위해 다시 로그인했고

❸ 명령어 newgrp를 이용해 centos로의 그룹 변경을 다시 시도하면

❹ 올바른 패스워드를 입력했음에도 불구하고 'Invalid pass'라는 메시지를 볼 수 있다.

❺ /etc/gshadow 파일의 두 번째 필드를 보면 '!' 이 있어서 이런 결과가 발생함을 알 수 있다.

D. 그룹 패스워드 삭제

이번엔 그룹의 현재 설정된 패스워드를 삭제하는 방법을 알아본다.

```
[root@master ~]# grep centos /etc/gshadow          ❶
centos:$6$ZygFr.EccTQNV3lN$fS7arxlJMDbt2tDEtbW2TjXvU1lm4X/1mGlAf6cM8HW
gQoDGAUNWv9WBWTS2ulD.mXjP8zR37jhJ0hNExRXKY1:kim:jeong,kim,park
[root@master ~]# gpasswd -r centos          ❷
[root@master ~]# grep centos /etc/gshadow
centos::kim:lee,kim,park          ❸
```

❶ 현재 centos 그룹의 패스워드가 /etc/gshadow 파일에 저장돼 있는데

❷ 이 패스워드를 삭제하기 위해 gpasswd -r(remove)을 사용하면

❸ /etc/gshadow 파일에서 두 번째 필드가 빈칸임을 확인했지만, 이 그룹의 멤버가 아닌 사용자는 마찬가지로 그룹 변경이 되지 않는다.

1.5.6 명령어 newgrp을 사용한 그룹 변경

1.5.5절의 A절에서 명령어 newgrp를 이용해 그룹 변경이 가능하다고 했는데, 여기서 그룹 변경이란 보조 그룹에서 기본 그룹으로의 변경을 의미한다. 그리고 명령어 newgrp를 사용한 경우 그룹 변경이 임시이며, 로그인 셸^{login shell}에서 로그아웃을 하면 본래의 그룹으로 되돌아가며, 영구적으로 기본 그룹으로 변경하려면 명령어 usermod -g를 사용할 수 있다. 또한 기본 그룹으로의 변경이 무엇을 의미하는지도 다음 예를 통해 살펴본다.

```
[jeong@master ~]$ id          ❶
uid=1003(jeong) gid=1003(jeong)
groups=1003(jeong),12(mail),1019(centos)
[jeong@master ~]$ mkdir linux          ❷
[jeong@master ~]$ ls -ld linux
drwxrwxr-x 2 jeong jeong 6 Jun  3 11:02 linux          ❸
[jeong@master ~]$ newgrp centos          ❹
[jeong@master ~]$ id
```

```
uid=1003(jeong) gid=1019(centos)
groups=1003(jeong),12(mail),1019(centos)         ❺
[jeong@master ~]$ mkdir unix        ❻
[jeong@master ~]$ ls -ld unix
drwxr-xr-x 2 jeong centos 6 Jun  3 11:02 unix        ❼
[jeong@master ~]$ chmod 774 unix        ❽
[jeong@master ~]$ ls -ld unix
drwxrwxr-- 2 jeong centos 6 Jun  3 11:02 unix        ❾
[jeong@master ~]$ exit
exit
[jeong@master ~]$ id        ❿
uid=1003(jeong) gid=1003(jeong)
groups=1003(jeong),12(mail),1019(centos)
```

❶ 사용자 jeong으로 로그인해 그룹 정보를 확인해보면 현재 기본 그룹이 jeong이고 보조 그룹이 mail, centos임을 확인할 수 있다.

❷ 테스트를 위해 linux라는 디렉토리를 생성한 후

❸ 디렉토리의 권한을 확인해보면 jeong이라는 그룹에 rwx(read-write-execute) 권한이 설정 돼 있음을 확인할 수 있다(디렉토리에서 'x'는 Search를 의미한다).

❹ 명령어 newgrp를 사용해 centos 그룹으로 변경한 후

❺ 그룹 정보를 확인해보면 기본 그룹이 jeong에서 centos로 변경된 것을 확인할 수 있다.

❻ 다시 테스트를 위해 unix라는 디렉토리를 생성한 후

❼ 디렉토리의 권한을 확인해보면 이번엔 기본 그룹인 centos가 이 디렉토리의 그룹으로 설정돼 있고

❽ 이 디렉토리의 권한 변경을 위해 명령어 chmod에 774를 사용했다. 여기서 숫자 774는 각각 7(user), 7(group), 4(others) 권한 부여 대상을 의미하며, 7이라는 숫자는 권한 4(읽기) + 2(쓰기) + 1(실행)을 의미한다.

❾ 이제 centos 그룹에 속한 사용자들도 unix 디렉토리에 접근해 읽기 및 추가, 수정, 삭제 등이 가능하다는 의미이며, 다른 사용자들은 읽기 권한만 가능하다.

❿ 현재의 셸에서 빠져 나와 그룹 정보를 확인해보면 기본 그룹이 centos에서 jeong으로 변경됐는데, 명령어 newgrp는 영구적이 아닌 임시로 그룹을 변경하기 때문이다.

1.5.7 명령어 grpconv와 grpunconv 이용

이번에는 명령어 pwconv와 pwunconv처럼 명령어 grpconv와 grpunconv를 사용해

/etc/group과 /etc/gshadow 파일을 이용해보자.

```
[root@master ~]# grpunconv        ❶
[root@master ~]# grep centos /etc/group /etc/gshadow        ❷
/etc/group:centos:$6$ygfg1Pn4P//7U$cPrv7TnhCjeFMTVqBSNc2ADogNPBr500a1n
2hLUxugLy1iUm.s.yU95C70D08s5G2Sqtv8d3qcTY3iQczjtI5.:1019:kim,park,jeong
grep: /etc/gshadow: No such file or directory        ❸
[root@master ~]# grpconv        ❹
[root@master ~]# grep centos /etc/group /etc/gshadow
/etc/group:centos:x:1019:kim,park,jeong        ❺
/etc/gshadow:centos:$6$ygfg1Pn4P//7U$cPrv7TnhCjeFMTVqBSNc2ADogNPBr500a
1n2hLUxugLy1iUm.s.yU95C70D08s5G2Sqtv8d3qcTY3iQczjtI5.::kim,park,jeong        ❻
[root@master ~]# ls -l /etc/group /etc/gshadow        ❼
-rw-r--r--  1 root root 1632 Jun  3 11:27  /etc/group
-r--------  1 root root 1509 Jun  3 11:27  /etc/gshadow
```

❶ 명령어 grpunconv를 사용한 후에
❷ /etc/group 파일의 두 번째 필드에 암호화된 패스워드가 저장돼 있고
❸ 지금까지 사용했던 /etc/gshadow 파일이 없다는 메시지를 볼 수 있다.
❹ 이번엔 명령어 grpconv를 사용한 후에
❺ /etc/group과 /etc/gshadow 파일을 확인해보면 /etc/group 파일에 암호화된 패스워드가 없고
❻ /etc/gshadow 파일의 두 번째 필드에 암호화된 패스워드가 저장돼 있음을 확인할 수 있다. 종합하면 /etc/passwd와 /etc/shadow 파일의 관계처럼 본래 하나이던 파일이 그룹의 암호화된 패스워드를 저장하기 위해 /etc/gshadow 파일을 사용했음을 확인할 수 있다.
❼ 그 이유를 이 두 파일의 권한에서 확인할 수 있다. 즉 /etc/group 파일은 누구나 읽기가 가능하지만 /etc/gshadow 파일은 오직 root만이 읽기 가능(-r--)임을 알 수 있다.

1.5.8 파일 무결성 검사

패스워드 파일과 그룹 파일의 무결성integrity을 검사하기 위해 사용되는 명령어 grpck와 pwck를 사용해보자.

```
[root@master ~]# grpck        ❶
[root@master ~]# pwck        ❷
user 'avahi-autoipd': directory '/var/lib/avahi-autoipd' does not exist
user 'memcached': directory '/run/memcached' does not exist
user 'pulse': directory '/var/run/pulse' does not exist
```

```
user 'gnome-initial-setup': directory '/run/gnome-initial-setup/' does not exist
user 'oprofile': directory '/var/lib/oprofile' does not exist
user 'admin': directory '/home/admin' does not exist
```

❶ 그룹 파일의 무결성을 검증하기 위해 사용한다.

❷ 패스워드 파일의 무결성을 검증하기 위해 사용한다. 실제로 일치하지 않는 정보에 대해
메시지를 보여준다.

1.6 Sudoers 파일을 이용한 root 권한 부여

일반적으로 서버 관리자가 원격지에서 서버에 접속할 때 시스템 관리자 계정인 root로 직접
접속도 가능하지만, 보안을 고려해 일빈 사용자로 시스템에 접속한 후 root 사용자보 변경해
관리자의 역할을 하는 것이 일반적인 경우라 할 수 있다. 또 다른 방법은 일반 사용자로
로그인해 root와 같은 역할을 할 수 있게 권한을 부여하는 방법도 있다. 여기서는 sudoers
파일을 사용해 일반 사용자에게 root의 권한을 부여해 시스템을 관리하는 방법을 알아본다.

1.6.1 visudo를 이용한 /etc/sudoers 파일 편집

sudoers 파일은 /etc/sudoers에 위치하는데 vim, nano, emacs 같은 텍스트 편집기를 이용해
직접 이 파일을 열어서 수정하는 방법과 명령어 visudo를 이용해 편집하는 방법이 있다.
여기서는 명령어 visudo를 이용하겠다.

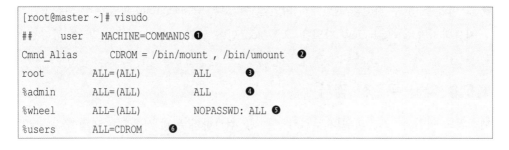

```
[root@master ~]# visudo
##      user    MACHINE=COMMANDS ❶
Cmnd_Alias     CDROM = /bin/mount , /bin/umount   ❷
root          ALL=(ALL)        ALL        ❸
%admin        ALL=(ALL)        ALL        ❹
%wheel        ALL=(ALL)        NOPASSWD: ALL ❺
%users        ALL=CDROM       ❻
```

❶ 명령어 visudo를 이용해 /etc/sudoers 파일을 열면 여러 부분들로 나눠지는데, 이 부분이
주요 부분이다. 이 부분을 해석하면 어떤 사용자(user)에게 어떤 호스트(MACHINE)에서 어
떤 명령어(COMMANDS) 등을 할당할지 결정한다는 문법이다.

❷ 명령어 할당을 위해 CDROM이라는 에일리어스alias에 두 개의 명령어 /bin/mount와
/bin/umount를 할당했다.

❸ 사용자 root는 기본적으로 모든 호스트에서 모든 명령어를 사용할 수 있다는 설정이다.

❹ admin 그룹에 속한 사용자들은 root와 마찬가지로 모든 호스트에서 모든 명령어를 사용할 수 있다는 의미의 설정이다. admin 그룹에 속한 사용자가 다른 호스트에서 사용가능토록 할 경우 이 /etc/sudoers 파일이 다른 호스트에서도 동일하게 설정이 돼야만 한다. 여기서 '%'는 그룹을 의미하며, 특정 사용자만 사용할 경우 '%'를 제거하고 그 사용자명을 입력하면 된다.

❺ ❹와 동일한 의미지만 차이가 있다. ❹는 root의 권한으로 사용 가능한 명령어를 실행할 때 패스워드를 매번 입력해야 하지만, ❺는 패스워드 없이 명령어 실행이 가능하다.

❻ users 그룹에 속한 사용자들에게는 CDROM이라는 에일리어스에 속한 두 개의 명령어를 root의 권한으로 사용하도록 허락하는데, 이 그룹의 사용자들도 이 명령어 실행 시 패스워드가 필요하다.

1.6.2 명령어 sudo를 이용한 일반 사용자의 root 권한 이용

1.6.1절에서 설정한 내용으로 테스트해보자. 먼저 그룹에서 wheel, admin, users 그룹이 있는지 확인한 후 없는 경우 groupadd 명령어를 사용해 생성한다. 그리고 각각 사용자 kim, lee, park을 각각 그룹 wheel, admin, users에 속하게 한 후 사용자 kim은 명령어 사용 시 패스워드를 사용하지 않게 하고, 사용자 lee는 패스워드 입력 후 명령어를 사용하게 하고, 사용자 park는 오직 두 개의 명령어 mount와 umount만 root의 권한으로 사용하게 하고 패스워드를 입력하도록 테스트해보자.

```
[root@master ~]# useradd -G wheel kim      ❶
[root@master ~]# useradd -G admin lee      ❷
[root@master ~]# useradd -G users park     ❸
```

❶❷❸에서 사용자 생성 시 각각 사용자 kim, lee, park를 그룹 wheel, admin, users의 사용자로 가입시키며 생성했다. 그룹은 기본 그룹이나 보조 그룹이나 상관없다.

```
[kim@master ~]# su - kim      ❶
[kim@master ~]$ sudo mount /dev/sr0 /mnt/cdrom      ❷
mount: /dev/sr0 is write-protected, mounting read-only
[kim@master ~]$ ls /mnt/cdrom      ❸
CentOS_BuildTag EULA images  LiveOS  repodata    RPM-GPG-KEY-CentOS-Testing-7 EFI
GPL  isolinux Packages RPM-GPG-KEY-CentOS-7 TRANS.TBL
[kim@master ~]# su - lee      ❹
```

```
[lee@master ~]$ sudo umount /dev/sr0        ❺
[sudo] password for lee:    ❻
[lee@master ~]# su - park   ❼
[park@master ~]$ sudo mount /dev/sr0 /mnt/cdrom    ❽
[sudo] password for park:
mount: /dev/sr0 is write-protected, mounting read-only
[park@master ~]$ sudo vim /etc/shadow      ❾
Sorry, user park is not allowed to execute '/bin/vim /etc/shadow' as
root on master.chul.com.
```

❶ 먼저 테스트를 위해 명령어 실행 시 패스워드가 필요 없는 그룹 wheel의 사용자 kim으로 로그인한 후에

❷ 명령어 sudo와 더불어 명령어 mount를 사용해 다운로드한 CentOS 7 ISO 파일을 /mnt/cdrom 디렉토리를 확인한 후 마운트하면 패스워드 없이 실행된다. 여기서 /dev/sr0는 테스트를 위해 다운로드한 CentOS7 ISO 파일을 저장하고 있는 CDROM 장치를 의미한다.

❸ 그 디렉토리를 확인해보면 CDROM의 파일과 디렉토리를 확인할 수 있다.

❹ 이번엔 명령어 실행 시 패스워드가 필요한 그룹 admin의 사용자 lee로 로그인한 후

❺ 명령어 sudo와 더불어 명령어 umount를 사용하면

❻ 패스워드를 요구하고 입력하면 명령어가 실행된다.

❼ 이번엔 명령어 두 개만 가능한 그룹 users의 사용자 park로 로그인해

❽ 명령어 mount를 이용해 CDROM을 /mnt/cdrom으로 마운트하면 패스워드 입력 후에 실행된다.

❾ 그러나 오직 root만 읽기 가능한 /etc/shadow 파일을 명령어 vim을 이용해 읽으려 하면 이 파일의 읽기가 허용되지 않았다는 메시지와 함께 실패한다. 그룹 users에 속한 사용자들을 단지 두 명령어 mount, umount만 root의 권한으로 사용 가능토록 설정했기 때문이다.

위의 테스트를 종합하면 특정 사용자에게 관리자 root의 권한을 부여하려면 명령어 visudo를 이용해 파일 /etc/sudoers를 편집해야 하며, 특정 그룹에 속한 사용자들은 root와 동일한 권한을 갖게 설정한 후 그 그룹의 사용자로 로그인한 후에 sudo 명령어를 사용해 모든 명령어를 root처럼 사용할 수 있다는 점을 확인했다.

1.7 사용자 관리를 위한 GUI 프로그램 사용

사용자와 그룹 관리를 위해 지금까지 명령어를 사용했지만, 이번에는 GUI^{Graphic User Interface}를 이용한 사용자와 그룹 관리를 알아본다. 명령어를 이용한 관리를 먼저 설명한 이유는

명령어를 통해 자세한 사용자와 그룹 관리에 필요한 파일과 디렉토리를 이해한 후에 명령어를 잘 숙지하면 GUI를 이용한 관리는 그에 비해 아주 쉽게 사용할 수 있기 때문이다.

1.7.1 사용자 관리 GUI 프로그램의 설치와 실행

먼저 GUI 프로그램 사용을 위해 패키지를 설치해야 한다.

```
[root@master ~]# yum install system-config-users -y    ❶
[root@master ~]# system-config-users &                 ❷
```

❶ 사용자와 그룹 관리를 위한 GUI 프로그램을 위해 system-config-users라는 패키지를 설치하는 명령이다.

❷ 패키지 설치 후 터미널 창에서 이 프로그램을 실행하는데, 프로세스를 백그라운드(&)에서 실행하라는 의미다.

1.7.2 GUI 프로그램 사용

앞 절에서 설치한 패키지를 이용해 GUI 프로그램을 사용하는 방법을 알아보자.

A. 명령어 실행

처음 명령어를 실행하면 그림 1-2처럼 다음과 같은 화면을 볼 수 있다.

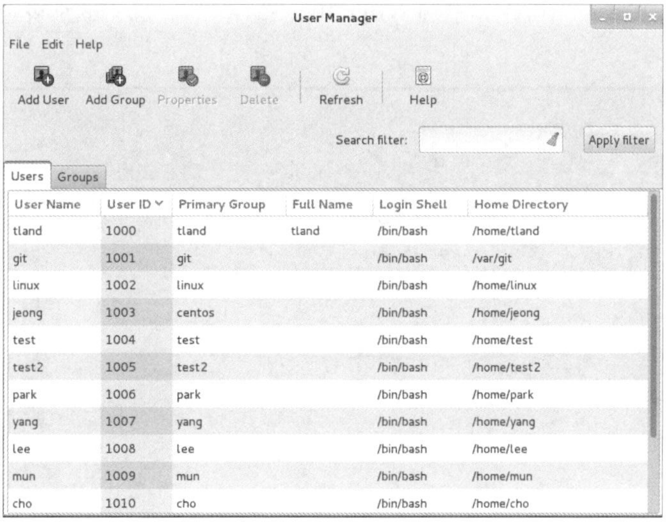

그림 1-2 User Manager 실행

B. 사용자 추가

사용자를 추가하기 위해 상단왼쪽의 Add User를 클릭하면 그림 1-3과 같은 화면을 볼수 있는데, lim이라는 사용자를 홈 디렉토리 생성, '/bin/bash', 'UID 1020', 'GID 1020' 옵션을 사용해 생성하는 것을 보여준다.

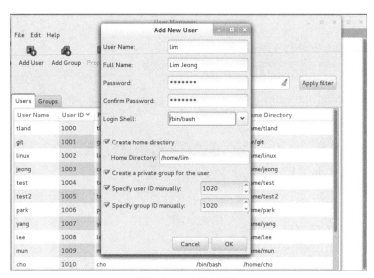

그림 1-3 사용자 생성

C. 그룹 생성

그룹을 생성하기 위해 상단 왼쪽의 Add Group을 클릭하면 아래 그림 1-4와 같은 화면을 볼 수 있는데, debian이라는 그룹에 'GID 1022'를 부여해 생성하는 화면이다.

그림 1-4 그룹 생성

D. 사용자 정보 변경

사용자 생성 후에 사용자의 기본 정보를 변경하기 원하면 사용자를 선택한 후 왼쪽 상단의 Properties를 클릭하면 그림 1-5처럼 이 화면에서 사용자의 패스워드 에이징을 비롯한 모든 정보를 변경할 수 있다.

그림 1-5 사용자 정보 변경

1.8 참고문헌

- http://www.jasypt.org/howtoencryptuserpasswords.html
- http://tldp.org
- http://en.wikipedia.org
- http://www.digitalocean
- http://www.techrepublic.com/article/enable-password-aging-on-linux-systems/
- https://www.centos.org/docs/5/html/5.2/Deployment_Guide/s3-wstation-pass-org-age.html

1.9 요약

1. 리눅스 시스템에서 직접적으로 사용자 및 그룹 생성과 관련이 있는 파일은 모두 네 가지인데, 이 파일은 각각 (   ), (   ), (   ), (   )이다. 사용자 및 그룹 생성, 변경 및 삭제 후에 이 파일들에서 변경된 정보들을 확인하는 것이 아주 중요하다.

2. 사용자 및 그룹 생성, 변경, 삭제에 사용되는 명령어는 사용자 관리에 관련해서는 세 가지 (   ), (   ), (   )이며, 그룹 관리에서는 (   ), (   ), (   )이다.

3. 사용자 및 그룹 관리를 위해 기본적인 내용들을 포함하고 있는 두 개의 중요한 파일은 (   )와 (   )이며, 사용자 생성 시 이 (   ) 디렉토리의 내용이 모두 사용자의 홈 디렉토리로 복사된다.

4. 본래 /etc/passwd 파일과 /etc/shadow 피일은 하나였지만, 보안상의 이유로 두 개의 파일로 분리됐는데 이것을 확인하는 명령어는 각각 (   )와 (   )이다.

5. /etc/shadow 파일의 두 번째 필드는 사용자의 암호화된 패스워드가 저장되는 공간이며, 이 부분은 '$'를 기준으로 세 부분으로 나눠지는데 각각 (   ), (   ), (   )이다. 첫 번째에서 숫자 6은 (   )를 의미하며, 두 번째 (   )는 동일한 패스워드 입력 시 다른 해시 값을 만들기 위해 사용된다.

6. 패스워드 에이징에 사용되는 명령어는 (   )이며 주로 사용자 패스워드의 기본 값을 변경하기 위해 사용되는데, 유닉스와 리눅스의 기준 날짜인 (   )을 사용자 계정의 만료 날짜 기준으로 사용한다.

7. 그룹 관리에서 그룹의 패스워드를 설정하는 명령어는 (   )이며, 이 결과는 (   ) 파일에 저장된다. 또한 임시로 사용자의 그룹을 변경할 경우 사용되는 명령어는 (   )이다.

8. 사용자 및 그룹 관리를 위해 GUI를 사용할 경우 이 (   ) 패키지를 설치해야 하며, 명령어 또한 동일하다.

9. 특정 사용자에게 root의 권한을 할당하는 경우 명령어 (   )를 사용하며 이 명령어는 (   ) 파일을 오픈해 설정할 수 있다.

10. 파일 및 디렉토리의 소유권을 변경하는 명령어는 (   )이며, 권한을 부여하는 명령어는 (   )이다.

1.10 연습문제

1. 사용자 cho를 생성하되 UID는 1030, 전화번호는 010-2222-3333이며, 셸은 /bin/csh이고, 패스워드는 'cHoPaSsW0rD'로 설정하라.

2. Seoul이라는 그룹을 생성하되 GID는 1300, 'Busan'은 1301로 설정하고, Busan 그룹은 패스워드가 'bUsanPaSsW0rD'로 설정하라.

3. 사용자 cho는 이 Seoul과 Busan 그룹의 사용자로 가입돼야 한다.

4. 사용자 cho로 로그인한 후 디렉토리 korea를 생성하면 기본 그룹으로 Seoul이 나타나게 하라.

5. 임시로 Busan 그룹도 또 다른 디렉토리 world의 기본 그룹으로 나타나야 한다.

6. 사용자 cho의 이름을 yang으로 변경하고, 사용자의 패스워드 만료는 60일로, 그리고 10일이 지나도 변경하지 않는 경우 계정이 잠기게 설정하라.

7. jang이라는 사용자를 생성하되 UID는 1031이 되게 하고, Busan 그룹의 사용자가 되게 설정하라.

8. Busan 그룹의 사용자가 root와 동일한 권한을 갖도록 sudoers 파일을 수정한 후 테스트하라.

1.11 연구과제

1. 패스워드 크래킹에 사용되는 툴인 존더리퍼[John the Ripper]를 CentOS 7 시스템에 설치한 후에 어떻게 패스워드를 크래킹하는지 연구해보라. 칼리 리눅스[Kali Linux]를 설치했다면 존더리퍼는 자동으로 설치되며, CentOS 7의 /etc/shadow 파일을 복사해 이 프로그램을 이용해 크래킹을 시도해보라.

2. 오라클 솔라리스[Solaris], 오픈수세[OpenSUSE], 프리BSD[FreeBSD]의 /etc/passwd와 /etc/shadow 파일을 수집해 CentOS 7의 파일과 비교해보라. 어떤 점이 유사하고 어떤 부분이 다른지 비교해보자. 더 나아간다면 윈도우 서버 2008 또는 2012의 패스워드 시스템은 리눅스의 그것과 어떻게 다른지도 연구해보라.

2장
패키지 관리

서버 관리를 위한 패키지 관리의 모든 것

1장에서는 리눅스에서 사용자와 그룹을 추가, 수정, 삭제하는 등의 작업을 명령어와 GUI 프로그램을 사용해 설명했다. 2장에서는 사용자 관리와 더불어 서버 관리에서 가장 중요한 업무 중 하나인 패키지 관리 방법을 알아본다. 서버를 관리하려면 먼저 설치할 서버 프로그램을 탐색, 설치하고, 그 후 업데이트하고 때로는 삭제하는 등의 작업을 하여야 하는데, 이때 필요한 것이 바로 패키지 관리 프로그램이다.

리눅스 시스템에서 서버 프로그램을 다운로드해서 설치하는 방법에는 크게 두 가지가 있는데, 한 가지는 이미 패키지화된 바이너리 프로그램을 사용하는 방법이고 나머지 한 가지는 소스 파일을 다운로드해 직접 컴파일한 후 컴파일된 바이너리 파일을 설치해 사용하는 방법이 있다. 리눅스에서 대중적으로 사용되는 바이너리 프로그램은 레드햇Redhat 계열에서 주로 사용하는 RPM 파일과 우분투 및 데비안 계열에서 사용하는 DEB 파일로 분류할 수 있다. 2장에서는 레드햇, 페도라Fedora, CentOS, 오라클 리눅스, 수세SUSE 리눅스 등에서 바이너리 프로그램으로 사용하는 RPM 패키지를 관리하는 방법을 명령어 rpm과 자동화된 패키지 관리 프로그램인 YUM을 사용해 자세히 알아본다. 마지막으로 소스코드를 다운로드해서 컴파일한 후에 프로그램을 설치하고 사용하는 방법도 알아보고, YUM의 업데이트 버전인 DNF에 대한 내용도 추가 설명한다.

2장에서 다루는 패키지 관리 프로그램 RPM과 YUM, DNF 등에서 설정과 테스트를 위해 사용되는 호스트의 정보는 다음과 같다.

호스트 이름	IP 주소	OS 버전
master.chul.com	192.168.80.5	CentOS Linux release 7.1
node1.chul.com	192.168.80.6	CentOS Linux release 7.1

2장에서 다룰 내용과 설명 순서는 다음과 같다.

- 패키지 관리 프로그램 RPM 사용
- 패키지 관리 프로그램 YUM 사용
- 패키지 관리 프로그램 DNF 사용
- GUI 프로그램을 이용한 패키지 관리
- 소스코드 관리

2.1 패키지 관리 프로그램 RPM 사용

RPM은 Redhat Package Manager의 약어로, 1997년 Erik Troan과 Marc Ewing이 레드햇 리눅스에서 패키지를 관리하기 위해 만든 패키지의 형식을 의미한다. 지금은 RPM Package Manager의 의미로 사용되며, 레드햇 리눅스뿐만 아니라 페도라, CentOS, 오라클 리눅스, 오픈수세, 맨드리바^{Mandriva} 리눅스등도 이와 동일한 포맷의 바이너리 프로그램을 사용하고 있다. RPM은 바이너리 파일의 포맷뿐만 아니라 이러한 파일을 관리하는 프로그램의 이름으로도 사용되며, 현재 레드햇, 페도라, CentOS 리눅스 등에서 사용되고 있다.

2.1.1 RPM 패키지의 구성 방식

RPM 패키지 파일의 내부에는 데이터 파일과 메타데이터 파일이 포함돼 있는데, 보통 데이터 파일에는 명령어, 설정 파일, 문서들이 포함돼 있고, 메타데이터에는 그 패키지의 내용물에 대한 정보, 예를 들어 누가 패키징을 했는지, 버전 정보는 어떻게 되는지 등의 정보가 저장돼 있다. RPM 패키지를 설치할 때 데이터 파일들은 리눅스의 파일 시스템(예를 들면 /etc, /usr, /var 등)에 설치되며, 메타데이터는 /var/lib/rpm에 저장돼 나중에 RPM 데이터베이스로 사용된다. 먼저 이러한 RPM 패키지의 형식을 분석해보자. DNS 서버 패키지로 사용되고 있는 bind 패키지를 예로 들어 설명하면 다음과 같다.

```
[root@master ~]# ls -l bind-9.9.4-14.el7.x86_64.rpm
-rw-r--r-- 1 root root 1849524 Jun  8 11:41 bind-9.9.4-14.el7.x86_64.rpm
```

bind	9.9.4	14	el7	X86_64	rpm
name	version	release	OS	architecture	File type
❶	❷	❸	❹	❺	❻

❶ 이 소프트웨어의 이름을 의미하며, 일반적으로 소문자를 사용한다.

❷ 이 소프트웨어의 버전 정보를 나타내는 숫자인데, Major(9), Minor(9), Patch(4)로 구성되며, 이 숫자는 이 패키지를 제공하는 리눅스 배포판 회사에서 결정하는 것이 아니라 원래 이 패키지의 소스코드를 제공한 회사에서 결정한다.

❸ 패키지의 릴리스를 나타내는 숫자로서 같은 버전으로 RPM 패키지를 만든 숫자를 의미하며, 단지 같은 버전의 패키지에서 패키지를 구분하기 위한 숫자로 사용된다.

❹ 운영체제를 의미하며 el7은 Enterprise Linux 7으로 레드햇이나 CentOS를 의미하는데, 이 정보는 /etc/redhat-release나 /etc/centos-release에서 찾아볼 수 있다. 이 필드에 특정 배포판을 의미하는 다른 정보도 나타날 수 있는데, 'fc4'(Fedora Core 4), 'rh19'(Redhat Linux 9) 등이 그 예라 할 수 있다. 넓은 의미에서 이 정보도 릴리스에 포함된다.

❺ CPU의 아키텍처 정보를 의미한다. 이 정보 대신 'src', 'nosrc'도 사용되는 경우가 있는데, 이 경우에는 Source RPM의 약어로서 RPM이 바이너리가 아니라 컴파일이 필요한 소스 RPM 파일임을 의미한다.

❻ 이 파일의 확장자를 의미한다.

위에서 ❺는 CPU의 아키텍처를 의미한다고 했는데, 그 종류를 분류하면 표 2-1과 같다.

표 2-1 RPM에서 지원하는 CPU 아키텍처의 종류

X86_64	인텔 x86 계열의 64비트 마이크로프로세서를 의미
alpha	Digital 사의 Alpha/AXP 시리즈의 마이크로프로세서를 의미
sparc	Sun Microsystem의 SPARC 시리즈의 칩을 의미
mips	MIPS Technology 사의 프로세서를 의미
ppc	Power PC 계열의 마이크로프로세서를 의미

(이어짐)

X86_64	인텔 x86 계열의 64비트 마이크로프로세서를 의미
m68k	Motorola's 68000 시리즈의 CISC 마이크로프로세서를 의미
SGI	'MIPS'와 동일
noarch	특정 아키텍처에 종속되지 않음을 의미

2.1.2 RPM 패키지를 만드는 과정

RPM 기반의 패키지를 만드는 과정을 4단계로 나타내면 다음과 같다.

STEP 1

전 세계의 Upstream Software Provider라고 불리는 오픈소스 프로젝트에 의해 그 프로그램을 원하는 사용자들을 위한 프로그램이 특정 라이선스 조건하에 만들어진다.

예, DNS 서버 프로그램 Bind - http://www.isc.org/products/BIND/

STEP 2

레드햇 같은 리눅스 배포판 회사들은 이러한 오픈소스들을 가져와 바이너리 파일로 만든 후에 그 파일에 문서, 설정 파일, 기타 필요한 파일들을 통합해 RPM 패키지를 생성한다.

예, bind-9.9.4-18.el7_1.1.src.rpm -> bind-9.9.4-18.el7_1.1.x86_64.rpm

STEP 3

이렇게 생성된 RPM 패키지들은 무결성을 위해 GPG의 개인 키(Private Key)를 이용한 서명(Signature)이 추가돼 저장소에 배포판과 CPU 타입에 따라 저장된다. 이러한 저장소는 CD/DVD 또는 FTP, WEB 등이 될 수 있으며, 이러한 저장소를 통해 패키지들이 사용자들에게 배포된다.

예, ftp://ftp.kaist.ac.kr/CentOS/7.1.1503/os/x86_64/Packages/

STEP 4

사용자들은 이러한 저장소에 저장돼 있는 RPM 파일들을 YUM 등을 통해 또는 직접 다운로드해 배포자의 서명을 확인한 후에 설치해 사용할 수 있다.

예, # rpm -Kv bind-9.9.4-18.el7_1.1.src.rpm
    bind-9.9.4-18.el7_1.1.src.rpm:
      Header V3 **RSA/SHA256 Signature, key ID f4a80eb5: OK**

2.1.3 RPM 데이터베이스의 구조

다운로드한 RPM 파일을 로컬 시스템에 설치하면 이 파일들에 대한 정보가 데이터베이스화돼 /var/lib/rpm 디렉토리에 저장된다. 이 디렉토리에 저장된 파일들은 다음과 같다.

```
[root@master ~]# ls /var/lib/rpm
Basenames     __db.001  __db.003  Group    Name    Packages
Requirename Sigmd5
Conflictname  __db.002 Dirnames  Installtid   Obsoletename
Providename Sha1header  Triggername
```

위 파일들에서 _db.00X(x는 숫자) 파일들을 제외한 나머지 파일들은 모두 버클리^{Berkeley} DB 파일 형식을 사용하기 때문에 명령어 cat, vim, nano 등을 이용해 직접 접근할 수 없고, 특정 명령어를 이용해 접근한 후 그 정보를 확인할 수 있다. 다음 절에서 이들을 살펴보기로 하고 이 파일들 중에서 Packages 파일이 제일 중요한데, 이 파일은 설치된 모든 RPM 파일의 메타데이터를 저장하는 데이터베이스 파일로서 설치된 각 패키지가 색인 번호별로 정리된 패키지들에 대한 헤더의 태그 정보를 포함하고 있고, 시간이 지날수록 이 번호들은 천천히 증가하게 된다. 다른 파일들(Name, Providename, Group)은 특정한 타입의 정보에 접근하는 데 더 빠른 속도를 제공하기 위해 존재하는 파일들이다. Packages 파일을 제외한 나머지 파일들은 명령어 rpm --rebuilddb를 통해 다시 생성이 가능하므로 안전한 RPM 데이터베이스 관리를 위해 Packages 파일을 안전한 장소에 백업해둘 것을 추천한다.

2.1.4 명령어 rpm을 이용한 패키지 관리

명령어 rpm을 사용해 패키지를 관리할 때 주로 사용되는 명령어와 의미는 표 2-2와 같다.

표 2-2 RPM 패키지 관리 명령어의 의미와 옵션 목록

의미	단축 옵션	옵션
업그레이드/설치(Upgrade/Install)	-U	--upgrade
설치(Install)	-I	--install
삭제(Remove)	-e	--remove
질의(Query)	-q	--query
검증(Verify)	-V	--verify
서명 검사(Check Signature)	-K	--checksig
업그레이드(Freshen)	-F	--freshen
데이터베이스 초기화(Initialize database)		--initdb
데이터베이스 재생성(Rebuild database)		--rebuilddb

표 2-2의 내용들을 차례대로 예를 들어 설명하겠다.

A. 패키지 설치(Install/Upgrade)

먼저 패키지 설치 시에 사용되는 옵션에 대한 설명이다.

1. 옵션 -i 또는 -U를 이용해 패키지 설치하기

명령어 rpm에 옵션 -i(install)나 -U(upgrade)를 사용해 패키지를 설치할 수 있다.

```
[root@master pub]# rpm -ivh bind-9.9.4-14.el7.x86_64.rpm        ❶
Preparing...
################################################ [100%]        ❷
 1:bind
################################################ [100%]
[root@master pub]# rpm -Uvh bind-9.9.4-14.el7.x86_64.rpm        ❸
```

❶ 예로서 bind 프로그램을 설치하기 위해 명령어 rpm에 -ivh 옵션을 이용해 설치하고 있다. 여기서 -i는 설치를 의미하며, -v(verbose)는 좀 더 자세한 정보를 알고 싶을 때 사용하며, -h는 해시 마크hash mark로서 설치 진행 상황을 해시 마크(#)를 이용해 보여주라는 의미다.

❷ 위에서 -h 옵션을 사용했으므로 그 진행 상황을 해시 마크(#)로 보여주고 있다.

❸ -U 옵션은 업그레이드upgrade의 의미로서 -i와의 차이점은 이미 하위 버전의 패키지가 설치돼 있더라도 그것을 제거하고 새로 설치하거나 패키지가 설치돼 있지 않더라도 설치하라는 의미이며, -i는 이미 패키지가 설치돼 있지 않은 경우에만 설치하라는 의미다.

2. 옵션 replacepkgs와 replacefiles 사용하기

단지 옵션 -i나 -U를 이용해 패키지 설치를 실패한 경우에만 사용할 수 있는 옵션에 대한 설명이다.

```
[root@master ~]# rpm -ivh telnet-0.17-59.el7.x86_64.rpm
Preparing...
############################### [100%]
        package telnet-1:0.17-59.el7.x86_64 is already installed     ❶
[root@master ~]# rpm -ivh --replacepkgs telnet-0.17-59.el7.x86_64.rpm    ❷
Preparing...
############################### [100%]
Updating / installing...
   1:telnet-1:0.17-59.el7  ############################### [100%]
```

```
[root@master ~]# rpm -ivh --replacefiles telnet-0.17-59.el7.x86_64.rpm  ❸
```

❶ -ivh 옵션을 이용해 telnet 패키지를 설치하는 경우 이미 패키지가 설치돼 있다면 이런 메시지가 나타난다.

❷ 이런 경우 위 메시지와 상관없이 설치하려면 --replacepkgs 옵션을 이용해 설치할 수 있다.

❸ 특정 파일이 충돌한다는 메시지가 나타난 경우 --replacefiles 옵션을 사용해 설치한다. 옵션 --replacepkgs나 --replacefiles 대신 --force 옵션을 사용해도 동일한 효과를 얻을 수 있다.

B. 패키지 제거(erase)

설치된 패키지를 제거하기 위해 사용되는 옵션에 대해 알아보자.

```
[root@master ~]# rpm -e telnet            ❶
[root@master ~]# rpm -e bind              ❷
error: Failed dependencies:               ❸
        bind = 32:9.9.4-18.el7_1.1 is needed by (installed)
bind-chroot-32:9.9.4-18.el7_1.1.x86_64
[root@master ~]# rpm -e --nodeps bind     ❹
```

❶ 특정 패키지를 제거하는 경우 옵션 -e(erase)를 사용해 제거한다.

❷ bind 패키지를 -e 옵션을 이용해 제거하려고 할 때

❸ 의존 관계가 실패했다는 메시지와 함께 bind-chroot 패키지가 bind 패키지를 필요로 한다는 메시지를 볼 수 있는데, 이는 bind-chroot가 bind 패키지와 의존 관계에 있어서 bind 패키지를 필요로 하므로 제거할 수 없다는 의미다.

❹ 이런 경우 옵션 --nodeps(no dependency)를 이용해 제거할 수 있는데, 이 방법은 적극적으로 추천하는 방법이 아니며 아주 부득이한 경우에 한해서만 사용하길 추천한다.

C. 패키지 업그레이드(Freshen)

-F 옵션은 앞에서 설명한 -U 옵션과 비슷한 용도로 사용되는 옵션이다.

```
[root@master ~]# rpm -Fvh telnet-server-0.17-59.el7.x86_64.rpm
```

옵션 -F(Freshen)는 -U 옵션과 비슷하지만 기존 하위 버전의 패키지가 설치돼 있어야만 상위 버전의 패키지를 설치하라는 의미로 사용된다.

D. 패키지 질의(Query)

명령어 rpm은 질의와 관련해 여러 옵션을 제공한다. 여기서는 패키지 질의에 대한 옵션들을 알아본다.

```
[root@master ~]# rpm -qi telnet-server      ❶
Name         : telnet-server
Epoch        : 1
Version      : 0.17
Release      : 59.el7
Architecture : x86_64
Install Date : Mon 08 Jun 2015 03:05:38 PM ICT
Group        : System Environment/Daemons
Size         : 56249
License      : BSD
Signature    : RSA/SHA256, Fri 04 Jul 2014 12:12:19 PM ICT, Key ID 24c6a8a7f4a80eb5
Source RPM   : telnet-0.17-59.el7.src.rpm
Build Date   : Tue 10 Jun 2014 05:06:27 AM ICT
Build Host   : worker1.bsys.centos.org
Relocations  : (not relocatable)
Packager     : CentOS BuildSystem <http://bugs.centos.org>
Vendor       : CentOS
URL          :
http://web.archive.org/web/20070819111735/www.hcs.harvard.edu/~dholland/
computers/old-netkit.html
Summary      : The server program for the Telnet remote login protocol
Description  : Telnet is a popular protocol for logging into remote systems over the
Internet. The package includes a daemon that supports Telnet remote logins into the host
machine. You may enable the daemon by editing /etc/xinetd.d/telnet
[root@master ~]# rpm -ql telnet-server      ❷
/usr/lib/systemd/system/telnet.socket
/usr/lib/systemd/system/telnet@.service
/usr/sbin/in.telnetd
/usr/share/man/man5/issue.net.5.gz
/usr/share/man/man8/in.telnetd.8.gz
/usr/share/man/man8/telnetd.8.gz
```

❶ -q 옵션은 질의^{query}이고, -i 옵션은 정보^{information}를 의미해 선택한 패키지에 대한 자세한 정보를 보여준다.

❷ -l 옵션은 list로서 선택한 패키지가 어떤 디렉토리와 파일들을 파일 시스템에 설치했는

지 알려주며, -q --filesbypkg 옵션도 동일한 정보를 나타내준다.

```
[root@master ~]# rpm -qf /usr/bin/ls        ❶
coreutils-8.22-11.el7.x86_64
[root@master ~]# rpm -q --requires telnet-server  ❷
[root@master ~]# rpm -q --provides telnet-server  ❸
telnet-server = 1:0.17-59.el7
telnet-server(x86-64) = 1:0.17-59.el7
[root@master ~]# rpm -q --scripts telnet-server   ❹
[root@master ~]# rpm -q --changelog telnet-server ❺
[root@master ~]# rpm -qa | grep telnet      ❻
telnet-server-0.17-59.el7.x86_64
telnet-0.17-59.el7.x86_64
```

❶ -q 옵션에 옵션 -f(file)를 더하면 특정 파일이 어떤 패키지에 속해있는지 알려주는데, 예를 들어 명령어 /usr/bin/ls는 coreutils 패키지를 설치해야 생성됨을 알 수 있다.

❷ -q 옵션에 --requires를 더하면 telnet-server 패키지를 설치하기 위해 시스템에 어떤 파일들이 필요한지 그 목록을 보여준다.

❸ -q 옵션에 --provides를 더하면 현재 설치된 telnet-server 패키지의 버전 정보를 보여준다.

❹ -q 옵션에 --scripts를 더하면 telnet-server 패키지의 설치 전과 후, 그리고 제거될 때 어떤 스크립트가 사용되는지 보여준다.

❺ -q 옵션에 --changelog 옵션을 더하면 telnet-server 패키지가 어떤 과정을 거쳐 생성됐는지 그 모든 과정에 대한 변경 정보를 보여준다.

❻ 특정 패키지(telnet)가 이미 설치됐는지 알아보기 위해 옵션 -qa(all)를 grep과 같이 사용했다.

E. 패키지 검증(Verifying)

패키지가 설치된 이후 이 패키지에 어떤 변화들이 있었는지 알기 원하는 경우 옵션 -V (verify)를 사용할 수 있다.

```
[root@master ~]# rpm -V bind        ❶
S.5....T.  c /etc/named.conf         ❷
```

❶ bind 패키지에 설치 이후 어떤 변화들이 있었는지 알기 위해 -V 옵션을 사용했다.

❷ bind 패키지가 제공하는 파일 중 하나인 /etc/named.conf를 수정한 후 이 옵션을 사용하

면 특정 글자들(S, 5, T, c)이 있는데 이것은 파일 크기(S), 체크섬^{checksum} 값(5), 그리고 파일의 마지막 수정 시간(T)이 변경됐음을 의미한다. 'c'는 설정 파일^{Configuration File}을 의미한다.

이외에 다른 글자들도 올 수 있는데, 표 2-3에 정리하면 다음과 같다.

표 2-3 RPM Verify 메시지 종류

단어	설명
S	Size의 의미로서 파일의 크기가 변경됐다는 의미다.
5	MD5sum의 약어로서 각 파일의 변경 여부를 알려주는 체크섬의 값이 변경됐다는 의미인데, 다음의 명령어로 확인이 가능하다. 보통 파일이 변경될 때마다 이 체크섬의 값은 변경된다. # md5sum /etc/named.conf a/18b5e9e7253674bf1746f39b69336a /etc/named.conf
T	Time의 약어로서 파일의 마지막 수정 시간이 변경됐음을 의미한다.
L	Symbolic Link의 약어로서 심볼릭 링크가 변경된 경우를 의미한다.
D	Device의 의미로서 Device(예: /dev/sda1)의 Major/Minor 번호가 변경된 경우를 의미한다.
U	User의 의미로서 이 파일 사용자의 소유권이 변경된 경우를 의미한다.
G	Group의 의미로서 이 파일 그룹의 소유권이 변경된 경우를 의미한다.
M	Mode의 의미로서 파일의 권한이나 타입이 변경된 경우를 의미한다.
?	읽을 수 없는 파일이라는 의미다.

F. 패키지 서명 확인

배포되는 모든 RPM 패키지는 각각 GPG로 서명이 돼 있는데, 이것은 다운로드돼 설치되는 패키지의 무결성을 검사하기 위해 사용된다. RPM 패키지를 어떻게 GPG 키로 서명을 하는지는 2.1.5절의 STEP 5에서 다루기로 하고, 여기서는 어떻게 서명을 확인하는지 알아본다.

```
[root@master ~]# rpm -Kv telnet-server-0.17-59.el7.x86_64.rpm    ❶
telnet-server-0.17-59.el7.x86_64.rpm:
Header V3 RSA/SHA256 Signature, key ID f4a80eb5: OK              ❷
Header SHA1 digest: OK (545a7ff7ee9e2b56de4df88fc8f23271ae5e2048)
 V3 RSA/SHA256 Signature, key ID f4a80eb5: OK
 MD5 digest: OK (f918f45d1b896a2a9f3b580a43da6e06)
[root@master ~]# rpm -qa gpg-pubkey*                             ❸
```

```
gpg-pubkey-352c64e5-52ae6884
gpg-pubkey-1bb943db-511147a9
gpg-pubkey-4bd6ec30-4ff1e4fa
gpg-pubkey-f4a80eb5-53a7ff4b   ❹
[root@master ~]# rpm -qi gpg-pubkey-f4a80eb5-53a7ff4b | grep CentOS   ❺
Packager     : CentOS-7 Key (CentOS 7 Official Signing Key) <security@centos.org>
Summary      : gpg(CentOS-7 Key (CentOS 7 Official Signing Key) <security@centos.org>)
[root@master ~]# ls -l /etc/pki/rpm-gpg/        ❻
RPM-GPG-KEY-CentOS-7          RPM-GPG-KEY-EPEL-7              RPM-GPG-KEY-puppetlabs
RPM-GPG-KEY-rpmforge-fabian  RPM-GPG-KEY-CentOS-Debug-7
```

❶ RPM 파일 telnet-server의 서명 정보를 검사하기 위해 옵션 -Kv(checksign)를 추가하면

❷ key ID f4a80eb5에 OK를 보여주는데, 이 키는 프로그램 GPG를 이용해 생성한 패키지 제공자의 공개 키Public Key로 검사한 결과 이상이 없다는 의미다.

❸ 이 공개 키는 명령어 rpm을 이용해 확인하면

❹ 16진수로 이뤄진 f4a80eb5-53a7ff4b임을 확인할 수 있는데, 앞부분 f4a80eb5는 Key ID로 사용되고 뒷부분 53a7ff4b는 이 키의 생성 날짜를 16진수로 표현한 것이다.

❺ 명령어 rpm -qi를 이용하면 이 키에 대한 자세한 정보를 알 수 있는데, CentOS를 확인해보면 이 공개 키는 CentOS에서 배포한 키이며 GPG로 생성했음을 알 수 있다.

❻ 이 공개 키는 /etc/pki/rpm-gpg 디렉토리에서 RPM-GPG-KEY-CentOS-7 파일에 저장돼 있음을 확인할 수 있다.

2.1.5 SRPM 다루기

이번에는 SRPMSource RPM 파일을 다운로드해 RPM 바이너리 파일을 만들고, 또한 앞에서 배운 GPG 키를 이용해 서명Signature한 다음 설치하는 과정을 알아본다. 총 6단계의 과정을 거치게 되는데, 각 단계별 설명은 다음과 같다.

STEP 1: 필수 패키지 설치

먼저 필요한 패키지를 설치하면 다음과 같다.

```
[root@master ~]# yum install rpm-build rpmlint rpmdevtools yum-utils -y
```

먼저 명령어 yum을 사용해 RPM 바이너리 파일 생성을 위해 필요한 패키지들을 위처럼 설치한다. 표 2-4는 위 패키지들에 대한 설명이다.

표 2-4 RPM 파일 생성을 위한 패키지 설치 목록

패키지 이름	설명
rpm-build	RPM 바이너리와 소스 RPM 파일을 패키징하기 위한 패키지
rpmlint	RPM 패키지의 문제를 검사하는 패키지
rpmdevtools	RPM 패키지 개발에 필요한 여러 프로그램을 제공하는 패키지
yum-utils	YUM 유티릴티 프로그램들의 집합 패키지

STEP 2: 소스 파일 다운로드

두 번째 단계는 필요한 소스 파일을 다운로드하는 것이다.

```
[root@master ~]# yumdownloader --source ncftp        ❶
[root@master ~]# ls -l ncftp-3.2.5-7.el7.src.rpm ❷
-rw-r--r-- 1 root root 496086 Apr 16  2014 ncftp-3.2.5-7.el7.src.rpm
```

❶ STEP 1에서 설치한 yum-utils 패키지가 제공하는 yumdownloader 프로그램을 이용
해 --source 옵션과 함께 소스 RPM 파일을 다운로드한다. 여기서는 테스트를 위해
클라이언트 FTP 프로그램인 ncftp를 사용하겠다.

❷ 다운로드한 소스 파일의 확장자를 확인하면 .src.rpm임을 알 수 있다.

STEP 3: 소스 파일 설치

세 번째 단계는 다운로드한 소스 RPM 파일을 명령어 rpm과 -ivh 옵션을 이용해 설치한다.

```
[root@master ~]# rpm -ivh ncftp-3.2.5-7.el7.src.rpm
```

STEP 4: SPEC 파일 변경과 RPM 파일 만들기

네 번째 단계는 SPEC 파일을 변경해 RPM 파일을 생성하는 과정이다.

```
[root@master ~]# cd /root/rpmbuild/SPECS        ❶
[root@master SPECS]# vim ncftp.spec             ❷
[root@master SPECS]# rpmlint ncftp.spec         ❸
[root@master SPECS]# rpmbuild -ba ncftp.spec ❹
```

❶ 소스 RPM 파일을 설치하면 root 홈 디렉토리 아래에 rpmbuild/SPECS 디렉토리가 생성
됨을 확인하고

❷ 이 디렉토리로 이동하면 확장자가 .spec인 파일을 vim으로 열어 필요한 부분을 수정한 다음에

❸ 명령어 rpmlint을 실행하면 이 spec 파일에 에러가 있는지 검사한다.

❹ 명령어 rpmbuild와 -ba 옵션을 이용해 RPM 바이너리 파일을 생성한다.

소스 RPM을 이용해 바이너리 RPM 파일을 생성하는 경우 사용되는 디렉토리 목록과 설명은 표 2-5와 같다.

표 2-5 소스 RPM 생성 디렉토리 목록

매크로 이름	디렉토리 이름	목적
%_specdir	~/rpmbuild/SPECS	RPM SPEC(.spec) 파일을 저장
%_sourcedir	~/rpmbuild/SOURCES	소스 패키지(예. tarballs)와 패치 파일을 저장
%_builddir	~/rpmbuild/BUILD	소스 파일 압축이 풀려 컴파일이 이뤄지는 장소
%_buildrootdir	~/rpmbuild/BUILDROOT	SPEC 파일의 %install 단계가 실행될 때 파일들이 설치되는 곳
%_rpmdir	~/rpmbuild/RPMS	바이너리 RPM 파일들이 저장되는 곳
%_srcrpmdir	~/rpmbuild/SRPMS	소스 RPM이 생성돼 저장되는 곳

STEP 5: RPM 파일에 GPG 서명 추가

이제 이렇게 생성된 RPM 파일에 다음과 같이 서명을 추가하는 과정이 필요하다.

```
[root@master ~]# yum install gnupg2 ❶
[root@master ~]# gpg --gen-key      ❷
gpg: directory '/root/.gnupg' created
gpg: new configuration file '/root/.gnupg/gpg.conf' created
gpg: keyring '/root/.gnupg/secring.gpg' created
gpg: keyring '/root/.gnupg/pubring.gpg' created
Please select what kind of key you want:
    (1) RSA and RSA (default)
    (2) DSA and Elgamal
    (3) DSA (sign only)
    (4) RSA (sign only)
Your selection?1
[root@master ~]# gpg --list-secret-keys ❸
/root/.gnupg/secring.gpg
```

```
sec      2048R/A90D3AEE 2015-06-17   ❹
uid      Jeong Chul (Package Developer) tland12@gmail.com   ❺
ssb      2048R/045EB744 2015-06-17
[root@master ~]# cd .gnupg
[root@master .gnupg]# gpg --export-secret-key -a A90D3AEE > JEONG-GPG-KEY.private ❻
[root@master .gnupg]# gpg --export -a A90D3AEE > JEONG-GPG-KEY.public ❼
[root@master .gnupg]# gpg --import JEONG-GPG-KEY.public   ❽
[root@master .gnupg]# cat /root/.rpmmacros   ❾
%_signature gpg
%_gpg_name Jeong Chul (Package Developer) tland12@gmail.com   ❿
[root@master ~]# rpm --add-sign ~/rpmbuild/RPMS/x86_64/ncftp-3.2.5
7.el7.centos.x86_64.rpm   ⓫
[root@master x86_64]# rpm -Kv ncftp-3.2.5-7.el7.centos.x86_64.rpm   ⓬
ncftp-3.2.5-7.el7.centos.x86_64.rpm:
    Header V4 RSA/SHA1 Signature, key ID a90d3aee: OK   ⓭
    Header SHA1 digest: OK (4faec911aae7c7541f29a0645a1fca4d865af9b6)
    V4 RSA/SHA1 Signature, key ID a90d3aee: OK
    MD5 digest: OK (4d9124369de6ec52c03bd682f9ebdb5b)
```

❶ 먼저 명령어 yum을 이용해 서명 키를 생성하는 프로그램 gnupg2를 설치한다.

❷ 서명할 키를 생성하기 위해 명령어 gpg에 옵션 --gen-key(generate key)를 덧붙이면 6가지의 정보를 선택하고 입력해야 하는데, 그 정보는 각각 1) 알고리즘 선택, 2) 키 길이 선택, 3) 이름 입력, 4) 이메일 입력, 5) 주석 입력, 6) Passphrase(8글자 이상)이다.

❸ --list-secret-keys 옵션을 입력해 생성한 키의 정보를 볼 수 있는데, 이 키는 /root/.gnupg/securing.gpg라는 이름으로 저장돼 있다.

❹ 먼저 생성한 키의 ID(A90D3AEE)를 볼 수 있고

❺ 키의 이름을 볼 수 있는데, 이 이름은 사용자 이름, 주석, 이메일로 구성돼 있다.

❻ 이 키의 ID를 이용해 개인 키와

❼ 동일한 ID를 이용해 공개 키Public Key를 생성한다.

❽ 패키지의 서명을 검사하기 위해 공개 키를 Keyring에 추가한다.

❾ 패키지에 서명을 추가하기 위해 키의 정보를 사용자의 홈 디렉토리의 .rpmmacros 파일에 저장하는데, 명령어 rpm이 서명 추가 시 이 파일을 자동으로 찾아서 그 정보를 확인한 후 패키지에 서명한다.

❿ 이 키의 이름을 의미하며 ❺에서 확인한 정보와 반드시 일치해야 한다.

⓫ 명령어 rpm에 --add-sign 옵션을 추가해 패키지에 서명을 추가한다. 패키지의 서명

추가는 명령어 `rpmbuild`를 이용해 바이너리 RPM 파일을 생성 시에도 가능하다.

⓬ 서명 검사를 위해 -Kv 옵션을 이용하면

⓭ key ID와 OK를 볼 수 있는데, 이는 개인 키로 서명한 패키지를 공개 키를 이용해 검사 확인했다는 의미다.

STEP 6: 바이너리 RPM 파일 설치

마지막 단계는 이렇게 생성된 RPM 파일을 설치하는 것이다.

```
[root@master ~]# cd /root/rpmbuild/RPMS/x86_64        ❶
[root@master x86_64]# rpmls ncftp-3.2.5-7.el7.centos.x86_64.rpm      ❷
[root@master x86_64]# rpm -ivh ncftp-3.2.5-7.el7.centos.x86_64.rpm   ❸
[root@master x86_64]# rpm -qi ncftp ❹
[root@master rpmbuild]# ls SRPMS/   ❺
ncftp-3.2.5-7.el7.centos.src.rpm
[root@master rpmbuild]# ls SOURCES/  ❻
ncftp-3.0.3-resume.patch ncftp-3.2.3-ncursesw.patch ncftp-325-v6.diff.gz
ncftp-3.1.5-pmeter.patch ncftp-3.2.5-src.tar.bz2 ❼
[root@master rpmbuild]# ls BUILD       ❽
ncftp-3.2.5
```

❶ 바이너리 RPM 파일이 저장된 디렉토리로 이동한다.

❷ 바이너리 패키지 내부의 내용물이 무엇인지 알고 싶으면 명령어 `rpmls`를 사용해 확인한다.

❸ -ivh 옵션을 이용해 바이너리 RPM 파일을 설치한다.

❹ 설치한 패키지의 정보를 알기 위해 사용한다.

❺ 소스 RPM 파일이 생성돼 저장된 디렉토리다.

❻ 소스 파일과 패치 프로그램이 저장된 디렉토리다.

❼ 바이너리 파일이 아니라 전체 소스 파일이 확장자 tar.bz2로 압축돼 있다.

❽ 소스 파일을 바이너리 파일로 컴파일하기 위해 사용된 디렉토리 이름이다.

지금까지 6단계에 걸쳐서 소스 RPM 파일을 다운로드해 바이너리 RPM 파일을 생성하고, 그 파일을 설치하는 과정을 모두 설명했다.

2.2 패키지 관리 프로그램 YUM 사용

RPM 패키지 관리 프로그램인 YUM은 YellowDog Updater Modified의 약어로서 RPM의

치명적 단점이라 할 수 있는 복잡한 패키지와 패키지 사이의 의존성 문제를 해결하기 위해 등장한 프로그램으로, 레드햇 엔터프라이즈 리눅스 버전 5^{RedHat Enterprise Linux Version 5}에서부터 사용되기 시작했다. RPM이 패키지를 하나의 개별적인 구성 요소로서 인식하고 설치를 진행한다면 YUM은 전체 패키지를 저장소라 불리는 리포지터리^{Repository}에 모두 저장시켜 놓고 필요한 패키지를 설치할 때마다 자동으로 의존 관계에 있는 패키지를 같이 설치하게 도와줌으로써 RPM의 의존성 문제를 해결해줬다. 즉 패키지 관리에서 의존성 문제를 해결한 자동화된 RPM 패키지 관리 프로그램이라 할 수 있는데, 유사한 프로그램으로서 우분투, 데비안 리눅스에서 사용하는 apt-get, 그리고 오픈수세 리눅스에서 사용하는 Zypper 등이 있다.

이번 절에서는 먼저 YUM의 작동 원리를 살펴보고, 그 다음에 명령어 yum을 이용한 패키지 관리 방법을 알아본다.

2.2.1 YUM의 작동 원리 이해

명령어 yum을 이용해 특정 패키지(bind)를 설치할 경우 명령어는 다음과 같다.

```
[root@master pub]# yum install bind
```

명령어 yum이 어떤 과정을 거쳐서 이러한 패키지를 설치하는지 그 작동 원리를 먼저 알아본다. 명령어 yum을 실행하면 패키지를 설치하기 위해 다음과 같은 5단계를 거치게 되는데, 이는 다음과 같다.

STEP 1
YUM 설정 파일 /etc/yum.conf 확인
STEP 2
YUM 저장소 디렉토리 /etc/yum.repos.d/ 확인
STEP 3
YUM 저장소(Repository)에서 패키지 다운로드
STEP 4
리눅스 파일 시스템(/etc,/usr,/var)에 패키지 설치
STEP 5
메타데이터 RPM 데이터베이스 /var/lib/rpm에 저장

앞의 5단계를 각 단계별로 차례대로 설명하면 다음과 같다.

STEP 1: YUM 설정 파일 /etc/yum.conf 확인

명령어 yum이 실행되면 제일 먼저 yum의 기본 설정 파일인 /etc/yum.conf의 내용이 yum에 의해 읽혀지고, 그 다음 과정으로 진행된다. 이 파일을 읽어보면 다음과 같다.

```
[root@master ~]# cat /etc/yum.conf
[main]
❶ cachedir=/var/cache/yum/$basearch/$releasever
❷ keepcache=0
❸ debuglevel=2
❹ logfile=/var/log/yum.log
❺ exactarch=1
❻ obsoletes=1
❼ gpgcheck=1
❽ plugins=1
❾ installonly_limit=5
❿ bugtracker_url=http://bugs.centos.org/set_project.php?project_id=23&
ref=http://bugs.centos.org/bug_report_page.php?category=yum
⓫ distroverpkg=centos-release
⓬ metadata_expire=90m
```

❶ yum의 캐시 디렉토리를 정의하는데 $basearch는 CPU 아키텍처, $releasever는 현재 릴리스 버전 번호를 의미한다. 현재 사용 중인 마스터 호스트의 디렉토리 경로를 확인해보면 디렉토리 /var/cache/yum/x86_64/7/에서 이 정보를 확인할 수 있다.

❷ 패키지 설치 이후에 패키지와 헤더 파일의 캐시를 저장할지 결정하는데, 숫자 0은 No의 의미로서 저장하지 않는다는 의미다.

❸ 디버깅 출력의 자세한 정도를 나타내는 숫자로서 숫자 2는 기본 값[default]을 의미하며, 숫자가 높을수록 더 자세한 디버깅 정보를 출력하라는 의미다. 범위는 0(None)부터 10(All)까지다.

❹ yum을 이용한 패키지 설치에 대한 로그를 기록하는 파일의 이름이다.

❺ 패키지 설치 시 CPU 아키텍처와 일치하는 패키지를 선택할지 결정하는데, 숫자 1은 Yes를 의미한다.

❻ 명령어 yum update 실행 시 이전 버전의 패키지를 제거할지 결정한다. 숫자 1은 Yes의 의미로서 변경된 패키지의 이전 버전을 삭제하고 새 패키지를 설치하라는 의미다.

❼ GPG 키를 통한 패키지 검사를 허용할지 결정한다. 숫자 1은 Yes로서 모든 RPM 패키지를 설치할 때마다 그 패키지의 GPG 키를 확인한 다음 설치하라는 의미다.

●● 중요: YUM이 GPG 키를 검사하는 이유

명령어 yum이 설치되는 패키지마다 서명된 GPG 키를 검사 후 설치하는 이유는 두 가지인데, 첫 번째는 이 패키지를 제공하는 공급자가 신뢰할 만한지, 두 번째는 설치되는 패키지가 공급자가 제공한 대로 도중에 위변조되지 않은 본래의 패키지인지를 검사하기 위함이다. 이러한 목적을 위해 yum은 미리 각 로컬 시스템에 저장된 각 패키지 제공자의 공개 키(Public Key)를 확인하는데, 이러한 키들은 디렉토리 /etc/pki/rpm-gpg에서 확인할 수 있고 보통 Keyring이라고 불리며 명령어 'rpm -q gpg-pubkey-*'로 확인할 수 있다.

이러한 키들은 GPG라는 프로그램을 통해 공개 키와 개인 키(Private Key)로 생성되며, RPM 패키지들은 공급자에 의해 이 개인 키로 서명되고 사용자는 공개 키를 다운로드해 설치함으로써 그 서명을 검사하게 된다. 여기서 GPG는 GnuPG(GNU Privacy Guard)를 의미하며 암호화와 서명 (Signature)을 위해 리눅스에서 사용되는 오픈소스 프로그램으로 OpenPGP 표준을 따르고 있다.

---

❽ yum의 기능 확장을 지원하는 플러그인을 사용할지 결정하는 숫자이며, 1은 Yes로서 사용한다는 의미다. yum 플러그인의 기본 디렉토리는 /usr/lib/yum-plugins다.

❾ installonlypkgs 옵션(설치만 허용하고 업데이트는 허용하지 않을 패키지 목록을 정의하는데, 보통 커널kernel을 사용함)과 같이 사용되며, 이름은 같지만 버전 정보가 다른 패키지를 설치할 경우 몇 개까지 허용할지 결정하는 숫자다.

❿ bugtracker_url은 yum에 대한 버그를 정리해놓은 URL을 의미하며, 보통 로컬 시스템에 yum 저장소를 만들거나 특정 배포판별로 이러한 버그를 정리한다.

⓫ 제공되는 패키지의 버전과 배포판의 이름을 의미하며, 현재 CentOS의 패키지임을 나타내준다.

⓬ 각 저장소Repository의 메타데이터는 기본적으로 90분 동안 xml 파일 형태로 각 저장소 (예를 들어 base인 경우 /var/cache/yum/x86_64/7/base)에 저장되는데, 만료 이후 명령어 yum이 실행되면 이러한 메타데이터는 다시 저장소로부터 다운로드돼 이 디렉토리에 저장된다. 명령어 yum을 자주 사용하는 경우 이 시간을 더 늘려주는 것을 추천한다.

STEP 2: YUM 저장소 디렉토리 /etc/yum.repos.d/ 확인

두 번째 단계는 yum 저장소 디렉토리의 정보를 확인하는 것인데, 여기서의 정보를 통해 패키지의 종류와 그것을 다운로드 하기 위한 URL을 결정하기 위해서다.

기본 디렉토리는 /etc/yum.repos.d이며, 여기서는 설명을 위해 CentOS Base Repo 파일을 사용했다.

```
[root@master ~]# ls /etc/yum.repos.d/          ❶
CentOS-Base.repo          CentOS-Sources.repo      foreman-plugins.repo
mirrors-rpmforge-extras   rpmforge.repo            CentOS-CR.repo
CentOS-Vault.repo         foreman.repo             mirrors-rpmforge-testing
CentOS-Debuginfo.repo     epel.repo                mariadb.repo
puppetlabs.repo           CentOS-fasttrack.repo    epel-testing.repo
mirrors-rpmforge          rdo-release.repo
[root@master ~]# vim /etc/yum.repos.d/CentOS-Base.repo          ❷
[base]
❸ name=CentOS-$releasever - Base
❹ mirrorlist=http://mirrorlist.centos.org/?release=$releasever&arch=
$basearch&repo=os&infra=$infra
❺ #baseurl=http://mirror.centos.org/centos/$releasever/os/$basearch/
❻ gpgcheck=1
❼ gpgkey=file:///etc/pki/rpm-gpg/RPM-GPG-KEY-CentOS-7
```

❶ yum 저장소 디렉토리를 살펴보면 현재 여러 개의 파일들을 볼 수 있는데, 이 파일들은 각각의 패키지 제공자를 의미하며 파일들의 확장자가 모두 저장소를 의미하는 확장자 .repo로 돼 있음을 확인할 수 있다.

●● 참고: 저장소(Repository) 파일이 여러 개인 이유
현재 이 디렉토리엔 CentOS 7.1 설치 시 제공되는 기본 저장소 파일 이외에 여러 개의 파일이 설치돼 있는데, 이것은 나중에 필요한 패키지를 다운로드할 경우 그 패키지를 제공하는 벤더의 파일을 다운로드받아 설치했기 때문에 이와 같은 결과가 나타난 것이다.

❷ 예를 들어 vim을 사용해 기본이 되는 저장소 파일 중 하나인 CentOS-Base.repo 파일을 열어보면 여러 섹션별(base, updates, extras, centosplus)로 설정들이 정리돼 있다. 설정들은 동일하기 때문에 그중 하나인 base 섹션을 설명하면

❸ 먼저 이 저장소 파일의 이름을 정의하고 있고

❹ 이러한 저장소들의 미러링 URL 목록들을 정의하는데, 여기서 일반적으로 사용하는 프로토콜 http 대신 ftp://path/to/repo 또는 저장소가 로컬 호스트라면 file:///path/to/local/repo 등도 사용이 가능하다.

2장 패키지 관리 109

❺ 기본이 되는 저장소의 URL 정보를 의미한다. 현재는 주석 #를 통해 사용하지 않음을 알 수 있다.

❻ 이러한 저장소에서 패키지를 다운로드해 설치하는 경우 각각의 패키지에 대한 GPG 키를 점검할지를 의미하는데(1=Yes), /etc/yum.conf와 이 파일의 설정이 다른 경우 이 파일의 설정이 우선시된다.

❼ 패키지 검증에 필요한 공개 키가 저장된 디렉토리 경로와 파일명을 정의하고 있다.

STEP 3: YUM 저장소에서 패키지 다운로드

파일 /etc/yum.conf와 디렉토리 /etc/yum.repos.d/에 정의된 내용을 바탕으로 사용자가 패키지를 다운로드하는 경우 yum은 이러한 저장소 URL에 접속해 패키지를 다운로드하게 된다. 패키지를 다운로드해 설치하는 명령어를 실행하면 다음과 같다.

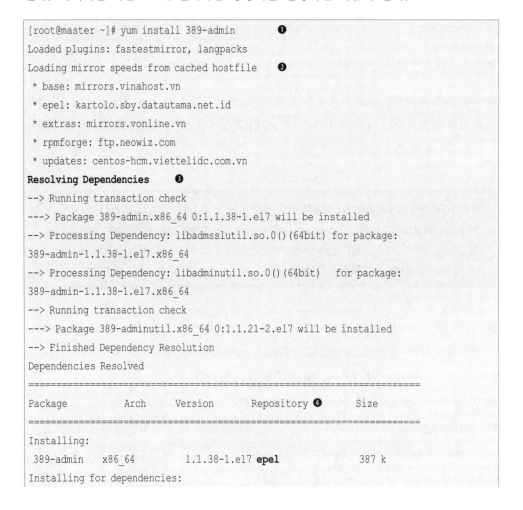

```
[root@master ~]# yum install 389-admin          ❶
Loaded plugins: fastestmirror, langpacks
Loading mirror speeds from cached hostfile       ❷
 * base: mirrors.vinahost.vn
 * epel: kartolo.sby.datautama.net.id
 * extras: mirrors.vonline.vn
 * rpmforge: ftp.neowiz.com
 * updates: centos-hcm.viettelidc.com.vn
Resolving Dependencies                           ❸
--> Running transaction check
---> Package 389-admin.x86_64 0:1.1.38-1.el7 will be installed
--> Processing Dependency: libadmsslutil.so.0()(64bit) for package:
389-admin-1.1.38-1.el7.x86_64
--> Processing Dependency: libadminutil.so.0()(64bit)  for package:
389-admin-1.1.38-1.el7.x86_64
--> Running transaction check
---> Package 389-adminutil.x86_64 0:1.1.21-2.el7 will be installed
--> Finished Dependency Resolution
Dependencies Resolved
===============================================================
Package        Arch      Version      Repository ❹    Size
===============================================================
Installing:
 389-admin   x86_64      1.1.38-1.el7 epel            387 k
Installing for dependencies:
```

```
 389-adminuti x86_64         1.1.21-2.el7 epel               73 k
Transaction Summary
========================================================================
Install  1 Package (+1 Dependent package)
Total download size: 460 k
Installed size: 1.4 M
Is this ok [y/d/N]: y ❺
Downloading packages: ❻
(1/2): 389-admin-1.1.38-1.el7.x86_64.rpm        | 387 kB    00:00:11
(2/2): 389-adminutil-1.1.21-2.el7.x86_64.rpm    |  73 kB    00:00:02
------------------------------------------------------------------------
Total          34 kB/s | 460 kB  00:00:13
Running transaction check
Running transaction test
Transaction test succeeded
Running transaction
 Installing : 389-adminutil-1.1.21-2.el7.x86_64  1/2    ❼
 Installing : 389-admin-1.1.38-1.el7.x86_64 2/2
 Verifying  : 389-adminutil-1.1.21-2.el7.x86_64  1/2    ❽
 Verifying:389-admin-1.1.38-1.el7.x86_64    2/2
Installed:
  389-admin.x86_64 0:1.1.38-1.el7
Dependency Installed:
  389-adminutil.x86_64 0:1.1.21-2.el7
Complete!
```

❶ 예를 들어 389-admin이라는 AD Administration 서버 프로그램을 명령어 yum을 사용해 설치하면

❷ 각 저장소의 미러링 사이트 중에서 가장 속도가 빠른 사이트를 목록화해 보여주는데, 이 기능은 한 칸 위의 fatestmirror라는 yum 플러그인을 설치하면 제공되는 기능이다.

❸ 위 저장소 중에서 이 패키지를 제공하는 저장소를 선택한 후 이 패키지와 의존 관계에 있는 다른 패키지의 목록도 같이 보여주면서 자동으로 의존성 문제를 해결해준다.

❹ 설치할 패키지 목록들의 정보를 알 수 있는데, 특히 이 패키지의 저장소가 epel임을 알 수 있다. 이 저장소는 페도라 프로젝트^{Fedora Project}에서 제공하는 목록으로서 기본 설치 시 설치되지 않으므로 명령어 yum install epel-release를 이용해 설치해야 한다.

❺ 설치할 패키지의 목록을 보여주며 설치할지를 물어보는데, y는 Yes, N은 No, d는 Download Only를 의미한다. 다운로드(d)를 선택하면 이 패키지들을 로컬 시스템에 다

운로드만 하고 설치하지 말라는 의미다.

❻ Yes를 선택하면 먼저 다운로드 중인 패키지들을 보여주며

❼ 다운로드를 마치면 자동으로 설치를 진행하고

❽ 패키지 검증까지 마치면 이 패키지 설치에 관련된 모든 과정을 마치게 된다.

STEP 4: 리눅스 파일 시스템(/etc, /usr, /var 등)에 패키지 설치

STEP 3에서 성공적으로 패키지를 다운로드해 설치하면 이 패키지는 리눅스 파일 시스템에 설치되는데, 일반적으로 패키지의 설정 파일이 저장되는 /etc, 실행 파일이나 문서가 주로 설치되는 /usr, 그리고 패키지의 로그 및 데이터 파일 등이 저장되는 /var 등이 패키지 설치 시의 디렉토리로 사용된다. 특정 패키지가 다운로드 이후 어떤 파일들이 어떤 디렉토리에 실치됐는지 bind 패기시를 사용해 확인하는 명령어는 다음과 같다.

```
[root@master ~]# rpm -ql bind ❶
/etc/named.conf ❷
/etc/named.rfc1912.zones
/etc/named.root.key
------------------------
/usr/lib/systemd/system/named-setup-rndc.service ❸
/usr/sbin/ddns-confgen
/usr/share/doc/bind-9.9.4/man.nsec3hash.html
/usr/share/man/man5/rndc.conf.5.gz
------------------------
/var/log/named.log ❹
/var/named/data
/var/named/dynamic
```

❶ bind 패키지의 설치된 디렉토리 및 파일을 조회하면

❷ 디렉토리 /etc/에 설정 파일이 저장되고

❸ 라이브러리, 명령어, 문서 등이 /usr에 저장되며

❹ 로그와 데이터 파일이 /var에 저장됨을 알 수 있다.

STEP 5: 패키지의 메타데이터를 RPM 데이터베이스 /var/lib/rpm에 저장

마지막 단계는 각 패키지의 메타데이터를 RPM의 데이터베이스인 /var/lib/rpm에 저장하는데, 이 내용은 2.1.3절에서 설명했으므로 여기서는 생략한다. 여기 저장된 데이터베이스를 사용하는 명령어는 RPM에서 query(q)나 yum info 패키지 이름 등을 통해 조회가 가능하다.

2.2.2 명령어 yum 이해

앞부분의 2.1절에서 YUM의 각종 설정 파일 및 원리에 대한 내용을 설명하고, 2.2.1절에서 YUM의 명령 실행 절차를 설명했다면 2.2.2절에서는 이러한 내용을 바탕으로 명령어 yum을 사용해 패키지를 관리하는 방법을 차례대로 알아본다.

A. 패키지 탐색과 조회

패키지를 설치하기 전에 검색을 통해 먼저 설치하려는 패키지를 찾아야 한다. 그 방법들을 이번 절에서 알아본다.

1. 패키지 탐색(search)

먼저 패키지를 탐색하는 방법은 다음과 같다.

```
[root@master ~]# yum search 389-admin telnet ❶
Loaded plugins: fastestmirror, langpacks
Loading mirror speeds from cached hostfile ❷
 * base: centos-hcm.viettelidc.com.vn
 * epel: kartolo.sby.datautama.net.id
 * extras: mirror2.totbb.net
 * rpmforge: ftp.neowiz.com
 * updates: mirrors.vonline.vn
=========================== N/S matched: 389-admin =========== ❸
389-adminutil-devel.x86_64 : Development and header files for 389-adminutil
389-admin.x86_64 : 389 Administration Server (admin)
389-adminutil.x86_64 : Utility library for 389 administration
=========================== N/S matched: telnet =============== ❹
dcap-tunnel-telnet.x86_64 : Telnet tunnel for dCache
telnet.x86_64 : The client program for the Telnet remote login protocol
telnet-server.x86_64 : The server program for the Telnet remote login protocol
putty.x86_64 : Graphical SSH, Telnet and Rlogin client
Name and summary matches mostly, use "search all" for everything.   ❺
[root@master ~]# yum provides "*bin/telnet"  ❻
heimdal-appl-clients-1.6.0-0.9.20140621gita5adc06.el7.x86_64 : Heimdal kerberized
client applications
Repo        : epel
Matched from :
Filename    : /usr/lib/heimdal/bin/telnet
1:telnet-0.17-59.el7.x86_64 : The client program for the Telnet remote login protocol
```

```
Repo        : base
Matched from :
Filename    : /usr/bin/telnet
1:telnet-0.17-59.el7.x86_64 : The client program for the Telnet remote login protocol
Repo        : @anaconda
Matched from :
Filename    : /usr/bin/telnet
```

❶ 명령어 yum을 이용해 특정 패키지를 검색할 경우 search 옵션을 사용하는데, 그 뒤에 검색하기 원하는 단어를 공백으로 구분해 나열하면 그 단어와 일치되는 패키지를 찾아 보여준다. 이때 yum은 나열된 검색어를 패키지의 이름뿐 아니라 설명 요약 부분에서도 일치되는 모든 단어를 찾아서 보여준다.

❷ fastcstmirror 플리그인이 현재 가장 빠른 속도를 세공하는 저상소 복록을 보여주고

❸ 검색어 389-admin과 일치되는 패키지가 현재 세 개임을 보여준다.

❹ 검색어 telnet과 일치되는 패키지가 현재 네 개임을 보여준다.

❺ 더 자세한 정보를 원하는 경우 search all 옵션을 이용하는데, 속도는 더 느린 단점이 있다.

❻ 특정 패키지 이름은 모르지만 특정 파일을 알고 있고, 이 파일을 제공하는 패키지를 찾기 원하는 경우 provides 옵션과 특정 파일의 경로를 입력하면 그 패키지를 찾을 수 있다. whatprovides 옵션도 동일한 기능을 제공한다.

2. 패키지 설치 목록 보기(list)

패키지 설치 목록을 보기 원할 경우의 사용법은 다음과 같다.

```
[root@master ~]# yum list all          ❶
[root@master ~]# yum list telnet*      ❷
Loaded plugins: fastestmirror, langpacks
Loading mirror speeds from cached hostfile
 * base: centos-hcm.viettelidc.com.vn
 * epel: kartolo.sby.datautama.net.id
 ------------------------------------------------------------
Installed Packages      ❸
telnet-server.x86_64          1:0.17-59.el7    @base
Available Packages      ❹
telnet.x86_64                 1:0.17-59.el7    @base

[root@master ~]# yum list installed telnet     ❺
[root@master ~]# yum list available telnet     ❻
```

❶ 현재 로컬 시스템에 설치된 전체 패키지 목록과 설치 가능한 전체 패키지 목록을 알고 싶은 경우 `list all` 옵션을 사용한다.

❷ 특정 패키지의 설치 유무와 설치 가능 여부를 알고 싶으면 `all` 대신 특정 패키지 이름 (`telnet`)을 사용할 수 있다.

❸ 그러면 먼저 시스템에 설치된 패키지의 이름, 버전, 저장소의 이름을 보여주고

❹ 현재 설치 가능한 패키지의 이름, 버전, 저장소 이름도 보여준다. 그런데 이 경우에 `search` 옵션을 사용했을 경우와 다른 점은, `list`는 단지 패키지의 이름에서만 일치된 단어를 찾기 때문에 `search`에 비해 좀 더 제한적인 결과를 얻으므로 자세한 패키지 검색인 경우 `search`를 사용할 것을 추천한다.

❺ 이미 설치된 특정 패키지만 찾는 경우 `list installed` 옵션을 사용하며

❻ 현재 설치 가능한 패키지만 찾는 경우 `list available` 옵션을 사용한다.

3. 저장소 정보 확인(repolist)

저장소 정보를 확인하기 위한 방법은 다음과 같다.

```
[root@master ~]# yum repolist (all, enabled, disabled) ❶
Loaded plugins: fastestmirror, langpacks
Loading mirror speeds from cached hostfile
 * base: centos-hcm.viettelidc.com.vn
 * epel: kartolo.sby.datautama.net.id
 * extras: mirror2.totbb.net
----------------------------------------------------------------------
❷ repo id                repo name                status
base/7/x86_64            CentOS-7 - Base              8,652
epel/x86_64              Extra Packages for Enterprise Linux 7 - x86_64   8,071
extras/7/x86_64          CentOS-7 - Extras           128
rpmforge                 RHEL 7 - RPMforge.net - dag 245
updates/7/x86_64         CentOS-7 - Updates          609
[root@master ~]# yum repolist -v      ❸
[root@master ~]# yum repoinfo base    ❹
Loaded plugins: fastestmirror, langpacks
Loading mirror speeds from cached hostfile
 * base: centos-hcm.viettelidc.com.vn
 * epel: kartolo.sby.datautama.net.id
Repo-id     : base/7/x86_64
Repo-name   : CentOS-7 - Base
Repo-status : enabled
```

```
Repo-revision: 1427842153
Repo-updated : Wed Apr  1 05:50:46 2015
Repo-pkgs    : 8,652
Repo-size    : 6.3 G
Repo-mirrors :
http://mirrorlist.centos.org/?release=7&arch=x86_64&repo=os&infra=stock
Repo-baseurl : http://centos-hcm.viettelidc.com.vn/7.1.1503/os/x86_64/ (9 more)
Repo-expire  : 21,600 second(s) (last: Mon Jun 15 09:36:43 2015)
Repo-filename: /etc/yum.repos.d/CentOS-Base.repo

repolist: 8,652  ❺
```

❶ 현재 사용하고 있는 저장소의 정보를 검색하는 경우 repolist 옵션을 사용하는데, 활성화된 저장소 목록만 찾을 경우 enabled(default), 설치는 했지만 현재 사용하고 있지 않은 저장소 목록을 알고 싶은 경우 disabled, 이 둘을 포함하는 전체 저장소 목록인 경우 all을 사용한다.

❷ 그 결과로 세 가지의 정보, 즉 저장소의 ID와 이름, status를 보여주는데, 여기서 status는 각 저장소에서 제공하고 있는 전체 패키지의 숫자를 의미한다.

❸ 전체 저장소에 대한 더 자세한 정보를 원할 경우 옵션 -v(verbose)를 사용한다.

❹ 위 ❸과 동일한 정보를 알려주며, 특정 저장소에 대한 정보만 원할 경우 그 저장소 이름(base)을 나열하면 된다.

❺ 여기 사용된 숫자 8,652는 해당 저장소가 제공하는 패키지의 숫자로서 Repo-pkgs에 정의된 숫자와 동일하다.

4. 패키지 정보 확인(info)

패키지 정보를 확인하기 위한 방법은 다음과 같다.

```
[root@master ~]# yum info telnet-server  ❶
Loaded plugins: fastestmirror, langpacks
Loading mirror speeds from cached hostfile
 * base: centos-hcm.viettelidc.com.vn
 * epel: kartolo.sby.datautama.net.id
-------------------------------------------------------------------
Installed Packages
Name       : telnet-server
Arch       : x86_64
Epoch      : 1
```

```
Version      : 0.17
Release      : 59.el7
Size         : 55 k
Repo         : installed
From repo    : base
Summary      : The server program for the Telnet remote login protocol
URL          : http://web.archive.org/web/20070819111735/www.hcs.harvard.edu/
~dholland/computers/old-netkit.html
License      : BSD
Description  : Telnet is a popular protocol for logging into remote systems over the
Internet. The package includes a daemon that supports Telnet remote logins into the host
machine. The daemon is disabled by default. You may enable the daemon by editing
/etc/xinetd.d/telnet
[root@master ~]# yumdb info telnet-server           ❷
[root@master ~]# yum deplist telnet-server          ❸
package: telnet-server.x86_64 1:0.17-59.el7
   dependency: /bin/sh
    provider: bash.x86_64 4.2.46-12.el7
   dependency: libc.so.6(GLIBC_2.16)(64bit)
    provider: glibc.x86_64 2.17-78.el7
   dependency: libutil.so.1()(64bit)
    provider: glibc.x86_64 2.17-78.el7
   dependency: systemd
    provider: systemd.x86_64 208-20.el7_1.6
```

❶ 특정 패키지에 대한 정보를 얻기 원하는 경우 info 옵션 뒤에 패키지명을 나열하면
해당 패키지에 대한 자세한 정보를 얻을 수 있다.

❷ 명령어 yumdb도 비슷한 기능을 제공하는데, yum info는 이미 설치된(installed) 패키지
및 설치 가능(available) 패키지에 대한 정보를 모두 제공하는 반면 yumdb는 이미 설치된
패키지에 대한 정보만 제공하는 것이 차이점이라 할 수 있다.

❸ telnet-server 패키지와 의존 관계에 있는 파일들의 목록과 그 파일이 속한 패키지 목록
을 보여준다.

B. 패키지 설치(install)

패키지 탐색과 조회를 통해 설치하기 원하는 패키지를 발견했다면 이제 install 옵션을
이용해 그 패키지를 설치할 수 있다.

```
[root@master ~]# yum install 389-admin              ❶
[root@master ~]# yum reinstall 389-admin            ❷
[root@master ~]# yum install /usr/sbin/start-ds-admin  ❸
```

❶ 패키지 설치에 대한 내용은 2.2.1절의 STEP 3에서 자세히 설명했으므로 여기서는 설명
을 생략한다.

❷ 현재 패키지가 설치돼 있지만 다시 설치하는 경우 reinstall 옵션을 사용한다.

❸ 특정 패키지 이름이 아니라 특정 경로에 있는 파일을 정의하면 이 파일을 포함하고
있는 패키지를 설치한다. 위 예에서는 이 파일을 포함하고 있는 389-admin 패키지를
설치하게 된다.

C. 패키지 제거(remove)

현재 설치된 패키지를 제거할 경우 remove 옵션이나 autoremove 옵션을 사용할 수 있다.

```
[root@master ~]# yum remove bind -y                 ❶
[root@master ~]# yum autoremove bind -y             ❷
```

❶ 설치된 패키지를 제거할 경우 remove 옵션을 사용하는데, 이 경우 이 패키지와 의존
관계에 있지만 사용되지 않는 패키지들도 같이 제거되고 사용 중인 패키지는 제거되지
않는다. 옵션 -y(yes)는 제거 질의를 하지 않고 바로 제거를 진행하며, remove 대신에
erase도 동일하게 사용된다.

❷ remove 옵션 대신에 autoremove를 사용하면 이 패키지와 의존 관계에 있는 모든 패키
지도 같이 제거된다. 이 경우 제거할 패키지와 의존 관계에 있는 패키지가 다른 서비스
를 위해 사용되고 있을 수 있으므로 특별한 경우가 아니라면 remove 사용을 추천한다.

D. 패키지 업데이트(update)

패키지 업데이트를 할 경우 옵션 update나 upgrade를 사용한다.

```
[root@master ~]# yum check-update                   ❶
[root@master ~]# yum update bind                    ❷
[root@master ~]# yum group update "Security Tools"        ❸
[root@master ~]# yum update          ❹
[root@master ~]# yum update --exclude=kernel* ❺
```

❶ check-update 옵션은 현재 업데이트 가능한 패키지의 전체 목록을 보여준다.

❷ 특정 패키지(bind)만 업데이트할 경우 그 패키지명을 update 옵션과 함께 나열한다.

❸ 특정 그룹의 패키지를 업데이트할 경우 group 옵션을 추가한 후 그룹 이름을 나열해야 한다.

❹ 현재 업데이트 가능한 모든 패키지를 업데이트할 경우 옵션 update나 upgrade를 사용한다.

❺ 업데이트 목록 중에서 특정한 패키지(kernel)를 제외하고 업데이트할 경우 --exclude 옵션을 사용한다.

●● 참고: 명령어 yum update와 yum upgrade의 차이점

두 명령어 모두 최신 패키지를 설치하라는 의미는 동일하지만, yum upgrade는 동일한 패키지가 이름을 변경해 새 패키지를 제공할 경우 이전 버전의 패키지를 제거하고 새 패키지만 설치하라는 의미이며 yum update는 패키지가 이름이 변경돼도 이전 버전의 패키지를 보존하고 새로운 이름의 패키지를 설치하라는 점이 다르다. 명령어 yum update에 --obsoletes 옵션을 추가하면 yum upgrade와 같이 이전 버전의 패키지를 제거할 수 있다. 파일 /etc/yum.conf의 obsoletes=1이 기본으로 설정돼 있다.

E. 패키지 다운로드(download)

패키지를 바로 설치하지 않고 다운로드만 할 경우 두 가지 방법을 사용할 수 있는데, 한 가지는 2.2.1절의 STEP 3에서 d 옵션을 선택하면 가능하다고 이미 설명했다. 여기서는 명령어 yumdownloader를 이용해 다른 한 가지 방법을 설명한다.

```
[root@master ~]# yumdownloader --destdir=/mnt/local_repo bind-chroot ❶
[root@master ~]# yum localinstall /mnt/local_repo/bind-chroot-9.9.4-
18.el7_1.1.x86_64.rpm      ❷
Examining bind-chroot-9.9.4-18.el7_1.1.x86_64.rpm:
32:bind-chroot-9.9.4-18.el7_1.1.x86_64
Marking bind-chroot-9.9.4-18.el7_1.1.x86_64.rpm to be installed      ❸
Resolving Dependencies
--> Running transaction check
---> Package bind-chroot.x86_64 32:9.9.4-18.el7_1.1 will be installed
--> Processing Dependency: bind = 32:9.9.4-18.el7_1.1 for package:
32:bind-chroot-9.9.4-18.el7_1.1.x86_64      ❹
Loading mirror speeds from cached hostfile
 * base: centos-hcm.viettelidc.com.vn
 * rpmforge: ftp.neowiz.com
 * updates: mirrors.vonline.vn
```

```
--> Running transaction check
---> Package bind.x86_64 32:9.9.4-18.el7_1.1 will be installed
--> Finished Dependency Resolution
Dependencies Resolved
==================================================================
Package          Arch        Version          Repository      Size
==================================================================
Installing:
bind-chroot      x86_64      32:9.9.4-18.el7_1.1    ❺/bind-chroot-
9.9.4-18.el7_1.1.x86_64        3.1 k
Installing for dependencies:
bind             x86_64      32:9.9.4-18.el7_1.1    ❻updates
                 1.8 M
Transaction Summary
==================================================================
Install  1 Package (+1 Dependent package)

Total size: 1.8 M
Total download size: 1.8 M
Installed size: 4.3 M
Is this ok [y/d/N]: y
------------------------------------------------------------------
Installed:
  bind-chroot.x86_64 32:9.9.4-18.el7_1.1
Dependency Installed:
  bind.x86_64 32:9.9.4-18.el7_1.1
[root@master ~]# yum install bind-chroot          ❼
[root@master ~]# ls -l /var/cache/yum/X86_64/7/updates/packages         ❽
389-ds-base-devel-1.3.3.1-16.el7_1.x86_64.rpm nss-devel-3.18.0-2.2.el7_1.x86_64.rpm
bind-chroot-9.9.4-18.el7_1.1.x86_64.rpm    nss-util-devel-3.18.0-1.el7_1.x86_64.rpm
```

❶ 특정 패키지를 바로 설치하지 않고 다운로드만 할 경우 명령어 yumdownloader에 옵션 --destdir을 더해 패키지가 다운로드될 디렉토리를 지정하고 다운로드할 패키지를 정의한다. 참고로 명령어 yumdownloader는 **yum-utils** 패키지를 설치해야 사용할 수 있다.

❷ 다운로드한 bind-choot 패키지를 설치할 경우 localinstall 옵션을 사용해 디렉토리와 파일을 정의해 설치 가능한데

❸ 설치할 패키지 이름이 표시^{Marking}되며 의존성 점검 단계로 진행되고

❹ 현재 다운로드한 bind-chroot 패키지는 bind 패키지와 의존 관계가 있다는 메시지와 함께

❺ bind-chroot 패키지의 저장소가 현재 로컬 호스트의 파일명이지만

❻ bind-chroot 패키지와 의존 관계에 있는 bind는 저장소가 updates임을 표시하고 있다. 이는 곧 다운로드한 파일을 설치할 때 의존 관계에 있는 패키지가 필요한 경우 명령어 yum은 자동으로 그 패키지를 저장소에서 찾아서 설치해준다는 사실을 알 수 있다.

●● 추가: YUM localinstall과 RPM Install의 차이

2.1.4절의 A에서 RPM을 이용한 패키지 설치 시 옵션 -i나 -U를 사용한다고 설명했는데, 명령어 yum을 이용해 로컬 호스트에 다운로드한 파일을 설치하더라도 그 패키지와 의존 관계에 있는 패키지도 저장소 목록에서 다운로드해 같이 설치되는 것이 명령어 RPM에서 옵션 -i나 -U를 이용해 설치하는 방법과의 차이점이라고 할 수 있다.

---

❼ 2.2.1절의 STEP 3에서 d를 선택하면 패키지가 설치되지 않고 다운로드된다고 설명했는데

❽ 그 디렉토리를 이곳에서 발견할 수 있는데, bind-chroot의 경우 저장소 updates에서 다운로드받았으므로 /var/cache/yum/X86_64/7/updates/packages 디렉토리에서 확인이 가능하다. 다운로드된 파일을 설치할 경우 이 디렉토리를 정의하고 명령어 yum이나 rpm을 이용해 설치할 수 있다. 다른 디렉토리에 다운로드할 경우 옵션 --downloaddir =/directory_name을 사용해야 한다.

F. 패키지 그룹 작업(group install)

각각의 패키지를 용도에 따라 그룹화시킨 패키지 그룹을 명령어 yum을 이용해 관리하는 방법을 알아보자. 각각의 패키지 관리와 대부분 동일하며, 패키지를 그룹화해 관리하는 부분만 더 추가됐다.

```
[root@master ~]# yum groups summary ❶
Loading mirror speeds from cached hostfile
 * base: centos-hcm.viettelidc.com.vn
 * epel: kartolo.sby.datautama.net.id
 * extras: mirrors.vonline.vn
 * rpmforge: mirror.oscc.org.my
 * updates: mirrors.vonline.vn
Available environment groups: 11     ❷
Installed groups: 1                   ❸
Available Groups: 37                  ❹
Done
```

```
[root@master ~]# yum group list (ids, language, environment,
installed, available, hidden)  ❺
[root@master ~]# yum group info "Security Tools"      ❻
[root@master ~]# yum group install "Security Tools"   ❼
[root@master ~]# yum install @"Security Tools"        ❽
[root@master ~]# yum group remove "Security Tools"    ❾
[root@master ~]# yum remove @"Security Tools"          ❿
```

❶ 현재 패키지 그룹에 대한 요약 정보를 보기 위해 groups summary 옵션을 사용하면

❷ 설치 가능한 환경 그룹이 11개이고

❸ 이미 설치된 그룹이 1개이며

❹ 설치 가능한 그룹이 37개임을 보여준다.

❺ group list 옵션은 현재 선제 패키지 그룹의 복록을 확인하는 경우 사용하며, 그 뒤에 그룹 ID를 사용하는 ids, 언어별 그룹 목록을 보여주는 language, 주로 데스크톱 구성을 위해 필요한 그룹 목록을 보여주는 environment, 이미 설치된 그룹 목록을 보여주는 installed, 설치 가능한 그룹 목록을 보여주는 available, 목록에서 숨겨진 그룹 목록까지 보여주는 hidden을 사용할 수 있다.

●● 추가: hidden 옵션 확인하기

```
[root@master ~]# yum group list |wc -l
60
[root@master ~]# yum group list hidden |wc -l
136
```

위 결과에서 아무런 옵션을 주지 않은 패키지 그룹 목록의 전체 라인 수는 60이지만 hidden 옵션을 포함하면 전체 라인 수가 136으로 그룹의 수가 증가된 것을 확인할 수 있다.

---

❻ group info 옵션은 ❺의 명령어를 이용해 특정 그룹(Security Tools)에 대한 정보를 알기 원하는 경우 사용한다.

❼ group install 옵션은 특정 그룹을 설치하는 경우 사용하는 옵션이다.

❽ 옵션 install @그룹 이름(Security Tools)을 정의하면 ❼과 마찬가지로 그 그룹의 패키지를 설치한다.

❾ 특정 그룹을 제거할 경우 group remove 옵션을 사용한다.

❿ 옵션 remove @그룹 이름(Security Tools)도 동일하게 특정 그룹을 제거한다.

G. YUM 트랜잭션 히스토리 작업(history)

명령어 yum history는 yum 명령어 트랜잭션^{Transaction}에서 발생하는 모든 정보(시간과 날짜,
영향을 미친 패키지의 숫자, 처리 과정의 성공 및 실패 등)를 사용자에게 보여주는 역할을 한다. 또한
이미 발생한 특정 yum 명령어를 되돌리기 및 재실행도 가능하게 하는데, 이 모든 yum의
히스토리^{history} 데이터는 /var/lib/yum/history에 저장된다.

1. YUM의 트랜잭션 목록 보기

먼저 트랜잭션 목록 보기에 대해 알아본다.

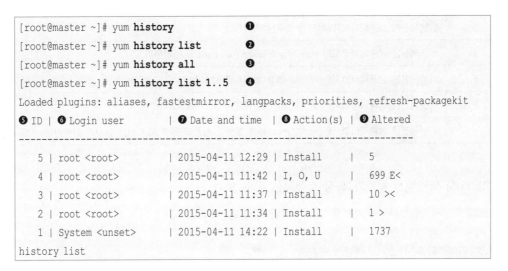

❶과 ❷는 동일한데 가장 최근 발생한 yum의 트랜잭션 20개를 선택해 보여준다.

❸ 전체 트랜잭션을 보려면 history all 옵션을 사용한다.

❹ 특정 목록이나 그 범위를 지정해보려면 history list 옵션과 함께 ID 필드의 숫자만
입력하든지 아니면 그 숫자 처음과 끝, 그리고 그 사이 점(.)을 이용해 지정한다.

❺ 그 결과를 살펴보면 ID는 각각의 트랜잭션마다 부여되는 고유의 숫자를 의미한다.

❻ 이 트랜잭션을 실행한 사용자의 이름인데, 형식은 'Full Name <username>'으로 구성된
다. 'System <unset>'은 사용자에 의해 실행된 것이 아니라 시스템의 자동 업데이트
등에 의해 실행된 경우를 의미한다.

❼ 트랜잭션이 발생한 날짜와 시간을 의미한다.

❽ 트랜잭션으로 인해 발생한 행동을 의미하는데, D는 다운그레이드^{Downgrade}, E는 삭제
^{Erase}, I는 설치^{Install}, O는 이전 버전^{Obsoleting}, R은 재설치^{Reinstall}, U는 업데이트^{Update}를
의미한다.

❾ 트랜잭션에 의해 영향을 받은 패키지의 숫자를 의미한다. 이곳에 올 수 있는 값들은 표 2-6과 같다.

표 2-6 명령어 yum history list의 Altered 값 종류

값	설명
〈	트랜잭션이 마치기 전에 rpm으로 이미 이 패키지에 대한 작업(설치, 삭제)을 했는데, yum으로 인해 그 데이터가 rpmdb에서 변경됐음을 의미한다.
〉	트랜잭션을 마친 후에 rpm으로 이 패키지에 대한 작업(설치, 삭제 등)을 해서 rpmdb가 변경됐음을 의미한다. 두 데이터베이스 간 동기화를 위해 명령어 yum history sync를 사용해야 한다.
*	트랜잭션이 성공적으로 마치지 못했음을 의미한다.
#	트랜잭션은 성공적이었지만 yum이 non-zero exit code를 돌려준다.
E	트랜잭션은 성공적이었지만 에러나 경고 메시지를 보여준다.
P	트랜잭션은 성공적이었지만 이미 rpmdb에 문제가 있었음을 의미한다.
s	트랜잭션은 성공적이었지만 --skip-broken 옵션이 사용돼 일부 패키지는 설치가 생략된다.

2. YUM 트랜잭션 통계와 특정 트랜잭션 정보 보기

트랜잭션의 통계와 그 정보를 보기 위한 방법은 다음과 같다.

```
[root@master ~]# yum history stats        ❶
[root@master ~]# yum history summary       ❷
Login user      | Time          | Action(s)    | Altered
-------------------------------------------------------------------
root <root>     | Last day      | E, I         |    23
root <root>     | Last week     | E, I, R, U   |   300
root <root>     | Last 2 weeks  | Install      |    38
System <unset>  | Last 3 months | Install      |  1737
root <root>     | Last 3 months | E, I, O, U   |  1222
history summary
[root@master ~]# yum history package-list telnet   ❸
[root@master ~]# yum history info 100      ❷
```

❶ history stats 옵션은 YUM 트랜잭션 통계를 볼 때 사용한다.

❷ history summary 옵션은 YUM 트랜잭션 요약 정보를 볼 때 사용한다.

❸ history package-list 옵션은 특정 패키지(telnet)에 대한 히스토리history 정보를 볼 때 사용한다.

❹ history info 옵션은 특정 ID에 대한 히스토리 정보를 볼 때 사용한다.

3. YUM 트랜잭션 되돌리기와 재실행

이전 트랜잭션으로부터 그 명령어를 되돌리거나 재실행하기 위한 방법은 다음과 같다.

```
[root@master ~]# yum history undo 100      ❶
[root@master ~]# yum history redo 100      ❷
```

❶ undo 옵션에 ID 숫자를 추가하면 그 yum의 작업이 반대로 이뤄진다. 예를 들어 ID
  100이 특정 패키지 설치였다면 이것은 제거하라는 명령이며, ID 100이 제거였다면 이
  명령은 다시 이 제거된 패키지를 설치하라는 의미다.
❷ 특정 ID를 redo 옵션에 부여하면 이 트랜잭션을 다시 실행한다.

4. 새로운 YUM 트랜잭션 시작

현재의 트랜잭션을 중단하고 새로운 트랜잭션을 시작하기 위한 방법은 다음과 같다.

```
[root@master ~]# yum history new                    ❶
[root@master ~]# ls /var/lib/yum/history/           ❷
2014-10-05  history-2014-10-05.sqlite        history-2015-10-10.sqlite
2015-10-10 history-2014-10-05.sqlite-journal history-2015-10-10.sqlite-journal
```

❶ history new 옵션을 사용하면
❷ 현재 히스토리 내용을 저장하던 디렉토리 /var/lib/yum/history의 SQLite 데이터베이스
  파일(history-2014-10-05.sqlite)이 중단되고 새로운 파일(history-2015-10-10.sqlite)이 생성돼
  이 파일에 yum 히스토리가 저장되기 시작하면서 history 파일로 사용된다.

H. YUM의 캐시 정보 관리

clean 옵션을 이용해 YUM의 캐시 정보를 관리하는 방법은 다음과 같다.

```
[root@master ~]# yum clean metadata          ❶
Cleaning repos: base epel extras foreman foreman-plugins mariadb openstack-juno
puppetlabs-deps puppetlabs-products : rpmforge updates
35 metadata files removed
26 sqlite files removed
0 metadata files removed
[root@master ~]# yum clean all               ❷
[root@master ~]# yum check                   ❸
```

```
[root@master ~]# yum clean rpmdb          ❹
[root@master ~]# yum makecache            ❺
[root@master 7]# ls /var/cache/yum/x86_64/7/base          ❻
0e6e90965f55146ba5025ea450f822d1bb0267d0299ef64dd4365825e6bad995-c7-x86_64-
comps.xml.gz  gen
1ea314ec7e4d7168bf16e67799237a42fd2b9857fdb0f18a7ea923d2fb22ebe4-other.sqlite.
bz2           mirrorlist.txt
81c0a01775962c10a3e85f2124cdd8d984d72930674c655a4cd2c9c7aa568134-filelists.
sqlite.bz2  packages
9c92f78fb6f22491ea7414f5a844ad08c604139b151d4c702f2c0d6ae092c86f-primary.
sqlite.bz2  repomd.xml
cachecookie
```

❶ clean 옵션은 YUM 캐시 디렉토리(/var/cache/yum/x86_64/7)의 각 저장소에 서상된 패키지
의 메타데이터를 삭제하는데, 메타데이터 대신 packages, headers, plugins 등을 사용
할 수 있다.

❷ clean all 옵션을 사용하면 위의 모든 캐시 정보를 삭제하라는 의미다.

❸ check 옵션은 RPM 데이터베이스에 문제가 있는지 검사하는 옵션이다.

❹ clean 옵션에 rpmdb를 추가하면 RPM 데이터베이스에서 캐시된 데이터를 삭제하라는
의미다.

❺ makecache 옵션은 현재 활성화된 모든 저장소의 메타데이터를 생성하라는 의미로서
각 저장소 디렉토리를 살펴보면 확인이 가능하며, YUM을 다시 이용할 경우 메타데이
터를 저장소로부터 다시 다운로드할 필요가 없이 바로 패키지 설치가 진행되므로 시간
을 단축할 수 있다.

❻ clean all 옵션을 이용하면 packages와 gen 디렉토리를 제외한 모든 메타데이터가 삭
제되는데, 다시 makecache 옵션을 사용하면 xml 파일로 이뤄진 메타데이터가 생성됨을
확인할 수 있다.

I. YUM 유틸리티 프로그램 사용

2.2.2절의 E에서 yumdownloader를 사용하려면 yum-utils라는 패키지를 설치해야 한다고
설명했다. yum-utils 패키지를 설치하면 그 외의 여러 명령어들을 사용할 수 있는데, 여기
에서 몇 가지 명령어들을 더 알아보자.

```
[root@master ~]# yum install yum-utils -y          ❶
[root@master ~]# yumdownloader telnet-server       ❷
```

```
[root@master ~]# package-cleanup --problems          ❸
[root@master ~]# yum-config-manager --add-repo http://www.example.com/example.repo  ❹
[root@master ~]# yum-complete-transaction          ❺
```

❶ 먼저 명령어 yum을 사용해 **yum-utils** 패키지를 설치한다.

❷ 명령어 yumdownloader를 사용해 특정 패키지(telnet-server)를 로컬 시스템에 직접 다운로 드한다.

❸ 명령어 package-cleanup은 --problems 옵션과 함께 로컬 시스템에 설치된 RPM 파일 중에서 의존성 문제를 갖고 있는 패키지 목록을 보여준다.

❹ 명령어 yum-config-manager는 yum의 기본 설정 내용을 보여주거나 --add-repo 옵션 과 함께 웹사이트상의 저장소를 직접 추가하기 위해 사용되는 명령어다.

❺ 명령어 yum-complete-transaction은 yum의 트랜잭션 작업 중 실패했거나 중단된 작업 을 /var/lib/yum에서 찾아서 완료시켜준다.

2.2.3 YUM 저장소 생성

2.2.2절에서 YUM을 이용한 패키지 관리를 설명했는데, 그 응용으로 로컬 YUM 저장소 를 만드는 방법을 알아보자. 한 조직이나 회사 내에 많은 사용자가 RPM 패키지를 개별적 으로 인터넷에서 다운로드하지 않고 한 로컬 저장소에서 모두 다운로드해 설치할 수 있다 면 훨씬 효율적인 패키지 관리를 할 수 있다.

로컬 시스템에 YUM 저장소를 생성하고 RPM 패키지를 설치하는 방법, 그리고 이 로컬 시스템에서 생성한 YUM 저장소를 다른 클라이언트 시스템에서 사용하는 방법을 자세히 알아본다.

```
[root@master ~]# yum install createrepo          ❶
[root@master ~]# mkdir /var/ftp/pub/localrepo          ❷
[root@master ~]# systemctl restart vsftpd
[root@master ~]# vim /etc/yum.repos.d/local.repo          ❸
[localrepo]
name=Master Repository
baseurl=file:///var/ftp/pub/localrepo          ❹
baseurl=ftp://192.168.80.5/pub/localrepo          ❺
gpgcheck=0     ❻
enabled=1     ❼
[root@master ~]# createrepo -v --database /var/ftp/pub/localrepo          ❽
```

```
[root@master ~]# yum repolist | grep localrepo    ❾
localrepo       Master Repository          12
[root@master ~]# yum clean all ❿
[root@master ~]# yum install --disablerepo="*" --enablerepo=
"localrepo" bind-chroot    ⓫
Resolving Dependencies    ⓬
--> Running transaction check
---> Package bind-chroot.x86_64 32:9.9.4-18.el7_1.1 will be installed
--> Processing Dependency: bind = 32:9.9.4-18.el7_1.1 for package:
32:bind-chroot-9.9.4-18.el7_1.1.x86_64
--> Running transaction check
---> Package bind.x86_64 32:9.9.4-18.el7_1.1 will be installed
--> Finished Dependency Resolution
Dependencies Resolved

================================================================
 Package           Arch              Version
Repository        Size
================================================================
Installing:
 bind-chroot       x86_64                  32:9.9.4-18.el7_1.1
⓭ localrepo            82 k
Installing for dependencies:
 bind              x86_64                  32:9.9.4-18.el7_1.1
localrepo         1.8 M
Transaction Summary
================================================================
Install  1 Package (+1 Dependent package)
Total download size: 1.8 M
Installed size: 4.3 M
Is this ok [y/d/N]: y
Downloading packages:
----------------------------------------------------------------
Total                                 105 MB/s | 1.8 MB  00:00:00
Running transaction
Installing : 32:bind-9.9.4-18.el7_1.1.x86_64          1/2
Installing : 32:bind-chroot-9.9.4-18.el7_1.1.x86_64   2/2
Verifying  : 32:bind-chroot-9.9.4-18.el7_1.1.x86_64   1/2
Verifying  : 32:bind-9.9.4-18.el7_1.1.x86_64          2/2
Installed:
  bind-chroot.x86_64 32:9.9.4-18.el7_1.1
```

```
Dependency Installed:
   bind.x86_64 32:9.9.4-18.el7_1.1
Complete!
```

❶ 먼저 YUM 저장소 생성에 필요한 createrepo 패키지를 설치한다.

❷ RPM 패키지들을 사용자들에게 제공할 디렉토리를 생성하는데, 생성 후 이 디렉토리에 제공할 패키지들을 YUM으로 다운로드하거나 CD/DVD에 있는 RPM 파일들을 복사한 뒤에 VSFTP 데몬을 재시작하면 이러한 변경된 정보들이 FTP 서비스에 반영된다.

❸ 로컬 저장소의 정보를 포함하고 있는 파일을 /etc/yum.repos.d/local.repo에 생성하고

❹ 로컬 시스템인 경우 패키지 디렉토리의 경로만(/var/ftp/pub/localrepo)을 정의하면 된다.

❺ 이 YUM 저장소를 다른 클라이언트에게도 FTP 서비스를 통해 제공할 경우 각 클라이언트는 저장소 디렉토리의 경로 대신 프로토콜 ftp와 YUM 저장소의 IP 주소(192.168.80.5), 그리고 디렉토리 이름을 정의해줘야 한다.

❻ GPG 키를 통한 검사를 하지 않기 위해 숫자 0(No)을 설정했고

❼ 이 로컬 저장소가 활성화되게 설정하기 위해 숫자 1(Yes)로 설정했고

❽ 로컬 저장소의 데이터베이스를 저장하는 메타데이터를 생성하기 위해 명령어에 --database -v 옵션과 그 디렉토리를 지정하면 /var/ftp/pub/localrepo/repodata에 그 데이터가 생성된다.

❾ 새로 생성한 저장소 localrepo를 저장소 목록에서 확인할 수 있다.

❿ 로컬 저장소를 사용하기 위해 YUM 캐시Cache 정보를 모두 제거하고

⓫ bind-chroot 패키지를 설치하기 위해 다른 저장소를 모두 비활성화시키고 오직 localrepo만 활성화해 설치한다.

⓬ bind-chroot 패키지와 의존 관계에 있는 bind 패키지도 동일하게 설치되는데, 이는 로컬 저장소도 의존성 문제를 자동으로 해결할 수 있음을 보여준다.

⓭ bind-chroot 패키지와 bind 패키지의 저장소 이름이 localrepo임을 보여준다.

지금까지 YUM 저장소를 로컬 시스템에 생성하고 이 저장소에서 패키지를 다운로드해 설치하는 방법을 알아봤다.

2.2.4 YUM 플러그인 다루기

YUM은 기능 확장을 위해 여러 가지 플러그인을 제공하는데, 이번 절에서는 그 사용법을 차례대로 알아본다.

A. YUM 플러그인 확인

먼저 현재 사용 중인 YUM의 플러그인을 확인하면 다음과 같다.

```
[root@master ~]# yum info yum              ❶
Loaded plugins: fastestmirror, langpacks   ❷
```

❶ 명령어 yum를 실행할 때마다

❷ 제일 먼저 로딩되는 정보가 바로 yum 플러그인인데, 현재 fastermirror 플러그인과 설치한 패키지의 원어^{native}를 찾아주는 langpacks 플러그인이 제공되고 있음을 확인할 수 있다.

B. YUM 플러그인 설정 파일

YUM의 플러그인을 사용하기 위한 두 파일을 설명하면 다음과 같다.

```
[root@master ~]# cat /etc/yum.conf | grep plugin   ❶
plugins=1   ❷
[root@master ~]# cat /etc/yum/pluginconf.d/fastestmirror.conf | grep enabled   ❸
enabled=1   ❹
```

❶ YUM의 플러그인을 설정하는 파일은 두 가지인데, 먼저 전체 YUM 설정 파일 /etc/yum.conf에서 단어 plugin을 검색해보면

❷ plugins=1로 설정돼 있는데, 이는 YUM이 설치된 모든 플러그인을 사용한다는 의미다. 이 숫자가 0이면 전체 플러그인을 사용하지 않는다는 의미가 된다.

❸ YUM 플러그인이 설치되면 그 디렉토리에 각각의 설정 파일을 확인할 수 있는데, fastemirror의 경우

❹ enabled=1을 통해 이 플러그인을 사용한다는 의미이고, 0이면 사용하지 않는다는 의미다. 여기서 플러그인이 이미 활성화돼도 YUM 전체 설정 파일에서 plugins=0으로 설정되면 전체 플러그인은 사용되지 않는다.

C. YUM 플러그인 활성화와 비활성화

설치한 YUM 플러그인을 활성화하거나 비활성화하는 방법은 다음과 같다.

```
[root@master yum]# yum update --disableplugin=fastestmirror   ❶
Loaded plugins: langpacks   ❷
[root@master yum]# yum update --enableplugin=fastestmirror   ❸
```

❶ 명령어 yum에서 특정 플러그인을 사용치 않기 위해 --disableplugin 옵션에 그 이름을 정의하면 그 결과로

❷ 현재 설치됐고 설정 파일에서 활성화된 fastestmirror 플러그인이 보이지 않는다.

❸ 반대로 설정 파일에서 비활성화됐으나(enabled=0) 명령어를 사용해 활성화하는 경우 --enableplugin 옵션을 사용하면 된다.

D. YUM 플러그인 설치

필요한 플러그인이 있는 경우 먼저 검색 및 설치해 사용할 수 있다.

```
[root@master ~]# yum search yum-plugin              ❶
[root@master ~]# yum install yum-plugin-keys         ❷
[root@master ~]# ls /etc/yum/pluginconf.d/           ❸
aliases.conf fastestmirror.conf keys.conf langpacks.conf    ❹
```

❶ 특정 플러그인을 설치하려면 search 옵션을 통해 검색한 다음

❷ 서명 키를 다루는 플러그인 yum-plugin-keys를 설치한다.

❸ 그 설정 파일이 저장된 디렉토리를 확인하면

❹ keys.conf 이름으로 설정 파일이 저장돼 있음을 확인할 수 있다. 이 파일을 이용하거나 옵션을 사용해 이 플러그인에 대한 활성화와 비활성화를 결정할 수 있다.

2.3 패키지 관리 프로그램 DNF 사용

DNF는 Dandified YUM의 약어로서 YUM의 성능 향상을 위한 프로젝트의 하나이며, 페도라 리눅스Fedora Linux 22에서 YUM을 대신해 기본 프로그램으로 선정된 차세대 RPM 패키지 관리 프로그램이다. 기능이 대부분 YUM과 동일하기 때문에 여기에서 자세한 설명은 생략하고, 기본적으로 이 패키지를 설치하고 사용하는 방법만 알아본다.

2.3.1 DNF 패키지 설치

DNF 패키지는 기본 설치되지 않으므로 사용하려면 먼저 패키지를 설치해야 한다.

```
[root@master ~]# yum install dnf dnf-conf -y  ❶
```

❶ DNF를 사용하기 위해 dnf 패키지와 dnf-conf 패키지 두 가지를 설치해야 하는데, 이

패키지들은 저장소 epel이 제공하고 있으므로 먼저 이 저장소 파일을 명령어 yum install epel-release를 이용해 설치해야 한다.

2.3.2 명령어 dnf 사용

설치를 마쳤으면 명령어 dnf를 사용할 수 있다.

```
[root@master ~]# dnf    ❶
You need to give some command
usage: dnf [options] COMMAND    ❷
List of Main Commands
autoremove
check-update          Check for available package upgrades
clean                 Remove cached data
distro-sync           Synchronize installed packages to the latest available versions
downgrade             downgrade a package
group                 Display, or use, the groups information
help                  Display a helpful usage message
history               Display, or use, the transaction history
info                  Display details about a package or group of packages
install               Install a package or packages on your system
list                  List a package or groups of packages
makecache             Generate the metadata cache
provides              Find what package provides the given value
reinstall             reinstall a package
remove                Remove a package or packages from your system
repolist              Display the configured software repositories
repository-packages   Run commands on top of all packages in given repository
search                Search package details for the given string
updateinfo            Display advisories about packages
upgrade               Upgrade a package or packages on your system
upgrade-to            Upgrade a package on your system to the specified version
[root@master ~]# dnf install httpd    ❸
[root@master ~]# man dnf    ❹
```

❶ 패키지 설치 후에 명령어 dnf를 실행하면
❷ 기본 사용법으로서 YUM과 동일하게 옵션과 명령어를 사용하면 되는데, 그 아래에 주로 사용되는 명령어 목록을 볼 수 있다. YUM과 대부분 동일함을 알 수 있다.
❸ Apache 웹 서버를 설치하기 위한 명령어로서 YUM을 이용한 설치와 동일하다.

❹ DNF에 대한 더 자세한 정보를 알고 싶은 경우 DNF 매뉴얼을 참고하기 바란다.

2.4 GUI 프로그램을 이용한 패키지 관리

지금까지는 RPM 바이너리 파일을 rpm과 yum 같은 명령어를 사용해 관리하는 방법을 알아봤지만, 이번 절에서는 GUI를 이용한 패키지 관리를 알아본다. GUI 프로그램을 사용한 패키지 관리는 직관적이어서 명령어보다 더 쉽게 접근할 수 있는 장점이 있지만 명령어에 비해 자세하고 세밀한 관리가 부족하다는 점이 단점이라고 할 수 있다. 대표적인 패키지 관리 GUI 프로그램으로서 PackageKit이 사용되고 있는데, 이번 절에서는 PackageKit보다 더 뛰어난 기능을 제공하는 YUMEX라는 YUM 확장 GUI 프로그램을 통해 패키지를 관리하는 방법을 설명한다.

2.4.1 YUMEX 패키지의 설치와 실행

YUMEX 패키지는 대부분의 yum 기능을 GUI로 제공하는 프로그램이다. 이 패키지는 기본적으로 저장소 파일 EPEL을 통해 제공되므로 먼저 이 저장소 파일을 설치해야 사용할 수 있다.

```
[root@master ~]# yum install epel-release -y       ❶
[root@master ~]# yum install yumex -y      ❷
[root@master ~]# yumex --root &       ❸
```

❶ yumex 패키지를 설치하기 위해 먼저 저장소 파일 epel-release를 설치한다.
❷ 명령어 yum을 사용해 yumex 패키지를 설치하고 나서
❸ 이 프로그램을 사용자 root의 권한으로 백그라운드에서 실행할 수 있다.

2.4.2 YUMEX 사용

이번 절에서는 GUI 프로그램인 YUMEX를 사용해 패키지를 관리하는 방법을 알아본다.

A. 패키지 업데이트

먼저 패키지 업데이트를 위해 YUMEX를 실행한 후 초기 화면에서 업데이트 목록을 그림 2-1처럼 볼 수 있다.

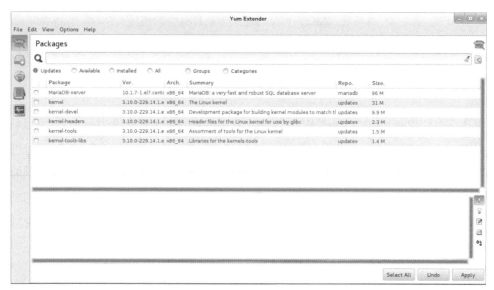

그림 2-1 업데이트 목록 확인하기

이 중에서 MariaDB-server를 업데이트하기 위해 선택하고 우측 하단의 Apply 버튼을 그림 2-2처럼 클릭한다.

그림 2-2 업데이트 목록 선택하기

그림 2-3과 같이 업데이트할 패키지의 정보를 확인한 후에 하단의 OK 버튼을 클릭하면 이 패키지에 대한 업데이트 작업을 진행한다.

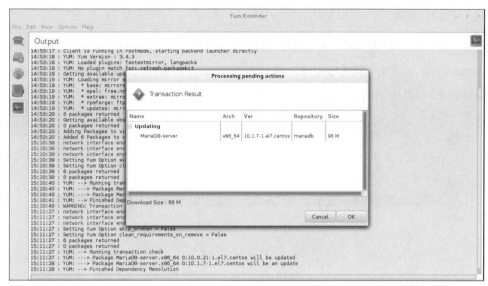

그림 2-3 업데이트 진행하기

B. 패키지 설치

bind에 관련된 패키지를 설치하기 위해 검색란에 bind를 입력하고 아래의 선택란에서 All
을 선택하면 bind에 관련된 모든 패키지를 보여주는데, 녹색은 이미 설치된 패키지를 의미
하고 검정색은 아직 설치되지 않은 패키지를 의미한다. bind-devel 패키지를 설치하기
위해 체크하고, 업데이트와 마찬가지로 하단의 Apply 버튼을 클릭하면 설치를 진행한다.

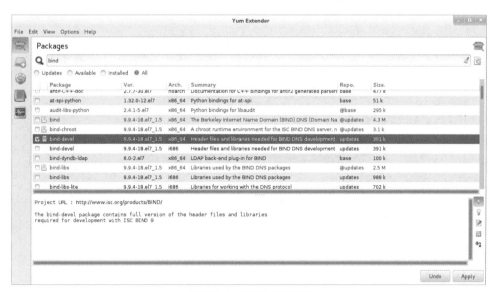

그림 2-4 패키지 설치하기

C. 패키지 제거

기존 패키지를 제거할 경우 검색란에 제거할 패키지 이름(예: telnet-server)을 검색 장소 installed를 선택한 상태에서 검색한 후 선택하고 체크 표시하면 그림 2-5처럼 X 표시가 나타난다. 여기서 하단의 Apply 버튼을 클릭한다.

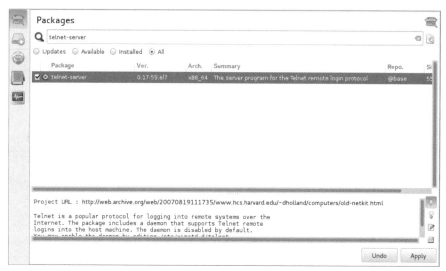

그림 2-5 패키지 제거하기

그러면 업데이트하는 경우와 마찬가지로 제거할 패키지의 정보를 확인할 수 있고, 하단의 OK 버튼을 클릭하면 그림 2-6처럼 패키지가 제거된다.

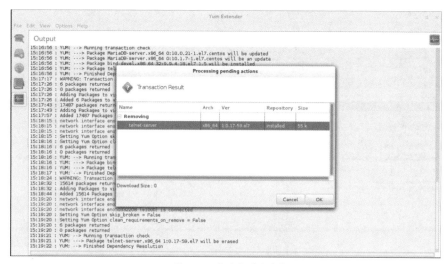

그림 2-6 패키지 제거하기

D. 기타 메뉴

패키지 설치, 제거, 업데이트와 같은 기본 기능 이외에 YUMEX는 YUM의 또 다른 기능인 저장소와 히스토리 관리, 트랜잭션 시 발생한 메시지를 볼 수 있는 기능을 왼쪽 툴바를 통해 그림 2-7처럼 제공한다.

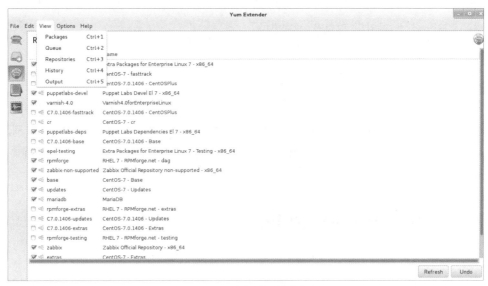

그림 2-7   기타 기능 확인하기

2.5 소스코드 관리

지금까지 이미 컴파일된 RPM 바이너리 파일을 어떻게 관리하는지 명령어 rpm, yum, dnf 를 사용해 설명했다면 2.5절에서는 패키지를 소스코드로 제공하는 웹사이트에서 소스 파일을 직접 다운로드한 뒤 컴파일해 사용하는 방법을 설명한다. 소스 파일로 이뤄진 패키지를 사용할 때의 장점으로는 프로그램의 소스코드를 직접 살펴 볼 수 있으므로 그 구조를 더 정확하게 알 수 있고 필요한 경우 자신의 환경에 맞게 수정해 사용할 수 있다는 점이다. 그러나 패키지 간 의존 관계를 지원하지 않고 불필요한 경우 삭제가 어렵다는 단점이 있다.

여기에서는 설명을 위해 FTP 클라이언트 프로그램인 ncftp를 이용해 설명을 진행한다. 모든 과정을 다음과 같이 5단계로 구분해 설명한다.

STEP 1: 소스 파일 다운로드

먼저 설명과 테스트를 위해 www.ncftp.com/download 웹사이트에서 최신 ncftp-3.2.5.src.tar.bz2을 다운로드해 /usr/local/src/ 디렉토리로 이동한다.

STEP 2: 소스 파일 압축 해제

다운로드한 소스 파일의 압축을 해제한다.

```
[root@master src]# tar xvjf ncftp-3.2.5-src.tar.bz2
```

먼저 압축된 소스 파일의 압축을 풀어줘야 하는데 명령어 tar와 xvjf 옵션을 사용해 해제한다. 여기서 옵션 x는 extract, f는 file, j는 bzip2, v는 verbose를 각각 의미하는데, 확장자가 bz2 대신에 gz이거나, tar.bz2 대신 tgz인 경우 j 대신 옵션 z(gzip)를 사용해 압축을 해제할 수 있다.

STEP 3: 압축 해제 후 소스 파일 설정

압축 해제 후에 소스 파일이 제공하는 스크립트를 실행한다.

```
[root@master src]# cd ncftp-3.2.5          ❶
[root@master ncftp-3.2.5]# ./configure     ❷
-------------------------------------------------------------
checking LIBS...
updating cache ./config.cache
creating ./config.status
creating Makefile
creating Makefile.bin
creating ncftp/Makefile
creating libncftp/Makefile
```

❶ 압축이 풀리면 그 디렉토리 내부로 들어가서

❷ 현재 디렉토리에 있는 configure라는 스크립트를 실행한다. 이 configure 스크립트를 실행하면 현재 사용 중인 운영체제의 종류와 커널 버전, 컴파일러의 종류와 버전, 그리고 기타 시스템의 여러 환경 정보를 수집해 환경 파일(Makefile)을 생성하게 된다. 그리고 그 실행되는 모든 결과를 config.status에 저장한다. configure 스크립트에서 제공하는 모든 옵션을 알아보기 원한다면 ./configure --help를 통해 알 수 있으며, 필요한 경우 그 기본 옵션을 변경할 수도 있다.

STEP 4: 설정 후 컴파일과 설치

소스 파일을 이용해 컴파일을 진행한다.

```
[root@master ncftp-3.2.5]# ls
autoconf_local   config.h.in   configure.in      mac          Makefile.in
NcFTP_All.sln    sh_util       win               ccdv         config.log  doc
❶ Makefile       ncftp         NcFTP_All.vcproj  sio          config.cache
config.status    DONATE.txt    Makefile.bin      NcFTP_All.dsp README.txt
Strn             config.h      configure         libncftp     Makefile.bin.in
NcFTP_All.dsw    sh            vis
[root@master ncftp-3.2.5]# make       ❷
[root@master ncftp-3.2.5]# ls bin     ❸
ncftp ncftpbatch ncftpget ncftpls ncftpput ncftpspooler
[root@master ncftp-3.2.5]# make install  ❹
```

❶ configure 스크립트에 의해 생성된 환경설정 파일 Makefile을 확인할 수 있으며

❷ 명령어 make는 이 Makefile을 이용해 컴파일을 진행하는데, Makefile 내부에는 컴파일에 필요한 환경들의 규칙이 정의돼 있고 컴파일러(gcc)는 이러한 규칙들을 참조해 컴파일을 진행한다.

❸ 컴파일을 마치면 원하는 바이너리 프로그램이 bin 디렉토리에 생성돼 있음을 확인할 수 있고

❹ 명령어 make install은 이러한 바이너리 프로그램을 파일 시스템에 설치하게 된다.

STEP 5: 컴파일된 바이너리 프로그램 사용

마지막 단계는 생성된 바이너리 파일을 사용하는 것이다.

```
[root@master ncftp-3.2.5]# which ncftp        ❶
/usr/local/bin/ncftp
[root@master ncftp-3.2.5]# ncftp localhost    ❷
NcFTP 3.2.5 (Feb 02, 2011) by Mike Gleason (http://www.NcFTP.com/contact/).
Connecting to 127.0.0.1...
(vsFTPd 3.0.2)   ❸
Logging in...
Login successful.
Logged in to localhost.
ncftp / > cd pub   ❹
Directory successfully changed.
```

```
ncftp /pub > get lftp-4.4.8-3.el7.x86_64.rpm ❺
lftp-4.4.8-3.el7.x86_64.rpm:          748.96 kB   26.78 MB/s
```

❶ 설치한 ncftp 프로그램이 어느 위치에 있는지 명령어 which를 통해 확인할 수 있다.

❷ 이 명령어 ncftp를 이용하기 위해 localhost에 접속하면

❸ 현재 이 FTP의 서버 프로그램이 VSFTP임을 알 수 있고

❹ pub 디렉토리로 들어가서

❺ 명령어 get을 이용해 lftp 패키지를 다운로드할 수 있다. 참고로 다운로드하기 전에 명령어 ls를 통해 파일 목록을 확인해야 한다.

지금까지 소스 파일을 다운로드해 컴파일한 후 프로그램을 사용하는 방법까지 알아봤다. ncftp 패키지를 컴파일하는 노중에 다른 패키지가 필요한 경우 에러 메시지가 발생하며, 이 경우 필요한 해당 패키지를 먼저 설치한 후에 컴파일 과정을 진행할 수 있다. 그리고 이 패키지를 삭제할 경우 Makefile에서 uninstall이라는 옵션을 제공하면 각 파일 시스템에 설치된 바이너리 프로그램을 명령어 make uninstall로 제거할 수 있지만, 그렇지 않은 경우 모두 수동으로 찾아 제거해야 하는 불편함을 감수해야 한다.

2.6 참고문헌

- http://en.wikipedia.org/wiki/RPM_Package_Manager

- http://www.rpm.org/max-rpm/ch-rpm-file-format.html

- http://docs.fedoraproject.org/en-US/Fedora_Draft_Documentation/0.1/html/RPM_Guide/ch02s02.html

- https://access.redhat.com/documentation/en-US/Red_Hat_Enterprise_Linux/5/html/Deployment_Guide/s3-rpm-conflicting-files.html

- https://docs.fedoraproject.org/enUS/Fedora/17/html/System_Administrators_Guide/sec-Configuring_Yum_and_Yum_Repositories.html

- https://iuscommunity.org/pages/CreatingAGPGKeyandSigningRPMs.html

- http://www.unixmen.com/setup-local-yum-repository-centos-7/

- http://www.tecmint.com/dnf-next-generation-package-management-utility-for-linux/

- http://www.thegeekstuff.com/2015/02/rpm-build-package-example/

- WILEY - Linux BIBLE 9th Edition
- https://access.redhat.com/documentation/en-US/Red_Hat_Enterprise_Linux/7/html/ System_Administrators_Guide/sect-Yum-Transaction_History.html

2.7 요약

1. RPM은 (   )의 약어로서 RPM 패키지를 설치할 때 데이터 파일들은 리눅스의 파일 시스템 (   )에 설치되며, 메타데이터는 (   )에 저장돼 나중에 RPM 데이터베이스로 사용된다.

2. RPM 데이터베이스 파일 중에서 (   ) 파일이 제일 중요한데, 설치된 모든 RPM 파일의 (   )를 저장하는 데이터베이스 파일이기 때문이다.

3. 명령어 rpm을 이용해 패키지를 설치할 경우 사용되는 옵션은 (   )이며, 업데이트를 할 경우 (   )을 사용하고 제거 시 (   ) 옵션, 질의를 위해 (   ) 옵션, 그리고 패키지 검증을 위해 (   ) 옵션, 서명 검사를 위해 (   ) 옵션을 사용한다.

4. YUM의 기본 설정 파일은 (   )이며, 그 저장소 목록은 디렉토리 (   )이고, 캐시 디렉토리는 (   )이다.

5. YUM 저장소를 로컬 시스템에 구축하는 경우 설치해야 할 패키지는 (   )이며, YUM의 저장소 디렉토리에 확장자 (   )를 가진 파일을 생성해야 한다.

6. 명령어 yum을 이용해 패키지를 설치할 경우 사용되는 옵션은 (   ), 업데이트를 위해 (   ), 제거 시 (   ) 옵션, 검색을 위해 (   ) 옵션을 사용한다.

7. YUM의 차세대 프로그램은 (   )인데, 이 프로그램을 사용할 경우 패키지 (   )를 설치한 후 사용할 수 있다.

8. 소스 파일을 이용해서 바이너리 파일을 생성할 경우 압축을 풀고 스크립트 (   )을 실행하고, 컴파일하기 위해 명령어 (   )을 사용한 후 바이너리 파일 설치를 위해 명령어 (   )을 일반적으로 사용한다.

9. 패키지 관리를 위해 GUI 프로그램을 사용할 경우 패키지 (   )를 설치하며, 실행 후에 패키지 (   ) 및 삭제에 사용할 수 있다.

10. GPG를 이용해 키를 생성할 경우 기본적으로 키는 사용자의 홈 디렉토리의 (   )에 저장되며, RPM 패키지 서명을 위해서는 파일 (   )을 홈 디렉토리에 생성해야 한다.

2.8 연습문제

1. 명령어 slappasswd와 파일 /etc/ftpusers를 제공하는 패키지를 YUM 저장소에서 찾아서 그 패키지를 설치하라.

2. 파일 /etc/ftpusers에 test를 추가하고 어떤 변화들이 있는지 확인한 후 그 패키지를 제공하는 웹사이트를 확인해보라.

3. 명령어 rpm을 이용해서 /etc/ftpusers를 제공하는 패키지를 제거한 후에 yum install을 사용하지 않고 다른 옵션을 사용해 재설치하라.

4. 파일 /etc/ftpusers를 제공하는 패키지의 소스 RPM 파일을 다운로드해 확장자 .spec 파일의 설명 부분에 여러분의 이름을 추가해보라.

5. 이 소스 RPM 파일을 이용해 바이너리 RPM 패키지를 생성한 뒤에 GPG 키를 이용해 서명한 뒤에 설치하라.

6. 2번 문제에서 웹사이트를 방문해 이 소스 파일을 다운로드한 후 기존 RPM 패키지를 제거하고 소스코드 컴파일을 해서 설치하라.

7. 명령어 yum이 아니라 dnf를 이용해 /etc/ftpusers를 제공하는 패키지를 설치하라.

8. YUM의 GUI 툴을 설치 후에 마찬가지로 /etc/ftupusers 파일을 제공하는 패키지를 설치하라.

9. YUMDOWNLOADER 프로그램을 사용해 로컬 호스트로 proFTPD 프로그램을 다운로드한 뒤에 설치하라.

10. ncftp 소스코드를 웹사이트에서 다운로드한 이후에 컴파일을 사용해서 설치하고 사용하라.

2.9 연구과제

1. 레드햇, CentOS, 페도라 리눅스 등에서 사용하는 바이너리 패키지가 rpm이라면 우분투, 데비안 리눅스에서 사용하는 바이너리 패키지는 deb이고, 이 패키지 관리 프로그램은 RPM과 유사한 dpkg, 그리고 YUM과 유사한 apt-get이 있다. 데스크톱이나 노트북에 우분투 또는 데비안 리눅스를 설치한 후 이러한 명령어가 RPM, 그리고 YUM과 어떻게 다른지 비교 연구해보라.

2. 조직 내에 YUM 저장소 역할을 하는 서버를 구축한 후 최신 버전의 CentOS 패키지를 다운로드해 저장한 후 클라이언트에게 FTP나 웹 서버를 통해 제공해보라.

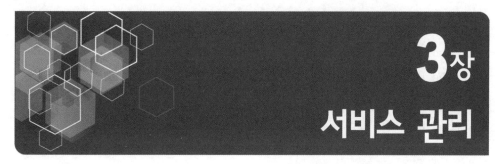

3장
서비스 관리

Systemd를 이용한 서비스 관리의 모든 것

2장에서 CentOS 리눅스의 서버 관리에서 가장 중요한 업무 중 하나인 패키지 관리 방법을 설명했다면 3장에서는 Systemd를 이용해 시스템과 서비스를 구체적으로 사용하는 방법을 설명한다. CentOS 7 이전까지 SysV Init 스크립트가 런레벨과 서비스 관리를 위해 사용됐지만, CentOS 7부터 SysV Init 스크립트를 대신해 Systemd가 CentOS/RHEL7, 그리고 페도라, 오픈수세, 아치 리눅스^{Arch Linux} 등의 리눅스 배포판에서 기본 서비스 관리와 로그 및 시스템 관리 매니저로 채택돼 사용되고 있다. Systemd는 SysV Init과 호환되기 때문에 SysV Init과 동시에 사용 가능하다. Systemd는 부팅 시에 실행되는 서비스를 최소화시키고, 또한 서비스들을 순차적 방식이 아닌 병렬화 방식을 이용해서 실행시키기 때문에 시스템의 부팅 속도가 예전 SysV Init에 비해 빠르다는 장점과 서비스 및 로그 관리, 그리고 하드웨어 및 커널의 CGroup^{Control Group} 같은 시스템 관리까지 지원한다는 장점이 있다.

CentOS 7 이전에 SysV Init 스크립트는 서비스 관리를 위해 디렉토리 /etc/rc.d/를 사용하고, 명령어로 service와 chkconfig, runlevel 등을 사용했다. CentOS 7에서 Systemd는 관리를 위해 세 개의 디렉토리 /etc/systemd, /run/systemd/system, /usr/lib/systemd/system을 사용하고, 명령어로 systemctl과 journalctl 등을 사용한다. 이 디렉토리와 명령어에 대한 자세한 내용은 본문에서 알아본다.

3장에서 Systemd 서비스 사용과 테스트를 위해 사용되는 호스트의 정보는 다음과 같다.

호스트 이름	IP 주소	OS 버전	역할
master.chul.com	192.168.80.5	CentOS Linux release 7.2	Systemd 서버
node1.chul.com	192.168.80.6	CentOS Linux release 7.2	원격 서버

3장에서 다루는 내용은 다음과 같다.

- Systemd 구성 요소 이해
- Systemd 명령어와 Unit 이해
- Systemd를 이용한 서비스 관리
- Systemd Unit 파일 다루기
- Systemd Target 사용
- Systemd Journalctl 사용

3.1 Systemd 구성 요소 이해

이번 절에서는 Systemd를 이용한 서비스 관리 방법을 설명하기 이전에 Systemd를 구성하는 요소들을 먼저 설명한다. Systemd 서비스를 이해하기 위해서는 이러한 구성 요소에 대한 이해가 필요하다.

3.1.1 Systemd의 구성 요소

먼저 Systemd 서비스를 구성하고 있는 요소들을 세분화하면 표 3-1과 같다.

표 3-1 Systemd 구성 요소

표 3-1의 Systemd 구성 요소들을 좀 더 구체적으로 설명하면 다음과 같다.

A. 리눅스 커널

서비스 데몬 Systemd를 사용하기 위해서는 먼저 리눅스 커널에서 이 서비스를 지원하기 위한 옵션이 활성화돼야 한다. 리눅스 커널에서 이 서비스 제공을 위해 활성화돼야 하는 옵션은 cgroup, autofs, dbus다. 여기서 cgroup[Control Group]은 **PID** 대신에 프로세스를 추적하기 위해 사용되며, autofs는 파일 시스템을 자동으로 마운트하게 지원하며, dbus는 애플리케이션 간 일대일 통신을 지원하기 위해 사용되는 커널의 기능이다.

B. Systemd 라이브러리

커널에서 Systemd를 지원하기 위한 옵션이 활성화되면 libnotify, libudev, libpam, libcap, tcpwrapper, libaudit 같은 시스템 라이브러리가 설치돼야 Systemd을 사용할 수 있다.

C. Systemd 코어

Systemd 코어는 service, socket, mount와 같은 모든 Systemd Unit을 관리할 뿐 아니라 모든 로그 데이터를 저장하는 역할을 하는데, systemctl과 같은 Systemd 유틸리티가 이 코어 부분을 관리할 수 있다.

D. Systemd 데몬과 Target

Systemd 서비스를 제공하는 데몬으로서 systemd, journald, networkd 등이 사용되며, 시스템 실행 모드 Target으로서 multi-user, graphical, reboot, basic, shutdown 등이 사용된다.

E. Systemd 유틸리티

Systemd가 제공하는 모든 기능을 사용자가 실제로 사용 가능케 하는 유틸리티로서 systemctl, journalctl, notify, analyze 등이 사용된다.

3.1.2 Systemd 부팅 과정

Systemd는 서비스 및 시스템 프로세스로 동작하기 때문에 시스템의 부팅 과정에 반드시 사용되는 프로세스다. 이번 절에서는 CentOS 7 이전 버전에서 사용하던 SysV Init 부팅 과정과 새로운 Systemd를 이용한 부팅 과정을 그림으로 비교 설명한다.

A. SysV Init 부팅 과정

SysV Init을 이용한 부팅 과정을 그림 3-1을 이용해 설명하면 다음과 같다.

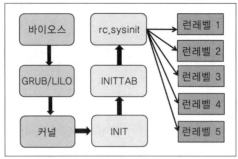

그림 3-1 SysV Init을 이용한 부팅 과정

1. **바이오스(BIOS)** 전원 공급으로 시스템이 시작되면 메인보드의 ROM에 위치한 바이오스 프로그램이 실행되고 이어 CPU, 메모리 등 각종 장치들을 점검하는 POST에 의해 장치가 모두 초기화된다.

2. **GRUB/LILO** 이후 BIOS는 부팅 가능한 하드디스크나 기타 장치의 첫 번째 섹터인 MBR^{Master Boot Record}을 검색해 GRUB이나 LILO 같은 부트 로더를 메모리에서 실행한 후 사용할 운영체제를 선택한다.

3. **커널(Kernel)** 사용자가 리눅스를 선택하면 리눅스 커널이 하드디스크에서 메모리로 적재돼 실행되고 모든 운영체제에 필요한 하드웨어와 프로세스 관리를 시작한다.

4. **init** 커널이 실행시키는 최초의 프로세스로서 PID 1번을 갖게 되며, 이 init으로부터 다른 모든 프로세스가 파생돼 실행된다.

5. **inittab** init 프로세스는 이 파일에 설정된 내용을 실행하는데, 이때 실행할 리눅스의 Runlevel 모드를 여기에서 선택한다.

6. **rc.sysinit** init 프로세스가 시스템 초기화를 위해 사용하는 스크립트 파일로서 스왑이나 네트워크 설정 같은 하드웨어에 관련된 환경을 정의하기 위한 작업들을 이 파일로 진행한다.

7. **런레벨(Runlevel)** 선택된 런레벨별로 각각 시작돼야 할 서비스(데몬)가 정의된 파일에 의해 실행된 이후에 사용자 로그인이 이뤄진다.

B. Systemd를 이용한 부팅 과정

Systemd를 이용한 부팅 과정을 그림 3-2를 이용해 설명하면 다음과 같다.

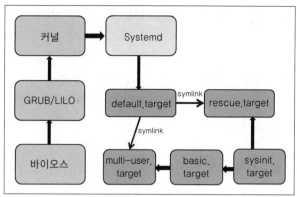

그림 3-2 Systemd를 이용한 부팅 과정

1. 바이오스부터 커널까지는 그림 3-1과 동일하다.

2. **Systemd** 커널은 모든 프로세스 관리를 위해 PID 1번인 systemd를 호출해 실행하고, Systemd는 부팅과 서비스 관리를 위해 default.target을 찾아 실행하게 된다.

3. **default.target** default.target은 링크 파일로서 실제로 사용할 Target을 가리키고 있는 데, /etc/systemd/system/default.target이라는 이름으로 저장돼 있다.

4. **multi-user.target** 일반적인 경우 default.target은 multi-user.target 또는 graphical. target을 가리키고 있는데, 이 Target들은 /usr/lib/systemd/system 디렉토리에 파일로 존재하며 이 파일 내에 필요한 행동이 정의돼 있다.

5. **multi-user.target** default.target이 multi-user.target을 링크한 경우 이 Target에서 부팅 이후 실행돼야 할 서비스 Unit 목록이 /etc/systemd/system/multi-user.target.wants/ 디렉토리에 파일로 저장돼 있다.

6. **basic.target** multi-user.target은 basic.target에 정의된 Unit 서비스들도 시작하게 되는데, 이 서비스 Unit 목록은 /etc/systemd/system/basic.target.wants에 저장돼 있다.

7. **sysinit.target** basic.target 서비스가 끝나면 그 이후 프로세스는 sysinit.target을 찾아 실행하는데, 이 Target은 시스템 마운트, 스왑 공간과 장치, 커널의 추가 옵션들을 실행하는 서비스를 담당한다. 이 sysinit.target은 /etc/systemd/system/sysinit.target.wants/ 디렉토리에 Unit 목록 파일을 저장하고 있다. 이 과정이 모두 끝나면 사용자의 로그인이 가능하며, 시스템을 사용할 수 있다.

8. **rescue.target** sysinit.target은 default.target이 복구를 위해 사용되는 Target인 rescue. target으로 링크돼 있어도 이 Target에게 동일한 서비스를 제공한다.

3.2 Systemd 명령어와 Unit 이해

3.1절에서의 설명을 통해 Systemd의 구성 요소와 그 부팅 과정을 이해했다면 이번 절에서는 Systemd를 이용한 서비스 관리 방법을 알아본다.

3.2.1 명령어 비교

Systemd 패키지를 설치하면 서비스 관리를 위해 명령어 systemctl을 사용할 수 있다. 이 명령어는 CentOS 7 이전에 사용하던 명령어 service와 동일한 기능을 제공한다. 또한 systemctl은 서비스 등록을 위해 관리했던 명령어 chkconfig의 기능도 동일하게 제공한다. 이 두 가지의 명령어를 먼저 비교함으로써 동일한 기능에 대해 Systemd의 명령어를 어떻게 달리 사용하는지 설명한다.

A. 명령어 systemctl과 service 비교

CentOS 7 이전 서비스 관리를 위해 사용하던 명령어 service와 CentOS 7에서 Systemd가 제공하는 동일한 기능의 명령어 systemctl을 Apache 웹 서버 데몬 httpd로 비교 설명하면 다음과 같다.

```
[root@master ~]# service httpd start              ❶
[root@master ~]# systemctl start httpd.service    ❷
```

❶ 먼저 명령어 service를 사용하는 방법을 살펴보면 명령어 다음에 서비스 이름(httpd)과 그 서비스에 대한 행동(start)을 정의하는 명령어를 사용한다.

❷ 반면 systemctl은 서비스에 적용할 행동(start)을 먼저 지정하고, 그 행동이 적용될 서비스(httpd.service)를 나중에 지정한다. httpd.service에서 사용된 확장자 service는 Systemd Unit이라고 하는데, 다음 절에서 설명하며 사용 시 생략이 가능하다.

명령어 service와 systemctl을 이용해 서비스를 관리하는 일반적인 방법들을 비교 정리하면 표 3-2와 같다. 왼쪽의 명령어 service의 사용법을 이해한다면 오른쪽의 명령어 systemctl의 사용법도 쉽게 이해될 것이다.

표 3-2 명령어 service와 systemctl 비교

Service(CentOS 6.x)	Systemctl(CentOS 7.x)
service httpd start	systemctl start httpd
service httpd stop	systemctl stop httpd
service httpd restart	systemctl restart httpd
service httpd condrestart	systemctl try-restart httpd
service httpd reload	systemctl reload httpd
service httpd status	systemctl status httpd systemctl is-active httpd
service --status-all	systemctl list-units --type service --all

표 3-2에서 오른쪽 명령어 systemctl의 사용 방법은 다음 절에서 자세히 설명한다.

B. 명령어 systemctl과 chkconfig 비교

이번에는 서비스 등록과 활성화를 위해 사용되는 명령어 chkconfig와 systemctl을 서비스 httpd를 이용해 비교하면 다음과 같다. CentOS 7 이전부터 서비스 관리를 위해 명령어 service와 chkconfig를 사용해 왔다면 쉽게 두 표를 통해 새로운 명령어 systemctl을 이해할 수 있을 것이다.

```
[root@master ~]# chkconfig httpd on              ❶
[root@master ~]# systemctl enable httpd.service  ❷
```

❶ 명령어 chkconfig는 명령어 service와 마찬가지로 서비스 이름, 그리고 on과 같이 부팅 시에 서비스가 자동으로 시작되게 설정할 수 있다.

❷ 반면 명령어 systemctl은 부팅 시 서비스 활성화를 위해 enable 다음에 서비스 이름을 지정한다.

두 명령어 chkconfig와 systemctl이 서비스 관리를 위해 사용하는 일반적인 방법들을 비교 정리하면 표 3-3과 같다.

표 3-3 명령어 chkconfig와 systemctl 비교

Service(CentOS 6.x)	Systemctl(CentOS 7.x)
chkconfig httpd on	systemctl enable httpd
chkconfig httpd off	systemctl disable httpd
chkconfig --list httpd	systemctl status httpd systemctl is-enabled httpd systemctl list-dependencies --before httpd systemctl list-dependencies --after httpd
chkconfig --list	systemctl list-unit-files --type service

표 3-3에서 오른쪽 명령어 systemctl의 사용 방법는 다음 절에서 자세히 설명한다.

3.2.2 Systemd Unit 이해

SysV Init이 셸 스크립트를 사용해 서비스 시작을 관리했다면 Systemd는 Unit 파일을 사용해 서비스를 관리한다. 여기서 Systemd Unit 파일은 서비스 시작에 필요한 모든 내용을 기록한 설정 파일을 의미하며, 이 파일들은 모두 특정 디렉토리에 저장된다.

A. Systemd Unit이 사용하는 디렉토리

먼저 Systemd Unit이 명령어에서 사용되는 방법은 다음과 같다.

```
[root@master ~]# systemctl start httpd.service
```

위의 httpd.service를 Unit 파일이라 하고 service 부분을 Unit 유형Type이라고 부르는데, 이 Unit은 결국 서비스 시작이 정의된 파일을 가리킨다. 이 Unit 파일이 저장된 디렉토리를 정리하면 다음과 같다.

1. /usr/lib/systemd/systemd

특정 서비스를 위해 설치되는 RPM 패키지에 포함된 Unit 파일이 저장되는 디렉토리다.

```
[root@master ~]# yum install httpd -y
[root@master ~]# rpm -ql httpd
/usr/lib/systemd/system/httpd.service
[root@master ~]# systemctl start httpd.service
```

예를 들어 앞에서처럼 Apache 웹 서버 패키지를 설치하면 httpd.service Unit 파일이 이 디렉토리에 자동으로 저장되고 서비스 시작을 위해 명령어 systemctl을 사용하면 이 Unit 파일에 정의된 내용이 실행된다.

2. /run/systemd/system

Systemd가 실행 시에 생성되는 Systemd Unit 파일을 저장하는 버퍼 디렉토리로서 부팅 이후의 정보만 저장하며, 시스템을 종료하면 그 정보가 모두 삭제된다.

3. /etc/systemd/system

시스템 관리자가 수동으로 생성하거나 관리하는 Systemd Unit 파일이 저장되는 디렉토리다. 예를 들어 어떤 서비스가 Init 스크립트를 제공하지만 Systemd Unit 파일을 제공하지 않는다면 이 서비스 Unit 파일을 생성하고, 이 디렉토리에 저장하면 명령어 service가 아니라 systemctl을 사용한 관리가 가능하게 된다. 그리고 이 디렉토리 내의 파일을 생성하거나 수정하는 경우 명령어 systemctl daemon-reload를 해줘야 변경 내용을 Systemd 데몬이 인식하게 된다.

B. Unit의 유형

Systemd Unit은 다양한 유형을 통해 서비스를 제공하는데, 그 목록을 정리하면 표 3-4와 같다.

표 3-4 Systemd Unit 유형

Unit 유형	설명
service unit	시스템 서비스를 위해 사용되는데, 주로 서비스 시작과 중지 명령을 이용해 관리하고 확장자로 .service를 사용한다.
target unit	여러 Systemd Unit이 한 그룹으로 이뤄진 경우이며, 다른 Unit이 그 상태를 변경할 때 동기화 기능을 제공하기 위해 사용되며 확장자로 .target을 사용한다.
automount unit	자동으로 마운트되는 지점을 설정하기 위해 사용되며, 확장자로 .automount를 사용한다.
device unit	리눅스 커널이 인식하는 장치 파일로서 확장자로 .device를 사용한다.
mount unit	파일 /etc/fstab에 정의된 파일 시스템을 마운트하기 위해 사용되는 지점으로, 확장자로 .mount를 사용한다.
path unit	파일 시스템 내의 파일이나 디렉토리를 위해 사용하며, 확장자로 .path를 사용한다.

(이어짐)

Unit 유형	설명
scope unit	외부에서 생성된 시스템 프로세스 관리를 위해 사용되는데, 이들은 많은 Unit과 협력해 Systemd에 더 많은 기능을 제공하며 확장자 .scope를 사용한다.
slice unit	리눅스 Control Group과 관련이 있는데, 시스템의 자원들이 어느 프로세스에 제한이 되거나 할당되게 허용하는 역할을 수행하며 확장자 .slice를 사용한다.
snapshot unit	명령어 systemctl snapshot에 의해 자동으로 생성되며, 시스템의 변경 이후 현재의 상태를 다시 구성하게 허용하는 역할을 하고 확장자 .snapshot을 사용한다.
socket unit	네트워크와 프로세스 간 통신에 사용되는 소켓으로서 이 Unit이 정의하는 어떤 활동이 소켓에서 발생하면 바로 그 서비스를 시작하는 .service 파일과 항상 관련이 있으며, 확장자 .socket을 사용한다.
swap unit	스왑 장치나 스왑 파일에 사용되며, 확장자 .swap을 사용한다.
timer unit	Cron처럼 지정된 일정에 따라 Unit 활성화를 위해 Systemd가 사용하는 타이머로서 확장자 .timer를 사용한다.

3.3 Systemd를 이용한 서비스 관리

이번 절에서는 Systemd가 제공하는 명령어 systemctl을 구체적으로 사용해 서비스 관리하는 방법을 설명한다.

3.3.1 서비스 시작과 중지 관련 명령어

먼저 systemctl이 서비스 시작과 중지에 사용하기 위해 사용하는 방법들은 다음과 같다.

```
[root@master ~]# systemctl start httpd.service      ❶
[root@master ~]# systemctl stop httpd.service       ❷
[root@master ~]# systemctl restart httpd.service    ❸
[root@master ~]# systemctl reload httpd.service      ❹
[root@master ~]# systemctl try-restart httpd.service  ❺
[root@master ~]# systemctl isolate httpd.service      ❻
[root@master ~]# systemctl daemon-reload            ❼
```

❶ 서비스 httpd를 시작하기 위해 관리 명령어 start를 사용한다.

❷ 서비스 httpd를 중지하기 위해 관리 명령어 stop을 사용한다.

❸ 서비스 httpd를 다시 시작하기 위해 관리 명령어 restart를 사용하는데, 이때 restart 는 현재의 서비스를 중단stop하고 다시 시작start하라는 의미다. 현재 이 서비스가 실행

중이 아니라면 단지 서비스를 시작하게 된다.

❹ 서비스 httpd를 다시 시작하라는 관리 명령어 reload를 사용하는데, 이는 실행되는 서비스를 중단하지 않고 그 설정을 다시 읽어 들여 적용하라는 의미다.

❺ 서비스 httpd가 이미 실행이 되고 있다면^{active} 다시 시작하라는 관리 명령어 try-restart를 사용한다.

❻ 서비스 httpd만 시작하고 나머지 서비스는 모두 중지하기 위해 관리 명령어 isolate를 사용한다.

❼ 관리자가 Systemd Unit 파일을 새로 생성하거나 수정했다면 그 파일을 Systemd가 인식하기 위해 모든 Unit 파일을 다시 읽어 들이는 데 사용한다.

3.3.2 서비스 활성화 관련 명령어

이 절에서는 서비스 활성화와 비활성화에 관련된 사용법을 알아본다.

```
[root@master ~]# systemctl enable httpd.service          ❶
Created symlink from /etc/systemd/system/multi-user.target.wants/
httpd.service to /usr/lib/systemd/system/httpd.service.
[root@master ~]# systemctl reenable httpd.service        ❷
Removed symlink /etc/systemd/system/multi-user.target.wants/httpd. service.
Created symlink from /etc/systemd/system/multi-user.target.wants/
httpd.service to /usr/lib/systemd/system/httpd.service.
[root@master ~]# systemctl disable httpd.service         ❸
Removed symlink /etc/systemd/system/multi-user.target.wants/httpd. service.
[root@master ~]# systemctl is-active httpd.service       ❹
active
[root@master ~]# systemctl is-enabled httpd.service      ❺
disabled
[root@master ~]# systemctl is-failed httpd.service       ❻
active
[root@master ~]# systemctl mask httpd.service            ❼
Created symlink from /etc/systemd/system/httpd.service to /dev/null.
[root@master ~]# systemctl start httpd
Failed to start httpd.service: Unit httpd.service is masked.
[root@master ~]# systemctl unmask httpd.service          ❽
Removed symlink /etc/systemd/system/httpd.service.
```

❶ 부팅 시에 httpd 서비스가 자동으로 시작되도록 Unit 파일 명령어 enable을 사용한다.

이때 이 서비스 Target이 저장된 디렉토리에서 /etc/systemd/system으로 링크 파일이 생성되는데, 이는 이 시스템이 런레벨 multi-user.target에서 시작할 경우 자동으로 이 서비스를 시작하라는 의미다. 그리고 이 링크 파일은 Systemd Unit 파일에서 다음과 같이 Install 섹션이 정의된 경우에 생성된다. Target에 대한 설명은 3.5절을 참고하기 바란다.

```
[root@master ~]# cat /usr/lib/systemd/system/httpd.service
~
[Install]
WantedBy=multi-user.target
```

❷ enable 대신에 reenable을 사용하면 먼저 앞의 서비스를 비활성화시키고(링크를 제거하고) 다시 이 서비스를 즉시 활성화하라(링크를 다시 생성하라)는 의미다.
❸ 명령어 disable을 사용하면 이 httpd 서비스를 비활성화하라는 뜻인데, 이를 위해 이 Unit 파일의 Install 섹션을 확인한 후 생성됐던 링크 파일을 제거한다.
❹ 이 httpd 서비스가 현재 실행 중인지 확인하기 위해 사용한다.
❺ 이 httpd 서비스가 활성화 또는 비활성화됐는지 확인하기 위해 사용한다.
❻ 이 httpd 서비스 시작이 실패했는지 확인한다.
❼ 이 httpd 서비스를 systemd에서 사용하지 않기 위해 mask를 사용하는데, 이 명령어를 사용하면 /etc/systemd/system에 있는 Unit 파일이 /dev/null로 링크가 변경된다. 이는 Systemd가 이 서비스 Unit 파일에 접근하지 말라는 의미다. 그리고 이렇게 mask로 표시된 서비스를 시작할 경우 실패하게 되며, 마스크됐다는 메시지를 확인할 수 있다.
❽ 이 마스크 상태를 해제하기 위해 mask 대신에 unmask를 사용하면 이제 Systemd에서 이 서비스를 사용할 수 있게 된다.

3.3.3 서비스 상태 확인 명령어

서비스의 상태를 구체적으로 확인하기 위해 사용하는 방법을 설명하는데, 명령어 systemctl 은 로컬 서비스뿐만 아니라 원격 서버의 서비스도 관리가 가능하다.

A. 로컬 서버 서비스 상태 확인
먼저 로컬 서버에서 서비스 상태를 확인하는 방법은 다음과 같다.

```
[root@master ~]# systemctl status httpd.service    ❶
httpd.service - The Apache HTTP Server
Loaded: loaded (/usr/lib/systemd/system/httpd.service; disabled; vendor preset:
disabled)
Active: active (running) since Sat 2016-05-21 10:30:53 KST; 6s ago
       Docs: man:httpd(8)
             man:apachectl(8)
  Main PID: 7462 (/usr/sbin/httpd)
    Status: "Processing requests..."
    CGroup: /system.slice/httpd.service
            7462 /usr/sbin/httpd -DFOREGROUND
            7504 /usr/sbin/httpd -DFOREGROUND
            7506 /usr/libexec/crlhelper 131075 7462 /etc/httpd/alias
            7507 /usr/sbin/httpd -DFOREGROUND
            7508 /usr/sbin/httpd -DFOREGROUND
            7509 /usr/sbin/httpd -DFOREGROUND
            7510 /usr/sbin/httpd -DFOREGROUND
May 21 10:30:50 master.chul.com systemd[1]: Starting The Apache HTTP Server...
May 21 10:30:53 master.chul.com systemd[1]: Started The Apache HTTP Server.
[root@master ~]# systemctl cat httpd.service ❷
# /usr/lib/systemd/system/httpd.service
[Unit]
Description=The Apache HTTP Server
After=network.target remote-fs.target nss-lookup.target
Documentation=man:httpd(8)
Documentation=man:apachectl(8)

[Service]
Type=notify
EnvironmentFile=/etc/sysconfig/httpd
ExecStart=/usr/sbin/httpd $OPTIONS -DFOREGROUND
ExecReload=/usr/sbin/httpd $OPTIONS -k graceful
ExecStop=/bin/kill -WINCH ${MAINPID}
KillSignal=SIGCONT
PrivateTmp=true
~
[Install]
WantedBy=multi-user.target
[root@master ~]# systemctl show httpd.service         ❸
[root@master ~]# systemctl list-dependencies httpd.service         ❹
[root@master ~]# systemctl list-units --type service         ❺
```

```
UNIT                   LOAD   ACTIVE SUB     DESCRIPTION
abrt-ccpp.service      loaded active exited  Install ABRT coredump hook
abrt-oops.service      loaded active running ABRT kernel log watcher
abrt-xorg.service      loaded active running ABRT Xorg log watcher
abrtd.service          loaded active running ABRT Automated Bug Reporting Tool
accounts-daemon.service  loaded active running Accounts Service
~
[root@master ~]# systemctl list-unit-files        ❻
[root@master ~]# systemctl list-unit-files --type service        ❼
[root@master ~]# systemctl list-units --all --state=inactive     ❽
UNIT                    LOAD      ACTIVE    SUB DESCRIPTION
 dev-block-8:16.device  loaded    inactive  dead dev-block-8:16.device
 dev-block-8:32.device  loaded    inactive dead dev-block-8:32.device
~
[root@master ~]# systemctl list-dependencies --after nginx.service    ❾
[root@master ~]# systemctl list-dependencies --before nginx.service  ❿
```

❶ 현재 httpd 서비스의 상태를 확인하기 위해 Unit 명령어 `status`를 사용한다. 이 결과에서 이 서비스의 실행 상태(Active), 이 서비스가 사용하는 주 PID(7462), 그리고 나머지 프로세스 정보들을 확인할 수 있다.

❷ 서비스 httpd.service가 사용하고 있는 Unit 파일을 확인할 경우 사용한다. 직접 이 파일을 수정할 경우 `cat` 대신 `edit`를 사용한다.

❸ Unit 명령어 `show`를 사용하면 httpd 서비스가 사용하는 모든 속성 정보를 확인할 수 있다.

❹ httpd 서비스가 시작되기 전에 필요한 서비스들이 순서대로 정리돼 있다.

❺ 현재 설치돼 사용 가능한 모든 서비스 Unit의 목록을 확인할 수 있다.

❻ 설치된 모든 Unit 파일의 목록을 확인하기 위해 사용한다.

❼ 모든 사용 가능한 서비스 Unit의 활성화 또는 비활성화 상태 목록을 확인할 수 있다.

❽ 비활성화된 모든 Unit의 목록을 보기 위해 사용한다.

❾ 웹 서버 Nginx 서비스가 시작되기 전에 실행돼야 할 서비스 목록을 순서대로 볼 수 있다.

❿ 웹 서버 Nginx 서비스가 시작된 후 실행돼야 할 서비스 목록을 순서대로 볼 수 있다.

B. 원격 서버 서비스 상태 확인

명령어 `sytsemctl`을 이용해 원격 서버의 서비스 관리를 위해 node1의 웹 서버 nginx 서비스를 테스트하겠다.

```
[root@master ~]# systemctl -H root@node1 status nginx.service    ❶
root@node1's password:
nginx.service - The nginx HTTP and reverse proxy server
Loaded: loaded (/usr/lib/systemd/system/nginx.service; enabled; vendor preset:
disabled)
Active: inactive (dead) since Sat 2016-05-21 16:12:08 KST; 8s ago
 Process: 2869 ExecStart=/usr/sbin/nginx (code=exited, status=0/SUCCESS)
 Process: 1667 ExecStartPre=/usr/sbin/nginx -t (code=exited, status=0/ SUCCESS)
 Process: 1653 ExecStartPre=/usr/bin/rm -f /run/nginx.pid (code=exited,
status=0/SUCCESS)
 Main PID: 2872 (code=exited, status=0/SUCCESS)
[root@master ~]# systemctl -H root@node1 start nginx.service      ❷
root@node1's password:
[root@master ~]# systemctl -H root@node1 stop nginx.service       ❸
root@node1's password:
```

❶ 원격 호스트 node1의 `nginx.service` 상태를 확인하기 위해 H 옵션에 사용자 root와 node1을 지정하고 명령어 `systemctl`을 사용하면 패스워드를 요구하고, 이를 입력하면 그 상태를 확인할 수 있다.

❷ 이 nginx 서비스가 활성화되지 않았다면 마찬가지로 명령어 `systemctl`을 사용해 활성화를 시도하면 패스워드 입력 후에 서비스가 시작된다.

❸ 동일하게 서비스를 중지할 경우 `start` 대신 `stop`을 사용해 원격지 서비스를 중지할 수 있다. 이외에도 명령어 `systemctl`이 제공하는 다양한 명령어를 원격지 서비스 관리를 위해 사용할 수 있다.

3.4 Systemd Unit 파일 다루기

Unit 파일은 Unit에 대한 설명과 행동을 정의하기 위해 사용되는 파일이다. 3.2절에서 httpd.service 서비스의 경우 httpd가 Unit 이름이고, .service를 그 Unit이 사용하는 확장자라고 설명했는데 이 Unit은 명령어 `systemctl`에 의해 사용된다. 이번 절에서는 구체적으로 이 Unit 파일을 이해하기 위해 구성 요소들을 설명하고 그 다음에 실제로 이 Unit 파일을 생성하고 사용하는 방법을 설명한다.

3.4.1 Systemd Unit 파일 이해

먼저 SSH 서비스를 제공하는 sshd.service 파일을 사용해 설명을 진행한다. 파일을 명령
어 vim으로 읽어보면 Unit 파일은 Unit, Service, Install 세 개의 섹션으로 구성돼 있는
데, 각 섹션과 그 지시어들에 대한 설명은 다음과 같다. 이 세 개의 표준 섹션 이외에
표준이 아닌 섹션을 추가할 경우 각 섹션 이름 앞에 X-라는 접두어를 추가해야 한다.

```
[root@master ~]# vim /usr/lib/systemd/system/sshd.service
[Unit]
Description=OpenSSH server daemon
Documentation=man:sshd(8) man:sshd_config(5)
After=network.target sshd-keygen.service
Wants=sshd-keygen.service

[Service]
EnvironmentFile=/etc/sysconfig/sshd
ExecStart=/usr/sbin/sshd -D $OPTIONS
ExecReload=/bin/kill -HUP $MAINPID
KillMode=process
Restart=on-failure
RestartSec=42s

[Install]
WantedBy=multi-user.target
```

A. Unit에 대한 설명

Unit 섹션에 대해 알아보면 다음과 같다.

```
[root@master ~]# vim /usr/lib/systemd/system/sshd.service
[Unit]  ❶
Description=OpenSSH server daemon              ❷
Documentation=man:sshd(8) man:sshd_config(5) ❸
After=network.target sshd-keygen.service      ❹
Wants=sshd-keygen.service ❺
~
```

❶ Unit 섹션을 가리키며 이 Unit이 갖는 일반적인 옵션을 포함하고 있다. 이 Unit은 대소
문자를 구별하기 때문에 이름을 대문자 UNIT으로 변경한다면 명령어 systemctl이 이
섹션을 인식하지 못한다.

❷ 이 Unit이 제공하는 기본적인 기능과 관련 있는 의미 있는 설명을 추가하는데, 명령어 systemctl status를 사용하면 그 내용을 읽을 수 있다.

❸ 이 Unit과 관련 있는 문서의 위치를 표시하는데, 보통 시스템 내부의 매뉴얼(man)과 URI 를 통해 그 경로를 제공한다.

❹ 현재의 Unit이 시작되기 전에 시작돼야 할 Unit의 순서 목록을 지정한다. 그 반대의 상황이라면, 즉 이 Unit 이후 실행돼야 할 Unit이라면 After 대신 Before를 사용한다.

❺ 이 지시어 Wants와 관련 있는 지시어가 Requires인데, 이는 이 Unit과 의존 관계에 있는 Unit의 목록을 설정하며 여기에 지정된 Unit 중 한 가지라도 시작되지 않는다면 이 Unit도 시작되지 않는다. 이에 반해 지시어 Wants는 Requires보다는 더 약한 개념으로, 이 Unit과 의존 관계에 있지만 설령 그 서비스가 시작되지 않더라도 현재 이 Unit의 서비스 실행에는 영향을 주지 않는다. 또한 지시어 Conflicts를 사용하면 Requires와 반대의 개념이 돼서 같이 사용할 수 없을 경우 사용한다.

B. Service에 대한 설명

Service 섹션에 대해 알아보면 다음과 같다.

```
[root@master ~]# vim /usr/lib/systemd/system/sshd.service
~
[Service]        ❶
EnvironmentFile=/etc/sysconfig/sshd        ❷
ExecStart=/usr/sbin/sshd -D $OPTIONS        ❸
ExecReload=/bin/kill -HUP $MAINPID        ❹
KillMode=process        ❺
Restart=on-failure        ❻
RestartSec=42s        ❼
```

❶ Unit이 사용하는 유형type으로서 이 Service는 이 Unit이 사용하는 유형의 이름과 같아야 한다. 현재 sshd.service의 경우 유형이 service이므로 여기에 Service가 사용됐으며, sshd.socket이라면 여기에 Socket이 정의돼야 한다. 이 외에도 3.2절에서 설명한 모든 Unit의 유형을 사용할 수 있다.

❷ 이 서비스의 환경을 설정하는 파일을 지정한다.

❸ 이 Unit이 시작될 때 실행돼야 할 명령어나 스크립트를 지정한다. 반대로 ExecStop이 사용되면 Unit이 중지될 때 필요한 명령어나 스크립트를 의미한다.

이 지시어와 연관이 있는 지시어가 Type인데, 이는 Unit의 프로세스가 시작되는 유형을 지정하고 예를 들어 그 값이 simple인 경우 ExecStart에 의해 시작되는 프로세스가 그 서비스의 주 프로세스라는 의미다.

❹ 이 Unit이 명령어 reload가 사용될 때 필요한 명령어나 스크립트를 지정한다.

❺ 이 Unit의 프로세스가 어떻게 중지되는지를 결정하는데, process 값은 다른 프로세스가 아니라 단지 주 프로세스만 중지하라는 의미다.

❻ 이 Unit의 프로세스가 어떤 문제로 인해 0이 아닌 Exit 코드를 보여주고 중지될 경우 그 서비스를 다시 시작하라는 의미다. 반면 on-success가 사용되면 프로세스가 아무런 문제없이 Exit 코드가 0인 경우 다시 그 서비스를 시작하라는 의미가 된다.

❼ 서비스를 다시 시작하기 전에 이 시간 동안 이 서비스를 Sleep 상태로 두라는 의미인데, 단위는 초가 사용된다.

C. Install에 대한 설명

Install 섹션에 대해 알아보면 다음과 같다.

```
[root@master ~]# vim /usr/lib/systemd/system/sshd.service
~
[Install]    ❶
WantedBy=multi-user.target      ❷
```

❶ Install 섹션은 부팅 시에 이 Unit의 활성화나 비활성화를 위해 명령어 systemctl enable과 disable이 사용하는 Unit 설치에 관련된 내용을 포함하고 있다.

❷ 이 지시어는 이 Unit과 약한 의존 관계를 맺는 Unit의 목록을 지정하는데, 이 Unit이 활성화되면 WantedBy에 기록된 Unit과 Want 의존 관계를 맺게 된다. 이는 위의 sshd.service의 경우 이 의존 관계 형성을 위해 /etc/systemd/system/multi-user.target.wants 디렉토리에 sshd.service라는 파일명으로 링크를 생성한다는 의미다. 이 링크 파일이 생성되면 시스템의 default.target이 multi-user.target인 경우 이 서비스가 자동으로 시작된다. 이 Want 의존 관계는 Unit 섹션의 Wants와 비슷한 의미로 사용된다. 이 WantedBy 대신에 지시어 Required By가 사용되면 Unit 섹션의 Requires와 동일하게 반드시 필요한 의존 관계를 맺는 Unit의 이름을 지정한다.

3.4.2 Systemd Unit 파일 생성

이번 절에서는 앞에서 설명한 Unit 파일을 실제 생성해서 사용하는 방법을 알아본다. 다음 예는 14장에서 실제로 사용한 방법이다.

```
[root@master ~]# cp /lib/systemd/system/vncserver@.service /etc/
systemd/system/vncserver@:2.service ❶
[root@master ~]# vim /etc/systemd/system/vncserver@:2.service ❷
[Unit] ❸
Description=Remote desktop service (VNC)
After=syslog.target network.target

[Service] ❹
Type=forking
ExecStartPre=/bin/sh -c '/usr/bin/vncserver -kill %i > /dev/null 2>&1 || :'
ExecStart=/usr/sbin/runuser -l lee -c "/usr/bin/vncserver %i -geometry 1024x768"
PIDFile=/home/lee/.vnc/%H%i.pid
ExecStop=/bin/sh -c '/usr/bin/vncserver -kill %i > /dev/null 2>&1 || :'

[Install] ❺
WantedBy=multi-user.target
[root@master ~]# systemctl daemon-reload ❻
[root@master ~]# systemctl enable vncserver@:2.service ❼
Created symlink from /etc/systemd/system/multi-user.target.wants/vnc server@2.service
to /usr/lib/systemd/system/vncserver@.service.
[root@master ~]# systemctl start vncserver@2.service ❽
```

❶ vncserver의 서비스 파일을 /etc/systemd/system 디렉토리로 복사하는데, 여기서 vncserver@. service의 @은 템플릿 파일을 의미한다. 즉 이 파일을 이용해서 VNC 서버에 관련된 Unit 파일을 생성할 수 있다.

❷ 이 복사 파일을 명령어 vim으로 열어서

❸ Unit 섹션을 확인한다.

❹ Service 섹션에서 서비스 시작 시 실행돼야 할 프로세스가 정의돼 있다.

❺ Install 섹션에서 multi-user.target과 WantedBy 의존 관계를 정의했다.

❻ 위의 새롭게 생성한 파일을 Systemd가 인식하도록 daemon-reload를 사용한다.

❼ 부팅 시 자동으로 이 서비스가 시작되게 하기 위해 enable 을 사용하면 Install 섹션에 정의한 대로 multi-user.target 디렉토리에 원본 파일인 vncserver@.service를 가리키는 링크 파일이 생성된다.

❽ 명령어 `systemctl`을 사용해 이 서비스를 시작한다.

3.5 Systemd Target 사용

Systemd Target은 CentOS 7 이전에 사용하던 Runlevel과 비슷한 개념이다. Runlevel이란 리눅스 시스템이 어떤 상태에서 실행돼야 하는지를 결정하기 위해 사용하는 명령어인데, 숫자 0부터 6까지를 사용해 모두 7가지의 레벨이 있다. CentOS 7 이후부터는 이러한 Runlevel의 개념이 Systemd Target으로 대체됐다. Systemd Target은 **Systemd Unit**의 한 부분으로서 시스템의 상태를 확인하거나 변경하기 위해 사용되며, 확장자로서 **.target**을 사용한다. CentOS 7 이전과 이후에서 명령어 Runlevel과 Systemd Target을 비교하면 표 3-5와 같다.

표 3-5 Systemd Target과 런레벨 비교

런레벨	Target Unit
0	runlevel0.target, poweroff.target
1	runlevel1.target, rescue.target
2	runlevel2.target, multi-user.target
3	runlevel3.target, multi-user.target
4	runlevel4.target, multi-user.target
5	runlevel5.target, graphical.target
6	runlevel6.target, reboot.target

표 3-5를 보면 런레벨 0, 1, 5, 6은 이름만 변경됐을 뿐 그 이전과 기능이 동일하지만, 런레벨 2-4는 모두 **multi-user.target**으로 통합 변경된 점이 이전 런레벨[Runlevel] 시스템과 다른 점이다.

3.5.1 Systemd Target 정보 확인

Systemd Target을 사용하는 방법을 알아본다. 먼저 **Target**의 정보를 확인하기 위해 사용되는 명령어는 다음과 같다.

```
[root@master ~]# systemctl get-default        ❶
graphical.target
[root@master ~]# systemctl list-units --type target        ❷
[root@master ~]# systemctl list-units --type target -all        ❸
[root@master ~]# systemctl set-default multi-user.target        ❹
Removed symlink /etc/systemd/system/default.target.
Created symlink from /etc/systemd/system/default.target to /usr/lib/
systemd/system/multi-user.target.
[root@master ~]# systemctl isolate graphical.target        ❺
[root@master ~]# runlevel
3 5
[root@master ~]# systemctl list-dependencies multi-user.target        ❻
multi-user.target
abrt-ccpp.service
abrt-oops.service
abrt-vmcore.service
abrt-xorg.service
abrtd.service
amavisd.service
~
```

❶ 현재 시스템이 사용 중인 기본 Target을 확인하기 위해 사용한다.

❷ 활성화된 모든 Target을 보기 위해 사용한다.

❸ 활성화 및 비활성된 모든 Target을 보기 위해 사용한다.

❹ 현재 사용 중인 기본 Target을 변경하기 위해 사용한다. 이 명령어를 사용하면 기본 Target을 가리키는 링크 default.target이 제거되고 multi-user.target으로 새로운 링크가 생성된다.

❺ 원래는 이 graphical.target을 비롯해서 이 Target과 의존 관계에 있는 모든 서비스는 시작하지만 다른 모든 서비스를 중지할 때 사용한다. 즉 현재의 Target을 바로 변경할 때 사용하는데, 다음과 같이 명령어 runlevel로 multi-user.target(3)에서 graphical.target(5)으로 변경된 것을 확인할 수 있다.

❻ 이 Target에서 실행되는 모든 서비스 목록을 확인하기 위해 사용한다.

3.5.2 Target 정보 변경

CentOS 7 이전의 특별한 실행 모드로서 명령어 Runlevel 0는 시스템 종료, Runlevel 1은 관리자 모드, Runlevel 6은 시스템 재시작을 의미했는데, 이와 동일한 기능을 Systemd 도 제공한다. Systemd Target이 제공하는 특별 모드에 대한 설명은 다음과 같다.

```
[root@master ~]# systemctl rescue      ❶
Broadcast message from root@master.chul.com on pts/1 (Sat 2016-05-21 16:40: 45 KST):
The system is going down to rescue mode NOW!
[root@master ~]# sysetmctl isolate rescue.target
[root@master ~]# systemctl --no-wall rescue        ❷
[root@master ~]# systemctl emergency       ❸
Broadcast message from root@master.chul.com on pts/1 (Sat 2016-05-21 16:42:07 KST):
The system is going down to emergency mode NOW!
[root@master ~]# systemctl --no-wall emergency       ❹
[root@master ~]# systemctl default  ❺
[root@master ~]# systemctl halt     ❻
[root@master ~]# halt
[root@master ~]# systemctl poweroff ❼
[root@master ~]# poweroff
[root@master ~]# systemctl reboot   ❽
[root@master ~]# reboot
[root@master ~]# systemctl suspend  ❾
[root@master ~]# suspend
```

❶ Rescue 모드는 어떤 문제로 인해 정상적인 부팅이 이뤄지지 않는 경우 그 시스템을 복구하기 위해 사용하는 모드다. 이 모드는 정상적인 부팅 과정처럼 로컬의 모든 파일 시스템을 마운트시키고 중요한 서비스도 시작하지만, 차이점은 네트워크 인터페이스를 사용하지 못하므로 네트워크를 통한 연결이 이뤄지지 않는다. 이 명령어는 다음과 같이 isolate와 비슷한 기능을 제공한다.

❷ Rescue 모드로 진입하면 위의 ❶처럼 시스템을 사용 중인 사용자들에게 메시지를 보내게 되는데, 이러한 메시지를 보내지 않을 경우 옵션으로 no-wall을 추가한다.

❸ Emergency 모드는 rescue 모드를 사용할 수 없을 경우 시스템 복구를 위해 사용하는 모드다. 이 모드는 rescue 모드와 달리 단지 루트(/) 파일 시스템만 마운트되며, 네트워크 인터페이스도 사용하지 못할 뿐 아니라 서비스도 최소한의 서비스만 시작된다.

❹ 시스템을 사용 중인 사용자에게 이 모드로의 변경에 대한 메시지를 보내지 않을 경우 no-wall 옵션을 추가한다.

❺ 다시 기본 Target으로 되돌아가기 위해 default를 사용한다.

❻ 시스템은 중지하지만 전원은 꺼지지 않으며, 명령어 halt도 동일한 기능을 수행한다.

❼ 시스템도 중지할 뿐 아니라 전원도 모두 중지하며, 명령어 `poweroff`도 이 모드와 동일하게 사용된다.

❽ 시스템을 다시 부팅하기 위해 사용하며, 명령어 `reboot`도 동일하다.

❾ 이 모드는 앞의 다른 모드와 달리 현재 시스템의 상태를 램에 저장하고 대부분의 장치는 **power off** 상태로 진입한다. 다시 컴퓨터를 켜면 램에서 그 이전 시스템의 상태를 그대로 가져오기 때문에 부팅 과정을 다시 거칠 필요가 없을 경우 사용할 수 있다. 명령어 `suspend`도 동일하게 사용된다.

3.6 Systemd Journalctl 사용

`Journalctl`은 **systemd-journald** 데몬이 수집한 로그 내용에 대한 질의를 하기 위해 사용되는 명령어다. **Systemd**는 모든 커널과 사용자가 발생시키는 프로세스에 대한 로그를 중앙에서 관리 도구인 **journal**을 통해 해결하는데, 이 **journal**이 사용하는 데몬이 바로 **systemd-journald**이다. 이 **systemd-journald**는 Systemd Unit 파일인 **systemd-journald. service**에 의해 그 서비스가 시작된다. 명령어 `journalctl`을 사용해 로그를 관리하는 방법을 알아본다.

3.6.1 Journalctl 기본 사용 방법

이번 절에서는 `Journalctl`의 기본 사용 방법을 알아본다.

A. 시간 설정

로그 관리에서 중요한 사실 중 한 가지는 각 로그 애플리케이션 사이에 사용할 시간대의 일치다. 이를 위해 먼저 **Systemd**가 제공하는 시간 관리 명령어를 사용해 로그에서 사용할 시간대를 설정해준다.

```
[root@master ~]# ps -ef | grep journald          ❶
root  657   1  0 17:14 ?  00:00:01 /usr/lib/systemd/systemd-journald
[root@master ~]# timedatectl list-timezones       ❷
[root@master ~]# timedatectl set-timezone Asia/Seoul     ❸
[root@master ~]# timedatectl status               ❹
Local time: Sun 2016-05-22 15:43:39 KST
  Universal time: Sun 2016-05-22 06:43:39 UTC
```

```
      RTC time: Sun 2016-05-22 06:43:39
     Time zone: Asia/Seoul (KST, +0900)
   NTP enabled: yes
NTP synchronized: yes
RTC in local TZ: no
    DST active: n/a
```

❶ 명령어 ps를 사용해 journald 데몬이 활성화됐는지 확인한다.

❷ 명령어 timedatectl을 사용해 사용이 가능한 시간대를 검색한다.

❸ set-timezone 옵션을 사용해 대륙 이름과 도시 이름을 선택한다.

❹ status 옵션으로 그 상태를 확인해보면 Asia/Seoul로 시간대가 설정된 것을 확인할 수 있다.

B. 기본 방법

명령어 journalctl을 사용한 기본적인 로그 관리는 다음과 같다.

```
[root@master ~]# journalctl          ❶
-- Logs begin at Sun 2016-05-22 14:43:13 KST, end at Sun 2016-05-22 16:10:01 KST. --
May 22 14:43:13 master.chul.com systemd-journal[229]: Runtime journal is using 8.0M (max
allowed 139.4
May 22 14:43:13 master.chul.com kernel: Initializing cgroup subsys cpuset
May 22 14:43:13 master.chul.com kernel: Initializing cgroup subsys cpuacct
May 22 14:43:13 master.chul.com kernel: Linux version 3.10.0-229.7.2.el7.x86_64
(builder@kbuilder.dev.
May 22 14:43:13 master.chul.com kernel: Command line:
BOOT_IMAGE=/vmlinuz-3.10.0-229.7.2.el7.x86_64 ro
[root@master ~]# journalctl -b          ❷
[root@master ~]# journalctl --list-boots          ❸
0 b947b99ca75445508b7d665a04f296c0 Sun 2016-05-22 14:43:13 KST"Sun 2016-05-22 16:48:19 KST
[root@master log]# ls journal/7f4be057d14f444f804a002487a945fa/          ❹
system.journal
[root@master ~]# vim /etc/systemd/journald.conf          ❺
Storage=persistent
[root@master ~]# mkdir /var/log/journal          ❻
[root@master ~]# systemctl restart systemd-journald          ❼
[root@master ~]# reboot
[root@master ~]# journalctl --list-boots          ❽
-1 1fb9bf6caf87437ab2a599f81b7ce5ae Sun 2016-05-22 17:18:41 KST Sun 2016-05-22 17:23:17 KST
```

```
 0 958e2dfb259c4cc4ac69789e3943b5f1 Sun 2016-05-22 17:24:43 KST Sun 2016-05-22 17:45:11 KST
[root@master ~]# journalctl -b -1                    ❾
[root@master ~]# journalctl -b 1fb9bf6caf87437ab2a599f81b7ce5ae
[root@master ~]# ls -l /var/log/journal/             ❿
total 4
drwxr-sr-x+ 2 root systemd-journal 99 May 22 17:26 1e3227604c9f4cff85997f93a27d537b
[root@master ~]# ls -l /run/log/                     ⓫
total 0
```

❶ 명령어 `journalctl`을 사용하면 systemd-journald 데몬이 수집한 모든 로그 정보를 볼 수 있는데 이 형태는 syslog 데몬이 제공하는 그것과 비슷하다. 그런데 journal이 제공 하는 로그 정보는 초기 부팅 과정, 커널, `initrd`, 그리고 애플리케이션의 표준 에러 등 에서 가져오기 때문에 syslog보다 더 다양한 정보를 얻을 수 있다.

❷ 가장 최근 부팅한 이후의 로그 정보를 얻을 경우 `b` 옵션을 추가한다.

❸ 시스템 부팅 이후 journald가 수집한 그 목록을 확인할 경우 `list-boots` 옵션을 사용하 는데, 이 정보는 `offset (0)`, `Boot ID (b947b99ca75445508b7d665a04f296c0)`, 그리고 시간 정보^{Timestamp}로 구성돼 있다.

❹ Journald는 수집한 로그 정보를 메모리나 버퍼로 사용되는 /run/log/journal 디렉토리에 저장한다. 명령어 `journalctl`은 이 디렉토리에 저장된 데이터 파일에서 정보를 가져와 화면에 출력하는데, 이 정보는 시스템의 현재 부팅 이후 로그 정보밖에 보여주지 못한다.

❺ Journald가 수집한 정보를 지속적으로 현재 이후 모두 저장해서 로그를 확인할 경우 Journald가 사용하는 설정 파일을 열어 기본 `auto`에서 `persistent`로 변경한다.

❻ 해당 로그를 기록할 디렉토리를 명령어 `mkdir`을 사용해 /var/log에 생성한다.

❼ 설정이 적용되도록 journald 데몬을 다시 시작한다.

❽ 시스템을 다시 시작한 다음에 `list-boots` 옵션을 사용하면 이번에는 두 가지의 부팅 이후 정보를 볼 수 있다. 즉 오프셋 번호 0는 현재의 부팅 이후 로그 정보이며, 오프셋 번호 -1은 과거의 부팅 이후에 기록된 모든 로그 정보를 의미한다.

❾ 현재가 아닌 과거의 부팅 정보에서 로그를 확인할 경우 -b 옵션과 오프셋 번호, 또는 Boot ID를 입력하면 이전 로그 정보를 확인할 수 있다.

❿ Journald의 로그 정보를 이 디렉토리에 저장하기로 했으므로 로그 파일을 확인할 수 있는데

⓫ 설정 변경 전 로그 디렉토리를 확인해보면 로그 파일이 여기에 저장되지 않는 것을 확인할 수 있다.

3.6.2 메시지 필터링 사용

이번 절에서는 앞에서 생성한 로그 중에서 필요한 내용만을 필터링해 확인하는 방법을
알아본다.

A. 시간과 Unit 필터링 사용

시간과 Unit을 이용해 로그를 필터링하는 방법은 다음과 같다.

```
[root@master ~]# journalctl --since "2016-01-10 17:15:00"   ❶
[root@master ~]# journalctl --since "2016-05-10" --until "2016-05-11 03:00"   ❷
[root@master ~]# journalctl --since yesterday   ❸
[root@master ~]# journalctl --since 09:00 --until "1 hour ago"   ❹
[root@master ~]# journalctl -u httpd.service   ❺
-- Logs begin at Sun 2016-05-22 17:18:41 KST, end at Sun 2016-05-22 18:58:09 KST. --
May 22 18:58:06 master.chul.com systemd[1]: Starting The Apache HTTP Server...
May 22 18:58:09 master.chul.com systemd[1]: Started The Apache HTTP Server.
[root@master ~]# journalctl -u httpd.service --since today   ❻
[root@master ~]# journalctl -b -u httpd -o verbose   ❼
-- Logs begin at Sun 2016-05-22 17:18:41 KST, end at Sun 2016-05-22 19:33:51 KST. -- Sun
2016-05-22 18:58:06.831416 KST
[s=21a2d74c7277451aa73b95e04ef45a05;i=3b0;b=958e2dfb259c4cc4ac69789
    PRIORITY=6
    _UID=0
    _GID=0
    _HOSTNAME=master.chul.com
    SYSLOG_FACILITY=3
    SYSLOG_IDENTIFIER=systemd
    CODE_FILE=src/core/unit.c
    CODE_LINE=1412
    CODE_FUNCTION=unit_status_log_starting_stopping_reloading
    MESSAGE_ID=7d4958e842da4a758f6c1cdc7b36dcc5
    _TRANSPORT=journal
    _PID=1
    ~
    _BOOT_ID=958e2dfb259c4cc4ac69789e3943b5f1
    UNIT=httpd.service
    MESSAGE=Starting The Apache HTTP Server...
    _SOURCE_REALTIME_TIMESTAMP=1463911086831416
~
```

❶ 명령어 journalctl에 since 옵션과 더불어 구체적인 날짜와 시간을 지정해 로그를 필터링한다.

❷ since 옵션과 더불어 언제부터 언제까지 그 기간을 지정할 수 있다.

❸ since 옵션에 구체적인 시간이 아닌 오늘을 기준으로 어제의 날을 지정할 수 있다.

❹ since 옵션에 구체적인 시간과 더불어 현재 시간을 기준으로 그전 시간을 지정할 수 있다.

❺ 특정 Unit을 확인할 경우 u 옵션과 그 Unit 이름을 지정한다.

❻ Unit에 since 옵션과 함께 시간을 지정해 필터링한다.

❼ Unit의 출력 포맷을 위해 o 옵션과 사용 가능한 포맷format을 지정할 수 있다. 여기서 verbose는 자세한 로그를 확인할 경우 사용하며, verbose 대신 cat, short, export, json 등을 사용할 수 있다.

B. 기타 필터링 방법

위의 A 이외에 다양하게 사용할 수 있는 필터링 방법은 다음과 같다.

```
[root@master ~]# journalctl _UID=1008 --since today      ❶
-- Logs begin at Sun 2016-05-22 17:18:41 KST, end at Sun 2016-05-22 19:50:01 KST. --
May 22 17:24:43 master.chul.com gnome-session[3752]: ** (gnome-session-failed:4452):
WARNING **: Could
May 22 17:24:43 master.chul.com gnome-session[3752]: ** (gnome-session-failed:4452):
WARNING **: Canno
[root@master ~]# journalctl /usr/bin/bash       ❷
[root@master ~]# journalctl -k                 ❸
[root@master ~]# journalctl -k -b -1           ❹
[root@master ~]# journalctl -p err -b          ❺
[root@master ~]# journalctl -n                 ❻
[root@master ~]# journalctl -n 20              ❼
[root@master ~]# journalctl -f                 ❽
```

❶ 특정 UID에 대한 로그를 시간 옵션과 함께 사용할 수 있다.

❷ 특정 경로를 사용해 필요한 내용을 필터링할 수 있는데, 위의 경우 bash와 관련이 있는 로그가 모두 필터링된다.

❸ 커널 관련 로그만 확인할 경우 k 옵션을 사용한다.

❹ 현재 부팅 이후 정보뿐 아니라 과거의 부팅 정보로부터도 커널 관련 로그를 보기 위해 사용한다.

❺ 현재의 부팅 이후 정보에서 Syslog의 에러 정보만 확인할 경우 에러 우선순위^{Error Priority}만 필터링하기 위해 사용한다. Syslog의 우선순위에 대해서는 23장을 참고하기 바란다.

❻ 최근에 발생한 10개의 로그만 보기 위해 사용한다.

❼ 다른 숫자의 로그를 확인할 경우 n 옵션에 그 숫자를 지정한다.

❽ 명령어 tail처럼 실시간으로 로그 발생을 확인할 경우 옵션 f(follow)를 사용한다.

C. 로그 관리

Journald가 제공하는 로그 파일에 대한 관리 방법은 다음과 같다.

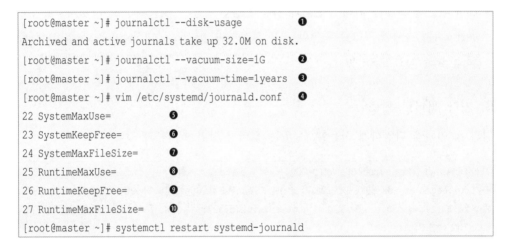

```
[root@master ~]# journalctl --disk-usage          ❶
Archived and active journals take up 32.0M on disk.
[root@master ~]# journalctl --vacuum-size=1G       ❷
[root@master ~]# journalctl --vacuum-time=1years   ❸
[root@master ~]# vim /etc/systemd/journald.conf    ❹
22 SystemMaxUse=        ❺
23 SystemKeepFree=      ❻
24 SystemMaxFileSize=   ❼
25 RuntimeMaxUse=       ❽
26 RuntimeKeepFree=     ❾
27 RuntimeMaxFileSize=  ❿
[root@master ~]# systemctl restart systemd-journald
```

❶ 현재 Journald가 사용하고 있는 데이터 크기를 확인하기 위해 사용한다.

❷ Journald가 수집한 총 로그의 크기를 1G로 제한하기 위해 사용한다.

❸ Journald가 수집한 로그를 1년 이내로 제한하고, 1년 이후의 로그는 모두 삭제된다.

❹ 로그의 크기를 제한할 경우 그 설정 파일을 명령어 vim으로 열어서

❺ Journald가 최대로 사용 가능한 디스크 크기를 지정하는데, 이 크기는 Storage가 persistent일 경우에 적용된다.

❻ 위 ❺에서 지정한 디스크 크기 중에서 추가되는 로그를 위해 최소로 남겨 둬야 할 빈 공간의 크기를 지정한다.

❼ Storage로서 persistent를 사용할 경우 저장되는 한 개 파일의 최대 크기를 지정한다.

❽ Storage가 persistent가 아닌 버퍼로서 /run/log/journal이 사용 가능한 최대 크기를 지정한다.

❾ 위 ❽에서 지정한 디스크 크기 중에서 최소로 남겨둬야 할 빈 공간의 크기를 지정한다.

❿ 버퍼에 저장되는 한 개 파일의 최대 크기를 지정한다. 위의 내용들을 수정했다면

Journald 데몬을 다시 시작해서 변경 내용을 적용시켜줘야 한다.

3.7 참고문헌

- https://en.wikipedia.org/wiki/Systemd
- https://www.digitalocean.com/community/tutorials/understanding-systemd-units-and-unit-files
- https://fedoraproject.org/wiki/Systemd
- http://0pointer.de/public/systemd-man/systemd.html
- https://access.redhat.com/documentation/en-US/Red_Hat_Enterprise_Linux/7/html/System_Administrators_Guide/sect-Managing_Services_with_systemd-Targets.html
- https://wiki.archlinux.org/index.php/systemd
- http://www.freedesktop.org/wiki/Software/systemd/
- https://wiki.ubuntu.com/SystemdForUpstartUsers
- https://www.linux.com/learn/intro-systemd-runlevels-and-service-management-commands
- http://linoxide.com/linux-how-to/systemd-boot-process/

3.8 요약

1. Systemd는 CentOS 7부터 (   )를 대신해 기본 서비스 관리와 (   ) 및 (   )로 채택돼 사용되는 데몬이다.

2. Systemd는 CentOS 7 이전에 사용하던 명령어 (   ) 와 (   ), (   ) 등을 대신해 명령어로서 (   )과 (   ) 등을 사용해 서비스 및 로그를 관리한다.

3. (   ) 파일은 서비스 시작에 필요한 모든 내용을 기록한 설정 파일이며, (   )은 CentOS 7 이전에 사용하던 (   )과 비슷한 개념으로 리눅스 시스템이 어떤 상태에서 실행돼야 하는지를 결정하기 위해 사용된다.

4. 관리자가 Systemd Unit 파일을 생성하거나 수정하면 파일을 Systemd가 인식하기 위해 모든 Unit 파일을 다시 읽어 들여야 하는데, 이때 사용하는 명령어는 (   )이다.

5. Systemd가 제공하는 명령어 `systemctl`을 사용해 서비스를 시작할 경우 명령어 (   ) 서비스명, 부팅 이후 자동으로 시작할 경우 (   ), 서비스 상태를 확인할 경우 (   ) 서비스명을 사용한다.

6. 현재 사용 중인 타겟에서 다른 타겟으로 변경할 경우 사용하는 명령어는 (   )이다.

7. Unit 파일은 (   ) 세 개의 섹션으로 구성되는데, 이중에 (   ) 섹션은 부팅 시에 Unit의 활성화나 비활성화를 위해 명령어 (   )과 (   )이 사용하는 Unit 설치 내용을 포함하고 있다.

8. Runlevel 0는 (   ), Runlevel 1은 (   ), Runlevel 6은 (   )와 동일한 명령어다.

9. (   )은 (   ) 데몬이 수집한 로그 내용에 대한 질의를 하기 위해 사용되는 명령어다.

10. Journald가 수집한 목록을 확인할 경우 사용하는 명령어는 (   )이다.

3.9 연습문제

1. 명령어 `systemctl`을 사용해 Apache 웹 서버를 시작하고 부팅 이후 자동으로 시작하도록 설정하라.

2. 7장을 참고해 nginx 패키지를 설치 후에 Apache 서버를 비활성화하고 Nginx 서버를 시작하도록 설정하라.

3. 서비스 nginx에 대한 Unit 파일을 명령어 `systemctl`로 확인해보라.

4. 명령어 `systemctl`을 사용해서 node1에서 master 호스트의 Nginx 웹 서버 상태를 확인해보라.

5. 시스템의 기본 실행 모드를 multi-user.targer으로 설정하라.

6. 현재 시스템의 실행 모드를 multi-user.target에서 graphical.target으로 변경하고 그 결과를 확인하라.

7. 현재 실행 모드에서 사용자들에게 통지 없이 바로 관리자 모드로 변경해보라.

8. 현재 시스템이 사용하는 시간대를 아시아/서울로 변경하라.

9. journald 데몬이 수집한 정보를 /var/log/journal에 저장하라.

10. 오늘부터 1주일 전의 Apache 서버의 로그를 `journalctl`을 사용해서 필터링하라.

3.10 연구과제

1. Systemd Unit 파일을 제공하지 않는 서비스가 SysV init 스크립트를 제공할 경우 이 스크립트를 이용해 Systemd Unit 파일을 생성하고 그 서비스 시작하는 방법을 연구해 보라.

2. 우분투와 데비안 리눅스의 서비스 관리 방법을 Systemd와 비교해 연구해보라.

Firewalld 방화벽의 모든 것

Firewalld는 CentOS 7부터 이전의 Iptables를 대체해 새롭게 선보인 패킷 필터링 방화벽 프로그램이다. 현재 Firewalld는 CentOS 7뿐 아니라 RHEL과 페도라, 아치 리눅스 등 여러 리눅스 시스템에서 기본 방화벽으로 채택돼 사용되고 있는데, 처음에는 페도라 커뮤니티에 의해 개발이 시작됐고 페도라 20 버전부터 구현되기 시작했다. 리눅스 시스템에서 사용된 방화벽의 역사를 간단히 살펴보면 먼저 커널 2.0에서 사용된 Ipfwadm, 커널 2.2에서 사용된 Ipchains, 뒤를 이어 커널 2.4에서 커널의 Netfilter 모듈에 기반을 둔 Iptables가 사용됐다. Firewalld도 커널의 Netfilter 모듈 기능에 기반을 둔 방화벽으로서 설정에 대한 변경을 언제든지 할 수 있고, 또한 변경 사항을 저장할 필요 없이 즉시 적용하기 때문에 이전 방화벽이 정적^{static}인 반면 Firewalld는 동적^{dynamic} 방화벽인 점이 차이점이라고 할 수 있다.

Firewalld는 Iptables와의 호환성은 아직 완벽하지 않으며, 조만간 Iptables가 사라지고 Firewalld가 그 자리를 대신 물려받을 것으로 전망된다. Firewalld가 이전 Iptables와 가장 큰 차이점 중 한 가지는 Zone에 대한 개념이다. Iptables가 `INPUT`, `OUTPUT`, `FORWARD` 같은 체인^{chain}을 이용해 방화벽을 설정한다면 Firewalld는 네트워크 인터페이스에 기초한 Zone을 통해 설정을 적용한다. 그러나 두 방화벽 모두 명령어 `Iptables`를 사용한다는 점은 동일하다. 이에 대해 자세히 설명하겠다.

4장에서 Firewalld 서버와 설정, 그리고 테스트를 위해 사용되는 호스트의 정보는 다음과 같다.

호스트 이름	IP 주소	OS 버전	역할
master.chul.com	192.168.80.5	CentOS Linux release 7.2	Firewalld 서버
node1.chul.com	192.168.80.6	CentOS Linux release 7.2	Firewalld 테스터

4장에서 다루는 내용은 다음과 같다.

- Firewalld 서비스 이해
- Firewalld 서비스 시작과 사용
- Firewalld Zone 사용
- Firewalld를 이용한 서비스 사용

4.1 Firewalld 서비스 이해

Firewalld는 방화벽 프로그램이고, 커널의 Netfilter 모듈에 기초를 두고 있다. Firewalld 서비스를 이해하기 위해서 먼저 이번 절에서는 방화벽의 개념과 종류, Netfilter 모듈의 작동 원리, 그리고 마지막으로 Firewalld 작동 원리와 구성 요소에 대해 설명한다. 이를 통해 방화벽 서비스에 대한 충분한 이해를 바탕으로 다음 절에서 Firewalld 서비스를 사용하는 방법을 설명한다.

4.1.1 방화벽의 개념과 종류

이번 절에서는 먼저 Firewalld 서비스가 속한 방화벽의 개념과 종류를 간단히 알아본다.

A. 방화벽의 개념

방화벽은 화재의 확산을 방지하기 위해 사용하는 물리적 장벽에서 유래한 용어로, 컴퓨터 세계에서의 방화벽은 정해진 규칙에 따라 들어오고 나가는 모든 네트워크 패킷을 통제하기 위해 사용하는 소프트웨어 또는 하드웨어로서 네트워크 보안 시스템에 그 기반을 두고 있다. 방화벽에서 사용하는 기본 정책은 두 가지인데, 첫 번째는 "명확하게 허용되지 않은 것은 모두 금지한다."이고 두 번째는 "명확하게 금지되지 않은 것은 모두 허용한다."인데 일반적인 경우 첫 번째 정책이 안전하기 때문에 더 많이 사용된다.

방화벽은 일반적으로 내부와 외부 네트워크의 경계 지점에 위치하며, 이 중에서 내부 네트워크를 안전하고 신뢰할 만하다고, 그리고 외부 네트워크는 안전하지 못할 뿐 아니라 신뢰하기 어렵다는 가정하에 그 정책과 규칙을 적용한다. 방화벽은 기본적으로 들어오고 나가는 패킷에 대해 지정된 정책과 규칙을 사용해 두 가지의 반응, 즉 허용Accept과 거절 Reject이라는 행동을 통해 모든 패킷을 통제한다. 다음 절에서 이러한 방화벽의 종류를 구체적으로 설명한다.

B. 방화벽의 종류

앞에서 정의한 방화벽의 종류를 구분하면 표 4-1과 같다.

표 4-1 방화벽의 종류

방화벽 종류	설명
• 패킷 필터링 방화벽	• 제 1세대 방화벽 • 레이어 1~4에서 사용 • 단순하기 때문에 빠르고 효과적
• Stateful 방화벽	• 제 2세대 방화벽 • 패킷의 연결 상태를 관찰 • 메모리에서 상태 테이블 사용
• 애플리케이션 레이어 방화벽	• 제 3세대 방화벽 • 레이어7까지 패킷 검사와 필터링

1. 패킷 필터링 방화벽(Packet Filtering Firewall)

1980년대 말 개발된 제 1세대 방화벽으로서 들어오고 나가는 패킷에 대해 규칙을 적용해 패킷을 허용할지 아니면 거절 또는 버릴지를 결정한다. 이때 각 패킷에 대해 구체적 행동을 결정하기 위해 패킷 내의 헤더에서 출발지와 목적지 IP 주소, 출발지와 목적지의 포트 및 프로토콜 정보(TCP, UDP)를 검사하고, 이 정보들이 정해진 규칙에 일치할 경우 허용하고 일치하지 않으면 해당 패킷을 버리게 된다. 허용된 패킷에 대해서는 어떠한 제한을 두지 않는다. 어떤 규칙에도 일치하지 않는 경우 기본 규칙이 적용된다. 패킷 필터링 방화벽은 작동 방식이 단순하기 때문에 처리 속도가 빠르고, 사용자는 이러한 과정을 전혀 알지 못한다는 장점이 있는 반면 OSI 레이어 중 5~7에 위치한 취약점은 발견할 수 없다는 단점이 있다.

2. Stateful 방화벽

1990년 AT&T Bell 연구소에서 개발한 제 2세대 방화벽으로서 앞의 패킷 필터링 기능을 제공할 뿐 아니라 상태 기반 패킷 검사^{Stateful Packet Inspection} 기능을 제공한다. 이는 패킷 필터링 방화벽(Stateless)과는 달리 방화벽을 통과한 패킷에 대해서도 그 연결 상태를 관찰해 테이블에 기록한 다음에 새로운 규칙을 추가할 수 있다. 여기서 연결 상태란 패킷이 새로운 연결인지, 기존 연결과 관련이 있는지, 아니면 어떤 연결과도 관련이 없는지 등의 검사를 의미한다. 이러한 패킷에 대한 관찰을 지속하기 위해서는 이런 정보를 저장할 메모리가 충분해야만 이 기능을 지원할 수 있기 때문에 하드웨어에 대한 고려와 기록 이후 정보의 사용에 대한 처리 과정이 필요하다. 그리고 이 방화벽은 수많은 가짜 연결 정보를 이용해 이러한 메모리를 가득 채우는 DoS 공격에 취약하다는 단점이 있다.

3. 애플리케이션 레이어 방화벽(Application Layer Firewall)

1990년대 중반 개발된 제 3세대 방화벽으로서 앞의 두 방화벽이 레이어 1~4에서 동작하는 것과는 달리 애플리케이션 방화벽은 가장 상위 레이어인 애플리케이션 레이어에서 동작한다. 이 방화벽은 FTP나 HTTP처럼 특정 애플리케이션으로 들어오거나 나가는 모든 패킷을 가로채 그 콘텐츠를 검사하고 올바르지 않은 패킷인 경우 제한을 가하거나 예방을 통해 네트워크 바이러스나 트로이목마의 확산을 방지하는 역할을 수행한다. 이러한 과정을 통해 방화벽은 허용되지 않은 프로토콜이 방화벽을 통과하거나 이미 바이러스나 웜에 감염된 애플리케이션을 탐지하는 데 유용하게 사용된다. 이 애플리케이션과 상관없는 패킷인 경우 모두 버려지며, 이에 대해 송신자에게 어떤 메시지도 보내지 않는다.

4.1.2 Netfilter의 작동 원리와 구성 요소

리눅스 커널은 Netfilter 모듈 기능을 통해 앞에서 설명한 방화벽 서비스를 제공한다. Firewalld의 근본이 되는 Netfilter의 작동 원리를 설명하면 다음과 같다.

A. 작동 원리

Netfilter의 작동 원리는 그림 4-1에서 보여준다.

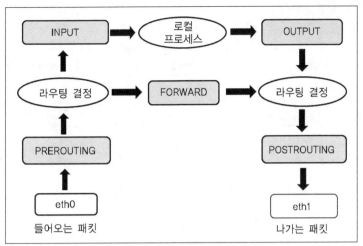

그림 4-1 Netfilter 작동 원리

1. **PREROUTING** 패킷이 네트워크 인터페이스로 들어오자마자 이 패킷의 최종 목적지를 결정하기 이전에 이 패킷을 내부에서 어디로 보낼지 결정하는 체인이다. 여기서 내부란 포워딩을 위해 사용되는 다른 인터페이스 또는 로컬 프로세스를 의미하며, 라우팅이 불가능한 경우 그 패킷을 버리게 된다.

2. **INPUT** 로컬 시스템을 목적지로 하는 패킷에 적용되는 체인이다. 즉 라우팅 결정에 의해 그 목적지가 시스템 자체가 제공하는 서비스인 경우 그 체인에 정의된 규칙이 적용된다.

3. **FORWARD** 라우팅 결정에 의해 패킷의 목적지가 다른 인터페이스인 경우 적용되는 체인이다.

4. **OUTPUT** 로컬 시스템에서 생성돼 외부 네트워크를 목적지로 향하는 패킷을 위해 사용되는 체인이다.

5. **POSTROUTING** 패킷을 위해 마지막으로 사용되는 체인으로서 라우팅에 의해 목적지가 결정돼 외부로 나가는 패킷이나 포워딩이 필요한 패킷을 위해 사용되는 체인이다.

B. 구성 요소

Netfilter는 규칙, 타겟, 정책, 체인과 테이블을 통해 그 기능을 구현하고 있다. 각각의 구성 요소는 표 4-2와 같다.

표 4-2 Netfilter 구성 요소

Netfilter 구성 요소						
Rule	➡	Policy	➡	Chain	➡	Table

Rule	Chain	Table	Filter Table
match	rule	chain	INPUT
↓	↓	↓	↓
match	rule	chain	FORWARD
↓	↓	↓	↓
target	policy	chain	OUTPUT

1. 규칙(Rule)

Netfilter에서 가장 핵심적인 구성 요소로서 하나 또는 그 이상의 일치돼야 할 항목들로 구성되며, 패킷이 이러한 규칙에 일치^{match}할 경우 타겟을 이용해 구체적인 행동 사항을 지정한다. 들어오는 패킷이 설정된 여러 규칙 중 한가지와 일치할 경우 더 이상의 규칙 검사는 진행되지 않으며 이 규칙에 정의된 target, 즉 구체적인 행동이 적용되면서 이 패킷에 대한 동작을 종료하게 된다.

2. 타겟(Target)

정해진 규칙에 일치된 패킷은 해당 규칙에 지정된 타겟으로 보내진다. 이 타겟은 이렇게 일치된 패킷에 대해 구체적인 행동을 정의한 것인데, 각각 내장 타겟과 확장 타겟을 통해 다양한 종류의 타겟을 사용할 수 있다. 대표적으로 사용되는 내장 타겟으로 패킷을 받아들이는 Accept, 패킷을 거부 또는 거절하는 Drop과 Reject, 패킷에 대한 자세한 정보를 기록하는 Log, 마지막으로 주소 변환에 사용되는 SNAT와 DNAT 등이 있다.

3. 체인(Chain)

Netfilter 구조에서 체인은 앞에서 설명한 규칙과 다음에 설명하는 정책이 결합된 하나의 그룹이다. 일반적으로 한 개의 체인은 여러 개의 규칙과 한 개의 정책으로 구성된다. 체인으로 들어온 패킷은 각각의 규칙을 순서대로 거치게 되며, 이 중 한 규칙과 일치^{match}되면 이 패킷은 그 규칙에 정의된 타겟으로 보내진다. 이로써 그 패킷에 대한 체인에서의 모든 과정은 종료된다. 최종적으로 일치되는 규칙이 없는 경우 이 체인에 설정된 정책이 적용된다. 그러나 그 타겟이 RETURN인 경우 이러한 처리 과정은 다른 체인을 호출해 그 체인 내의 다음 규칙으로 돌아가서 계속 진행한다. 이러한 방법은 체인과 체인 간에 복잡한 설정이 필요한 경우 Netfilter가 지원하는 매우 뛰어난 기능이며, 가장 대표적인 체인으로 PREROUTING, INPUT, FORWARD, OUTPUT, POSTROUTING이 사용된다.

4. 정책(Policy)

Netfilter가 제공하는 모든 체인은 정책을 갖고 있는데, 이 정책은 체인에서 각 규칙을 모두 통과한 패킷에 적용된다. 이 정책은 체인이 수행하는 마지막 행위로서 최종 타겟이라고도 하는데, 정책의 종류로 DROP, ACCEPT 등이 사용된다.

5. 테이블(Table)

체인은 여러 개의 규칙과 한 개의 정책이 결합된 그룹이라고 설명했는데, 테이블은 여러 체인이 결합된 그룹이다. 테이블의 종류와 각 테이블이 사용하는 체인을 정리하면 표 4-3과 같다.

표 4-3 Netfilter 테이블의 종류

Table		
Filter	NAT	MANGLE
INPUT	PREROUTING	PREROUTING
FORWARD	POSTROUTING	INPUT
OUTPUT	OUTPUT	FORWARD
		OUTPUT
		POSTROUTING

기본적으로 Netfilter 시스템은 세 가지의 내장 테이블을 제공하는데, 표 4-3처럼 Filter, NAT, MANGLE이다. 기본 설정에서 이러한 테이블 내의 체인은 ACCEPT 정책을 따르고 있으며, 실제 설정에서는 기본 정책으로 DROP이나 REJECT를 사용하길 추천한다. 각각의 테이블을 설명하면 다음과 같다.

- **Filter 테이블** 패킷을 필터링하기 위해 사용되며, 이를 위해 세 가지의 체인, 즉 INPUT, FORWARD, OUTPUT이 사용된다. 각 체인에 대한 설명은 Netfilter 작동 원리를 참고하기 바란다.
- **NAT(Network Address Translation) 테이블** 이 시스템을 거쳐 가는 패킷에 대해 NAT, 즉 네트워크 주소 변환을 수행하는 테이블이다. 이를 위해 세 가지의 체인, 즉

PREROUTING, OUTPUT, POSTROUTING이 사용된다. NAT 테이블은 체인을 이용해 세 가지의 타겟, 즉 SNAT^{Source NAT}, DNAT^{Destination NAT}, MASQUERADE 기능을 수행한다. SNAT은 출발지의 IP 주소를 다른 주소로 변환하기 위해, DNAT은 목적지의 IP 주소를 다른 주소로 변환하기 위해, MASQUERADE는 SNAT의 특별한 형태로서 출발지 주소가 동적으로 할당된 경우 사용된다. 여기서 PREROUTING 체인은 라우팅 결정이 이뤄지기 이전에 패킷을 수정하기 위해 사용되므로, 주로 DNAT를 위해 사용되고, POSTROUTING 체인은 라우팅 결정이 이뤄진 이후에 패킷을 수정하기 위해 사용되므로 주로 SNAT를 위해 사용된다.

- **MANGLE 테이블** 앞의 두 가지 테이블에 비해 상대적으로 거의 사용되지 않으며, QoS Quality of Service처럼 애플리케이션에 더 진보된 기능이나 효과를 제공하기 위해 사용되는 테이블이다. 시스템을 통과하는 모든 패킷은 이 테이블 또한 통과하기 때문에 이 테이블은 표 4-3에서 보는 것처럼 모든 내장 체인을 포함하고 있다.

4.1.3 Firewalld 이해

앞에서 방화벽의 종류와 Netfilter 모듈의 작동 원리와 구성 요소를 이해했다면 이제 Firewalld의 작동 원리와 구성 요소에 대해 알아본다.

A. Firewalld 작동 원리

그림 4-2는 Firewalld가 동작하는 순서를 보여준다.

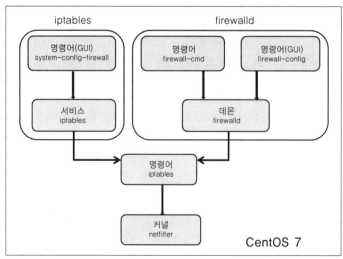

그림 4-2 Firewalld 작동 원리

1. **명령어** GUI 프로그램인 firewall-config나 커맨드라인 `firewall-cmd`를 이용해 firewalld 데몬을 이용한 패킷 필터링 설정을 진행한다. 이 두 명령어는 각각 firewalld와 firewall-config 패키지를 설치해야만 사용할 수 있는데, GUI인 firewall-config는 명령어인 `firewall-cmd`에 비해 설정이 매우 제한적이다.

2. **Firewalld** 이러한 명령어들은 firewalld 데몬이 실행되고 있어야 설정할 수 있으며, firewalld 데몬은 이러한 명령어들로부터 설정 내용을 전달받아 명령어 `iptables`로 전달한다. 이 firewalld 데몬은 명령어 `systemctl start firewalld`를 통해 서비스를 시작할 수 있다.

3. **Iptables** 명령어 `iptables`는 firewalld 데몬이 보내온 설정 내용을 적용해서 패킷 필터링을 시스템에서 진행한다. 이 명령어 `iptables`는 서비스 `iptables`와는 다르며, 이 서비스가 활성화되지 않아도 사용이 가능하다. Firewalld가 보내온 명령어가 제대로 적용됐는지 확인하기 위해 명령어 `iptables -L`을 사용한다.

4. **System-config-firewall** 한편 iptables가 제공하는 GUI 명령어 system-config-firewall 도 방화벽 설정이 가능한데, 이 프로그램을 사용하기 위해서는 iptables 서비스가 시작돼야 한다. 그런데 이 프로그램이 설정한 내용도 명령어 `iptables`에 전달되기 때문에 firewalld와 함께 사용하는 경우 그 규칙이 서로 간에 혼동되거나 충돌할 수 있으므로 한 가지만 선택해서 사용하는 것이 효과적이다.

5. **Netfilter** 이러한 iptables 명령어는 리눅스 커널에서 모듈 Netfilter가 활성화돼야 제대로 동작하는데, 기본적으로 활성화돼 있다.

B. 구성 요소
앞에서 소개한 Firewalld 구성 요소에 대해 알아보면 다음과 같다.

1. firewalld 데몬
firewalld 데몬은 네트워크 연결이나 인터페이스에 대한 신뢰의 정도를 의미하는 Zone 기능을 지원하는 동적인 방화벽 프로그램이다. Firewalld는 IPv4와 IPv6 설정을 지원할 뿐 아니라 실행 중일 때의 설정과 영구적인 사용을 위한 설정을 분리해서 사용할 수 있다. 또한 서비스나 애플리케이션에 대한 방화벽 규칙을 직접 생성해서 추가하는 기능도 지원한다.

2. GUI firewall-config
firewall-config는 firewalld를 관리하기 위한 GUI 설정 도구로서 일반적인 옵션만을 제공하기 때문에 그 기능이 `firewall-cmd`에 비해 매우 제한적이다.

3. 명령어 firewall-cmd

명령어 `firewall-cmd`는 **firewalld** 데몬이 제공하는 커맨드라인 클라이언트 프로그램으로서 실행 중에 임시로 사용되는 설정뿐 아니라 영구적인 설정을 위한 인터페이스를 제공한다. 또한 이 두 가지는 모두 분리돼 사용될 수 있다.

C. Firewalld와 Iptables의 차이

두 방화벽 Firewalld와 이전 Iptables의 차이를 간단히 요약하면 표 4-4와 같다.

표 4-4 Iptables와 Firewalld의 차이점

차이	설명
설치	CentOS 7에서 Firewalld는 기본으로 설치되지만, Iptables는 별도의 패키지 설치가 필요하다.
구성 요소	Iptables는 서비스 제공을 위해 체인(INPUT, OUTPUT, FORWARD)과 규칙을 사용하지만, Firewalld는 Zone(public, dmz 등)과 Service를 사용한다.
설정 파일	Iptables는 설정 파일로서 /etc/sysconfig/iptables를 사용하지만 Firewalld는 디렉토리 /etc/firewalld와 /usr/lib/firewalld에 저장된 XML 파일을 사용해 설정을 관리한다.
작동 방법	Iptables는 변경될 때마다 이전 규칙(Rule)들을 모두 버리고 /etc/sysconfig/iptabls에서 새로운 규칙을 다시 읽어 적용하지만, Firewalld는 단지 변경된 규칙만 다시 읽어 들여 적용한다. 또한 Firewalld는 이미 기존의 연결된 세션의 중단 없이 언제든지 설정 추가와 변경이 가능한 점이 Iptables와의 차이점이다.

4.2 Firewalld 서비스 시작과 사용

4.1절에서 방화벽과 Firewalld 서비스를 이해했다면 이번 절에서는 Firewalld 서비스를 시작하는 방법, 그리고 시작 이후 기본 사용 방법을 설명한다.

4.2.1 Firewalld 서비스 시작

Firewalld 서비스를 시작하는데, Iptables를 사용하고 있다면 Firewalld를 사용하기 위해서는 Iptables 서비스를 중지해야 한다.

A. Iptables 중지

현재 Iptables 서비스를 사용하고 있다면 중지하는 방법은 다음과 같다.

```
[root@master ~]# systemctl status iptables      ❶
iptables.service - IPv4 firewall with iptables
 Loaded: loaded (/usr/lib/systemd/system/iptables.service; disabled; vendor preset:
disabled)
 Active: active (exited) since Tue 2016-05-24 10:50:48 KST; 4s ago
  Process: 7929 ExecStart=/usr/libexec/iptables/iptables.init start (code=exited,
status=0/SUCCESS)
 Main PID: 7929 (code=exited, status=0/SUCCESS)
May 24 10:50:48 master.chul.com systemd[1]: Starting IPv4 firewall with iptables...
May 24 10:50:48 master.chul.com iptables.init[7929]: iptables: Applying firewall rules:
[  OK  ]
May 24 10:50:48 master.chul.com systemd[1]: Started IPv4 firewall with iptables.
[root@master ~]# systemctl stop iptables        ❷
[root@master ~]# systemctl mask iptables        ❸
Created symlink from /etc/systemd/system/iptables.service to /dev/null.
```

❶ 명령어 systemctl을 사용해 현재 iptables 서비스가 실행 중인지 확인한다.

❷ 실행 중이라면 명령어 systemctl을 사용해 iptables 서비스를 중지한다.

❸ 방화벽으로서 firewalld를 계속 사용하고 iptables 서비스를 사용하지 않기 위해 명령어 systemctl mask로 설정한다. 그러면 iptables에 start 명령어를 사용해도 unmask를 사용하기 전까지 iptables 서비스를 사용할 수 없다.

B. Firewalld 서비스 시작

Firewalld 서비스를 시작하는 방법은 다음과 같다.

```
[root@master ~]# yum install firewalld firewall-config -y   ❶
[root@master ~]# rpm -qa | grep firewall        ❷
firewalld-0.3.9-14.el7.noarch
firewall-config-0.3.9-14.el7.noarch
[root@master ~]# systemctl start firewalld      ❸
[root@master ~]# systemctl enable firewalld     ❹
Created symlink from /etc/systemd/system/dbus-org.fedoraproject.FirewallD1.service to
/usr/lib/systemd/system/ firewalld.service.
Created symlink from /etc/systemd/system/basic.target.wants/ firewalld.service to
/usr/lib/systemd/system/firewalld.service.
```

```
[root@master ~]# ls -l /etc/systemd/system/basic.target.wants/  ❺
lrwxrwxrwx  1 root root 41 May 24 10:52 firewalld.service -> /usr/lib/systemd/
system/firewalld.service
[root@master ~]# systemctl status firewalld  ❻
firewalld.service - firewalld - dynamic firewall daemon
Loaded: loaded (/usr/lib/systemd/system/firewalld.service; enabled; vendor preset:
enabled)
Active: active (running) since Tue 2016-05-24 10:51:44 KST; 59s ago
 Main PID: 8290 (firewalld)
   CGroup: /system.slice/firewalld.service
    8290 /usr/bin/python -Es /usr/sbin/firewalld --nofork --nopid
May 24 10:51:43 master.chul.com systemd[1]: Starting firewalld - dynamic firewall
daemon...
May 24 10:51:44 master.chul.com systemd[1]: Started firewalld - dynamic firewall daemon.
[root@master ~]# ps -ef | grep firewalld ❼
root    8290   1 0 10:51 ?        00:00:00 /usr/bin/python -Es
/usr/sbin/firewalld --nofork --nopid
```

❶ 명령어 yum을 사용해 Firewalld 서비스에 사용할 두 가지의 패키지를 설치한다.

❷ 명령어 rpm을 사용해 설치 및 버전 정보를 확인한다.

❸ 명령어 systemctl을 사용해 firewalld 서비스를 시작한다.

❹ 명령어 systemctl을 사용해 부팅 후에도 이 서비스가 자동으로 시작되게 설정한다.

❺ 그러면 firewalld 서비스에 대한 두 개의 링크 파일이 생성되는데, 특히 basic.target 디렉
토리는 3장에서 설명한 것처럼 기본 Target이 multi-user.target이나 graphical.target이
든 기본적으로 시작되는 서비스가 바로 이 Target에 속한다고 설명했다.

❻ Firewalld 서비스의 상태를 확인하기 위해 명령어 systemctl에 status를 사용하면
active와 firewalld가 시작됐다는 메시지를 확인할 수 있다.

❼ 명령어 ps를 통해서도 그 프로세스를 확인할 수 있다.

4.2.2 Firewalld 기본 사용

Firewalld 서비스가 시작된 이후에 기본적으로 이 서비스를 사용하는 방법은 다음과 같다.

A. 기본 내용 확인

명령어 firewall-cmd를 사용해 firewalld가 제공하는 기본 정보를 확인하는 방법은 다음
과 같다.

```
[root@master ~]# firewall-cmd --version ❶
0.3.9
[root@master ~]# firewall-cmd -h          ❷
[root@master ~]# firewall-cmd --state     ❸
running
[root@master ~]# firewall-cmd --list-all  ❹
public (default, active)
    interfaces: eno16777736 eno33554984 eno50332208
    sources:
    services: dhcpv6-client ssh
    ports:
    masquerade: no
    forward-ports:
    icmp-blocks:
    rich rules:
[root@master ~]# ls /etc/firewalld/firewalld.conf        ❺
/etc/firewalld/firewalld.conf
[root@master ~]# firewall-cmd --get-service              ❻
RH-Satellite-6 amanda-client bacula bacula-client dhcp dhcpv6 dhcpv6-client dns
freeipa-ldap freeipa-ldaps freeipa-replication ftp
~
smtp squid ssh telnet tftp tftp-client transmission-client vdsm vnc-server wbem-https
[root@master ~]# firewall-cmd --list-services            ❼
dhcpv6-client ssh
[root@master ~]# firewall-cmd --get-default-zone ❽
public
```

❶ 사용 중인 firewalld의 버전 정보를 확인한다.

❷ 명령어 firewall-cmd가 제공하는 모든 옵션을 확인할 경우 사용한다.

❸ 현재 firewalld의 상태를 확인할 경우 사용한다. firewalld를 시작하지 않으면 "not running"이라는 메시지를 볼 수 있다.

❹ Firewalld 서비스 시작 이후 아무런 설정 변경 없이 Firewalld의 현재 설정 정보를 확인할 경우 사용한다. 이 내용들에 대해서는 4.3절과 4.4절에서 설명한다.

❺ 이 설정 정보는 Firewalld가 사용하는 기본 설정 파일에서 변경 가능하다.

❻ Firewalld 서비스가 지원 가능한 서비스 목록을 확인하기 위해 사용한다.

❼ Firewalld가 현재의 Zone에서 허용하고 있는 서비스 목록을 확인한다. 기본적으로 이 서비스들은 파일 /etc/firewalld/zones/public.xml에 지정돼 있기 때문에 허용되고 있다.

Firewalld를 이용한 서비스 관리 방법은 4.4절을 참고하기 바란다.

❽ 현재 사용 중인 기본 Zone을 확인할 경우 사용하는데, 이 Zone은 설정 파일 /etc/ firewalld/firewalld.conf에 정의돼 있고 이 Zone에 대한 파일은 ❼의 파일이 사용된다. Zone에 대한 자세한 설명은 4.3절을 참고하기 바란다.

B. 새 서비스를 Firewalld 지원 목록에 추가

서버 패키지를 설치한다고 해서 모든 서버를 Firewalld가 지원하는 것은 아니다. Firewalld 가 사용하는 XML 형태의 파일이 특정 디렉토리에 존재해야 비로소 Firewalld는 이 서버 에 대한 방화벽 서비스를 제공할 수 있다. 여기에서는 기존 Firewalld가 사용하는 XML 파일을 이용해 새 서비스를 Firewalld 지원 목록에 추가하는 방법을 알아본다.

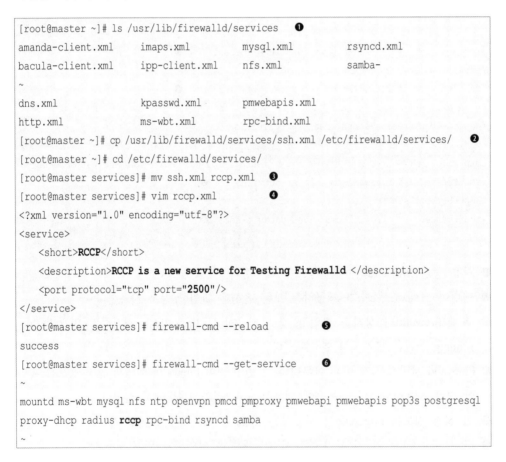

```
[root@master ~]# ls /usr/lib/firewalld/services          ❶
amanda-client.xml      imaps.xml          mysql.xml            rsyncd.xml
bacula-client.xml      ipp-client.xml     nfs.xml              samba-
~
dns.xml                kpasswd.xml        pmwebapis.xml
http.xml               ms-wbt.xml         rpc-bind.xml
[root@master ~]# cp /usr/lib/firewalld/services/ssh.xml /etc/firewalld/services/     ❷
[root@master ~]# cd /etc/firewalld/services/
[root@master services]# mv ssh.xml rccp.xml     ❸
[root@master services]# vim rccp.xml            ❹
<?xml version="1.0" encoding="utf-8"?>
<service>
    <short>RCCP</short>
    <description>RCCP is a new service for Testing Firewalld </description>
    <port protocol="tcp" port="2500"/>
</service>
[root@master services]# firewall-cmd --reload          ❺
success
[root@master services]# firewall-cmd --get-service     ❻
~
mountd ms-wbt mysql nfs ntp openvpn pmcd pmproxy pmwebapi pmwebapis pop3s postgresql
proxy-dhcp radius rccp rpc-bind rsyncd samba
~
```

❶ 앞의 A절에서 ❻의 서비스 목록은 모두 이 디렉토리에 존재하는 XML 파일을 Firewalld 가 읽어 들여 보여주는 것이다. 즉 새로운 서버 프로그램을 설치할 경우 이 디렉토리에

XML 파일이 있어야 Firewalld는 이 새로운 서버에 방화벽 서비스를 제공할 수 있다.

❷ 테스트를 위해 ssh.xml 파일을 /etc/firewalld/services 디렉토리로 복사한 뒤에 이동한다. 수동으로 서비스를 추가할 경우 이 디렉토리를 사용한다.

❸ 명령어 mv를 사용해 SSH 서비스를 임의의 서비스 이름 RCCP로 변경한다.

❹ 이 파일을 명령어 vim으로 열어서 굵은 글씨체로 된 부분처럼 변경한다.

❺ 변경 사항을 Firewalld가 인식하게 reload 옵션을 사용한다.

❻ 이 서비스 지원 목록을 확인하기 위해 get-service 옵션을 사용하면 새로이 추가된 서비스를 확인할 수 있다.

C. GUI 프로그램 firewall-config 사용

명령 창에서 명령어 firewall-config만을 사용하면 그림 4-3처럼 Firewalld GUI 프로그램을 사용할 수 있다.

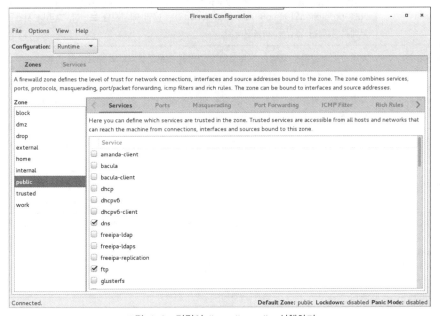

그림 4-3 명령어 firewall-config 실행하기

4.3 Firewalld Zone 사용

Firewalld에서 새로이 소개된 Zone은 네트워크 연결에 대한 사용자의 신뢰 정도를 정의하기 위해 사용되는 개념이다. 이를 위해 Firewalld는 구체적으로 IP 주소가 지정된 네트워

크 인터페이스를 기초로 해서 Zone을 사용하며, 그 신뢰 정도에 따라 각각 다른 규칙 세트 Ruleset를 생성해 적용한다. 예를 들어 신뢰할 수 있는 내부 네트워크 사용자들에게는 모든 서비스로의 접근을 허용하지만, 외부 네트워크 사용자들에게는 공개 서비스만 제공하는 경우 Firewalld는 Zone를 사용해 이러한 환경을 제공할 수 있다.

4.3.1 Zone의 종류

Firewalld는 다양한 Zone을 제공하는데, 그 종류를 분류하면 표 4-5와 같다.

표 4-5 Zone의 종류

Zone	설명
Drop 존	Iptables에서 사용하던 DROP과 동일하며, 들어오는 모든 패킷은 버려지고 이에 대한 응답 메시지도 보내지 않으며 단지 외부로 나가는 연결만 허용한다.
Block 존	Drop 존처럼 들어오는 모든 네트워크 연결은 거부되는데, 이에 대해 단지 icmp-host-prohibited와 icmp6-adm-prohibited라는 응답 메시지를 보낸다. 그러나 시스템 내부에서 시작된 연결은 허용된다.
Public 존	서비스를 제공하는 특별한 포트로의 연결만을 허용하고, 그 외 포트로의 연결은 모두 거부되며 기본 Zone으로 사용된다.
External 존	특별히 매스커레이딩 규칙이 적용되는 외부의 라우터를 위해 사용되며, 단지 내부로의 연결 요청 중에서 선택된 연결만을 허용한다.
DMZ 존	내부 네트워크로의 접근은 제한적으로 허용되지만, 공개된 네트워크에 대한 접근을 허용하는 경우에 사용되며 이 경우도 선택된 연결만이 허용된다.
Work 존	같은 회사에 위치한 네트워크를 위해 사용되며, 대부분 같은 네트워크에 위치한 다른 시스템을 신뢰하고 오직 선택된 연결만을 허용한다.
Home 존	홈 영역을 위해 사용되며, 네트워크에 존재하는 다른 시스템을 신뢰하고 오직 선택된 연결만을 접속 허용한다.
Internal 존	내부 네트워크를 위해 사용되고, 선택된 연결만을 접속 허용한다.
Trusted 존	모든 네트워크 접속 연결을 허용하는 경우 사용한다.

4.3.2 Zone 사용

이번 절에서는 앞에서 정의한 Zone을 사용하는 방법을 알아본다.

A. Zone 정보 확인

Zone의 정보를 확인하기 위한 방법은 다음과 같다.

```
[root@master ~]# firewall-cmd --get-zones        ❶
block dmz drop external home internal public trusted work
[root@master ~]# ls /usr/lib/firewalld/zones/
block.xml    dmz.xml      drop.xml      external.xml      home.xml   internal.xml
public.xml   trusted.xml  work.xml
[root@master ~]# firewall-cmd --get-active-zones    ❷
public
    interfaces: eno16777736 eno33554984 eno50332208
[root@master ~]# firewall-cmd --get-default-zone    ❸
public
[root@master ~]# firewall-cmd --list-all-zones      ❹
block
    interfaces:
    sources:
    services:
    ports:
    masquerade: no
    forward-ports:
    icmp-blocks:
    rich rules:

dmz
    interfaces:
    sources:
    services: ssh
    ports:
    masquerade: no
    forward-ports:
    icmp-blocks:
    rich rules:
    ~
[root@master ~]# firewall-cmd --get-zone-of-interface=eno16777736     ❺
public
[root@master ~]# firewall-cmd --zone=public --list-interfaces     ❻
eno16777736 eno33554984 eno50332208
[root@master ~]# firewall-cmd --zone=public --list-all        ❼
public (default, active)
```

```
    interfaces: eno16777736 eno33554984 eno50332208
    sources:
    services: dhcpv6-client ssh
    masquerade: no
    forward-ports:
    icmp-blocks:
    rich rules:
```

❶ 현재 Firewalld에서 사용 가능한 Zone의 목록을 확인하기 위해 사용한다. 이 Zone들은
   모두 디렉토리 /usr/lib/firewalld/zones에 XML 설정 파일로 저장돼 있다.

❷ 현재 사용 중인 Zone과 이 Zone에 속한 네트워크 인터페이스 목록을 확인한다.

❸ 현재 Firewalld가 사용 가능한 Zone 중에서 기본으로 설정된 Zone을 확인한다.

❹ 모든 Zone의 자세한 정보를 알기 위해 사용한다.

❺ 현재 사용 중인 네트워크 인터페이스가 어느 Zone에 속해 있는지 알기 위해 사용한다.
   아무런 변경이 없는 경우 기본 존에 속한다.

❻ 현재 기본 존으로 사용 중인 public 존에 어떤 네트워크 인터페이스가 속해 있는지 확인
   하기 위해 사용하는데, 현재 이 master 서버에는 세 개의 네트워크 인터페이스가 기본
   존인 public 존에 속해 있다.

❼ public 존이 제공하는 모든 정보를 확인하기 위해 사용하는데, 현재 이 Zone에 속한
   네트워크 인터페이스와 서비스 종류를 알 수 있다.

B. Zone 정보 변경

Zone과 네트워크 인터페이스의 정보를 변경하는 방법은 다음과 같다.

```
[root@master ~]# firewall-cmd --zone=public --add-interface=eno33554984      ❶
success
[root@master ~]# firewall-cmd --zone=home --change-interface=eno33554984      ❷
success
[root@master ~]# firewall-cmd --zone=home --remove-interface=eno33554984      ❸
success
[root@master ~]# firewall-cmd --zone=home --query-interface=eno33554984       ❹
no
[root@master ~]# firewall-cmd --zone=public --add-interface=eno33554984       ❺
success
[root@master ~]# cd /etc/sysconfig/network-scripts
[root@master network-scripts]# vim ifcfg-Wired_connection_1                   ❻
```

```
19 ZONE=public
[root@master ~]# firewall-cmd --set-default-zone=home   ❼
success
[root@master ~]# vim /etc/firewalld/firewalld.conf       ❽
6 DefaultZone=home
[root@master ~]# firewall-cmd --reload                   ❾
```

❶ 현재 세 개의 네트워크 인터페이스 중에서 한 인터페이스를 선택해 public 존에 추가한다.

❷ 현재 public 존에 속한 인터페이스를 home 존으로 변경하기 위해 사용한다.

❸ 이 home 존에서 이 인터페이스를 제거할 경우 사용한다.

❹ home 존에서 이 인터페이스에 대해 질의하면 없다는 메시지를 볼 수 있다.

❺ 현재 이 인터페이스는 home 존에서 삭제됐기 때문에 아무런 Zone에 속하지 않았으므로, 다시 public 존에 포함시킨다.

❻ 그런데 이렇게 네트워크 인터페이스의 Zone을 변경해도 시스템을 다시 시작하는 경우 그 정보가 사라지게 된다. 그래서 영구적으로 이 Zone의 정보를 유지할 경우 네트워크 인터페이스 설정 파일을 열어 맨 마지막 줄에 ZONE=public을 추가해준다. 그러면 이 파일을 NetworkManager가 읽어 지정된 Zone으로 연결해준다.

❼ 현재 사용 중인 기본 존을 변경하는 방법은 두 가지인데, 첫 번째는 이렇게 명령어로 바로 변경할 수도 있고

❽ 두 번째로 설정 파일을 열어 그 옵션을 home으로 변경할 수 있다. 그런데

❾ 명령어로 변경할 경우는 이 firewalld 데몬을 다시 읽어 들이지 않아도 바로 적용이 되지만, 설정 파일에서 변경할 경우는 reload 옵션을 사용해야 변경 내용이 적용된다.

4.4 Firewalld를 이용한 서비스 사용

이제 Firewalld가 제공하는 다양한 서비스에 대해 알아보자.

4.4.1 서비스와 포트 관리

먼저 Firewalld를 이용해 서비스와 포트를 관리하기 위한 방법을 설명한다. 이후에 설명할 내용과 비교했을 때 가장 많이 사용되는 방법이다.

A. 서비스 관리

서비스 관리 방법은 다음과 같다. Firewalld가 지원 가능한 서비스는 모두 /usr/lib/firewalld/ services에 그 내용이 XML 파일로 지정돼 있어야 사용할 수 있다.

```
[root@master ~]# firewall-cmd --get-service          ❶
[root@master ~]# firewall-cmd --list-services        ❷
dhcpv6-client ssh
[root@master ~]# firewall-cmd --add-service=http      ❸
success
[root@master ~]# firewall-cmd --zone=public --add-service=https      ❹
success
[root@master ~]# firewall-cmd --zone=public --add-service={smtp,ftp,dns}   ❺
success
[root@master ~]# firewall-cmd --list-services        ❻
dhcpv6-client dns http https ftp smtp ssh
[root@master ~]# iptables -L      ❼
Chain IN_public_allow (1 references)
target     prot opt source        destination
ACCEPT     tcp  -- anywhere       anywhere tcp dpt:ssh      ctstate NEW
ACCEPT     tcp  -- anywhere       anywhere tcp dpt:https    ctstate NEW
ACCEPT     tcp  -- anywhere       anywhere tcp dpt:http     ctstate NEW
ACCEPT     tcp  -- anywhere       anywhere tcp dpt:smtp     ctstate NEW
ACCEPT     tcp  -- anywhere       anywhere tcp dpt:ftp      ctstate NEW
ACCEPT     tcp  -- anywhere       anywhere tcp dpt:domain   ctstate NEW
ACCEPT     udp  -- anywhere       anywhere udp dpt:domain   ctstate NEW


~
[root@master ~]# firewall-cmd --reload              ❽
[root@master ~]# firewall-cmd --list-services        ❾
dhcpv6-client ssh
[root@master ~]# firewall-cmd --permanent --add-service=http    ❿
success
[root@master ~]# firewall-cmd --reload              ⓫
[root@master ~]# firewall-cmd --list-services        ⓬
dhcpv6-client http ssh
[root@master ~]# cat /etc/firewalld/zones/public.xml     ⓭
<?xml version="1.0" encoding="utf-8"?>
<zone>
    <short>Public</short>
```

```
    <description>For use in public areas. You do not trust the other computers on networks to
not harm your computer. Only selected incoming connections are accepted.</description>
    <service name="dhcpv6-client"/>
    <service name="http"/>
    <service name="ssh"/>
</zone>
[root@master ~]# firewall-cmd --zone=public --remove-service=http     ⓮
success
[root@master ~]# firewall-cmd --permanent --zone=public --remove-service=http     ⓯
success
```

❶ 현재 Firewalld가 지원하는 서비스 목록을 확인할 수 있는데, 이 목록은 /usr/lib/firewalld/ services/에 저장된 XML 파일을 의미한다.

❷ 지원 가능한 서비스 중에서 현재 활성화된 서비스 목록을 확인하기 위해 사용한다.

❸ 여기에 새 서비스 http를 추가하기 위해 사용한다. timeout=60 옵션을 사용하면 그 서비스 제공 시간을 제한할 수 있으며, 기본 단위는 초가 사용된다.

❹ 한 서비스를 특정 Zone에 추가할 경우 Zone 이름을 지정할 수 있다. 위의 ❸처럼 Zone을 지정하지 않으면 기본 존에 이 서비스가 추가된다.

❺ 여러 서비스도 { }를 이용해 동시에 추가할 수 있다.

❻ 지금까지 추가한 서비스 목록을 확인하기 위해 사용한다.

❼ 4.1.1절에서 Firewalld의 작동 원리를 설명하면서 명령어 firewall-cmd가 설정한 내용이 firewalld 데몬을 통해 명령어 iptables로 전달된다고 했는데, 여기 Chain IN_ public_allow에 firewall-cmd가 추가한 모든 서비스를 확인할 수 있다.

❽ firewalld를 다시 시작한 다음에

❾ 다시 앞에서 추가한 서비스 목록을 확인하면 보이지 않는다.

❿ 이번에는 http 서비스를 추가할 때 permanent 옵션을 추가한다.

⓫ 다시 firewalld를 시작한 다음에

⓬ 목록을 확인해보면 http를 발견할 수 있다. 즉 firewalld는 동적 방화벽이어서 언제든지 설정을 추가할 수 있고, 이 내용은 바로 firewalld에 적용된다. 그런데 firewalld 데몬을 다시 시작하거나 시스템을 다시 시작할 경우 이러한 실행 중인 서비스들은 모두 사라지게 된다. firewalld 데몬을 다시 시작한 이후에도 추가한 서비스를 계속 사용한다면 permanent 옵션을 추가해야 한다.

⓭ 그러면 Firewalld는 이렇게 영구적으로 사용할 서비스 목록을 어디에 저장할까? 바로 이 Zone 파일을 열어보면 permanent 옵션을 이용해 추가한 http 서비스를 발견할 수

있다. 명령어뿐 아니라 이 설정 파일에 서비스를 직접 추가해도 영구적으로 사용할 수
있다. 이 테스트를 통해 Firewalld는 실행 중일 때의 설정과 영구적인 설정을 분리해서
사용할 수 있다는 사실을 보여준다.

⓮ 추가한 실행 중인 서비스를 제거할 때 remove-service 옵션을 사용한다.

⓯ 영구적으로 Zone 파일로부터 제거할 경우에도 permanent 옵션을 추가해야 한다.

B. 서비스 포트 관리

포트도 동일하게 서비스를 제공하기 위해 사용되는데, 서비스에 대한 XML 파일이 정의되
지 않은 경우 포트를 통해 그 서비스를 지원할 수 있다.

```
[root@master ~]# firewall-cmd --list-ports        ❶
[root@master ~]# firewall-cmd --zone=public --add-port=8080/tcp        ❷
success
[root@master ~]# firewall-cmd --list-ports        ❸
8080/tcp
[root@master ~]# firewall-cmd --query-port=8080/tcp        ❹
yes
[root@master ~]# firewall-cmd --permanent --add-port=8080/tcp        ❺
[root@master ~]# firewall-cmd --permanent --add-port=21-23/tcp        ❻
[root@master ~]# firewall-cmd --remove-port=8080/tcp        ❼
success
[root@master ~]# firewall-cmd --reload
[root@master ~]# firewall-cmd --list-ports        ❽
8080/tcp
[root@master ~]# cat /etc/firewalld/zones/public.xml        ❾
<?xml version="1.0" encoding="utf-8"?>
<zone>
    <short>Public</short>
    <description>For use in public areas. You do not trust the other computers on networks to
not harm your computer. Only selected incoming connections are accepted.</description>
    <service name="dhcpv6-client"/>
    <service name="http"/>
    <service name="ssh"/>
    <port protocol="tcp" port="8080"/>
</zone>
```

❶ 현재 추가된 포트 목록을 확인하기 위해 사용한다.

❷ add-port 옵션을 이용해 포트 8080과 프로토콜 tcp를 public 존에 추가한다. Zone을

지정하지 않으면 기본 존에 추가된다.

❸ 이제 추가된 포트를 확인할 수 있다.

❹ 포트가 추가됐는지 질의한다.

❺ 이 포트를 영구적으로 사용하기 위해 permanent 옵션을 추가했다.

❻ 여러 포트를 동시에 추가하는 경우 사용한다.

❼ remove-port 옵션을 이용해 실행 중인 포트를 제거한다. 그러고 나서 firewalld를 다시 시작한 다음에

❽ 포트 목록을 확인해보면 여전히 8080 포트를 볼 수 있다. 이 포트는 영구적으로 사용하기 위해 추가된 것이기 때문이다.

❾ 이를 확인하기 위해 Zone 파일을 읽어보면 이 8080 포트가 추가된 것을 확인할 수 있다. 영구적으로 포트를 삭제할 경우 permanent 옵션을 추가해야 한다.

4.4.2 머스커레이딩과 포트 포워딩

서버가 게이트웨이로 사용되는 경우 머스커레이딩^{Masquerading}은 내부 네트워크 주소와 외부 네트워크 주소를 서로 연결하기 위해 사용하는 기능이다. 즉 외부 네트워크에서는 external 존으로만 접속 가능하고, internal 존은 내부 네트워크 사용자만 사용 가능하게 설정하고, 포트 포워딩^{Port Forwarding}을 통해 external 존에서의 요청을 internal 존으로 전달하거나 내부 네트워크에서의 요청을 외부로 전달할 수 있다.

```
[root@master ~]# firewall-cmd --get-active-zone      ❶
public
  interfaces: eno16777736 eno33554984 eno50332208
[root@master ~]# firewall-cmd --zone=external --change-interface=eno 33554984   ❷
success
[root@master ~]# firewall-cmd --zone=internal --change-interface=eno 50332208   ❸
success
[root@master ~]# firewall-cmd --get-active-zone      ❹
internal
    interfaces: eno50332208
external
    interfaces: eno33554984
public
    interfaces: eno16777736
[root@master ~]# firewall-cmd --zone=external --add-masquerade      ❺
success
```

```
[root@master ~]# firewall-cmd --zone=external --query-masquerade        ❻
yes
[root@master ~]# cat /proc/sys/net/ipv4/ip_forward        ❼
1
[root@master ~]# firewall-cmd --zone=external --add-forward-port=port
=22:proto=tcp:toport=1234        ❽
success
[root@master ~]# firewall-cmd --zone=external --add-forward-port=port
=22:proto=tcp:toport=22:toaddr=192.168.20.6 ❾
success
[root@master ~]# firewall-cmd --list-all --zone=external        ❿
external (active)
    interfaces: eno33554984
    sources:
    services: ssh
    ports:
    masquerade: yes
    forward-ports: port=22:proto=tcp:toport=22:toaddr=192.168.20.6        ⓫
                   port=22:proto=tcp:toport=1234:toaddr=
    icmp-blocks:
    rich rules:
```

❶ 현재 활성화된 Zone과 세 개의 인터페이스를 확인할 수 있다.

❷ 여기서 두 번째 인터페이스 eno33554984를 external 존으로 변경하는데, 이는 외부로 연결되고

❸ 세 번째 인터페이스 eno50332208을 internal 존으로 변경하는데, 이는 내부 네트워크으로 연결하기 위해서다.

❹ 변경된 Zone과 인터페이스 정보를 확인한다.

❺ external 존에 masquerade 기능을 추가한다. 제거할 경우 add 대신 remove를 사용한다.

❻ 이 기능에 대해 질의하면 yes, 즉 추가됐음을 알 수 있다.

❼ 포트 포워딩을 허용하는 커널의 기능이 활성화(1)됐는지 확인한다. 활성화되지 않았다면 이 파일을 명령어 vim으로 열어서 숫자를 1로 변경한다.

❽ 포트 포워딩을 설정하는데 external 존의 22번 포트로의 연결을 내부의 1234 포트로 전달하라는 의미다.

❾ 동일한 포트 포워딩인데 단지 22번 포트의 연결을 포트는 같지만 IP 주소가 다른 시스템으로 전달하라는 의미다.

❿ 위의 설정 변경을 확인하기 위해 external 존을 조회하면

⓫ 포트 포워딩에 대한 두 가지 설정을 확인할 수 있다.

4.4.3 패닉 모드

패닉 모드^{Panic Mode}는 나가고 들어오는 모든 패킷을 거부할 때 사용한다. 기존 연결도 중단
돼 다시 패닉 모드를 비활성화할 때까지 연결이 이뤄지지 않는다.

```
[root@master ~]# firewall-cmd --panic-on       ❶
[root@master ~]# firewall-cmd --query-panic    ❷
yes
[root@master ~]# firewall-cmd --panic-off      ❸
```

❶ 패닉 모드를 활성화한다.

❷ 현재 패닉 모드인지 질의하기 위해 사용한다.

❸ 패닉 모드를 비활성화하면 다시 연결이 이뤄진다.

4.4.4 다이렉트 인터페이스

다이렉트 인터페이스^{Direct Interface}란 특정한 서비스나 애플리케이션을 위해 실행 중인
Firewalld에 새로운 체인이나 규칙을 생성하거나 삭제할 수 있는 기능을 의미한다. 그러나
iptables 사용법이 능숙하지 않은 경우 주의가 필요한데, 새로운 규칙이나 체인이 기존의
규칙이나 체인과 충돌하거나 위반할 수 있기 때문이다.

```
[root@master ~]# firewall-cmd --direct --add-rule ipv4 filter INPUT 0 -p tcp --dport 9000
-j ACCEPT       ❶
success
[root@master ~]# firewall-cmd --direct --get-all-rules       ❷
ipv4 filter INPUT 0 -p tcp -m state --state NEW -m tcp --dport 22 -j ACCEPT
ipv4 filter INPUT 1 -p tcp -m state --state NEW -m tcp --dport 80 -j ACCEPT
ipv4 filter INPUT 0 -p tcp --dport 9000 -j ACCEPT
[root@master ~]# cat /etc/firewalld/direct.xml       ❸
<?xml version="1.0" encoding="utf-8"?>
<direct>
  <rule priority="0" table="filter" ipv="ipv4" chain="INPUT">-p tcp -m state --state NEW
-m tcp --dport 22 -j ACCEPT</rule>
  <rule priority="1" table="filter" ipv="ipv4" chain="INPUT">-p tcp -m state --state NEW
```

```
-m tcp --dport 80 -j ACCEPT</rule>
</direct>
[root@master ~]# firewall-cmd --direct --remove-rule ipv4 filter INPUT 0 -p tcp --dport
9000 -j ACCEP      ❹
```

❶ 옵션 direct와 add-rule을 이용해 INPUT 체인에 포트 9000번으로의 연결을 허용하라
   는 규칙을 생성한다.

❷ 이 규칙을 생성 후에 그 목록을 확인해보면 세 개의 규칙을 확인할 수 있는데, 위의
   것을 제외한 나머지 두 개는 이전에 생성한 규칙이다.

❸ 이렇게 생성된 규칙을 영구적으로 사용하거나 ❶에서 permanent 옵션을 사용하는 경우
   그 내용이 이 파일에 저장된다. 현재 두 개의 규칙이 저장돼 있고 ❶에서 추가한 규칙은
   없는데, permanent 옵션을 사용하지 않았기 때문이다.

❹ 생성한 규칙을 제거할 경우 remove-rule 옵션을 사용한다.

4.4.5 ICMP 사용

Firewalld는 ICMP에 대한 관리도 지원한다.

```
[root@master ~]# firewall-cmd --get-icmptypes        ❶
destination-unreachable echo-reply echo-request parameter-problem redirect
router-advertisement router-solicitation source-quench time-exceeded
[root@master ~]# firewall-cmd --zone=public --add-icmp-block=echo-request     ❷
[root@master ~]# firewall-cmd --zone=public --list-all        ❸
public (default, active)
    interfaces: eno16777736 eno33554984 eno50332208
    sources:
    services: dns ftp http https imaps kerberos mountd mysql
ports: 110/tcp 465/tcp 5902-5903/tcp 9102/tcp 5044/tcp 9103/tcp
masquerade: no
    forward-ports:
    icmp-blocks: echo-request
    rich rules:
[root@node1 ~]# ping master        ❹
From master.chul.com (192.168.80.5) icmp_seq=1 Destination Host Prohibited
From master.chul.com (192.168.80.5) icmp_seq=1 Destination Host Prohibited
From master.chul.com (192.168.80.5) icmp_seq=2 Destination Host Prohibited
[root@master ~]# firewall-cmd --remove-icmp-block=echo-request  ❺
success
```

❶ 현재 Firewalld가 지원하는 ICMP 유형의 목록이다.

❷ public 존에 ICMP 유형 echo-request를 허용하지 않기 위해 추가한다. 이외에도 다양한 ICMP의 유형을 사용할 수 있다.

❸ 목록을 확인해보면 ICMP가 거부하고 있는 목록을 볼 수 있다.

❹ 클라이언트 node1에서 핑을 통해 확인해보면 금지됐다는 메시지를 볼 수 있다.

❺ 이 규칙을 제거할 경우 remove-icmp-block 옵션을 사용한다.

4.4.6 오프라인 설정과 백업

Firewalld 데몬이 시작되지 않아도 규칙을 생성할 수 있게 지원하는 명령어가 바로 firewall-offline-cmd다. Firewalld가 활성화되면 이렇게 생성된 규칙들도 모두 추가돼 사용된다. 또한 iptables 명령어는 firewall-cmd로 생성한 규칙들을 모두 백업하고 복구할 수 있게 지원하고 있는데, 그 방법을 설명하면 다음과 같다.

```
[root@master ~]# firewall-offline-cmd --direct --add-rule ipv4 filter INPUT 1 -p tcp -m
state --state NEW -m tcp --dport 80 -j ACCEPT          ❶
success
[root@master ~]# systemctl start firewalld
[root@master ~]# iptables -L        ❷
Chain INPUT_direct (1 references)
target     prot opt source            destination
ACCEPT     tcp --  anywhere           anywhere           state NEW tcp dpt:http
                      ~
[root@master ~]# iptables-save > firewall_rules         ❸
[root@master ~]# iptables-restore < firewall_rules      ❹
```

❶ 현재 firewalld 데몬을 시작하기 이전에 규칙을 생성하는데, INPUT 체인에 80번 포트로 들어오는 새로운 연결을 허용하라는 내용이다. 앞에서 생성된 규칙을 적용하기 위해서 명령어 systemctl을 이용해 firewalld 데몬을 시작한다.

❷ 명령어 iptables를 이용해 확인해보면 INPUT_direct라는 체인에 http 서비스를 허용하라는 규칙이 추가된 것을 알 수 있다.

❸ 현재 firewalld를 이용한 모든 설정 내용을 저장할 경우 명령어 iptables가 제공하는 저장 명령어를 통해 파일에 저장할 수 있다.

❹ 이 파일로부터 설정 내용을 복구할 경우 사용한다.

4.4.7 Firewalld Rich Rule 생성

Rich Rule은 'rich language'라는 문법을 사용해 다이렉트 인터페이스^{Direct Interface}보다 더 복잡한 규칙을 생성하기 위해 사용되는 Firewalld의 기능이다.

```
[root@master ~]# firewall-cmd --zone=public --add-rich-rule 'rule family="ipv4" source
address=192.168.80.6 accept'     ❶
[root@master ~]# firewall-cmd --zone=public --add-rich-rule 'rule family="ipv4" source
address="192.168.80.6" port port=23 protocol=tcp reject'     ❷
[root@master ~]# firewall-cmd --zone=public --add-rich-rule 'rule family=ipv4 source
address=10.1.1.6 forward-port port=80 protocol=tcp to-port=8080'     ❸
success
[root@master ~]# firewall-cmd --zone=public --add-rich-rule 'rule family=ipv4
forward-port port=80 protocol=tcp to-port=8080 to-addr=10.1.1.6'     ❹
success
[root@master ~]# firewall-cmd --add-rich-rule 'rule family="ipv4" source
address="192.168.80.0/24" service name="vnc-server" accept'❺
success
[root@master ~]# firewall-cmd --list-rich-rules     ❻
rule family="ipv4" source address="192.168.80.6" port port="23" protocol="tcp" reject
rule family="ipv4" source address="10.1.1.6" forward-port port="80" protocol="tcp"
to-port="8080"
rule family="ipv4" source address="192.168.80.0/24" service name="vnc-server" accept
rule family="ipv4" forward-port port="80" protocol="tcp" to-port="8080"
to-addr="10.1.1.6"
rule family="ipv4" source address="192.168.80.6" accept
[root@master ~]# firewall-cmd --zone=public --list-all     ❼
public (default, active)
 interfaces: eno16777736 eno33554984 eno50332208
 services: dns ftp http https mountd mysql nfs pop3s rpc-bind samba smtp ssh
ports: 110/tcp 465/tcp 5902-5903/tcp 9102/tcp 5044/tcp
icmp-blocks: echo-reply
 rich rules:
    rule family="ipv4" source address="192.168.80.6" port port="23" protocol="tcp"
    reject
    rule family="ipv4" source address="10.1.1.6" forward-port port="80" protocol="tcp"
    to-port="8080"
    rule family="ipv4" source address="192.168.80.0/24" service name="vnc-server"
    accept
    rule family="ipv4" forward-port port="80" protocol="tcp" to-port="8080" to-
```

```
        addr="10.1.1.6"
  rule family="ipv4" source address="192.168.80.6" accept
[root@master ~]# firewall-cmd --remove-rich-rule 'rule family="ipv4" source
address="192.168.80.0/24" service name="vnc-server" accept'        ❽
success
```

❶ public 존에 한 IP 주소를 지정하고 이 IP 주소로부터의 접속을 허용하는 rich rule을 생성한다. 여기서 'rule family'는 ipv4나 ipv6 중에서 한 가지를 선택해야 한다. 'accept'는 이 규칙에 일치하는 경우 발생할 구체적인 반응인데, 여기에는 accept, reject, drop이 사용된다.

❷ 한 IP 주소로부터 포트 23/tcp로의 접속을 요청한 경우 거부하라는 규칙이다.

❸ 한 IP 주소로부터 포트 80번으로의 접속 요청을 받은 경우 포트 포워딩을 통해 포트 8080으로 전달하라는 규칙이다.

❹ 포트 80번으로의 연결 요청을 받은 경우 다른 IP 주소를 가진 컴퓨터의 8080 포트로 연결을 전달하라는 규칙이다.

❺ 네트워크 주소를 지정하고 이 네트워크 주소에서 오는 vnc-server로의 연결을 허용하라는 규칙을 생성한다.

❻ 현재까지 생성된 rich rule의 목록을 확인하기 위해 사용한다.

❼ 이러한 규칙들이 어느 Zone에 생성됐는지 확인하기 위해 사용한다.

❽ 생성된 규칙을 삭제하는 경우 remove-rich-rule을 사용한다.

4.5 참고문헌

* http://www.firewalld.org/
* https://en.wikipedia.org/wiki/Mastery_server
* http://www.Firewalld-cache.org/
* http://www.server-world.info/en/note?os=CentOS_7&p=Firewalld&f=4
* http://docs.diladele.com/tutorials/transparently_filtering_https_centos/integrate.html
* http://www.danscourses.com/Linux-Fundamentals/how-to-install-Firewalld-a-Firewalldguard-in-centos.html
* http://xmodulo.com/Firewalld-transparent-web-proxy-centos-rhel.html
* http://www.deckle.co.uk/Firewalld-users-guide/Firewalld-configuration-basics.html

- https://en.wikipedia.org/wiki/Iptables
- https://kb.novaordis.com/index.php/Iptables_Concepts
- https://oracle-base.com/articles/linux/linux-firewall-firewalld
- http://flylib.com/books/en/3.475.1.101/1/
- https://www.certdepot.net/rhel7-get-started-firewalld/
- https://en.wikipedia.org/wiki/Firewall_(computing)
- http://www.mad-hacking.net/documentation/linux/security/iptables/ concepts.xml

4.6 요약

1. 방화벽 프로그램 Firewalld는 CentOS 7 이전에 사용하던 (   )를 대체해 새롭게 소개된 서비스로서 커널의 (   ) 모듈에 기초를 두고 있다.

2. Iptables는 (   ), (   ), (   )와 같은 (   )을 이용해 방화벽을 설정했다면 Firewalld는 네트워크 인터페이스에 기초한 (   )을 통해 그 설정을 적용하고 있다.

3. Firewalld 방화벽의 구성 요소는 (   ) 데몬, 명령어 (   )와 (   )이며, 명령어 (   )를 통해 그 설정이 적용된다.

4. Firewalld 서비스를 사용하기 위해서는 (   ) 패키지와 (   ) 패키지를 설치해야 하며, 명령어 (   )를 통해 그 서비스를 시작할 수 있다.

5. Systemd가 지원하는 서비스를 추가할 경우 디렉토리 (   )에 있는 파일을 복사해서 디렉토리 (   )로 옮겨 수정한 후에 명령어 (   )을 실행해줘야 한다.

6. (   )은 네트워크 연결에 대한 사용자의 신뢰의 정도를 정의하기 위해 사용되는데, Firewalld는 구체적으로 IP 주소가 지정된 (   )를 기초로 (   )을 사용하고 그 신뢰의 정도에 따라 각각 다른 (   )을 생성해 적용한다.

7. Firewalld는 다양한 종류의 Zone을 제공하는데, 그중에서 기본으로 사용되는 Zone은 (   )이며 모든 연결을 허용하는 경우 (   )을 사용한다.

8. 기본 Zone을 변경할 경우 명령어 (   )을 사용하거나 파일 (   )을 수정해줘야 한다.

9. Firewalld에 서비스나 포트를 추가하는 경우 명령어 (   )에 옵션으로 (   )나 (   )를 사용해야 한다.

10. (   )은 내부 네트워크 주소와 외부 네트워크 주소를 서로 연결하기 위해 사용하며, (   )을 통해 External 존에서의 요청을 Internal 존으로 전달할 수 있다.

4.7 연습문제

1. Firewalld 패키지를 설치한 후에 그 서비스를 시작하고 부팅 시 자동으로 시작되도록 설정하라.

2. Firewalld에 이름 UUCP, 그리고 포트 25000번을 사용하는 서비스를 추가하라.

3. Firewalld의 기본 Zone을 DMZ 존으로 변경하고 사용 중인 인터페이스를 이 Zone으로 포함시켜보라.

4. 5장에서 배울 DNS 서비스, 6장에서 배울 Apache 웹 서버를 시스템 부팅 이후에도 계속 사용할 수 있도록 Firewalld DMZ와 Public 존에 추가하라.

5. Apache 서비스를 Firewalld에서 제거하고 그 대신에 7장의 Nginx 서비스를 Firewalld의 Public 존에 추가하라.

6. 포트 번호 20-23번을 Firewalld에 추가하고 확인해보라.

7. External 존의 포트 80번으로 진입하는 모든 패킷을 로컬 호스트의 8080번으로 포워딩하라.

8. Firewalld를 사용해 현재 나가고 들어오는 모든 패킷을 거부하게 설정하라.

9. 목적지 포트 8080번으로 들어오는 모든 패킷을 허용하도록 다이렉트 인터페이스를 사용해 규칙을 추가하라.

10. Firewalld를 사용해 현재 master 서버로의 핑 패킷이 모두 거부되도록 설정하라.

4.8 연구과제

1. CentOS 7에 Iptables 방화벽을 설치하고 머스커레이딩 기능을 설정해보라.

2. Iptables와 Firewalld 외에 사용 가능한 방화벽 프로그램을 CentOS 7에 설치해 사용해보라.

2부

리눅스 핵심 네트워크 서버

2부에서는 리눅스 서버 프로그램 중에서 가장 중요한 핵심 서버 프로그램들을 모두 정리했다. 이 서버들은 현재 인터넷 서비스를 제공하는 가장 중요하면서도 핵심적인 서버들로서 5장 Bind를 이용한 DNS 서버 관리, 6장 Apache를 이용한 웹 서버 관리, 7장 Nginx를 이용한 웹 서버 관리, 8장 Postfix를 이용한 메일 서버 관리, 9장 MariaDB를 이용한 데이터베이스 서버 관리, 10장 VSFTP를 이용한 FTP 서버 관리에 대해 각 서버의 원리 및 실습 내용을 자세한 설명과 함께 소개한다.

5장
Bind DNS 서버

BIND를 이용한 리눅스 DNS 서버 관리의 모든 것

5장에서는 모든 인터넷 서비스의 기본이자 시작이라 할 수 있는 DNS 서버를 구축하는 방법을 설명한다. 오늘날 우리가 사용하는 대부분의 인터넷 서비스는 DNS를 기반으로 제공되기 때문에 반드시 DNS 서비스를 잘 이해하고 구축할 수 있어야만 인터넷 서비스 또한 올바르게 사용자들에게 제공될 수 있다. 또한 6장부터 설명할 Apache 웹 서버와 Postfix 메일 서버 같은 다른 서버들도 모두 이 DNS 서비스를 기반으로 설명이 진행되므로 반드시 5장을 제대로 이해하기 바란다.

DNS 서비스는 도메인을 IP 주소로 변환시켜 주는 이름 관리 서비스의 한 종류이자 인터넷의 역사와 함께 성장한 서비스로서 그 역사만큼이나 사용하는 방법이나 문서 또한 많이 알려진 서비스라 할 수 있다. 현재 가장 많이 사용하는 웹 서비스 또한 이름 관리 서비스로 사용된 이 DNS 서비스의 지원 아래 급속한 성장을 이룰 수 있었다. DNS 서비스는 1980년대 인터넷의 시초인 알파넷^{ARPANET}에서 컴퓨터와 IP 주소를 매핑한 데이터베이스 파일 HOSTS.TXT에 기원을 두고 있다. 급속한 네트워크의 성장과 더불어 파일 HOSTS.TXT가 더 이상 이름 제공 서비스로서의 기능을 발휘할 수 없게 되면서 탄생한 서비스가 바로 DNS다. 5장에서는 먼저 DNS 서비스의 명확한 개념을 설명하고, 이어서 DNS 서버를 구축하는 방법과 고급 기능 사용법, 그리고 마지막으로 DNSSEC을 포함한 DNS 서버 보안에 관련된 내용을 설명한다.

5장에서 DNS 서버 구축과 테스트를 위해 사용되는 호스트의 정보는 다음과 같다.

호스트 이름	IP 주소	OS 버전	역할
master.chul.com	192.168.80.5	CentOS Linux release 7.1	마스터 서버
node1.chul.com	192.168.80.6	CentOS Linux release 7.1	슬레이브 서버

5장에서 다루는 내용은 다음과 같다.

- DNS 서비스 원리와 구조 이해
- DNS 서버 구축
- DNS 서버의 고급 기능 사용
- DNS 클라이언트 프로그램 사용
- DNS 서버 보안 구축
- DNSSEC 구축
- DNS 서버 GUI 프로그램 Webmin 사용

5.1 DNS 서비스 원리와 구조 이해

DNS는 Domain Name Service의 약어로서 1980년대 초기 인터넷이었던 알파넷의 이름 관리 서비스를 위해 사용됐던 HOSTS.TXT의 한계를 극복하기 위해 시작된 서비스다. 즉, 초기에 소수였던 알파넷을 사용하는 컴퓨터들이 폭발적으로 증가하자 이러한 컴퓨터 들에 대한 정보를 컴퓨터 이름과 IP 주소를 이용해 제공하는 HOSTS.TXT 파일이 두 가지 정보를 일치시켜주는 자동 업데이트 기능을 제공하지 못했기 때문에 새로운 컴퓨터들이 추가되거나 변경될 때마다 관리자들은 항상 수동으로 이 파일을 업데이트해야 했다.

이러한 불편을 해소하기 위해 1983년 캘리포니아 대학교의 폴 모카페트리스[Paul Mockapetris]가 DNS[Domain Name System]을 디자인했고, 1984년에 네 명의 UC 버클리[Berkeley] 학생 이던 더글라스 테리[Douglas Terry], 마크 페인터[Mark Painter], 데이비드 리글[David Riggle], 송년 주 [Songnian Zhou]가 최초의 DNS 서버 프로그램인 BIND[Berkeley Internet Name Domain Server]를 유닉스 서버상에서 구현했다. 현재도 이 BIND 프로그램은 유닉스와 리눅스 시스템에서 가장 널리 사용되는 DNS 서버 프로그램이며, 5장에서도 이 프로그램을 이용해 DNS 서버를 구축하는 방법을 설명한다.

5.1.1 DNS의 정의

DNS는 도메인^{domain}이라고 불리는 이름을 숫자로 구성된 IP 주소와 일치시켜 주는 데이터베이스다. 이러한 데이터베이스를 사용하는 이유는, 도메인은 사람이 기억하기 쉬운 문자로 구성돼 사용하기 편리하지만 컴퓨터는 글자가 아니라 숫자(10진수 및 16진수)로 구성된 IP 주소를 이용해 컴퓨터 간 통신을 하기 때문이다. 즉 사람이 글자로 이뤄진 도메인을 입력하면 DNS는 이 도메인에 대한 IP 주소를 찾아 변환^{Resolving}을 해주고 컴퓨터가 이 IP 주소로 접속할 수 있게 도와줘 컴퓨터 간 통신을 가능케 해주기 때문이다.

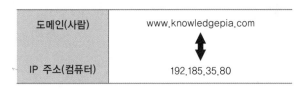

예를 들어 저자의 웹사이트인 www.knowledgepia.com의 IP 주소가 192.185.35.80이라면 사용자가 이 도메인을 요청할 경우 DNS는 이 도메인에 해당하는 IP 주소를 찾아주고 컴퓨터는 이 IP 주소를 찾아 접속을 시도해 통신을 가능하게 해준다. 또한 도메인 www.knowledgepia.com은 사람이 기억하기 쉽지만, 이에 비례해 숫자로 이뤄진 IP 주소는 기억하기 어려운 구조이기 때문에 DNS를 사용한다고 할 수 있다.

DNS의 정의를 이해했다면 이러한 도메인이 어떻게 구성되는지 구조를 살펴보고, 이러한 구조를 가진 DNS 서비스가 사용자의 요청에 따라 어떻게 도메인 정보를 찾아 제공하는지 그 과정을 알아보자.

5.1.2 DNS의 구조

DNS의 구조는 계층적 구조로 이뤄졌으며 그림 5-1처럼 5단계의 도메인 레벨로 세분화할 수 있다. 각각의 레벨은 다음과 같다.

❶ Root Level Domain이라고 불리며 도메인 구조에서 최상위를 차지한다. 표시는 닷(.)을 이용하며, 전 세계에서 Root Level Domain에 대한 정보를 제공하는 13개의 네임 서버가 있는데, 일반적으로 CentOS의 경우 /var/named/named.ca 파일에 이러한 서버에 대한 정보가 저장돼 있다. 일반적으로 브라우저에서 도메인을 입력하는 경우 생략되며, 입력해도 동일한 결과를 보여준다. Root Level은 도메인 설정 시에는 반드시 닷(.)을

이용해 표기를 해야 하며, 생략하는 경우 에러가 발생한다.

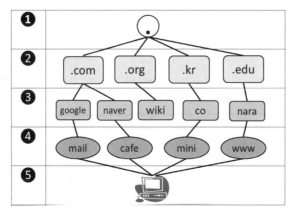

그림 5-1 DNS 구조

❷ TLD^{Top Level Domain}라고 불리며 여기에는 보통 ccTLD^{Country-code-top-level-domain}(.kr, .jp, .us, .uk, .cn, .in 등)와 gTLD^{Generic Top-level-domain}(.com, .net, .org, .info, .edu, .gov, .biz 등)가 있으며, IANA^{Internet Assigned Numbers Authority}에 의해 관리된다. 사용자는 도메인 등록 시 반드시 이 중에서 하나를 선택해 도메인을 생성해야 한다.

❸ Second Level Domain이라고 불리며, 사용자들의 요청에 따라 사용자들의 조직이나 회사, 그리고 개인의 목적에 부합되는 단어 및 숫자를 사용해 생성, 사용되는 도메인이 위치하는 레벨이다. 일반적으로 네임 서버를 구축하는 경우 이 레벨에 위치한 도메인을 사용한다.

❹ Third Level Domain이라고 하며, Second Level Domain에서 각 목적에 따라 도메인이 더 필요한 경우 생성되고 보통 서브도메인^{SubDomain}이라고 한다.

❺ 각 컴퓨터에 할당된 도메인 네임을 의미한다.

이렇게 루트 레벨 도메인부터 각 컴퓨터에 할당된 도메인 네임까지 이러한 논리적이며 계층적인 DNS의 구조를 도메인 네임스페이스^{Namespace}라고 부른다. 또한 이러한 구조가 나무의 구조와 닮았다고 해서 트리^{Tree} 구조라고도 한다. 그리고 하나의 도메인에 대해 권한 있는 네임 서버^{Authoritative NameServer}에 의해 관리 되는 전체 노드^{node}들의 집합을 DNS 존^{Zone}이라고 부른다. 이러한 권한 있는 네임 서버는 여러 개의 존을 관리할 수 있고 이러한 권한이 분할돼 서브도메인 형태로 새로운 존을 형성할 수 있는데, 이를 도메인 위임 ^{Delegation}이라고 한다.

위의 DNS 구조를 도메인 www.knowledgepia.com을 이용해서 설명하면 다음과 같이 일치시킬 수 있는데, 우리가 일반적으로 사용하는 도메인의 구조와 반대로 구성돼 있음을 알 수 있다.

www	knowledgepia	com	.
Third Level	Second Level	Top Level	Root Level

여기서 knowledgepia.com을 하나의 DNS 존이라고 부르며, 이 도메인을 관리하는 네임 서버가 ns.knowledgepia.com이라면 이 네임 서버를 이 도메인에 대한 권한 있는 네임 서버라고 한다. 이 네임 서버는 이외에 jeong.com, chul.com 같은 여러 개의 존을 관리할 수 있고, 서브도메인 linux.knowledgepia.com을 생성해 네임 서버 ns.linux.knowledgepia.com을 만들었다면 linux.knowledgepia.com 존에 대한 권한을 ns.linux.knowledgepia.com에게 위임했다고 표현한다.

5.1.3 DNS 작동 원리

5.1.2절에서 DNS의 구조를 이해했다면 여기서는 이러한 DNS가 어떤 과정을 거쳐 작동하는지 그림 5-2처럼 호스트 www.knowledgepia.com을 예로 들어 원리를 설명한다.

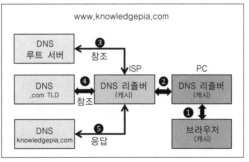

그림 5-2 DNS 작동 원리

❶ 사용자가 www.knowledgepia.com을 찾는 경우 이 도메인 정보가 브라우저의 캐시에 저장돼 있으면 바로 제공해주고 없다면 리졸버Resolver로 사용되는 사용자의 네임 서버에 이 정보를 의뢰한다.

❷ 사용자가 이용하는 리졸버도 캐시에 이 정보가 있다면 바로 응답하지만, 없는 경우 연결된 ISP의 네임 서버에게 이 질의를 한다.

❸ DNS 리졸버^{Resolver}도 정보가 캐시에 있는 경우 바로 제공하지만, 없는 경우 먼저 루트 네임 서버에게 .com을 제공하는 네임 서버가 무엇인지 알려주도록 질의한다.

❹ 루트 네임 서버가 TLD의 정보를 제공하면 .com 제공 네임 서버에게 knowledgepia. com의 네임 서버가 무엇인지 알려주도록 질의한다.

❺ knowledgepia.com 도메인의 네임 서버로부터 정보를 받으면 DNS 리졸버는 클라이언트 리졸버에게 이 정보를 반환하며, 사용자는 이 도메인으로 접속이 이뤄진다.

여기서 ❶❷를 재귀적 질의^{Recursive Query}라고 하는데, 클라이언트 질의에 대한 완전한 정보를 제공한다는 의미다. ❸❹❺는 반복 질의^{Iterative Query}라고 하며, 단지 하위 레벨을 소개^{Referral}하거나 질의에 대한 대답을 제공한다는 의미다.

5.1.4 리졸버와 Lookup

이번 절에서는 앞에서 소개한 리졸버에 대해 알아보고, 이름과 IP 변환 시 사용되는 방법을 알아본다.

A. 리졸버

리졸버는 요청한 도메인 네임스페이스에 대한 정보를 얻기 위해 DNS 메시지를 보내는 DNS 클라이언트 프로그램을 의미하며, 리눅스의 경우 파일 /etc/resolv.conf에 정의된 네임 서버가 리졸버로 동작한다.

B. Forward Lookup와 Reverse Lookup

Forward Lookup은 DNS의 일반적인 기능으로서 도메인에 대한 정보를 IP 주소로 변환시켜주는 DNS의 기능을 의미하며, 반대로 Reverse Lookup은 IP 주소를 그에 해당하는 도메인으로 변환시켜 주는 기능을 의미한다. 이것을 www.knowledgepia.com을 이용해 설명하면 다음과 같다.

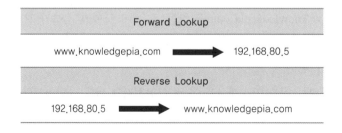

Forward Lookup을 위해 사용되는 데이터베이스 파일을 Forward 존 파일이라고 하며, Reverse Lookup을 위해 사용되는 데이터베이스 파일을 Reverse 존 파일이라고 하는데, 네임 서버 설정 시 이 파일들에 대해 자세히 설명하겠다.

5.2 DNS 서버 구축

BIND 패키지를 이용한 DNS 서버를 구축하기 전에 먼저 DNS 서버 구축에 사용되는 몇 가지 프로그램과 이러한 DNS 서버의 유형을 살펴보자.

1984년에 개발된 BIND는 가장 오래된 역사를 자랑하며, 유닉스와 리눅스 시스템에서 가장 대중적인 DNS 서버 구축 프로그램이다. 이외에도 여러 프로그램이 DNS 서버 구축을 위해 현재 사용되고 있는데 간단히 몇 가지를 소개하면 표 5-1과 같다.

표 5-1 DNS 패키지 종류

서버 이름	설명	웹사이트
PowerDNS	BIND보다 더 최신이고 더 진보한 기능을 제공하는 서버로서 Authoritative-only 서버로 사용된다.	www.powerdns.com
ndjbdns	Qmail의 제작자 Daniel J. Bernstein이 디자인한 DNS 애플리케이션의 집합체이며, 보안에 강조점을 둔 프로그램이다.	pjp.dgplug.org/djbdns/
knot	권한 있는(Authoritative) DNS 서버 구축에 사용되는 고성능의 DNS 프로그램이다.	www.knot-dns.cz
Unbound	Recursive와 캐싱 DNS 리졸버로 사용되며, 특히 DNSSEC 검증을 쉽게 구현하기 위해 사용된다.	www.nlnetlabs.nl/unbound/

이러한 DNS 서버 프로그램들은 DNS 서버의 유형에 따라 다음과 같이 두 가지로 분류된다.

A. 권한 있는 네임 서버: 마스터와 슬레이브

특정 도메인에 대한 정보를 설정하고 이 도메인에 대한 정보를 요청하는 클라이언트들에게 독점적으로 이 도메인에 대한 최종적인 정보를 제공하는 서버를 권한 있는[Authoritative] 네임 서버라고 한다. 이러한 서버들을 보통 마스터[Master](또는 Primary) 서버, 그리고 그 정보를 동기화해 제공하는 슬레이브[Slave](또는 Secondary) 서버가 이에 포함된다. BIND 패키지를 이용해 설정하는 방법을 5장에서 설명한다.

B. Recursive 네임 서버와 Caching Only 네임 서버

도메인에 대한 정보를 클라이언트에게 제공하는 것은 권한 있는 서버와 동일하지만, 설정한 특정 도메인에 대한 정보를 제공하는 것이 아니라 클라이언트가 요청하는 모든 도메인에 대한 정보를 그 도메인의 권한 있는 서버로부터 가져온 후에 메모리의 캐시에 일정시간[TTL] 동안 저장해 제공하는 서버를 일반적으로 Caching-only 네임 서버라고 한다. 사용자들이 주로 이용하는 ISP 업체의 네임 서버가 이런 유형의 네임 서버라 할 수 있다. 동일하게 BIND 패키지를 이용해 설정하는 방법을 알아보자.

BIND 패키지를 설치하면 생성되는 주요 파일과 디렉토리는 표 5-2와 같다.

표 5-2 BIND 설치 파일

파일 또는 디렉토리	설명
/etc/named.conf	네임 서버의 주 설정 파일로서 기본 값들이 저장돼 있다.
/etc/named.rfc1912.zones	존 정보를 설정하기 위한 파일이다.
/etc/rndc.conf	RNDC 서비스를 제공하기 위한 설정 파일이다.
/etc/rndc.key	RNDC 서비스를 위해 생성한 키를 보관하는 파일이다.
/etc/named.root.key	DNSSEC에서 루트 존을 위해 사용되는 DNSKEY가 보관된 파일이다.
/var/named	네임 서버의 데이터베이스 파일을 보관하는 디렉토리다.
/run/named	프로세스와 세션 키를 포함한 파일을 보관하는 디렉토리다.
/usr/sbin/named	네임 서버의 데몬 이름이다.

5.2.1 BIND 설치와 DNS 서버 시작

이번 절에서는 BIND 패키지를 이용해 네임 서버에 특정 도메인을 설정하지 않고 서비스를 시작하는 과정을 먼저 설명하고, 다음 절에서 특정 도메인을 이용해 설정하는 방법을 설명한다.

A. 패키지 설치

먼저 yum을 사용해 다음과 같은 패키지들을 설치한다.

```
[root@master ~]# yum install bind bind-utils bind-libs bind-chroot    ❶
[root@master ~]# rpm -qa | grep bind       ❷
```

```
bind-utils-9.9.4-29.el7_2.3.x86_64
bind-9.9.4-29.el7_2.3.x86_64
bind-license-9.9.4-29.el7_2.3.noarch
bind-libs-lite-9.9.4-29.el7_2.3.x86_64
bind-libs-9.9.4-29.el7_2.3.x86_64
bind-chroot-9.9.4-29.el7_2.3.x86_64
```

❶ 명령어 yum을 이용해 필요한 패키지를 설치한다. 나중에 테스트할 슬레이브 네임 서버
도 동일하게 이러한 패키지를 설치한다.

❷ 설치 이후에 패키지들이 정상적으로 설치됐는지 명령어 rpm을 이용해 확인한다.
각 패키지와 의존 관계에 있는 패키지도 같이 설치됐음을 알 수 있다.

앞에서 설치한 중요 패키지에 대한 설명은 표 5-3과 같다.

표 5-3 설치 패키지

패키지 이름	설명
bind	DNS 서버 구축 프로그램을 제공하는 패키지다.
bind-utils	인터넷 호스트 정보를 얻기 위해 DNS 서버에 질의를 위해 사용되는 유틸리티 집합을 제공하는 패키지다.
bind-libs	BIND와 BIND 유틸리티 프로그램이 사용하는 라이브러리 패키지다.
bind-chroot	BIND의 chroot 환경을 위해 사용되는 파일들이다. chroot은 change root의 약어로서 named 데몬이 사용하는 홈 디렉토리는 일반적으로 /var/named/chroot/를 사용한다.

B. DNS 서버 시작

설치한 DNS 서비스를 시작하는 방법은 다음과 같다.

```
[root@master ~]# systemctl start named    ❶
[root@master ~]# systemctl enable named   ❷
ln -s '/usr/lib/systemd/system/named.service'
'/etc/systemd/system/multi-user.target.wants/named.service'
[root@master ~]# systemctl status named   ❸
  Loaded: loaded (/usr/lib/systemd/system/named.service; enabled)
  Active: active (running) since Mon 2015-06-22 12:38:49 ICT; 49s ago
 Main PID: 16502 (named)
  CGroup: /system.slice/named.service
        16502 /usr/sbin/named -u named
```

```
Jun 22 12:38:49 master.chul.com named[16502]: managed-keys-zone: loaded serial 73
Jun 22 12:38:49 master.chul.com named[16502]: zone 0.in-addr.arpa/IN: loaded serial 0
Jun 22 12:38:49 master.chul.com named[16502]: zone localhost/IN: loaded serial 0
Jun 22 12:38:49 master.chul.com named[16502]: zone localhost.localdomain/IN: loaded
serial 0
Jun 22 12:38:49 master.chul.com named[16502]: zone 1.0.0.127.in-addr.arpa/IN: loaded
serial 0
Jun 22 12:38:49 master.chul.com named[16502]: all zones loaded
Jun 22 12:38:49 master.chul.com named[16502]: running
[root@master ~]# netstat -nat | grep 53          ❹
tcp     0    0 192.168.80.5:53       0.0.0.0:*            LISTEN
udp     0    0 192.168.80.5:53       0.0.0.0:*
[root@master ~]# grep domain /etc/services       ❺
domain         53/tcp                   # name-domain server
domain         53/udp
[root@master ~]# tail -f /var/log/messages        ❻
[root@master ~]# ps -ef | grep named              ❼
named  16812   1  0 04:16 ?   00:00:01 /usr/sbin/named -u named
named  17739   1  0 04:30 ?   00:00:01 /usr/sbin/named -u named -t /var/named/chroot
```

❶ 명령어 `systemctl`을 사용해 named 데몬을 시작한다.

❷ 재부팅 이후에도 계속 데몬을 자동으로 활성화시키기 위해 사용한다.

❸ 현재 데몬 시작 이후의 상태를 알기 위해 사용하며, 프로세스가 활성화[active]됐는지, 그리고 어떤 존들이 현재 제공되고 있는지 확인할 수 있다.

❹ named 데몬은 프로토콜 tcp와 udp, 그리고 포트 53이 열려있는 상태로서 서비스가 준비됐음을 의미하는데, 이 정보는 파일 /etc/services에서 확인할 수 있다.

❺ 도메인 서비스는 /etc/services 파일에서 포트 53, 그리고 프로토콜 tcp/udp를 통해 제공한다고 정의돼 있다.

●● 참고: 네임 서버가 프로토콜 TCP를 사용하는 두 가지 이유

DNS 서비스는 일반적으로 UDP를 사용하는데, 두 가지 이유로 인해 TCP를 통해서도 서비스가 이뤄져야 한다.

첫 번째 이유는 UDP가 최대로 전송 가능한 DNS 데이터 크기는 UDP상에서 512바이트인데 클라이언트가 요청한 데이터가 그 이상일 경우 DNS는 TCP를 이용해 이 데이터를 전송하기 때문이다.

두 번째 이유는 나중에 설명할 마스터 서버와 슬레이브 네임 서버 간 도메인에 대한 존 전송이 TCP를 통해 이뤄지기 때문이다.

❻ named 데몬이 정상적으로 시작되면 로그 파일에 그 내용이 저장된다. 로그의 내용은
❸과 동일하기 때문에 생략한다.

❼ named 데몬이 정상적으로 시작됐는지 프로세스에서 확인한다.

네임 데몬을 chroot 환경에서 사용하려면 다음과 같이 사용해야 한다.

```
[root@master ~]# systemctl start named-chroot       ❶
[root@master ~]# systemctl status named-chroot      ❷
[root@master ~]# ls /var/named/chroot/var/named     ❸
chroot          data            dynamic  dyndb-ldap    named.ca  named.empty
named.localhost named.loopback  slaves
```

❶ named-chroot 서비스는 bind-chroot 패키지를 설치하면 사용할 수 있는데, 명령어
systemctl을 이용해 서비스를 시작한다.

❷ 시작 이후에 그 상태를 보기 위해 사용한다.

❸ named 데몬이 사용하는 기본 디렉토리는 /var/named지만 named-chroot 서비스를 사용
하면 기본 디렉토리가 /var/named/chroot/로 변경되며, 이 디렉토리에 생성된 데이터는
동일하게 /var/named와 /etc로 복사된다. 여기서 chroot란 named 데몬이 접근 가능한
최상위 디렉토리를 의미하며, 이 디렉토리 이외의 다른 디렉토리로의 접근이 불가능하
다고 해서 chroot 감옥jail이라고 한다. 이후부터 DNS 서버의 설정은 기본적으로 chroot
가 적용된 /var/named/chroot를 사용하겠다.

또한 리눅스에서 도메인을 사용하는 호스트 정보를 찾는 순서를 정의하기 위해 다음과
같이 두 가지 파일이 사용된다.

```
[root@master ~]# cat /etc/host.conf
multi on      ❶
[root@master ~]# cat /etc/nsswitch.conf | grep hosts
hosts:     files dns myhostname      ❷
```

❶ 먼저 파일 /etc/host.conf에 multi on을 사용하면 호스트에 대한 정보를 수동으로 기록하
는 파일 /etc/hosts에 여러 호스트에 대한 정보 기록을 허용한다는 의미며

❷ 파일 /etc/nsswitch.conf에서 찾고자 하는 호스트 정보를 먼저 files(/etc/hosts)에서 찾고
그 다음에 dns, 그리고 마지막으로 localhost를 IP 127.0.0.1처럼 hostname을 변환하기
위해 사용되는 myhostname에서 찾는다는 순서를 정할 수 있다.

5.2.2 도메인 설정(chul.com)

이번 절에서는 서버의 설정 파일을 사용해 실제 도메인을 설정하는 방법을 설명한다. 여기서는 테스트를 위해 도메인 chul.com을 사용한다. 주 도메인을 추가해 테스트하려면 세 가지의 파일을 설정하거나 생성해야 하며, 총 5단계의 과정을 거쳐 완성할 수 있다. 각 단계별로 알아보자.

STEP 1: 주 설정 파일 편집

먼저 DNS 서버가 사용하는 주 설정 파일을 다음과 같이 수정해야 한다.

```
[root@master named]# vim /etc/named.conf          ❶
options {
    listen-on port 53 { 127.0.0.1; 192.168.80.5; };     ❷
    directory       "/var/named";      ❸
    recursion yes;                     ❹
    allow-query     { localhost;  any;  }; ❺
```

❶ 네임 서버의 주 설정 파일인 /etc/named.conf를 설정하기 위해 명령어 vim을 사용해서 연 다음에

❷ 네임 서버로 사용할 호스트의 IP 주소와 포트 53을 설정해줘야 한다. 현재 네임 서버가 여러 개의 IP 주소를 갖고 있고, 모든 IP 주소에서 네임 서버로서 응답 한다면 모든 IP 주소 대신에 키워드 any를 사용하면 된다.

❸ 네임 서버의 데이터베이스로 사용할 디렉토리를 지정한다.

❹ 네임 서버 유형을 Authoritative로 할지 아니면 Recursive로 설정할지 결정한다. Yes는 Recursive로, No를 사용하면 Only Authoritative 서버로 설정한다는 의미다. 즉 Yes는 다른 도메인에 대한 정보도 클라이언트에게 제공한다는 의미이며, No는 오직 현재 설정 파일에 정의된 도메인 정보만 클라이언트에게 제공한다는 의미다.

❺ 현재의 네임 서버가 제공하는 도메인 정보에 대한 질의를 할 수 있는 클라이언트를 명시한다. 기본 값은 localhost인데, 이는 localhost만 이 네임 서버에게 질의할 권한이 있다는 의미다. any는 모든 클라이언트들이 이 네임 서버에게 질의를 할 경우 도메인에 대한 정보를 제공한다는 의미다. 또한 IP 주소나 네트워크 주소도 사용 가능하며, 나중에 키워드 ACL을 통해 이것을 제한하는 방법을 설명한다. 나중에 테스트할 슬레이브 네임 서버도 위와 같이 동일하게 설정하되 IP 주소만 다르게 설정한다.

사용할 도메인을 추가하는 과정은 다음과 같다.

```
[root@master named]# vim /etc/named.rfc1912.zones ❶
zone "chul.com" IN {           ❷
    type master;               ❸
    file "chul.zone";          ❹
    allow-update { none; };         ❺
};
zone "80.168.192.in-addr.arpa" IN { ❻
    type master;
    file "80.zone";            ❼
    allow-update { none; };
};
```

❶ 도메인 추가를 위해 사용되는 기본 파일로서 이 파일은 /etc/named.conf의 지시어 include를 통해 사용된다. 도메인 추가는 /etc/named.conf에 직접 설정해도 동일한 결과를 얻을 수 있다.

❷ 도메인 chul.com을 이용해 새로운 존을 생성한다.

❸ 이 도메인의 정보를 제공하는 서버의 유형이 master임을 표시한다. type에 사용 가능한 값들은 표 5-4와 같다.

표 5-4 Type의 종류

Type	설명
master	이 존에 대한 정보를 제공하기 위해 지정됐음을 의미한다.
slave	이 존에 대한 정보를 마스터 서버로부터 받아 제공하는 슬레이브 네임 서버로 지정됐음을 의미한다.
forward	이 존의 정보에 대한 요청을 모두 다른 네임 서버에게 전달하기 위해 지정됐음을 의미한다.
hint	질의에 대한 응답을 직접 제공하지 않고 루트 네임 서버로부터 응답을 받기 위해 이 서버들을 가리키는 특별한 형식의 존을 의미한다.

❹ 이 존의 정보를 포함하는 데이터베이스 파일의 이름이며, 이 파일은 기본적으로 chroot 를 사용할 경우 /var/named/chroot/var/named/에 저장돼야 한다.

❺ 어떤 호스트가 이 도메인에 대한 정보를 동적으로 업데이트할 수 있는지를 지정하는데, 기본 값은 none으로서 전혀 동적 업데이트를 허용하지 않는다는 의미다.

❻ 도메인 chul.com에 해당하는 IP 주소의 네트워크 부분을 이용해 Reverse Lookup 정보를 제공하는데, in-addr.arpa는 역주소^{inverse address}를 의미하는 키워드다.

❼ 도메인 chul.com에 대한 Reverse Lookup 정보를 제공하는 데이터베이스 파일로서 이 파일은 /var/named/chroot/var/named 디렉토리에 위치해야 한다.

STEP 3: 데이터베이스 파일 생성

앞에서 정의한 도메인에 대한 데이터베이스 파일을 생성하는 과정은 다음과 같다.

```
[root@master named]# vim /var/named/chroot/var/named/chul.zone  ❶
$TTL 1D
@  IN SOA ns.chul.com. admin.chul.com. (      ❷
                                2015061801    ; serial
                                1D            ; refresh
                                1H            ; retry
                                1W            ; expire
                                3H )          ; minimum
        NS                ns.chul.com.  ❸
        MX 10             ms.chul.com.  ❹
        IN       A        192.168.80.5  ❺
ns      IN       A        192.168.80.5  ❻
        IN       AAAA     aaaa:bbbb::5
ms      IN       A        192.168.80.5  ❼
www     IN       A        192.168.80.5  ❽
ftp     IN       A        192.168.80.5  ❾
web     IN       CNAME www              ❿
[root@master named]# vim /var/named/chroot/var/named/80.zone   ⓫
$TTL 1D
@     IN SOA ns.chul.com. root.chul.com. (
                                2015061801    ; serial
                                1D            ; refresh
                                1H            ; retry
                                1W            ; expire
                                3H )          ; minimum
        NS      ns.chul.com.
        MX 10   ms.chul.com.
        PTR     chul.com.              ⓬
5       PTR     ns.chul.com.           ⓭
5       PTR     ms.chul.com.
```

```
5          PTR      www.chul.com.
5          PTR      ftp.chul.com.
[root@master named]# chown root.named chul.zone      ⑭
[root@master named]# chown root.named 80.zone
```

❶ 도메인 chul.com에 대한 정보를 저장하는 Forward 존 데이터베이스 파일을 생성한다.

❷ @은 /etc/named.rfc1912.zones 파일에 설정된 존 이름을 의미하는데, 여기선 chul.com 을 의미하며 IN은 Internet, SOA는 Start of Authority의 약어로서 이 존에 대한 정보를 제공할 권한을 가진 서버 이름을 지정한다. admin.chul.com은 이 도메인에 대한 이메 일 이름을 지정하는데, 주의할 점은 이메일을 표시하는 @ 대신에 점(.)이 존을 의미하는 @과 혼란을 피하기 위해 사용됐다는 점이다. 즉 일반적인 이메일 admin@chul.com 대 신 admin.chul.com을 사용했다.

❸ NS는 Name Server의 약어로서 이 존에 대한 정보를 제공하는 네임 서버의 이름을 지정 한다.

❹ MX는 Mail Exchange의 약어로서 메일 서버를 지정하는 리소스 레코드^{Resource Record}며, 숫자 10은 메일 서버 간 우선순위를 지정할 때 사용하고 보통 5 또는 10 단위로 숫자를 증가시킨다.

❺ 맨 앞의 공간은 비어 있는데, 여기엔 암묵적으로 존을 상징하는 @이 생략돼 있다. 즉, 이 도메인을 나타내는 IP 주소가 192.168.80.5라는 의미다.

❻ ns는 현재 네임 서버의 이름인데, 완전체는 ns.chul.com.으로서 ns 뒤에 @이 생략돼 있고 이 네임 서버가 사용하는 IP 주소를 가리킨다. IPv6를 사용한다면 리소스 레코드 가 A가 아니라 AAAA를 사용해서 표시할 수 있다.

❼ ms는 메일 서버의 이름으로서 완전체는 ms.chul.com.이며, 사용하는 IP 주소를 가리 킨다.

❽ www는 웹 서버의 이름으로서 완전체는 www.chul.com.이며, 사용하는 IP 주소를 가리 킨다.

❾ ftp는 FTP 서버의 이름으로서 완전체는 ftp.chul.com.이며, 사용하는 IP 주소를 가리 킨다.

❿ CNAME은 Canonical Name의 약어로서 보통 별칭^{Alias Name}이라고 한다. 즉, 사용 중인 다른 호스트의 또 다른 이름이라는 의미로, web.chul.com.은 www.chul.com.을 가리킨다.

⓫ 도메인 chul.com에 대한 Reverse 존 파일을 생성해야 하는데, 대부분 문법이 Forward 존 파일과 유사하다.

⓬ PTR은 Pointer의 의미로서 @ 곧 /etc/named.rfc1912.zones 파일의 존 "80.168.192.in-addr.arpa"이 도메인 chul.com을 가리킨다는 의미다.

⓭ 숫자 5는 뒤에 @이 생략돼 곧 192.168.80.5가 ns.chul.com.을 가리킨다.

⓮ Forward 존과 Reverse 존을 의미하는 데이터베이스 파일을 생성한 후에 그 소유권을 named 데몬이 접근 가능하게 명령어 chown을 이용해 변경해줘야 한다.

●● 주의: 존 데이터베이스 파일 생성 시 주의 사항

두 가지의 데이터베이스 파일, 즉 Forward 존과 Reverse 존 파일 생성 시 유심히 살펴보면 모든 도메인 뒤에 점(.)이 붙어 있음을 알 수 있다. 이것은 루트 도메인을 의미한다고 앞에서 설명했는데, 데이터베이스 파일 생성 시 항상 도메인 뒤에 점(.)이 붙어있어야 함을 기억해야 한다. 그렇지 않은 경우 네임 서버가 에러를 내면서 정상적으로 작동하지 않으므로 주의해야 한다.

앞의 설정에서 사용된 리소스 레코드Resource Record란 존이나 도메인의 특성을 나타내기 위해 사용된 특별한 용어들을 의미하는데, 두 가지의 존 데이터베이스 파일에서 사용된 리소스 레코드RR는 표 5-5와 같다.

표 5-5 리소스 레코드 종류

RR	설명
TTL	Time To Live의 약어로서 네임 서버가 설정한 도메인에 대한 정보를 제공받은 클라이언트들이 얼마동안 이 정보를 캐시에 저장할지 결정하는 시간이다.
serial	존 정보가 업데이트됐는지를 슬레이브 네임 서버에 전달하기 위해 사용하는 숫자로서 보통 "YYYYMMDDNN" 같은 날짜를 이용해 생성한다. 마스터 서버는 존 정보가 변경될 때마다 이 번호를 증가시킴으로써 슬레이브는 이 정보를 받아올지 아닐지를 결정하게 된다.
refresh	슬레이브 네임 서버가 얼마의 주기로 마스터 서버에 접속해 정보가 변경됐는지를 점검하기 위해 사용되는 시간을 의미한다.
Retry	슬레이브 네임 서버가 마스터 서버로의 refresh 접근이 실패할 경우 얼마 후에 다시 접근할지를 결정하는 시간 단위다.
expire	슬레이브 네임 서버가 Retry를 얼마 동안 허용할지 결정하는 시간이며, 이 시간 이후 슬레이브 네임 서버는 마스터 서버로의 접근을 더 이상 시도하지 않고 현재의 정보도 클라이언트에게 제공하지 않는다.
minimum	Negative Caching이라고 하며, NODATA, NXDOMAIN 같은 존재하지 않거나 잘못된 호스트에 대한 정보를 저장하기 위한 TTL을 의미한다.

(이어짐)

RR	설명
NS	해당 도메인의 네임 서버를 지정하기 위해 사용한다.
MX	해당 도메인의 메일 서버(Mail Exchange)를 지정하기 위해 사용한다.
A	도메인의 IP 주소(IPv4-32비트)를 지정하기 위해 사용한다.
AAAA	도메인의 IP 주소(IPv6-128비트)를 지정하기 위해 사용한다.
PTR	Pointer의 약어로서 IP 주소에 일치하는 도메인을 가리키기 위해 사용한다.
CNAME	Canonical Name의 약어로서 기존 호스트의 다른 이름을 지정하기 위해 사용한다.
TXT	해당 도메인의 Text 정보를 설정하기 위해 사용한다.

STEP 4: 도메인 설정 확인

앞에서 설정한 도메인 정보를 확인하는 방법은 다음과 같다.

```
[root@master named]# systemctl restart named  ❶
[root@master named]# systemctl status named  ❷
[root@master named]# named-checkconf /etc/named.rfc1912.zones  ❸
[root@master named]# named-checkzone chul.com chul.zone  ❹
zone chul.com/IN: loaded serial 2015061801
OK
```

❶ 설정을 모두 마친 후 네임 서버를 다시 시작해 변경 사항을 적용해야 한다.

❷ 변경 사항들이 정확하게 적용됐는지 새로운 존을 확인한다.

❸ 설정한 파일의 문법을 검사하는 명령어인데, 이상이 없을 경우 메시지가 없다.

❹ 존 설정을 검사할 경우 사용하는 명령어로서 도메인 chul.com의 zone chul.zone을 검사해서 이상이 없다는 메시지(OK)를 받았다.

STEP 5: 방화벽 설정

DNS 서비스를 설정한 후 방화벽에 이 DNS 서비스 접속을 허용하는 설정을 해줘야 한다. CentOS 7부터 기본 방화벽인 Firewalld를 사용하는데, 이와 더불어 Iptables를 사용하는 경우의 설정도 추가했다. 환경에 따라 한 가지 방화벽만 선택해 사용하기 바란다.

```
[root@master named]# iptables -A INPUT -i eth0 -p tcp --dport 53 -m state --state
NEW,ESTABLISHED -j ACCEPT  ❶
[root@master named]# iptables -A OUTPUT -o eth0 -p tcp --sport 53 -m state --state
```

```
ESTABLISHED -j ACCEPT ❷
[root@master named]# firewall-cmd --permanent --add-port=53/tcp ❸
success
[root@master named]# firewall-cmd --permanent --add-port=53/udp
success
[root@master named]# firewall-cmd --reload     ❹
[root@master named]# firewall-cmd --list-ports
53/tcp 53/udp
```

❶ iptables 방화벽에서 포트 53과 프로토콜 tcp/udp로의 새로운 접속을 허용한다.

❷ 포트 53과 프로토콜 tcp/udp로 접속이 이뤄진 경우 기본으로 OUTPUT을 DENY로 설정했다면 나가는 패킷도 허용해야 한다.

❸ 포트 53과 프로토콜 tcp/udp를 firewalld 방화벽에 추가해 클라이언트의 접속을 허용한다.

❹ 변경 사항들을 firewalld 방화벽에 적용하기 위해 다시 시작한다. 그리고 포트의 목록을 확인하면 추가한 포트 53을 프로토콜과 함께 발견할 수 있다.

> ●● 참고: CentOS 7에서 Iptables를 사용하는 방법
>
> CentOS 7부터 기본 방화벽 프로그램이 Iptables에서 Firewalld로 변경됐는데, Firewalld를 사용치
> 않고 Iptables를 계속 사용하는 경우 다음과 같이 설정해야 한다.
>
> ```
> [root@master ~]# systemctl stop firewalld
> [root@master ~]# systemctl mask firewalld
> [root@master ~]# yum install iptables iptables-services -y
> [root@master ~]# systemctl enable iptables
> [root@master ~]# systemctl start iptables
> [root@master ~]# iptables -L
> ```

5.2.3 도메인 추가

네임 서버는 보통 한 개의 도메인만 아니라 여러 개의 도메인을 추가해 서비스를 제공할 수 있는데, 5.2.2절에서 주 도메인 chul.com을 추가해 네임 서버를 설정했다면 이번에는 새 도메인 jeong.com을 추가하는 방법을 설명한다. 앞부분과 대부분 동일하며, 겹치는 부분은 설명을 생략하겠다.

STEP 1: 도메인 추가

먼저 도메인을 추가하는 과정이다.

```
[root@master named]# vim /etc/named.rfc1912.zones        ❶
zone "jeong.com" IN {              ❷
        type master;               ❸
        file "jeong.zone";         ❹
        allow-update { none; };
};
```

❶ 도메인 jeong.com을 추가하기 위해 설정 파일을 명령어 vim으로 열어서

❷ jeong.com의 이름을 가진 존을 생성한다.

❸ 타입은 마스터이고

❹ 이 존에 대한 정보를 저장하는 Forward 존 파일명이다.

STEP 2: 데이터베이스 파일 생성

이 존에 대한 데이터베이스 파일을 생성한다.

```
[root@master named]# vim /var/named/chroot/var/named/jeong.zone        ❶
$TTL 1D
@       IN SOA  ns.chul.com.  root.jeong.com. (        ❷
                                2015062402    ; serial
                                1D        ; refresh
                                1H        ; retry
                                1W        ; expire
                                3H )      ; minimum
        NS      ns.chul.com.   ❸
        MX 10   ms.jeong.com.  ❹
        A       192.168.80.5
ms      A       192.168.80.5   ❺
www     A       192.168.80.5   ❻
ftp     A       192.168.80.5
ftp     CNAME www
[root@master named]# chown root.named jeong.zone        ❼
```

❶ 설정 파일에서 정의한 대로 데이터베이스 파일 jeong.zone을 생성하는데

❷ 이 도메인에 대한 정보 전달 권한은 ns.chul.com 네임 서버가 갖고 있지만, 메일 주소는 root@jeong.com이다.

❸ 이 도메인에 대한 네임 서버의 이름이 ns.chul.com이며

❹ 메일 서버는 ms.jeong.com이다.

❺ ms는 메일 서버 이름으로서 완전체는 ms.jeong.com이다.

❻ www는 웹 서버 이름으로서 www.jeong.com이 완전체다.

❼ 이 파일의 소유권을 named 데몬이 접근 가능하게 바꿔줘야 한다.

STEP 3: 네임 서버 재시작

이제 변경 사항들의 적용을 위해 네임 서버를 다시 시작해야 한다.

```
[root@master named]# systemctl restart named  ❶
[root@master named]# systemctl status named   ❷
```

❶ 새로운 존을 추가 후에 이를 적용하기 위해 네임 서버 데몬을 다시 시작한다.

❷ 새로 적용한 존이 생성됐는지 확인한다.

5.2.4 라운드로빈 부하 분산

동일한 서버를 여러 대 운영하는 경우에 DNS 서버를 통해 이러한 여러 대의 서버에 클라이언트로부터 요청이 어느 한 서버에 집중되지 않도록 적절하게 분산하는 DNS 서버의 기능을 라운드로빈Round Robin 부하 분산Load Balancing이라고 하며, 그 방법은 다음과 같다.

```
[root@master named]# vim /var/named/chroot/var/named/chul.zone  ❶
www IN   A    192.168.80.5 ❷
www IN   A    192.168.80.6 ❸
www IN   A    192.168.80.7 ❹
[root@master named]# vim /var/named/chroot/var/named/80.zone    ❺
5   IN   PTR www.chul.com. ❻
6   IN   PTR www.chul.com. ❼
7   IN   PTR www.chul.com. ❽
[root@master named]# systemctl restart named ❾
[root@master named]# dig @ns.chul.com www.chul.com +noall +answer    ❿
[root@master named]# ping -c5 www.chul.com    ⓫
[root@master named]# ping -c5 www.chul.com
[root@master named]# ping -c5 www.chul.com
```

❶ 도메인 chul.com의 Forward 존 파일을 사용해서

❷❸❹ 웹 서버 www.chul.com의 IP 주소를 192.168.80.5-7까지 설정한다. 이는 웹 서버의 이름은 동일하지만 IP 주소를 달리함으로써 사용자의 요청이 이 세대의 웹 서버로 분산돼 접속하게 된다는 의미다.

❺ 도메인 chul.com의 Reverse 존 파일도 동일하게 설정하기 위해

❻❼❽ 도메인 이름은 같지만 IP 주소가 각각 다르게 5, 6, 7로 설정한다.

❾ 변경 사항을 적용하기 위해 네임 서버를 다시 시작한다.

❿ 명령어 dig를 이용해서 이 웹 서버의 정보를 조회하는데, 다른 정보는 모두 생략하고 도메인에 해당하는 IP 주소만 보여주라는 의미다. 명령어 dig에 대해선 나중에 자세히 설명한다.

⓫ 명령어 ping을 이용해 동일한 웹 서버 호스트로 연결을 테스트하면 다른 IP 주소가 조회되는지 확인한다.

5.2.5 마스터와 슬레이브 네임 서버 구축

슬레이브 네임 서버는 마스터 네임 서버가 제공하는 도메인에 대한 정보를 그대로 저장해 마스터 네임 서버가 어떤 이유로 인해 정보를 제공하지 못하는 경우 마스터 네임 서버를 대신해 서비스를 클라이언트에게 제공하는 네임 서버를 의미한다. 참고로 마스터 네임 서버를 Primary, 슬레이브 네임 서버를 Secondary 네임 서버라고도 하며, 동일한 의미로 사용된다. 마스터 서버에서 도메인에 대한 설정 정보를 슬레이브 서버에게 전달할 때 서로에 대한 인증이 필요한데, 여기엔 IP 주소를 사용하는 방법과 TSIG^{Transaction Signatures}를 사용하는 방법이 있다. 먼저 IP 주소를 이용한 인증 방법을 설명하고 나중에 5.5절에서 DNS 보안 부분의 TSIG를 이용한 파일 전송에서 키를 이용한 인증 방법을 설명하겠다. 이 절에서는 모든 설정을 3단계의 과정을 통해 구축하는 방법을 설명한다.

STEP 1: 마스터 네임 서버 설정(master)

먼저 마스터 서버로 사용되는 호스트 master.chul.com에서의 설정은 다음과 같다.

```
[root@master named]# vim /etc/named.rfc1912.zones
zone "chul.com" IN {
        type master;
        file "chul.zone";
        allow-update { none; };
        allow-transfer { 192.168.80.6; };        ❶
[root@master named]# vim /var/named/chroot/var/named/chul.zone ❷
   NS      ns.chul.com.
   NS      ns2.chul.com.           ❸
        MX 10     ms.chul.com.
```

```
ns       A        192.168.80.5
ns2      A        192.168.80.6  ❹
[root@master named]# systemctl restart named  ❺
[root@master named]# systemctl status named
Jun 24 21:09:36 master.chul.com named[44495]: zone chul.com/IN:
sending notifies (serial 2015062402)❻
Jun 24 21:09:36 master.chul.com named[44495]: client
192.168.80.6#57063 (chul.com): transfer of 'chul.com/IN': AX...arted  ❼
Jun 24 21:09:36 master.chul.com named[44495]: client
192.168.80.6#57063 (chul.com): transfer of 'chul.com/IN': AX...ended
```

❶ 마스터 서버의 도메인 설정 파일 /etc/named.rfc192.zones에서 정보를 전달할 존을 선택
한 후 allow-transfer 옵션에 슬레이브 서버의 IP 주소를 입력해 이 도메인에 대한
정보를 전달받을 수 있도록 허용한다.

❷ 도메인 chul.com에 대한 슬레이브 네임 서버 설정을 위해 데이터베이스 파일을 열어서

❸ ns2.chul.com도 동일하게 네임 서버임을 알려주는데, 곧 슬레이브를 의미한다.

❹ 그 ns2.chul.com에 해당하는 IP 주소도 알려줘 이 도메인에 대한 정보를 제공한다는
사실을 알려준다.

❺ 이 변경된 정보가 적용되도록 네임 서버 데몬을 다시 시작해야 한다.

❻ 네임 데몬의 상태를 확인해보면 마스터 네임 서버가 도메인 chul.com에 대한 정보를
제공할 준비가 돼 있다는 것을 알리고 있는데

❼ 슬레이브 네임 서버가 이 정보를 요청하면 마스터 서버는 이 정보를 모두 슬레이브
서버에게 전달하면서 이 메시지를 보여준다.

STEP 2: 슬레이브 네임 서버 설정(node1)

슬레이브 네임 서버로 사용되는 호스트 node1.chul.com에서의 설정 과정은 다음과 같다.

```
[root@node1 named]# vim /etc/named.rfc1912.zones  ❶
zone "chul.com" IN {  ❷
        type slave;  ❸
        file "slaves/chul.zone";  ❹
        masters { 192.168.80.5; };  ❺
        allow-update { none; };
[root@node1 named]# systemctl restart named  ❻
[root@node1 named]# ls -l /var/named/slave/  ❼
-rw-r--r-- 1 named named 446 Jun 24 21:09  chul.zone
```

❶ 슬레이브 네임 서버의 도메인 설정 파일인 /etc/named.rfc1912.zones를 열어서

❷ 마스터 서버와 동일하게 chul.com에 해당하는 존을 생성한다.

❸ 그런데 type은 master가 아니라 slave로 해서 이 도메인에 대한 정보를 마스터 서버로 부터 제공 받아야 한다는 사실을 알려준다.

❹ 마스터 서버로부터 이 도메인에 대한 정보를 제공받는 경우 이 정보가 저장될 디렉토리 와 파일명을 지정해야 한다.

❺ 마스터 서버의 IP 주소를 지정해 이 IP 주소로부터 도메인의 정보를 제공 받는다는 것을 지정해줘야 한다.

❻ 네임 서버 데몬을 재시작해 변경 사항을 적용해야 한다.

❼ 네임 서버가 정상적으로 작동되면 마스터 서버로부터 파일을 받아오는지 확인하는데, 설정한 대로 chul.zone 파일이 저장돼 있음을 확인해야 한다.

STEP 3: 슬레이브 네임 서버 테스트

마지막 단계로 앞에서 설정한 내용을 테스트하면 다음과 같다.

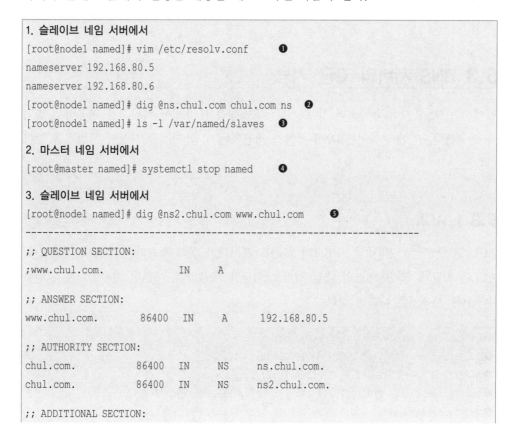

```
1. 슬레이브 네임 서버에서
[root@node1 named]# vim /etc/resolv.conf        ❶
nameserver 192.168.80.5
nameserver 192.168.80.6
[root@node1 named]# dig @ns.chul.com chul.com ns    ❷
[root@node1 named]# ls -l /var/named/slaves    ❸

2. 마스터 네임 서버에서
[root@master named]# systemctl stop named    ❹

3. 슬레이브 네임 서버에서
[root@node1 named]# dig @ns2.chul.com www.chul.com        ❺
----------------------------------------------------------------------
;; QUESTION SECTION:
;www.chul.com.                IN      A

;; ANSWER SECTION:
www.chul.com.      86400  IN     A      192.168.80.5

;; AUTHORITY SECTION:
chul.com.          86400  IN     NS     ns.chul.com.
chul.com.          86400  IN     NS     ns2.chul.com.

;; ADDITIONAL SECTION:
```

```
ns.chul.com.        86400   IN    A      192.168.80.5
ns2.chul.com.       86400   IN    A      192.168.80.6

;; Query time: 0 msec
;; SERVER: 192.168.80.6#53(192.168.80.6)       ❻
;; WHEN: Wed Jun 24 21:24:47 ICT 2015
;; MSG SIZE rcvd: 124
```

❶ 마스터 네임 서버의 IP 주소를 추가해 슬레이브 서버의 리졸버가 마스터 서버와 슬레이
   브 서버임을 알려줘야 한다.

❷ 마스터 서버가 실제로 데이터를 제공해 chul.com의 네임 서버가 무엇인지 확인
   한다.

❸ 마스터 서버가 제공한 데이터가 저장되는지 확인한다.

❹ 슬레이브 네임 서버가 정보를 제공하는지 테스팅을 위해 마스터 네임 서버를 중단한다.

❺ 슬레이브 네임 서버를 이용해서 도메인 chul.com에 대한 정보를 조회해보면

❻ www.chul.com에 대한 정보를 제공하는 서버가 슬레이브 네임 서버의 IP 주소임을
   확인할 수 있다.

5.3 DNS 서버의 고급 기능

앞에서는 DNS 서버의 기초라 할 수 있는 도메인을 추가해서 서비스를 제공하는 방법
을 설명했다. 이번 절에서는 DNS 서버가 제공하는 고급 기능을 사용하는 방법을 알아
본다.

5.3.1 ACL

ACL^{Access Control List}은 네임 서버로의 접근을 제어하기 위해 사용하는 Bind의 기능이다.
ACL을 사용해 클라이언트의 네임 서버로 접근을 허용할지, 아니면 거부할지를 결정할
수 있다. 사용법은 다음과 같다.

```
[root@master named]# vim /etc/named.conf
❶ acl"trusted" { 192.168.80.0/24; 192.168.1.1; };
❷ acl"slave" { 192.168.80.6; 192.168.80.7; };
❸ acl "blacklist" { 210.10.10.1; 192.168.10.1; 162.168.20.0/24; };
❹ acl "spoofnetwork" { 0.0.0.0/8; 10.0.0.0/8; 224.0.0.0/8; 192.168.0.0/16; };
```

```
options {
       directory"/var/named";
  ❺ allow-query { trusted; };
  ❻ allow-transfer { slave; };
  ❼ allow-recursion { trusted; };
  ❽ blackhole { blacklist; spoofnetwork; };
               recursion yes;
};
[root@master named]# systemctl restart named  ❾
```

❶ 5.2.2절의 'STEP 1: 도메인 설정'에서 이 네임 서버에게 질의할 수 있는 클라이언트를 지정하기 위해 모든 클라이언트의 질의를 허용하는 any를 사용했다. 그러나 CIDR을 이용한 특정 네트워크 주소와 IP 주소만 허용하기 위해 키워드 acl을 사용해 이름 'trusted'를 생성하고 네트워크 주소와 IP 주소를 추가했는데, 이 acl을 ❺에 적용하면 이 네트워크와 IP 주소에서 오는 클라이언트의 요청만 허용하게 된다. 네트워크와 IP 주소를 더 추가하려면 세미콜론(;)을 사용해야 한다.

❷ 슬레이브 네임 서버를 구축하는 경우 IP 주소를 지정하고 acl slave를 만들어서 ❻과 함께 사용하면 각 도메인별 슬레이브 네임 서버를 지정할 필요가 없을 뿐더러 또한 /etc/named.rfc1912.zones 파일의 allow-transfer { 192.168.80.6; };에서 IP 대신에 이 acl 이름을 사용할 수 있다. 즉 acl slave에 지정된 슬레이브 서버에게만 도메인 정보가 담긴 파일 전송을 허용한다는 의미가 된다.

❸ 네임 서버로의 불법적 접근을 시도하는 네트워크 주소나 IP 주소를 로그에서 발견했다면 이렇게 acl blacklist를 생성해 해당 정보를 지정하거나

❹ 접속을 요청하는 출발지 IP 주소가 사설 IP 대역인 경우 acl을 만들어서 지정한 다음 ❽blackhole이라는 옵션과 함께 사용하면 이 acl 목록에 지정된 클라이언트로부터 오는 모든 요청을 무시하게 된다.

❼ 5.2.2절의 'STEP 1: 주 설정 파일 수정'에서 'recursion yes'를 통해 다른 도메인에 대한 요청도 모두 허용했는데, 특정 네트워크에서 오는 재귀적 질의만 허용할 경우 acl trusted만 허용하고 나머지는 모두 거절하기 위해 사용할 수 있다.

❾ 이 모든 설정 이후 변경 사항이 적용되도록 네임 서버를 다시 시작해야 한다.

5.3.2 Caching Only와 Forwarding 네임 서버

이 절에서는 5.1절에서 소개했던 Caching Only와 Forwarding 네임 서버에 대해 설명하고, Forwarding 서버를 사용하는 방법을 설명한다.

A. 정의

먼저 이 두 가지 서버를 정의하면 다음과 같다.

1. Caching Only 네임 서버

앞에서 네임 서버의 종류에는 두 가지, 즉 권한 있는 네임 서버와 재귀적인^{Recursive} 네임 서버가 있다고 설명했고, 재귀적인 네임 서버를 Caching Only 네임 서버라고 소개했다. 즉, Caching Only 네임 서버는 자신이 관리하는 특정한 도메인은 없거나 제공하지 않고 오직 클라이언트가 도메인에 대한 정보를 요청하면 그 도메인에 대한 정보를 제공하는 네임 서버로부터 이를 제공받아 클라이언트에게 제공하고, 그 정보를 다시 TTL^{Time To Live}에 기반을 둔 시간 동안 메모리의 캐시에 저장하는 기능을 가진 네임 서버를 의미한다.

2. Forwarding 네임 서버

네임 서버가 설정 파일에 `Forwarders`를 설정하면 이 서버가 직접 도메인 정보를 찾는 것이 아니라 클라이언트의 모든 요청은 `Forwarders`에 지정된 서버로 전달돼 해당 서버가 대신 정보를 찾아주는 서버를 지정할 때 사용한다. 옵션으로 `forward only` 또는 `forward first`를 함께 사용한다.

B. Forwarding 서버 설정 방법

여기서는 테스트를 위해 Forwarders 네임 서버로 구글의 공개 DNS 서버의 IP 주소를 사용하겠다.

1. 마스터 서버에서 설정하기(master)

먼저 마스터 서버에서 설정하는 방법은 다음과 같다.

```
[root@master ~]# vim /etc/named.conf       ❶
acl"trusted" { localhost; 192.168.80.0/24; };       ❷
options {
    allow-query { trusted; };       ❸
    allow-query-cache { trusted; };  ❹
```

```
    recursion yes;
    forwarders { 8.8.8.8; 8.8.4.4; };        ❺
    forward only;        ❻
[root@master ~]# systemctl restart named        ❼
```

❶ 먼저 설정을 위해 주 설정 파일을 명령어 vim으로 열어서

❷ 이 네임 서버에 접근할 네트워크 주소를 정의하기 위해 acl trusted를 생성하고 로컬
   호스트와 내부 네트워크 주소를 지정한다.

❸ 오직 acl trusted에 정의된 네트워크 주소만 질의를 할 수 있게 하는데, 모든 호스트의
   질의를 허용할 경우 any를 사용한다.

❹ 캐시된 데이터에 접근 가능한 네트워크 주소를 acl trusted로 지정하는데, 모든 호스트
   의 접근을 허용할 경우 any를 사용한다.

❺ forwarders로 구글의 공개 DNS 서버의 IP 주소 두 가지를 설정한다. 즉, 현재 설정된
   DNS 서버의 IP 주소인 192.168.80.5가 클라이언트로부터 도메인 정보 요청을 받으면
   이 요청은 모두 8.8.8.8이나 8.8.4.4로 보내지고, 이 서버들이 그 요청에 대한 응답을
   하게 된다.

❻ forwarders 설정 후에 이 서버들이 응답하지 않는 경우 only 옵션은 다른 서버에게
   요청을 보내지 않는다는 의미이고, 'only' 대신 'first'를 사용하면 응답을 하지 않는
   경우 현재의 네임 서버가 직접 찾는다는 의미다.

❼ 설정 후에 변경 사항 적용을 위해 네임 서버를 다시 시작한다.

2. 슬레이브 서버에서 테스트(node1)

이제 마스터 서버에서 설정한 내용을 슬레이브 서버에서 테스트하면 다음과 같다.

```
[root@node1 ~]# vim /etc/resolv.conf        ❶
nameserver 192.168.80.5
[root@node1 ~]# dig @ns.chul.com www.linux.com        ❷
;; Got answer:
;; ->>HEADER<<- opcode: QUERY, status: NOERROR, id: 11501
;; flags: qr rd ra; QUERY: 1, ANSWER: 2, AUTHORITY: 0, ADDITIONAL: 1

;; OPT PSEUDOSECTION:
; EDNS: version: 0, flags:; udp: 4096
;; QUESTION SECTION:
;www.linux.com.              IN      A
```

```
;; ANSWER SECTION:
www.linux.com.          1539    IN      A       140.211.167.51
www.linux.com.          1539    IN      A       140.211.167.50

;; Query time: 814 msec                         ❸
;; SERVER: 192.168.80.5#53(192.168.80.5)        ❹
;; WHEN: Fri Jun 26 11:16:38 ICT 2015
;; MSG SIZE  rcvd: 74
[root@node1 ~]# dig @ns.chul.com www.linux.com
;; Got answer:
;; ->>HEADER<<- opcode: QUERY, status: NOERROR, id: 11041
;; flags: qr rd ra; QUERY: 1, ANSWER: 2, AUTHORITY: 0, ADDITIONAL: 1

;; OPT PSEUDOSECTION:
; EDNS: version: 0, flags:; udp: 4096
;; QUESTION SECTION:
;www.linux.com.                 IN      A

;; ANSWER SECTION:
www.linux.com.          1514    IN      A       140.211.167.50
www.linux.com.          1514    IN      A       140.211.167.51

;; Query time: 1 msec           ❺
;; SERVER: 192.168.80.5#53(192.168.80.5)
;; WHEN: Fri Jun 26 11:17:02 ICT 2015
;; MSG SIZE  rcvd: 74
```

❶ 테스트를 위해 슬레이브 네임 서버에서 리졸버로 마스터 서버의 IP 주소를 설정한다.

❷ 마스터 네임 서버에게 테스트를 위해 도메인 www.linux.com을 질의하면

❸ 정보 제공 시간이 814msec 걸렸다는 의미이며

❹ 이 정보를 찾아서 제공하는 서버가 리졸버로 사용된 마스터 네임 서버임을 알려준다.

❺ 다시 이 도메인에 대한 질의를 하면 시간이 처음 814msec에서 1msec로 현저하게 줄어든 것을 확인할 수 있는데, 마스터 네임 서버의 캐시에서 이 정보를 제공받았기 때문이다.

5.3.3 BIND VIEW 사용

DNS 서버의 고급 기능 중 세 번째로 내부와 외부 네트워크를 분리해서 서비스를 제공하는 VIEW 기능을 알아보자.

A. DNS VIEW의 정의

VIEW는 DNS 서버를 분리해 클라이언트의 종류에 따라 도메인의 정보를 다르게 제공하는 BIND의 한 기능이다. 예를 들어 내부 사용자Internal에게 제공하는 도메인의 정보와 외부 사용자External에게 제공하는 정보의 종류를 다르게 할 경우 유용하게 사용할 수 있는 기능이라 할 수 있는데, DNS를 분리한다고 해서 'Split DNS'라고도 불린다.

표 5-6 VIEW의 개념

외부 사용자(External)	DMZ 영역		내부 사용자(Internal)
Any 공개 네트워크	DNS 서버 192.168.80.5	방화벽 또는 라우터	10.1.1.0/24 사설 네트워크
	웹/메일/기타 서버 192.168.80.0/24		

표 5-6을 통해 VIEW를 설명하면 DMZ에 위치한 DNS 서버는 공개용 서버로서 웹, 메일 서버의 정보를 외부 사용자External에게 제공해 서비스를 이용하게 한다. 그러나 특별한 목적의 서버, 예를 들어 연구 개발용 서버의 정보 같은 경우 내부 사용자Internal(즉 네트워크 10.1.1.0/24 주소를 사용하는)에게만 제공해서 서비스를 이용하게 할 경우 VIEW를 통해 이 두 가지 정보를 분리해서 사용자의 종류에 따라 제공할 수 있다.

B. VIEW 설정과 테스트

이러한 목적의 DNS VIEW를 설정하기 위해서는 3단계의 과정이 필요하다. 각각의 단계를 자세히 알아보자.

STEP 1: 주 설정 파일 수정(/etc/named.conf)

첫 번째 단계에서는 주 설정 파일에 VIEW 설정 내용을 추가해줘야 한다.

```
[root@master ~]# vim /etc/named.conf
acl "internal" { localhost; 192.168.80.0/24; 10.1.1.0/24; };    ❶
acl "slave" { 192.168.80.6; };  ❷
options {
   directory "/var/named";
   recursion no;  ❸
};
```

```
view "internal" {         ❹
   match-clients { "internal"; };
   recursion yes;
zone "chul.com" IN {
   type master;
   file "chul.zone-internal"; };     ❺
   };
};
view "external" {         ❻
   match-clients { any;  };
   allow-transfer { slave;  };
zone "chul.com"  IN {
   type master;
   file "chul.zone";  };   ❼
   allow-update { none;  };
   };
};
```

❶ 내부 사용자를 의미하는 ACL "internal"에 내부 사용자들이 사용하는 네트워크 주소를 포함시킨다.

❷ 슬레이브 네임 서버를 지정한 ACL "slave"를 만들고 그 IP 주소를 지정한다.

❸ recursion no는 오직 권한 있는 서버로 사용한다는 의미인데, 이는 다른 도메인에 대한 정보를 모든 클라이언트에게 제공하지 않는다는 의미다.

❹ 내부 사용자를 의미하는 VIEW 이름 "internal"을 생성해 ACL "internal"에 정의된 네트워크 호스트들에겐 설정된 도메인 정보뿐 아니라 다른 도메인에 대한 정보도 제공하도록 설정한다. 키워드 match-clients는 어떤 클라이언트가 이 VIEW의 정보를 볼 수 있는지를 지정하기 위해 사용된다.

❺ 그리고 존 chul.com에 대한 데이터베이스 파일로서 chul.zone-internal을 사용하는데, 이것은 내부 사용자들에겐 chul.zone-internal에 저장된 모든 정보를 제공한다는 의미이며, 기존 사용하던 chul.zone과는 다른 정보들을 포함할 수 있다.

❻ 외부 사용자를 의미하는 VIEW 이름 "external"을 만들고 이 VIEW에 해당하는 클라이언트는 모든 사용자이며, 이 도메인에 대한 파일 전송은 오직 슬레이브 서버에게만 허용한다.

❼ 존 chul.com에 대한 데이터베이스 파일로는 이전까지 사용했던 그대로 파일 chul.zone을 사용한다.

STEP 2: 데이터 파일 설정

두 번째 단계로 앞에서 정의한 데이터 파일을 설정하고 생성해줘야 한다.

---

1. 외부 사용자용(External) 파일 설정하기

```
[root@master ~]# vim /var/named/chroot/var/named/chul.zone ❶
$TTL    1D
        IN      SOA     ns.chul.com. admin.chul.com. (
                2015062403      ; serial
                                1D      ; refresh
                                1H      ; retry
                                1W      ; expire
                                3H )    ; minimum
        IN      NS      ns.chul.com.
        IN NS   ns2.chul.com.
        IN      MX 10   ms.chul.com.
        IN      A       192.168.80.5
ns      IN      A       192.168.80.5
ns2     IN      A       192.168.80.6
ms      IN      A       192.168.80.7
www     IN      A       192.168.80.8
```

2. 내부 사용자용(Internal) 파일 설정하기

```
[root@master ~]# vim /var/named/chroot/var/named/chul.zone-internal   ❷
$include "/var/named/chroot/var/named/chul.zone" ❸
project IN      A       10.1.1.2 ❹
printer IN      A       10.1.1.3
lab     IN      A       10.1.1.4
researchIN      A       192.168.80.20
[root@master ~]# systemctl restart named ❺
```

---

❶ 외부 사용자용 데이터베이스 파일은 지금까지 사용했던 파일 그대로 사용하면 된다.
   즉 외부 사용자용 정보는 달라진 내용이 없다.

❷ 내부 사용자용 데이터베이스 파일을 지정하는데

❸ 먼저 지시어 $include를 이용해 이 파일에 외부 사용자용 파일도 동일하게 사용하도록
   그 파일의 경로를 지정한다. 이것은 내부 사용자들에게도 외부 사용자들이 사용하는
   도메인에 대한 정보를 동일하게 제공한다는 의미다.

❹ 내부 사용자들이 사용할 수 있는 호스트와 IP 주소를 지정한다. 이러한 호스트들은 예
   를 들어 호스트 proeject인 경우 project.chul.com을 의미하며, 내부 사용자들에게만 정

보가 공개된다.

❺ 모든 설정을 완료 후에 네임 서버를 다시 시작해 변경된 정보를 적용한다.

STEP 3: VIEW 테스트

앞에서 설정한 VIEW를 테스트하면 다음과 같다.

```
[root@node1 ~]# host -al chul.com     ❶
Trying "chul.com"
;; ->>HEADER<<- opcode: QUERY, status: NOERROR, id: 11547
;; flags: qr aa ra; QUERY: 1, ANSWER: 19, AUTHORITY: 0, ADDITIONAL: 0

;; QUESTION SECTION:
;chul.com.                    IN      AXFR

;; ANSWER SECTION:
chul.com.             86400   IN      SOA     ns.chul.com. admin.chul.com.
2015063003 86400 3600 604800 10800
chul.com.             86400   IN      NS      ns.chul.com.
chul.com.             86400   IN      NS      ns2.chul.com.
chul.com.             86400   IN      MX 10 ms.chul.com.
ftp.chul.com.         86400   IN      A       192.168.80.15
lab.chul.com.         86400   IN      A       10.1.1.4       ❷
ms.chul.com.          86400   IN      A       192.168.80.5
ns.chul.com.          86400   IN      A       192.168.80.5
ns2.chul.com.         86400   IN      A       192.168.80.6
printer.chul.com.     86400   IN      A       10.1.1.3       ❸
project.chul.com.     86400   IN      A       10.1.1.2       ❹
research.chul.com.    86400   IN      A       192.168.80.20  ❺
web.chul.com.         86400   IN      CNAME   www.chul.com.
www.chul.com.         86400   IN      A       192.168.80.5
www.chul.com.         86400   IN      A       192.168.80.6
www.chul.com.         86400   IN      A       192.168.80.1
chul.com.        86400   IN   SOA    ns.chul.com. admin.chul.com. 2015063003 86400 3600
604800 10800
```

❶ 슬레이브 네임 서버의 /etc/resolv.conf에서 마스터 네임 서버를 리졸버(Resolver)로 지정한
뒤 명령어 host에 옵션 -al(list all hosts)를 이용해 도메인 chul.com에 대한 질의를 하면
❷❸❹❺ view "internal"에서 존 chul.com을 위해 설정한 데이터베이스 파일의 새로운
호스트 정보(lab, printer, project, research)를 확인할 수 있는데, 이 정보들은 내부 사용자

들에게만 제공되고 외부 사용자들에겐 제공되지 않아야 한다.

5.3.4 DDNS

DDNS는 Dynamic DNS의 약어로서 DNS 서버의 변경하고자 하는 설정 내용을 실시간으로 DNS 서버에 업데이트할 수 있는 기능을 의미한다. 즉, 도메인에 대한 정보 변경을 위해 지금까지는 설정 파일을 직접 편집함으로써 추가와 삭제 등의 작업을 했다면 DDNS는 명령어로 이러한 작업을 직접 할 수 있다. 이를 위해 먼저 설정 파일에서 DDNS 기능을 지원할 수 있게 설정을 해줘야 하는데, allow-update 옵션을 이용하는 방법과 키를 생성해 사용하는 update-policy를 이용하는 방법이 있다. 먼저 allow-update 옵션을 사용하는 방법을 설명한다. DDNS는 또한 DHCP 서버 구축에도 사용되는데, 나중에 18장에서 설명한다.

A. allow-update 이용

설정 파일에서 allow-update 옵션을 사용하는 방법은 다음과 같다.

```
1. Master 서버에서 설정하기
[root@master ~]# vim /etc/named.conf        ❶
zone "chul.com" IN {
        type master;
        file "chul.zone";
        allow-update { 192.168.80.6; };  ❷
        allow-transfer { 192.168.80.6; };
};
zone "80.168.192.in-addr.arpa" IN {         ❸
        type master;
        file "80.zone";
        allow-update { 192.168.80.6; };  ❹
        allow-transfer { 192.168.80.6; };
};
[root@master ~]# chmod 770 /var/named/chroot/var/named ❺

2. Slave 서버에서 nsupdate 이용하기
[root@node1 ~]# nsupdate      ❻
> server ns.chul.com  ❼
> zone chul.com       ❽
> update add test.chul.com 3600 A 192.168.80.21     ❾
```

```
> send        ❿
> show        ⓫
[root@node1 ~]# host -a test.chul.com        ⓬
;; QUESTION SECTION:
;test.chul.com.                    IN      ANY
;; ANSWER SECTION:
test.chul.com.        3600    IN      A       192.168.80.21   ⓭
```

❶ 5.3.3절에서 VIEW를 사용했다고 가정하고 allow-update 옵션을 사용하기 위해 주
  설정 파일 /etc/named.conf를 열어 설정을 시작한다. 5.3.3절에서 VIEW를 사용하지
  않는 경우 기존 존 정보가 /etc/named.rfc1912.zones에 저장돼 있다면 이 파일에 설정해
  도 동적 업데이트가 가능하다.

❷ 존 chul.com에서 슬레이브 네임 서버의 IP 주소를 allow-update 옵션에 설정하면 슬레
  이브 네임 서버에서 Dynamic DNS 업데이트를 허용한다는 의미가 된다. 다른 서버의
  IP 주소도 추가할 수 있다.

❸ Forward 존 파일뿐 아니라 Reverse 존 파일에도 동적 업데이트를 허용하기 위해

❹ chul.com의 Reverse 존에도 allow-update 옵션에 슬레이브 네임 서버의 IP 주소를
  추가한다.

❺ named 데몬에게 네임 서버의 데이터가 저장된 디렉토리에 대해 쓰기 기능을 부여하기
  위해 디렉토리 권한을 770으로 변경한다.

❻ 동적으로 도메인 정보를 추가하기 위해 슬레이브 네임 서버에서 동적 DNS 업데이트에
  사용되는 명령어 nsupdate를 실행해

❼ 동적 업데이트 정보를 전송할 대상 네임 서버를 ns.chul.com으로 지정한다.

❽ 업데이트가 진행되는 존의 이름을 chul.com으로 지정한다.

❾ test.chul.com이라는 새 호스트 정보를 TTL과 IP 주소를 사용해 존에 추가한다. 기존
  호스트 정보를 삭제하려면 add 대신 delete를 사용한다.

❿ 이 메시지를 네임 서버에 전달한다.

⓫ 현재의 정보를 보여준다.

⓬ DNS 클라이언트 프로그램 host를 이용해 새 호스트 정보를 조회하면

⓭ TTL 및 IP 주소와 함께 동적으로 업데이트된 정보를 보여준다.

B. update-policy 이용

이번에는 또 다른 옵션인 update-policy를 사용하는 방법을 알아본다.

1. 마스터 서버에서 키 생성

```
[root@master ~]# ddns-confgen -a hmac-md5 -z chul.com        ❶
# To activate this key, place the following in named.conf, and
# in a separate keyfile on the system from which nsupdate will be run:
key "ddns-key.chul.com" {  ❷
        algorithm hmac-md5;
        secret "ZFQHoupEwMgY4yu0eNuvBA==";
};
# Then, in the "zone" definition statement for "chul.com", place an "update-policy"
statement # like this one, adjusted as
update-policy {    ❸
        grant ddns-key.chul.com zonesub  ANY;
};
# After the keyfile has been placed, the following command will execute nsupdate using
this
# key:
nsupdate -k <keyfile> ❹
```

2. 생성한 키를 주 설정 파일에 추가

```
[root@master ~]# vim /etc/named.conf❺
key "ddns-key.chul.com" {  ❻
        algorithm hmac-md5;
        secret "ZFQHoupEwMgY4yu0eNuvBA ==";
};

zone "chul.com" IN {
        type master;
        file "chul.zone";
        //allow-update { none; };  ❼
        update-policy {     ❽
            grant ddns-key.ch1.com  zonesub ANY;  };
};
[root@master ~]# cat /etc/named/ddns-key.chul.com        ❾
key "ddns-key.chul.com" {
        algorithm hmac-md5;
        secret "ZFQHoupEwMgY4yu0eNuvBA==";
};
```

3. 마스터 서버에서 테스트

```
[root@master ~]# nsupdate -k /etc/named/ddns-key.chul.com  ❿
> server ns.chul.com
> zone chul.com
```

```
> update delete test.chul.com          ⓫
> send
> show
[root@master ~]# host test.chul.com ⓬
Host test.chul.com not found: 3(NXDOMAIN)
```

❶ 동적 업데이트에 사용할 키를 생성하기 위해 동적 업데이트 키 생성 도구인 명령어
   ddns-confgen과 함께 알고리즘 및 존을 지정한다. 기본 알고리즘은 'hmac-sha256'이다.

❷ 키의 이름과 알고리즘, 그리고 그 알고리즘으로 생성한 해시 코드를 볼 수 있다.

❸ 또한 동적 업데이트를 허용할 존에 update-policy 구문을 추가하라는 메시지를 볼 수 있다.

❹ 명령어 nsupdate를 -k <keyfile> 옵션과 함께 사용하라는 메시지도 있다.

❺ update-policy를 적용하기 위해 /etc/named.conf를 열어야 하는데, allow-update 설정
   과 마찬가지로 VIEW를 사용하지 않는 경우 /etc/named.rfc1912.zones 파일에 저장된
   존에 적용할 수 있다.

❻ ❷에서 정의한 내용을 그대로 복사해 덧붙여줘야 한다.

❼ 동적 업데이트를 지원하는 allow-update는 update-policy와 같이 사용할 수 없으므로
   주석 처리돼야 한다.

❽ 존 chul.com에 동적 업데이트를 허용하기 위해 ❸의 내용을 그대로 복사해 덧붙이면
   되는데, 여기서 zonesub ANY는 존 chul.com의 모든 서브도메인^subdomain에 대해서도 동
   적 업데이트를 허용한다는 의미다.

❾ 명령어 nsupdate 실행 시 사용할 키 파일을 위해 ❷에서 정의한 키의 이름과 내용을
   파일 /etc/named/ddns-key.chul.com으로 저장한다.

❿ 마스터 네임 서버에서 동적 업데이트를 테스트하기 위해 키 파일을 옵션으로 선택한다.
   슬레이브 서버에서 테스트한다면 슬레이브 서버에 이 키 파일을 복사한 다음 사용하면
   allow-update를 이용했던 것과 동일하게 테스트할 수 있다.

●● 참고: SCP를 이용해 키 파일 복사하기

마스터 네임 서버에 있는 ddns-key.chul.com 파일을 슬레이브(node1) 서버로 복사하기 위해 명령
어 scp(Secure Copy)를 다음과 같이 사용할 수 있다.

```
[root@master ~]# scp /etc/named/ddns-key.chul.com root@node1:/etc/ named/
root@node1's password:
[root@node1 ~]# nsupdate -k /etc/named/ddns-key.chul.com
```

❶ allow-update를 이용해 슬레이브 서버에서 생성했던 호스트 test.chul.com을 삭제한다.

❷ 명령어 host를 이용해 이 test.chul.com 정보를 조회하면 도메인이 존재하지 않는다
(NXDOMAIN)는 메시지를 볼 수 있다.

5.4 DNS 클라이언트 프로그램 사용

네임 서버를 설정한 후에 이러한 설정을 테스트하기 위해 사용되는 클라이언트 프로그램
으로 Nslookup, Host, Dig가 있다. 이러한 프로그램들은 bind-utils 패키지를 설치하면
사용할 수 있다. 그 사용법은 다음과 같다.

5.4.1 NSLOOKUP

먼저 가장 오래된 프로그램 Nslookup에 대한 설명이다. 나중에 설명할 Host나 Dig에 비해
그 기능이 매우 단순하다.

```
[root@master named]# nslookup www.chul.com              ❶
Server:      192.168.80.5
Address:     192.168.80.5#53
Name:   www.chul.com    ❷
Address: 192.168.80.5
[root@master named]# nslookup -type=mx chul.com         ❸
Server:      192.168.80.5
Address:     192.168.80.5#53
chul.com       mail exchanger = 10 ms.chul.com.
[root@master named]# nslookup -type=any chul.com        ❹
Server:      192.168.80.5
Address:     192.168.80.5#53
chul.com
        origin = ns.chul.com
        mail addr = root.chul.com
        serial = 2015061801
        refresh = 86400
        retry = 3600
        expire = 604800
        minimum = 10800
chul.com       nameserver = ns.chul.com.
chul.com       mail exchanger = 10 ms.chul.com.
```

```
Name:   chul.com
Address: 192.168.80.5
[root@master named]# nslookup naver.com ns.chul.com        ❺
Server:         ns.chul.com
Address:        192.168.80.5#53

Non-authoritative answer: ❻
Name:   naver.com
Address: 125.209.222.141
Name:   naver.com
Address: 125.209.222.142
Name:   naver.com
Address: 202.179.177.22
Name:   naver.com
Address: 202.179.177.21
[root@master named]# nslookup 192.168.80.5        ❼
Server:         192.168.80.5
Address:        192.168.80.5#53
5.80.168.192.in-addr.arpa       name = ms.chul.com.
5.80.168.192.in-addr.arpa       name = ns.chul.com.
5.80.168.192.in-addr.arpa       name = www.chul.com.
5.80.168.192.in-addr.arpa       name = ftp.chul.com.
[root@master ~]# nslookup        ❽
> server 8.8.8.8
Default server: 8.8.8.8
Address: 8.8.8.8#53
>www.knowledgepia.com
Server:         8.8.8.8
Address:        8.8.8.8#53

Non-authoritative answer:
Name:   www.knowledgepia.com
Address: 192.185.35.76
Server:         8.8.8.8
Address:        8.8.8.8#53
```

❶ 명령어 nslookup에 조회할 도메인을 지정하면

❷ 그 정보를 보여주는데 nslookup 사용 시 기본으로 사용되는 네임 서버는 /etc/resolv.conf에 정의된 서버다.

❸ type을 옵션으로 사용해 메일 서버를 찾는 경우 mx를 추가한다. mx 대신 ns, soa를

사용할 수 있다.

❹ type을 옵션으로 사용해 any를 추가하면 그 도메인에 설정된 가능한 레코드에 대한 정보를 모두 보여준다.

❺ 특정 네임 서버(ns.chul.com)를 지정한 후 도메인에 대한 정보를 질의할 수 있다.

❻ 명령어 nslookup을 통해 질의응답을 받을 때 두 가지의 응답을 받는데, Non-authoritative answer는 질의한 네임 서버의 캐시에서 가져온 정보를 의미하며, Authoritative answer란 그 도메인의 정보를 제공하는 네임 서버로부터 직접 제공받은 정보를 의미한다.

❼ IP 주소를 이용해 역질의도 가능하다.

❽ 명령어 nslookup은 대화식interactive과 비대화식non-interactive의 질의를 사용할 수 있는데, 앞의 모든 질의가 비대화식이라면 여기서는 대화식 질의 방법으로서 단지 명령어로 시작해 서버 지정 후에 원하는 질의를 할 수 있다. 여기서는 구글의 공개 DNS를 이용해 내 웹사이트 www.knowledgepia.com을 질의해 얻은 결과다.

5.4.2 HOST

이번 절에서는 nslookup보다 더 뛰어난 기능을 제공하는 명령어 Host에 대해 알아본다.

```
[root@master named]# host -t ns chul.com          ❶
chul.com name server ns.chul.com.
[root@master named]# host -t mx chul.com          ❷
chul.com mail is handled by 10 ms.chul.com.
[root@master named]# host -t any chul.com         ❸
chul.com has SOA record ns.chul.com. root.chul.com. 2015061801 86400 3600 604800 10800
chul.com name server ns.chul.com.
chul.com mail is handled by 10 ms.chul.com.
chul.com has address 192.168.80.5
[root@master named]# host -al chul.com            ❹
Trying "chul.com"
;; ->>HEADER<<- opcode: QUERY, status: NOERROR, id: 44971
;; flags: qr aa ra; QUERY: 1, ANSWER: 9, AUTHORITY: 0, ADDITIONAL: 0

;; QUESTION SECTION:
;chul.com.                    IN      AXFR

;; ANSWER SECTION:
chul.com.          86400  IN    SOA    ns.chul.com. root.chul.com. 2015061801 86400
```

```
3600 604800 10800
chul.com.              86400   IN    NS    ns.chul.com.
chul.com.              86400   IN    MX    10 ms.chul.com.
chul.com.              86400   IN    A     192.168.80.5
ftp.chul.com.          86400   IN    A     192.168.80.5
ms.chul.com.           86400   IN    A     192.168.80.5
ns.chul.com.           86400   IN    A     192.168.80.5
www.chul.com.          86400   IN    A     192.168.80.5
chul.com.              86400   IN    SOA   ns.chul.com. root.chul.com. 2015061801
86400 3600 604800 10800
Received 227 bytes from 192.168.80.5#53 in 9 ms
[root@master named]# host www.chul.com        ❺
www.chul.com has address 192.168.80.5
[root@master named]# host www.chul.com ns.chul.com        ❻
Using domain server:
Name: ns.chul.com
Address: 192.168.80.5#53
Aliases:
www.chul.com has address 192.168.80.5
www.chul.com has address 192.168.80.1
www.chul.com has address 192.168.80.6
```

❶ 명령어 host도 nslookup과 유사하게 특정 도메인의 리소스 레코드를 지정해 질의가 가능한데, 여기에선 도메인 chul.com의 네임 서버(ns)를 질의했고

❷ 메일 서버를 위해 mx를 사용했으며

❸ any를 사용해 SOA의 정보를 비롯한 허가된 모든 정보를 얻을 수 있다. 명령어 host도 nslookup처럼 특정 네임 서버를 지정하지 않으면 /etc/resolv.conf에 지정된 서버가 사용된다.

❹ -al 옵션을 사용하면 이 도메인에 대한 모든 정보를 얻을 수 있는데, 이 정보는 zone transfer를 허용한 호스트에게만 전달된다.

❺ 옵션 없이 한 호스트에 대한 정보 질의 시 사용한다.

❻ 질의를 위해 특정 네임 서버를 지정하기 원하면 도메인 뒤에 원하는 네임 서버를 지정하면 된다.

5.4.3 DIG

세 가지 프로그램 중에서 가장 뛰어난 기능을 제공하는 프로그램 Dig에 대해 알아보자.

A. DIG의 기본 사용 방법

Dig는 Domain Informaton Groper의 약어로서 nslookup과 host에 비해 도메인에 대한 매우 자세하고 정확한 정보를 제공해주는 도메인 질의를 위한 클라이언트 프로그램이다. Dig의 기본 사용법은 다음과 같다.

```
[root@master ~]# dig @ns.chul.com google.com any +nocomments
```

dig	@ns.chul.com	google.com	any	+nocomments
dig	@server	domain	name /type	query option
❶	❷	❸	❹	❺

❶ bind-utils 패키지를 설치하면 사용할 수 있는 도메인 조회 클라이언트 프로그램이다.

❷ 도메인을 질의할 네임 서버를 의미하며, 여기엔 서버 이름이나 IP 주소 모두 사용할 수 있다. 특정 서버가 지정되지 않은 경우 /etc/resolv.conf에 설정된 네임 서버가 사용된다.

❸ 조회하고자 하는 도메인 이름을 지정한다.

❹ 조회하고자 하는 도메인의 리소스 레코드와 질의에 대한 유형(query-type)을 사용할 수 있는데, 주로 사용되는 유형에는 A(IPv4 주소), AAAA(IPv6 주소), ANY(all), MX(mail exchange), NS(name server), SOA(start of authority), TXT 등이 있다. 특정 유형을 지정하지 않으면 A(IPv4 주소)가 기본적으로 사용된다.

❺ 명령어 dig에 의해 나타나는 결과에 대한 옵션을 지정할 수 있으며, +nocomments는 주석 라인을 결과에서 생략하라는 의미다.

B. DIG 사용과 결과 분석

이제 Dig를 사용하고 그 결과에 대해 분석해본다.

```
[root@master ~]# dig @ns.chul.com www.naver.com
; <<>> DiG 9.9.4-RedHat-9.9.4-18.el7_1.1 <<>> @ns.chul.com www.naver.com
; (1 server found)
;; global options: +cmd
;; Got answer:
;; ->>HEADER<<- opcode: QUERY, status: NOERROR, id: 51432     ❶
```

```
;; flags: qr rd ra; QUERY: 1, ANSWER: 5, AUTHORITY: 5, ADDITIONAL: 6

;; OPT PSEUDOSECTION: ❷
; EDNS: version: 0, flags:; udp: 4096
;; QUESTION SECTION: ❸
;www.naver.com.                          IN      A

;; ANSWER SECTION: ❹
www.naver.com.                  21600    IN      CNAME   www.naver.com.nheos.com.
www.naver.com.nheos.com.        10800    IN      CNAME
www.naver.com.edgesuite.net.
www.naver.com.edgesuite.net.    21600    IN      CNAME   a1694.b.akamai.net.
a1694.b.akamai.net.             20       IN      A       123.108.255.49
a1694.b.akamai.net.             20       IN      A       123.108.255.41

;; AUTHORITY SECTION: ❺
b.akamai.net.        4000    IN    NS    n0b.akamai.net.
b.akamai.net.        4000    IN    NS    n2b.akamai.net.
b.akamai.net.        4000    IN    NS    n5b.akamai.net.
b.akamai.net.        4000    IN    NS    n1b.akamai.net.
b.akamai.net.        4000    IN    NS    n3b.akamai.net.
b.akamai.net.        4000    IN    NS    n4b.akamai.net.

;; ADDITIONAL SECTION: ❼
n5b.akamai.net.      8000    IN    A     123.108.255.13
n4b.akamai.net.      6000    IN    A     123.108.255.47
n0b.akamai.net.      4000    IN    A     175.28.3.12
n3b.akamai.net.      4000    IN    A     123.108.255.12
n2b.akamai.net.      8000    IN    A     88.221.81.195
n1b.akamai.net.      6000    IN    A     103.16.206.110

;; Query time: 1498 msec      ❽
;; SERVER: 192.168.80.5#53(192.168.80.5)
;; WHEN: Wed Jun 24 12:28:40 ICT 2015
;; MSG SIZE  rcvd: 450
```

　　명령어 dig를 사용해 나타난 결과를 보면 여러 개의 섹션으로 나눠져 있음을 알 수 있는데, 이 결과들은 기본적으로 DNS 메시지 형식과 동일하며 마지막 STATS 부분만 더 추가됐다. DNS 메시지 형식, 그리고 이를 패킷 캡처 프로그램 와이어샤크^{Wireshark}로 캡처한 파일과 비교하며, dig의 결과를 차례대로 그림 5-3을 이용해 알아보자.

섹션	의 미
Section 1	Message Header
Section 2	Question Section
Section 3	Answer Section
Section 4	Authority Section
Section 5	Additional Section

DNS 메시지 형식

DNS 응답 메시지 와이어샤크 캡처 파일

```
274 16.959100000 192.168.80.15 192.168.80.16 DNS 492 Standard query response 0xaf6b  CNAME www.naver.com.nheos.com CNAME www.naver.com.edgesuite.net CNAME
⊞ Frame 274: 492 bytes on wire (3936 bits), 492 bytes captured (3936 bits) on interface 0
⊞ Ethernet II, Src: Vmware_50:f0:44 (00:0c:29:50:f0:44), Dst: Vmware_fa:10:c6 (00:0c:29:fa:10:c6)
⊞ Internet Protocol Version 4, Src: 192.168.80.15 (192.168.80.15), Dst: 192.168.80.16 (192.168.80.16)
⊞ User Datagram Protocol, Src Port: 53 (53), Dst Port: 34505 (34505)
⊟ Domain Name System (response)
    [Request In: 270]
    [Time: 0.491644000 seconds]
    Transaction ID: 0xaf6b
  ⊟ Flags: 0x8180 Standard query response, No error
    1... .... .... .... = Response: Message is a response
    .000 0... .... .... = Opcode: Standard query (0)
    .... .0.. .... .... = Authoritative: Server is not an authority for domain
    .... ..0. .... .... = Truncated: Message is not truncated
    .... ...1 .... .... = Recursion desired: Do query recursively
    .... .... 1... .... = Recursion available: Server can do recursive queries
    .... .... .0.. .... = Z: reserved (0)
    .... .... ..0. .... = Answer authenticated: Answer/authority portion was not authenticated by the server
    .... .... ...0 .... = Non-authenticated data: Unacceptable
    .... .... .... 0000 = Reply code: No error (0)
    Questions: 1
    Answer RRs: 5
    Authority RRs: 8
    Additional RRs: 9
  ⊞ Queries
  ⊞ Answers
  ⊞ Authoritative nameservers
  ⊞ Additional records
```

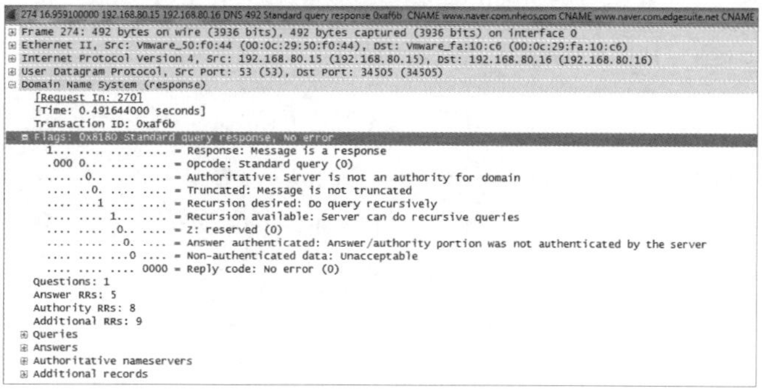

그림 5-3 DNS 메시지 형식

❶ **HEADER** DNS 질의 및 응답에 대한 메시지를 표시하며, 트랜잭션^{Transaction} ID, 플래그^{Flag}, 그리고 각 섹션에 대한 리소스 레코드 개수를 나타내준다. 이 정보는 DNS 메시지 형식의 첫 번째 섹션이며, 캡처 파일에서도 트랜잭션 ID 및 플래그를 통해 헤더^{Header} 정보를 확인할 수 있다.

❷ **OPT PSEUDOSECTION** EDNS$^{Extension\ Mechanisms\ for\ DNS}$ 0에 대한 DNS 헤더 정보, 플래그, 그리고 기타 DNS 기능 확장을 표시하는 데 사용되며, 기본 형식에는 포함되지 않는다. 일반적인 UDP 기반의 DNS 데이터 크기는 512바이트지만 EDNS0에서는 4096바이트다.

❸ **QUESTION SECTION** 어떤 질의를 했는지 그 내용을 보여준다. DNS 메시지 형식에서 두 번째 섹션에 해당되며, 캡처 파일에서 Queries이라고 표시돼 있다.

❹ **ANSWER SECTION** 질의에 대한 응답을 나타내는 리소스 레코드를 의미하며, DNS 메시지 형식에서 세 번째 섹션에 해당하고 캡처 파일에서 Answers라고 표시돼 있다.

❺ **AUTHORITY SECTION** 응답된 결과들에 대한 정보를 제공하는 네임 서버를 의미하는 리소스 레코드이며, DNS 메시지 형식에서 네 번째 섹션에 해당하고 캡처 파일에도 Authoritative nameservers라고 표시돼 있다.

❻ **ADDITIONAL SECTION** ANSWER나 AUTHORITY SECTION에 대한 추가적인 정보(A 또는 AAAA)를 제공하는 리소스 레코드를 의미하며, DNS 메시지 형식에서 다섯 번째 섹션에 해당하고 캡처 파일에서 Additional records로 표시돼 있다.

❼ **STATS SECTION** DNS 메시지 및 캡처 파일에는 포함되지 않으며, 질의응답에 걸린 시간(1498msec), 질의응답한 서버와 포트 번호(192.168.80.5#53), 응답 메시지를 받은 시간(Wed Jun 24 12:28:40 ICT 2015), 그리고 TCP/UDP 헤더의 크기를 제외한 메시지 크기(450바이트)가 표시된다.

C. DIG의 기타 사용법

dig의 기타 사용법은 다음과 같다.

```
[root@master named]# dig www.chul.com          ❶
[root@master named]# dig chul.com mx          ❷
[root@master named]# dig +trace www.knowledgepia.com          ❸
[root@master named]# dig @ns.chul.com knowledgepia.com +short ns          ❹
ns1.doregi.com.
ns3.doregi.com.
ns2.doregi.com.
[root@master named]# dig @ns.chul.com +nocmd +noall +answer a www.chul.com          ❺
www.chul.com.          86400     IN     A     192.168.80.5
www.chul.com.          86400     IN     A     192.168.80.6
www.chul.com.          86400     IN     A     192.168.80.1
[root@master named]# dig @ns.chul.com +nocmd +noall +answer -x 192.168.80.5          ❻
5.80.168.192.in-addr.arpa. 86400 IN     PTR     ms.chul.com.
5.80.168.192.in-addr.arpa. 86400 IN     PTR     www.chul.com.
5.80.168.192.in-addr.arpa. 86400 IN     PTR     ns.chul.com.
[root@master named]# dig @ns.chul.com chul.com axfr          ❼
[root@master named]# dig @ns.chul.com chul.com ixfr=2015070803          ❽
; <<>> DiG 9.9.4-RedHat-9.9.4-18.el7_1.1 <<>> @ns.chul.com chul.com ixfr=2015070803
; (1 server found)
chul.com.               86400     IN     SOA     ns.chul.com. admin.chul.com.
2015070804 86400 3600 604800 10800
chul.com.               86400     IN     SOA     ns.chul.com. admin.chul.com.
2015070803 86400 3600 604800 10800
chul.com.               86400     IN     SOA     ns.chul.com. admin.chul.com.
2015070804 86400 3600 604800 10800
test3.chul.com.            3600    IN     A     192.168.80.30   ❾
chul.com.               86400     IN     SOA     ns.chul.com. admin.chul.com.
2015070804 86400 3600 604800 10800
;; Query time: 1 msec
;; SERVER: 192.168.80.5#53(192.168.80.5)
;; WHEN: Wed Jul 08 14:40:38 ICT 2015
;; XFR size: 5 records (messages 1, bytes 201)
```

❶ 네임 서버 지정 없이 호스트 정보를 조회한다. 이때 /etc/resolv.conf에 지정된 네임 서버
   가 사용된다.

❷ 특정 도메인의 메일 서버를 조회하는 경우 query-type으로 mx를 사용하는데, mx 대신

ns, any, soa, aaaa, txt 등을 사용할 수 있다.

❸ 질의 옵션인 trace를 사용하면 Root 서버로부터 이 도메인에 대한 위임이 어떻게 이뤄 졌는지 그 경로를 알 수 있다. 내 웹사이트의 도메인 www.knowledgepia.com을 살펴 보면 Root 네임 서버(l.root-servers.net), .com 네임 서버(g.gtld-servers.net), 그리고 이 도메 인의 네임 서버로 ns2.doregi.com이 위임을 받아 이 도메인을 관리하고 있음을 확인할 수 있다.

❹ 다른 모든 정보는 생략하고 이 도메인의 네임 서버만 찾는 경우 short 옵션을 사용한다.

❺ 다른 섹션은 생략하고(-noall) ANSWER 섹션만 찾는 경우 +answer 옵션을 추가할 수 있다. answer 대신에 다른 섹션(question, authority, additional, stats)을 지정할 수 있다.

❻ -x 옵션 뒤에 IP 주소를 지정하면 Reverse 존 파일에서 설정한 Reverse Lookup에 대한 정보를 알 수 있다. x 옵션 대신 사용할 수 있는 옵션을 정리하면 표 5-7과 같다.

표 5-7 옵션 정리

질의 옵션	설명
+nocmd	dig의 결과에서 command line을 생략하라는 의미
+noall	dig 결과를 모두 생략하라는 의미
+answer	dig 결과에서 answer 섹션을 보여주라는 의미
-x	Reverse Lookup을 위해 IP 주소를 지정하는 경우 사용

❼ DNS가 존 정보를 전달하는 방식은 두 가지인데, AXFR(Authoritative Transfer 또는 All Zone Transfer)은 도메인의 모든 정보를 전달하는 방식으로서 DNS의 기본 정보 전달 방식이 다. 여기서 도메인 chul.com에 설정된 모든 정보는 Zone Transfer가 허용된 호스트에 전달된다.

❽ 또 다른 방식인 IXFR[Incremental Zone Transfer]은 존의 변경된 정보만 전달하는데, DDNS [Dynamic DNS]를 통해 업데이트된 정보만 전달된다. 여기서 Query Type IXFR에 현재 존 데이터 파일에 설정된 Serial Number 2015070803을 지정하면

❾ 호스트 test3.chul.com이 추가돼 현재 Serial Number가 2015070804로 변경됐음을 확인 할 수 있다. 호스트 test3.chul.com은 5.3.4절에서 소개한 명령어 nsupdate를 사용해 슬레이브 네임 서버에서 업데이트를 했고, 현재 마스터 서버에서 명령어 dig를 통해 확인한 내용이다.

5.5 DNS 서버 보안

이번 절에서는 DNS 서버의 보안에 사용되는 여러 기능들을 소개한다.

5.5.1 TSIG를 이용한 파일 전송(Zone Transfer)

TSIG^{Transaction Signatures}는 비밀 키와 해시 알고리즘을 이용해 DNS 메시지의 무결성과 메시지 송신자를 인증하는 방법이다. 주로 DNS 마스터와 슬레이브 네임 서버 간의 동적 업데이트와 존 파일 전송 시에 사용된다. 전제 조건으로는 서버 간 시간 동기화가 필요하다. 키를 생성하기 위해 명령어 dnssec-keygen이 사용되는데, 이는 BIND 패키지를 설치하면 사용할 수 있다. 5.2.5절의 마스터와 슬레이브 네임 서버 구축 과정에서 IP 주소를 통한 인증 방법을 설명했는데, 여기서는 TSIG를 이용한 인증 방법을 사용해 존 정보 전송하는 방법을 설명한다.

이 기능은 모두 3단계의 과정을 통해 구현할 수 있는데, 도식화하면 다음과 같다.

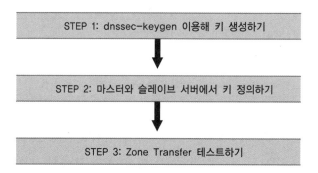

각 단계별 설명은 다음과 같다.

STEP 1: 마스터 네임 서버에서 키 생성

첫 번째 단계는 TSIG를 이용한 파일 전송에 필요한 키를 생성하는 과정이다. 여기서 생성된 키는 슬레이브 서버와의 인증에 사용된다.

```
[root@master ~]# dnssec-keygen -a HMAC-MD5 -b 128 -n HOST chul.com      ❶
[root@master ~]# ls -l /etc/named      ❷
rw------- 1 root root  52 Jun 30 10:32 Kchul.com.+157+59873.key         ❸
rw------- 1 root root 165 Jun 30 10:32 Kchul.com.+157+59873.private
```

```
[root@master ~]# cat Kchul.com.+157+59873.private
Private-key-format: v1.3
Algorithm: 157 (HMAC_MD5)        ❹
Key: A6fkHE9HULsayh6a5IU+lA==     ❺
Bits: AAA=
Created: 20150630033231
Publish: 20150630033231
Activate: 20150630033231
[root@master ~]# scp Kchul.com.+157+59873.* root@node1:/etc/named    ❻
```

❶ 키 생성 명령어 dnssec-keygen과 옵션 -a(알고리즘), -b(키 크기/비트), -n(키의 소유자 유형)과 키의 이름을 chul.com으로 지정해 생성한다.

❷ 디렉토리 /etc/named에서 키를 생성했다면 두 개의 키를 볼 수 있는데

❸ 여기서 확장자 .key는 공개 키를 의미하고 .private는 개인 키를 의미한다. 키에 사용된 숫자 157은 알고리즘(HMAC-MD5)에 부여된 숫자이며, 59873은 각 키를 구별하기 위해 사용된 ID를 의미한다.

❹ 개인 키를 열어서 확인해보면 알고리즘과 숫자를 볼 수 있고

❺ 키가 BASE64로 인코딩돼 있는 것을 확인할 수 있는데, 여기의 키가 나중에 주 설정 파일에 사용돼야 한다.

❻ 이 두 개의 키 파일을 Zone Transfer를 허용할 슬레이브 네임 서버에도 동일하게 사용하기 위해 scp를 이용해 복사한다.

STEP 2: 마스터와 슬레이브 네임 서버에서 키 설정

이제 앞 단계에서 생성된 키를 각각의 서버에 설정해줘야 한다.

1. 마스터 네임 서버에서

```
[root@master named]# vim /etc/named.conf ❶
key "chul.com" {  ❷
        algorithm hmac-md5;
        secret "A6fkHE9HULsayh6a5IU+lA==";
};

zone "chul.com" IN {
        type master;
        file "chul.zone";
//      allow-update { 127.0.0.1; 192.168.80.6; };
        update-policy {
```

```
                    grant ddns-key.chul.com zonesub  ANY;
        };
        allow-transfer { key chul.com; };        ❸
2. 슬레이브 네임 서버에서
[root@node1 slaves]# vim /etc/named.conf        ❹
key "chul.com" {  ❺
        algorithm hmac-md5;
        secret "A6fkHE9HULsayh6a5IU+lA==";
};

server 192.168.80.5 {  ❻
        keys { chul.com; };
};
```

❶ STEP 1에서 생성한 키를 정의하기 위해 주 설정 파일을 수정해야 하는데, VIEW를
   사용하지 않는 경우 존 정보가 저장된 /etc/named.rfc1912.zones 파일에 설정해도 관계
   없다.

❷ 5.3.4절의 'B. update-policy 이용'절에서와 마찬가지로 키의 이름과 사용된 알고리즘,
   그리고 키를 설정해줘야 한다.

❸ 전송을 허용할 존을 선택하고 전송 시 사용할 키의 이름을 지정한다.

❹ 슬레이브 네임 서버도 동일하게 주 설정 파일을 수정해야 하는데, 파일 /etc/named.
   rfc1912.zones를 사용하고 있다면 이 파일에 설정할 수 있다.

❺ 마스터 서버와 동일하게 키의 이름, 알고리즘, 그리고 키를 복사한 파일로부터 가져와서
   지정해줘야 한다.

❻ Zone Transfer를 받을 서버의 IP 주소를 지정하고, 이 트랜잭션에 사용되는 키의 이름을
   지정한다. 마스터 네임 서버에서 어느 특정 존이 아니라 모든 존에 대한 정보를 슬레이
   브 네임 서버에게 전송하기 원한다면 이 부분을 ❷에서 정의한 부분 밑에 설정하고 그
   IP 주소를 슬레이브 서버 IP 주소로 지정한 다음 ❸을 삭제하면 된다.

STEP 3: Zone Transfer 테스트

이제 마지막 단계로 앞에서 설정한 내용을 테스트하겠다.

1. 마스터 네임 서버에서
```
[root@master named]# systemctl restart named  ❶
[root@master named]# tail -f /var/log/messages     ❷
```

```
Jun 30 11:21:29 master named[15089]: client 192.168.80.6#33424/key chul.com (chul.com):
transfer of 'chul.com/IN': AXFR-style IXFR started: TSIG chul.com        ❸
Jun 30 11:21:29 master named[15089]: client 192.168.80.6#33424/key chul.com (chul.com):
transfer of 'chul.com/IN': AXFR-style IXFR ended
```

2. 슬레이브 네임 서버에서

```
[root@node1 named]# tail -f /var/log/messages        ❹
Jun 30 11:21:29 node1 named[5162]: zone chul.com/IN: transferred
serial 2015063002: TSIG 'chul.com'        ❺
Jun 30 11:21:29 node1 named[5162]: transfer of 'chul.com/IN' from
192.168.80.5#53: Transfer completed: 1 messages, 15 records, 410 bytes,
0.004 secs (102500 bytes/sec)        ❻
```

❶ 마스터 서버에서 설정을 모두 마친 후 네임 서버를 재시작해야 하는데, 이때 Serial 번호를 업데이트해줘야 슬레이브 네임 서버가 다시 파일 전송을 받을 수 있다.

❷ DNS의 로그를 기록하는 /var/log/messages 파일을 열어서 확인해보면

❸ key chul.com을 소유한 클라이언트 192.168.80.6에게 존 chul.com의 정보를 전송하기 시작해서 그 아래에서 완료했음을 알 수 있다.

❹ 슬레이브 네임 서버도 동일하게 로그 파일을 확인해보면

❺ TSIG chul.com을 이용해 파일을 전송받고

❻ 로그를 통해 존 전송을 모두 마쳤음을 확인할 수 있다.

●● 주의: TSIG 설정 에러 메시지

```
Jun 30 11:11:14 master named[14611]: zone chul.com/IN: journal rollforward failed:
journal out of sync with zone
10244 Jun 30 11:11:14 master named[14611]: zone chul.com/IN: not loaded due to errors.
```

STEP 2에서 TSIG 설정을 모두 마치고 STEP 3에서 네임 서버를 다시 시작하면 위와 같은 에러 메시지가 발생할 수 있다. 이런 경우 존의 journal 파일을 삭제한 뒤 다시 시작해보기 바란다.

```
[root@master ~]# rm -rf /var/named/chroot/var/named/chul.com.jnl
[root@master ~]# systemctl restart named
```

5.5.2 RNDC

이번 절에서는 원격지에서 네임 서버 관리를 지원하는 RNDC 서비스를 설명한다.

A. RNDC 서비스 정의

RNDC^{Remote Name Daemon Control}는 명령어를 사용해 named 데몬을 로컬 호스트나 원격지 호스트에서 제어하기 위한 서비스다. 명령어를 네임 서버에게 전달하기 위해 프로토콜 TCP와 서버 포트 953을 이용하며, 이때 전자 서명^{Digital Signatures}된 정보를 가진 호스트만이 이 네임 서버에 RNDC를 통한 접근이 가능하게 된다. 이러한 전자 서명을 위해 현재 RNDC는 알고리즘 HMAC-MD5를 지원한다. 네임 서버에 접근할 호스트는 이 HMAC-MD5를 이용해 키를 생성한 후 이 키를 네임 서버와 접근할 호스트가 공유해 서로 간 인증을 수행하고 명령어를 통한 정보 요청과 응답이 이뤄진다. RNDC는 이러한 설정 정보를 파일 /etc/rndc.key와 /etc/rndc.conf에 저장하며, 최종적으로 이러한 정보는 /etc/named.conf 또는 /etc/named.rfc1912.zones에서 사용된다.

B. 마스터 네임 서버에서 RNDC 설정

RNDC는 마스터 서버에서 키를 생성해 슬레이브와 공유해 사용할 수도 있고, 슬레이브 서버에서 키를 생성해 마스터 서버와 공유해 사용할 수도 있다. 여기서는 마스터 서버에서 키를 생성해 RNDC를 설정하고 사용하는 방법, 그리고 다음 단계에서 슬레이브 네임 서버가 마스터 서버에서 키를 복사해 RNDC를 설정한 후 마스터 서버로 접속해 사용하는 방법을 차례대로 알아본다.

```
[root@master named]# rndc-confgen -a -b 256 -k rndc-key        ❶
[root@master named]# cat /etc/rndc.key ❷
key "rndc-key" {
        algorithm hmac-md5;
        secret "oQvWDM/7cmX3jTvoPrh4f/YNazTG2g6W4SK9D+fQvgo=";
};

[root@master named]# vim /etc/rndc.conf ❸
key "rndc-key" { ❹
        algorithm hmac-md5;
        secret "oQvWDM/7cmX3jTvoPrh4f/YNazTG2g6W4SK9D+fQvgo=";  };
    options {
        default-key "rndc-key";        ❺
        default-server 127.0.0.1;   ❻
        default-port 953;  };           ❼
[root@master named]# vim /etc/named.conf ❽
key "rndc-key" { ❾
        algorithm hmac-md5;
```

```
          secret "oQvWDM/7cmX3jTvoPrh4f/YNazTG2g6W4SK9D+fQvgo=";
};

controls {
          inet 127.0.0.1 port  953 allow { localhost; }  keys { rndc-key; };  ❿
};
[root@master ~]# grep rndc /etc/services        ⓫
rndc            953/tcp                # rndc control sockets (BIND 9)
rndc            953/udp                # rndc control sockets (BIND 9)
[root@master named]# rndc reload        ⓬
server reload successful
[root@master named]# rndc status        ⓭
version: 9.9.4-RedHat-9.9.4-18.el7_1.1 (My Message) <id:8f9657aa>
CPUs found: 4
worker threads: 4
UDP listeners per interface: 4
number of zones: 104
debug level: 0
xfers running: 0
xfers deferred: 0
soa queries in progress: 0
query logging is OFF
recursive clients: 0/0/1000
tcp clients: 0/100
server is up and running
```

❶ 명령어 rndc-confgen과 옵션 -a(키를 파일 /etc/rndc.key에 저장), -b(생성될 키의 크기/비트), 그리고 -k(키의 이름)를 사용해 rndc-key를 생성한다.

❷ -a 옵션으로 인해 키가 파일 /etc/rndc.key에 저장됐는데, 여기에서 키의 이름, 알고리즘, 실제 키를 확인할 수 있다.

❸ RNDC 설정 파일인 /etc/rndc.conf를 열어서

❹ ❷의 파일 /etc/rndc.key의 내용을 그대로 복사한 후 가져와서 붙여 넣고

❺ 옵션에 기본 키(rndc-key)의 이름을 지정하며

❻ 서버의 IP 주소를 127.0.0.1로 설정해 localhost를 RNDC가 사용할 서버로 지정한다.

❼ RNDC가 사용할 기본 포트를 953으로 지정하고

❽ 이러한 RNDC 키의 정보들을 마지막으로 주 설정 파일에 저장해야 한다. 여기서는 앞 절에서 VIEW를 사용했다는 가정하에 이 파일을 사용하지만, VIEW를 사용하지 않는 경우 /etc/named.rfc1912.zones 파일에 설정해도 동일한 동작을 한다.

❾ /etc/rndc.conf 파일에 정의한 그대로 키의 내용을 복사해서 붙여넣는다.

❿ 이 문법은 localhost에서 키 rndc-key를 이용해 127.0.0.1의 포트 953으로의 접근을 허용한다는 의미로서 RNDC 서비스 사용을 허가하고 있다.

⓫ /etc/services 파일에서 rndc는 포트 953을 사용한다고 지정돼 있음을 확인할 수 있다.

⓬ rndc 설정을 모두 마치면 설정 파일을 다시 읽어 들여 변경된 정보를 업데이트하게 되는데, 이는 RNDC 서비스가 잘 작동하고 있다는 의미다. 또한 이 명령어는 `systemctl restart named`와 동일한 의미를 갖게 된다.

⓭ 현재 네임 서버의 상태를 보기 위해 `status` 옵션을 사용하면 이러한 정보들을 볼 수 있고, RNDC 서비스가 잘 작동하고 있음을 확인할 수 있다.

C. 슬레이브 네임 서버에서 RNDC 설정

이번 절에서는 슬레이브 네임 서버에서 RNDC 키를 마스터 서버로부터 받아 이 키를 마스터 네임 서버와 공유한 뒤 명령어 rndc를 이용해 마스터 네임 서버에 접속하는 방법을 설명한다.

```
1. 슬레이브 네임 서버에서
[root@node1 named]# scp root@master:/etc/rndc.key /etc/      ❶
[root@node1 named]# cat /etc/rndc.key
key "rndc-key" {   ❷
        algorithm hmac-md5;
        secret "oQvWDM/7cmX3jTvoPrh4f/YNazTG2g6W4SK9D+fQvgo=";
};
[root@node1 named]# vim /etc/rndc.conf      ❸
key "rndc-key" {
        algorithm hmac-md5;
        secret "oQvWDM/7cmX3jTvoPrh4f/YNazTG2g6W4SK9D+fQvgo=";
};
server 192.168.80.5 {        ❹
        key "rndc-key";        ❺
};

2. 마스터 네임 서버에서
[root@master named]# vim /etc/named.conf
key "rndc-key" {
        algorithm hmac-md5;
        secret "oQvWDM/7cmX3jTvoPrh4f/YNazTG2g6W4SK9D+fQvgo=";
};
```

```
controls {
        inet * port 953  allow { localhost;  192.168.80.6; }  keys { rndc-key; };  ❻
};
[root@master named]# rndc reload      ❼
```

3. 슬레이브 네임 서버에서

```
[root@node1 slaves]# rndc -s 192.168.80.5 status   ❽
WARNING: key file (/etc/rndc.key) exists, but using default configuration file
(/etc/rndc.conf)
version: 9.9.4-RedHat-9.9.4-18.el7_1.1 (My Message) <id:8f9657aa>
CPUs found: 4
worker threads: 4
UDP listeners per interface: 4
number of zones: 104
debug level: 0
xfers running: 0
xfers deferred: 0
soa queries in progress: 0
query logging is ON
recursive clients: 0/0/1000
tcp clients: 0/100
server is up and running
```

❶ 명령어 scp를 이용해 마스터 네임 서버의 /etc/rndc.key 파일을 슬레이브 네임 서버의 /etc 디렉토리로 복사한다.

❷ /etc/rndc.key 파일을 읽어 마스터 서버의 키와 동일한지 확인한다.

❸ RNDC 설정 파일에도 마스터 서버와 동일하게 설정한다.

❹ 마스터 서버의 설정과는 달리 슬레이브 서버에서는 RNDC를 통해 접속할 서버의 IP 주소

❺ 그리고 사용할 키의 이름을 지정해줘야 한다.

❻ 마스터 서버에서는 처음 사용했던 127.0.0.1 대신 *를 사용해 마스터 서버의 모든 IP 주소로의 접근을 허용하되 그 대상은 rndc-key를 사용하는 localhost와 슬레이브 서버 의 IP 주소 192.168.80.6만이 가능하게 설정한다.

❼ 명령어 rndc를 이용해 변경된 정보를 업데이트한 뒤에

❽ 슬레이브 네임 서버에서 명령어 rndc를 이용할 때 서버를 의미하는 -s 옵션과 그 IP 주소를 지정하고 status를 요청하면 마스터 서버가 이 요청에 대해 응답을 하게 된다. 이것은 곧 명령어 rndc를 이용해 슬레이브 서버에서 마스터 네임 서버를 제어 가능하게 됐음을 의미한다.

D. RNDC Command 사용

앞에서 RNDC를 사용하기 위한 모든 설정을 마스터와 슬레이브 네임 서버에서 성공했다면 이젠 명령어 rndc를 이용하는 방법을 알아본다. 여기서의 예제는 모두 슬레이브 서버에서 명령어 rndc를 이용하는 방법이며, 마스터 서버에서 직접 사용한다면 서버를 가리키는 -s 옵션과 IP 주소를 사용하지 않아도 된다.

RNDC 사용법	**rndc** [option...] command [command-option]

```
[root@node1 ~]# rndc -s 192.168.80.5 status        ❶
[root@node1 ~]# rndc -s 192.168.80.5 reload        ❷
[root@node1 ~]# rndc -s 192.168.80.5 reload jeong.com    ❸
[root@node1 ~]# rndc -s 192.168.80.5 stop          ❹
[root@node1 ~]# rndc -s 192.168.80.5 querylog ❺
[root@node1 ~]# rndc -s 192.168.80.5 dumpdb ❻
[root@node1 ~]# rndc -s 192.168.80.5 flush         ❼
[root@node1 ~]# rndc -s 192.168.80.5 freeze chul.com     ❽
[root@node1 ~]# rndc -s 192.168.80.5 thaw      ❾
[root@node1 ~]# rndc -s 192.168.80.5 sign localhost     ❿
[root@node1 ~]# rndc -s 192.168.80.5 validation on     ⓫
```

❶ 현재 존 정보와 같은 네임 서버의 상태를 알려준다.

❷ 네임 서버 설정 파일과 존 파일을 변경한 후 업데이트해 반영하라는 의미다.

❸ 특정 존만 업데이트할 때 사용한다.

❹ 현재 저장되지 않은 정보를 모두 저장한 후에 네임 서버를 종료하라는 의미다.

❺ 클라이언트가 요청한 모든 질의를 로그에 저장하라는 의미다.

❻ 캐시 데이터를 /var/named/data/cache_dump.db 파일에 저장하라는 의미다.

❼ 네임 서버의 모든 캐시 정보를 비우라는 의미다.

❽ 동적 업데이트가 설정된 존에 대한 업데이트를 중단하라는 명령어다.

❾ 동적 업데이트가 설정된 존에 대해 업데이트를 허용하라는 의미다.

❿ 5.6절에서 설명할 DNSSEC 키를 업데이트해 존에 서명(SIGN)을 추가하라는 의미다.

⓫ 5.6절에서 설명할 DNSSEC Validation을 허용하라는 의미다.

5.5.3 Bind의 버전 정보 관리

일반적으로 인터넷 서버에 대한 공격은 제일 먼저 그 서비스를 제공하는 서버의 패키지 종류와 버전 번호를 발견하기 위한 스캐닝^{Scanning}으로부터 시작된다. Bind도 역사가 오래된 만큼 다양한 종류의 서버에 대한 공격이 이뤄지고 있는데, 가장 기본적인 보안 방법은 Bind의 버전 정보를 설정 파일에서 숨기는 것이다.

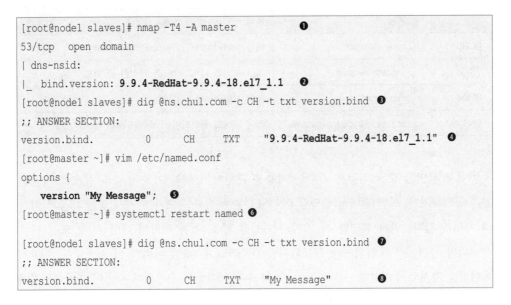

```
[root@node1 slaves]# nmap -T4 -A master                        ❶
53/tcp   open  domain
| dns-nsid:
|_  bind.version: 9.9.4-RedHat-9.9.4-18.el7_1.1   ❷
[root@node1 slaves]# dig @ns.chul.com -c CH -t txt version.bind ❸
;; ANSWER SECTION:
version.bind.            0      CH     TXT      "9.9.4-RedHat-9.9.4-18.el7_1.1" ❹
[root@master ~]# vim /etc/named.conf
options {
    version "My Message";   ❺
[root@master ~]# systemctl restart named ❻

[root@node1 slaves]# dig @ns.chul.com -c CH -t txt version.bind ❼
;; ANSWER SECTION:
version.bind.            0      CH     TXT      "My Message"        ❽
```

❶ 네트워크 스캐닝 프로그램 nmap에 -T4 -A 옵션을 사용하면 OS, 열린 포트의 서비스, 버전 정보를 스캐닝할 수 있다.

❷ 명령어 nmap을 이용한 스캐닝 결과 현재 사용 중인 BIND의 버전 정보를 알 수 있다.

❸ 명령어 dig를 이용해 질의 클래스^{query class}(CH)와 질의 유형^{query type}(txt)을 지정해 버전 정보를 질의하면

❹ ❷와 마찬가지로 현재 BIND의 버전 정보를 보여준다. BIND는 기본적으로 내장 리소스 레코드인 CH TXT를 통해 버전 정보를 노출하게 설정돼 있다.

❺ 이러한 버전 정보 노출 방지를 위해 주 설정 파일 /etc/named.conf의 옵션에 version을 추가하면 여기에 기록된 내용이 버전 정보로 출력하게 된다.

❻ 변경된 정보 업데이트를 위해 네임 서버를 다시 시작한 다음

❼ 다시 슬레이브 네임 서버에서 ❸과 마찬가지 질의를 하면

❽ 이번에 version 영역에 작성된 내용이 보이게 함으로써 BIND 버전 정보 노출을 방지할 수 있다.

5.6 DNSSEC 구축

지금까지 설명한 DNS 주제 중에서 키를 이용한 주제 내용을 간단히 정리하면 표 5-8과 같이 요약할 수 있다.

표 5-8 키가 포함된 주제 정리

기능	명령어	목적
DDNS	ddns-confgen	네임 서버와 서버 간 동적 업데이트 지원
TSIG	dnssec-keygen	네임 서버와 네임 서버 간 안전한 존 파일 전송
RNDC	rndc-confgen	네임 서버와 서버 간 명령어 이용 named 데몬 제어
DNSSEC	dnssec-keygen/signzone	네임 서버와 클라이언트 사이의 DNS 데이터 보호

앞에서 설명한 모든 기능은 각각의 기능을 구현하기 위해 키가 인증의 용도로 사용된 것은 동일하지만, 이번 절에서 설명할 DNSSEC은 목적과 용도가 먼저 설명한 내용과 약간의 차이가 있다. 먼저 설명한 세 가지의 기능은 주로 네임 서버와 네임 서버, 또는 다른 서버와의 사이에서 구현되거나 사용되지만 DNSSEC은 네임 서버와 이 서버로부터 DNS 데이터를 가져와서 이용하는 사용자(캐싱 네임 서버) 사이에서 구현된다는 점이 가장 큰 차이라고 할 수 있다. 즉, DNSSEC의 기능은 네임 서버와 클라이언트 사이의 데이터를 보호한다는 점이 차이라고 할 수 있다. DNSSEC의 개념과 목적, 그리고 구현하는 방법을 차례대로 알아보자.

5.6.1 DNSSEC의 개념 이해

먼저 DNSSEC의 개념과 그 사용 목적에 대해 알아본다.

A. 정의

DNSSEC[DNS Security Extensions]는 도메인의 권한 있는[Authoritative] 서버가 제공한 데이터의 무결성 (위변조되지 않은 데이터), 그리고 이 데이터가 해당 네임 서버가 제공한 실제 정보라는 사실을 확인하기 위해 사용되는 보안 기능이 확장된 DNS 구조다. 즉 클라이언트가 받은 도메인에 대한 정보가 해당 네임 서버가 제공한 것이 맞는지, 그리고 도중에 위변조되지 않은 진짜 정보인지를 확인시켜준다. 이러한 기능을 위해 네임 서버는 공개 키와 개인 키를 생성해서 개인 키를 이용해 DNS 데이터에 서명^{Signature}을 하면 사용자들은 그 네임 서버가 제공한 공개 키로 인증하는 구조를 사용한다.

B. 목적

앞에서 설명한 것처럼 1980년대에 사용되기 시작한 DNS는 보안 기능을 고려하지 않은 채 설계돼 현대에 와서 몇 가지 문제들을 야기했는데, 대표적인 것이 DNS 캐시의 정보를 위변조할 수 있는 DNS 스푸핑과 캐시 포이즈닝$^{\text{Cache Poisoning}}$(Pharming)이라고 할 수 있다. 즉, 공격자는 최종 사용자들이 사용하는 캐싱 네임 서버에 저장된 도메인의 캐시 정보를 의도적으로 위변조시켜 최종 사용자에게 잘못된 DNS 데이터를 전달하게 할 수 있다. 사용자들은 이렇게 위변조된 DNS 데이터를 사용해 잘못된 도메인에 접속해 사용자의 정보 (ID/Password)들을 입력함으로써 공격자에게 정보를 노출시키게 되는데, 공격자는 이러한 정보를 탈취해 사용자들에게 악의적인 피해를 입히게 된다.

　DNSSEC는 DNS 데이터를 공격해 위변조할 수 있는 취약한 DNS의 구조를 근본적으로 보완하고 개선하기 위한 노력의 한 결과물로 탄생한 국제 표준기술이다. DNSSEC는 2005년 IETF$^{\text{The Internet Engineering Task Force}}$가 완성했는데, 이후 테스트를 거쳐 2010년 최상위에 위치한 루트 네임 서버에도 적용된 서비스로서 현재 전 세계적으로 사용이 확대되고 있는 기존 DNS에 보안 기능을 확장한 서비스다. DNSSEC를 이용하면 캐싱 네임 서버는 서명된 DNS 데이터를 캐시에 저장하고 이 데이터들이 공격자에 의해 위변조될 때 DNS 데이터의 서명을 확인함으로써 이러한 공격을 방지할 수 있게 구성됐다.

C. DNSSEC 레코드 타입

DNSSEC는 일반적인 DNS 레코드보다 더 추가된 레코드 타입을 제공하는데, 정리하면 표 5-9와 같다.

표 5-9　DNSSEC 레코드 종류

레코드 타입	설명
RRset	동일한 형식의 레코드 집합이다.
DNSKEY	레코드나 존을 서명하기 위해 사용되는 공개 키를 저장하기 위한 리소스 레코드이며, 서버와 클라이언트 사이에 요청과 응답(Requst/Response)을 통해 공개 키가 배포된다.

(이어짐)

레코드 타입	설명
Zone Signing Key(ZSK)	한 존 내에서 각각의 레코드를 서명하기 위해 사용되는 존 키로, 공개 키와 개인 키를 사용한다.
Key Signing Key(KSK)	ZSK를 서명하고 상위 도메인 레벨과의 신뢰 사슬(Chain of Trust)을 생성하기 위해 사용되는 Key Signing Key다.
RRSIG(Resource Record Digital Signature)	각각의 레코드(RRset)를 개인 키(Private Key)로 서명하면 그 결과를 저장하는 레코드이며, DNS 응답 메시지에 포함돼 클라이언트에 배포된다.
DS(Delegation Signer)	도메인의 상위 도메인 존이 하위 도메인 존의 KSK를 보안 인증하고 또한 이를 검증할 수 있는 수단을 제공하는데, 이를 통해 상위 도메인과 하위 도메인 간에 보안 인증 사슬(Authentication Chain)을 형성하기 위해 사용되는 레코드다. DS 의 레코드 값은 하위 도메인 존 파일을 서명할 때 자동으로 계산되며, 하위 도메인 또는 존의 공개 KSK의 해시 값을 저장한다.
NSEC3(Next Secure)	특정 리소스 레코드가 존재하지 않는다는 사실을 전자 서명을 통해 인증할 수 있게 하는 레코드다. 존재하지 않는 리소스 레코드를 마치 존재하는 것처럼 위장 하는 공격자의 시도를 방지하기 위한 목적으로 사용한다.

●● 참고: 공개 키(Public Key)와 해시(Hash) 알고리즘의 원리

DNSSEC에서 사용되는 공개 키 알고리즘과 해시 알고리즘의 간단한 원리를 설명하면 다음과 같다.

1. 공개 키 알고리즘: 비대칭 키 암호화 방법(Asymmetric Key Cryptography)이라고 한다. 두 개의 키, 즉 공개 키와 개인 키를 이용해 암호화와 복호화를 진행하는데 한 키로 암호화를 하면 반드시 다른 키로 복호화가 돼야 한다는 원리를 사용한다. 일반적으로 공개 키는 이러한 목적을 위해 제공되며, 개인 키는 반드시 키 생성자가 안전하게 보관해야 한다. 이를 통해 데이터의 암호화와 전자 서명의 기능을 구현하며, 주로 RSA, Diffie-Hellman, DSA 등의 알고리즘이 사용된다.

2. 해시 알고리즘: 간단한 식으로 표현하면 H(M) = h라고 할 수 있는데, 즉 해시 함수(H)에 메시지 (M)를 입력하면 나타나는 값을 해시 값(h)이라고 한다. 메시지가 변경되면 해시 값도 변하는 성질 을 이용해 메시지의 무결성을 증명하는 데 사용된다. 가장 널리 사용되는 알고리즘으로 MD5, SHA-1, SHA512 등이 있다.

D. DNSSEC 작동 원리

위의 개념과 그 레코드 종류를 이용해 DNSSEC의 작동 원리를 그림으로 설명하면 다음과 같다.

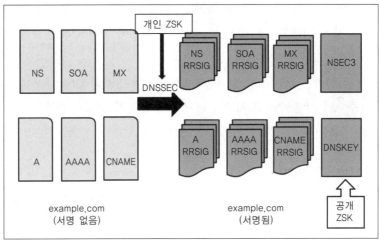

그림 5-4 DNSSEC 작동 원리 1

1. DNSSEC에서 첫 번째 단계는 그림 5-4처럼 각 DNS 서버가 제공하는 각 존의 동일한 형식의 레코드를 그룹별로 분류하는데, 이를 RRset$^{Resource\ Record\ Set}$이라고 한다.

2. 두 번째 단계는 이렇게 분류된 각 존의 RRset에 대해 개인 ZSK$^{Zone\ Signing\ Key}$를 이용해 서명을 하고 이들을 각각 RRSIG$^{Resource\ Record\ Signature}$ 레코드에 저장하며, 클라이언트가 검증에 사용할 공개 ZSK도 DNSKEY 레코드에 저장한다.

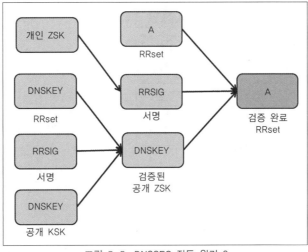

그림 5-5 DNSSEC 작동 원리 2

3. 클라이언트의 DNS 리졸버가 이렇게 서명된 레코드를 요청하면 그림 5-5처럼 DNS 서버는 이 레코드 정보와 RRSIG, 공개 ZSK가 포함된 DNSKEY까지 모두 전달한다.

4. 이때 공개 ZSK의 무결성을 검증하기 위해 개인 KSK^{Key Signing Key}를 사용해 공개 ZSK를 서명하고 그 정보를 RRSIG에 저장한다. 이와 동시에 이 공개 KSK 정보를 DNSKEY에 저장해 클라이언트에게 제공한다.

5. 클라이언트 리졸버는 개인 ZSK로 서명된 RRset의 RRSIG를 DNSKEY에 포함된 공개 ZSK로 검증하고, 개인 KSK로 서명된 공개 ZSK를 공개 KSK로 검증해 이상이 없으면 그 검증된 정보를 최종 클라이언트에게 전달한다.

신뢰 사슬(Chain of Trust)

위의 5번에서 공개 KSK가 문제가 있다면 클라이언트는 그것을 어떻게 알 수 있을까? 이를 위해 사용되는 레코드가 DS다. DS^{Delegation Signer} 레코드는 상위 레벨 존과 하위 레벨 존 간의 연속된 신뢰 관계 전달을 위해 사용된다. 이를 위해 존을 관리하는 네임 서버는 존에 대한 공개 KSK를 포함하는 DNSKEY와 이 키의 해시 정보를 포함하는 DS 레코드를 상위 레벨 존에 공개한다. 그 관계는 그림 5-6에서 보여주는 것처럼 최종적으로 루트 존까지 연결되며, 루트 존의 공개 KSK가 포함된 DNSKEY는 루트 개인 KSK에 의해 서명된다.

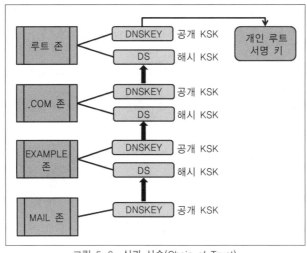

그림 5-6　신뢰 사슬(Chain of Trust)

　그림 5-6에서 도메인 example.com을 예로 들면 먼저 각 존은 공개 KSK와 그 해시 값을 생성해서 DNSKEY와 DS를 그 상위 레벨 존에 제출한다. 클라이언트 리졸버가 example.com 도메인에 대해 질의하면 루트 존은 등록된 .COM 존의 DNSKEY와 DS를 알려주고, 다시 .COM 존은 EXAMPLE 존을 관리하는 네임 서버의 DNSKEY와 DS 정보 를 알려준다. 클라이언트 리졸버는 이렇게 전달받은 DS 정보와 그 네임 서버에게서 직접

전달받은 정보가 일치하면 최종적으로 도메인 example.com의 정보가 정확하다고 판단해 사용자에게 이를 전달하게 된다.

5.6.2 DNSSEC 구축

이제 DNSSEC 서비스를 이해했다면 다음과 같은 5단계의 과정을 통해 이를 사용하는 방법을 설명하겠다.

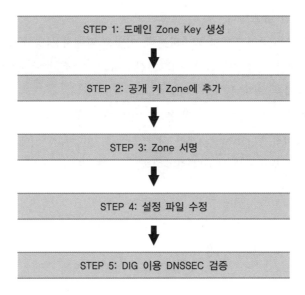

DNSSEC 구축 과정은 이와 같이 5단계의 과정을 거쳐서 설명할 수 있다. 그럼 각 단계별로 예제와 더불어 알아보자.

STEP 1: 도메인 Zone Key 생성

첫 번째 단계에서는 도메인에서 사용할 존 키를 생성한다.

```
[root@master keys]# dnssec-keygen -a NSEC3RSASHA1 -r /dev/urandom -b 1024 -n ZONE
chul.com.    ❶
Generating key pair..................+++ ..............+++
Kchul.com.+007+07544
[root@master keys]# dnssec-keygen -a NSEC3RSASHA1 -r /dev/urandom -b 2048 -n ZONE -f KSK
chul.com.    ❷
Generating key pair..................+++ ..............+++
```

```
Kexample.com.+007+37908
[root@master keys]# ls -l /var/named/keys        ❸
-rw-r--r-- 1 root root  424 Jul  2 09:02  Kchul.com.+007+07544.key
-rw------- 1 root root 1015 Jul  2 09:02  Kchul.com.+007+07544.private
-rw-r--r-- 1 root root  599 Jul  2 09:02  Kchul.com.+007+37908.key
-rw------- 1 root root 1779 Jul  2 09:02  Kchul.com.+007+37908.private
```

❶ 명령어 dnssec-keygen에 옵션 -a(알고리즘), -r(키에 입력될 난수 발생 장치), -b(키의 크기/비트), -n(키의 소유자 유형)에 존 chul.com을 지정해 ZSK^Zone Signing Key를 생성한다. 이 키는 기본적으로 30일 동안 유효하다.

❷ ❶과 동일하고 -f는 플래그^flag를 의미하는데, 이것은 앞에서 설명한 DNSKEY 레코드의 Key flag에 들어갈 값을 지정한다. 여기에선 KSK^Key Signing Key을 설정했는데, 이는 곧 KSK가 생성된다는 의미다.

❸ 위의 두 명령어를 통해 각각 두 개씩 총 네 개의 키가 생성됐는데, 확장자 .key는 공개 키^Public Key를 의미하고 .private는 개인 키^Private Key를 의미한다. 키에 사용된 숫자 007은 알고리즘(NSEC3RSASHA1)에 부여된 숫자이며, 07544와 37908은 각 키를 구별하기 위해 사용된 ID를 의미한다.

참고로 이 키들이 저장될 디렉토리를 지정 후 이 디렉토리에 저장해야 하는데, 여기에선 /var/named/keys를 생성한 후 사용했다.

STEP 2: 공개 키 Zone에 추가

두 번째 단계는 이렇게 생성된 공개 키를 존 파일에 추가하는 작업이다.

```
[root@master named]# vim /var/named/chroot/var/named/chul.zone ❶
web             IN CNAME    www
www             IN A   192.168.80.15
                IN A   192.168.80.16
                IN A   192.168.80.1
$INCLUDE /var/named/keys/Kchul.com.+007+07544.key      ❷
$INCLUDE /var/named/keys/Kchul.com.+007+37908.key      ❸
```

❶ STEP 1에서 생성한 공개 키를 존 데이터 파일에 추가하기 위해 현재 존 chul.com의 데이터 파일을 명령어 vim을 이용해 연 다음

❷ ZSK의 공개 키와

❸ KSK의 공개 키를 지시어 INCLUDE를 이용해 경로와 함께 추가해줘야 한다. 이 공개

키들은 모두 사용자들에게 배포되며, 나중에 인증을 위해 사용된다.

STEP 3: Zone에 서명

세 번째 단계는 이렇게 생성된 키를 이용해 각 존에 서명을 추가하는 작업이다.

```
[root@master named]# dnssec-signzone -S -K /var/named/keys -3 96e920 -o chul.com.
chul.zone        ❶
Verifying the zone using the following algorithms: NSEC3RSASHA1.
Zone fully signed:
Algorithm: NSEC3RSASHA1:   KSKs: 1 active, 0 stand-by, 0 revoked
                           ZSKs: 1 active, 0 stand-by, 0 revoked
chul.zone.signed ❷
[root@master named]# cat /var/named/chroot/var/named/chul.zone.signed     ❸
; File written on Thu Jul  2 09:53:05 2015
; dnssec_signzone version 9.9.4-RedHat-9.9.4-18.el7_1.1
chul.com.        86400   IN SOA  ns.chul.com. admin.chul.com. (
                 86400   RRSIG   SOA 7 2 86400 (    ❹
                 20150801015305 20150702015305 7544 chul.com
                     YVGCEDvJk17xYJjhTpnccXT07EeQwnCJtv6W
                     bOsPKQZcDfUJtRcnACoDe5pC95qLhM/8EItn
                     zkmvNIfI2jCa0Jx05X+2UOUCUM6xv/pQDibJ
                     W27RBxZoVKL5Xs9DNduULsI/TVavxq0Bwvy1
                     Ck7oevxKz8eEhRLcu/RlTa0AZCc= )
                 86400   NS      ns.chul.com.
                 86400   NS      ns2.chul.com.
                 86400   RRSIG   NS 7 2 86400 (
                 20150801015305 20150702015305 7544 chul.com.
                     wkAyh9+1id7+8HJ/tz9VH4PI9idXyjS5o3Ri
                     mH76/o0DrnzlIgDSJxDVR+IBpc/I7oiAVdvn
                     i+PI43kF3a3wsguymtNPJHdlBalYcZynaPkS
                     XaFzB3zLBM55rI/b6J6xSN7kDjs+HkbFtuEc
                     pVGFzMh1D3qUUKHwLfKTxP9VpOo= )
                 86400   DNSKEY 256 3 7 (    ❺
                     AwEAAdQIfzLS01fHNzNp4mGSF5Dh+Sx67sWH
                     HENmx8nfFXzlJaZGhYSY2zAik1/pOHJ2Q3sM
                     HZDUKb+sJ8b6bv0+1e/OiKdx6xWwaorOubm6
                     c+u4o5gPpgzNeP3HxhQyi4uWWyUHrzrmCXDK
                     bWEFJyRgI5vwBrM97r3w8WSRNtIoPBSZ
                     ) ; ZSK; alg = NSEC3RSASHA1; key id = 7544
----------------------------------------------------------------------
```

```
[root@master named]# cat /var/named/chroot/var/named/dsset-chul.com.          ❻
chul.com.          IN DS 37908 7 1 FD10496C29ECC3B5FB5CE97540286171B5212F0F    ❼
chul.com.          IN DS 37908 7 2
ACE3430CAEFD36EBEA3A6F7A5A565D45873AA053CC4951E29289C968 8CC94889
[root@master ~]# dig +trace +noadditional DS chul.com. @ns.chul.com | grep DS  ❽
; <<>> DiG 9.9.4-RedHat-9.9.4-29.el7_2.3 <<>> +trace +noadditional DS chul.com.
@ns.chul.com
com.          86400    IN    DS    30909 8 2
E2D3C916F6DEEAC73294E8268FB5885044A833FC5459588F4A9184CF C41A5766
com.          86400    IN    RRSIG DS 8 1 86400 20160625170000 20160615160000 60615
. cKpOK6FqogtfHJhUhAMfSPcsUirIX706FsM+oSyFiI35DY/QaZ+SdadH
/zF9Fsw2b55AGdAxmkMHD3wChCnQLBsQ+/Izkj2H2NqduE3EaIQfTpMI
rOc+LBz5rpQsy671lCAjbwmSTZnqxrk57EyWnyX1mJq6Dcb5LRqSPlTt OeI=
CK0POJMG874LJREF7EFN8430QVIT8BSM.com. 86400 IN RRSIG NSEC3 8 2 86400 20160623045833
20160616034833 34745 com. Bm+Pnevll5ux6VTuMUF5LYO4N+Mz9gM5Ai7vd9p+7Z5d8rfKhwHDw4w2
8W/y11r6CGCWH/TIH3fwNByM0ar/zPb8Te5DSRzqMLEE6wwpT3k208lv
ealJj4TINiM/Mama9HU8Hee3ZHCS5UKndf7dCtVbVETKrL0/IgwB9PfT Tio=
5LQI42JDH7K4QF5RKGG0F8NLK3TIJQVU.com. 86400 IN NSEC3 1 1 0 -
5LQJO5D9C56C07M1C5VL7293B21LTSPK NS DS RRSIG
```

❶ 명령어 `dnssec-signzone`에 옵션 -S(Smart signing: 서명된 존과 일치하는 키를 저장소에서 찾게
   함), -K(키 저장소), -3(주어진 salt 값으로 NSEC3 체인을 생성), -O(Zone)를 이용해 존 파일
   chul.zone에 서명한다.

❷ 서명의 결과로 서명된 존 파일 chul.zone.signed가 생성됨을 확인할 수 있다.

❸ 서명된 파일은 존 파일이 저장된 같은 디렉토리에 생성되는데, SOA나 NS와 같이 각
   레코드마다 서명돼 있음을 확인할 수 있고

❹ 여기서 SOA를 위한 RRSIG를 확인할 수 있는데, 각각의 의미는 다음과 같다.

7	2	86400	20150801015305	20150702015305	7544	chul.com
서명 알고리즘	label 번호	TTL	서명 만료 날짜	서명 시작 날짜	ZSK ID 번호	서명자

❺ 공개 ZSK를 저장한 DNSKEY가 정의돼 있는데, 여기서 숫자 256은 ZSK, 3은 프로토
   콜, 7은 알고리즘 번호를 의미한다.

❻ 존 서명의 결과로 생성된 또 하나의 파일로서 공개 KSK에 대한 해시 값이 포함돼 있는데

❼ 상위 도메인(여기선 .com)과 보안 인증 사슬을 형성하기 위해 이 두 개의 해시 값이 사용

중인 도메인 등록기관의 도메인 정보 DS 필드에 삽입돼야 한다. 여기서 해시 값이 두 개인 이유는 서로 다른 해시 알고리즘 때문인데, 첫 번째는 SHA-1(숫자 1이 의미)로 두 번째는 SHA-256(숫자 2가 의미)을 이용해 생성했기 때문이다.

❽ DS의 값이 삽입돼 제대로 동작하는지 명령어 dig를 이용해 확인할 수 있다. 네임 서버의 ns.chul.com 대신에 타기관의 네임 서버를 통해 확인하면 등록된 도메인의 DS 필드가 등록한 대로 그 결과를 보여주는지 확인할 수 있다.

STEP 4: 설정 파일(/etc/named.conf) 수정

이제 설정 파일에서 DNSSEC를 사용하게 수정해줘야 한다.

```
1. 마스터 네임 서버에서 설정하기
[root@master named]# vim /etc/named.conf
options {          ❶
   dnssec-enable yes;
        dnssec-validation yes;
        dnssec-lookaside auto;
};

zone "chul.com" IN {
        type master;
        file "chul.zone.signed";     ❷
        update-policy {
            grant ddns-key.chul.com  zonesub  ANY;
        };
        auto-dnssec allow;               ❸
        allow-transfer { key chul.com; };
};
[root@master named]# systemctl restart named ❹
[root@master named]# systemctl status named ❺

2. 슬레이브 네임 서버에서 확인하기
[root@node1 ~]# ls -l /var/named/slaves/
total 16
-rw-r--r-- 1 named named  549 Jun 30 11:21  chul.zone
-rw-r--r-- 1 named named 5585 Jul  2 10:10  chul.zone.signed       ❻
-rw-r--r-- 1 named named  428 Jun 30 12:08  jeong.zone
```

❶ 네임 서버 주 설정 파일에서 DNSSEC을 활성화시키기 위한 옵션 세 가지를 확인한다. 여기서 dnssec-lookaside auto는 DLV^{DNSSEC Look-aside Validation} 기능 활성화를 의미하

며, named 데몬이 처음 실행될 때 DLV 키를 /etc/named.iscdlv.key 파일로부터 읽어 들인다. 여기서 DLV는 루트 존부터 현재 사용하는 존까지 완전한 서명 경로가 없는 경우 현재 사용 중인 존 키를 제출해서 신뢰할 만한 저장소로서 현재 루트 존과 dlv.isc.org(BIND 개발회사)만 포함돼 있다.

❷ 존 파일을 서명이 추가된 파일로 교체한다. 슬레이브 서버도 사용하고 있다면 동일하게 이 부분을 교체해야 한다.

❸ 사용자들이 명령어 rndc sign zonename command를 사용해 키를 업데이트하고 존도 다시 서명됨을 허용하는 옵션인데, 허용치 않으려면 allow 대신 off를 사용한다.

❹ 변경된 정보를 적용하기 위해 네임 서버 데몬을 다시 시작한다.

❺ 그 이후에 변경된 정보가 적용된 후 에러가 없는지 확인한다.

❻ 슬레이브 서버도 동일하게 업데이트된 파일을 받았는지 확인한다.

STEP 5: DIG 이용 DNSSEC 검증

설정 마지막 단계로 위에서 설정한 DNSSEC 기능을 명령어 dig를 이용해 테스트하면 다음과 같다.

```
[root@master~ ]# dig @ns.chul.com chul.com dnskey +multiline          ❶
; <<>> DiG 9.9.4-RedHat-9.9.4-18.el7_1.1 <<>> @ns.chul.com chul.com dnskey +multi
;; ->>HEADER<<- opcode: QUERY, status: NOERROR, id: 5080
;; flags: qr aa rd ra; QUERY: 1, ANSWER: 2, AUTHORITY: 0, ADDITIONAL: 1
;; OPT PSEUDOSECTION:
; EDNS: version: 0, flags:; udp: 4096
;; QUESTION SECTION:
;chul.com.              IN DNSKEY

;; ANSWER SECTION:
chul.com.    86400 IN DNSKEY 256 3 7 (
                AwEAAdQIfzLS01fHNzNp4mGSF5Dh+Sx67sWHHENmx8nf
                FXzlJaZGhYSY2zAik1/pOHJ2Q3sMHZDUKb+sJ8b6bv0+
                1e/OiKdx6xWwaorOubm6c+u4o5gPpgzNeP3HxhQyi4uW
                WyUHrzrmCXDKbWEFJyRgI5vwBrM97r3w8WSRNtIoPBSZ
                ) ; ZSK; alg = NSEC3RSASHA1; key id = 7544    ❷
chul.com.    86400 IN DNSKEY 257 3 7 (
                AwEAAeYNhDInHfRn1AhNlaL4xs+rwa5rwR9xjCojtv45
                k53dupUhIQMqVmWtnvAgtuSNFqrJd1ykELewrNjPeAzO
                MRYkqi5cR/S1tU9KdA3dgI3bJv8kA//O5S/UevhSSjn9
```

```
                        mff41vdMBpUUxT36iCUyQj0RZINRtKhW8aKdWgbJexpN
                        fc4S6+miQEcpH/x8Z81jS7QE6rAJDFIzoT5ejbdOhJRN
                        5CpGZb+KOkWqnh9j4mUmUx7rDWPOyQKvLv5nAP60J6M7
                        gwAL19YSnkWIPN/hokkny3h+EAfemaVxUbIL1vwZXSCh
                        beAp2okhjmryIGtf1ydwzonD10KyHzx+YvTLdBs=
                        ) ; KSK; alg = NSEC3RSASHA1; key id = 37908      ❸
-----------------------------------------------------------------------

[root@master ~]# dig @ns.chul.com www.chul.com a +dnssec +multiline   ❹
; <<>> DiG 9.9.4-RedHat-9.9.4-18.el7_1.1 <<>> @ns.chul.com www.chul.com a +dnssec
+norecurse +multiline
;; ->>HEADER<<- opcode: QUERY, status: NOERROR, id: 60956
;; flags: qr aa ra; QUERY: 1, ANSWER: 4, AUTHORITY: 3, ADDITIONAL: 5

;; OPT PSEUDOSECTION:
; EDNS: version: 0, flags: do; udp: 4096  ❺
;; QUESTION SECTION:
;www.chul.com.          IN A

;; ANSWER SECTION:
www.chul.com.          86400 IN A 192.168.80.1
www.chul.com.          86400 IN A 192.168.80.6
www.chul.com.          86400 IN A 192.168.80.5
www.chul.com.          86400 IN RRSIG A 7 3 86400 (       ❻
                       20150801015305 20150702015305 7544 chul.com.
                       iQPydrTS07WFJo3WfIobYUMje4H55FKo9JCqCbZWeQ/9
                       XyFfFovSsgmRcdhTivpZdnIxX5znXKPQA2x6aB1xr4WA
                       yPfr4r8MqMgDV3fty98rOMTagfwhjbcZD4OyalRNlbvM
                       GsEyBmv2/HnFUxqk/lwv46JPxLedsGYCoIHNsyk= )

;; AUTHORITY SECTION:
chul.com.              86400 IN NS ns.chul.com.
chul.com.              86400 IN NS ns2.chul.com.
chul.com.              86400 IN RRSIG NS 7 2 86400 (
                       20150801015305 20150702015305 7544 chul.com.
                       wkAyh9+1id7+8HJ/tz9VH4PI9idXyjS5o3RimH76/o0D
                       rnzlIgDSJxDVR+IBpc/I7oiAVdvni+PI43kF3a3wsguy
                       mtNPJHdlBalYcZynaPkSXaFzB3zLBM55rI/b6J6xSN7k
                       Djs+HkbFtuEcpVGFzMh1D3qUUKHwLfKTxP9VpOo= )

;; ADDITIONAL SECTION:
ns.chul.com.           86400 IN A 192.168.80.5
```

```
ns2.chul.com.          86400 IN A 192.168.80.6
ns.chul.com.           86400 IN RRSIG A 7 3 86400 (
                       20150801015305 20150702015305 7544 chul.com.
                           gvcpvm4o6KSdsaD96pT/eAPSSG88bTMQRLIz/pv+23y5
                           YufwKyb24nVGCc8ddojVgnqQym6O6GynY17x/sgCM8J5
                           wfC4hlcT/yErenZwlWjFHS9x4NKEPNOKy38aSAX1a5Iu
                           58uDKwg3/6XN3YoMyjYEsb+DKC4U7x8niHJHol8= )
ns2.chul.com.          86400 IN RRSIG A 7 3 86400 (
                       20150801015305 20150702015305 7544 chul.com.
                           G2yJgifJxwXN4fkR8YXE15vCkoItD7r4ps+zDIhrHQMX
                           +4y3DiHEIR0OrCj3rBHKYV+jJ0g3adRQenzuH97pqbwl
                           a7of0E3vkb6jW83Vao6gDKP9kEXCvPfVJYSPLTQytnmp
                           fvwfAgZ9pOlxIenQALA6N6J/NF+tuwHzXFnuT/g= )
```

❶ 존 chul.com에 대한 공개 DNSKEY를 조회할 경우 명령어 dig와 dnskey 옵션을 사용하는데, 여기서 +mulitline 옵션은 키를 보기 편하게 여러 줄로 보여주라는 의미다.

❷ ZSK가 생성 시 사용한 알고리즘과 ID를 보여주는데, 이 정보는 공개 키 /var/named/keys/Kchul.com.+007+07544.key 정보와 동일함을 알 수 있다.

❸ KSK가 생성 시 사용한 알고리즘과 ID를 보여주는데, 이 정보 또한 공개 키 /var/named/keys/Kchul.com.+007+37908.key 정보와 동일함을 알 수 있다.

❹ 이번엔 호스트 www.chul.com의 DNSSEC 정보를 알기 위해 명령어 dig와 dnssec 옵션을 함께 사용하면

❺ flag의 do가 사용됐는데, 이는 DNSSEC OK의 의미로서 DNSSEC가 이 호스트에 대해 작동하고 있음을 알려준다.

❻ A와 NS 레코드에 대한 서명된 정보(RRSIG)가 저장돼 있음을 확인할 수 있다.

5.7 DNS 서버 GUI 프로그램 Webmin 사용

지금까지 DNS 관리를 위해 명령어만 사용했다면 이번 절에서는 GUI를 이용한 DNS 서버 관리 방법을 설명한다. 프로그램 Webmin을 이용하면 DNS 서버를 아주 편리하게 GUI를 사용해 관리할 수 있다. Webmin은 웹 기반의 리눅스 용 그래픽 툴로서 사용자 관리, 디스크 관리, 네트워크 관리, 방화벽 관리, 그리고 Apache, DNS, MySQL, OpenSSH 서버 관리 등 여러 서버 관리 서비스를 제공하는 오픈소스 프로그램이다.

5.7.1 Webmin 설치와 서비스 시작

Webmin 서비스는 웹 서버 기반으로 운영되므로 웹 서버가 실행되고 있는지 확인이 필요하다. 그 이후에 패키지 설치 및 그 서비스를 시작하는 방법을 설명하겠다.

A. Webmin 설치

Webmin 패키지를 설치하기 위한 방법은 다음과 같다.

```
[root@master ~]# vim /etc/yum.repos.d/webmin.repo ❶
[Webmin]
name=Webmin Distribution Tool
#baseurl=http://download.webmin.com/download/yum
mirrorlist=http://download.webmin.com/download/yum/mirrorlist
enabled=1
[root@master ~]# rpm --import http://www.webmin.com/jcameron-key.asc ❷
[root@master ~]# yum search webmin          ❸
[root@master ~]# yum install webmin -y      ❹
```

❶ Webmin을 설치하기 위한 YUM 저장소 파일을 /etc/yum.repos.d/webmin.repo로 생성한다.

❷ Webmin 사이트에서 제공하는 GPG 키를 다운받아 설치한다.

❸ 명령어 yum을 사용해 webmin 패키지를 검색한 뒤에

❹ webmin 패키지를 설치한다.

B. Webmin 서비스 시작

설치가 완료되면 이제 서비스를 시작하고 방화벽에 서비스를 등록해줘야 한다.

```
[root@master ~]# systemctl start webmin  ❶
[root@master ~]# systmectl enable webmin ❷
[root@master ~]# ps -ef | grep webmin    ❸
root    6679    1 0 09:45 ?    00:00:00 /usr/bin/perl /usr/libexec/webmin/miniserv.pl
/etc/webmin/miniserv.conf
[root@master ~]# netstat -nat | grep 10000      ❹
tcp    0    0 0.0.0.0:10000          0.0.0.0:*            LISTEN

[root@master ~]# iptables -I INPUT -p tcp --dport 10000 -j ACCEPT      ❺
[root@master ~]# firewall-cmd --add-port=10000/tcp --permanent         ❻
success
```

```
[root@master ~]# firewall-cmd --reload
success
[root@master ~]# firewall-cmd --list-ports
10000/tcp
```

❶ 명령어 `systemctl`을 사용해 Webmin 서비스를 시작한다.

❷ 재부팅 이후에도 자동으로 Webmin 서비스가 시작되게 설정한다.

❸ Webmin 서비스가 잘 시작됐는지 그 프로세스를 확인한다.

❹ Webmin 서비스는 기본적으로 포트 10000번을 사용하는데, 명령어 `netstat` 통해 확인한다.

❺ iptables 방화벽을 사용한다면 프로토콜 TCP와 포트 10000번을 허용한다.

❻ firewalld 방화벽을 사용한다면 마찬가지로 프로토콜 TCP와 포트 10000번을 허용하고 방화벽을 다시 시작한다. 그리고 나서 포트가 추가됐는지 확인한다.

5.7.2 Webmin 접속

Webmin이 성공적으로 시작되면 브라우저를 이용해 다음과 같이 호스트 이름이나 IP 주소, 그리고 포트 10000번을 이용해 접속이 가능하다.

```
https://master.chul.com:10000/

https://192.168.80.5:10000/
```

A. Webmin 접속

Webmin이 사용하는 IP 주소와 포트 10000번을 사용해 접속한 후에 사용자 이름은 root, 그리고 패스워드는 root의 패스워드를 이용해 그림 5-7처럼 로그인한다.

그림 5-7 Webmin 로그인하기

B. 초기 화면

초기 접속에 성공하면 시스템에 대한 정보를 제공하는 화면을 그림 5-8처럼 확인할 수 있다.

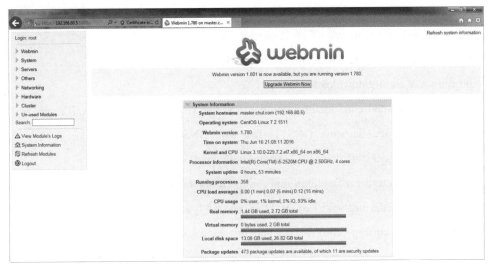

그림 5-8 Webmin 초기 화면

C. DNS 메뉴 확인

왼쪽 메뉴 중 Servers를 클릭하고 BIND DNS Server를 클릭하면 그림 5-9와 같이 DNS 서버 설정에 대한 모든 메뉴를 확인하고 필요한 작업을 수행할 수 있다.

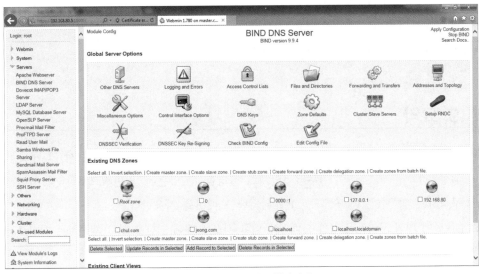

그림 5-9 DNS 메뉴 확인하기

5.8 참고문헌

- https://en.wikipedia.org/wiki/Domain_Name_System
- https://en.wikipedia.org/wiki/List_of_Internet_top-level_domains
- https://en.wikipedia.org/wiki/Top-level_domain
- https://en.wikipedia.org/wiki/Comparison_of_DNS_server_software
- https://www.isc.org/downloads/bind/
- https://access.redhat.com/documentation/enUS/Red_Hat_Enterprise_Linux/7/html/Security_Guide/sec-Securing_DNS_Traffic_with_DNSSEC.html
- http://www.thegeekstuff.com/2012/02/dig-command-examples/
- http://www.cyberciti.biz/faq/linux-unix-dig-command-examples-usage-syntax/
- https://en.wikipedia.org/wiki/List_of_DNS_record_types
- https://www.howtoforge.com/two_in_one_dns_bind9_views
- http://www.thenoccave.com/2013/05/17/dnssec-complete-howto-sign-the-zone/
- http://www-uxsup.csx.cam.ac.uk/pub/doc/redhat/AS2.1/rhl-rg-en-7.2/s1-bind-rndc.html
- http://krnic.or.kr/jsp/resources/dns/dnssecInfo/dnssecInfo.jsp
- https://www.digitalocean.com/community/tutorials/how-to-setup-dnssec-on-an-authoritative-bind-dns-server--2
- https://www.ietf.org/rfc/rfc4034.txt
- https://tools.ietf.org/html/rfc5936
- https://www.cloudflare.com/dnssec/how-dnssec-works/

5.9 요약

1. DNS는 (   ) 정보를 (   )로 변환시켜주는 (   )로서 그 구조는 최상위 (   )부터 5단계로 설명할 수 있는데, 일반적으로 네임 서버를 구축하는 경우 (   )에 위치한 도메인을 사용한다.

2. (   ) 네임 서버는 설정한 도메인에 대한 정보에 대해 권한을 갖고 제공하는 서버로서 보통 (   )와 (   )가 이에 해당하며, 이에 반해 (   ) 네임 서버는 클라이언트가 요청한 도메인의 정보를 찾아서 (   )에 저장해 제공하는 서버로서 (   )가 이에 해당한다.

3. 네임 서버 구축을 위해 (   ) 패키지를 설치하면 옵션을 포함하는 파일 (   )와 존을 정의한 파일 (   )가 주 설정 파일로 사용되며, 존 데이터가 저장되는 기본 디렉토리는 (   )이다.

4. 마스터 네임 서버는 슬레이브 서버에게 존 정보를 전달하기 위해 설정 파일에서 먼저 전달할 (   )을 선택하고 (   ) 옵션을 사용해 슬레이브 서버의 (   )를 지정해줘야 한다.

5. TSIG^{Transaction Signatures}는 (   )와 (   )을 이용해 DNS 메시지의 (   )과 메시지 송신자를 인증하는 방법으로서 명령어 (   )를 사용해 두 개의 키, 즉 (   )와 (   )를 생성한 뒤 존 설정 파일에 추가해야 한다.

6. RNDC는 (   )를 사용해 (   ) 데몬을 로컬 호스트나 원격지 호스트에서 제어하기 위한 서비스로서 프로토콜 TCP, 서버 포트 (   )을 이용하며 전자 서명 알고리즘 (   )와 명령어 (   )를 사용해 설정 파일 (   )를 생성해야 한다.

7. DNS 조회를 위한 클라이언트 프로그램으로 (   ), (   ), (   )가 사용되며, 그중에서 (   )가 그 결과를 총 (   )개의 섹션으로 나눠 가장 자세한 정보를 제공한다.

8. DNSSEC은 (   )과 (   ) 같은 공격으로부터 DNS 데이터의 (   )을 보장하는 보안 기능이 확장된 DNS 서비스다.

9. DNSSEC은 명령어 (   )로 두 개의 키 (   )와 (   )를 생성하며, 명령어 (   )을 사용해 존에 서명을 추가한다.

10. 프로그램 (   )을 이용해 GUI를 통한 DNS 관리가 가능한데, 설치 후 로그인은 URL (   )와 사용자 (   )로 가능하다.

5.10 연습문제

1. DNS 서비스를 위해 Bind 패키지를 설치하고 서비스를 시작하며, 이 서비스를 방화벽 Firewalld에 등록해보라.

2. 존 example.com을 이용해 DNS 서버를 구축하되 존 데이터 파일은 chroot가 적용된 디렉토리에 생성하라.

3. 존 example.com 이외에 두 개의 존 test.com과 education.org를 DNS 서버에 추가한 뒤 dig를 이용해서 테스트하라.

4. 존 example.com의 Forward 및 Reverse 존 파일을 생성하고 그 웹 호스트에 라운드로빈 기능을 적용하라.

5. 존 example.com을 마스터 서버에서 슬레이브 네임 서버로 전송할 때 TSIG를 이용한 키를 생성해 설정한 뒤 전송하라.

6. 내부 사용자와 외부 사용자에게 구별된 정보를 제공하기 위해 VIEW를 사용해 존 example.com을 설정해 테스트하는데, 내부 사용자에겐 추가적인 호스트 정보 3개 이상을 제공해보라.

7. 슬레이브 네임 서버에서 RNDC 서비스를 사용해 마스터 서버의 named 데몬을 제어하기 위한 설정을 해보라.

8. 마스터 네임 서버와 슬레이브 네임 서버에서 DDNS 서비스를 구현해보라.

9. 존 example.com에 DNSSEC를 적용해 설정한 후 dig를 이용해 테스트하라.

10. Webmin을 설치하고 새로운 존 korea.com을 추가한 뒤에 dig를 이용해 테스트하라.

5.11 연구과제

1. PowerDNS 패키지를 이용해 DNS 서버를 구축하고 BIND에서 테스트했던 가능한 기능들을 모두 구현해보라.

2. DNSSEC 구현을 위해 BIND가 아닌 Unbound와 dnssec-trigger 패키지를 이용해서 구현해보라.

3. DNS 방화벽 구축에 사용되는 RPZ^{Response Policy Zones}를 Bind에 사용해보라.

6장
Apache 웹 서버

리눅스 Apache 웹 서버의 모든 것

현재 인터넷 서비스 중에서 사용자들에게 가장 인기 있는 웹 서비스는 이 서비스를 제공하는 서버 부분과 이를 이용하는 클라이언트로 구성된다. 인터넷 사용자들이 이용하는 웹 클라이언트를 일반적으로 웹 브라우저라고 부르며 IE[Internet Explorer], 파이어폭스[Firefox], 크롬[Chrome], 사파리[Safari] 등이 가장 많이 사용되는 대표적인 프로그램이다. 웹 서버는 웹 서비스를 클라이언트에게 제공하는 부분으로서 사용자들에게 가장 인기 있는 웹 서버 프로그램으로, 6장에서 설명할 Apache[아파치], 7장에서 설명할 Nginx, 마이크로소프트의 IIS 등이 있다. Apache 서버는 아파치 소프트웨어 재단에서 제공하는 대표적인 오픈소스 HTTP 서버이며, 대부분의 리눅스 및 유닉스 시스템을 비롯해 윈도우 시스템에서도 사용 가능한 뛰어난 프로그램이다. Apache 웹 서버는 1995년 NCSA 웹 서버를 기반으로 개발이 시작돼 1996년 가장 인기 있는 웹 서버로 자리매김했고, 초기 WWW[World Wide Web]를 성장시키는 데 아주 중요한 역할을 한 프로그램이다. 2015년 현재 웹 서버 시장에서 50% 이상의 점유율을 차지하고 있을 정도로 현재까지도 이 분야에서 막강한 영향력을 끼치고 있다. Apache 서버는 자체적으로 다양한 기능을 제공하지만, 다양한 종류의 서드파티 모듈 설치를 통해 여러 기능들을 사용자 환경에 맞게 언제든지 추가와 삭제가 가능하고, 그 업데이트 또한 매우 활발하게 이뤄지고 있다. 또한 SSL/TLS를 비롯한 여러 보안 프로그램을 제공함으로써 보안 또한 우수한 편으로 평가되고 있다.

6장에서 Apache 서버 및 클라이언트 설정, 그리고 테스트를 위해 사용되는 호스트의 정보는 다음과 같다.

호스트 이름	IP 주소	OS 버전	역할
master.chul.com	192.168.80.5	CentOS Linux release 7.2	Apache 서버
node1.chul.com	192.168.80.6	CentOS Linux release 7.2	웹 클라이언트
windows.chul.com	192.168.80.11	윈도우 7 64비트	웹 클라이언트

6장에서 다루는 내용은 다음과 같다.

- Apache 웹 서버 설치와 서비스 시작
- Apache CGI와 Userdir 사용
- Apachc 인증 시용
- 가상 호스트^{Virtual Host} 설정
- HTTPS(HTTP+SSL) 구현
- Apache 모듈 사용
- Apache 보안 설정
- WordPress 설치
- Piwik – GUI 이용 Apache 서버 분석

6.1 Apache 웹 서버 설치와 서비스 시작

이번 절에서는 Apache 서버를 설치하고 그 서비스 시작과 기본 설정 방법, 그리고 PHP를 사용하는 방법, 마지막으로 Apache 서버를 위한 방화벽 설정 방법을 차례대로 설명한다.

6.1.1 Apache 서버 설치와 기본 설정

먼저 Apache 서버 패키지를 설치하고 그 후에 설정 파일을 사용해 기본적인 웹 서버를 설정하는 방법을 알아본다.

```
[root@master ~]# yum install httpd -y      ❶
[root@master ~]# rpm -qa | grep httpd      ❷
httpd-tools-2.4.6-40.el7.centos.x86_64
libmicrohttpd-0.9.33-2.el7.x86_64
httpd-2.4.6-40.el7.centos.x86_64
```

```
[root@master ~]# ls /etc/httpd/          ❸
alias conf conf.d conf.modules.d logs modules run
[root@master ~]# ls -l /var/www          ❹
total 4
drwxr-xr-x. 3 root root 4096    Apr  7 13:34 cgi-bin
drwxr-xr-x. 5 root root   71    Apr  9 13:38 html
[root@master ~]# ls /var/log/httpd/ ❺
access_log                   error_log
[root@master ~]# vim /etc/httpd/conf/httpd.conf      ❻
31 ServerRoot "/etc/httpd"               ❼
42 Listen 192.168.80.5:80                ❽
86 ServerAdmin root@chul.com             ❾
95 ServerName www.chul.com:80            ❿
119 DocumentRoot "/var/www/html"         ⓫
164 DirectoryIndex index.html index.php ⓬
182 ErrorLog "logs/error_log"            ⓭
217 CustomLog "logs/access_log" combined ⓮
```

❶ 명령어 yum을 이용해 Apache 패키지를 설치한다.

❷ 명령어 rpm을 이용해 설치한 패키지를 확인하는데, httpd와 의존 관계에 있는 다른 패키지도 동시에 설치됐음을 확인할 수 있다.

❸ 패키지 설치가 완료되면 Apache 서버의 설정 파일이 위치한 디렉토리를 확인한다.

❹ Apache 서버가 브라우저상에서 인식할 데이터가 저장될 디렉토리다.

❺ Apache 서버의 로그 파일이 저장된 디렉토리를 확인한다.

❻ 설치 이후 기본 설정을 위해 Apache 서버가 사용하는 설정 파일을 명령어 vim으로 열어

❼ Apache 서버가 사용할 설정 파일들이 저장될 디렉토리를 지정한다.

❽ Apache 서버가 사용하는 여러 네트워크 인터페이스가 있는 경우 그중에서 어떤 IP 주소로 클라이언트의 접속을 받아들일지를 결정한다. IP 주소를 지정하지 않고 포트 번호만 입력하는 경우 모든 주소를 사용한다는 의미가 된다.

❾ 문제가 발생하는 경우 Apache 서버가 보낼 이메일 주소를 입력한다. 이메일을 설정하는 방법은 8장의 Postfix 서버 부분을 참고하기 바란다.

❿ Apache 서버가 사용할 이름과 포트를 설정한다. 이 이름은 DNS에서 설정된 이름을 사용하고, 그렇지 않은 경우 이름 대신 IP 주소를 사용할 수 있다.

⓫ Apache 서버가 인식할 데이터들이 저장될 디렉토리를 지정한다.

⓬ 클라이언트가 웹 서버 접속 시 초기 화면으로 보여줄 파일명을 지정한다. 기본은

index.html이며 이 파일이 없는 경우 index.php 파일을 찾게 된다.

❸ Apache 서버에서 에러가 발생한 경우 그것을 기록할 로그 파일을 지정한다. 여기서 logs는 /etc/httpd/logs를 의미하며, 이 디렉토리는 /var/log/httpd/에 링크로 연결돼 있다.

❹ Apache 서버에 접속하는 일반적인 접속 정보를 기록할 로그 파일을 지정한다. 여기서 logs도 위와 동일하다.

6.1.2 Apache 서버 서비스 시작과 PHP 사용

패키지 설치와 기본 설정이 완료되면 이제 Apache 서비스를 시작할 수 있다. 그와 동시에 PHP를 사용하는 방법도 알아보자.

A. 서비스 시작과 접속

먼저 Apache 서버를 시작하는 방법은 다음과 같다.

```
[root@master ~]# systemctl start httpd    ❶
[root@master ~]# systemctl enable httpd   ❷
[root@master ~]# systemctl status httpd   ❸
httpd.service - The Apache HTTP Server
Loaded: loaded (/usr/lib/systemd/system/httpd.service; enabled; vendor preset:
disabled)
Active: active (running) since Sun 2016-04-10 11:50:18 KST; 4h 25min ago
    Docs: man:httpd(8)
          man:apachectl(8)
 Main PID: 3404 (httpd)
 Status: "Total requests: 0; Current requests/sec: 0; Current traffic:   0 B/sec"
    CGroup: /system.slice/httpd.service
          3404 /usr/sbin/httpd -DFOREGROUND
          4306 /usr/libexec/nss_pcache 131075 off /etc/httpd/alias

          8953 /usr/sbin/httpd -DFOREGROUND
          8954 /usr/sbin/httpd -DFOREGROUND
          8955 /usr/sbin/httpd -DFOREGROUND
          8956 /usr/sbin/httpd -DFOREGROUND

Apr 10 11:49:51 master.chul.com systemd[1]: Starting The Apache HTTP Server...
Apr 10 11:50:18 master.chul.com systemd[1]: Started The Apache HTTP Server.
Apr 10 12:43:47 master.chul.com systemd[1]: Reloaded The Apache HTTP Server.
[root@master ~]# netstat -natlp | grep httpd    ❹
```

```
tcp    0    0 192.168.80.5:80    0.0.0.0:*    LISTEN    3404/httpd
[root@master ~]# lsof -i tcp:80 ❺
COMMAND PID    USER    FD    TYPE DEVICE SIZE/OFF NODE NAME
httpd  3404   root    3u   IPv4  37578     0t0  TCP master:http (LISTEN)
httpd  8947  apache   3u   IPv4  37578     0t0  TCP master:http (LISTEN)
httpd  8949  apache   3u   IPv4  37578     0t0  TCP master:http (LISTEN)
httpd  8950  apache   3u   IPv4  37578     0t0  TCP master:http (LISTEN)
[root@master ~]# httpd -v        ❻
Server version: Apache/2.4.6 (CentOS)
Server built:   Nov 19 2015 21:43:13
```

❶ 명령어 `systemctl`을 사용해 Apache 서버의 httpd 데몬을 시작한다.

❷ 명령어 `systemctl`을 사용해 Apache 서비스가 부팅 이후 자동으로 시작하게 설정한다.

❸ 명령어 `systemctl`을 사용해 Apache 서버의 상태를 확인하는데, Active와 서버가 시작됐다는 메시지를 찾을 수 있어야 한다.

❹ 명령어 `netstat`를 사용해 httpd 데몬이 사용하는 포트와 프로토콜, 그리고 PID를 확인할 수 있다.

❺ 명령어 `lsof`를 통해 포트 80번을 확인하면 명령어 `httpd`가 http 서비스를 제공하고 있음을 알 수 있다.

❻ 데몬에 v 옵션을 사용하면 현재 Apache 서버의 버전 정보를 확인할 수 있다.

B. PHP 사용

Apache 서버 시작 이후에 PHP를 사용하는 방법은 다음과 같다.

```
[root@master ~]# yum install php php-pear -y ❶
[root@master ~]# rpm -qa | grep php           ❷
php-5.4.16-36.el7_1.x86_64
php-pear-1.9.4-21.el7.noarch
[root@master ~]# vim /var/www/html/index.php ❸
<?php
phpinfo();   ❹
?>
[root@master ~]# vim /etc/php.ini    ❺
878 date.timezone = Asia/Seoul
[root@master ~]# ls -l /etc/httpd/conf.d/php.conf ❻
-rw-r--r-- 1 root root 691 Apr 15 12:31 /etc/httpd/conf.d/php.conf
[root@master ~]# ls -l /etc/httpd/conf.modules.d/10-php.conf    ❼
```

```
-rw-r--r-- 1 root root 216 Apr 15 12:34 /etc/httpd/conf.modules.d/10-php.conf
[root@master ~]# ls -l /etc/httpd/modules/libphp5.so    ❽
-rwxr-xr-x. 1 root root 4588368 Jun 24 2015 /etc/httpd/modules/ libphp5.so
[root@master ~]# systemctl restart httpd      ❾
```

❶ 명령어 yum을 사용해 PHP 패키지를 설치한다. php-pear는 재사용이 가능한 php 구성 요소들을 지원하는 패키지다.

❷ 명령어 rpm을 사용해 패키지 설치를 확인하는데, 여기서 출력된 두 가지 외에도 의존 관계에 있는 다수의 패키지를 볼 수 있다.

❸ php 테스트를 위해 index.php 파일을 명령어 vim으로 생성하는데

❹ php의 정보를 출력하는 함수를 사용한다.

❺ php 설정 파일에서 현재 자신이 사용하는 시간대를 설정한다.

❻ php에 관련된 설정을 정의하는 파일인데, 이 파일은 php 패키지를 설치하면 사용할 수 있다.

❼ php를 Apache 서버에서 사용하기 위해 필요한 모듈을 정의한 파일이며, 이 파일도 php 패키지를 설치해야 사용할 수 있다. 아래 ❽에 위치한 모듈이 정의돼 있다.

❽ php가 사용하는 모듈 이름이며, 이 모듈은 php 패키지를 설치하면 사용할 수 있다.

❾ 위의 변경 사항들이 적용되도록 Apache 서버를 다시 시작한다.

위의 설정들을 모두 마치고 php 파일을 생성하지 않은 경우 브라우저에서 IP 주소 또는 URL을 입력하면 그림 6-1처럼 초기 화면을 볼 수 있다.

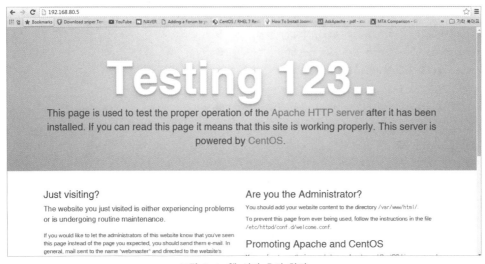

그림 6-1 웹 서버 초기 화면

php 파일을 생성한 경우 그림 6-2처럼 URL www.chul.com/index.php를 입력하고 접속하면 그림과 같이 php 정보를 확인할 수 있다.

이때 DNS가 작동되지 않는다면 도메인 대신에 IP 주소를 입력해도 동일한 결과를 그림 6-2처럼 확인할 수 있다.

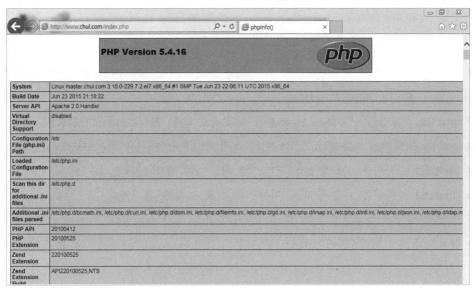

그림 6-2 Apache 서버에서 PHP 확인하기

6.1.3 방화벽 설정

Apache 웹 서버가 정상적으로 시작됐다면 Iptables나 Firewalld 같은 방화벽 프로그램에서 이를 허용하는 설정은 다음과 같다. 두 가지 중 한 가지만 선택해서 사용하기 바란다.

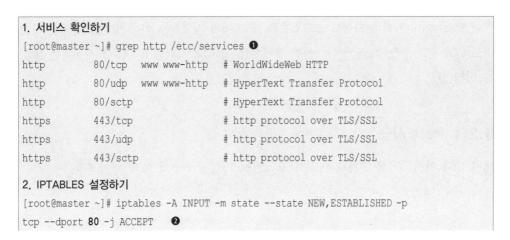

```
1. 서비스 확인하기
[root@master ~]# grep http /etc/services ❶
http        80/tcp   www www-http   # WorldWideWeb HTTP
http        80/udp   www www-http   # HyperText Transfer Protocol
http        80/sctp                 # HyperText Transfer Protocol
https       443/tcp                 # http protocol over TLS/SSL
https       443/udp                 # http protocol over TLS/SSL
https       443/sctp                # http protocol over TLS/SSL

2. IPTABLES 설정하기
[root@master ~]# iptables -A INPUT -m state --state NEW,ESTABLISHED -p
tcp --dport 80 -j ACCEPT   ❷
```

```
[root@master ~]# iptables -A INPUT -m state --state NEW,ESTABLISHED -p
tcp --dport 443 -j ACCEPT  ❸

3. Firewalld 설정하기
[root@master ~]# firewall-cmd --permanent --add-service=http      ❹
[root@master ~]# firewall-cmd --permanent --add-service=https     ❺
[root@master ~]# firewall-cmd --reload             ❻
[root@master ~]# firewall-cmd --list-services      ❼
dns ftp http https ldap mountd nfs rpc-bind smtp ssh
```

❶ 리눅스가 제공하는 서비스 이름과 그 포트를 정의하는 파일에서 http 서비스를 확인하면 포트 80번과 https를 제공하는 포트 443번을 확인할 수 있다.

❷ iptables 방화벽을 이용해 포트 80번을 목적지로 하는 패킷을 허용하도록 설정한다.

❸ iptables 방화벽을 이용해 포트 443번을 목적지로 하는 패킷을 허용하도록 설정한다.

❹ firewalld 방화벽을 이용해 http 서비스를 허용 목록에 추가한다.

❺ firewalld 방화벽을 이용해 https 서비스를 허용 목록에 추가한다.

❻ 변경된 사항을 적용하기 위해 firewalld 방화벽을 다시 시작한다.

❼ 위에서 추가한 서비스들이 제대로 추가됐는지 list-services 옵션을 이용해 확인한다.

6.2 Apache CGI와 UserDir 사용

웹 서버가 클라이언트에게 제공하는 데이터는 HTML^Hyper Text Markup Language로 작성됐다. 이러한 HTML로 작성된 데이터는 프로토콜 HTTP에 의해 클라이언트에게 전달된다. 그런데 이러한 HTML은 사용자들이 요구하는 동적인 데이터를 제공하지 못하기 때문에 이러한 목적을 위해 사용하는 것이 php, Perl, 파이썬^Python 같은 서버 사이드 스크립트^Server Side Script다. 이러한 서버 사이드 스크립트와 웹 서버가 서로 통신하는 방법을 정의한 것이 바로 CGI^Common Gateway Interface다. 이번 절에서는 Apache 서버에서 CGI를 사용하는 방법을 설명한다.

6.2.1 Perl 사용

먼저 CGI 언어 중 첫 번째로 비교적 오래전에 개발된 Perl에 대해 알아보자.

A. 서버 설정 확인

CGI를 사용하려면 먼저 Apache 서버에서 이를 허용하는 설정을 해줘야 한다.

```
[root@master ~]# yum install perl perl-CGI -y        ❶
[root@master ~]# vim /etc/httpd/conf/httpd.conf      ❷
247 ScriptAlias /cgi-bin/ "/var/www/cgi-bin/"        ❸
255 <Directory "/var/www/cgi-bin">  ❹
256     AllowOverride None
257     Options +ExecCGI   ❺
258     Require all granted
259 </Directory>
294     AddHandler cgi-script .cgi .pl              ❻
[root@master ~]# systemctl restart httpd            ❼
```

❶ 먼저 명령어 yum을 이용해 Perl을 사용하기 위한 패키지를 설치한다. 여기서 두 번째 패키지 perl-CGI는 CGI에 대한 HTTP의 요청과 응답을 담당하는 역할을 한다.

❷ Apache 서버가 사용하는 설정 파일을 명령어 vim으로 열어서

❸ 지시어 ScriptAlias를 사용해 URL상에서의 디렉토리 cgi-bin은 시스템상에서 /var/www/cgi-bin을 가리킨다고 선언한다.

❹ 그리고 CGI 데이터를 저장하고 실행할 디렉토리를 정의하는데

❺ ExecCGI 옵션을 추가해 Apache 서버가 이 디렉토리에서 CGI 실행을 허용하도록 한다.

❻ 그리고 파일의 확장자가 .cgi .pl로 끝나는 파일을 CGI로 인식하도록 설정한다.

❼ 위의 변경 사항들이 적용되도록 Apache 서버를 다시 시작한다.

B. Perl 테스트 파일 작성과 확인

이제 서버에서 Perl을 사용할 수 있게 설정했으므로 테스트를 해보자. 먼저 테스트용 파일을 생성하고 그런 다음에 브라우저에서 실제 URL로 접속해 Perl이 제대로 작동하는지 테스트를 진행하겠다.

```
[root@master ~]# vim /var/www/cgi-bin/first.pl      ❶
#!/usr/bin/perl ❷
print "Content-type: text/html\n\n";
print "<html>\n<body>\n";
print "<div style=\"width: 100%; font-size: 80px; font-weight: bold; text-align:
center;\">\n";
print "Perl Test Page in www.chul.com";            ❸
```

```
print "\n</div>\n";
print "</body>\n</html>\n";
[root@master ~]# chmod 705 /var/www/cgi-bin/first.pl  ❹
```

❶ Perl 테스트를 위해 파일을 명령어 vim으로 생성한다.

❷ 쉬방^{Shebang}(#!)은 아래 스크립트를 읽어 실행할 프로그램 Perl의 경로를 정의한다. 보통 해석기나 통역기라는 의미로 인터프리터^{Interpreter}라고 부르기도 한다.

❸ 실제 브라우저에서 읽어 들일 텍스트 내용이다.

❹ 클라이언트에서 이 파일을 읽고 실행 가능하도록 명령어 chmod를 이용해 그 권한을 수정한다.

위의 파일을 생성하고 브라우저에서 URL www.chul.com/cgi-bin/first.pl로 접속하면 그림 6-3과 같은 테스트 페이지를 볼 수 있다. 호스트 이름 www.chul.com 대신 DNS 서버에서 설정한 IP 주소(192.168.80.5)를 사용해도 동일한 결과를 얻을 수 있다.

그림 6-3 Perl 테스트 페이지

6.2.2 파이썬 사용

이번에는 두 번째 CGI 언어로 Perl과 자주 비교되며 가독성이 뛰어난 파이썬^{Python}을 사용하는 방법을 알아본다.

A. 서버 설정 확인

파이썬을 사용하기 위해 Apache 서버에서 이를 허용하는 설정을 해줘야 하는데, Perl과 대부분 동일하므로 다른 부분만 설명하겠다.

```
[root@master ~]# yum install python -y          ❶
[root@master ~]# vim /etc/httpd/conf/httpd.conf
294    AddHandler cgi-script .cgi .pl .py        ❷
[root@master ~]# systemctl restart httpd         ❸
```

❶ 먼저 명령어 yum을 이용해 python 패키지를 설치한다.

❷ Apache 설정 파일을 열어 파이썬의 확장자 py를 추가해 Apache 서버가 이 확장자를 가진 파일도 CGI로 인식하도록 추가한다.

❸ 위의 변경 사항이 적용되도록 Apache 서버를 다시 시작한다.

B. Python 테스트 페이지 작성과 확인

이제 서버에서 파이썬을 사용할 수 있게 설정했으므로 테스트를 하겠다. 먼저 테스트용 파일을 생성하고 그 다음에 브라우저에서 실제 URL로 접속해 파이썬이 제대로 작동하는지 테스트해보자.

```
[root@master ~]# vim /var/www/cgi-bin/first.py          ❶
#!/usr/bin/env python          ❷
print "Content-type: text/html\n\n"
print "<html>\n<body>"
print "<div style=\"width: 100%; font-size: 80px; font-weight: bold; text-align:
center;\">"
print "Python Test Page in www.chul.com" ❸
print "</div>\n</body>\n</html>"
[root@master ~]# chmod 705 /var/www/cgi-bin/first.py          ❹
```

❶ 명령어 vim으로 파이썬 테스트 파일을 cgi-bin 디렉토리에 생성한다.

❷ 쉬방Shebang(#!)은 아래 스크립트를 읽어 실행할 프로그램 Python의 경로를 정의한다. 여기서 명령어 env는 설치된 파이썬의 버전이 여러 가지인 경우 명령어의 경로를 정의하는 환경 변수 $PATH에서 첫 번째 파이썬 명령어를 사용하라는 의미다.

❸ 테스트 페이지에서 확인할 텍스트를 작성한다.

❹ 클라이언트에서 이 파일을 읽고 실행 가능하도록 명령어 chmod를 이용해 권한을 수정한다.

위의 파일을 생성하고 브라우저에서 URL www.chul.com/cgi-bin/first.py로 접속하면 그림 6-4와 같은 테스트 페이지를 볼 수 있다.

그림 6-4 Python 테스트 페이지

6.2.3 루비 사용

이번에는 세 번째 CGI로서 파이썬처럼 가독성이 뛰어난 루비^{Ruby}를 사용하는 방법을 알아본다.

A. 서버 설정 확인

루비를 사용하려면 Apache 서버에서 이를 허용하는 설정을 해줘야 하는데, 첫 번째 CGI Perl과 대부분 동일하므로 다른 부분만 설명하겠다.

```
[root@master ~]# yum install ruby -y              ❶
[root@master ~]# vim /etc/httpd/conf/httpd.conf
294    AddHandler cgi-script .cgi .pl .py .rb      ❷
[root@master ~]# systemctl restart httpd          ❸
```

❶ 명령어 yum을 사용해 ruby 패키지를 설치한다.

❷ Apache 설정 파일을 열어서 루비의 확장자 rb를 추가해 Apache 서버가 이 확장자를 가진 파일도 CGI로 인식하도록 추가한다.

❸ 위의 변경 사항이 적용되도록 Apache 서버를 다시 시작한다.

B. 루비 테스트 페이지 작성과 확인

이제 서버에서 루비를 사용할 수 있게 설정했으므로 테스트를 해보자. 먼저 테스트용 파일을 생성하고 그 다음에 브라우저에서 실제 URL로 접속해 루비가 작동하는지 테스트한다.

```
[root@master ~]# vim /var/www/cgi-bin/first.rb   ❶
#!/usr/bin/ruby  ❷
print "Content-type: text/html\n\n"
print "<html>\n<body>\n"
```

```
print "<div style=\"width: 100%; font-size: 80px; font-weight: bold; text-align:
center;\">\n"
print "Ruby Test Page in www.chul.com"     ❸
print "\n</div>\n"
print "</body>\n</html>\n"
[root@master ~]# chmod 705 /var/www/cgi-bin/first.rb     ❹
```

❶ 명령어 `vim`으로 루비 테스트 파일을 cgi-bin 디렉토리에 생성한다.

❷ 쉬방(#!)은 아래 스크립트를 읽어 실행할 프로그램 Ruby의 경로를 정의한다.

❸ 테스트 페이지에서 확인할 텍스트를 작성한다.

❹ 클라이언트에서 이 파일을 읽고 실행 가능하도록 명령어 `chmod`를 이용해 권한을 수정한다.

위의 파일을 생성하고 브라우저에서 URL www.chul.com/cgi-bin/first.rb로 접속하면 그림 6-5와 같은 테스트 페이지를 볼 수 있다.

그림 6-5 루비 테스트 페이지

6.2.4 USERDIR에서 CGI 사용

리눅스 시스템에 존재하는 사용자에게 웹사이트를 제공하고, 그 웹사이트에서 CGI 사용을 허용하기 위한 설정은 다음과 같다. 사용자에게 웹사이트를 제공하기 위해 필요한 지시어는 `UserDir`이며, 이 지시어는 mod_userdir 모듈이 제공하는데 이 모듈은 httpd 패키지를 설치하면 사용할 수 있다. 여기에서는 CGI 테스트를 위해 파이썬을 사용하겠다.

A. 서버에서 허용

먼저 Apache 서버에서 사용자에게 웹사이트를 제공하기 위한 디렉토리 관련 설정은 다음과 같다.

```
[root@master ~]# vim /etc/httpd/conf.d/userdir.conf          ❶

1. 소수의 사용자에게 UserDir 허용하는 경우   ❷
UserDir disabled
UserDir enabled kim lee park

2. 대부분의 사용자에게 UserDir을 허용하고 일부만 거부하는 경우   ❸
UserDir enabled
UserDir disabled root lee

3. 모든 사용자에게 UserDir을 허용하는 경우   ❹
17 #UserDir disabled
24 UserDir public_html

31 <Directory "/home/*/public_html">          ❺
32        Options +ExecCGI          ❻
33        AllowOverride None          ❼
34        Require method GET POST OPTIONS
35 </Directory>
[root@master ~]# systemctl restart httpd ❽
```

❶ 명령어 vim으로 **UserDir** 설정 파일을 열어서

❷ 전체 사용자가 아니고 소수의 사용자에게만 웹사이트를 허용하는 경우의 사용 방법이다.

❸ 모든 사용자에게 웹사이트를 허용하고 특히 **root**를 비롯한 일부의 사용자에게는 허용하지 않는 경우의 사용 방법이다.

❹ 모든 사용자에게 웹사이트를 허용하는 경우의 설정 방법이다.

❺ 위 ❹에서 정의한 디렉토리 이름을 모든(*) 사용자들의 홈 디렉토리에서 웹사이트를 제공할 데이터가 저장된 이름으로 지정한다.

❻ 일반 사용자의 웹사이트에서도 CGI 사용을 허가하기 위한 옵션이다.

❼ 디렉토리 접근 제어를 위해 사용되는 파일 .htaccess를 읽어 들일지를 결정하는 지시어인데, 옵션이 None인 경우 그 파일이 있어도 무시하라는 의미다.

❽ 위의 변경 사항들이 적용되도록 Apache 서버를 다시 시작한다.

B. 사용자 디렉토리 생성

이제 사용자의 홈 디렉토리에서 웹사이트를 생성하기 위한 준비를 해야 한다. 테스트를 위해 사용자 lee의 홈 디렉토리를 사용하겠다.

```
[lee@master ~]$ chmod 755 /home/lee          ❶
```

```
[lee@master ~]$ mkdir public_html           ❷
[lee@master ~]$ chmod 755 public_html/ ; cd public_html❸
[lee@master public_html]$ vim index.py      ❹
#!/usr/bin/env python
print "Content-type: text/html\n\n"
print "<html>\n<body>"
print "<div style=\"width: 100%; font-size: 80px; font-weight: bold; text-align:
center;\">"
print "CGI Test Page for Lee in www.chul.com/~lee/"          ❺
print "</div>\n</body>\n</html>"
```

❶ 사용자 lee의 홈 디렉토리 접근을 위해 권한을 조정한다. 기본은 700으로 돼 있어 그 사용자 외에는 접근이 불가능하다.

❷ 웹사이트를 제공할 디렉토리를 명령어 mkdir로 생성한다.

❸ 웹에서 CGI 파일에 접근할 수 있도록 권한을 조정하고 해당 디렉토리로 이동한다.

❹ CGI 테스트를 위해 파이썬 파일을 명령어 vim으로 생성한다.

❺ 클라이언트에게 보여줄 메시지 내용이다.

위의 설정이 완료됐다면 브라우저에서 www.chul.com/~lee/index.py로 접속하면 그림 6-6과 같은 페이지를 볼 수 있다. UserDir과 CGI 테스트가 정상적으로 이뤄지고 있음을 확인할 수 있다.

그림 6-6 사용자 디렉토리에서 CGI 테스트하기

6.3 Apache 인증 사용

Apache 인증 기법은 특정 디렉토리에 접근할 때 사용자의 ID와 패스워드를 요구하도록 설정하는 방법을 의미한다. 사용자 인증이 중요한 디렉토리를 제공할 때 유용하게 사용할 수 있는 방법이다. Apache가 제공하는 인증 기법에는 여러 가지 방법이 있는데, 가장 널리 사용되는 방법이 Basic과 Digest를 이용하는 방법이다. 기타 PAM, LDAP, Kerberos 인증 방법도 사용되고 있다. 이번 절에서는 Basic과 Digest 인증 방법을 설명하겠다.

6.3.1 Basic 인증

HTTP Basic Authentication이라고 하며, 일반적으로 사용자의 ID와 패스워드를 정의한 파일을 이용해 사용자 인증을 처리한다. 그런데 이때 웹 클라이언트가 서버에 보내는 인증 정보는 암호화되지 않고 단지 Base64로 인코딩돼 평문으로 전달되기 때문에 안전한 인증 방법이라 할 수 없다. Basic 인증을 사용하기 위해서는 mod_auth_basic 모듈이 필요하며, 이 모듈은 httpd 패키지를 설치하면 사용할 수 있다.

●● 참고: Base64 인코딩(RFC 1421, 2045)

Base64는 바이너리 데이터를 ASCII 텍스트 형식의 문자로 전송하기 위해 사용되는 데이터 인코딩 방법으로, 데이터 전송 시에 손실이 발생하지 않게 하기 위해 사용된다. 여기서 Base64라는 용어는 본래 이메일의 MIME content transfer encoding에서 기원한 것이다. 여기서 인코딩된 문자열은 알파벳의 대문자(26개), 소문자(26개), 숫자(10개), 특수문자(=, / 2개)로 모두 64개로 구성돼 있다.

A. 서버에서의 설정

Basic 인증을 사용하기 위한 서버에서의 설정은 다음과 같다. Basic 인증을 설정할 때 일반 사용자별로, 또는 그룹별로 설정하는 방법이 약간 다르므로 구분해서 설명하겠다.

1. 일반 사용자를 허용하는 경우

먼저 일반 사용자와 그 패스워드를 생성해 디렉토리에 대한 인증을 설정하는 방법은 다음과 같다.

```
[root@master ~]# vim /etc/httpd/conf.d/auth_basic.conf      ❶
<Directory /var/www/html/basic>                 ❷
    AuthType Basic        ❸
    AuthName "Basic Authentication Test"  ❹
    AuthUserFile /etc/httpd/.htpasswd     ❺
    Require user lee kim park             ❻
    Require valid-user ❼
    Order deny,allow  ❽
    Deny from all      ❾
```

```
    Allow from 127.0.0.1 192.168.80  ❿
</Directory>
```

❶ 명령어 vim으로 Basic 인증을 설정할 파일을 생성한다.

❷ Basic 인증을 사용할 디렉토리를 정의한다.

❸ 인증의 종류를 정의하는데, Basic과 Digest 중에서 선택해야 한다.

❹ 인증 사용자가 접속할 때 인증 화면에 보여줄 메시지를 작성한다.

❺ 인증 사용자의 패스워드가 저장될 파일의 경로를 지정한다.

❻ 소수의 인증 사용자가 필요한 경우 사용자명을 각각 입력한다.

❼ ❺의 패스워드 파일에 등록된 모든 사용자를 허용할 경우 사용한다. ❻과 ❼을 동시에 사용하지 말고 한 가지만 선택해서 사용하기 바란다.

❽ 인증과 더불어 접근 통제를 할 경우 지시어 Order를 사용해

❾ 먼저 모든 네트워크 주소에서의 접근을 거부하고

❿ 오직 두 네트워크 주소에서의 접근만 허용하도록 설정한다. 네트워크 범위 대신에 도메인 이름을 사용할 수 있다.

2. 그룹 사용자를 허용하는 경우

이번에는 그룹을 생성하고 그 그룹에 속한 사용자들만 특정 디렉토리 접근을 허용하는 방법은 다음과 같다.

```
[root@master ~]# vim /etc/httpd/conf.d/auth_basic.conf
<Directory /var/www/html/basic>
    AuthType Basic
    AuthName "Basic Authentication Test"
    AuthUserFile /etc/httpd/.htpasswd      ❶
    AuthGroupFile /etc/httpd/groups        ❷
    Require group Admin                    ❸
    Order deny,allow
    Deny from all
    Allow from 127.0.0.1 192.168.80
</Directory>
[root@master ~]# vim /etc/httpd/groups     ❹
Admin: kim lee park jeong
```

❶ 사용자들의 패스워드가 저장된 파일의 경로를 지정한다.

❷ 그룹 이름이 저장된 파일의 경로를 지정한다.

❸ 디렉토리 인증이 허용된 그룹의 이름을 지정한다. 이 그룹 이름이 ❷에 있는 파일에 정의돼 있어야 한다.

❹ ❷에서 정의한 파일을 명령어 vim으로 생성해 ❸에서 정의한 그룹 이름과 그 그룹의 멤버들을 지정한다. 이렇게 설정하면 ❶에 저장된 사용자의 패스워드와 ❷에 등록된 그룹의 사용자만이 이 디렉토리로의 접근을 허용한다는 의미가 된다.

B. 사용자와 패스워드 생성

위의 A절에서 디렉토리 접근을 위해 사용자와 그룹을 정의했다면 이제 이러한 사용자들에 대한 정보를 생성하고 파일에 저장해야 한다.

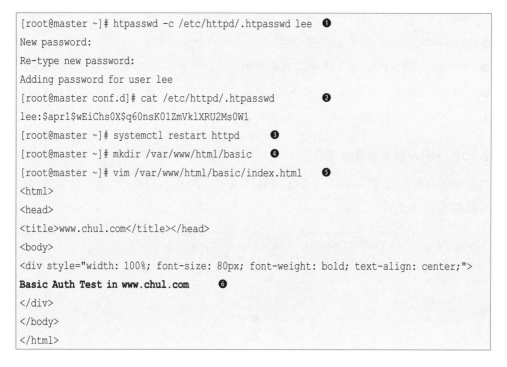

```
[root@master ~]# htpasswd -c /etc/httpd/.htpasswd lee   ❶
New password:
Re-type new password:
Adding password for user lee
[root@master conf.d]# cat /etc/httpd/.htpasswd          ❷
lee:$apr1$wEiChsOX$q60nsK01ZmVklXRU2MsOW1
[root@master ~]# systemctl restart httpd                ❸
[root@master ~]# mkdir /var/www/html/basic              ❹
[root@master ~]# vim /var/www/html/basic/index.html     ❺
<html>
<head>
<title>www.chul.com</title></head>
<body>
<div style="width: 100%; font-size: 80px; font-weight: bold; text-align: center;">
Basic Auth Test in www.chul.com              ❻
</div>
</body>
</html>
```

❶ 명령어 htpasswd를 이용해 사용자의 패스워드가 저장될 파일을 생성하는데, 사용자 lee를 그 목록에 추가한다. 두 번째 사용자부터는 옵션 c(create)를 사용하지 않는다.

❷ 생성된 패스워드 파일을 읽어보면 사용자의 패스워드가 해시 함수 MD5로 암호화돼 저장돼 있다.

❸ 변경된 설정을 적용하기 위해 Apache 서버를 다시 시작한다.

❹ 인증을 적용할 디렉토리를 명령어 mkdir로 생성한다.

❺ 이 디렉토리 접근 성공 시 보여줄 초기 화면 파일을 생성한다.

❻ 사용자에게 보여줄 메시지 내용이다.

C. Basic 인증 테스트

위 A절과 B절에서 설정한 내용을 가지고 테스트하면 다음과 같다.

1. URL로 접속하기

브라우저에서 www.chul.com/basic으로 접속해 그림 6-7과 같은 화면이 나타나면 B절에서 생성했던 인증 정보를 입력한다.

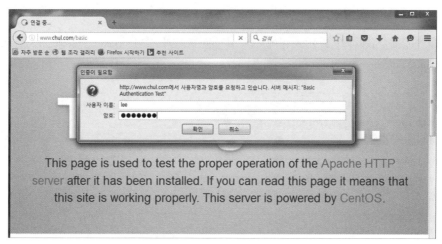

그림 6-7 인증 시도하기

2. Basic 인증 성공

인증이 성공하면 그림 6-8처럼 B에서 생성했던 index.html 파일의 내용을 읽을 수 있다.

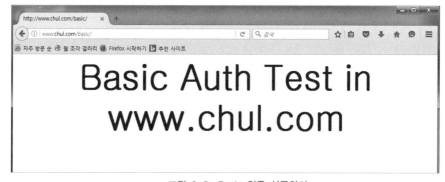

그림 6-8 Basic 인증 성공하기

6.3.2 Digest 인증

HTTP Digest Authentication이라고 하며, 사용자의 ID와 패스워드를 정의한 파일을 이용해 사용자 인증을 처리하는 것은 Basic 인증과 동일하다. 그런데 Digest 인증에서 사용자의 인증 정보는 MD5와 같은 해시 함수가 적용돼 암호화된 후에 서버로 보내지기 때문에 Basic 인증보다 더 안전하다. 그러나 모든 브라우저가 아니라 일부 브라우저는 이 인증 방법을 지원하지 않는다는 단점이 있다. 이러한 Digest 인증을 사용하기 위해서는 mod_auth_digest 모듈이 필요하며, 이 모듈은 httpd 패키지를 설치하면 사용할 수 있다.

A. 서버에서의 설정

Digest 인증을 사용하기 위한 서버에서의 설정은 다음과 같다. Basic 인증과 겹치는 부분은 설명을 생략했다.

```
[root@master ~]# vim /etc/httpd/conf.d/auth_digest.conf        ❶
<Directory /var/www/html/digest>                               ❷
    AuthType Digest                    ❸
    AuthNAme "Private Area"            ❹
    AuthDigestDomain http://www.chul.com/digest/    ❺
    AuthUserFile /etc/httpd/.htdigest        ❻
    Require valid-user
    Order deny,allow
    Deny from all
    Allow from 127.0.0.1 192.168.80
</Directory>
[root@master ~]# htdigest -c /etc/httpd/.htdigest 'Private Area' park ❼
Adding password for park in realm Private Area.
New password:
Re-type new password:
[root@master ~]# cat /etc/httpd/.htdigest        ❽
park:Private Area:ab75a7f33d1f6713eb644cecd00ce722
[root@master ~]# apachectl configtest            ❾
Syntax OK
[root@master ~]# systemctl restart httpd         ❿
[root@master ~]# mkdir /var/www/html/digest      ⓫
[root@master ~]# vim /var/www/html/digest/index.html    ⓬
<html>
<head>
<title>www.chul.com</title></head>
```

```
<body>
<div style="width: 100%; font-size: 80px; font-weight: bold; text-align: center;">
Digest Auth Test in www.chul.com
</div>
</body>
</html>
```

❶ Digest 인증을 설정할 파일을 명령어 `vim`으로 생성한다.

❷ Digest 인증을 적용할 디렉토리를 지정한다.

❸ 인증 방식을 Digest로 설정한다.

❹ 인증 시에 인증 화면에서 사용자에게 보여줄 메시지다. 그리고 또한 이 내용은 ❼에서 사용자 생성 시 `Realm`으로 사용된다.

❺ Digest 인증이 적용돼 보호하는 영역의 기본 URI를 지정한다.

❻ 사용자의 패스워드가 저장될 파일의 경로를 지정한다.

❼ Digest 인증을 사용할 사용자를 생성하는데, 이를 저장할 파일명은 ❻과 일치해야 하며, `Realm`에 해당하는 'Private Area'는 ❹와 일치해야 한다. Realm은 사용자가 속한 영역을 의미한다.

❽ 명령어 `htdigest`로 생성한 파일을 읽어보면 사용자 이름과 Realm, 그리고 패스워드가 MD5로 암호화돼 저장돼 있다.

❾ Apache 설정 파일의 문법을 검사하기 위해 사용한다.

❿ 변경된 사항들이 적용되도록 Apache 서버를 다시 시작한다.

⓫ Digest 인증이 적용될 디렉토리를 명령어 `mkdir`로 생성한다.

⓫ 인증 성공 시 사용자에게 보여줄 초기 화면 파일을 생성한다.

B. Digest 인증 테스트

위 A절에서 설정한 내용을 토대로 테스트를 진행하면 다음과 같다.

1. URL로 접속하기

브라우저에서 www.chul.com/digest으로 접속하면 그림 6-9와 같은 화면에서 A절에서 생성했던 인증 정보를 입력한다.

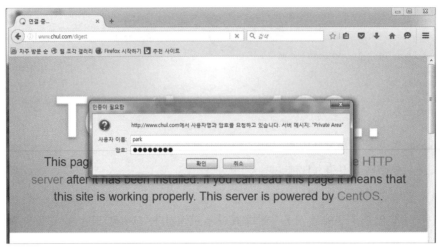

그림 6-9   URL 접속하기

2. 인증 성공하기

인증이 성공하면 그림 6-10처럼 A절에서 생성했던 index.html 파일의 내용을 읽을 수 있다.

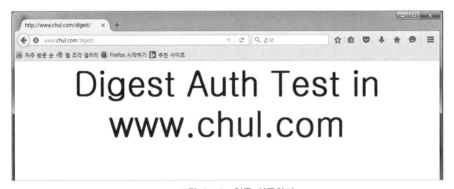

그림 6-10   인증 성공하기

6.4 가상 호스트 설정

가상 호스트Virtual Host는 한 서버에서 여러 웹사이트를 서비스하는 Apache 서버의 기능을 의미한다. 가상 호스트 방식에는 크게 세 가지 종류가 있다. 첫 번째로 각 웹사이트마다 다른 IP 주소를 사용하는 IP 기반IP-based 가상 호스트, 두 번째로 한 IP 주소를 사용해 여러 웹사이트를 제공하는 이름 기반name-based 가상 호스트 방식이 있다. 세 번째로 서로 다른 포트를 사용해 여러 웹사이트를 제공할 수 있는 포트 기반^{port-based} 가상 호스트 방식
이 있다. 가상 호스트 방식은 각 상황에 따라 단독으로 또는 혼합해 사용할 수 있다. 여기
에선 포트 기반 가상 호스트를 제외하고 두 가지 방법을 알아본다.

6.4.1 이름 기반 가상 호스트

이름 기반 가상 호스트는 앞에서 설명한 대로 한 개의 IP 주소를 사용해 여러 웹사이트를
제공한다고 했는데, 여기에선 서버의 IP 192.168.80.5를 사용하겠다. 이름 기반 가상 호
스트 설정 과정은 먼저 Apache 서버에서 설정을 하고 그 다음에 클라이언트 호스트에서
브라우저를 통해 접속 테스트를 하겠다. 테스트를 위해 웹사이트로서 도메인www.chul.
com을, 그리고 가상 호스트로서 5장의 DNS 서버에서 생성했던 도메인 www.jeong.com
을 사용하겠다.

A. 서버에서 설정

Apache 서버에서 설정하는 과정은 다음과 같다. 먼저 Apache 서버를 위해 가상 호스트
관련 설정 파일을 생성해줘야 하고, 그 다음에 가상 호스트가 사용할 디렉토리를 생성해줘
야 한다.

1. 가상 호스트 설정

가상 호스트로서 5장의 DNS에서 생성한 www.jeong.com을 이번 설정에서 사용하겠다.
Apache 서버가 사용할 가상 호스트 관련 설정 파일을 설명하면 다음과 같다.

```
[root@master ~]# host -a www.jeong.com        ❶
;; QUESTION SECTION:
;www.jeong.com.              IN     ANY

;; ANSWER SECTION:
www.jeong.com.         86400   IN     A       192.168.80.5

;; AUTHORITY SECTION:
jeong.com.             86400   IN     NS      ns2.chul.com.
jeong.com.             86400   IN     NS      ns.chul.com.
[root@master ~]# vim /etc/httpd/conf.d/vhost.conf       ❷
<VirtualHost 192.168.80.5:80>      ❸
    DocumentRoot /var/www/html
    ServerName www.chul.com      ❹
```

```
</VirtualHost>
<VirtualHost 192.168.80.5:80>          ❺
    DocumentRoot /vhost/jeong/www          ❻
    ServerName www.jeong.com               ❼
    ServerAlias jeong.com                  ❽
    ServerAdmin admin@jeong.com            ❾
    ErrorLog /vhost/jeong/logs/error_log                    ❿
    CustomLog /vhost/jeong/logs/access_log combined      ⓫
    <Directory "/vhost/jeong/www">  ⓬
        Options Indexes
        AllowOverride None
        Require all granted
    </Directory>
</VirtualHost>
```

❶ 먼저 가상 호스트로 사용할 도메인을 DNS 클라이언트 툴 host를 이용해 검색해 그 IP 주소와 이 도메인 정보를 제공하는 DNS 서버 정보를 확인한다. DNS 툴과 도메인 추가 방법은 5장의 DNS 서버를 참고하기 바란다.

❷ 가상 호스트 설정을 위한 파일을 명령어 vim으로 생성하는데

❸ 먼저 가상 호스트 기능을 제공할 IP 주소와 그 포트 번호를 지정하고

❹ 주 도메인도 추가한다. 이 주 도메인을 추가하지 않으면 ❼에 추가한 도메인이 이 서버의 주 도메인으로 인식하게 된다.

❺ 이제 가상 호스트를 위한 IP 주소와 포트 번호를 위와 동일하게 지정하고

❻ 가상 호스트의 데이터를 저장할 디렉토리를 지정한다. 이 디렉토리에 저장된 데이터가 브라우저상에서 보이게 된다.

❼ 이 가상 호스트의 이름을 지정한다.

❽ 가상 호스트 www.jeong.com을 그냥 jeong.com으로도 인식한다는 의미다.

❾ 이 가상 호스트가 사용할 관리자의 이메일 주소다.

❿ 이 가상 호스트의 에러를 저장할 로그 파일을 지정한다.

⓫ 이 가상 호스트의 접속 정보를 저장할 로그 파일을 지정한다.

⓬ 이 가상 호스트가 사용할 루트 디렉토리를 지정하고 기본 옵션을 추가한다.

2. 가상 호스트 설정 완료하기

이제 가상 호스트 www.jeong.com을 위한 디렉토리를 생성해줘야 한다.

```
[root@master ~]# mkdir -p /vhost/jeong/{logs,www} ❶
[root@master ~]# chmod -R 755 /vhost            ❷
[root@master ~]# systemctl restart httpd         ❸
[root@master ~]# httpd -S ❹
VirtualHost configuration:
*:80                    is a NameVirtualHost
    default server www.chul.com (/etc/httpd/conf.d/vhost.conf:1)
    port 80 namevhost www.chul.com (/etc/httpd/conf.d/vhost.conf:1)
    port 80 namevhost www.jeong.com (/etc/httpd/conf.d/vhost.conf:6)
            alias jeong.com
~
[root@master ~]# vim /vhost/jeong/www/index.html ❺
<html>
<head>
<title>www.chul.com</title></head>
<body>
<div style="width: 100%; font-size: 80px; font-weight: bold; text-align: center;">
Virtual Host Page in www.jeong.com ❻
</div></body></html>
```

❶ 위 가상 호스트 설정에서 정의한 데이터와 로그 파일 저장을 위한 디렉토리를 명령어
  mkdir로 생성한다.

❷ 이 디렉토리의 권한을 일반 사용자도 접근할 수 있도록 수정한다.

❸ 위의 모든 변경 사항이 적용되도록 Apache 웹 서버를 다시 시작한다.

❹ 가상 호스트 설정 정보를 확인하기 위해 httpd 데몬에 S 옵션을 사용했다. 여기서 주
  도메인과 가상 호스트 정보를 확인할 수 있어야 한다.

❺ 가상 호스트 도메인으로 접속할 때에 보여줄 초기 화면 파일을 생성한다.

❻ 초기 화면에서 보여줄 텍스트의 내용이다.

B. 가상 호스트 테스트

이제 테스트를 위해 브라우저에서 jeong.com/index.html로 접속하면 그림 6-11과 같은
내용을 확인할 수 있다. 그림에서는 설정에서 ServerAlias가 적용돼 www.jeong.com이
아닌 jeong.com으로 접속했다.

그림 6-11 이름 기반 가상 호스트 테스트

6.4.2 IP 기반 가상 호스트

IP 기반 가상 호스트는 웹 서버에서 각 웹사이트마다 서로 다른 IP 주소를 사용한다고 앞에서 설명했다. IP 기반 가상 호스트를 설정하는 방법은 크게 두 가지인데, 첫 번째는 각 호스트마다 각 도메인별로 별도의 웹 서버를 실행하는 방법이고, 두 번째는 모든 가상 호스트를 지원하는 서버 한 개를 실행하는 방법이다. 서버 하나로 모든 가상 호스트를 지원하는 경우 서버는 물리적으로 여러 네트워크 인터페이스를 설치해 각각 IP 주소를 할당하거나 ip aliases라고 불리는 가상 인터페이스를 사용하는 방법이 있다. 여기에선 현재 Apache 서버로 사용되고 있는 master 노드가 물리적으로 세 개의 IP 주소를 사용하고 있다. 그중 설정을 위해 주 도메인 www.chul.com에는 IP 192.168.80.5를, 가상 호스트인 www.jeong.com에는 IP 192.168.20.5를 사용하겠다.

●● 참고: IP Alias 사용하는 방법
IP Alias란 하나의 물리적 네트워크 인터페이스에 여러 개의 가상 IP 주소를 할당하는 방법이다. IP Alias를 할당하는 방법은 두 가지가 있는데, 첫 번째는 단지 명령어만을 사용해서 할당하는 것이고 두 번째는 파일을 사용해 할당하는 방법이다.

1. 명령어를 사용하는 방법(ifconfig)
단지 명령어만을 이용해 가상 IP 주소를 추가하는 방법은 다음과 같다.

```
[root@master ~]# ifconfig eth0:0 192.168.80.6 up
[root@master ~]# ifconfig eth0:1 192.168.80.7 up
[root@master ~]# ifconfig eth0:2 192.168.80.8 up
```

　명령어 ifconfig를 사용해 현재 물리적 인터페이스 이름이 eth0인 경우 eth0:0, eth0:1, eth0:2의 가상 인터페이스를 생성하고 각각 IP 주소를 위처럼 할당할 수 있다. 그러나 이 방법은 임시적이어서 리눅스 시스템이나 네트워크를 다시 시작하는 경우 그 설정이 사라지므로 영구적으로 사용할 경우 다음과 같이 파일을 사용하기 바란다.

2. 파일을 사용하는 방법

가상의 IP 주소를 할당하고 그것을 장기적으로 사용할 경우 다음과 같이 파일을 사용한다.

```
[root@master ~]# cd /etc/sysconfig/network-scripts/              ❶
[root@master network-scripts]# cp ifcfg-eth0 ifcfg-eth0:0        ❷
[root@master network-scripts]# cp ifcfg-eth0 ifcfg-eth0:1
[root@master network-scripts]# cp ifcfg-eth0 ifcfg-eth0:2
[root@master network-scripts]# vim ifcfg-eth0                    ❸
NAME=eth0        ❹
BOOTPROTO=static
ONBOOT=yes
TYPE=Ethernet
IPADDR=192.168.80.5 ❺
NETMASK=255.255.255.0
GATEWAY=192.168.80.1
HWADDR=00:0C:29:28:FD:4C
[root@master network-scripts]# vim ifcfg-eth0:0        ❻
NAME=eth0:0        ❼
BOOTPROTO=static
ONBOOT=yes
TYPE=Ethernet
IPADDR=192.168.80.6 ❽
NETMASK=255.255.255.0
GATEWAY=192.168.80.1
HWADDR=00:0C:29:28:FD:4C
[root@master network-scripts]# systemctl restart network        ❾
```

❶ 네트워크 인터페이스 파일이 저장된 디렉토리로 이동한다.

❷ 기존에 사용하던 물리적 인터페이스 파일 ifcfg-eth0을 세 개의 파일로 이름을 변경해 복사한다.

❸ 기존의 물리적 인터페이스 파일을 열어서

❹ 그 이름과

❺ IP 주소를 확인한 다음에

❻ 첫 번째 가상 인터페이스 파일을 열어서

❼ 그 이름을 기존 파일과 다르게 수정한다.

❽ 그리고 IP 주소를 기존 IP 주소와 다르게 수정한다. 단 넷마스크 및 게이트웨이 정보는 동일하다.

❾ 위의 변경 사항이 적용되도록 네트워크 서비스를 다시 시작한다. 나머지 두 개의 가상 인터페이스 도 동일하게 이렇게 수정해서 사용할 수 있다.

A. 서버에서 설정

먼저 서버에서 IP 기반 가상 호스트 설정하는 과정은 다음과 같다. 6.4.1절의 이름 기반 가상 호스트와 동일한 내용에 대한 설명은 생략했다.

```
[root@master ~]# host www.chul.com          ❶
www.chul.com has address 192.168.80.5
[root@master ~]# host www.jeong.com
www.jeong.com has address 192.168.20.5       ❷
[root@master ~]# vim /etc/httpd/conf/httpd.conf
42 Listen 80
[root@master ~]# vim /etc/httpd/conf.d/vhost.conf
<VirtualHost 192.168.80.5>          ❸
    DocumentRoot /var/www/html
    ServerName www.chul.com
</VirtualHost>
<VirtualHost 192.168.20.5>          ❹
    DocumentRoot /vhost/jeong/www
    ServerName www.jeong.com
    ServerAlias jeong.com
    ServerAdmin admin@jeong.com
    ErrorLog /vhost/jeong/logs/error_log
    CustomLog /vhost/jeong/logs/access_log combined
    <Directory "/vhost/jeong/www">
        Options Indexes
        AllowOverride None
        Require all granted
    </Directory>
</VirtualHost>
[root@master ~]# systemctl restart httpd          ❺
[root@master ~]# httpd -S  ❻
VirtualHost configuration:
192.168.80.5:80      www.chul.com (/etc/httpd/conf.d/vhost.conf:1)
192.168.20.5:80      www.jeong.com (/etc/httpd/conf.d/vhost.conf:6)
```

❶ 먼저 주 도메인의 IP 주소를 명령어 host로 확인한다.

❷ 가상 호스트로 사용할 도메인의 IP 주소를 명령어 host로 확인한다. 도메인 추가 및 그 IP 주소를 할당하는 방법은 5장의 DNS 서버를 참고하기 바란다.

❸ 주 도메인에 사용할 IP 주소를 입력한다.

❹ 가상 호스트를 위해 사용할 IP 주소를 입력한다.

❺ 위의 변경 사항들이 적용되도록 Apache 웹 서버를 다시 시작한다.

❻ 그 가상 호스트의 변경된 정보, 특히 IP 주소 확인을 위해 사용한다.

B. 가상 호스트 테스트

앞 A절에서 설정한 가상 호스트를 테스트하면 다음과 같다. 첫 번째로 그림 6-12는 브라우저에서 주 도메인 www.chul.com으로 접속한 화면이며, 두 번째로 그림 6-13은 가상 호스트로 사용되는 www.jeong.com으로 접속한 화면이다.

그림 6-12 주 도메인 접속 화면

그림 6-13 가상 호스트 접속 화면

하나의 서버에서 다른 IP 주소를 사용해 두 개의 웹사이트를 제공하고 있음을 확인할 수 있다.

6.5 HTTPS(HTTP + SSL/TLS) 구현

HTTPS는 HTTP over TLS, HTTP over SSL, 또는 HTTP Secure라고 불리며, 평문으로 전달되는 HTTP의 데이터를 SSL/TLS로 암호화해 서버와 클라이언트 간에 안전한 통신을 보장하기 위해 사용되는 프로토콜이다. HTTPS를 통해 서버는 인증과 서로 간 교환되는

데이터의 암호화를 보장할 수 있다. Apache 서버에서 HTTPS를 구현하기 위해 포트 443번이 사용되며, 또한 mod_ssl 패키지를 설치해야 한다. HTTPS를 사용하기 위해 세 가지의 과정, 즉 인증서 생성, 서버 설정, 테스트라는 단계를 거치게 되며, 6.4절에서 설명했던 가상 호스트를 위한 HTTPS를 설정하는 방법도 같이 알아보자.

6.5.1 HTTPS의 작동 원리

HTTPS가 이뤄지는 과정^{SSL Handshake}은 크게 3단계로 설명할 수 있는데, 그림 6-14와 표 6-1을 통해 단계별로 이뤄지는 내용을 간단히 설명하겠다.

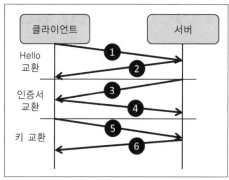

그림 6-14 HTTPS 작동 원리

표 6-1 SSL 단계별 작동 원리

제 1단계 Hello 교환
1. SSL 핸드셰이크(Handshake) 과정은 먼저 클라이언트가 서버에게 ClientHello 메시지를 보내면서 시작된다. 2. 이 메시지 안에는 서버가 SSL을 사용해 클라이언트와 연결하기 위해 필요한 모든 정보, 즉 암호화 알고리즘의 종류와 지원이 가능한 SSL 버전 정보가 포함돼 있다. 3. 서버는 이에 대해 비슷한 정보가 포함된 ServerHello 메시지를 보내게 되는데, 이 메시지에는 클라이언트와 같이 사용할 암호화 알고리즘 및 SSL 버전 정보가 포함돼 있다.
제 2단계 인증서 교환
1. 위의 단계에서 이제 서로 간 연결이 이뤄지면 이때 서버는 자신의 신분을 증명할 SSL 인증서를 클라이언트에게 보낸다. 2. 이 SSL 인증서는 소유자의 이름, 서버의 공개 키, 전자 서명 및 그 유효 기간 같은 정보들이 포함돼 있다. 3. 클라이언트는 이 인증서가 신뢰할 만한지 또는 다른 CA(Certificate Authorities)에 의해 검증이 됐는지 검사하게 된다. 4. 서버도 클라이언트의 신분 증명을 위해 인증서를 요구할 수 있지만, 이 경우는 매우 보안에 민감한 애플리케이션에서만 사용된다.

(이어짐)

제 3단계 키 교환

1. 클라이언트는 DES나 AES와 같은 대칭 키 알고리즘을 사용해 임의의 비밀 키를 생성하고, 이 키를 제 2단계 에서 서버가 보내온 알고리즘과 공개 키를 사용해 암호화한 후 서버로 보내게 된다.
2. 서버는 자신의 공개 키로 암호화된 이 임의의 비밀 키를 자신의 개인 키로 복호화한 후에 데이터 전송 시 복호화된 이 비밀 키로 암호화해 클라이언트에게 전달한다.
3. 클라이언트도 동일한 임의의 비밀 키를 갖고 있으므로 서버가 보내온 암호화된 데이터를 언제든지 복호화해 사용할 수 있다. 이렇게 함으로써 쌍방 간에 암호화를 통해 안전한 데이터를 주고받을 수 있다.

6.5.2 인증서 생성

Apache 서버에서 HTTPS를 구현하기 위한 첫 번째 단계는 인증서를 생성하는 과정이다. 인증서를 생성하는 과정은 크게 세 단계, 즉 1) 개인 키 생성, 2) CSR 생성, 3) 이러한 개인 키와 CSR를 이용해 Certificate, 즉 인증서를 생성하는 과정으로 이뤄진다.

```
[root@master ~]# cd /etc/pki/tls/certs        ❶
[root@master certs]# openssl genrsa -out http.key 2048   ❷
Generating RSA private key, 2048 bit long modulus
...................................................+++
........................+++
e is 65537 (0x10001)
[root@master certs]# openssl req -new -key http.key -out http.csr     ❸
You are about to be asked to enter information that will be incorporated into your
certificate request.
What you are about to enter is what is called a Distinguished Name or a DN. There are quite
a few fields but you can leave some blank
For some fields there will be a default value,
If you enter '.', the field will be left blank.
-----
Country Name (2 letter code) [XX]:KR
State or Province Name (full name) []:Seoul
Locality Name (eg, city) [Default City]:Seoul
Organization Name (eg, company) [Default Company Ltd]:Chul Com
Organizational Unit Name (eg, section) []:
Common Name (eg, your name or your server's hostname) []:www.chul.com
Email Address []:tland12@chul.com
Please enter the following 'extra' attributes
to be sent with your certificate request
A challenge password []:
An optional company name []:
```

```
[root@master certs]# openssl x509 -in http.csr -out http.crt -req
-signkey http.key -days 365      ❹
Signature ok
subject=/C=KR/ST=Seoul/L=Seoul/O=Chul Com/CN=www.chul.com/emailAddre
ss=tland12@chul.com
Getting Private key
[root@master certs]# ls http*      ❺
http.crt  http.csr  http.key
```

❶ 인증서 생성을 위한 디렉토리로 이동한다.

❷ 개인 키^{Private Key} http.key를 생성하기 위해 명령어 openssl을 사용했는데, 이 명령어는 알고리즘 RSA를 이용해 2048비트 크기의 개인 키를 생성한다.

❸ 명령어 openssl과 개인 키 http.key를 이용해 CSR 파일을 생성하는데, 이 CSR^{Certificate Signing Request}은 인증서를 요청한 사용자의 정보가 입력돼 있고 이 CSR 파일을 기초로 해서 Verisign 같은 CA^{Certificate Authority}는 인증서를 발행하게 된다. 여기에선 자기 서명^{Self-signed} 인증서를 생성하겠다. CSR 파일 생성 시 사용자의 정보, 즉 국가 코드, 도시, 조직 이름, 인증서를 사용할 호스트 이름 및 이메일 주소가 필요한데, 이러한 정보는 모두 아래 ❹에서 인증서의 형식을 정의한 X.509가 요구하는 형식의 인증서를 생성하기 위해서다.

❹ 이제 CSR 파일과 개인 키를 입력 값으로 해서 명령어 openssl을 사용하면 인증서 http.crt를 생성하는데, 이 인증서는 일년 동안(365일) 유효하게 된다. 이 인증서에는 서버 측의 개인 키를 이용해 생성된 공개 키^{Public Key}가 포함돼 있는데, 이 공개 키는 클라이언트가 프로토콜 https를 이용해 접속할 때 클라이언트에게 전달되며 이 공개 키와 서버 측의 개인 키를 이용해 서로 간에 안전한 세션을 생성하게 된다. 이 과정을 SSL 핸드셰이크^{Handshake}라고 한다.

❺ 위에서 생성한 세 개의 파일을 확인한다.

6.5.3 SSL 설정

두 번째 단계는 앞에서 생성한 인증서들을 Apache 서버의 설정 파일에 정의하고, 그 서비스를 다시 시작해 HTTPS 서비스를 활성화하는 과정이다.

```
[root@master ~]# yum install mod_ssl -y      ❶
[root@master ~]# rpm -qa | grep mod_ssl
```

```
mod_ssl-2.4.6-40.el7.centos.x86_64
[root@master ~]# vim /etc/httpd/conf.d/ssl.conf          ❷
5  Listen 192.168.80.5:443 https      ❸
59 DocumentRoot "/var/www/html"        ❹
60 ServerName www.chul.com:443          ❺
100 SSLCertificateFile /etc/pki/tls/certs/http.crt       ❻
107 SSLCertificateKeyFile /etc/pki/tls/certs/http.key  ❼
[root@master ~]# systemctl restart httpd          ❽
[root@master ~]# netstat -natlp | grep httpd
tcp    0  0 192.168.80.5:80        0.0.0.0:*   LISTEN      34220/httpd
tcp    0  0 192.168.80.5:443       0.0.0.0:*   LISTEN      34220/httpd
[root@master ~]# lsof -i tcp:443          ❾
COMMAND    PID   USER   FD   TYPE DEVICE SIZE/OFF NODE NAME
/usr/sbin 34220   root   6u  IPv4 386781   0t0 TCP master:https (LISTEN)
/usr/sbin 34221 apache   6u  IPv4 386781   0t0 TCP master:https (LISTEN)
/usr/sbin 34223 apache   6u  IPv4 386781   0t0 TCP master:https (LISTEN)
/usr/sbin 34224 apache   6u  IPv4 386781   0t0 TCP master:https (LISTEN)
```

❶ 먼저 명령어 yum을 사용해 Apache 웹 서버에서 SSL/TLS 기능을 지원하는 패키지를 설치하고 명령어 rpm으로 그 설치 및 버전 정보를 확인한다.

❷ mod_ssl 패키지가 제공하는 설정 파일을 명령어 vim으로 열어서

❸ HTTPS가 사용할 IP 주소와 포트 번호를 지정한다.

❹ HTTPS가 적용될 디렉토리를 지정하고

❺ 그 도메인 이름과 포트 번호를 설정한다.

❻ 인증서가 위치한 경로를 지정하고

❼ 이 인증서가 사용할 개인 키의 위치도 지정한다.

❽ 변경된 사항들이 적용되도록 Apache 서버를 다시 시작하고 명령어 netstat로 그 IP 주소와 포트 번호를 확인한다.

❾ HTTPS가 적용된 포트 443번을 확인하기 위해 명령어 lsof를 사용하면 사용자 apache 에 의해 https 서비스가 시작됐음을 알 수 있다.

6.5.4 SSL 테스트

HTTPS가 적용된 주 도메인을 접속하는 방법은 다음과 같다.

A. HTTPS로 접속 시도

브라우저에서 https://www.chul.com으로 접속하면 그림 6-15의 왼쪽과 같은 화면을 볼수 있으며, 아래의 **예외 추가** 버튼을 클릭하면 오른쪽과 같은 그림을 확인할 수 있다.

그림 6-15 HTTPS 접속 시도하기

B. HTTPS 접속 성공

그림 6-15의 오른쪽 그림에서 **인증서 보기**를 클릭하면 그림 6-16의 왼쪽 그림처럼 6.5.1절에서 생성했던 인증서에 대한 정보를 확인할 수 있고, 아래의 **보안 예외 확인** 버튼을 클릭하면 오른쪽 그림처럼 성공적으로 HTTPS을 이용한 접속이 이뤄진다. 그리고 브라우저 왼쪽 입력란에 패드록^{Padlock} 기호가 생성된 것을 확인할 수 있다.

그림 6-16 인증서 보기와 접속 성공하기

6.5.5 가상 호스트에서 HTTPS 사용

이번에는 가상 호스트에 HTTPS를 적용하겠다. 먼저 가상 호스트에서 HTTPS를 사용하기 위한 설정을 하고 그 다음에 테스트를 진행한다.

A. 서버에서 설정

서버에서 설정하는 방법은 다음과 같다. 가상 호스트 설정과 중복된 내용은 설명을 생략하겠다.

```
[root@master ~]# vim /etc/httpd/conf.d/vhost.conf
20 <VirtualHost 192.168.80.5:443>         ❶
21    SSLEngine on        ❷
22    SSLCertificateFile /etc/pki/tls/certs/http.crt          ❸
23    SSLCertificateKeyFile /etc/pki/tls/certs/http.key       ❹
24    DocumentRoot /vhost/jeong/www
25    ServerName www.jeong.com
26    ServerAdmin admin@jeong.com
27    ErrorLog /vhost/jeong/logs/error_log
28    CustomLog /vhost/jeong/logs/access_log combined
29    <Directory "/vhost/jeong/www">
30        Options Indexes MultiViews
31        AllowOverride None
32        Require all granted
33    </Directory>
34 </VirtualHost>
[root@master ~]# systemctl restart httpd         ❺
[root@master ~]# httpd -S  ❻
VirtualHost configuration:
192.168.80.5:80       is a NameVirtualHost
    default server www.chul.com (/etc/httpd/conf.d/vhost.conf:1)
    port 80 namevhost www.chul.com (/etc/httpd/conf.d/vhost.conf:1)
    port 80 namevhost www.jeong.com (/etc/httpd/conf.d/vhost.conf:6)
          alias jeong.com
192.168.80.5:443       www.jeong.com (/etc/httpd/conf.d/vhost.conf:20)
*:443              www.chul.com (/etc/httpd/conf.d/ssl.conf:56)
~
```

❶ 가상 호스트 설정 파일을 명령어 vim으로 열어서 SSL을 적용할 IP 주소와 포트 번호를 정의한다.

❷ 그리고 이 가상 호스트에 SSL 사용을 활성화한다.

❸ 가상 호스트에서 사용할 인증서의 위치를 지정하고

❹ 그 개인 키의 위치도 지정한다.

❺ 변경 사항을 적용하기 위해 Apache 서버를 다시 시작한다.

❻ 그리고 위의 변경 사항들이 적용됐는지 확인하기 위해 httpd 데몬에 S 옵션을 사용하면 가상 호스트에 사용된 IP 주소와 SSL 사용 포트 번호를 볼 수 있다.

B. 가상 호스트 HTTPS 테스트

이제 가상 호스트에 적용된 HTTPS를 테스트하겠다. 접속하는 방법은 주 도메인 www.chul.com과 동일하며, 그림 6-17에서 https://www.jeong.com으로 접속히는 회면올 볼 수 있다. 그런 다음에 예외 추가와 인증서 보기는 www.chul.com 과정과 동일하다.

그림 6-17 가상 호스트 HTTPS 접속하기

그러면 그림 6-18처럼 HTTPS을 이용해 성공적으로 접속한 화면을 확인할 수 있다.

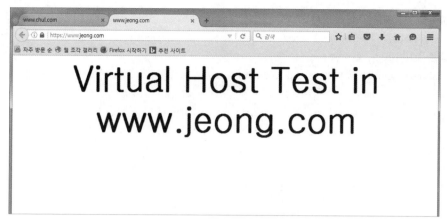

그림 6-18 가상 호스트 HTTPS 성공하기

6.6 Apache 모듈 사용

Apache 웹 서버는 다양한 기능을 제공하는 모듈을 통해 그 기능을 더욱 풍성하게 사용할 수 있다. 이러한 모듈은 서버 관리자의 필요에 따라 언제든지 Apache에 동적으로 포함되거나 제거될 수 있다. 이번 절에서는 Apache 서버가 제공하는 몇 가지 모듈의 사용법을 설명하겠다.

6.6.1 mod_proxy 사용

mod_proxy는 Apache 서버에서 포워드 프록시^{Forward Proxy}, 리버스 프록시^{Reverse Proxy}, 그리고 부하 분산 기능을 위해 사용되는 모듈이다. 이 모듈은 내장 모듈이며, httpd 패키지를 설치하면 사용할 수 있다. 여기서 리버스 프록시란 클라이언트의 요청을 다른 애플리케이션 서버(예를 들어 FTP 서버)나 다른 웹 서버로 전달할 수 있는 기능을 의미한다. 예를 들어 주 도메인 www.chul.com으로 오는 클라이언트의 접속 요청을 가상 호스트 www.jeong.com으로 보내는 경우가 그 예라 할 수 있다. 먼저 리버스 프록시 기능을 설명하고 다음에 이 모듈을 사용해 부하 부산시키는 방법을 설명하겠다.

A. 설정

먼저 Apache 서버에서 리버스 프록시 기능 구현을 위해 이 모듈을 사용하기 위한 설정은 다음과 같다. 여기에선 master 노드를 리버스 프록시 서버로 설정하고 node1을 프록시 서버의 요청을 받는 웹 서버로 설정한다.

```
1. Master 서버에서(리버스 프록시)
[root@master ~]# vim /etc/httpd/conf.modules.d/00-proxy.conf        ❶
LoadModule proxy_module modules/mod_proxy.so
LoadModule proxy_ajp_module modules/mod_proxy_ajp.so
.....
LoadModule proxy_http_module modules/mod_proxy_http.so
LoadModule proxy_scgi_module modules/mod_proxy_scgi.so
[root@master ~]# vim /etc/httpd/conf.d/proxy.conf        ❷
<IfModule mod_proxy.c>
    ProxyRequests Off        ❸
    <Proxy *>
        Require all granted        ❹
    </Proxy>
        ProxyPass / http://node1.chul.com/        ❺
    ProxyPassReverse / http://node1.chul.com/        ❻
</IfModule>
[root@master ~]# systemctl restart httpd        ❼
[root@master ~]# host node1.chul.com        ❽
node1.chul.com has address 192.168.80.6

2. Node1에서(웹 서버)
[root@node1 ~]# yum install httpd -y        ❾
[root@node1 ~]# vim /var/www/html/index.html        ❿
<html>
<head><title>www.chul.com</title></head>
<body>
<div style="width: 100%; font-size: 80px; font-weight: bold; text-align: center;">
Welcome to our node1.chul.com based on Apache
</div></body></html>
[root@node1 ~]# systemctl start httpd        ⓫
```

❶ mod_proxy가 제공하는 모듈의 목록이 정의된 파일을 확인한다. 이 중에서 사용하지
   않는 모듈의 경우는 맨 앞에 '#'을 추가하면 된다.

❷ 프록시 모듈이 사용할 설정 파일을 명령어 vim으로 생성한다.

❸ 이 프록시를 포워드가 아닌 리버스와 게이트웨이 기능을 위해 사용할 경우 off로 설정
   한다. 포워드 프록시는 클라이언트의 웹 서비스 요청을 받아서 웹 서버에게 직접 전달
   하는 기능을 의미한다.

❹ 모든 네트워크에서의 접속을 허용하는 접근 제어 지시어다.

❺ 지시어 ProxyPass는 원격지의 서버를 로컬의 서버로 일치시키기 위해 사용된다. 여기에서 '/'는 주 도메인, 즉 www.chul.com을 의미하며 이 주 도메인에 대한 요청이 들어오면 node1.chul.com으로 보낸다는 의미가 된다.

❻ 지시어 ProxyPassReverse는 웹 서버가 클라이언트의 요청에 응답할 때 그 헤더의 Location, Content-Locatoin, 그리고 URI 정보에서 URL을 조정하기 위해 사용한다. 즉, 클라이언트가 우회해서 이 리버스 프록시된 웹사이트로 접속하는 것을 방지하기 위해 사용되는데, 위는 응답 헤더의 정보에서 node1.chul.com은 모두 '/' 즉 루트 도메인 www.chul.com으로 변경하라는 의미다.

❼ 위의 변경 사항들이 적용되도록 Apache 웹 서버를 다시 시작한다.

❽ 프록시될 node1.chul.com의 IP 주소가 현재 DNS에 등록됐는지 명령어 host를 이용해 확인한다. DNS 서버를 사용하지 않는 경우 파일 /etc/hosts를 이용하기 바란다.

❾ 이제 테스트를 위해 프록시될 node1에서 Apache 서버 패키지를 설치한다.

❿ Apache의 루트 디렉토리에 index.html 파일을 생성한다.

⓫ Apache 서버를 시작한다.

B. 테스트

이제 브라우저에서 주 도메인 www.chul.com으로 접속 요청을 하면 이 클라이언트의 요청을 node1.chul.com으로 보내는 리버스 프록시 기능을 테스트한다. 그림 6-19처럼 주 도메인으로 접속했지만 파일 내용은 node1에 있는 파일이 읽혀지고 있다.

그림 6-19 리버스 프록시 테스트

C. 부하 분산 테스트

이번에는 mod_proxy를 사용해 사용자의 요청을 균등하게 배분하는 웹 서버의 부하 분산 기능을 테스트하겠다. 리버스 프록시와 겹치는 부분은 설명을 생략하겠다. 여기에선 테스트를 위해 master와 node1 및 node2를 사용한다.

```
1. Master 서버에서
[root@master ~]# vim /etc/httpd/conf.d/proxy.conf          ❶
<IfModule mod_proxy.c>
    ProxyRequests Off
    <Proxy *>
        Require all granted
    </Proxy>
    ProxyPass / balancer://mycluster lbmethod=byrequests     ❷
    <proxy balancer://mycluster>          ❸
        BalancerMember http://node1.chul.com/ loadfactor=1 ❹
        BalancerMember http://node2.chul.com/ loadfactor=1 ❺
    </proxy>
</IfModule>
[root@master ~]# systemctl restart httpd        ❺
[root@master ~]# host node2.chul.com          ❻
node2.chul.com has address 192.168.80.7

2. node2에서
[root@node2 ~]# yum install httpd -y
[root@node2 ~]# vim /var/www/html/index.html
<html>
<head><title>www.chul.com</title></head>
<body>
<div style="width: 100%; font-size: 80px; font-weight: bold; text-align: center;">
Welcome to our node2.chul.com based on Apache
</div></body></html>
[root@node2 ~]# systemctl start httpd
```

❶ 프록시 모듈 설정을 위한 파일을 명령어 vim으로 열어서

❷ '/'로 접속 요청이 들어오면 그 요청을 분산 기능을 담당하는 balancer로 보내는데, 그 이름을 지정하고 또한 그 요청을 분산시키는 방법을 클라이언트의 요청 수에 따라 한다고 설정한다.

❸ ❷에서 정의한 balancer의 이름을 생성하고

❹ 그 멤버로서 node1과

❺ node2를 추가한다. 여기서 loadfactor는 요청을 분산시킬 때 그 분산 비율을 결정하는 숫자로서 1부터 100까지 사용 가능한데, 이 경우 둘 다 1이므로 사용자의 요청을 50%

대 50%로 분산시키라는 의미가 된다.

❻ DNS에서 node2를 추가하고 명령어 `host`로 확인해 IP 주소를 확인한다. node2에서의 나머지 작업은 패키지 설치 및 기본 파일만 생성하고 서비스를 시작하면 되는데 node1 도 동일하다.

D. 테스트

브라우저에서 첫 번째 주 도메인 www.chul.com으로 접속하면 그림 6-20처럼 node1으로 연결 요청이 전달된다.

그림 6-20 첫 번째 접속 요청

두 번째 연결 요청을 하면 그림 6-21처럼 node2로 요청이 전달될 것이다. 이를 통해 사용자의 요청이 균등하게 두 개의 프록시된 웹사이트로 전달되고 있음을 확인할 수 있다.

그림 6-21 두 번째 접속 요청

6.6.2 mod_ratelimit 사용

mod_ratelimit 모듈은 클라이언트에게 데이터를 제공하는 속도를 제한하기 위해 사용된다. 특히 다운로드 디렉토리를 제공할 때 유용하게 사용할 수 있다.

A. 설정

먼저 서버에서의 설정은 다음과 같다.

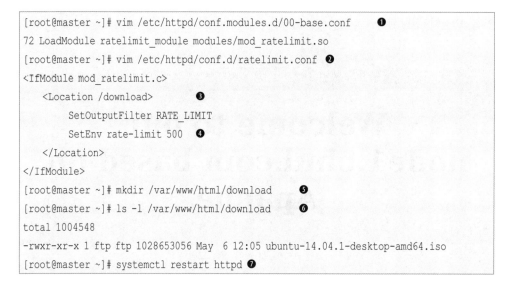

```
[root@master ~]# vim /etc/httpd/conf.modules.d/00-base.conf    ❶
72 LoadModule ratelimit_module modules/mod_ratelimit.so
[root@master ~]# vim /etc/httpd/conf.d/ratelimit.conf ❷
<IfModule mod_ratelimit.c>
    <Location /download>              ❸
        SetOutputFilter RATE_LIMIT
        SetEnv rate-limit 500    ❹
    </Location>
</IfModule>
[root@master ~]# mkdir /var/www/html/download        ❺
[root@master ~]# ls -l /var/www/html/download        ❻
total 1004548
-rwxr-xr-x 1 ftp ftp 1028653056 May  6 12:05 ubuntu-14.04.1-desktop-amd64.iso
[root@master ~]# systemctl restart httpd ❼
```

❶ ratelimit 모듈은 처음에 비활성화돼 있는데, 이를 사용하려면 명령어 vim으로 파일을 열어 72번 라인에서 '#'을 제거해 활성화시킨다.

❷ ratelimit 모듈이 사용할 설정 파일을 명령어 vim으로 생성한다.

❸ 이 모듈이 적용될 디렉토리를 정의한다.

❹ 그 속도를 지정하는 데 초당 500KB로 제한한다.

❺ 다운로드를 제공할 디렉토리를 명령어 mkdir로 생성한다.

❻ 이 디렉토리에 임의의 파일을 복사해 다운로드할 수 있도록 허용한다.

❼ 변경 사항이 적용되도록 Apache 서버를 다시 시작한다.

B. Ratelimit 모듈 테스트

다운로드 디렉토리에 파일을 복사한 뒤에 클라이언트 시스템에서 다운로드를 시도하면 그림 6-22처럼 다운로드 속도가 500KB 이하에서 이뤄지고 있음을 확인할 수 있다. 그림 6-22에서는 브라우저로 크롬을 사용했고 그 다운로드 상태를 확인하고 있다.

그림 6-22   mod_ratelimit 테스트하기

6.6.3 mod_limitipconn 사용

mod_limitipconn 모듈은 한 IP 주소당 접속할 수 있는 동시 접속자 수를 제한하기 위해
사용하는 모듈이다. 이 모듈은 기본 모듈로 Apache 패키지에 포함되지 않고 별도의 패키
지를 설치해서 사용해야 한다.

A. 설정

먼저 서버에서 이 모듈을 사용하기 위한 설정은 다음과 같다.

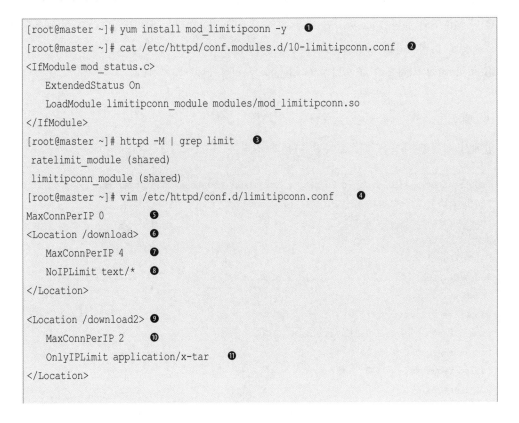

```
[root@master ~]# yum install mod_limitipconn -y    ❶
[root@master ~]# cat /etc/httpd/conf.modules.d/10-limitipconn.conf    ❷
<IfModule mod_status.c>
    ExtendedStatus On
    LoadModule limitipconn_module modules/mod_limitipconn.so
</IfModule>
[root@master ~]# httpd -M | grep limit    ❸
 ratelimit_module (shared)
 limitipconn_module (shared)
[root@master ~]# vim /etc/httpd/conf.d/limitipconn.conf    ❹
MaxConnPerIP 0    ❺
<Location /download>    ❻
    MaxConnPerIP 4    ❼
    NoIPLimit text/*    ❽
</Location>

<Location /download2>    ❾
    MaxConnPerIP 2    ❿
    OnlyIPLimit application/x-tar    ⓫
</Location>
```

```
[root@master ~]# mkdir /var/www/html/download2
[root@master ~]# systemctl restart httpd        ⑫
```

❶ 명령어 yum을 사용해 이 모듈 패키지를 설치한다.

❷ 이 모듈 패키지를 설치하면 이 모듈이 Apache의 모듈로 자동 활성화돼 사용되도록 설정
돼 있는지 파일을 확인한다.

❸ 현재 Apache 서버의 모듈로 사용되고 있는 모듈 목록 중에서 이 모듈이 포함돼 있는지
확인한다.

❹ limitipconn 모듈을 적용하기 위해 설정 파일을 명령어 vim으로 생성한다.

❺ 기본 설정은 제한이 없도록 설정한다. 모든 디렉토리에 적용할 경우 숫자 0을 제한하기
원하는 숫자로 변경할 수 있다.

❻ 동시 접속 IP 제한 기능을 적용할 디렉토리를 정의한다.

❼ 최대로 접속 가능한 IP 주소 숫자를 지정한다.

❽ 그런데 MIME의 유형이 text인 경우 위의 제한을 적용하지 않는다.

❾ 두 번째 이 모듈을 적용할 디렉토리를 정의한다.

❿ 최대 접속 가능 IP 주소 숫자를 지정한다.

⓫ 단 MIME의 유형이 tar 파일인 경우 위의 내용을 적용하라는 의미다. 그리고 이 내용이
적용될 디렉토리를 명령어 mkdir로 생성한다.

⓬ 위의 변경 사항들이 적용되도록 Apache 서버를 다시 시작한다.

B. 테스트

앞에서 설정한 내용을 테스트하면 다음과 같다.

```
[root@master ~]# ab -n 10 -c 10 http://localhost/download/index.html ❶
Benchmarking localhost (be patient).....done
Server Software:       Apache
Server Hostname:       localhost
Server Port:           80
Document Path:         /download/index.html
Document Length:       206 bytes
Concurrency Level:     10
Time taken for tests:  0.012 seconds
Complete requests:     10
Failed requests:       0        ❷
Write errors:          0
```

```
Total transferred:      4690 bytes
HTML transferred:       2060 bytes
Requests per second:    832.85 [#/sec] (mean)
Time per request:       12.007 [ms] (mean)
Time per request:       1.201 [ms] (mean, across all concurrent requests)
Transfer rate:          381.45 [Kbytes/sec] received
Connection Times (ms)
              min  mean[+/-sd] median   max
Connect:        0    1   0.4      1       1
Processing:     3    6   2.1      8       8
Waiting:        2    6   2.2      7       8
Total:          3    7   2.2      8       9
~
[root@master ~]# ab -n 10 -c 10 http://localhost/download2/ncftp.tar ❸
Benchmarking localhost (be patient).....done
Server Software:        Apache
Server Hostname:        localhost
Server Port:            80
Document Path:          /download2/ncftp.tar
Document Length:        2921068 bytes

Concurrency Level:      10
Time taken for tests:   0.039 seconds
Complete requests:      10
Failed requests:        4        ❹
    (Connect: 0, Receive: 0, Length: 4, Exceptions: 0)
Write errors:           0
Non-2xx responses:      4
Total transferred:      17529782 bytes
HTML transferred:       17527604 bytes
Requests per second:    258.71 [#/sec] (mean)
Time per request:       38.653 [ms] (mean)
Time per request:       3.865 [ms] (mean, across all concurrent requests)
Transfer rate:          442887.43 [Kbytes/sec] received

Connection Times (ms)
              min  mean[+/-sd] median   max
Connect:        0    0   0.0      1       1
Processing:     7   24  10.8     29      34
Waiting:        3   22  11.7     29      31
Total:          8   25  10.7     30      34
```

```
ERROR: The median and mean for the initial connection time are more than twice the standard
deviation apart. These results are NOT reliable.
```

❶ Apache 서버가 제공하는 벤치마킹 툴 명령어 ab에서 텍스트 파일인 index.html에 대해
   10명의 동시 접속자(c)가 총 10개의 요청(n)을 보낼 경우
❷ 실패가 없이 모두 성공적으로 전송되고 있다.
❸ 그러나 확장자가 tar인 파일에 10명의 동시 접속자가 10개의 요청을 보낼 때
❹ 몇 개의 요청이 실패한 것을 확인할 수 있다.

6.7 Apache 보안 설정

Apache 웹 서버는 오랜 역사만큼 많은 취약점이 발견됐고, 또한 많은 공격에 노출돼 왔다.
이러한 취약점을 제거하고, 다양한 공격에도 불구하고 중단 없이 서비스를 지속적으로 제
공하기 위해선 Apache 서버의 여러 보안 관련 설정과 내용에 대한 이해가 있어야 한다.
설정 파일과 모듈을 이용해 Apache 웹 서버의 보안을 강화하고 또한 안전하게 운영하기
위한 몇 가지 방법을 설명하겠다.

6.7.1 Apache 버전 정보 감추기

Apache 웹 서버의 버전 정보는 그림 6-23처럼 잘못된 디렉토리 요청 시 노출된다. 이
정보는 공격자에 의해서 그 버전의 취약점을 찾아 공격하는 여러 툴에 노출될 위험성이
있으므로, 기본적으로 제공하지 않는 것이 웹 서버 보안 강화에 도움이 된다.

그림 6-23 버전 정보 노출

```
[root@master ~]# vim /etc/httpd/conf/httpd.conf
ServerSignature Off    ❶
ServerTokens Prod      ❷
[root@master ~]# service httpd restart    ❸
```

❶ 이 지시어는 에러 메시지 노출 시 Footer 라인에 보여주는 메시지로서 활성화(on) 돼 있으면 Apache 서버의 버전 정보가 노출된다. 그런데 현재 사용하는 Apache 2.4.6 버전에서는 이 옵션이 기본적으로 비활성화돼 있다.

❷ 이 지시어는 클라이언트에게 보내는 응답 헤더에 들어갈 서버의 정보를 지정한다. 이 지시어에 올 수 있는 옵션과 그 보여주는 메시지는 다음과 같다.

- ServerTokens **Prod** : Server: Apache
- ServerTokens **Major**: Server: Apache/2
- ServerTokens **Minor**: Server: Apache/2.4
- ServerTokens **Min**　 : Server: Apache/2.4.6
- ServerTokens **OS**　　 : Server: Apache/2.4.6 (Unix)
- ServerTokens **Full** 또는 미지정: Server: Apache/2.4.6 (Unix) PHP/5.3.5

기본은 Full이 사용되며 위 ❶이 비활성화되면 그 정보를 보여주지 않는다.

❸ 변경 사항 적용을 위해 웹 서버를 다시 시작한다.

6.7.2 DDoS 공격 방어와 성능 향상 설정

Apache 웹 서버를 DDoS 공격으로부터 보호하고 그 성능을 향상시키기 위한 몇 가지 설정을 설명하겠다.

```
[root@master ~]# vim /etc/httpd/conf/httpd.conf
❶ MaxRequestWorkers 256
❷ MaxKeepAliveRequests 500
❸ KeepAliveTimeout 5
❹ TimeOut 60
❺ LimitRequestBody  8388608
❻ LimitRequestFieldsize 100
❼ LimitRequestField 40
❽ LimitRequestline 8190
❾ RLimitMEM  20480000
❿ RLimitCPU  30
```

❶ Apache 2.3.13 버전 이전의 지시어 MaxClients와 동일한데, 이는 서버에 동시 접속 가능한 사용자의 숫자를 제한하기 위해 사용하며 기본 값은 256이다. 사용자가 이 범위를 초과할 경우 ListenBackLog에 설정된 숫자만큼 큐에서 기다리다가 자식 프로세스가 사용 가능해지면 그때 연결이 이뤄진다.

❶ KeepAlive의 값이 On일 경우에 사용되며, 한 프로세스가 한 사용자의 요청을 지정한 숫자만큼 처리하기 위해 사용한다. 프로세스가 이 숫자를 초과하면 이 프로세스는 죽고 다시 새로운 프로세스가 그 사용자의 요청을 처리하기 시작한다. 숫자가 0이면 그 요청에 제한이 없다는 뜻인데, 작은 값보다 큰 값이 서버의 성능 향상에 더 도움이 된다.

❷ KeepAlive가 On으로 설정된 경우 그 시간을 얼마동안 유지할지 결정하는 지시어로서 이 시간 동안 클라이언트로부터 요청이 없을 경우 연결이 종료된다. 기본 값은 5초다. 참고로 KeepAlive는 Apache 서버의 한 프로세스가 한 사용자의 지속적인 요청 작업들을 계속 처리하게 허용할지 결정하는 지시어다.

❸ 일정한 시간 동안 클라이언트와 데이터 교환이 전혀 없을 경우 서버가 그 접속을 해제하기 위해 사용하는 지시어다.

❹ 웹 서버를 이용한 업로드와 다운로드 용량을 8M로 제한하는 설정인데, 이는 대용량 파일의 업로드와 다운로드를 이용한 서비스 거부 공격, 즉 DoS를 차단하기 위해 사용하는 지시어다. 숫자 0인 경우 제한이 없다는 의미이고 최댓값은 2G다.

❺ 클라이언트의 HTTP 요청 메시지에서 헤더의 크기를 제한하기 위해 사용한다.

❻ HTTP 요청 메시지에서 헤더 필드의 개수를 제한하기 위해 사용하는데, 기본 값은 100개다. DDoS 공격이 발생한다면 이 숫자를 더 낮추는 것을 추천한다.

❼ HTTP 요청 라인의 크기를 8190바이트로 제한하는데, 이 요청 라인에는 HTTP 메소드, URI, 그리고 프로토콜 버전 정보가 포함돼 있다. DoS와 같은 사용자의 비정상적인 요청을 회피하기 위해 사용될 수 있다.

❽ httpd 자식 프로세스에 의해 시작된 프로세스가 사용할 수 있는 메모리의 크기를 제한하기 위해 사용되는 지시어로서 단위는 바이트다. 숫자 대신 max로 설정된 경우 운영체제가 허용하는 최대 크기를 사용하게 된다.

❾ httpd 자식 프로세스에 의해 시작된 프로세스가 CPU를 30초 이상 사용하지 못하게 제한하는 설정이다. 숫자 대신 max로 설정된 경우 운영체제가 허용하는 최대 시간을 사용할 수 있다.

6.7.3 mod_evasive 사용

mod_evasive는 공격자가 Apache 서버를 향해 DoS나 DDoS 공격, 또는 무차별 대입 공격[Brute Force Attack]을 할 때 이를 회피하기 위한 방법을 제공하는 Apache 모듈이다. 또한 네트워크 관리 및 탐지 툴로도 사용될 수 있으며, 이메일을 통해 리포트를 관리자에게 보낼 수도 있다.

A. mod_evasive 설정

먼저 mod_evasive를 설정하기 위한 과정은 다음과 같다. mod_evasive는 다른 모듈과 다르게 기본적으로 설치되지 않으며, 사용할 경우 별도로 설치해줘야 한다.

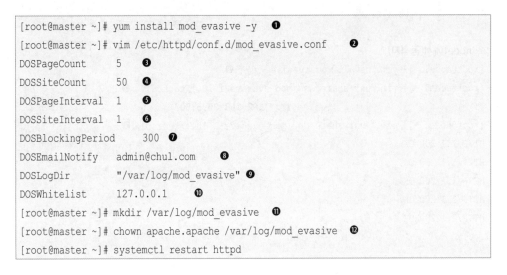

```
[root@master ~]# yum install mod_evasive -y    ❶
[root@master ~]# vim /etc/httpd/conf.d/mod_evasive.conf        ❷
DOSPageCount      5    ❸
DOSSiteCount      50   ❹
DOSPageInterval   1    ❺
DOSSiteInterval   1    ❻
DOSBlockingPeriod    300   ❼
DOSEmailNotify    admin@chul.com     ❽
DOSLogDir         "/var/log/mod_evasive"   ❾
DOSWhitelist      127.0.0.1       ❿
[root@master ~]# mkdir /var/log/mod_evasive    ⓫
[root@master ~]# chown apache.apache /var/log/mod_evasive    ⓬
[root@master ~]# systemctl restart httpd
```

❶ 명령어 yum을 사용해 패키지를 설치한다.

❷ 그 설정 파일을 명령어 vim으로 열어서

❸ ❺에서 정한 시간 내에 같은 페이지에 대해서 요청할 수 있는 최대 숫자이며, 이 숫자를 초과할 경우 그 IP 주소가 차단 목록에 추가된다.

❹ ❻에서 정한 시간 내에 같은 IP 주소로부터 웹사이트의 어떤 자원에 대해 요청할 수 있는 최대 숫자를 의미하며, 이 숫자를 초과할 경우 그 IP 주소가 차단 목록에 추가된다.

❺ 페이지 카운트를 정의하는 시간으로서 기본으로 1초가 사용된다.

❻ 사이트 카운트를 정의하는 시간으로서 기본으로 1초가 사용된다.

❼ 클라이언트의 IP 주소가 차단된 경우 그 접근을 금지할 시간을 지정하는데, 단위는 초가 사용된다. 이 시간 내에 다시 요청이 올 경우 403(Forbidden)이라는 메시지를 보내게 되고, 이 시간은 다시 초기화돼 사용된다.

❽ 차단 목록에 IP 주소가 추가될 때마다 메일을 보낼 관리자의 주소를 지정한다.

❾ mod_evasive가 로그를 저장할 디렉토리를 정의한다.

❿ 이 모듈이 적용되지 않을 IP 주소 또는 네트워크 범위를 지정할 수 있다.

⓫ 명령어 mkdir를 사용해 위에서 정의한 디렉토리를 생성한다.

⓬ 사용자 apache가 이 디렉토리에 접근 가능하도록 그 소유권을 명령어 chown로 변경하고, 변경 사항이 적용되도록 웹 서버를 다시 시작한다.

B. mod_evasive 테스트

이제 설정을 모두 마쳤다면 A절에서 설정한 대로 작동되는지 테스트를 진행한다. 테스트를 위해 클라이언트 node1에서 Perl 스크립트를 실행해 DoS 공격을 하고, 서버인 master에서 로그를 확인하겠다.

```
1. node1에서(공격자)
[root@node1 ~]# yum install mod_evasive -y        ❶
[root@node1 ~]# vim /usr/share/doc/mod_evasive-1.10.1/test.pl     ❷
11                       PeerAddr=> "192.168.80.5:80");
[root@node1 ~]# perl /usr/share/doc/mod_evasive-1.10.1/test.pl     ❸
HTTP/1.1 200 OK
HTTP/1.1 200 OK
HTTP/1.1 200 OK
HTTP/1.1 200 OK
HTTP/1.1 200 OK
. . . . .
. . . . .
HTTP/1.1 403 Forbidden       ❹
HTTP/1.1 403 Forbidden
HTTP/1.1 403 Forbidden
. . . . .
. . . . .
HTTP/1.1 403 Forbidden
2. master에서(웹 서버)
[root@master ~]# ls -l /var/log/mod_evasive/     ❺
total 4
-rw-r--r-- 1 apache apache 6 May  8 16:18 dos-192.168.80.6
[root@master ~]# tail -f /var/log/messages        ❻
May  8 16:20:01 master rsyslogd-2063: TCP message from disallowed
sender node1 discarded [try http://www.rsyslog.com/e/2063 ]
```

❶ 테스트를 위해 명령어 yum으로 패키지를 설치한다.

❷ 명령어 vim으로 테스트용 파일을 열어서 공격할 웹 서버의 IP 주소와 포트 번호를 지정한다.

❸ 명령어 perl을 사용해 이 스크립트를 실행하면 처음에는 OK라는 메시지가 보이지만

❹ 17번째 패킷부터 금지가 됐다는 메시지를 볼 수 있다.

❺ master 노드에서 그 로그를 살펴보면 접속이 차단된 IP 주소 목록이 있고

❻ 로그 messages 파일에서 보면 접속이 금지된 node1의 TCP 요청이 거부됐다는 메시지를 확인할 수 있다.

6.7.4 mod_security 사용

ModSecurity는 악의적인 공격자로부터 웹사이트를 보호하기 위해 사용되는 오픈소스 웹 애플리케이션 방화벽 프로그램이다. ModSecurity는 Apache, Nginx, IIS에 정규식을 이용한 룰셋^{RuleSet}를 제공해 공격자의 악의적인 요청을 필터링하고 그 요청을 차단함으로써 웹사이트를 안전하게 보호하기 위해 사용되는 모듈이다. ModSecurity가 제공하는 대표적인 기능을 소개하면 다음과 같다.

- 정규식에 기초한 필터링 기능 제공
- URL 인코딩 검증
- 감사 기능 제공
- 웹사이트에 대한 실시간 보안 모니터링과 공격 탐지
- 완전한 HTTP 트래픽에 대한 로그 기능 제공
- SQL 인젝션과 DoS를 비롯한 다양한 공격으로부터의 방어
- 취약한 애플리케이션의 중단 없이 패치가 가능한 가상 패치 기능 제공

더 자세한 정보는 공식 웹사이트 www.modsecurity.org를 참고하기 바란다.

ModSecurity를 설정하는 과정은 먼저 ModSecurity 모듈을 설치하고 그 룰셋을 정의한 다음에 테스트를 통해 이 룰셋이 잘 작동하는지를 점검하는 단계로 이뤄진다.

A. 설치와 기본 설정

먼저 ModSecurity 모듈을 설치하는 과정을 설명하겠다.

```
[root@master ~]# yum install mod_security httpd-devel -y    ❶
[root@master ~]# vim /etc/httpd/conf.d/mod_security.conf    ❷
<IfModule mod_security2.c>
    # ModSecurity Core Rules Set configuration
        IncludeOptional modsecurity.d/*.conf ❸
        IncludeOptional modsecurity.d/activated_rules/*.conf

    # Default recommended configuration
    SecRuleEngine On            ❹
```

```
SecRequestBodyAccess On          ❺
SecRule REQUEST_HEADERS:Content-Type "text/xml" \
"id:'200000',phase:1,t:none,t:lowercase,pass,nolog,ctl:requestBodyProcessor=XML"
```

❶ 명령어 yum으로 필요한 두 개의 패키지를 설치한다.

❷ 명령어 vim으로 ModSecurity가 사용하는 설정 파일을 열어서

❸ modsecurity.d 디렉토리에 저장된 설정 파일과 룰셋 파일을 포함시킨다. 여기서 디렉토리는 실제로 /etc/httpd/modsecurity.d/를 의미하며 이 모듈에서 사용하기 원하는 모든 디렉토리나 파일을 이곳에 생성하면 ModSecurity 모듈이 이 정보를 읽어 들여 사용하게 된다.

❹ ModSecurity 기능을 활성화할지 결정하는데, 단지 탐지만하고 차단하지 않는 경우 DetectionOnly를 On 대신에 사용하고 비활성화할 경우 Off를 사용한다.

❺ 클라이언트의 Request 값에서 Body 부분의 검사를 위해 접근 시도를 허용할지 결정한다.

B. 룰 작성

두 번째 과정은 이 모듈 설치 이후 필요한 룰셋을 정의하는 것이다. 이 과정에서 각 웹사이트의 상황에 필요한 룰셋을 정확하게 정의해줘야 한다. 그런데 이렇게 수동으로 설정 파일에 룰셋을 생성해 사용하는 경우는 많지 않으며, 대부분 이미 정의된 룰셋을 설치해 그 내용을 각 환경에 맞게 수정해 사용한다. 여기에선 테스트를 위해 수동으로 룰셋을 생성하고, 이미 생성된 룰셋을 사용하는 방법은 E절에서 설명한다.

```
[root@master ~]# vim /etc/httpd/modsecurity.d/activated_rules/ruleset-01.conf  ❶
SecDefaultAction "phase:2,deny,log,status:406"       ❷
SecRule REQUEST_URI "etc/passwd" "id:'300001'"       ❸
SecRule REQUEST_URI "etc/shadow" "id:'300002'"       ❹
SecRule REQUEST_URI "\.\./" "id:'300003'"            ❺
SecRule ARGS "<[Ss][Cc][Rr][Ii][Pp][Tt]" "id:'300004'"         ❻
SecRule ARGS "[Ss][Ee][Ll][Ee][Cc][Tt][[:space:]]+[Ff][Rr][Oo][Mm]"
"id:'300005'"    ❼
[root@master ~]# systemctl restart httpd        ❽
```

❶ 명령어 vim으로 임의의 룰셋 파일을 생성한다.

❷ 룰셋에 적용되는 기본 동작을 정의한다. 각 요소를 설명하면 다음과 같다.

- **phase 2** 생성되는 룰이나 체인이 기본적으로 속하게 되는 처리 단계인데 이 단계는 1~5단계까지 있으며 각 단계의 의미는 다음과 같다.

① phase:1 (Request header)

② phase:2 (Request body)

③ phase:3 (Response header)

④ phase:4 (Response body)

⑤ phase:5 (logging)

- **deny,log** 아래에 생성된 룰에 일치되는 상황이 발생할 경우 그 요청을 차단하고 그 내용을 로그에 기록하라는 의미다. 일치해도 통과시킬 경우 deny 대신에 pass를 사용한다.

- **status:406** 차단된 요청에 대해 'Not Acceptable'이라는 HTTP의 406 상태 코드를 보여준다.

❸ ❷에서 정의한 동작이 발생할 룰을 생성한다. 여기서의 룰은 URI에서 /etc/passwd 파일을 요청하는 경우의 룰 번호로서 ID 300001를 할당한다.

❹ 이 룰은 URI에서 /etc/shadow 파일을 요청하는 경우 ID로 300002를 할당한다.

❺ URI 요청에서 상위 디렉토리로의 이동을 의미하는 ../가 포함되는 경우에 ID 번호로 300003을 할당한다.

❻ 아규먼트에 <SCRIPT 또는 <script가 포함되는 경우에 대해 ID 300004를 할당한다.

❼ 아규먼트에 SQL 구문 SELECT FROM 또는 select from이 포함된 경우 ID 300005를 할당한다.

❽ 생성된 룰셋이 적용되도록 Apache 웹 서버를 다시 시작한다.

C. 테스트

이제 앞에서 정의한 룰셋이 잘 작동하는지 테스트를 하겠다. 먼저 그림 6-24에서는 도메인과 함께 /etc/passwd 파일을 URI에서 요청할 때 406 상태 에러 메시지를 확인한 경우다.

그림 6-24 password 파일 요청

그림 6-25에서는 URI에서 /etc/shadow 파일을 요청한 경우 406 상태 에러 메시지를
확인한 경우다.

그림 6-25   shadow 파일 요청

D. 로그 확인

룰셋 정의에서 룰에 일치된 경우 로그에 기록한다고 했는데, 앞에서 테스트한 내용이 로그
에 어떻게 기록됐는지 확인하겠다.

```
[root@master ~]# vim /var/log/httpd/error_log❶
[Mon May 09 14:16:26.332250 2016] [:error] [pid 26200] [client 192.168.80.6]
ModSecurity: Access denied with code 406 (phase 2). Pattern match "etc/passwd" at
REQUEST_URI. [file "/etc/httpd/modsecurity.d/ activated _rules/rule-01.conf"] [line
"5"] [id "300001"] [hostname "www.chul.com"] [uri "/"] [unique_id
"VzAdKqiu2eL79HiytpY8tgAAAAA"] ❷
[Mon May 09 14:19:18.356074 2016] [:error] [pid 26204] [client 192.168.80.6]
ModSecurity: Access denied with code 406 (phase 2). Pattern match "etc/shadow" at
REQUEST_URI. [file "/etc/httpd/modsecurity.d/ activated _rules/rule-01.conf"] [line
"6"] [id "300002"] [hostname "www.chul.com"] [uri "/"] [unique_id
"VzAd1lwVM5JHxlU9VSRepQAAAAQ"] ❸
[root@master ~]# vim /var/log/httpd/modsec_audit.log  ❹
[09/May/2016:14:19:18 +0900] VzAd1lwVM5JHxlU9VSRepQAAAAQ 192.168.80.6 55387
192.168.80.5 80
--89df6246-B--
GET /?../../etc/shadow HTTP/1.1
Host: www.chul.com
User-Agent: Mozilla/5.0 (X11; Linux x86_64; rv:38.0) Gecko/20100101 Firefox/38.0
~
--89df6246-F--
HTTP/1.1 406 Not Acceptable
Content-Length: 251
Keep-Alive: timeout=5, max=100
Connection: Keep-Alive
```

```
Content-Type: text/html; charset=iso-8859-1

--89df6246-E--
--89df6246-H--
Message: Access denied with code 406 (phase 2). Pattern match "etc/shadow" at
REQUEST_URI. [file "/etc/httpd/modsecurity.d/activated_rules/rule-01.conf"] [line
"6"] [id "300002"]    ❺
Action: Intercepted (phase 2)   ❻
Stopwatch: 1462771158355453 1074 (- - -)
Stopwatch2: 1462771158355453 1074; combined=45, p1=17, p2=23, p3=0, p4=0, p5=4, sr=0,
sw=1, l=0, gc=0
Response-Body-Transformed: Dechunked
Producer: ModSecurity for Apache/2.7.3 (http://www.modsecurity.org/).
```

❶ 먼저 Apache 서버의 에러 로그 파일을 살펴보면

❷ /etc/passwd 파일에 대한 ModSecurity 룰에 일치된 클라이언트의 접속이 406 코드 번호
와 함께 거부됐고

❸ /etc/shadow 파일에 대한 ModSecurity 룰에 일치된 클라이언트의 접속 또한 406 코드
에러와 함께 거부됐다는 로그를 확인할 수 있다.

❹ 이번에는 mod_security 모듈이 사용하는 감사 파일을 열어서

❺ 에러 로그 파일과 동일하게 패턴이 일치된 클라이언트의 접속이 거부됐다는 메시지를
확인할 수 있고

❻ 그 액션이 phase 2, 즉 Request body에서 발생됐음을 알 수 있다.

E. 룰셋 설치

B절에서 수동으로 룰을 생성했는데, 이렇게 모든 룰을 생성한다는 것은 매우 번거롭고
어려운 작업이다. 자동으로 이러한 룰을 사용하기 위해 ModSecurity 홈페이지를 방문하면
두 가지 버전, 즉 상용과 무료 버전의 룰을 생성해서 제공하는데 여기에선 무료 버전을
다운로드받아 설치하겠다. 이 무료 버전은 OWASP(www. owasp.org)에서 제작해 배포하고
있다.

```
[root@master ~]# yum -y install mod_security_crs   ❶
[root@master ~]# rpm -qa | grep mod_security_crs   ❷
mod_security_crs-2.2.6-6.el7.noarch
[root@master ~]# ls /etc/httpd/modsecurity.d/activated_rules/   ❸
modsecurity_35_bad_robots.data
```

```
modsecurity_crs_41_sql_injection_attacks.conf
modsecurity_35_scanners.data
modsecurity_crs_41_xss_attacks.conf
modsecurity_40_generic_attacks.data
modsecurity_crs_42_tight_security.conf
modsecurity_41_sql_injection_attacks.data
modsecurity_crs_45_trojans.conf
modsecurity_50_outbound.data
modsecurity_crs_47_common_exceptions.conf
modsecurity_50_outbound_malware.data
modsecurity_crs_48_local_exceptions.conf.example
modsecurity_crs_20_protocol_violations.conf
modsecurity_crs_49_inbound_blocking.conf
modsecurity_crs_21_protocol_anomalies.conf
modsecurity_crs_50_outbound.conf
modsecurity_crs_23_request_limits.conf
modsecurity_crs_59_outbound_blocking.conf
modsecurity_crs_30_http_policy.conf
modsecurity_crs_60_correlation.conf
modsecurity_crs_35_bad_robots.conf          rule-01.conf
modsecurity_crs_40_generic_attacks.conf
[root@master ~]# ll /usr/lib/modsecurity.d/base_rules  ❹
```

❶ 명령어 yum을 사용해 패키지를 설치하는데, 이 패키지는 OWASP 핵심 룰셋^{Core Rule} ^{Set}의 이름을 의미한다.

❷ 이 패키지는 OWASP에 의해 생성 및 배포되고 있으므로 웹사이트를 방문해 설치된 버전이 최신 버전인지 명령어 rpm으로 확인하기 바란다.

❸ 설치된 패키지는 다양한 종류의 설정 파일을 통해 많은 룰을 제공하고 있다. 그런데 이 룰들은 모두 링크가 걸려 있는데

❹ 본래의 파일들은 모두 이 디렉토리에 저장돼 있다.

F. ModSecurity 제외

현재 웹 서버가 가상 호스트를 제공하는 경우 가상 호스트에서 이 ModSecurity 모듈을 사용하지 않기 위한 방법이다.

```
[root@master ~]# vim /etc/httpd/conf.d/vhost.conf
16    <IfModule mod_security2.c>          ❶
```

```
17      SecRuleEngine Off      ❷
18    </IfModule>
[root@master ~]# systemctl restart httpd
```

❶ 명령어 vim으로 가상 호스트 설정 파일을 열어 ModSecurity 모듈을 지정하고

❷ 이 모듈을 비활성화한 다음 Apache 웹 서버를 다시 시작한다.

6.8 WordPress 설치

WordPress는 사용자들에게 가장 인기 있는 오픈소스 CMS^{Content Management System} 프로그램
중 하나며, PHP와 MySQL/MariaDB 기반에서 운영된다. WordPress는 2015년까지 6천
만 개 이상의 웹사이트에 적용될 정도로 인기가 많은데, 그 제작자인 Matt Mullenweg와
Mike Little에 의해 2003년 처음 GPLv2 라이선스하에서 배포가 시작됐다. WordPress가
제공하는 블로그 기능을 통해 다양한 기능의 웹사이트를 생성할 수 있다. Apache 서버
기반에서 CMS 프로그램 WordPress 설치 방법을 이번 절에서 차례대로 설명하겠다.
WordPress에 대한 추가 정보는 웹사이트 https://ko.wordpress.org/를 참고하기 바란다.

6.8.1 데이터베이스 설정

WordPress를 설치하기 위해서는 먼저 데이터베이스를 설정해줘야 한다.

A. PHP와 MariaDB 설치

WordPress는 PHP와 MariaDB 또는 MySQL 같은 데이터베이스가 필요하다. 그래서 설치
전에 이러한 프로그램들을 설치하고 서비스를 시작해줘야 한다. 데이터베이스 MariaDB
설치와 그 서비스 시작에 대한 자세한 내용은 9장을 참고하기 바란다.

```
[root@master ~]# yum install php php-mbstring php-pear -y    ❶
[root@master ~]# yum install mariadb-server -y    ❷
[root@master ~]# systemctl start mariadb    ❸
```

❶ 명령어 yum을 사용해 php 관련 패키지를 설치한다.

❷ 명령어 yum을 사용해 mariadb 서버 패키지를 설치한다.

❸ 명령어 systemctl을 사용해 MariaDB 서버를 시작한다.

B. MariaDB 설정

두 번째 단계는 WordPress를 위해 MariaDB를 이용한 데이터베이스를 설정하는 것이다.

```
[root@master ~]# mysql -u root -p      ❶
Enter password:
Welcome to the MariaDB monitor. Commands end with ; or \g.
Your MariaDB connection id is 4
Server version: 5.5.40-MariaDB-wsrep MariaDB Server, wsrep_25.11.r4026
MariaDB [(none)]> create database wordpress;        ❷
Query OK, 1 row affected (0.00 sec)
MariaDB [(none)]> grant all privileges on wordpress.* to
'wordpress'@'localhost' identified by 'wordpress';     ❸
Query OK, 0 rows affected (0.00 sec)
MariaDB [(none)]> flush privileges;
Query OK, 0 rows affected (0.00 sec)
MariaDB [(none)]> exit
```

❶ 명령어 mysql과 사용자 root로 MariaDB 서버에 접속한다.

❷ WordPress가 사용할 데이터베이스를 SQL로 생성한다.

❸ 이 데이터베이스에 접속 가능한 사용자 wordpress와 그 패스워드를 정의하고 모든 권한을 부여한 뒤에 빠져 나온다.

6.8.2 WordPress 설치

이제 PHP와 MariaDB의 설치 및 설정이 모두 끝났으므로 WordPress를 설치하고 그 설정을 해야 한다. 이후에 나머지 설정은 모두 브라우저에서 마치게 된다.

A. 서버 설정

먼저 서버에서의 설정은 다음과 같다. 앞의 데이터베이스 설정에서 생성한 정보를 이곳에서 입력해줘야 한다.

```
[root@master ~]# yum install wordpress -y        ❶
[root@master ~]# vim /etc/wordpress/wp-config.php ❷
23 define('DB_NAME', 'wordpress');           ❸
26 define('DB_USER', 'wordpress');           ❹
29 define('DB_PASSWORD', 'password');         ❺
[root@www ~]# vim /etc/httpd/conf.d/wordpress.conf        ❻
```

```
1  Alias /wordpress  /usr/share/wordpress     ❼
8  Require all granted      ❽
[root@master ~]# systemctl restart httpd      ❾
```

❶ 명령어 yum으로 패키지를 설치한다.

❷ 명령어 vim으로 WordPress의 설정 파일을 열어서

❸ MariaDB에서 생성한 데이터베이스 이름을 입력한다.

❹ 이 데이터베이스에 권한이 있는 사용자 이름을 입력한다.

❺ 인증에 필요한 사용자의 패스워드를 입력한다.

❻ 명령어 vim으로 Apache 웹 서버가 인식할 설정 파일을 열어서

❼ WordPress RPM 패키지를 설치하면 기본적으로 모든 파일이 /usr/share/wordpress에 저장된다. 그리고 기본적으로 Alias가 /wordpress로 돼 있기 때문에 브라우저에서 www.chul.com/wordpress로 접근하면 위 디렉토리에 저장된 데이터에 접근하게 된다. 주 도메인 www.chul.com에 WordPress를 설치하려면 /usr/share/wordpress의 모든 파일을 /var/www/html로 복사하거나 설정 파일에서 Document Root의 경로를 수정해줘야 한다.

❽ 모든 네트워크에서의 접근을 허용하기 위해 한 줄을 추가한다.

❾ 웹 서버의 변경된 설정 사항이 적용되도록 웹 서버를 다시 시작한다.

B. 웹에서 설정

이제 브라우저에서 접속해 그 설정을 완료해야 한다.

1. 브라우저로 접속하기

브라우저에서 주 도메인 또는 IP 주소와 wordpress 디렉토리를 이용해 접속한 후에 그림 6-26과 같이 기본 정보를 입력한다. 사이트 이름, 관리자 이름과 패스워드, 그리고 이메일 주소를 입력한 다음에 아래의 Install 버튼을 클릭한다.

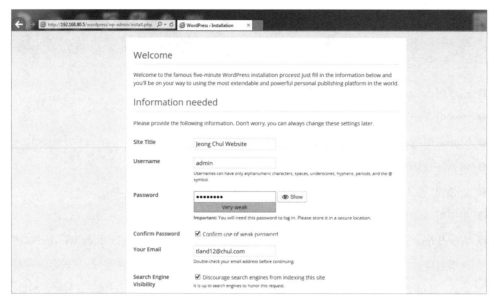

그림 6-26 기본 정보 입력하기

2. 성공 화면

관리자 이름과 패스워드 생성이 완료되면 그림 6-27처럼 성공 화면을 볼 수 있다.

그림 6-27 성공 화면

3. 관리자 로그인하기

첫 번째 단계에서 생성한 관리자 admin과 패스워드 정보를 입력해서 그림 6-28처럼 로그인한다.

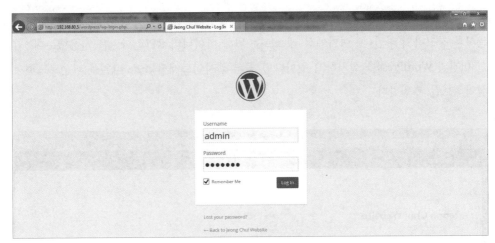

그림 6-28 관리자로 로그인하기

4. 대시보드 접속하기

관리자로 로그인에 성공하면 그림 6-29처럼 바로 대시보드에 접속한다. 여기서 웹사이트 설정에 필요한 내용을 변경할 수 있다.

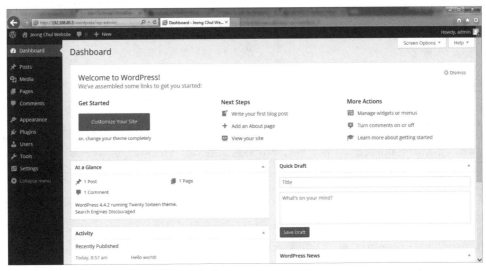

그림 6-29 대시보드 접속

5. 초기 화면 접속

기본 설정을 한 후 브라우저에서 처음처럼 IP 주소 또는 도메인에 wordpress 디렉토리를 입력하면 그림 6-30처럼 초기 화면에 접속할 수 있다. WordPress에 접속한 후에 웹사이트 최적화에 대한 자세한 정보는 WordPress 공식 웹사이트(wordpress.org) 또는 인터넷 문서를 참고하기 바란다. 여기에선 테스트를 위해 바이너리 RPM 파일을 사용했는데, 최신 버전의 WordPress를 설치하기 원한다면 공식 웹사이트에서 소스 파일을 다운로드해서 설치해보길 추천한다.

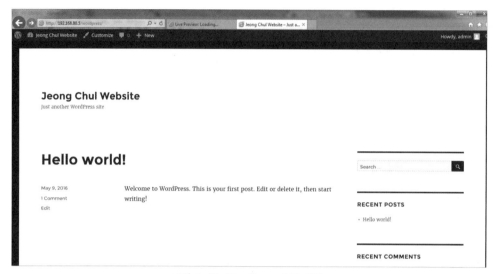

그림 6-30   WordPress 초기 화면

6.9 Piwik – GUI 이용 웹사이트 분석

웹사이트에 대한 클라이언트의 활동과 기록을 GUI를 이용해 체계적으로 분석하기 위한 프로그램으로서 Piwik를 소개하겠다. Piwik는 오픈소스 웹사이트 분석 프로그램으로서 사용자의 방문지 위치와 방문자가 사용한 브라우저의 종류, 그리고 사용한 운영체제의 종류 및 방문자가 머문 시간, 또한 그들이 어떤 활동을 웹사이트에서 했는지를 리포트로 관리자에게 제출할 수 있다. 이를 통해 관리자는 웹사이트에 대한 자세한 분석을 통해 효과적인 방문자 관리를 할 수 있다. 더 자세한 정보는 공식 웹사이트 www.piwik.org 를 참고하기 바란다.

6.9.1 Piwik 설치

Piwik를 사용하려면 먼저 데이터베이스와 PHP가 작동되고 있어야 한다. PHP를 작동하는 방법은 6.1절을 참고하고, 데이터베이스에 대한 자세한 설명은 9장을 참고하기 바란다.

A. 데이터베이스 설정

Piwik를 사용하기 위한 첫 번째 과정은 그 데이터베이스를 생성하는 것이다. MariaDB를 사용해 그 데이터베이스를 생성하겠다.

```
[root@master ~]# mysql -u root -p
MariaDB [(none)]> create database piwik; ❷
Query OK, 1 row affected (0.00 sec)
MariaDB [(none)]> grant all privileges on piwik.* to piwik@'localhost'
identified by 'piwik';      ❷
Query OK, 0 rows affected (0.00 sec)
MariaDB [(none)]> flush privileges;
Query OK, 0 rows affected (0.00 sec)
MariaDB [(none)]> exit
```

❶ MariaDB를 설치하고 그 서비스를 시작했다면 사용자 root로 접속한 후에 SQL을 사용해 Piwik를 위한 데이터베이스를 생성한다.

❷ 사용자 및 그 패스워드를 생성하고 이 데이터베이스에 대한 모든 권한을 이 사용자에게 부여한 후 데이터베이스에서 빠져 나오기 바란다.

B. Piwik 설치

이제 Piwik를 설정하는 과정을 설명하겠다.

```
[root@master ~]# yum install php-pdo php-gd php-xml -y ❶
[root@master ~]# vim /etc/php.ini    ❷
405 memory_limit = 512M
[root@master ~]# wget http://piwik.org/latest.zip -P /var/www/html   ❸
[root@master ~]# unzip /var/www/html/latest.zip -d /var/www/html     ❹
[root@master ~]# chown -R apache.apache /var/www/html/piwik/tmp      ❺
[root@master ~]# chown -R apache.apache /var/www/html/piwik/config   ❻
```

❶ Piwik를 설치하기 전에 Piwik 실행에 필요한 프로그램을 명령어 yum으로 설치한다.

❷ PHP가 사용할 최대 메모리를 기존 128M에서 512M으로 변경한다.

❸ 명령어 wget을 사용해 최신 버전의 Piwik 프로그램을 웹 서버 디렉토리에 다운로드한다.

❹ 명령어 unzip을 사용해 압축된 패키지를 해제한다.

❺ 명령어 chown을 사용해 tmp 디렉토리의 소유권을 apache로 변경한다.

❻ 명령어 chown을 사용해 config 디렉토리의 소유권을 apache로 변경한다.

6.9.2 브라우저에서 Piwik 설정

이제 브라우저에서 Piwik 디렉토리로 접속해 설정하는 방법을 설명하겠다.

A. 환영 인사

브라우저에서 도메인 또는 IP 주소와 디렉토리 piwik를 그림 6-31처럼 입력하면 처음 환영 인사 화면을 볼 수 있다.

그림 6-31 환영 인사

B. 시스템 체크

두 번째 과정은 Piwik 설치에 필요한 시스템이 제대로 설치되거나 준비됐는지 그림 6-32처럼 검사하는 과정이다. 이 과정에서 에러 메시지를 발견할 경우 그것을 먼저 해결하고 다음 과정으로 진행하기 바란다.

그림 6-32 시스템 체크

C. 데이터베이스 설치

세 번째 과정은 A절에서 설정한 데이터베이스 정보를 그림 6-33처럼 입력하는 것이다. 로컬 호스트와 사용자 이름, 그리고 그 사용자의 패스워드를 입력한 후 아래의 다음 버튼을 클릭해서 다음 과정으로 진행한다.

그림 6-33 데이터베이스 설치

D. 테이블 생성

데이터베이스 생성이 완료됨과 동시에 그림 6-34처럼 그 테이블 또한 같이 생성된다. 이 때 커맨드라인에서 어떤 테이블들이 생성됐는지 확인해보는 것도 좋은 방법이다. 특히 H절 다음의 I절에서 업그레이드 문제가 발생하는 경우 테이블 piwik_user_language가 생성됐는지 확인하는 것이 중요하다.

그림 6-34 테이블 생성

E. 슈퍼유저 생성

Piwik를 관리할 사용자를 그림 6-35처럼 생성한다. 여기서 관리자는 기존 시스템에 등록된 사용자가 아니어도 상관없으며, 임의의 사용자를 여기서 생성하고 그 패스워드까지 생성할 수 있다. 또한 사용 가능한 이메일 주소도 입력해줘야 한다.

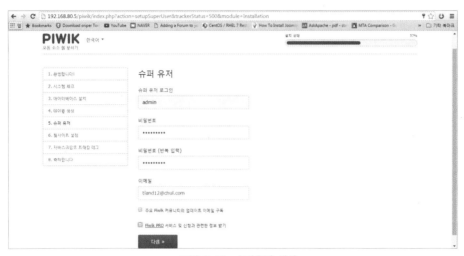

그림 6-35 슈퍼유저 생성

F. 웹사이트 설정

이제 Piwik가 관리할 웹사이트 정보를 그림 6-36처럼 입력한다. 웹사이트의 이름과 웹사이트 URL 또한 그 사용할 시간대 정보를 입력해주기 바란다.

그림 6-36 웹사이트 설정

G. 추적 코드 복사

웹사이트 설정이 완료되면 그림 6-37처럼 추적 코드를 제공하는데, 이 코드를 분석하기 원하는 모든 페이지에 삽입하면 Piwik가 이 코드로부터 정보를 가져와서 전체 대시보드에서 관리자에게 제공한다. 이 코드는 자바스크립트이며, 각 html 페이지의 /head 태그 이전에 사용돼야 한다.

그림 6-37 추적 코드

H. 설치 완료

이제 설치 과정이 그림 6-38처럼 완료됐다.

그림 6-38 설치 완료

I. 업그레이드

설치 과정이 완료된 후에 그림 6-39처럼 데이터베이스 업그레이드 과정이 나타날 수 있다. 아래에 나타난 버튼을 클릭하면 자동으로 업그레이드를 진행하는데, 이렇게 업그레이드를 해도 동일한 에러 메시지가 수회에 걸쳐 나타나는 경우 모든 데이터베이스와 소스 디렉토리를 삭제하고 다시 진행하기 바란다.

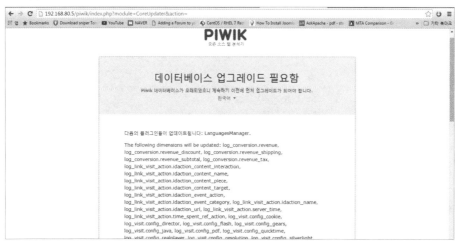

그림 6-39 데이터베이스 업그레이드

J. 관리자 로그인

성공적으로 설치를 완료했다면 그림 6-40처럼 관리자 로그인 화면이 나타난다. 여기서는 E절에서 생성했던 ID와 패스워드를 사용해 로그인한다.

그림 6-40 관리자 로그인하기

K. 대시보드 접속

로그인에 성공하면 그림 6-41처럼 대시보드에 접속하고 여기서 Piwik가 제공하는 다양한
정보를 확인할 수 있다. 사용자들의 방문 기록과 활동 기록을 실시간으로 확인할 수 있다.

그림 6-41 대시보드 접속

6.10 참고문헌

- https://en.wikipedia.org/wiki/Apache_HTTP_Server
- https://httpd.apache.org/docs/2.2/ko/sitemap.html
- http://httpd.apache.org/docs/current/
- https://en.wikipedia.org/wiki/Digest_access_authentication
- https://www.maketecheasier.com/ip-port-based-virtualhost-apache/
- https://en.wikipedia.org/wiki/HTTPS
- http://www.server-world.info/en/note?os=CentOS_7&p=httpd&f=16
- http://piwik.org/download/
- https://en.wikipedia.org/wiki/WordPress
- http://robertheaton.com/2014/03/27/how-does-https-actually-work/
- https://httpd.apache.org/docs/current/mod/mod_proxy.html#proxyrequests
- http://www.tecmint.com/install-mod_pagespeed-to-boost-apache-nginx-performance/
- https://www.linode.com/docs/websites/apache-tips-and-tricks/tuning-your-apache-server

- http://www.petefreitag.com/item/505.cfm
- http://www.unixmen.com/install-and-configure-piwik-analytics-tool-for-your-website/
- https://ko.wordpress.org/
- https://en.wikipedia.org/wiki/ModSecurity
- https://github.com/SpiderLabs/ModSecurity/wiki/Reference-Manual#Attack_Prevention_and_Virtual_Patching
- https://www.linode.com/docs/websites/apache-tips-and-tricks/modevasive-on-apache
- https://www.owasp.org/index.php/Category:OWASP_ModSecurity_Core_Rule_Set_Project

6.11 요약

1. Apache 웹 서버를 사용하기 위해서는 (   ) 패키지를 설치하고, 주 설정 파일로 (   )가 사용되며 데이터 디렉토리로 (   ), 로그 디렉토리로 (   )가 사용된다.

2. HTML에 동적인 데이터를 제공하기 위해 사용하는 (   )과 같은 언어를 (   )라고 하며, 이러한 언어와 웹 서버가 서로 통신하는 방법을 정의한 것이 (   )이다.

3. 서버에 등록된 사용자마다 웹사이트를 제공하는 (   ) 기능을 위해 Apache 서버에서 파일 (   )을 사용하며, 설정을 통해 소수 또는 모든 사용자에게 이 기능을 적용할 수 있다.

4. Apache 인증 기법은 특정 (   ) 접근 시 사용자의 (   )와 (   )를 요구하며 인증이 중요한 (   )를 제공할 때 유용하게 사용되고 가장 널리 사용되는 방법이 (   )과 (   )이다.

5. (   )는 한 서버에서 여러 웹사이트를 서비스하는 기능으로 각 웹사이트마다 다른 IP 주소를 사용하는 (   ), 한 IP 주소를 사용해 여러 웹사이트를 제공하는 (   ), 서로 다른 포트를 사용해 여러 웹사이트를 제공하는 (   ) 방식이 있다.

6. (   )는 (   )라고 불리며, 평문으로 전달되는 HTTP의 데이터를 (   )를 이용해 (   )해 서버와 클라이언트 간에 안전한 통신을 보장하기 위해 사용되는 프로토콜로서 포트 (   )이 사용되며 (   ) 패키지를 설치해야 한다.

7. (   )는 Apache 서버에서 포워드 프록시, (   ), 그리고 (   ) 기능을 위해 사용되는 (   )이며, (   ) 패키지를 설치하면 사용할 수 있다.

8. (   )는 공격자가 Apache 서버를 향해 (   )나 (   ) 공격 또는 무차별 대입 공격을 할 때 이를 회피하기 위한 방법을 제공하며, (   )는 악의적인 공격자로부터 웹사이트를 보호하기 위해 사용되는 오픈소스 웹 애플리케이션 (   ) 프로그램이다.

9. (   )는 사용자들에게 가장 인기 있는 오픈소스 CMS 프로그램 중 하나며, 이를 사용하기 위해 (   )와 (   )가 운영 중이어야 한다.

10. (   )는 오픈소스 웹사이트 (   ) 프로그램으로서 사용자의 방문지 위치와 방문자가 사용한 브라우저의 종류, 사용한 운영체제의 종류, 방문자가 머문 시간, 웹사이트에서의 사용자의 활동을 리포트로 제출한다.

6.12 연습문제

1. Apache 패키지를 설치하고 서비스를 시작한 다음에 Firewalld 방화벽에 이 서비스를 추가하라.

2. Apache 서버에서 PHP를 사용할 수 있게 설정하고 테스트하라.

3. 사용자 kim, lee, park에게만 기본 도메인 www.chul.com을 사용해 사용자 웹사이트를 제공하도록 설정하라.

4. basic 디렉토리로 접근하는 사용자들에게 Basic 인증을 부여하고, 오직 사용자 han, kang만 접근 가능하도록 설정하라.

5. digest 디렉토리로 접근하는 사용자들에게 Digest 인증을 적용하고, 사용자는 위와 동일하게 설정하라.

6. 도메인 chul.com과 jeong.com을 사용해 이름 기반 가상 호스트 기능을 구현하라.

7. 주 도메인 chul.com에 SSL/TLS를 적용해 HTTPS를 구현하기 바란다.

8. mod_proxy 모듈을 사용해 www.chul.com으로 들어오는 사용자의 요청을 node1.chul.com으로 전달하게 설정하라.

9. 최신 버전의 WordPress를 다운로드해서 Apache 서버에 설치하라.

10. Piwik를 Apache 서버 분석을 위해 설치하고 관리자로 로그인하라.

6.13 연구과제

1. Apache 서버의 특정 디렉토리 인증 방법으로서 LDAP 서버를 사용하는 방법을 연구해 보라.

2. 8장에서 소개할 로그 관리 프로그램 Awstats를 이용해 Apache 서버의 로그를 관리하는 방법을 연구해보라.

3. 7장에서 웹 서버인 Nginx 서버를 이해한 다음에 Apache 서버와 Nginx 서버의 차이점 을 연구해보라.

7장
Nginx 웹 서버

Nginx 웹 서버의 모든 것

7장에서는 리눅스 시스템에서 Apache 서버와 더불어 최근 가장 인기 있는 웹 서버 중 하나인 Nginx 서버의 관리 방법을 설명한다. 주요 내용으로 Nginx 설치와 서비스 시작, 그리고 CGI 사용법과 가상 호스트 및 HTTPS, 리버스 프록시 사용 방법과 서버 보안에 대해 구체적인 예제와 더불어 자세히 설명한다.

Nginx는 웹 서버이면서 동시에 HTTP, HTTPS, SMTP, POP3와 IMAP 프로토콜을 위한 리버스 프록시 서버로도 사용된다. 또한 로드 밸런서 및 HTTP 캐시로도 사용된다. 이렇게 다양한 기능을 제공하는 Nginx 서버는 2002년 러시아의 개발자 Igor Sysoev에 의해 처음 개발돼 2004년 배포되기 시작했는데, 현재 리눅스와 유닉스를 비롯한 대부분의 운영 체제에서 사용가능한 오픈소스 소프트웨어다.

Nginx는 1999년 Dan Kegel이 처음 사용한 C10k 문제, 즉 한 개의 웹 서버에서 10,000개의 동시 접속 한계를 극복하기 위한 높은 성능을 구현하는 것이 그 개발의 초점이 됐다. 이러한 문제를 해결하기 위해 Nginx 서버는 비동기적 EDA^{Asynchronous Event-Driven Architecture}라는 방식을 사용했는데, 이는 Apache 서버처럼 하나의 스레드^{Thread}에서 하나의 접속을 허용하는 전통적인 방식과는 차이가 있다. Nginx 서버는 Apache처럼 요청을 받을 때마다 프로세스를 만들지 않고, 이 EDA 방식을 통해 하나의 프로세스로 많은 접속을 처리하게 함으로써 CPU 부하와 메모리 사용은 더 적으면서 속도는 더 빠른 장점을 갖고 있다. 그래서 Nginx 서버는 클라이언트의 접속량이 많은 고부하 환경에서 더 큰 성능을 발휘하기 때문에 Apache 서버를 이을 차세대 웹 서버라고 불리기도 한다. 물론 Apache 서버도 Event MPM^{Multi Processing Module} 모델을 통해 이와 유사한 방식으로 서비스 제공이 가능하다. 7장에서 Nginx 서버와 클라이언트 설정, 그리고 테스트를 위해 사용되는 호스트의 정보는 다음과 같다.

호스트 이름	IP 주소	OS 버전	역할
master.chul.com	192.168.80.5	CentOS Linux release 7.2	Nginx 서버
node1.chul.com	192.168.80.6	CentOS Linux release 7.2	Web 클라이언트
windows.chul.com	192.168.80.11	윈도우 7 64비트	Web 클라이언트

7장에서 다루는 내용은 다음과 같다.

- Nginx 이해
- Nginx 서비스 시작과 PHP 사용
- Nginx CGI 사용(Perl, Python, Ruby, Ghost)
- Nginx UserDir 사용
- Server Block(가상 호스트) 사용
- Nginx 인증 사용
- Nginx HTTPS(SSL/TLS) 사용
- Apache 서버를 위한 리버스 프록시Reverse Proxy 사용
- Nginx 부하 분산Load Balancing 사용
- Nginx 보안 설정

7.1 Nginx 이해

Nginx 서버의 설정을 설명하기 전에 먼저 Nginx 서버의 구조에 대해 알아보고, Nginx와 Apache 웹 서버를 비교해 그 차이점을 설명하겠다.

7.1.1 Nginx 구조 이해

Nginx 서버가 어떤 방식으로 클라이언트에게 그 서비스를 제공하는지 구조를 그림 7-1을 이용해 설명하겠다.

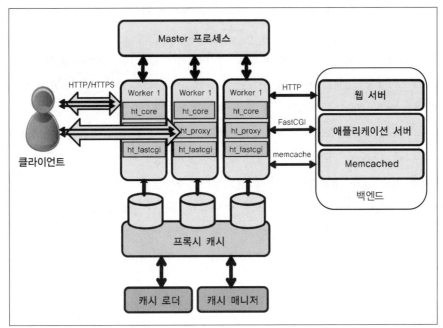

그림 7-1 Nginx 구조

A. HTTP와 HTTPS 프로토콜

1. 사용자는 웹 클라이언트 프로그램 브라우저를 통해 웹 서버에 접근하는데, 이때 사용하
   는 프로토콜이 HTTP, 그리고 데이터의 암호화를 위해 SSL이 적용된 HTTPS다.
2. 웹 서버는 HTTP 접속을 위해 포트 80번, 그리고 HTTPS 접속을 위해 기본적으로 포트
   443번을 통해 이러한 클라이언트의 요청을 받아들이다.

B. Master와 Worker 프로세스

1. Nginx 웹 서버의 경우 HTTP나 HTTPS를 사용한 클라이언트의 요청을 한 개의 master
   프로세스와 여러 worker 프로세스를 통해 처리하는데, Nginx 서버가 시작되면 한 개의
   master 프로세스가 실행되고 worker 프로세스는 이 master 프로세스의 호출에 따라 실
   행된다.
2. 설정 파일 /etc/nginx/nginx.conf에서 지시어 `worker_processes`를 통해 이러한 초기
   worker 프로세스 생성 개수를 지정할 수 있다. 그 값을 `auto`로 설정한 경우 기본 프로
   세서Processor 개수만큼 실행된다. 참고로 CentOS 7에서 프로세서의 개수는 /proc/
   cpuinfo에서 확인할 수 있다.
3. 각 worker 프로세스는 클라이언트의 요청마다 새로운 프로세스를 생성하지 않고 하나

의 worker 프로세스가 많은 요청을 동시에 처리하는 기능으로 인해 single-threaded 프로세스라고 부르기도 한다.

4. 한 worker 프로세스가 처리하는 연결 개수는 설정 파일인 nginx.conf에서 지시어 `worker_connections`를 통해 그 숫자를 지정할 수 있으며, 기본으로 1024가 사용되는데 이는 초당 1024 클라이언트의 접속 요청을 처리할 수 있다는 의미다.

5. 각각의 worker 프로세스는 독립적으로 실행되기 때문에 한 프로세스에서 발생하는 에러가 다른 worker 프로세스에 영향을 주지 않으며, 공유된 캐시 데이터나 다른 공유 자원을 위해 공유 메모리를 사용해 서로 간에 통신할 수 있다.

6. Worker 프로세스 내부에는 Nginx 모듈이 내장돼 있는데, 이들은 연결 요청 처리, 필터링, 그리고 프록시 연결 처리와 부하 분산 및 그 밖에 여러 일을 처리한다. worker 프로세스는 클라이언트의 기본적인 HTTP 요청을 처리하기 위해 기본적으로 ht_core 모듈을 로딩해 사용한다.

7. Nginx 서버와는 다르게 Apache 서버는 스레드 기반/프로세스 기반을 사용하는데, 이는 각 클라이언트의 연결 요청에 대해 새 스레드/프로세스가 생성되고 이에 응답을 보내면 스레드/프로세스는 종료되며, 이들이 사용했던 CPU나 메모리 같은 자원을 다른 스레드/프로세스가 사용하도록 방출하게 된다.

8. Master 프로세스는 설정 파일 읽기와 검증하기, 소켓 처리하기, worker 프로세스 호출 및 관리하기, 로그 파일 오픈하기 등의 역할을 담당하며, `SIGHUP`과 같은 시그널 SIGNAL 을 통해 관리자의 요청에 응답할 수 있다.

9. Nginx는 Asynchronous^{비동기식의)}Event-driven 개념을 사용한다고 서두에서 설명했는데, 여기서 Event-driven이란 기본적으로 웹 서버가 처리해야 할 여러 다양한 작업을 이벤트^{Event}로서 처리하기 위한 접근 방법이다. 클라이언트의 연결 요청이나 디스크 읽기 및 쓰기도 모두 하나의 이벤트라고 할 수 있는데, 이 개념은 처리해야 할 이벤트가 없다면 서버의 리소스를 낭비할 필요가 없다는 개념에서 시작됐다.

10. 우리가 현재 사용 중인 운영체제는 이러한 작업의 시작이나 종료에 대한 내용을 웹 서버에게 알릴 수 있다. 이렇게 하면 Nginx worker 프로세스는 이 이벤트 처리를 위해 알맞은 방법을 적용해 적절한 자원을 사용할 수 있다. 그러면 웹 서버의 자원은 요청에 따라서 동적으로 할당되고 또한 제거 되는데, 이러한 방법은 네트워크나 메모리, 그리고 CPU 같은 하드웨어를 최적화해 사용할 수 있도록 도와준다.

C. Helper 프로세스

1. Helper 프로세스로 사용되는 캐시 로더^{Cache Loader} 프로세스는 Nginx 시작 시에 실행돼 디스크 기반의 캐시를 메모리로 로딩하는 역할을 수행한 뒤에 빠져 나간다.

2. 캐시 매니저^{Cache Manager}는 설정된 크기 내에서 캐시를 유지하기 위해 규칙적으로 실행 하면서 디스크 캐시에서 유효하지 않은 엔트리를 제거하는 역할을 수행한다.

3. FastCGI 프로세스는 백엔드에 위치한 애플리케이션 서버에 저장된 파이썬, 루비와 같 은 코드들을 실행하기 위해 사용된다.

4. Memcached 서버는 메모리 기반의 오브젝트^{Object} 캐시 시스템으로서 캐시에 저장된 동적인 웹 애플리케이션의 데이터를 직접 클라이언트에게 제공함으로써 그 응답 속도 를 높이기 위한 목적으로 사용되는데, Nginx 서버는 이를 위해 memcache 모듈을 사용 한다.

7.1.2 Nginx와 Apache 서버

Nginx 서버와 더불어 가장 널리 사용되는 Apache 웹 서버를 간단히 비교하면 표 7-1과 같다.

표 7-1 Apache와 Nginx 서버 비교

항목	Apache 서버	Nginx 서버
개발 시작	1995년 Rovert Macool가 개발 시작	2002년 Igor Sysoev가 개발 시작
아키텍처	프로세스와 스레드 및 Event MPM 중에서 선택 가능	Event-driven
연결 요청	새로운 프로세스 또는 스레드 생성	한 프로세스가 많은 연결 처리
메모리	많은 메모리 소요	정적 페이지 제공 위해 낮은 메모리 필요
문서	문서 정리가 Nginx에 비해 뛰어남	문서 정리가 Apache보다 뛰어나지 않음
운영체제	대부분의 운영체제 지원	OpenVMS나 IBMi 지원하지 않음
속도	Nginx에 비해 느림	정적 페이지 제공 속도 뛰어남
기능	Nginx에 비해 많은 기능 제공	Apache에 비해 지원 기능 요소가 적음
복잡성	다양한 기능을 지원함으로써 Nginx에 비해 더 복잡함	웹 서버로서 필요한 핵심 기능만 가지고 시 작해서 더 가벼움
성능과 확장성	메모리나 CPU와 같은 하드웨어 자원에 의 존적	하드웨어의 자원에 전적으로 의존하지 않음

7.2 Nginx 서비스 시작과 PHP 사용

이번 절에서는 먼저 Nginx 서버를 설치하고 그 서비스를 시작하는 방법, 그리고 Nginx 환경에서 PHP를 사용하는 방법을 설명하겠다.

7.2.1 Nginx 서버 설치와 서비스 시작

첫 번째 단계로서 Nginx 패키지를 설치하고 그 이후에 서비스를 시작하는 방법을 설명하면 다음과 같다.

A. 설치와 기본 설정

패키지 설치 이후에 기본적으로 사용할 설정 내용을 정의해줘야 한다.

```
[root@master ~]# yum install nginx -y        ❶
[root@master ~]# rpm -qa | grep nginx        ❷
nginx-1.6.3-8.el7.x86_64
nginx-filesystem-1.6.3-8.el7.noarch
[root@master ~]# vim /etc/nginx/nginx.conf   ❸
37 #listen     [::]:80 default_server;       ❹
38 server_name www.chul.com;                 ❺
39 root        /usr/share/nginx/html;        ❻
```

❶ 명령어 yum을 이용해 패키지를 설치한다.

❷ 명령어 rpm을 이용해 패키지 설치를 확인하면 의존 관계에 있는 패키지도 같이 설치돼 있음을 알 수 있다.

❸ Nginx가 사용하는 설정 파일을 명령어 vim으로 열어서

❹ IPv6를 사용하지 않을 경우 주석(#)을 추가한다.

❺ Nginx에서 사용할 주 도메인 이름을 정의한다.

❻ Nginx 서버에서 데이터를 저장할 루트 디렉토리를 확인한다.

B. 서비스 시작

이제 Nginx 서비스를 시작하고 그 서비스를 확인하는 과정을 설명하겠다.

```
[root@master ~]# systemctl stop httpd       ❶
[root@master ~]# systemctl start nginx      ❷
```

```
[root@master ~]# systemctl enable nginx  ❸
[root@master ~]# systemctl status nginx  ❹
nginx.service - The nginx HTTP and reverse proxy server
Loaded: loaded (/usr/lib/systemd/system/nginx.service; disabled;
vendor preset: disabled)
Active: active (running) since Mon 2016-04-18 13:48:46 KST; 2min 49s ago
Process: 23342 ExecStart=/usr/sbin/nginx (code=exited, status=0/SUCCESS)
Process: 23339 ExecStartPre=/usr/sbin/nginx -t (code=exited, status=0/SUCCESS)
Process: 23337 ExecStartPre=/usr/bin/rm -f /run/nginx.pid (code=exited,
status=0/SUCCESS)
 Main PID: 23344 (nginx)
 CGroup: /system.slice/nginx.service
         23344 nginx: master process /usr/sbin/nginx
         23345 nginx: worker process
         23346 nginx: worker process
         23347 nginx: worker process
         23348 nginx: worker process
Apr 18 13:48:46 master.chul.com systemd[1]: Starting The nginx HTTP
and reverse proxy server...
Apr 18 13:48:46 master.chul.com nginx[23339]: nginx: the configuration file
/etc/nginx/nginx.con... ok
Apr 18 13:48:46 master.chul.com nginx[23339]: nginx: configuration file
/etc/nginx/nginx.conf te...ful
Apr 18 13:48:46 master.chul.com systemd[1]: Started The nginx HTTP and reverse proxy
server.
[root@master ~]# netstat -natlp | grep nginx  ❺
tcp   0  0 0.0.0.0:80   0.0.0.0:*   LISTEN   23344/nginx: master
[root@master ~]# lsof -i tcp:80              ❻
COMMAND  PID USER   FD   TYPE DEVICE SIZE/OFF NODE NAME
nginx  23344  root    6u  IPv4 211522      0t0  TCP *:http (LISTEN)
nginx  23345 nginx    6u  IPv4 211522      0t0  TCP *:http (LISTEN)
nginx  23346 nginx    6u  IPv4 211522      0t0  TCP *:http (LISTEN)
nginx  23347 nginx    6u  IPv4 211522      0t0  TCP *:http (LISTEN)
nginx  23348 nginx    6u  IPv4 211522      0t0  TCP *:http (LISTEN)
[root@master ~]# ps -ef | grep nginx             ❼
root    23344    1 0 13:48 ?        00:00:00  nginx: master process /usr/sbin/nginx
nginx   23345 23344 0 13:48 ?        00:00:00 nginx: worker process
nginx   23346 23344 0 13:48 ?        00:00:00 nginx: worker process
nginx   23347 23344 0 13:48 ?        00:00:00 nginx: worker process
nginx   23348 23344 0 13:48 ?        00:00:00 nginx: worker process
```

```
[root@master ~]# ls /usr/share/nginx/html/       ❽
404.html 50x.html index.html nginx-logo.png poweredby.png
[root@master ~]# ls /var/log/nginx/              ❾
access.log error.log
[root@master ~]# nginx -v                        ❿
nginx version: nginx/1.6.3
```

❶ Nginx 서버를 시작하기 전에 Apache 서버가 작동하고 있다면 그 서비스를 중단해야 하는데, 같은 80번 포트를 사용하고 있어서 서로 충돌하기 때문이다.

❷ 명령어 systemctl을 이용해 nginx 서비스를 시작한다.

❸ 명령어 systemctl을 이용해 nginx 서비스가 부팅 이후에 자동으로 시작되도록 설정한다.

❹ 명령어 systemctl을 이용해 nginx의 상태를 확인하는데, Active와 그 서비스가 시작됐다는 메시지, 그리고 한 개의 master 프로세스 및 4개의 worker 프로세스를 볼 수 있다. 이 4개의 worker 프로세스는 기본 설정이 auto인 경우 프로세서 개수만큼 생성된다.

❺ 명령어 netstat를 사용해 nginx가 사용하는 포트 및 PID를 확인한다.

❻ 명령어 lsof를 사용해 프로토콜 TCP와 포트 80번을 확인하면 Nginx가 http 서비스를 사용하고 있음을 알 수 있다.

❼ 명령어 ps를 사용해 Nginx의 프로세스를 확인하면 ❹에서 확인한 5개의 프로세스를 볼 수 있다.

❽ Nginx가 사용하는 데이터가 저장된 루트 디렉토리를 확인한다.

❾ Nginx가 사용하는 로그 파일이 저장된 디렉토리를 확인한다.

❿ Nginx의 버전 정보를 확인하기 위해 v 옵션을 사용했다.

참고로 Nginx 서버를 위한 방화벽 설정 방법은 6장의 Apache 서버와 동일하므로 여기에선 그 설명을 생략했다.

C. 접속 확인

Nginx 서버가 성공적으로 시작됐으므로 브라우저에서 접속을 시도하는데, 주 도메인 www.chul.com으로 접속하면 그림 7-2와 같은 초기 화면을 볼 수 있다.

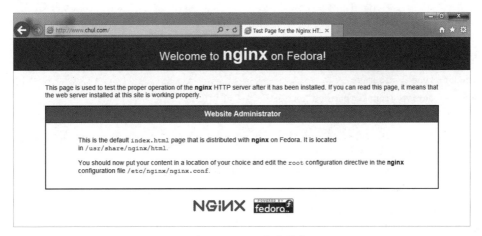

그림 7-2 Nginx 초기 화면

7.2.2 PHP 사용

Nginx에서 PHP를 사용하는 방법은 다음과 같다. Apache 서버에서는 PHP를 사용하기 위해 mod_php 모듈을 사용했는데 Nginx 서버는 PHP-FPM을 사용한다.

A. PHP-FPM 설정

Nginx 서버에서는 PHP를 사용하기 위해 PHP-FPM 패키지를 사용하는데, 이는 PHP Fast CGI Process Manager의 약어로서 PHP 스크립트를 웹 서버가 아닌 이 매니저를 통해 직접 관리하기 때문에 더 빠른 속도로 그 결과를 클라이언트에게 제공할 수 있다. 또한 Apache 서버의 mod_php보다 더 적은 메모리를 사용하기 때문에 그만큼 속도가 더 빠르다는 장점이 있다.

```
[root@master ~]# yum install php php-mysql php-fpm        ❶
[root@master ~]# rpm -qa | grep php-fpm
php-fpm-5.4.16-36.el7_1.x86_64
[root@master ~]# vim /etc/php-fpm.d/www.conf             ❷
12 listen = /var/run/php-fpm/php-fpm.sock               ❸
32 listen.owner = nobody    ❹
33 listen.group = nobody
40 user = nginx    ❺
42 group = nginx
[root@master ~]# systemctl start php-fpm                ❻
[root@master ~]# systemctl enable php-fpm               ❼
```

```
[root@master ~]# systemctl status php-fpm        ❽
php-fpm.service - The PHP FastCGI Process Manager
Loaded: loaded (/usr/lib/systemd/system/php-fpm.service; enabled;
vendor preset: disabled)
Active: active (running) since Mon 2016-04-18 15:05:47 KST; 40min ago
Main PID: 28932 (php-fpm)
    Status: "Processes active: 0, idle: 6, Requests: 22, slow: 0, Traffic: 0req/sec"
    CGroup: /system.slice/php-fpm.service
            28932 php-fpm: master process (/etc/php-fpm.conf)
            28934 php-fpm: pool www
            28935 php-fpm: pool www
            28936 php-fpm: pool www
            28937 php-fpm: pool www
            28938 php-fpm: pool www
            29564 php-fpm: pool www
Apr 18 15:05:46 master.chul.com systemd[1]: Starting The PHP FastCGI Process Manager...
Apr 18 15:05:47 master.chul.com systemd[1]: Started The PHP FastCGI Process Manager.
[root@master ~]# ps -ef | grep php-fpm        ❾
root     28932       1  0 15:05 ?    00:00:01 php-fpm: master process (/etc/php-fpm.conf)
nginx    28934 28932  0 15:05 ?    00:00:00 php-fpm: pool www
nginx    28935 28932  0 15:05 ?    00:00:00 php-fpm: pool www
nginx    28936 28932  0 15:05 ?    00:00:00 php-fpm: pool www
nginx    28937 28932  0 15:05 ?    00:00:00 php-fpm: pool www
nginx    28938 28932  0 15:05 ?    00:00:00 php-fpm: pool www
nginx    29564 28932  0 15:20 ?    00:00:00 php-fpm: pool www
```

❶ 명령어 yum을 사용해 **php** 패키지를 설치하고 명령어 rpm으로 그 버전을 확인한다.

❷ 명령어 vim으로 그 설정 파일을 열어서

❸ FastCGI 요청을 받아들일 소켓의 위치를 지정한다.

❹ 디렉토리와 로그 디렉토리에 접근할 사용자 이름을 apache에서 nginx로 변경한다.

❺ 소켓의 소유권자가 이 사용자와 이 그룹 이름으로 변경된다.

❻ 명령어 systemctl을 사용해 **php-fpm** 서비스를 시작한다.

❼ 명령어 systemctl을 사용해 부팅 이후에 **php-fpm** 서비스가 자동으로 시작되도록 설정한다.

❽ 명령어 systemctl을 사용해 **php-fpm**의 상태를 확인하는데, active와 이 서비스가 시작됐다는 메시지를 볼 수 있다.

❾ 명령어 ps를 사용해 **php-fpm**의 프로세스를 확인할 수 있다.

B. PHP 사용을 위한 Nginx 설정

이제 Nginx 설정 파일에서 PHP를 사용할 수 있게 설정해줘야 한다.

```
[root@master ~]# vim /etc/nginx/nginx.conf     ❶
54   location ~ \.php$ {                        ❷
55   fastcgi_pass unix:/var/run/php-fpm/php-fpm.sock;  ❸
56   fastcgi_index index.php     ❹
57   fastcgi_param SCRIPT_FILENAME $document_root$fastcgi_script_name;
58   include fastcgi_params;     ❺
59   }
[root@master ~]# systemctl restart nginx       ❻
[root@master ~]# vim /usr/share/nginx/html/info.php   ❼
<?php
phpinfo();
?>
```

❶ 명령어 vim으로 Nginx 서버 설정 파일을 열어서

❷ 확장자가 php로 끝나는 파일인 경우를 의미하는데, 여기서 틸드(~)는 대소문자 구별을 의미한다.

❸ Nginx 서버가 php 스크립트 요청을 php-fpm 소켓이 처리하도록 설정한다.

❹ 브라우저에서 URI가 '/'로 끝날 경우 실행되는 파일명이다.

❺ FastCGI가 사용할 수 있는 파라미터 값이 저장된 파일을 포함시키는데, 이 파일은 /etc/nginx/fastcgi_params를 의미한다.

❻ 변경 사항을 적용하기 위해 Nginx 서버를 다시 시작한다.

❼ 테스트를 위해 php 정보를 출력해 줄 함수가 포함된 파일을 생성한다.

C. PHP 테스트

이제 브라우저에서 www.chul.com/info.php를 이용해 PHP 테스트를 진행하면 그림 7-3 과 같이 확인할 수 있다.

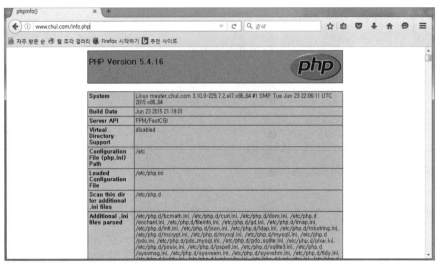

그림 7-3   PHP 사용 확인하기

7.3 Nginx CGI 사용

이번 절에서는 Nginx 서버에서 CGI를 사용하는 방법을 설명한다. Perl, 파이썬, 루비와
더불어 Node.js 기반의 자바스크립트를 사용하는 Ghost 프로그램을 설치하는 방법도 같이
설명한다.

7.3.1 CGI Perl 사용

앞에서 PHP 스크립트 사용하는 방법을 설명했는데, 이번 절에서는 Nginx 서버에서 Perl
스크립트를 사용하는 방법을 설명한다. Perl은 현재 파이썬이나 루비 같은 다른 언어에
비해 CGI로 많이 사용되지 않는 언어다.

A. 스크립트 다운로드

먼저 서비스 시작 Init 파일과 Perl 스크립트 요청을 처리할 Fastcgi 파일을 다운로드한다.

```
[root@master ~]# wget http://nginxlibrary.com/downloads/perl-fcgi/
fastcgi-wrapper -O /usr/bin/fastcgi-wrapper.pl     ❶
[root@master ~]# wget http://nginxlibrary.com/downloads/perl-fcgi/
perl-fcgi -O /etc/init.d/perl-fcgi   ❷
[root@master ~]# chmod +x /usr/bin/fastcgi-wrapper.pl  ❸
```

```
[root@master ~]# chmod +x /etc/init.d/perl-fcgi    ❹
[root@master ~]# useradd www-data    ❺
```

❶ Perl에 사용할 FastCGI 스크립트 파일을 명령어 wget을 사용해 다운로드하고 바이너리 디렉토리 /usr/bin으로 이동한다.

❷ 위에서 다운로드한 파일을 실행 시키기 위한 시작 스크립트 파일을 명령어 wget으로 다운로드하고 /etc/init.d/ 디렉토리로 이동시킨다.

❸ ❶에서 다운로드한 파일에 실행 권한을 부여하기 위해 명령어 chmod를 사용해 실행 권한, 즉 x(execute)를 추가한다.

❹ ❷에서 다운로드한 파일에 실행 권한을 부여하기 위해 명령어 chmod를 사용해 실행 권한 x를 추가한다.

❺ 시작 스크립트 파일에 FastCGI 사용자로 www-data가 정의돼 있어서 이 사용자를 명령 어 useradd를 사용해 생성한다. 사용자 nginx를 사용할 경우 이 스크립트를 열어서 사용자를 변경하면 된다.

B. 서버 설정

Nginx 서버에서 Perl 스크립트를 사용하기 위한 설정은 다음과 같다.

```
[root@master html]# vim /etc/nginx/nginx.conf
90  location ~ \.pl$ {        ❶
91    try_files $uri =404;    ❷
92    include fastcgi_params;
93    gzip off;
94    fastcgi_pass   127.0.0.1:8999;  ❸
95    fastcgi_index  index.pl;
96    fastcgi_param  SCRIPT_FILENAME  $document_root$fastcgi_script_ name;
97    fastcgi_param  PATH_INFO $fastcgi_path_info;
98    }
[root@master ~]# vim /usr/share/nginx/html/index.pl     ❹
#!/usr/bin/perl
print "Content-type: text/html\n\n";
print "<html>\n<body>\n";
print "<div style=\"width: 100%; font-size: 80px; font-weight: bold; text-align:
center;\">\n";
print "Nginx Perl Test Page in www.chul.com";
print "\n</div>\n";
```

```
print "</body>\n</html>\n";
[root@master ~]# service perl-fcgi start        ❺
[root@master ~]# netstat -natlp | grep 8999     ❻
tcp    0     0 127.0.0.1:8999    0.0.0.0:*    LISTEN    12162/perl
[root@master ~]# chkconfig perl-fcgi on         ❼
[root@master ~]# systemctl restart nginx        ❽
```

❶ 명령어 vim으로 Nginx 서버 설정 파일을 열어서 Perl 스크립트가 사용할 확장자를 정의하고

❷ 확장자가 pl로 끝나는 Perl 스크립트 파일을 찾지 못하면 404 에러 페이지가 보이게 한다.

❸ 확장자가 pl로 끝나는 Perl 스크립트 실행 요청이 들어오면 Nginx 서버는 이 요청을 로컬 호스트의 포트 8999번으로 보내 FastCGI가 이 요청에 응답하게 한다. 이 포트 번호는 FastCGI 스크립트 파일에 정의돼 있다.

❹ 테스트를 위해 Nginx 서버 루트 디렉토리에 명령어 vim으로 index.pl 파일을 생성하는데, 6장의 Apache 서버에서 이 파일을 사용했다면 단지 복사해서 사용할 수 있다.

❺ 이제 설정을 모두 마쳤으므로 명령어 service를 사용해 FastCGI 서비스를 시작한다.

❻ 명령어 netstat를 사용해 FastCGI 서비스가 사용하는 포트 8999번을 확인한다.

❼ 이 서비스가 부팅 이후 자동으로 시작되게 명령어 chkconfig를 이용해 활성화한다.

❽ 위의 모든 설정 내용이 적용되도록 Nginx 서버를 다시 시작한다.

C. Perl 테스트

브라우저에서 www.chul.com/index.pl에 접속하면 그림 7-4처럼 생성한 인덱스 Perl 스크립트 파일을 확인할 수 있다.

그림 7-4 Perl 테스트

7.3.2 CGI Python 사용

두 번째 CGI로서 Perl보다 사용자에게 더 인기 있는 파이썬^{Python}을 사용하는 방법을 설명하는데, 파이썬을 사용하기 위해 이번 절에서 먼저 알아야 할 간단한 용어를 먼저 설명하고, 그 후 설정을 진행한다.

* WSGI   웹 서버와 애플리케이션 사이의 인터페이스를 정의한 파이썬의 규격
* uWSGI   웹 애플리케이션을 개발하고 전개하기 위해 필요한 모든 요소를 제공하는 파이썬 애플리케이션 서버
* uwsgi   uWSGI 애플리케이션 서버가 Nginx와 같은 웹 서버와 통신하기 위해 사용하는 프로토콜 이름

A. uWSGI 설치와 테스트

첫 번째 순서로 uWSGI 서버를 설치하고 서비스 시작하는 방법을 알아본다.

```
[root@master ~]# yum install python-pip python-devel    ❶
[root@master ~]# pip install virtualenv    ❷
[root@master ~]# mkdir /opt/myproject    ❸
[root@master ~]# cd /opt/myproject/
[root@master myproject]# virtualenv env    ❹
New python executable in /opt/myproject/env/bin/python
Installing setuptools, pip, wheel...done.
[root@master myproject]# ls -l env/    ❺
total 8
drwxr-xr-x 2 root root 4096 Jul 21 16:53 bin
drwxr-xr-x 2 root root   22 Jul 21 16:53 include
drwxr-xr-x 3 root root   22 Jul 21 16:53 lib
lrwxrwxrwx 1 root root    3 Jul 21 16:53 lib64 -> lib
-rw-r--r-- 1 root root   60 Jul 21 16:53 pip-selfcheck.json
[root@master myproject]# source env/bin/activate    ❻
(env)[root@master myproject]# pip install uwsgi    ❼
  Collecting uwsgi
  Using cached uwsgi-2.0.13.1.tar.gz
~
Successfully built uwsgi
Installing collected packages: uwsgi
Successfully installed uwsgi-2.0.13.1
(env)[root@master myproject]# uwsgi -version    ❽
```

```
2.0.13.1
(env) [root@master myproject]# deactivate                    ❾
[root@master myproject]# vim wsgi.py                          ❿
  def application(environ, start_response):
      start_response('200 OK', [('Content-Type', 'text/html')])
      return ["<h1 style='color:blue'>UWSGI Testing Success!</h1>"]
[root@master myproject]# ./env/bin/uwsgi --socket 0.0.0.0:8080 --protocol=http -w wsgi ⓫
*** Starting uWSGI 2.0.13.1 (64bit) on [Thu Jul 21 16:56:43 2016] ***
compiled with version: 4.8.5 20150623 (Red Hat 4.8.5-4) on 21 July 2016 16:54:57
os: Linux-3.10.0-229.7.2.el7.x86_64 #1 SMP Tue Jun 23 22:06:11 UTC 2015
nodename: master.chul.com
machine: x86_64
clock source: unix
pcre jit disabled
detected number of CPU cores: 4
current working directory: /opt/myproject
detected binary path: /opt/myproject/env/bin/uwsgi
uWSGI running as root, you can use --uid/--gid/--chroot options
your processes number limit is 11045
your memory page size is 4096 bytes
detected max file descriptor number: 1024
lock engine: pthread robust mutexes
thunder lock: disabled (you can enable it with --thunder-lock)
uwsgi socket 0 bound to TCP address 0.0.0.0:8080 fd 3
Python version: 2.7.5 (default, Nov 20 2015, 02:00:19)  [GCC 4.8.5 20150623
(Red Hat 4.8.5-4)]
~
*** Operational MODE: single process ***
WSGI app 0 (mountpoint='') ready in 0 seconds on interpreter 0x13f4d80 pid: 15033
(default app)
*** uWSGI is running in multiple interpreter mode ***
spawned uWSGI worker 1 (and the only) (pid: 15033, cores: 1)
```

❶ 명령어 yum을 사용해 파이썬 패키지 매니저 pip를 설치한다.

❷ 명령어 pip을 사용해 파이썬 개발 환경을 사용할 수 있는 virtualenv 패키지를 설치한다.

❸ 파이썬 개발을 위해 사용할 디렉토리를 생성하고 그 디렉토리로 이동한다.

❹ 명령어 virtualenv를 사용해 파이썬이 사용할 가상 환경을 env 이름으로 생성한다.

❺ 생성된 디렉토리를 확인한다.

❻ 명령어 source를 사용해 이 가상 환경을 활성화한다. 그러면 프롬프트가 변경된다.

❼ 파이썬 애플리케이션 서버로서 uWSGI 서버를 명령어 `pip`으로 설치한다.

❽ 설치한 uWSGI 서버의 버전 정보를 확인한다.

❾ 이 개발 환경에서 빠져 나오기 위해 사용한다.

❿ 파이썬 애플리케이션 테스트를 위해 명령어 `vim`으로 파일을 생성한다.

⓫ uWSGI 서버 테스트를 위해 프로토콜 HTTP를 사용해 위에서 생성한 애플리케이션 wsgi를 서버의 포트 8080번에서 사용하게 설정하고 서버를 시작한다. 여기서 IP 0.0.0.0은 서버가 사용하는 모든 IP 주소로의 접속을 허용하기 위해 사용한다.

테스트를 위해 브라우저에서 http://192.168.80.5:8080 포트에 접속하면 그림 7-5처럼 wsgi.py에 입력된 내용이 출력된다.

그림 7-5 uWSGI 테스트하기

B. uWSGI 서버 자동화

앞에서는 uWSGI 서버를 사용하기 위해 수동으로 서비스를 시작했지만, 다음과 같은 설정 파일을 생성해 서비스를 자동으로 시작할 수 있다. 또한 Nginx 서버에서 이를 사용하기 위한 설정도 필요하다.

```
[root@master myproject]# vim myproject.ini    ❶
[uwsgi]
module = wsgi:application
master = true
processes = 4
uid = nginx
socket = /run/uwsgi/myproject.sock           ❷
chown-socket = nginx   ❸
chmod-socket = 660
vacuum = true
die-on-term = true
[root@master html]# vim /etc/systemd/system/uwsgi.service    ❹
```

```
[Unit]
Description=uWSGI Emperor Service
After=syslog.target
[Service]
ExecStartPre=-/usr/bin/bash -c 'mkdir -p /run/uwsgi; chown nginx /run/uwsgi' ❺
ExecStart=/usr/bin/bash -c 'cd /opt/myproject; source env/bin/activate;
uwsgi --ini myproject.ini' ❻
KillSignal=SIGINT
Restart=always
Type=notify
StandardError=syslog
NotifyAccess=all
[Install]
WantedBy=multi-user.target
[root@master myproject]# systemctl daemon-reload    ❼
[root@master myproject]# systemctl start uwsgi
[root@master myproject]# systemctl status uwsgi      ❽
 uwsgi.service - uWSGI Emperor Service
   Loaded: loaded (/etc/systemd/system/uwsgi.service; disabled; vendor preset:
disabled)
   Active: active (running) since Thu 2016-07-21 17:16:29 KST; 5s ago
  Process: 15715 ExecStartPre=/usr/bin/bash -c mkdir -p /run/uwsgi; chown nginx
/run/uwsgi (code=exited, status=0/SUCCESS)
 Main PID: 15718 (bash)
   Status: "uWSGI is ready"
   CGroup: /system.slice/uwsgi.service
          15718 /usr/bin/bash -c cd /opt/myproject; source myprojectenv/bin/activate;
uwsgi --in...
          15720 uwsgi --ini myproject.ini
          15722 uwsgi --ini myproject.ini
          15723 uwsgi --ini myproject.ini
          15724 uwsgi --ini myproject.ini
          15725 uwsgi --ini myproject.ini

Jul 21 17:16:29 master.chul.com systemd[1]: Started uWSGI Emperor Service.
Jul 21 17:16:29 master.chul.com bash[15718]: mapped 363840 bytes (355 KB) for 4 cores
Jul 21 17:16:29 master.chul.com bash[15718]: *** Operational MODE: preforking ***
Jul 21 17:16:29 master.chul.com bash[15718]: WSGI app 0 (mountpoint='') ready in 0
seconds on in...pp)
Jul 21 17:16:29 master.chul.com bash[15718]: *** uWSGI is running in multiple interpreter
```

```
mode ***
Jul 21 17:16:29 master.chul.com bash[15718]: spawned uWSGI master process (pid: 15720)
Jul 21 17:16:29 master.chul.com bash[15718]: spawned uWSGI worker 1 (pid: 15722,
cores: 1)
Jul 21 17:16:29 master.chul.com bash[15718]: spawned uWSGI worker 2 (pid: 15723,
cores: 1)
Jul 21 17:16:29 master.chul.com bash[15718]: spawned uWSGI worker 3 (pid: 15724,
cores: 1)
Jul 21 17:16:29 master.chul.com bash[15718]: spawned uWSGI worker 4 (pid: 15725,
cores: 1)
[root@master myproject]# systemctl enable uwsgi          ❾
[root@master myproject]# vim /etc/nginx/nginx.conf        ❿
location / {
        include uwsgi_params;              ⓫
        uwsgi_pass unix:/run/uwsgi/myproject.sock;        ⓬
        }
[root@master myproject]# nginx -t     ⓭
nginx: the configuration file /etc/nginx/nginx.conf syntax is ok
nginx: configuration file /etc/nginx/nginx.conf test is successful
[root@master myproject]# systemctl restart nginx          ⓮
```

❶ 명령어 vim으로 uwsgi 서비스가 사용할 설정 파일을 생성한다.

❷ uwsgi 서비스가 시작할 때 생성되는 소켓의 위치를 지정한다.

❸ 그리고 이 디렉토리에 사용자 nginx가 접근 가능하게 사용자를 설정한다.

❹ uwsgi 서비스의 자동 시작을 위해 사용할 서비스 파일을 생성한다.

❺ uwsgi 서비스가 시작되기 전에 소켓을 저장할 디렉토리를 생성하고 그 소유권자를
nginx로 설정하도록 정의한다.

❻ uwsgi 서비스가 시작될 때 파이썬 프로젝트 디렉토리로 이동해서 그 환경을 활성화하고
설정 파일을 사용해 uwsgi가 시작되도록 정의한다.

❼ 새로 생성한 uwsgi.service가 적용되도록 systemd 데몬을 다시 시작한 후에 uwsgi 서비
스를 명령어 systemctl로 시작한다.

❽ 명령어 systemctl을 사용해 그 상태를 확인하면 설정 파일에서 정의한 대로 4개의
worker 프로세스가 생성된 것을 확인할 수 있다.

❾ 명령어 systemctl을 사용해 uwsgi 서비스가 부팅 후에도 자동으로 시작되게 설정한다.

❿ 명령어 vim으로 Nginx 서버 설정 파일을 열어서 기본 루트 도메인에

⓫ /etc/nginx에 저장된 uwsgi 파라미터를 포함하고

❷ Nginx 서버가 제공하는 기본 도메인으로 클라이언트가 접속하면 그 요청을 uwsgi의 소켓으로 보내라는 의미다. 즉, 기본 도메인으로 접속하는 사용자들에게 uwsgi가 제공하는 파이썬 애플리케이션 파일의 내용을 출력하라는 의미다.

❸ Nginx 설정 파일의 문법 이상 유무를 검사하기 위해 사용한다.

❹ 위의 변경 사항들이 적용되도록 Nginx 서버를 다시 시작한다.

C. 테스트

이제 마지막으로 브라우저에서 서버의 도메인 또는 IP 주소로 접속하면 그림 7-6처럼 파이썬 애플리케이션 파일에 저장된 텍스트를 확인할 수 있다.

그림 7-6   Python 애플리케이션 확인하기

7.3.3 루비온레일즈 사용

세 번째 CGI로서 루비^{Ruby}를 사용하는 방법을 설명하면 다음과 같다. 여기에선 루비온레일즈^{Ruby on Rails}를 사용하는데, 이는 루비 언어를 사용해 동적인 웹 애플리케이션을 구현하기 위해 사용되는 웹 애플리케이션 개발 프레임워크다. 이절에서 사용하는 모든 프로그램 간의 관계를 표시하면 다음과 같다.

웹 클라이언트가 웹 서버 Nginx 서버에게 루비로 작성된 애플리케이션을 요청하면 Nginx 서버는 이를 유니콘^{Unicorn}에 전달하고 다시 이 요청은 Rails 서버에 전달돼 이 서버는 루비로 작성된 애플리케이션을 찾아 클라이언트에 응답하게 된다. 이제 설정을 위해 필요한 패키지를 설치하고 Rails를 테스트한 다음에 마지막으로 Nginx 서버에서 이를 설정해 테스트하는 순서로 진행하겠다.

A. 패키지 설치

첫 번째 순서로 Ruby 및 Rails 패키지를 설치한다.

```
[root@master ~]# gpg2 --keyserver hkp://keys.gnupg.net --recv-keys
409B6B1796C275462A1703113804BB82D39DC0E3          ❶
[root@master ~]# curl -L get.rvm.io | bash -s stable    ❷
[root@master ~]# source /usr/local/rvm/scripts/rvm     ❸
[root@master ~]# rvm reload          ❹
RVM reloaded!
[root@master ~]# rvm install 2.3.0   ❺
[root@master ~]# ruby -v          ❻
ruby 2.3.0p0 (2015-12-25 revision 53290) [x86_64-linux]
[root@master ~]# gem install bundler rails      ❼
Fetching: i18n-0.7.0.gem (100%)
Successfully installed i18n-0.7.0
Fetching: thread_safe-0.3.5.gem (100%)
Successfully installed thread_safe-0.3.5
Fetching: tzinfo-1.2.2.gem (100%)
Successfully installed tzinfo-1.2.2
[root@master ~]# rails -v  ❽
Rails 5.0.0
```

❶ 루비를 다운로드하고 설치하기 위해 루비 버전 매니저로 사용되는 RVM[Ruby Version Manager]를 먼저 다운로드하기 위해 필요한 **gpg** 키를 설치한다. 이 키가 없으면 RVM이 정상적으로 설치되지 않는다.

❷ 서버에서 데이터를 직접 전송하는 명령어 curl을 사용하면 RVM을 다운로드해서 설치하고 루비를 위한 시스템 환경을 생성하게 된다.

❸ RVM을 설치하면 이 디렉토리에 모두 저장되는데, 명령어 source를 사용해 RVM의 스크립트 파일을 실행 가능하게 변경한다. 이 명령어를 사용하지 않으면 RVM이 이 디렉토리에서 제공하는 명령어들을 사용할 수 없다.

❹ 명령어 rvm을 다시 시작하고

❺ 명령어 rvm을 이용해 필요한 루비 버전을 명시해서 설치한다.

❻ 루비 설치가 완료되면 그 버전 정보를 확인한다.

❼ 이제 루비가 사용하는 라이브러리 관리 명령어 gem을 사용해 Rails와 의존 관계에 있는 **bundler** 패키지를 함께 설치한다.

❽ Rails 설치 후에 버전 정보를 확인한다.

B. Rails 서버 시작

이제 Rails와 루비 설치를 모두 완료했으므로 Rails 서버를 시작하고 브라우저에서 이를
확인하겠다.

```
[root@master ~]# mkdir /opt/ruby        ❶
[root@master ruby]# cd /opt/ruby
[root@master ruby]# yum install mariadb-devel        ❷
[root@master ruby]# gem install mysql2 -v '0.4.4'
[root@master ruby]# rails new SampleApp -d mysql        ❸
[root@master ruby]# cd SampleApp/
[root@master SampleApp]# vim config/database.yml        ❹
12 default: &default
13   adapter: mysql2
14   encoding: utf8
15   pool: 5
16   username: root
17   password: Password
18   socket: /var/lib/mysql/mysql.sock
[root@dlp SampleApp]# rails db:create        ❺
Created database 'SampleApp_development'
Created database 'SampleApp_test'
[root@dlp SampleApp]# rails generate scaffold testapp name:string
title:string body:text        ❻
[root@dlp SampleApp]# rails db:migrate        ❼
[root@dlp SampleApp]# rails server --binding=0.0.0.0        ❽
=> Booting Puma
=> Rails 5.0.0 application starting in development on http://0.0.0.0: 3000 ❾
=> Run `rails server -h` for more startup options
Completed 200 OK in 36ms (Views: 10.5ms | ActiveRecord: 0.0ms)
```

❶ 명령어 mkdir을 사용해 Rails가 애플리케이션 개발을 위해 사용할 디렉터리를 생성하고
그 디렉터리로 이동한 후에

❷ 루비에서 MySQL 또는 MariaDB 연결을 위해 사용할 패키지를 설치하기 위해 먼저
MariaDB 패키지를 설치하고, 루비 패키지 관리 명령어 gem을 이용해 mysql2와 그 버전
을 지정해서 설치한다. 버전을 지정하지 않은 상태에서 명령어를 실행하면 마지막에
구체적인 버전 정보를 입력하라는 메시지를 볼 수 있다.

❸ 이제 명령어 rails를 사용해 새로운 애플리케이션 프로젝트 이름 SampleApp을 테스트
를 위해 생성하는데 이때 데이터베이스로 MySQL을 사용한다. 그런데 여기에서는

MariaDB를 사용한다. 그리고 생성된 디렉토리로 이동한다.

❹ Rails가 사용할 데이터베이스 정보 수정을 위해 명령어 vim으로 파일을 열어 굵은 글씨로 표시된 세 줄의 정보를 확인한다. 이 정보는 MariaDB 서버 접속 시의 사용자 및 패스워드, 그리고 소켓의 위치를 의미한다. MariaDB 서버 관리는 9장을 참고하기 바란다.

❺ 이제 명령어 rails를 사용해 데이터베이스를 생성하는데, 그 결과에서 두 가지의 데이터베이스가 생성된 것을 확인할 수 있다.

❻ 명령어 rails를 사용해 테스트용 testapp 애플리케이션을 생성하는데, 이 애플리케이션은 name, title, body라는 세 개의 입력 상자로 구성돼 있으며 각각 텍스트를 입력할 수 있다. scaffold 옵션은 testapp에 대한 모델과 컨트롤러, views를 SamplApp/app 디렉토리에 동시에 생성해준다. 다음의 D절에서 구체적으로 테스트한다.

❼ 현재 생성된 개발 환경에서 마이그레이션 작업을 실행해 기본 테이블을 생성한다.

❽ 테스트를 위해 Rails 서버를 Master 서버의 모든 인터페이스(0.0.0.0)에서 접속할 수 있게 허용하며 시작한다.

❾ 그러면 Rails 서버는 포트 3000번을 기본으로 시작되고, 이제 브라우저에서 Rails 서버로 접속할 수 있다. Rails 서버를 멈추려면 Ctrl+C를 이용해 중지한다.

이제 앞에서 설정한 Rails가 잘 동작하는지 테스트하겠다. 접속을 테스트하기 위해 서버의 IP 주소와 포트 번호 http://192.168.80.5:3000/을 이용해 접속하면 그림 7-7과 같이 확인할 수 있다.

그림 7-7 Rails 테스트하기

C. Unicorn과 Nginx 설정

이제 마지막 단계로 Unicorn과 Nginx 서버를 설정하겠다. Nginx 서버에서 루비온레일즈 Ruby on Rails를 이용하기 위한 프로그램으로 Passenger와 Unicorn 두 가지를 사용할 수 있다. Passenger 패키지를 사용하기 위해선 Nginx 서버를 다시 컴파일해야 하므로 여기서는 기존 Nginx 서버를 사용하기 위해 Passenger보다 더 편리한 Unicorn을 사용하겠다.

```
[root@master SampleApp]# gem install unicorn          ❶
[root@master SampleApp]# vim config/unicorn.rb        ❷
working_directory "/opt/ruby/SampleApp"
pid "/opt/ruby/SampleApp/pids/unicorn.pid"
stderr_path "/opt/ruby/SampleApp/log/unicorn.log"
stdout_path "/opt/ruby/SampleApp/log/unicorn.log"
listen "/opt/ruby/SampleApp/pids/unicorn.myapp.sock"
worker_processes 4
timeout 30
[root@master SampleApp]# mkdir pids
[root@master SampleApp]# unicorn_rails          ❸
I, [2016-07-22T13:07:17.310113 #43155]  INFO -- : listening on addr=0.0.0.0:8080 fd=9
I, [2016-07-22T13:07:17.310294 #43155]  INFO -- : worker=0 spawning...
I, [2016-07-22T13:07:17.320384 #43155]  INFO -- : master process ready
I, [2016-07-22T13:07:17.322117 #43157]  INFO -- : worker=0 spawned pid=43157
~
II, [2016-07-22T13:07:19.531081 #43157]  INFO -- : worker=0 ready
[root@master SampleApp]# vim /etc/nginx/nginx.conf          ❹
upstream app {          ❺
    server unix:/opt/ruby/SampleApp/pids/unicorn.myapp.sock fail_timeout=0;          ❻
}
server {
    listen 80;
    server_name www.chul.com;

    # Application root, as defined previously
    root /opt/ruby/SampleApp/public;          ❼

    try_files $uri/index.html $uri @app;          ❽

    location @app {          ❾
        proxy_pass http://app;          ❿
        proxy_set_header X-Forwarded-For $proxy_add_x_forwarded_for;
        proxy_set_header Host $http_host;
```

```
    proxy_redirect off;

  }
[root@master SampleApp]# unicorn_rails -c config/unicorn.rb -D ⓫
[root@master SampleApp]# ps -ef | grep unicorn
root     6358     1  0 14:59 ?    00:00:00 unicorn_rails master -c config/unicorn.rb -D
root     6361  6358 15 14:59 ?    00:00:03 unicorn_rails worker[0] -c config/unicorn.rb -D
root     6364  6358 15 14:59 ?    00:00:03 unicorn_rails worker[1] -c config/unicorn.rb -D
root     6367  6358 15 14:59 ?    00:00:03 unicorn_rails worker[2] -c config/unicorn.rb -D
root     6370  6358 15 14:59 ?    00:00:03 unicorn_rails worker[3] -c config/unicorn.rb -D
[root@master SampleApp]# systemctl restart nginx    ⓬
```

❶ 명령어 gem을 사용해 unicorn 패키지를 설치한다.

❷ Unicorn의 환경을 설정할 파일을 명령어 vim으로 생성하는데, 개발 디렉토리, 프로세스
이름, 로그 파일, 소켓 파일 위치, 프로세스 개수 및 타임아웃 정보를 입력해줘야 한다.
그리고 프로세스가 사용할 디렉토리를 생성한다.

❸ 테스트를 위해 Unicorn를 시작하면 기본적으로 서버의 IP 주소와 포트 8080번에서 그
애플리케이션을 확인할 수 있다. 그 결과는 그림 7-5와 동일하기 때문에 생략한다.

❹ 이제 마지막으로 Nginx 서버의 설정을 위해 그 파일을 명령어 vim으로 열어서

❺ 지시어 upstream을 사용해 ⓾에서 정의한 디렉토리로 오는 모든 요청을 아래 줄의

❻ unicorn 소켓으로 보내 처리하라는 의미다. fail_timeout=0은 이 소켓으로부터 유효한
응답이 올 때까지 계속 시도하라는 의미다.

❼ Root 디렉토리를 현재 Rails 서버가 사용하는 애플리케이션 디렉토리로 변경한다. 이렇
게 하면 브라우저에서 기본 도메인 www.chul.com의 요청이 모두 이 디렉토리로 전달
된다.

❽ 클라이언트가 이 도메인으로 접속을 시도하면 ❼에서 정의한 디렉토리에서 파일을 찾고
디렉토리를 찾으면 아래 ❾ 디렉토리로 보내라는 의미다. 여기서 @은 디렉토리를 찾을
때 사용하는 기호다.

❾ 위 ❽에서 정의한 디렉토리 이름인데, 이 디렉토리로 오는 요청을

⓾ Nginx 서버가 프록시로서 그 요청을 ❺에서 정의한 이름으로 보내라는 의미다. 결국
유효한 디렉토리를 클라이언트가 요청하면 SampleApp 디렉토리에 저장된 애플리케이
션이 응답하게 된다.

⓫ Unicorn를 설정 파일을 사용해 데몬 모드(D)로 시작하고 그 프로세스를 확인한다.

⓬ 위의 변경 사항들이 적용되도록 Nginx 서버를 다시 시작한다.

D. Rails 서버 애플리케이션 테스트

이제 앞에서 설정한 내용들을 테스트해보자.

1. 기본 도메인 접속하기(192.168.80.5 또는 www.chul.com)

먼저 Nginx 서버가 제공하는 기본 도메인 www.chul.com이 사용하는 디렉토리의 정보를 그림 7-8처럼 확인할 수 있다. 이 파일은 /usr/share/nginx/html/index.html 파일을 /opt/ruby/SampleApp/public으로 복사한 것이며, 이 디렉토리는 Nginx 서버에서 root로 지정한 곳이다.

그림 7-8 기본 도메인 접속하기

2. Testapp 접속하기

이제 B절의 ❻에서 생성한 애플리케이션 testapps에 접속하면 그림 7-9와 같은 화면을 볼 수 있다.

그림 7-9 Testapp 접속하기

3. New Testapp 사용하기

그림 7-9에서 New Testapp을 클릭하면 이 애플리케이션 생성 시 지정했던 세 가지의 입력 상자와 그 제목을 그림 7-10처럼 볼 수 있고, 이제 여기에 알맞은 텍스트를 입력하고

아래의 버튼을 클릭한다.

그림 7-10   New Testapp 사용하기

4. 결과 확인하기

그림 7-11처럼 애플리케이션이 생성됐다는 메시지를 볼 수 있다. 이를 통해 루비온레일즈
가 Nginx 서버에서 정상적으로 잘 동작하고 있음을 확인할 수 있다. 이제 여기에 디자인만
추가하면 클라이언트가 접속해서 모든 서비스를 이용할 수 있다.

그림 7-11   결과 확인하기

7.3.4 Ghost 설치

6장의 Apache 서버에서 블로그 서비스를 제공하는 CMS WordPress를 설치하는 방법을
설명했는데, Ghost도 자바스크립트로 작성된 오픈소스 블로그 프로그램으로서 자바스크
립트 플랫폼인 Node.js 기반에서 사용할 수 있다. Ghost는 온라인에서 개인 사용자들이

쉽게 블로그 서비스를 제공하기 위해 디자인된 무료 프로그램이다.

A. Ghost 설정

먼저 Ghost 설정에 필요한 내용을 설명하면 다음과 같다.

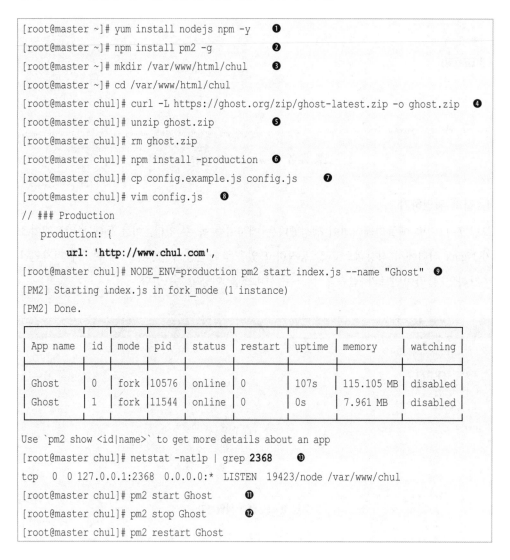

```
[root@master ~]# yum install nodejs npm -y        ❶
[root@master ~]# npm install pm2 -g               ❷
[root@master ~]# mkdir /var/www/html/chul         ❸
[root@master ~]# cd /var/www/html/chul
[root@master chul]# curl -L https://ghost.org/zip/ghost-latest.zip -o ghost.zip   ❹
[root@master chul]# unzip ghost.zip               ❺
[root@master chul]# rm ghost.zip
[root@master chul]# npm install -production        ❻
[root@master chul]# cp config.example.js config.js  ❼
[root@master chul]# vim config.js                 ❽
// ### Production
    production: {
         url: 'http://www.chul.com',
[root@master chul]# NODE_ENV=production pm2 start index.js --name "Ghost"   ❾
[PM2] Starting index.js in fork_mode (1 instance)
[PM2] Done.
```

App name	id	mode	pid	status	restart	uptime	memory	watching
Ghost	0	fork	10576	online	0	107s	115.105 MB	disabled
Ghost	1	fork	11544	online	0	0s	7.961 MB	disabled

```
Use `pm2 show <id|name>` to get more details about an app
[root@master chul]# netstat -natlp | grep 2368    ❿
tcp  0  0 127.0.0.1:2368  0.0.0.0:*  LISTEN  19423/node /var/www/chul
[root@master chul]# pm2 start Ghost               ⓫
[root@master chul]# pm2 stop Ghost                ⓬
[root@master chul]# pm2 restart Ghost
```

❶ 자바스크립트를 사용하기 위해 nodejs와 그 패키지 관리 프로그램 npm을 명령어 yum으
   로 설치한다.

❷ Node.js 애플리케이션을 제어할 프로세스 매니저 pm2를 명령어 npm으로 설치하는데,
   -g 옵션은 Global의 의미로서 현재의 버전을 설치하라는 의미다.

❸ Ghost를 설치할 디렉토리를 생성하고 그 디렉토리로 이동한다.

❹ 명령어 curl을 사용해 Ghost의 최신 소스 파일을 ghost.zip 이름으로 다운로드한다.

❺ 명령어 unzip을 이용해 압축을 해제한 후에 그 소스 파일을 삭제한다.

❻ 명령어 npm을 사용해 필요한 애플리케이션들을 설치한다.

❼ 예제 설정 파일을 기본 설정 파일로 복사한다.

❽ 복사한 파일을 명령어 vim으로 열어서 굵은 글씨로 표시된 부분의 기본 도메인 정보를 변경한다.

❾ 프로세스 매니저 pm2를 사용해 기본 인덱스 파일과 함께 Ghost 서비스를 시작하는데, 콘솔을 닫거나 셸을 빠져 나가더라도 계속 실행되도록 NODE_ENV 변수를 사용한다.

❿ 명령어 netstat를 사용해 Ghost가 사용하는 포트 2368번이 현재 열려 있는지 확인한다.

⓫ Ghost 서비스를 시작할 경우 사용한다.

⓬ Ghost 서비스를 중지할 경우 사용하고, Ghost 서비스를 재시작할 경우 restart를 사용한다.

B. Nginx 서버 설정

이제 Nginx 서버에서 그 설정 파일에 Ghost 관련 설정을 해줘야 한다.

```
[root@master chul]# vim /etc/nginx/nginx.conf
upstream ghost {
    server 127.0.0.1:2368;  ❶
}

server {
    listen      80;
    server_name www.chul.com;

    access_log  /var/log/nginx/ghost.access.log;
    error_log   /var/log/nginx/ghost.error.log;

location / {
        proxy_pass  http://ghost;      ❷
        proxy_next_upstream error timeout invalid_header http_500;
        proxy_redirect off;
        proxy_set_header    Host                $host;
        proxy_set_header    X-Real-IP           $remote_addr;
        proxy_set_header    X-Forwarded-For     $proxy_add_x_forwarded_for;
        proxy_set_header    X-Forwarded-Proto   https;
    }
```

```
}
[root@master chul]# nginx -t      ❸
nginx: the configuration file /etc/nginx/nginx.conf syntax is ok
nginx: configuration file /etc/nginx/nginx.conf test is successful
[root@master chul]# systemctl restart nginx      ❹
```

❶ 지시어 upstream을 사용해 그 이름을 지정하고, 어떤 요청이 이 지시어로 들어오면
   그 요청을 로컬 호스트의 Ghost가 사용하는 포트 2368번으로 보내라는 의미다.

❷ 사용자가 기본 도메인으로 접속하면 ❶에서 설정한 ghost로 보내라는 의미다.

❸ Nginx 서버의 설정 파일 문법에 이상이 있는지 검사한다.

❹ 위의 변경 사항들이 적용되도록 Nginx 서버를 다시 시작한다.

C. Ghost 테스트

이제 마지막 단계로 Ghost를 직접 브라우저에서 접속해 그 내용을 살펴본다. 기본 도메인
www.chul.com이나 서버의 IP 주소 192.168.80.5로 접속하면 그림 7-12처럼 Ghost의
초기 화면을 볼 수 있고 여기서 Ghost를 수정할 수 있다.

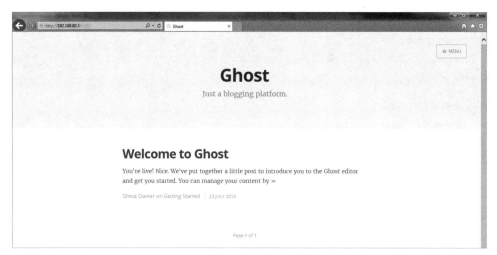

그림 7-12 Ghost 초기 화면

7.4 Nginx UserDir 사용

지시어 UserDir은 Apache 서버에서 설명한 것처럼 일반 사용자에게 웹사이트를 제공하기
위한 디렉토리를 의미한다. Nginx 서버에서는 Apache 서버처럼 UserDir라는 지시어를

사용하지 않고 단지 기본 설정 파일에 이러한 내용을 추가하기만 하면 이 기능을 바로 사용할 수 있다.

7.4.1 Nginx 서버 설정

먼저 Nginx 서버에서의 설정은 다음과 같다.

```
[root@master ~]# vim /etc/nginx/nginx.conf        ❶
60    location ~ ^/~(.+?)(/.*)?$ {                 ❷
61      alias /home/$1/public_html$2;              ❸
62      index  index.html index.htm;               ❹
63      autoindex on;   ❺
64    }
[root@master ~]# systemctl restart nginx ❻
```

❶ 명령어 vim으로 Nginx 서버 설정 파일을 열어서

❷ 여기서 location은 정규식 표현을 사용하고 있다. 이는 URL에서 /, 즉 주 도메인 뒤에 사용자 접속을 위해 사용하는 틸드(~) 다음에 (.+?), 즉 한 개 이상의 문자가 오는데 이는 곧 사용자의 이름을 의미한다. (/.*)?$는 사용자 이름 다음에 한 개 이상의 문자가 오는데, 이는 파일의 경로를 의미한다.

❸ ❷에 정의된 디렉토리로 요청이 들어올 경우 그 요청을 실제 이 위치로 보내라는 의미다. 이럴 경우 브라우저에서 사용자의 웹사이트로 접속하면 사용자의 홈 디렉토리 /home/username에서 디렉토리 이름 public_html에 있는 index.html 또는 index.htm 파일을 보여준다. 여기서 $1은 곧 사용자의 이름을 의미하며, $2는 public_html 디렉토리 내의 파일을 의미한다.

❹ URI 가 '/'로 끝날 경우 보여줄 기본 파일명이다.

❺ 디렉토리 목록 출력 기능을 사용 가능하게 설정한다.

❻ 변경 사항을 적용하기 위해 Nginx 서버를 다시 시작한다.

7.4.2 테스트 페이지 작성과 테스트

앞의 설정이 모두 끝나면 이제 사용자의 홈 디렉토리에 테스트 페이지를 만들어 테스트를 진행한다.

A. 테스트 페이지 작성

테스트 페이지를 위한 디렉토리 생성과 페이지 작성은 다음과 같다. 여기에선 테스트를 위해 사용자 park을 사용하겠다.

```
[park@master ~]$ chmod 711 /home/park        ❶
[park@master ~]$ mkdir ~/public_html         ❷
[park@master ~]$ chmod 755 ~/public_html              ❸
[park@master ~]$ vim ~/public_html/index.html          ❹
<html>
<head><title>www.chul.com</title></head>
<body>
<div style="width: 100%; font-size: 80px; font-weight: bold; text-align: center;">
Nginx Userdir Test in www.chul.com/~park/            ❺
</div>
</body>
</html>
```

❶ 초기에 사용자 park의 디렉토리는 권한이 700으로 돼 있어 이 디렉토리로의 접근 허용을 위해 권한을 명령어 chmod로 변경한다.

❷ 웹사이트를 제공할 디렉토리를 명령어 mkdir로 생성한다.

❸ 그리고 이 디렉토리에 Nginx가 접근 가능하도록 그 권한을 조정한다.

❹ 사용자들이 이 웹사이트 접근 시 보여줄 초기 화면 파일을 명령어 vim으로 작성한다.

❺ 실제 웹사이트 접속 사용자들에게 보여줄 내용이다.

B. UserDir 접속

테스트를 위해 브라우저에서 www.chul.com/~park/으로 접속하면 그림 7-13과 같이 위 ❺에서 생성한 텍스트를 확인할 수 있다.

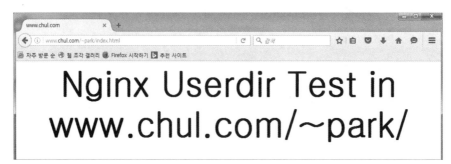

그림 7-13 UserDir 접속하기

7.5 Server Block(가상 호스트) 사용

Nginx의 Sever Block은 Apache 서버에서 설명했던 가상 호스트와 동일한 개념이다. 가상 호스트에 대한 내용은 6장의 Apache 서버에서 모두 설명했으므로 그 정의에 대해선 생략하겠다. Nginx 서버에서는 가상 호스트란 용어를 사용하지 않고 대신 Server Block이라는 용어를 사용한다.

7.5.1 Nginx 서버 설정

Nginx에서 Server Block을 설정하는 방법은 다음과 같다. Server Block 도메인으로서 6장에서 사용했던 www.jeong.com을 동일하게 사용했다.

```
[root@master ~]# host www.jeong.com          ❶
www.jeong.com has address 192.168.80.5
[root@master ~]# vim /etc/nginx/conf.d/sblock.conf          ❷
server {
    listen        80;
    server_name   www.jeong.com;          ❸

    location / {
        root   /vhost/jeong/www;          ❹
        index  index.html index.htm;          ❺
    }
}
[root@master ~]# mkdir -p /vhost/jeong/www          ❻
[root@master ~]# systemctl restart nginx          ❼
```

❶ DNS 서버에서 Server Block 도메인을 추가한 뒤에 명령어 host를 사용해 확인한다. DNS 서버에서 호스트를 추가하는 방법은 5장을 참고하고, DNS 서버를 사용하지 않는다면 파일 /etc/hosts를 이용해 사용할 호스트 이름을 추가하기 바란다.

❷ Server Block 기능을 사용하기 위해 명령어 vim으로 설정 파일을 생성한다.

❸ 주 도메인이 아닌 추가 도메인의 이름을 지정한다.

❹ 이 도메인이 제공할 데이터가 위치한 디렉토리를 지정하고

❺ 접속 시에 기본적으로 보여줄 파일명을 정의한다.

❻ 위 ❹에서 지정한 디렉토리를 명령어 mkdir로 생성한다.

❼ 변경 사항 적용을 위해 명령어 systemctl을 사용해 Nginx 서버를 다시 시작한다.

7.5.2 테스트 페이지 작성과 테스트

모든 설정을 마쳤으므로 이제 테스트를 진행하겠다.

A. 테스트 페이지 작성

테스트를 위해 인덱스 페이지 작성하는 방법은 다음과 같다.

```
[root@master ~]# vim /vhost/jeong/www/index.html ❶
<html>
<head>
<title>www.jeong.com</title>
</head>
<body>
<div style="width: 100%; font-size: 80px; font-weight: bold; text-align: center;">
Nginx Sever Block Test in www.jeong.com ❷
</div>
</body>
</html>
```

❶ 명령어 vim으로 index.html 파일을 생성한다.
❷ 사용자가 접속 시에 보여줄 텍스트 내용이다.

B. 접속 테스트

브라우저에서 www.jeong.com을 입력하면 그림 7-14처럼 index.html에 있는 내용을 읽을 수 있다.

그림 7-14 Server Block 테스트하기

7.6 Nginx 인증 사용

클라이언트가 특정 디렉토리에 접근할 때에 Nginx 서버에서 미리 생성한 인증 정보를 이용해 접근을 허용하는 방식은 Apache 서버와 동일하다. 이번 절에서는 Basic 인증과 더불어 접근 제어를 통한 디렉토리 접근 방법을 설명한다.

7.6.1 서버에서의 설정

먼저 Nginx 서버에서의 설정은 다음과 같다. 먼저 인증이 적용된 디렉토리 설정, 그리고 다음에 접근 제어가 적용된 디렉토리 설정하는 방법을 설명하겠다.

A. 특정 디렉토리에 인증 적용

먼저 특정 디렉토리에 접근 시 인증을 요구하는 설정은 다음과 같다.

```
[root@master ~]# yum install httpd-tools -y       ❶
[root@master ~]# rpm -qa | grep httpd-tools
httpd-tools-2.4.6-40.el7.centos.x86_64
[root@master ~]# vim /etc/nginx/nginx.conf
65    location /basic {                            ❷
66      auth_basic              "Nginx Basic Auth Test";     ❸
67      auth_basic_user_file    "/etc/nginx/.htpasswd";      ❹
68    }
[root@master ~]# htpasswd -c /etc/nginx/.htpasswd jeong      ❺
New password:
Re-type new password:
Adding password for user jeong
[root@master ~]# cat /etc/nginx/.htpasswd        ❻
jeong:$apr1$WXbM44LN$QNGEhYqFf.vMbRVxmjuUy/
[root@master ~]# mkdir /usr/share/nginx/html/basic          ❼
[root@master ~]# vim /usr/share/nginx/html/basic/index.html     ❽
<html>
<head>
<title>www.chul.com</title></head>
<body>
<div style="width: 100%; font-size: 80px; font-weight: bold; text-align: center;">
Nginx Basic Auth Test in www.chul.com            ❾
</div></body></html>
[root@master ~]# systemctl restart nginx         ❿
```

❶ Apache 서버에서 인증에 사용할 사용자 생성을 위해 사용했던 패키지를 설치하지 않았다면 명령어 yum을 이용해 설치하고 명령어 rpm으로 그 설치를 확인한다.

❷ 명령어 vim으로 Nginx 설정 파일을 열어서 인증을 적용할 디렉토리 이름을 생성한다.

❸ 인증 창에서 사용자들에게 보여줄 메시지를 작성한다.

❹ 인증 사용자와 그 패스워드가 저장될 파일을 지정한다.

❺ 명령어 htpasswd를 사용해 사용자 jeong을 생성하고 그 정보를 파일에 저장한다. 두 번째 사용자부터는 옵션 c(create)를 사용하지 않는다.

❻ 그 파일을 명령어 cat으로 읽어보면 사용자 이름과 그 패스워드가 저장돼 있음을 알 수 있는데, 이 패스워드는 해시 함수 MD5로 암호화돼 있다.

❼ 인증이 적용될 디렉토리를 명령어 mkdir로 생성한다. 이 이름은 ❷에서 지정한 이름과 동일해야 한다.

❽ 인증이 성공할 경우 보여줄 초기 화면 파일을 명령어 vim으로 생성한다.

❾ 초기 화면에서 보여줄 메시지 내용이다.

❿ 변경 사항을 적용하기 위해 Nginx 서버를 다시 시작한다.

B. 인증과 접근 제어 함께 사용

이번에는 디렉토리 접근 시 인증 및 접근 제어 지시어를 사용해 접근하는 방법을 설명하겠다. 이번 설정은 주 도메인 접속 시 인증을 사용하지만, A절에서 인증을 적용했던 디렉토리 Basic은 예외로 인증이 적용되지 않게 하는 설정이다.

```
[root@master ~]# vim /etc/nginx/nginx.conf
44 location / {              ❶
45   satisfy all;            ❷
46   allow 192.168.80.0/24;       ❸
47   deny  all;              ❹
48   auth_basic           "Authenticated Website";      ❺
49   auth_basic_user_file "/etc/nginx/.htpasswd";        ❻
50 }
72  location /basic/ {
73   auth_basic off;  ❼
74 }
[root@master ~]# nginx -t         ❽
nginx: the configuration file /etc/nginx/nginx.conf syntax is ok
nginx: configuration file /etc/nginx/nginx.conf test is successful
[root@master ~]# systemctl restart nginx          ❾
```

❶ 인증을 적용할 디렉토리를 의미하는데, 여기서 루트(/)는 40번 라인에 있는 root /usr/share/nginx/html을 가리키고 그 도메인은 현재 www.chul.com이 사용하고 있다.

❷ 밑에 적용된 접근 제어와 인증 둘 다 만족해야 접근을 허용한다는 의미인데, 둘 중 하나라도 만족할 경우 접근을 허용한다면 all 대신에 any를 사용한다.

❸ 접근을 허용할 네트워크 주소를 지정한다.

❹ 위 ❸에서 허용한 네트워크 외에는 모두 접근을 거부한다.

❺ 인증이 적용된 창이 뜰 경우 보여줄 메시지를 작성한다.

❻ 인증 사용자 정보가 저장된 파일을 지정한다.

❼ 위 A절에서 인증을 적용했던 디렉토리 Basic은 이제 인증을 적용하지 않는다.

❽ 위의 내용들을 모두 설정한 후에 설정 파일의 문법 검사를 하기 위해 사용한다.

❾ 변경된 내용들이 적용되도록 Nginx 서버를 다시 시작한다.

7.6.2 인증 테스트

그럼 이제 위 A절과 B절에서 설정한 인증 및 접근 제어가 적용된 디렉토리 접근 테스트를 하겠다.

A. 디렉토리 인증 테스트

첫 번째 테스트에서는 인증 설정이 적용된 디렉토리에만 접속하겠다.

1. 인증 디렉토리 접속하기

먼저 브라우저에서 www.chul.com/basic을 입력해 접속을 시도하면 그림 7-15처럼 인증을 요구하는 창이 뜨고 인증 정보를 입력한다.

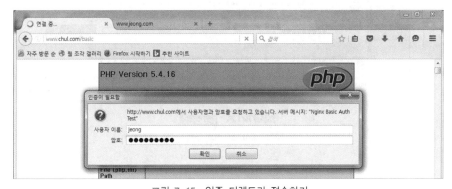

그림 7-15 인증 디렉토리 접속하기

2. 접속 성공하기

인증을 거친 후 접속에 성공하면 그림 7-16처럼 생성했던 index.html의 내용을 읽을 수 있다.

그림 7-16 접속 성공하기

B. 인증과 접근 제어 테스트

이번에는 두 번째로 인증과 접근 제어가 동시에 적용된 디렉토리를 테스트하겠다.

1. 접근 제어가 적용된 인증 디렉토리 접속하기

먼저 접근 제어 및 인증이 적용된 주 도메인 www.chul.com으로 그림 7-17처럼 인증과 더불어 접속을 시도한다.

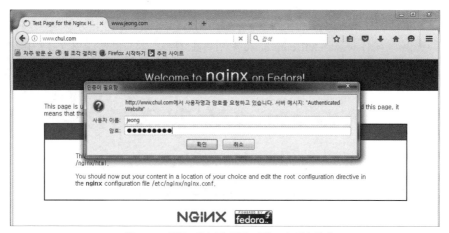

그림 7-17 접근 제어 및 인증 디렉토리 접속하기

2. 접속 성공하기

인증 정보를 제공하고 접속에 성공하면 그림 7-18처럼 생성했던 index.html 파일의 내용을 읽을 수 있다.

그림 7-18 접속 성공하기

3. 인증 예외 디렉토리 접속하기

위 B절에서 인증 예외로 처리했던 디렉토리 Basic으로 접속을 시도하면 그림 7-19처럼 아무런 인증 요구가 없고 바로 접속에 성공한다.

그림 7-19 인증 예외 디렉토리 접속하기

4. 접근이 금지된 경우

접근이 허용되지 않은 네트워크에서 접근 시 그림 7-20과 같은 메시지를 볼 수 있다.

그림 7-20 접근 실패 시 메시지

7.7 Nginx HTTPS 사용

HTTPS는 6장의 Apache 서버에서 설명한 대로 데이터를 평문으로 전달하는 HTTP 프로
토콜에 SSL/TLS를 적용해서 암호화된 데이터를 서버와 클라이언트 간에 주고받음으로써
안전한 데이터 전송을 보장하는 방법이다. 자세한 HTTPS의 작동 원리는 6장을 참고하기
바란다.

7.7.1 SSL/TLS 설정

Nginx에 SSL/TLS를 적용하는 순서는 Apache 서버와 동일하다. 인증서 생성, 서버 설정
파일에 적용, 그리고 마지막으로 테스트하는 과정으로 구성된다.

A. 인증서 생성

인증서를 생성하는 과정은 Apache 서버와 동일하므로 자세한 설명은 6장을 참고하기 바
란다. 여기서는 설명을 생략하고 인증서를 만드는 명령어만 알아본다.

```
[root@master ~]# cd /etc/pki/tls/certs
[root@master certs]# openssl genrsa -out http.key 2048
Generating RSA private key, 2048 bit long modulus
.....................................................+++
.......................+++
e is 65537 (0x10001)
[root@master certs]# openssl req -new -key http.key -out http.csr
You are about to be asked to enter information that will be incorporated into your
certificate request.
What you are about to enter is what is called a Distinguished Name or a DN. There are quite
a few fields but you can leave some blank
For some fields there will be a default value,
If you enter '.', the field will be left blank.
-----
Country Name (2 letter code) [XX]:KR
State or Province Name (full name) []:Seoul
Locality Name (eg, city) [Default City]:Seoul
Organization Name (eg, company) [Default Company Ltd]:Chul Com
Organizational Unit Name (eg, section) []:
Common Name (eg, your name or your server's hostname) []:www.chul.com
Email Address []:tland12@chul.com
```

```
Please enter the following 'extra' attributes
to be sent with your certificate request
A challenge password []:
An optional company name []:
[root@master certs]# openssl x509 -in http.csr -out http.crt -req
-signkey http.key -days 365
Signature ok
subject=/C=KR/ST=Seoul/L=Seoul/O=Chul Com/CN=www.chul.com/emailAddre
ss=tland12@chul.com
Getting Private key
[root@master certs]# ls http*
http.crt  http.csr  http.key
```

B. 서버에서 설정

생성된 인증서를 Nginx 서버 설정 파일에 적용하는 과정은 다음과 같다.

```
[root@master ~]# vim /etc/nginx/nginx.conf
35    server {
36      listen              80 default_server;
37      #listen             [::]:80 default_server;
38      listen              443 ssl;          ❶
39      server_name         www.chul.com;
40      root                /usr/share/nginx/html;
41      ssl_certificate     /etc/pki/tls/certs/http.crt;     ❷
42      ssl_certificate_key /etc/pki/tls/certs/http.key;     ❸
[root@master ~]# nginx -t              ❹
nginx: the configuration file /etc/nginx/nginx.conf syntax is ok
nginx: configuration file /etc/nginx/nginx.conf test is successful
[root@master ~]# systemctl restart nginx      ❺
[root@master ~]# netstat -natlp | grep nginx  ❻
tcp  0  0 0.0.0.0:80   0.0.0.0:*    LISTEN    20515/nginx: master
tcp  0  0 0.0.0.0:443  0.0.0.0:*    LISTEN    20515/nginx: master
[root@master ~]# lsof -i tcp:443       ❼
COMMAND  PID  USER  FD  TYPE DEVICE SIZE/OFF NODE NAME
nginx  20515 root   7u  IPv4 209467     0t0  TCP *:https (LISTEN)
nginx  20516 nginx  7u  IPv4 209467     0t0  TCP *:https (LISTEN)
nginx  20517 nginx  7u  IPv4 209467     0t0  TCP *:https (LISTEN)
nginx  20518 nginx  7u  IPv4 209467     0t0  TCP *:https (LISTEN)
nginx  20519 nginx  7u  IPv4 209467     0t0  TCP *:https (LISTEN)
```

❶ 포트 443번을 통해 SSL 서비스를 제공한다고 선언한다.

❷ 인증서 파일이 위치한 경로를 지정한다.

❸ 인증서 생성 시 사용했던 개인 키의 경로를 지정한다.

❹ 설정 후에 파일의 문법을 점검하기 위해 사용한다.

❺ 변경 사항들이 적용되도록 Nginx 서버를 다시 시작한다.

❻ Nginx 서버가 사용하는 포트를 확인하기 위해 명령어 `netstat`를 사용하면 기존 80번 포트와 새로 설정한 443번 포트도 그 서비스가 시작됐음을 알 수 있다

❼ 명령어 `lsof`를 통해 TCP 443번 포트를 확인하면 명령어 `nginx`가 **https** 서비스를 제공하고 있음을 알 수 있다.

7.7.2 SSL/TLS 테스트

HTTPS가 적용된 주 도메인 www.chul.com으로 접속하는 테스트는 다음과 같다.

A. HTTPS 이용 접속

처음 접속하면 그림 7-21처럼 인증서에 문제가 있다는 메시지를 볼 수 있다. 공인 CA가 인증하지 않았기 때문에 신뢰할 만한 인증서가 아니기 때문이다.

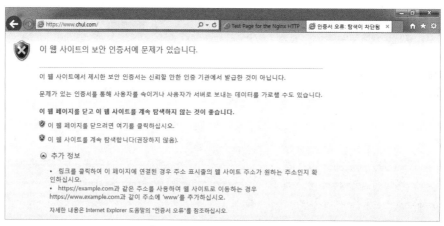

그림 7-21 HTTPS 이용 접속 시도하기

B. 인증서 확인

그래서 그 인증서를 자세히 살펴보기 위해 그림 7-22처럼 브라우저에서 인증서 보기를 클릭한다.

그림 7-22 인증서 확인하기

C. 인증서 내용 확인

그러면 그림 7-23처럼 7.6.1절의 A절에서 생성한 인증서에 대한 정보를 확인할 수 있다.

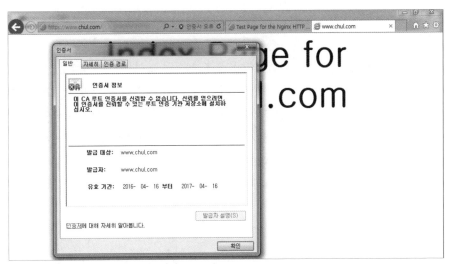

그림 7-23 인증서 내용 확인하기

7.8 Apache 서버를 위한 리버스 프록시 사용

이번 절에서는 Nginx 서버가 제공하는 리버스 프록시Reverse Proxy에 대해 기능을 살펴본다.

7.8.1 리버스 프록시 개념과 목적

Nginx 서버의 리버스 프록시 개념과 이를 사용하는 목적을 알아보자.

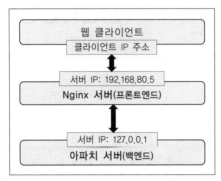

그림 7-24 리버스 프록시 기능

A. 정의

Nginx 서버의 리버스 프록시란 웹 클라이언트로부터 오는 HTTP 요청을 받아 백엔드에 위치한 Apache 서버에게 전달하고 다시 Apache 서버로부터 응답을 받아 웹 클라이언트에게 전달하는 기능을 의미한다. 그림 7-24에서 보는 것처럼 Apache 서버는 백엔드에 위치하기 때문에 클라이언트가 직접 접근하지 못하고 전면부에 위치한 Nginx 서버를 통해서만 Apache 서버의 콘텐츠에 접근할 수 있다. 이때 Apache 서버는 Nginx 서버와 같은 서버에 설치되거나 IP 주소가 다른 서버에 설치될 수도 있다.

B. 목적

그렇다면 이렇게 Apache 서버가 운영되고 있음에도 불구하고 Nginx 서버를 리버스 프록시로 사용하는 이유는 무엇일까? 간단히 두 가지 이유는 다음과 같다.

1. Nginx 서버에는 주로 정적인 데이터를 저장하고 Apache 서버에는 CGI와 같이 많은 동적 데이터를 저장한 경우 Nginx 서버를 Apache 서버의 리버스 프록시로 사용할 수 있다. 이럴 경우 클라이언트는 더 빠른 속도로 데이터에 접근할 수 있다는 장점이 있다.

2. Apache 서버를 주 웹 서버로 설정해서 사용하고 있는데 동시 접속자 수가 Apache 서버가 감당하기 어려울 정도로 많이 증가한 경우 Nginx 서버를 Apache 서버의 리버스 프록시로 배치하면 훨씬 더 빠른 속도로 클라이언트의 접속 요청을 처리할 수 있다.

7.8.2 Nginx 리버스 프록시 설정하기

리버스 프록시 설정을 위해 Nginx 서버 설정 파일에서의 수정 사항은 다음과 같다.

```
[root@master ~]# vim /etc/nginx/nginx.conf
    server {
        listen          80 default_server;
        #listen          [::]:80 default_server;
        server_name     www.chul.com;

      ❶ proxy_redirect        off;
      ❷ proxy_set_header      X-Real-IP $remote_addr;
      ❸ proxy_set_header      X-Forwarded-For $proxy_add_x_forwarded_for;
      ❹ proxy_set_header      Host $http_host;

        location / {
          ❺ proxy_pass http://127.0.0.1:8080;
        }
    }
[root@master conf.d]# nginx -t  ❻
nginx: the configuration file /etc/nginx/nginx.conf syntax is ok
nginx: configuration file /etc/nginx/nginx.conf test is successful
[root@master ~]# systemctl restart nginx  ❼
```

❶ 이 지시어는 Context로서 http, server, location를 이용한 리다이렉트 기능을 사용하지 않도록 설정한다.

❷ 백엔드에 위치한 웹 서버에 전달할 HTTP 추가 헤더 정보에 원격지 클라이언트의 IP 주소를 포함시킨다.

❸ 벡엔드에 위치한 웹 서버에 전달할 HTTP 추가 헤더 정보에 원격지 클라이언트를 위해 프록시로 사용된 서버의 IP 주소를 포함시킨다.

❹ 백엔드에 위치한 웹 서버에 전달할 HTTP 요청 헤더 정보에서 Host는 변수 $http_host 로 대체하는데, 이 정보는 곧 요청한 클라이언트가 아닌 전면부에 위치한 Nginx 서버를 가리킨다.

❺ 클라이언트가 Nginx 서버의 루트(/) 디렉토리로 접근하면 그 접속 요청을 로컬 호스트의 포트 8080번으로 보내라는 의미인데, 여기서 포트 8080번은 Apache 서버가 실행될 포트이므로 Nginx 서버를 통해 Apache 서버의 데이터에 접근하도록 허용하게 된다.

❻ 설정을 마치고 위의 설정 파일 문법에 대한 검사를 하기 위해 사용한다.

❼ 변경 사항이 적용되도록 Nginx 서버를 다시 시작한다.

7.8.3 Apache 서버 설정

Nginx 서버가 리버스 프록시 기능을 사용하기 위한 설정을 마쳤다면 Apache 서버에서도 동일하게 그 요청을 받아들이기 위한 설정을 해줘야 한다.

A. 설정 파일 수정

두 가지의 설정 파일을 다음과 같이 수정해줘야 한다.

```
[root@master ~]# vim /etc/httpd/conf/httpd.conf
42 Listen 8080        ❶
[root@master ~]# vim /etc/httpd/conf.d/vhost.conf
1 <VirtualHost 192.168.80.5:8080>     ❷
2   DocumentRoot /var/www/html
3   ServerName www.chul.com
4 </VirtualHost>
5
6 <VirtualHost 192.168.80.5:8080>     ❸
7   DocumentRoot /vhost/jeong/www
8   ServerName www.jeong.com
9   ServerAlias jeong.com
10  ServerAdmin admin@jeong.com
11  ErrorLog /vhost/jeong/logs/error_log
12  CustomLog /vhost/jeong/logs/access_log combined
13  <Directory "/vhost/jeong/www">
14      Options Indexes MultiViews
15      AllowOverride None
16      Require all granted
17  </Directory>
18 </VirtualHost>
[root@master ~]# vim /var/www/html/index.html
<html>
<head><title>www.chul.com</title></head>
<body>
<div style="width: 100%; font-size: 80px; font-weight: bold; text-align: center;">
  Welcome to our www.chul.com based on Apache ❹
</div>
</body></html>
[root@master ~]# httpd -t ❺
Syntax OK
```

```
[root@master ~]# vim /etc/services        ❻
555 apache   8080/tcp        http-alt       # WWW caching service
556 apache   8080/tcp        http-alt       # WWW caching service
[root@master ~]# systemctl restart httpd        ❼
[root@master ~]# lsof -i tcp:8080               ❽
COMMAND     PID    USER    FD   TYPE DEVICE SIZE/OFF NODE NAME
/usr/sbin 14465   root    4u  IPv6 141395      0t0  TCP *:apache (LISTEN)
/usr/sbin 14466 apache    4u  IPv6 141395      0t0  TCP *:apache (LISTEN)
/usr/sbin 14469 apache    4u  IPv6 141395      0t0  TCP *:apache (LISTEN)
/usr/sbin 14470 apache    4u  IPv6 141395      0t0  TCP *:apache (LISTEN)
/usr/sbin 14471 apache    4u  IPv6 141395      0t0  TCP *:apache (LISTEN)
/usr/sbin 14472 apache    4u  IPv6 141395      0t0  TCP *:apache (LISTEN)
/usr/sbin 14473 apache    4u  IPv6 141395      0t0  TCP *:apache (LISTEN)
/usr/sbin 14474 apache    4u  IPv6 141395      0t0  TCP *:apache (LISTEN)
/usr/sbin 14475 apache    4u  IPv6 141395      0t0  TCP *:apache (LISTEN)
/usr/sbin 14476 apache    4u  IPv6 141395      0t0  TCP *:apache (LISTEN)
```

❶ Apache 서비스가 사용하는 포트를 기존의 80번에서 8080번으로 변경한다. Nginx 설정 ❺에서 이 포트를 사용하기로 설정했기 때문이다.

❷ 마찬가지로 가상 호스트에서 주 도메인이 사용하는 포트도 8080번으로 변경한다.

❸ 가상 호스트 www.jeong.com이 사용하는 포트도 8080번으로 변경한다.

❹ 테스트를 위해 Apache 서버의 초기 화면 내용을 명령어 vim으로 변경한다.

❺ 위에서 설정한 파일에 문제가 없는지 그 문법을 검사한다.

❻ 명령어 vim으로 서비스 정의 파일을 열어서 포트 8080번의 서비스를 apache로 변경한다. 기존의 포트 8080번은 webcache 서비스가 사용하고 있으므로 혼동의 여지를 제거하기 위해 이렇게 변경한다.

❼ 변경 사항들을 적용하기 위해 Apache 서버를 다시 시작한다.

❽ 명령어 lsof를 이용해 포트 8080번을 확인하면 위 ❻에서 변경한 apache 서비스가 시작돼 있음을 알 수 있다.

B. 테스트

앞에서 설정한 Nginx 서버의 리버스 프록시 기능을 테스트하는데 먼저 윈도우 시스템의 브라우저에서 그 접속이 실제로 이뤄지는지, 그리고 두 번째로 Apache 서버와 Nginx 서버의 로그를 통해 이 기능이 잘 작동하는지 확인하겠다.

1. 브라우저에서 테스트하기

브라우저에서 주 도메인 www.chul.com으로 접속하면 그림 7-25처럼 Apache에서 설정한 index.html 파일의 내용을 읽을 수 있다.

그림 7-25   리버스 프록시 테스트

2. 로그 파일 확인

리버스 프록시 기능이 성공적으로 이뤄진 경우 각각의 로그 파일을 확인하면 다음과 같다.

```
[root@master ~]# tail -f /var/log/nginx/access.log      ❶
192.168.80.11 - - [20/Apr/2016:12:22:38 +0900] "GET /index.html
HTTP/1.1" 200 171 "-" "Mozilla/5.0 (Windows NT 6.1; WOW64;
Trident/7.0; rv:11.0) like Gecko" "-"
[root@master ~]# tail -f /var/log/httpd/access.log      ❷
127.0.0.1 - - [20/Apr/2016:12:22:38 +0900] "GET /index.html HTTP/1.0"
200 171 "-" "Mozilla/5.0 (Windows NT 6.1; WOW64; Trident/7.0; rv:11.0) like Gecko"
```

❶ 먼저 Nginx 서버의 접속 로그 파일을 확인하면 테스트를 위해 사용하는 윈도우 7의 IP 주소에서 파일 index.html을 요청했음을 알 수 있고

❷ Apache 서버의 접속 로그 파일을 확인하면 로컬 호스트의 IP 주소 127.0.0.1이 사용된 것을 확인할 수 있다.

이 테스트를 통해 Nginx 서버는 클라이언트로부터 오는 HTTP 요청을 로컬의 포트 8080번에서 서비스 중인 Apache 서버에게 그 요청을 전달하고 있음을 확인할 수 있다.

7.9 부하 분산 사용

이번 절에는 Nginx 서버가 제공하는 부하 분산[Load Balancing] 기능의 사용 방법을 설명하겠다. Apache 서버와 동일하게 Nginx 서버도 사용자의 요청을 여러 서버에게 균등하게 배분하는 웹 서버의 부하 분산 기능을 제공한다. Apache 서버의 경우 특정 모듈을 통해 이 기능을 구현한다고 6장에서 이미 설명했는데, Nginx 서버의 경우 설정 파일에서 이 기능의 구현만 정의하면 바로 사용할 수 있다. 7.8절에서 설명했던 프록시 설정에 대한 부분은 설명을 생략하겠다.

7.9.1 Nginx 서버에서의 설정

먼저 Nginx 서버의 설정 파일에서 부하 분산 기능을 설정해줘야 한다.

```
[root@master ~]# vim /etc/nginx/nginx.conf
http {
    upstream loadtest {        ❶
        server www1.chul.com:80 weight=2;        ❷
        server www2.chul.com:80;
        server www3.chul.com:80 backup;        ❸
    }
    server {
        listen        80 default_server;
        listen        [::]:80 default_server;
        server_name   www.chul.com;

        proxy_redirect      off;
        proxy_set_header    X-Real-IP $remote_addr;
        proxy_set_header    X-Forwarded-For$proxy_add_x_forwarded_for;
        proxy_set_header    Host $http_host;

        location / {
            proxy_pass http://loadtest;        ❹
        }
    }
}
[root@master ~]# nginx -t        ❺
nginx: the configuration file /etc/nginx/nginx.conf syntax is ok
nginx: configuration file /etc/nginx/nginx.conf test is successful
[root@master ~]# systemctl restart nginx        ❻
```

❶ http 섹션에 부하 분산을 위해 서버 그룹을 정의하는 지시어 upstream 에 이름을 생성하고

❷ 부하 분산을 위해 사용될 서버 이름과 포트 번호를 지정하는데, 여기서 weight=2는 밑의 www2에 비해서 두 배의 부하를 받으라는 의미다. 예를 들어 www2 서버가 50개의 요청을 받을 때 www1 서버는 그 두 배인 100개의 요청을 받는다는 의미가 된다.

❸ 위의 프록시로 사용되는 두 서버 중 한 서버가 다운되면 이 서버가 그 대신에 프록시 서버로 사용된다는 의미다. 설정을 했지만 나중을 대비해서 계속 사용하지 않는 경우 backup 대신에 down을 사용할 수 있다.

❹ Nginx 서버의 루트(/) 디렉토리로 요청이 들어오면 이 요청을 ❶에서 정의한 upstream 이름 loadtest로 보내라는 의미다. 그러면 이 이름에 정의된 서버들이 그 요청을 처리하게 된다.

❺ 위에서 설정한 내용의 문법이 정상인지 확인하기 위해 사용한다.

❻ 위의 변경 사항이 적용되도록 Nginx 서버를 다시 시작한다.

7.9.2 부하 분산 테스트

이제 설정한 내용이 제대로 동작하는지 테스트하겠다.

A. 추가 웹 서버 DNS에 추가

먼저 DNS 서버에서 앞에서 백엔드 서버로 사용되는 3개의 호스트 이름이 추가됐는지 명령어 host를 이용해 다음과 같이 테스트한다. DNS 서버를 사용하지 않는다면 /etc/hosts 파일을 이용해 다음처럼 추가하기 바란다.

```
[root@master ~]# host www1.chul.com
www1.chul.com has address 192.168.80.6
[root@master ~]# host www2.chul.com
www2.chul.com has address 192.168.80.7
[root@master ~]# host www3.chul.com
www3.chul.com has address 192.168.80.8
[root@master ~]# vim /etc/hosts
192.168.80.5    master  master.chul.com
192.168.80.6    www1    www1.chul.com
192.168.80.7    www2    www2.chul.com
192.168.80.8    www3    www3.chul.com
```

B. 브라우저에서 확인(windows)

이제 앞에서 설정한 부하 분산 서비스가 제대로 작동하는지 윈도우 브라우저에서 테스트 하겠다.

1. 첫 번째 요청한 주 도메인 www.chul.com은 그림 7-26처럼 node1 호스트, 즉 www1. chul.com의 인덱스 파일을 볼 수 있다.

그림 7-26 첫 번째 요청

2. 두 번째 요청도 위와 동일하게 node1, 즉 www1.chul.com의 페이지를 그림 7-27처럼 볼 수 있다.

그림 7-27 두 번째 요청

3. 그러나 세 번째 요청은 node2, 즉 www2.chul.com으로 요청이 전달된 것을 그림 7-28 처럼 확인할 수 있는데, 이를 통해 부하 분산이 설정한 대로 작동하고 있음을 알 수 있다.

그림 7-28 세 번째 요청

7.10 Nginx 보안 설정

Apache 서버와 마찬가지로 Nginx 서버도 많은 사용자에 의해 이용되고 있으므로 그만큼 서버의 취약점에 대한 공격도 많이 발생하고 있다. Nginx 서버에서 안전한 서버 관리를 위해 고려해야 할 몇 가지 보안에 대한 내용을 알아보자.

7.10.1 버전 정보 숨기기

Apache 서버와 동일하게 Nginx 서버도 그 서버의 버전 정보를 기본적으로 노출시키지 않게 설정하는 것이 중요하다.

```
[root@master ~]# curl -I http://localhost        ❶
HTTP/1.1 200 OK
Server: nginx/1.6.3     ❷
Date: Thu, 12 May 2016 04:33:34 GMT
Content-Type: text/html
Content-Length: 192
Last-Modified: Tue, 19 Apr 2016 03:27:30 GMT
Connection: keep-alive
ETag: "5715a5a2-c0"
Accept-Ranges: bytes
[root@master ~]# vim /etc/nginx/nginx.conf
26      server_tokens        off;    ❸
[root@master ~]# systemctl restart nginx
[root@master ~]# curl -I http://localhost        ❹
HTTP/1.1 200 OK
Server: nginx
~
```

❶ URL 데이터 전달 명령어 curl을 사용해 로컬 호스트 서버를 호출하면

❷ 현재 Nginx 서버의 버전 정보를 볼 수 있다.

❸ Nginx 설정 파일을 명령어 vim으로 열어서 server_tokens를 비활성화시킨다. 이 지시어 server_tokens는 에러 메시지나 응답 헤더의 'Server' 정보에서 그 버전 정보의 생략을 활성화하거나 비활성화하기 위해 사용된다.

❹ 서버를 다시 시작한 다음에 명령어 curl을 다시 시작하면 이제 버전 정보가 보이지 않는다.

7.10.2 IP 주소 접근 제한

Nginx 서버 설정에서 특정 디렉토리에 접근할 때 IP 주소를 이용한 접근 제어가 가능하다. 관리자가 운영해야 할 컨트롤 패널이나 phpmyadmin이 설치된 디렉토리인 경우 반드시 관리자만 접속 가능한 IP 대역을 설정하고, 나머지는 접근을 불허하도록 설정한다.

```
[root@master ~]# vim /etc/nginx/nginx.conf
server {
...
    location /web-admin/ {          ❶
        allow 192.168.80.0/24;  ❷
        allow 10.1.1.1;
        deny  all;      ❸
    }
[root@master ~]# systemctl restart nginx
[root@master ~]# tail -f /var/log/nginx/error_log  ❹
2016/05/10 04:16:12 [error] 4767#0: *13 access forbidden by rule,
client: 192.168.20.5, server: localhost, request: "GET /web-admin/
HTTP/1.1", host: "Y.Y.Y.Y"
```

❶ IP 주소를 통한 접근 제어를 적용할 디렉토리를 먼저 지정한다.

❷ 그리고 지시어 allow를 사용해서 먼저 접속을 허용할 IP 주소나 넷마스크와 함께 그 범위를 지정할 수 있다.

❸ 위의 허용된 IP 주소를 제외하고 모든 접근을 금지한다. 파일 수정 후에는 Nginx 서버를 다시 시작한다.

❹ 접근 금지된 IP로부터 접근을 시도하는 경우 Nginx 서버의 에러를 기록하는 로그를 확인해서 그 IP 주소를 방화벽에 추가하는 것이 좋다.

7.10.3 접속자 수와 대역폭 제한

Nginx 서버에서 전체 루트와 특정 디렉토리에 접속 가능한 클라이언트의 수와 그 대역폭을 설정하기 위한 방법은 다음과 같다.

```
[root@master ~]# vim /etc/nginx/nginx.conf
http {
    limit_conn_zone $binary_remote_address zone=addr:10m    ❶

    server {
        root /usr/share/nginx/html;
        limit_conn addr 5;        ❷

        location / {
        }

        location /download/ {
            limit_conn addr 1; ❸
            limit_rate 1m;        ❹
        }
    }
}
[root@master ~]# systemctl restart nginx
```

❶ 이 지시어의 문법은 다음과 같이 구성된다.

limit_conn_zone	key	zone=name	:size
지시어	$binary_remote_address	addr	:10m

즉 동시 연결을 제어하는 지시어 limit_conn_zone에 키로서 원격지 IP 주소를 사용하는 변수를 할당하고, 그 이름을 addr로 정의하며, 이러한 변수가 저장될 전체 공유 메모리 크기를 10M로 할당한다는 의미다.

❷ 루트 디렉토리에 한 IP 주소에서 접속 가능한 연결 숫자를 5로 제한한다.

❸ 그런데 특정 디렉토리 download에는 한 IP 주소에서 접속 가능한 숫자를 1로 제한한다.

❹ 그리고 그 대역폭 또한 1M로 제한한다. 설정을 변경한 후에 적용을 위해 Nginx 서버를 다시 시작한다.

7.10.4 Fail2ban 사용

Fail2ban은 로그 파일을 점검해서 SSH, Apache 및 Nginx 같은 다양한 서비스에 대한 여러 번의 패스워드 로그인 실패를 기록한 의심스런 IP 주소를 발견하면 그에 대해 미리 설정해 놓은 행동을 취하는 방법을 통해 안전한 보안 서비스를 제공하는 프로그램이다. Fail2ban 은 이렇게 수집된 IP 주소를 동적으로 방화벽에 추가해 일정 시간 동안 이러한 IP 주소로 부터의 접속을 금지시킬 수 있다. Fail2ban을 설치하고 그 서비스를 시작하는 방법, 그리고 Nginx 서버를 위한 서비스를 제공하는 방법을 차례대로 설명하겠다.

A. Fail2ban 패키지 설치

첫 번째로 Fail2ban 패키지를 설치하는 방법은 매우 간단한다.

```
[root@master ~]# yum install fail2ban-all -y  ❶
[root@master ~]# rpm -qa | grep fail2ban      ❷
fail2ban-hostsdeny-0.9.3-1.el7.noarch
fail2ban-server-0.9.3-1.el7.noarch
fail2ban-firewalld-0.9.3-1.el7.noarch
fail2ban-sendmail-0.9.3-1.el7.noarch
fail2ban-mail-0.9.3-1.el7.noarch
fail2ban-0.9.3-1.el7.noarch
fail2ban-shorewall-0.9.3-1.el7.noarch
fail2ban-all-0.9.3-1.el7.noarch
```

❶ 명령어 yum을 사용해 fail2ban 패키지를 설치하는데
❷ 명령어 rpm으로 그 설치를 확인해보면 설치 때는 한 패키지만 선택했지만 의존 관계에 있는 여러 패키지가 동시에 설치된 것을 확인할 수 있다.

B. Fail2ban 설정과 서비스 시작

두 번째 단계로 Fail2ban 설정 파일을 수정하고 그 서비스를 시작하는 방법은 다음과 같다.

```
[root@master ~]# cd /etc/fail2ban          ❶
[root@master fail2ban]# cp jail.conf jail.local    ❷
[root@master fail2ban]# vim jail.local
[INCLUDES]
36 before = paths-fedora.conf          ❸
50 ignoreip = 127.0.0.1/8 192.168.80.0/24        ❹
59 bantime = 600      ❺
```

```
63 findtime = 600      ❻
66 maxretry = 5        ❼
112 enabled = false    ❽
129 destemail = root@chul.com      ❾
132 sender = fail2ban@chul.com        ❿
137 mta = mail         ⓫
156 banaction = iptables-multiport   ⓬
[root@master fail2ban]# systemctl start fail2ban   ⓭
[root@master fail2ban]# systemctl enable fail2ban
Created symlink from /etc/systemd/system/multi-user.target.wants/
fail2ban.service to /usr/lib/systemd/system/fail2ban.service.
[root@master fail2ban]# systemctl status fail2ban ⓮
fail2ban.service - Fail2Ban Service
Loaded: loaded (/usr/lib/systemd/system/fail2ban.service; enabled; vendor preset:
disabled)
Active: active (running) since Fri 2016-05-13 10:45:16 KST; 29s ago
        Docs: man:fail2ban(1)
 Main PID: 9559 (fail2ban-server)
   CGroup: /system.slice/fail2ban.service
        9559 /usr/bin/python2 -s /usr/bin/fail2ban-server -s
/var/run/fail2ban/fail2ban.sock -...
May 13 10:45:15 master.chul.com systemd[1]: Starting Fail2Ban Service...
May 13 10:45:16 master.chul.com fail2ban-client[9512]: 2016-05-13 10:45:16,454
fail2ban.server  ....3
May 13 10:45:16 master.chul.com fail2ban-client[9512]: 2016-05-13 10:45:16,454
fail2ban.server  ...de
May 13 10:45:16 master.chul.com systemd[1]: Started Fail2Ban Service.
[root@master fail2ban]# ps -ef | grep fail2ban      ⓯
root     9559    1 0 10:45 ?       00:00:00 /usr/bin/python2 -s
/usr/bin/fail2ban-server -s /var/run/fail2ban/fail2ban.sock -p
/var/run/fail2ban/fail2ban.pid -x -b
```

❶ Fail2ban 설정 파일이 위치한 디렉토리로 이동한다. 이하 명령어는 이 디렉토리에서
   사용한다.

❷ 주 설정 파일을 명령어 cp를 이용해 복사하는데, Fail2ban을 업데이트하는 경우 주 설정
   파일인 jail.conf를 덮어 쓰기 때문에 설정했던 내용이 모두 기본 설정으로 변경되는
   것을 방지하기 위해서다.

❸ 명령어 vim으로 위에서 복사한 파일을 열어서 한 파일을 포함시킨다. Fail2ban은 그
   접근 금지시킬 정보를 각 서비스가 제공하는 로그 파일로부터 가져 오는데, 각 운영

체제마다 로그 파일의 경로가 다를 수 있다. 그래서 이 파일을 통해 현재 자신이 사용하는 운영체제에 맞게 로그 파일 정보가 정의된 파일을 지정해줘야 한다. 그래서 자신이 운영하는 시스템의 로그 파일 경로가 이 파일과 동일한지 확인이 필요하다. 다른 경우 이 /etc/fail2ban/paths-fedora.conf 파일을 환경에 맞게 수정해줘야 한다.

❹ Fail2ban을 적용시키지 않을 IP 주소나 네트워크 주소를 이곳에 지정한다.

❺ 로그 파일에서 발견된 IP 주소에 대해 접근 금지시킬 시간을 지정한다.

❻ 얼마의 시간 내에 아래 ❼의 패스워드 로그인 실패가 발생하는지를 지정한다.

❼ 5회 동안 패스워드 로그인을 실패한 IP 주소를 위의 ❺에서 지정한 시간 동안 접근 금지시킨다.

❽ 기본적으로 Fail2ban 서비스가 각 애플리케이션 서버를 위해 비활성화돼 있는데, 각 서버 내(Jail)에서 이 서비스를 사용하기 위해 false 대신 true를 사용한다.

❾ Fail2ban이 그 서비스 탐지에 대해 취할 수 있는 한 행동으로서 이메일 서비스를 사용하는 경우 그 수신자를 지정한다.

❿ 이메일 송신자를 지정한다.

⓫ 그리고 이메일 서비스의 이름을 지정하는데, 기본은 sendmail이므로 다른 메일 서버를 사용하는 경우 mail로 변경한다.

⓬ 로그 파일로부터 로그인에 실패한 IP 주소를 발견한 경우 그 IP 주소를 금지할 방화벽 이름을 지정하는데, /etc/fail2ban/action.d/iptables-multiport.conf 파일에 구체적으로 방화벽에 추가될 내용이 정의돼 있다. 각 서비스별로 다른 액션을 사용할 경우 /etc/fail2ban/action.d/에서 선택해 사용할 수 있다. 예를 들어 Iptables 방화벽 대신에 Firewalld 방화벽을 사용할 경우 firewallcmd-allports.conf를 지정할 수 있다.

⓭ 명령어 systemctl을 사용해 Fail2ban 서비스를 시작하고 부팅 후에도 자동으로 시작되게 설정한다.

⓮ 명령어 systemctl을 사용해 서비스 상태를 확인하는데, active와 이 서비스가 시작됐다는 메시지를 볼 수 있다.

⓯ 명령어 ps를 사용해 Fail2ban 프로세스가 정상적으로 동작하고 있는지 확인한다.

C. Fail2ban 사용

이제 Fail2ban 서비스가 시작됐으므로 세 번째 단계에서 실제 Nginx 서버를 위한 Fail2ban을 설정하는 방법은 다음과 같다.

```
[root@master ~]# vim /etc/fail2ban/jail.local
309 [nginx-http-auth]            ❶
310 enabled  = true              ❷
311 port     = http,https        ❸
312 logpath  = %(nginx_error_log)s   ❹
313
314 [nginx-botsearch]           ❺
315 enabled  = true              ❻
316 port     = http,https
317 logpath  = %(nginx_error_log)s
318 maxretry = 2                 ❼
246 [apache-auth]               ❽
247 enabled  = true              ❾
248 port     = http,https
249 logpath  = %(apache_error_log)s       ❿
[root@master ~]# systemctl restart fail2ban    ⓫
[root@master ~]# fail2ban-server status        ⓬
2016-05-13 10:51:22,463 fail2ban.server  [10154]: INFO    Starting Fail2ban v0.9.3
2016-05-13 10:51:22,463 fail2ban.server  [10154]: INFO    Starting in daemon mode
[root@master ~]# fail2ban-client status        ⓭
Status
|- Number of jail:     3
`- Jail list:   apache-auth, nginx-botsearch, nginx-http-auth
```

❶ 명령어 vim으로 설정 파일을 열어 먼저 Nginx 서버의 인증을 위해 사용할 서비스 이름
을 정의한다.

❷ 기본적으로 모든 서비스 사용이 비활성화돼 있다고 B절의 ❽에서 설명했는데 각 서비스
별로 활성화하기 위해 한 줄을 추가한다.

❸ 이 Fail2ban 서비스를 적용할 포트 번호인데, 기본적으로 포트 80번과 443번이 사용된다.

❹ 이 서비스 사용을 위해 수집할 로그의 위치를 지정하는데, 여기서 변수 nginx_error_log
는 /etc/fail2ban/paths-common.conf에 정의돼 있다. 이 파일은 B절의 ❸에서 정의한
파일이 포함시키고 있다. 따라서 주 설정 파일에서 paths-fedora.conf를 지정했다면 결
국 로그 경로를 위해 이 두 개의 파일에서 정의한 변수를 사용할 수 있다. 로그 경로
설정을 위해 여기처럼 변수가 아니라 직접 경로를 입력할 수도 있다.

❺ 검색 로봇 탐지를 위한 서비스를 정의한다.

❻ 이 서비스를 사용하기 위해 한 줄을 추가한다.

❼ 전체 설정에서 기본 값은 5회인데, 각 서비스별로 그 실패 값을 별도로 설정할 수 있다.

❽ 6장에서 Apache 서버를 설명했는데, Apache 서버를 위한 서비스 설정을 할 경우

❾ 서비스 활성화를 위해 한 줄을 추가한다. 주의할 점은 Apache 서버가 리버스 프록시 서버로 사용되는 Nginx 서버와 같은 호스트에서 운영 중인 경우 프로토콜 대신 직접 그 포트 번호를 입력해야 한다는 점이다.

❿ 로그의 경로로 변수 apache_error_log를 사용했는데 이 변수는 paths-fedora.conf 파일에 정의돼 있다. 여기서도 변수가 아니라 직접 경로를 입력할 수 있다.

⓫ 위의 변경 사항들이 적용되도록 Fail2ban 서비스를 다시 시작한다.

⓬ 현재 Fail2ban 서버의 상태를 확인하기 위해 사용한다.

⓭ 어떤 서비스들이 현재 Fail2ban 서비스에 의해 제공되고 있는지 확인하기 위해 사용하는데, 위에서 활성화한 세 개의 서비스(Jail)를 볼 수 있다.

D. 서비스 추가

Nginx 서버를 위해 기존 서비스 외에 새로운 서비스를 추가할 경우 그 방법은 다음과 같다.

```
[root@master ~]# vim /etc/fail2ban/jail.local
[nginx-noscript] ❶
enabled     = true
port        = http,https
logpath     = /var/log/nginx/access.log ❷
maxretry    = 6
[nginx-nohome] ❸
enabled     = true
port        = http,https
logpath     = /var/log/nginx/access.log
maxretry    = 2
[root@master ~]# vim /etc/fail2ban/filter.d/nginx-noscript.conf      ❹
[Definition]

failregex = ^<HOST> -.*GET.*(\.php|\.asp|\.exe|\.pl|\.cgi|\.scgi)    ❺
ignoreregex =
[root@master ~]# vim /etc/fail2ban/filter.d/nginx-nohome.conf        ❻
[Definition]

failregex = ^<HOST> -.*GET .*/~.*        ❼
ignoreregex =
[root@master ~]# systemctl restart fail2ban
```

```
[root@master ~]# fail2ban-client status          ❽
Status
|- Number of jail:     5
`- Jail list:   apache-auth, nginx-botsearch, nginx-http-auth, nginx-nohome,
nginx-noscript
[root@master ~]# iptables -S     ❾
-P INPUT ACCEPT
-P FORWARD ACCEPT
-P OUTPUT ACCEPT
-N f2b-apache-auth
-N f2b-nginx-botsearch
-N f2b-nginx-http-auth
-N f2b-nginx-nohome
-N f2b-nginx-noscript
-A INPUT -p tcp -m multiport --dports 80,443 -j f2b-nginx-nohome
-A INPUT -p tcp -m multiport --dports 80,443 -j f2b-nginx-noscript
-A INPUT -p tcp -m multiport --dports 80,443 -j f2b-nginx-botsearch
-A INPUT -p tcp -m multiport --dports 80,443 -j f2b-nginx-http-auth
-A INPUT -p tcp -m multiport --dports 80,443 -j f2b-apache-auth
-A f2b-apache-auth -j RETURN
-A f2b-nginx-botsearch -j RETURN
-A f2b-nginx-http-auth -j RETURN
-A f2b-nginx-nohome -j RETURN
-A f2b-nginx-noscript -j RETURN
```

❶ 추가할 서비스 이름을 지정하는데, 이 서비스는 클라이언트가 브라우저에서 php나 asp
  와 같은 스크립트를 실행할 경우 금지하기 위해 사용한다.

❷ 변수를 사용하지 않고 로그의 경로를 이처럼 직접 입력할 수 있다.

❸ 사용자를 위한 웹사이트를 제공하지 않는데, 클라이언트가 요청할 경우 금지하기 위한
  서비스를 추가한다.

❹ ❶에서 정의한 서비스를 위해 필터링 조건을 정의한 파일을 명령어 vim으로 생성한다.

❺ 호스트 정보와 더불어 GET 요청에서 이러한 확장자를 가진 스크립트 파일을 요청할
  경우 필터링하기 위한 정규식이다.

❻ ❸에서 정의한 서비스를 위해 필터링 조건을 정의한 파일을 명령어 vim으로 생성한다.

❼ GET 요청에서 사용자 웹사이트를 요청하는 경우 필터링하기 위한 정규식이다.

❽ Fail2ban 서비스를 다시 시작한 다음에 그 서비스 상태를 확인하면 추가된 서비스를
  볼 수 있다.

❾ 이러한 서비스들이 Iptables 멀티포트에 추가됐는지 그 규칙을 확인한다. 결과에서 Fail2ban이 생성한 새로운 타겟과 룰^{Rule}을 볼 수 있는데, 이 룰은 모두 /etc/fail2ban/ action.d/iptables-multiport.conf 파일에 정의돼 있다.

E. 테스트(윈도우)

테스트를 위해 7.6절에서 설정한 내용을 사용하겠다. 여기서는 테스트를 위해 인증 실패를 maxretry=2로 변경했고, 로컬 호스트만 IP 금지 예외 목록에 설정했다. 먼저 그림 7-29처럼 윈도우 시스템에서 인증이 적용된 basic 디렉토리로 접근해 테스트를 위해 일부러 2회 이상 인증에 실패한다.

그림 7-29 인증 실패하기

그래서 설정 파일에서 지정한 숫자만큼 인증에 실패하면 그림 7-30처럼 연결할 수 없다는 메시지를 볼 수 있다.

그림 7-30 접속 거절 메시지

이제 Fail2ban을 통해 이 로그인 실패와 실패한 IP 주소를 어떻게 접속 차단했는지 그 내용을 확인하겠다.

```
[root@master ~]# tail -f /var/log/nginx/error.log          ❶
2016/05/13 14:33:47 [error] 25789#0: *5 user "park" was not found in
"/etc/nginx/.htpasswd", client: 192.168.80.11, server: www.chul.com,
request: "GET /basic HTTP/1.1", host: "192.168.80.5"
2016/05/13 14:51:14 [error] 25790#0: *6 user "park" was not found in
"/etc/nginx/.htpasswd", client: 192.168.80.11, server: www.chul.com,
request: "GET /basic HTTP/1.1", host: "192.168.80.5"
[root@master ~]# fail2ban-client status nginx-http-auth     ❷
Status for the jail: nginx-http-auth
|- Filter
|  |- Currently failed:     0
|  |- Total failed:         4
|  `- File list:            /var/log/nginx/error.log
`- Actions
   |- Currently banned:     1
   |- Total banned:         2
   `- Banned IP list:       192.168.80.11         ❸
[root@master ~]# iptables -S                      ❹
-A f2b-nginx-http-auth -s 192.168.80.11/32 -j REJECT --reject-with
icmp-port-unreachable
~
[root@master ~]# fail2ban-client set nginx-http-auth unbanip 192.168.80.11   ❺
192.168.80.11
```

❶ Nginx 에러 로그 파일에서 로그인에 실패한 IP 주소를 확인할 수 있다.

❷ Fail2ban 서비스에서 현재 Nginx 인증 서비스 상태를 명령어 fail2ban-client로 확인해보면

❸ 접근 금지된 윈도우 IP 주소를 확인할 수 있고

❹ Iptables 방화벽에서 확인해보면 동일하게 이 IP 주소가 거부(REJECT) 됐음을 알 수 있다.

❺ 금지된 IP 주소를 해제하려면 옵션에서 unbanip를 사용하면 해제할 수 있다.

이 테스트를 통해 Fail2ban 서비스가 로그 파일로부터 정보를 가져와서 로그인에 실패한 IP 주소를 동적으로 방화벽에 추가해 접속을 금지시킨다는 사실을 확인했다. Nginx 서버뿐 아니라 다양한 종류의 서버에도 이와 동일하게 적용한다면 서버의 보안을 더욱 견고하게 유지할 수 있다.

7.11 참고문헌

- https://en.wikipedia.org/wiki/Nginx
- https://www.digitalocean.com/community/tutorials/how-to-install-linux-nginx-mysql-php-lemp-stack-on-centos-7
- https://www.nginx.com/resources/admin-guide/logging-and-monitoring/
- https://www.linode.com/docs/websites/nginx/
- https://www.digitalocean.com/community/tutorials/understanding-nginx-http-proxying-load-balancing-buffering-and-caching
- https://www.upcloud.com/support/how-to-set-up-load-balancing/
- http://www.cyberciti.biz/faq/proxy_redirect-change-replace-location-refresh-response-headers/
- https://www.rosehosting.com/blog/run-joomla-with-nginx-on-a-centos-vps/
- http://nginxlibrary.com/perl-fastcgi/
- http://nginx.org/en/docs/http/ngx_http_limit_conn_module.html#limit_conn_zone
- http://www.fail2ban.org/wiki/index.php/Main_Page

7.12 요약

1. Nginx 서버를 사용하기 위해서 (   ) 패키지를 설치하고 설정 파일 (   )에 주 도메인을 정의한 다음에 서비스 (   )를 시작하고 프로세스 (   )를 확인해야 한다.

2. Nginx 서버에서 (   )은 PHP 스크립트를 웹 서버가 아니라 직접 관리하기 때문에 더 빠른 속도로 클라이언트에게 응답할 수 있고 Apache 서버의 (   )보다 더 적은 (   )를 사용하기 때문에 속도가 더 빠른 장점이 있다.

3. 지시어 (   )는 일반 사용자에게 웹사이트를 제공하기 위한 디렉토리인데, Nginx 서버에서는 Apache 서버처럼 (   )라는 지시어를 사용하지 않고 단지 기본 설정 파일에 이 내용을 추가하기만 하면 이 기능을 사용할 수 있다.

4. Nginx 서버의 (   )은 Apache 서버에서 설명했던 가상 호스트와 동일한 개념으로, Nginx 서버에서는 가상 호스트란 용어를 사용하지 않고 대신 (   )이라는 용어를 사용한다.

5. 클라이언트가 특정 디렉토리에 접근할 때 Nginx 서버에서 미리 생성한 인증 정보를 이용해 접근을 허용하는 방식은 Apache 서버와 동일하며, 그 방법으로서 (   ) 인증 방법이 사용되며, 명령어 (   )를 사용해 사용자 정보를 생성해야 한다.

6. (   )는 데이터를 평문으로 전달하는 HTTP 프로토콜에 (   )를 적용해 암호화된 데이터를 서버와 클라이언트 간에 주고받음으로써 안전한 데이터 전송을 보장하는데, 설정 파일 (   )에 단지 이를 추가하고 포트 (   )번을 확인해야 한다.

7. Nginx 서버의 (   )는 웹 클라이언트로부터 오는 HTTP 요청을 받아 백엔드에 위치한 (   ) 서버에게 전달하고 다시 (   ) 서버로부터 응답을 받아 웹 클라이언트에게 전달하는데, 이때 (   ) 서버는 Nginx 서버와 같은 서버에 설치되거나 IP 주소가 다른 서버에 설치될 수도 있다.

8. Nginx 서버는 사용자의 요청을 여러 웹 서버에게 균등하게 분배하는 (   ) 기능을 제공하는데, Nginx 서버의 경우 설정 파일에서 이 기능 구현을 위해 키워드 (   )만 정의하면 바로 사용이 가능하다.

9. Nainx 서버는 기본적인 보안 설정으로 (   )를 노출하지 않고 접근 네트워크 범위를 지정할 수 있으며, (   ) 및 (   )을 제한할 수 있다.

10. (   )은 로그 파일을 점검해서 SSH, Apache 및 Nginx 같은 다양한 서비스에 대한 여러 번의 패스워드 (   )를 기록한 의심스런 IP 주소를 발견하면 그에 대해 미리 설정한 행동을 취함으로써 안전한 보안 서비스를 제공하는 프로그램이다.

7.13 연습문제

1. Nginx 서버를 설치하고 주 도메인을 정의한 다음에 그 서비스를 시작하고 Firewalld 방화벽에 추가하라.

2. Nginx 서버 데이터 디렉토리에 index2.html 파일을 생성하고 브라우저에서 이 파일로의 접속을 테스트하라.

3. php-fpm을 설치해서 Nginx 서버에서 PHP 스크립트 사용을 설정하고 이를 브라우저에서 테스트하라.

4. Nginx 서버에서 일반 사용자에게 웹사이트를 제공하는 UserDir 기능을 구현하고 테스트하라.

5. Nginx 서버에서 Server Block(가상 호스트) 기능을 구현하고 테스트하라.

6. 인증과 접근 제어가 사용된 디렉토리를 생성하고 이를 Nginx 서버에 설정한 이후에 브라우저를 사용해서 테스트하라.

7. Nginx 서버에 SSL/TLS를 적용하고 테스트하라.

8. Apache 서버를 IP 주소가 다른 호스트에 백엔드로, Nginx 서버를 리버스 프록시로 설정하고 테스트하라.

9. Nginx 서버에서 부하 분산 기능을 구현하고 테스트하라.

10. Nginx 서버 보안을 위해 버전 정보를 제공하지 않고 접근 네트워크의 범위를 지정하며, 동시 접속자 및 대역폭을 제한하는 설정을 해보라.

11. Fail2ban를 설치하고 그 서비스를 시작한 다음에 이를 테스트하라.

7.14 연구과제

1. 22장의 Nagios 서버를 사용해 Nginx 서버를 모니터링하는 방법을 연구해보라.

2. Nginx 서버에서 동영상 파일을 스트리밍 방식으로 클라이언트에게 제공하는 방법을 연구해보라.

3. Nginx 서버를 IMAP이나 POP3를 위한 프록시 서버로 사용하는 방법을 연구해보라.

8장
Postfix 메일 서버

Postfix 메일 서버의 모든 것

8장에서는 리눅스에서 가장 중요한 서버 중 하나인 Postfix 메일 서버에 대해 알아본다. 주요 내용으로는 이메일의 개념 및 Postfix 서버 시스템 시작, 그리고 서버 설정 및 Dovecot 서버와 TLS를 사용한 인증, Postfix 보안, 마지막으로 웹 메일 및 DKIM 사용법에 대해 구체적인 예제와 더불어 자세히 설명한다.

이메일Electronic Mail 서버는 다양한 리눅스 서버 중에서 가장 중요하면서도 인기 있는 프로그램 중 하나다. 이를 반영하듯 다양한 종류의 오픈소스 메일 프로그램들이 리눅스 서버에서 제공되고 있다. 그중에서도 Sendmail, Postfix, Qmail, Exim 등이 MTAMail Transfer Agent로서 오랜 세월 동안 사용자들로부터 많은 사랑을 받아온 프로그램들인데, 8장에서는 Postfix를 이용한 메일 서버의 사용에 대해 설명한다. Postfix는 처음 IBM의 Wietse Venema에 의해 1998년도에 배포됐는데, 그 이전 가장 대중적인 메일 서버였던 Sendmail에 비해 쉽고 빠른 설정이 가능할 뿐 아니라 더 안전해서 Sendmail을 대체하기 위해 개발된 메일 서버 프로그램이다. Postfix 서버는 IMAP 서버 Dovecot, 웹 메일처럼 다양한 종류의 서드파티 프로그램의 지원을 통해 기능을 더욱 풍성하게 사용할 수 있다. 또한 최근 이메일 보안의 중요성을 위해 메일에서 인증과 검증에 사용되는 DKIMDomainKeys Identified Mail도 중요한 이메일 보안 기능으로서 지원된다. Postfix를 이용한 이메일 서버 구축은 다른 서버에 비해 과정이 약간 복잡하며, 특히 이메일 기본 구조 및 DNS 서버와 웹 서버에 대한 기본 지식이 있어야 한다. 이러한 내용들은 해당 설명 단계에서 다시 언급하겠다.

8장에서 Postfix 서버 및 클라이언트 설정과 그 테스트를 위해 사용되는 호스트의 정보는 다음과 같다.

호스트 이름	IP 주소	OS 버전	역할
master.chul.com	192.168.80.5	CentOS Linux release 7.2	Postfix 메일 서버
node1.chul.com	192.168.80.6	CentOS Linux release 7.2	이메일 클라이언트
windows.chul.com	192.168.80.11	윈도우 7 64비트	이메일 클라이언트

8장에서 다루는 내용은 다음과 같다.

- 이메일 시스템 이해
- Postfix 설치와 서버 시작
- IMAP과 POP3 서버 설정
- Postfix Alias 설정
- 백업 메일 서버 설정
- SSL/TLS를 이용한 Postfix 인증 설정
- Roundcubemail 웹 메일 사용
- 메일 로그 프로그램 사용
- Postfix 보안 설정: ClamAV와 Amavisd
- PostfixAdmin 사용
- DKIM 소개와 설정

8.1 이메일 시스템 이해

이메일 시스템은 다른 서버에 비해서 좀 더 복잡한 구조를 갖고 있다. 이번 절에서는 그 구조와 용어 설명을 통해 먼저 이메일 시스템을 이해하고 다음에 Postfix의 메일 처리 과정을 설명한다.

8.1.1 이메일 시스템의 구조

Postfix를 사용한 메일 서버 설정을 시작하기 전에 먼저 그림 8-1를 통해 그 구조를 이해하고, 이와 관련된 용어들을 설명한다.

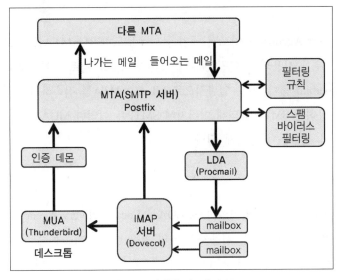

그림 8-1 이메일 시스템의 구조

A. MTA

MTA는 Mail Transfer Agent의 약어로서 다른 MTA나 메일 사용자로부터 메일을 받거나 보내는 역할을 한다. 한 MTA에서 다른 MTA로 메일을 주고받는 과정을 보통 릴레이 Relay라고 부르며, 이 둘 간의 통신은 RFC 6409에 정의돼 있고 포트 25번을 사용하는 SMTP^{Simple Mail Transfer Protocol}에 의해 이뤄진다. MTA 운영 시 특정 MTA에 대한 필터링, 그리고 바이러스와 스팸 메일에 대한 필터링을 위해 자체 또는 서드파티 보안 프로그램을 적용할 수 있다. 일반적으로 메일 서버 프로그램이라고 불리며, Zimbra, Sendmail, Qmail, Exchange Server 2010 등이 있다.

B. MSA

MSA는 Mail Submission Agent의 약어로서 MUA로부터 메일 메시지를 받아 메일 전송을 위해 MTA와 협력하는 컴퓨터 프로그램이나 소프트웨어다. 많은 MTA가 MSA의 기능을 수행하지만 MTA의 기능 없이 특별히 MSA로만 사용하게 디자인된 프로그램들도 있다. 인터넷 메일 역사에서 MTA와 MSA 둘 다 포트 25번을 사용하지만 공식적으로 MSA가 사용하는 포트는 587번이다. 좀 더 구체적으로 구분하자면 MTA는 들어오는^{Incoming} 메일 을 받지만 MSA는 나가는^{Outgoing} 메일을 받는다는 차이점이 있다.

C. MUA

MUA는 Mail User Agent의 약어로서 메일을 다운로드하거나 MTA로 업로드 또는 메일 생성 및 읽기를 위해 사용되는 소프트웨어를 의미한다. 그 예로 마이크로소프트 Outlook, 모질라의 Thunderbird 등이 있다. 일반적으로 MUA가 MTA를 접속하기 위한 통신 방법은 포트 25번을 사용하는 SMTP에 의해 이뤄지며 SMTP는 이러한 MUA가 접속에 대해 인증 과정을 통과하면 접속을 허용하게 된다.

D. MDA와 LDA

MDA는 Mail Delivery Agent의 약어이고 LDA는 Local Delivery Agent의 약어로서 내부 MTA로부터 메일을 받아 그것을 사용자의 메일 저장 디렉토리(mailbox)로 운반하는 역할을 하는 프로그램을 의미한다. 사용자는 이렇게 저장된 사용자의 이메일을 MUA를 이용해 사용자의 로컬 시스템으로 다운로드할 수 있다. 그 예로서 IMAP 및 POP3를 지원하는 Dovecot, Courier, Cyrus IMAP, Exchange Server 2010 등이 있고, LDA 프로그램으로 Procmail이 사용된다.

E. MRA

MRA는 Mail Retrieval Agent의 약어로서 원격 메일 서버로부터 메일을 검색해 그것을 가져온 후에 로컬 또는 원격지의 메일박스에 메일을 전달하기 위해 MDA와 함께 동작하는 애플리케이션이다. MRA는 그 자체로 외부 애플리케이션일 수도 있고 MUA와 같은 큰 프로그램에 내장돼 있기도 한다. MRA의 개념은 이메일 구조에서 표준화되지 않았다. MRA는 마치 MTA처럼 동작하지만 기술적으로는 메일을 검색하고 메시지들을 전달하는 클라이언트라고 할 수 있다. MRA로 사용되는 프로그램으로 fdm, fetchmail, getmail, mpop, retchmail 등이 있다.

8.1.2 Postfix 메일 처리 과정 이해

Postfix 메일 서버가 들어오고 나가는 메일을 내부에서 어떻게 처리하는지 그 과정을 그림과 함께 설명하면 다음과 같다. 이 설명은 Postfix 웹사이트와 각 구성 요소에 대한 매뉴얼을 참고로 재구성한 것이다.

A. 들어오는 메일

먼저 외부 또는 내부에서 들어오는 메일Incoming Mail을 Postfix 서버가 내부에서 어떻게 처리하는지 그림 8-2를 보며 설명하면 다음과 같다. 그림에서 설명할 Postfix 프로그램들은 모두 postfix 패키지를 설치하면 사용할 수 있다.

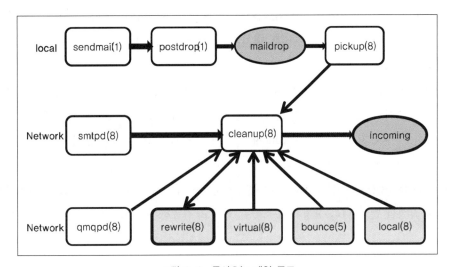

그림 8-2 들어오는 메일 구조

1. 메일이 Postfix 메일 시스템으로 들어와서 시스템 내부에서 처음 멈추는 장소는 바로 incoming 큐queue이다. 그림 8-2는 새로운 메일이 들어올 경우 이를 처리하는 주요 과정을 보여준다. 여기서 숫자가 붙은 이름은 Postfix 명령어나 서버 프로그램이고, 반면 숫자가 없는 원형 도형의 이름은 Postfix 큐를 의미한다. Postfix 명령어나 서버 프로그램은 디렉토리 /usr/libexec/postfix에 저장돼 있으며 Postfix 큐의 경우 디렉토리 /var/spool/postfix를 사용한다. 여기서 이름에 사용된 숫자는 명령어 man 8 cleanup처럼 매뉴얼 참조 시 사용하는 숫자를 의미한다.

2. 인터넷을 통해 들어온 네트워크 메일은 Postfix가 제공하는 smtpd(8)나 qmqpd(8) 서버를 통해 Postfix에 도착한다. 이러한 서버들은 도착한 메일에서 SMTP나 QMQPQuick Mail Queueing Protocol 프로토콜의 헤더 정보를 제거하고 Postfix를 보호하기 위해 강제로 이상 유무를 검사한 뒤에 송신자 및 수신자 정보, 그리고 메일 내용을 cleanup(8) 서버에 보낸다. 여기서 smtpd(8) 서버는 원하지 않는 메일을 차단하는 기능을 설정할 수 있다.

3. 한편 로컬 서버를 통해 들어오는 메일은 Postfix나 Sendmail과의 호환을 위해 사용되는 sendmail(1) 명령어를 통해 도착하는데, 이 메일은 postdrop(1) 명령어에 의해 maildrop

큐로 보내진다. pickup(8) 서버는 maildrop 큐에 보관된 로컬 메일에 대해 동일하게 Postfix를 보호하기 위한 이상 유무 검사를 진행하며, 그 후에 송신자, 수신자 정보, 그리고 메시지 내용을 cleanup(8) 서버로 보낸다. 그림에서 pickup(8) 서버는 보이지 않지만 Postfix의 master(8) 서버에 의해 호출돼 메모리에 상주하는 프로세스다.

4. 그림에선 보이지 않지만 내부 소스를 통해 들어온 메일은 바로 cleanup(8) 서버로 이동하는데, 이러한 내부 소스들은 local(8) 전송 에이전트에 의해 도착한 메일과 bounce(8) 서버가 송신자에게 되돌려 보내는 메시지, 그리고 Postfix 문제에 대한 postmaster 알림 내용을 포함하고 있다.

5. cleanup(8) 서버는 전 과정에서 처리한 메일을 incoming 큐로 보내기 전에 마지막 절차를 수행한다. cleanup(8)은 이전 과정에서 제거된 From:과 다른 메시지 헤더 정보를 추가하고 주소를 변경한다. cleanup(8) 서버는 결과를 incoming 큐에 하나의 파일로 저장한 다음에 새 메일이 도착했다는 메시지를 큐 매니저(qmgr)에게 통지한다.

6. trivial-rewrite(8) 서버는 주소를 이메일 표준 형식인 user@fully.qualitifed.domain으로 다시 작성할 뿐 아니라 작성된 주소를 분석하고 검증하는 역할까지도 동시에 수행한다.

B. 나가는 메일

Postfix 서버가 나가는 메일Outgoing Mail을 내부에서 어떻게 처리하는지 그 과정은 그림 8-3을 보며 설명하겠다.

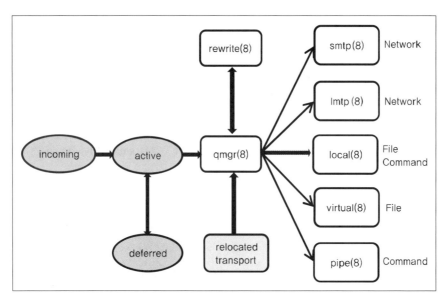

그림 8-3 나가는 메일 구조

1. 일단 메시지가 incoming 큐에 도착하면 다음 단계는 그것을 전송하는 일이다. 그림 8-3은 Postfix 메일 전송에 사용되는 주요 구성 요소를 보여준다. 숫자가 있는 도형 이름은 Postfix 명령어나 서버 프로그램을, 숫자가 없는 원형 도형의 이름은 Postfix 큐를, 숫자가 없는 사각형의 이름은 검색 테이블을 각각 표현하고 있다. 여기서 사용된 Postfix 명령어나 서버 프로그램도 동일하게 /usr/libexec/postfix에 존재하며, Postfix 큐는 /var/spool/postfix를 그 디렉토리로 사용한다.

2. 큐 매니저(qmgr(8))는 Postifix 메일 전송 과정에서 가장 핵심적인 역할을 수행한다. 큐 매니저는 smtp(8), lmtp(8), virtual(8), pipe(8), discard(8), error(8) 같은 전송 에이전트에게 연락해서 하나 또는 그 이상의 수신자 주소에 대한 전송 요청을 이들에게 보낸다. 여기서 discard(8)와 error(8) 전송 에이전트는 모든 메일을 버리거나 되돌려 보내기 위해 사용되는 특별한 에이전트로서 그림에선 보이지 않는다. qmgr(8)은 pickup(8)과 동일하게 Postfix의 master(8) 프로세스에 의해 호출돼 메모리에 상주하는 프로세스다.

3. 큐 매니저는 크기가 작은 active 큐를 메시지와 함께 관리하는데, 이는 메일 전송을 위해 오픈된 상태로 존재한다. active 큐는 대량의 incoming 큐나 deferred 큐에 대해서 자원이 제한된 상태로 그 역할을 수행한다. 이렇게 자원이 제한된 active 큐는 큐 매니저가 과부하로 인해 메모리가 모두 소비되는 것을 방지하기 위한 역할도 수행한다. 큐 매니저는 전송되지 못한 메일 처리를 위해 deferred 큐를 분리해서 관리한다. 그래서 이 큐에 대량으로 전송되지 못한 메일이 있더라도 다른 메일들은 deferred 큐로 인해 지연 속도에 영향을 받지 않고 정상적으로 전송을 위한 큐에 접근할 수 있다.

4. trivial-rewrite(8) 서버는 로컬이나 원격 주소의 등급에 따라 그 수신자 주소를 분석한다. 이때 추가된 라우팅 정보가 transport(5) 테이블에 옵션으로 명시될 수 있고, 또한 옵션으로 relocated(5) 테이블에 어느 수신자의 주소가 변경됐는지 질의할 수 있다. 이렇게 변경된 수신자에 대한 정보가 포함된 메일이 설명과 함께 송신자에게 되돌려 보내진다.

5. smtp(8)와 lmtp(8) 클라이언트는 DNS 서버로부터 목적지 호스트에 대한 서비스를 제공하는 메일 서버의 목록(MX 레코드)을 찾아서 그 목록을 우선순위에 따라 정렬한 뒤에 응답하는 서버를 찾을 때까지 차례로 각 서버에 대한 접속을 시도한다. 그리고 나서 smtp(8)와 lmtp(8)는 송신자, 수신자, 메시지 내용을 SMTP 프로토콜이 요구하는 형식에 맞춰 캡슐화encapsulation한다. 이렇게 캡슐화된 메일이 네트워크를 통해 수신자에게 최종적으로 전달된다.

6. local(8) 전송 에이전트는 유닉스 스타일의 메일박스, Qmail과 호환되는 메일 디렉토리

파일, Sendmail 스타일의 aliases(5) 데이터베이스와 .forward 파일 형식을 모두 해석할 수 있다. 이때 여러 개의 local 전송 에이전트는 병렬로 실행이 가능하다. local(8) 전송 에이전트는 위의 메일을 사용자의 홈 디렉토리 내에 있는 메일박스로 전송하게 설정할 수 있고, procmail처럼 외부 명령어를 사용하거나 다른 Postfix 전송 에이전트에게 메일 박스로 전송하게 그 역할을 위임할 수도 있다.

7. virtual(8) 전송 에이전트는 단지 유닉스 스타일의 메일박스 또는 Qmail 스타일의 메일 디렉토리 파일만을 전달하기 위해 사용되는 기본 요소다. 이 전송 에이전트는 여러 도메인에 대한 메일을 전송할 수 있는데, 이는 한 서버에서 여러 도메인을 제공하는 호스팅 서비스 기능을 제공할 수 있기 때문이다.

8. Postfix sendmail(1) 명령어가 inbound 인터페이스로 사용되는 것처럼 pipe(8) 메일 전송자는 다른 메일 전송 시스템을 위한 outbound 인터페이스로 사용된다. 즉 큐 매니저 qmgr(8)로부터 메일 전송을 요청받아 그 메시지를 외부의 명령어에 전달하는 역할을 수행한다. pipe(8)는 유닉스와 모두 호환되기 때문에 커맨드라인이나 표준 입력 스트림 stream에서 그 정보를 제공할 수 있다.

8.2 Postfix 설치와 서버 시작

이번 절에서는 Postfix 서버 패키지를 설치하고 그 서비스를 시작하는 방법을 설명하겠다.

8.2.1 선행 조건

메일 서버 구축에 앞서서 먼저 5장에서 설명한 DNS 서버 설정에서 메일 서버로 사용할 서버의 호스트 이름을 결정해야 한다. 이를 위해 이번 테스트에서는 ms.chul.com이라는 이름을 사용한다. DNS 서버를 통해 이를 설정했다면 다음과 같이 테스트할 수 있다.

```
[root@master ~]# cat /etc/resolv.conf          ❶
search chul.com
nameserver 192.168.80.5
nameserver 192.168.80.6
[root@master ~]# systemctl restart named         ❷
[root@master ~]# ps -ef | grep named           ❸
named   24364  1 0 15:58 ?  00:00:01 /usr/sbin/named -u named
[root@master ~]# host -v ms.chul.com           ❹
Trying "ms.chul.com"
```

```
;; ->>HEADER<<- opcode: QUERY, status: NOERROR, id: 31100
;; flags: qr aa rd ra; QUERY: 1, ANSWER: 1, AUTHORITY: 2, ADDITIONAL: 2

;; QUESTION SECTION:
;ms.chul.com.                  IN      A

;; ANSWER SECTION:
ms.chul.com.          86400   IN      A       192.168.80.5    ❺

;; AUTHORITY SECTION:
chul.com.             86400   IN      NS      ns.chul.com.    ❻
chul.com.             86400   IN      NS      ns2.chul.com.

;; ADDITIONAL SECTION:
ns.chul.com.          86400   IN      A       192.168.80.5
ns2.chul.com.         86400   IN      A       192.168.80.6
```

❶ DNS 서버를 클라이언트에서 설정하는 파일을 명령어 vim으로 열어서 현재 5장에서 설정한 두 DNS 서버의 IP 주소를 지정한다. 타 DNS 서버를 사용할 경우 그 IP 주소를 입력하기 바란다.

❷ 메일 도메인 테스트를 위해 DNS 서버의 named 데몬을 다시 시작한다.

❸ DNS 서버의 프로세스가 활성화됐는지 명령어 ps 를 통해 확인한다.

❹ DNS 클라이언트 프로그램 host를 이용해 메일 서버 도메인을 검색하면

❺ 그 도메인 이름과 IP 주소를 확인하는데

❻ 이 정보를 제공하는 DNS 서버의 이름과 그 IP 주소도 같이 확인할 수 있다.

8.2.2 Postfix 패키지 설치와 서비스 시작

메일 서버를 위한 DNS 설정이 완료됐다면 이제 Postfix 패키지 설치 및 서비스 시작 방법을 설명하겠다.

A. 패키지 설치

먼저 Postfix 패키지를 설치하고 그 파일을 확인하는 과정이 필요하다.

```
[root@master ~]# yum install postfix -y          ❶
[root@master ~]# rpm -qa | grep postfix          ❷
postfix-2.10.1-6.el7.x86_64
postfix-perl-scripts-2.10.1-6.el7.x86_64
```

```
[root@master ~]# ls /etc/postfix              ❸
access canonical generic header_checks main.cf master.cf relocated transport virtual
[root@master ~]# ls -l /var/log/maillog       ❹
-rw------- 1 root root 78074 Apr  2 17:00 /var/log/maillog
```

❶ 명령어 yum을 사용해 패키지를 설치한다.

❷ 명령어 rpm을 사용해 그 패키지 설치 및 버전 정보를 확인한다.

❸ Postfix 패키지가 설치되면 그 설정 파일이 저장되는 디렉토리를 확인한다.

❹ 마찬가지로 Postfix가 발생시키는 로그를 저장하는 파일을 확인한다. 메일 서버 설정
또는 메일 전송 및 받기를 테스트할 때 유용하게 사용할 수 있다.

B. 서비스 시작

패키지 설치가 완료됐다면 이제 Postfix 서비스를 시작할 수 있다. 또한 서비스가 제대로
시작됐는지 확인하는 과정도 필요하다.

```
[root@master ~]# systemctl stop sendmail       ❶
[root@master ~]# alternatives --set mta /usr/sbin/sendmail.postfix   ❷
[root@master ~]# systemctl start postfix       ❸
[root@master ~]# systemctl enable postfix      ❹
[root@master ~]# systemctl status postfix      ❺
  postfix.service - Postfix Mail Transport Agent
  Loaded: loaded (/usr/lib/systemd/system/postfix.service; enabled;
vendor preset: disabled)
 Active: active (running) since Sat 2016-04-02 15:08:07 KST; 1h 32min ago
Main PID: 19961 (master)
    CGroup: /system.slice/postfix.service
        19961 /usr/libexec/postfix/master -w
        19962 pickup -l -t unix -u
        19963 qmgr -l -t unix -u
Apr 02 15:08:05 master.chul.com systemd[1]: Starting Postfix Mail Transport Agent...
Apr 02 15:08:05 master.chul.com sendmail[19881]: alias database /etc/aliases
rebuilt by root
Apr 02 15:08:06 master.chul.com aliasesdb[19878]: /etc/aliases: 76 aliases,
longest 10 bytes, 77...tal
Apr 02 15:08:07 master.chul.com postfix/postfix-script[19959]: starting the
Postfix mail system
Apr 02 15:08:07 master.chul.com postfix/master[19961]: daemon started --
version 2.10.1, configur...ix
```

```
Apr 02 15:08:07 master.chul.com systemd[1]: Started Postfix Mail Transport Agent.
[root@master ~]# lsof -i tcp:25          ❻
COMMAND  PID USER   FD   TYPE DEVICE SIZE/OFF NODE NAME
master 19961 root 13u IPv4 181068 0t0  TCP  localhost:smtp (LISTEN)
[root@master ~]# netstat -natlp | grep master       ❼
tcp   0   0 127.0.0.1:25      0.0.0.0:*      LISTEN      19961/master
[root@master ~]# ps -ef | grep master               ❽
root 19961 1 0 15:08 ?   00:00:00 /usr/libexec/postfix/master -w
```

❶ Postfix 서버를 사용하기 전에 메일 서버로서 Sendmail을 사용하고 있다면 이 서비스를 먼저 중단해야 한다.

❷ 여타 메일 서버가 같이 설치된 경우 기본 메일 서버로서 Postfix 서버가 사용되도록 명령어 alternatives를 사용해 설정한다.

❸ 명령어 systemctl을 사용해 Postfix 서비스를 시작한다.

❹ 부팅 시에 자동으로 Postfix 서버가 시작되도록 설정한다.

❺ 명령어 systemctl을 사용해 Postfix 서버의 상태를 확인하는데, Active와 Postfix 서버의 데몬 이름, 그리고 Postfix MTA가 시작됐다는 메시지를 확인하기 바란다.

❻ 명령어 lsof를 사용해 Postfix 서버가 사용하는 포트 25번을 확인하면 그 데몬 및 프로토콜, 그리고 PID를 확인할 수 있다.

❼ 명령어 netstat를 사용해 마찬가지로 master 데몬을 확인하면 그 포트 번호와 PID를 확인할 수 있다.

❽ 명령어 ps를 이용해 Postfix 서버가 사용하는 master 프로세스가 활성화됐는지 확인한다. 여기서 master는 전체 Postfix 데몬을 관리하는 Postfix 데몬을 의미한다.

C. Postfix 메일 서버를 위한 방화벽 설정

Postfix 메일 서버를 방화벽에서 허용하기 위한 설정은 다음과 같다. 사용자의 환경에 따라 Iptables 방화벽과 Firewalld 방화벽 두 가지 중 하나를 선택해서 사용하기 바란다.

```
1. Mail 서비스 포트
[root@master ~]# grep smtp /etc/services       ❶
smtp    25/tcp      mail
smtp    25/udp      mail
urd     465/tcp     smtps   # URL Rendesvous Directory for SSM / SMTP over SSL (TLS)
[root@master ~]# grep imap /etc/services       ❷
imap    143/tcp     imap2 # Interim Mail Access Proto v2
```

```
imap       143/udp      imap2
imap3      220/tcp              # Interactive Mail Access Protocol v3
imap3      220/udp
imaps      993/tcp              # IMAP over SSL
imaps      993/udp              # IMAP over SSL
[root@master ~]# grep pop3 /etc/services      ❸
pop3       110/tcp      pop-3         # POP version 3
pop3       110/udp      pop-3
pop3s      995/tcp              # POP-3 over SSL
pop3s      995/udp              # POP-3 over SSL
```

2. SMTP 서비스

```
[root@master ~]# iptables -A INPUT -p tcp --dport 25 -m state --state
NEW,ESTABLISHED -j ACCEPT      ❹
[root@master ~]# iptables -A INPUT -p tcp --dport 465 -m state --state
NEW,ESTABLISHED -j ACCEPT      ❺
```

3. IMAP과 IMAPS

```
[root@master ~]# iptables -A INPUT -p tcp --dport 143 -m state --state
NEW,ESTABLISHED -j ACCEPT      ❻
[root@master ~]# iptables -A INPUT -p tcp --dport 993 -m state --state
NEW,ESTABLISHED -j ACCEPT      ❼
```

4. POP3와 POP3S

```
[root@master ~]# iptables -A INPUT -p tcp --dport 110 -m state --state
NEW,ESTABLISHED -j ACCEPT      ❽
[root@master ~]# iptables -A INPUT -p tcp --dport 995 -m state --state
NEW,ESTABLISHED -j ACCEPT      ❾
```

5. Firewalld

```
[root@master ~]# firewall-cmd --permanent --add-port=25/tcp      ❿
[root@master ~]# firewall-cmd --permanent --add-port=465/tcp
[root@master ~]# firewall-cmd --permanent --add-port=143/tcp      ⓫
[root@master ~]# firewall-cmd --permanent --add-port=993/tcp
[root@master ~]# firewall-cmd --permanent --add-port=110/tcp      ⓬
[root@master ~]# firewall-cmd --permanent --add-port=995/tcp
[root@master ~]# firewall-cmd --reload      ⓭
[root@master ~]# firewall-cmd --list-ports      ⓮
110/tcp 465/tcp 9102/tcp 5044/tcp 9103/tcp 995/tcp 25/tcp 143/tcp
9200/tcp 514/udp 514/tcp 9101/tcp 5601/tcp 993/tcp
```

❶ 서비스와 그 프로토콜 및 포트를 정의한 /etc/services 파일에서 smtp와 smtps 서비스의
   포트를 확인하면 25번과 465번임을 확인할 수 있다.

❷ imap 서비스 및 imaps 서비스의 포트가 143, 993번임을 확인할 수 있다. imap3 서비스를 사용할 경우 포트 220번도 확인해야 한다.

❸ pop3 서비스와 pop3s 서비스가 사용하는 포트 110, 995번임을 확인할 수 있다.

❹ iptables 방화벽에 smtp의 목적지 포트 25번으로 가는 패킷을 허용하도록 설정한다.

❺ iptables 방화벽에 smtps의 목적지 포트 465번으로 가는 패킷을 허용하도록 설정한다.

❻ iptables 방화벽에 imap의 목적지 포트 143번으로 가는 패킷을 허용하도록 설정한다.

❼ iptables 방화벽에 imaps의 목적지 포트 993번으로 가는 패킷을 허용하도록 설정한다.

❽ iptables 방화벽에 pop3의 목적지 포트 110번으로 가는 패킷을 허용하도록 설정한다.

❾ iptables 방화벽에 pop3s의 목적지 포트 995번으로 가는 패킷을 허용하도록 설정한다.

❿ firewalld 방화벽에 smtp 서비스와 smtps 서비스를 위한 포트를 추가한다.

⓫ firewalld 방화벽에 imap 서비스와 imaps 서비스를 위한 포트를 추가한다.

⓬ firewalld 방화벽에 pop3 서비스와 pop3s 서비스를 위한 포트를 추가한다.

⓭ 추가한 서비스 적용을 위해 firewalld 방화벽을 다시 시작한다.

⓮ 추가한 서비스 포트가 firewalld 리스트에 있는지 확인한다.

8.2.3 Postfix 서버 기본 설정

패키지 설치와 그 설정에 필요한 파일을 모두 확인했다면 이제 Postfix 서버가 사용하는 설정 파일을 열어서 기본적인 내용을 수정한다. 그리고 설정 이후 그 내용이 제대로 동작하는지 간단한 테스트를 하겠다.

A. Postfix 설정 파일 편집

Postfix 서버가 사용하는 설정 파일에 아무런 설정을 하지 않아도 서비스를 시작하는 데는 문제가 없다. 하지만 이제 Postfix 메일 서버가 사용할 기본적인 정보들을 설정 파일에서 수정해줘야 설정한 도메인을 사용해 메일을 주고받을 수 있다.

```
[root@master ~]# vim /etc/postfix/main.cf          ❶
75 myhostname = ms.chul.com          ❷
83 mydomain = chul.com          ❸
99 myorigin = $mydomain          ❹
116 inet_interfaces = all          ❺
119 inet_protocols = all          ❻
164 mydestination = $myhostname, localhost.$mydomain, localhost, $mydomain          ❼
```

```
264 mynetworks = 192.168.80.0/24, 127.0.0.0/8        ❽
419 home_mailbox = Maildir/        ❾
679 smtpd_banner = $myhostname ESMTP        ❿
680 message_size_limit = 10485760        ⓫
681 mailbox_size_limit = 1073741824        ⓬
[root@master ~]# systemctl restart postfix        ⓭
```

❶ Postfix 서버가 사용하는 주 설정 파일을 명령어 vim으로 열어서 수정하는데, 참고로 맨 왼쪽 숫자는 각 설정 라인의 번호를 의미한다.

❷ 이 메일 서버가 사용할 호스트 이름을 정의하는데, 이 호스트 이름은 이후 설정에서 변수 값으로 자주 사용된다. 여기서 사용하는 ms.chul.com 이름은 DNS 또는 /etc/hosts 파일을 이용해 정의해줘야 한다.

❸ 메일 서버에서 사용할 기본 도메인을 정의한다. 이 값도 마찬가지로 이후 설정에서 변수 값으로 자주 사용된다.

❹ 이 MTA가 다른 MTA로 메일을 보낼 때 기본으로 사용할 메일 도메인을 정의한다. 이 경우 여기에선 기본 도메인이 chul.com이므로 메일은 예를 들어 kim@chul.com 이런 형태로 다른 MTA에게 전송된다.

❺ 이 메일 서버가 메일을 받을 때 어떤 네트워크 인터페이스, 즉 IP 주소가 설정된 인터페이스를 지정해야 하는데, 여기서 all은 현재 사용 중인 모든 네트워크 인터페이스를 통해 메일을 받을 수 있다는 의미다.

❻ IPv4와 IPv6 둘 다 지원할 경우 사용한다.

❼ 이 메일 서버가 받을 수 있는 메일 도메인을 정의한다. 예를 들어 $myhostname인 경우 user@ms.chul.com, $domain인 경우 user@chul.com, localhost인 경우 user@localhost 처럼 이런 도메인을 사용하는 경우라면 이 메일 서버가 메일을 받아들이라는 의미다.

❽ SMTP Relay 허용을 위해 신뢰할 만한 클라이언트 네트워크 주소를 정의한다. 모든 네트워크로부터 접근을 허용할 경우 0.0.0.0/0을 사용한다.

❾ 사용자의 메일이 사용자의 홈 디렉토리에 저장될 때 그 디렉토리 이름을 지정한다.

❿ 클라이언트가 메일 서버 접속 시 보여줄 서버의 호스트 이름을 정의하는데, 여기선 $myhostname 변수에서 정의한 이름을 보여준다.

⓫ 한 개의 이메일이 사용 가능한 최대 크기를 지정할 수 있는데, 여기선 1M이며 단위는 비트를 사용한다. 상황에 따라 변경할 수 있으며 0인 경우 제한이 없다는 의미다.

⓬ 한 사용자에게 할당할 최대 메일 저장 디렉토리 크기를 지정하는데, 여기선 1G가 사용됐으며 단위는 비트를 사용한다. 값이 0인 경우 제한이 없다는 의미다.

❸ Postfix 주 설정 파일의 변경 사항을 적용하기 위해 메일 서버를 다시 시작한다.

B. 메일 서버 설정 테스트

A절에서 설정한 내용을 가지고 기본적인 메일 서버를 테스트하면 다음과 같다.

```
[root@master ~]# telnet localhost 25           ❶
Trying 127.0.0.1...
Connected to localhost.
Escape character is '^]'.
220 ms.chul.com ESMTP            ❷
ehlo localhost                   ❸
250-ms.chul.com
250-PIPELINING
250-SIZE 10485760                ❹
250-VRFY
250-ETRN
250-ENHANCEDSTATUSCODES
250-8BITMIME
250 DSN
mail from:kim                    ❺
250 2.1.0 Ok
rcpt to:lee                      ❻
250 2.1.5 Ok
data      ❼
354 End data with <CR><LF>.<CR><LF>
Welcome to Mail Server Testing   ❽
.
250 2.0.0 Ok: queued as 0494C101A0E5
quit
221 2.0.0 Bye
[root@master ]# cat /home/lee/Maildir/new/1459750143.V802I115a2 e3M
216909.master.chul.com               ❾
Return-Path: <kim@chul.com>
X-Original-To: lee
Delivered-To: lee@chul.com           ❿
Received: from localhost (localhost [127.0.0.1])
        by ms.chul.com (Postfix) with ESMTP id 0494C101A0E5
        for <lee>; Mon,  4 Apr 2016 15:08:19 +0900 (KST)
Message-Id: <20160404060834.0494C101A0E5@ms.chul.com>
Date: Mon,  4 Apr 2016 15:08:19 +0900 (KST)
```

```
From: kim@chul.com                                    ⓫
[root@master ~]# tail -f /var/log/maillog            ⓬
Apr  4 15:09:03 master postfix/qmgr[25785]: 0494C101A0E5: from=<kim@chul.com>,
size=309, nrcpt=1 (queue active)    ⓭
Apr  4 15:09:03 master postfix/local[25815]: 0494C101A0E5: to=<lee@chul.com>,
orig_to=<lee>, relay=local, delay=44, delays=44/0.08/0/0.08,
dsn=2.0.0, status=sent (delivered to maildir)        ⓮
243 Apr  4 15:09:03 master postfix/qmgr[25785]: 0494C101A0E5: removed ⓯
```

❶ 메일 서버로 사용되고 있는 로컬 호스트의 포트 25번으로 telnet 프로그램을 사용해
직접 접속을 시도한다. 여기서 로컬 호스트 대신에 ms.chul.com 또는 그 IP 주소 192.
168.80.5를 사용할 수도 있다.

❷ 그러면 Postfix 서버의 주 설정 파일의 75번 라인에서 myhostname에 정의한 이름을
확인할 수 있다.

❸ EHLO는 Extended HELLO의 의미인데 그 뒤에 호스트 이름을 지정하면 이는 이 메일을
작성하기 위해 이 서버를 접속하는 클라이언트의 주소를 의미한다.

❹ 설정 파일의 message_size_limit 값을 확인할 수 있다.

❺ 메일을 보내는 사용자의 이름을 의미하는데, 여기에선 사용자 이름, 즉 kim만 사용했다.
이는 설정 파일에서 정의한 myorigin 값, 즉 chul.com이 생략됐음을 의미한다.

❻ 메일 수신자 이름을 지정하는데, 마찬가지로 도메인을 정의하지 않으면 위와 동일하게
사용된다.

❼ 보낼 메시지를 작성하기 위한 명령어다.

❽ 보낼 메시지를 모두 작성하고 그 아래 줄에 점(.)을 입력하면 메시지 입력을 완료했다는
의미다.

❾ 메일이 성공적으로 전송됐는지 확인하기 위해 사용자 lee의 홈 디렉토리 내 Maildir/new
에 가면 이 메일을 볼 수 있다. 여기서 사용자의 메일 디렉토리 이름 Maildir은 설정
파일에서 home_mailbox에 정의한 이름을 의미한다.

❿ 메일 수신자가 lee@chul.com으로 돼 있고

⓫ 메일 송신자가 kim@chul.com으로 돼 있는데, 이를 통해 myorigin 값이 잘 작동하고
있음을 알 수 있다.

⓬ 이러한 메일 전송 과정을 기록한 로그 파일을 명령어 tail을 통해 확인해보면

⓭ 전송자의 메일 주소를 확인할 수 있고, 이 메일이 처음 qmgr, 즉 Postfix Queue Manager
에 의해 큐 디렉토리에 저장됐다가

⓮ 메일 수신자의 주소로 잘 전달됐으며

⓯ 송신 이후 이 메일이 큐 디렉토리 /var/spool/postfix/active에서 삭제됐음을 확인할 수 있다. 이 메일 큐 디렉토리는 Postfix 서버의 설정 파일에 정의돼 있다.

이상으로 Postfix 서버를 이용한 기본적인 메일 서버 설정과 테스트를 완료했다. 다음 절에선 이 내용을 바탕으로 Dovecot 패키지를 이용한 IMAP 및 POP3 서버를 설정하는 방법을 설명한다.

8.3 IMAP과 POP3 서버 설정

Postfix 서버 설치 및 설정과 테스트가 완료됐다면 이제 메일 클라이언트에게 메일 서버에 저장된 메일을 다운로드 가능하게 지원하는 두 가지 프로토콜 IMAP과 POP3을 설정하는 방법을 설명하겠다. 두 프로토콜 모두 클라이언트에게 메일 다운로드를 지원하는 점은 동일하지만, 다운로드 이후 메일 서버에 그 메일을 저장할지(IMAP) 아니면 삭제할지(POP3) 에 따라 그 차이점이 있다. 리눅스 시스템은 IMAP과 POP3 설정을 위한 여러 패키지를 제공하는데, 여기에선 그중에서 사용자들에게 가장 널리 사용되는 Dovecot 프로그램을 사용하겠다.

8.3.1 Dovecot 서버 설정

IMAP과 POP3를 사용하기 위해 먼저 Dovecot 패키지를 설치하고 그 다음에 설정 파일을 편집하며, 마지막으로 이 서비스를 시작하는 방법을 차례대로 설명하겠다.

A. 패키지 설치와 설정 파일 편집

Dovecot 패키지를 설치 후에 이 패키지가 제공하는 여러 설정 파일을 수정해 그 서비스 시작을 준비해야 한다.

```
[root@master ~]# yum install dovecot -y          ❶
[root@master ~]# rpm -qa | grep dovecot
dovecot-2.2.10-5.el7.x86_64
[root@master ~]# vim /etc/dovecot/dovecot.conf
24 protocols = imap pop3 lmtp          ❷
30 listen = *          ❸
```

```
[root@master ~]# vim /etc/dovecot/conf.d/10-mail.conf
30 mail_location = maildir:~/Maildir        ❹
[root@master ~]# vim /etc/dovecot/conf.d/10-auth.conf
10  disable_plaintext_auth = no             ❺
100 auth_mechanisms = plain login           ❻
[root@master ~]# vim /etc/dovecot/conf.d/10-master.conf
17 service imap-login {
18   inet_listener imap {
19      port = 143        ❼
20   }
38 service pop3-login {
39   inet_listener pop3 {
40      port = 110        ❽
41   }
# Postfix smtp-auth
96  unix_listener /var/spool/postfix/private/auth {
97      mode = 0666
100 }
[root@master ~]# vim /etc/dovecot/conf.d/10-ssl.conf
8 ssl = no                 ❾
```

❶ 명령어 yum을 이용해 dovecot 패키지를 설치하고 명령어 rpm으로 그 설치 및 버전 정보
   를 확인한다.

❷ 명령어 vim으로 dovecot 설정 파일을 열어서 먼저 dovecot이 허용할 프로토콜을 설정하
   는데, 여기서 기본적으로 사용할 imap과 pop3를 허용한다. lmtp는 Local Mail Transfer
   Protocol로서 MDA가 없는 경우에 사용 가능한데 필요치 않으면 삭제해도 된다.

❸ 메일 서버 접속 시 IPv4와 IPv6 둘 중 현재는 IPv4(*)만 지원한다는 의미다.

❹ 사용자의 메일이 저장되는 디렉토리 경로를 설정한다.

❺ 사용자 dovecot 인증 시 평문으로 된, 즉 암호화되지 않은 패스워드를 허용한다는 의미
   다. 나중에 SSL이 설정된다면 이것을 yes로 변경해야 한다.

❻ dovecot 인증 방법으로서 plain과 login을 사용한다는 의미다. 여기서 plain은 인증을
   위해 암호화되지 않은 평문의 패스워드를 의미하고, login도 동일하게 암호화되지 않
   은 평문의 패스워드를 의미하는데, 특히 Outlook 또는 윈도우 메일 클라이언트가
   SMTP 인증을 사용하게 하기 위해 사용한다.

❼ imap이 사용할 포트에서 주석(#)을 제거한다.

❽ pop3가 사용할 포트에서 주석(#)을 제거한다.

❾ SSL 설정 파일을 명령어 vim으로 열어서 현재 SSL을 사용하지 않으므로 no로 변경한다.

B. 서비스 확인

Dovecot 설정이 모두 완료됐다면 이제 이 서비스를 시작할 수 있다.

```
[root@master ~]# systemctl start dovecot        ❶
[root@master ~]# systemctl enable dovecot       ❷
[root@master ~]# systemctl status dovecot       ❸
dovecot.service - Dovecot IMAP/POP3 email server
Loaded: loaded (/usr/lib/systemd/system/dovecot.service; disabled; vendor preset:
disabled)
  Active: active (running) since Mon 2016-04-04 17:32:25 KST; 2s ago
 Process: 35848 ExecStartPre=/usr/libexec/dovecot/prestartscript (code=exited,
status=0/SUCCESS)
 Main PID: 35853 (dovecot)
    CGroup: /system.slice/dovecot.service
         35853 /usr/sbin/dovecot -F
         35855 dovecot/anvil
         35856 dovecot/log
         35858 dovecot/config
Apr 04 17:32:25 master.chul.com systemd[1]: Starting Dovecot IMAP/POP3 email server...
Apr 04 17:32:25 master.chul.com systemd[1]: Started Dovecot IMAP/POP3 email server.
Apr 04 17:32:25 master.chul.com dovecot[35853]: master: Dovecot v2.2.10 starting up for
imap, po...ed)
[root@master conf.d]# lsof -i tcp:110           ❹
COMMAND   PID USER   FD   TYPE DEVICE SIZE/OFF NODE NAME
dovecot 35853 root   23u  IPv4 353297      0t0  TCP *:pop3 (LISTEN)
dovecot 35853 root   24u  IPv6 353298      0t0  TCP *:pop3 (LISTEN)
[root@master conf.d]# lsof -i tcp:143           ❺
COMMAND   PID USER   FD   TYPE DEVICE SIZE/OFF NODE NAME
dovecot 35853 root   35u  IPv4 353333      0t0  TCP *:imap (LISTEN)
dovecot 35853 root   36u  IPv6 353334      0t0  TCP *:imap (LISTEN)
[root@master conf.d]# netstat -natlp | grep dovecot     ❻
tcp   0   0 0.0.0.0:110   0.0.0.0:* LISTEN    35853/dovecot
tcp   0   0 0.0.0.0:143   0.0.0.0:* LISTEN    35853/dovecot
[root@master conf.d]# ps -ef | grep dovecot     ❼
root     35853     1 0 17:32 ?    00:00:00 /usr/sbin/dovecot -F
dovecot 35855 35853 0 17:32 ?    00:00:00 dovecot/anvil
root    35856 35853 0 17:32 ?    00:00:00 dovecot/log
root    35858 35853 0 17:32 ?    00:00:00 dovecot/config
```

❶ 명령어 systemctl을 이용해 dovecot 서버를 시작한다.

❷ 명령어 systemctl을 이용해 부팅 시에도 dovecot 서버가 자동으로 시작하도록 설정한다.

❸ dovecot 서버 시작 이후 그 상태를 확인하는데, active와 imap/pop3 메일 서버가 시작됐다는 메시지를 볼 수 있다.

❹ 명령어 lsof를 이용해 pop3가 사용하는 포트 110번과 명령어 dovecot를 확인한다.

❺ 명령어 lsof를 이용해 imap이 사용하는 포트 143번과 명령어 dovecot를 확인한다.

❻ 명령어 netstat를 이용해 dovecot 서비스를 확인하면 그 PID와 함께 각각 포트 110번과 143번을 사용하고 있음을 알 수 있다.

❼ 명령어 ps를 사용해 그 프로세스를 확인한다.

8.3.2 IMAP과 POP3 테스트

이제 dovecot 설정을 모두 완료했으므로 프로토콜 imap과 pop3를 테스트할 수 있다. 테스트는 두 가지로서 첫 번째로 커맨드라인에서, 그리고 이메일 클라이언트 툴인 Thunderbird를 이용해 차례대로 진행하겠다.

A. 커맨드라인에서 테스트(master)

먼저 커맨드라인에서 테스트하면 다음과 같다.

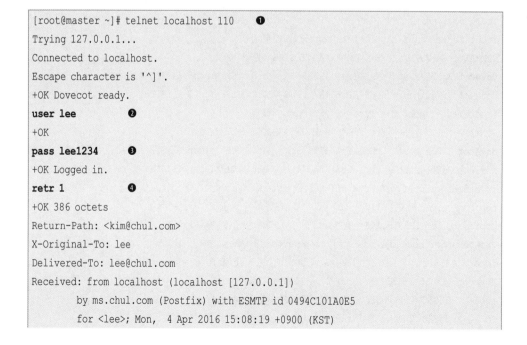

```
[root@master ~]# telnet localhost 110        ❶
Trying 127.0.0.1...
Connected to localhost.
Escape character is '^]'.
+OK Dovecot ready.
user lee        ❷
+OK
pass lee1234        ❸
+OK Logged in.
retr 1        ❹
+OK 386 octets
Return-Path: <kim@chul.com>
X-Original-To: lee
Delivered-To: lee@chul.com
Received: from localhost (localhost [127.0.0.1])
        by ms.chul.com (Postfix) with ESMTP id 0494C101A0E5
        for <lee>; Mon,  4 Apr 2016 15:08:19 +0900 (KST)
```

```
Message-Id: <20160404060834.0494C101A0E5@ms.chul.com>
Date: Mon,  4 Apr 2016 15:08:19 +0900 (KST)
From: kim@chul.com

Welcome to Mail Server Testing
.
quit            ❺
+OK Logging out.
[root@master ~]# telnet localhost 143     ❻
Trying 127.0.0.1...
Connected to localhost.
Escape character is '^]'.
* OK [CAPABILITY IMAP4rev1 LITERAL+ SASL-IR LOGIN-REFERRALS ID ENABLE
IDLE AUTH=PLAIN AUTH=LOGIN] Dovecot ready.          ❼
a login "lee" "lee1234"     ❽
a OK [CAPABILITY IMAP4rev1 LITERAL+ SASL-IR LOGIN-REFERRALS ID ENABLE
IDLE SORT SORT=DISPLAY THREAD=REFERENCES THREAD=REFS THREAD=ORDEREDSUBJECT
 MULTIAPPEND URL-PARTIAL CATENATE UNSELECT CHILDREN NAMESPACE UIDPLUS
LIST-EXTENDED I18NLEVEL=1 CONDSTORE QRESYNC ESEARCH ESORT SEARCHRES WITHIN
CONTEXT=SEARCH LIST-STATUS SPECIAL-USE BINARY MOVE] Logged in
al logout     ❾
* BYE Logging out
al OK Logout completed.
```

❶ 먼저 pop3 테스트를 위해 명령어 telnet과 호스트 localhost, 그리고 포트 110번을 입력
해 pop3에 직접 접속한다.

❷ 사용자 인증 테스트를 위해 사용자 lee를 입력하고

❸ 그 패스워드를 입력하면 로그인이 이뤄진다.

❹ 현재 lee의 메일박스에 있는 메일을 보기 위해 그 번호를 입력하면 8.2.3절의 B절에서
테스트했던 사용자 kim이 lee에게 보낸 메일을 읽을 수 있다.

❺ 명령어 quit를 입력하고 pop3에서 빠져 나온다.

❻ 이번에는 imap 테스트를 위해 포트 143번으로 pop3처럼 동일하게 접속한다.

❼ 그러면 설정 파일에서 인증 방법으로 설정했던 두 가지, 즉 plain과 login을 볼 수
있다.

❽ 사용자 lee와 그 패스워드를 입력하면 마찬가지로 로그인이 이뤄진다.

❾ 명령어 al logout을 통해 imap에서 빠져 나온다.

지금까지 커맨드라인을 통해 pop3와 imap 서비스가 정상적으로 작동하고 있음을 성공적으로 테스트했다.

B. Thunderbird를 이용한 테스트(windows)

이번에는 윈도우 7(192.168.80.11)에서 무료 이메일 클라이언트 프로그램인 Thunderbird를 이용해 IMAP 서비스를 테스트하겠다. 모질라 재단에서 제공하는 이 프로그램은 리눅스와 윈도우에서 모두 사용할 수 있는 무료 이메일 및 캘린더 프로그램이다. 테스트를 위해 웹사이트 www.mozilla.org/en-US/thunderbird/에서 이 프로그램을 다운로드한 후에 설치하고 프로그램을 시작하기 바란다.

1. Thunderbird 시작하기

Thunderbird 설치 이후에 프로그램을 시작하고 그림 8-4처럼 초기 화면에서 위쪽의 Email을 클릭하면 오른쪽과 같은 작은 화면을 볼 수 있는데, 여기서 왼쪽 아래의 Skip 버튼을 클릭한다.

그림 8-4 Thunderbird 시작하기

2. 계정 정보 입력하기

그림 8-5의 왼편 그림에서 계정 정보, 즉 이름, 이메일 주소 및 패스워드를 입력하고 아래의 Continue를 클릭하면 오른쪽 그림처럼 에러가 발생한다. Thunderbird는 기본적으로 인증 방법으로서 SSL/TLS를 사용하게 설정돼 있기 때문이다.

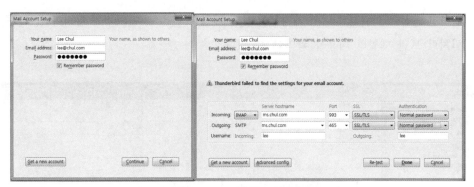

그림 8-5 로그인 정보 입력하기

3. 정확한 메일 서버 정보 입력하기

이번엔 그림 8-6처럼 올바른 메일 서버의 정보를 입력한다. IMAP과 SMTP로 사용할 서버의 이름 ms.chul.com을 입력하고 그 포트를 지정한다. 그리고 인증 방법으로서 SSL을 사용하지 않고 패스워드는 평문을 사용하게 설정한 뒤에 아래의 Done 버튼을 클릭하면 오른쪽 그림처럼 이메일 계정이 생성되고 현재 메일박스에 저장된 메일을 메일 서버로부터 가져와서 보여준다. 여기서 주의할 점은 현재 윈도우가 사용하는 DNS 정보가 메일 서버 호스트를 찾을 수 있어야 한다는 점이다. 테스트를 위해 CMD를 시작한 후에 ping ms.chul.com을 시도해보기 바란다. 호스트 이름 찾기에 실패한다면 메일 서버의 이름 대신 IP 주소를 사용할 수 있다.

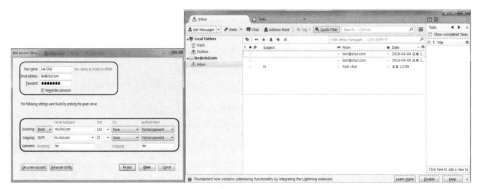

그림 8-6 메일 서버 정보 입력하기

4. 메일 보내기 테스트하기

메일 전송 테스트를 위해 그림 8-7에서 위쪽 그림의 왼쪽 위에 있는 Write를 클릭한 다음에 수신자를 park@chul.com으로 하고 제목 및 내용을 입력한 다음 왼쪽 위의 Send를

클릭하면 송신이 이뤄지고 다시 계정에서 보낸 메일 확인을 위해 Sent를 클릭하면 아래쪽
그림처럼 보낸 메일의 내용을 확인할 수 있다.

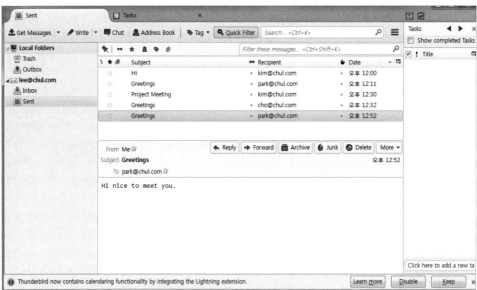

그림 8-7 메일 전송 테스트하기

8.4 Postfix Alias 사용

Postfix Aliases 기능이란 한 메일 사용자에게 도착한 메일을 다른 사용자에게 전달하는 기능이다. 일반적으로 메일 포워딩Mail Forwarding 또는 리다이렉트Redirect라고도 한다. Postfix Aliases에는 크게 로컬 Aliases와 가상 Aliases가 있다. 먼저 로컬 Aliases를 설명하고 다음에 가상 Aliases를 설명하겠다.

8.4.1 로컬 Aliases

로컬 Aliases란 메일 서버에 등록된 한 사용자에게 도착한 메일을 다른 사용자에게 전달하는 기능을 의미한다. 예를 들어 info@company.com과 같이 회사의 대표 메일을 설정하고 이 메일 수신자로 로컬 Aliases를 이용해 여러 명을 지정한다면 이 대표 메일 주소로 도착한 메일들은 모두 이 여러 수신자들에게 동시에 전달될 것이다. 기능 설정을 위해 먼저 관련 파일을 수정하고 메일 전송을 통해 로컬 Aliases 기능을 테스트하겠다.

A. 메일 서버 설정

먼저 메일 서버에서 로컬 Aliases를 허용하는 설정을 설명하면 다음과 같다.

```
[root@master ~]# vim /etc/aliases      ❶
# Local Aliases Testing
98 info:   lee,park,jeong,han,tland@yahoo.com ❷
[root@master ~]# vim /etc/postfix/main.cf
386 alias_maps = hash:/etc/aliases     ❸
[root@master ~]# newaliases            ❹
[root@master ~]# ls /etc/aliases*      ❺
/etc/aliases  /etc/aliases.db
```

❶ 명령어 vim으로 Alias를 설정하는 파일을 열어서

❷ 맨 마지막 줄에 위와 같이 입력한다. 여기서 lee 같이 사용자만 있는 경우는 뒤에 로컬 메일 도메인 chul.com이 생략된 경우다. tland@yahoo.com처럼 외부 메일 주소를 지정하면 이 외부 주소로도 메일이 전달된다. 이 경우 여러분이 사용하는 메일 서버가 수신자 DNS 서버에 의해 인식이 돼야 한다.

❸ Postfix 서버 설정 파일을 열어서 이 매핑 주소가 저장된 파일을 지정해준다.

❹ 명령어 newaliases는 평문으로 된 /etc/aliases 파일을 데이터베이스 파일로 변환시켜
준다.

❺ 명령어 newaliases를 통해 생성된 데이터베이스 파일 aliases.db를 볼 수 있다.

B. 로컬 Aliases 테스트

이제 앞에서 설정한 로컬 Aliases를 테스트하겠다.

```
[root@master ~]# mail -v -s "local aliases" info@chul.com          ❶
This is a testing mail for local aliases
.
EOT
Mail Delivery Status Report will be mailed to <root>.
[root@master ~]# su - park          ❷
[park@master ~]$ cd Maildir/new
[park@master new]$ cat 1459841958.V802I371c6M292055.master.chul.com
Return-Path: <root@chul.com>
X-Original-To: info@chul.com
Delivered-To: info@chul.com          ❸

Received: by ms.chul.com (Postfix, from userid 0)
       id 0690D101EAE8; Tue,  5 Apr 2016 16:39:17 +0900 (KST)
Date: Tue, 05 Apr 2016 16:39:17 +0900
To: info@chul.com
Subject: local aliases
User-Agent: Heirloom mailx 12.5 7/5/10
MIME-Version: 1.0
Content-Type: text/plain; charset=us-ascii
Content-Transfer-Encoding: 7bit
Message-Id: <20160405073918.0690D101EAE8@ms.chul.com>
From: root@chul.com (root)          ❹

[root@master ~]# su - han          ❺
[han@master ~]$ cd Maildir/new
[han@master new]$ cat 1459841958.V802I1020b7eM361036.master.chul.com
Return-Path: <root@chul.com>
X-Original-To: info@chul.com
Delivered-To: info@chul.com          ❻
Received: by ms.chul.com (Postfix, from userid 0)
       id 0690D101EAE8; Tue,  5 Apr 2016 16:39:17 +0900 (KST)
Date: Tue, 05 Apr 2016 16:39:17 +0900
```

```
To: info@chul.com
Subject: local aliases
User-Agent: Heirloom mailx 12.5 7/5/10
MIME-Version: 1.0
Content-Type: text/plain; charset=us-ascii
Content-Transfer-Encoding: 7bit
Message-Id: <20160405073918.0690D101EAE8@ms.chul.com>
From: root@chul.com (root)

This is a testing mail for local aliases
[root@master ~]# vim /var/log/maillog          ❼
Apr  5 16:39:18 master postfix/qmgr[27556]: 0690D101EAE8:
❽from=<root@chul.com>, size=453, nrcpt=1    (queue active)
1561 Apr  5 16:39:18 master postfix/local[33475]: 0690D101EAE8:
❾to=<lee@chul.com>,orig_to=<info@chul.com>,relay=local,delay=0.31,
delays=0.09/0.16/0/0.06, dsn=2.0.0, status=sent (delivered to mail dir)
1562 Apr  5 16:39:18 master postfix/local[33475]: 0690D101EAE8:
to=<park@chul.com>,orig_to=<info@chul.com>,relay=local,delay=0.32,
delays=0.09/0.16/0/0.06, dsn=2.0.0, status=sent (delivered to maildir)
1563 Apr  5 16:39:18 master postfix/local[33475]: 0690D101EAE8:
to=<jeong@chul.com>,orig_to=<info@chul.com>,relay=local,delay=0.36,
delays=0.09/0.16/0/0.1, dsn=2.0.0, status=sent (delivered to maildir)
1564 Apr  5 16:39:18 master postfix/local[33475]: 0690D101EAE8:
to=<han@chul.com>,orig_to=<info@chul.com>,relay=local, delay=0.39,
delays=0.09/0.16/0/0.13, dsn=2.0.0, status=sent (delivered to maildir)
[root@master ~]# ls -l /home/info/Maildir          ❿
ls: cannot access /home/info/Maildir: No such file or directory
```

❶ 테스트를 위해 메일을 주고받을 수 있는 명령어 mail에 제목(s)을 정하고 수신자를 info@chul.com으로 해 메일을 발송한다.

❷ Alias info에서 지정한 한 명의 수신자인 park으로 로그인한 뒤에 메일이 저장된 디렉 토리로 이동한다.

❸ 메일을 읽어보면 info@chul.com으로 전달됐는데, 이 메일은 현재 park@chul.com으로 전달됐다.

❹ 발신자는 root@chul.com으로 돼 있는데, 이는 명령어 mail을 사용한 발신자를 의미한다.

❺ 두 번째 사용자 han으로 로그인해서 메일 디렉토리로 이동한 뒤에

❻ 마찬가지로 info@chul.com으로 전달됐는데, 실제 메일은 han@chul.com으로 전달됐다.

❼ 이러한 과정을 확인하기 위해 명령어 tail을 이용해 메일 로그를 살펴보면

❽ 발신자는 root@chul.com으로 돼 있고

❾ 수신자는 Alias 설정에서 생성한 대로 각각 lee, park, jeong, han이고, 원래의 수신자는 info@chul.com이라고 기록돼 있다.

❿ 그러나 원래 수신자인 info의 홈 디렉토리에는 메일 수신 디렉토리가 없다는 메시지를 볼 수 있다.

이 테스트를 통해 Alias 설정 파일에 입력된 원래 수신자 info에는 메일이 전달되지 않고 모두 Alias로 정의된 다른 사용자들에게 메일이 전달된다는 사실을 확인했다.

8.4.2 가상 Aliases

가상 Aliases는 가상 메일 호스팅 서비스를 위해 디자인된 기능이다. 즉, 메일 서버가 제공하는 도메인이 여러 개 있는데, 사용자가 동일한 경우 그 사용자를 각각 구분하기 위해 사용되는 기능이다. 예를 들어 linux.com과 unix.com이라는 두 개의 메일 호스팅을 제공하는 경우 이 두 도메인에서 동일한 사용자 admin이 있다면 admin@linux.com과 admin@unix.com은 이 가상 Aliases 기능에 의해 구분돼 메일 수신이 이뤄진다. 그래서 도메인은 다르지만 동일한 사용자가 존재해도 메일 호스팅 서비스를 제공하는 데 문제가 없다. 가상 Aliases는 크게 두 가지 종류로 분류할 수 있는데, 각각 Incoming Aliases와 Outgoing Aliases로 나눠진다. Incoming Aliases는 앞에서 설명한 대로 여러 가상의 도메인을 위해 사용되며, Outgoing Aliases는 송신자의 메일 주소를 변경해서 수신자에게 보내는 기능을 의미하고, 보통 머스커레이딩^{Masquerading}이라고 불려진다. 또한 Incoming Aliases는 세 가지로 분류할 수 있는데, 그 설명은 다음과 같다.

- **가상 Alias 도메인** 리눅스 시스템에 존재하는 계정을 이용해 여러 개의 가상 도메인을 지원하는 기능을 의미한다. 이 계정은 /etc/passwd 파일에 등록된 사용자이어야 한다.
- **가상 메일박스 도메인** 위와 동일하며 단지 리눅스 시스템에 존재하지 않는 사용자를 이용해 여러 가상 도메인을 지원하는 기능을 의미한다. 즉, 사용자가 /etc/passwd 파일에 등록되지 않아도 사용할 수 있는 경우이며, 사용자 구분을 위해 서로 다른 디렉토리를 사용한다.
- **데이터베이스를 사용한 가상 메일박스 도메인** 가상 도메인을 사용하는 계정 정보를 MariaDB 서버나 LDAP 서버와 같은 데이터베이스가 제공하는 경우다.

여기에선 첫 번째 방식을 이용해 가상 Aliases 기능을 테스트하겠다.

A. 들어오는 가상 Aliases

가상^{Virtual} Aliases 기능의 사용을 위해 먼저 서버에서의 설정 방법을 설명하고 그 이후에
이를 테스트하겠다. 여기에선 테스트를 위해 5장의 DNS 서버에서 추가했던 jeong.com이
라는 새 도메인을 사용하겠다.

1. Postfix 메일 서버 설정하기

서버에서 설정하는 방법은 다음과 같다. 먼저 DNS 서버에서 이 새 도메인을 생성하고
그 정보를 서버에서 설정해줘야 한다.

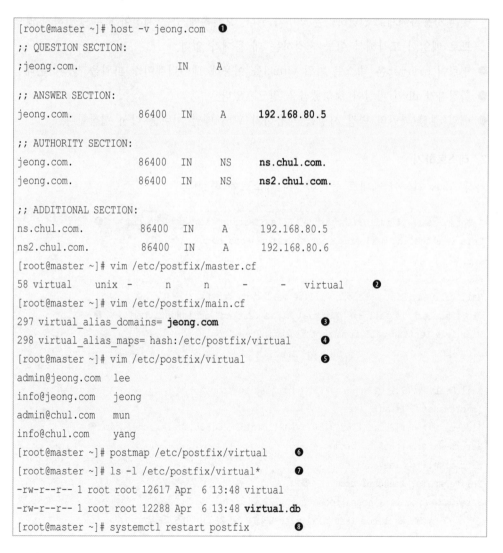

```
[root@master ~]# host -v jeong.com          ❶
;; QUESTION SECTION:
;jeong.com.                    IN      A

;; ANSWER SECTION:
jeong.com.            86400   IN      A       192.168.80.5

;; AUTHORITY SECTION:
jeong.com.            86400   IN      NS      ns.chul.com.
jeong.com.            86400   IN      NS      ns2.chul.com.

;; ADDITIONAL SECTION:
ns.chul.com.          86400   IN      A       192.168.80.5
ns2.chul.com.         86400   IN      A       192.168.80.6
[root@master ~]# vim /etc/postfix/master.cf
58 virtual    unix -    n     n    -    -    virtual      ❷
[root@master ~]# vim /etc/postfix/main.cf
297 virtual_alias_domains= jeong.com                      ❸
298 virtual_alias_maps= hash:/etc/postfix/virtual         ❹
[root@master ~]# vim /etc/postfix/virtual                 ❺
admin@jeong.com   lee
info@jeong.com    jeong
admin@chul.com    mun
info@chul.com     yang
[root@master ~]# postmap /etc/postfix/virtual             ❻
[root@master ~]# ls -l /etc/postfix/virtual*              ❼
-rw-r--r-- 1 root root 12617 Apr  6 13:48 virtual
-rw-r--r-- 1 root root 12288 Apr  6 13:48 virtual.db
[root@master ~]# systemctl restart postfix                ❽
```

❶ 명령어 host를 이용해 DNS 서버에서 추가한 도메인 jeong.com을 조회하는데, 그 결과

에서 이 도메인에 대한 IP 주소와 이 도메인 정보를 제공하는 DNS 서버 이름을 확인할 수 있다.

❷ 명령어 vim으로 master.cf 파일을 열어서 Postfix 서버가 가상 도메인을 지원하는 virtual 서비스를 사용하는지 확인한다.

❸ 명령어 vim으로 main.cf 파일을 열어서 추가할 가상 도메인을 작성한다.

❹ 이 가상 도메인에서 사용자 매핑을 위해 사용할 파일 경로와 이름을 지정한다.

❺ 위에서 지정한 대로 파일을 수정한다. 현재 도메인 jeong.com과 chul.com에 동일한 사용자 계정 admin과 info가 존재하는데, 그 계정으로 메일이 도착할 경우 오른쪽에 있는 사용자에게로 전달하라는 의미가 된다. 오른쪽에 있는 계정이 모두 동일하지 않으므로 메일이 도착해서 이를 저장하는 데 문제가 없다.

❻ 명령어 postmap은 텍스트 파일 virtual을 이용해 데이터베이스 파일을 생성하는데

❼ 확장자가 db인 파일이 생성됐음을 알 수 있다.

❽ 메일 설정 파일의 변경 사항을 적용하기 위해 메일 서버를 다시 시작한다.

2. 테스트하기

가상 Alias 기능이 제대로 동작하는지 테스트를 하겠다.

```
[root@master ~]# mail -vs "Virtual Alias Testing" admin@jeong.com     ❶
This is a testing mail from root to admin@jeong.com
.
EOT
Mail Delivery Status Report will be mailed to <root>.
[root@master ~]# mail -vs "Virtual Alias Testing" admin@chul.com      ❷
This is a testing mail from root to admin@chul.com
.
EOT
Mail Delivery Status Report will be mailed to <root>.
[root@master ~]# su - lee
[lee@master new]$ cat 1463494567.V802I101d150M260348.master.chul.com  ❸
Return-Path: <root@chul.com>
X-Original-To: lee@chul.com
Delivered-To: lee@chul.com          ❹
Received: from localhost (localhost [127.0.0.1])
        by ms.chul.com (Postfix) with ESMTP id 21339106873F
        for <lee@chul.com>; Tue, 17 May 2016 23:16:07 +0900 (KST)
Received: from ms.chul.com ([127.0.0.1])
```

```
              with ESMTP id pTrqplUO9zTD for <lee@chul.com>;
        Tue, 17 May 2016 23:16:04 +0900 (KST)
Received: by ms.chul.com (Postfix, from userid 0)
        id 898F9106873E; Tue, 17 May 2016 23:16:04 +0900 (KST)
Date: Tue, 17 May 2016 23:16:04 +0900
To: admin@jeong.com  ❺
Subject: Virtual Alias Testing
User-Agent: Heirloom mailx 12.5 7/5/10
MIME-Version: 1.0
Content-Type: text/plain; charset=us-ascii
Content-Transfer-Encoding: 7bit
Message-Id: <20160517141604.898F9106873E@ms.chul.com>
From: root@chul.com (root)       ❻
This is a testing mail from root to admin@jeong.com

[root@master ~]# su - mun
[mun@master new]$ cat 1463495099.V802Iba6dcM700245.master.chul.com  ❼
Return-Path: <root@chul.com>
X-Original-To: mun@chul.com
Delivered-To: mun@chul.com       ❽
Received: from localhost (localhost [127.0.0.1])
        by ms.chul.com (Postfix) with ESMTP id 8DB5E106873F
        for <mun@chul.com>; Tue, 17 May 2016 23:24:59 +0900 (KST)
        with ESMTP id evYDcMHGYx-T for <mun@chul.com>;
        Tue, 17 May 2016 23:24:58 +0900 (KST)
Received: by ms.chul.com (Postfix, from userid 0)
        id 21BFD106873E; Tue, 17 May 2016 23:24:58 +0900 (KST)
Date: Tue, 17 May 2016 23:24:58 +0900
To: admin@chul.com   ❾
Subject: Virtual Alias Testing
User-Agent: Heirloom mailx 12.5 7/5/10
MIME-Version: 1.0
Content-Type: text/plain; charset=us-ascii
Content-Transfer-Encoding: 7bit
Message-Id: <20160517142458.21BFD106873E@ms.chul.com>
From: root@chul.com (root) ❿

This is a testing mail from root to admin@chul.com
```

❶ 사용자 root가 수신자 admin@jeong.com에게 Virtual Alias Testing이라는 제목으로 메일을 보낸다. 이 메일은 위 설정에 따라 사용자 lee에게 보내져야 한다.

❷ 사용자 root가 수신자 admin@chul.com에게 Virtual Alias Testing이라는 제목으로 메일을 보낸다. 이 메일은 설정에 따라 사용자 mun에게 보내져야 한다.

❸ 확인을 위해 사용자 lee로 로그인한 후에 Maildir/new에서 새로운 메일을 읽어보면

❹ lee@chul.com에게 전달됐다는 메시지를 볼 수 있는데

❺ 원래 수신자는 admin@jeong.com이라는 내용을 확인할 수 있다.

❻ 그리고 메일 발송자는 root라는 내용도 확인할 수 있다.

❼ 이번에는 admin@chul.com으로 가는 메일이 사용자 mun으로 가는지 확인하기 위해 이 사용자로 로그인한 후에 메일 디렉터리에서 메일을 읽어보면

❽ 메일이 mun@chul.com으로 전달됐는데

❾ 원래 수신자는 admin@chul.com이라고 돼 있다.

❿ 그리고 메일 발송자는 root라고 돼 있다.

정리하면 계정 admin은 같지만 도메인은 chul.com과 jeong.com 이렇게 다른 경우 사용자를 lee와 mun으로 수신자를 다르게 설정하면 각각 설정한 사용자에게로 메일이 전달된다는 사실을 확인했다.

B. 나가는 가상 Aliases

이 기능은 앞에서 설명한 대로 메일을 보내는 발신자 계정을 다른 계정으로 변경할 수 있는 방법이다. 가상 Alias 기능의 사용을 위해 먼저 서버에서 설정하고 이 기능을 그 이후에 테스트하겠다.

1. 서버 설정하기

이 기능의 사용을 위한 Postfix 메일 서버에서의 설정은 다음과 같다.

```
[root@master ~]# vim /etc/postfix/main.cf
302 smtp_generic_maps= hash:/etc/postfix/generic      ❶
[root@master ~]# vim /etc/postfix/generic             ❷
root@chul.com          kim@chul.com                   ❸
linux@chul.com         linux@jeong.com                ❹
[root@master ~]# postmap/etc/postfix/generic          ❺
[root@master ~]# ls -l /etc/postfix/generic*          ❻
-rw-r--r-- 1 root root  9970 Apr  6 14:27 generic
-rw-r--r-- 1 root root 12288 Apr  6 14:30 generic.db
[root@master ~]# systemctl restart postfix            ❼
```

❶ 먼저 명령어 vim으로 main.cf 파일을 열어서 나가는 가상 도메인을 사용하기 위한 설정을 추가한다.

❷ 위에서 추가한 파일을 수정하기 위해 명령어 vim으로 열어서

❸ 발신자가 root@chul.com인 경우 수신자의 메일에는 그 발신자가 kim@chul.com으로

❹ 메일 발신자가 linux@chul.com인 경우 수신자의 메일에는 그 발신자가 linux@jeong.com으로 저장된다는 의미다.

❺ 명령어 postmap이 텍스트 파일 generic을 이용해 데이터베이스 파일을 생성한다.

❻ 생성된 파일을 확인한다.

❼ 메일 설정 파일에서의 변경 사항이 적용되도록 Posfix 서버를 다시 시작한다.

2. 테스트하기

설정한 내용이 잘 작동하는지 테스트하면 다음과 같다.

```
[root@master ~]# mail -vs "Outgoing Virtual Alias" park@chul.com     ❶
This is a testing mail for outgoing virtual alias from root to park
.
EOT
Mail Delivery Status Report will be mailed to <root>.

[linux@master ~]$ mail -vs "Outgoing Virtual Alias" han@chul.com     ❷
This is a outgoing virtual testing from linux to han
.
EOT
Mail Delivery Status Report will be mailed to <linux>.

[root@master ~]# su - han
[han@master Maildir]$ cat new/1463535764.V802I101d154M141152.master. chul.com  ❸
Return-Path: linux@jeong.com          ❹
X-Original-To: han@chul.com
Delivered-To: han@chul.com            ❺
Received: from localhost (localhost [127.0.0.1])
        by ms.chul.com (Postfix) with ESMTP id EFC1D105F891
        for <han@chul.com>; Wed, 18 May 2016 10:42:43 +0900 (KST)
Received: from ms.chul.com ([127.0.0.1])
        with ESMTP id L2YGfinVHcUj for <han@chul.com>;
        Wed, 18 May 2016 10:42:11 +0900 (KST)
Received: by ms.chul.com (Postfix, from userid 1002)
        id 7B17A106873C; Wed, 18 May 2016 10:42:11 +0900 (KST)
```

```
Date: Wed, 18 May 2016 10:42:11 +0900
To: han@chul.com
Subject: Outgoing Virtual Alias
User-Agent: Heirloom mailx 12.5 7/5/10
MIME-Version: 1.0

Content-Type: text/plain; charset=us-ascii
Content-Transfer-Encoding: 7bit
Message-Id: <20160518014211.7B17A106873C@ms.chul.com>
From: linux@jeong.com          ❻

This is a outgoing virtual testing from linux to han

[root@master ~]# su - park
[park@master new]$ cat 1463537265.V802I151e2M50666.master.chul.com    ❼
Return-Path: kim@chul.com        ❽
X-Original-To: park@chul.com
Delivered-To: park@chul.com       ❾
Received: from localhost (localhost [127.0.0.1])
        by ms.chul.com (Postfix) with ESMTP id E759F105F891
        for <park@chul.com>; Wed, 18 May 2016 11:07:44 +0900 (KST)
Received: from ms.chul.com ([127.0.0.1])
        with ESMTP id oLnV6-Btr1Kc for <park@chul.com>;
        Wed, 18 May 2016 11:07:43 +0900 (KST)
Received: by ms.chul.com (Postfix, from userid 0)
        id B65D4100ED7C; Wed, 18 May 2016 11:07:43 +0900 (KST)
Date: Wed, 18 May 2016 11:07:43 +0900
To: park@chul.com
Subject: Virtual Testing
User-Agent: Heirloom mailx 12.5 7/5/10
MIME-Version: 1.0
Content-Type: text/plain; charset=us-ascii
Content-Transfer-Encoding: 7bit
Message-Id: <20160518020743.B65D4100ED7C@ms.chul.com>
From: kim@chul.com (root)          ❿

This is a testing mail for outgoing virtual alias from root to park
```

❶ 사용자 root가 메일 수신자 park@chul.com에게 'Outgoing Virtual Alias'라는 제목으로
   메일을 보낸다.

❷ 사용자 linux도 메일 수신자 han@chul.com에게 위와 동일한 제목으로 메일을 보낸다.

❸ linux가 보낸 메일 확인을 위해 사용자 han으로 로그인한 후에 메일 디렉토리에서 도착한 메일을 읽어보면

❹ 반송 경로 메일 주소가 linux@jeong.com이고

❺ 수신자는 han@chul.com으로 돼 있다.

❻ 그리고 메일 발신자도 ❹와 동일하다. ❷에서 사용자 linux가 메일을 보낼 때 메일 도메인을 지정하지 않으면 기본적으로 주 도메인 chul.com이 사용되는데, 여기서는 가상 Alias로 인해 발신자가 linux@chul.com이 아닌 linux@jeong.com으로 변경된 것이다.

❼ 이번에는 root가 보낸 메일 확인을 위해 수신자 park으로 로그인 후에 메일을 읽어보면

❽ 반송 경로가 kim@chul.com으로 돼 있고

❾ 수신자는 park@chul.com으로 돼 있다.

❿ 그런데 메일 발신자의 이름을 보면 root가 아닌 kim@chul.com으로 돼 있는데, 이는 위 ❻과 동일하게 가상 Alias 기능이 적용돼 원래 이름 root 대신에 kim으로 변경돼 전달됐음을 확인할 수 있다.

8.5 백업 메일 서버 설정

백업^{Backup} 메일 서버란 주 메일 서버가 어떤 문제로 인해 다운돼 그 기능을 제공하지 못하는 경우 주 메일 서버 대신에 메일을 받아서 큐^{Queue}에 저장했다가 주 메일 서버가 복구되면 다시 그 메일을 주 메일 서버로 보내는 기능의 메일 서버를 의미한다. 이때 주의할 점은 일반적으로 DNS 서버에서 이 두 메일 서버에 대한 설정을 미리 해줘야 한다는 점이다. 주 메일 서버를 Primary 메일 서버, 그리고 백업 메일 서버를 Secondary 메일 서버라고 부르기도 한다.

8.5.1 백업 서버 설정

백업 서버 설정은 크게 두 가지 과정, 즉 DNS 설정과 메일 서버에서의 설정으로 진행된다.

A. DNS 서버 설정

먼저 Primary 서버와 Secondary 서버로 사용할 메일 서버를 DNS에서 설정해줘야 한다. 이를 위해 5장에서 도메인 chul.com을 위해 생성한 존^{zone} 파일을 사용하겠다.

```
[root@master ~]# vim /var/named/chul.zone    ❶
chul.comIN MX 10 ms.chul.com.
chul.comIN MX 20 ms2.chul.com.    ❷
ms      IN A 192.168.80.5
ms2     IN A 192.168.80.6    ❸
[root@master ~]# systemctl restart named    ❹
[root@master ~]# host -a chul.com    ❺
            ~
chul.com.            86400    IN     NS     ns.chul.com.
chul.com.            86400    IN     NS     ns2.chul.com.
chul.com.            86400    IN     MX     10 ms.chul.com.
chul.com.            86400    IN     MX     20 ms2.chul.com.    ❻

;; ADDITIONAL SECTION:
ns.chul.com.         86400    IN     A      192.168.80.5
ns2.chul.com.        86400    IN     A      192.168.80.6
ms.chul.com.         86400    IN     A      192.168.80.5
ms2.chul.com.        86400    IN     A      192.168.80.6    ❼
```

❶ 명령어 vim으로 도메인 chul.com의 존 파일을 열어서

❷ 백업 서버로 사용할 메일 서버의 이름을 지정한다.

❸ 그 이름과 IP 주소를 매핑한다.

❹ 변경 사항 적용을 위해 DNS 서버를 다시 시작한다.

❺ 명령어 host를 이용해 도메인 chul.com의 메일 서버를 확인하면

❻ 백업 서버로 사용할 ms2.chul.com을 찾을 수 있고

❼ 그 이름에 할당된 IP 주소도 찾을 수 있다.

B. 백업 서버(ms2.chul.com) 설정

백업 서버로 사용되는 node1에서 백업 서버 설정은 다음과 같다. 주 메일 서버 설정과
겹치는 부분의 설명은 생략하겠다.

```
[root@node1 ~]# yum install postfix -y    ❶
[root@node1 ~]# vim /etc/postfix/main.cf
myhostname = ms2.chul.com    ❷
mydomain = chul.com
myorigin = $mydomain
inet_interfaces = all
mydestination = ms2.chul.com    ❸
```

```
mynetworks = 127.0.0.1 192.168.80.0/24
relay_domains = hash:/etc/postfix/relaydomains      ❹
transport_maps = hash:/etc/postfix/transport        ❺
relay_recipient_maps =              ❻
smtpd_recipient_restrictions = permit_sasl_authenticated, permit_mynetworks,
reject_unauth_destinaton            ❼
[root@node1 ~]# vim /etc/postfix/relaydomains       ❽
chul.com      OK
jeong.com     OK
[root@node1 ~]# vim /etc/postfix/transport          ❾
chul.com      smtp:ms.chul.com:25
jeong.com     smtp:ms.chul.com:25
[root@node1 ~]# postmap /etc/postfix/relaydomains ❿
[root@node1 ~]# postmap /etc/postfix/transport    ⓫
[root@node1 ~]# ls -l /etc/postfix/relay* transport*
-rw-r--r-- 1 root root   25 Apr  7 12:59 relaydomains
-rw-r--r-- 1 root root 12288 Apr  7 13:02 relaydomains.db
-rw-r--r-- 1 root root 12609 Apr  7 13:01 transport
-rw-r--r-- 1 root root 12288 Apr  7 13:02 transport.db
[root@node1 ~]# systemctl start postfix             ⓬
[root@node1 ~]# systemctl status postfix            ⓭
```

❶ 명령어 yum을 이용해 postfix 패키지를 설치한다.

❷ 메일 서버가 사용할 기본 호스트 이름을 지정한다.

❸ 목적지가 ms2.chul.com인 이메일의 경우 이 메일 서버가 모두 받지만 그렇지 않은
경우는 모두 포워딩을 시키게 된다.

❹ 릴레이시킬 도메인이 포함된 파일을 지정한다.

❺ ms2.chul.com 메일 서버가 어떤 도메인에 대해 어디로 릴레이시킬지를 정의한 파일을
지정한다.

❻ 이는 relay_recipient_maps의 값을 빈 값으로 둔다는 것인데, 이는 유효한 릴레이 사
용자 목록을 사용하지 않겠다는 의미다.

❼ 이 메일 서버에 접근 가능한 클라이언트의 인증 방법을 정의한다. 특별히 mynetworks
에 정의된 네트워크에서의 접근을 허용하라는 것을 알 수 있다.

❽ 릴레이시킬 두 개의 도메인을 포함한 파일을 생성한다.

❾ 설정 파일에서 정의한 대로 두 개의 도메인에 대한 메일을 받으면 이 메일들을 보낼
목적지 주 메일 서버의 호스트 이름과 그 포트 번호를 지정한다.

❿ 명령어 postmap을 이용해 relaydomains 데이터베이스 파일을 생성한다.

⓫ 명령어 postmap을 이용해 transport 데이터베이스 파일을 생성한다. 그러면 각각 db라
는 확장자를 가진 파일이 생성된 것을 확인할 수 있다.

⓬ 명령어 systemctl을 이용해 postfix 메일 서버를 시작한다.

⓭ 그 이후에 postfix 메일 서버가 정상적으로 시작됐는지 그 상태를 확인한다.

8.5.2 백업 서버 테스트

이제 백업 서버 설정은 모두 완료됐으므로 테스트를 하겠다.

```
[root@master ~]# systemctl stop postfix  ❶

[root@node1 ~]# telnet localhost 25       ❷
Trying 127.0.0.1...
Connected to localhost (127.0.0.1).
Escape character is '^]'.
220 ms2.chul.com ESMTP Postfix
ehlo node1
250-ms2.chul.com
~
mail from: lee
250 2.1.0 Ok
rcpt to: han
250 2.1.5 Ok
data
354 End data with <CR><LF>.<CR><LF>
backup server testing
.
250 2.0.0 Ok: queued as B06294F9E94
quit

221 2.0.0 Bye
Connection closed by foreign host.
[root@node1 ~]# postqueue -p   ❸
Queue ID- --Size-- ----Arrival Time---- -Sender/Recipient-------
B06294F9E94    296 Thu Apr  7 13:39:58  lee@chul.com
connect to ms.chul.com[192.168.80.5]:25: Connection refused)
                han@chul.com
[root@master ~]# systemctl start postfix      ❹
```

```
[root@node1 ~]# postqueue -f      ❺
[root@node1 ~]# postqueue -p      ❻
Mail queue is empty

[han@master new]$ cat 1460004140.V802I10213aeM718867.master.chul.com  ❼
Return-Path: <lee@chul.com>
X-Original-To: han@chul.com
Delivered-To: han@chul.com
Received: from ms2.chul.com (node1 [192.168.80.6])        ❿
      by ms.chul.com (Postfix) with ESMTP id A24FD101EAE7  ⓫
      for <han@chul.com>; Thu,  7 Apr 2016 13:42:20 +0900 (KST)
Received: from node1 (localhost [127.0.0.1])              ❽
      by ms2.chul.com (Postfix) with ESMTP id B06294F9E94  ❾
      for <han>; Thu,  7 Apr 2016 13:39:58 +0900 (KST)
Message-Id: <20160407044001.B06294F9E94@ms2.chul.com>
Date: Thu,  7 Apr 2016 13:39:58 +0900 (KST)
From: lee@chul.com

backup server testing
```

❶ 백업 서버 테스트를 위해 master(ms.chul.com)에서 메일 서버를 중지한다.

❷ 백업 서버로 사용되는 node1에서 포트 25번을 이용해 postfix로 접속해 발신자를 lee, 수신자를 han으로 해 메일을 보내고 빠져 나온다.

❸ 메일 서버의 큐 상태를 확인하는 명령어 postqueue를 사용해 큐에 저장된 메일의 정보를 확인한다. 이 큐 정보에서 발신자와 수신자, 그리고 릴레이시킬 주 메일 서버의 IP 주소와 연결이 거부됐다는 메시지를 확인할 수 있다.

❹ 이제 다시 주 메일 서버에서 postfix를 시작한다.

❺ 명령어 postqueue에 옵션 f(flush)를 사용하면 큐에 저장된 메일을 모두 전달하라는 의미가 된다.

❻ 다시 큐의 상태를 보기 위해 명령어 postqueue를 사용하면 큐 디렉토리가 비어 있다는 메시지를 볼 수 있다. 즉 위의 flush에 의해 이 큐 디렉토리가 비워졌는데, 이는 이 메일이 성공적으로 주 메일 서버로 전달됐다는 것을 의미한다.

❼ 이것을 확인하기 위해 주 메일 서버에서 사용자 han으로 로그인한 뒤에 메일이 저장된 디렉토리로 이동해 메일을 읽어보면

❽ 이 메일을 보낸 작성자 클라이언트 시스템이 node1이고

❾ 이 메일을 처리한 메일 서버의 이름이 ms2.chul.com이며, 그 QID$^{\text{Queue ID}}$도 확인할 수 있다.

8장 Postfix 메일 서버 **459**

❿ 다시 이 메일을 클라이언트 ms2.chul.com이 ms.chul.com에게 보냈고

⓫ 이 메일을 처리한 메일 서버가 ms.chul.com이고 그 QID도 확인할 수 있다. 이외에 발신자와 수신자의 이름 및 메일의 내용도 확인할 수 있다.

이 테스트를 통해 주 메일 서버가 다운되면 백업 메일 서버가 클라이언트로부터 메일을 받아 큐에 임시로 보관하고, 주 메일 서버가 다시 정상화되면 이 큐에 저장된 메일을 주 메일 서버로 릴레이하고 있음을 확인했다.

8.6 SSL/TLS를 이용한 Postfix 인증 설정

Postfix 서버는 메일 서버에 대한 사용자 인증 방법으로서 다양한 방법을 지원하는데, 크게 세 가지 방법이 일반적으로 사용된다. IP 네트워크 주소를 통한 인증과 SASL, 그리고 SSL/TLS를 통한 인증 방법이다. IP 주소를 통한 인증은 8.2.3절의 기본 설정 파일 편집에서 mynetworks라는 지시어를 통해 구현된다.

8.6.1 SMTPS 개요

일반적으로 SMTP 인증은 평문을 사용하므로 기본적으로 안전하지 않다. Postfix 서버에서 TLS^Transport Layer Security는 두 가지 기능, 즉 인증서 기반의 인증과 암호화된 세션 기능을 제공한다. 암호화된 세션은 SMTP나 SASL 인증을 사용하는 모든 정보를 암호화해 전달하므로 안전하게 데이터를 보호할 수 있다. 이번 절에서는 Postfix 서버의 인증 방법 중 가장 중요한 SSL/TLS를 이용한 인증 방법을 설명하겠다.

8.6.2 TLS를 이용한 SMTPS 구현

TLS를 Postfix 서버에서 사용하기 위해선 인증서 생성, 서버 설정, 그리고 테스트의 3단계 과정이 필요하다.

A. 인증서 생성

먼저 Postfix 서버에서 TLS를 구현하기 위해선 인증서를 생성해야 한다. 인증서를 생성하는 과정은 크게 3단계, 즉 개인 키 생성, CSR 생성, 그리고 마지막으로 이러한 키와 CSR를 이용해 Certificate 인증서를 생성하는 과정으로 이뤄진다.

```
[root@master ~]# cd /etc/pki/tls/certs     ❶
[root@master certs]# make mail.key         ❷
umask 77 ; \
/usr/bin/openssl genrsa -aes128 2048 > mail.key     ❸
Generating RSA private key, 2048 bit long modulus
.........................+++
..........+++
e is 65537 (0x10001)
Enter pass phrase:
Verifying - Enter pass phrase:
[root@master certs]# openssl rsa -in mail.key -out mail.key     ❹
Enter pass phrase for mail.key:
writing RSA key
[root@master certs]# make mail.csr     ❺
umask 77 ; \
/usr/bin/openssl req -utf8 -new -key mail.key -out mail.csr     ❻
What you are about to enter is what is called a Distinguished Name or a DN.
~
Country Name (2 letter code) [XX]:KR
State or Province Name (full name) []:Seoul
Locality Name (eg, city) [Default City]:Seoul
Organization Name (eg, company) [Default Company Ltd]:Chul Com
Organizational Unit Name (eg, section) []:
Common Name (eg, your name or your server's hostname) []:ms.chul.com
Email Address []:tland12@chul.com
Please enter the following 'extra' attributes
to be sent with your certificate request
A challenge password []:
An optional company name []:
[root@master certs]# openssl x509 -in mail.csr -out mail.crt -req
-signkey mail.key -days 365     ❼
Signature ok
subject=/C=KR/ST=Seoul/L=Seoul/O=ChulCom/CN=ms.chul.com/emailAddress=tland12@
chul.com
Getting Private key
```

❶ 인증서 생성을 위한 디렉토리로 이동한다.

❷ 개인 키^{Private Key} mail.key를 생성하기 위해 명령어 make를 사용했는데, 이 명령어 make
는 이 디렉토리 내의 Makefile를 실행해 개인 키를 생성하게 된다. 이 Makefile 내부에
는 키를 생성할 때 명령어 openssl을 이용해 키를 생성하는 스크립트가 정의돼 있기

때문이다. 패스워드를 입력해 개인 키 생성을 완료한다.

❸ 위 명령어 make mail.key는 곧 이 openssl을 실행하라는 의미가 되는데, 이는 명령어 make 또는 openssl을 이용해 모두 키를 생성할 수 있다는 의미가 된다.

❹ 명령어 openssl을 이용해 키의 패스워드를 삭제한다. 그 이유는 smtp 데몬이 시작될 때마다 이 패스워드를 요구해 매우 번거롭기 때문이다.

❺ 이제 mail.csr 파일을 생성하는데

❻ 위 명령어는 결국 명령어 openssl을 이용해 mail.csr 파일을 생성하라는 의미와 동일하다. 이 CSR^{Certificate Signing Request}은 인증서를 요청한 사용자의 정보가 입력돼 있고, 이 CSR 파일을 기초로 해서 Verisign 같은 CA^{Certificate Authority}는 인증서를 발행하게 된다. 여기에선 자기 서명^{Self-signed} 인증서를 생성하겠다. CSR 파일 생성 시 사용자의 정보, 즉 국가 코드, 도시, 조직 이름, 인증서를 사용할 호스트 이름 및 이메일 주소가 필요한데, 이러한 정보는 모두 아래 ❼에서 인증서 생성 시 X.509가 요구하는 형식의 인증서를 생성하기 위해서다.

❼ 이제 CSR 파일과 키를 입력 값으로 해서 명령어 openssl을 사용하면 인증서 mail.crt를 생성하는데, 이 인증서는 일년 동안(365일) 유효하게 된다.

B. Postfix 서버 설정

이제 Postfix 메일 서버에서 A절에서 생성한 인증서를 사용할 수 있게 설정하겠다.

```
[root@master ~]# vim /etc/postfix/main.cf
695 smtpd_use_tls = yes          ❶
696 smtpd_tls_cert_file = /etc/pki/tls/certs/mail.crt ❷
697 smtpd_tls_key_file = /etc/pki/tls/certs/mail.key  ❸
698 smtpd_tls_session_cache_database = btree:/etc/postfix/smtpd_scache ❹
[root@master ~]# vim /etc/postfix/master.cf
26 smtps     inet    n    -    n    -    -    smtpd      ❺
27      -o syslog_name=postfix/smtps
28      -o smtpd_tls_wrappermode=yes
[root@master ~]# vim /etc/dovecot/conf.d/10-master.conf
21 inet_listenerimaps {      ❻
22 port = 993
23 ssl= yes
24 }
42 inet_listener pop3s {      ❼
43    port = 995
```

```
44    ssl = yes
45 }
[root@master ~]# vim /etc/dovecot/conf.d/10-ssl.conf
8 ssl = yes    ❽
14 ssl_cert = < /etc/pki/tls/certs/mail.crt    ❾
15 ssl_key = < /etc/pki/tls/certs/mail.key    ❿
[root@master ~]# systemctl restart postfix    ⓫
[root@master ~]# systemctl restart dovecot    ⓬
[root@master ~]# netstat -natlp | grep master
tcp    0    0 0.0.0.0:465    0.0.0.0:*    LISTEN    22482/master
tcp    0    0 0.0.0.0:25     0.0.0.0:*    LISTEN    22482/master
[root@master ~]# lsof -i tcp:465    ⓭
COMMAND  PID USER   FD   TYPE DEVICE SIZE/OFF NODE NAME
master  21893 root   18u  IPv4 204696     0t0 TCP *:urd (LISTEN)
master  21893 root   19u  IPv6 204697     0t0 TCP *:urd (LISTEN)
[root@master ~]# lsof -i tcp:993    ⓮
COMMAND  PID USER   FD   TYPE DEVICE SIZE/OFF NODE NAME
dovecot 21914 root   36u  IPv4 205380     0t0 TCP *:imaps (LISTEN)
[root@master ~]# lsof -i tcp:995    ⓯
COMMAND  PID USER   FD   TYPE DEVICE SIZE/OFF NODE NAME
dovecot 21914 root   24u  IPv4 205358     0t0 TCP *:pop3s (LISTEN)
```

❶ Postfix 서버가 사용하는 main.cf 파일을 명령어 vim으로 열어서 smtpd에서 tls 사용을 허용한다.

❷ 인증서가 위치한 파일의 경로를 지정한다.

❸ 개인 키가 위치한 파일의 경로를 지정한다.

❹ TLS 세션 키 캐시를 저장할 위치를 지정한다.

❺ 명령어 vim으로 master.cf 파일을 열어서 smtps 사용을 활성화한다. 여기에 두 가지 옵션, 즉 smtps를 syslog 데몬이 처리할 때의 이름, 항상 서버가 TLS를 사용한다는 Wrapper 모드를 활성화한다. 이렇게 되면 이 smtps는 포트 465번을 통해 이 서비스를 제공하게 된다.

❻ Dovecot 설정 파일에서 imaps를 위한 포트를 활성화하고

❼ 마찬가지로 pop3s가 사용할 포트도 주석을 제거해 활성화한다.

❽ SSL 사용을 위해 그 값을 yes로 변경하고

❾ 인증서의 위치를 지정하며

❿ 개인 키가 있는 위치를 지정한다. 이렇게 되면 Dovecot은 imaps(993)와 pop3s(995) 서비

스를 제공할 수 있다.

❶ 위의 변경된 설정들이 적용되도록 postfix 서버를 다시 시작한다.

❷ Dovecot 서버도 마찬가지로 다시 시작한다.

❸ 명령어 lsof를 통해 smtps가 사용할 포트 465번이 열렸는지 확인한다.

❹ 명령어 lsof를 통해 imaps가 사용할 포트 993번이 열렸는지 확인한다.

❺ 명령어 lsof를 통해 pop3s가 사용할 포트 995번이 열렸는지 확인한다.

C. TLS 설정 테스트

이제 TLS 설정이 모두 완료됐으므로 테스트를 하겠다. 테스트는 먼저 메일 서버 자체에서
명령어를 통해 TLS 지원이 되는지를 확인하고, 그 다음에 클라이언트의 프로그램
Thunderbird에서 TLS를 사용하는 방법을 설명하겠다.

1. 커맨드라인을 이용한 테스트

커맨드라인에서 TLS가 적용된 smtps를 테스트하는 방법은 다음과 같다.

```
[root@master ~]# telnet localhost 25          ❶
Trying 127.0.0.1...
Connected to localhost.
Escape character is '^]'.
220 ms.chul.com ESMTP
ehlo master
250-ms.chul.com
250-PIPELINING
250-SIZE 10485760
250-VRFY
250-ETRN
250-STARTTLS                                  ❷
250-ENHANCEDSTATUSCODES
250-8BITMIME
250 DSN
starttls
220 2.0.0 Ready to start TLS
[root@master ~]# openssl s_client -starttls smtp -crlf -connect
192.168.80.5:25          ❸
CONNECTED(00000003)      ❸
depth=0 C = KR, ST = Seoul, L = Seoul, O = Chul Com, CN = ms.chul.com,
emailAddress = tland12@chul.com
```

```
verify error:num=18:self signed certificate
verify return:1
depth=0 C = KR, ST = Seoul, L = Seoul, O = Chul Com, CN = ms.chul.com,
emailAddress = tland12@chul.com
verify return:1
---
Certificate chain
0 s:/C=KR/ST=Seoul/L=Seoul/O=ChulCom/CN=ms.chul.com/emailAddress=tland12@chul.com
  i:/C=KR/ST=Seoul/L=Seoul/O=ChulCom/CN=ms.chul.com/emailAddress=tland12@chul.com

Server certificate
-----BEGIN CERTIFICATE-----
MIIDajCCAlICCQCYqcwtrXvBOzANBgkqhkiG9w0BAQUFADB3MQswCQYDVQQGEwJL
UjEOMAwGA1UECAwFU2VvdWwxDjAMBgNVBAcMBVNlb3VsMREwDwYDVQQKDAhDaHVs
IENvbTEUMBIGA1UEAwwLbXMuY2h1bC5jb20xHzAdBgkqhkiG9w0BCQEWEHRsYW5k
~
zEpGmDwGe4o/RBVxe2R4yjqcfeSFpEOhlwWNjj8KZl3rixT9ImThI3uSZ+85Q192
ibkHlWp1K8kI5LApj1ZSSjLmdOgYNoOXaUjKT5NeBTLbrRh+IsgxvdvSk5/RT6tr
Qtl1R1ouse6bQv/SeXs=
-----END CERTIFICATE-----
**subject**=/C=KR/ST=Seoul/L=Seoul/O=ChulCom/CN=ms.chul.com/emailAddress=
tland12@chul.com
**issuer**=/C=KR/ST=Seoul/L=Seoul/O=ChulCom/CN=ms.chul.com/emailAddress=
tland12@chul.com
~
SSL handshake has read 1724 bytes and written 408 bytes
---
New, **TLSv1/SSLv3**, Cipher is ECDHE-RSA-AES256-GCM-SHA384
Server public key is 2048 bit
Secure Renegotiation IS supported
Compression: NONE
Expansion: NONE
SSL-Session:
    Protocol  : **TLSv1.2**
    Cipher    : ECDHE-RSA-AES256-GCM-SHA384
    Session-ID: 0EA2B320406DCAB37BC8CCBEEB4A8316B270EFA764B8126B2FAFEE2FE9921595
    Session-ID-ctx:
    Master-Key:
F6995DADAAA9597C1EA951E3A645CEF3D7F99E9763F4EC8712C20C83571D7885FADB46BEB17EE1D1415
B962FA77F2E0E
    Key-Arg   : None
```

```
    Krb5 Principal: None
    PSK identity: None
    PSK identity hint: None
    TLS session ticket lifetime hint: 3600 (seconds)
    TLS session ticket:
    ~
    0080 - 53 ce 45 7f e2 9e 23 93-07 95 c3 a6 27 7c 77 58   S.E...#.....'|wX
    0090 - ff b5 c7 5b 05 fc ff 79-7b df 7c fc d9 cd 20 d3   ...[...y{.|... .

    Start Time: 1460092220
    Timeout   : 300 (sec)
    Verify return code: 18 (self signed certificate)
250 DSN
[root@node1 ~]# mutt -f imaps://lee@ms.chul.com    ❺
This certificate belongs to:
    ms.chul.com tland12@chul.com
    Chul Com
    Seoul  Seoul  KR
This certificate was issued by:
    ms.chul.com tland12@chul.com
    Chul Com
    Seoul  Seoul  KR
This certificate is valid
    from Fri, 8 Apr 2016 03:16:07 UTC
        to Sat, 8 Apr 2017 03:16:07 UTC
SHA1 Fingerprint: 80AF C113 7649 87E7 D69E D97C 6711 2F22 6522 841D
MD5 Fingerprint: 752A 4348 7B36 2414 4F22 7709 0555 8A8A
Password for lee@ms.chul.com:    ❻
```

❶ TLS가 적용된 SMTP를 테스트하기 위해 명령어에서 포트 25번으로 접속한 다음에 클라이언트 master를 입력하면

❷ smtp가 지원하는 새로운 명령어 STARTTLS를 볼 수 있는데, 이 명령어를 입력하면 TLS를 사용할 준비가 됐다는 메시지를 볼 수 있다.

❸ 명령어 openssl과 s_client, 즉 클라이언트에서 TLS를 이용해 메일 서버의 포트 25번으로 접속하면

❹ 연결이 이뤄지고 인증서 생성 시에 입력했던 정보를 비롯해 인증서에 대한 모든 정보를 확인할 수 있다.

❺ 커맨드라인 MUA인 mutt를 이용해 포트 993번을 사용하는 imaps로 사용자 lee의 계정

으로 로그인을 시도하면 서버 측에서 발행한 인증서의 정보를 볼 수 있다. 명령어 mutt 가 없으면 명령어 yum install mutt -y를 이용해 설치하기 바란다.

❻ 사용자 lee의 패스워드를 입력하면 정상적인 로그인이 이뤄지고 클라이언트와 서버 사이의 세션은 TLS에 의해 암호화돼 안전한 통신이 이뤄진다.

위의 테스트를 통해 포트 465번을 사용하고 TLS가 적용된 smtps와 포트 993번을 사용하는 imaps가 정상적으로 작동하고 있음을 확인했다. pop3s에 대한 테스트는 imaps와 거의 동일하므로 생략하겠다.

2. Thunderbird 설정하기

이번에는 GUI 이메일 클라이언트 프로그램인 Thunderbird에서 TLS를 사용하는 방법을 설명하겠다.

● **계정 정보 입력하기** 테스트를 위해 사용자 han의 정보를 그림 8-8처럼 입력하고 아래쪽의 Continue 버튼을 클릭한다.

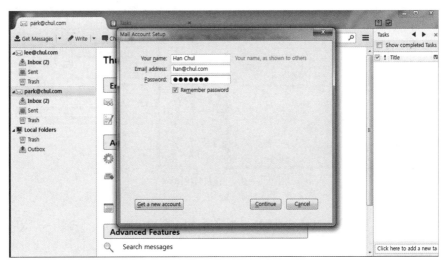

그림 8-8 계정 정보 입력하기

● **서버 정보 입력하기** 그림 8-9처럼 imap의 포트를 993번으로, 그리고 SSL/TLS, 인증은 Normal password로 설정하고, smtp는 STARTTLS로, 인증은 No Authenticaiton으로 설정하고 아래쪽의 Done를 클릭한다.

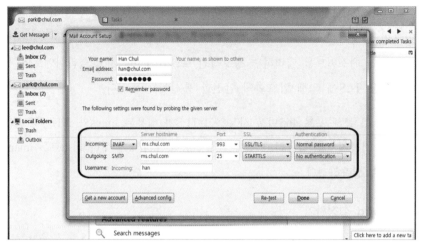

그림 8-9 서버 정보 입력하기

- **인증서 정보 확인하기** 그러면 그림 8-10의 왼쪽 그림에서 중간의 View를 클릭하면 오른
  쪽 그림과 같은 인증서에 대한 정보를 확인할 수 있다.

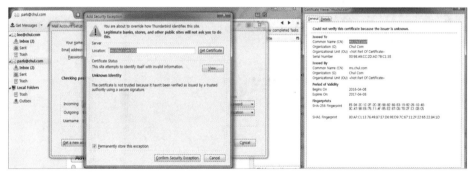

그림 8-10 인증서 확인하기

- **접속 성공하기** 그러면 그림 8-11처럼 사용자 han의 메일박스에 접속할 수 있다.

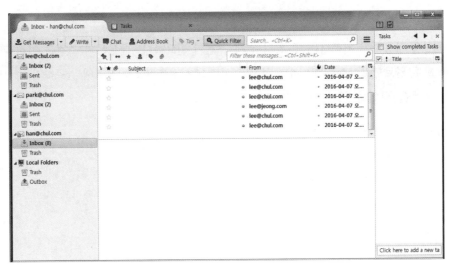

그림 8-11 접속 성공하기

8.7 Roundcubemail 웹 메일 사용

Postfix 메일 서버 설정이 모두 완료됐으면 이제 공개용 프로그램인 Roundcubemail을 이용한 웹 메일의 사용 방법을 설명한다.

8.7.1 Roundcubemail 소개와 전제 조건

설정으로 들어가기 전에 간단하게 Roundcubemail웹 메일을 소개하고 그 전제 조건을 설명하겠다.

A. Roundcubemail 소개

Roundcubemail 웹 메일은 다양한 언어를 지원하고 브라우저 기반으로 사용 가능한 IMAP 클라이언트 웹 메일 프로그램이다. Roundcubemail은 MIME 지원, 주소록, 폴더 수정, 메시지 검색 및 철자 검사 같은 이메일 클라이언트가 지원할 수 있는 대부분의 기능을 제공한다. Roundcubemail은 PHP 언어로 작성됐고, 설정을 위해 MariaDB, PostgreSQL, SQLite 같은 데이터베이스가 필요하다. 더 자세한 정보는 웹사이트 www.roundcube.net 를 참고하기 바란다.

B. 전제 조건

웹 메일을 사용하기 위해서는 몇 가지 전제 조건이 필요하다. 대부분의 조건은 이전 과정에서 모두 완료했고, MariaDB 서버 설치와 서비스 시작은 9장을 참고해 완료하기 바란다. 그 조건들을 나열하면 다음과 같다.

- Postfix SMTP 서버 설정 완료
- Dovecot IMAP/POP3 서버 설정 완료
- Apache 웹 서버에서 PHP 사용 가능
- SSL/TLS 설정 완료
- MariaDB 데이터베이스 설치와 서비스 시작 완료

8.7.2 Roundcubemail 설정

이제 Roundcubemail을 설정하는 방법을 설명한다. 설정 과정은 먼저 MariaDB 서버 설정, Roundcubemail 설정, 마지막으로 테스트 과정의 순서로 진행한다.

A. MariaDB 설정

RoundCube를 사용하기 위한 첫 번째 과정은 MariaDB 데이터베이스에서 Roundcubemail 관련 데이터베이스를 생성하는 것이다.

```
[root@master ~]# mysql -u root -p        ❶
Enter password:
Welcome to the MariaDB monitor.  Commands end with; or \g.
Your MariaDB connection id is 5
Server version: 5.5.40-MariaDB-wsrep MariaDB Server, wsrep_25.11.r4026
Copyright (c) 2000, 2015, Oracle, MariaDB Corporation Ab and others.
Type 'help;' or '\h' for help. Type '\c' to clear the current input statement.
MariaDB [(none)]> create database roundcube;        ❷
Query OK, 1 row affected (0.00 sec)
MariaDB [(none)]> grant all privileges on roundcube.* to 'roundcube'@'localhost'
identified by 'roundcube';        ❸
Query OK, 0 rows affected (0.00 sec)
MariaDB [(none)]> flush privileges;
Query OK, 0 rows affected (0.00 sec)
MariaDB [(none)]> exit
```

❶ 데이터베이스 생성을 위해 사용자 root로 데이터베이스에 접속한다.

❷ SQL을 이용해 데이터베이스 roundcube를 생성한다.

❸ 사용자 roundcube에게 이 데이터베이스에 접근할 모든 권한을 패스워드와 함께 할당한다.

B. Roundcubemail 설정

이제 이 패키지 설치부터 설정 완료까지의 방법을 설명하겠다.

```
[root@master ~]# yum  -y install roundcubemail         ❶
[root@master ~]# rpm -qa | grep roundcube
roundcubemail-1.1.4-2.el7.noarch
[root@master ~]# cd /usr/share/roundcubemail/SQL       ❷
[root@master SQL]# mysql -u roundcube -p roundcube < mysql.initial.sql    ❸
Enter password:
[root@master SQL]# cd /etc/roundcubemail                ❹
[root@master roundcubemail]# cp -p defaults.inc.php config.inc.php    ❺
[root@master roundcubemail]# vim config.inc.php         ❻
# 라인 27: Roundcube password 및 데이터베이스 이름 입력하기
$config['db_dsnw'] = 'mysql://roundcube:password@localhost/roundcube';
# 라인 127: SSL이 적용된 IMAP 서버 지정하기
$config['default_host'] = 'ssl://ms.chul.com';
# 라인 130: IMAPS 포트 지정하기
$config['default_port'] = 993;
# 라인 232: SMTPS 서버 지정하기
$config['smtp_server'] = 'ssl://ms.chul.com';
# 라인 236: SMTPS 포트 지정하기
$config['smtp_port'] = 465;
# 라인 240: SMTP와 IMAP 인증을 위해 같은 계정 사용
$config['smtp_user'] = '%u';
# 라인 244: SMTP와 IMAP 인증을 위해 동일한 패스워드 사용
$config['smtp_pass'] = '%p';
# 라인 248: SMTP 인증 유형
$config['smtp_auth_type'] = 'LOGIN';
# 라인 260: SMTP HELO 호스트 이름 지정하기
$config['smtp_helo_host'] = 'ms.chul.com';
# 라인 449: 메일 도메인 지정하기
$config['mail_domain'] = 'chul.com';
# 라인 467: 로그인 화면 제목 변경하기
$config['product_name'] = 'Chul Com Webmail';
# 라인 470: 발송 시 메시지 헤더에서 UserAgent 변경하기
```

```
$config['useragent'] = 'Chul Com Webmail';
[root@master ~]# vim /etc/httpd/conf.d/roundcubemail.conf  ❼
14 Require ip 192.168.80.0/24
[root@master ~]# systemctl restart httpd       ❽
```

❶ 명령어 yum을 이용해 패키지를 설치한 다음 명령어 rpm을 이용해 그 패키지 설치를 확인한다.

❷ Roundcubemail 패키지가 제공하는 SQL 테이블 생성 파일이 있는 디렉토리로 가서

❸ 명령어 mysql을 이용해 사용자와 데이터베이스 이름 roundcube를 이용해 이 파일을 데이터베이스로 임포트import한다. 그러면 roundcube 데이터베이스 내부에 테이블이 생성된다.

❹ 다시 roundcubemail이 사용하는 설정 디렉토리로 가서

❺ 설정 파일로 사용할 파일을 복사한다.

❻ 그 파일을 명령어 vim으로 열어서 각 라인에 맞는 값들을 수정하기 바란다.

❼ 이 Roundcubemail에 접근 가능한 네트워크 주소를 설정한다.

❽ Apache 웹 서버를 다시 시작해 변경 사항을 적용한다.

C. 접속 테스트(www.chul.com/roundcubemail/)

이제 웹 메일 Roundcubemail로 접속을 시도하겠다. 접속할 URL은 https://www.chul.com/roundcubemail/이다. 5장과 6장에서 설정한 대로 웹 서버가 사용할 기본 주소 www.chul.com이 설정돼 있어야 한다. 이 웹 서버 이름으로 접속이 안 된다면 대신 IP 주소를 사용할 수 있다.

1. 접속 시도하기

URL https://www.chul.com/roundcubemail/로 접속을 시도하면 인증서 때문에 그림 8-12와 같은 메시지를 볼 수 있다. 고급을 클릭하고 아래의 예외 추가를 클릭한다.

그림 8-12   웹 메일 접속하기

2. 인증서 확인하기

그러면 그림 8-13처럼 인증서 정보를 확인할 수 있다. 인증서에서 아래의 보안 예외 확인을 클릭하고 빠져 나온다.

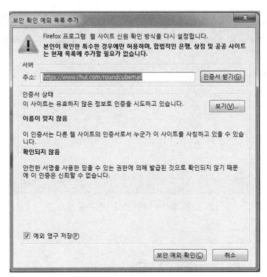

그림 8-13   인증서 확인하기

3. 사용자 인증하기

이제 사용자 park과 그 패스워드를 입력해 그림 8-14처럼 로그인을 시도한다.

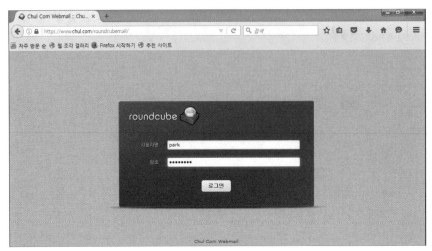

그림 8-14 사용자 인증하기

4. 메일박스에 접근하기

그림 8-15처럼 메일박스에 접근해서 메일을 확인할 수 있다.

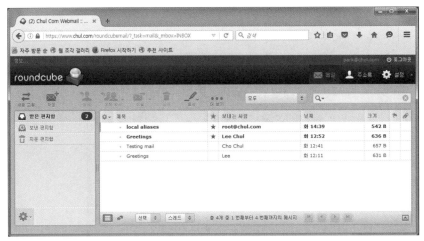

그림 8-15 메일박스 접근하기

8.8 메일 로그 프로그램 사용

메일 서버 구축 이후에 주고받은 메일에 대한 로그를 확인하는 데 사용하는 프로그램이 메일 로그 분석 프로그램이다. 여기에선 두 프로그램을 소개하는데, 커맨드라인에서 간단하게 사용할 수 있는 pflogsumm와 브라우저에서 접속해 사용할 수 있는 AWstats 프로그램이다.

8.8.1 pflogsumm

pflogsumm 프로그램은 Postfix 서버가 사용하는 로그 파일로부터 그 요약 정보를 확인하기 위해 사용하는 Perl 프로그램이다. Postfix 활동에 대한 전반적인 정보를 리포트 형식으로 요약해 관리자에게 제공한다. 특히 에러 관련 정보 확인을 통해 관리자는 에러에 대한 해결책을 찾는 데도 도움이 된다.

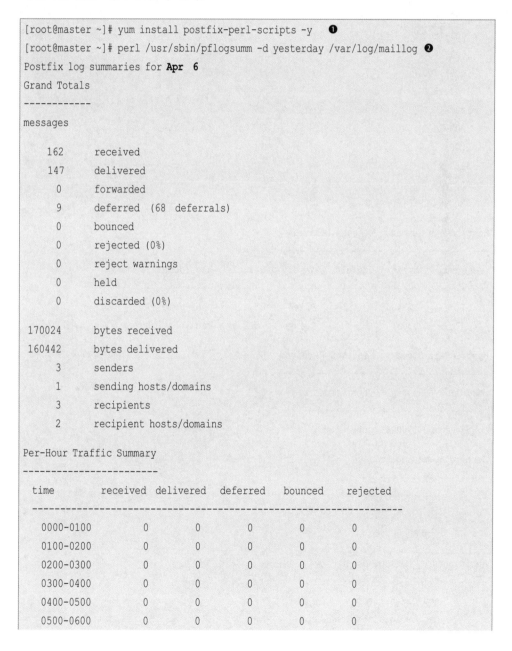

```
[root@master ~]# yum install postfix-perl-scripts -y      ❶
[root@master ~]# perl /usr/sbin/pflogsumm -d yesterday /var/log/maillog ❷
Postfix log summaries for Apr  6
Grand Totals
------------
messages

    162      received
    147      delivered
      0      forwarded
      9      deferred  (68  deferrals)
      0      bounced
      0      rejected (0%)
      0      reject warnings
      0      held
      0      discarded (0%)

 170024      bytes received
 160442      bytes delivered
      3      senders
      1      sending hosts/domains
      3      recipients
      2      recipient hosts/domains

Per-Hour Traffic Summary
------------------------

 time        received delivered  deferred   bounced    rejected
 ----------------------------------------------------------------
 0000-0100       0         0          0         0          0
 0100-0200       0         0          0         0          0
 0200-0300       0         0          0         0          0
 0300-0400       0         0          0         0          0
 0400-0500       0         0          0         0          0
 0500-0600       0         0          0         0          0
```

0600-0700	0	0	0	0	0
0700-0800	0	0	0	0	0
0800-0900	0	0	0	0	0
0900-1000	0	0	0	0	0
1000-1100	17	17	0	0	0
1100-1200	19	19	0	0	0
1200-1300	18	18	0	0	0
1300-1400	23	14	6	0	0
1400-1500	17	11	30	0	0
1500-1600	18	18	10	0	0
1600-1700	17	17	9	0	0
1700-1800	17	17	8	0	0
1800-1900	16	16	5	0	0
1900-2000	0	0	0	0	0
2000-2100	0	0	0	0	0
2100-2200	0	0	0	0	0
2200-2300	0	0	0	0	0
2300-2400	0	0	0	0	0

```
Host/Domain Summary: Message Delivery
---------------------------------------

  sent cnt    bytes     defers   avg dly   max dly  host/domain
  --------   -------   -------   -------   -------  -----------
     100      127405        68    9.1 m     15.2 h  chul.com
      47       33037         0    0.1 s      0.8 s  localhost.chul.com

Host/Domain Summary: Messages Received
---------------------------------------

  msg cnt     bytes    host/domain
  --------   -------   -----------
     156      170024   chul.com

Senders by message count
----------------------

    103  munin@chul.com
     47  nagios@chul.com
      6  root@chul.com

Recipients by message count
--------------------------

     54  nouser@chul.com
     47  nagios@localhost.chul.com
```

```
    46  root@chul.com

Senders by message size
----------------------
109646  munin@chul.com
 33037  nagios@chul.com
 27341  root@chul.com

Recipients by message size
------------------------
 70263  root@chul.com
 57142  nouser@chul.com
 33037  nagios@localhost.chul.com

message deferral detail
----------------------
  local (total: 68)
      68  user lookup error

message bounce detail (by relay): none
message reject detail: none
message reject warning detail: none
message hold detail: none
message discard detail: none
smtp delivery failures: none

Warnings
--------
  cleanup (total: 23)
       6  hash:/etc/postfix/virtual is unavailable. open database /etc/po...
       6  hash:/etc/postfix/virtual lookup error for "root@chul.com"
       5  database /etc/postfix/virtual.db is older than source file /etc...
       1  14FAF101EAE1: virtual_alias_maps map lookup problem for root@ch...
       1  22F46101EAE1: virtual_alias_maps map lookup problem for root@ch...
       1  279AF101EAE1: virtual_alias_maps map lookup problem for root@ch...

  local (total: 68)
      68  error looking up passwd info for catchall: No such file or dire...

Fatal Errors: none
Panics: none
Master daemon messages
----------------------
```

```
    7   daemon started -- version 2.10.1, configuration /etc/postfix
    6   terminating on signal 15
[root@master ~]# crontab -e       ❸
00 04 * * * perl /usr/sbin/pflogsumm -e -d yesterday /var/log/maillog
| mail -s 'Log Summary for Postfix' root
```

❶ 명령어 `pflogsumm`을 사용하기 위해 명령어 `yum`을 이용해 그 패키지를 설치한다.

❷ 명령어 `perl`을 사용해 이 프로그램을 실행하는데, 그 소스는 Postfix 서버가 사용하는 로그 파일이며, 어제 발생한 메일에 대한 정보를 요구하고 있다.

❸ 이것을 정기적으로 실행하고 그 결과를 메일로 받기 원하는 경우 명령어 `crontab`을 이용해 설정할 수 있다. 이것을 해석하면 매일 오진 4시에 이 프로그램을 실행하고 그 결과를 'Log Summary for Postfix'라는 제목으로 사용자 root에게 보내라는 의미다.

8.8.2 AWstats

AWstats는 웹 서버 기반에서 각종 서버에 대한 로그 통계를 그래프로 제공하는 강력한 오픈소스 로그 분석 프로그램이다. AWstats는 Apache, IIS, Weblogic 같은 웹 서버뿐 아니라 메일 서버나 FTP 서버에 대한 로그도 그래프를 통해 제공하고 있다. 더 자세한 정보는 웹사이트 http://awstats.sourceforge.net을 참고하기 바란다.

A. 서버 설정

먼저 awstats 서버를 설정하는 방법을 설명하면 다음과 같다.

```
[root@master ~]# yum install awstats -y   ❶
[root@master ~]# vim /etc/awstats/awstats.master.chul.com.conf   ❷
50 LogFile="/usr/share/awstats/tools/maillogconvert.pl standard <
/var/log/maillog |"     ❸
62 LogType=M            ❹
122 LogFormat="%time2 %email %email_r %host %host_r %method %url %code %bytesd"    ❺
838 LevelForBrowsersDetection=0              ❻
842 LevelForOSDetection=0
844 LevelForRefererAnalyze=0
846 LevelForRobotsDetection=0
848 LevelForSearchEnginesDetection=0
850 LevelForKeywordsDetection=0
852 LevelForFileTypesDetection=0
```

```
854 LevelForWormsDetection=0
# 956번 라인 아래다.                    ❼
ShowMonthStats=UHB
ShowDaysOfMonthStats=HB
ShowDaysOfWeekStats=HB
ShowHoursStats=HB
ShowDomainsStats=0
ShowHostsStats=HBL
ShowRobotsStats=0
ShowEMailSenders=HBML
ShowEMailReceivers=HBML
ShowSessionsStats=0
ShowPagesStats=0
ShowFileTypesStats=0
ShowOSStats=0
ShowBrowsersStats=0
ShowOriginStats=0
ShowKeyphrasesStats=0
ShowKeywordsStats=0
ShowMiscStats=0
ShowHTTPErrorsStats=0
ShowSMTPErrorsStats=1
[root@master ~]# vim /etc/httpd/conf.d/awstats.conf        ❽
30 Require ip 192.168.80.0/24                              ❾
[root@master ~]# systemctl restart httpd                  ❿
[root@master ~]# /usr/share/awstats/wwwroot/cgi-bin/awstats.pl -update
-config=master.chul.com -configdir=/etc/awstats    ⓫
Create/Update database for config "/etc/awstats/awstats.master.chul.com.conf" by
AWStats version 7.4 (build 20150714)
From data in log file "/usr/share/awstats/tools/maillogconvert.pl
standard < /var/log/maillog |"...
Phase 1 : First bypass old records, searching new record...
Direct access to last remembered record has fallen on another record.
So searching new records from beginning of log file...
Phase 2 : Now process new records (Flush history on disk after 20000 hosts)...
Jumped lines in file: 0
Parsed lines in file: 573
 Found 0 dropped records,
 Found 0 comments,
 Found 0 blank records,
```

```
Found 0 corrupted records,
Found 570 old records,
Found 3 new qualified records.
```

❶ 명령어 yum을 사용해 패키지를 설치한다.

❷ 명령어 vim을 이용해 awstats의 설정 파일을 수정한다.

❸ awstats가 인식해 변환시킬 메일 로그의 경로를 지정한다.

❹ 분석할 로그의 형태가 메일 로그라는 의미다.

❺ 로그의 포맷을 결정하는데, 기본은 Apache 로그의 포맷을 사용한다. 이것을 환경에 맞게 수정할 수 있다. 여기 있는 포맷들은 모두 이 설정 파일에서 설명을 제공하고 있으니 참고하기 바란다.

❻ 라인 번호 838-854까지는 그 값을 0으로 설정했는데, 이것은 각 기능을 비활성화하라는 의미다.

❼ 라인 번호 956번 아래는 웹사이트 통계에서 보여줄 목록을 결정한다. 여기서 숫자 0은 비활성화, 1은 활성화를 의미한다. 또한 HBML은 다음과 같은 의미다.
  - H: 방문자 수 또는 전체 메일 개수
  - B: 대역폭^{Bandwith} 또는 전체 메일 크기
  - M: 메일의 평균 크기
  - L: 마지막 접속 날짜

❽ Apache 웹 서버에서 awstats에 대한 접근 통제를 위해 파일을 수정한다.

❾ 웹상에서 awstats에 접근 가능한 네트워크 주소를 설정한다.

❿ 변경된 정보 적용을 위해 웹 서버를 다시 시작한다.

⓫ /etc/awstats 디렉토리의 정보를 사용해 awstats가 제공할 데이터베이스를 생성한다.

B. AWstats 접속

브라우저에서 URL http://master.chul.com/awstats/awstats.pl을 통해 접속이 가능하다. 그림 8-16처럼 접속한 후에 이메일에 대한 로그를 확인해보기 바란다. 도메인이 동작하지 않는 경우 IP 주소를 이용해 시도해보기 바란다.

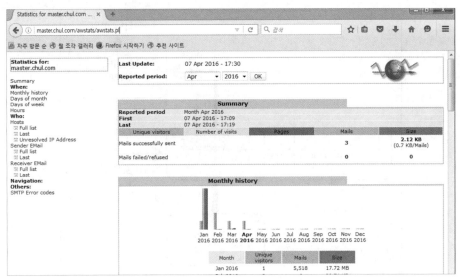

그림 8-16 AWstats 접속하기

8.9 Postfix 보안 설정: ClamAV와 Amavisd

이번 절에서는 Postfix 보안 설정을 위한 프로그램으로 ClamAV, Amavisd, Spamassassin
을 소개하고, 설정 방법을 살펴본다. ClamAV는 메일 서버에 저장되는 메일에서 트로이잔
(트로이목마), 바이러스, 악성코드를 검색 및 탐지, 그리고 제거하기 위해 사용되는 오픈소스
안티바이러스 프로그램이다. Amavisd는 메일 서버와 ClamAV 같은 바이러스 스캐너 사
이뿐 아니라 스팸 제거 프로그램인 Spamassassin을 위한 필터링 기능을 제공하는 오픈소
스 이메일 필터링 프로그램이다.

　Spamassassin은 메일 서버로 들어오는 메일 중에서 스팸에 해당되는 메일을 필터링하기
위해 사용되는 오픈소스 프로그램이다. 위 프로그램에 대한 더 자세한 정보는 웹사이트
www.clamav.net와 www.ijs.si/software/amavisd/를 참고하기 바란다. 이 세 가지 프로그
램을 사용해 바이러스와 악성코드로부터 Postfix 메일 서버의 보안을 강화하기 위한 방법
을 살펴본다.

8.9.1 Postfix와 필터링 프로그램 이해

이번 절에서 사용할 프로그램 Amavisd, ClamAV, Spamassassin과 Postfix 서버와의 관계
를 그림 8-17을 보며 설명하면 다음과 같다.

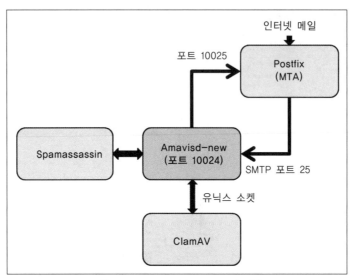

그림 8-17 ClamAV와 Amavisd의 관계

그림 8-17처럼 각 프로그램들과의 관계를 이해하는 것은 매우 간단한다. Postfix 서버가 메일을 받으면 포트 25번을 통해 그것을 Amavisd가 사용하는 포트 10024를 통해 전달한다. Amavisd는 이를 Spamassassin에게 스팸 메일 검사를 의뢰하고, ClamAV에겐 바이러스 검사를 의뢰한다. 이 검사를 모두 마치면 Spamassassin과 ClamAV는 이 메일을 Amavisd에게 되돌려 보내고, Amavisd는 이를 다시 포트 10025번을 통해 Postfix 서버에게 되돌려 보낸다. 이 검사를 모두 통과한 메일에 대해서만 Postfix 서버는 전달 과정을 수행한다.

8.9.2 Amavisd와 Spamassassin 시작

첫 번째로 바이러스 스캐너 ClamAV와 스팸 필터링 Spamassassin에게 필터링 기능을 제공하는 Amavisd와 Spamassassin 서버를 설치하고, 서비스를 시작하는 방법을 살펴본다.

A. Amavisd 설치와 설정

첫 번째로 Amavisd를 설치하고 기본 정보를 설정하는 방법은 다음과 같다.

```
[root@master ~]# yum install amavisd-new -y        ❶
[root@master ~]# rpm -qa | grep amavisd            ❷
amavisd-new-2.10.1-5.el7.noarch
[root@master ~]# vim /etc/amavisd/amavisd.conf     ❸
```

```
20  $mydomain = 'chul.com';              ④
58  $inet_socket_port = 10024;           ⑤
152 $myhostname = 'ms.chul.com';         ⑥
154 $notify_method = 'smtp:[127.0.0.1]:10025';    ⑦
155 $forward_method = 'smtp:[127.0.0.1]:10025';
```

❶ 명령어 yum을 사용해 amavisd 패키지를 설치한다.

❷ 명령어 rpm을 사용해 amavisd-new 패키지를 설치하고 버전 정보를 확인한다.

❸ 명령어 vim으로 amavisd-new의 설정 파일을 열어서

❹ 도메인을 지정하는데, 이 도메인 정보는 Postfix 서버에서 설정한 것과 동일해야 한다.

❺ amavisd가 사용할 포트 번호인데, 기본적으로 10024번을 사용하며 변경이 가능하다.

❻ 마찬가지로 호스트 이름도 Postfix 서버에서 설정한 것과 동일하게 설정한다.

❼ amavisd 데몬이 검사를 마친 이후에 Postfix 서버로 다시 메일을 반환하기 위해 필요한 접속 포트 번호다. 나중에 Postfix 서버 설정에서 이 포트를 사용해야 amavisd와의 통신이 가능하게 된다.

B. Amavisd 서비스 시작

이제 설치 및 기본 정보 설정이 완료됐으므로 서비스를 시작할 수 있다.

```
[root@master ~]# systemctl start amavisd      ❶
[root@master ~]# systemctl enable amavisd     ❷
[root@master ~]# systemctl status amavisd     ❸
amavisd.service - Amavisd-new is an interface between MTA and content checkers.
Loaded: loaded (/usr/lib/systemd/system/amavisd.service; enabled;
vendor preset: disabled)
Active: active (running) since Sat 2016-05-14 12:15:30 KST; 13s ago
       Docs: http://www.ijs.si/software/amavisd/#doc
   Process: 15800 ExecStart=/usr/sbin/amavisd -c /etc/amavisd/amavisd.conf
(code=exited, status=0/SUCCESS)
 Main PID: 15856 (/usr/sbin/amavi)
   CGroup: /system.slice/amavisd.service
           15856 /usr/sbin/amavisd (master)
           15903 /usr/sbin/amavisd (virgin child)
           15904 /usr/sbin/amavisd (virgin child)
May 14 12:15:30 master.chul.com amavis[15856]: Found decoder for  .swf at /usr/bin/7z
May 14 12:15:30 master.chul.com amavis[15856]: Found decoder for  .lha at /usr/bin/7z
May 14 12:15:30 master.chul.com amavis[15856]: Found decoder for  .iso at /usr/bin/7z
```

```
May 14 12:15:30 master.chul.com amavis[15856]: Found decoder for    .exe  at
/usr/bin/unarj
May 14 12:15:30 master.chul.com amavis[15856]: No decoder for      .lz4
May 14 12:15:30 master.chul.com amavis[15856]: Using primary internal av scanner code
for ClamAV-clamd
May 14 12:15:30 master.chul.com amavis[15856]: Found secondary av scanner
ClamAV-clamscan at /us...can
May 14 12:15:30 master.chul.com amavis[15856]: Deleting db files  in
/var/spool/amavisd/db
May 14 12:15:30 master.chul.com amavis[15856]: Creating db in /var/spool/amavisd/db/;
BerkeleyDB...5.3
May 14 12:15:30 master.chul.com systemd[1]: Started Amavisd-new is an interface
between MTA and ...s..
[root@master ~]# netstat -natlp | grep 10024     ❹
tcp    0 0 127.0.0.1:10024      0.0.0.0:*      LISTEN      16107/amavisd (mast
tcp6   0 0 ::1:10024            :::*           LISTEN      16107/amavisd (mast
[root@master ~]# lsof -i tcp:10024               ❺
COMMAND    PID   USER    FD   TYPE DEVICE SIZE/OFF NODE NAME
/usr/sbin 16107 amavis   7u   IPv4 155361    0t0   TCP localhost:10024 (LISTEN)
/usr/sbin 16107 amavis   8u   IPv6 155362    0t0   TCP [::1]:10024 (LISTEN)
/usr/sbin 16155 amavis   7u   IPv4 155361    0t0   TCP localhost:10024 (LISTEN)
/usr/sbin 16155 amavis   8u   IPv6 155362    0t0   TCP [::1]:10024 (LISTEN)
/usr/sbin 16156 amavis   7u   IPv4 155361    0t0   TCP localhost:10024 (LISTEN)
/usr/sbin 16156 amavis   8u   IPv6 155362    0t0   TCP [::1]:10024 (LISTEN)
[root@master ~]# ps -ef | grep amavisd           ❻
amavis   15801     1 3 12:15 ?   00:00:11 /usr/sbin/clamd -c /etc/clamd.d/
amavisd.conf --nofork=yes
amavis   16107     1 0 12:17 ?   00:00:01 /usr/sbin/amavisd (master)
amavis   16155 16107 0 12:17 ?   00:00:00 /usr/sbin/amavisd (virgin child)
amavis   16156 16107 0 12:17 ?   00:00:00 /usr/sbin/amavisd (virgin child)
[root@master ~]# telnet localhost 10024          ❼
Trying 127.0.0.1...
Connected to localhost.
Escape character is '^]'.
220 [127.0.0.1] ESMTP amavisd-new service ready
```

❶ 명령어 systemctl을 사용해 amavisd 데몬을 시작한다.

❷ 명령어 systemctl을 사용해 amavisd 데몬이 부팅 후에 자동으로 시작되게 설정한다.

❸ 명령어 systemctl을 사용해 amavisd 데몬의 상태를 확인하는데, active와 데몬이 시작
됐다는 메시지와 프로세스를 확인할 수 있다.

❹ 명령어 `netstat`를 사용해 amavisd가 사용하는 포트 10024번이 열렸는지 확인한다.

❺ 명령어 `lsof`를 사용해 amavisd가 사용하는 포트를 확인해보면 사용 중인 PID와 그 사용자, 그리고 서비스의 포트 10024번을 볼 수 있다.

❻ 명령어 `ps`를 사용해 그 프로세스를 확인해보면 amavisd와 다음에 설명할 clamd도 같이 프로세스로 동작하고 있음을 알 수 있다.

❼ 명령어 `telnet`으로 amavisd 포트 10024번으로 접속하면 서비스가 준비됐다는 메시지를 확인할 수 있다.

C. Spamassassin 설치와 서비스 시작

두 번째로 Spamassasin를 설치하고 서비스를 시작하는 방법은 다음과 같다.

```
[root@master ~]# yum install spamassassin -y          ❶
[root@master ~]# rpm -qa | grep spamassassin          ❷
spamassassin-3.4.0-2.el7.x86_64
[root@master ~]# sa-update -D          ❸
[root@master ~]# systemctl start spamassassin          ❹
[root@master ~]# systemctl enable spamassassin          ❺
[root@master ~]# systemctl status spamassassin          ❻
spamassassin.service - Spamassassin daemon
Loaded: loaded (/usr/lib/systemd/system/spamassassin.service; enabled;
vendor preset: disabled)
Active: active (running) since Sat 2016-05-14 12:23:12 KST; 1h 32min ago
Process: 16405 ExecStart=/usr/bin/spamd --pidfile /var/run/spamd.pid $SPAMDOPTIONS
(code=exited, status=0/SUCCESS)
 Process: 16401 ExecStartPre=/sbin/portrelease spamd (code=exited, status=0/SUCCESS)
 Main PID: 16444 (/usr/bin/spamd )
  CGroup: /system.slice/spamassassin.service
        16444 /usr/bin/spamd --pidfile /var/run/spamd.pid -d -c -m5 -H
        16446 spamd child
        16447 spamd child
May 14 12:23:06 master.chul.com systemd[1]: Starting Spamassassin daemon...
May 14 12:23:06 master.chul.com spamd[16405]: logger: removing stderr method
May 14 12:23:12 master.chul.com spamd[16444]: spamd: server started on IO::Socket::IP
[127.0.0.1....0)
May 14 12:23:12 master.chul.com spamd[16444]: spamd: server pid: 16444
May 14 12:23:12 master.chul.com spamd[16444]: prefork: child states: IS
May 14 12:23:12 master.chul.com spamd[16444]: prefork: child states: II
May 14 12:23:12 master.chul.com systemd[1]: Started Spamassassin daemon.
```

```
[root@master ~]# ps -ef | grep spam    ❼
root     16444     1  0 12:23 ?        00:00:02 /usr/bin/spamd --
pidfile /var/run/spamd.pid -d -c -m5 -H
root     16446 16444  0 12:23 ?        00:00:00 spamd child
root     16447 16444  0 12:23 ?        00:00:00 spamd child
```

❶ 명령어 yum을 사용해 Spamassassin 패키지를 설치한다.

❷ 명령어 rpm을 사용해 설치 및 버전 정보를 확인한다.

❸ Spamassassin이 제공하는 룰Rule을 업데이트하는데, 자세한 메시지를 보기 위해 디버깅 D 옵션을 추가했다. 업데이트를 모두 마치면 그 룰을 /var/lib/spamassassin 디렉토리에 저장한다.

❹ 명령어 systemctl을 사용해 spamassassin 서비스를 특별한 수정 없이 시작한다.

❺ 명령어 systemctl을 사용해 spamassassin 서비스를 부팅 이후에 자동으로 시작되도록 설정한다.

❻ 명령어 systemctl을 사용해 spamassassin 서비스의 상태를 확인해보면 active와 데몬이 시작됐다는 메시지와 활성화된 프로세스를 볼 수 있다.

❼ 명령어 ps를 사용해 그 프로세스를 확인할 수 있다.

8.9.3 ClamAV 설정

이제 세 번째 순서로 실질적인 바이러스와 악성코드를 탐지하고 제거하는 기능을 수행하는 ClamAV를 설치하고, 서비스를 시작하는 방법을 살펴본다.

A. 설치

먼저 이 패키지를 설치하고 이 프로그램이 작동하는지 간단한 테스트를 해보면 다음과 같다.

```
[root@master ~]# yum install clamav-server clamav-server-systemd clamav
clamav-update -y    ❶
[root@master ~]# rpm -qa | grep clamav    ❷
clamav-server-0.99-2.el7.x86_64
clamav-0.99-2.el7.x86_64
clamav-filesystem-0.99-2.el7.noarch
clamav-data-0.99-2.el7.noarch
clamav-server-systemd-0.99-2.el7.noarch
```

```
clamav-lib-0.99-2.el7.x86_64
clamav-update-0.99-2.el7.x86_64
[root@master ~]# vim /etc/freshclam.conf        ❸
8  #Example
[root@master ~]# freshclam        ❹
ClamAV update process started at Sat May 14 19:12:40 2016
~
main.cvd is up to date (version: 57, sigs: 4218790, f-level: 60, builder: amishhammer)
daily.cvd updated (version: 21543, sigs: 142010, f-level: 63, builder: neo)
Downloading bytecode.cvd [100%]
bytecode.cvd updated (version: 277, sigs: 47, f-level: 63, builder: neo)
Database updated (4360847 signatures) from database.clamav.net (IP: 130.59.10.36)
[root@master ~]# clamscan --infected --remove --recursive /root        ❺
----------- SCAN SUMMARY -----------
Known viruses: 4355461
Engine version: 0.99
Scanned directories: 1
Scanned files: 52
Infected files: 0
Data scanned: 12.96 MB
Data read: 6.42 MB (ratio 2.02:1)
Time: 10.570 sec (0 m 10 s)
[root@master ~]# curl -O http://www.eicar.org/download/eicar.com        ❻
[root@master ~]# clamscan --infected --remove -recursive /root        ❼
./eicar.com: Eicar-Test-Signature FOUND
./eicar.com: Removed.
----------- SCAN SUMMARY -----------
Known viruses: 4355461
Engine version: 0.99
Scanned directories: 1
Scanned files: 52
Infected files: 1
Data scanned: 12.96 MB
Data read: 6.42 MB (ratio 2.02:1)
Time: 10.570 sec (0 m 10 s)
```

❶ 명령어 yum을 사용해 ClamAV 패키지를 설치한다.

❷ 명령어 rpm을 사용해 패키지 설치와 버전 정보를 확인한다.

❸ ClamAV 업데이트에 사용되는 파일을 명령어 vim으로 열어서 8번 라인에 주석(#)을
추가한다.

❹ 이 명령어를 사용해 ClamAV가 제공하는 룰 데이터베이스의 업데이트를 실행하는데, 업데이트를 모두 마치면 그 데이터를 저장한 세 개의 파일이 /var/lib/clamav에 저장된다.

❺ 명령어 clamscan을 사용해서 /root 디렉토리를 바이러스 검색하고, 감염된 경우 삭제하라는 옵션을 추가해 검사를 진행해보면 현재는 바이러스가 발견되지 않았다.

❻ 테스트를 위해 명령어 curl을 사용해 eicar.org에서 제공하는 안티바이러스 테스트용 파일을 다운로드한다.

❼ 다시 ❺의 명령어를 사용해 eicar.com이 다운로드된 /root 디렉토리를 검색하면 이 바이러스를 탐지해 자동으로 제거한다. 이를 통해 현재 ClamAV가 잘 작동하고 있음을 확인할 수 있다.

B. 서비스 시작

이제 간단한 설정 후에 이 ClamAV 서비스를 시작할 수 있다.

```
[root@master ~]# cp /usr/share/doc/clamav-server-0.99/clamd.sysconfig
/etc/sysconfig/clamd.amavisd    ❶
[root@master ~]# vim /etc/sysconfig/clamd.amavisd                      ❷
CLAMD_CONFIGFILE=/etc/clamd.d/amavisd.conf
CLAMD_SOCKET=/var/run/clamd.amavisd/clamd.sock
[root@master ~]# vim /usr/lib/systemd/system/clamd@.service            ❸
[Install]
WantedBy=multi-user.target
[root@master ~]# systemctl daemon-reload          ❹
[root@master ~]# systemctl start clamd@amavisd    ❺
[root@master ~]# systemctl enable clamd@amavisd   ❻
[root@master ~]# systemctl status clamd@amavisd   ❼
clamd@amavisd.service - clamd scanner (amavisd) daemon
Loaded: loaded (/usr/lib/systemd/system/clamd@.service; disabled; vendor preset:
disabled)
Active: active (running) since Sat 2016-05-14 17:40:31 KST; 3h 4min ago
 Main PID: 3273 (clamd)
   CGroup: /system.slice/system-clamd.slice/clamd@amavisd.service
     3273 /usr/sbin/clamd -c /etc/clamd.d/amavisd.conf --nofork=yes
May 14 20:11:04 master.chul.com clamd[3273]: SelfCheck: Database status OK.
May 14 20:11:04 master.chul.com clamd[3273]: SelfCheck: Database status OK.
May 14 20:44:30 master.chul.com systemd[1]: Started clamd scanner (amavisd) daemon.
May 14 20:44:47 master.chul.com systemd[1]: Started clamd scanner (amavisd) daemon5
```

❶ Clamd 데몬이 데몬 시작 시에 사용할 설정 파일과 소켓을 지정하기 위한 설정 파일을 복사한다.

❷ 복사한 파일을 열어서 맨 앞의 주석을 제거하고 SERVICE 대신 amavisd를 입력한다. 이렇게 하면 Clamd 데몬이 시작 시에 읽어 들일 설정 파일과 데몬이 성공적으로 시작될 경우 그 소켓의 경로를 여기에서 정의한 대로 사용하게 된다.

❸ 서비스 시작을 위해 Clamd가 사용할 Systemd 유닛unit 파일을 열어 부팅 시에 자동으로 이 서비스가 시작되게 Install 섹션을 추가한다.

❹ 위 Systemd가 사용하는 파일을 수정했으므로 그 데몬을 다시 읽어 들이고

❺ 명령어 systemctl을 사용해 clamd 서비스를 시작한다.

❻ 명령어 systemctl을 사용해 clamd 서비스가 부팅 이후에 자동으로 시작되게 설정한다.

❼ 명령어 systemctl을 사용해 그 상태를 확인하는데 active와 clamd 스캐너가 시작됐다는 메시지를 볼 수 있다.

8.9.4 Postfix 서버 설정

이제 Postfix 서버에서 Amavisd와 ClamAV를 사용하기 위한 방법을 살펴본다. 그리고 메일 서버에서 이 스캐너가 잘 작동하는지 그 테스트를 진행한다.

A. 설정 파일 편집

먼저 Postfix 서버에서 설정 파일을 수정하고 그 서비스를 다시 시작해줘야 앞에서 생성한 서비스를 사용할 수 있다.

```
[root@master ~]# vim /etc/postfix/main.cf
699 content_filter=smtp-amavis:[127.0.0.1]:10024    ❶
[root@master ~]# vim /etc/postfix/master.cf         ❷
smtp-amavis unix -    -    n    -    2 smtp          ❸
    -o smtp_data_done_timeout=1200
    -o smtp_send_xforward_command=yes
    -o disable_dns_lookups=yes
127.0.0.1:10025 inet n    -    n    -    - smtpd     ❹
    -o content_filter=
    -o local_recipient_maps=
    -o relay_recipient_maps=
    -o smtpd_restriction_classes=
    -o smtpd_client_restrictions=
```

```
    -o smtpd_helo_restrictions=
    -o smtpd_sender_restrictions=
    -o smtpd_recipient_restrictions=permit_mynetworks,reject
    -o mynetworks=127.0.0.0/8          ❺
    -o strict_rfc821_envelopes=yes
    -o smtpd_error_sleep_time=0
    -o smtpd_soft_error_limit=1001
    -o smtpd_hard_error_limit=1000
[root@master ~]# systemctl restart postfix          ❻
[root@master ~]# netstat -natlp | grep 10024          ❼
tcp   0  0 127.0.0.1:10024      0.0.0.0:*      LISTEN 4228/amavisd (maste
tcp6  0     0 ::1:10024         :::*           LISTEN 4228/amavisd (maste
[root@master ~]# netstat -natlp | grep 10025          ❽
tcp   0  0 127.0.0.1:10025      0.0.0.0:*      LISTEN   9891/master
tcp  48  0 127.0.0.1:43979  127.0.0.1:10025    CLOSE_WAIT 4325/amavisd (ch1-a
[root@master ~]# telnet localhost 10025               ❾
Trying 127.0.0.1...
Connected to localhost.
Escape character is '^]'.
220 ms.chul.com ESMTP
```

❶ Postfix 서버에서 메시지 필터링 기능을 활성화하는데, 이 기능을 담당할 서비스 이름과 로컬 호스트의 포트 번호를 amavisd가 사용하는 포트 번호로 지정한다. 이렇게 지정하면 Postfix 서버는 이메일 메시지의 필터링을 위해 받은 메일을 amavisd로 보내게 된다.

❷ Postfix 서버가 사용할 서비스를 정의하는 파일을 명령어 vim으로 열어서

❸ ❶에서 메시지 필터링을 위해 사용할 서비스를 지정했는데, 여기에서 이 서비스를 정의 해주면 Postfix 서버의 SMTP 클라이언트인 smtp가 메일을 받아서 이 서비스로 보내게 된다. 그리고 숫자 2는 이 서비스 사용 시 실행될 프로세스 개수인데, 이 숫자는 파일 /etc/amavisd/amavisd.conf에 정의된 $max_servers = 2와 같아야 한다. 또한 이 서비스 사용 시 가능한 옵션도 같이 정의한다.

❹ smtp가 보낸 메일을 amavisd가 필터링을 마치면 다시 이 메일을 되돌려 받아 처리할 서비스로서 로컬 호스트와 포트 번호를 TCP/IP 소켓을 의미하는 inet 유형과 함께 Postfix 서버에 정의하는데, 이 작업은 Postfix의 백그라운드 서버로 사용되는 smtpd가 맡게 된다. 마찬가지로 사용할 옵션도 같이 정의한다.

❺ smtpd 데몬은 메시지 릴레이를 위해 로컬 호스트 주소에서만 이 포트로의 접속을 허용 한다.

❻ 앞의 변경 사항들이 적용되도록 Postfix 서버를 다시 시작한다.

❼ amavisd가 사용하는 포트 10024번을 명령어 `netstat`로 열려 있는지 확인한다.

❽ ❹에서 정의한 smtpd가 amavisd와 통신할 포트 10025번을 명령어 `netstat`로 열려 있는지 확인한다.

❾ ❽에서 테스트한 포트 10025번으로 실제 접속이 이뤄지는지 명령어 `telnet`을 이용해 테스트한다.

B. 테스트

이제 모든 준비가 끝났으므로 실제 메일에서 이 프로그램이 잘 동작하는지 테스트한다.

```
[root@master test-messages]# pwd          ❶
/usr/share/doc/amavisd-new-2.10.1/test-messages
[root@master test-messages]# perl -pe 's/./chr(ord($&)^255)/sge' <
sample.tar.gz.compl | zcat | tar xvf -          ❷
[root@master test-messages]# mail -vs "virus testing" lee@chul.com <
sample-virus-executable.txt          ❸
[root@master test-messages]# mail -vs "spam testing" lee@chul.com <
sample-spam-GTUBE-junk.txt          ❹
[root@master test-messages]# spamc -c < sample-spam-GTUBE-junk.txt
1000.0/5.0 ❺
[root@master test-messages]# tail -f /var/log/maillog
May 16 10:24:15 master amavis[6587]: (06587-02) Blocked INFECTED (Eicar-Test-Signature)
{DiscardedInbound,Quarantined}, [127.0.0.1] <root@chul.com> -> <lee@chul.com>,
Message-ID: <20160516012415.2E5451067A5F@ms.chul.com>, mail_id: Y8-Y3lUw5_Ad, Hits:
-, size: 5015, 78 ms ❻
May 16 10:24:15 master postfix/smtp[7336]: 2E5451067A5F: to=<lee@chul.com>,
relay=127.0.0.1[127.0.0.1]:10024, delay=0.09,
delays=0.01/0/0/0.08, dsn=2.7.0, status=sent (250 2.7.0 Ok, discarded, id=06587-02 -
INFECTED: Eicar-Test-Signature)          ❼
May 16 10:33:56 master amavis[6586]: (06586-03) Blocked SPAM          ❽
{DiscardedInbound,Quarantined}, [127.0.0.1] <root@chul.com> -> <lee@chul.com>,
Message-ID: <20160516013354.77E961067A5F@ms.chul.com>, mail_id: xEfzqowmhaHx, Hits:
999.999, size: 1234, 2272 ms
May 16 10:33:56 master postfix/smtp[8891]: 77E961067A5F: to=<lee@chul.com>,
relay=127.0.0.1[127.0.0.1]:10024, delay=2.4, delays=0.14/0.02/0.01/2.3, dsn=2.7.0,
status=sent (250 2.7.0 Ok, discarded, id=06586-03 - spam)          ❾
May 16 10:33:02 master spamd[6436]: spamd: identified spam (1000.0/5.0) for root:99 in
3.9 seconds, 799 bytes.          ❿
```

```
May 16 10:33:02 master spamd[6436]: spamd: result: Y 999 - GTUBE, NO_RECEIVED,
NO_RELAYS scantime=3.9,size=799,user=root,uid=99, required
_score=5.0,rhost=::1,raddr=::1,rport=60747,mid=<GTUBE1.1010101@example.net>,
autolearn=no autolearn_force=no     ⓫
```

❶ amavisd가 제공하는 테스트 파일이 저장된 디렉토리로 이동한다.

❷ 명령어 perl을 사용해 압축된 테스트용 샘플 파일의 압축을 해제한다.

❸ 테스트를 위해 메일 사용자 lee@chul.com에게 압축이 해제된 디렉토리에서 바이러스가 포함된 파일을 전송한다.

❹ 동일하게 이번에는 스팸 메일을 전송한다.

❺ 이번에는 Spamassassin을 테스트하기 위해 Spamassassin 클라이언트 명령어 spamc을 이용해 스팸 파일을 전송한다.

❻ 이러한 메일 내용을 Postfix 서버가 어떻게 처리하는지 알기 위해 명령어 tail로 메일 로그를 실시간으로 검사해보면 첫 번째 바이러스가 포함된 메일은 amavis에 의해서 바이러스로 인해 차단됐고(Blocked)

❼ 결국 smtp에 의해 버려졌다는 메시지(discarded)를 볼 수 있다.

❽ 두 번째 스팸 메일은 마찬가지로 amavis에 의해 차단됐고(Blocked)

❾ smtp에 의해 버려졌다는 메시지(discarded)를 볼 수 있다.

❿ 세 번째 spamc에 의해 테스트된 메일은 spamd 데몬에 의해 스팸으로 인식돼

⓫ 릴레이되지 않았다는 메시지(NO_RELAYS)를 확인할 수 있다.

그리고 사용자 lee의 메일박스를 그림 8-18처럼 확인해보면 앞에서 보낸 모든 메일이 도착되지 않았음을 알 수 있다.

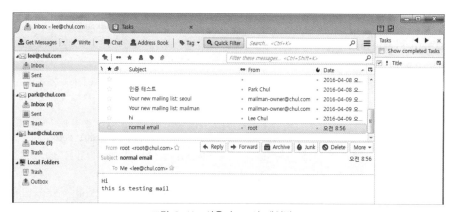

그림 8-18 사용자 lee의 메일박스

8.10 PostfixAdmin 사용

PostfixAdmin은 브라우저상에서 Postfix 서버를 설정할 수 있는 프로그램이다. PostfixAdmin 을 사용하려면 웹 서버와 데이터베이스 프로그램이 미리 설치돼 작동되고 있어야 한다. 여기선 테스트를 위해 웹 서버로 Apache, 그리고 데이터베이스 서버로 9장에서 설명할 MariaDB를 사용하겠다.

8.10.1 PostfixAdmin 설치와 데이터베이스 설정

PostfixAdmin 설정을 위해 먼저 http://postfixadmin.sourceforge.net/에서 최신 버전의 postfixadmin-2.93.tar.gz를 다운로드하기 바란다.

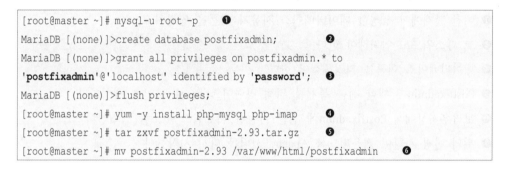

```
[root@master ~]# mysql-u root -p      ❶
MariaDB [(none)]>create database postfixadmin;      ❷
MariaDB [(none)]>grant all privileges on postfixadmin.* to
'postfixadmin'@'localhost' identified by 'password';      ❸
MariaDB [(none)]>flush privileges;
[root@master ~]# yum -y install php-mysql php-imap      ❹
[root@master ~]# tar zxvf postfixadmin-2.93.tar.gz      ❺
[root@master ~]# mv postfixadmin-2.93 /var/www/html/postfixadmin      ❻
```

❶ Postfixadmin을 위한 데이터베이스 생성을 위해 MariaDB 서버에 접속한다.

❷ SQL을 이용해 데이터베이스 postfixadmin을 생성한다.

❸ 이 데이터베이스를 사용할 사용자 postfixadmin과 패스워드를 생성하고 권한 또한 부여한다.

❹ Postfix 설정에 필요한 두 가지 패키지를 명령어 yum으로 설치한다.

❺ 다운로드받은 Postfixadmin 파일을 명령어 tar로 압축 해제한다.

❻ 압축 해제된 디렉토리를 Apache 웹 서버가 Postfixadmin을 인식할 수 있게 웹 서버가 기본으로 사용하는 디렉토리로 이동한다.

8.10.2 PostfixAdmin 설정

이제 웹상에서 Postfixadmin를 사용하기 위한 설정을 한다. 여기에서 설정은 Postfixadmin 이 사용할 데이터베이스 정보와 접근 가능한 네트워크 주소 설정 두 가지다.

```
[root@master ~]# vim /var/www/html/postfixadmin/config.inc.php  ❶
$CONF['configured'] = true;
$CONF['database_user'] = 'postfixadmin';      ❷
$CONF['database_password'] = 'password';      ❸
$CONF['database_name'] = 'postfixadmin';      ❹
[root@master ~]# vim /etc/httpd/conf.d/postfixadmin.conf       ❺
<Directory /var/www/html/postfixadmin/>
Order Deny,Allow
Deny from all
Allow from 127.0.0.1 192.168.80.0/24          ❻
</Directory>
[root@master ~]# systemctl restart httpd      ❼
```

❶ Postfixadmin의 설정 파일을 명령어 vim으로 열어서

❷ 이전 단계에서 생성한 데이터베이스 사용자 이름을 입력하고

❸ 그 패스워드도 입력해야 한다.

❹ 데이터베이스 이름을 지정해줘야 한다.

❺ Postfixadmin에 대한 접근 통제를 위해 명령어 vim으로 파일을 생성한다.

❻ 브라우저상에서 Postfixadmin에 접근 가능한 네트워크 주소를 입력한다.

❼ 위의 변경 사항이 적용되도록 Apache 서버를 다시 시작한다.

8.10.3 PostfixAdmin 접속

이제 브라우저를 통해 Postfixadmin에 접속하고 나머지 설정을 진행한다.

A. 접속

첫 번째로 브라우저에서 주 도메인과 postfixadmin 디렉토리를 이용해 그림 8-19처럼
www.chul.com/postfixadmin/setup.php를 입력하고 접속한다.

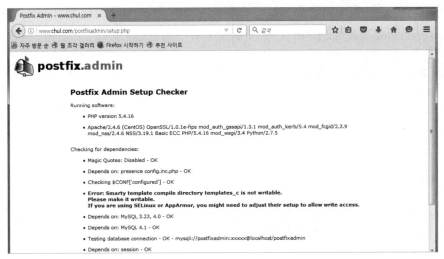

그림 8-19 PostfixAdmin 접속하기

접속 시에 파일의 권한 관련 에러가 발생하면 다음과 같이 권한을 변경하기 바란다.

```
[root@master ~]# cd /var/www/html/postfixadmin
[root@master postfixadmin]# chmod 777 templates_c
[root@master postfixadmin]# systemctl restart httpd
```

B. 패스워드 해시 생성

두 번째 단계는 그림 8-20처럼 설정 패스워드 해시를 생성한다. 여기서 생성된 해시 정보는 설정 파일에 추가돼야만 다음 진행이 계속 이뤄진다.

그림 8-20 설정 패스워드 해시 생성하기

설정 디렉토리에서 config.ini.php 파일을 열어 그림 8-4에서 생성된 해시를 복사한 후에 31번 라인에 붙여넣기를 하고 웹 서버를 다시 시작해줘야 한다.

```
[root@master ~]# vim /var/www/html/postfixadmin/config.ini.php
31 $CONF['setup_password']= '999bdf861f307bb42d1b239e5a35684d:e0af855
5427a13236acde130191531cddd6bf208';
[root@master ~]# systemctl restart httpd
```

C. 관리자 생성

설정 패스워드 해시 정보가 설정 파일에 추가된 이후에 그림 8-21처럼 관리자의 정보를 설정 패스워드 입력과 함께 생성한다.

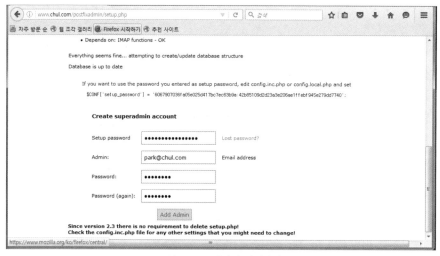

그림 8-21 관리자 생성하기

D. 로그인

다음 단계는 앞에서 생성한 관리자의 정보를 사용해 그림 8-22처럼 www.chul.com/postfixadmin/login.php에 관리자 계정으로 로그인한다.

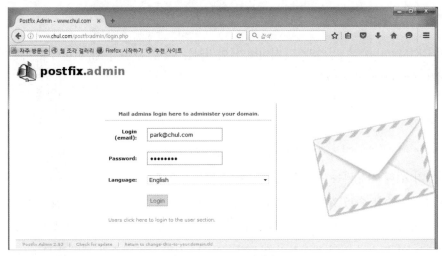

그림 8-22 로그인하기

E. 접속 성공

그림 8-23처럼 접속에 성공하고 GUI를 이용해 이메일 서버를 편리하게 관리할 수 있다.

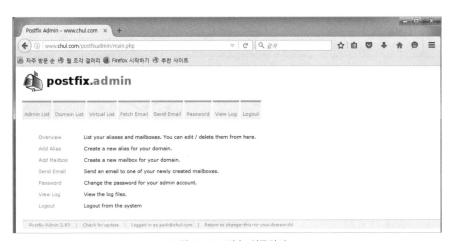

그림 8-23 접속 성공하기

8.11 DKIM(RFC 5585) 서비스 사용

이번 절에서는 오픈소스 라이브러리를 통해서 메일의 검증과 서명 기능을 제공하는 DKIM 서비스를 구현하기 위한 OpenDKIM 패키지를 사용하는 방법을 살펴본다.

8.11.1 DKIM 소개

먼저 DKIM 서비스의 정의와 그 서비스가 이뤄지는 과정, 그리고 이 서비스를 사용하는 목적을 간단하게 살펴본다.

A. 정의

DKIM^{DomainKeys Identified Mail}은 메일 송신자의 도메인 주소 인증과 메일 메시지의 무결성을 보장하기 위해 사용되는 서비스다. 즉, 메일 발송자의 도메인 정보를 수신자 측에서 그 정확성을 검증할 수 있게 허용함으로써 이메일 스푸핑으로부터 메일 수신자를 보호하기 위해 사용하는 서비스다. DKIM 서비스는 MTA와 MTA 사이에서 이뤄지기 때문에 최종 사용자는 이 과정에 전혀 관여하지 않는다. DKIM 서비스는 야후가 개발한 DomainKeys 와 시스코가 개발한 Identified Internet Mail 서비스를 2004년에 서로 통합해 탄생했다.

B. 작동 원리

메일 송신자와 수신자 측에서 DKIM 서비스가 이뤄지는 과정을 그림 8-24를 참조해 살펴 보면 다음과 같다.

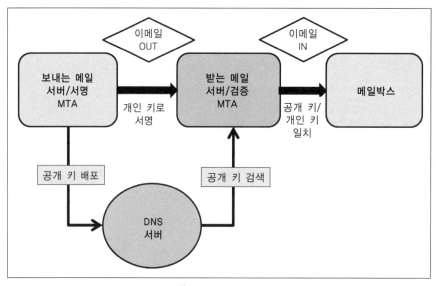

그림 8-24 DKIM 구조

1. 메일 발신자 측 MTA는 DKIM 서비스를 위해 사용할 두 개의 키, 즉 공개 키와 개인 키를 공개 키 암호화 알고리즘 RSA를 이용해 생성한다.

2. MTA 관리자는 이 두 개의 키를 사용해 메일 서버에서 DKIM 서비스 제공을 위한 설정을 완료한다.

3. 클라이언트 사용자가 메일을 작성해서 이 DKIM 서비스를 제공하는 메일 서버로 보내면 메일 서버는 이 메일의 무결성을 위해 메일의 헤더와 바디 정보를 이용해서 SHA-256 해시 알고리즘으로 해시 값을 생성한다.

4. 이 해시 값은 다시 RSA 개인 키로 암호화된 후에 Base64로 인코딩돼 수신자 측 MTA로 전달된다. 이 과정을 송신자 측 개인 키를 이용한 메일 서명이라고 한다.

5. 송신자 측 MTA는 생성된 공개 키를 DNS 서버의 도메인 정보에 추가해 이 메일 도메인 정보를 조회하는 모든 MTA의 DNS 서버에게 제공한다.

6. 수신자 측 MTA는 도메인 검증을 위해 이 도메인을 제공하는 DNS 서버에게 도메인 정보를 조회하고, 그러면 송신자 측 DNS 서버는 도메인 정보와 함께 이 공개 키도 제공한다.

7. 수신자 측 MTA는 전달받은 공개 키를 이용해 개인 키로 암호화된 해시 값을 복호화해 송신자가 보낸 해시 값을 얻는다.

8. 수신자 측 MTA는 송신자의 메일 헤더와 바디 정보를 이용해 동일하게 해시 알고리즘 SHA-256으로 해시 값을 생성한다.

9. 수신자 MTA는 이렇게 송신자가 보내온 해시 값과 스스로 생성한 해시 값을 비교해서 일치하면 이 메일을 최종 사용자의 메일박스로 보내게 된다.

이러한 과정을 통해 DKIM은 메일 도메인에 대한 인증과 메일 메시지에 대한 무결성 검사 기능을 제공하게 된다.

C. 사용 목적

DKIM 서비스는 메일 주소를 변경해서 대량의 스팸 메일을 발송하는 사용자와 피싱처럼 메일 주소를 속여서 경제적 이득을 취하려는 공격자의 시도를 차단하고, 안전하고 깨끗한 메일 전송을 보장하기 위해 개발된 서비스다. 이와 유사한 서비스로서 SPF[Sender Policy Framework]가 사용된다.

8.11.2 DKIM 서비스 사용

먼저 DKIM 서비스를 사용하는 방법을 살펴본다. 패키지 설치와 설정 파일 수정, 서비스 시작의 3단계로 설명을 진행하겠다. DKIM 서비스를 사용하기 위해서는 DNS 서버가 동

작하고 있어야 한다. 5장에서 설명한 대로 DNS 서버가 작동하고 있는지 확인한 후에
DKIM 서비스를 사용하기 바란다.

A. 패키지 설치

첫 번째 단계로 DKIM 서비스를 구현하기 위해서 OpenDKIM 패키지를 설치하기 위한
방법은 다음과 같다.

```
[root@master ~]# ps -ef| grep postfix          ❶
root        27098      1  0 14:50 ?      00:00:01 /usr/libexec/postfix/master -w
postfix     27100 27098  0 14:50 ?      00:00:00 qmgr -l -t unix -u
postfix     38091 27098  0 17:51 ?      00:00:00 pickup -l -t unix -u
[root@master ~]# yum install opendkim -y       ❷
[root@master ~]# rpm -qa| grep opdndkim
libopendkim-2.10.3-3.el7.x86_64
opendkim-2.10.3-3.el7.x86_64
[root@master ~]# grep opendkim /etc/passwd /etc/group   ❸
/etc/passwd:opendkim:x:965:958:OpenDKIM Milter:/var/run /opendkim:/sbin/nologin
/etc/group:mail:x:12:postfix,exim,opendkim
/etc/group:opendkim:x:958
[root@master ~]# ls /etc/opendkim /var/run/opendkim     ❹
/etc/opendkim:
keys KeyTable SigningTable TrustedHosts
/var/run/opendkim:
```

❶ DKIM 서비스를 사용하려면 MTA가 작동하고 있어야 하는데, 현재 Postfix 서버가 프로
   세스로 동작하고 있는지 명령어 ps를 사용해 확인한다.

❷ 명령어 yum으로 opendkim 패키지를 설치하고, 명령어 rpm으로 그 설치 및 버전 정보를
   확인한다.

❸ opendkim이 사용자 및 그룹 파일에 등록돼 있는지 확인한다. 이 사용자가 등록이 돼
   있어야 나중에 설정 파일에서 이 이름을 OpenDKIM 서비스 실행을 위해 사용할 수 있다.

❹ OpenDKIM 서비스가 사용할 설정 파일 디렉토리와 프로세스 파일이 저장될 디렉토리
   를 확인한다.

B. DKIM 설정

두 번째 단계로 DKIM 서비스를 Postfix 서버에서 사용하기 위해 필요한 설정 내용을 6단
계에 걸쳐 설명하겠다.

1. 설정 파일 수정하기

먼저 OpenDKIM 주 설정 파일을 수정해야 한다.

```
[root@master ~]# vim /etc/opendkim.conf
39 Mode    sv                          ❶
53 UserID  opendkim:opendkim           ❷
56 Socket  inet:8891@localhost         ❸
83 Canonicalization        relaxed/simple          ❹
88 Domain  chul.com                    ❺
91 Selector        default             ❻
98 #KeyFile /etc/opendkim/keys/default.private          ❼
103 KeyTable        /etc/opendkim/KeyTable             ❽
108 SigningTable refile:/etc/opendkim/SigningTable       ❾
112 ExternalIgnoreList       refile:/etc/opendkim/TrustedHosts    ❿
115 InternalHosts           refile:/etc/opendkim/TrustedHosts    ⓫
```

❶ OpenDKIM의 기본 실행 모드를 서명^{Sign}과 검증^{Verify} 두 가지 모드를 사용하도록 변경한다.

❷ 이 서비스를 사용할 사용자 이름과 그룹 이름을 지정한다.

❸ DKIM 서비스가 사용할 소켓 정보를 지정한다. 기본으로 포트 8891번을 사용한다.

❹ 메일 메시지를 서명할 때 사용되는 정규화 방법을 지정하는데, 두 개의 값 relaxed와 simple은 이 메일의 헤더와 바디^{body}에 각각 적용된다. 여기서 relaxed는 헤더에서의 간단한 수정을 허용하지만, simple은 어떤 수정도 허용하지 않는다는 의미다.

❺ 이 DKIM 서비스를 제공할 도메인을 지정한다.

❻ 각 서명하는 도메인마다 동시에 여러 공개 키 사용을 지원하기 위해 사용한다.

❼ 서명에 사용되는 개인 키의 경로를 의미하는데, 위의 ❺를 사용한다면 이 라인을 주석 처리해야 한다.

❽ OpenDKIM이 사용할 키의 이름과 위치가 저장된 파일이다.

❾ 어떤 도메인에 어떤 키를 사용할지 정의한 파일이다.

❿ 인증 정보 없이 도메인에 서명하고, 이 서버를 통해 메일을 보낼 수 있는 도메인이나 네트워크를 지정한다.

⓫ 검증보다는 서명이 돼야 할 내부 도메인이나 호스트 정보를 지정한다.

2. 서명 키 생성

두 번째 단계는 명령어를 사용해 메일의 서명과 검증에 사용되는 공개 키와 개인 키를 생성하는 것이다.

```
[root@master ~]# cd /etc/opendkim/keys          ❶
[root@master keys]# opendkim-genkey -d chul.com -s default ❷
[root@master keys]# chown root.opendkim *        ❸
[root@master keys]# ll          ❹
total 8
-rw------- 1 root opendkim 887 May 16 12:33 default.private
-rw------- 1 root opendkim 312 May 16 12:33 default.txt
[root@master keys]# cat default.txt
default._domainkey    IN    TXT    ( "v=DKIM1; k=rsa; "
"p=MIGfMA0GCSqGSIb3DQEBAQUAA4GNADCBiQKBgQDIqQclcRZn3uyuy3mXLBlKyfdTnCz
30RXioQj3EdLg6SuBRNx8/4gnhV3dZKK6eh4/CTV0MmzKR5hpn56gFVsVMqrsNKDItMSJY
W9Mx6qGCNf8h1QGsakyTvyDwnxmbAqehvTPJvn9F7ZykAQyU6P5RWYsG2YGTk3An89Bms2
j2wIDAQAB" )  ; ----- DKIM key default for chul.com
[root@master keys]# chmod 640 default.private          ❺
[root@master keys]# chmod 644 default.txt              ❻
```

❶ 앞의 첫 번째 단계에서 지정한 키를 생성하기 위해 디렉토리로 이동한다.

❷ 명령어 opendkim-genkey에 옵션으로 기본 도메인을 지정하고 Selector로서 default를 지정해 두 개의 키를 생성한다. 여기서 default는 생성되는 두 파일과 키의 이름으로 사용된다. default 대신 회사의 상호 등을 사용할 수 있다.

❸ 두 가지 키의 소유권을 명령어 chown으로 변경한다. 사용자 opendkim이 키에 접근 가능해야 하기 때문이다.

❹ 생성된 두 개의 키를 확인해보면 개인 키로서 default.private, 공개 키로서 default.txt을 발견할 수 있고, 공개 키를 읽어보면 주 도메인이 추가된 것을 확인할 수 있다.

❺ 개인 키를 root와 opendkim만 접근 가능하게 명령어 chmod를 사용해 권한을 변경한다.

❻ 공개 키는 다른 사용자도 읽을 수 있게 명령어 chmod를 사용해 그 권한을 변경한다.

3. KeyTable 파일 생성하기

세 번째 단계는 첫 번째 단계에서 정의한 KeyTable 파일을 기본 도메인 정보와 개인 키의 위치를 지정해 다음과 같이 변경한다.

```
[root@master ~]# vim /etc/opendkim/KeyTable
default._domainkey.chul.com chul.com:default:/etc/opendkim/keys /default.private
```

4. SigningTable 파일 생성하기

네 번째 단계는 서명 정보를 기록한 SigningTable 파일을 수정하는데, 기본적으로

chul.com 도메인을 사용하는 모든(*) 사용자는 이 키를 추가하도록 설정한다.

```
[root@master ~]# vim /etc/opendkim/SigningTable
*@chul.com default._domainkey.chul.com
```

5. TrustedHosts 파일 생성하기

다섯 번째 단계는 외부 및 내부 호스트로 지정했던 파일에 그 정보를 다음과 같이 입력한
다. 현재는 주 도메인만 있지만 가상 호스트를 사용한다면 그 도메인도 여기에 추가해줘야
한다.

```
[root@master ~]# vim /etc/opendkim/TrustedHosts
127.0.0.1
ms.chul.com
chul.com
192.168.80.0/24
```

6. DNS 레코드에 공개 키 추가하기

마지막 단계로 이렇게 앞에서 생성된 공개 키를 DNS 서버에 추가해 이 정보가 검증을
원하는 클라이언트에게 배포되도록 설정한다. 이 설정을 위해 DNS 서버가 현재 실행 중
인지 확인하기 바란다.

```
[root@master ~]# cat /etc/opendkim/keys/default.txt >> /var/named/chul.zone  ❶
[root@master ~]# cat /var/named/chul.zone          ❷
$ORIGIN .
$TTL 86400      ; 1 day
chul.com            IN SOA  ns.chul.com. admin.chul.com. (
                    )
                NS      ns.chul.com.
                NS      ns2.chul.com.
                MX 10   ms.chul.com.
                MX 20   ms2.chul.com.
ms              A       192.168.80.5
ms2             A       192.168.80.6
ns              A       192.168.80.5
~
www1            A       192.168.80.6
www2            A       192.168.80.7
www3            A       192.168.80.8
```

```
default._domainkey    IN    TXT    ( "v=DKIM1; k=rsa; "
"p=MIGfMA0GCSqGSIb3DQEBAQUAA4GNADCBiQKBgQDIqQclcRZn3uyuy3mXLBlKyfdTnCz30RXioQj3EdLg
6SuBRNx8/4gnhV3dZKK6eh4/CTV0MmzKR5hpn56gFVsVMqrsNKDItMSJYW9Mx6qGCNf8h1QGsakyTvyDwnx
mbAqehvTPJvn9F7ZykAQyU6P5RWYsG2YGTk3An89Bms2j2wIDAQAB" )  ; ----- DKIM key default for
chul.com
```

❶ 명령어 cat을 사용해 공개 키를 주 도메인 chul.com의 DNS 설정 파일에 추가한다.
❷ 이 파일을 읽어보면 마지막 줄에 공개 키가 추가된 것을 확인할 수 있다.

C. DKIM 서비스 시작

설정 파일을 모두 수정했으므로 세 번째 단계로 DKIM 서비스를 시작하겠다.

```
[root@master ~]# systemctl start opendkim       ❶
[root@master ~]# systemctl enable opendkim      ❷
[root@master ~]# systemctl status opendkim      ❸
opendkim.service - DomainKeys Identified Mail (DKIM) Milter
Loaded: loaded (/usr/lib/systemd/system/opendkim.service; enabled; vendor preset:
disabled)
Active: active (running) since Mon 2016-05-16 12:23:41 KST; 3h 45min ago
    Docs: man:opendkim(8)
          man:opendkim.conf(5)
          man:opendkim-genkey(8)
          man:opendkim-genzone(8)
          man:opendkim-testadsp(8)
          man:opendkim-testkey
          http://www.opendkim.org/docs.html
 Main PID: 15931 (opendkim)
   CGroup: /system.slice/opendkim.service
   15931 /usr/sbin/opendkim -x /etc/opendkim.conf -P /var/run/opendkim/opendkim.pid
May 16 12:23:41 master.chul.com systemd[1]: Starting DomainKeys Identified Mail
(DKIM) Milter...
May 16 12:23:41 master.chul.com opendkim[15931]: OpenDKIM Filter v2.10.3 starting
(args: -x /etc...id)
May 16 12:23:41 master.chul.com systemd[1]: Started DomainKeys Identified Mail
(DKIM) Milter.
May 16 16:08:30 master.chul.com systemd[1]: Started DomainKeys Identified Mail
(DKIM) Milter.
[root@master ~]# netstat -natlp | grep 8891     ❹
tcp   0    0 127.0.0.1:8891    0.0.0.0:*    LISTEN    15931/opendkim
```

```
[root@master ~]# lsof -i tcp:8891          ❺
COMMAND    PID    USER  FD  TYPE DEVICE SIZE/OFF NODE NAME
opendkim 15931 opendkim  3u  IPv4 150527  0t0  TCP localhost:ddi-tcp-4 (LISTEN)
[root@master ~]# ps -ef | grep opendkim   ❻
opendkim 15931   1  0 12:23 ?  00:00:00 /usr/sbin/opendkim -x /etc/opendkim.conf -P
/var/run/opendkim/opendkim.pid
```

❶ 명령어 `systemctl`을 사용해 opendkim 서비스를 시작한다.

❷ 명령어 `systemctl`을 사용해 opendkim 서비스가 부팅 후에 자동으로 시작되도록 설정한다.

❸ 명령어 `systemctl`을 사용해 opendkim 서비스의 상태를 확인해보면 active와 이 서비스가 시작됐다는 메시지를 볼 수 있다.

❹ 명령어 `netstat`를 사용해 opendkim 서비스가 사용하는 포트 8891번이 열려 있는지 확인한다.

❺ 명령어 `lsof`를 사용해 이 포트를 확인해보면 사용자 opendkim이 opendkim 명령어를 사용하고 있음을 알 수 있다. 여기서 오른쪽의 `ddi-tcp-4`는 이 포트가 /etc/services 파일에 이 서비스 이름으로 정의돼 있기 때문에 나타난 것이다.

❻ 명령어 `ps`로 DKIM 프로세스 정보를 확인한다.

8.11.3 Postfix 설정과 테스트

이제 마지막 단계로 DKIM 서비스를 Postfix 서버에서 사용하기 위한 설정과 그 테스트를 진행한다.

A. DKIM 설정

먼저 Postfix 서버에서 DKIM 서비스를 사용하기 위한 설정은 다음과 같다.

```
[root@master ~]# vim /etc/postfix/main.cf
smtpd_milters= inet:localhost:8891  ❶
non_smtpd_milters= $smtpd_milters   ❷
milter_default_action= accept       ❸
[root@master ~]# systemctl restart opendkim postfix named   ❹
[root@master ~]# dig default._domainkey.chul.com TXT        ❺
;; QUESTION SECTION:
;default._domainkey.chul.com.   IN    TXT
;; ANSWER SECTION:
```

```
default._domainkey.chul.com. 86400 IN    TXT      "v=DKIM1\; k=rsa\; "
"p=MIGfMA0GCSqGSIb3DQEBAQUAA4GNADCBiQKBgQDIqQclcRZn3uyuy3mXLBlKyfdTnCz30RXXioQj3EdLg
6SuBRNx8/4gnhV3dZKK6eh4/CTV0MmzKR5hpn56gFVsVMqrsNKDItMSJYW9Mx6qGCNf8h1QGsakyTvyDwnx
mbAqehvTPJvn9F7ZykAQyU6P5RWYsG2YGTk3An89Bms2j2wIDAQAB"

;; AUTHORITY SECTION:
chul.com.               86400   IN    NS     ns2.chul.com.
chul.com.               86400   IN    NS     ns.chul.com.
;; ADDITIONAL SECTION:
ns.chul.com.            86400   IN    A      192.168.80.5
ns2.chul.com.           86400   IN    A      192.168.80.6
;; Query time: 0 msec
;; SERVER: 192.168.80.5#53(192.168.80.5)
;; WHEN: Mon May 16 16:55:06 KST 2016
;; MSG SIZE  rcvd: 371
```

❶ Postfix 서버 주 설정 파일을 명령어 `vim`으로 열어서 Postfix 서버에 Milter[mail filter] 기능을 추가하고 이 기능을 위해 OpenDKIM이 사용하는 소켓, 즉 로컬 호스트와 포트 번호를 할당한다. 이 Milter 기능은 인증 정보를 검증하거나 메일에 전자 서명을 하기 위해서 사용된다.

❷ Postfix 서버에서 sendmail이나 qmqpd 같은 비SMTP 애플리케이션을 통해서 받은 메일(예를 들어 local)도 전자 서명을 할 수 있게 허용한다.

❸ Milter 애플리케이션이 사용할 수 없거나 잘못 설정됐을 때 해야 할 기본 정책을 정의하는데, `accept`는 Milter가 없더라도 진행하라는 의미다.

❹ 명령어 `systemctl`을 사용해 opendkim, postfix, named 서버를 다시 시작한다.

❺ DNS 서버에서 추가된 domainkey 정보를 명령어 `dig`로 확인한다.

B. DKIM 테스트

이제 Postfix 서버 및 DKIM 설정을 모두 완료했으므로 DKIM 서비스가 잘 작동하는지 테스트한다. 테스트를 위해 먼저 다음과 같이 사용자 park으로 로그인한 후에 사용자 lee@chul.com에게 메일을 보낸다.

```
[root@master postfix]# su - park
Last login: Fri Apr 22 13:28:41 KST 2016 from master on pts/6
[park@master ~]$ mail -vs "DKIM Test from Park" lee@chul.com
This is a test for DKIM from Park
```

```
.
EOT
Mail Delivery Status Report will be mailed to <park>.
```

그리고 나서 Thunderbird에서 수신자 lee 계정으로 로그인한 후에 메일을 선택하고 그림 8-25처럼 오른쪽 More 메뉴에서 소스 보기를 선택한다.

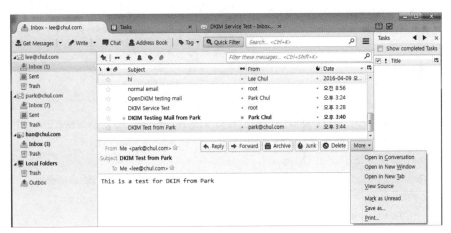

그림 8-25 이메일 소스 보기

소스 보기 메뉴에서 그림 8-26처럼 DKIM 개인 키로 서명한 정보가 메일에 추가돼 전달됐음을 볼 수 있는데, 이를 통해 OpenDKIM 서비스가 정상적으로 Postfix 서버와 함께 동작하고 있음을 확인할 수 있다.

그림 8-26 DKIM 서명 확인하기

Thunderbird와 같은 클라이언트 프로그램이 아닌 사용자의 홈 디렉토리에서 직접 메일을 읽어보면 동일한 내용을 확인할 수 있다. 예를 들어 사용자 lee 같은 경우 다음과 같이 확인할 수 있다.

```
[root@master ~]# cat /home/lee/Maildir/cur/1463388413.V802I101cddaM10
1986.master.chul.com\:2\,
Return-Path: <park@chul.com>
X-Original-To: lee@chul.com
Delivered-To: lee@chul.com
Received: from localhost (localhost [127.0.0.1])
      by ms.chul.com (Postfix) with ESMTP id F29D6106BB27
      for <lee@chul.com>; Mon, 16 May 2016 17:46:52 +0900 (KST)
DKIM-Filter: OpenDKIM Filter v2.10.3 ms.chul.com F29D6106BB27
DKIM-Signature: v=1; a=rsa-sha256; c=relaxed/simple; d=chul.com; s=default;
      t=1463388413; bh=owBcLvZLi6szoTNKcyESijWDj3kSoh9q/OzzHXr4TJ0=;
      h=To:From:Subject:Date:From;
      b=sDLaf392pnLveLkHZfPdH6RyPJBCFagXJg0H736SCC55q1ZjeJOgmoWTGFavi69st
      NdXJzjLchoVVCvLzgppQhWfsXe8jjpi6IB+jr7CjMnRmDXB/5OoRfWc00DsSiwqPFJ
      ThODwvGWcpFN1ZbzEqzNpJ0xUftrE+46/9szWNZ0=          ❶
X-Virus-Scanned: amavisd-new at chul.com
Authentication-Results: ms.chul.com (amavisd-new); dkim=pass (1024-bit key)
      header.d=chul.com
Received: from ms.chul.com ([127.0.0.1])
      by localhost (ms.chul.com [127.0.0.1]) (amavisd-new, port 10024)
      with ESMTP id u6sU8hXzAK6e for <lee@chul.com>;
      Mon, 16 May 2016 17:46:52 +0900 (KST)
Received: from [192.168.80.11] (windows [192.168.80.11])
      by ms.chul.com (Postfix) with ESMTP id 3C494106BB36
      for <lee@chul.com>; Mon, 16 May 2016 17:40:17 +0900 (KST)
DKIM-Filter: OpenDKIM Filter v2.10.3 ms.chul.com 3C494106BB36
DKIM-Signature: v=1; a=rsa-sha256; c=relaxed/simple; d=chul.com; s=default;
      t=1463388017; bh=owBcLvZLi6szoTNKcyESijWDj3kSoh9q/OzzHXr4TJ0=;
      h=To:From:Subject:Date:From;
      b=cQCy6NMJ/juqX3wooAMU3DQ5SBPNHhZygmWTwhplDkfeHeqdI6nbqkzwAaAsXKRtC
      O9uEIOXEst50NFiEHkPgdimgflKv7S0f/8FEFGI6UKIEW1ZN7Elk7EGx8pLy2iBR0+
      2d6DLW6XlHsS8HEITQDoL8XXxE0uV5SdBCtN2qPA=
To: lee@chul.com
From: Park Chul <park@chul.com>
Subject: DKIM Testing Mail from Park
Message-ID: <57398770.2080602@chul.com>
```

```
Date: Mon, 16 May 2016 15:40:16 +0700
User-Agent: Mozilla/5.0 (Windows NT 6.1; WOW64; rv:38.0) Gecko/20100101
 Thunderbird/38.7.2
MIME-Version: 1.0
Content-Type: text/plain; charset=utf-8; format=flowed
Content-Transfer-Encoding: 7bit


This is a testing mail to test DKIM serivce from park.
```

❶ DKIM 서명에 사용된 각 태그를 정리하면 다음과 같다.

- **v** 사용된 DKIM의 버전 정보
- **a** 서명과 해시 코드 작성에 사용된 알고리즘 종류
- **d** 도메인 이름
- **s** 사용된 Selector 이름
- **c** 이메일 헤더와 바디에 사용된 정규화 방법 알고리즘
- **q** 사용된 기본 질의 방법
- **l** 서명이 된 바디^{Body}의 정규화 부분 길이
- **t** 서명에 사용된 타임스탬프^{Timestamp}
- **x** 만료 시간
- **h** 서명이 된 헤더 필드의 목록
- **b** 메일 메시지의 헤더와 바디에 대한 전자 서명 정보
- **bh** 바디 해시 정보

8.12 참고문헌

- http://www.postfix.org/OVERVIEW.html
- http://www.askchief.org/difference-between-mta-mua-mda-and-lda/
- https://en.wikipedia.org/wiki/Postfix_(software)
- https://en.wikipedia.org/wiki/Mail_submission_agent
- http://www.postfix.org/STANDARD_CONFIGURATION_README.html
- http://www.unixmen.com/setup-a-local-mail-server-in-centos-7/
- http://postfixadmin.sourceforge.net/
- http://www.server-world.info/en/note?os=CentOS_7&p=mail

- http://www.gnu.org/software/mailman/mailman-install/front.html
- https://wiki.centos.org/HowTos/Amavisd
- http://tutorials.section6.net/home/setting-up-postfix-spamassassin-amavisd-clamav
- http://linux-audit.com/install-clamav-on-centos-7-using-freshclam/
- https://help.ubuntu.com/community/PostfixAmavisNew
- https://wiki.apache.org/spamassassin/IntegratedInPostfixWithAmavis
- http://www.linuxtechi.com/configure-domainkeys-with-postfix-on-centos-7/
- http://dkim.org/specs/rfc4871-dkimbase.html
- https://en.wikipedia.org/wiki/DomainKeys_Identified_Mail
- http://blog.penumbra.be/2010/04/authenticated-smtp-postfix/

8.13 요약

1. (   )는 다른 (   )나 메일 사용자로부터 메일을 받거나 보내는 메일 서버이며, (   )는 메일을 다운로드하거나 (   )로 업로드 또는 메일 생성 및 읽기를 위해 사용되며, (   )는 내부 (   )로부터 메일을 받아서 그것을 사용자의 메일박스로 운반하는 프로그램이다.

2. Postfix 서버는 들어오고 나가는 메일을 다양한 명령어나 서버 프로그램을 통해 처리하는데, 이러한 명령어들은 (   )에 저장돼 있으며, Postfix 큐는 (   ) 디렉토리를 사용한다.

3. 메일 클라이언트에게 메일 서버에 저장된 메일을 다운로드하게 프로토콜 (   )와 (   )를 설정하기 위해 (   ) 패키지를 설치하며, 다운로드 이후 메일 서버에 그 메일을 저장한다면 (   )을, 삭제한다면 (   )를 사용할 수 있다.

4. Postfix (   )란 한 메일 사용자에게 도착한 메일을 다른 사용자에게 전달하는 기능이며, 메일 (   ) 또는 (   )라고도 한다. Postfix (   )는 (   )와 (   )로 분류할 수 있다.

5. (   )란 주 메일 서버가 문제로 인해 다운돼 그 기능을 제공하지 못하면 주 메일 서버 대신에 메일을 받아서 (   )에 저장했다가 주 메일 서버가 복구되면 다시 그 메일을 주 메일 서버로 보내는 메일 서버다.

6. Postfix 서버는 메일 서버에 대한 사용자 인증 방법으로 (,   ,   ) 등을 사용하는데, 이중에서 (   ) 인증 방법은 (   )된 세션을 통해 SMTP나

SASL 인증을 사용하는 모든 정보를 (   )해 전달하므로 안전하다.

7. 공개용 프로그램인 (   )은 웹 메일 서비스를 제공하는데, 이는 (   ),
   (   )와 함께 사용된다.

8. (   )는 메일에서 트로이잔, 바이러스, 악성코드를 검색, 탐지, 제거하기 위해 사용되
   며, (   )는 메일 서버와 (   )와 같은 바이러스 스캐너 사이에서, 그리고
   스팸 제거 프로그램 (   )을 위한 필터링 기능을 제공하고, (   )은 스팸
   메일을 필터링하기 위해 사용된다.

9. (   )은 브라우저상에서 Postfix 서버를 설정할 수 있는 프로그램으로서 (   )와
   (   )가 미리 설치돼 작동되고 있어야 한다.

10. (   )은 메일 송신자의 도메인 (   )과 메일 메시지의 (   )을 보장하기 위해
    사용되는 서비스로서 (   )으로부터 메일 수신자를 보호하기 위해 사용된다.

8.14 연습문제

1. Postfix 패키지를 설치한 후에 그 서비스를 시작하고 Firewalld 방화벽에 이 메일 서비
   스를 등록하라.

2. 메일 서버의 이름을 ms.chul.com, 도메인을 chul.com, 사용자의 홈 디렉토리에 Maildir
   가 생성되는데 최대 크기가 500MB를 넘지 않게 설정하라.

3. Dovecot 패키지를 설치하고 서비스 시작 및 방화벽 등록을 완료한 다음에 Thunderbird
   를 설치해서 메일을 Dovecot 서버로부터 받아와 보라.

4. unix.com과 linux.com 두 도메인을 사용해 사용자 admin에 대해 들어오는 가상 Alias
   Incoming Virtual Aliases 기능을 구현하라.

5. 두 대의 Postfix 서버를 사용해 백업 메일 서버를 구현하라.

6. Postfix 서버에 SSL/TLS를 사용해 SMTPS 프로토콜을 구현하고 클라이언트 프로그램
   에 적용하라.

7. Roundcubemail 패키지를 사용해 웹 메일 서비스를 구현하라.

8. ClamAV와 Amavisd를 사용해 Postfix 서버에 보안 기능을 구현하라.

9. Postfix 서버를 관리하기 위해 PostfixAdmin를 설치하고 구현하라.

10. OpenDKIM 패키지을 사용해 Postfix 서버에서 DKIM 서비스를 구현하라.

8.15 연구과제

1. Postfix 서버가 사용할 메일 사용자 인증 방법으로서 MariaDB 서버를 사용하는 방법을 연구해보라.

2. VMware에서 오픈소스로 제공하는 Zimbra 메일 서버를 설치하고 사용하는 방법을 연구해보라.

3. Sendmail 서버를 설치한 후 Postfix 서버에서 제공하는 동일한 기능을 테스트해보라.

9장
MariaDB 데이터베이스 서버

MariaDB 데이터베이스 서버의 모든 것

9장에서는 CentOS 7뿐 아니라 여러 리눅스 배포판에서 MySQL을 대체해 기본 데이터베이스 서버로 채택돼 사용되고 있는 MariaDB 서버에 대해 살펴본다. 주요 내용으로는 데이터베이스의 개념, MariaDB의 설치와 서버의 시작, 데이터베이스 및 사용자 관리, 백업과 복구, 복제를 구체적인 예제와 더불어 자세히 설명한다.

MariaDB 서버는 현재 CentOS를 비롯해서 RHEL, Fedora, OpenSUSE, Arch Linux 등에서 데이터베이스 서버로 선택돼 사용되고 있고, 리눅스 이외에 솔라리스를 비롯한 유닉스, 윈도우 시스템에서도 사용할 수 있는 오픈소스 데이터베이스 프로그램이다.

MariaDB의 모태인 MySQL은 Michael Monty Widenius와 David Axmark에 의해 1995년 처음 개발됐는데, 2008년 썬마이크로시스템즈가 이를 인수했고 다시 2010년 오라클사가 이를 인수했다. 이러한 과정에서 많은 MySQL개발자들이 썬과 오라클을 떠나서 새로운 데이터베이스 프로젝트를 시작했는데, 그 결과로 탄생한 프로그램이 바로 MariaDB 데이터베이스다. MariaDB는 이러한 MySQL의 대체 프로그램으로서 2009년 첫 버전이 공개됐는데, 여기서 Maria는 개발자 Monty의 둘째딸 이름에서, 그리고 MySQL의 My는 그의 첫째 딸의 이름에서 유래한 것이다. MariaDB는 크게 두 가지의 버전 번호를 사용하는데, 각각 5.x와 10.x다. 여기서 버전 번호 5.x는 MySQL의 버전과 동일한 체계를 사용했고, 5.5 버전 이후부터 10.x이라는 MySQL과 다른 버전 번호를 사용하고 있는데 2016년 6월 현재 가장 최신 버전은 10.2이다. MariaDB는 처음 5.x 버전에서는 단지 MySQL의 대체 프로그램으로서 그 호환성에 초점을 뒀으나 10.x 이후 버전부터 독자적인 여러 다양한 기능들을 추가하고 있다.

9장에서 MariaDB 서버의 설명과 테스트를 위해 사용되는 호스트에 대한 정보는 다음과 같다.

호스트 이름	IP 주소	OS 버전	역할
master.chul.com	192.168.80.5	CentOS Linux release 7.2	MariaDB 서버
node1.chul.com	192.168.80.6	CentOS Linux release 7.2	MariaDB 클라이언트
windows.chul.com	192.168.80.11	윈도우 7 64비트	MariaDB 클라이언트

9장에서 다루는 내용은 다음과 같다.

- 데이터베이스 기본 이해
- MariaDB 서비스 시작
- 데이터베이스와 테이블 관리
- SQL을 이용한 데이터 다루기
- MariaDB 사용자 관리
- MariaDB 백업과 복구
- MariaDB 데이터 복제
- MariaDB 보안: SSL 사용
- MariaDB GUI 툴 사용

9.1 데이터베이스 기본 이해

이번 절에서는 MariaDB 사용하는 방법을 설명하기에 앞서 먼저 데이터베이스에 대한 이해를 위해 데이터베이스에 관련된 간단한 개념들과 그 구성 요소들을 살펴본다.

9.1.1 데이터베이스 구성 요소

데이터베이스의 구성 요소를 설명하면 다음과 같다.

A. 데이터베이스

데이터베이스^{Database}란 관련 있는 데이터들이 조직화돼 저장된 집합으로서 이 데이터들은 쉽게 접근, 관리, 업데이트가 될 수 있어야 한다. 여기서 데이터의 범위에는 어떤 것이든 포함될 수 있으며, 데이터베이스는 이러한 관련이 있는 데이터들이 저장되고 다양한 동작이 수행되는 실제 장소(디렉토리)를 의미한다.

B. DBMS

DBMS^{Database Management System}는 데이터베이스를 생성하고 정의하고 조작하기 위해 사용되는 소프트웨어다. 실제로 DBMS는 데이터베이스 내에 저장된 데이터에 대해 다양한 동작을 수행하기 위해 사용되는 툴로 정의할 수 있다. 또한 관리자는 DBMS를 사용해 데이터베이스를 안전하게 보호할 수 있다. 현재 가장 널리 사용되는 DBMS로 MySQL, Oracle, 마이크로소프트 SQL 서버, IBM의 DB2 등이 있다.

C. 구성 요소

데이터베이스 구성 요소를 구분하면 그림 9-1과 같다.

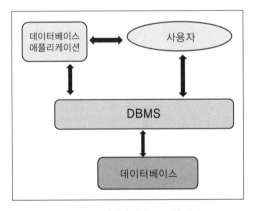

그림 9-1 데이터베이스 구성 요소

- **사용자** 사용자는 데이터베이스 관리자, 시스템 개발자, 또는 최종 사용자가 될 수 있다. 사용자는 데이터베이스 내의 데이터를 사용하기 위해 직접 데이터베이스에 접근할 수 없으며, DBMS를 통해 필요한 데이터를 사용할 수 있다.
- **데이터베이스 애플리케이션** 데이터베이스 내의 정보를 검색하거나 사용하기 위해 DBMS를 사용하거나 사용자로부터 데이터베이스 사용 요청을 받아 DBMS에 전달하는 프로그램을 의미한다. 클라이언트에게 웹사이트를 제공하는 웹 서버가 대표적인 데이터베이스를 사용하는 애플리케이션에 해당된다.

- **DBMS** 사용자가 데이터베이스를 생성하고 관리하고 접근할 수 있게 허용하는 소프트웨어로서 9장에서 설명할 MariaDB 서버도 여기에 속한다.
- **데이터베이스** 논리적인 데이터들의 집합을 의미하며, 일반적으로 디렉토리 내의 파일로 존재한다.

9.1.2 테이블 구성 요소

데이터베이스를 구성하는 테이블에 대해 살펴보면 다음과 같다.

A. 테이블

테이블^{Table}은 데이터베이스의 가장 중요한 구성 요소로서 하나 또는 그 이상의 칼럼을 가진 로우^{Row}의 집합을 의미한다. 여기서 칼럼과 로우는 테이블을 구성하는 요소로서 로우는 테이블에서 삽입되거나 삭제되는 가장 작은 단위의 데이터이며, 칼럼이란 이러한 로우가 저장된 필드를 의미한다. 테이블은 칼럼과 로우로 구성돼 특정 유형의 데이터를 저장하는 파일로 존재한다. 테이블은 데이터베이스 내에 유일한 이름을 가지며, 같은 이름을 가진 테이블을 사용할 수 없다. 테이블을 구성하는 요소를 정리하면 그림 9-2와 같다.

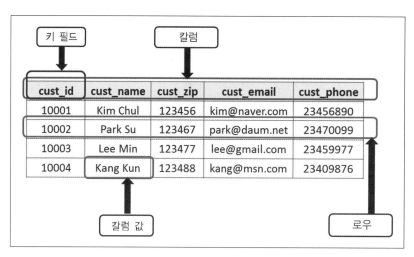

그림 9-2 테이블의 구조

B. 테이블 구성 요소

테이블 구성 요소에 대해 살펴보면 다음과 같다.

1. 칼럼

테이블은 여러 칼럼Column으로 구성되며, 테이블 내의 한 필드를 칼럼이라고 한다. 테이블에서 세로로 정보를 표시하며 각각의 칼럼은 그 이름을 가지고 있는데, 같은 테이블에서 동일한 이름을 사용할 수 없다. 테이블 내에 칼럼을 생성할 때 각 칼럼은 숫자를 위해 int, 문자를 위해 char와 같이 데이터 타입을 가지며, 이것은 각 칼럼에 저장할 데이터의 종류를 정의하기 위해 사용된다.

2. 로우

테이블 내의 데이터는 각각 가로로 로우Row에 저장되는데, 이를 레코드record라고도 한다. 각 테이블에서 모든 칼럼은 하나 이상의 로우를 생성하며, 각 로우는 각 칼럼이 갖는 정보를 포함하고 있다.

3. 키 필드

각 테이블은 하나 또는 그 이상의 테이블과의 연결을 위해 키 필드를 사용한다.

모든 로우는 칼럼을 이 키 필드로 사용하는데, 이는 한 테이블 내에서 유일하게 식별하기 위한 용도로 사용된다. 한 테이블 내에서 일반적으로 로우 구별자로서 한 개의 칼럼을 사용하는 기본 키Primary Key와 다른 테이블의 기본 키 값이 포함된 칼럼을 사용하는 외래 키Foreign Key가 키 필드에서 사용된다.

9.2 MariaDB 서비스 시작

9.1절에서 기본적인 데이터베이스의 개념을 이해했다면 이번 절에서는 MariaDB 서버를 시작해 서비스를 제공하는 방법을 살펴본다.

9.2.1 MariaDB 설치와 서비스 시작

먼저 MariaDB 서버를 시작하기 전에 해당 패키지를 설치하고, 그다음에 설치된 패키지를 이용해 데이터베이스 서버 시작하는 방법을 설명하겠다.

A. MariaDB 서버 설치

다음과 같이 명령어 yum을 이용해 두 개의 패키지를 설치하면 MariaDB 패키지 설치를 모두 마칠 수 있다.

```
[root@master ~]# vim /etc/yum.repos.d/MariaDB.repo       ❶
[mariadb]
name = MariaDB
baseurl = http://yum.mariadb.org/5.5/centos6-amd64       ❷
gpgkey=https://yum.mariadb.org/RPM-GPG-KEY-MariaDB
gpgcheck=1
[root@master ~]# yum install mariadb-server mariadb -y ❸
[root@master ~]# rpm -qa | grep mariadb                  ❹
mariadb-server-5.5.47-1.el7_2.x86_64
mariadb-libs-5.5.47-1.el7_2.x86_64
mariadb-5.5.47-1.el7_2.x86_64
```

❶ MariaDB 서버를 설치하기 위해 YUM 저장소 파일을 생성한다.

❷ 기본적으로 이 URL에서 MariaDB 패키지를 컴퓨터 아키텍처에 맞게 다운로드할 수
있다. 최신 패키지를 다운로드하려면 이 URL을 방문해서 최신 버전을 확인한 다음
버전 숫자를 변경하기 바란다.

❸ 두 개의 패키지를 명령어 yum으로 다운로드해 설치한다.

❹ 명령어 rpm을 이용해 설치된 패키지를 확인하는데, 의존 관계에 있는 다른 패키지도
설치된 것을 확인할 수 있다.

B. MariaDB 서버 서비스 시작

패키지 설치를 완료했다면 이제 몇 가지의 간단한 과정을 마치면 MariaDB 서버를 시작해
서 사용할 수 있다.

```
[root@master ~]# systemctl start mariadb        ❶
[root@master ~]# systemctl enable mariadb       ❷
Created symlink from /etc/systemd/system/mysqld.service to /usr/lib/
systemd/system/mariadb.service.
Created symlink from /etc/systemd/system/multi-user.target.wants/ mariadb.service to
/usr/lib/systemd/system/ mariadb.service.
[root@master ~]# systemctl status mariadb       ❸
mariadb.service - MariaDB database server
Loaded:loade(/usr/lib/systemd/system/mariadb.service; enabled;
vendor preset: disabled)
 Drop-In: /etc/systemd/system/mariadb.service.d
migrated-from-my.cnf-settings.conf
Active: active (running) since Thu 2016-01-28 14:11:04 ICT; 2min 19s ago
```

```
Main PID: 27904 (mysqld)
  Status: "Taking your SQL requests now..."
  CGroup: /system.slice/mariadb.service
        27904 /usr/sbin/mysqld
Jan 28 14:11:04 master.chul.com mysqld[27904]: 2016-01-28 14:11:04 140598710827136
[Note] InnoDB:...art
Jan 28 14:11:04 master.chul.com mysqld[27904]: 2016-01-28 14:11:04 140598710827136
[Note] InnoDB:...129
Jan 28 14:11:04  master.chul.com mysqld[27904]: 2016-01-28 14:11:04 140597964809984
[Note] InnoDB:...ted
Jan 28 14:11:04 master.chul.com mysqld[27904]: Version: '10.1.10-MariaDB'  socket:
'/var/lib/mysq...ver
Jan 28 14:11:04 master.chul.com systemd[1]:Started MariaDB database server.
[root@master ~]# lsof -i tcp:3306          ❹
COMMAND  PID USER  FD   TYPE DEVICE SIZE/OFF NODE NAME
mysqld 27904 mysql  17u  IPv6 403606 0t0  TCP *:mysql (LISTEN)
[root@master ~]# ps -ef | grep mysqld      ❺
mysql   27904   1 0 14:11 ?       00:00:04 /usr/sbin/mysqld
[root@master ~]# grep mysql /etc/services
mysql        3306/tcp                 # MySQL
mysql        3306/udp                 # MySQL
[root@master ~]# ls /var/log/mariadb/      ❻
mariadb.log
[root@master ~]# ls /var/lib/mysql         ❼
aria_log.00000001   ib_logfile0   master.chul.com.err   mysql.sock
aria_log_control    ibdata1       ib_logfile1           mysql
performance_schema
```

❶ 명령어 systemctl을 사용해 MariaDB 서버를 시작한다.

❷ 명령어 systemctl을 사용해 MariaDB 서버가 부팅 후에 자동으로 시작되도록 설정한다.

❸ MariaDB 서버 시작 이후 상태를 확인해보면 active와 서버가 시작됐다는 메시지를 볼 수 있는데, 이는 서버가 성공적으로 시작됐다는 의미다.

❹ 명령어 lsof를 사용해 포트 3306번을 확인해보면 mysqld 데몬과 mysql 서비스를 볼 수 있는데, 이는 /etc/services 파일에 포트의 이름이 mysql로 정의돼 있기 때문이다.

❺ 명령어 ps를 통해 프로세스를 확인할 수 있다.

❻ MariaDB 서버가 사용하는 로그 파일을 확인한다.

❼ MariaDB 서버가 데이터베이스를 저장하는 디렉토리를 확인한다.

9.2.2 MariaDB 서버 접속

MariaDB 서버를 어떤 에러 메시지도 없이 성공적으로 시작했다면 이제 직접 접속해 몇 가지 기본 정보를 확인할 수 있다. 이 과정을 통해 관리자로 서버 접속에 필요한 패스워드도 설정할 수 있다.

```
[root@master ~]# mysql_secure_installation        ❶
Enter current password for root (enter for none): press Enter
Set root password? Y
New password: Type new root password        ❷
Re-enter new password: Confirm the password
Remove anonymous users? Y        ❸
Disallow root login remotely? Y        ❹
Remove test database and access to it? Y        ❺
Reload privilege tables now? Y        ❻
[root@master ~]# mysql -V        ❼
mysql  Ver 15.1 Distrib 5.5.47-MariaDB, for Linux (x86_64) using readline 5.1
[root@master ~]# mysql -u root -p        ❽
Enter password:
Welcome to the MariaDB monitor.  Commands end with ; or \g.
Your MariaDB connection id is 3
Server version: 5.5.47-MariaDB-log MariaDB Server
Copyright (c) 2000, 2015, Oracle, MariaDB Corporation Ab and others.
Type 'help;' or '\h' for help. Type '\c' to clear the current input statement.
MariaDB [(none)]> SHOW DATABASES;        ❾
+--------------------+
| Database           |
+--------------------+
| information_schema |        |
| mysql              |
| performance_schema |
+--------------------+
3 rows in set (0.05 sec)
MariaDB [(none)]> SELECT VERSION(), CURDATE();        ❿
+-------------------+------------+
| version()         | curdate()  |
+-------------------+------------+
| 5.5.47-MariaDB-log | 2016-01-28 |
+-------------------+------------+
1 row in set (0.00 sec)
```

❶ MariaDB 서버 초기 설정을 위해 사용되는 명령어다.

❷ 데이터베이스 서버에 접속할 root 관리자의 패스워드를 설정한다.

❸ 테스팅을 위해 사용되는 사용자 anonymous를 제거한다.

❹ 원격지에서 사용자 root의 로그인을 허용하지 않는다.

❺ 테스트용 데이터베이스를 삭제한다.

❻ 지금까지의 변경 사항이 바로 적용되도록 테이블을 다시 읽어 들인다.

❼ 현재 사용 중인 서버의 버전을 확인한다.

❽ ❷에서 생성한 root의 패스워드를 이용해 MariaDB 서버에 접속한다.

❾ 현재의 데이터베이스 목록을 확인한다.

❿ 명령어 SELECT를 사용해 현재의 버전 정보와 날짜를 출력한다.

9.3 데이터베이스와 테이블 관리

9.2절에서 MariaDB 서버를 성공적으로 설치하고 시작했다면 이번 절에서는 실제로 데이터베이스와 테이블을 이용하는 방법을 살펴본다.

9.3.1 데이터베이스 사용

먼저 데이터베이스 사용하는 방법을 설명하겠다.

A. 데이터베이스 생성과 삭제

MariaDB 서버 시작 후 데이터베이스를 생성하고 삭제하는 방법은 다음과 같다.

1. SQL 사용하기

데이터베이스에 접속한 후에 SQL을 사용해 데이터베이스를 생성하고 삭제하는 방법은 다음과 같다.

```
[root@master ~]# mysql -u root -p    ❶
Enter password:
MariaDB [(none)]> CREATE DATABASE knowledgepia;    ❷
Query OK, 1 row affected (0.00 sec)
MariaDB [(none)]> CREATE DATABASE IF NOT EXISTS knowledgepia;    ❸
Query OK, 0 rows affected, 1 warning (0.01 sec)
```

```
MariaDB [(none)]> SHOW DATABASES;                      ❹
+--------------------+
| Database           |
+--------------------+
| information_schema |
| mysql              |
| performance_schema |
| knowledgepia       |
+--------------------+
4 rows in set (0.06 sec

MariaDB [(none)]> SELECT DATABASE();                    ❺
+------------+
| database() |
+------------+
| NULL       |
+------------+
1 row in set (0.00 sec)
MariaDB [(none)]> USE knowledgepia;                     ❻
Database changed
MariaDB [knowledgepia]> SELECT DATABASE();              ❼
+------------+
| database() |
+------------+
|knowledgepia|
+------------+
1 row in set (0.00 sec)
MariaDB [knowledgepia]> DROP DATABASE knowledgepia;                    ❽
Query OK, 0 rows affected (0.01 sec)
MariaDB [knowledgepia]> DROP DATABASE IF EXISTS knowledgepia;    ❾
Query OK, 0 rows affected (0.00 sec)
MariaDB [(none)]> SHOW DATABASES;                       ❿
+--------------------+
| Database           |
+--------------------+
| information_schema |
| mysql              |
| performance_schema |
+--------------------+
3 rows in set (0.01 sec)
MariaDB [(none)]> CREATE SCHEMA knowledgepia;           ⓫
```

```
MariaDB [(none)]> SHOW DATABASES;
+--------------------+
| Database           |
+--------------------+
| information_schema |
| knowledgepia       |
| mysql              |
| performance_schema |
+--------------------+
5 rows in set (0.00 sec)
MariaDB [(none)]> DROP SCHEMA knowledgepia;    ⓬
MariaDB [(none)]> SHOW SCHEMAS;                ⓭
```

❶ 새 데이터베이스를 생성하기 위해 **MariaDB** 서버에 로그인한다.

❷ 새 데이터베이스 knowledgepia를 명령어 CREATE로 생성한다.

❸ 기존 데이터베이스가 있는 경우 에러 메시지를 생성하지 않기 위해 사용한다. 기존 데이터베이스가 있는 경우의 에러 메시지를 확인하려면 명령어 SHOW WARNINGS를 사용한다.

❹ 명령어 SHOW를 사용해 데이터베이스가 생성됐는지 확인한다.

❺ 현재 사용 중인 데이터베이스를 확인하기 위해 사용하는데, 로그인 이후에 사용할 데이터베이스를 선택하지 않았으므로 그 값이 NULL이다.

❻ 이제 명령어 USE를 사용해 사용할 데이터베이스를 선택한다.

❼ 다시 사용 중인 데이터베이스를 확인하면 앞에서 선택한 데이터베이스 이름을 확인할 수 있다.

❽ 데이터베이스를 삭제할 경우 명령어 DROP을 사용한다.

❾ 존재하지 않는 데이터베이스를 삭제할 경우 에러 메시지를 발생하므로 데이터베이스가 있는 경우에만 삭제한다.

❿ 삭제 이후 다시 데이터베이스 목록을 명령어 SHOW로 확인하면 보이지 않는다.

⓫ 데이터베이스를 생성하는 또 다른 방법으로 여기서 database와 schema는 동일하게 사용되며, 명령어 SHOW DATABASES를 통해 확인할 수 있다.

⓬ 앞에서 생성된 schema를 삭제하기 위해 사용한다.

⓭ SHOW DATABASES와 동일하게 사용된다.

2. 클라이언트 툴 사용하기

데이터베이스를 생성하고 삭제하는 두 번째 방법은 직접 데이터베이스 서버에 접속하지 않고 클라이언트 툴 mysql과 mysqladmin만을 사용해 데이터베이스를 생성하고 삭제할 수 있는데, 이에 대한 설명은 다음과 같다.

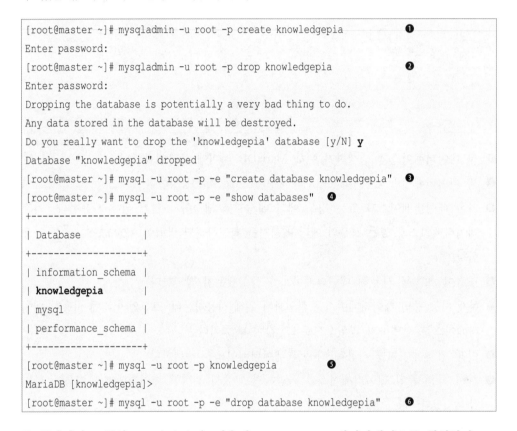

```
[root@master ~]# mysqladmin -u root -p create knowledgepia        ❶
Enter password:
[root@master ~]# mysqladmin -u root -p drop knowledgepia          ❷
Enter password:
Dropping the database is potentially a very bad thing to do.
Any data stored in the database will be destroyed.
Do you really want to drop the 'knowledgepia' database [y/N] y
Database "knowledgepia" dropped
[root@master ~]# mysql -u root -p -e "create database knowledgepia"   ❸
[root@master ~]# mysql -u root -p -e "show databases"   ❹
+--------------------+
| Database           |
+--------------------+
| information_schema |
| knowledgepia       |
| mysql              |
| performance_schema |
+--------------------+
[root@master ~]# mysql -u root -p knowledgepia              ❺
MariaDB [knowledgepia]>
[root@master ~]# mysql -u root -p -e "drop database knowledgepia"      ❻
```

❶ 클라이언트 툴인 mysqladmin을 이용해 knowledgepia 데이터베이스를 생성한다.

❷ CREATE 대신에 DROP를 사용해 생성된 데이터베이스를 삭제할 수 있다.

❸ 클라이언트 툴인 mysql을 이용해 데이터베이스를 생성하는데, 여기서 옵션 e(execute)는 특정 SQL 명령어를 실행하기 위해 사용된다.

❹ 생성된 데이터베이스 확인을 위해 명령어 SHOW DATABASES를 사용한다.

❺ 특정 데이터베이스로 바로 접속하는 경우 사용자 정보 뒤에 그 이름을 지정한다.

❻ 데이터베이스를 삭제할 경우 명령어 DROP DATABASE를 사용한다.

B. 데이터베이스 메타데이터 사용

데이터베이스 생성 후에 그에 대한 정보를 확인하는 방법은 다음과 같다.

```
MariaDB [(none)]> SELECT * FROM  INFORMATION_SCHEMA.SCHEMATA WHERE
SCHEMA_NAME = 'knowledgepia'\G        ❶
*************************** 1. row ***************************
            CATALOG_NAME: def
             SCHEMA_NAME: knowledgepia
DEFAULT_CHARACTER_SET_NAME: latin1
    DEFAULT_COLLATION_NAME: latin1_swedish_ci
                SQL_PATH: NULL
1 row in set (0.01 sec)
MariaDB [(none)]> SELECT * FROM  INFORMATION_SCHEMA.SCHEMATA WHERE
SCHEMA_NAME = 'knowledgepia';        ❷
+--------------+--------------+----------------------------+----------------------+-
|CATALOG_NAME  |SCHEMA_NAME   |DEFAULT_CHARACTER_SET_NAME   |DEFAULT_COLLATION_NAME | SQL_PATH
+--------------+--------------+----------------------------+----------------------+-
| def          |knowledgepia  |    latin1                   | latin1_swedish_ci    | NULL
+--------------+--------------+----------------------------+----------------------+-
1 row in set (0.00 sec)
MariaDB [(none)]> SHOW CREATE DATABASE knowledgepia\G  ❸
*************************** 1. row ***************************
      Database: knowledgepia
Create Database: CREATE DATABASE `knowledgepia` /*!40100 DEFAULT CHARACTER
SET latin1 */
1 row in set (0.00 sec)
```

❶ 생성된 새 데이터베이스를 메타데이터 데이터베이스 INFORMATION_SCHEMA의 SCHEMATA
   테이블 칼럼 SCHEMA_NAME에서 찾을 수 있는데, 이 데이터베이스는 SQL 구문인 SELECT
   를 이용해 생성된 데이터베이스의 정보를 저장하고 있다.

❷ ❶과 동일하며 명령어 뒤에 \G가 사용되지 않은 것만이 차이점인데, 메타데이터가 일반
   테이블의 로우 정보와 동일한 형태를 보여준다.

❸ SELECT 대신에 SHOW만을 사용해 데이터베이스 생성에 사용된 명령어를 확인할 수 있다.

9.3.2 테이블 사용

데이터베이스 관리에서 테이블 사용은 핵심 중의 핵심이라 할 수 있을 정도로 매주 중요하
다. 모든 데이터가 이 테이블 내부에 저장돼 SQL을 이용한 데이터 관리가 모두 이 테이블
을 통해서 이뤄지기 때문이다. 테이블은 논리적으로 로우Row와 칼럼Column으로 구성되고
물리적으로는 디렉토리 내부에 /var/lib/mysql/knowledgepia/customers.frm과 같은 이름으

로 저장되는데, 여기서 /var/lib/mysql은 MariaDB 서버의 데이터베이스 저장 디렉토리고, knowledgepia는 새로 생성된 데이터베이스 이름이며, customers는 이 데이터베이스 내부에 생성된 테이블 이름이다. 이러한 기본 지식을 가지고 이번 절에서 테이블을 생성, 수정, 삭제하는 방법을 자세히 설명하겠다.

A. 테이블 생성

MariaDB 서버에서 테이블을 생성하는 방법이 여러 가지 있는데, 여기서는 두 가지 방법(수동, 기존 테이블)을 소개한다.

1. 수동으로 테이블 생성하기

테이블을 생성하는 가장 기본적인 방법은 SQL 명령어를 사용해 테이블을 직접 수동으로 생성하는 것이다.

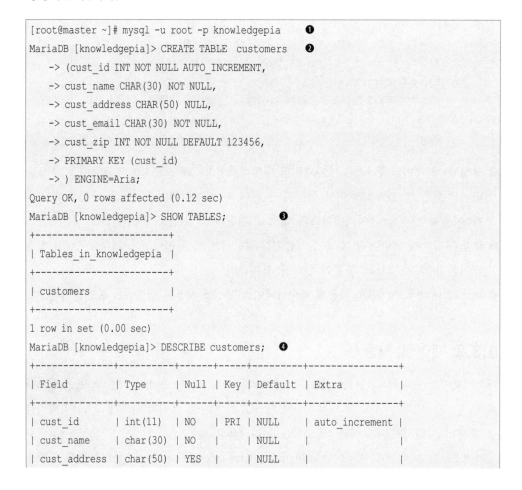

```
[root@master ~]# mysql -u root -p knowledgepia          ❶
MariaDB [knowledgepia]> CREATE TABLE  customers          ❷
    -> (cust_id INT NOT NULL AUTO_INCREMENT,
    -> cust_name CHAR(30) NOT NULL,
    -> cust_address CHAR(50) NULL,
    -> cust_email CHAR(30) NOT NULL,
    -> cust_zip INT NOT NULL DEFAULT 123456,
    -> PRIMARY KEY (cust_id)
    -> ) ENGINE=Aria;
Query OK, 0 rows affected (0.12 sec)
MariaDB [knowledgepia]> SHOW TABLES;                     ❸
+-----------------------+
| Tables_in_knowledgepia |
+-----------------------+
| customers             |
+-----------------------+
1 row in set (0.00 sec)
MariaDB [knowledgepia]> DESCRIBE customers;              ❹
+--------------+----------+------+-----+---------+----------------+
| Field        | Type     | Null | Key | Default | Extra          |
+--------------+----------+------+-----+---------+----------------+
| cust_id      | int(11)  | NO   | PRI | NULL    | auto_increment |
| cust_name    | char(30) | NO   |     | NULL    |                |
| cust_address | char(50) | YES  |     | NULL    |                |
```

```
| cust_email   | char(30) | NO  |     | NULL     |                |
| cust_zip     | int(11)  | NO  |     | 123456   |                |
+--------------+----------+-----+-----+----------+----------------+
5 rows in set (0.05 sec)

MariaDB [knowledgepia]> INSERT INTO customers
    -> (cust_id,cust_name,cust_address,cust_email,cust_zip)
    -> VALUES(1000,"Jeong Chul","Seoul","tland12@knowledgepia.com",123457);   ❺
Query OK, 1 row affected (0.00 sec)

MariaDB [knowledgepia]> SELECT * FROM customers;   ❻
+---------+------------+--------------+--------------------------+----------+
| cust_id | cust_name  | cust_address | cust_email               | cust_zip |
+---------+------------+--------------+--------------------------+----------+
|    1000 | Jeong Chul | Seoul        | tland12@knowledgepia.com |   123457 |
+---------+------------+--------------+--------------------------+----------+
1 row in set (0.00 sec)
MariaDB [knowledgepia]> SHOW TABLE STATUS\G            ❼
*************************** 1. row ***************************
           Name: customers
         Engine: Aria
        Version: 10
     Row_format: Page
           Rows: 2
 Avg_row_length: 8192
    Data_length: 16384
Max_data_length: 17592186011648
   Index_length: 16384
      Data_free: 0
 Auto_increment: 1002
    Create_time: 2016-01-29 13:55:30
    Update_time: 2016-01-29 13:55:30
     Check_time: NULL
      Collation: latin1_swedish_ci
       Checksum: NULL
 Create_options:
        Comment:
1 row in set (0.00 sec)
```

❶ 테이블을 생성하기 위한 데이터베이스로 직접 로그인한다.

❷ 명령어 CREATE TABLE을 이용해 customers 테이블을 생성한다. 테이블 내에 사용할 각

칼럼 이름과 그 칼럼의 데이터 유형, 그리고 옵션을 지정할 수 있다.

❸ 테이블 생성 후에 그 정보를 확인하기 위해 사용한다.

❹ 명령어 DESCRIBE를 이용해 생성된 테이블의 각 칼럼 이름과 데이터 유형, 그리고 사용된 옵션을 확인할 수 있다.

❺ 명령어 INSERT를 사용해 이 테이블에 데이터를 입력하는데, 각 칼럼에 맞는 값을 VALUES 옵션 다음에 입력해야 한다.

❻ 명령어 SELECT를 사용해 입력한 데이터가 테이블에 있는지 확인한다.

❼ 생성된 테이블의 전체 상태를 확인하기 위해 사용한다.

2. 기존 테이블을 이용해 테이블 생성하기

테이블을 생성하는 두 번째 방법은 기존 테이블이 있다면 이 테이블을 이용해 새로운 테이블을 생성하는 방법이다. 앞에서 생성했던 customers 테이블을 이용해 테스트를 진행하겠다.

```
MariaDB [knowledgepia]> CREATE TABLE customers1 SELECT * FROM customers;      ❶
Query OK, 2 rows affected (0.07 sec)
Records: 2  Duplicates: 0  Warnings: 0
MariaDB [knowledgepia]> SELECT * FROM customers1;        ❷
+---------+-----------+--------------+-------------------------+----------+
| cust_id | cust_name | cust_address | cust_email              | cust_zip |
+---------+-----------+--------------+-------------------------+----------+
|    1000 | Jeong Chul| Seoul        | tland12@knowledgepia.com|   123457 |
|    1001 | John Kim  | Busan        | john@gmail.com          |   123458 |
+---------+-----------+--------------+-------------------------+----------+
2 rows in set (0.01 sec)
MariaDB [knowledgepia]> SHOW CREATE TABLE customers1\G        ❸
*************************** 1. row ***************************
       Table: customers1
Create Table: CREATE TABLE `customers1` (
  `cust_id` int(11) NOT NULL DEFAULT '0',
  `cust_name` char(30) NOT NULL,
  `cust_address` char(50) DEFAULT NULL,
  `cust_email` char(30) NOT NULL,
  `cust_zip` int(11) NOT NULL DEFAULT '123456'
) ENGINE=InnoDB DEFAULT CHARSET=latin1
1 row in set (0.01 sec)
MariaDB [knowledgepia]> CREATE TABLE customers2 SELECT * FROM
```

```
customers WHERE cust_id = 1000;          ❹
Query OK, 1 row affected (0.43 sec)
Records: 1  Duplicates: 0  Warnings: 0
MariaDB [knowledgepia]> SELECT * FROM customers2;          ❺
+---------+-----------+--------------+-------------------------+----------+
| cust_id | cust_name | cust_address | cust_email              | cust_zip |
+---------+-----------+--------------+-------------------------+----------+
|    1000 | Jeong Chul | Seoul       | tland12@knowledgepia.com |  123457 |
+---------+-----------+--------------+-------------------------+----------+
1 row in set (0.01 sec)

MariaDB [knowledgepia]> CREATE TABLE customers3 SELECT * FROM customers WHERE 0;  ❻
Query OK, 0 rows affected (0.01 sec)
Records: 0  Duplicates: 0  Warnings: 0
MariaDB [knowledgepia]> CREATE TABLE customers4 LIKE customers;          ❼
Query OK, 0 rows affected (0.03 sec)
MariaDB [knowledgepia]> SELECT * FROM customers3;          ❽
Empty set (0.00 sec)
MariaDB [knowledgepia]> SELECT * FROM customers4;          ❾
Empty set (0.02 sec)
```

❶ 기존 테이블 customers의 데이터를 이용해 새 테이블 customers1을 생성한다.

❷ 새 테이블 customers1의 데이터를 명령어 SELECT로 확인해보면 현재 두 개의 로우를 발견할 수 있다.

❸ 새 테이블 customers1이 생성될 때 어떤 값들이 사용됐는지 확인하기 위해 명령어 SHOW CREATE를 사용한다.

❹ 이번에도 기존 테이블을 사용해 새 테이블을 생성하는데 WHERE절을 사용해 모든 데이터가 아닌 선택된 데이터, 즉 칼럼 값 cust_id=1000만 입력된 customers2 테이블을 생성한다.

❺ 명령어 SELECT를 사용해 customers2 테이블을 확인해보면 한 개의 로우만 발견할 수 있다.

❻ 테이블 내의 데이터를 새 테이블에서 사용하지 않고 그 테이블의 칼럼 및 데이터 유형과 옵션만을 사용할 경우 WHERE절에 0을 사용해 가능하다.

❼ 위와 동일하며 단지 키워드 LIKE를 사용했다.

❽ customers3 테이블을 확인해보면 테이블이 비어 있다.

❾ 키워드 LIKE를 이용해 생성한 customers4 테이블도 동일하게 테이블이 비어 있다.

B. 테이블 수정

A절에서 테이블을 생성했다면 필요에 따라 테이블을 수정해야 하는데, 여기서는 테이블 생성 이후 기존 정보를 수정하는 방법을 살펴본다.

```
MariaDB [knowledgepia]> ALTER TABLE customers ADD cust_date DATE NOT NULL
 -> AFTER cust_email;          ❶
Query OK, 2 rows affected (0.06 sec)
Records: 2  Duplicates: 0  Warnings: 0
MariaDB [knowledgepia]> DESCRIBE customers;    ❷
+--------------+----------+------+-----+---------+----------------+
| Field        | Type     | Null | Key | Default | Extra          |
+--------------+----------+------+-----+---------+----------------+
| cust_id      | int(11)  | NO   | PRI | NULL    | auto_increment |
| cust_name    | char(30) | NO   |     | NULL    |                |
| cust_address | char(50) | YES  |     | NULL    |                |
| cust_email   | char(30) | NO   |     | NULL    |                |
| cust_date    | date     | NO   |     | NULL    |                |
| cust_zip     | int(11)  | NO   |     | 123456  |                |
+--------------+----------+------+-----+---------+----------------+
6 rows in set (0.00 sec)
MariaDB [knowledgepia]> ALTER TABLE customers MODIFY cust_id BIGINT
 -> NOT NULL AUTO_INCREMENT;           ❸
Query OK, 2 rows affected, 2 warnings (0.01 sec)
Records: 2  Duplicates: 0  Warnings: 2
MariaDB [knowledgepia]> ALTER TABLE customers CHANGE cust_email
 -> cust_contact CHAR(40) NOT NULL; ❹
Query OK, 2 rows affected, 2 warnings (0.05 sec)
Records: 2  Duplicates: 0  Warnings: 2
MariaDB [knowledgepia]> DESCRIBE customers;   ❺
+--------------+-----------+------+-----+---------+----------------+
| Field        | Type      | Null | Key | Default | Extra          |
+--------------+-----------+------+-----+---------+----------------+
| cust_id      | bigint(20)| NO   | PRI | NULL    | auto_increment |
| cust_name    | char(30)  | NO   |     | NULL    |                |
| cust_address | char(50)  | YES  |     | NULL    |                |
| cust_contact | char(40)  | NO   |     | NULL    |                |
| cust_date    | date      | NO   |     | NULL    |                |
| cust_zip     | int(11)   | NO   |     | 123456  |                |
+--------------+-----------+------+-----+---------+----------------+
6 rows in set (0.00 sec)
```

```
MariaDB [knowledgepia]> ALTER TABLE customers DROP COLUMN cust_date;   ❻
Query OK, 2 rows affected, 1 warning (0.09 sec)
Records: 2  Duplicates: 0  Warnings: 1
MariaDB [knowledgepia]> DESCRIBE customers;   ❼
+--------------+------------+------+-----+---------+----------------+
| Field        | Type       | Null | Key | Default | Extra          |
+--------------+------------+------+-----+---------+----------------+
| cust_id      | bigint(20) | NO   | PRI | NULL    | auto_increment |
| cust_name    | char(30)   | NO   |     | NULL    |                |
| cust_address | char(50)   | YES  |     | NULL    |                |
| cust_contact | char(40)   | NO   |     | NULL    |                |
| cust_zip     | int(11)    | NO   |     | 123456  |                |
+--------------+------------+------+-----+---------+----------------+
5 rows in set (0.00 sec)
MariaDB [knowledgepia]> ALTER TABLE customers RENAME TO new_customers;   ❽
Query OK, 0 rows affected, 1 warning (0.00 sec)
MariaDB [knowledgepia]> RENAME TABLE customers TO new_customers;        ❾
Query OK, 0 rows affected, 1 warning (0.01 sec)
MariaDB [knowledgepia]> SHOW TABLES;      ❿
+-----------------------+
| Tables_in_knowledgepia |
+-----------------------+
| customers1            |
| customers2            |
| customers3            |
| customers4            |
| new_customers         |
+-----------------------+
5 rows in set (0.00 sec)
MariaDB [knowledgepia]> ALTER TABLE new_customers RENAME TO customers,
  -> MODIFY cust_id INT NOT NULL,
  -> ADD cust_date DATE NULL AFTER cust_name;   ⓫
Query OK, 2 rows affected, 3 warnings (0.02 sec)
Records: 2  Duplicates: 0  Warnings: 3
MariaDB [knowledgepia]> DESCRIBE customers;   ⓬
+--------------+----------+------+-----+---------+-------+
| Field        | Type     | Null | Key | Default | Extra |
+--------------+----------+------+-----+---------+-------+
| cust_id      | int(11)  | NO   | PRI | NULL    |       |
| cust_name    | char(30) | NO   |     | NULL    |       |
```

```
| cust_date    | date     | YES  |     | NULL    |       |
| cust_address | char(50) | YES  |     | NULL    |       |
| cust_contact | char(40) | NO   |     | NULL    |       |
| cust_zip     | int(11)  | NO   |     | 123456  |       |
+--------------+----------+------+-----+---------+-------+
6 rows in set (0.00 sec)
MariaDB [knowledgepia]> ALTER TABLE customers2 ENGINE = Aria;      ⓭
```

❶ 키워드 ADD를 이용해 기존 테이블에 새 칼럼을 데이터 유형 및 옵션과 함께 추가하는데, 그 위치를 키워드 AFTER로 지정할 수 있다.

❷ 명령어 DESCRIBE를 이용해 테이블의 칼럼 정보를 확인해보면 새 칼럼 cust_date가 옵션과 함께 추가된 것을 알 수 있다.

❸ 현 칼럼 cust_id의 옵션을 키워드 MODIFY로 변경하는데, 데이터 유형을 int에서 bigint로, NULL 허용을 NOT NULL 즉 허용하지 않음으로 변경한다.

❹ 칼럼의 이름을 변경하기 위해 키워드 CHANGE를 사용해 현재 cust_email을 cust_contact로 변경한다.

❺ 변경된 정보를 확인하기 위해 사용한다.

❻ 사용 중인 칼럼을 삭제하기 위해 키워드 DROP을 사용한다.

❼ 명령어 DESCRIBE를 사용하면 칼럼이 삭제됐는지 확인할 수 있다.

❽ 테이블의 이름을 변경하기 위해 키워드 RENAME TO를 사용한다.

❾ 명령어 RENAME ~ TO도 동일하게 테이블 이름 변경을 위해 사용된다.

❿ 테이블 이름이 변경됐는지 확인한다.

⓫ 위에선 정보를 변경하기 위해 각각의 키워드를 별도로 사용했지만, 이렇게 동시에 사용할 수도 있다.

⓬ 변경된 정보를 명령어 DESCRIBE로 확인할 수 있다.

⓭ 현재 테이블의 스토리지 엔진을 변경할 경우 사용한다.

C. 테이블 삭제

테이블 관리 세 번째로, 필요에 따라 테이블을 삭제하는 방법은 다음과 같다.

```
MariaDB [knowledgepia]> DELETE FROM customers;      ❶
MariaDB [knowledgepia]> DELETE FROM customers WHERE cust_id = 1001;
Query OK, 1 row affected (0.02 sec)
MariaDB [knowledgepia]> SELECT * FROM customers;      ❷
```

```
+--------+-----------+-----------+--------------+--------------------------+-----------+
|cust_id | cust_name | cust_date | cust_address | cust_contact             | cust_zip  |
+--------+-----------+-----------+--------------+--------------------------+-----------+
| 1000   | Jeong Chul| NULL      | Seoul        | tland12@knowledgepia.com |   123457  |
+--------+-----------+-----------+--------------+--------------------------+-----------+
1 row in set (0.01 sec)
MariaDB [knowledgepia]> TRUNCATE TABLE customers;      ❸
Query OK, 0 rows affected (0.01 sec)
MariaDB [knowledgepia]> SELECT * FROM customers;       ❹
Empty set (0.01 sec)
MariaDB [knowledgepia]> DROP TABLE customers;          ❺
Query OK, 0 rows affected, 1 warning (0.01 sec)
MariaDB [knowledgepia]> SHOW TABLES;                   ❻
+-----------------------+
| Tables_in_knowledgepia |
+-----------------------+
| customers1            |
| customers2            |
| customers3            |
| customers4            |
+-----------------------+
4 rows in set (0.06 sec)
```

❶ 테이블 내의 데이터를 모두 삭제하기 위해 명령어 DELETE를 사용하는데, 특정 로우만 삭제할 경우 WHERE절을 사용할 수 있다.

❷ 삭제된 정보를 확인한다.

❸ ❶과 동일하게 명령어 TRUNCATE도 테이블 내의 데이터를 삭제한다.

❹ 명령어 SELECT로 확인해보면 테이블이 비어 있는 것을 알 수 있다.

❺ 기존 테이블을 삭제할 경우 명령어 DROP을 사용한다.

❻ 명령어 SHOW로 customers 테이블이 삭제됐음을 알 수 있다.

9.4 SQL을 이용한 데이터 사용

9.3절에서 데이터베이스와 테이블 생성, 그리고 테이블 다루는 방법을 설명했다. 이번 절에서는 생성된 테이블의 데이터를 검색, 입력, 업데이트, 삭제하는 방법을 SQL 구문을 이용해 설명하겠다.

9.4.1 INSERT 구문 사용

데이터 입력에 사용되는 INSERT 구문에 대해 살펴본다.

A. 기본 INSERT 사용

먼저 기본적으로 데이터를 입력하는 방법은 다음과 같다.

```
[root@master ~]# mysql -u root -p knowledgepia
MariaDB [knowledgepia]> SHOW TABLES;              ❶
+----------------------+
| Tables_in_knowledgepia |
+----------------------+
| customers            |
| customers1           |
| customers2           |
| customers3           |
| customers4           |
+----------------------+
5 rows in set (0.01 sec)
MariaDB [knowledgepia]> INSERT INTO customers
 -> (cust_id,cust_name,cust_address,cust_email,cust_zip)
 -> VALUES(1002,"Sung Park","KwangJu","park@gmail.com",123459);        ❷
  Query OK, 1 row affected (0.00 sec)
MariaDB [knowledgepia]> INSERT INTO customers SET
 -> cust_id=1003,cust_name="Jun Lee", cust_address="Daejeon",
 -> cust_email="jun@gmail.com",cust_zip=123460;         ❸
  Query OK, 1 row affected (0.01 sec)
MariaDB [knowledgepia]> INSERT INTO customers
 -> (cust_name,cust_address,cust_email)
 -> VALUES ("Chulsu Cho","Incheon","cho@gmail.com");       ❹
  Query OK, 1 row affected (0.00 sec)
MariaDB [knowledgepia]> INSERT INTO customers SET
-> cust_name="Minsu Mun",cust_email="minsu@naver.com";      ❺
  Query OK, 1 row affected (0.01 sec)
MariaDB [knowledgepia]> SELECT * FROM customers;        ❻
+---------+-----------+--------------+-------------------------+----------+
| cust_id | cust_name | cust_address | cust_email              | cust_zip |
+---------+-----------+--------------+-------------------------+----------+
|    1000 | Jeong Chul| Seoul        | tland12@knowledgepia.com | 123457  |
```

```
|  1001  | John Kim    | Busan       | john@gmail.com         |   123458  |
|  1002  | Sung Park   | KwangJu     | park@gmail.com         |   123459  |
|  1003  | Jun Lee     | Daejeon     | jun@gmail.com          |   123460  |
|  1004  | Chulsu Cho  | Incheon     | cho@gmail.com          |   123456  |
|  1005  | Minsu Mun   | NULL        | minsu@naver.com        |   123456  |
+---------+------------+-------------+------------------------+----------+
6 rows in set (0.01 sec)
MariaDB [knowledgepia]> INSERT INTO customers
    -> (cust_name,cust_email)
    -> VALUES ("Namo Kim","namo@daum.net"),
    -> ("Sunny Lee","sunny@naver.com");                    ❼
    Query OK, 2 rows affected (0.00 sec)
    Records: 2  Duplicates: 0  Warnings: 0
MariaDB [knowledgepia]> INSERT INTO customers
    -> VALUES (1008,"Chulsu Yang","Seoul","chulsu@gmail.com",123457);  ❽
    Query OK, 1 row affected (0.01 sec)
MariaDB [knowledgepia]> INSERT INTO customers() VALUES();  ❾
Query OK, 1 row affected, 2 warnings (0.00 sec)
MariaDB [knowledgepia]> SELECT * FROM customers;  ❿
+---------+------------+-------------+------------------------+----------+
| cust_id | cust_name  | cust_address | cust_email            | cust_zip |
+---------+------------+-------------+------------------------+----------+
|  1000  | Jeong Chul | Seoul       | tland12@knowledgepia.com |  123457  |
|  1001  | John Kim    | Busan       | john@gmail.com         |   123458  |
|  1002  | Sung Park   | KwangJu     | park@gmail.com         |   123459  |
|  1003  | Jun Lee     | Daejeon     | jun@gmail.com          |   123460  |
|  1004  | Chulsu Cho  | Incheon     | cho@gmail.com          |   123456  |
|  1005  | Minsu Mun   | NULL        | minsu@naver.com        |   123456  |
|  1006  | Namo Kim    | NULL        | namo@daum.net          |   123456  |
|  1007  | Sunny Lee   | NULL        | sunny@naver.com        |   123456  |
|  1008  | Chulsu Yang | Seoul       | chulsu@gmail.com       |   123457  |
|  1009  |             | NULL        |                        |   123456  |
+---------+------------+-------------+------------------------+----------+
10 rows in set (0.00 sec)
```

❶ 현재 테이블 개수를 확인하면 5개의 테이블이 있다.

❷ 명령어 INSERT INTO를 사용해 customers 테이블 내의 5개 칼럼 이름과 그에 대응하는 각 값을 키워드 VALUES로 입력한다.

❸ 동일하게 INSERT INTO를 사용해 데이터를 입력하는데 키워드 VALUES 대신 SET를 사용

해 칼럼 이름과 그 값을 각각 대응해 입력한다.

❹ 이번에는 ❷와 동일하게 데이터를 입력하는데, 5개 전체 칼럼이 아닌 3개의 칼럼만 그 값과 함께 입력한다. 이는 입력 시 옵션이 NULL인 경우 생략 가능하다는 의미다.

❺ ❸과 동일하게 키워드 SET를 이용해 데이터를 입력하는데, 5개가 아닌 2개의 칼럼만 그 값과 함께 입력한다.

❻ 위에서 입력한 데이터를 명령어 SELECT를 이용해 확인한다.

❼ 이번에는 두 개의 로우 데이터를 동시에 입력하는 방법이다.

❽ 칼럼 이름을 생략하고 그 값만 입력하는 방법인데, 이 경우에는 특정 칼럼의 생략 없이 모든 칼럼 값이 입력돼야 한다.

❾ 칼럼과 VALUES에 아무런 값을 지정하지 않으면 NULL 또는 빈값이 입력된다.

❿ 이 내용을 확인해보면 cust_id 1009에서 그 결과를 볼 수 있다. 여기서 cust_id는 1009가 입력돼 있는데, 이는 이 칼럼의 auto_increment 옵션에 의해 자동으로 생성되며, cust_zip의 123456은 DEFAULT 옵션 값에 의해 입력된 것이다.

B. INSERT 사용의 두 번째 방법

명령어 INSERT를 이용한 데이터 입력의 두 번째 방법을 살펴보자. 이 방법은 기존 테이블 내에 존재하는 데이터를 이용해 입력한다.

```
MariaDB [knowledgepia]> SELECT * FROM customers3;          ❶
Empty set (0.00 sec)
MariaDB [knowledgepia]> INSERT INTO customers3 SELECT * FROM customers;  ❷
Query OK, 11 rows affected (0.05 sec)
Records: 11  Duplicates: 0  Warnings: 0
MariaDB [knowledgepia]> SELECT * FROM customers3;          ❸
+---------+------------+--------------+---------------------------+----------+
| cust_id | cust_name  | cust_address | cust_email                | cust_zip |
+---------+------------+--------------+---------------------------+----------+
|    1000 | Jeong Chul | Seoul        | tland12@knowledgepia.com  |   123457 |
|    1001 | John Kim   | Busan        | john@gmail.com            |   123458 |
|    1002 | Sung Park  | KwangJu      | park@gmail.com            |   123459 |
|    1003 | Jun Lee    | Daejeon      | jun@gmail.com             |   123460 |
|    1004 | Chulsu Cho | Incheon      | cho@gmail.com             |   123456 |
|    1005 | Minsu Mun  | NULL         | minsu@naver.com           |   123456 |
|    1006 | Namo Kim   | NULL         | namo@daum.net             |   123456 |
|    1007 | Sunny Lee  | NULL         | sunny@naver.com           |   123456 |
```

```
|  1008  | Chulsu Yang  | Seoul        | chulsu@gmail.com        |  123457  |
|  1009  | Misun Jeong  | NULL         | misun@gmail.com         |  123456  |
|  1010  |              | NULL         |                         |  123456  |
+--------+-------------+--------------+-------------------------+----------+
11 rows in set (0.00 sec)

MariaDB [knowledgepia]> SELECT * FROM customers4;        ❹
Empty set (0.01 sec)
MariaDB [knowledgepia]> INSERT INTO customers4 SELECT * FROM customers
 -> WHERE cust_id >= 1005;        ❺
  Query OK, 6 rows affected (0.03 sec)
  Records: 6  Duplicates: 0  Warnings: 0
MariaDB [knowledgepia]> SELECT * FROM customers4;        ❻
+--------+-------------+--------------+------------------+----------+
| cust_id | cust_name  | cust_address | cust_email       | cust_zip |
+--------+-------------+--------------+------------------+----------+
|  1005  | Minsu Mun   | NULL         | minsu@naver.com  |  123456  |
|  1006  | Namo Kim    | NULL         | namo@daum.net    |  123456  |
|  1007  | Sunny Lee   | NULL         | sunny@naver.com  |  123456  |
|  1008  | Chulsu Yang | Seoul        | chulsu@gmail.com |  123457  |
|  1009  | Misun Jeong | NULL         | misun@gmail.com  |  123456  |
|  1010  |             | NULL         |                  |  123456  |
+--------+-------------+--------------+------------------+----------+
6 rows in set (0.00 sec)
MariaDB [knowledgepia]> INSERT INTO customers5 (cust_id,cust_name)
 -> SELECT cust_id,cust_name FROM customers;        ❼
  Query OK, 11 rows affected, 1 warning (0.01 sec)
  Records: 11  Duplicates: 0  Warnings: 1
MariaDB [knowledgepia]> SELECT * FROM customers5;        ❽
+--------+-------------+--------------+------------+----------+
| cust_id | cust_name  | cust_address | cust_email | cust_zip |
+--------+-------------+--------------+------------+----------+
|  1000  | Jeong Chul  | NULL         |            |  123456  |
|  1001  | John Kim    | NULL         |            |  123456  |
|  1002  | Sung Park   | NULL         |            |  123456  |
|  1003  | Jun Lee     | NULL         |            |  123456  |
|  1004  | Chulsu Cho  | NULL         |            |  123456  |
|  1005  | Minsu Mun   | NULL         |            |  123456  |
|  1006  | Namo Kim    | NULL         |            |  123456  |
|  1007  | Sunny Lee   | NULL         |            |  123456  |
|  1008  | Chulsu Yang | NULL         |            |  123456  |
```

```
|    1009 | Misun Jeong | NULL         |            |  123456 |
|    1010 |            |  NULL         |            |  123456 |
+---------+------------+---------------+------------+---------+
11 rows in set (0.00 sec)
```

❶ 현재 customers3 테이블에는 아무런 데이터가 없는 빈 상태다.

❷ customers 테이블 내의 모든 데이터를 빈 테이블 customers3로 입력한다.

❸ 명령어 SELECT를 이용해 확인하면 테이블 customers와 customers3의 데이터가 동일함을 알 수 있다.

❹ customers4 테이블도 빈 테이블임을 확인한다.

❺ 동일하게 customers 테이블에서 customers4 테이블로 데이터를 입력하는데, WHERE절을 사용해 그 조건을 지정하면 그 조건에 해당되는 데이터만 입력된다. 현재 cust_id가 1005보다 크거나 같은 데이터만 입력된다.

❻ 위의 실행 내용을 확인할 수 있다.

❼ 빈 테이블 customers5에 customers 테이블로부터 데이터를 입력하는데, 모든 칼럼이 아닌 일부 칼럼만을 선택해 입력할 수 있다.

❽ customers5 테이블을 확인해보면 선택한 두 개의 칼럼 값만 입력돼 있고 나머지는 기본값, NULL, 빈값으로 채워져 있음을 알 수 있다.

C. REPLACE 사용

명령어 REPLACE는 INSERT처럼 데이터를 입력하기 위해 사용되는 점은 동일하지만, 기존 로우를 지우고 새로운 데이터를 입력하기 위해 사용한다는 차이점이 있다.

```
MariaDB [knowledgepia]> SELECT * FROM customers WHERE cust_id = 1010;  ❶
+---------+-----------+--------------+------------+----------+
| cust_id | cust_name | cust_address | cust_email | cust_zip |
+---------+-----------+--------------+------------+----------+
|    1010 |           |  NULL        |            |  123456  |
+---------+-----------+--------------+------------+----------+
1 row in set (0.00 sec)
MariaDB [knowledgepia]> REPLACE INTO customers VALUES
   -> (1010,"Jin Lee","Jeonju","jin@naver.com",123461);    ❷
Query OK, 2 rows affected (0.03 sec)
MariaDB [knowledgepia]> SELECT * FROM customers WHERE cust_id = 1010;  ❸
+---------+-----------+--------------+----------------+----------+
| cust_id | cust_name | cust_address | cust_email     | cust_zip |
```

```
+---------+-----------+--------------+-----------------+----------+
|   1010  | Jin Lee   | Jeonju       | jin@naver.com   |  123461  |
+---------+-----------+--------------+-----------------+----------+
1 row in set (0.00 sec)
MariaDB [knowledgepia]> SELECT * FROM customers WHERE cust_id = 1005;  ❹
+---------+-----------+--------------+-----------------+----------+
| cust_id | cust_name | cust_address | cust_email      | cust_zip |
+---------+-----------+--------------+-----------------+----------+
|   1005  | Minsu Mun | NULL         | minsu@naver.com |  123456  |
+---------+-----------+--------------+-----------------+----------+
1 row in set (0.00 sec)
MariaDB [knowledgepia]> REPLACE INTO customers SET
 -> cust_id=1005,cust_name="Young  Mun",
 -> cust_address="Seoul",cust_email="young@daum.net",cust_zip=123457; ❺
   Query OK, 2 rows affected (0.01 sec)
MariaDB [knowledgepia]> SELECT * FROM customers WHERE cust_id = 1005;
+---------+-----------+--------------+-----------------+----------+
| cust_id | cust_name | cust_address | cust_email      | cust_zip |
+---------+-----------+--------------+-----------------+----------+
|   1005  | Young Mun | Seoul        | young@daum.net  |  123457  |
+---------+-----------+--------------+-----------------+----------+
1 row in set (0.00 sec)
MariaDB [knowledgepia]> SELECT * FROM customers5 WHERE cust_id = 1010;   ❻
+---------+-----------+--------------+-----------------+----------+
| cust_id | cust_name | cust_address | cust_email      | cust_zip |
+---------+-----------+--------------+-----------------+----------+
|   1010  |           | NULL         |                 |  123456  |
+---------+-----------+--------------+-----------------+----------+
1 rows in set (0.00 sec)
MariaDB [knowledgepia]> REPLACE INTO customers5 SELECT * FROM customers
  -> WHERE cust_id = 1010;  ❼
   Query OK, 1 row affected (0.03 sec)
   Records: 1  Duplicates: 0  Warnings: 0
MariaDB [knowledgepia]> SELECT * FROM customers5  WHERE cust_id = 1010; ❽
+---------+-----------+--------------+-----------------+----------+
| cust_id | cust_name | cust_address | cust_email      | cust_zip |
+---------+-----------+--------------+-----------------+----------+
|   1010  | Jin Lee   | Jeonju       | jin@naver.com   |  123461  |
+---------+-----------+--------------+-----------------+----------+
1 rows in set (0.01 sec)
```

9장 MariaDB 데이터베이스 서버 **539**

❶ 현재 customers 테이블의 칼럼 cust_id 1010의 값을 확인한 다음에

❷ 명령어 REPLACE을 이용해 cust_id 1010에 값을 입력한다.

❸ 명령어 SELECT를 이용해 확인해보면 기존 데이터가 사라지고 입력한 값들이 저장돼 있음을 알 수 있다.

❹ customers 테이블의 칼럼 cust_id 1005에서 데이터를 확인하고 있다.

❺ 명령어 REPLACE와 키워드 SET를 이용해 데이터를 입력한 뒤에 확인해보면 기존 데이터가 사라지고 입력한 데이터가 저장돼 있는 것을 알 수 있다.

❻ 이번에는 customers5 테이블의 cust_id 1010도 customers와 동일한 상태임을 알 수 있는데

❼ customers 테이블의 칼럼 cust_id 1010에 있는 데이터를 customers5의 cust_id 1010으로 입력하고 있다.

❽ 명령어 SELECT를 이용해 확인하면 그 데이터가 저장돼 있음을 알 수 있다.

9.4.2 SELECT 사용

이번 절에서는 데이터 검색을 위해 SQL 구문에서 가장 많이 사용되는 SELECT 구문에 대해 설명하겠다. 먼저 테스트를 위해 네이버 카페에서 mariadb_scripts 파일을 다운로드받아 압축을 풀어 사용하기 바란다.

A. Testing 환경 만들기

먼저 테스팅을 위해 SQL 파일을 다운로드한 후에 그 데이터를 데이터베이스로 입력하는 과정은 다음과 같다.

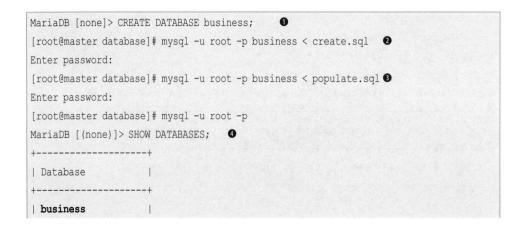

```
MariaDB [none]> CREATE DATABASE business;       ❶
[root@master database]# mysql -u root -p business < create.sql  ❷
Enter password:
[root@master database]# mysql -u root -p business < populate.sql ❸
Enter password:
[root@master database]# mysql -u root -p
MariaDB [(none)]> SHOW DATABASES;       ❹
+--------------------+
| Database           |
+--------------------+
| business           |
```

```
| information_schema |
| knowledgepia       |
| mysql              |
| performance_schema |
+--------------------+
5 rows in set (0.01 sec)
MariaDB [(none)]> USE business;      ❺
Reading table information for completion of table and column names
You can turn off this feature to get a quicker startup with -A
Database changed
MariaDB [business]> SHOW TABLES;      ❻
+--------------------+
| Tables_in_business |
+--------------------+
| customers          |
| orderitems         |
| orders             |
| productnotes       |
| products           |
| vendors            |
+--------------------+
6 rows in set (0.01 sec)
MariaDB [business]> SELECT * FROM orders;      ❼
+-----------+---------------------+---------+
| order_num | order_date          | cust_id |
+-----------+---------------------+---------+
|     20005 | 2011-09-01 00:00:00 |   10001 |
|     20006 | 2011-09-12 00:00:00 |   10003 |
|     20007 | 2011-09-30 00:00:00 |   10004 |
|     20008 | 2011-10-03 00:00:00 |   10005 |
|     20009 | 2011-10-08 00:00:00 |   10001 |
+-----------+---------------------+---------+
5 rows in set (0.01 sec)
```

❶ 먼저 데이터베이스를 명령어 CREATE로 생성한다.

❷ 명령어 mysql을 사용해 데이터베이스 business에 압축이 해제된 파일 create.sql을 입력한다.

❸ 동일하게 두 번째 파일 populate.sql을 입력한다.

❹ MariaDB 서버로 로그인해 생성된 데이터베이스 정보를 확인한다.

❺ 사용할 데이터베이스 business를 선택하고

❻ 두 sql 파일의 입력으로 생성된 테이블 정보를 확인한다.

❼ orders 테이블에서 입력된 값을 확인한다.

B. 기본적인 SELECT 구문 사용

이제 테스팅 환경이 구축됐다면 이 데이터를 이용해 SELECT 구문을 사용하는 방법을 설명하겠다.

```
MariaDB [business]> SELECT cust_id,cust_name,cust_address FROM customers;  ❶
+---------+---------------+---------------------+
| cust_id | cust_name     | cust_address        |
+---------+---------------+---------------------+
|   10001 | Coyote Inc.   | 200 Maple Lane      |
|   10002 | Mouse House   | 333 Fromage Lane    |
|   10003 | Wascals       | 1 Sunny Place       |
|   10004 | Yosemite Place | 829 Riverside Drive |
|   10005 | E Fudd        | 4545 53rd Street    |
+---------+---------------+---------------------+
5 rows in set (0.01 sec)
MariaDB [business]> SELECT vend_id FROM products;  ❷
+---------+
| vend_id |
+---------+
|    1001 |
|    1001 |
|    1001 |
|    1002 |
|    1002 |
|    1003 |
|    1003 |
|    1003 |
|    1003 |
|    1003 |
|    1003 |
|    1003 |
|    1005 |
|    1005 |
+---------+
14 rows in set (0.00 sec)
```

```
MariaDB [business]> SELECT DISTINCT vend_id FROM products;  ❸
+---------+
| vend_id |
+---------+
|   1001  |
|   1002  |
|   1003  |
|   1005  |
+---------+
4 rows in set (0.01 sec)
MariaDB [business]> SELECT * FROM products LIMIT 5;           ❹
+---------+---------+------------+------------+--------------------------
| prod_id | vend_id | prod_name  | prod_price | prod_desc
+---------+---------+------------+------------+--------------------------
| ANV01   |   1001  | .5 ton anvil|     5.99 | .5 ton anvil, black, complete with handy hook                  |
| ANV02   |   1001  | 1 ton anvil |     9.99 | 1 ton anvil, black, complete with handy hook and carrying case |
| ANV03   |   1001  | 2 ton anvil |    14.99 | 2 ton anvil, black, complete with handy hook and carrying case |
| OL1     |   1002  | Oil can     |     8.99 | Oil can, red                                                   |
| FU1     |   1002  | Fuses       |     3.42 | 1 dozen, extra long                                            |
+---------+---------+------------+------------+--------------------------
5 rows in set (0.00 sec)
MariaDB [business]> SELECT * FROM products LIMIT 3,5;              ❺
MariaDB [business]> SELECT * FROM products LIMIT 5 OFFSET 3;       ❻
+---------+---------+----------------+------------+--------------------------
| prod_id | vend_id | prod_name      | prod_price | prod_desc
+---------+---------+----------------+------------+--------------------------
| OL1     |   1002  | Oil can        |     8.99   | Oil can, red              |
| FU1     |   1002  | Fuses          |     3.42   | 1 dozen, extra long       |
| SLING   |   1003  | Sling          |     4.49   | Sling, one size fits all  |
| TNT1    |   1003  | TNT (1 stick)  |     2.50   | TNT, red, single stick    |
| TNT2    |   1003  | TNT (5 sticks) |    10.00   | TNT, red, pack of 10 sticks |
+---------+---------+----------------+------------+--------------------------
5 rows in set (0.00 sec)
MariaDB [business]> SELECT prod_id, prod_price, prod_name FROM products
  -> ORDER BY prod_price DESC LIMIT 5;      ❼
+---------+------------+--------------+
| prod_id | prod_price | prod_name    |
+---------+------------+--------------+
| JP2000  |    55.00   | JetPack 2000 |
| SAFE    |    50.00   | Safe         |
| JP1000  |    35.00   | JetPack 1000 |
| ANV03   |    14.99   | 2 ton anvil  |
```

```
| DTNTR    |      13.00 | Detonator     |
+----------+------------+---------------+
5 rows in set (0.00 sec)
```

❶ 명령어 SELECT에서 검색하기 원하는 칼럼을 지정하고 FROM 뒤에 그 테이블 이름을 지정
한다.

❷ products 테이블에서 칼럼 vend_id를 검색하면 총 14개의 로우 값을 볼 수 있다.

❸ 그중에서 중복되는 로우를 제거하기 위해 DISTINCT 옵션을 사용한다.

❹ 키워드 LIMIT을 사용해 검색의 범위를 지정할 수 있는데, 이 경우 위에서 다섯 번째
로우까지의 데이터를 검색하라는 의미다.

❺ ❻과 동일한 의미인데, 검색의 범위를 3번부터 그 이하로 5개까지 제한해 검색할 수
있다.

❻ ❺의 숫자 3과 5를 각각 키워드 LIMIT과 OFFSET으로 지정한다. 여기서 OFFSET은 몇
번째의 데이터인지, 그리고 LIMIT은 몇 개의 로우 정보를 검색할지 결정하는 키워드다.
OFFSET에서 3은 네 번째 데이터를 의미하는데, 첫 번째 데이터는 0부터 시작하기 때문
이다.

❼ 검색되는 데이터를 순서대로 정렬하기 위해 키워드 ORDER BY를 사용하고 그 기준은
칼럼 prod_price을 사용하며, 키워드 DESC는 정렬 순서를 반대로 하라는 의미다. 검색
결과에서 칼럼 prod_price의 정렬 순서가 DESC 옵션으로 인해 높은 숫자가 위로, 낮은
숫자가 밑으로 정렬된 것을 확인할 수 있다.

C. WHERE절 사용

이번에는 SELECT 구문에 더 상세한 데이터 검색을 위해 WHERE절을 추가하고 사용하는 방
법을 살펴본다.

```
MariaDB [business]> SELECT prod_name, prod_price FROM products
 -> WHERE prod_price <= 10 ORDER BY prod_price DESC,prod_name;    ❶
+----------------+------------+
| prod_name      | prod_price |
+----------------+------------+
| Bird seed      |      10.00 |
| TNT (5 sticks) |      10.00 |
| 1 ton anvil    |       9.99 |
| Oil can        |       8.99 |
```

```
| .5 ton anvil   |     5.99 |
| Sling          |     4.49 |
| Fuses          |     3.42 |
| Carrots        |     2.50 |
| TNT (1 stick)  |     2.50 |
+----------------+----------+
9 rows in set (0.00 sec)
MariaDB [business]> SELECT vend_id,prod_name FROM products
    -> WHERE vend_id <> 1003 LIMIT 5;    ❷
+---------+--------------+
| vend_id | prod_name    |
+---------+--------------+
|    1001 | .5 ton anvil |
|    1001 | 1 ton anvil  |
|    1001 | 2 ton anvil  |
|    1002 | Oil can      |
|    1002 | Fuses        |
+---------+--------------+
5 rows in set (0.00 sec)

MariaDB [business]> SELECT prod_name, prod_price FROM products
              -> WHERE prod_price BETWEEN 5 AND 10;      ❸
+----------------+------------+
| prod_name      | prod_price |
+----------------+------------+
| .5 ton anvil   |       5.99 |
| 1 ton anvil    |       9.99 |
| Oil can        |       8.99 |
| TNT (5 sticks) |      10.00 |
| Bird seed      |      10.00 |
+----------------+------------+
5 rows in set (0.01 sec)

MariaDB [business]> SELECT prod_id, prod_price, prod_name,vend_id
    -> FROM products WHERE vend_id = 1003 AND prod_price <= 10
    -> ORDER BY prod_price;    ❹
+---------+------------+----------------+---------+
| prod_id | prod_price | prod_name      | vend_id |
+---------+------------+----------------+---------+
| TNT1    |       2.50 | TNT (1 stick)  |    1003 |
| FC      |       2.50 | Carrots        |    1003 |
```

```
| SLING  |      4.49 | Sling          |    1003 |
| TNT2   |     10.00 | TNT (5 sticks) |    1003 |
| FB     |     10.00 | Bird seed      |    1003 |
+----------+------------+----------------+----------+
5 rows in set (0.00 sec)
MariaDB [business]> SELECT prod_name,prod_price,vend_id FROM products
 -> WHERE (vend_id = 1002 OR vend_id = 1003) AND prod_price >= 10;      ❺
+----------------+------------+----------+
| prod_name      | prod_price | vend_id  |
+----------------+------------+----------+
| TNT (5 sticks) |      10.00 |    1003  |
| Bird seed      |      10.00 |    1003  |
| Safe           |      50.00 |    1003  |
| Detonator      |      13.00 |    1003  |
+----------------+------------+----------+
4 rows in set (0.00 sec)
MariaDB [business]> SELECT prod_name,prod_price,vend_id FROM products
 -> WHERE vend_id NOT IN (1002,1003) ORDER BY prod_name;      ❻
+--------------+------------+----------+
| prod_name    | prod_price | vend_id  |
+--------------+------------+----------+
| .5 ton anvil |       5.99 |    1001  |
| 1 ton anvil  |       9.99 |    1001  |
| 2 ton anvil  |      14.99 |    1001  |
| JetPack 1000 |      35.00 |    1005  |
| JetPack 2000 |      55.00 |    1005  |
+--------------+------------+----------+
5 rows in set (0.00 sec)
MariaDB [business]> SELECT prod_id, prod_name FROM products
 -> WHERE prod_name LIKE 'jet%';      ❼
+---------+--------------+
| prod_id | prod_name    |
+---------+--------------+
| JP1000  | JetPack 1000 |
| JP2000  | JetPack 2000 |
+---------+--------------+
2 rows in set (0.03 sec)
MariaDB [business]> SELECT prod_id, prod_name FROM products
 -> WHERE prod_name LIKE 's%e';      ❽
+---------+-----------+
```

```
| prod_id | prod_name |
+---------+-----------+
| SAFE    | Safe      |
+---------+-----------+
1 row in set (0.00 sec)
MariaDB [business]> SELECT prod_id,prod_name FROM products
 -> WHERE prod_name LIKE '_____';      ❾
+---------+-----------+
| prod_id | prod_name |
+---------+-----------+
| FU1     | Fuses     |
| SLING   | Sling     |
+---------+-----------+
2 rows in set (0.00 sec)
```

❶ products 테이블에서 두 개의 칼럼 정보를 검색하는데, 조건을 WHERE절로 지정한다.
즉, prod_price <= 10는 상품 가격이 10보다 작거나 같은데 그 정렬 순서를 위해 키워드
ORDER BY를 사용해 상품 가격(prod_price)을 역순(DESC)으로 정렬하고 가격이 같은 경우
정렬 기준은 상품 이름(prod_name)이 돼야 한다는 의미다.

❷ products 테이블에서 두 개의 칼럼 정보를 검색하는데, 조건은 칼럼 vend_id가 1003이
아닌(<>) 다섯 개의 로우 정보를 보여주라는 의미다.

❸ 동일하게 products 테이블에서 두 개의 칼럼을 검색하는데, 키워드 BETWEEN과 AND를
사용해 칼럼의 범위를 지정할 수 있다.

❹ products 테이블에서 네 개의 칼럼 정보를 검색하는데, 키워드 AND를 사용해 두 칼럼의
범위를 지정한다. 여기서 AND는 각각 두 칼럼의 조건에 공통적으로 일치된 정보만 검색
한다.

❺ products 테이블에서 세 개의 칼럼 정보를 검색하는데, 여기서 키워드 OR은 두 칼럼
중 한 가지라도 일치하는 정보를 지정할 때 사용하고, AND는 두 칼럼 모두 일치하는
정보를 지정할 때 사용한다.

❻ 키워드 NOT IN은 그 뒤에 오는 값을 검색 조건에서 제외할 때 사용한다. 여기에선 vend_
id가 1002, 1003을 제외한 정보가 검색된다.

❼ 키워드 LIKE와 와일드카드 '%'를 사용해 검색 조건을 지정하는데, 여기서 '%'는 일치하
는 모든 숫자나 글자를 검색하게 된다. 여기선 jet로 시작하는 단어가 포함된 모든
로우 정보를 보여준다.

❽ 위와 동일한데 와일드카드 '%'를 사용해 첫 글자가 's', 마지막 글자가 'e'로 끝나는 모든

정보를 검색하라는 의미다.

❾ 언더스코어(_)는 단지 한 글자 또는 한 숫자만 일치하는 경우 사용한다. 여기에선 5개의
언더스코어가 사용됐으므로 다섯 글자로 된 상품 이름만 검색됐다.

D. 함수와 GROUP 사용

SELECT 구문에서 효과적인 데이터 검색을 위해 사용되는 함수와 GROUP절을 추가해 사용하
는 방법은 다음과 같다.

```
MariaDB [business]> SELECT AVG(prod_price) AS Price FROM products
WHERE vend_id = 1001;  ❶
+-----------+
| Price     |
+-----------+
| 10.323333 |
+-----------+
1 row in set (0.00 sec)
MariaDB [business]> SELECT COUNT(DISTINCT prod_price) AS Price FROM products;   ❷
+-------+
| Price |
+-------+
|    12 |
+-------+
1 row in set (0.00 sec)

MariaDB [business]> SELECT MAX(prod_price) AS Price FROM products;    ❸
+-------+
| Price |
+-------+
| 55.00 |
+-------+
1 row in set (0.04 sec)
MariaDB [business]> SELECT MIN(prod_price) AS Price FROM products;    ❹
+-------+
| Price |
+-------+
|  2.50 |
+-------+
1 row in set (0.00 sec)
MariaDB [business]> SELECT SUM(prod_price) AS Price FROM products;    ❺
```

```
+--------+
| Price  |
+--------+
| 225.87 |
+--------+
1 row in set (0.00 sec)
MariaDB [business]> SELECT COUNT(*) AS Items, MIN(prod_price) AS Price_Min,
    ->    MAX(prod_price) AS Price_Max, AVG(prod_price) AS Price_Avg
    ->    FROM products;     ❻
+-------+-----------+-----------+-----------+
| Items | Price_Min | Price_Max | Price_Avg |
+-------+-----------+-----------+-----------+
|    14 |      2.50 |     55.00 | 16.133571 |
+-------+-----------+-----------+-----------+
1 row in set (0.00 sec)
MariaDB [business]> SELECT vend_id, MIN(prod_price), MAX(prod_price),
    ->    AVG(prod_price) FROM products GROUP BY vend_id;     ❼
+---------+-----------------+-----------------+-----------------+
| vend_id | MIN(prod_price) | MAX(prod_price) | AVG(prod_price) |
+---------+-----------------+-----------------+-----------------+
|    1001 |            5.99 |           14.99 |       10.323333 |
|    1002 |            3.42 |            8.99 |        6.205000 |
|    1003 |            2.50 |           50.00 |       13.212857 |
|    1005 |           35.00 |           55.00 |       45.000000 |
+---------+-----------------+-----------------+-----------------+
4 rows in set (0.00 sec)
MariaDB [business]> SELECT  vend_id, MIN(prod_price), MAX(prod_price)
    -> FROM products
    -> GROUP BY vend_id HAVING MIN(prod_price) > 3
    -> AND MAX(prod_price) < 30 ;     ❽
+---------+-----------------+-----------------+
| vend_id | MIN(prod_price) | MAX(prod_price) |
+---------+-----------------+-----------------+
|    1001 |            5.99 |           14.99 |
|    1002 |            3.42 |            8.99 |
+---------+-----------------+-----------------+
2 rows in set (0.00 sec)
MariaDB [business]> SELECT vend_id,SUM(prod_price) FROM products
    -> GROUP BY vend_id WITH ROLLUP;     ❾
+---------+-----------------+
```

```
| vend_id | SUM(prod_price) |
+---------+-----------------+
|    1001 |           30.97 |
|    1002 |           12.41 |
|    1003 |           92.49 |
|    1005 |           90.00 |
|    NULL |          225.87 |
+---------+-----------------+
5 rows in set (0.01 sec)
```

❶ 함수 AVG는 칼럼 이름과 함께 사용돼 칼럼의 평균값을 구하기 위해 사용되며, AS는 결과에서 칼럼의 이름을 변경하기 위해 사용된다.

❷ 함수 COUNT는 칼럼 결과의 숫자를 세기 위해 사용된다.

❸ 함수 MAX는 칼럼 내의 최댓값을 구하기 위해 사용한다.

❹ 함수 MIN은 칼럼 내의 최솟값을 구하기 위해 사용된다.

❺ 함수 SUM은 칼럼의 합계를 구하기 위해 사용된다.

❻ 여러 함수를 동시에 사용해 값을 구할 수 있다.

❼ 지금까지는 여러 함수를 사용해 값을 구했는데 GROUP BY절을 사용하면 한 칼럼 내의 값을 그룹별로 묶어 검색할 수 있다. 여기서는 칼럼 vend_id 내의 값을 그룹별로 묶어 그 값을 보여준다.

❽ GROUP BY절에 조건을 사용할 경우 HAVING절을 사용할 수 있다.

❾ GROUP BY절에 WITH ROLLUP을 사용하면 다른 검색 조건을 추가하지 않고도 그 칼럼에 대한 합계를 구할 수 있다.

9.4.3 UPDATE 구문 사용

UPDATE는 키워드 SET과 함께 기존 정보를 변경하기 위해 사용되는 구문이다.

```
MariaDB [knowledgepia]> SELECT * FROM customers WHERE cust_id = 1000; ❶
+---------+------------+--------------+--------------------------+----------+
| cust_id | cust_name  | cust_address | cust_email               | cust_zip |
+---------+------------+--------------+--------------------------+----------+
|    1000 | Jeong Chul | Seoul        | tland12@knowledgepia.com |   123457 |
+---------+------------+--------------+--------------------------+----------+
1 row in set (0.01 sec)
MariaDB [knowledgepia]> UPDATE customers SET cust_name = "Chul Jeong" ❷
```

```
 -> WHERE cust_id = 1000;
 Query OK, 1 row affected (0.01 sec)
 Rows matched: 1  Changed: 1  Warnings: 0
MariaDB [knowledgepia]> SELECT * FROM customers WHERE cust_id = 1000;     ❸
+---------+------------+--------------+--------------------------+----------+
| cust_id | cust_name  | cust_address | cust_email               | cust_zip |
+---------+------------+--------------+--------------------------+----------+
|    1000 | Chul Jeong | Seoul        | tland12@knowledgepia.com |   123457 |
+---------+------------+--------------+--------------------------+----------+
1 row in set (0.00 sec)
MariaDB [knowledgepia]> UPDATE customers SET cust_address = "Daegu"
WHERE cust_zip = 123456;     ❹
Query OK, 4 rows affected (0.02 sec)
Rows matched: 4  Changed: 4  Warnings: 0
MariaDB [knowledgepia]> SELECT * FROM customers WHERE cust_zip = 123456;     ❺
+---------+-------------+--------------+-----------------+----------+
| cust_id | cust_name   | cust_address | cust_email      | cust_zip |
+---------+-------------+--------------+-----------------+----------+
|    1004 | Chulsu Cho  | Daegu        | cho@gmail.com   |   123456 |
|    1006 | Namo Kim    | Daegu        | namo@daum.net   |   123456 |
|    1007 | Sunny Lee   | Daegu        | sunny@naver.com |   123456 |
|    1009 | Misun Jeong | Daegu        | misun@gmail.com |   123456 |
+---------+-------------+--------------+-----------------+----------+
```

❶ 현재 cust_id 1000에 해당하는 로우 정보를 확인한다.

❷ customers 테이블 내의 칼럼 cust_name의 정보를 키워드 SET을 이용해 변경하는데, 이 이름의 cust_id는 1000이어야 한다.

❸ 명령어 SELECT를 사용해 확인해보면 처음 cust_name의 Jeong Chul이 Chul Jeong으로 변경된 것을 확인할 수 있다.

❹ 이번에는 칼럼 cust_address의 정보를 WHERE절에 cust_zip 값을 지정해 변경한다.

❺ 명령어 SELECT를 사용해 변경 정보를 확인할 수 있다.

9.4.4 DELETE와 TRUNCATE 사용

테이블에 저장돼 있는 데이터를 삭제하는 경우 사용할 수 있는 구문은 DELETE와 TRUNCATE 다. 차이점은 DELETE의 경우 테이블 내에 있는 전체 데이터의 삭제 및 삭제하고자 하는 특정 데이터를 지정해 일부 데이터의 삭제를 지원하지만, TRUNCATE의 경우 테이블 내의 모든 데이터를 삭제하는 경우에만 사용한다는 점이다.

```
MariaDB [knowledgepia]> DELETE FROM customers WHERE cust_id = 1010;    ❶
Query OK, 1 row affected (0.01 sec)
MariaDB [knowledgepia]> SELECT * FROM customers WHERE cust_id = 1010; ❷
Empty set (0.00 sec)
MariaDB [knowledgepia]> DELETE FROM customers;          ❸
Query OK, 11 rows affected (0.01 sec)
MariaDB [knowledgepia]> TRUNCATE TABLE customers;        ❹
Query OK, 0 rows affected (0.02 sec)
```

❶ 명령어 DELETE를 사용해 customers 테이블에서 칼럼 cust_id 1010에 해당하는 로우를 제거하기 위해 사용한다.

❷ 명령어 SELECT를 사용해 삭제된 cust_id 1010을 검색해보면 비어있다는 메시지를 확인할 수 있다.

❸ 테이블 내의 모든 데이터를 삭제할 경우 명령어 DELETE를 사용한다.

❹ 명령어 TRUNCATE도 DELETE처럼 테이블 내의 데이터를 모두 삭제하기 위해 사용된다.

9.5 MariaDB 사용자 관리

이번 절에서는 MariaDB 서버가 제공하는 사용자 관리 방법을 설명한다.

9.5.1 사용자 생성과 삭제

먼저 사용자를 생성, 변경, 삭제하는 방법을 살펴본다.

A. 사용자 생성

SQL 구문을 사용해 다양한 사용자 생성 방법에 대한 설명은 다음과 같다.

```
[root@master ~]# mysql -u root -p
Enter password:
Welcome to the MariaDB monitor.  Commands end with ; or \g.
Your MariaDB connection id is 10
Server version: 10.1.14-MariaDB MariaDB Server
MariaDB [(none)]> CREATE USER 'kim'@'localhost' IDENTIFIED BY 'kim1234';   ❶
Query OK, 0 rows affected (0.00 sec)
```

```
MariaDB [(none)]> GRANT ALL PRIVILEGES ON *.* TO 'kim'@'localhost'
        -> WITH GRANT OPTION;        ❷
Query OK, 0 rows affected (0.00 sec)
MariaDB [(none)]> CREATE USER 'kim'@'%' IDENTIFIED BY 'kim1234';        ❸
Query OK, 0 rows affected (0.00 sec)
MariaDB [(none)]> GRANT ALL PRIVILEGES ON *.* TO 'kim'@'%'
        -> WITH GRANT OPTION;        ❹
Query OK, 0 rows affected (0.00 sec)
MariaDB [(none)]> CREATE USER 'lee'@'localhost' IDENTIFIED BY 'lee1234';        ❺
Query OK, 0 rows affected (0.00 sec)
MariaDB [(none)]> GRANT SELECT,INSERT,UPDATE,DELETE,CREATE,DROP
        -> ON sales.* TO 'lee'@'localhost';        ❻
Query OK, 0 rows affected (0.00 sec)
MariaDB [(none)]> CREATE USER 'park'@'node1.chul.com' IDENTIFIED BY 'park1234';        ❼
Query OK, 0 rows affected (0.00 sec)
MariaDB [(none)]> GRANT SELECT,INSERT,UPDATE,DELETE,CREATE,DROP
    -> ON expenses.* TO 'park'@'node1.chul.com';        ❽
Query OK, 0 rows affected (0.00 sec)
MariaDB [(none)]> SHOW GRANTS FOR 'kim'@'localhost';        ❾
Grants for kim@localhost
+---------------------------------------------------------------------------|
GRANT ALL PRIVILEGES ON *.* TO 'kim'@'localhost' IDENTIFIED BY PASSWORD
'*576036912888CE03769B7D8214AB0D19C4C09B06' WITH GRANT OPTION   |
+---------------------------------------------------------------------------
1 row in set (0.00 sec)
MariaDB [(none)]> SELECT user,host,password FROM mysql.user;        ❿
+------+----------------+-------------------------------------------+
| user | host           | password                                  |
+------+----------------+-------------------------------------------+
| root | localhost      | *99A9A0CF0A92D601A82FB13B01C5102AF9981802 |
| root | node2.chul.com | *99A9A0CF0A92D601A82FB13B01C5102AF9981802 |
| root | 127.0.0.1      | *99A9A0CF0A92D601A82FB13B01C5102AF9981802 |
| root | ::1            | *99A9A0CF0A92D601A82FB13B01C5102AF9981802 |
| kim  | localhost      | *576036912888CE03769B7D8214AB0D19C4C09B06 |
| kim  | %              | *576036912888CE03769B7D8214AB0D19C4C09B06 |
| lee  | localhost      | *29F14E987EB06F0EBC7EE553BD49D1F24DD962EC |
| park | node1.chul.com | *BEF60B6665BA433A084B209B12A30B5BBF32EFC0 |
| lee  | %              | *29F14E987EB06F0EBC7EE553BD49D1F24DD962EC |
+------+----------------+-------------------------------------------+
9 rows in set (0.00 sec)
```

❶ 명령어 CREATE USER를 사용해 패스워드와 함께 사용자 kim을 생성한다. 여기서 localhost는 사용자 kim이 접속할 때의 출발지 주소를 의미하며, 호스트 이름 대신 IP 주소를 사용할 수 있다.

❷ 로컬 호스트에서 접속하는 사용자 kim에게 GRANT를 사용해 모든 권한을 부여하는데, *.* 즉 모든 데이터베이스와 테이블에 대한 모든 권한을 부여한다. 또한 WITH GRANT OPTION 옵션은 다른 사용자에게도 동일한 권한을 부여 가능하다는 의미다.

❸ ❶과 동일하며 locahost 대신 '%'가 사용됐다. 이는 사용자 kim이 모든 호스트에서의 접속이 가능하다는 의미다.

❹ ❷와 동일하며 localhost 대신 '%'를 사용해 모든 권한을 부여한다.

❺ ❶과 동일하게 이번에는 사용자 lee를 패스워드와 함께 생성한다.

❻ 사용자 lee에게 권한을 부여하는데, 사용 가능한 명령어를 지정하고 데이터베이스도 sales 내의 모든 테이블만 사용 가능하게 제한한다.

❼ 사용자 park을 생성하는데, 이 사용자는 단지 호스트가 node1에서만 접속이 가능하다.

❽ 사용자 park에게 권한을 부여하는데, 지정된 명령어와 데이터베이스 expenses 내의 모든 테이블만 사용 가능하게 한다.

❾ 사용자 kim에 대한 권한을 확인하기 위해 사용한다.

❿ 지금까지 생성한 사용자와 호스트 및 패스워드 정보를 데이터베이스 mysql과 user 테이블에서 확인한다.

B. 사용자 변경과 삭제

사용자를 생성한 이후 이름을 변경하고 사용자를 삭제하는 방법은 다음과 같다.

```
[root@master ~]# mysql -u root -p
MariaDB [(none)]> RENAME USER 'kim' TO 'kim2'@'localhost', 'lee' TO
'lee2'@'localhost';    ❶
MariaDB [mysql]> SELECT user,host,password FROM mysql.user;    ❷
+-------+----------------+-------------------------------------------+
| user  | host           | password                                  |
+-------+----------------+-------------------------------------------+
| root  | localhost      | *99A9A0CF0A92D601A82FB13B01C5102AF9981802 |
| root  | node2.chul.com | *99A9A0CF0A92D601A82FB13B01C5102AF9981802 |
| root  | 127.0.0.1      | *99A9A0CF0A92D601A82FB13B01C5102AF9981802 |
| root  | ::1            | *99A9A0CF0A92D601A82FB13B01C5102AF9981802 |
| kim   | localhost      | *576036912888CE03769B7D8214AB0D19C4C09B06 |
```

```
| kim2 | localhost      | *576036912888CE03769B7D8214AB0D19C4C09B06 |
| lee  | localhost      | *29F14E987EB06F0EBC7EE553BD49D1F24DD962EC |
| park | node1.chul.com | *BEF60B6665BA433A084B209B12A30B5BBF32EFC0 |
| lee2 | localhost      | *29F14E987EB06F0EBC7EE553BD49D1F24DD962EC |
+------+----------------+-------------------------------------------+
9 rows in set (0.00 sec)
MariaDB [(none)]> DROP USER 'kim2'@'localhost';          ❸
Query OK, 0 rows affected (0.00 sec)
```

❶ 사용자의 이름을 변경할 경우 명령어 RENAME ~ TO를 사용하는데, 이때 기존 사용자가 삭제되는 것이 아니라 새로운 이름을 가진 사용자가 추가된다.

❷ 데이터베이스 mysql.user에서 확인해보면 사용자 kim과 kim2, 그리고 lee와 lee2가 동시에 저장된 것을 확인할 수 있다.

❸ 명령어 DROP USER를 사용해 사용자를 삭제할 수 있다.

9.5.2 패스워드 관리

이번 절에서는사용자의 패스워드를 관리하는 방법을 살펴본다.

A. 패스워드 설정과 변경

사용자 생성 시에 패스워드를 설정하거나 기존 패스워드를 새로운 패스워드로 변경하는 방법은 다음과 같다.

```
[root@master ~]# mysql -u root -p
MariaDB [(none)]>CREATE USER 'kim'@'localhost' IDENTIFIED BY 'kim1234';      ❶
MariaDB [(none)]>SET PASSWORD FOR 'kim'@'localhost' = PASSWORD('mypass');    ❷
Query OK, 0 rows affected (0.00 sec)
MariaDB [mysql]> SELECT current_user();     ❸
+----------------+
| current_user() |
+----------------+
| root@localhost |
+----------------+
1 row in set (0.00 sec)
MariaDB [mysql]> SET PASSWORD = PASSWORD('mypass');          ❹
MariaDB [mysql]> UPDATE user SET password=PASSWORD("kim1234") WHERE user = 'kim';  ❺
Query OK, 1 row affected (0.06 sec)
```

```
Rows matched: 1  Changed: 1  Warnings: 0
MariaDB [mysql]> FLUSH PRIVILEGES;            ❻
Query OK, 0 rows affected (0.00 sec)
[root@master ~]# mysql -u kim -p            ❼
Enter password:
Welcome to the MariaDB monitor.  Commands end with ; or \g.
Your MariaDB connection id is 10
Server version: 10.1.14-MariaDB MariaDB Server
MariaDB [(none)]>
```

❶ 사용자 생성 시에 IDENTIFIED BY 다음에 그 사용자의 패스워드를 설정한다.

❷ 명령어 SET PASSWORD를 사용해 사용자 kim의 패스워드를 변경한다.

❸ 현재 사용자의 패스워드를 변경하기 위해 사용자의 이름을 확인한다.

❹ 현재 사용자의 패스워드를 변경할 경우 사용자의 이름을 지정하지 않아도 변경이 가능하다.

❺ 명령어 UPDATE를 사용해 패스워드를 변경하는 방법이다.

❻ 위의 내용들이 모두 적용되도록 하기 위해 테이블 정보를 다시 읽어 들인다.

❼ 위에서 생성한 사용자 kim으로 MariaDB 서버에 로그인을 해 성공한다.

B. 패스워드 에이징 설정

패스워드 에이징Aging이란 사용자가 사용할 수 있는 패스워드의 기간을 설정하는 방법이다. 기본적으로 이 기간에 제한을 두지 않으며, 일정한 기간을 설정할 경우 에이징을 사용할 수 있다. 참고로 MariaDB-10.2 버전부터 SQL 명령어 ALTER USER를 사용해 패스워드 에이징을 지원하고 있다.

```
[root@master ~]# vim /etc/my.cnf.d/server.cnf        ❶
[mysqld]
default_password_lifetime=180        ❷
[root@master ~]# systemctl restrt mariadb
```

❶ MariaDB 서버 설정 파일을 명령어 vim으로 열어서

❷ 기본적으로 패스워드를 사용할 기간을 설정하고 MariaDB 서버를 다시 시작한다.

9.6 MariaDB 백업과 복구

이번 절에서는 MariaDB 데이터 보안을 위해 백업하고 또한 백업된 데이터를 사용해 복구하는 방법을 설명한다. 더불어 백업의 종류를 구분 설명한다.

9.6.1 논리적 백업과 물리적 백업

백업의 종류를 구분해보면 크게 논리적 백업과 물리적 백업으로 구분된다. 논리적 백업이란 CREATE DATABASE나 CREATE TABLE처럼 데이터 복구 시에 SQL 구문이 필요한 경우를 일컬으며, 물리적 백업이란 데이터가 저장된 각각의 파일이나 디렉토리를 복사하는 경우를 의미한다. 이 두 가지 백업의 차이를 설명하면 다음과 같다.

논리적 백업	물리적 백업
유연성이 뛰어나기 때문에 다른 하드웨어나 DBMS 또는 다른 MariaDB 버전에서도 사용이 가능하다.	유연성이 부족해서 다른 하드웨어나 다른 DBMS 또는 다른 MariaDB 버전에서 사용되지 않을 수 있다
백업은 데이터베이스와 테이블 수준에서 이뤄지는데, 데이터와 명령어를 포함한 텍스트 파일로 저장된다.	백업이 디렉토리나 파일 수준에서 이뤄진다. InnoDB 스토리지 엔진의 경우 여러 테이블 정보가 하나의 파일에 저장되므로 테이블별 백업이 불가능하다.
동일한 데이터를 백업하는 경우 물리적 백업보다 백업 데이터의 크기가 더 커지게 된다.	크기가 논리적 백업보다 더 작다.
백업과 복구에 소요되는 시간이 더 오래 걸린다.	논리적 백업보다 더 적은 시간이 소요된다.
로그 및 설정 파일은 논리적 백업에 포함되지 않는다.	로그 및 설정 파일을 포함시킨다.

9.6.2 백업

세 가지의 클라이언트 툴을 사용해 논리적 백업과 물리적 백업 방법을 살펴본다.

A. mysqldump 이용

mysqldump는 논리적 백업을 수행하며, 비교적 데이터 크기가 작은 경우 백업과 복구를 위해 사용되는 매우 유연한 클라이언트 프로그램이다.

```
[root@master ~]# mysqldump -u root -p business > business.sql    ❶
Enter password:
```

```
[root@master ~]# file business.sql  ❷
business.sql: ASCII text, with very long lines
[root@master ~]# mysqldump -u root -p --databases business knowledgepia >
jeong.sql  ❸
Enter password:
[root@master ~]# mysqldump -u root -p --all-databases > database.sql          ❹
[root@master ~]# file database.sql
database.sql: UTF-8 Unicode text, with very long lines
Backup a specific table:
[root@master ~]# mysqldump -u root -p business customers orders > tables.sql  ❺
[root@master ~]# file tables.sql
tables.sql: ASCII text, with very long lines
```

❶ 명령어 mysqldump에 백업할 데이터베이스 business를 지정하고 이를 business.sql 파
  일로 저장한다.

❷ 명령어 file로 백업된 파일을 확인해보면 cat이나 vim으로 읽을 수 있는 아스키 파일임
  을 알 수 있다.

❸ ❶과 동일하게 백업을 하는데, database 옵션을 사용하면 여러 개의 데이터베이스를
  동시에 백업할 수 있다.

❹ 모든 데이터베이스를 백업할 경우 all-databases 옵션을 사용한다. 그리고 그 백업
  파일을 확인해보면 텍스트 파일임을 알 수 있다.

❺ 데이터베이스 내의 특정 테이블만 선택해서 백업도 가능하다. 현재 데이터베이스
  business 내의 테이블 두 개를 선택해 백업을 한다.

B. xtrabackup 사용

XtraBackup은 데이터베이스가 실행 중이지만 성능에는 영향을 미치지 않는 핫백업^{Hot}
^{Backup}을 신속하게 수행하기 위해 사용되는 프로그램으로서 XtraDB나 InnoDB 데이터베이
스 엔진을 위해 특별히 디자인됐다. 하지만 다른 스토리지 엔진을 위해서도 사용이 가능하
며, 기본적으로 MariaDB 패키지에 포함되지 않아 별도로 설치가 필요하다.

```
[root@master ~]# yum install percona-xtrabackup     ❶
[root@master ~]# mkdir /backup ❷
[root@master ~]# xtrabackup --backup --datadir=/var/lib/mysql/
--target-dir=/backup/ ❸
xtrabackup version 2.2.9 based on MySQL server 5.6.22 Linux (x86_64) (revision id: )
xtrabackup: uses posix_fadvise().
```

```
xtrabackup: cd to /var/lib/mysql
xtrabackup: open files limit requested 0, set to 1024
xtrabackup: using the following InnoDB configuration:
xtrabackup:   innodb_data_home_dir = ./
xtrabackup:   innodb_data_file_path = ibdata1:10M:autoextend
xtrabackup:   innodb_log_group_home_dir = ./
xtrabackup:   innodb_log_files_in_group = 2
xtrabackup:   innodb_log_file_size = 50331648
>> log scanned up to (1699938)
xtrabackup: Generating a list of tablespaces
[01] Copying ./ibdata1 to /backup/ibdata1
[01]        ...done
~
[01]        ...done
>> log scanned up to (1699938)
xtrabackup: The latest check point (for incremental): '1699938'
xtrabackup: Stopping log copying thread.
.>> log scanned up to (1699938)
xtrabackup: Transaction log of lsn (1699938) to (1699938) was copied.
[root@master ~]# ls /backup/        ❹
ibdata1 mysql xtrabackup_checkpoints xtrabackup_logfile
[root@master ~]# rsync -avrP /backup/ /var/lib/mysql/   ❺
[root@master ~]# chown -R mysql:mysql /var/lib/mysql    ❻
```

❶ 명령어 `yum`을 사용해 xtrabackup 패키지를 설치한다.

❷ 백업 데이터를 저장할 디렉토리를 명령어 `mkdir`로 생성한다.

❸ 명령어 `xtrabackup`을 사용해 MariaDB 서버의 데이터베이스가 저장된 디렉토리를 입력으로 하고, 위에서 생성한 디렉토리를 목적지로 설정해 백업을 진행한다.

❹ 백업 후에 목적지 디렉토리를 확인해보면 백업된 데이터를 확인할 수 있다.

❺ 백업된 데이터를 사용해 복구를 할 경우 명령어 `rsync`를 사용해 목적지 /var/lib/mysql로 데이터를 이동하고

❻ 소유권을 mysql로 변경한다.

C. mysqlhotcopy 사용

mysqlhotcopy는 물리적 백업을 수행하는 Perl 스크립트로서, 특히 MyISAM처럼 테이블이 여러 개의 파일로 저장되는 스토리지 엔진에 유용한다. 동일한 컴퓨터에서의 백업만 지원하고 원격 컴퓨터로의 백업은 지원하지 않는다.

```
[root@master ~]# mkdir /backup/mariadb2            ❶
[root@master ~]# mysqlhotcopy -u root -p MyPassword business
/backup/mariadb2 --allowold --keepold            ❷
Flushed 6 tables with read lock (`business`.`customers`, `business`.`orderitems`,
`business`.`orders`, `business`.`productnotes`, `business`.`products`,
`business`.`vendors`) in 0 seconds.
Locked 0 views () in 0 seconds.
Copying 19 files...
Copying indices for 0 files...
Unlocked tables.
mysqlhotcopy copied 6 tables (19 files) in 0 seconds (0 seconds overall).
[root@master ~]# ls /backup/mariadb2/business/        ❸
customers.frm   orderitems.frm   orders.MAD        productnotes.MAI   vendors.frm
customers.MAD   orderitems.MAD   orders.MAI        products.frm       vendors.MAD
customers.MAI   orderitems.MAI   productnotes.frm  products.MAD       vendors.MAI
db.opt          orders.frm       productnotes.MAD  products.MAI
```

❶ 백업 데이터를 저장할 디렉토리를 생성한다.

❷ 명령어 mysqlhotcopy에 인증 정보를 입력하고 백업할 데이터베이스를 선택하며, 백업 데이터를 저장할 목적지 디렉토리를 지정한다. 여기서 allowold 옵션은 목적지 디렉토리에 동일한 이름을 가진 백업 데이터가 있는 경우 그 이름에 확장자 old를 추가하라는 의미고, keepold는 이전 파일을 삭제하지 말라는 의미다.

❸ 백업된 데이터를 목적지 디렉토리에서 모두 확인할 수 있다. 복구의 경우 이 디렉토리를 MariaDB 서버의 디렉토리로 복사만 하면 사용할 수 있다.

9.6.3 복구

이제 백업한 데이터로부터 복구하는 방법은 다음과 같다.

```
[root@master ~]# mysql -u root -p
mysql> CREATE DATABASE business;          ❶
Query OK, 1 row affected (0.02 sec)
[root@master ~]# mysql -u root -p business < business.sql    ❷
[root@master ~]# mysqldump -u root -pMyPassword business | mysql -u
root -pMypassword --host=node1.chul.com -C business        ❸
```

❶ mysqldump에서 백업했던 business.sql 파일을 사용하기 위해 SQL 명령어를 사용해 미리 복구할 데이터베이스를 생성한다.

❷ 명령어 mysql에 인증 정보를 입력하고 데이터베이스 business에 백업 데이터를 입력하게 되면 이 파일의 모든 데이터가 business로 복구된다.

❸ 명령어 mysqldump로 백업한 데이터를 원격지의 데이터베이스로 바로 복구하는 경우 사용하는 방법이다. 여기서 원격지 호스트 **node1**에서는 미리 데이터베이스 business 를 생성해야 C 옵션을 이용해 이름을 지정할 수 있다.

9.7 MariaDB 데이터 복제

MariaDB 복제^{Replication}란 여러 시스템에서 동일한 데이터를 복사해서 사용하는 방법으로서 데이터를 자동으로 복사해서 분배하는 시스템을 마스터 서버, 그리고 복사된 데이터를 받아 저장하는 시스템을 슬레이브 서버라고 한다. 한 데이터베이스 서버가 작동이 중지되면 클라이언트는 다른 슬레이브 서버의 데이터에 접속할 수 있다. 또한 한 시스템에서 하드웨어 및 데이터베이스 문제로 인해 데이터를 분실할 경우를 대비하기 위해 이 복제 기능이 사용될 수 있다. 설정하는 과정은 먼저 마스터 설정, 슬레이브 설정, 그리고 마지막으로 복제 기능 테스트의 순서로 진행된다. 한편 마스터-마스터 복제는 모든 호스트가 마스터로서 작동해 서로의 데이터에 대한 복사를 허용하는 경우의 설정 방법이다.

9.7.1 마스터 서버 설정(master)

MariaDB 마스터 서버에서 설정하는 방법을 살펴보자.

A. 설정 파일 수정
먼저 MariaDB 서버가 사용하는 설정 파일에 이 복제 기능을 위한 내용을 다음과 같이 추가해줘야 한다.

```
[root@master ~]# vim /etc/my.cnf
[mysqld]
log-bin=mysql-bin        ❶
server_id=1              ❷
[root@master ~]# systemctl restart mariadb      ❸
[root@master ~]# ls -l /var/lib/mysql           ❹
-rw-rw---- 1 mysql mysql     478 Jun  1 10:32 mysql-bin.000001
```

❶ MariaDB 서버가 사용하는 설정 파일을 명령어 vim으로 열어서 복제에 사용할 바이너리 로그 파일의 이름을 지정함으로써 이 기능의 사용을 활성화한다. 이 파일은 데이터 변경에 사용되는 모든 내용을 기록하며 백업과 복제에 사용되는 파일이다.

❷ 각 MariaDB 마스터 및 슬레이브 서버 구별을 위해 사용할 ID를 설정한다.

❸ 위 변경 사항이 적용되도록 MariaDB 서버를 다시 시작한다.

❹ 그러면 ❶에서 지정한 복제 로그 파일이 MariaDB 데이터 디렉토리에 생성된 것을 확인할 수 있다.

참고로 위 설정에서는 기본적으로 모든 데이터베이스에 대한 복제를 허용하고 있는데, 특정 데이터베이스의 복제를 허용할 경우 replicate-do-db에 이름을 지정해 사용한다.

B. 데이터베이스 설정

이제 복제 기능을 사용하기 위한 데이터베이스 계정을 생성하고 이 서버가 마스터 서버로 작동하는지 확인해야 한다.

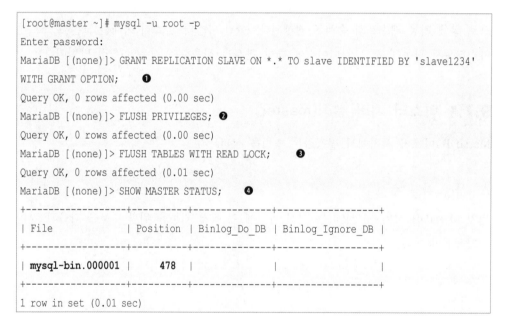

```
[root@master ~]# mysql -u root -p
Enter password:
MariaDB [(none)]> GRANT REPLICATION SLAVE ON *.* TO slave IDENTIFIED BY 'slave1234'
WITH GRANT OPTION;         ❶
Query OK, 0 rows affected (0.00 sec)
MariaDB [(none)]> FLUSH PRIVILEGES; ❷
Query OK, 0 rows affected (0.00 sec)
MariaDB [(none)]> FLUSH TABLES WITH READ LOCK;         ❸
Query OK, 0 rows affected (0.01 sec)
MariaDB [(none)]> SHOW MASTER STATUS;         ❹
+------------------+----------+--------------+------------------+
| File             | Position | Binlog_Do_DB | Binlog_Ignore_DB |
+------------------+----------+--------------+------------------+
| mysql-bin.000001 |    478   |              |                  |
+------------------+----------+--------------+------------------+
1 row in set (0.01 sec)
```

❶ 복제를 위해 슬레이브가 마스터로 접속할 때 필요한 계정 정보, 즉 이름과 패스워드, 권한을 할당한다.

❷ 위의 설정이 적용되도록 서버를 다시 읽어 들인다.

❸ 현재 상태의 모든 데이터베이스 백업을 위해 모든 테이블에 락lock, 즉 잠금 기능을 설정

해 테이블에 쓰기 기능을 임시로 차단한다.

❹ 마스터 서버가 발생시킨 로그 파일명과 그 위치를 알기 위해 사용한다. 슬레이브는 나중에 이 정보를 사용해 복제 과정을 진행한다.

C. 백업 데이터 생성

이제 마스터에서의 마지막 설정 단계로, 마스터 서버가 가진 모든 데이터베이스를 백업해서 슬레이브 호스트로 전달해줘야 한다. 데이터베이스 백업을 위해 9.6.2절에서 설명했던 명령어 mysqldump를 사용하겠다.

```
[root@master ~]# mysqldump -u root -p --all-databases --lock-all-tables --events >
mysql_dump.sql     ❶
Enter password:

다른 콘솔 창에서
MariaDB [(none)]> UNLOCK TABLES;     ❷
Query OK, 0 rows affected (0.00 sec)
MariaDB [(none)]> exit
[root@master ~]# scp mysql_dump.sql node1:/root/     ❸
root@node1's password:
```

❶ 명령어 mysqldump를 사용해 데이터베이스의 테이블 잠금 기능 옵션과 함께 모든 데이터베이스를 mysql_dump.sql 파일로 백업한다.

❷ 이제 데이터베이스에 대한 백업을 모두 마쳤으므로 B절의 콘솔 창에서 테이블에 대한 쓰기 차단 기능을 해제한다.

❸ 명령어 scp를 사용해 백업 파일을 슬레이브 호스트 node1으로 복사한다.

9.7.2 슬레이브 호스트 설정

이제 슬레이브 호스트로 사용 중인 node1에서의 설정을 살펴본다.

A. 설정 파일 수정

먼저 슬레이브 호스트도 마스터 서버처럼 설정 파일을 수정해줘야 한다.

```
[root@node1 ~]# vim /etc/my.cnf
[mysqld]
log-bin=mysql-bin     ❶
```

```
server_id=2          ❷
read_only=1          ❸
report-host=node1.chul.com     ❹
[root@node1 ~]# systemctl restart mariadb     ❺
```

❶ 마스터와 동일하게 바이너리 로그 파일 생성에 대한 기능을 활성화한다.

❷ 슬레이브 서버가 사용할 서버 ID 번호다. 슬레이브가 여러 호스트인 경우 그 번호는
각각 구별돼야 한다.

❸ 이 기능은 슬레이브 서버가 업데이트 정보를 마스터 서버에서만 받고 다른 클라이언트
로부터는 받지 않는다는 의미다.

❹ 이 슬레이브 서버의 호스트 이름을 지정한다.

❺ 위의 변경 사항들이 적용되도록 MariaDB 서버를 다시 시작한다.

B. 데이터베이스 수정

이제 마지막 단계로 슬레이브 서버의 데이터베이스로 접속해서 마스터 서버에 대한 정보
를 추가해줘야 한다.

```
[root@node1 ~]# mysql -u root -p < /root/mysql_dump.sql     ❶
Enter password:
[root@node1 ~]# mysql -u root -p
Enter password:
MariaDB [(none)]> change master to  ❷
   -> master_host='192.168.80.5',   ❸
   -> master_user='slave',          ❹
   -> master_password='slave1234',  ❺
   -> master_log_file='mysql-bin.000001',   ❻
   -> master_log_pos=478;           ❼
Query OK, 0 rows affected (0.58 sec)
MariaDB [(none)]> START SLAVE;  ❽
Query OK, 0 rows affected (0.00 sec)
MariaDB [(none)]> SHOW SLAVE STATUS\G          ❾
*************************** 1. row ***************************
             Slave_IO_State: Waiting for master to send event
                Master_Host: 192.168.80.5
                Master_User: slave
                Master_Port: 3306
              Connect_Retry: 60
```

```
            Master_Log_File: mysql-bin.000001
         Read_Master_Log_Pos: 549
              Relay_Log_File: mariadb-relay-bin.000002
               Relay_Log_Pos: 600
       Relay_Master_Log_File: mysql-bin.000001
            Slave_IO_Running: Yes
           Slave_SQL_Running: Yes
             Replicate_Do_DB:
         Replicate_Ignore_DB:
          Replicate_Do_Table:
      Replicate_Ignore_Table:
     Replicate_Wild_Do_Table:
 Replicate_Wild_Ignore_Table:
                  Last_Errno: 0
                  Last_Error:
                Skip_Counter: 0
         Exec_Master_Log_Pos: 549
             Relay_Log_Space: 896
             Until_Condition: None
              Until_Log_File:
               Until_Log_Pos: 0
           Master_SSL_Allowed: No
           Master_SSL_CA_File:
           Master_SSL_CA_Path:
              Master_SSL_Cert:
            Master_SSL_Cipher:
               Master_SSL_Key:
        Seconds_Behind_Master: 0
Master_SSL_Verify_Server_Cert: No
               Last_IO_Errno: 0
               Last_IO_Error:
              Last_SQL_Errno: 0
              Last_SQL_Error:
   Replicate_Ignore_Server_Ids:
             Master_Server_Id: 1
1 row in set (0.00 sec)
```

❶ 마스터 서버에서 복사한 백업 파일을 슬레이브 데이터베이스 서버에 복구한다.

❷ MariaDB 서버로 접속한 다음에 슬레이브 서버가 마스터 서버 연결에 필요한 파라미터 값을 변경하는데

❸ 마스터 서버의 IP 주소를 입력하고

❹ 복제에 필요한 사용자의 이름과

❺ 패스워드를 입력한다.

❻과 ❼은 슬레이브 서버가 마스터 서버로부터 가져올 데이터에 대한 좌표 정보로서 그 파일명과 포지션을 지정하는데, 이 정보는 9.7.1절의 B절에서 다룬 명령어 SHOW MASTER STATUS에서 확인했던 정보다.

❽ 슬레이브 서버로서의 역할을 시작한다.

❾ 그리고 그 상태를 확인해 위의 설정한 정보가 맞는지 확인한다.

9.7.3 복제 테스트

이제 마스터와 슬레이브 서버에서 설정한 내용을 테스트하겠다. 마스터 서버에서 데이터를 입력하거나 변경한 경우 변경된 정보가 슬레이브 서버에 바로 전달돼 저장되는지 테스트하겠다.

A. 마스터 테스트 설정(master)

테스트를 위해 먼저 마스터 서버에서 새로운 데이터를 입력하고 기존 테이블을 사용해 새로운 테이블을 생성하는 변화를 주게 하겠다.

```
[root@master ~]# mysql -u root -p
MariaDB [(none)]> USE knowledgpia;   ❶
MariaDB [knowledgepia]>INSERT INTO customers
  -> VALUES(1010,"Hamin Cho","Jeju","hamin@gmail.com",123461);  ❷
Query OK, 1 row affected (0.01 sec)
MariaDB [knowledgepia]> CREATE TABLE customers5 SELECT * FROM customers;   ❸
Query OK, 10 rows affected (0.01 sec)
Records: 10  Duplicates: 0  Warnings: 0
```

❶ 사용할 데이터베이스를 선택한다.

❷ INSERT 구문을 사용해 기존 customers 테이블에 새로운 로우를 입력한다.

❸ 그리고 기존 custoemrs 테이블을 이용해 새 테이블 customers5를 생성한다.

B. 슬레이브 테스트 결과 확인(node1)

마스터 서버에서 추가한 데이터를 슬레이브 서버인 node1에서 확인하면 다음과 같다.

```
[root@node1 ~]# mysql -u root -p
Enter password:
MariaDB [(none)]> USE knowledgepia;            ❶
MariaDB [knowledgepia]> SELECT * FROM customers WHERE cust_id = 1010;  ❷
+---------+-----------+--------------+-----------------+----------+
| cust_id | cust_name | cust_address | cust_email      | cust_zip |
+---------+-----------+--------------+-----------------+----------+
|   1010  | Hamin Cho | Jeju         | hamin@gmail.com |  123461  |
+---------+-----------+--------------+-----------------+----------+
1 row in set (0.00 sec)

MariaDB [knowledgepia]> SHOW TABLES;           ❷
+-----------------------+
| Tables_in_knowledgepia |
+-----------------------+
| customers             |
| customers1            |
| customers2            |
| customers3            |
| customers4            |
| customers5            |
+-----------------------+
6 rows in set (0.00 sec)
```

❶ 확인할 데이터베이스를 선택한다.

❷ 새로운 로우 정보 확인을 위해 customers 테이블에서 칼럼 cust_id = 1010을 검색하면
마스터 서버에서 입력한 정보와 동일한 데이터가 슬레이브 서버에도 저장된 것을 확인
할 수 있다.

❸ 새로운 customers5 테이블도 확인할 수 있다.

9.8 MariaDB 보안: SSL 적용

MariaDB 서버와 이를 사용하는 클라이언트 간의 연결을 암호화할 경우 적용하는 프로
토콜이 SSL이다. 데이터베이스 서버와 클라이언트를 서로 다른 호스트에서 사용하는 경
우 안전한 연결을 위해 SSL을 적용할 수 있다. 테스트를 위해 서버 설정은 MariaDB 서버
로서 master 호스트를 사용하고, 테스트는 클라이언트로 사용되는 node1에서 진행하겠다.

9.8.1 MariaDB 서버 설정(master)

먼저 MariaDB 서버로 사용되고 있는 master 호스트에서 SSL을 사용하기 위한 인증서를
생성하는 방법과 이를 설정 파일에 추가하는 방법을 살펴본다.

A. MariaDB 키와 인증서 생성

첫 번째로 키와 인증서를 생성하는 방법을 알아본다. 키와 인증서 생성을 위해 기본적으로
디렉토리 /etc/pki/tls/certs를 사용하겠다.

```
[root@master certs]# openssl genrsa -out master-ca.key 4096        ❶
Generating RSA private key, 4096 bit long modulus
.......................................................................................
............................................++
e is 65537 (0x10001)
[root@master certs]# openssl req -x509 -new -nodes -days 365 -key master-ca.key
-out master-ca.pem      ❷
There are quite a few fields but you can leave some blank
For some fields there will be a default value,
If you enter '.', the field will be left blank.
Country Name (2 letter code) [XX]:KR
State or Province Name (full name) []:Seoul
Locality Name (eg, city) [Default City]:Seoul
Organization Name (eg, company) [Default Company Ltd]:Chul Com
Organizational Unit Name (eg, section) []:Education
Common Name (eg, your name or your server's hostname) []:chul.com
Email Address []:tland12@naver.com
[root@master certs]# openssl genrsa -out database-server.key 4096        ❸
Generating RSA private key, 4096 bit long modulus
.......................................................................................
........++
e is 65537 (0x10001)
[root@master certs]# openssl req -new -key database-server.key
-out database-server.csr ❹
There are quite a few fields but you can leave some blank
For some fields there will be a default value,
If you enter '.', the field will be left blank.
Country Name (2 letter code) [XX]:KR
State or Province Name (full name) []:Seoul
Locality Name (eg, city) [Default City]:Seoul
```

```
Organization Name (eg, company) [Default Company Ltd]:Chul Com
Organizational Unit Name (eg, section) []:Education
Common Name (eg, your name or your server's hostname) []: master.chul.com
Email Address []:tland12@chul.com
Please enter the following 'extra' attributes
to be sent with your certificate request
A challenge password []:
An optional company name []:
[root@master certs]# openssl x509 -req -set_serial 01 -days 365 -CA master-ca.pem
-CAkey master-ca.key -in database-server.csr -out database-server.pem    ❺
Signature ok
subject=/C=KR/ST=Seoul/L=Seoul/O=Chul
Com/OU=Education/CN=master.chul.com/emailAddress=tland12@chul.com
Getting CA Private Key
```

❶ 명령어 openssl을 사용해 CA^{Certificat Authority}가 사용할 4096비트 크기의 개인 키를 생성한다.

❷ 동일하게 명령어 openssl과 ❶에서 생성한 개인 키를 사용해 CA가 사용하는 인증서를 생성한다. 이 인증서에는 CA의 공개 키와 그 정보가 포함되는데, 굵은 글씨로 표시된 부분과 같은 정보를 입력한다. 이 CA가 사용할 인증서를 통해 다른 인증서에 대한 서명을 추가할 수 있다.

❸ 이제 이 서버에서 사용할 개인 키를 동일하게 명령어 openssl을 사용해 생성한다.

❹ 위에서 생성한 개인 키를 사용해 CA로부터 서명 받을 인증서를 생성하기 위해 서버의 정보가 포함된 CSR 파일을 생성한다.

❺ 명령어 openssl을 사용해 서버에서 사용할 인증서를 생성한다. 이 인증서는 위에서 생성한 CSR 파일에 대해 CA의 개인 키와 인증서를 사용해 서명을 하게 된다. 이 인증서 내부에는 서버의 공개 키와 CA의 공개 키 정보, 그리고 위에서 작성한 서버의 정보가 포함돼 있다.

B. SSL 설정과 확인

두 번째 과정은 앞에서 생성한 인증서와 키를 설정 파일에 추가해 MariaDB 서버에서 SSL 기능의 사용을 활성화해야 한다.

```
[root@master certs]# vim /etc/my.cnf
[mysqld]
```

```
ssl-ca = /etc/pki/tls/certs/master-ca.pem                    ❶
ssl-key = /etc/pki/tls/certs/database-server.key             ❷
ssl-cert = /etc/pki/tls/certs/database-server.pem            ❸
[root@master certs]# mysql -u root -p
Enter password:
MariaDB [(none)]>GRANT ALL PRIVILEGES ON *.* TO 'ssluser'@'%'
IDENTIFIED BY 'ssluser' REQUIRE SSL;              ❹
MariaDB [(none)]>FLUSH PRIVILEGES;
[root@master certs]# systemctl restart mariadb              ❺
[root@master certs]# mysql -u root -p
Enter password:
Welcome to the MariaDB monitor.  Commands end with ; or \g.
Your MariaDB connection id is 5
Server version: 5.5.47-MariaDB MariaDB Server
MariaDB [(none)]> SHOW VARIABLES LIKE 'have_ssl';            ❻
+---------------+-------+
| Variable_name | Value |
+---------------+-------+
| have_ssl      | YES   |
+---------------+-------+
1 row in set (0.00 sec)
MariaDB [(none)]> SHOW STATUS LIKE 'SSL_session%';          ❼
+----------------------------+--------+
| Variable_name              | Value  |
+----------------------------+--------+
| SSL_session_cache_hits     | 0      |
| SSL_session_cache_misses   | 0      |
| SSL_session_cache_mode     | SERVER |
| SSL_session_cache_overflows | 0      |
| SSL_session_cache_size     | 128    |
| SSL_session_cache_timeouts | 0      |
| SSL_sessions_reused        | 0      |
+----------------------------+--------+
7 rows in set (0.01 sec)
```

❶ MariaDB 서버가 사용하는 설정 파일을 열어서 mysqld 섹션에 SSL 관련 설정을 추가한다. 먼저 CA가 사용하는 인증서가 위치한 경로를 지정한다.

❷ 두 번째로 이 서버가 사용하는 개인 키의 경로를 지정한다.

❸ 세 번째로 이 서버가 CA로 서명 받은 인증서의 경로를 지정한다.

❹ 이제 MariaDB 서버로 접속해서 SSL을 적용할 사용자를 생성하는데, 마지막 옵션에 `REQUIRE SSL`을 통해 이 사용자는 SSL을 사용하게 정의한다.

❺ 위의 변경 사항들이 적용되도록 MariaDB 서버를 다시 시작한다.

❻ 이제 MariaDB 서버에 SSL이 적용됐는지 확인하기 위해 서버에 접속해 그 변수에서 SSL 값을 찾아보면 `YES`로 설정돼 있다. 이는 현재 MariaDB 서버가 SSL을 통한 안전한 연결을 지원한다는 의미다.

❼ SSL로 연결된 세션 정보를 명령어 `STATUS`를 통해 확인할 수 있다.

9.8.2 MariaDB 클라이언트 설정과 테스트(node1)

이제 MariaDB 클라이언트로 사용되는 node1 호스트에서 SSL을 사용하기 위한 설정과 테스트를 살펴본다.

A. MariaDB 클라이언트 설정

먼저 키 및 인증서 생성, 그리고 클라이언트 설정에 대한 설명이다. 서버와 마찬가지로 사용하는 디렉토리는 동일하다. 그리고 그 키와 인증서를 생성하는 과정도 이름만 다를 뿐 내용은 서버에서와 동일하다.

```
[root@node1 certs]# openssl genrsa -out database-client.key 4096        ❶
Generating RSA private key, 4096 bit long modulus
......................................................................................
.........................................++
.......................................................................... ++
e is 65537 (0x10001)
[root@node1 certs]# openssl req -new -key database-client.key -out
database-client.csr    ❷
There are quite a few fields but you can leave some blank
For some fields there will be a default value,
If you enter '.', the field will be left blank.
Country Name (2 letter code) [XX]:KR
State or Province Name (full name) []:Seoul
Locality Name (eg, city) [Default City]:Seoul
Organization Name (eg, company) [Default Company Ltd]:Chul Com
Organizational Unit Name (eg, section) []:Education
Common Name (eg, your name or your server's hostname) []:node1.chul.com
Email Address []:tland12@chul.com
```

```
A challenge password []:
An optional company name []:
[root@node1 certs]# scp master:/etc/pki/tls/certs/master-ca.* .        ❸
root@master's password:
master-ca.key                        100% 3247    3.2KB/s   00:00
master-ca.pem                        100% 2106    2.1KB/s   00:00
[root@node1 certs]# openssl x509 -req -set_serial 02 -days 365 -CA master-ca.pem -CAkey
master-ca.key -in database-client.csr -out database-client.pem        ❹
Signature ok
subject=/C=KR/ST=Seoul/L=Seoul/O=Chul
Com/OU=Education/CN=node1.chul.com/emailAddress=tland12@chul.com
Getting CA Private Key
[root@node1 certs]# vim /etc/my.cnf
[mysql]
ssl-ca = /etc/pki/tls/certs/master-ca.pem           ❺
ssl-key = /etc/pki/tls/certs/database-client.key      ❻
ssl-cert = /etc/pki/tls/certs/database-client.pem     ❼
```

❶ 명령어 openssl을 사용해 클라이언트에서 사용할 개인 키를 생성한다.

❷ 위에서 생성한 개인 키를 사용해 클라이언트의 정보가 포함된 CSR 파일을 생성한다.

❸ 위에서 생성한 CSR 파일에 CA의 서명이 추가된 인증서를 생성하기 위해 CA가 사용하
   는 개인 키 및 인증서를 마스터 서버로부터 명령어 scp를 이용해 복사한다.

❹ CA의 개인 키와 인증서를 사용해 서명이 추가된 클라이언트의 인증서를 생성한다.

❺ 명령어 vim으로 MariaDB 서버 설정 파일을 열어서 CA의 인증서 경로를 지정한다.

❻ 클라이언트가 사용할 개인 키의 경로를 지정한다.

❼ 서명이 추가된 클라이언트의 인증서의 경로를 지정한다.

B. SSL 적용 테스트

이제 SSL 사용을 위한 모든 설정이 완료됐다.

```
[root@node1 ~]# mysql -u ssluser -p -h master      ❶
Enter password:
MariaDB [(none)]> STATUS;  ❷
mysql  Ver 15.1 Distrib 5.5.47-MariaDB, for Linux (x86_64) using readline 5.1
Connection id:         3
Current database:
Current user:          ssluser@node1.chul.com
```

```
SSL:                    Cipher in use is DHE-RSA-AES256-GCM-SHA384    ❸
Current pager:          stdout
Using outfile:          ''
Using delimiter:        ;
Server:                 MariaDB
Server version:         5.5.47-MariaDB MariaDB Server
Protocol version:       10
Connection:             master via TCP/IP
~
[root@node1 ~]# mysql -u ssluser -p -h master --skip-ssl    ❹
Enter password:
ERROR 1045 (28000): Access denied for user 'ssluser'@'node1.chul.com'
(using password: YES)
```

❶ 서버에서 SSL 옵션이 적용돼 생성된 사용자 ssluser로 로그인을 시도하면 성공한다.

❷ 연결 후에 그 상태를 확인해보면

❸ SSL 연결을 위해 사용된 암호화 알고리즘을 확인할 수 있다.

❹ 연결 시에 SSL을 사용하지 않으려면 skip-ssl 옵션을 추가하는데, 현재 사용자 ssluser 의 경우는 SSL을 사용하게 정의돼 있어 이 옵션이 적용되지 않는다.

9.9 MariaDB GUI 툴 사용

이번 절에서는 MariaDB 서버를 관리하기 위한 두 가지 GUI 프로그램 phpMyAdmin과 Database Workbench를 소개한다. 지금까지는 MariaDB 서버를 관리하기 위해 커맨드라 인만을 사용했는데, 여기서 소개할 GUI 프로그램을 통해 더 편리하게 데이터베이스 서버 를 관리할 수 있다.

9.9.1 phpMyAdmin

phpMyAdmin은 웹 인터페이스 제공을 통해 MariaDB 및 MySQL 서버를 관리하기 위한 PHP 기반의 GUI 프로그램이다. phpMyAdmin은 기본적인 데이터베이스와 테이블 관리 뿐 아니라 SQL 구문을 사용한 직접적인 데이터 변경까지도 모두 지원한다. 또한 9.7절에 서 설명한 복제에 대한 설정도 phpMyAdmin을 이용해 모두 가능하다. 웹 기반에서 사용 가능하기 때문에 웹 서버가 운영되고 있어야 하는데, 여기서는 웹 서버로서 6장에서 설명했던 Apache 서버를 사용하겠다.

A. 패키지 설치와 설정

먼저 패키지 설치와 이를 사용하기 위한 설정 방법은 다음과 같다.

```
[root@master ~]# yum install phpMyAdmin -y        ❶
[root@master ~]# rpm -qa | grep phpMyAdmin        ❷
phpMyAdmin-4.4.15.5-1.el7.noarch
[root@master ~]# vim /etc/httpd/conf.d/phpMyAdmin.conf        ❸
14  <IfModule mod_authz_core.c>
15      # Apache 2.4
16      <RequireAny>
17          Require ip 127.0.0.1
18          Require ip 192.168.80.0/24        ❹
19          # Require all granted        ❺
20      </RequireAny>
21  </IfModule>
[root@master ~]# systemctl restart httpd        ❻
```

❶ 명령어 yum을 사용해 패키지를 설치한다.

❷ 명령어 rpm을 사용해 그 설치 및 버전 정보를 확인한다.

❸ phpMyAdmin이 사용하는 설정 파일을 명령어 vim으로 열어서

❹ 이 프로그램으로의 접속을 허용할 네트워크 정보를 설정한다.

❺ 모든 네트워크에서의 접근을 허용할 경우 사용한다.

❻ 변경된 정보 적용을 위해 웹 서버를 다시 시작한다.

B. phpMyAdmin 접속

브라우저에서 phpMyAdmin으로 접속해 데이터베이스 서버를 사용하는 방법을 살펴본다.

1. 접속하기

브라우저에서 웹 서버의 IP 주소나 도메인 정보와 phpMyAdmin 디렉토리로 접속을 그림 9-3처럼 시도하면 인증 정보를 입력해야 하는데, 여기서의 인증 정보는 MariaDB 서버에 등록된 사용자 이름과 패스워드를 의미한다.

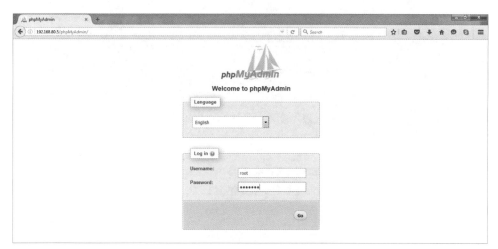

그림 9-3 phpMyAdmin 접속하기

2. 로그인 성공하기

인증 정보를 사용해 로그인에 성공하면 그림 9-4의 왼편 메뉴에서 지금까지 사용한 데이터베이스를 모두 확인할 수 있다.

그림 9-4 로그인 성공하기

3. 데이터베이스 사용하기

왼쪽 메뉴에서 데이터베이스와 위의 메뉴에서 그림 9-5처럼 SQL을 선택하고 SELECT 구문을 사용해 customers 테이블에서 정보를 검색하고 그 결과를 아래에서 확인할 수 있다.

그림 9-5 SQL 구문 사용하기

9.9.2 Database Workbench

Database Workbench는 데이터베이스 디자인과 개발, 그리고 관리 및 테스트를 위해 MariaDB와 MySQL을 비롯한 다양한 RDBMS를 지원하는 윈도우 기반의 프로그램이다. 웹사이트 www.upscene.com에서 무료로 트라이얼 버전의 다운로드가 가능하고 상용 버전도 판매하고 있다.

A. Workbench 실행

다운로드한 트라이얼 버전을 설치하고 실행하면 그림 9-6과 같은 화면을 볼 수 있다. 먼저 데이터베이스 서버로의 연결을 위해 중앙의 Register Server를 클릭한다.

그림 9-6 Workbench 실행하기

B. Register Server Wizard

다음 화면에서 그림 9-7처럼 연결할 서버 타입으로 MySQL/MariaDB를 선택하고 아래쪽의 Next 버튼을 클릭한다.

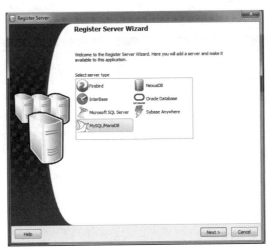

그림 9-7 Register Server Wizard 사용하기

C. 서버 연결

다음 화면에서 서버 연결을 위해 정보를 그림 9-8의 왼쪽처럼 입력하고, 성공하면 오른쪽 그림처럼 현재 사용 중인 데이터베이스 목록을 아래에서 확인할 수 있다. 현재 서버의 IP 주소는 192.168.80.5를 사용하고 있고, 접속 클라이언트는 192.168.80.11을 사용하는데 이럴 경우 서버에서 원격지에서의 접근을 허용하는 설정이 미리 돼 있어야 한다.

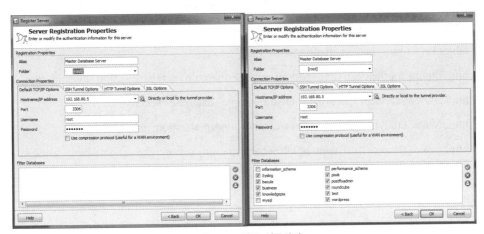

그림 9-8 인증 성공하기

D. 데이터베이스 사용

왼쪽 메뉴에서 사용할 데이터베이스 및 테이블, 그리고 칼럼을 선택하면 그림 9-9와 같다. 테이블이 선택되면 중앙의 화면에서 앞에서 배운 테이블에 대한 모든 작업을 진행할 수 있다.

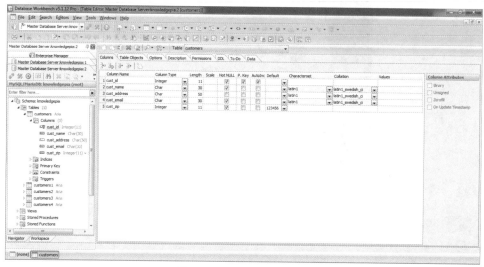

그림 9-9 데이터베이스 사용하기

9.10 참고문헌

- https://en.wikibooks.org/wiki/MariaDB/Introduction
- https://mariadb.com/kb/en/mariadb/managing-mariadb/
- https://www.digitalocean.com/community/tutorials/how-to-optimize-queries-and-tables-in-mysql-and-mariadb-on-a-vps
- http://lintut.com/backup-and-restore-mysql-mariadb-database-using-mysqldump/
- https://www.certdepot.net/rhel7-create-simple-database-schema/
- http://www.studytonight.com/dbms/database-normalization.php
- http://www.thegeekstuff.com/2008/09/backup-and-restore-mysql-database-using-mysqldump/
- http://dev.mysql.com/doc/refman/5.7/en/
- http://www.techonthenet.com/mariadb/users/create_user.php

- http://www.thegeekstuff.com/2008/07/backup-and-restore-mysql-database-using-mysqlhotcopy/
- http://tecadmin.net/how-to-install-phpmyadmin-on-centos-using-yum/#
- http://www.upscene.com/database_workbench/

9.11 요약

1. 테이블은 하나 또는 그 이상의 (   )을 가진 (   )의 집합이며, 이들은 테이블을 구성하는 요소로서 (   )는 테이블에서 삽입되거나 삭제되는 가장 작은 단위의 데이터다. (   )이란 이러한 (   )가 저장된 필드를 의미한다.

2. MariaDB 서비스를 위해 (   ) 패키지를 설치하고 명령어 (   )를 사용하면 그 서비스가 시작되는데, MariaDB 서버는 포트 (   )번, 데이터 저장 디렉토리로 (   ), 로그 디렉토리로 (   )를 사용한다.

3. 클라이언트 툴 mysql을 사용해 MariaDB 서버에 접속한 이후에 데이터베이스를 생성하기 위해 명령어 (   ), 목록 확인을 위해 (   ), 삭제하기 위해 (   )을 사용한다.

4. MariaDB 서버에서 테이블을 수동으로 생성할 경우 명령어 (   ), 기존 테이블을 사용할 경우 명령어 (   )와 (   )를 사용해 생성할 수 있다.

5. SQL 구문에서 데이터 입력을 위해 명령어 (   ), 데이터 검색을 위해 (   ), 데이터 변경을 위해 (   ), 데이터 삭제를 위해 (   )를 사용한다.

6. SQL 구문에서 사용자 생성을 위해 (   ), 권한 부여를 위해 (   ), 변경을 위해 (   ), 삭제를 위해 (   ) 구문이 사용된다.

7. 백업은 크게 (   ) 백업과 (   ) 백업으로 구분되는데, (   )는 비교적 데이터 크기가 작은 논리적 백업과 복구를 위해 사용되며, (   )은 데이터베이스가 실행 중이지만 성능에는 영향을 미치지 않는 핫백업을 위해, (   )는 물리적 백업을 수행하는 Perl 스크립트다.

8. MariaDB (   )란 여러 시스템에서 동일한 데이터를 복사해서 사용하는 방법이며, 데이터를 자동으로 복사해서 분배하는 시스템을 (   ) 서버, 그리고 이 복사된 데이터를 받아 저장하는 시스템을 (   ) 서버라고 한다.

9. MariaDB 서버와 이를 사용하는 클라이언트 간의 연결을 암호화할 경우 적용하는 프로토콜은 (   )이다. 이를 위해 (   ) 및 (   )를 생성하고, 설정 파일에 이를 정의해줘야 한다.

10. (   )은 웹 인터페이스 제공을 통해 MariaDB 및 MySQL 서버를 관리하기 위한
PHP 기반의 (   ) 프로그램으로서 (   )가 운영되고 있어야 한다.

9.12 연습문제

1. MariaDB 패키지를 설치한 후에 그 서비스를 시작하고 Firewalld 방화벽에 서비스를
추가해보라.

2. 데이터베이스 knowledgepia를 생성하고 그 내부에 customers 테이블을 다음과 같은
조건을 이용해 생성하라.
   - cust_id INT NOT NULL AUTO_INCREMENT
   - cust_name CHAR(30) NOT NULL
   - cust_address CHAR(50) NULL
   - cust_email CHAR(30) NOT NULL
   - cust_zip INT NOT NULL DEFAULT 123456
   - PRIMARY KEY (cust_id)
   - ENGINE=Aria

3. 위 customers 테이블에 임의의 데이터 두 가지를 입력하고, 이 테이블을 사용해
customers2와 빈 테이블 customers3를 생성해보라.

4. 위 customers2 테이블을 test로 변경하고 cust_date 칼럼을 추가하라.

5. 명령어 INSERT를 사용해 test 테이블에 두 개의 데이터를 추가한다.

6. 사용자 jeong을 패스워드와 함께 생성하고 로컬 호스트 및 원격지에서 접근 가능하게
설정하라.

7. 명령어 mysqldump를 사용해 데이터베이스 knowledgepia에 대해 백업과 복구를 진행해
보라.

8. 두 대의 호스트를 사용해 MariaDB 복제 기능을 구현하라.

9. MariaDB 서버와 클라이언트 간에 SSL을 구현하라.

10. phpMyAdmin를 설치하고 접속해서 데이터베이스 linux를 생성하라.

9.13 연구과제

1. MariaDB 서버가 지원하는 다양한 종류의 스토리지 엔진을 조사한 후에 그 각각의 장단점을 비교해보라.

2. MariaDB 서버에서 NoSQL을 지원하는 기능을 조사해보라.

3. 오픈소스 PostgreSQL 서버를 설치하고 그 사용 방법을 MariaDB 서버와 비교해보라.

10장
VSFTP 서버

VSFTP 서버 관리의 모든 것

10장에서는 리눅스에서 VSFTP 패키지를 이용한 FTP 서버를 구축하고 관리하는 방법을 살펴본다. FTP 서버의 기본 기능이라 할 수 있는 파일 다운로드 및 업로드 설정하는 방법과 사용자 관리, 그리고 SSH를 이용한 SFTP와 SSL/TLS를 이용한 안전한 FTPS 서버 구축까지 구체적인 예제와 더불어 자세히 설명한다.

　　FTP^{File Tranfer Protocol} 서비스는 인터넷상에서 대량의 파일 전송을 위해 사용되는 프로토콜이다. 인터넷을 통한 대량의 파일 송수신을 목적으로 하기 때문에 구조가 다른 인터넷 서비스에 비해 단순하고 직관적이며, 또한 빠른 속도로 이러한 서비스를 제공할 뿐 아니라 사용하기가 편리하다는 점이 FTP 서비스가 가진 장점이라고 할 수 있다. 그래서 오늘날 웹 서비스(www), 이메일, DNS 서비스와 더불어 인터넷상에서 가장 많이 사용되고 있는 서비스 중 하나다.

　　리눅스상에서 이러한 FTP 서비스를 제공하는 서버용 프로그램이 여러 가지 있는데, 그 중 WU-FTP, ProFTP 등이 오랜 기간 리눅스 사용자들로부터 많은 사랑을 받아왔으나 현재 레드햇 리눅스 및 페도라, 그리고 CentOS에서 기본 FTP 프로그램으로 사용되고 또한 보안 기능이 뛰어난 VSFTP 프로그램을 사용해 FTP 서버를 구축하는 방법을 10장에서 자세히 설명한다. FTP 서버 구축은 다른 서버 프로그램에 비해 설정과 사용법이 간단하기 때문에 10장의 내용을 이해하는 데 별 어려움이 없을 것이다.

　　10장에서는 먼저 VSFTP를 이용해 기본적인 FTP 프로그램의 기능이라 할 수 있는 파일 업로드 및 다운로드 설정하는 방법부터, 안전한 파일 송수신을 지원하는 SFTP와 SSL/TLS를 구축하는 방법까지 차례대로 설명한다.

　　10장에서 FTP 서버 구축과 테스트를 위해 사용되는 호스트의 정보는 다음과 같다.

호스트 이름	IP 주소	OS 버전	역할
master.chul.com	192.168.80.5	CentOS Linux release 7.2	FTP 서버
node1.chul.com	192.168.80.6	CentOS Linux release 7.2	FTP 클라이언트
Windows	192.168.80.11	윈도우 7 64비트	FTP 클라이언트

10장에서 다루는 내용은 다음과 같다.

- FTP 서비스 작동 원리와 VSFTP 소개
- VSFTP 기본 설정: 설치/다운로드/업로드/사용자 설정 관리
- VSFTP 고급 및 기타 기능 설정
- VSFTP 보안 설정: SFTP와 FTPS

10.1 FTP 서비스의 작동 원리와 VSFTP 소개

이번 절에서는 FTP 서비스 설정을 설명하기 전에 먼저 작동 원리를 설명하고, 그다음에 10장에서 사용할 VSFTP에 대해 간단히 소개한다.

10.1.1 FTP 서비스 작동 원리

FTP는 프로토콜 TCP와 두 개의 포트 20번과 21번을 사용해 서비스를 제공한다. FTP가 서비스 제공을 위해 두 개의 포트를 사용하는 이유는 접속 및 제어를 위한 포트와 데이터 전송을 위한 포트가 서로 다르기 때문이다. 여기서 포트 21번은 접속 및 제어를 위한 명령 전달 등으로 사용된다고 해서 Control 포트(또는 Command), 그리고 포트 20번은 데이터를 전송한다고 해서 Data 포트라고 한다. 이렇게 두 개의 포트를 이용해 서비스를 제공하는 FTP는 Acitve 모드와 Passive 모드로 분류할 수 있는데, 그 차이점은 포트를 앞에서 언급한 두 개의 포트 20과 21번을 사용하느냐 아니면 다른 포트를 사용하느냐에 따라, 그리고 세션 연결을 클라이언트와 서버 중 누가 먼저 하느냐에 따라 서비스 모드가 각각 달라진다는 점이다. 그림을 이용해서 좀 더 자세히 설명하겠다.

A. Active 모드

먼저 그림 10-1을 보면서 Active 모드를 설명하면 다음과 같다.

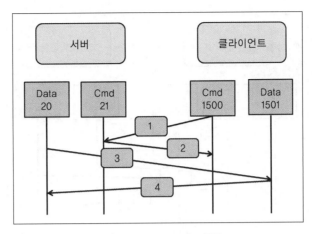

그림 10-1 FTP Active 모드

1. 클라이언트는 임의의 포트를 사용해 FTP 서버의 포트 21번(Command)으로 접속을 시도해 성공한다.

2. 이때 클라이언트는 FTP 서버에게 데이터 전송을 위한 클라이언트의 포트가 몇 번인지 알려준다. 그림 10-1에서는 포트 1501번이 사용됐다.

3. FTP 서버는 클라이언트가 알려준 포트(1501)로 접속을 시도하고 클라이언트가 접속을 허락하면 포트 20번(Data)을 통해 데이터 전송이 이뤄진다.

  Active 모드의 문제점은 3단계에서 발생하는데, FTP 서버가 먼저 포트 20번을 사용해 클라이언트의 열린 포트로 접속할 때 클라이언트에 방화벽이 설치돼 서버로부터의 접속을 차단하거나 클라이언트 컴퓨터가 연결된 공유기 또는 ISP에서 외부에서의 접속을 허용하지 않는다면 FTP 동작이 제대로 이뤄지지 않는다는 점이다. 이러한 문제의 보안책으로서 Passive 모드가 사용될 수 있다.

B. Passive 모드

두 번째로 그림 10-2를 보면서 Passive 모드를 설명하면 다음과 같다.

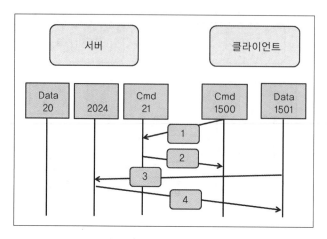

그림 10-2 FTP Passive 모드

1. 클라이언트에서 FTP 서버의 포트 21번으로 연결을 시도해 성공한다.
2. 이때 FTP 서버는 클라이언트에게 서버의 어느 포트를 사용해 데이터를 전송할지 알려 준다. 보통의 경우 FTP 서버는 1024번 이후의 포트를 사용해 이 서비스를 제공한다.
3. 클라이언트는 서버가 알려준 포트(2024)로 접속을 시도해 연결에 성공하면 데이터 전송이 이뤄진다. 이때 서버의 포트 20번은 사용되지 않는다.

Passive 모드의 문제는 일반적으로 서버의 서비스 제공을 위해 사용되는 포트의 범위인 1024번 이후의 포트를 사용한다는 점이다. 이렇게 하기 위해서 서버의 방화벽은 서버의 1024번 이후의 포트도 모두 개방해야 하는 정책을 사용해야 한다. 일반적으로 인터넷 서버의 서비스는 포트 1024번 이내에서 제공되기 때문에 방화벽 정책상 그 이후의 포트 또한 모두 필터링할 수 없다는 문제가 발생하게 된다. 그러나 대부분의 FTP 서버 프로그램은 Passive 모드 사용 시 사용할 포트를 제한적으로 설정할 수 있는 기능을 제공함으로서 이러한 문제에 대한 해결책을 제공하고 있다.

10.1.2 VSFTP 프로그램에 대한 간단한 소개

VSFTP는 Very Secure FTP 데몬이라는 의미로서 GNU GPL 라이선스 관리하에 배포되고 있는 FTP 서버용 프로그램이다. 현재 레드햇, CentOS, 페도라, 우분투, 수세, 슬랙웨어 Slackware 리눅스 등에서 기본적으로 채택돼 사용되고 있는 FTP 서버 프로그램으로서 가장 안정적이면서도 빠른 속도로 서비스를 제공할 뿐 아니라 보안면에서도 뛰어난 성능을 자랑한다. VSFTP는 기본적인 파일 업로드와 다운로드 기능부터 IPv6 지원, 사용자 접근 제어^{Access Control}, 가상 사용자 지원, SSL/TLS를 이용해 암호화 기능을 구현하는 FTPS 및 SSH를 이용한 SFTP까지 다양한 기능을 지원하고 있다. 그럼 먼저 VSFTP 서버의 기본 기능부터 차례대로 설명하겠다.

10.2 VSFTP 기본 설정

이번 절에서는 VSFTP 프로그램 설치부터 파일 다운로드 및 업로드 서비스, 그리고 사용자 설정까지 FTP 서버의 가장 기본적인 서비스에 해당하는 내용에 대해 차례대로 살펴본다.

10.2.1 VSFTP 서비스 시작

이번 절에서는 VSFTP 서버 프로그램 설치부터 서비스 시작하기, 그리고 FTP 서비스를 방화벽에 등록하는 방법을 차례대로 설명한다.

A. VSFTP 서비스 설치와 시작

먼저 명령어 yum을 이용해 이 VSFTP 패키지를 설치한 다음 FTP 서비스를 시작하는 방법은 다음과 같다.

```
[root@master ~]# yum install vsftpd -y        ❶
[root@master ~]# rpm -qa | grep vsftpd        ❷
vsftpd-3.0.2-9.el7.x86_64
[root@master ~]# systemctl enable vsftpd      ❸
ln -s '/usr/lib/systemd/system/vsftpd.service' '/etc/systemd/system/
multi-user.target.wants /vsftpd.service'
[root@master ~]# systemctl start vsftpd       ❹
[root@master ~]# systemctl enable vsftpd
[root@master ~]# systemctl status vsftpd      ❺
vsftpd.service - Vsftpd ftp daemon
Loaded: loaded (/usr/lib/systemd/system/vsftpd.service; enabled)
Active: active (running) since Wed 2015-07-22 15:26:28 ICT; 1min 47s ago
 Process: 4795 ExecStart=/usr/sbin/vsftpd /etc/vsftpd/vsftpd.conf (code=exited,
status=0/SUCCESS)
 Main PID: 4796 (vsftpd)
   CGroup: /system.slice/vsftpd.service
           4796 /usr/sbin/vsftpd /etc/vsftpd/vsftpd.conf
Jul 22 15:26:28 master.chul.com systemd[1]: Stopping Vsftpd ftp daemon...
```

```
Jul 22 15:26:28 master.chul.com systemd[1]: Starting Vsftpd ftp daemon...
Jul 22 15:26:28 master.chul.com systemd[1]: Started Vsftpd ftp daemon.
[root@master ~]# ps -ef | grep vsftpd          ❻
root      1186    1 0 15:14 ?        00:00:00 /usr/sbin/vsftpd /etc/vsftpd/vsftpd.conf
[root@master ~]# netstat -tulpn | grep :21     ❼
tcp   0    0 0.0.0.0:21        0.0.0.0:*    LISTEN    1611/vsftpd
[root@master ~]# grep ftp /etc/services        ❽
ftp-data    20/tcp
ftp-data    20/udp
ftp         21/tcp
ftp         21/udp
```

❶ 명령어 yum을 사용해 FTP VSFTPD 패키지를 설치한다.

❷ 명령어 rpm을 사용해 패키지 설치 및 그 버전 정보를 확인한다.

❸ 설치한 VSFTP 패키지가 리눅스 서버의 부팅 이후에도 자동으로 시작되도록 명령어 systemctl을 사용해 서비스 목록에 추가한다.

❹ 명령어 systemctl을 사용해 VSFTPD 서비스를 시작하고 부팅 후에 자동으로 서비스가 시작되도록 설정한다.

❺ VSFTPD 서비스 시작 이후 그 상태를 확인하는데 메시지 중 active 상태가 돼야 VSFTP 서버가 정상적으로 작동되고 있음을 의미한다. 또한 ftp 데몬이 시작됐다는 메시지도 확인할 수 있다.

❻ 명령어 ps를 이용해 VSFTPD 프로세스를 확인한다.

❼ 명령어 netstat를 사용해 FTP 서버가 사용하는 포트 21번이 오픈돼 서비스 제공 중인지 확인한다.

❽ FTP 서버가 사용하는 포트 20번과 21번은 서비스 정의 파일 /etc/services에 정의돼 있다. FTP 서버의 포트를 변경할 경우 이 파일을 사용해 변경하고 FTP 설정 파일에서 포트를 변경하면 새로운 포트를 이용한 FTP 서비스가 적용된다.

B. FTP 서비스 방화벽에 등록

FTP 서비스를 성공적으로 설치하고 시작했다면 이 서비스를 방화벽에 등록을 해줘야만 사용자들이 접근할 경우 방화벽에서 접근을 허용하게 된다. Iptables 방화벽과 Firewalld 방화벽에서 FTP 서비스를 허용하는 방법은 다음과 같다. 상황에 따라 한 가지 방화벽만 선택해서 사용하기 바란다.

```
[root@master ~]# iptables -A INPUT -p tcp --dport 21 -m state --state
NEW,ESTABLISHED -j ACCEPT   ❶
[root@master ~]# iptables -A OUTPUT -p tcp --sport 21 -m state --state
ESTABLISHED -j ACCEPT       ❷
[root@master ~]# iptables -A INPUT -p tcp --dport 20 -m state --state
ESTABLISHED -j ACCEPT          ❸
[root@master ~]# iptables -A OUTPUT -p tcp --sport 20  -m state --state
ESTABLISHED,RELATED -j ACCEPT            ❹
[root@master ~]# firewall-cmd --permanent --add-service=ftp   ❺
[root@master ~]# firewall-cmd --reload   ❻
[root@master ~]# firewall-cmd --list-services
dns ftp http https imaps mountd mysql nfs pop3s smtp ssh telnet
```

❶ Iptables 방화벽이 목적지 포트 21번으로의 연결을 허용하게 한다.

❷ FTP 서비스 연결 포트 21번을 소스 포트로 설정된 패킷이 외부로 연결할 수 있게 허용한다. 이 경우는 Iptables 규칙에서 기본 OUTPUT 정책을 DENY로 설정한 경우에 필요하다.

❸ Iptables가 데이터 전송 포트 20번도 마찬가지로 허용한다.

❹ 데이터 전송 포트 20번을 소스로 하는 패킷 외부로의 연결 또한 허용한다.

❺ Firewalld 방화벽에 FTP 서비스를 등록해 그 서비스 제공을 허용한다.

❻ 등록된 서비스가 적용되도록 Firewalld를 다시 시작하고 그 서비스 목록을 확인한다.

10.2.2 Anonymous 사용자 파일 업로드와 다운로드 설정

FTP 서비스 설치 및 시작, 그리고 방화벽 등록까지 모두 마쳤다면 다음에 FTP 서버에 접속 가능하지만 특정한 계정이 없는 임의의 사용자들Anonymous에게 파일 업로드 및 다운로드를 허용하기 위한 방법을 살펴본다.

A. FTP 서버에서 설정

VSFTP의 설정 파일을 사용해 파일의 다운로드 및 업로드하는 방법은 다음과 같다.

```
[root@master ~]# vim /etc/vsftpd/vsftpd.conf          ❶
anonymous_enable=YES            ❷
anon_upload_enable=YES          ❸
write_enable=YES                ❹
anon_mkdir_write_enable=YES     ❺
chown_uploads=YES               ❻
```

```
chown_username=ftp                                    ❼
anon_umask=077                                        ❽
[root@master ~]# mkdir /var/ftp/incoming              ❾
[root@master ~]# chown root:ftp/var/ftp/incoming      ❿
[root@master ~]# chmod 773 /var/ftp/incoming          ⓫
[root@master ~]# systemctl restart vsftpd             ⓬
```

❶ vsftp 서버의 기본 설정 파일은 /etc/vsftp/vsftpd.conf인데 설정을 위해 이 파일을 명령어 vim으로 열어서

❷ Anonymous 사용자들에게 다운로드를 허용하기 위해 사용한다. YES 대신 NO를 사용하면 다운로드를 허용하지 않게 된다.

❸ Anonymous 사용자들에게 업로드를 허용하기 위해 사용하는 옵션이다.

❹ Anonymous 사용자들에게 업로드를 허용한 후에 실제 파일 쓰기 기능을 허용해야 파일을 저장할 수 있는 업로드가 가능하게 된다.

❺ Anonymous 사용자들이 파일 업로드 시 특정 디렉토리 생성을 허용하기 위해 사용하는 옵션이다. NO를 사용하면 디렉토리 생성이 불가능하게 된다.

❻ Anonymous 사용자들이 파일을 업로드하면 그 파일의 소유권자를 누구로 할지 지정할 수 있는 옵션인데

❼ 그 사용자 이름을 ftp로 지정하고 있다. 즉, Anonymous 사용자들이 업로드한 모든 파일의 소유권자를 ftp로 변경한다. ftp가 아니라 다른 사용자 이름을 사용할 수도 있다.

❽ Anonymous 사용자가 업로드한 파일의 권한을 지정하는 옵션인데, 여기서 숫자 077은 결국 파일의 권한을 소유권자만 읽고 쓰기가 가능한 600로 설정하라는 의미다. 즉, 이것을 표로 나타내면 다음과 같다.

파일 총 권한	FTP Umask	파일 권한	최종 권한
777	077	700 − 111	600

파일과 디렉토리에 부여 가능한 총 권한이 777인데, 여기서 FTP Umask 077을 빼주면 권한이 700으로 된다. 여기서 디렉토리는 이 권한이 그대로 적용되지만, 파일인 경우 실행 권한(1 = x)을 제외하기 위해 111을 빼주면 최종 권한은 600이 된다.

❾ 파일 업로드를 허용할 경우 기본적으로 이 업로드된 파일을 저장할 디렉토리를 생성해 줘야 한다.

❿ 업로드된 파일의 소유권을 root(user)와 ftp(group)로 설정한다.

⓫ 이 디렉토리의 권한을 773으로 설정해 파일 업로드를 허용해줘야 한다.

⓬ vsftpd 데몬을 재시작해 지금까지의 변경 사항이 적용되도록 한다.

B. FTP 클라이언트에서 테스트(node1)

서버에서 FTP 서비스를 시작했다면 클라이언트에서 실제 이 서버로 접속해 파일을 다운로드 및 업로드하는 방법을 테스트하겠다.

```
[root@node1 ~]# yum install lftp -y        ❶
[root@node1 ~]# lftp master                ❷
lftp master:~> ls        ❸
drwxrwxrwx   3 0     0               71 Jul 23 06:00 incoming
drwxr-xr-x   3 0     0             4096 Jul 03 02:51 pub
-rw-r--r--   1 0     0              224 May 28 10:32 welcome.msg
lftp master:/> cd pub ❹
lftp master:/pub> ls
-rw-r--r--   1 0     0              138 May 11 05:38 mariadb.repo
lftp master:/pub> get mariadb.repo         ❺
138 bytes transferred
lftp master:/pub> cd ../incoming/          ❻
lftp master:/incoming> put /etc/passwd ❼
3950 bytes transferred
lftp master:/incoming> mkdir node1         ❽
mkdir ok, `node1' created
lftp master:/incoming> exit                ❾
```

❶ CentOS 7.2 리눅스가 설치된 클라이언트 호스트 node1에서 FTP 클라이언트 프로그램 lftp 패키지를 명령어 yum으로 설치한다.

❷ 설치 이후 명령어 lftp를 이용해 ftp 서버인 마스터 호스트로 접근을 시도한다.

❸ 디렉토리 목록을 확인하기 위해 명령어 ls를 사용하면 두 개의 디렉토리와 한 개의 파일을 발견할 수 있다.

❹ 일반적으로 incoming 디렉토리는 파일 업로드를 위해 사용되고, pub 디렉토리는 파일 다운로드를 위해 사용되는데, 여기서 파일 다운로드를 위해 명령어 cd를 사용해 디렉토리를 변경한다.

❺ 현재 이 pub 디렉토리에는 mariadb.repo 파일 한 개만 있는데, 이 파일을 다운로드하기 위해 명령어 get을 사용한다.

❻ 다시 파일 업로드 테스트를 위해 디렉토리를 incoming으로 변경한다. 여기서 '..'은 상위 디렉토리를 의미하므로 처음 접속했던 디렉토리에서 하위 디렉토리인 incoming 디렉토리로 변경한다는 의미가 된다.

❼ 파일 업로드 테스트를 위해 업로드 명령어 put을 사용해 /etc/passwd 파일을 업로드한다. 이것을 해석하면 클라이언트 호스트 node1의 /etc/passwd 파일을 현재 FTP 서버가 작동 중인 호스트 master의 /var/ftp/incoming 디렉토리로 업로드한다는 의미가 된다.

❽ 디렉토리 생성 테스트를 위해 명령어 mkdir을 사용해 node1 디렉토리를 생성한다.

❾ 접속된 FTP 서버에서 나오기 위해 명령어 exit를 사용한다.

10.2.3 FTP 사용자 계정을 위한 설정

이번 절에서는 FTP 계정 사용자에 관련된 몇 가지 설정에 대해 설명한다.

A. FTP 계정 사용자 접속 허용을 위한 기본 설정

리눅스 서버에 등록된 계정 사용자에게 FTP 서버 접속을 허용하기 위한 설정은 다음과 같다. 여기에서 등록된 계정 사용자는 기본적으로 /etc/passwd와 /etc/shadow 파일에 정보가 저장된 사용자를 의미한다.

```
1. FTP 서버 설정(master)
[root@master ~]# vim /etc/vsftpd/vsftpd.conf
local_enable=YES        ❶
local_umask=022         ❷
[root@master ~]# systemctl restart vsftpd        ❸

2. FTP 사용자 테스트(node1)
[root@node1 ~]# lftp -u kim master        ❹
Password:
lftp kim@master:~> ls        ❺
-rw-r--r--   1 1012    1017           0 Jul 24 05:35 aaa
-rw-r--r--   1 1012    1017           0 Jul 24 05:35 bbb
-rw-r--r--   1 1012    1017           0 Jul 24 05:35 ccc
-rw-r--r--   1 1012    1017           0 Jul 24 05:35 ddd
-rw-r--r--   1 1012    1017         138 Jul 24 05:45 mariadb.repo
lftp kim@master:~> put /etc/passwd        ❻
3950 bytes transferred
[root@master ~]# fuser -v ftp/tcp        ❼
            USER        PID ACCESS COMMAND
```

```
ftp/tcp:      root      12526 F.... vsftpd
              kim       21250 F.... vsftpd
```

❶ 주 설정 파일을 명령어 vim으로 열어서 로컬 계정 사용자의 FTP 서버 접근을 허용하기 위해 설정한다.

❷ 계정 사용자가 파일 업로드나 디렉토리를 생성한 경우 할당되는 권한을 의미한다. UMASK가 022이면 디렉토리인 경우 755(777-022), 그리고 파일인 경우 644(755-111)로 권한이 설정된다.

❸ 변경 사항을 적용하기 위해 vsftpd를 다시 시작한다.

❹ 클라이언트 호스트 node1에서 사용자 kim이 마스터 서버로 접근을 시도한다.

❺ 파일 및 디렉토리 목록 조회를 위해 명령어 ls를 사용한다.

❻ 파일 업로드 테스트를 위해 명령어 put을 사용해 /etc/passwd 파일을 업로드한다.

❼ FTP 서버에서 프로세스 확인 명령어 fuser를 사용해 ftp 서비스와 프로토콜 tcp를 조회해보면 kim이라는 사용자가 접속돼 프로세스 21250을 사용하고 있음을 확인할 수 있다.

B. 특정 사용자의 FTP 서버 접속 금지

모든 계정 사용자의 FTP 서버 접속을 허용하지만 어느 특정 사용자가 FTP 서버로 접근할 수 없도록 금지할 경우 /etc/vsftpd/ftpusers 파일을 사용할 수 있다.

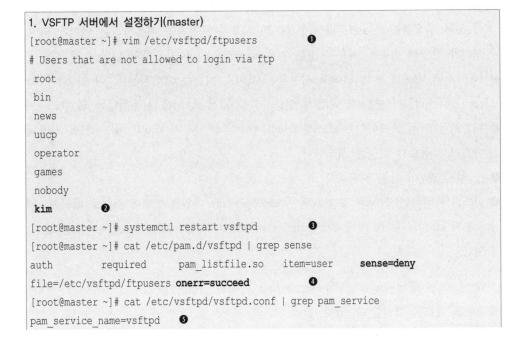

```
1. VSFTP 서버에서 설정하기(master)
[root@master ~]# vim /etc/vsftpd/ftpusers              ❶
# Users that are not allowed to login via ftp
 root
 bin
 news
 uucp
 operator
 games
 nobody
 kim            ❷
[root@master ~]# systemctl restart vsftpd              ❸
[root@master ~]# cat /etc/pam.d/vsftpd | grep sense
auth          required      pam_listfile.so     item=user      sense=deny
file=/etc/vsftpd/ftpusers onerr=succeed              ❹
[root@master ~]# cat /etc/vsftpd/vsftpd.conf | grep pam_service
pam_service_name=vsftpd        ❺
```

```
2. FTP 클라이언트에서 테스트하기(node1)
[root@node1 ~]# lftp -u kim master        ❻
Password:
lftp kim@master:~> ls                     ❼
ls' at 0 [Sending commands...]
ls: Login failed: 530 Login incorrect.
[root@master ~]# tail  -f /var/log/secure        ❽
Jul 24 12:44:54 master vsftpd[8970]: pam_unix(vsftpd:auth):
authentication failure; logname= uid=0 euid=0 tty=ftp ruser=kim rhost=node1  user=kim
Jul 24 13:26:48 master vsftpd[12531]: pam_listfile(vsftpd:auth): Refused user kim for
service vsftpd
```

❶ 특정 사용자의 FTP 서버 접근 금지 설정을 위해 설정 파일인 /etc/vsftpd/ftpusers 파일을
  열어서

❷ 테스트를 위해 사용자 kim을 가장 끝줄에 추가한 다음에

❸ 이 설정을 적용하기 위해 vsftpd 데몬을 다시 시작한다.

❹ ftpusers 파일을 이용한 FTP 사용자 접근 제어는 사용자 인증에 사용되는 모듈 PAM의
  pam_listfile.so 모듈을 이용해 가능하다. 이를 위해 설정 파일인 /etc/pam.d/vsftpd 파일
  에서 인증을 담당하는 auth에서 이 설정을 발견할 수 있다. 이 문장을 해석하면
  /etc/vsftpd/ftpusers에 등록된 사용자는 접근 금지(sense=deny) 되는데, 여기서 설정한 파
  일이 없거나 파일명이 다르면 접속을 허용(onerr=succeed)하라는 의미가 된다. sense=
  allow를 사용하면 ftpusers 파일에 등록된 사용자만 접속을 허용하라는 의미가 되며,
  에러가 발생해 접속을 허용치 않는 경우 onerr=fail을 사용하면 된다.

❺ FTP 서버 VSFTP가 PAM에서 사용하는 서비스 이름을 의미하는데, 이 이름은 /etc/
  pam.d/vsftpd를 의미하며, vsftp가 인증 서비스로서 PAM을 사용한다는 의미다.

❻ 테스트를 위해 클라이언트 호스트 node1에서 계정 사용자 kim과 패스워드를 사용해
  마스터 서버로의 접근을 시도한다.

❼ 그러나 명령어 ls를 사용해도 그 정보를 볼 수 없다.

❽ 마스터 서버의 인증 관련 로그 파일인 /var/log/secure 파일을 명령어 tail로 확인해보면
  사용자 kim이 인증에 실패해서 vsftpd 서비스로의 접근이 거부됐다는 메시지를 볼 수
  있다.

위 테스트를 통해 /etc/vsftpd/ftpusers 파일을 이용한 계정 사용자의 접근 제어가 제대로
작동하고 있음을 확인할 수 있다.

C. 특정 사용자의 FTP 서버 접속 금지 두 번째 방법

이번에는 B절과 마찬가지로 특정 사용자의 FTP 서버 접속을 금지하는 방법이지만, 사용하는 설정과 파일이 B절과는 약간 다른 경우를 살펴본다. 이와 더불어 계정 사용자에게 chroot^change root directory를 설정하는 방법도 설명한다.

1. 설정 파일 수정하기

특정 사용자의 접속 금지를 위해 설정 파일을 다음과 같이 수정해야 한다.

```
[root@master ~]# vim /etc/vsftpd/vsftpd.conf
userlist_enable=YES              ❶
userlist_deny=NO                 ❷
userlist_deny=YES                ❸
deny_email_enable=YES            ❹
banned_email_file=/etc/vsftpd/banned_emails  ❺
chroot_local_user=YES            ❻
allow_writeable_chroot=YES       ❼
chroot_list_enable=YES           ❽
chroot_list_file=/etc/vsftpd/chroot_list     ❾
[root@master ~]# systemctl restart vsftpd    ❿
```

❶ VSFTPD 설정 파일을 열어서 userlist_enable 기능을 사용하겠다고 설정한다. 기본적으로 설정돼 있다.

❷ 설정 파일 vsftpd.conf에는 기본적으로 보이지 않는데, userlist 기능을 사용하기 위해 userlist_deny=NO를 추가하면 /etc/vsftpd/user_list 파일에 등록된 계정 사용자만 접속을 허용한다는 의미가 된다.

❸ 처음 설정 파일에서 보이지 않더라도 기본적으로 적용되는 설정인데, /etc/vsftpd/user_list 파일에 등록된 계정 사용자는 결코 접근이 허용되지 않으며, 심지어 패스워드를 요구하는 프롬프트^prompt도 보이지 않는다는 의미가 된다. 이 파일에는 기본적으로 root나 mail 같은 시스템 사용자들이 등록돼 있다.

❹ FTP 서버에 등록된 계정 사용자가 아닌 임의의 사용자가 패스워드로 이메일을 사용할 경우

❺ 이 파일에 등록된 이메일 주소를 패스워드로 사용하면 접속을 거부한다는 설정이다. 기본 설정은 NO다.

❻ 모든 계정 사용자에게 FTP 서버 접속 시 chroot를 적용하라는 의미다. 여기서 chroot 란 Change Root Directory의 의미로서 계정 사용자가 접근 가능한 최상위 디렉토리가

자신의 홈 디렉토리로 제한된다는 의미다. 기본적으로 사용자가 시스템에 접근 가능한 최상위 디렉토리는 루트(/)인데, chroot가 적용되면 이 최상위 디렉토리가 일반적인 경우 /home/username으로 변경돼 사용자의 홈 디렉토리 이상의 경로로 이동이 불가능하게 된다. 이 기능은 기본으로 사용되지 않고 있는데, 이 경우는 사용자가 FTP 서버 접속 시 자신의 홈 디렉토리 이상의 경로로 변경이 가능하게 된다. FTP 서버의 보안을 고려한다면 반드시 사용할 것을 추천한다.

❼ 계정 사용자에게 chroot가 적용된 자신의 홈 디렉토리로의 접근을 허용한다.

❽ chroot 예외 설정을 위한 기능을 활성화한다.

❾ 이 설정은 위의 ❻에서 모든 계정 사용자에게 chroot를 적용했지만 예외로 chroot 기능을 적용하지 않을 사용자를 정의하기 위해 사용하는 옵션이다. 즉, /etc/vsftpd/chroot_list 파일에 등록된 사용자는 chroot가 적용되지 않고 시스템 최상위 디렉토리(/)로의 접근을 허용한다는 의미다.

❿ 설정 내용을 저장한 후 그 내용을 적용하기 위해 **vsftp** 서버를 다시 시작한다.

2. USERLIST 테스트하기

앞에서 설정한 내용들을 테스트해보자. 먼저 userlist를 사용해 특정 계정 사용자의 접속을 허용하고 나머지는 금지하는 방법을 테스트하면 다음과 같다.

```
[root@master ~]# vim /etc/vsftpd/vsftpd.conf        ❶
userlist_enable=YES
userlist_deny=NO
[root@master ~]# vim /etc/vsftpd/user_list          ❷
~
kim
[root@master ~]# systemctl restart vsftpd
[root@node1 ~]# lftp -u kim master                  ❸
Password:
lftp kim@master:~> ls
-rw-r--r--    1 1012     1017            0 Jul 24 05:35 aaa
-rw-r--r--    1 1012     1017            0 Jul 24 05:35 bbb
-rw-r--r--    1 1012     1017            0 Jul 24 05:35 ccc
-rw-r--r--    1 1012     1017            0 Jul 24 05:35 ddd
-rw-r--r--    1 1012     1017          138 Jul 24 05:45 mariadb.repo
-rw-r--r--    1 1012     1017         3950 Dec 02 06:14 passwd
drwxr-xr-x    2 1012     1017            6 Dec 02 04:50 test
[root@node1 ~]# lftp -u lee master                  ❹
```

```
Password:
lftp lee@master:~> ls
ls: Login failed: 530 Permission denied.
```

❶ 설정 파일 /etc/vsftpd/vsftpd.conf에 userlist 기능을 활성화한 뒤에 userlist_deny=
NO를 통해 특정 사용자만 접속을 허용하고 나머지는 금지하는 설정을 한다. 반대로 NO
가 아니라 대신 YES로 설정하면 파일에 등록된 사용자만 접속을 금지하고 나머지는
접속을 허용하는 설정이 된다.

❷ /etc/vsftpd/user_list 파일에 사용자 kim을 등록해 이 사용자만 접속을 허용하고 나머
지는 모두 접속을 금지한다. 그리고 vsftpd 서버를 다시 시작한다.

❸ 클라이언트 호스트 node1에서 master 호스트의 사용자 kim으로 접속을 시도하고 패스
워드를 입력하면 접속이 된다.

❹ 마찬가지로 사용자만 kim에서 lee로 변경해서 접속을 시도하면 올바른 패스워드를 입력
해도 'Permission denied'라는 메시지와 함께 접속이 되지 않는다. 이를 통해 userlist
기능이 올바르게 작동하고 있음을 확인할 수 있다.

3. chroot 테스트하기

두 번째는 chroot가 적용된 경우와 그렇지 않는 경우의 차이를 테스트하면 다음과 같다.

```
[root@master ~]# vim /etc/vsftpd/vsftpd.conf          ❶
chroot_local_user=YES
allow_writeable_chroot=YES
chroot_list_enable=YES
chroot_list_file=/etc/vsftpd/chroot_list
[root@master ~]# vim /etc/vsftpd/chroot_list          ❷
kim
[root@master ~]# systemctl restart vsftpd

[root@node1 ~]# lftp -u kim master                    ❸
Password:
lftp kim@master:~> pwd
ftp://kim@master
lftp kim@master:~> cd ..            ❹
cd ok, cwd=/home/kim/..
lftp kim@master:~/..> ls            ❺
drwx------    3 1010     1011           74 Jun 01  2015    cho
drwx------    3 1003     1003           74 May 26  2015    han
```

```
drwx------    3 1011    1012         74 Jun 01  2015   jang
drwx------    9 1003    1019       4096 Jun 03  2015   jeong
drwx------    3 1022    1052         85 Jul 31 13:10   keystone
drwx------    6 1012    1017       4096 Dec 02 04:50   kim
drwx------    6 1008    1009        152 Dec 02 06:16   lee
drwx------    3 1020    1050         74 Apr 11  2015   lim
drwx------    6 1002    1002       4096 May 25  2015   linux
drwx------    3 1013    1018         74 Jun 01  2015   min
lftp kim@master:~/..> get /etc/passwd
5200 bytes transferred
[root@node1 ~]# lftp -u lee master            ❻
Password:
lftp lee@master:~> pwd
ftp://lee@master
lftp lee@master:~> cd ..              ❼
cd ok, cwd=/..
lftp lee@master:/..> ls               ❽
-rw-rw-r--    1 1008    1009          0 Dec 02 06:16 aaa
-rw-rw-r--    1 1008    1009          0 Dec 02 06:16 bbb
drwxrwxr-x    2 1008    1009         16 Dec 02 06:16 test
```

❶ 이번에는 설정 파일을 열어서 계정 사용자들에게 chroot 기능을 적용하기 위한 설정을 추가하고, 더불어 chroot 기능 적용을 하지 않을 사용자 등록을 위해 chroot_list 파일을 정의한다.

❷ /etc/vsftpd/chroot_list 파일을 생성해 사용자 kim을 등록한 후 vsftpd 서버를 다시 시작한다.

❸ 마찬가지로 클라이언트 호스트 node1에서 사용자 kim으로 접속을 시도한 후

❹ 디렉토리를 상위 디렉토리(..)로 이동해

❺ 디렉토리 목록 보기 명령어 ls를 사용하면 /home 디렉토리의 모든 사용자 목록을 확인할 수 있다. 또한 /etc/ 디렉토리로 접근해 /etc/passwd 파일을 다운로드할 수 있다. 즉, chroot가 적용되지 않는 사용자는 시스템의 최상위 디렉토리까지 이동할 수 있어서 관리자가 원하지 않거나 의도하지 않은 중요한 정보까지 획득할 수 있다는 의미가 된다.

❻ 이번에는 chroot가 적용된 사용자 lee가 접속을 시도해

❼ 상위 디렉토리로 이동하기 위해 명령어 cd ..를 사용한 후

❽ 디렉토리 목록 보기 명령어 ls를 사용해도 자신의 파일과 디렉토리밖에 보이지 않는다. 즉, 사용자 lee는 chroot가 적용돼 접속이 가능한 최상위 디렉토리가 /home/lee로 제한

돼 다른 디렉토리로의 이동이 불가능하게 됐다는 의미다.

10.3 VSFTP 고급 및 기타 기능 설정

지금까지 VFTP 서버의 기본 기능이라 할 수 있는 파일 다운로드 및 업로드, 그리고 사용자 관리에 대해 설명했다. 이번 절에서는 VSFTP의 고급 기능이라 할 수 있는 서버로의 접근을 제어하는 방법과 가상 사용자를 설정하는 방법, 그리고 기타 VSFTP 서버의 기능을 설명한다.

10.3.1 접근과 연결 제한

먼저 접근과 연결 제한에 관련된 FTP 서버의 보안을 위해 사용되는 몇 가지 방법을 소개한다.

A. TCP_WRAPPER를 이용한 접근 제어

TCP_WRAPPER는 libwrap 라이브러리를 이용해 네트워크 서비스에게 접근 제어를 제공하는 프로그램이다. VSFTP 서버는 기본적으로 이 프로그램을 사용할 수 있도록 설정돼 있다.

```
[root@master ~]# vim /etc/vsftpd/vsftpd.conf
tcp_wrappers=YES          ❶
[root@master ~]# vim /etc/hosts.deny
vsftpd:ALL                ❷
[root@master ~]# vim /etc/hosts.allow     ❸
vsftpd:*.chul.com  192.168.80.0/255.255.255.0 192.168.10.   ❹
[root@master ~]# tcpdmatch vsftpd node1   ❺
client:   hostname node1
client:   address  192.168.80.16
server:   process  vsftpd
access:   granted       ❻
```

❶ VSFTP 서버의 주 설정 파일을 열어서 TCP_WRAPPER를 사용하겠다고 정의한다. tcp_wrapper가 설치돼 있지 않다면 명령어 `yum install tcp_wrappers`를 이용해 설치하기 바란다.

❷ TCP_WRAPPER가 접근 금지를 위해 사용하는 /etc/hosts.deny 파일을 열어서 모든

(ALL) 네트워크로부터 VSFTP 서버로의 접근을 금지한다는 규칙을 생성한다.

❸ 이번에는 접근을 허용할 네트워크 주소를 정의하기 위해 /etc/hosts.allow 파일을 명령어 vim으로 열어서

❹ 세 개의 규칙을 정의했다. 즉, 도메인 chul.com의 모든 호스트에 접근을 허용하고 192.168.80과 192.168.10 네트워크의 접근도 모두 허용한다는 의미다.

❺ 테스트를 위해 명령어 tcpdmatch를 이용해 vsftpd 서비스에 대해 node1를 조회하면

❻ 접속이 허용돼 있음을 알 수 있다.

위와 반대로 모든 네트워크의 접근을 허용하고 특정 네트워크의 접근만 금지하기 원한다면 /etc/hosts.allow에서 규칙을 모두 제거하고 /etc/hosts.deny에 ❹와 같은 규칙을 정의하면 된다.

●● 중요: 참고: TCP_WRAPPER의 기본 규칙

tcp_wrapper는 서비스 접근 제어 제공 시 규칙을 이용해 이 기능을 구현하고 있다. 그 기본 규칙을 설명하면 다음과 같다.

1. 두 파일 중 /etc/hosts.allow 파일은 /etc/hosts.deny 파일보다 우선순위에 있어서 hosts.allow 에 있는 규칙이 먼저 해석된다. 그러므로 hosts.deny에 있는 규칙과 겹친다면 이 규칙들은 무시 되고 적용되지 않는다.
2. 한 파일 내에 존재하는 규칙들은 탑다운(top-down) 방식에 의해 해석된다. 그러므로 제공하는 서비스에 대해 겹치는 규칙이 존재한다면 첫 번째 규칙만 적용되고 나머지는 적용되지 않는다. 즉, 규칙의 순서가 아주 중요하다는 의미다.
3. 이 두 개의 파일에 어떤 규칙도 존재하지 않는다면 기본적으로 이 프로그램을 사용하는 모든 서비스는 접근을 허용하게 된다.
4. hosts.allow나 hosts.deny 파일에 어떤 변경을 하게 되면 네트워크 서비스를 다시 시작하지 않더 라도 바로 적용된다.

B. 연결 제한

FTP 서버의 연결에 대한 제한을 설정하는 경우 다음과 같다.

```
[root@master ~]# vim /etc/vsftpd/vsftpd.conf
max_clients=50          ❶
max_per_ip=10           ❷
anon_max_rate=10000     ❸
local_max_rate=40000    ❹
```

```
max_login_fails=3          ❺
idle_session_timeout=300   ❻
```

❶ 동시에 VSFTP 서버에 접속 가능한 사용자 수를 의미한다.

❷ 한 개의 IP 주소에서 연결 가능한 수를 의미한다.

❸ 임의의 사용자들이 초당 전송 가능한 최대 데이터 속도를 의미한다. 단위는 바이트이며 기본 값은 0인데, 이것은 데이터 전송에 제한이 없다는 의미다.

❹ 계정 사용자들이 초당 전송 가능한 최대 데이터 속도를 의미한다. 단위는 바이트이며 기본 값은 0인데, 이것 또한 데이터 전송 속도에 제한이 없다는 의미다.

❺ 여기서 설정된 횟수만큼 로그인에 실패하면 세션이 끊기게 된다.

❻ 이 시간 동안 클라이언트로부터 FTP 명령이 없으면 세션이 끊기는데, 단위는 초가 사용된다.

10.3.2 VSFTP 가상 사용자 사용

이번 절에서는 VSFTP 서버에서 가상 사용자^{Virtual User}를 설정하는 방법을 설명한다. VSFTP 서버에서 가상 사용자란 시스템에 존재하지 않는 사용자이지만 계정 사용자와 동일한 권한 및 기능을 사용하고 FTP 서버에서만 사용할 수 있는 사용자를 의미한다. 가상 사용자를 사용하는 이유는 크게 두 가지인데, 첫 번째는 FTP 서버의 보안 측면에서 가상 사용자를 사용하면 시스템 사용자의 정보가 노출될 걱정이 없기 때문이다. 즉, 일반 계정 사용자에게 FTP 서버 접속을 허용할 경우 서버 접속 시 ID나 패스워드를 입력해야 되는데, 이런 경우 기본적으로 FTP 서버의 암호화되지 않은 사용자의 접속 정보가 악의의 사용자에게 노출될 위협이 존재한다. 이런 경우 시스템에 존재하지 않는 가상 사용자를 사용한다면 이런 보안의 위협으로부터 시스템을 보호할 수 있다.

두 번째는 시스템에 사용자 계정이 없지만 FTP 서비스를 제공하고 로그인 정보가 필요한 경우 가상 사용자를 사용한다. 또한 모든 가상 사용자에 의해 사용된 파일들의 백업과 복구가 편리하다는 점도 이 기능을 사용하는 목적이기도 한다.

A. VSFTP 서버 설정

먼저 VSFTP 서버에서 가상 사용자를 설정하는 방법은 다음과 같다.

```
[root@master ~]# yum install libdb4-utils libdb4 -y      ❶
[root@master ~]# vim /etc/vsftpd/virtual_users.txt       ❷
```

```
user1
user1_password
user2
user2_password
[root@master ~]# db_load -T -t hash -f /etc/vsftpd/virtual_users.txt
/etc/vsftpd/virtual_users.db          ❸
[root@master ~]# vim /etc/pam.d/vsftpd_virtual          ❹
#%PAM-1.0
auth     required  pam_userdb.so     db=/etc/vsftpd/virtual_users
account  required  pam_userdb.so     db=/etc/vsftpd/virtual_users
session  required  pam_loginuid.so
[root@master ~]# vim /etc/vsftpd/vsftpd.conf
anonymous_enable=NO     ❺
local_enable=YES        ❻
guest_enable=YES        ❼
virtual_use_local_privs=YES          ❽
write_enable=YES
pam_service_name=vsftpd_virtual      ❾
user_sub_token=$USER    ❿
local_root=/home/virtual/$USER       ⓫
chroot_local_user=YES
hide_ids=YES            ⓬
[root@master ~]# mkdir -p /home/virtual/user1               ⓭
[root@master ~]# chown -R ftp:ftp /home/virtual/user1       ⓮
[root@master ~]# chmod 600 /etc/vsftpd/virtual_users.db     ⓯
[root@master ~]# service vsftpd restart
```

❶ 텍스트 파일을 데이터베이스 파일로 변환하기 위해 Berkeley DB와 그 툴 db_load를
사용하기 위해 두 개의 패키지를 설치한다.

❷ 가상 사용자 정보가 담긴 파일을 생성하는 데 주의할 점은 홀수 줄의 경우 사용자 이름
을 입력하고, 짝수 줄의 경우 그 사용자의 패스워드를 입력해야 한다는 점이다.

❸ 텍스트 파일을 Berkeley DB가 사용하는 데이터베이스 파일로 변환하기 위해 사용되는
명령어 db_load에 비Berkeley DB 애플리케이션들이 쉽게 텍스트 파일을 데이터베이스
파일로 변환하게 허용하는 -T 옵션을 사용해 생성한다.

❹ 가상 사용자들에게 적용할 인증 PAM 파일을 생성하는데 위 ❸에서 생성한 파일의 경로
와 이름을 정확하게 지정해줘야 한다. 이 파일이 PAM을 통한 인증을 사용하는 FTP
서버에서 그 인증 정보를 검사하기 위해 사용된다.

❺ 계정이 없는 임의의 사용자는 접속을 허용하지 않는다.

❻ 계정이 있는 사용자는 접속을 허용한다.

❼ 가상 사용자 기능의 사용을 활성화한다.

❽ 가상 사용자도 로컬의 계정 사용자와 동일한 권한을 갖게 한다.

❾ VSFTPD가 가상 사용자 기능의 사용을 위해 사용할 PAM 서비스 이름이다.

❿ 가상 사용자를 위한 홈 디렉토리 생성을 허용한다.

⓫ 가상 사용자가 사용할 홈 디렉토리를 지정한다.

⓬ FTP 접속 이후 사용자에 의한 디렉토리 목록 조회 시 모든 디렉토리의 소유권자가 ftp로 표시된다.

⓭ 가상 사용자가 사용할 디렉토리를 생성한다.

⓮ 그 소유권자를 ftp로 설정한다.

⓯ 가상 사용자 정보가 저장된 데이터베이스 파일의 권한을 root만이 읽고 쓸 수 있게 설정하고, VSFTPD 서버를 다시 시작한다.

B. 가상 사용자 테스트와 확인

이번에는 앞에서 설정한 VSFTP의 가상 사용자 기능을 클라이언트 node1에서 테스트한다. 그리고 그 사용 내용을 서버의 로그 파일을 통해 확인한다.

1. 클라이언트(node1)에서 가상 사용자 테스트하기

```
[root@node1 ~]# lftp -u user1 master          ❶
Password:
lftp user1@master:~> ls
-rw-r--r--    1    ftp      ftp          0 Dec 21 02:46 aaa
-rw-r--r--    1    ftp      ftp          0 Dec 21 02:46 bbb
-rw-r--r--    1    ftp      ftp          0 Dec 21 02:46 ccc
drwxr-xr-x    2    ftp      ftp          6 Dec 21 02:46 test
drwxr-xr-x    2    ftp      ftp          6 Dec 21 03:04 test2
lftp user1@master:/> mkdir test3
mkdir ok, `test3' created
lftp user1@master:/> rmdir test
rmdir ok, `test' removed
lftp user1@master:/> mget aaa bbb ccc
Total 3 files transferred
lftp user1@master:/> put /etc/passwd
```

```
2. VSFTP 서버에서 인증 및 로그 확인하기
[root@master ~]# tail -f /var/log/secure        ❷
Dec 21 10:04:40 master vsftpd[5498]: pam_userdb (vsftpd_virtual:auth) :
user 'user1' granted access        ❸
[root@master ~]# tail -f /var/log/vsftpd.log ❹
Mon Dec 21 10:05:46 2015 [pid 5570] [user1] OK DOWNLOAD: Client "192.168.80.16", "/ccc",
0.00Kbyte/sec
Mon Dec 21 10:05:51 2015 [pid 5570] [user1] OK UPLOAD: Client "192.168.80.16", "/passwd",
3950 bytes, 2651.15Kbyte/sec
```

❶ 클라이언트에서 서버 시스템에서는 존재하지 않지만 가상 사용자로서 존재하는 user1
을 이용해 VSFTP 서버로 접속을 시도해 성공한 후에 일반 계정 사용자와 동일하게
디렉토리 목록 보기, 디렉토리 삭제 및 생성, 파일 다운로드 및 업로드가 가능함을 확인
할 수 있다.

❷ 이러한 내용을 확인하기 위해 VSFTP 서버에서 인증 관련 로그 파일을 확인해보면

❸ PAM 인증 모듈이 vsftpd_virtual 서비스 사용자인 user1에게 접속을 허용했다는 메시지
를 확인할 수 있다.

❹ VSFTP 서버 로그 파일을 확인해보면 사용자 user1이 node1에서 접속해 파일 다운로드
및 업로드했다는 사실을 확인할 수 있다.

10.3.3 기타 기능 설정

앞에서 설명한 기능 이외에 VSFTP가 제공하는 기능들을 추가로 살펴본다.

A. VSFTP 서버 로그 설정

먼저 VSFTP 서버가 설정 파일에서 제공하는 로그 관련 설정을 살펴본다. 다음 설정에서
는 VSFTP 서버 형식의 로그 파일과 WU-FTP 형식의 로그 파일을 동시에 이용하도록
설정해 그 두 가지 로그 파일을 비교한다.

```
[root@master ~]# vim /etc/vsftpd/vsftpd.conf
xferlog_enable=YES                    ❶
xferlog_file=/var/log/xferlog         ❷
xferlog_std_format=NO                 ❸
vsftpd_log_file=/var/log/vsftpd.log   ❹
dual_log_enable=YES                   ❺
log_ftp_protocol=YES                  ❻
```

```
syslog_enable=YES                                          ❼
[root@master ~]# systemctl restart vsftpd          ❽
[root@master ~]# ls -l /var/log/        ❾
-rw-------  1 root      root        2323 Dec 19 12:32 vsftpd.log
-rw-------  1 root      root        1007 Dec 19 12:30 xferlog
```

❶ **xferlog_enable** 이 기능이 YES로 설정되면 VSFTPD는 연결 및 전송 정보를 ❹에 정의
된 파일에 기록하는데, ❸이 YES로 설정돼 있으면 기본 연결 및 파일 전송 정보가 ❷에
저장된다. ❺가 YES로 설정되면 ❷❹에 정의된 두 가지 파일이 사용돼 연결 및 전송
정보가 모두 저장되며, 기본 값은 NO다.

❷ **xferlog_file** WU-FTPD와 호환 가능한 로그 파일을 지정하는 옵션으로서 ❶❸이
YES로 설정돼 있어야 사용이 가능하다.

❸ **xferlog_std_format** ❶과 더불어 활성화되면 WU-FTPD와 호환 가능한 형식의 로그
들이 ❷에 정의된 파일에 저장된다. 즉, 전송 정보 및 기본 연결 정보는 저장되지만
연결 실패 정보는 저장되지 않으며, 기본 값은 NO다.

❹ **vsftpd_log_file** VSFTPD 로그 파일을 정의한다. 이 기능을 사용하기 위해선 ❶이
YES로, ❸이 NO로 설정돼야 하는데 ❸을 YES로 설정하면 ❺가 YES로 설정돼야 한다.
그런데 ❼이 YES로 설정되면 VSFTPD의 로그는 이 파일이 아니라 로그 관리 데몬인
syslogd 데몬이 관리하는 시스템 로그에 저장되며, 기본 값으로 /var/log/vsftpd.log가
사용된다.

❺ **dual_log_enable** 이 기능을 ❶과 함께 YES로 설정하면 VSFTPD는 두 개의 파일, 즉
WU-FTPD와 호환 가능한 파일(/var/log/xferlog)과 VSFTPD가 정의한 형식의 로그를
/var/log/vsftpd.log 파일에 저장하며, 기본 값은 NO다.

❻ **log_ftp_protocol** ❶이 활성화되고 ❸이 NO로 설정돼 사용되면 모든 FTP 명령어 및
그 응답까지 로그에 기록된다. 기본 값은 NO이며, 디버깅을 위해서 주로 사용한다.

❼ **syslog_enable** ❶이 활성화되고 이 기능이 YES로 설정되면 ❹에 저장되는 VSFTPD의
모든 로그가 시스템 로그 데몬인 rsyslogd 데몬으로 전송되며, 기본 값은 NO다. 시스템
로그에 대한 내용은 23장에 설명돼 있으니 참고하기 바란다.

❽ 로그 설정을 모두 마친 후에 저장한 후 VSFTPD 데몬을 다시 시작하고

❾ 그 두 가지 로그 파일 생성 확인을 위해 로그 디렉토리를 확인하면 모두 정상적으로
생성된 것을 확인할 수 있다.

●● 비교: VSFTP와 WU-FTP 로그의 차이점

VSFTP와 WU-FTP가 발생시키는 로그를 비교하면 다음과 같다.

1. VSFTPD 로그 형식

다음은 VSFTPD가 발생시킨 로그다.

```
[root@master ~]# tail -f /var/log/vsftpd.log
Sat Dec 19 10:38:22 2015 [pid 11176] [lee] FAIL LOGIN: Client "192.168.80.6"
Sat Dec 19 10:38:33 2015 [pid 11188] CONNECT: Client "192.168.80.6"
Sat Dec 19 10:38:33 2015 [pid 11187] [lee] OK LOGIN: Client "192.168.80.6"
Sat Dec 19 10:38:41 2015 [pid 11189] [lee] OK DOWNLOAD: Client "192.168.80.6",
"/aaa", 0.00Kbyte/sec
Sat Dec 19 10:38:47 2015 [pid 11189] [lee] OK UPLOAD: Client "192.168.80.6",
"/passwd", 3950 bytes, 2642.07Kbyte/sec
Sat Dec 19 10:41:42 2015 [pid 11360] [ftp] OK LOGIN: Client "192.168.80.6",
anon password "tland@gmail.com"
Sat Dec 19 10:42:11 2015 [pid 11371] [ftp] OK DOWNLOAD: Client "192.168.80.6",
"/pub/nrpe.cfg", 8049 bytes, 285.59Kbyte/sec
```

VSFTPD가 발생시킨 로그를 보면 매우 직관적이어서 바로 이해가 가능할 정도로 단순하다. 즉 이벤트 발생 시간, 로그인 실패 및 성공, 접속 정보, 계정 사용자 이름, 다운로드 및 업로드 파일명, 경로, 그리고 그 결과, 임의의 사용자와 패스워드로 사용된 이메일 주소, 그리고 전송된 데이터 크기 등에 대한 정보를 바로 확인할 수 있다.

2. WU-FTP 로그 형식(XFERLOG)

다음은 WU-FTP가 발생시킨 로그의 모습이다.

```
[root@master ~]# tail -f /var/log/xferlog
Sat Dec 19 10:38:47 2015 1 192.168.80.6 3950 /passwd b _ i r lee ftp 0 * c
Sat Dec 19 10:42:11 2015 1 192.168.80.6 8049 /pub/nrpe.cfg b _ o a tland@gmail.com
ftp 0 * c
```

그런데 VSFTP의 로그와 비교해서 WU-FTP가 발생시키는 XFERLOG 형식의 로그 파일은 암호가 사용된 듯해서 직관적인 이해가 되지 않는 부분이 있다. XFERLOG의 형식을 위의 로그 중 한 가지를 이용해 자세히 분석하면 다음과 같다.

Sat	1	192.168.80.6	3950	/passwd	b	_	i	r	lee	ftp	0	*	c
❶	❷	❸	❹	❺	❻	❼	❽	❾	❿	⓫	⓬	⓭	⓮

❶ current-time 이 이벤트가 발생한 시간을 의미하며, 형식은 DDD MMM dd hh:mm:ss YYYY를 사용한다. 즉 요일|월|일|시|분|초|년을 의미한다.

❷ transfer-time 파일을 전송하는 데 걸린 총 시간을 의미하며, 단위는 초(seconds)를 사용한다.

❸ remoste-host 접속한 IP 주소를 기록한다.

❹ byte-count   전송된 데이터의 양을 의미하며, 단위는 바이트다.

❺ filename   전송된 파일에 대한 정보가 표시된다. chroot가 적용된 경우는 경로가 루트(/)로 시작
되는 것을 확인할 수 있다.

❻ transfer-type   전송 형식을 의미하며, 'b'는 바이너리(Binary) 전송을, 'a'는 아스키(ASCII) 전송
을 의미한다. 텍스트 기반의 아스키 파일을 바이너리 형식으로 전송하면 그 파일을 그대로 복사해
서 전송하기 때문에 문제가 없지만, 바이너리 형식의 파일을 아스키 형식으로 전송하면 그 파일이
모두 텍스트 기반으로 변경돼 전송되므로 사용할 수가 없다.

❼ special-action-flag   특별한 행동을 취하는 플래그로서 '_'는 아무런 행동이 없음을, 'C'는 압축
된 파일임을, 'U'는 압축이 풀린 파일임을 'T'는 Tar 형식의 파일을 의미하는데, 일반적으로 잘
사용되지 않는다.

❽ direction   파일 전송의 방향을 의미하는데, 'o'는 outgoing transfer로서 다운로드를, 'i'는
incoming transfer로서 파일 업로드를 의미한다. 'd'가 사용되면 삭제(delete)됐음을 의미한다.

❾ access-mode   접속 사용자 모드를 의미하며, 여기에는 두 가지 a(anonymous: 임의의 사용자)
와 r(real: 계정 사용자)이 사용된다.

❿ username   사용자 이름을 의미한다.

⓫ service-name   사용된 서비스 이름 ftp를 의미한다.

⓬ authentication-method   사용된 인증 방법을 의미하는데, 숫자 '0'은 none으로서 사용되지 않았
음을, '1'은 RFC 931에서 정의한 인증을 의미한다.

⓭ authenticated-user-id   ⓬에서 사용된 인증 방법에 의해 얻어진 사용자의 ID를 정의하는데, 여기
서 '*'는 인증된 사용자 ID를 이용할 수 없는 경우에 사용된다.

⓮ completion-status   파일 전송의 상태를 의미하는데, 'c'는 complete transfer의 약어로서 문제없
이 완료됐음을, 'i'는 incomplete transfer로서 파일 전송이 완료되지 않고 중단된 경우 사용된다.

B. 배너 설정

VSFTP 서버에 접속하는 사용자들에게 특정 메시지를 전달하는 경우 사용하는 옵션이 배
너다.

```
[root@master ~]# vim /etc/vsftpd/vsftpd.conf
ftpd_banner=FTP Server Ready!!!        ❶
banner_file=/etc/vsftpd/issue          ❷
[root@master ~]# cat /etc/vsftpd/issue
Do not hack my ftp server!!!!
[root@master ~]# ftp master
Connected to master (192.168.80.15).
220 FTP server ready                   ❸
Name (master:root):
```

❶ 설정 파일을 열어서 전달하고자 하는 문구의 텍스트를 입력한다.

❷ 특정한 경고 메시지를 포함한 파일을 사용할 경우 사용하는 옵션이다. 여기서 정의한 파일은 메시지를 포함해 생성해줘야 한다.

❸ ❶에서 설정한 메시지를 확인할 수 있다. 위의 두 가지 옵션을 동시에 사용하는 경우 ❷가 더 우선순위로 사용된다.

C. Passive 모드 설정

앞에서 FTP 서버의 두 가지 모드를 설명하면서 기본은 Active 모드이지만 Passive 모드로 변경이 가능하다고 설명했는데, 다음과 같이 설정하면 Passive 모드로 변경할 수 있다.

```
[root@master ~]# vim /etc/vsftpd/vsftpd.conf
pasv_enable=YES          ❶
pasv_max_port=61010      ❷
pasv_min_port=61000      ❸
[root@master ~]# systemctl restart vsftpd
```

❶ Passive 모드 설정을 사용하겠다고 정의한다.

❷ FTP 클라이언트에게 Passive 모드 이용 시 최대로 사용 가능한 포트 번호를 정의한다. 기본 값은 0인데, 이것은 최대 사용 포트에 대한 제한이 없다는 의미로서 이 값은 65535를 초과해서는 안 된다.

❸ FTP 클라이언트에게 Passive 모드 이용 시 최소로 사용 가능한 포트 번호를 정의한다. 기본 값은 0인데, 이것은 최소 사용 포트에 대한 제한이 없다는 의미로서 이 값은 1024보다 낮게 설정할 수 없다.

10.4 VSFTP 보안 기능 설정: SFTP와 FTPS

일반적으로 FTP 서버를 이용한 파일 전송은 보안 기능이 적용되지 않는다. 그래서 안전한 파일 전송을 위해 사용하는 가장 일반적인 방법은 SFTP와 FTPS를 사용하는 방법이다. 먼저 SFTP를 설명하고, 다음에 FTPS 사용하는 방법을 설명한다.

10.4.1 SFTP 사용

SFTP의 정의, 그리고 설정 및 테스트하는 방법을 차례대로 살펴본다.

A. SFTP 정의

SFTP(SSH 또는 Secure File Transfer Protocol)는 암호화된 SSH 연결을 이용해 서버 접속, 파일 전송, 그리고 파일 관리를 지원하기 위해 IETF^Internet Engineering Task Force에서 개발한 네트워크 프로토콜(RFC4253)이다. SFTP를 사용하기 위해선 SSH2 프로그램을 설치한 후에 활성화시켜야 한다. SFTP를 사용하는 가장 중요한 목적 두 가지는 먼저 안전한 파일 전송, 그리고 안전한 FTP 서버 접속이다. SFTP는 안전한 파일 전송을 위해 SSH로 연결을 암호화하고 안전한 서버 접속을 위해 인증 방법으로서 패스워드뿐만 아니라 공개 키^Public Key를 이용한 접속을 지원할 수 있다.

SSH 패키지를 설치하면 SCP^Secure Copy Protocol 프로그램을 사용할 수 있는데, 이 프로그램도 SSH에 기반을 두고 SFTP처럼 안전한 원격지 파일 전송을 지원하지만, 원격지 파일 관리 기능(예를 들어 중단된 파일을 재전송하거나 원격지 디렉토리 내의 파일 목록 보기, 원격지 파일 삭제 등)은 지원하지 않는다. 또한 SFTP는 대부분의 플랫폼에서 지원하지만, SCP는 대부분 유닉스/리눅스 계열에서만 지원한다는 점도 차이점이라고 할 수 있다.

SFTP는 SSH 서버가 제공하는 프로그램으로서 VSFTP 서버와는 별개의 프로그램이지만 안전한 파일 전송을 지원한다는 점에서 FTP 서버와 동일한 역할을 제공할 수 있다.

B. SFTP 설정

먼저 SSH 서버에서 SFTP를 설정하는 방법을 설명하면 다음과 같다.

```
[root@master ~]# yum install openssh-server openssh -y      ❶
[root@master ~]# vim /etc/ssh/sshd_config                   ❷
#Subsystem      sftp  /usr/libexec/openssh/sftp-server       ❸
 Subsystem      sftp   internal-sftp                          ❹
Match Group sftp-users                                       ❺
     X11Forwarding no
     AllowTcpForwarding no
     ChrootDirectory /home/%u
     ForceCommand internal-sftp
[root@master ~]# systemctl restart sshd        ❻
[root@master ~]# groupadd sftp-users           ❼
[root@master ~]# usermod -g sftp-users kim      ❽
[root@master ~]# usermod -g sftp-users lee
[root@master ~]# id kim                         ❾
uid=1012(kim) gid=1053(sftp-users) groups=1053(sftp-users)
[root@master ~]# chmod 755 /home/kim            ❿
```

❶ sftp 명령어를 사용하려면 SSH 패키지가 설치돼 있어야 한다. 명령어 yum을 사용해 OpenSSH 패키지를 설치한다. OpenSSH 패키지 설치 및 그 설정에 대한 자세한 내용은 13장을 참고하기 바란다.

❷ SSH 서버의 설정 파일을 명령어 vim으로 열어서

❸ 서브시스템으로 사용되던 기존 sftp 프로그램을 사용하지 않기 위해 앞에 주석(#)을 추가하고

❹ SSH 서버에서 외부 프로그램을 사용하기 위해 설정하는 키워드 Subsystem에 이름 sftp와 그 명령어 internal-sftp를 지정한다. 이 internal-sftp는 아래 ❺의 ChrootDirectory 옵션을 사용해 각 사용자별로 chroot를 적용하기 위해 sftp-server 대신 사용했다.

❺ ❹에 정의된 sftp를 사용할 그룹 이름과 그 옵션이 정의됐는데, 이 그룹에 속한 사용자들은 ssh 및 scp를 사용할 수 없고 오직 sftp만 사용 가능하며, 또한 chroot가 적용돼 자신의 홈 디렉토리를 루트(/) 디렉토리로 인식한다.

❻ SSH 서버의 변경 사항을 적용하기 위해 서버를 다시 시작한다.

❼ SFTP 사용이 적용될 그룹 생성을 위해 명령어 groupadd를 사용한다.

❽ 명령어 usermod를 사용해 기존 사용자 kim과 lee를 이 그룹에 포함시킨다.

❾ 사용자 그룹 변경 후에 명령어 id로 kim을 조회하면 그룹이 변경된 것을 확인할 수 있다.

❿ 디렉토리 권한을 그룹 회원인 kim이 접속할 수 있게 변경한다.

C. 클라이언트에서 테스트

클라이언트로서 리눅스와 윈도우에서 각각 SFTP를 사용하는 방법을 살펴본다.

1. 리눅스에서 테스트하기(node1)

클라이언트 리눅스 시스템인 node1에서 SFTP를 사용하기 위한 테스트는 다음과 같다.

```
[root@node1 ~]# ssh kim@master                    ❶
kim@master's password:
Could not chdir to home directory /home/kim: No such file or directory
This service allows sftp connections only.        ❷
Connection to master closed.
[root@node1 ~]# sftp kim@master                   ❸
kim@master's password:
Connected to master.
sftp> ls
```

```
aaa    bbb    ccc    ddd        mariadb.repo passwd    test
test2  www
sftp>sftp> pwd
Remote working directory: /        ❹
sftp> cd www
sftp> mkdir test2                  ❺
sftp> ls
test2
```

❶ sftp-users 그룹에 속한 사용자 kim이 마스터 서버로 ssh 접속을 시도하면

❷ 이 사용자는 오직 sftp 서비스만 사용할 수 있다는 메시지와 함께 연결이 끊기게 된다.

❸ 다시 사용자 kim이 sftp로 접속을 시도하면 정상적으로 접속이 이뤄지고

❹ 현재 경로가 사용자의 홈 디렉토리이며, 이것은 곧 사용자 kim이 사용할 수 있는 최상위 디렉토리가 된다.

❺ 디렉토리 생성이 정상적으로 이뤄짐을 확인할 수 있다.

2. 윈도우에서 테스트하기(windows)

윈도우 시스템에서 SFTP를 테스트하기 위해 웹사이트 filezilla-project.org/download.php 에서 무료 프로그램 FileZilla를 다운로드하고 설치한다.

1) **로그인 정보 입력하기** FileZilla를 실행하고 왼쪽 위의 메뉴에서 사이트 관리자를 클릭한 다음에 그림 10-3처럼 호스트 주소를 입력하고, 프로토콜에 SFTP, 그리고 사용자 이름 과 패스워드를 입력하고 아래의 **연결** 버튼을 클릭한다.

그림 10-3 로그인 정보 입력하기

2) **로그인 성공하기** 로그인에 성공하면 그림 10-4처럼 사용자 kim의 홈 디렉토리로 접속
할 수 있다. 여기서는 ftp의 모든 기능을 사용할 수 있다.

그림 10-4 SFTP 접속 성공하기

10.4.2 SSL/TLS 이용한 FTPS 사용

이번에는 VSFTP 서버에 SSL/TLS를 적용한 FTPS를 사용하는 방법을 설명하겠다. SFTP
가 VSFTP 자체에 보안을 접목한 것이 아니라 SSH를 이용해 안전한 연결 및 전송을 보호
하기 위해 사용된다면 FTPS는 VSFTP 서버에 SSL/TLS를 직접 적용해 FTP 연결을 암호
화함으로써 안전한 전송을 보장하기 위해 사용되는 프로토콜이다. SSL/TLS에 대한 설명
은 6장에서 이미 했으므로 여기서는 생략하겠다. 먼저 VSFTP 서버에서 FTPS를 설정하는
방법을 설명하고 클라이언트에서 이를 사용하는 방법을 설명한다.

A. VSFTP 서버 기본 설정

FTPS를 사용하기 위해 먼저 VSFTP 서버에서 기본 설정을 확인한다.

❶ FTPS를 설정하기 위해 VSFTP 서버의 기본 설정을 확인하는데, 임의의 사용자는 접속
을 허용하지 않도록 설정한다.

❷ 로컬 시스템에 계정이 있는 사용자에게만 접속을 허용한다.

❸ 이 계정 사용자들에겐 쓰기 권한을 부여하고 chroot를 적용시킨다.

B. 인증서 생성

두 번째 과정은 SSL/TLS 설정을 위해 필요한 키와 인증서를 생성하는 과정이다.

```
[root@master ~]# cd /etc/pki/tls/certs                          ❶
[root@master certs]# openssl req -x509 -nodes -days 365 -newkey rsa:1024 -keyout
vsftpd.pem -out vsftpd.pem                                      ❷
Generating a 1024 bit RSA private key
.....++++++
.......................................................++++++
writing new private key to 'vsftpd.pem'
You are about to be asked to enter information that will be incorporated into your
certificate request.
What you are about to enter is what is called a Distinguished Name or a DN.
There are quite a few fields but you can leave some blank
For some fields there will be a default value,
If you enter '.', the field will be left blank.
Country Name (2 letter code) [XX]:KR                            ❸
State or Province Name (full name) []:Seoul                     ❹
Locality Name (eg, city) [Default City]:Seoul                   ❺
Organization Name (eg, company) [Default Company Ltd]:Chul Com              ❻
Organizational Unit Name (eg, section) []:
Common Name (eg, your name or your server's hostname) []:master.chul.com    ❼
Email Address []:tland@chul.com                                 ❽
[root@master certs]# chmod 600 vsftpd.pem                       ❾
[root@master certs]# ls -l vsftpd*
-rw------- 1 root root 1929 May 18 21:49 vsftpd.pem
```

❶ 인증서를 생성하기 위해 디렉토리로 이동한다.

❷ 명령어 openssl을 사용해 X.509 형식의 인증서를 생성하는데, 이 인증서는 1년 동안
유효하다. 또한 RSA 알고리즘으로 1024비트 크기의 개인 키를 생성하는데, 이 키의
이름과 인증서의 이름이 동일하다.

❸ 인증서 생성 시 필요한 정보를 입력하는데, 먼저 국가 이름을 지정하고

❹ 도시가 속한 지역 이름을 입력하고

❺ 도시 이름을 입력하고

❻ 이 인증서를 사용할 회사의 이름을 입력하고

❼ 이 인증서를 사용할 호스트의 이름을 입력하고

❽ 마지막으로 이메일 주소를 입력한다.

❾ 그리고 오직 root만 이 파일을 읽을 수 있도록 권한을 조정한 다음 생성된 개인 키겸 인증서를 확인한다.

C. 설정 파일에 SSL 설정

이제 VSFTP 설정 파일에 SSL/TLS 관련 설정을 추가해줘야 한다.

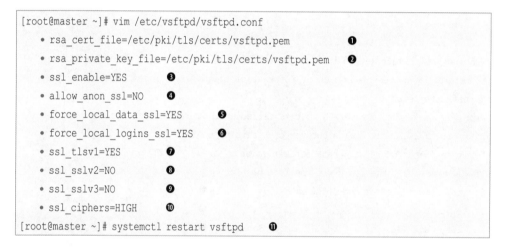

```
[root@master ~]# vim /etc/vsftpd/vsftpd.conf
    • rsa_cert_file=/etc/pki/tls/certs/vsftpd.pem              ❶
    • rsa_private_key_file=/etc/pki/tls/certs/vsftpd.pem       ❷
    • ssl_enable=YES          ❸
    • allow_anon_ssl=NO       ❹
    • force_local_data_ssl=YES       ❺
    • force_local_logins_ssl=YES     ❻
    • ssl_tlsv1=YES           ❼
    • ssl_sslv2=NO            ❽
    • ssl_sslv3=NO            ❾
    • ssl_ciphers=HIGH        ❿
[root@master ~]# systemctl restart vsftpd      ⓫
```

❶ 먼저 명령어 vim으로 VSFTP 서버 설정 파일을 열어서 인증서의 경로를 입력한다.

❷ 마찬가지로 개인 키의 경로를 입력한다.

❸ SSL 사용을 활성화한다.

❹ 임의의 사용자들은 SSL 사용을 허용하지 않는다.

❺ 모든 계정 사용자가 데이터를 주고받을 때 안전한 SSL 기반 연결을 사용하게 한다.

❻ 모든 계정 사용자가 패스워드 전송 시 안전한 SSL 기반 연결을 사용하게 한다.

❼ 프로토콜 TLSv1 기반 연결을 허용한다.

❽ 프로토콜 SSLv2 기반 연결을 허용하지 않는다.

❾ 프로토콜 SSLv3 기반 연결을 허용하지 않는다.

❿ 암호화된 SSL 연결을 위해 VSFTPD가 사용할 암호를 선택하는데, 그 키의 길이가 128비트보다 큰 암호일 경우 HIGH, 그 이하일 경우 MEDIUM이나 LOW를 사용한다.

⓫ 위의 변경된 설정들이 적용되도록 VSFTP 서버를 다시 시작한다.

D. 클라이언트에서 FTPS 테스트

FTPS를 구현하기 위한 설정을 VSFTP 서버에서 모두 마친 후에 클라이언트에서 테스트를 진행하는데, 여기서는 리눅스와 윈도우에서 각각 다른 프로그램을 사용해 테스트를 하겠다.

1. 리눅스에서 테스트하기(node1)

먼저 리눅스 시스템이 설치된 node1에서 다음과 같이 테스트를 진행한다.

```
[park@node1 ~]$ vim .lftprc          ❶
set ftp:ssl-auth  TLS                ❷
set ftp:ssl-force true               ❸
set ftp:ssl-protect-list yes         ❹
set ftp:ssl-protect-data yes         ❺
set ftp:ssl-protect-fxp yes          ❻
set ssl:verify-certificate no        ❼
[park@node1 ~]$ lftp -u park master.chul.com  ❽
Password:
lftp park@master:~> ls
drwxr-xr-x   2 1006    1007              6 Dec 26 03:56 Desktop
drwxr-xr-x   2 1006    1007              6 Dec 26 03:56 Documents
drwxr-xr-x   2 1006    1007             35 Jan 04 05:08 Downloads
drwx------   7 1006    1007           4096 May 16 08:45 Maildir
drwxr-xr-x   2 1006    1007              6 Dec 26 03:56 Music
drwxr-xr-x   2 1006    1007              6 Dec 26 03:56 Public
drwxr-xr-x   2 1006    1007              6 Dec 26 03:56 Templates
drwxr-xr-x   2 1006    1007              6 Dec 26 03:56 Videos
drwxr-xr-x   2 1006    1007             39 Apr 18 07:35 public_html
[root@node1 ~]# lftp -u park master.chul.com  ❾
Password:
lftp park@master.chul.com:~> ls
ls: Fatal error: Certificate verification: Not trusted
```

❶ node1에서 사용자 park으로 로그인해서 FTP 클라이언트 프로그램 lftp에서 FTPS를 사용할 환경을 정의하기 위해 명령어 vim으로 파일을 생성한다. lftp 프로그램이 설치되지 않았다면 명령어 yum install lftp를 이용해 설치하기 바란다.

❷ SSL 인증에 사용할 프로토콜로서 TLS를 지정한다.

❸ 서버가 SSL을 지원하지 않는다면 평문으로 패스워드를 전송하는 것을 거부하라는 의미다.

❹ 파일 목록 전송에도 SSL 연결을 요청한다.

❺ 데이터 전송 시에도 SSL 연결을 요청한다.

❻ FXP 모드에서 두 서버 간 데이터 전송 시에 SSL 연결을 요청한다. FXP는 File Exchange Protocol의 약어로서 한 FTP 서버에서 다른 서버로의 파일 복사를 허용하기 위해 사용되는 프로토콜이다.

❼ 인증서 검사는 생략한다.

❽ 명령어 lftp와 사용자 park으로 FTP 서버 마스터 노드에 로그인해 성공한다.

❾ 이 환경설정 파일이 정의되지 않은 상태에서 FTPS가 적용된 서버로 로그인을 시도하면 인증서를 신뢰할 수 없다는 메시지와 함께 로그인이 이뤄지지 않는다.

2. 윈도우 시스템에서 테스트하기(windows)

이번에는 윈도우 시스템에서 FTP 클라이언트 프로그램 FileZilla를 사용해 FTPS를 사용하는 방법을 설명하겠다. 이 프로그램은 웹사이트 filezilla-project.org/download.php에서 다운로드한 후에 설치하기 바란다. FileZilla를 이용해 FTPS가 적용된 FTP 서버로 접속하는 방법을 그림과 함께 순서대로 설명하면 다음과 같다.

1) **서버 정보 입력하기** FileZilla를 실행한 뒤 왼쪽 위의 메뉴에서 사이트 관리자를 선택한 후 그림 10-5처럼 정보를 입력하고, 아래쪽의 연결 메뉴를 클릭한 후 오른쪽 그림에서 패스워드를 입력한다. 서버의 IP 주소 또는 호스트 이름, 그리고 암호화 부분에서 TLS를 선택한 뒤에 사용자 이름과 패스워드를 같이 입력할 수도 있고, 아니면 별도의 창에서 패스워드를 입력할 수도 있다.

그림 10-5 FTPS 접속 정보 입력하기

2) **인증서 보기** 패스워드 입력 후에 FTP 서버의 정보가 포함된 인증서를 그림 10-6처럼
   확인할 수 있다.

그림 10-6   인증서 보기

3) **접속 성공하기** 확인을 클릭하면 그림 10-7처럼 사용자의 홈 디렉토리에 로그인하게
   된다. 여기서 파일에 대한 다운로드 및 업로드를 모두 테스트할 수 있다.

그림 10-7   사용자 디렉토리 접속하기

10.5 참고문헌

- http://www.cyberciti.biz/tips/linux-pam-configuration-that-allows-or-deny-login-via-the-sshd-server.html
- http://www.linuxhomenetworking.com/wiki/index.php/Quick_HOWTO_:_Ch15_:_Linux_FTP_Server_Setup#.VbH6VbOqqko
- http://tldp.org/HOWTO/User-Authentication-HOWTO/x115.html
- https://security.appspot.com/vsftpd.html
- https://www.centos.org/docs/5/html/Deployment_Guide-en-US/s1-ftp-vsftpd-conf.html
- https://www.digitalocean.com/community/tutorials/how-to-set-up-vsftpd-on-centos-6--2
- http://www.cyberciti.biz/tips/configure-vsfptd-secure-connections-via-ssl-tls.html
- https://en.wikipedia.org/wiki/FTPS
- https://en.wikipedia.org/wiki/File_Transfer_Protocol#Derivatives
- https://en.wikipedia.org/wiki/SSH_File_Transfer_Protocol
- https://kb.iu.edu/d/akqg
- http://www.wise-ftp.com/know-how/ftp_and_sftp.htm
- http://fetchsoftworks.com/fetch/help/Contents/Concepts/FTPWithTLS-SSL.html
- https://www.eldos.com/security/articles/4672.php?page=all
- https://security.appspot.com/vsftpd/vsftpd_conf.html
- https://lftp.yar.ru/lftp-man.html
- http://docstore.mik.ua/orelly/networking_2ndEd/ssh/ch05_06.htm

10.6 요약

1. FTP는 프로토콜 TCP와 두 개의 포트 (   )과 (   )를 사용하는데 포트 (   )은 접속 및 제어를 위한 명령 전달 등으로 사용돼 (   ) 포트라고 하며, 포트 (   )은 데이터를 전송한다고 해서 (   ) 포트라고 한다.

2. VSFTP는 (   ) 패키지를 설치한 뒤에 명령어 (   )를 통해 그 서비스를 시작할 수 있다.

3. VSFTP의 주 설정 파일은 (   )이며, 파일을 다운로드 및 업로드하기 위해 사용되는 디렉토리는 (   )이다.

4. 특정 사용자의 **ftp** 서버 접속 금지를 위해 주 설정 파일에서 편집 후에 두 개의 파일 (   )와 (   )가 이를 위해 사용된다.

5. VSFTP 서버의 접근 제한을 위해 사용되는 **tcp_wrapper**가 사용하는 두 개의 파일은 (   )와 (   )이며, 그 설정은 바로 적용된다.

6. (   )는 보안 측면에서 시스템 사용자의 정보가 노출될 걱정이 없으며, 시스템에 사용자 계정이 없지만 FTP 서비스를 제공할 경우 사용한다.

7. 텍스트 파일을 Berkeley DB의 데이터베이스 파일로 변환하기 위해 명령어 (   )를 사용하며, 이 명령어는 (   ) 패키지를 필요로 한다.

8. VSFTP가 발생시키는 로그를 기록하기 위해 설정에 따라 두 파일 (   )와 (   )가 사용된다.

9. SFTP는 SSH 서비스 기반하에서 제공되는 보안 프로토콜로서 SSH 서버의 설정 파일 (   )에 (   ) 옵션을 사용하기 위해 (   )와 그 명령어 (   )를 정의해줘야 한다.

10. VSFTP에 SSL을 적용하기 위해서는 먼저 (   )와 (   ) 생성이 필요하고 그 내용을 설정 파일 (   )에 정의해줘야 한다.

10.7 연습문제

1. VSFTP 패키지를 설치하고 그 서비스를 시작하며, 부팅 시에 자동으로 시작되도록 설정하고 firewalld 방화벽에 이 서비스를 등록하라.

2. 계정이 없는 임의의 사용자와 시스템에 계정이 있는 일반 사용자들이 파일을 다운로드 및 업로드가 가능하게 설정하라.

3. 임의의 사용자는 다운로드 및 업로드가 불가능하며, 계정 사용자 park과 han은 VSFTP 서버 접속이 금지되도록 설정하라.

4. 리눅스 클라이언트 노드에 lftp를 설치하고 3번 문제처럼 테스트하라.

5. 사용자 lee와 jeong만 `chroot` 적용을 예외로 하고 모든 사용자에게 `chroot`를 적용해 보라.

6. 사용자 user1, user2, user3를 VSFTP의 가상 사용자로 생성하고, 그 접근을 클라이언트 노드에서 테스트하라.

7. VSFTP의 로그가 /var/log/vsftpd.log에 기록되게 설정하라.

8. SFTP를 사용해서 사용자 kim과 lee만 이 서비스를 사용하게 설정하라.

9. VSFTP 서버에 SSL/TLS를 적용하고 리눅스 클라이언트에서 테스트하라.

10. 클라이언트 노드에 Filezilla를 설치하고 TLS를 이용해 접속하라.

10.8 연구과제

1. VSFTP와 더불어 가장 대중적인 FTP 서버 프로그램인 ProFTPD를 설치하고 FTP 서비스를 제공해보라.

2. Pure-FTPD 패키지를 설치하고 SSL/TLS를 적용해보라.

3부

리눅스 애플리케이션
네트워크 서버

3부에서는 핵심 서버들 못지않게 대부분의 사용자들이 자주 사용하는 애플리케이션 서버 프로그램들을 모두 정리했다. 11장 Samba와 12장 NFS를 통해 파일 공유 서버 관리, 13장 SSH와 14장 VNC를 통해 커맨드라인과 GUI를 통한 원격 서버 관리, 15장 OpenLDAP 디렉토리 서버 관리, 16장 Squid 프록시 서버 관리, 17장 Apache Tomcat 자바 애플리케이션 서버 관리, 18장 DHCP 서버 관리, 19장 NTP 시간 서버 관리, 20장 iSCSI SAN 서버 관리를 구체적인 실습 예제와 더불어 자세히 설명한다.

11장
Samba 서버

Samba 공유 서버의 모든 것

11장에서는 리눅스에서 리눅스 및 윈도우 클라이언트에게 파일 공유 서비스를 제공하는 Samba 서버를 설명한다. 주요 내용으로는 Samba 서버 패키지 설치부터 서버 시스템의 시작, AD PDC 및 멤버 서버 설정하기, 그리고 리눅스와 윈도우에서 각각 클라이언트 프로그램을 사용해 Samba 서버에 접속하는 방법을 구체적인 예제와 더불어 자세히 설명한다.

Samba는 리눅스 서버에서 원격지의 리눅스 및 유닉스, 그리고 윈도우 시스템을 비롯한 SMB/CIFS 프로토콜을 사용하는 다양한 운영체제의 클라이언트에게 파일 및 프린터 공유 서비스를 제공하는 오픈소스 프로그램이다. 여기서 윈도우는 클라이언트 및 윈도우 서버 2012와 같은 서버 시스템도 모두 포함될 수 있다. Samba 서비스는 FTP 및 NFS와 더불어 리눅스가 제공하는 대표적인 파일 공유 서비스다. Samba는 마이크로소프트가 개발한 SMB^{Server Message Block} 프로토콜을 사용하는데, 이 프로토콜은 윈도우와 다른 시스템 간의 파일 및 프린터 공유를 위해 개발돼 사용 중이고, 현재 이 SMB 프로토콜은 CIFS^{Common Internet File System}이라는 이름으로 불리고 있다.

Samba는 1991년 Andrew Tridgell에 의해 SMB/CIFS 프로토콜을 유닉스 시스템에서 구현하기 위해 처음 개발이 시작됐고, 11장에서 사용할 최신 Samba4는 윈도우 서버의 액티브 디렉토리^{Active Directory} DC^{Domain Controller} 및 멤버 서버로서의 기능도 제공하고 있다. Samba 서버가 제공하는 대표적인 기능을 열거하면 다음과 같다.

- 리눅스/유닉스, 윈도우 클라이언트에 디렉토리 및 프린터 서비스 제공
- Samba와 윈도우 시스템 정보를 제공하는 네트워크 브라우징 서비스 제공
- 윈도우 도메인에서의 로그인을 통한 인증 제공
- 윈도우 WINS 이름 서비스 제공

- 윈도우 NT 스타일의 PDC^{Primary Domain Controller} 및 BDC^{Backup Domain Controller}의 역할 제공
- 액티브 디렉토리^{Active Directory} 도메인 멤버 서버로서 역할 제공
- PDC 역할을 담당하는 윈도우 서버에 멤버로 가입 가능

11장에서 Samba 서버 및 클라이언트 설정, 그리고 테스트를 위해 사용되는 호스트의 정보는 다음과 같다.

호스트 이름	IP 주소	OS 버전	역할
master.chul.com	192.168.80.5	CentOS Linux release 7.2	Samba 서버
node1.chul.com	192.168.80.6	CentOS Linux release 7.2	Samba 클라이언트
windows.chul.com	192.168.80.11	윈도우 7 64비트	Samba 클라이언트

11장에서 다루는 내용은 다음과 같다.

- Samba 데몬 소개
- Samba 서버 설치와 서비스 시작
- Samba Stand-alone 서버 설정
- Samba AD PDC 설정
- Samba 도메인 멤버 설정

11.1 Samba 데몬 소개

Samba 패키지를 설치하면 Samba 서비스 제공을 위해서 Samba 서버가 제공하는 다음과 같은 세 가지 데몬을 사용할 수 있는데, 각각의 데몬이 수행하는 역할을 설명하면 다음과 같다.

A. SMBD(Server Message Block Daemon)

1. smbd는 리눅스 및 윈도우 클라이언트에게 파일 공유 및 프린터 서비스를 제공하는 서버 데몬인데, 이때 Samba 서버는 이러한 서비스 제공을 위해 SMB/CIFS 프로토콜을 사용한다.
2. SMB/CIFS 프로토콜은 인증, 무결성, 기밀성을 제공하는 마이크로소프트의 LanManager 보안 프로토콜과도 호환되기 때문에 LanManager를 사용하는 윈도우 워크그룹과 같은

윈도우 클라이언트에게 서비스 제공이 가능할 뿐 아니라 애플 맥에서 파일 및 프린터 공유를 위해 사용되는 Dave, 그리고 리눅스에서 SMB 파일 시스템 마운트에 사용되는 smbfs를 위한 서비스 제공도 가능하다.

3. smbd는 이러한 기본적인 기능뿐 아니라 사용자 인증 및 자원 잠금 기능 또한 SMB 프로토콜을 통해 제공할 수 있다.

4. smbd 데몬을 사용하려면 먼저 samba 패키지를 설치해야 하며, TCP 포트 139번과 445번을 통해 클라이언트에게 SMB 데이터를 제공할 수 있고, 서비스 smb에 의해 관리가 가능하다.

B. NMBD(NetBIOS Name Server Daemon)

1. nmbd 데몬은 윈도우 기반의 시스템에서 SMB/CIFS 프로토콜을 통해 요청한 Netbios 이름 서비스에 대해 응답하는 Samba 서버 데몬이다.

2. 즉, 윈도우 기반의 시스템에서 Netbios 이름 서비스를 통해 Samba 서버를 찾는 경우 그 이름에 해당하는 IP 주소를 요청하는 Netbios 이름 서비스에 응답해 서로 간에 IP 주소를 통한 연결이 가능하게 한다.

3. Samba 서버는 이러한 서버의 Netbios 이름을 설정 파일 smb.conf에 정의하며, 클라이언트가 브로드캐스트로 보내온 이러한 이름 요청에 대해 nmbd 데몬이 응답을 하게 된다. nmbd 데몬은 또한 클라이언트가 보내온 이름에 대한 요청을 받고 응답하는 과정을 통해 이러한 정보를 데이터베이스로 만들 수 있다.

4. nmbd 데몬은 이름 서비스 제공을 위해 TCP/UDP 포트 137번, 비연결형 통신을 위해 사용되는 Datagram 분배 서비스를 위해 UDP 포트 138번, 그리고 연결형 통신을 위해 사용되는 세션 서비스를 위해 TCP 포트 139번을 사용한다.

5. nmbd 데몬을 사용하려면 smbd와 마찬가지로 samba 패키지를 설치해야 하며, nmb 서비스에 의해 관리가 가능하다.

C. WINBINDD(Winbind Daemon)

1. winbindd 데몬은 서버와 클라이언트 간 통신을 위해 사용되는 마이크로소프트의 RPC 와 리눅스의 인증 모듈 PAM[Pluggable Authentication Module], 그리고 NSS[Name Service Switch]를 이용해 윈도우 서버 시스템에 저장된 사용자 및 그룹 정보를 리눅스 시스템으로 가져와서 마치 이 사용자들이 리눅스 시스템에 존재하는 사용자인 것처럼 인식시키기 위해 사용되는 데몬이다.

2. winbindd 데몬은 Samba 데몬과 독립적으로 사용되기 때문에 Samba 데몬이 시작되지
   않았더라도 사용이 가능하며, 윈도우 서버 시스템에 연결하기 위한 클라이언트 서비스
   로 사용된다.

3. winbindd 데몬은 사용하려면 samba-winbind 패키지를 설치해야 하며, windbind 서비
   스에 의해 관리가 가능하다.

11.2 Samba 서버 설치와 서비스 시작

이번 절에서는 Samba 서버 패키지를 설치하고 그 후 Samba 서비스를 시작하는 방법과
Samba 서비스를 방화벽에 추가하는 방법을 설명한다.

11.2.1 Samba 서버 설치

먼저 명령어 yum을 이용해 Samba 서버 패키지를 설치하는 방법은 다음과 같다.

```
[root@master~]# yum -y install samba samba-client samba-common \
           samba-winbind                    ❶
[root@master ~]# rpm -qa | grep samba       ❷
samba-libs-4.2.3-11.el7.x86_64
samba-client-4.2.3-11.el7.x86_64
samba-client-libs-4.2.3-11.el7.x86_64
samba-common-tools-4.2.3-11.el7.x86_64
samba-common-libs-4.2.3-11.el7.x86_64
samba-common-4.2.3-11.el7.noarch
samba-winbind-4.2.3-11.el7.x86_64
samba-4.2.3-11.el7.x86_64
[root@master ~]# ls -l /etc/samba           ❸
total 16
-rw-r--r-- 1 root root     20   Nov 21 21:37 lmhosts
-rw-r--r-- 1 root root  11630   Nov 21 21:37 smb.conf
[root@master ~]# ls -l /var/log/samba       ❹
total 0
drwx------. 2 root root      6   Nov 21 21:37 old
[root@master ~]# ls -l /usr/sbin/{nmbd,smbd} ❺
-rwxr-xr-x 1 root root 267352   Nov 21 01:25 /usr/sbin/nmbd
-rwxr-xr-x 1 root root  69208   Nov 21 01:25 /usr/sbin/smbd
```

❶ 명령어 yum을 사용해 Samba 서버 관련 4개의 패키지를 설치한다. 각 패키지에 대한 설명은 다음과 같다.

- **samba** 윈도우 시스템과의 작업에 필요한 모든 서버와 클라이언트 소프트웨어 제공
- **samba-client** smbclient와 같은 커맨드라인 기반 클라이언트 프로그램 제공
- **samba-common** Samba 서버와 클라이언트에 필요한 파일 제공
- **samba-winbind** 리눅스의 Samba 서버가 윈도우 도메인의 멤버가 되는 데 필요한 구성 요소 및 윈도우 사용자와 그룹을 리눅스에서 사용하도록 지원

❷ 명령어 rpm을 사용해 패키지 설치를 확인한다. 위 4개의 패키지 이외에도 이들과 의존 관계에 있는 라이브러리 패키지도 함께 설치된 것을 확인할 수 있다.

❸ Samba 주 설정 파일 두 개를 확인할 수 있고

❹ Samba 로그가 저장되는 디렉토리를 확인할 수 있다.

❺ 그리고 Samba 서버를 사용하기 위한 두 개의 데몬도 설치됐음을 확인할 수 있다.

11.2.2 Samba 서비스 시작

Samba 패키지 설치를 성공했다면 다음 단계는 이 서비스를 시작하는 것이다. 서비스 시작 후 프로세스 확인과 테스트 명령어를 통해 Samba 서비스가 성공적으로 시작됐는지 확인하는 과정이 필요하다.

```
[root@master ~]# systemctl start smb        ❶
[root@master ~]# systemctl enable smb       ❷
Created symlink from /etc/systemd/system/multi-user.target.wants/smb.service to
/usr/lib/systemd/system/smb.service.
[root@master ~]# systemctl status smb       ❸
  smb.service - Samba SMB Daemon
  Loaded: loaded (/usr/lib/systemd/system/smb.service; enabled; vendor preset:
disabled)
Active: active (running) since Wed 2015-12-30 11:11:30 ICT; 20s ago
 Main PID: 27563 (smbd)
  Status: "smbd: ready to serve connections..."
  CGroup: /system.slice/smb.service
        27563 /usr/sbin/smbd
        27584 /usr/sbin/smbd
Dec 30 11:11:30 master.chul.com systemd[1]: Starting Samba SMB Daemon...
Dec 30 11:11:30 master.chul.com systemd[1]: smb.service: Supervising process 27563 which
is not ...ts.
```

```
Dec 30 11:11:30 master.chul.com smbd[27563]: [2015/12/30 11:11:30.991188,  0]
../lib/util/become...dy)
Dec 30 11:11:30 master.chul.com smbd[27563]:   STATUS=daemon 'smbd' finished starting
up and rea...ons
Dec 30 11:11:30 master.chul.com systemd[1]: Started Samba SMB Daemon. ❹
[root@master ~]# systemctl start nmb      ❺
[root@master ~]# systemctl enable nmb      ❻
Created symlink from /etc/systemd/system/multi-user.target.wants/nmb.service to
/usr/lib/systemd/system/nmb.service.
[root@master ~]# systemctl status nmb      ❼
nmb.service - Samba NMB Daemon
Loaded: loaded (/usr/lib/systemd/system/nmb.service; enabled; vendor preset: disabled)
Active: active (running) since Wed 2015-12-30 11:15:11 ICT; 20s ago
 Main PID: 29941 (nmbd)
   Status: "nmbd: ready to serve connections..."
   CGroup: /system.slice/nmb.service29941 /usr/sbin/nmbd
Dec 30 11:15:11 master.chul.com systemd[1]: Starting Samba NMB Daemon...
Dec 30 11:15:11 master.chul.com nmbd[29941]: [2015/12/30 11:15:11.535814,  0]
../lib/util/become...dy)
Dec 30 11:15:11 master.chul.com nmbd[29941]:   STATUS=daemon 'nmbd' finished starting
up and rea...ons
Dec 30 11:15:11 master.chul.com systemd[1]:Started Samba NMB Daemon.    ❽
[root@master ~]# ps -ef | grep smb          ❾
root     39932    1  0 11:30 ?        00:00:00 /usr/sbin/smbd
root     39938 39932  0 11:30 ?        00:00:00 /usr/sbin/smbd
[root@master ~]# ps -ef | grep nmb          ❿
root     39878    1  0 11:30 ?        00:00:00 /usr/sbin/nmbd
[root@master ~]# smbclient -L localhost ⓫
Enter root's password: <ENTER>
Anonymous login successful
Domain=[MYGROUP] OS=[Windows 6.1] Server=[Samba 4.2.3]

     Sharename      Type     Comment
     ---------      ----     -------
     IPC$           IPC   IPC Service (Samba Server Version 4.2.3)
Anonymous login successful
Domain=[MYGROUP] OS=[Windows 6.1] Server=[Samba 4.2.3]

     Server              Comment
     ---------           -------
```

```
        MASTER              Samba Server Version 4.2.3

        Workgroup           Master
        ---------           -------
        MYGROUP             MASTER
[root@master ~]# nmblookup -U localhost MASTER          ⓬
querying MASTER on 127.0.0.1
10.1.1.5 MASTER<00>
192.168.20.5 MASTER<00>
192.168.80.5 MASTER<00>
[root@master ~]# systemctl stop nmb smb                 ⓭
[root@master ~]# systemctl disable nmb smb              ⓮
```

❶ 명령어 systemctl을 이용해 Samba smb 데몬을 시작한다.

❷ 명령어 systemctl을 이용해 smb 데몬이 부팅 후에 자동으로 시작하도록 설정한다.

❸ 명령어 systemctl을 이용해 smb 데몬의 상태를 확인하는데, active와

❹ Samba smb 데몬이 시작됐다는 메시지를 볼 수 있다.

❺ 명령어 systemctl을 이용해 Samba nmb 데몬을 시작한다.

❻ 명령어 systemctl을 이용해 nmb 데몬이 부팅 후에 자동으로 시작하도록 설정한다.

❼ 명령어 systemctl을 이용해 nmb 데몬의 상태를 확인하는데, active 메시지와

❽ nmb 데몬이 성공적으로 시작됐다는 메시지를 확인할 수 있다.

❾ 명령어 ps를 이용해 smb 프로세스를 확인한다.

❿ 명령어 ps를 이용해 nmb 프로세스를 확인한다.

⓫ Samba 클라이언트 프로그램 smbclient를 이용해 Samba 서버 작동 유무를 확인하기 위해 로컬 호스트로 접속해 패스워드 없이 그냥 엔터키를 치면 Samba 서버의 이름 및 버전, 그리고 Workgroup 정보 등을 알 수 있다.

⓬ Samba 서버의 Netbios 이름으로 IP 주소를 조회하는 프로그램 nmblookup으로 Samba 서버의 Netbios 이름 MASTER를 조회하면 MASTER가 현재 사용하는 IP 주소를 알 수 있다. 현재 Master 서버의 경우 세 개의 네트워크 인터페이스를 사용하기 때문에 세 개의 IP 주소를 볼 수 있다.

⓭ Samba 서비스의 작동을 중지할 경우 사용한다.

⓮ 부팅 시 자동 서비스 시작도 중지할 경우 사용하는 명령어다.

11.2.3 Samba 서비스 방화벽 설정

앞에서 성공적으로 Samba 서비스를 시작했다면 이제 Samba 서비스를 위한 방화벽 설정을 해야 한다. 다음 설명에서는 두 가지 방화벽 프로그램, 즉 Iptables와 Firewalld를 동시에 설정하는 방법을 설명하고 있는데, 독자의 환경에 따라 한 가지 프로그램만 선택해 사용하기 바란다.

```
[root@master ~]# lsof -i udp:137      ❶
COMMAND   PID USER   FD   TYPE DEVICE SIZE/OFF NODE NAME
nmbd    39878 root   15u  IPv4 466038    0t0  UDP *:netbios-ns
nmbd    39878 root   17u  IPv4 466041    0t0UDP master.chul.com:netbios-ns
[root@master ~]# lsof -i udp:138      ❷
COMMAND   PID USER   FD   TYPE DEVICE SIZE/OFF NODE NAME
nmbd    39878 root   16u  IPv4 466039    0t0  UDP *:netbios-dgm
nmbd    39878 root   19u  IPv4 466043    0t0  UDP master.chul.com:netbios-dgm
[root@master ~]# lsof -i tcp:139      ❸
COMMAND   PID USER   FD   TYPE DEVICE SIZE/OFF NODE NAME
smbd    39932 root   36u  IPv6 467060  0t0  TCP *:netbios-ssn (LISTEN)
smbd    39932 root   38u  IPv4 467062  0t0  TCP *:netbios-ssn (LISTEN)
 [root@master ~]# lsof -i tcp:445      ❹
COMMAND   PID USER   FD   TYPE DEVICE SIZE/OFF NODE NAME
smbd    39932 root  35u  IPv6 467059  0t0  TCP *:microsoft-ds (LISTEN)
smbd    39932 root  37u  IPv4 467061  0t0  TCP *:microsoft-ds (LISTEN)
[root@master~]# iptables -I INPUT -m state --state NEW -m udp -p udp --dport
137 -j ACCEPT      ❺
[root@master~]# iptables -I INPUT -m state --state NEW -m udp -p udp --dport
138 -j ACCEPT      ❻
[root@master~]# iptables -I INPUT -m state --state NEW -m tcp -p tcp --dport
139 -j ACCEPT      ❼
[root@master~]# iptables -I INPUT -m state --state NEW -m tcp -p tcp --dport
445 -j ACCEPT      ❽
[root@master ~]# firewall-cmd --permanent --zone=public --add-service=samba  ❾
[root@master ~]# firewall-cmd --permanent --add-port=137/udp   ❿
[root@master ~]# firewall-cmd --reload      ⓫
[root@master ~]# firewall-cmd --list-ports
```

❶ 명령어 lsof를 통해 포트 137번을 확인하면 nmbd 데몬이 Netbios 이름 등록과 삭제에 사용하는 Netbios 이름 서비스가 작동 중임을 확인할 수 있다.

❷ 명령어 lsof를 통해 포트 138번을 확인하면 nmbd 데몬이 Netbios 이름에 Datagram과

브로드캐스트를 주고받기 위해 사용하는 Netbios Datagram 서비스가 작동 중임을 확인할 수 있다.

❸ 명령어 lsof를 통해 포트 139번을 확인하면 smbd 데몬이 Netbios 세션 연결에 사용하는 Netbios 세션 서비스가 작동 중임을 확인할 수 있다.

❹ 명령어 lsof를 통해 포트 445번을 확인하면 smbd 데몬이 액티브 디렉토리 접근과 인증에 사용되는 microsoft-ds 서비스가 작동 중임을 확인할 수 있다.

❺ iptables 방화벽에 ❶에서 확인한 포트 및 UDP를 추가해 접속을 허용한다.

❻ iptables 방화벽에 ❷에서 확인한 포트 및 UDP를 추가해 접속을 허용한다.

❼ iptables 방화벽에 ❸에서 확인한 포트 및 TCP를 추가해 접속을 허용한다.

❽ iptables 방화벽에 ❹에서 확인한 포트 및 TCP를 추가해 접속을 허용한다.

❾ firewalld 방화벽을 이용해 samba 서비스를 추가해 접속을 허용한다.

❿ 위에서 확인한 각각의 포트를 firewalld 방화벽을 이용해 추가하는 경우 사용할 수 있는 방법이다. 포트 137번 이외에도 다른 포트를 이와 같이 추가할 수 있다.

⓫ firewalld 방화벽을 다시 시작해 추가 사항들이 적용되도록 한 후에 그 포트를 확인한다.

11.3 Samba Stand-alone 서버 설정

Samba 서버는 Stand-alone 서버, 도메인 멤버 및 도메인 컨트롤러 서버로 설정이 가능한데, 이번 절에서는 Stand-alone 서버를 설정하는 방법을 살펴본다. Samba Stand-alone 서버는 워크그룹 서버나 워크그룹 환경에서의 멤버로 사용되는 서버를 의미하는데, 가장 많이 사용되는 Samba 서버의 역할이라고 할 수 있다. 일반적으로 클라이언트에게 디렉토리 및 프린터 공유를 제공하는 역할을 하는 Samba 서버를 의미한다.

11.3.1 임의의 사용자를 위한 공유 디렉토리 설정

Samba 서버는 리눅스 및 윈도우 클라이언트에게 디렉토리 공유 서비스를 제공한다고 앞에서 설명했다. 이번 절에서는 임의의 사용자 및 인증을 거친 사용자에게 공유된 디렉토리를 제공하는 방법을 설명한다. 임의의 사용자에게 읽기 및 쓰기가 가능한 공유 디렉토리를 제공하는 방법은 다음과 같다.

A. Samba 서버에서의 설정(master)

공유 디렉토리를 임의의 사용자에게 제공하기 위한 서버에서의 설정 방법을 알아본다.

Samba 서버에서의 설정은 공유 디렉토리 생성과 설정 파일 편집, 그리고 서비스 시작으로 나눠지며, 설정 파일 편집은 또한 전역 설정과 공유 디렉토리에 대한 상세 설정으로 분류할 수 있다.

1. 전역 섹션 설정하기

Samba 설정 파일은 다음과 같이 크게 세 개의 섹션으로 나눠진다.

- **[global]** Samba 서버 전체에 적용되는 환경을 설정하는 섹션
- **[homes]** 사용자들의 홈 디렉토리로 접근할 때의 권한을 설정하는 섹션
- **[printers]** 프린터에 대한 권한을 설정하는 섹션

설정 파일에서 먼저 Samba 전체에 적용되는 전역 설정은 다음과 같다.

```
[root@master~]# vim /etc/samba/smb.conf  ❶
[global]       ❷
workgroup = WORKGROUP                    ❸
server string = Master Samba Server      ❹
netbios name = MASTERSERVER              ❺
interfaces = lo 192.168.80.5/24          ❻
log file = /var/log/samba/log.%m         ❼
max log size = 50          ❽
hosts allow = 127. 192.168.80.           ❾
security = user            ❿
passdb backend = tdbsam    ⓫
map to guest = Bad User    ⓬
```

❶ Samba 서버 주 설정 파일을 명령어 vim으로 연 다음에

❷ 전역 설정을 의미하는 섹션으로 이동한다.

❸ Samba 서버가 속한 워크그룹을 의미하며, 이는 이 그룹에 속한 클라이언트만이 이 서버에 접근이 가능한데, 곧 공유 그룹을 의미한다.

❹ Samba 서버를 설명하기 위해 사용되는 주석이다.

❺ Samba 서버의 Netbios 이름을 의미하는데, 기본은 DNS에서 설정한 이름이 사용된다. 이 이름이 윈도우와 Samba 정보에서 보여주는 Samba 서버 이름이다.

❻ Samba 서버에 여러 인터페이스가 있는 경우 어느 인터페이스를 통해 서비스를 제공할

지 결정할 수 있다. IP 주소뿐 아니라 인터페이스 이름도 가능하다.

❼ Samba 서버가 사용하는 로그 파일의 위치 및 이름을 지정하는데, %m은 클라이언트의 Netbios 이름을 의미한다. 즉, 클라이언트별로 로그가 기록된다.

❽ 로그 파일의 최대 크기를 지정하는데, 단위는 킬로바이트(kb)다.

❾ 접근 제어 목록으로서 Samba 서버 접속이 가능한 네트워크 주소를 지정할 수 있다. 현재 로컬 호스트 주소와 192.168.80.0/24가 정의돼 있다.

❿ Samba 서버가 실행되는 모드를 의미하는데, 이 모드에는 사용자 레벨과 공유 레벨 두 가지가 있다. 여기에서는 기본으로 사용자 레벨이 사용되는데, 이는 Samba 서버 접속 시 사용자 정보와 패스워드가 필요하다는 의미다.

⓫ Samba 서버의 사용자 정보를 저장할 데이터베이스 백엔드를 의미하며, tdbsam과 ldapsam 두 가지가 올 수 있다. 기본 값은 tdbsam으로서 명령어 smbpasswd를 이용해 사용자 및 패스워드를 생성할 수 있다.

⓬ 계정이 없는 로그인은 모두 guest 계정으로 매핑하라는 의미다.

2. 공유 디렉토리 설정하기

앞에서 전역 섹션 설정을 모두 마쳤다면 이제 클라이언트에게 직접적으로 제공할 공유 디렉토리를 설정할 차례다.

```
[root@master~]# mkdir -p /samba/share          ❶
[root@master~]# chmod -R 777 /samba/share      ❷
[root@master~]# vim /etc/samba/smb.conf
[share]
    path = /samba/share       ❸
    writable = yes            ❹
    guest ok = yes            ❺
    guest only = yes          ❻
    create mode = 0777        ❼
    directory mode = 0777     ❽
[root@master~]# systemctl restart smb.service nmb.service   ❾
[root@master~]# testparm      ❿
Load smb config files from /etc/samba/smb.conf
Processing section "[homes]"
Processing section "[share]"
Loaded services file OK.
Server role: ROLE_STANDALONE
Press enter to see a dump of your service definitions
```

```
# Global parameters
[global]
        netbios name = MASTERSERVER
        server string = Master Samba Server
        interfaces = lo 192.168.80.5/24
        security = USER
        map to guest = Bad User
        log file = /var/log/samba/log.%m
        max log size = 50
        idmap config * : backend = tdb
        hosts allow = 127. 192.168.80.
        cups options = raw

[homes]
        comment = Home Directories
        read only = No
        browseable = No
[share]
        comment = Shared directory for guest
        path = /samba/share
        read only = No
        create mask = 0777
        directory mask = 0777
        guest only = Yes
        guest ok = Yes
```

❶ 클라이언트에게 제공할 디렉토리를 명령어 mkdir로 생성한다.

❷ 이 디렉토리에 읽기/쓰기/실행의 모든 권한을 허용하기 위해 명령어 chmod를 사용했다.

❸ Samba 설정 파일을 열어서 share라는 섹션을 생성한 다음에 공유할 디렉토리의 경로를 지정해준다.

❹ 이 디렉토리에 대한 읽기 및 쓰기 권한을 부여한다.

❺ 공유 디렉토리로 접근하는 사용자의 이름과 패스워드가 필요 없다는 의미다.

❻ 이 디렉토리로 접근하는 모든 사용자를 guest로 제한한다는 의미다.

❼ 이 공유 디렉토리에서 클라이언트가 생성하는 파일에 할당되는 권한을 의미한다.

❽ 이 공유 디렉토리에서 클라이언트가 생성하는 디렉토리에 할당되는 권한을 의미한다.

❾ 설정 파일 변경 사항을 적용하기 위해 smb와 nmb 데몬을 다시 시작한다.

❿ smb.conf 설정 파일을 테스트하기 위해 명령어 testparm을 사용하면 앞에서 설정한 전역 섹션 및 새로 생성한 share 섹션을 발견할 수 있다.

B. 클라이언트 테스트(node1과 windows)

앞에서 Samba 서버 설정을 모두 완료했으므로, 이제 리눅스와 윈도우 클라이언트 시스템
에서 이 공유 디렉토리에 대한 접근을 테스트해보자.

1. 리눅스 시스템(node1)

리눅스 시스템을 Samba 클라이언트로 이용하는 테스트는 다음과 같다.

```
[root@node1 ~]# yum install samba-client -y    ❶
[root@node1 ~]# smbclient -L master            ❷
Enter root's password:
Anonymous login successful
Domain=[WORKGROUP] OS=[Windows 6.1] Server=[Samba 4.2.3]

        Sharename      Type       Comment
        ---------      ----       -------
    ❸ share           Disk       Shared directory for guest
        IPC$           IPC        IPC Service (Master Samba Server)
Anonymous login successful
Domain=[WORKGROUP] OS=[Windows 6.1] Server=[Samba 4.2.3]

        Server                Comment
        ---------             -------
        MASTERSERVER          Master Samba Server
        Workgroup             Master
        ---------             -------
        WORKGROUP             MASTERSERVER
[root@node1 ~]# smbclient //master/share       ❹
Enter root's password:    ❺
Anonymous login successful
Domain=[WORKGROUP] OS=[Windows 6.1] Server=[Samba 4.2.3]
smb: \> put passwd        ❻
putting file passwd as \passwd (39.4 kb/s) (average 39.4 kb/s)
smb: \> ls
  .                   D        0  Thu Mar  3 15:21:49 2016
  ..                  D        0  Thu Mar  3 14:56:21 2016
  passwd              A     3950  Thu Mar  3 15:21:49 2016
        8181760 blocks of size 1024. 7505132 blocks available
smb: \> mkdir test        ❼
smb: \> exit
```

❶ Samba 클라이언트 프로그램 smbclient를 사용하기 위해 명령어 yum을 이용해 패키지를 설치한다.

❷ Samba 서버로 사용되고 있는 master 노드가 제공 중인 공유 디렉토리를 확인하기 위해 명령어 smbclient에 master 노드를 지정하면

❸ 그 결과에서 현재 공유 중인 디렉토리 목록 share를 발견할 수 있다.

❹ 이제 명령어 smbclient에 Samba 서버 이름 master와 공유 디렉토리 share로 사용자 지정 없이 접속을 시도한다.

❺ 사용자 root의 패스워드를 입력하지 않고 단지 엔터키만 쳐도 접속이 이뤄진다.

❻ 명령어 smbclient는 FTP 프로그램과 비슷한데, 파일을 저장하기 위해 명령어 put을 이용했다. 여기서 passwd 파일은 node1에서 root 사용자의 홈 디렉토리에 있는 파일, 즉 /root/passwd을 의미한다.

❼ 디렉토리 생성을 테스트하기 위해 명령어 mkdir를 이용해서 test 디렉토리를 생성했다. 이렇게 클라이언트가 파일 및 디렉토리를 생성하면 서버의 디렉토리 내에선 그 소유권자가 nobody로 표시된다.

이로써 Samba 서버가 공유한 디렉토리에 리눅스 클라이언트 시스템에서 접속해서 파일 생성 및 디렉토리 생성이 잘 이뤄지고 있음을 확인했다.

2. 윈도우 7 시스템(windows)

윈도우 7을 클라이언트 시스템으로 이용한 Samba 서버 접근 테스트는 다음과 같다.

1) Samba 서버 지정하기 윈도우 시작 메뉴의 검색란에서 실행을 입력해 실행한 다음 Samba 서버의 IP 주소와 디렉토리 이름을 그림 11-1처럼 입력하고 OK를 클릭한다.

그림 11-1 Samba 서버 접속 시도하기

2) 디렉토리 접근하기 Samba 서버에서 설정한 공유 디렉토리 share로 접근하면 그림 11-2 처럼 현재 이 디렉토리에 있는 파일이나 디렉토리를 확인할 수 있다.

그림 11-2 공유 디렉토리 접속하기

11.3.2 공유 디렉토리 인증 설정

이번에는 공유 디렉토리에 접근 시의 인증, 즉 사용자의 이름과 패스워드를 입력해야만
접근할 수 있는 방법을 살펴본다.

A. 서버에서의 설정(master)

먼저 Samba 서버에서 제한된 디렉토리에 접근을 설정하는 방법은 다음과 같다.

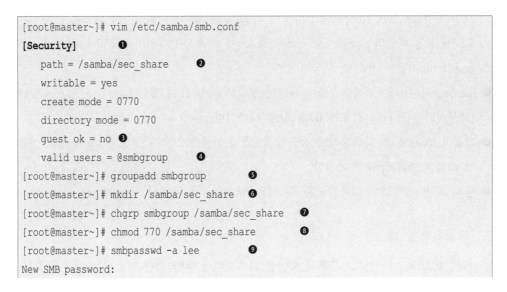

```
[root@master~]# vim /etc/samba/smb.conf
[Security]            ❶
    path = /samba/sec_share        ❷
    writable = yes
    create mode = 0770
    directory mode = 0770
    guest ok = no ❸
    valid users = @smbgroup        ❹
[root@master~]# groupadd smbgroup         ❺
[root@master~]# mkdir /samba/sec_share    ❻
[root@master~]# chgrp smbgroup /samba/sec_share    ❼
[root@master~]# chmod 770 /samba/sec_share         ❽
[root@master~]# smbpasswd -a lee          ❾
New SMB password:
```

```
Retype new SMB password:
Added user lee.
[root@master ~]# pdbedit -L          ❿
lee:1008:
[root@master~]# usermod -G smbgroup lee          ⓫
[root@master~]# systemctl restart smb nmb          ⓬
```

❶ Samba 설정 파일을 명령어 vim으로 열어서 먼저 공유를 정의하는 곳에 Security라는 섹션을 생성한다.

❷ 이 공유 섹션이 실제 어느 디렉토리를 이용하는지 경로를 지정한다.

❸ 인증을 거치지 않는 guest 사용자들은 접속을 허용치 않는다.

❹ 이 디렉토리에 접근 가능한 사용자들은 모두 smbgroup에 속한 사용자들임을 지정하는데, 여기서 @은 그룹 이름을 의미한다. 그룹이 아니고 소수의 사용자들인 경우 @와 그룹이름 대신에 그 사용자 이름을 여기에 지정하면 된다.

❺ ❹에서 지정한 그룹을 명령어 groupadd로 생성한다.

❻ 공유로 사용할 디렉토리를 명령어 mkdir로 생성한다.

❼ ❻에서 생성한 디렉토리의 그룹 소유권자를 ❺에서 생성한 그룹으로 변경한다.

❽ 권한을 부여하는데, 이렇게 770으로 권한을 변경하게 되면 앞에서 생성한 그룹 사용자들은 이 디렉토리에 대해 모든 권한을 부여 받게 된다.

❾ Samba 서버에 접근 가능한 사용자를 명령어 smbpasswd로 생성하는데, 이 사용자는 시스템의 /etc/passwd에 등록된 사용자이어야 한다. a 옵션을 이용해 사용자의 패스워드만 변경함으로써 smbpasswd 파일에 저장하라는 의미가 된다. 이 패스워드 파일은 Samba 설정 파일의 passdb backend = tdbsam에 의해 DB 파일이 /var/lib/samba/private/passdb.tdb라는 이름으로 저장돼 있다.

❿ Samba 사용자 데이터베이스를 관리하는 명령어 pdbedit에 옵션 L(list)을 사용하면 앞에서 생성한 사용자의 정보가 ID와 함께 나타난다.

⓫ 사용자 lee가 공유 디렉토리에 접근할 수 있게 허용하기 위해 명령어 usermod를 이용해 그룹 smbgroup에 추가한다.

⓬ 앞의 변경 사항들이 적용되도록 두 개의 Samba 데몬을 다시 시작한다.

B. 클라이언트 테스트

클라이언트 리눅스와 윈도우 7에서 제한된 디렉토리에 대한 접근 테스트는 다음과 같다.

1. 리눅스 시스템(node1)

Samba 리눅스 클라이언트 시스템으로서 node1에서의 테스트는 다음과 같다.

```
[root@node1 ~]# smbclient -L master      ❶
Enter root's password:
Anonymous login successful
Domain=[WORKGROUP] OS=[Windows 6.1] Server=[Samba 4.2.3]
        Sharename       Type        Comment
        ---------       ----        -------
        share           Disk        Shared directory for guest
   ❷ Security           Disk        Shared directory for users
        IPC$            IPC         IPC Service (Master Samba Server)
Anonymous login successful
Domain=[WORKGROUP] OS=[Windows 6.1] Server=[Samba 4.2.3]
        Server              Comment
        ---------           -------
        MASTERSERVER        Master Samba Server

        Workgroup           Master
        ---------           -------
        WORKGROUP
[root@node1 ~]# smbclient //master/Security -U lee      ❸
Enter lee's password: ❹
Domain=[WORKGROUP] OS=[Windows 6.1] Server=[Samba 4.2.3]
smb: \> ls
  .                     D      0  Thu Mar  3 16:56:11 2016
  ..                    D      0  Thu Mar  3 16:52:58 2016
smb: \> mkdir test1     ❺
smb: \> put passwd      ❻
putting file passwd as \passwd (83.9 kb/s) (average 83.9 kb/s)
smb: \> ls              ❼
  .                     D      0  Thu Mar  3 17:03:04 2016
  ..                    D      0  Thu Mar  3 16:52:58 2016
  test1                 D      0  Thu Mar  3 17:02:59 2016
  passwd                A   3950  Thu Mar  3 17:03:04 2016
        8181760 blocks of size 1024. 7505064 blocks available

[root@master ~]# smbstatus master      ❽
Samba version 4.2.3
PID    Username    Group       Machine        Protocol Version
```

```
---------------------------------------------------------------
23384  lee  lee 192.168.80.6    (ipv4:192.168.80.6:50628) NT1
22796  lee  lee 192.168.80.11   (ipv4:192.168.80.11:49877) SMB2_10

Service      pid      machine           Connected at
---------------------------------------------------------
Security     23384    192.168.80.6      Thu Mar  3 22:23:20 2016
Security     22796    192.168.80.11     Thu Mar  3 22:15:39 2016
IPC$         22796    192.168.80.11     Thu Mar  3 22:12:41 2016

Locked files:
Pid  Uid DenyMode Access R/W  Oplock  SharePath  Name  Time
---------------------------------------------------------------
22796 1008 DENY_NONE 0x100081 RDONLY NONE  /samba/sec_share  .  Thu Mar  3 22:15:40 2016
```

❶ Samba 서버인 master 노드가 제공 중인 공유 디렉토리를 확인하기 위해 명령어 smbclient 에 호스트 이름 master를 지정하면

❷ 새로이 추가한 Security 섹션이 공유 목록에 있음을 발견할 수 있다.

❸ 이제 smbclient에 사용자 lee의 계정으로 공유 디렉토리 Security에 접속을 시도한다.

❹ 그러면 사용자 lee의 패스워드를 요구하는데, 이 패스워드는 서버 설정 시 명령어 smbpasswd로 생성한 패스워드다. 이를 입력하면

❺ 접속에 성공한 후 새 디렉토리를 생성할 수 있고

❻ 파일 업로드도 성공했다.

❼ 디렉토리 목록을 확인해보면 파일과 새 디렉토리를 확인할 수 있다.

❽ 리눅스 및 다음의 윈도우 7에서 Samba 서버의 공유 디렉토리로 접속이 성공한 후 Samba 서버 master에서 그 상태를 알기 위해 명령어 smbstatus를 사용하면 두 클라이언트 IP 주소, 그리고 사용자 이름과 접근한 공유 디렉토리 이름 및 그 시간과 같은 정보를 확인할 수 있다.

2. 윈도우 7시스템(windows)

윈도우 7에서 Samba 서버 공유 디렉토리를 이용하는 방법은 다음과 같다.

1) Samba 서버 지정하기 윈도우 시작 메뉴의 검색란에서 실행을 입력해 실행하면 그림 11-3처럼 Samba 서버의 주소를 입력하고 OK를 클릭한다.

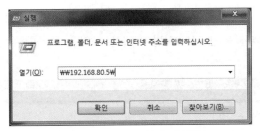

그림 11-3 Samba 서버 지정하기

2) 사용자 인증하기 두 번째 창에서 서버의 사용자 인증 정보, 즉 사용자 이름 lee와 패스워드를 그림 11-4처럼 입력한다.

그림 11-4 사용자 인증하기

3) 디렉토리 접근하기 인증에 성공하면 서버에서 공유 설정한 Security와 사용자의 홈 디렉토리에 그림 11-5처럼 접근이 가능하게 된다.

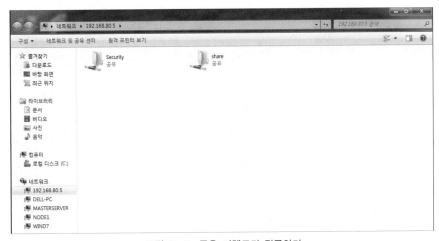

그림 11-5 공유 디렉토리 접근하기

4) 디렉토리 이용하기 디렉토리를 이용하기 위해 기존 리눅스 클라이언트에서 생성한 test1 과 passwd 파일 이외에 그림 11-6처럼 새로운 파일을 추가할 수 있다.

그림 11-6 공유 디렉토리 이용하기

11.3.3 사용자 홈 디렉토리 접근 설정

이번 절에서는 Samba 서버에 등록된 사용자가 자신의 홈 디렉토리에 접근하기 위해 인증 하는 방법을 살펴본다.

A. Samba 서버에서의 설정

리눅스 시스템에 등록된 Samba 사용자의 홈 디렉토리를 공유하기 위한 설정은 다음과 같다.

```
[root@master ~]# vim /etc/samba/smb.conf
[homes]         ❶
        comment = Home Directories
        browseable = no      ❷
        writable = yes
        valid users = %S     ❸
        guest ok = no        ❹
        create mask = 770
        directory mask = 770
[root@master ~]# smbpasswd -a park   ❺
New SMB password:
```

```
Retype new SMB password:
[root@master ~]# systemctl restart smb nmb      ❻
```

❶ Samba 설정 파일을 열어서 공유 섹션에서 homes를 찾는다.

❷ 이 옵션은 클라이언트에서 공유 디렉토리를 찾는 경우 기본적으로 공유 목록에 보이지
않게 하기 위한 옵션이다.

❸ 사용자들의 홈 디렉토리에 접근 가능한 사용자를 정의하는데, %S는 Samba 서버에 등록
된 사용자를 의미한다.

❹ guest 사용자들은 접근할 수 없다.

❺ 테스트를 위해 Samba 사용자 park을 등록한다.

❻ 변경 사항들이 적용되도록 smb 데몬과 nmb 데몬을 모두 다시 시작한다.

B. 클라이언트 테스트

클라이언트 시스템으로서 리눅스와 윈도우 7에서의 테스트는 다음과 같다.

1. 리눅스 클라이언트(node1)

Samba 서버에서 설정한 홈 디렉토리에 접근을 위한 node1에서의 테스트다.

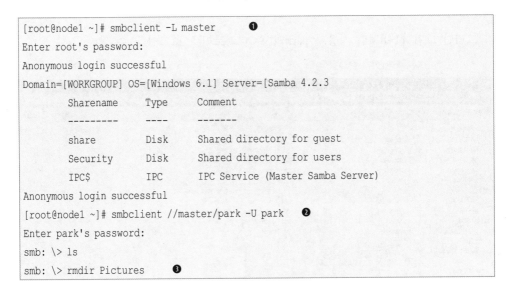

```
[root@node1 ~]# smbclient -L master           ❶
Enter root's password:
Anonymous login successful
Domain=[WORKGROUP] OS=[Windows 6.1] Server=[Samba 4.2.3

        Sharename     Type      Comment
        ---------     ----      -------
        share         Disk      Shared directory for guest
        Security      Disk      Shared directory for users
        IPC$          IPC       IPC Service (Master Samba Server)
Anonymous login successful
[root@node1 ~]# smbclient //master/park -U park    ❷
Enter park's password:
smb: \> ls
smb: \> rmdir Pictures        ❸
```

❶ Samba 서버의 공유 디렉토리 목록을 알기 위해 명령어 smbclient를 사용해도 homes
섹션을 찾을 수 없다. 서버에서 browseable = no로 설정했기 때문이다.

❷ 새로 생성한 사용자 park의 홈 디렉토리 접근을 위해 명령어 smbclient에 사용자 park

을 지정해 접속을 시도하고 패스워드를 입력하면

❸ 접속이 이뤄지고 파일 및 디렉토리 목록을 확인한 후에 Pictures 디렉토리를 삭제했다. 이로써 사용자 park의 디렉토리 접근이 성공적으로 이뤄지고, 파일 및 디렉토리 사용이 가능하다는 사실을 확인했다.

2. 윈도우 클라이언트

테스트는 이전 환경과 동일하며 사용자만 park으로 변경해서 Samba 서버로 접근하기 위해 그림 11-7처럼 ID와 패스워드를 사용해 로그인을 시도한다.

그림 11-7 사용자 park으로 로그인하기

그러면 그림 11-8처럼 사용자 park의 홈 디렉토리로 로그인할 수 있다.

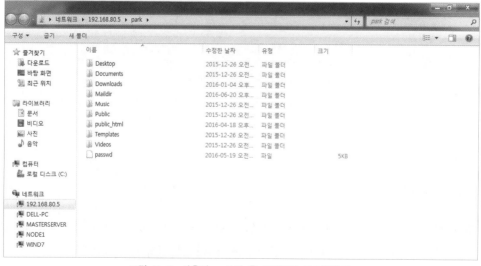

그림 11-8 사용자 park의 홈 디렉토리 로그인하기

11.4 Samba AD PDC 설정

Samba PDC[Primary Domain Controller]란 윈도우 서버의 액티브 디렉토리와 호환이 가능한 도메인 컨트롤러의 역할을 하는 Samba 서버를 의미한다. 여기서 도메인 컨트롤러[Domain Controller]란 네트워크에 존재하는 사용자, 그룹, 그리고 객체들을 중앙에서 관리하기 위한 서비스로서 사용자 로그인과, 거기에 관련된 데이터들을 인증하고 보호하기 위한 관리가 이뤄진다.

  Samba PDC를 설정하는 방법은 기존 Samba의 설정 파일을 이용하거나 아니면 PDC 전용 툴을 사용하는 방법이 있다. 이번 절에서는 Samba PDC 설정 전용 툴을 제공하는 패키지를 이용해 Samba PDC를 설정하는 방법을 살펴본다.

  먼저 이전까지 Samba 공식 사이트(www.samba.org)에서 다운로드해 명령어 yum을 이용해 설치했던 samba-4.2.4 파일은 Samba PDC 설정에 필요한 툴(samba-tool)을 현재(2016년 3월) 제공하지 않는다. 그래서 Samba 공식 사이트에서 소개하고 있는 사이트인 https://portal.enterprisesamba.com/에서 패키지 다운로드 정보를 제공하는 Samba 저장소 파일을 가져와 PDC 설정에 필요한 RPM 패키지들을 설치해야 한다.

  Samba PDC가 성공적으로 구축되면 다음 단계에서 윈도우 7 또한 이 PDC에 클라이언트로 가입시키는 방법을 살펴본다. 그리고 11.5절에서는 Samba 서버를 AD PDC 도메인의 멤버 서버로 가입시키는 방법을 설명한다. 11.4절과 11.5절에서 설명할 호스트의 종류를 정리하면 다음 표와 같다.

호스트 이름	IP 주소	OS 버전	역할
master.chul.com	192.168.80.5	CentOS Linux release 7.2	Samba PDC
node1.chul.com	192.168.80.6	CentOS Linux release 7.2	Samba 멤버 서버
windows.chul.com	192.168.80.11	윈도우 7 64비트	Samba 클라이언트

11.4.1 Samba AD PDC 설정(master)

첫 번째 단계는 호스트 master를 Samba PDC로 설정하는 작업인데, Samba PDC는 패키지 설치와 PDC 설정, 서비스 시작의 3단계로 작업을 구분할 수 있다.

A. Samba PDC 패키지 설치

첫 번째 단계는 Samba PDC 설정에 필요한 패키지를 명령어 yum으로 설치하는 것이다.
이 패키지들을 설치하면 Samba PDC 설정에 필요한 툴을 사용할 수 있다.

```
[root@master ~]# cp /etc/samba/smb.conf /etc/samba/smb.conf.bak        ❶
[root@master ~]# yum remove samba-* -y    ❷
[root@master ~]# vim /etc/yum.repos.d/sernet-samba-4.2.repo            ❸
[sernet-samba-4.2]
name=SerNet Samba 4.2 Packages (centos-7)
type=rpm-md
baseurl=https://sernet-samba-public:Noo1oxe4zo@download.sernet.de/
packages/samba/4.2/centos/7/    ❹
gpgcheck=1
gpgkey=https://sernet-samba-public:Noo1oxe4zo@download.sernet.de/
packages/samba/4.2/centos/7/repodata/repomd.xml.key
enabled=1
[root@master ~]# yum install sernet-samba sernet-samba-ad -y          ❺
[root@master ~]# rpm -qa | grep sernet      ❻
sernet-build-key-1.1-5.noarch
sernet-samba-libs-4.2.9-19.el7.x86_64
sernet-samba-winbind-4.2.9-19.el7.x86_64
sernet-samba-common-4.2.9-19.el7.x86_64
sernet-samba-client-4.2.9-19.el7.x86_64
sernet-samba-libsmbclient0-4.2.9-19.el7.x86_64
sernet-samba-4.2.9-19.el7.x86_64
sernet-samba-ad-4.2.9-19.el7.x86_64
[root@master ~]# samba-tool domain provision ❼
Realm [CHUL.COM]: CHUL.COM        ❽
Domain [CHUL]: CHUL               ❾
Server Role (dc, member, standalone) [dc]:dc ❿
DNS backend (SAMBA_INTERNAL, BIND9_FLATFILE, BIND9_DLZ, NONE)
[SAMBA_INTERNAL]: BIND9_DLZ       ⓫
Administrator password:          ⓬
Retype password:
Looking up IPv4 addresses
Looking up IPv6 addresses
...
...
A Kerberos configuration suitable for Samba 4 has been generated at
/var/lib/samba/private/krb5.conf      ⓭
```

```
Once the above files are installed, your Samba4 server will be ready to use
Server Role:          active directory domain controller
Hostname:             master
NetBIOS Domain:       CHUL
DNS Domain:           chul.com
DOMAIN SID:           S-1-5-21-3287169211-1665091945-2556550117
```

❶ 기존의 Samba 패키지를 삭제하기 때문에 기존에 사용하던 Samba 설정 파일을 smb. conf.bak 이름으로 복사한다.

❷ 기존에 사용하던 모든 Samba 패키지를 명령어 yum으로 삭제한다.

❸ portal.enterprisesamba.com에서 제공하는 sernet-samba 패키지들을 설치하기 위해 Samba 저장소 파일을 생성하는데, 이 파일은 위의 사이트를 방문하면 가져올 수 있다.

❹ 이 저장소 파일을 생성할 때 사용자 이름과 접근 키를 설정해줘야 하는데, 이 정보는 portal.enterprisesamba.com에서 제공하고 있다.

❺ 위에서 생성한 저장소 파일을 이용해 두 개의 패키지를 설치한다. 이 패키지들을 설치할 때 krb5-server나 openldap-servers 패키지가 이미 설치된 경우 충돌이 일어나므로 yum remove krb5-server openldap-servers를 이용해 이 패키지들을 제거 이후에 설치하기 바란다.

❻ 설치한 패키지들이 정상적으로 설치됐는지 명령어 rpm 이용해 확인하는데, 의존 관계에 있는 패키지들도 함께 설치됐음을 확인할 수 있다.

❼ Samba 서버를 PDC로 권한 설정하기 위해 명령어 samba-tool을 사용해

❽ Realm을 설정하는데, 이 설정은 곧 Kerberos커버로스에서 사용할 도메인을 의미하며 Samba 설정 파일의 Global 섹션에서 realm으로 표시된다. 참고로 Kerberos에 대한 내용은 21장에서 설명하고 있으며, 액티브 디렉토리는 인증을 위해 Kerberos를 사용한다.

❾ 도메인Domain을 설정하는데, 여기서 도메인이란 Netbios Domain을 의미하며 Samba 설정 파일의 Global 섹션에서 workgroup으로 표시된다.

❿ 이 Samba 서버의 역할을 dc, 즉 Domain Controller로 설정한다.

⓫ Samba가 사용할 DNS 정보를 설정하는데, 기본은 SAMBA_INTERNAL이다. 현재 5장에서 설정한 DNS 서버를 사용 중이라면 BIND9_DLZ를 선택하기 바란다.

⓬ 이 DC의 관리자 패스워드를 설정하는데, 대문자, 소문자, 숫자 및 특수 기호를 이용해 8 글자 이상의 패스워드를 생성한다.

⓭ ❺에서 Kerberos 서버 파일 krb5-server를 삭제했는데, Samba를 PDC로 설정하면 Kerberos의 설정 파일이 생성된다. Kerberos에 대한 설명과 설정은 21장을 참고하기 바란다.

B. Samba PDC 서비스 시작

Samba PDC 패키지를 성공적으로 설치했다면 이제 이 서비스를 시작할 수 있다.

```
[root@master ~]# vim /etc/default/sernet-samba        ❶
SAMBA_START_MODE="ad"
[root@master ~]# cp /var/lib/samba/private/krb5.conf /etc/krb5.conf ❷
[root@master ~]# systemctl start sernet-samba-ad       ❸
[root@master ~]# systemctl status sernet-samba-ad
[root@master ~]# chkconfig sernet-samba-ad on          ❹
[root@master ~]# chkconfig sernet-samba-smbd off       ❺
[root@master ~]# chkconfig sernet-samba-nmbd off       ❻
[root@master ~]# chkconfig sernet-samba-winbindd off   ❼
[root@master ~]# smbclient -L localhost -U%            ❽
Domain=[CHUL] OS=[Windows 6.1] Server=[Samba 4.2.9-SerNet-RedHat-19.el7]

        Sharename     Type      Comment
        ---------     ----      -------
        netlogon      Disk
        sysvol        Disk
        IPC$          IPC       IPC Service (Samba 4.2.9-SerNet-RedHat-19.el7)
Domain=[CHUL] OS=[Windows 6.1] Server=[Samba 4.2.9-SerNet-RedHat-19.el7]

        Server        Comment
        ---------     -------

        Workgroup     Master
        ---------     -------
[root@master ~]# smbclient //localhost/netlogon -UAdministrator -c 'ls' ❾
Enter Administrator's password:
Domain=[CHUL] OS=[Windows 6.1] Server=[Samba 4.2.9-SerNet-RedHat-19.el7]
  .                       D        0  Thu Mar 17 13:41:16 2016
  ..                      D        0  Thu Mar 17 14:50:38 2016
            8181760 blocks of size 1024. 1565120 blocks available
[root@master ~]# samba-tool domain level show       ❿
Domain and forest function level for domain 'DC=chul,DC=com'
Forest function level: (Windows) 2008 R2
Domain function level: (Windows) 2008 R2
Lowest function level of a DC: (Windows) 2008 R2
[root@master ~]# samba-tool domain level raise --domain-level 2008_R2
--forest-level 2008_R2    ⓫
Domain function level changed!
```

```
Forest function level changed!
All changes applied successfully!
```

❶ Samba 서버를 시작할 때 액티브 디렉토리 서버로 시작하라는 옵션이다.

❷ Kerberos가 사용할 설정 파일을 /etc/ 디렉토리로 복사한다.

❸ Samba AD 서비스를 명령어 systemctl로 시작하고 그 상태를 확인한다. 여기서 AD
서비스를 시작하면 samba,smbd,winbindd 데몬이 시작되며, 또한 samba 데몬에 의해
Kerberos와 LDAP 프로세스 또한 시작하게 된다.

❹ Samba AD 서비스를 부팅 시에 자동으로 시작되도록 명령어 chkconfig를 사용한다.

❺ Samba AD 서비스를 시작하면 smbd 데몬도 자동으로 시작하므로 기존 smbd를 비활성
화시킨다.

❻ 마찬가지로 nmbd 데몬도 비활성화시킨다.

❼ winbindd 데몬도 비활성화시킨다.

❽ 지금까지 패키지 설치 및 Samba 서버를 PDC로 시작했는데, 테스트를 위해 명령어
smbclient를 이용해 로컬 호스트와 패스워드 없이 접속을 시도하면 기본으로 공유된
netlogon과 sysvol을 확인할 수 있다.

❾ ❽에서 확인한 공유 디렉토리로의 접근 테스트를 위해 사용자 administrator로 접근해서
명령어 ls를 사용하면 패스워드를 요구하는데, 이는 A절의 ❿에서 설정한 패스워드를
의미한다.

❿ 현재 Samba 서버의 도메인 레벨을 확인하기 위해 사용한다.

⓫ 도메인 레벨을 2008_R2 레벨로 변경할 경우 명령어 samba-tool에 domain level raise
옵션을 이용할 수 있다.

11.4.2 Samba PDC 사용자 관리

Samba 서버가 액티브 디렉토리 도메인 컨트롤러로서 잘 작동하고 있다면 이제 이 도메인
에서 사용할 사용자와 그룹을 관리하는 방법은 다음과 같다.

```
[root@master ~]# samba-tool user list        ❶
Administrator
krbtgt
dns-master
Guest
[root@master ~]# samba-tool user add wind     ❷
```

```
New Password:#
Retype Password:
User 'wind' created successfully
[root@master ~]# samba-tool user delete wind        ❸
Deleted user wind
[root@master ~]# samba-tool user setpassword wind ❹
New Password:
Changed password OK
[root@master ~]# samba-tool user setexpiry wind --days=7      ❺
Expiry for user 'wind' set to 7 days.
[root@master ~]# samba-tool user disable wind       ❻
[root@master ~]# samba-tool user enable wind        ❼
Enabled user 'wind'
[root@master ~]# samba-tool group list              ❽
Allowed RODC Password Replication Group
Enterprise Read-Only Domain Controllers
Denied RODC Password Replication Group
...
...
DnsAdmins
Guests
Users
[root@master ~]# samba-tool group listmembers "Domain Users"      ❾
dns-master
Administrator
krbtgt
wind
[root@master ~]# samba-tool group add Windows       ❿
Added group Windows
[root@master ~]# samba-tool group delete Windows     ⓫
Deleted group Windows
[root@master ~]# samba-tool group addmembers Windows wind        ⓬
Added members to group Windows
[root@master ~]# samba-tool group removemembers Windows wind       ⓭
```

❶ 현재 도메인 컨트롤러에 등록된 도메인 사용자 목록을 보여준다.

❷ 새로운 도메인 사용자 wind를 추가한다.

❸ 사용자를 삭제할 경우 사용한다.

❹ 사용자 wind의 패스워드를 변경할 경우 사용한다.

❺ 사용자 wind의 사용 만기 날짜를 설정하기 위해 사용한다.

❻ 사용자 wind를 비활성화시킬 경우 사용한다.

❼ 사용자 wind를 활성화시킬 경우 사용한다.

❽ 도메인에 등록된 현재의 그룹 목록을 확인하기 위해 사용한다.

❾ 특정 그룹에 속한 사용자를 확인하기 위해 사용한다.

❿ 새로운 그룹을 생성하기 위해 사용한다.

⓫ 생성된 그룹을 삭제하기 위해 사용한다.

⓬ 새로 생성한 그룹 Windows에 사용자 wind를 포함시킨다.

⓭ 그룹 Windows에서 사용자 wind를 제거하기 위해 사용한다.

11.4.3 윈도우 7 클라이언트를 PDC에 가입

Samba AD PDC 설정이 모두 완료됐으므로 이번 절에서는 윈도우 7 클라이언트를 이 PDC에 가입시키는 방법을 설명한다. 윈도우 7을 Samba PDC에 가입시키기 위해서는 먼저 윈도우 7의 DNS를 PDC의 IP 주소로 변경해야 한다. 여기서는 AD PDC의 IP 주소인 192.168.80.5를 사용한다.

A. 도메인 변경

먼저 윈도우 7의 제어판 ➤ 시스템 및 보안 ➤ 시스템 ➤ 고급 시스템 설정을 클릭하면 그림 11-9와 같은 그림을 볼 수 있다. 여기서 도메인을 chul로 변경하기 바란다. 이 값은 PDC의 /etc/samba/smb.conf에 workgroup으로 표시돼 있다.

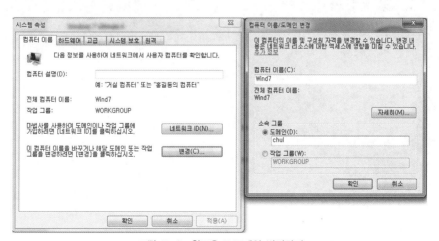

그림 11-9 윈도우 7 도메인 변경하기

B. PDC 도메인에 가입

앞 단계에서 확인을 클릭하면 그림 11-10처럼 사용자로서 administrator를 입력하고 패스워드를 입력해 성공하면 도메인 시작이라는 메시지를 볼 수 있다. 여기서 administrator의 패스워드는 11.4.1절의 A절에서 명령어 samba-tool을 이용해 PDC 권한 설정 시에 생성했던 패스워드를 의미한다.

그림 11-10 도메인 가입하기

C. 다른 사용자로 로그인

도메인 시작 메시지 이후 컴퓨터를 재부팅한 후 도메인 사용자로 로그인하기 위해 그림 11-11처럼 다른 사용자를 클릭한다.

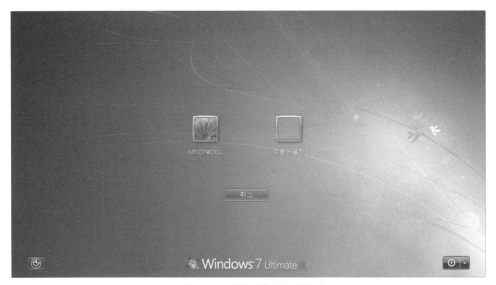

그림 11-11 다른 사용자 클릭하기

D. 도메인 사용자로 로그인

다른 사용자를 클릭하면 그림 11-12 과 같은 화면에서 PDC에서 생성했던 사용자 wind와 패스워드를 입력한다.

그림 11-12 도메인 사용자로 로그인하기

E. 도메인 사용자 확인

로그인 후 시작을 클릭하면 그림 11-13처럼 사용자 wind로 로그인이 됐음을 확인할 수 있다.

그림 11-13 도메인 사용자 확인하기

11.5 Samba AD 멤버(Member) 서버 설정(node1)

11.4절에서 호스트 master를 Samba AD PDC로 설정 완료했다면 이번에는 호스트 node1을 이 도메인의 멤버 서버로 설정하는 방법을 살펴본다. AD 도메인 멤버 서버란 11.3절의 Stand-alone 서버처럼 클라이언트에게 디렉토리 및 프린터 공유를 제공하는 역할은 동일하지만, 사용자 인증 및 도메인의 보안 정책은 모두 AD PDC에 의해 이뤄진다는 점이 차이점이다. 리눅스 클라이언트인 node1을 도메인 컨트롤러로 사용 중인 액티브 디렉토리의 멤버 서버로 설정하기 위해서는 여러 시스템 서비스들에 대한 이해가 먼저 필요하다. 그 시스템 서비스들을 나열하면 Samba, DNS, Kerberos, PAM, Winbind, NSS 등이다.

이 서비스들은 해당 부분에서 각각 설명하겠다. 이러한 시스템 서비스들을 이용해서 리눅스 클라이언트 node1을 액티브 디렉토리 멤버 서버로 가입시키는 방법을 차례대로 설명하겠다. 리눅스 클라이언트를 AD 멤버 서버로 가입시키기 위한 설정은 크게 두 가지 방법이 있다. 즉 authconfig를 비롯한 커맨드라인을 이용한 설정과 authconfig-gtk를 이용한 GUI 설정 방법이 있다. 먼저 커맨드라인을 이용한 설정을 살펴보고, 그런 다음 authconfig-gtk를 이용한 GUI 설정 방법을 살펴본다.

11.5.1 DNS와 NTP

node1을 Samba AD의 멤버 서버로 설정하기 위해서는 두 가지의 선행 조건이 필요하다. 첫 번째는 DNS 서버 설정이고, 두 번째는 NTP 설정이다. 액티브 디렉토리 환경에서 이름과 관련된 내용은 DNS에 의존하기 때문에 멤버 서버는 액티브 디렉토리가 사용하는 DNS 서버를 지정해줘야 한다. 또한 NTP 서비스는 PDC Kerberos와 멤버 서버 간의 정확한 시간 동기화를 위해 필요한데, 이는 공격자가 PDC와 멤버 서버 사이에서 전송되는 데이터를 탈취해 그중 유효한 메시지를 골라 복사한 후 나중에 재전송함으로써 정당한 사용자로 가장하는 재전송 공격^{Replay Attack}을 방지하기 위해서다.

```
[root@node1 ~]# vim /etc/resolv.conf
search chul.com              ❶
nameserver 192.168.80.5      ❷
[root@node1 ~]# host -t A master.chul.com        ❸
master.chul.com has address 192.168.80.5
[root@node1 ~]# getent hosts master              ❹
192.168.80.5    master.chul.com master
```

Replay Attack을

```
[root@node1 ~]# vim /etc/ntp.conf
server master.chul.com iburst          ❺
[root@node1 ~]# systemctl start ntpd   ❻
[root@node1 ~]# ntpq -p                 ❼
remote  refid    st t when poll reach  delay  offset  jitter
==============================================================
*master.chul.com 211.233.40.78  3 u 8 64 1 0.343   7.760   0.272
```

❶ 네임 서버를 정의하는 파일을 명령어 vim으로 열어서 도메인 chul.com으로 설정하고

❷ 네임 서버를 현재 네임 서버로 사용되고 있는 IP 주소를 정의한다. 네임 서버를 설정하는 방법은 5장을 참고하기 바란다.

❸ 현재 PDC로 사용되고 있는 호스트 master를 네임 서버에서 제공하고 있는지 명령어 host를 이용해 테스트할 수 있다.

❹ DNS를 사용하지 않고 /etc/hosts 파일을 이용해 master 서버를 지정할 수도 있는데, 테스트를 위해 명령어 getent를 사용했다.

❺ NTP 서버 설정을 위해 설정 파일 /etc/ntp.conf를 열어서 서버에 마스터를 지정한다. NTP 서버를 설정하는 방법은 19장을 참고하기 바란다.

❻ NTP 서버 시작을 위해 명령어 systemctl을 사용한다.

❼ node1에서 설정한 NTP 서버가 잘 작동하고 있는지 명령어 ntpq를 이용하면 NTP 서버로 master.chul.com이 사용되고 있음을 확인할 수 있다.

11.5.2 PAM과 NSS

멤버 서버 설정을 위한 두 번째 단계는 PAM[Pluggable Authentication Modules]과 NSS[Name Service Switch] 설정이다. PAM과 NSS는 액티브 디렉토리가 제공하는 도메인 사용자의 Kerberos 인증 정보를 멤버 서버 내의 애플리케이션들이 사용하도록 허가하는 역할을 한다. Kerberos가 제공하는 도메인 사용자 정보는 멤버 서버의 Winbind 데몬에 의해 멤버 서버로 전달되며, 이러한 정보는 PAM과 NSS의 허가하에 멤버 서버가 제공하는 애플리케이션 서비스 사용이 가능하게 된다.

A. PAM 설정

멤버 서버에서 Winbind 데몬이 AD로부터 가져온 도메인 사용자 정보를 사용하기 위한 PAM 설정은 다음과 같다.

```
[root@node1 ~]# vim /etc/pam.d/system-auth        ❶
auth        required      pam_env.so
auth        sufficient    pam_unix.so nullok try_first_pass
auth        requisite     pam_succeed_if.so uid >= 1000 quiet_success
auth        sufficient      pam_winbind.so use_first_pass  ❷
auth        required      pam_deny.so

account     required      pam_unix.so broken_shadow
account     sufficient    pam_localuser.so
account     sufficient    pam_succeed_if.so uid < 1000 quiet
account     [default=bad success=ok user_unknown=ignore] pam_winbind.so  ❸
account     required      pam_permit.so

password    requisite     pam_pwquality.so try_first_pass local_users_only retry=3
authtok_type=
password    sufficient    pam_unix.so sha512 shadow nullok try_first_pass use_authtok
password    sufficient    pam_winbid.so use_authtok         ❹
password    required      pam_deny.so
```

❶ 사용자 인증에 사용되는 PAM 파일을 명령어 vim으로 열어서 winbind 모듈을 추가 한다.

❷ pam_winbind는 use_first_pass 옵션으로 인해 사용자 인증 패스워드를 그 이전 인증 모듈, 즉 여기에선 pam_unix로부터 찾으려고 한다. 이 모듈에서 사용 가능한 정보가 없으면 winbind가 제공하는 패스워드를 요구하며, 사용자의 패스워드가 올바르지 않으면 접속을 거절하라는 의미다.

❸ winbind가 알지 못하는 사용자인 경우 이 모듈을 무시하라는 의미다.

❹ winbind가 제공하는 도메인 사용자가 패스워드 업데이트 시 기존 패스워드를 먼저 요구하고 그 다음에 새 패스워드를 요구하라는 의미다.

B. NSS 설정

멤버 서버에서 Winbind가 제공하는 도메인 사용자 정보를 사용하기 위한 NSS 설정은 다음과 같다. 여기서 NSS란 리눅스 및 유닉스 시스템에서 사용자 이름 문제를 해결하기 위해 다양한 소스를 제공하는 장치를 의미한다. 여기서 일반적으로 사용되는 소스로는 시스템 파일(/etc/passwd,/etc/group), DNS, NIS, LDAP 등이 있다.

```
[root@node1 ~]# vim /etc/nsswitch.conf  ❶
passwd:        files winbind     ❷
shadow:        files winbind     ❸
```

```
group:        files winbind        ❹
[root@node1 ~]# getent passwd | grep wind        ❺
wind:*:4294967295:4294967295:wind:/home/CHUL/wind:/bin/bash
[root@node1 ~]# getent group | grep windows        ❻
windows:x:4294967295:
```

❶ NSS가 사용하는 파일을 명령어 vim으로 열어서

❷ passwd에 winbind를 추가한다. 이는 사용자 정보를 먼저 files, 즉 로컬의 /etc/passwd
파일에서 찾고 이 파일에서 사용자 정보를 찾지 못하면 winbind 데몬이 제공하는 정보
에서 찾으라는 의미다.

❸ shadow에 winbind를 추가한다. 이는 사용자의 패스워드 정보를 files, 즉 로컬의 /etc/
shadow에서 찾고 찾지 못하면 winbind 데몬이 제공하는 정보에서 찾으라는 의미다.

❹ group에 winbind를 추가한다. 이는 그룹 정보를 files, 즉 로컬의 /etc/group에서 찾고
찾지 못하면 winbind 데몬이 제공하는 그룹 정보에서 찾으라는 의미다.

❺ 테스트를 위해 11.5.4절의 B절에서 winbind 데몬을 시작한 다음에 명령어 getent를
이용해 도메인 사용자 wind를 검색하면 Winbind 데몬이 제공하는 이와 같은 정보를
얻을 수 있다.

❻ 마찬가지로 도메인 그룹 windows를 검색하면 이와 같은 정보를 얻을 수 있다.

11.5.3 Kerberos 설정

Kerberos 설정은 그 KDC^Key Distribution Center로 사용되는 AD를 사용하기 위해 필요하다.
KDC는 사용자들이 인증을 위해 Kerberos 티켓^Ticket을 사용하게 허가할 수 있기 때문이다.
또한 Winbind가 Kerberos의 자원을 관리하기 위해서 Samba 서버는 AD가 제공하는
Kerberos Relam 정보를 설정할 필요가 있다. Kerberos 서버에 대한 자세한 설명은 21장을
참고하기 바란다.

```
[root@node1 ~]# yum install krb5-workstation -y        ❶
[root@node1 ~]# vim /etc/krb5.conf        ❷
[logging]        ❸
 default = FILE:/var/log/krb5libs.log
 kdc = FILE:/var/log/krb5kdc.log
 admin_server = FILE:/var/log/kadmind.log

[libdefaults]
```

```
ticket_lifetime = 24h
renew_lifetime = 7d
forwardable = true
default_realm = CHUL.COM        ❹

[realms]
CHUL.COM = {                    ❺
    kdc = master.chul.com       ❻
    default_domain = chul.com   ❼
}

[domain_realm]
.chul.com = CHUL.COM    ❽
chul.com = CHUL.COM     ❾
[root@node1 ~]# kinit administrator  ❿
Password for administrator@CHUL.COM:
Warning: Your password will expire in 36 days on Fri 29 Apr 2016 12:21:24 PM KST
[root@node1 ~]# klist  ⓫
Ticket cache: KEYRING:persistent:0:0
Default principal: administrator@CHUL.COM
Valid starting          Expires               Service principal
03/23/2016 15:37:18     03/24/2016 01:37:18   krbtgt/CHUL.COM@CHUL.COM
        renew until 03/30/2016 15:37:12
```

❶ Kerberos 클라이언트에서 기본적인 Kerberos 명령어를 사용하기 위해 krb5-workstation 패키지를 명령어 yum으로 설치한다.

❷ Kerberos 설정을 위해 파일을 명령어 vim으로 열어서

❸ Kerberos 로그 파일 위치와 이름을 정의한다.

❹ Kerberos가 사용할 기본 Relam을 정의한다.

❺ KDC에서 사용할 Relam을 정의하고

❻ KDC의 호스트 이름을 지정한다. 즉, 서비스 접근에 필요한 키는 이 호스트에서 배포한다는 의미다.

❼ KDC에서 사용할 기본 도메인을 정의한다.

❽과 ❾는 AD 도메인 정보를 Kerberos의 Realm으로 변환하기 위해 사용되는 섹션인데, ❽은 도메인 chul.com을 사용하는 모든 호스트(.)에 대해서 CHUL.COM으로,

❾ chul.com 도메인 자체도 Realm CHUL.COM으로 변환하라는 의미다

❿ 테스트를 위해 사용자 administrator의 티켓을 요청하는 명령어 kinit를 사용하고, PDC

에서 생성한 이 사용자의 패스워드를 입력하면 티켓이 PDC로부터 발행된다.

❶ 이 티켓은 발행 이후 메모리에 저장되는데, 그 정보를 보여주는 명령어 klist를 통해 확인이 가능하다.

이로써 Kerberos 설정이 모두 완료됐고, 멤버 서버에서 도메인 사용자를 위한 티켓이 성공적으로 발행되고 있음을 확인했다.

11.5.4 Samba 멤버 서버 설정

이제 호스트 node1을 Samba 멤버 서버로 설정하는 방법을 살펴본다. 이 과정은 설정 파일 편집, 도메인 가입, 그리고 winbind 설정의 3단계 과정으로 이뤄져 있다.

A. 설정 파일 편집

첫 번째 단계는 멤버 서버에 관련된 내용을 Samba가 사용하는 설정 파일에 설정하는 것으로 다음과 같다.

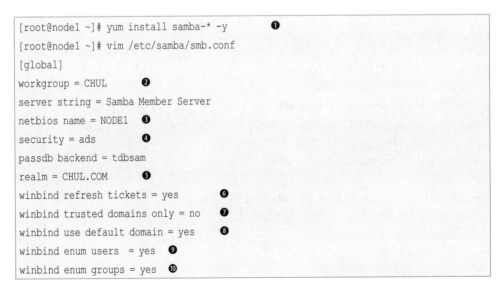

```
[root@node1 ~]# yum install samba-* -y          ❶
[root@node1 ~]# vim /etc/samba/smb.conf
[global]
workgroup = CHUL          ❷
server string = Samba Member Server
netbios name = NODE1      ❸
security = ads            ❹
passdb backend = tdbsam
realm = CHUL.COM          ❺
winbind refresh tickets = yes          ❻
winbind trusted domains only = no      ❼
winbind use default domain = yes       ❽
winbind enum users  = yes    ❾
winbind enum groups = yes    ❿
```

❶ 호스트 node1에 Samba 패키지가 설치되지 않은 경우 명령어 yum을 이용해 설치하기 바란다.

❷ Samba 설정 파일을 열어서 전역 섹션에 PDC와 동일하게 workgroup를 설정한다.

❸ 멤버 서버의 netbios 이름을 정의한다.

❹ 보안 모드를 ads, 즉 Active Directory Services로 지정한다. 이는 멤버 서버에서의 인증

이 AD로 사용 중인 PDC에 의해 이뤄진다는 것을 의미한다.

❺ Kerberos의 Realm 값을 PDC와 동일하게 설정한다.

❻ Winbind가 pam_winbind 모듈을 사용해 Kerberos의 티켓을 리프레시refresh할지 결정한다.

❼ 멤버 서버의 로컬 사용자 및 그룹을 도메인의 사용자 및 그룹으로 매핑할지를 결정한다. 예를 들어 멤버 서버의 로컬 사용자 user1을 도메인 CHUL/user1으로 인식할지를 결정한다는 의미다.

❽ Windbind 데몬이 사용자 이름에 도메인 정보가 없이 사용자를 취급할지 결정한다. 즉 사용자 이름만 사용해도 기본 도메인 정보가 자동으로 사용되도록 한다.

❾ NSS^Name Service Switch 라이브러리로부터 사용자 정보를 가져와 보여주는 명령어 getent 가 AD PDC로부터도 사용자 정보를 가져올지 결정한다.

❿ 위와 동일하게 명령어 getent를 통해 그룹 정보도 가져올지 결정한다.

B. 도메인에 가입

두 번째 단계는 앞의 설정 파일을 이용해 AD PDC에 가입하는 것으로 다음과 같다.

```
[root@node1 ~]# net ads join -w CHUL -S master.chul.com -U Administrator      ❶
Enter Administrator's password:
Using short domain name -- CHUL
Joined 'NODE1' to dns domain 'chul.com'
DNS Update for node1.chul.com failed: ERROR_DNS_GSS_ERROR
DNS update failed: NT_STATUS_UNSUCCESSFUL
[root@node1 ~]# net ads testjoin        ❷
Join is OK
[root@node1 ~]# net ads info        ❸
LDAP server: 192.168.80.5
LDAP server name: master.chul.com
Realm: CHUL.COM
Bind Path: dc=CHUL,dc=COM
LDAP port: 389
Server time: Sat, 19 Mar 2016 12:31:44 KST
KDC server: 192.168.80.5
Server time offset: 0
[root@node1 ~]# systemctl start smb nmb winbind       ❹
[root@node1 ~]# systemctl enable smb nmb winbind      ❺
[root@node1 ~]# systemctl status smb nmb winbind      ❻
```

❶ Samba 관리 도구인 명령어 net을 이용해 workgroup(w)과 AD 서버로 사용 중인 master, 그리고 어드민으로 사용 중인 administrator와 그 패스워드를 이용해 AD 도메인에 가입하기를 시도한다. 여기서 DNS update 에러 메시지는 동적 업데이트 에러를 의미하며, 수동으로 DNS 설정 파일에 node1를 추가하면 된다.

❷ 액티브 디렉토리 서버에 멤버 서버로 가입이 됐는지 확인하기 위해 사용한다.

❸ 액티브 디렉토리 서버로 사용되고 있는 master의 정보를 확인하기 위해 사용한다.

❹ Samba의 세 가지 데몬을 명령어 systemctl로 시작한다.

❺ Samba의 세 가지 데몬이 부팅 시에도 자동으로 시작되도록 명령어 systemctl을 사용해 설정한다.

❻ Samba의 세 가지 데몬 상태를 명령어 systemctl로 확인한다.

11.5.5 Samba 멤버 서버 테스트

Samba 멤버 서버로의 가입이 성공했다면 이제 node1에서 도메인 가입에 대한 테스트를 진행하는 과정이 필요하다.

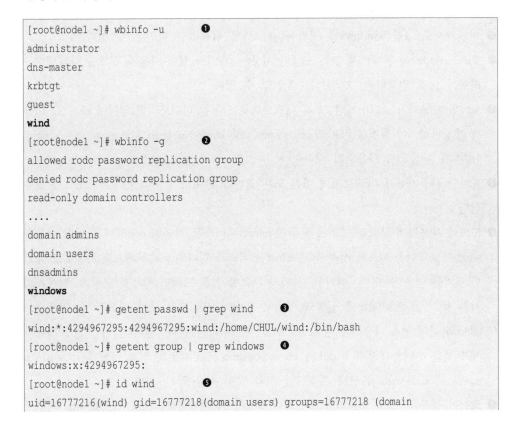

```
[root@node1 ~]# wbinfo -u          ❶
administrator
dns-master
krbtgt
guest
wind
[root@node1 ~]# wbinfo -g          ❷
allowed rodc password replication group
denied rodc password replication group
read-only domain controllers
....
domain admins
domain users
dnsadmins
windows
[root@node1 ~]# getent passwd | grep wind        ❸
wind:*:4294967295:4294967295:wind:/home/CHUL/wind:/bin/bash
[root@node1 ~]# getent group | grep windows       ❹
windows:x:4294967295:
[root@node1 ~]# id wind          ❺
uid=16777216(wind) gid=16777218(domain users) groups=16777218 (domain
```

```
users),16777217(BUILTIN\users)
[root@node1 ~]# mkdir /home/CHUL            ❻
[root@node1 ~]# chmod 777 /home/CHUL        ❼
[root@node1 ~]# telnet node1     ❽
node1 login: wind
Password:
Last login: Fri Mar 18 16:57:13 from node1
-bash-4.2$ pwd     ❾
/home/CHUL/wind
-bash-4.2$
```

❶ winbind 데몬이 제공하는 질의 명령어 wbinfo를 사용해 도메인 사용자를 확인하면 PDC에서 생성한 사용자들, 특히 wind를 확인할 수 있다.

❷ 마찬가지로 명령어 wbinfo를 사용해 도메인 그룹 정보를 확인하는데, PDC에서 생성한 windows 그룹을 볼 수 있다.

❸ NSS가 제공하는 명령어 getent로 사용자 wind를 검색하면 그 정보를 확인할 수 있다. 이 명령어는 앞의 B절에서 설정한 /etc/nsswitch.conf 파일의 passwd에서 설정한 winbind 를 통해 이 정보를 PDC에서 가져와 보여주고 있다.

❹ 마찬가지로 그룹 windows를 명령어 getent로 검색하면 확인할 수 있다.

❺ 호스트 node1에 존재하지 않는 도메인 사용자 wind를 실제 사용자 정보를 나타내주는 명령어 id로 검색하면 그 정보를 확인할 수 있다.

❻ 도메인 사용자가 로그인하면 그 홈 디렉토리로 사용할 디렉토리를 명령어 mkdir을 이용 해 생성한다. 이 설정은 PDC의 /etc/samba/smb.conf에서 template homedir = /home/ %D/%U가 기본으로 사용되기 때문이다.

❼ 도메인 사용자에게 디렉토리에 대한 모든 권한을 부여하기 위해 명령어 chmod를 사용 한다.

❽ 도메인 사용자의 로그인 테스트를 위해 telnet 서비스를 사용해 node1에 도메인 사용자 wind로 로그인을 시도해 성공한다. telnet 서비스가 없다면 ssh 서비스를 사용해도 동일 한 결과를 얻을 수 있다. 여기서 한 가지 주의할 점은 도메인 사용자 생성 시 사용자의 기본 셸shell은 /bin/false로 설정돼 있어서 도메인 사용자는 셸을 사용할 수 없으므로 telnet과 같이 셸을 사용하는 서비스에 로그인이 되지 않는다는 점이다. 이런 경우 사용자 에게 셸을 부여하기 위해 node1의 /etc/samba/smb.conf 파일의 전역 섹션에서 template shell = /bin/bash 옵션을 설정하면 이와 같이 사용할 수 있다.

❾ 로그인 성공 후 그 디렉토리를 확인하면 ❻에서 설정한 대로 /home/CHUL/wind 디렉토

리로 접속했음을 확인할 수 있다. 그러나 사용자 wind가 node1의 사용자 환경 파일이
없기 때문에 일반 사용자와 나타나는 모양이 다른 것을 알 수 있다.

11.5.6 도메인 사용자에게 공유 디렉토리 제공

이제 도메인 사용자에게 멤버 서버가 공유 디렉토리를 제공하는 방법을 살펴본다. 먼저
멤버 서버에서 디렉토리 제공을 설정하고 윈도우 7에서 이를 사용하는 방법을 알아본다.

A. 멤버 서버 설정(node1)

멤버 서버로 사용 중인 node1에서 도메인 사용자에게 공유 디렉토리를 제공하는 설정을
하면 다음과 같다.

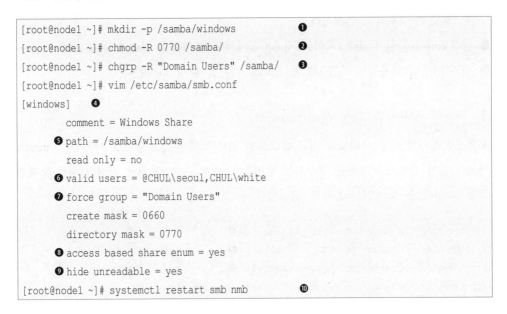

❶ 공유를 허용할 디렉토리 생성을 위해 명령어 mkdir을 사용했다.

❷ 이 디렉토리에 권한 설정을 위해 명령어 chmod를 사용했다.

❸ 명령어 chgrp를 사용해 공유 디렉토리의 그룹 소유권자 이름을 Domain Users로 설정
했다.

❹ Samba 설정 파일을 열어 새로운 공유 섹션 windows를 생성한다.

❺ 공유 디렉토리의 경로를 설정한다.

❻ 이 공유 디렉토리에 접근 가능한 사용자를 정의하는데, 여기서 @는 그룹 설정을, CHUL
은 도메인으로서 Samba 설정 파일에서는 workgroup에 정의된 이름을 의미한다. seoul

은 도메인 그룹을 의미하며, 도메인에서 그룹이 아닌 특정 사용자를 정의할 경우 @ 없이 도메인 이름과 그 사용자 이름만 정의하면 된다. 이를 해석하면 도메인 그룹 seoul에 속한 모든 사용자와 도메인 사용자 white만이 이 공유 디렉토리에 접근이 가능함을 의미한다.

❼ 도메인 사용자들이 Samba를 통해 생성한 모든 파일이나 디렉토리의 그룹 소유권자를 Domain Users로 설정함을 의미한다. 예를 들어 앞에서 도메인 그룹 seoul에 속한 사용자가 Samba로 접근해 파일이나 디렉토리를 생성해도 그룹 소유권자가 seoul이 아니라 다음과 같이 Domain Users로 표시된다는 의미다.

```
drwxrwxrwx. 2 red   domain users   6 Mar 24 11:53 test3
```

❽ 이 공유 디렉토리에 읽기 또는 쓰기 권한이 있는 사용자에게만 이 공유 디렉토리 목록이 표시되도록 허용하는 옵션이다.

❾ 디렉토리에서 읽기 권한이 없는 사용자들에는 파일들을 보여주지 않는다.

❿ 위의 변경된 내용들이 적용되도록 Samba 데몬을 다시 시작한다.

B. 도메인 사용자와 그룹 생성(master)

A절에서 설정한 공유 디렉토리 접근 테스트를 위해 도메인 컨트롤러로 사용 중인 master 에서 도메인 사용자와 그룹을 생성하는 방법은 다음과 같다. 앞에서 설정한 대로 도메인 그룹 seoul과 두 도메인 사용자를 생성한다.

```
[root@master ~]# samba-tool user add red          ❶
[root@master ~]# samba-tool user add white        ❷
[root@master ~]# samba-tool group add seoul       ❸
[root@master ~]# samba-tool group addmembers seoul red ❹
Added members to group seoul
[root@master ~]# samba-tool group listmembers seoul      ❺
red
```

❶ 도메인 사용자 red를 명령어 samba-tool로 생성하는데, 이 사용자는 도메인 그룹 seoul 에 포함될 것이다.

❷ 또 다른 도메인 사용자 white를 명령어 samba-tool로 생성하는데, 이 사용자는 기본적으로 도메인 그룹 Domain Users에 속하게 된다.

❸ 도메인 그룹 생성을 위해 명령어 samba-tool을 사용해 그룹 seoul을 생성한다. 이 그룹에 속한 사용자들은 모두 A절에서 생성한 공유 디렉토리 windows에 접근 가능하다.

❹ 도메인 사용자 red를 그룹 seoul에 포함시키기 위해 명령어 samba-tool에 옵션을 사용했다.

❺ 도메인 사용자 red가 그룹 seoul에 포함됐는지 명령어 samba-tool을 사용해 확인한다.

C. 윈도우 7 클라이언트에서 확인

클라이언트로서 사용되고 있는 윈도우 7에서 멤버 서버의 공유 디렉토리 접속에 대한 테스트를 해보자.

1. Samba 서버 접속 시도하기

먼저 윈도우 시작 메뉴의 검색란에 실행을 입력한 후 그림 11-14처럼 멤버 서버의 IP 주소와 공유 디렉토리 섹션 이름 windows를 입력하고 도메인 사용자 red와 그 패스워드를 입력해 접속한다.

그림 11-14 멤버 서버 접속하기

2. 접속 확인하기

성공적으로 접속하면 그림 11-15처럼 현재 디렉토리에 존재하는 파일과 폴더를 확인할 수 있다.

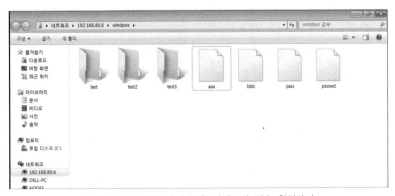

그림 11-15 멤버 서버 공유 디렉토리 접속 확인하기

D. 리눅스에서 확인(node2)

리눅스 클라이언트 node2에서 node1 멤버 서버의 공유 디렉토리 접속을 확인하면 다음과 같다.

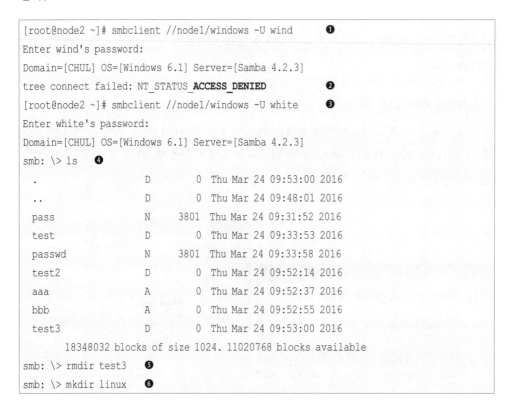

```
[root@node2 ~]# smbclient //node1/windows -U wind        ❶
Enter wind's password:
Domain=[CHUL] OS=[Windows 6.1] Server=[Samba 4.2.3]
tree connect failed: NT_STATUS_ACCESS_DENIED             ❷
[root@node2 ~]# smbclient //node1/windows -U white        ❸
Enter white's password:
Domain=[CHUL] OS=[Windows 6.1] Server=[Samba 4.2.3]
smb: \> ls      ❹
  .                    D        0   Thu Mar 24 09:53:00 2016
  ..                   D        0   Thu Mar 24 09:48:01 2016
  pass                 N     3801   Thu Mar 24 09:31:52 2016
  test                 D        0   Thu Mar 24 09:33:53 2016
  passwd               N     3801   Thu Mar 24 09:33:58 2016
  test2                D        0   Thu Mar 24 09:52:14 2016
  aaa                  A        0   Thu Mar 24 09:52:37 2016
  bbb                  A        0   Thu Mar 24 09:52:55 2016
  test3                D        0   Thu Mar 24 09:53:00 2016
        18348032 blocks of size 1024. 11020768 blocks available
smb: \> rmdir test3     ❺
smb: \> mkdir linux     ❻
```

❶ node2에서 node1의 공유 디렉토리 windows에 도메인 사용자 wind로 접속을 시도하면

❷ 접속이 금지됐다는 메시지를 볼 수 있다. 이 디렉토리는 도메인 그룹 seoul에 속한 사용자들과 도메인 사용자 white만 접속이 허용됐기 때문이다.

❸ 이번에는 동일하게 단지 도메인 사용자 white로 접속하면 성공한다.

❹ 파일 및 디렉토리 목록을 확인할 수 있고

❺ 기존 디렉토리 삭제도 가능하고

❻ 새로운 디렉토리 생성도 가능함을 통해 쓰기 권한이 적용되고 있음을 확인할 수 있다.

11.5.7 GUI를 이용한 멤버 서버 가입

지금까지 커맨드라인을 이용한 멤버 서버 설정하기를 설명했는데, GUI 프로그램인 authconfig-gtk를 사용해서도 이러한 기능 설정이 가능하다. authconfig-gtk를 이용해 멤버 서버를 설정할 때 Samba, NSS, Winbind의 기능을 자동으로 설정해주지만 DNS, Kerberos, PAM은 이전 과정처럼 수동으로 설정해줘야 한다. 설정하는 과정은 매우 간단하다. 단지 패키지를 설치하고, 명령어 authconfig-gtk를 실행하면 그림 11-14처럼 설정하고, Join Domain을 클릭해 도메인에 가입한 후 마지막으로 밑의 Apply 버튼을 클릭하면 모든 과정을 완료할 수 있다.

```
[root@node1 ~]# yum install authconfig authconfig-gtk -y      ❶
[root@node1 ~]# authconfig-gtk &                              ❸
```

❶ authconfig를 이용해 멤버 서버 설정을 위해 두 개의 패키지를 설치하는데, 첫 번째 authconfig 패키지는 커맨드라인을 사용해 멤버 서버 설정이 가능하고, 두 번째 authconfig-gtk 패키지는 그림 11-16처럼 GUI를 사용해 멤버 서버 설정이 가능하다.

❷ 패키지 설치 후에 설정을 위해 명령어 authconfig-gtk를 백그라운드로 실행하면 그림 11-16처럼 설정하면 된다.

그림 11-16 authconfig-gtk를 이용한 멤버 서버 설정하기

11.6 참고문헌

- https://www.samba.org/samba/what_is_samba.html
- https://www.samba.org/samba/docs/using_samba/ch11.html
- https://www.howtoforge.com/samba-server-installation-and-configuration-on-centos-7
- http://www.unixmen.com/install-configure-samba-server-centos-7/
- http://www.tecmint.com/setup-samba-file-sharing-for-linux-windows-clients/
- https://wiki.samba.org/index.php/Main_Page
- https://www.samba.org/samba/docs/man/Samba-HOWTO-Collection/winbind.html#id2652992
- https://en.wikipedia.org/wiki/Server_Message_Block
- https://linux.web.cern.ch/linux/scientific4/docs/rhel-rg-en-4/s1-samba-daemons.html
- https://en.wikipedia.org/wiki/NetBIOS_over_TCP/IP
- https://www.centos.org/docs/5/html/Deployment_Guide-en-US/s1-samba-servers.html
- http://www.deer-run.com/~hal/sysadmin/pam_cracklib.html
- http://www.techrepublic.com/article/controlling-passwords-with-pam/
- http://thepullen.net/wp/2013/03/using-winbind-to-resolve-active-directory-accounts-in-debian/

11.7 요약

1. (   ) 서버는 리눅스 서버에서 원격지의 리눅스 및 유닉스, 그리고 윈도우 시스템을 비롯한 (   ) 프로토콜을 사용하는 다양한 운영체제의 클라이언트에게 파일 및 프린터 (   )를 제공하는 오픈소스 프로그램이다.

2. (   )는 리눅스 및 윈도우 클라이언트에게 파일 공유 및 프린터 서비스를 제공하는 서버 데몬이고, (   )는 윈도우 기반의 시스템에서 SMB/CIFS 프로토콜을 통해 요청한 Netbios 이름 서비스에 대해 응답하는 Samba 서버 데몬이다.

3. 명령어 (   )는 Samba 서버의 이름 및 버전, 그리고 Workgroup 정보와 같은 Samba 서버 작동 유무를 확인하기 위해 사용하는 클라이언트 프로그램이며, (   )는 Samba 서버의 Netbios 이름으로 IP 주소를 조회하는 프로그램이다.

4. Samba (   ) 서버는 워크그룹 서버 또는 워크그룹 환경에서의 멤버로 사용되는 서버를 의미하며, 가장 많이 사용되는 Samba 서버의 역할을 한다.

5. Samba 설정 파일은 Samba 서버 전체에 적용되는 환경을 설정하는 (   ) 섹션, 사용자들의 홈 디렉토리로 접근할 때의 권한을 설정하는 (   ) 섹션, 그리고 프린터에 대한 권한을 설정하는 (   ) 섹션으로 구분할 수 있다.

6. (   )란 윈도우 서버의 액티브 디렉토리와 호환이 가능한 도메인 컨트롤러의 역할을 하는 Samba 서버를 의미한다.

7. Samba PDC 설정을 위해 기존 Samba 패키지를 제거하고 (   ) 패키지를 설치하면 Samba PDC 설정에 필요한 툴 (   )을 사용할 수 있다.

8. (   ) 서버란 클라이언트에게 디렉토리 및 프린터 공유를 제공하지만, 사용자 인증 및 도메인의 보안 정책은 모두 (   )에 의해 이뤄지는 서버다.

9. 윈도우 7을 Samba PDC에 가입시키기 위해선 먼저 윈도우 7의 (   )를 PDC의 (   )로 변경하고 (   )도 변경해야 한다.

10. (   )는 멤버 서버 설정을 위해 사용되는 GUI 프로그램으로, Samba, NSS, Winbind의 기능을 자동으로 설정해주지만 DNS, Kerberos, PAM은 수동으로 설정해줘야 한다.

11.8 연습문제

1. Samba 패키지를 설치한 후에 그 서비스를 시작하고 Firewalld 방화벽에 등록하라.

2. Samba Stand-alone 서버를 구축하고 공유 디렉토리 share를 클라이언트에게 제공하라.

3. 앞에서 공유한 디렉토리 share를 리눅스와 윈도우 클라이언트에서 접속해 데이터 추가 및 삭제를 테스트하라.

4. 공유 디렉토리 share에는 그룹 smbgroup에 속한 사용자 lim과 jeong만 접근 가능하게 설정하고 이를 테스트하라.

5. 마스터 호스트를 Samba PDC로 설정하고 서비스를 시작해보라.

6. Samba PDC에서 그룹 Windows를 생성하고 여기에 사용자 wind1과 wind2를 포함시켜보라.

7. 현재 사용 중인 윈도우 시스템을 이 Samba PDC에 가입시키도록 설정하라. 그리고 도메인 사용자로 이 윈도우 시스템에 로그인하라.

8. 리눅스 호스트 node1을 Samba PDC의 멤버 서버로 설정하라.

9. 멤버 서버로 동작 중인 node1에서 공유 디렉토리를 생성 및 클라이언트에게 제공하고
   윈도우 시스템에서 이를 테스트하라.
10. authconfig-gtk 패키지를 설치하고 이를 이용해 멤버 서버 설정을 완료하라.

11.9 연구과제

1. 윈도우 서버 2008 또는 2012에 액티브 디렉토리를 설정하고 리눅스 시스템을 이 윈도
   우 도메인의 멤버 서버로 가입시키는 설정을 연구해보라.
2. 15장에서 다룰 OpenLDAP 서버를 공부한 다음에 Samba 서버의 사용자 인증 방법으로
   서 OpenLDAP을 이용하는 방법을 공부해보라.

12장
NFS 서버

NFS 파일 서버의 모든 것

12장에서는 리눅스 및 유닉스 시스템에서 파일 공유 서비스를 제공하는 NFS 서버에 대해서 설명한다. 주요 내용으로는 NFS 서버 설정 및 NFS 클라이언트에서 사용하는 방법, 마지막으로 NFS 서버 보안에 대해 구체적인 예제와 더불어 자세히 설명한다.

리눅스 시스템이 제공하는 대표적인 파일 공유 서비스는 10장에서 설명한 FTP 서버, 11장에서 다룬 리눅스/유닉스, 윈도우 시스템 간의 파일 공유 서비스를 제공하는 Samba 서버, 그리고 12장에서 설명할 NFS 서버다. 12장에서는 주로 리눅스 및 유닉스 시스템 간, 즉 동종 시스템 간에 파일 공유 서비스를 제공하는 NFS^{Network File System} 서버에 대해서 설명한다.

NFS은 1984년 선마이크로시스템즈에 의해 개발된 분산 파일 시스템 프로토콜로서 클라이언트 시스템의 사용자가 네트워크상의 원격지 서버에 있는 파일 및 디렉토리를 로컬 시스템에 있는 파일에 접근하는 것과 같은 서비스를 제공하는 클라이언트-서버 모델의 프로토콜이다. 즉, 리눅스와 리눅스 또는 유닉스 간에 파일 공유 서비스를 제공하는 프로토콜이다. 상대적으로 Samba 서비스가 리눅스, 그리고 윈도우 시스템 간의 파일 공유 서비스를 위해 개발된 것과 같은 의미라 할 수 있다. 하지만 현재는 이러한 구분 없이 NFS 서버에서 설정한 파일 공유 서비스를 리눅스 시스템은 물론 윈도우 시스템에서도 사용할 수 있다. NFS 프로토콜은 원격지 서버 및 클라이언트 간의 통신을 위해 RPC^{Remote Procedure Call, 원격 프로시저 호출}를 사용하는데, NFS 서버 시작 시에 반드시 이 프로토콜 서비스가 활성화돼 있어야 한다.

12장에서 NFS 서버 및 클라이언트 설정과 테스트를 위해 사용하는 호스트의 정보는 다음과 같다.

호스트 이름	IP 주소	OS 버전	역할
master.chul.com	192.168.80.5	CentOS Linux release 7.2	NFS 서버
master.chul.com	192.168.80.6	CentOS Linux release 7.2	NFS 클라이언트
windows.chul.com	192.168.80.1	윈도우 7 64비트	NFS 클라이언트

12장에서 다루는 내용은 다음과 같다.

- NFS 프로토콜 이해
- NFS 서버 설치와 서비스 시작
- NFS 클라이언트 사용
- NFS 서버 보안 설정

12.1 NFS 프로토콜 이해

이번 절에서는 NFS의 구조와 종류별 버전에 대해 살펴본다. 이를 통해 NFS 프로토콜을 더 깊게 이해한 다음에 다음 절부터 구체적인 설정 방법을 설명한다.

12.1.1 NFS 시스템 구조

NFS의 구조는 그림 12-1과 같다.

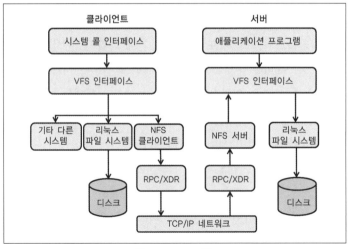

그림 12-1 NFS 구조

1. NFS는 클라이언트-서버 모델로서 그림 12-1에서 보는 것처럼 서버는 클라이언트에게 로컬의 파일 시스템을 공유 디렉토리로 제공하고, 클라이언트는 서버가 제공하는 공유 디렉토리를 로컬 파일 시스템으로 마운트^{mount}해서 사용한다.

2. 더 구체적으로 설명하면 클라이언트 시스템의 프로그램이 시스템 콜을 통해 로컬 파일 시스템에 접근하려면 커널이 지원하는 VFS^{Virtual File System} 인터페이스를 통해 접근할 수 있다.

3. 이 시스템 콜^{System Call}은 컴퓨터 프로그램이 운영체제의 커널로부터 하드디스크 접속, 프로세스 생성이나 실행과 같은 서비스를 요청하는 방법으로서 프로세스와 운영체제 간에 필수적인 인터페이스를 제공하는 역할을 한다.

4. 한편 VFS는 시스템에 존재하는 리눅스의 ext4, xfs와 같은 로컬 파일 시스템뿐 아니라 Samba에서 사용하는 SMB/CIFS 또는 CD-ROM 같은 다른 모든 파일 시스템으로의 접근을 허용하기 위해 사용되는 인터페이스다.

5. 프로그램이 NFS 파일 시스템을 사용할 경우 먼저 VFS 인터페이스를 통해 NFS 클라이언트로 접근해서 이 요청을 NFS 서버에게 전달하는데, 이때 NFS 클라이언트의 요청은 먼저 RPC와 XDR 프로토콜에 전달된다. 이 요청에는 NFS 서버의 이름과 공유된 디렉토리의 정보를 포함하고 있다.

6. 이때 NFS 클라이언트는 애플리케이션 레이어(Layer 7)에서 동작하고, 이 RPC는 메시지의 교환에 관여하는 세션 레이어(Layer 5), 그리고 XDR은 데이터 형식의 교환에 관여하는 프레젠테이션 레이어(Layer 6)에서 동작한다.

7. 앞에서 NFS 클라이언트가 사용하는 RPC는 한 컴퓨터의 프로그램이 다른 컴퓨터에서 실행 중인 프로그램의 프로시저(C 언어의 함수 또는 서브루틴)를 직접 호출해서 두 프로그램 사이에 직접 통신을 연결하는 프로토콜이다. 이때 RPC는 연결된 TCP/IP 네트워크를 통해 stub 모듈을 사용해서 클라이언트의 요청 파라미터를 서버에게 전달하고, 서버의 실행 결과를 다시 되돌려준다. NFS나 Ceph처럼 RPC는 분산 처리 기능을 제공하는 프로그램에서 주로 사용되며, 클라이언트에서 요청하는 프로그램이 서버 프로시저의 처리 결과가 반환될 때까지 일시적으로 정지 상태에 이르는 동기식^{synchronous} 방식을 사용한다. 현재 이러한 RPC는 NFS 서비스가 제공하는 rpcbind 데몬에 의해 제어되고 있다.

8. 또한 XDR^{eXternal Data Representation}은 선마이크로시스템즈에서 개발한 프로토콜로서 이기종 간에 컴퓨터의 데이터 표현 방식이 서로 다른 경우 한 컴퓨터에서 XDR 형식으로 데이터를 변환하고, 다른 컴퓨터에서 변환된 데이터를 해당 컴퓨터에서 사용하는 데이

터 방식으로 변환한 뒤에 사용할 수 있게 도와주는 역할을 한다.

9. RPC와 XDR은 이 요청을 TCP/IP 네트워크를 통해 NFS 서버에게 전달하는데, NFSv2
   와 NFSv3는 이때 UDP와 TCP 중에서 선택해서 사용할 수 있지만 NFSv4에서는 TCP
   포트 2049번을 사용한다.

10. NFSv4의 경우 TCP 포트 2049번을 통해 요청을 받은 NFS 서버는 리눅스 파일 시스템
    에 접근하기 위해 VFS 인터페이스를 통해 파일 시스템에 접근하고, 다시 구체적으로
    rpc.mountd 데몬을 통해 로컬 디스크를 NFS 클라이언트에게 전달함으로써 클라이언
    트 시스템이 서버의 로컬 디스크를 마치 자신의 로컬 파일 시스템처럼 사용할 수 있게
    하는 기능을 제공한다.

12.1.2 NFS 버전 이해

NFS는 현재까지 공개 버전으로 NFSv2, NFSv3, NFSv4, NFSv4.1 네 가지를 사용하고
있다. NFSv1은 선마이크로시스템즈 내부에서 사용됐기 때문에 공개되지 않았다. 공개된
각 버전에 대해 간단히 살펴보면 다음과 같다.

A. NFSv2(RFC 1989)

NFSv2는 1987년 선마이크로시스템즈 내부에서 사용하던 NFSv1을 RFC 규격에 따라 문
서화하고 표준화해서 NFSv2로 명명한 프로토콜이다. NFSv2에서 NFS 클라이언트가 접
근 가능한 파일의 최대 크기는 32비트 제한으로 인해 2기가로 제한됐다. 또한 사용자가
서버의 파일에 접근 시 파일의 권한 설정으로 이를 제한했고, 전송 프로토콜로서 UDP를
사용했다. 기본적으로 NFS 데몬으로 portmapper, rpc.mountd, rpc.statd, rpc.lockd, nfsd
등이 사용됐다.

B. NFSv3(RFC 1813)

NFSv3는 1995년 공개된 NFS 버전으로, NFSv2에 비해 더 큰 규모의 네트워크에서 사용
이 가능해졌고, 최대로 사용 가능한 파일 크기도 64비트를 지원함으로써 2기가 이상으로
확대됐다. NFSv3는 NFSv2의 동기식 쓰기 기능^{Synchrounous Write}(서버의 디스크에 데이터를 저장할
때까지 클라이언트에 대한 응답을 기다리게 하며 설정 파일 옵션에서 sync로 표현)에 대한 성능 이슈를
해결하기 위해 시작됐다. 이를 위해 비동기식 쓰기^{Asynchrounous Write}(서버의 디스크에 데이터가
모두 저장되지 않아도 클라이언트의 요청에 가능한 한 빨리 응답하며, 설정 파일 옵션에서 async로 표현) 기능

을 이 버전부터 지원하기 시작했고, 전송 프로토콜로 TCP를 추가했다. 또한 NFSv3는 Weak Cache Consistency 기능을 지원하기 시작했는데, 이 기능은 다른 클라이언트에 의해 수정된 파일에 대한 변경 사항을 클라이언트가 빨리 인식하게 도와준다. 디렉토리에 대한 접근 제한은 파일의 권한과 더불어 IP 주소 및 도메인에 기반을 둔 ACL[Access Control List] 기능이 추가됐다.

C. NFSv4(RFC 3010)

2000년에 공개된 NFSv4는 AFS[Andrew File System]와 SMB/CIFS의 영향을 받아 선마이크로시스템즈가 IETF로 그 개발을 이전한 이후 처음 개발된 버전이다. NFSv4는 성능 향상과 Kerberos 기반의 보안 기능, 그리고 강제적인 잠금과 위임 기능을 구현하는 Stateful 프로토콜 기능을 소개하고 있다. NFSv4는 Compound 프로시저 기능 또한 구현했는데, 이는 클라이언트가 한 개의 요청에 여러 개의 RPC 호출을 포함해 서버에게 전달하는 기능으로 네트워크를 통한 요청 전달을 최소화하기 위해 사용된다. NFSv4는 그 이전 버전과 다르게 TCP 포트 2049번을 사용하는 한 개의 nfsd 데몬을 사용해 그 요청을 처리하는데, 다른 데몬들은 이 nfsd로 모두 통합됐다. 또한 사용자와 그룹 ID를 이름으로 변환하기 위해 사용되는 rpc.idmpad 데몬과 RPCSEC_GSS 보안을 위해 rpc.gssd 데몬과 rpc.svcgssd 데몬이 새롭게 소개됐다.

NFSv4.1은 2010년 RFC 5661로 명명돼 현재 사용 중인데, 이 버전은 분산 서버를 통해서 파일에 대한 병렬 접속을 허용하는 pNFS[Parallel NFS] 기능을 제공한다.

12.2 NFS 서버 설정

이번 절에서는 NFS 서버를 설정하는 방법을 3단계에 걸쳐 설명한다. 먼저 서버 설정을 하기 전에 NFS 서버 설정에서 사용되는 중요한 파일 세 가지를 소개하면 다음과 같다.

- **/etc/exports** NFS 서버 설정 파일이며, NFS 서버에서 파일 공유를 위해 사용되는 모든 파일과 디렉토리를 정의하기 위해 사용된다.
- **/etc/fstab** NFS 서버에서 설정한 공유 디렉토리를 NFS 클라이언트에서 사용하기 위해 사용되는 파일이며, 설정 후 부팅하면 자동으로 클라이언트 시스템에 마운트된다.
- **/etc/sysconfig/nfs** NFS 서버에서 제공하는 NFS 서비스를 위해 사용되는 모든 포트에 대한 정보를 설정하는 파일이다.

12.2.1 NFS 패키지 설치와 공유 디렉토리 지정

NFS 서버 설정의 첫 번째 단계는 NFS 패키지를 설치하고 서버에서 설정 파일에 공유하고자 하는 디렉토리를 지정하는 것이다.

```
[root@master ~]# yum install nfs-utils libnfsidmap -y ❶
[root@master ~]# rpm -qa | grep nfs          ❷
nfs-utils-1.3.0-0.21.el7.x86_64
libnfsidmap-0.25-12.el7.x86_64
[root@master ~]# mkdir /var/server_share          ❸
[root@master ~]# chmod -R 777 /var/server_share/          ❹
[root@master ~]# vim /etc/exports          ❺
/var/server_share/    192.168.80.0/24(rw,sync,no_root_squash,no_all_squash) ❻
[root@master ~]# exportfs -r          ❼
[root@master ~]# vim /etc/idmapd.conf          ❽
Domain = chul.com
```

❶ 명령어 yum을 사용해 NFS 패키지를 설치한다.

❷ 명령어 rpm을 사용해 NFS 패키지가 정상적으로 설치됐는지 확인한다.

❸ NFS 서버에서 클라이언트에게 공유를 허용할 디렉토리를 server_share라는 이름으로 생성한다.

❹ 클라이언트가 이 디렉토리에 접속해서 파일을 읽기 및 쓰기 권한을 사용하도록 권한을 777로 설정한다.

❺ 초기에 아무런 설정 내용이 없는 NFS 서버 설정 파일을 명령어 vim으로 열어서

❻ 공유 디렉토리 및 옵션을 정의해 설정한다. 이 옵션들을 설명하면 다음과 같다.

- **/var/server_share** 클라이언트에게 공유를 허용할 디렉토리 이름을 의미한다.
- **192.168.80.0/24** 공유된 디렉토리에 접근 가능한 클라이언트 IP 범위이며, 여기엔 *.google.com처럼 도메인 설정도 가능하다.
- **rw** 공유 디렉토리에 대한 읽기 및 쓰기 권한을 허용하는 옵션이다.
- **sync** 파일 시스템 변경 시 즉시 이 변경 사항을 동기화하라는 의미다.
- **no_root_squash** 클라이언트에서 사용자 root로 공유 디렉토리에 접근 시 NFS 서버 시스템에서도 사용자 root로 인식하고 권한을 부여함을 의미한다. 보안을 고려한다면 root_squqsh로 설정을 권장하는데, 이 경우 클라이언트의 사용자 root는 서버에서 nfsnobody로 매핑돼 인식하게 된다.
- **no_all_squash** 각 사용자의 권한을 공유 디렉토리에서도 허용함을 의미한다.

❼ **❻**에서 설정한 공유 디렉토리 목록을 리프레시^{Refresh}하라는 명령어다.

❽ libnfsidmap 패키지를 설치하면 사용 가능한 파일로서 NFSv4에서 NFS의 ID와 이름을 일치시키기 위해 사용되는데, 클라이언트와 서버들이 함께 사용할 도메인 이름을 정의 한다.

12.2.2 NFS 서버 시작

앞에서 서버 설정을 완료했으므로 이제 NFS 서버를 시작해 서비스를 제공할 수 있다.

```
[root@master ~]# systemctl enable rpcbind nfs-server     ❶
[root@master ~]# systemctl start rpcbind nfs-server      ❷
[root@master ~]# systemctl status nfs-server             ❸
nfs-server.service - NFS server and services
 Loaded: loaded (/usr/lib/systemd/system/nfs-server.service; enabled; vendor
preset: disabled)
 Active: active (exited) since Fri 2016-02-19 14:07:29 KST; 5min ago
   ~
 Process: 36842 ExecStop=/usr/sbin/rpc.nfsd 0 (code=exited, status=0/SUCCESS)
 Process: 36904 ExecStart=/usr/sbin/rpc.nfsd $RPCNFSDARGS (code=exited,
status=0/SUCCESS)
 Process: 36902 ExecStartPre=/usr/sbin/exportfs -r (code=exited, status=0/SUCCESS)
Main PID: 36904 (code=exited, status=0/SUCCESS)
   CGroup: /system.slice/nfs-server.service
Feb 19 14:07:29 master.chul.com systemd[1]: Starting NFS server and services...
Feb 19 14:07:29 master.chul.com systemd[1]: Started NFS server and services.
[root@master ~]# lsof -i tcp:111                          ❹
COMMAND   PID    USER     FD    TYPE DEVICE SIZE/OFF NODE NAME
rpcbind 28020    rpc      8u   IPv4 599775      0t0  TCP *:sunrpc (LISTEN)
rpcbind 28020    rpc     12u   IPv6 599778      0t0  TCP *:sunrpc (LISTEN)
[root@master ~]# ps -ef | grep rpc                        ❺
root       543     2  0 11:16 ?    00:00:00 [rpciod]
rpcuser   3338     1  0 11:17 ?    00:00:00 /usr/sbin/rpc.statd --no-notify
rpc      28731     1  0 13:32 ?    00:00:00 /sbin/rpcbind -w
root     28839     1  0 13:32 ?    00:00:00 /usr/sbin/rpc.idmapd
root     28844     1  0 13:32 ?    00:00:00 /usr/sbin/rpc.mountd
[root@master ~]# exportfs -v                              ❻
/var/server_share
192.168.80.0/24(rw,wdelay,no_root_squash,no_subtree_check,sec=sys,rw,secure,no_root
_squash,no_all_squash)
```

❶ 동적으로 서비스와 포트를 연결할 때 사용하는 RPC 서비스를 관리하기 위한 rpcbind 서비스와 nfs-server 서비스를 활성화한다.

❷ 위의 두 서비스를 명령어 `systemctl`로 시작한다.

❸ 명령어 `systemctl`을 사용하면 방금 시작한 nfs-server 서비스의 상태를 확인해 Active 와 서버가 시작됐다는 메시지를 확인하기 바란다.

❹ ❷에서 시작한 rpcbind 서비스가 사용하고 있는 포트 111번이 열려 있는지 명령어 `lsof` 를 통해 확인한다.

❺ nfs-server 서비스를 시작하면 nfsd 데몬과 함께 ID와 이름을 매칭시켜주는 rpc.idmapd 데몬과 NFS 클라이언트의 접근을 허용하는 rpc.mountd 데몬도 같이 시작됐음을 알 수 있다.

❻ 현재 NFS 서버가 제공하고 있는 공유 디렉토리를 확인하기 위해 명령어 `exportfs`와 자세한 정보를 보여주는 옵션 v(verbose)를 사용하면 공유 디렉토리, 허용 네트워크 주소 및 그 옵션을 알 수 있다.

12.2.3 방화벽 설정

마지막 3단계는 앞에서 설정한 NFS 서버를 위해 방화벽 설정을 통해 NFS 서버로의 접근 을 허용해줘야 한다. 한 가지 주의할 점은, NFS는 RPC를 이용하기 때문에 동적으로 포트 를 서비스와 연결한다고 설명했는데 이러한 동적 포트를 확인하기 위해 명령어 `rpcinfo`를 사용해 확인한 다음 서비스나 포트를 방화벽에 추가해줘야 한다는 점이다. 그런데 NFS 서비스를 위해 동적 포트가 아닌 고정된 포트를 사용하려면 /etc/sysconfig/nfs 파일에 지정 할 수 있는데, 이 경우는 이 파일에 지정된 포트를 방화벽에 추가하면 된다. 상황에 따라 Iptables 방화벽이나 Firewalld 방화벽 중 한 가지만 선택해서 사용하기 바란다.

```
[root@master ~]# iptables -A INPUT -s 192.168.80.0/24 -m state --state NEW -p
udp --dport 111 -j ACCEPT            ❶
[root@master ~]# iptables -A INPUT -s 192.168.80.0/24 -m state --state NEW -p
tcp --dport 111 -j ACCEPT
[root@master ~]# iptables -A INPUT -s 192.168.80.0/24 -m state --state NEW -p
tcp --dport 2049 -j ACCEPT           ❷
[root@master ~]# iptables -A INPUT -s 192.168.80.0/24 -m state --state NEW -p
tcp --dport 20048 -j ACCEPT          ❸
[root@master ~]# rpcinfo -p          ❹
[root@master ~]# firewall-cmd --permanent --add-service=nfs        ❺
```

```
[root@master ~]# firewall-cmd --permanent --add-service=mountd          ❻
[root@master ~]# firewall-cmd --permanent --add-service=rpc-bind         ❼
[root@master ~]# firewall-cmd --permanent --add-port=46692/tcp          ❽
[root@master ~]# firewall-cmd --reload          ❾
[root@master ~]# firewall-cmd --list-all          ❿
```

❶ rpcbind가 사용하는 포트 111번을 프로토콜 UDP 및 TCP와 함께 클라이언트 네트워크 192.168.80.0/24에서 접속할 수 있도록 iptables 방화벽을 설정한다.

❷ nfs 서비스가 사용하는 포트 2049번을 클라이언트 네트워크에서 접근 가능하게 설정한다.

❸ NFS 서버의 디렉토리를 클라이언트가 마운트할 수 있게 지원하는 mountd 데몬이 사용하는 포트 20048번을 클라이언트 네트워크 정보와 함께 등록한다.

❹ 앞에서 설정한 포트 이외에 NFS 서버가 사용하는 동적 포트가 있는 경우 명령어 rpcinfo를 사용해 해당 포트를 확인한 다음 방화벽에 위와 같은 방법으로 추가해줘야 한다.

❺ firewalld 방화벽에 nfs 서비스를 추가하는데, 이는 ❷에서 설정한 것과 동일한 효과를 의미한다.

❻ mountd 데몬을 firewalld에 추가하는데, 이는 ❸에서 설정한 것과 동일한 효과를 의미한다.

❼ rpcbind 서비스를 firewalld에 추가하는데, 이는 ❶에서 설정한 것과 동일한 효과를 의미한다.

❽ 동적 포트를 사용하는 경우 ❹처럼 명령어를 사용해 동적 포트를 발견한 후 firewalld 방화벽에 추가하면 된다.

❾ 위의 서비스를 추가한 후 firewalld를 다시 읽어 들인 후에

❿ 위에서 설정한 대로 서비스들이 firewalld 방화벽에 추가됐는지 확인할 수 있다.

12.3 NFS 클라이언트 사용

지금까지 NFS 서버에서의 설정은 모두 끝났으며, 이제 클라이언트에서 이 공유 디렉토리를 사용하는 방법을 살펴본다. 여기서 NFS 클라이언트는 리눅스 및 윈도우 시스템을 의미한다.

12.3.1 NFS 리눅스 클라이언트(node1)

먼저 리눅스 클라이언트 node1에서 NFS 서버를 사용하는 방법을 살펴본다. NFS 서버의 공유 디렉토리를 클라이언트에서 사용할 때 크게 두 가지의 방법, 즉 수동으로 마운트하는 방법과 자동으로 마운트하는 방법이 있다.

A. 수동으로 마운트

명령어 mount를 이용해 수동으로 마운트하는 방법은 다음과 같다.

```
[root@node1 ~]# yum install nfs-utils libnfsidmap        ❶
[root@node1 ~]# rpm -qa | grep nfs        ❷
nfs-utils-1.3.0-0.21.el7.x86_64
libnfsidmap-0.25-12.el7.x86_64
[root@node1 ~]# vim /etc/idmapd.conf        ❸
Domain = chul.com
[root@node1 ~]# systemctl start nfs-idmap rpcbind        ❹
[root@node1 ~]# mkdir /mnt/client_share        ❺
[root@node1 ~]# showmount -e 192.168.80.5        ❻
Export list for 192.168.80.5:
/var/server_share 192.168.80.0/24
[root@node1 ~]# mount -t nfs 192.168.80.5:/var/server_share/
/mnt/client_share/        ❼
[root@node1 ~]# mount | grep server        ❽
192.168.80.5:/var/server_share on /mnt/client_share type nfs4
(rw,relatime,vers=4.0,rsize=524288,wsize=524288,namlen=255,hard,proto=tcp,
port=0,timeo=600,retrans=2,sec=sys,clientaddr=192.168.80.6,local_lock=none,
addr=192.168.80.5)
[root@node1 ~]# mkdir /mnt/client_share/test ❾
[root@node1 ~]# ls -l /mnt/client_share/
total 0
drwxr-xr-x 2 root    root    6 Feb 19 17:45 test
[root@node1 ~]# umount /mnt/client_share        ❿
 
[root@master server_share]# netstat -a | grep nfs        ⓫
tcp    0    0 0.0.0.0:nfs        0.0.0.0:*        LISTEN
tcp    0    0 master:nfs        node1:723        ESTABLISHED
udp    0    0 0.0.0.0:nfs        0.0.0.0:*
```

❶ 서버에서와 마찬가지로 두 개의 NFS 패키지를 명령어 yum을 이용해 설치한다.

❷ 명령어 rpm을 사용해 두 개의 패키지가 성공적으로 설치됐는지 확인한다.

❸ 서버처럼 동일한 도메인을 설정하기 위해 /etc/idmapd.conf 파일을 vim으로 열어서 도메인 chul.com을 지정한다.

❹ 명령어 systemctl을 사용해 nfs-idmapd 서비스와 rpcbind 서비스를 시작한다.

❺ NFS 서버에서 제공하고 있는 공유 디렉토리를 클라이언트에서 마운트하기 위해 한 개의 디렉토리를 생성한다.

❻ NFS 서버가 어떤 공유 디렉토리를 제공하고 있는지 알기 위해 명령어 showmount와 옵션 e(export)를 사용하면 현재 /var/server_share 디렉토리가 제공되고 있음을 확인할 수 있다.

❼ 명령어 mount에 파일 시스템 타입(t:types)을 지정하고 서버의 IP 주소와 디렉토리 이름을 지정한 후 이 디렉토리를 클라이언트의 /mnt/client_share에 마운트한다고 지정한다.

❽ ❼에서 사용한 명령어의 결과를 알기 위해 다시 명령어 mount와 키워드 server를 명령어 grep으로 추출해보면 NFSv4(vers=4.0)가 사용되고 있고, 여러 옵션과 함께 서버의 디렉토리가 클라이언트의 디렉토리로 마운트돼 있음을 확인할 수 있다.

❾ 테스트를 위해 마운트된 디렉토리에 명령어 mkdir을 사용해 test 디렉토리를 생성했다. 이 테스트를 통해 NFS 서버가 제공하는 디렉토리를 클라이언트 시스템에서 마운트해 성공적으로 사용할 수 있다는 것이 증명됐다.

❿ 현재의 마운트된 디렉토리를 해제할 경우 명령어 umount를 사용할 수 있는데, 단 이 디렉토리가 어떤 사용자에 의해서든 사용되지 않는 경우여야 한다.

⓫ NFS 서버인 master 노드에서 명령어 netstat를 통해 연결을 확인해보면 서버인 master의 nfs와 클라이언트 node1의 임의의 포트가 연결돼 있음을 확인할 수 있다.

B. 자동으로 마운트(/etc/fstab)

두 번째 방법인 자동으로 서버의 공유 디렉토리를 사용하는 방법을 살펴보자.

NFS 서버의 공유 디렉토리를 자동으로 마운트해 사용하기 위해 파일 시스템 정의 파일 /etc/fstab를 사용해야 한다.

```
[root@node1 ~]# vim /etc/fstab          ❶
192.168.80.5:/var/server_share/ /mnt/client_share/ nfs defaults 0 0    2
[root@node1 ~]# reboot       ❸
[root@node1 ~]# mount        ❹
192.168.80.5:/var/server_share on /mnt/client_share type nfs4
```

```
(rw,relatime,vers=4.0,rsize=262144,wsize=262144,namlen=255,hard,proto=tcp,
port=0,timeo=600,retrans=2,sec=sys,clientaddr=192.168.80.6,local_lock=none,
addr=192.168.80.5)
```

❶ 파일 시스템 정보가 저장된 파일 /etc/fstab를 명령어 vim으로 열어서

❷ NFS 서버의 IP 주소, 공유 디렉토리 이름과 로컬의 디렉토리 이름, 파일 시스템 타입
(nfs)과 기본 옵션을 지정한다.

❸ 이 업데이트된 파일 시스템 정보가 적용되도록 하기 위해 시스템을 다시 부팅한다.

❹ 시스템 부팅 이후에 명령어 mount로 확인해보면 서버의 디렉토리가 자동으로 로컬의
/mnt/client_share 디렉토리로 마운트돼 있음을 확인할 수 있다.

C. Automount 사용(autofs)

자동으로 NFS 서버의 공유 디렉토리를 클라이언트 시스템에서 마운트하는 두 번째 방법
은 autofs를 이용한 자동 마운트다. autofs 패키지를 설치하고 이 서비스를 시작하면
automount 데몬이 프로세스로서 동작하는데, 이 데몬이 NFS 클라이언트의 자동 마운트를
지원하는 역할을 하게 된다.

```
[root@node1 ~]# yum install autofs -y        ❶
[root@node1 ~]# vim /etc/auto.master         ❷
/mnt    /etc/auto.mount
[root@node1 ~]# vim /etc/auto.mount          ❸
# create new : [mount point] [option] [location]
nfsdir -fstype=nfs,rw  192.168.80.5:/var/server_share        ❹
[root@node1 ~]# mkdir /mnt/nfsdir            ❺
[root@node1 ~]# systemctl start autofs       ❻
[root@node1 ~]# systemctl enable autofs
[root@node1 ~]# systemctl status autofs      ❼
autofs.service - Automounts filesystems on demand
 Loaded: loaded (/usr/lib/systemd/system/autofs.service; enabled; vendor preset:
disabled)
 Active: active (running) since Sat 2016-02-20 11:54:19 KST; 11min ago
 Main PID: 14443 (automount)
   CGroup: /system.slice/autofs.service
14443 /usr/sbin/automount --pid-file /run/autofs.pid
Feb 20 11:54:18 node1.chul.com systemd[1]: Starting Automounts filesystems on demand...
Feb 20 11:54:19 node1.chul.com automount[14443]: setautomntent: lookup(sss):
setautomntent: No s...ory
```

```
Feb 20 11:54:19 node1.chul.com systemd[1]: Started Automounts filesystems on demand.
[root@node1 ~]# cd /mnt/nfsdir          ❽
[root@node1 nfsdir]# ls                 ❾
total 0
aaa  bbb  test
[root@node1 nfsdir]# cat /proc/mounts | grep nfsdir      ❿
192.168.80.5:/var/server_share /mnt/nfsdir nfs4
rw,relatime,vers=4.0,rsize=262144,wsize=262144,namlen=255,hard,proto=tcp,port=0,
timeo=600,retrans=2,sec=sys,clientaddr=192.168.80.6,local_lock=none,addr=
192.168.80.5 0 0
```

❶ automount 데몬을 사용하기 위해 autofs 패키지를 명령어 yum으로 설치한다.

❷ autofs가 사용하는 설정 파일을 명령어 vim으로 열어서 mount-point와 map-name을 지정하는데, 여기서 mount-point(/mnt)는 디렉토리를 의미하며 map-name(/etc/auto.mount)은 mount-point 정보를 포함하고 있는 소스 파일을 의미한다.

❸ ❷에서 지정한 map-name 파일이 현재 없으므로 명령어 vim으로 생성하는데

❹ mount-point로 nfsdir을 지정하는데 이 nfsdir는 /mnt/nfsdir을 의미하며, 옵션으로 파일 시스템 타입(nfs)과 읽기/쓰기(rw) 허용, 그리고 마운트할 서버의 위치를 지정한다.

❺ ❹에서 지정한 디렉토리가 현재 없기 때문에 명령어 mkdir을 이용해 생성한다.

❻ 명령어 systemctl을 이용해 autofs 서비스를 시작하고, 부팅 시에도 자동으로 서비스가 시작되도록 설정한다.

❼ autofs 서비스의 상태를 확인해 active와 서비스가 시작됐다는 메시지를 찾을 수 있어야 한다.

❽ 이제 automount 서비스를 사용할 준비가 됐으므로 새로 생성한 디렉토리로 이동해

❾ 파일 및 디렉토리를 확인하면 그 전에 생성돼 있던 데이터를 확인할 수 있다. 즉 autofs 를 이용하면 명령어 사용 없이, 또는 재부팅 없이 자동으로 NFS 서버의 디렉토리를 마운트해 사용할 수 있다는 것을 확인했다.

●● 주의: 공유 디렉토리 정보가 보이지 않는 경우

여기서 한 가지 주의점은 공유 디렉토리를 사용하지 않는 경우 클라이언트에서 이 디렉토리에 대한 마운트 정보나 목록 정보가 보이지 않을 수 있다. 그러나 automount 프로세스가 동작하고 있다면 이 디렉토리로 이동하는 경우 자동으로 마운트를 해주기 때문에 자동 마운트가 동작하지 않고 있다고 오해하지 말기 바란다.

❿ 마운트된 정보를 확인하기 위해 마운트 정보가 저장된 파일에서 **nfsdir**를 찾아보면 명령어 `mount`를 사용해 얻은 결과와 동일한 결과가 있음을 확인할 수 있다.

12.3.2 NFS 윈도우 클라이언트

이제 NFS 클라이언트인 윈도우 7에서 NFS 서버를 사용하는 방법을 차례대로 살펴본다.

A. NFS 서비스 활성화

먼저 윈도우 7에서 NFS를 이용하기 위해 서비스 사용을 활성화시켜줘야 한다. 윈도우 7의 제어판에서 프로그램을 선택한 후 Program and Features 〉 Turn Windows features on or off를 선택한 후 그림 12-2처럼 Servics for NFS를 선택해줘야 한다.

그림 12-2 NFS 서비스 활성화하기

B. NFS 서버 공유 디렉토리 마운트

NFS 클라이언트 사용의 두 번째 단계는 서버에서 제공하고 있는 디렉토리를 윈도우 7으로 마운트하는 것이다. 이를 위해 그림 12-3처럼 cmd를 실행하고 명령어 mount와 서버의 주소 및 디렉토리, 그리고 윈도우에서 마운트할 로컬 드라이브(Z)를 지정해줘야 한다.

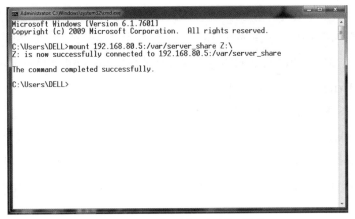

그림 12-3 공유 디렉토리 마운트하기

C. 마운트 디렉토리 사용

NFS 클라이언트의 마지막 단계는 마운트된 디렉토리를 탐색기 메뉴에서 확인 후 그림 12-4처럼 실제 그 디렉토리에 들어가서 데이터를 확인하는 것이다. 테스트를 위해 윈도우 의 파일이나 폴더를 복사해서 붙여 넣은 다음 리눅스에서 확인해보기 바란다.

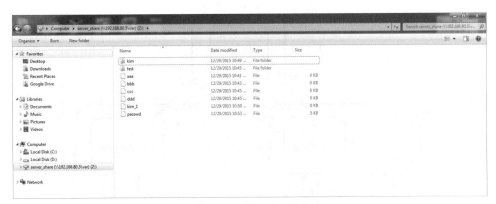

그림 12-4 디렉토리 이용하기

12.4 NFS 서버 보안

지금까지 NFS 서버 설정 및 리눅스와 윈도우 시스템에서 NFS 서버를 이용하는 방법을 설명했다. 이번 절에서는 NFS 서버의 보안 영역 중 NFSv4에서 소개된 RPCSEC_GSS를 소개한다. NFS 서버 보안은 크게 두 가지, 즉 호스트 기반의 보안과 사용자 기반의 보안으 로 분류할 수 있다. NFSv2와 NFSv3에서 사용했던 TCPWrapper는 호스트 기반의 보안 방법으로서 /etc/hosts.allow와 /etc/hosts.deny라는 두 파일을 사용해 접속을 허용할 호스트의 범위를 지정하는 방법을 사용했다.

NFSv4에서 소개된 RPCSEC_GSS는 21장에서 소개할 Kerberos 기반의 보안 인증 방법으로서 TCPWrapper에서 불가능한 사용자 기반의 접속을 제어할 수 있다. NFS 서버는 RPCSEC_GSS를 통해 클라이언트 시스템의 사용자들이 공유 디렉토리 접근 시 암호화를 사용해 사용자를 인증할 수 있으며, NFS 서버의 공유 디렉토리에 접근 가능한 호스트이더라도 Kerberos 인증 정보가 없는 사용자의 접근을 금지할 수 있다. 이번 절에서는 NFS 서버 보안을 위해 Kerberos 기반의 RPCSEC_GSS를 설정하는 방법을 설명한다.

12.4.1 RPCSEC_GSS를 통한 NFS 보안

먼저 NFS 서버에서 RPCSEC_GSS 인증이 이뤄지는 16단계의 과정을 그림 12-5를 통해 설명한다. 이번 설명에선 12장에서 다루지 않는 Kerberos 서버도 설명을 위해 사용되고 있다.

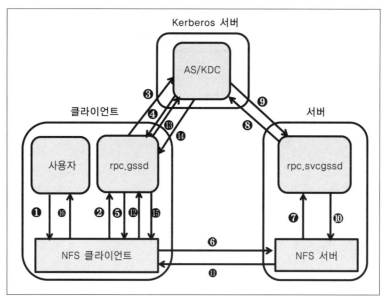

그림 12-5 AUTH_GSS 인증 프로세스

1. NFS 클라이언트 시스템의 사용자는 NFS 서버가 제공하고 있는 NFS 공유 디렉토리를 사용하기 위해 접근을 시도하는데, 현재 이 공유 디렉토리는 Kerberos에 의해 RPCSEC_GSS 인증이 적용된 상태다.

2. 현재 클라이언트 NFS는 이 RPCSEC_GSS가 적용된 디렉토리에 접근할 인증 정보가 캐시 메모리에 없으므로 RPC 보안 context를 얻기 위해 이 요청을 rpc.gssd 클라이언트에 전달한다. 이때 클라이언트는 사용할 서비스 이름과 요청한 사용자의 ID 정보도 같이 전달한다.

3. rpc.gssd는 이 사용자의 유효한 인증 정보를 가지고 KDC에 접속해 이 사용자가 NFS 서버 접속에 필요한 인증 정보가 포함된 티켓을 요청한다.

4. KDC는 rpc.gssd에게 요청한 사용자가 NFS 서버 접속에 필요한 티켓을 발행해준다.

5. rpc.gssd는 이 티켓을 다시 클라이언트 NFS에게 전달한다.

6. 클라이언트 NFS는 서버에게 NFS 서버 접속 요청과 함께 인증에 사용할 티켓을 제출한다.

7. NFS 서버는 이 요청의 허용과 거부를 결정하기 위해서 이 티켓의 유효성 검사를 위해 rpc.gssd 서버에 전달한다.

8. rpc.gssd 서버는 이 사용자 티켓의 유효성 검증을 위해 이 티켓을 발행한 KDC에게 보낸다.

9. KDC는 이 티켓을 받아 유효성을 검사한 뒤에 다른 티켓을 rpc.gssd 서버에게 발행하는데, 이 티켓은 요청하는 클라이언트에게 NFS 서버의 신분을 증명하기 위해 사용된다.

10. rpc.gssd 서버는 이 티켓을 다시 NFS 서버에게 되돌려준다.

11. NFS 서버는 클라이언트에게 6번 요청에 대한 ACCEPT 응답과 함께 KDC가 발행한 티켓도 함께 보낸다.

12. NFS 클라이언트는 이 티켓을 다시 rpc.gssd 클라이언트에게 돌려준다.

13. rpc.gssd 클라이언트는 이 티켓의 유효성을 검증하기 위해 KDC를 호출한다.

14. KDC가 이 티켓을 받으면 rpc.gssd 클라이언트에게 티켓 유효성 검사의 결과를 알려준다.

15. rpc.gssd 클라이언트는 이 결과를 다시 NFS 클라이언트에게 되돌려준다.

16. 이제 6번과 11번 과정에서 인증이 필요 없는 본래의 NFS 과정이 이뤄지고 그 결과가 클라이언트의 사용자에게 마지막으로 전달된다.

12.4.2 RPCSEC_GSS를 설정하는 방법

NFS 서버에서 RPCSEC_GSS를 설정하는 방법을 사용하려면 먼저 Kerberos 서버가 잘 작동하고 있어야 한다. 여기에서는 21장에서 다루는 Kerberos 서버가 설정돼 현재 작동되고 있다는 전제하에서 설명한다. Kerberos 서버 및 클라이언트를 설정하는 방법은 21장에서 자세히 설명하므로 21장을 먼저 공부한 후에 이번 내용을 공부하는 것이 좋다.

A. NFS 서버에서 설정(master)

RPCSEC_GSS를 이용한 인증을 위해 먼저 Kerberos에서의 설정이 필요한데, NFS 서버에서의 설정은 다음과 같다. 여기에서는 Kerberos 서버에서의 설정과 NFS 서버에서의 설정 두 가지가 필요하다.

```
[root@master ~]# kadmin.local              ❶
Authenticating as principal root/admin@CHUL.COM with password.
kadmin.local:  addprinc -randkey nfs/master.chul.com      ❷
WARNING: no policy specified for nfs/master.chul.com@CHUL.COM; defaulting to no policy
kadmin.local:  ktadd nfs/master.chul.com        ❸
Entry for principal nfs/master.chul.com with kvno 3, encryption type
aes256-cts-hmac-sha1-96 added to keytab FILE:/etc/krb5.keytab.
~
Entry for principal nfs/master.chul.com with kvno 3, encryption type des-cbc-md5
added to keytab FILE:/etc/krb5.keytab.           ❹
kadmin: quit
[root@master ~]# vim /etc/exports          ❺
/var/server_share   192.168.80.0/24(rw,sync,no_root_squash,sec=krb5p)
[root@master ~]# systemctl restart nfs-server          ❻
[root@master ~]# systemctl start nfs-secure-server       ❼
[root@master ~]# systemctl enable nfs-secure-server      ❽
[root@master ~]# systemctl status nfs-secure-server      ❾
```

❶ Kerberos 관리 프로그램 kadmin.local로 로그인한 후에

❷ NFS 서버로 사용할 호스트의 정보를 Principal로 생성하는데, 이는 Kerberos가 NFS 서버의 인증을 지원한다는 의미다.

❸ 이 정보를 keytab 파일에 저장하기 위해 명령어 ktadd를 사용한다.

❹ 기본적으로 /etc/krb5.keytab 파일에 이 정보가 저장된다는 메시지를 볼 수 있다. 참고로 이 파일은 데이터 파일이므로 일반 편집기로 그 정보를 볼 수 없고, 명령어 klist나 ktutil을 통해 내용을 확인할 수 있다.

❺ 공유 디렉토리 편집을 위해 NFS 서버 설정 파일을 열어 옵션에 보안 옵션 sec=krb5p를 추가하는데, 이 옵션은 Kerberos 인증 및 그 세션까지 암호화를 한다는 것을 의미한다. krb5p 대신 krb5인 경우 사용자 인증, krb5i인 경우 무결성 검사 옵션을 의미한다.

❻ 수정된 설정 파일 적용을 위해 NFS 서버를 다시 시작한다.

❼ 명령어 `systemctl`을 사용해 RPCSEC_GSS가 적용된 nfs 서비스를 시작한다.

❽ 부팅 시에도 자동으로 이 서비스가 시작되도록 설정한다.

❾ 서비스 시작 이후 그 서비스 상태를 확인한다.

B. NFS 클라이언트에서 설정(node1)

RPCSEC_GSS를 적용하기 위한 NFS 클라이언트에서의 설정은 다음과 같다. 클라이언트도 마찬가지로 Kerberos 설정이 필요하며, NFS 클라이언트 타겟만 시작하면 모든 설정을 마치게 된다.

```
[root@node1 ~]# kadmin -p root/admin        ❶
Authenticating as principal root/admin with password.
Password for root/admin@CHUL.COM:
kadmin: addprinc -randkey nfs/node1.chul.com        ❷
WARNING: no policy specified for nfs/node1.chul.com@CHUL.COM; defaulting to no policy
Principal "nfs/node1.chul.com@CHUL.COM" created.
kadmin: ktadd nfs/node1.chul.com        ❸
Entry for principal nfs/node1.chul.com with kvno 2, encryption type
aes256-cts-hmac-sha1-96 added to keytab
~
Entry for principal nfs/node1.chul.com with kvno 2, encryption type des-cbc-md5 added
to keytab FILE:/etc/krb5.keytab.
kadmin: quit
[root@node1 ~]# systemctl enable nfs-client.target        ❹
[root@node1 ~]# systemctl start nfs-client.target        ❺
[root@node1 ~]# systemctl status nfs-client.target        ❻
nfs-client.target - NFS client services
Loaded: loaded (/usr/lib/systemd/system/nfs-client.target; enabled; vendor preset:
disabled)
Active: active since Fri 2016-02-26 13:36:34 KST; 1h 13min ago
Feb 26 13:36:34 node1.chul.com systemd[1]: Reached target NFS client services.
Feb 26 13:36:34 node1.chul.com systemd[1]: Starting NFS client services.
Feb 26 14:49:43 node1.chul.com systemd[1]: Reached target NFS client services.
[root@node1 ~]# ps -ef | grep rpc        ❼
root      657     2  0 13:35 ?    00:00:00 [rpciod]
rpc       935     1  0 13:36 ?    00:00:00 /sbin/rpcbind -w
root     8860     1  0 14:44 ?    00:00:00 /usr/sbin/rpc.gssd        ❽
```

❶ Kerberos 서버의 관리자의 ID root와 패스워드를 이용해 로그인해

❷ NFS 클라이언트로 사용될 호스트의 정보를 Principal로 생성한다.

❸ 이 정보를 /etc/krb5.keytab 파일에 저장하기 위해 명령어 `ktadd`를 사용한다.

❹ rpc.gssd 데몬을 사용하기 위해 nfs-client.target을 부팅 이후에도 자동으로 시작되도록 설정한다.

❺ rpc.gssd 데몬을 사용하기 위해 nfs-client.target을 명령어 `systemctl`로 시작한 후

❻ 그 상태를 명령어 `systemctl`로 확인하면 active와 기타 메시지를 볼 수 있다.

❼ NFS 클라이언트에서 사용하고 있는 RPC 서비스 프로세스를 확인해보면

❽ 클라이언트 시스템에서 RPCSEC_GSS 인증을 위해 필요한 rpc.gssd 데몬을 확인할 수 있다.

C. RPCSEC_GSS가 적용된 NFS 서버 테스트

Kerberos 서버를 이용한 RPCSEC_GSS가 적용된 NFS 서버를 테스트하기 위해서는 마운트 옵션에 보안 옵션만 추가하면 된다.

```
[root@node1 ~]# mount -t nfs4 -o sec=krb5 master:/var/server_share /mnt/mount/   ❶
[root@node1 ~]# mount | grep krb5       ❷
master:/var/server_share on /mnt/mount type nfs4
(rw,relatime,vers=4.0,rsize=262144,wsize=262144,namlen=255,hard,proto=tcp,
port=0,timeo=600,retrans=2,sec=krb5,clientaddr=192.168.80.6,local_lock=none,
addr=192.168.80.5)

[root@node1 ~]# su - lee                ❸
Last login: Thu Feb 25 15:06:09 KST 2016 on pts/2
[lee@node1 ~]$ cd /mnt/mount            ❹
-bash: cd: /mnt/mount: Permission denied
[lee@node1 ~]$ kinit        ❺
Password for lee@CHUL.COM:
[lee@node1 ~]$ klist        ❻
Ticket cache: KEYRING:persistent:1004:1004
Default principal: lee@CHUL.COM
Valid starting     Expires            Service principal
02/26/2016 14:55:59 02/27/2016 14:55:59 krbtgt/CHUL.COM@CHUL.COM
[lee@node1 ~]$ mkdir /mnt/mount/lee        ❼
[lee@node1 ~]$ cd /mnt/mount
[lee@node1 mount]$ ls        ❽
aaa bbb ccc ddd lee park test
```

❶ NFS 서버의 디렉토리를 클라이언트의 디렉토리로 마운트하는데, 옵션에 보안 옵션 sec=krb5를 추가해 RPCSEC_GSS에 기초한 Kerberos 인증을 사용하겠다고 정의한다.

❷ 마운트된 디렉토리에서 krb5를 발견함으로써 Kerberos 인증이 적용돼 있음을 확인할 수 있다.

❸ 테스트를 위해 사용자 lee로 로그인을 하는데, 사용자 lee는 현재 Kerberos 서버에 등록된 사용자이므로 이 디렉토리에 접근이 가능하기 때문이다. 참고로 사용자 lee를 Principal로 추가하는 방법은 21장을 참고하기 바란다.

❹ 그런데 마운트된 디렉토리로 접근을 시도하면 'Permission denied' 메시지와 함께 접근이 되지 않음을 확인할 수 있다. 티켓이 현재 없기 때문이다.

❺ 명령어 kinit를 사용해 사용자 lee가 NFS 서버 접근을 위해 사용할 인증 티켓을 Kerberos 서버에게 요청한다. 이때 lee의 패스워드가 필요한데, 이 패스워드는 Kerberos 서버에서 사용자 lee를 위한 Principal을 생성할 때 사용한 패스워드를 의미한다.

❻ Kerberos 서버가 보내준 유효 기간 하루 동안의 티켓 정보를 명령어 klist로 확인할 수 있다.

❼ 이제 다시 공유된 디렉토리 접근 테스트를 위해 디렉토리 lee를 생성하면 성공하고

❽ 직접 그 디렉토리로 이동해서 확인하면 생성돼 있음을 알 수 있다.

이상으로 NFS 서버에서 호스트 인증에 성공하더라도 사용자별 접근 통제가 RPCSEC_GSS에 기반을 두고 Kerberos를 통해 잘 이뤄지고 있음을 확인했다.

12.5 참고문헌

- https://en.wikipedia.org/wiki/Network_File_System
- http://searchenterprisedesktop.techtarget.com/definition/Network-File-System
- http://www.dbms-notes.com/2010/10/network-file-system-nfs.html
- http://docstore.mik.ua/orelly/networking_2ndEd/nfs/ch07_02.htm
- http://www.cs.jhu.edu/~yairamir/cs418/os10/sld022.htm
- http://www.server-world.info/en/note?os=CentOS_7&p=nfs&f=1
- https://www.centos.org/docs/5/html/Deployment_Guide-en-US/s1-nfs-server-config-exports.html
- https://www.centos.org/docs/5/html/Deployment_Guide-en-US/ch-nfs.html

- http://www.tecmint.com/how-to-setup-nfs-server-in-linux/
- http://wiki.linux-nfs.org/wiki/index.php/Nfsv4_configuration
- http://users.suse.com/~sjayaraman/nfs4_howto.txt
- http://www.citi.umich.edu/projects/nfsv4/gssd/
- http://www.citi.umich.edu/projects/nfsv4/linux/krb5-setup.html
- http://searchsoa.techtarget.com/definition/Remote-Procedure-Call

12.6 요약

1. ( ) 서버는 선마이크로시스템즈에 의해 개발된 분산 파일 시스템 프로토콜로서 클라이언트 시스템의 사용자에게 네트워크상의 원격지 서버에 있는 파일 및 디렉토리를 마치 로컬 시스템에 있는 파일에 접근하는 것 같은 서비스를 제공하는 프로토콜이다.

2. 파일 ( )은 NFS 서버에서 파일 공유를 위해 사용되는 모든 파일 및 디렉토리를 정의하기 위해 사용되며, ( )은 NFS 서버에서 제공하는 NFS 서비스를 위해 사용되는 모든 포트에 대한 정보를 설정하는 파일이다.

3. NFS 서비스를 사용하기 위해 패키지 ( )를 설치해야 하고 서버 설정 이후 명령어 systemctl을 사용해 두 서비스 ( )와 ( )를 시작해야 한다.

4. /etc/exports 파일 설정 시에 ( ) 옵션은 클라이언트에서 사용자 root로 공유 디렉토리 접근 시 NFS 서버 시스템에서도 사용자 root로 인식하고 권한을 부여하는데, 보안을 고려한다면 ( )로 설정을 권장하며 이 경우 클라이언트의 사용자 root는 ( )로 매핑된다.

5. nfs-server 서비스를 시작하면 nfsd 데몬과 함께 ID와 이름을 매칭시켜주는 ( ) 데몬, 그리고 NFS 클라이언트의 접근을 허용하는 ( ) 데몬도 같이 시작됐음을 알 수 있다.

6. NFS 클라이언트는 명령어 ( )를 사용해 서버의 공유 디렉토리를 확인하고, 명령어 ( )를 사용해 로컬 호스트의 디렉토리로 가져와 사용할 수 있다.

7. NFS 서버의 공유 디렉토리를 클라이언트 시스템에서 자동으로 마운트하는 ( )를 사용하기 위해 ( ) 패키지를 설치하고 ( ) 서비스를 시작해야 한다.

8. 윈도우 7에서 NFS 서비스를 활성화하기 위해 제어판에서 프로그램을 선택하고 Program and Features ❱ Turn Windows features on or off를 선택한 후 아래 ( )를 선택해줘야 한다.

9. NFS 서버는 (   )를 통해 클라이언트 시스템의 사용자들이 공유 디렉토리 접근
   시 (   )를 사용해 사용자를 인증할 수 있으며, (   ) 인증 정보가 없는 사용자의
   접근을 금지할 수 있다.
10. NFS 서버가 RPCSEC_GSS 서비스를 제공하려면 설정 파일에 (   ) 옵션을 추가해
    야 하고 (   ) 서비스를 시작해야 한다.

12.7 연습문제

1. nfs 서버 패키지를 설치하고 공유 디렉토리 share를 클라이언트에게 제공하기 위해
   NFS 서비스를 시작하라.
2. 리눅스 클라이언트에서 이 공유 디렉토리를 로컬 호스트의 디렉토리로 마운트하라.
3. automount를 사용해 NFS 서버의 공유 디렉토리가 클라이언트에서 자동으로 마운트되
   도록 설정하라.
4. 현재 사용 중인 윈도우 시스템에서 NFS 서비스를 활성화하고 NFS 서버가 제공 중인
   공유 디렉토리를 마운트해서 사용하라.
5. NFS 서버에서 RPCSEC_GSS를 이용한 보안 인증 서비스를 설정하고 그 서비스를 제
   공하라.
6. 리눅스 클라이언트에서 이렇게 RPCSEC_GSS가 적용된 NFS 서버의 공유 디렉토리
   를 인증을 거친 후에 마운트해서 사용하라.

12.8 연구과제

1. NFS의 사용자 인증 방법으로 LDAP을 사용하는 방법을 연구해보라.
2. 윈도우 서버 2008 또는 2012에서 NFS 서비스를 사용하는 방법을 연구해보라.

13장
SSH 서버

SSH 서버의 모든 것

13장에서는 리눅스에서 암호화 기능을 지원해 안전한 서버 접속을 가능케 하는 SSH 서버를 살펴본다. 주요 내용으로는 SSH 서버의 이해와 패키지의 설치, SSH 서버의 시작과 인증 방법, SSH 클라이언트 프로그램의 사용, SSH 서버 보안에 대한 내용을 자세한 예제와 더불어 자세히 설명한다.

서버 관리자가 서버 관리를 위해 서버에 접속하는 방법은 서버에 직접 접속하는 물리적 접속 방법과 원격지에서 서버에 접속하는 방법으로 구분할 수 있다. 원격지 서버 접속 방법도 VNC나 웹과 같은 GUI를 이용한 접속 방법과 커맨드라인^{Command-line}을 이용한 접속 방법으로 구분할 수 있다. SSH^{Secure Shell} 서버는 후자에 속하며 다양한 알고리즘에 기반을 둔 암호화 기능을 통해 안전한 서버 접속을 지원하는 오픈소스 프로토콜이다. SSH 이전에 커맨드라인 기반에서 가장 대중적인 원격 접속 프로그램은 Telnet이었지만, 인증 정보를 비롯한 모든 데이터를 암호화 지원 없이 평문으로 전달하는 구조 때문에 지금은 그 자리를 SSH에게 물려줬고 내부 네트워크 등 일부에서만 사용되고 있다.

SSH는 현재 버전 1과 버전 2가 사용되고 있는데, SSHv1의 경우 SSHv2에 비해 안전하지 않기 때문에 13장에서 사용할 OpenSSH의 경우 기본적으로 SSHv2를 사용하도록 설정돼 있다. SSH 프로토콜은 그 자체로서도 매우 유용한 프로그램이지만, 암호화 기능을 지원하지 않는 다른 프로그램의 암호화 기능까지도 지원할 수 있기에 그 중요성 및 기능 확장 또한 아주 높다고 할 수 있다. 그래서 유닉스 및 리눅스를 비롯한 운영체제뿐 아니라 윈도우 시스템에서도 SSH 서버 사용이 가능할 정도로 SSH의 가용성 또한 아주 높다. 또한 다양한 종류의 SSH 오픈소스 및 상용 클라이언트 프로그램을 통해 SSH 서비스를 쉽고 편리하게 사용할 수 있다.

13장에서 SSH 서버 및 클라이언트 설정 및 테스트를 위해서 사용되는 호스트의 정보는
다음과 같다.

호스트 이름	IP 주소	OS 버전	역할
master.chul.com	192.168.80.5	CentOS Linux release 7.2	SSH 서버
node1.chul.com	192.168.80.6	CentOS Linux release 7.2	SSH 클라이언트
node2.chul.com	192.168.80.7	CentOS Linux release 7.2	두 번째 SSH 서버
windows.chul.com	192.168.80.11	윈도우 7 64 비트	SSH 클라이언트

13장에서 다루는 내용은 다음과 같다.

- SSH 서비스 이해
- SSH 서버 설치와 서비스 시작
- SSH 서버 인증 설정
- SSH 서버 고급 기능 사용
- SSH 클라이언트 프로그램 사용
- SSH 서버 보안 설정

13.1 SSH(RFC 4251) 서비스 이해

SSH 서비스는 다른 서비스에 비해 다소 복잡한 구조로 구성돼 있다. SSH 서비스의 전반
적인 이해를 위해 표 13-1의 SSH 프로토콜 스택을 기초로 해서 SSH의 구조를 먼저 살펴
보자. 암호학에 관련된 다소 어려운 내용도 포함돼 있으니 이해하기 어려운 경우 여러
번 읽어 이해하기 바란다. 표 13-1은 SSH 프로토콜이 사용하는 스택을 정리한 것이다.

표 13-1 SSH 프로토콜 스택

SSH 프로토콜 스택
SSH 애플리케이션
ssh, scp, sftp, ssh-agent, ssh-add 등 제공

(이어짐)

SSH 사용자 인증 프로토콜	SSH 연결 프로토콜
서버에 클라이언트의 사용자 인증 제공	안전한 터널을 통해 여러 채널 제공
SSH 전송 계층 프로토콜	
서버 인증, 암호화, 무결성, 데이터 압축 기능 제공	
TCP(Transmission Control Protocol)	
신뢰할 만한 연결형 통신 제공	
IP(Internet Protocol)	

SSH 프로토콜 스택을 설명하기 전에 SSH 인증과 관련된 중요한 암호화 알고리즘 두 가지를 간단히 설명하고 설명을 진행하겠다.

●● 중요: 암호화 알고리즘

A. 대칭 키 암호화 알고리즘(Symmetric Key Encryption Algorithms)
데이터의 암호화와 복호화에 사용되는 키가 동일한 알고리즘이다. 이때 사용되는 키를 비밀 키 (Secret Key)라고 하며, 대표적으로 사용되는 알고리즘은 DES, 3DES, AES, SEED, RC4 등이 있다. 이 비밀 키는 데이터 통신을 사용하는 송신자와 수신자만 공유해야 하며 공개돼서는 안 된다.

B. 비대칭 키 암호화 알고리즘(Asymmetric Key Encryption Algorithms)
데이터의 암호화와 복호화에 사용되는 키가 서로 각각 다른 알고리즘이다. 즉, 암호화와 복호화에 사용되는 두 개의 키가 필요한데, 이 키를 각각 공개 키(Public Key)와 개인 키(Private Key)라고 부른다. 그래서 이 알고리즘을 공개 키 알고리즘(Public Key Algorithms)이라고 부르며, 대표적인 알고리즘으로 RSA, DSA, Diffie-Hellman, DSS, Elgama 등이 있다. 공개 키 알고리즘에서 데이터 를 공개 키로 암호화하면 개인 키로 복호화를 해야 하며, 개인 키로 암호화를 하면 공개 키로만 복호화를 할 수 있다. 공개 키 알고리즘은 데이터의 암호화와 복호화, 전자 서명, 키 교환에 사용되며, 공개 키는 통신을 위해 누구에게나 공개가 가능하지만 개인 키는 오직 키 생성자만이 안전하게 보관해야 한다.

13.1.1 SSH 프로토콜 이해

표 13-1에서 SSH는 세 가지의 프로토콜을 사용한다고 했는데, 각 프로토콜이 어떤 역할 을 하는지 구체적으로 살펴보자.

A. SSH 전송 계층 프로토콜

하위 계층에서 TCP를 통한 연결이 이뤄지면 전송 계층Transport Layer은 서버 인증과 암호화, 그리고 데이터에 대한 무결성 및 압축 기능을 제공하기 위해 사용된다. 이 전송 계층에서 이뤄지는 과정을 좀 더 살펴보면 다음과 같다.

1. **프로토콜 버전 교환** 서로 간에 사용하는 SSH 프로토콜 및 패키지의 버전 정보를 교환하는데, 이 정보들은 디피-헬만Diffie-Hellman 키 교환 시에 사용된다.

2. **바이너리 패킷(Binary Packet) 교환** 이 패킷을 통해 서로 간에 여러 정보를 교환하게 되는데, 이들은 패킷의 최대 길이, 암호화와 압축에 사용할 알고리즘의 종류, 데이터의 무결성에 사용할 MACMessage Authentication Code의 종류 및 키 교환 방법, 공개 키 알고리즘의 종류 등을 포함한다. 이 정보 교환을 통해 서로 간에 사용할 정보들을 협상하고 서로 협상을 마친 후에는 각각의 첫 번째 목록에 있는 알고리즘이 선택돼 사용된다.

3. **키 교환** 디피-헬만Diffie-Hellman 알고리즘을 사용해 암호화와 MAC에서 사용할 키를 교환한다.

4. **서비스 요청** 위의 모든 과정을 마치면 클라이언트는 서버에게 사용자 인증이나 연결 프로토콜에 대한 요청을 함으로써 전송 계층에서의 모든 작업을 마치게 된다.

B. SSH 사용자 인증 프로토콜

사용자 인증 프로토콜User Authentication Protocol은 클라이언트가 서버에 의해 인증이 되는 방식을 제공한다. 다음과 같이 크게 세 가지 방식이 사용되고 있다.

1. 공개 키(Public Key)

공개 키 알고리즘의 종류에 따라 약간의 차이가 있지만, 대부분 다음과 같은 과정에 따라 인증이 이뤄진다. 클라이언트는 공개 키와 개인 키를 생성한 다음에 이 공개 키와 개인 키로 서명한 메시지를 서버 측에 보내게 된다. 서비는 클라이언트가 개인 기로 서명한 메시지를 공개 키로 복호화를 시도해, 이 공개 키를 통한 인증이 클라이언트와 이뤄진다는 사실을 검사하게 된다. 이 방법은 공개 키 암호화 방식의 특성, 즉 한 키로 암호화를 하면 다른 키로만 복호화를 할 수 있다는 특성을 이용한 인증 방법이다.

2. 패스워드(Password)

클라이언트가 서버에게 제공하는 평문의 패스워드를 통해 인증이 이뤄지는데, 이 패스워드는 이미 SSH 전송 계층에서 제공한 암호화 기능 덕분에 안전하게 서버에 전달된다.

3. 호스트 기반(Host based)

사용자가 위치한 클라이언트 호스트에서 인증이 이뤄지는 방식이다. 클라이언트 호스트가 개인 키로 생성한 서명을 서버에 보내 서버가 이 클라이언트 호스트를 인증하면 이 클라이언트 호스트의 모든 사용자는 서버에서 인증이 성공하게 된다. 서버는 이미 이 사용자들이 이 클라이언트 호스트에서 인증을 통과했다고 믿기 때문이다.

C. SSH 연결 프로토콜

사용자 인증이 완료되고 안전하게 연결된 상태를 터널이라고 부르는데, 이 터널은 여러 개의 논리적인 채널을 제공하게 된다. 사용자는 이 채널을 통해 데이터를 전송하게 되는데, 이를 위해 채널은 원격 프로그램 실행에 사용되는 세션Session과 원격 및 로컬 포워딩, 그리고 X11 포워딩의 기능을 제공하게 된다. 포워딩에 관련된 내용은 13.4절을 참고하기 바란다.

13.1.2 SSH 공개 키 인증 과정의 이해

앞에서 SSH가 사용하는 세 가지 프로토콜의 기능에 대해 설명했는데, 이러한 기초 지식을 가지고 구체적으로 SSH 서비스에서 가장 안전한 인증 방법으로 평가되는 공개 키 기반 인증이 이뤄지는 과정을 5단계로 나눠 설명하겠다.

A. 1단계: 접속 요청

첫 번째 단계는 클라이언트가 TCP 기반 서버의 SSH가 사용하는 포트 22번으로 연결 요청을 한다. 연결을 요청하는 과정은 다음과 같다.

```
[root@node1 ~]# ssh -vv master
debug1: Enabling compatibility mode for protocol 2.0
debug1: Local version string SSH-2.0-OpenSSH_6.6.1
debug1:Remote protocol version 2.0, remote software version OpenSSH_6.6.1
debug1: match: OpenSSH_6.6.1 pat OpenSSH_6.6.1* compat 0x04000000
```

이 요청을 통해 클라이언트는 두 가지의 정보를 얻는데, 첫 번째는 서버가 제공하고 있는 SSH의 버전, 그리고 두 번째는 SSH의 패키지 버전 정보다. 여기서 클라이언트는 서버가 SSHv2를 지원한다면 연결을 시도할 것이고, 그렇지 않다면 연결을 더 이상 시도하지 않는다.

B. 2단계: 바이너리 패킷 교환

두 번째 단계에선 서버의 버전에 따라 클라이언트는 연결을 계속하고 이제 클라이언트와 서버는 바이너리 패킷 프로토콜^{Binary Packet Protocol} 모드로 변경한다. 이때 패킷은 32비트의 길이와 패딩 정보를 포함하고 있다. 이 패킷 교환을 통해 서버와 클라이언트는 서로 간에 통신을 위해 사용할 암호화 및 키 교환, 그리고 MAC과 압축 알고리즘을 협상하게 된다. 다음 리스트가 바로 이 단계에서 이뤄지는 내용이며, 이 중에서 SSH2_MSG_KEXINIT가 이러한 목록을 포함하고 있다.

```
[root@node1 ~]# ssh -vv lee@master
debug1: SSH2_MSG_KEXINIT sent
debug1: SSH2_MSG_KEXINIT received
debug1: kex: server->client aes128-ctr hmac-md5-etm@openssh.com none
debug1: kex: client->server aes128-ctr hmac-md5-etm@openssh.com none
debug1: kex: curve25519-sha256@libssh.org need=16 dh_need=16
debug1: kex: curve25519-sha256@libssh.org need=16 dh_need=16
debug2: kex_parse_kexinit: none,zlib@openssh.com,zlib
debug2: kex_parse_kexinit: none,zlib@openssh.com,zlib
```

C. 3단계: 키 전달

세 번째 단계에서는 서버가 클라이언트에게 중요한 정보를 보내게 된다. 이 정보들은 다음과 같다.

1. 서버의 호스트 키(Host Key)

서버는 먼저 클라이언트에게 서버가 갖고 있는 호스트 키를 클라이언트에 전달한다.

```
[root@master ssh]# cat /etc/ssh/ssh_host_rsa_key.pub    ❶
ssh-rsa
AAAAB3NzaC1yc2EAAAADAQABAAABAQCTNuq017pI/WuX5LVgWZazl8RkTcq+DNWnYc74EI6PYwCa0miCt6J
ckCIhujxgn+YHxhHWUYiZPo7kTvPbVbXY0f0qc9/771mxxGh//9SSGvR9g5VdRdcGX46G1YgUfO4hrZsalt
ngRgkiOPaUOveiAwc67ftjn8VctIfjU75SnRuPh61UPx7do2jusb7j249/8YXsB+gge7engeu2cKGpTuQ8o
xRNHXDytCrWsEnLhMehVRmXgD+8yqj3t/Pq0AfESmxcVpzNPdpVgFepQw9T+gwTWxrTQkCHMah7PTjWzRne
MZT/Pnp6Olbu+jZuoqIngI6HecIc61YcGGo1cZuh
[root@ node1 ~]# ssh 192.168.80.5    ❷
The authenticity of host '192.168.80.5 (192.168.80.5)' can't be established.
Server host key: ECDSA 8d:f4:f4:89:52:0e:4b:ea:68:59:53:17:71:0f:be:3f
Are you sure you want to continue connecting (yes/no)?
```

```
[root@ node1 ~]# ls .ssh/        ❸
authorized_keys id_r
a id_rsa.pub known_hosts
```

❶ SSH 서버가 사용하는 호스트 공개 키의 이름과 그 키의 내용이다. 이 키는 클라이언트
  에게 서버의 신분을 증명하기 위해 사용된다.
❷ 클라이언트가 처음 서버에 SSH 접속 요청을 하면 이러한 경고를 받게 된다.
❸ 클라이언트가 yes를 선택하면 서버의 호스트 공개 키는 클라이언트 접속자의 홈 디렉토
  리에 있는 .ssh/known_hosts 파일에 그 공개 키를 저장하게 된다.

2. 서버 키(Server Key)

서버 키는 서버에서 클라이언트로 전달되는 키로서 SSHv1에서만 사용되며, 서버의 설정
파일 /etc/ssh/sshd_config에 정의돼 있다. 이 키는 1시간마다 다시 생성되며, 크기는 기본
적으로 1024비트다. 이 키는 SSHv1에서만 세션 키를 암호화하기 위해 사용된다.

```
[root@master ~]# cat /etc/ssh/sshd_config
33 # Lifetime and size of ephemeral version 1 server key
34 #KeyRegenerationInterval 1h
35 #ServerKeyBits 1024
[root@node1 ~]# ssh -vv master
debug1: SSH2_MSG_NEWKEYS sent
debug1: expecting SSH2_MSG_NEWKEYS
debug2: set_newkeys: mode 0
debug1: SSH2_MSG_NEWKEYS received
```

위의 명령어 ssh에 vv 옵션을 이용해 살펴보면 이렇게 키가 교환되고 있음을 알 수 있
다. 이로써 서버는 지원이 가능한 암호화와 인증에 필요한 방법들을 모두 클라이언트에
전달했다. SSHv2의 경우 위의 서버 키를 사용하지 않으며, 단지 키 교환을 위해 디피-헬
만 알고리즘을 사용한다.

D. 4단계: 서버 인증

1. 클라이언트는 서버가 보내온 암호화 알고리즘 목록에서 하나의 알고리즘을 선택한 뒤
   에 임의의 대칭 키를 생성하는데 이 키를 세션 키Session Key라고 하며, 서버에 전달돼
   서로 간의 통신을 암호화하는 데 사용된다.
2. 이때 세션 키도 먼저 서버가 전달한 호스트 키로 암호화된 상태에서 전달되고, 세션

키가 안전하게 서버에게 전달되면 이 세션 키는 서버의 호스트 개인 키로 복호화된다. 이후부터의 데이터는 전달된 세션 키를 통해 암호화된다.

3. 클라이언트는 세션 키를 서버에게 보낸 후에 확인 메시지를 기다리는데, 이 확인 메시지는 클라이언트가 보낸 세션 키에 의해 암호화돼 있다.

4. 이를 통해 클라이언트는 서버가 호스트 개인 키를 이용해 이 세션 키를 복호화했다고 믿기 때문에 서버를 인증하게 된다.

E. 5단계: 클라이언트 인증

4단계에서 서버의 인증이 완료됐다면 이제 서버는 클라이언트 인증을 해야 한다. 이러한 인증을 위해 사용되는 방법으로 공개 키, 패스워드, 호스트 기반, Kerberos 등이 사용된다. 이에 대한 설명은 13.1.1절의 'B. SSH 사용자 인증 프로토콜'을 참고하기 바란다.

이 중에서 가장 안전한 방법으로 평가되는 공개 키 인증 방법을 더 자세하게 살펴보면 다음과 같다.

1. 공개 키 인증의 경우 다음과 같이 클라이언트는 두 개의 키, 즉 개인 키 id_rsa와 공개 키 id_rsa.pub을 명령어 ssh-keygen으로 생성한다.

```
[park@node1 ~]$ ls .ssh
id_rsa id_rsa.pub known_hosts
```

2. 이 공개 키를 서버의 계정에 authorized_keys라는 이름으로 복사한다.

3. 클라이언트가 공개 키 인증을 요구하면 서버는 임의의 256비트 크기의 메시지를 생성하고, 이 클라이언트가 보내온 공개 키(authorized_keys)를 이용해 암호화한 뒤에 클라이언트에 보낸다.

4. 클라이언트는 암호화된 이 메시지를 개인 키 id_rsa를 이용해 복호화하고 서로 공유하고 있는 세션 키를 이 메시지에 결합한 뒤 해시 함수 MD5를 이용해 해시 값Hash Value을 생성해 서버에 보낸다.

5. 서버는 서버가 생성한 원본 메시지와 세션 키를 더한 뒤에 해시 함수 MD5를 이용해 해시 값을 생성하고, 이를 클라이언트가 보내온 해시 값과 비교한다.

6. 이 두 해시 값이 일치하면 서버는 인증을 승인하고, 해시 값이 서로 다르면 인증 과정을 더 이상 진행하지 않는다.

지금까지 SSH 개념 및 인증 종류를 자세히 설명했다. 인증에 관련된 자세한 설정 및 실습은 13.3절을 참고하기 바란다.

13.2 SSH 서버 설치와 서비스 시작

공개용 SSH 서버 프로그램 중 리눅스 및 유닉스 시스템에서 사용되는 가장 대표적인 프로그램은 OpenBSD 프로젝트에 의해 개발된 OpenSSH다. 이번 절에서는 SSH 서버 구축을 위해 OpenSSH 패키지를 설치하고, 서비스를 시작하는 방법을 설명한다. OpenSSH 패키지를 설치하면 다양한 프로그램을 사용할 수 있는데, 그 종류를 구분하면 다음과 같다.

- **원격 기능을 지원하는 클라이언트 프로그램** ssh, scp, sftp, sshfs
- **키 관리 프로그램** ssh-add, ssh-keysign, ssh-keyscan, ssh-keygen
- **서비스 제공 프로그램** sshd, sftp-server, ssh-agent

위 프로그램들에 대한 설명은 해당되는 절에서 차례대로 진행하겠다.

13.2.1 OpenSSH 패키지 설치

먼저 OpenSSH 패키지를 설치하는 방법은 다음과 같다.

```
[root@master ~]# yum install openssh openssh-server openssh-clients
openssh-askpass -y          ❶
[root@master ~]# rpm -qa | grep openssh     ❷
openssh-6.6.1p1-23.el7_2.x86_64
openssh-askpass-6.6.1p1-23.el7_2.x86_64
openssh-clients-6.6.1p1-23.el7_2.x86_64
openssh-server-6.6.1p1-23.el7_2.x86_64
[root@master ~]# ls /etc/ssh                ❸
moduli        ssh_host_ecdsa_key        ssh_host_ed25519_key.pub
ssh_config    ssh_host_ecdsa_key.pub     ssh_host_rsa_key
sshd_config   ssh_host_ed25519_key       ssh_host_rsa_key.pub
[root@master ~]# ls -l /usr/sbin/sshd       ❹
-rwxr-xr-x 1 root root 815520 Nov 20 19:01 /usr/sbin/sshd
[root@master ~]# ls -l /var/log/secure      ❺
-rw------- 1 root root 60357 Dec 30 10:30 /var/log/secure
```

❶ 명령어 yum을 사용해 4개의 OpenSSH 패키지를 설치한다. 각 패키지에 대한 설명은 다음과 같다.

- openssh 서버와 클라이언트 모두에 필요한 필수 파일을 포함
- openssh-server 서버 설정에 필요한 sshd 데몬을 포함
- openssh-clients 서버와의 암호화된 연결을 하기 위해 필요한 클라이언트 프로그램을 포함
- openssh-askpass OpenSSH 인증을 위해 X11에서 패스워드 입력을 지원하는 프로그램을 포함

❷ 명령어 rpm을 사용해 패키지 설치를 확인한다.

❸ OpenSSH 패키지를 설치하면 설정 파일은 모두 이 디렉토리에 저장된다. 중요한 파일들에 대한 설명은 다음과 같다.

파일명	설명
moduli	Diffie-Hellman 키 교환에 사용되는 Diffie-Hellman 파라미터 값이 저장된 파일로서 안전한 전송 계층을 위한 중요한 역할 담당
ssh_config	SSH 클라이언트 설정에 필요한 파일
sshd_config	SSH 서버 설정에 필요한 파일
ssh_host_ecdsa_key	sshd 데몬이 사용하는 ECDSA 개인 키
ssh_host_ecdsa_key.pub	sshd 데몬이 사용하는 ECDSA 공개 키
ssh_host_ed25519_key	sshd 데몬이 사용하는 ED25519 개인 키
ssh_host_ed25519_key.pub	sshd 데몬이 사용하는 ED25519 공개 키
ssh_host_rsa_key	SSHv2에서 sshd 데몬이 사용하는 개인 키
ssh_host_rsa_key.pub	SSHv2에서 sshd 데몬이 사용하는 공개 키

한편 사용자가 SSH 서비스를 사용할 경우 사용자의 홈 디렉토리에도 .ssh 디렉토리가 생성되는데, 이 디렉토리에는 사용자가 생성한 공개 키(id_rsa.pub)와 개인 키(id_rsa), 그리고 서버의 공개 키가 저장된 known_hosts 파일 등이 저장된다.

❹ OpenSSH의 데몬 파일을 확인한다.

❺ OpenSSH는 인증에 관련된 로그를 이 파일에 저장하므로 인증 성공 및 실패에 대한 로그 확인 시 이 파일을 확인해야 한다.

13.2.2 OpenSSH 서버 시작

SSH 서버를 시작하는 방법은 아주 간단한다. 아무런 설정 변경 없이 바로 서버를 시작할
수 있다.

```
[root@master ~]# systemctl start sshd        ❶
[root@master ~]# systemctl enable sshd       ❷
Created symlink from /etc/systemd/system/multi-user.target.wants/sshd.service
to/usr/lib/systemd/system/sshd.service.
[root@master ~]# systemctl status sshd       ❸
sshd.service - OpenSSH server daemon
Loaded: loaded (/usr/lib/systemd/system/sshd.service; enabled; vendor preset: enabled)
Active: active (running) since Wed 2015-13-30 13:22:02 ICT; 10s ago
    Docs: man:sshd(8)
          man:sshd_config(5)
 Main PID: 15971 (sshd)
  CGroup: /system.slice/sshd.service 15971 /usr/sbin/sshd -D
Dec 30 13:22:02 master.chul.com systemd[1]: Started OpenSSH server daemon.
Dec 30 13:22:02 master.chul.com systemd[1]: Starting OpenSSH server daemon...
Dec 30 13:22:02 master.chul.com sshd[15971]: Server listening on 0.0.0.0 port 22.
Dec 30 13:22:02 master.chul.com sshd[15971]: Server listening on :: port 22.
[root@master ~]# ssh root@localhost          ❹
The authenticity of host 'localhost (127.0.0.1)' can't be established.
ECDSA key fingerprint is f5:0e:e1:03:37:8b:7f:ec:38:bd:ac:56:1d:a9:65:a6.
Are you sure you want to continue connecting (yes/no)? yes
Warning: Permanently added 'localhost' (ECDSA) to the list of known hosts.
root@localhost's password:
Last login: Wed Dec 30 09:50:24 2015 from master.chul.com
[root@master ~]# ps -ef | grep sshd          ❺
root     1374    1 0 09:24 ?     00:00:00 /usr/sbin/sshd -D
[root@master ~]# lsof -i tcp:22              ❻
COMMAND  PID USER   FD   TYPE DEVICE SIZE/OFF NODE NAME
sshd    1374 root    3u  IPv4 25139      0t0  TCP *:ssh (LISTEN)
sshd    1374 root    4u  IPv6 25141      0t0  TCP *:ssh (LISTEN)
[root@master ~]# netstat -natlp | grep sshd   ❼
tcp  0   0 0.0.0.0:22  0.0.0.0:*            LISTEN   1374/sshd
```

❶ 명령어 systemctl을 이용해 SSH 서비스를 시작한다.

❷ 명령어 systemctl을 이용해 SSH 서비스가 부팅 이후에 자동으로 시작되도록 설정
한다.

❸ 명령어 `systemctl`을 이용해 SSH 서버의 상태를 확인해보면 **active**와 서버 데몬이 시작됐다는 메시지를 볼 수 있다.

❹ 테스트를 위해 명령어 `ssh`를 이용해 사용자 root가 로컬 호스트로의 접속을 시도하면 연결을 계속하겠느냐는 메시지에 yes를 입력하고, root의 패스워드를 제공하면 접속이 이뤄진다. 이때 SSH 서버의 호스트 키(/etc/ssh/ssh_host_rsa_key.pub)가 클라이언트 사용자 root의 /root/.ssh/known_hosts 파일에 저장되는데, 이 키는 클라이언트가 서버를 인증하기 위해 사용된다.

❺ SSH 서버 데몬 sshd를 프로세스에서 확인할 수 있고

❻ SSH 데몬이 사용하는 포트 22번을 명령어 `lsof`로 확인해보면 그 서비스가 준비돼 (LISTEN) 있음을 알 수 있다. 이로써 SSH 서비스가 성공적으로 시작됐음을 확인했다.

❼ 명령어 `netstat`를 사용해 sshd 데몬을 확인해보면 포트 22번과 PID, 그리고 데몬 이름을 알 수 있다.

13.2.3 OpenSSH 서버를 위한 방화벽 설정

SSH 서버를 위한 Iptables 방화벽과 Firewalld 방화벽의 설정은 다음과 같다. 필요에 따라한 가지만 선택해서 사용하기 바란다.

```
[root@master ~]# iptables -A INPUT -p tcp --dport 22 -j ACCEPT      ❶
[root@master ~]# firewall-cmd --permanent --add-service=ssh         ❷
success
[root@master ~]# firewall-cmd --reload          ❸
[root@master ~]# firewall-cmd --list-services      ❹
mountd nfs rpc-bind ssh
```

❶ SSH 서버가 사용하는 포트 22번을 Iptables 방화벽에 추가해 서비스 접근을 허용한다.

❷ Firewalld 방화벽에 ssh 서비스를 추가해 접근을 허용한다.

❸ 추가된 서비스가 적용되도록 Firewalld를 다시 시작한다.

❹ 추가된 ssh 서비스가 목록에 있는지 확인한다.

13.3 SSH 서버 인증 설정

SSH 서버는 기본적으로 서버 접속 시 사용자의 정보를 요구하는 인증을 사용한다.

OpenSSH 서버가 제공하는 대표적인 인증 방법을 열거하면 다음과 같다.

- 패스워드 기반 인증
- 공개 키 기반 인증
- 호스트 기반 인증
- Kerberos 기반 인증

위 방법 중에서 호스트 기반 인증은 사용자 기반이 아닌 호스트 기반의 인증을 사용하므로 안전하지 않기 때문에 대부분 사용되지 않으며, Kerberos 기반 인증은 21장에서 Kerberos 서버에 대해 설명할 때 자세히 설명한다. 13장에서는 위의 인증 방법 중 가장 많이 사용되는 패스워드 기반 인증과 공개 키를 이용한 인증 방법을 살펴본다.

13.3.1 패스워드 기반 인증 설정

OpenSSH의 패스워드 기반 인증은 SSH 서버가 제공하는 기본 인증 방법으로서 다른 서비스, 예를 들어 FTP나 TELNET과 같이 시스템에 존재하는 사용자와 /etc/shadow 파일에 저장된 패스워드를 이용해 OpenSSH 서버에 접속하는 방법이다. 다른 서비스와의 차이점은 이러한 인증 정보가 암호화돼 서버에 전달되기 때문에 상대적으로 더 안전하다는 점뿐이다.

A. OpenSSH 서버 설정(master)

패스워드 인증을 위한 SSH 서버에서의 설정은 다음과 같다.

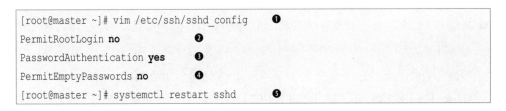

```
[root@master ~]# vim /etc/ssh/sshd_config       ❶
PermitRootLogin no              ❷
PasswordAuthentication yes      ❸
PermitEmptyPasswords no         ❹
[root@master ~]# systemctl restart sshd         ❺
```

❶ SSH 서버의 설정 파일을 명령어 vim으로 열어서

❷ 보안을 위해 사용자 root로의 접속을 허용하지 않고

❸ 패스워드 인증을 허용하는데

❹ 사용자가 패스워드 없이 인증을 시도할 경우 이를 허용하지 않는다.

❺ 위의 변경 사항을 적용하기 위해 SSH 서버를 다시 시작한다.

B. 클라이언트 패스워드 인증 테스트(node1)

이제 리눅스 클라이언트 시스템 node1에서 패스워드를 이용한 인증을 테스트해보자.

```
[root@node1 ~]# yum install openssh-client -y          ❶
[root@node1 ~]# rpm -qa | grep openssh
openssh-6.6.1p1-23.el7_2.x86_64
openssh-clients-6.6.1p1-23.el7_2.x86_64
[root@node1 ~]# ssh park@master          ❷
The authenticity of host 'master (192.168.80.5)' can't be established.
ECDSA key fingerprint is 8d:f4:f4:89:52:0e:4b:ea:68:59:53:17:71:0f:be:3f.
Are you sure you want to continue connecting (yes/no)? yes
Warning: Permanently added 'master' (ECDSA) to the list of known hosts.
park@master's password:
[park@master ~]$ exit          ❸
[root@node1 ~]# ssh park@master cat /etc/passwd          ❹
park@master's password:
root:x:0:0:root:/root:/bin/bash
bin:x:1:1:bin:/bin:/sbin/nologin
~
mail:x:8:13:mail:/var/spool/mail:/sbin/nologin
operator:x:11:0:operator:/root:/sbin/nologin
games:x:13:100:games:/usr/games:/sbin/nologin
ftp:x:14:50:FTP User:/var/ftp:/sbin/nologin
nobody:x:99:99:Nobody:/:/sbin/nologin
```

❶ 클라이언트 시스템 node1에서 ssh 클라이언트 패키지를 설치하고 명령어 rpm을 이용해 확인한다.

❷ 명령어 ssh와 사용자 park을 사용해 ssh 서버로 접속을 시도한다. 처음 접속인 경우 서버의 호스트 키를 저장할지를 물어보는데, Yes를 선택하고 패스워드를 입력한다. 이 키는 접속을 시도하는 사용자의 홈 디렉토리, 예를 들어 park인 경우 /home/park/.ssh/ known_hosts 파일에 이 키를 저장하고 이후부터는 이 질문을 하지 않는다. 이 키는 서버가 제공하는 공개 키로서 서버의 /etc/ssh/ssh_host_ecdsa_key.pub 파일을 의미한다.

❸ 서버의 사용자 park으로 접속했음을 확인할 수 있다.

❹ SSH 서버는 로그인하지 않고서도 패스워드를 이용해 바로 명령어를 실행할 수 있는데, 이 경우 사용자 park이 명령어 cat을 이용해 /etc/passwd 파일을 읽을 수 있다.

C. 윈도우 7 클라이언트 인증 테스트

윈도우 7에서 공개용 프로그램 Putty를 이용해 SSH 서버에 접속하는 방법은 다음과 같다. 프로그램 Putty는 웹사이트 http://www.chiark.greenend.org.uk/~sgtatham/putty/download.html에서 다운로드할 수 있다.

1. SSH 서버 호스트 지정하기

Putty를 실행해 먼저 SSH 서버의 IP 주소와 포트를 지정한다.

그림 13-1 호스트 지정하기

2. 사용자로 로그인하기

두 번째는 사용자를 이용해 서버에 로그인을 시도한다. 여기서는 테스트를 위해 사용자 lee를 사용했는데, 이미 이 사용자가 생성됐다는 가정하에서 진행한다.

그림 13-2 사용자로 로그인하기

13.3.2 공개 키 기반 인증 설정

SSH 서버의 두 번째 인증 방법은 공개 키를 이용한 인증 방법이다. 13.3.1절의 패스워드를 통한 인증 방법의 경우 공격자가 서버의 /etc/shadow 파일을 훔쳐 크래킹을 시도해 사용자의 패스워드를 얻거나 기타 방법으로 패스워드를 훔친 경우 그 접속을 막을 수 없다. 공개 키 기반의 인증은 이러한 단점을 극복하기 위한 인증 방법 중 하나다. 즉 서버에 계정이 있는 클라이언트가 공개 키와 개인 키를 생성해 공개 키를 자신의 서버 계정에 저장하고, 개인 키는 자신의 컴퓨터에 보관해 이 두 개의 키를 이용해 인증을 사용한다. 개인 키가 노출되지 않는다면 타인이 이 인증 방법을 이용해 서버에 접속하기란 매우 어렵기 때문에 패스워드를 통한 인증 방법보다 훨씬 더 안전하다고 할 수 있다.

A. SSH 서버에서의 설정(master)

공개 키를 통한 인증 방법을 사용하기 위해 먼저 SSH 서버에서의 몇 가지 설정을 통해 이 인증 방법의 사용을 허용해줘야 한다.

```
[root@master ~]# vim /etc/ssh/sshd_config        ❶
RSAAuthentication yes        ❷
PubkeyAuthentication yes     ❸
AuthorizedKeysFile   .ssh/authorized_keys        ❹
PasswordAuthentication  no ❺
[root@master ~]# systemctl restart sshd          ❻
```

❶ SSH 서버 설정 파일을 명령어 vim으로 열어서

❷ RSA 인증을 허용하는 옵션인데, 이 옵션은 SSHv1을 위해 사용된다. SSHv1의 경우 이미 해킹에 노출됐으므로 보안을 위해 사용하지 않는 경우 yes를 no로 변경하기 바란다.

❸ 공개 키 인증을 허용하는 옵션인데, 이 옵션은 SSHv2를 위해 사용된다.

❹ SSH 클라이언트가 서버의 계정에 공개 키를 저장할 때 그 디렉토리와 키의 이름을 지정한다.

❺ 위에서 공개 키를 통한 인증을 사용한다고 설정했으므로 패스워드를 통한 인증은 사용치 않기 위해 no로 설정한다. 참고로 두 가지 모두 사용하는 경우 공개 키 인증이 우선으로 사용되며, 인증이 실패하면 그 다음으로 패스워드를 통한 인증으로 넘어간다.

❻ 변경된 설정들이 적용되도록 SSH 서버를 다시 시작한다. 이제 공개 키를 사용하기 위한 SSH 서버에서의 설정을 모두 마쳤다.

B. SSH 클라이언트의 설정(node1)

SSH 클라이언트에서의 설정은 두 가지 과정, 즉 공개 키와 개인 키를 생성하고 이 중에서
공개 키를 SSH 서버의 계정에 복사하는 과정으로 이뤄진다.

```
[park@node1 ~]$ ssh-keygen -t rsa                    ❶
Generating public/private rsa key pair.
Enter file in which to save the key (/home/park/.ssh/id_rsa):    ❷
Created directory '/home/park/.ssh'.
Enter passphrase (empty for no passphrase):    ❸
Enter same passphrase again:
Your identification has been saved in /home/park/.ssh/id_rsa.
Your public key has been saved in /home/park/.ssh/id_rsa.pub.
The key fingerprint is:
87:d7:93:57:67:da:4e:80:47:e7:b5:5a:65:8d:64:a4 park@node1.chul.com
The key's randomart image is:
+--[ RSA 2048]----+
|          o=.*|
|          =.+=|
|         E oo=|
|       . . oo*.|
|      S o +.o o|
|       o  o o |
|            .|
|             |
|             |
+-----------------+
[park@node1 ~]$ ll .ssh                    ❹
total 8
-rw-------. 1 park park 1766 Feb 28 22:04 id_rsa
-rw-r--r--. 1 park park  401 Feb 28 22:04 id_rsa.pub
[park@node1 ~]$ cat .ssh/id_rsa.pub        ❺
ssh-rsa
AAAAB3NzaC1yc2EAAAADAQABAAABAQDLDVPiQiSJQOtSSLYsBNxvUtUhqObpZMmPNXvTorOy7sSOjc+byoR
VJniCoXvNPWmcMvObEGOQ6k5O/RhcyROI2usspDlw/Mg23/L6/EYljlrb1jfmHFe50zqaOEgycet8+Jcvk6
gSWMjBLUwXit8CTPvq48Ep3CUQexsvrf80rHJOkWkspKLIdqUYlz7UABcDGYvSOcG9apGxVMQS+Qk5kjlfg
GqlQ6cwDI+Dna6q+uqnoaearC3+Eb/duEoGpb/WOHSWANomQByeeRUbeLryR63727BswnFm1pqUABRcq//f
qlIkeDIddxY7FnnOKCj0eAIujnPIV4cc1yVv2Vb7 park@node1.chul.com
[park@node1 ~]$ ssh-copy-id park@master    ❻
The authenticity of host 'master (192.168.80.5)' can't be established.
ECDSA key fingerprint is 8d:f4:f4:89:52:0e:4b:ea:68:59:53:17:71:0f:be:3f.
```

```
Are you sure you want to continue connecting (yes/no)? yes  ❼
/bin/ssh-copy-id: INFO: attempting to log in with the new key(s), to filter out any that
are already installed
/bin/ssh-copy-id: INFO: 1 key(s) remain to be installed -- if you are prompted now it is
to install the new keys
park@master's password:              ❽
Number of key(s) added: 1
Now try logging into the machine, with:  "ssh 'park@master'"
and check to make sure that only the key(s) you wanted were added.
[park@node1 ~]$ ssh park@master       ❾
Enter passphrase for key '/home/park/.ssh/id_rsa':       ❿
Last login: Mon Feb 15 17:50:40 2016
[park@master ~]$  ⓫
```

❶ 키 생성 명령어 ssh-keygen에 RSA 암호화 알고리즘을 이용해 키를 생성한다. 이때 타입(t)에는 버전 1에서 사용되는 RSA, 버전 2에서 사용 가능한 RSA, DSA, ECDSA, 그리고 ED25519 등의 공개 키 알고리즘이 사용될 수 있다. 키의 길이는 기본적으로 2048비트가 사용된다.

❷ 이 키가 생성된 후 저장될 디렉토리 및 그 키의 이름을 확인할 수 있다. 기본적으로 사용자의 홈 디렉토리 안에 있는 .ssh 디렉토리에 저장되며, 생성 시에 변경이 가능하다.

❸ 개인 키에 사용할 패스워드를 생성하는데, 패스워드 없이 그냥 엔터키만 눌러도 개인 키는 생성된다. 이 패스워드는 개인 키를 암호화하기 위해 사용되는데, 패스워드 없이 생성된 개인 키가 노출될 경우 공개 키를 이용한 인증도 무력화될 수 있기 때문이다. 공개 키는 확장자 pub이 추가된다.

❹ 키가 성공적으로 생성되면 .ssh 디렉토리에 저장된다고 했는데, 이곳에서 두 개의 키, 즉 개인 키(id_rsa)와 공개 키(id_rsa.pub)를 발견할 수 있다.

❺ 공개 키와 개인 키는 텍스트로 돼 있어서 명령어 cat으로 읽을 수 있다.

❻ 명령어 ssh-copy-id를 이용해 공개 키를 SSH 서버의 사용자 park을 지정해 복사하면 SSH 서버에 /home/park/.ssh/authorized_keys란 이름으로 복사된다. 이는 원격 복사 명령어 scp .ssh/id_rsa.pub park@master:.ssh/authorized_keys와 같은 의미로 사용될 수 있다. 여기서 명령어 scp는 로컬 호스트의 파일을 원격지로, 또는 원격지의 파일을 로컬 호스트로 복사하기 위해 사용되는 명령어다. 또한 원격지의 파일명과 디렉토리(.ssh/authorized_keys)는 SSH 서버 설정 파일, 즉 A절의 ❹에서 이렇게 정의돼 있기 때문에 파일명이 위의 ❹와 같게 된다.

❼ master 서버로의 연결을 계속하겠느냐는 메시지에 yes를 하고

❽ 사용자 park의 패스워드를 입력하면 공개 키 전송이 성공적으로 이뤄진다.

❾ 이제 공개 키를 이용한 접속을 테스트하기 위해 SSH 서버에 사용자 park으로 접속 을 시도하고

❿ 개인 키 생성 시 사용했던 패스워드를 입력하면

⓫ 접속이 성공적으로 이뤄진다.

C. SSH-AGENT와 SSH-ADD 사용

B절의 ❿에서 개인 키의 패스워드를 입력해 접속에 성공했는데, 이 패스워드를 메모리에 기억해서 다시 이 패스워드 입력 없이 서버에 접속할 수 있게 도와주는 프로그램이 ssh-agent와 ssh-add다. ssh-agent는 개인 키의 패스워드를 보관하기 위해 사용되는 백그라운드 프로그램이며, ssh-add는 실행되고 있는 ssh-agent에 키를 추가하기 위해 사용되는 명령어다.

```
[park@node1 ~]$ eval $(ssh-agent)        ❶
Agent pid 8504
[park@node1 ~]$ ssh-add                   ❷
Enter passphrase for /home/park/.ssh/id_rsa: ❸
Identity added: /home/park/.ssh/id_rsa (/home/park/.ssh/id_rsa)
[park@node1 ~]$ ssh-add -l                ❹
2048 87:d7:93:57:67:da:4e:80:47:e7:b5:5a:65:8d:64:a4 /home/park/.ssh/id_rsa (RSA)
[park@node1 ~]$ ssh park@master          ❺
Last login: Sun Feb 28 22:08:12 2016 from node1
[park@master ~]$                          ❻
```

❶ 명령어 eval이 셸^{Shell}에게 ssh-agent의 출력을 셸 명령어로서 실행하라고 전달하면 ssh-agent는 개인 키의 패스워드를 보관하기 위해 메모리에 백그라운드 프로세스로 존재하게 되는데

❷ 명령어 ssh-add를 이용해 사용자 park이 생성한 개인 키의 패스워드를 ssh-agent에 추가해

❸ 개인 키의 패스워드를 입력하면 정보가 ssh-agent 프로세스에 저장된다.

❹ 목록을 확인하기 위해 명령어 ssh-add에 옵션 l(list)을 사용하면 ssh-agent가 현재 보관 중인 키의 지문^{fingerprint}을 알 수 있다.

❺ 테스트를 위해 서버로 접속을 시도하면 패스워드 입력 없이

❻ 접속에 성공하게 된다.

D. 윈도우 7에서 공개 키 이용

윈도우 7에서 공개용 프로그램 Putty를 이용해 SSH 서버에 공개 키를 이용해 접속하는
방법을 살펴보자.

1. PuttyGen 실행하기

첫 번째 작업은 공개 키와 개인 키를 생성하기 위해 PuttyGen.exe를 실행하는데, 이 프로
그램은 웹사이트 http://www.chiark.greenend.org.uk/~sgtatham/putty/download.html에서
puttygen.exe를 다운로드해 실행하면 그림 13-3과 같은 초기 화면을 볼 수 있다. 여기서
오른쪽의 Generate 버튼을 클릭한다.

그림 13-3 PuttyGen 실행하기

2. 키 생성하기

두 번째 작업은 두 개의 키를 생성하는 것인데, 앞에서 Generate 버튼을 클릭하고 마우스
를 움직이면 그림 13-4와 같이 키가 생성되는데, 여기서 Key passphrase를 입력한 다음
위쪽의 Public key를 부분을 선택해 복사한다.

그림 13-4 키 생성하기

3. 서버에 공개 키 복사하기

앞에서 복사한 공개 키를 SSH 서버의 사용자(lee) 디렉토리에 저장하기 위해 Putty로 접속한 다음 .ssh/authorized_keys 파일을 생성하고 복사한 공개 키를 이 파일에 붙이면 그림 13-5와 같은 파일을 볼 수 있다.

```
[lee@master .ssh]$ cat authorized_keys
ssh-rsa AAAAB3NzaC1yc2EAAAABJQAAAQEAoAkUlaerBf8E3ogJMucknv+XDMj44bQckk9zXI0DJCMMycTpanT8VgUNcyhRhEPjzA
RckVIDoH2XfSdRD8Qw/n+v6ZI8sEfzSlfALesw3wGVCiSSvcAsL9Pv85UmLrDp2xcTyH21XH8QW/9RPhO61CmXedkNpMVgpGm6slxs
v3tSzrYNenr4WtKlTXmfvfedqEs+aXxrIfv/1LB4/T//qxhUGNx0EtS6s3FQhGwQz5cIRkGTSfd0dpjUEpxEsDNc1eoBXbLgtbFFL9
kiknMJdGy5xMq7E9rEO14VNy6UTLlvKNXy0i00EKutX9gO9uZMIcsiTwEcwco0fUqpB/N90w== rsa-key-20160302
[lee@master .ssh]$
```

그림 13-5 공개 키 복사하기

4. 개인 키 저장하기

생성된 키를 저장하기 위해 그림 13-6처럼 오른쪽의 Save private key 버튼을 클릭하면 저장할 위치 및 파일명을 지정하고 저장할 수 있다. 여기선 D 드라이브의 Keys라는 폴더에 id_rsa라는 이름으로 저장하고 있다.

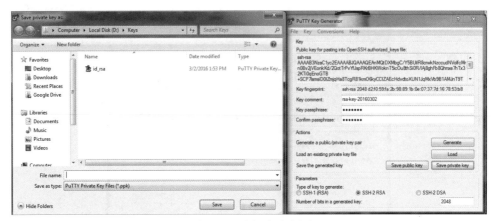

그림 13-6 개인 키 저장하기

5. 개인 키 불러오기

Putty를 실행한 다음 Connection ❯ SSH ❯ Auth 메뉴에서 Browse를 클릭해 앞에서 저장한 개인 키를 불러온다.

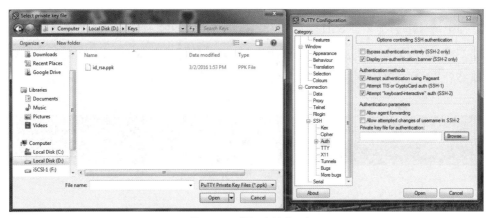

그림 13-7 개인 키 불러오기

6. 키를 이용해 서버에 접속하기

이제 Putty에서 서버를 지정하고 접속한 뒤에 그림 13-8처럼 사용자 lee를 입력하고 개인 키의 패스워드를 입력하면 Putty에서 공개 키를 통한 인증이 성공하게 된다.

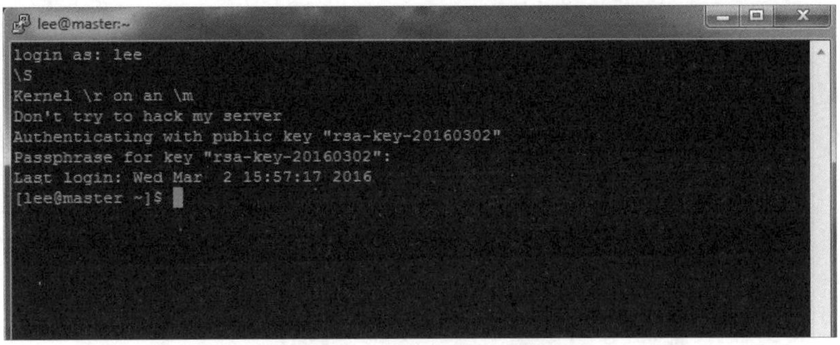

그림 13-8　키를 이용해 접속하기

13.4 SSH 서버 고급 기능 사용

지금까지 SSH 서버의 기본 기능, 즉 패스워드 및 공개 키를 이용해 서버에 접속하는 방법을 살펴봤다. 이번 절에서는 SSH 서버의 고급 기능이라 할 수 있는 X11과 포트 포워딩에 대해 설명한다.

13.4.1 포트 포워딩

SSH 서버의 포트 포워딩Port Forwarding은 안전하지 않은 TCP/IP 기반의 연결을 암호화를 지원하는 SSH의 포트를 통해 연결함으로써 안전한 연결을 가능케 하는 방법이다. SSH 포트 포워딩은 두 호스트 간에 안전한 터널을 생성해 데이터 전송을 하기 때문에 SSH 터널링Tunneling이라고도 불린다. 포트 포워딩에는 로컬 포트 포워딩과 원격 포트 포워딩 두 가지 종류가 있다. 먼저 로컬 포트 포워딩에 대해 설명하겠다.

A. 로컬 포트 포워딩

로컬 포트 포워딩Local Port Forwarding은 그림 13-9처럼 로컬 호스트의 SSH 클라이언트 연결을 통해 SSH 서버가 존재하는 호스트에서 암호화를 지원하지 않아 SSH 연결을 통해 안전하지 않은 호스트의 서비스를 안전하게 사용하는 방법이다.

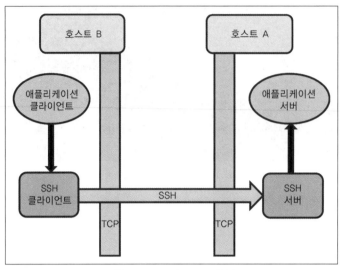

그림 13-9 로컬 포트 포워딩

1. SSH 서버에서의 설정(master)

SSH 서버에서 포트 포워딩을 허용하는 설정은 단 한 가지 옵션만 허용하면 된다. 여기에
선 테스트를 위해 데이터를 평문으로 전달하는 Telnet 서비스를 사용했다.

```
[root@master ~]# vim /etc/ssh/sshd_config
AllowTcpForwarding yes              ❶
[root@master ~]# systemctl restart sshd              ❷
[root@master ~]# yum install telnet-server -y              ❸
[root@master ~]# systemctl start telnet.socket              ❹
[root@master ~]# telnet localhost              ❺
Trying 127.0.0.1...
Connected to localhost.
Escape character is '^]'.
Kernel 3.10.0-229.7.2.el7.x86_64 on an x86_64
master login: lee
Password:
Last login: Tue Mar  1 11:54:49 from node1
[lee@master ~]$
```

❶ SSH 서버 설정 파일을 명령어 vim으로 열어서 TCP 포워딩을 허용하는 옵션을 yes로
  설정한다.

❷ 이 설정이 적용되도록 sshd 데몬을 다시 시작한다.

❸ 테스트를 위해 telnet-server 패키지를 설치하는데, 처음에 설명한 것처럼 telnet은 기본

적으로 모든 데이터를 암호화하지 않고 그냥 평문으로 전송한다.

❹ 명령어 systemctl을 이용해 telnet 서버를 시작한다.

❺ telnet 서버가 잘 작동하는지 SSH 서버에서 테스트를 하는데, 사용자 lee로 로그인을 시도해 성공한다.

2. SSH 클라이언트 설정(node1)

이제 클라이언트 시스템 node1에서 SSH 포트 포워딩을 테스트할 수 있다.

```
[root@node1 ~]# ssh -f -N -L 1234:master.chul.com:23  root@master    ❶
root@master's password:
[root@node1 ~]# telnet localhost 1234    ❷
Trying 127.0.0.1...
Connected to localhost (127.0.0.1).
Escape character is '^]'.
Kernel 3.10.0-229.7.2.el7.x86_64 on an x86_64
master login: lee    ❸
Password:
Last login: Mon Feb 29 17:57:47 from master
[lee@master ~]$
```

❶ node1 로컬 호스트의 포트 1234번을 Telnet 서버로 사용하는 master.chul.com의 Telnet 포트 23번으로 연결하는데, 이때 f 옵션은 이 명령어를 백그라운드로 실행하라는 의미다. N 옵션은 이 명령어를 실행하되 실제 접속은 하지 말라는 의미인데, 포트 포워딩과 SSHv2에만 사용된다. L 옵션은 Localhost를 의미한다.

❷ 테스트를 위해 서버(master)가 아닌 로컬 호스트의 포트 1234번으로 접속을 시도한다. 명령어 telnet이 없다면 명령어 yum install telnet -y를 이용해 설치하기 바란다.

❸ 사용자 lee로 로그인을 시도하는데, 이때 호스트의 이름이 로컬 호스트가 아닌 master임을 알 수 있다.

이 연결을 해석하면 Telnet을 사용해 로컬 호스트(node1)의 포트 1234번으로 접속할 경우 이 포트는 SSH 서버의 포트 22번으로 연결되고, SSH 서버는 이 연결을 다시 Telnet 서버 포트 23번으로 포워딩한다. 이렇게 해서 클라이언트와 서버는 SSH를 통해 안전한 연결을 하게 되고, 이 안전한 연결을 통해 Telnet 서비스를 사용하게 된다. 여기에서는 테스트를 위해 Telnet 서비스를 사용했지만, 기타 FTP, 메일 서버 및 웹 서버 등 기본적으로 암호화를 지원하지 않는 서비스를 위해 서로 다른 포트를 사용해 SSH 포트 포워딩을 통해 안전하게 사용할 수 있다.

3. SSH 클라이언트 설정(윈도우 7)

윈도우 7에서 공개용 프로그램 Putty를 이용해 포트 포워딩을 테스트하는 방법은 다음과
같다.

1) SSH 서버 호스트 설정하기 먼저 Putty를 실행해 그림 13-10처럼 SSH 서버의 IP 주소와
포트 22번을 지정한다.

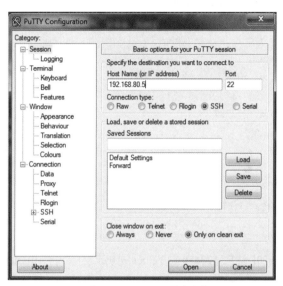

그림 13-10 호스트 설정하기

2) 터널링 설정하기 터널링 설정을 위해 그림 13-11처럼 왼쪽의 메뉴 Connection ▶ SSH
▶ Tunnels를 차례대로 클릭한 후에 Source Port에 1234번을 지정하고 Destination에 서
버의 IP와 Telnet 포트 23번을 지정한 후 Add 버튼을 클릭한다.

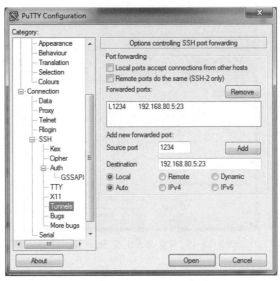

그림 13-11 터널링 설정하기

3) 로그인하기 모든 설정을 마친 후 아래의 Open 버튼을 클릭하면 그림 13-12처럼 사용자 lee와 패스워드를 입력한다. 그러면 로그인이 성공적으로 이뤄진다.

그림 13-12 로그인하기

4) 로컬 호스트 포트 설정하기 Telnet 테스트를 위해 또 다른 프로그램 SecureCRT를 실행해 그림 13-13처럼 Protocol에 Telnet, Hostname에 localhost, Port에 1234번을 입력한 후 아래의 Connect 버튼을 클릭한다.

Quick Connect
Protocol:
Telnet
Hostname:
localhost
Port:
1234
Firewall:
None
Show quick connect on startup
Save session
Open in a tab
Connect
Cancel

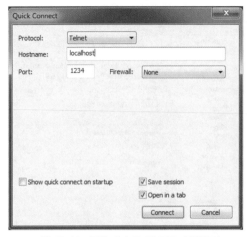

그림 13-13 로컬 호스트 및 포트 설정하기

5) Telnet 로그인하기 그림 13-14처럼 사용자 lee와 패스워드를 입력하면 Telnet 연결이 성공적으로 이뤄진다.

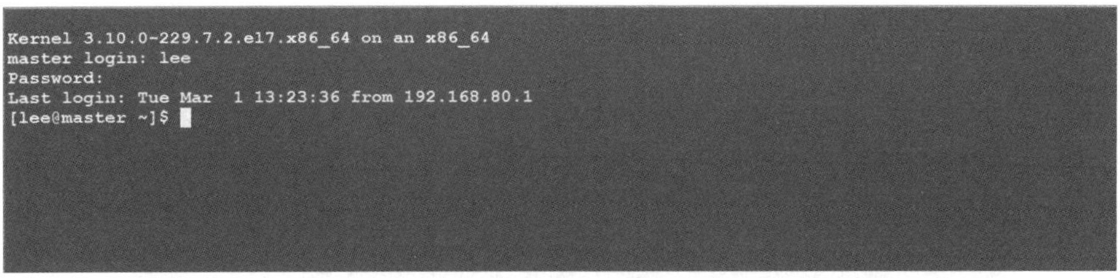
Kernel 3.10.0-229.7.2.el7.x86_64 on an x86_64
master login: lee
Password:
Last login: Tue Mar 1 13:23:36 from 192.168.80.1
[lee@master ~]$

그림 13-14 Telnet 로그인하기

이로써 윈도우 로컬 호스트를 통한 SSH 서버로의 포트 포워딩을 테스트했다.

B. 원격 포트 포워딩

포트 포워딩의 두 번째 방법은 원격 포트 포워딩Remote Port Forwarding이다. 그림 13-15처럼 특정 호스트가 방화벽 안쪽에 있어서 외부로의 접속은 가능하지만, 외부에서 이 호스트로의 접속이 방화벽으로 인해 차단된 경우 사용할 수 있는 방법이 원격 포트 포워딩이다.

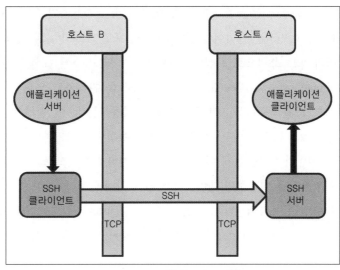

그림 13-15 원격 포트 포워딩

1. 애플리케이션 서버에서의 설정(master)

원격지 포트 포워딩을 사용하기 위한 master 노드에서의 설정은 다음과 같다. 여기서는
테스트를 위해 애플리케이션 서버로서 8장에서 설명한 메일 서버 Postfix를 사용하겠다.

```
[root@master ~]# yum install postfix -y          ❶
[root@master ~]# systemctl start postfix         ❷
[root@master ~]# telnet localhost 25             ❸
Trying 127.0.0.1...
Connected to localhost.
Escape character is '^]'.
220 master.chul.com ESMTP Postfix
[root@master ~]# ssh -f -N -R 12345:localhost:25 kim@node1  ❹
kim@node1's password:
[root@master ~]# ssh -f -N -R 12346:localhost:80 kim@node1  ❺
kim@node1's password:
```

❶ 테스트를 위해 애플리케이션 서버로 사용할 Postfix 메일 서버를 설치하지 않았다면
   명령어 yum을 이용해 설치한다.

❷ 명령어 systemctl을 이용해 Postfix 메일 서버를 시작한다.

❸ 위에서 시작한 메일 서버가 작동하고 있는지 테스트하기 위해 명령어 telnet를 사용해
   메일 서버 포트 25번으로 접속을 시도하면 정상적인 접속이 이뤄진다.

❹ 현재 이 메일 서버로의 접속은 방화벽 내부에 있는 네트워크에서만 접속이 가능하다고

가정하면 방화벽 외부에 있는 호스트 node1에게 접속을 허용하기 위해 SSH 포트 포워딩을 설정하는데, 여기서는 클라이언트가 node1의 포트 12345번으로 접속하면 이 연결을 메일 서버의 포트 25번으로 포워딩하라는 의미가 되고 다른 옵션은 전과 동일하다. R 옵션은 Remotehost를 의미하며, 여기서는 node1를 가리키고 있다.

❺ 또 한 가지 테스트를 위해 웹 서버로의 연결을 허용하는데, 이 설정은 node1의 포트 12346번에서 master 노드의 웹 서버 포트 80번으로 접속을 시도하면 그 연결을 SSH가 포워딩하라는 의미가 된다. 현재 이 웹 서버가 데이터를 평문으로 전달하는 경우 이렇게 SSH 포트 포워딩을 이용하면 데이터가 SSH에 의해 암호화돼 전달되기 때문에 안전한 데이터 전송이 가능하게 된다. 한편 여기서는 master 노드가 SSH 서버가 아니라 클라이언트로서 사용됐고, node1이 SSH 서버로 사용돼 연결이 서로 이뤄졌다.

2. 애플리케이션 클라이언트 설정(node1)

클라이언트(node1)에서 원격 포트 포워딩을 사용하기 위한 설정은 다음과 같다.

```
[root@node1 ~]# ps -ef | grep sshd              ❶
root      17703     1  0 14:22 ?        00:00:00 /usr/sbin/sshd -D
[root@node1 ~]# telnet master 25                ❷
Trying 192.168.80.5...
telnet: connect to address 192.168.80.5: Connection refused
telnet: Unable to connect to remote host: Connection refused
[root@node1 ~]# telnet localhost 25             ❸
Trying 127.0.0.1...
telnet: connect to address 127.0.0.1: Connection refused
telnet: Unable to connect to remote host: Connection refused
[root@node1 ~]# telnet localhost 12345          ❹
Trying 127.0.0.1...
Connected to localhost (127.0.0.1).
Escape character is '^]'.
220 master.chul.com ESMTP Postfix              ❺
```

❶ master 노드가 SSH 클라이언트이고 node1이 SSH 서버이므로 SSH 서버가 현재 작동 중인지 그 프로세스를 확인한다. node1에서의 SSH 서버 설치와 시작하는 방법은 13.2.1절과 13.2.2절을 참고하기 바란다.

❷ 명령어 telnet을 이용해 메일 서버로 사용 중인 master 노드의 포트 25번으로 접속을 시도하면 접속이 이뤄지지 않는다. 기본적으로 Postfix는 외부에서의 접속을 허용하고 있지 않기 때문이다.

❸ node1도 현재 메일 서버를 사용하고 있지 않음을 명령어 `telnet`으로 확인할 수 있다.

❹ 이제 master 노드에서 설정한 node1의 포트 12345번으로 접속을 시도하면 이뤄지고

❺ 메일 서버의 호스트 이름이 master.chul.com임을 확인할 수 있다.

node1에서 master 노드의 Apache 웹 서버로의 접속 테스트는 그림 13-16과 같다. 브라우저에서 http://localhost:12346/index.php로 접속을 시도하면 master 노드에서 제공 중인 PHP 웹 서버의 초기 화면에 접속할 수 있다.

그림 13-16 웹 서버 포트 포워딩 확인

> ●● **주의: 포트 설정 시 주의 사항**
>
> 로컬 및 원격 포트 포워딩 설정 시 주의할 점은 포트를 설정할 때 현재 사용 중인 포트를 사용해서는 안 된다는 점이다. 명령어 netstat를 이용해 포워딩을 위해 사용할 포트가 현재 사용 중인지를 확인한 다음에 설정하기 바란다.
>
> ```
> [root@master ~]# netstat -nat | grep 12345
> ```

13.4.2 X11 포워딩

SSH 서버에서 지원하는 포워딩의 또 다른 종류는 X11 포워딩이다. SSH를 이용해 서버에 설치된 데스크톱에서 실행되는 프로그램을 클라이언트에서 실행케 해주는 방법이다. 예를 들어 서버에서 실행되고 있는 시스템 모니터링 프로그램을 서버의 커맨드라인 환경에서 접속해 직접 실행해 확인하는 경우 이 방법을 사용할 수 있다. 또한 데스크톱에서 실행되는 프로그램이 서버에는 설치됐지만, 클라이언트에서는 설치되지 않았을 경우 SSH X11

포워딩을 이용해 클라이언트에서도 사용할 수 있다.

A. SSH 서버에서의 설정(master)

SSH 서버에서는 한 가지 설정만 해주면 X11 포워딩을 사용할 수 있다.

```
[root@master ~]# vim /etc/ssh/sshd_config
X11Forwarding yes        ❶
[root@master ~]# systemctl restart sshd        ❷
```

❶ SSH 서버 설정 파일을 명령어 vim으로 열어서 X11 포워딩을 허용하는 옵션을 yes로
설정한다.
❷ 변경 사항을 적용하기 위해 명령어 systemctl을 이용해 sshd 데몬을 다시 시작한다.

B. 클라이언트에서의 설정(node1)

클라이언트에서는 명령어 ssh에 옵션 X(X11포워딩)를 이용해 접속한 다음 원하는 프로그램
을 실행만 하면 된다. 단 이때 클라이언트 시스템은 X 윈도우 시스템이 설치되고 사용할
수 있어야 한다.

```
[root@node1 ~]# ssh -X lee@master        ❶
lee@master's password:
[lee@master ~]$ gnome-system-monitor &        ❷
[1] 60585
```

❶ 명령어 ssh에 X 옵션을 사용해 SSH 서버에 사용자 lee로 접속한 다음에
❷ 시스템 모니터링 프로그램을 백그라운드(&)로 실행하면 그림 13-11과 같이 클라이언트
데스크톱에서 서버의 프로그램이 실행되는 것을 확인할 수 있다.

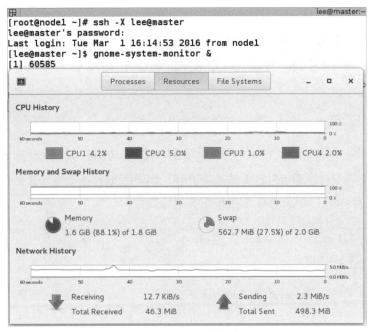

그림 13-17 X11 포워딩 테스트

13.5 SSH 클라이언트 프로그램 사용

지금까지 SSH 서버를 사용하는 방법을 설명했는데, 이번 절에서는 OpenSSH가 지원하는 ssh, scp, sftp, sshfs와 같은 중요한 SSH 클라이언트 프로그램을 설명하겠다. 테스트를 위해 기본적으로 node1이 클라이언트, master가 SSH 서버로 사용된다.

13.5.1 SSH

SSH^{Secure Shell}는 원격지 로그인 및 명령어 실행 클라이언트 프로그램이다. SSH를 이용해 원격지 로그인을 하는 경우 반드시 인증 과정을 통과해야 한다.

```
[root@node1 ~]# ssh lee@master              ❶
[root@node1 ~]# ssh root@master reboot      ❷
[root@node1 ~]# ssh -l kim master           ❸
[root@node1 ~]# ssh master                  ❹
```

❶ 명령어 ssh를 이용해 SSH 서버의 계정 lee로 로그인을 시도한다.

❷ 명령어 ssh를 이용해 SSH 서버의 계정 root로 명령어 reboot를 실행할 수 있다. 여타

명령어도 이와 같이 실행할 수 있다.

❸ 명령어 ssh에 옵션 l(login name)에 사용자를 지정하고 서버로 접속할 수 있다.

❹ 사용자를 지정하지 않고 바로 서버로 접속할 수 있다. 이 경우 기본 사용자는 root다.

13.5.2 SCP

SCP^{Secure Copy}는 명령어 rcp^{Remote File Copy}를 대신해 네트워크상의 호스트 간에 안전한 원격 파일 복사를 지원하는 클라이언트 프로그램이다. SCP는 SSH와 동일하게 인증을 통과해야 원격지 사이에서 파일 복사가 가능하게 된다.

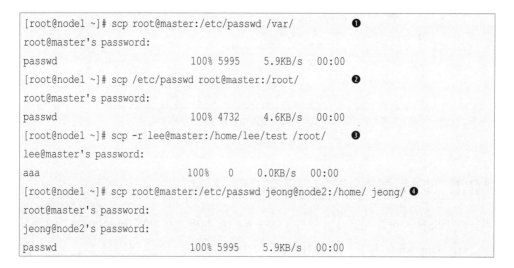

```
[root@node1 ~]# scp root@master:/etc/passwd /var/            ❶
root@master's password:
passwd                        100% 5995     5.9KB/s   00:00
[root@node1 ~]# scp /etc/passwd root@master:/root/           ❷
root@master's password:
passwd                        100% 4732     4.6KB/s   00:00
[root@node1 ~]# scp -r lee@master:/home/lee/test /root/      ❸
lee@master's password:
aaa                           100%   0     0.0KB/s   00:00
[root@node1 ~]# scp root@master:/etc/passwd jeong@node2:/home/ jeong/ ❹
root@master's password:
jeong@node2's password:
passwd                        100% 5995     5.9KB/s   00:00
```

❶ 원격지 master 노드의 패스워드 파일을 로컬 호스트 node1의 /var 디렉토리로 복사하기 위해 사용한다.

❷ 로컬 호스트 node1의 /etc/passwd 파일을 원격지의 master 노드 사용자 root의 홈 디렉토리로 복사한다.

❸ 명령어 scp에 옵션 r(Recursively Copy)를 사용하면 원격지의 디렉토리를 모두 로컬 호스트로 또는 그 반대로 복사가 가능하다.

❹ 명령어 scp를 이용해 두 서버 간(master와 node2)의 파일 복사도 가능한데, 이 경우 두 서버 간의 인증 정보를 모두 알고 있어야 한다. 위 명령어는 master 호스트의 패스워드 파일을 node2의 사용자 jeong의 디렉토리로 복사한다.

13.5.3 SFTP

SFTP^{Secure File Transfer Program}는 암호화된 SSH 채널을 이용해 안전한 파일 전송을 가능케 하는 FTP 클라이언트 프로그램이다. 자세한 사용법은 10장의 VSFTP 서버를 참고하기 바란다.

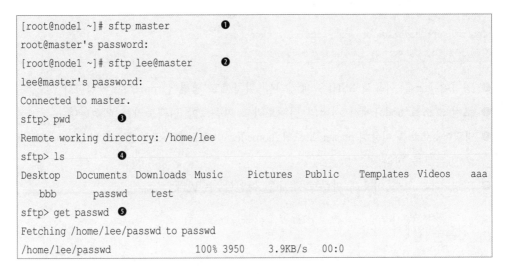

❶ 명령어 sftp에 FTP 서버를 바로 지정해 접속할 수 있다.

❷ 명령어 sftp에 FTP 서버 및 계정을 지정해 접속할 수 있다.

❸ 접속에 성공해 현재의 디렉토리 경로를 확인(pwd)하면 사용자 lee의 홈 디렉토리로 접속 했음을 알 수 있다.

❹ 파일 및 디렉토리 목록을 확인하기 위해 명령어 ls를 사용할 수 있다.

❺ 파일을 다운로드하기 위해 명령어 get과 파일을 지정할 수 있는데, 업로드의 경우 명령 어 put을 사용할 수 있다.

13.5.4 SSHFS

SSHFS^{Secure Shell File System}는 사용자로 하여금 원격지 파일 시스템을 SSH 프로토콜을 이용 해 안전하게 마운트할 수 있게 도와주는 클라이언트 프로그램이다.

A. 리눅스에서 사용(node1)

클라이언트 시스템 node1에서 SSHFS를 사용하는 방법은 다음과 같다.

```
[root@node1 ~]# yum install fuse-sshfs -y        ❶
[root@node1 ~]# rpm -qa | grep fuse-sshfs
fuse-sshfs-2.5-1.el7.rf.x86_64
[root@node1 ~]# mkdir /mnt/local_dir             ❷
[root@node1 ~]# sshfs lee@master:/home/lee /mnt/local_dir/      ❸
lee@master's password:
[root@node1 ~]# mount | grep lee                 ❹
lee@master:/home/lee on /mnt/local_dir type fuse.sshfs
(rw,nosuid,nodev,relatime,user_id=0,group_id=0)
```

❶ 명령어 yum을 이용해 SSHFS 패키지를 설치하고 명령어 rpm으로 확인한다.

❷ 로컬 호스트 node1에서 서버의 디렉토리를 마운트할 디렉토리를 생성한다.

❸ 명령어 sshfs를 이용해 master 노드의 /home/lee 디렉토리를 로컬 호스트의 /mnt/local_dir 로 마운트를 한다.

❹ 명령어 mount를 이용해 마운트 정보를 확인할 수 있다.

B. 윈도우 7에서 사용

윈도우에서도 SSHFS 프로그램 사용이 가능하다. URL https://win-sshfs.googlecode. com/files/win-sshfs-0.0.1.5-setup.exe에서 SSHFS 프로그램을 다운로드한 후에 설치하 기 바란다.

1. SSHFS 사용하기

SSHFS 프로그램 설치 후에 이를 실행하고 그림 13-18의 왼쪽처럼 서버의 정보를 입력하 고 아래의 Save 버튼을 클릭한 다음에 Mount 버튼을 클릭한다. 그러면 오른쪽 그림처럼 아래 버튼이 Unmount로 변경된다.

그림 13-18   SSHFS 사용하기

2. 마운트 정보 확인하기

디렉토리 정보를 확인해보면 그림 13-19처럼 서버의 사용자 lee의 홈 디렉토리가 윈도우에 마운트돼 있음을 알 수 있다.

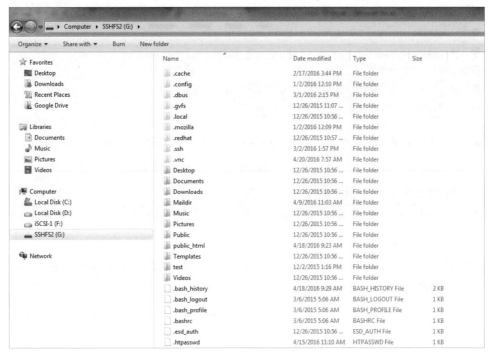

그림 13-19 마운트 정보 확인하기

13.6 SSH 서버 보안 설정

SSH 서버는 서버 관리를 위해 가장 대중적으로 사용되는 프로그램이기 때문에 그만큼 보안에 대한 중요성 또한 높다고 할 수 있다. SSH 서버를 보호하기 위한 몇 가지 보안 설정을 설명한다.

13.6.1 SSH 서버 기본 보안

SSH 서버에서 사용할 수 있는 가장 기본적인 보안 설정은 다음과 같다.

```
[root@master ~]# vim /etc/ssh/sshd_config
❶Port 500
```

```
❷ListenAddress 192.168.80.5
❸Protocol 2
❹PermitRootLogin no
❺PermitEmptyPasswords no
❻HostbasedAuthentication no
❼PasswordAuthentication no
❽ClientAliveInterval 300
❾ClientAliveCountMax 0
❿Banner /etc/issue
⓫ChrootDirectory /home/%u
⓬[root@master ~]# systemctl restart sshd
```

❶ SSH 서버의 포트를 변경하기 위해 사용하는 키워드인데, SSH 서버의 포트를 변경함으로써 무작위로 포트 22번을 공격하는 Brute-force 공격이나 nmap과 같은 스캐닝 툴로부터 방어하기 위해 사용될 수 있다.

❷ SSH 서버에 IP 주소를 제공하는 여러 개의 인터페이스가 있는 경우 한 개의 인터페이스에서만 SSH 접속을 허용하도록 설정한다.

❸ SSHv1은 이미 중간자 공격Man in the Middle Attack에 노출됐으므로 SSHv1은 사용치 않고 SSHv2만 사용하게 설정한다.

❹ SSH 서버는 기본적으로 사용자 root의 접속을 허용하고 있는데, 이것을 금지하고 일반 사용자로만 접속하게 설정한다.

❺ 패스워드 없이 로그인하는 사용자의 접속을 금지한다.

❻ rsh가 사용하던 방식의 호스트 기반의 인증 방법을 허용하지 않는다.

❼ 패스워드 기반의 인증 방법을 사용하지 않고 공개 키 기반의 인증만을 사용하기 위해 설정할 수 있다.

❽ 일정한 시간 동안 클라이언트로부터 데이터 전송이 없는 경우 초 단위로 세션을 끊기 위해 사용하는데

❾ ❽에서 설정한 시간 동안 클라이언트로부터 응답이 없는 경우 몇 번까지 더 보낼지를 결정한다. 즉, 위의 경우 300초 동안 클라이언트로부터 아무런 데이터 전송이 없는 경우 세션을 강제로 종료한다는 설정이다.

❿ 접속하는 사용자마다 인증 전에 보안에 관련된 경고 내용을 /etc/issue 파일에 저장해 보여줄 수 있다.

⓫ 접속하는 사용자의 접근 가능한 최종 디렉토리를 자신의 홈 디렉토리로 제한하는 키워드다. 이 키워드를 설정하지 않으면 사용자는 다른 디렉토리, 예를 들어 /etc/나 /home

과 같은 디렉토리의 접근이 가능해 정보를 수집할 수 있다.

⓬ 내용 중에서 변경 사항이 있다면 명령어 `systemctl`을 이용해 SSH 서버 데몬을 다시 시작해줘야 한다.

13.6.2 사용자 접근 제어

SSH 서버는 기본적으로 사용자 root 이외에 일반 사용자의 접근을 제어하지 않는다. 그러나 특정 사용자만 접속을 허용하든지 아니면 금지하기 위해 사용할 수 있는 방법이 아래에서 설명하는 사용자 접근 제어^{User Access Control}에 사용되는 키워드다.

```
[root@master ~]# vim /etc/ssh/sshd_config
❶AllowUsers root kim lee park jeong
❷AllowGroups admin
❸DenyUsers game mun test
❹DenyGroups game problem
❺[root@master ~]# systemctl restart sshd
```

❶ SSH 서버에 접속 가능한 사용자를 지정할 수 있는데, 이렇게 설정하면 이들 사용자 외에 모든 사용자의 접속이 금지된다.

❷ 사용자별 접근 허용이 아닌 그룹별로 접근을 허용하려고 할 때 사용할 수 있다. 이 경우 admin 그룹에 속한 사용자들만 접속이 허용된다.

❸ 모든 사용자의 접근을 허용하고 특정 사용자만 금지할 경우 사용할 수 있다.

❹ 사용자별 접근 금지가 아니라 특정 그룹에 속한 모든 사용자의 접근을 금지할 경우 사용한다. 이 경우 두 개의 그룹 game과 problem에 속한 사용자들은 접근이 금지된다.

❺ 이렇게 접근 허용 및 금지를 설정했다면 서버를 다시 시작해줘야 한다. 여기서 설정 시에 사용자 허용과 금지에 대한 정책을 먼저 결정하고, 그 결정에 따라 `Allow` 또는 `Deny` 중 하나만 적용해서 사용하기 바란다.

13.6.3 TCP 래퍼 사용

TCP 래퍼^{Wrapper}는 네트워크 및 호스트 기반의 접근 제어 방법이다. TCP 래퍼를 이용해 SSH 서버에 접근 가능한 네트워크 주소 및 호스트를 정의할 수 있다. TCP 래퍼는 접근 제어를 위해 두 개의 파일, 즉 /etc/hosts.allow와 /etc/hosts.deny를 사용한다.

```
[root@master ~]# ldd /usr/sbin/sshd | grep wrap      ❶
     libwrap.so.0 => /lib64/libwrap.so.0 (0x00007fa274673000)
[root@master ~]# vim /etc/hosts.deny      ❷
sshd:ALL
[root@master ~]# vim /etc/hosts.allow      ❸
sshd:192.168.80.0/255.255.255.0 10.10.10.254 .chul.com
[root@master ~]# tcpdmatch sshd 192.168.80.6      ❹
client:   address  192.168.80.6
server:   process  sshd
access:   granted
```

❶ sshd 데몬이 TCP 래퍼를 사용할 수 있는지 해당 라이브러리를 명령어 ldd로 확인할
  수 있다.

❷ 모든 네트워크 주소로부터 SSH 서버로의 접근을 금지하기 위해 /etc/hosts.deny 파일을
  열어 SSH 데몬과 모든 네트워크를 의미하는 키워드 ALL을 설정한다.

❸ 특정 네트워크로부터의 접근을 허용하기 위해 /etc/hosts.allow 파일을 열어 데몬을 정의
  하고 허용할 네트워크 주소, IP 또는 도메인을 지정할 수 있다.

❹ 명령어 tcpdmatch를 이용해 sshd 데몬에 ❸에서 설정한 클라이언트 네트워크가 접근
  가능한지 테스트할 수 있다.

13.7 참고문헌

- http://www.ibm.com/developerworks/aix/library/au-sshsecurity/

- https://www.digitalocean.com/community/tutorials/ssh-essentials-working-with-ssh-servers-clients-and-keys

- http://www.ietf.org/rfc/rfc4251.txt?cm_mc_uid=26906607918914466153742&cm_mc_sid_50200000=1451399808

- https://en.wikipedia.org/wiki/Secure_Shell

- http://www.openssh.com/

- https://learningnetwork.cisco.com/blogs/network-sheriff/2008/09/22/sshv1-or-sshv2-whats-the-big-deal

- https://www.digitalocean.com/community/tutorials/how-to-configure-ssh-key-based-authentication-on-a-linux-server

- https://github.com/libfuse/sshfs
- https://en.wikipedia.org/wiki/SSHFS
- http://www.cyberciti.biz/faq/tcp-wrappers-hosts-allow-deny-tutorial/
- http://www.tecmint.com/5-best-practices-to-secure-and-protect-ssh-server/
- https://en.wikipedia.org/wiki/Public-key_cryptography
- http://www.slashroot.in/secure-shell-how-does-ssh-work

13.8 요약

1. SSH 인증 프로토콜에서 사용되는 인증 방식으로 (   ) 그리고 (   )가 있는데,
   (   ) 인증은 보안 문제로 인해 거의 사용되지 않는다.

2. OpenSSH 패키지를 설치하면 서버와 클라이언트 설정에 필요한 파일이 생성되는데,
   서버 설정을 위해 필요한 파일은 (   )이고, 클라이언트 설정에 필요한 파일은
   (   )이다.

3. SSH 서비스 시작을 위해 사용되는 명령어는 (   )이며, 그 포트 및 프로세스
   확인을 위해 사용되는 명령어는 (   ) 그리고 (   )이다.

4. 처음 SSH 접속을 시도할 때 SSH 서버의 호스트 키 (   )가 클라이언트
   사용자의 (   ) 파일에 저장되는데, 이 키는 클라이언트가 서버를 (   )하기
   위해 사용된다.

5. 공개 키 인증 방법을 허용하기 위해 서버의 설정 파일에서 두 가지 옵션, 즉 (   )와
   키 이름을 정의한 (   )을 설정해줘야 한다.

6. 클라이언트는 공개 키 인증 방식을 사용하기 위해 명령어 (   )를 이용해 두 개의
   키를 생성하는데, 그 알고리즘이 RSA인 경우 키의 이름은 개인 키 (   )와 공개
   키 (   )이다.

7. 공개 키와 개인 키 생성 이후에 공개 키를 서버에 복사하기 위해 사용하는 명령어는
   (   )이며, 개인 키를 메모리에 상주시키기 위해 사용되는 명령어는 (   )
   와 (   )이다.

8. SSH (   )은 안전하지 않은 TCP/IP 기반의 연결을 암호화를 지원하는 SSH의 포트를
   통해 연결해 안전한 연결을 가능케 하는데, SSH (   ) 이라고도 하며 (   )과
   (   ) 두 가지 종류가 있다.

9. 명령어 (   )는 안전한 원격 파일 복사를 지원하며, 명령어 (   )는 안전한 파일 다운로드 및 업로드를 지원하는 클라이언트 프로그램이다.

10. SSH 서버는 사용자 접근 제어를 위한 키워드를 제공하는데, 특정 사용자 및 그룹만 허용할 경우 (   )와 (   )를, 특정 사용자 및 그룹을 금지할 경우 (   )와 (   )를 사용한다.

13.9 연습문제

1. OpenSSH 패키지를 설치한 이후에 그 서비스를 시작하고, Firewalld 방화벽에 서비스를 등록하라.

2. 리눅스와 윈도우 클라이언트 시스템에 SSH 프로그램을 설치하고 SSH 서버에 패스워드 인증을 사용해 접속하라.

3. SSH 서버에서 패스워드 인증 방법을 금지하고 공개 키 기반의 인증 방법만 허용해보라.

4. 리눅스 클라이언트에서 사용자 kim이 공개 키와 개인 키를 생성하고, 공개 키를 서버에 저장한 이후에 이 공개 키를 이용해 서버에 접속을 시도해서 성공해보라.

5. 윈도우 클라이언트에 Putty를 다운로드해 설치한 뒤에 공개 키 기반의 인증을 설정해보라.

6. 리눅스 클라이언트에서 SSH-AGENT와 SSH-ADD를 사용해 개인 키의 패스워드 없이 서버에 접속을 성공해보라.

7. SSH 서버에 TELNET 서버를 구축하고 리눅스 클라이언트에서 SSH 로컬 포트 포워딩을 사용해 TELNET 서버에 접속하라.

8. 메일 서버 Postfix 패키지를 설치하고 이 서비스를 위해 SSH 서버와 클라이언트에서 원격 포트 포워딩을 설정하라.

9. X11 포워딩을 사용해 SSH 서버와 클라이언트에서 이를 테스트하는데, 모니터링 프로그램이 클라이언트의 커맨드라인에서 실행되도록 설정하라.

10. SSH 서버에 접속하는 사용자들에게 CHROOT를 적용하고 admin 그룹에 속하는 kim, lee, park 세 사용자만 SSH 서버에 접속 가능하게 설정하라.

13.10 연구과제

1. 패킷 캡처 프로그램인 와이어샤크^{WireShark}를 이용해 Telnet과 SSH의 패킷을 캡처한 다음 그 패킷을 비교, 분석해보라.

2. 윈도우 시스템에 SecureCRT 프로그램을 설치하고 공개 키 기반의 인증 방법을 연구해보라.

14장
VNC 서버

VNC 서버의 모든 것

14장에서는 리눅스에서 데스크톱 환경을 원격지의 클라이언트에게 제공하는 VNC 서버에 대해 설명한다. 주요 내용으로는 VNC 서버의 개념 및 패키지 설치와 서버 시스템 시작, 그리고 리눅스와 윈도우에서 VNC 클라이언트 프로그램을 사용하는 방법, SSH 터널링 기법을 사용한 접속 방법을 구체적인 예제와 더불어 자세히 설명한다.

서버 관리자가 서버 관리를 위해 서버에 접속하는 방법에는 여러 가지가 있는데, 서버에 물리적으로 직접 접속하는 경우를 제외하고 원격지에서 서버 접속을 허용하는 가장 대표적인 서비스가 13장에서 설명한 SSH와 14장에서 설명할 VNC다. VNC^{Virutal Network Computing} 서비스는 1999년 영국에 위치한 Olivetty & Oracle Research Lab에서 개발했다. 그 때의 일부 개발자들이 설립한 회사가 RealVNC이며, 현재 VNC와 VNC가 사용하는 프로토콜 RFB는 이 회사의 상표로 등록돼 있다. VNC는 원격지에 위치한 컴퓨터를 관리하기 위해 RFB^{Remote Frame Buffer} 프로토콜을 사용하는 그래픽 환경의 데스크톱을 공유하는 시스템으로 정의된다. 그래서 VNC는 한 컴퓨터에서 발생하는 모든 키보드와 마우스의 이벤트를 원격지의 다른 컴퓨터로 전달하게 지원할 수 있다.

SSH 서비스가 암호화를 지원하는 명령어 기반의 프로그램이라면 VNC는 기본적으로 암호화가 지원되지 않는 원격지 데스크톱 환경 제공 서비스다. 그러나 RealVNC, UltraVNC 같은 일부 프로그램의 경우 암호화 플러그인을 사용해 세션의 암호화를 지원하지만, 암호화가 지원되지 않는 VNC 프로그램을 사용해 안전한 데스크톱 기반의 연결을 구현하기 원한다면 VNC 서비스와 SSH를 결합해 이 기능을 구현할 수 있다. 이러한 기본적인 이해를 가지고 먼저 VNC 개념부터 서버 구축 및 클라이언트에서의 VNC 사용법, 그리고 마지막으로 VNC 서버에 암호화를 지원하는 SSH 구축하는 방법까지 차례대로 설명한다.

14장에서 VNC 서버 및 클라이언트 설정과 테스트를 위해서 사용되는 호스트의 정보는
다음과 같다.

호스트 이름	IP 주소	OS 버전	역할
master.chul.com	192.168.80.5	CentOS Linux release 7.2	VNC 서버
node1.chul.com	192.168.80.6	CentOS Linux release 7.2	VNC 클라이언트
windows.chul.com	192.168.80.1	윈도우 7 64비트	VNC 클라이언트

14장에서 다루는 내용은 다음과 같다.

- VNC 서비스 이해
- VNC 서버 구축
- 리눅스 VNC 클라이언트 사용
- 윈도우 VNC 클라이언트 사용
- 웹 클라이언트 NOVNC 사용
- SSH를 이용한 안전한 VNC 서버 사용

14.1 VNC 서비스 이해

먼저 그림 14-1을 이용해 VNC의 개념을 살펴보면 다음과 같다.

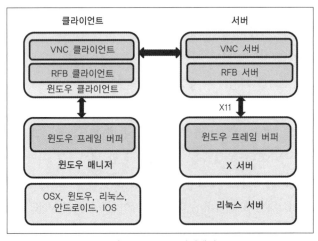

그림 14-1 VNC 아키텍처

1. 그림 14-1에서 보는 것처럼 리눅스 서버는 X 서버를 통해 GNOME이나 KDE 같은 X 윈도우 데스크톱 환경을 클라이언트에게 제공하는데, 이때 기억 장치인 프레임 버퍼를 사용해 컴퓨터의 화면을 원격지의 디스플레이 화면으로 보낼 수 있다. 이러한 X 서버로 리눅스에서 X11vnc, Xvfb^{X Virtual Frame Buffer} 등이 사용된다.

2. X 클라이언트는 X11 프로토콜을 사용해 이러한 X 서버의 기능을 사용할 수 있는데, 실제 14장에서 설명할 VNC 서버, 그리고 VNC 서버가 사용하는 RFB^{Remote Frame Buffer} 서버가 이 X 클라이언트를 구성하는 요소로 사용된다.

3. 실제 VNC 서버는 Xvnc 데몬을 사용해 그 GUI 공유 환경을 기본으로 포트 5900+N번을 실행해 이러한 서비스를 클라이언트에게 제공하는데, 여기서 N은 클라이언트에게 제공하는 디스플레이 번호로 사용된다. VNC 서버 프로그램으로는 Tigervnc, RealVNC, UltraVNC, TightVNC 등이 사용된다.

4. VNC 서버가 자바 애플릿처럼 클라이언트에게 그 서비스 제공을 위해 포트 5800번 기반의 웹 서버를 사용할 수도 있다.

5. RFB 프로토콜(RFC 6143)은 VNC 서버의 서비스를 VNC 클라이언트에 전달하기 위해 사용되는데, 그래픽 요소를 서버에서 클라이언트로, 이벤트 메시지를 클라이언트에서 서버로 전달하는 단순한 TCP/IP 기반의 프로토콜이다.

6. 윈도우 클라이언트에 위치한 VNC 클라이언트(또는 viewer)는 RFB를 통해 VNC 서버의 Xvnc 데몬이 제공하는 서비스를 사용하는데, 이 서비스는 리눅스를 비롯해서 윈도우, OSX, 안드로이드 같은 모바일 운영체제에서도 구현된다.

14.2 VNC 서버 구축

이번 절에서는 먼저 VNC 서버를 설정하는 방법을 살펴본다. VNC 서버 설정은 VNC 패키지 설치, 설정 파일 편집, 서비스 시작의 3단계 과정을 거쳐 모두 마치게 된다.

14.2.1 VNC 서버 설치와 기본 설정

먼저 VNC 패키지를 설치하고 설정 파일을 설정하는 방법은 다음과 같다.

```
[root@master ~]# yum groupinstall  "GNOME Desktop" -y        ❶
[root@master ~]# yum install tigervnc tigervnc-server -y     ❷
[root@master ~]# rpm -qa | grep tigervnc                     ❸
```

```
tigervnc-1.3.1-3.el7.x86_64
tigervnc-server-1.3.1-3.el7.x86_64

[root@master ~]# cp /lib/systemd/system/vncserver@.service
/etc/systemd/system/vncserver@:2.service          ❹
[root@master ~]# cp /lib/systemd/system/vncserver@.service
/etc/systemd/system/vncserver@:3.service          ❺
[root@master system]# grep 5900 /etc/services        ❻
rfb             5900/tcp              # Remote Framebuffer
rfb             5900/udp              # Remote Framebuffer
[root@master ~]# vim /etc/systemd/system/vncserver@:2.service     ❼
[Service]
Type=forking
ExecStartPre=/bin/sh -c '/usr/bin/vncserver -kill %i > /dev/null 2>&1 || :'
ExecStart=/sbin/runuser -l lee -c "/usr/bin/vncserver %i -geometry 1024x768"   ❽
PIDFile=/home/lee/.vnc/%H%i.pid       ❾
ExecStop=/bin/sh -c '/usr/bin/vncserver -kill %i > /dev/null 2>&1 || :'
[root@master ~]# vim /etc/systemd/system/vncserver@:3.service     ❿
ExecStart=/sbin/runuser -l park-c "/usr/bin/vncserver %i -geometry 1024x768"
PIDFile=/home/park/.vnc/%H%i.pid
```

❶ VNC 서비스는 데스크톱 환경을 클라이언트에게 제공한다고 했으므로 먼저 서버에서 데스크톱 환경을 지원하는 패키지를 명령어 yum으로 설치한다.

❷ CentOS 7에서 VNC 패키지로 사용하는 두 개의 tigervnc 패키지를 명령어 yum으로 설치한다.

❸ 명령어 rpm을 이용해 두 패키지 설치를 확인한다.

❹ VNC 서버 시작 스크립트를 2.service 부분만 다르게 해 복사한다.

❺ 마찬가지로 3.service 부분만 다르게 해 복사한다. 이 시작 스크립트들은 VNC 클라이언트에게 제공할 사용자 정보를 생성하고 저장하게 된다. 이 테스트에선 각각 두 명의 사용자에게 이 서비스를 제공하기 위해 두 개의 파일을 복사해 생성했다.

❻ VNC 서비스가 사용하는 프로토콜 RFB가 사용하는 포트 5900번이 서비스 파일에 정의돼 있는지를 확인했다. 이 포트가 VNC 서비스를 위한 기본 포트로 사용된다.

❼ 먼저 시작 스크립트 2.service를 열어서

❽ 이 서비스를 사용할 인증 정보(lee)와 화면 크기를 설정하는데

❾ 이 서비스가 사용할 프로세스 ID가 저장될 디렉토리도 함께 지정한다. 일반적으로 그 사용자의 홈 디렉토리에 pid라는 확장자를 가지고 프로세스가 생성된다.

❿ 마찬가지로 복사한 3.service 파일을 열어 한 명의 사용자(park)와 화면 크기, 그리고 디렉토리를 지정한다.

14.2.2 VNC 서버 시작

패키지 설치 및 설정 파일 편집을 모두 완료했으므로 서비스를 실질적으로 시작하고 그 포트 및 프로세스를 확인하는 방법은 다음과 같다.

```
[root@master ~]# su - lee              ❶
[lee@master ~]$ vncserver              ❷
You will require a password to access your desktops.
Password:
Verify:
New 'master.chul.com:4 (lee)' desktop is master.chul.com:4
Creating default startup script /home/lee/.vnc/xstartup      ❸
Starting applications specified in /home/lee/.vnc/xstartup
Log file is /home/lee/.vnc/master.chul.com:4.log
[lee@master ~]$ exit
[root@master ~]# sysetmctl daemon-reload            ❹
[root@master ~]# systemctl enable vncserver@2.service
[root@master ~]# systemctl enable vncserver@3.service
[root@master ~]# ps -ef | grep Xvnc                 ❺
lee     4679   1 0 10:03 ?      00:00:03 /bin/**Xvnc** :1 -desktop master.chul.com:1 (lee)
-auth /home/lee/.Xauthority -geometry 1024x768 -rfbwait 30000 -rfbauth
/home/lee/.vnc/passwd -rfbport 5902 -fp catalogue:/etc/X11/fontpath.d -pn
[root@master ~]# netstat -tulp | grep vnc
tcp   0    0 0.0.0.0:**5902**   0.0.0.0:*      LISTEN     44157/Xvnc
tcp   0    0 0.0.0.0:**5903**   0.0.0.0:*      LISTEN     48245/Xvnc
 [root@master ~]# lsof -i tcp:**5902**          ❻
COMMAND  PID USER   FD   TYPE DEVICE SIZE/OFF NODE NAME
Xvnc   10617 **lee**   7u  IPv4 72692     0t0 TCP *:**5902** (LISTEN)
[root@master ~]# lsof -i tcp:**5903**          ❼
COMMAND  PID USER   FD   TYPE DEVICE SIZE/OFF NODE NAME
Xvnc   11752 **park**   7u  IPv4 78492     0t0 TCP *:**5903** (LISTEN)
```

❶ 14.2.1절에서 설정한 사용자 중 한 명인 lee로 로그인해

❷ 명령어 vncserver를 사용해 패스워드를 생성한다. 이 패스워드는 VNC 클라이언트가 VNC 서버로 접속 시 사용되며

❸ 패스워드가 성공적으로 생성되면 이 사용자 lee의 홈 디렉토리에 시작 스크립트(xstartup)가 생성된다.

또 다른 사용자 park을 위해서도 위의 ❶❷를 반복해 생성해주기 바란다.

❹ 앞에서 /etc/systemd/system에 새로운 서비스를 생성했으므로 systemd 데몬을 다시 읽어들이고 부팅 시에 자동으로 서비스가 시작되도록 VNC 서비스를 활성화한다.

❺ VNC 서비스가 잘 시작됐는지 프로세스를 확인하는데, 이때 주의할 점은 ❻❼에서 확인되는 포트는 이 명령어의 결과에서 -rfbport 5902와 같은 텍스트를 통해 발견한다는 것이다. 또는 명령어 netstat를 이용해 프로토콜 vnc를 지정하면 그 포트 또한 확인할 수 있다.

❻ 앞에서 사용자 lee는 현재 포트 5902번을 통해서 서비스를 제공하고 있음을 확인했고

❼ 사용자 park은 포트 5903번을 통해 서비스를 제공하고 있음을 또한 확인했다. 이러한 포트 번호들은 VNC 서버가 사용하는 기본 포트 5900번에 몇 개의 번호를 더한 포트를 사용한다. 이 포트들은 나중에 클라이언트가 접속 시에 지정을 해줘야 하므로 반드시 열린 상태(LISTEN)인지 확인하기 바란다.

14.2.3 방화벽 설정

VNC 서버를 위한 방화벽 설정은 다음과 같다.

```
[root@master ~]# iptables -A INPUT -m state --state NEW -m tcp -p tcp --dport
5902  -j ACCEPT  ❶
[root@master ~]# iptables -A INPUT -m state --state NEW -m tcp -p tcp --dport
5903  -j ACCEPT  ❷
[root@master ~]# firewall-cmd --state  ❸
[root@master ~]# firewall-cmd --permanent --zone=public --add-port= 5902-5903/tcp  ❹
[root@master ~]# firewall-cmd --reload  ❺
[root@master ~]# firewall-cmd --list-ports
```

❶ 방화벽 명령어 iptables를 이용해 VNCSERVER가 시작된 포트 번호 5902번을 접속이 가능하게 허용한다. 일반적으로 VNC 서버가 사용하는 포트 5900번과 5901번도 추가하길 추천한다.

❷ 마찬가지로 또 다른 포트 5903번으로의 접속을 허용한다.

❸ 현재 firewalld 방화벽의 상태를 확인하는데

❹ VNCSERVER가 사용하는 두 포트의 정보가 없다면 명령어 `firewall-cmd`를 이용해 두 포트를 추가한다.

❺ 추가된 포트가 사용되도록 **firewalld**를 다시 읽어 들인 다음에 추가된 포트를 확인한다.

14.3 리눅스 클라이언트 사용

리눅스 서버에서 VNC 서버를 설정 및 시작한 후에 리눅스 클라이언트에서 VNC 연결 테스트를 하기 위해 사용하는 명령어는 다음과 같다.

```
[root@node1 ~]# yum install tigervnc -y  ❶
[root@node1 ~]# vncviewer  ❷
```

❶ 클라이언트에서 사용할 **tigervnc** 패키지를 명령어 `yum`으로 설치한 다음에

❷ 명령어 `vncviewer`를 실행하면

- 그림 14-2처럼 연결 창이 팝업되는데, 여기서 접속할 VNC 서버와 포트를 지정한다.

그림 14-2 VNC 서버 접속하기

- 정보를 입력한 후 connect 버튼을 클릭하면 그림 14-3처럼 사용자 VNC 패스워드 요청 페이지에서 패스워드를 입력한다.

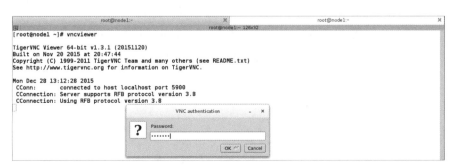

그림 14-3 패스워드 입력하기

- 그러면 그림 14-4처럼 사용자 lee의 화면이 잠긴 경우 VNC 서버에서 설정한 사용자 lee의 로그인 창이 보이고, 여기서 다시 패스워드를 입력한다. 여기서의 패스워드는 VNC 설정 시의 패스워드가 아니라 /etc/shadow 파일에 저장된 패스워드를 의미한다.

그림 14-4 인증 사용자로 로그인하기

- 사용자 인증에 성공하면 그림 14-5처럼 언어 설정을 비롯한 몇 가지 기본 설정 창을 볼 수 있다.

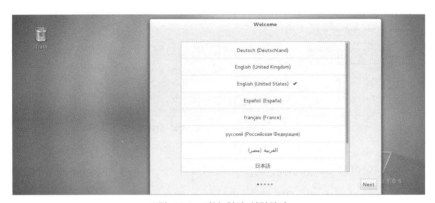

그림 14-5 기본 언어 설정하기

- 언어를 비롯한 몇 가지 기본 설정을 마치면 그림 14-6처럼 CentOS 7의 기본 데스크톱 환경인 Gnome의 환경에 접속됨으로써 VNC 서버 접속이 성공했음을 알 수 있다.

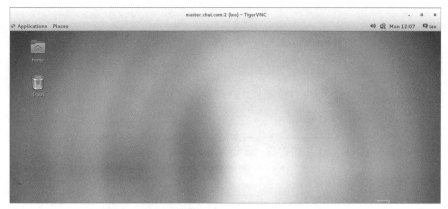

그림 14-6 리눅스 서버에 접속하기

14.4 윈도우 클라이언트 사용

윈도우 7 시스템에서 VNC 서버를 사용할 수 있는 클라이언트 프로그램은 다양하다. 이번 절에서는 테스트를 위해 사용자들로부터 가장 많이 사용되는 프로그램 중 하나인 RealVNC Viewer(www.realvnc.com)를 사용한다.

1. RealVNC Viewer를 위의 웹사이트에서 다운로드하고 설치한 후 서버의 IP 주소와 포트 번호 5902번을 입력하고 실행하면 그림 14-7과 같은 화면을 볼 수 있다.

그림 14-7 서버 IP 주소 및 포트 번호 입력하기

2. 서버 IP 주소 및 포트 번호를 입력하고 Connect 버튼을 클릭한 뒤에 패스워드를 입력하라는 팝업이 그림 14-8처럼 보이면 VNC 서버에서 설정한 사용자의 VNC 패스워드를 입력한다.

그림 14-8 VNC 클라이언트 패스워드 입력하기

3. 패스워드 입력 후 OK 버튼을 클릭하면 암호화되지 않은 연결이라는 메시지를 보여주는
   창이 그림 14-9처럼 보이는데, 그냥 Continue 버튼을 클릭해 다음 단계로 진행한다.
   앞에서 설명한 것처럼 VNC 연결은 기본적으로 암호화되지 않으며, 암호화된 연결을
   위해 다음 절에서 SSH를 사용하는 방법을 설명한다.

그림 14-9 암호화되지 않은 연결 메시지 창

4. 리눅스와 동일하게 사용자 lee의 화면이 잠긴 경우 그림 14-10처럼 사용자 lee로 로그
   인을 하는데, 이 사용자의 시스템 패스워드를 입력해 시스템에 접속한다.

그림 14-10   시스템 로그인 화면

5. 마지막으로 리눅스 클라이언트 연결 시와 동일한 화면을 그림 14-11처럼 볼 수 있다.
   연결이 모두 성공됐음을 알 수 있다.

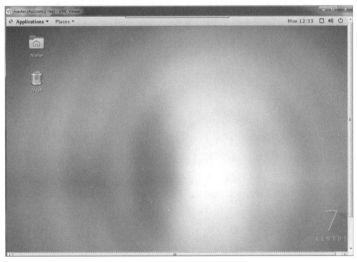

그림 14-11   리눅스 서버 연결 창

14.5 웹 클라이언트 NOVNC 사용

NOVNC는 HTML5 기반의 웹 소켓을 이용하는 VNC 클라이언트 프로그램으로서 암호화
기능을 지원한다. VNC 서버에서 이 클라이언트 프로그램을 사용하기 위한 설정을 먼저
한 후 윈도우의 웹 브라우저에서 접속을 테스트하겠다.

14.5.1 VNC 서버에서 설정(master)

먼저 VNC 서버로 사용되고 있는 마스터 호스트에서의 설정은 다음과 같다.

```
[root@master ~]# yum install novnc python-websockify numpy -y          ❶
[root@master ~]# cd /etc/pki/tls/certs  ❷
[root@master certs]# openssl req -x509 -nodes -newkey rsa:2048 -keyout novnc.pem
-out novnc.pem -days 365   ❸
Generating a 2048 bit RSA private key
......+++
..........+++
writing new private key to 'novnc.pem'
-----
You are about to be asked to enter information that will be incorporated
into your certificate request.
What you are about to enter is what is called a Distinguished Name or a DN.
There are quite a few fields but you can leave some blank
For some fields there will be a default value,
If you enter '.', the field will be left blank.
-----
Country Name (2 letter code) [XX]:KR              ❹
State or Province Name (full name) []:Seoul   ❺
Locality Name (eg, city) [Default City]:Seoul
Organization Name (eg, company) [Default Company Ltd]:Chul Com          ❻
Organizational Unit Name (eg, section) []:Development                  ❼
Common Name (eg, your name or your server's hostname) []:master.chul.com  ❽
Email Address []:tland12@chul.com
[root@master ~]# su - lee          ❾
[lee@master ~]$ vncserver          ❿
New 'master.chul.com:1 (lee)' desktop is master.chul.com:1
Starting applications specified in /home/lee/.vnc/xstartup
Log file is /home/lee/.vnc/master.chul.com:1.log
[lee@master ~]$ websockify -D --web=/usr/share/novnc/ --cert=/etc/pki/
tls/certs/novnc.pem 6080 localhost:5901          ⓫
WebSocket server settings:
  - Listen on :6080
  - Flash security policy server
  - Web server. Web root: /usr/share/novnc
  - SSL/TLS support
  - Backgrounding (daemon)
```

```
[lee@master ~]$exit
[root@master ~]# netstat -natlp | grep vnc    ⑫
tcp    0    0 0.0.0.0:5901    0.0.0.0:*    LISTEN    4679/Xvnc
tcp6   0    0 :::5901         :::*         LISTEN    4679/Xvnc
```

❶ 명령어 yum을 사용해 novnc 패키지와 novnc 패키지 실행에 필요한 패키지를 설치한다.

❷ 암호화를 지원하는 인증서 생성을 위해 디렉토리로 이동한다.

❸ 명령어 openssl을 사용해 rsa 알고리즘 기반의 2048비트 크기 키와 인증서를 생성하는데, 여기서는 키와 인증서의 이름이 동일하므로 한 파일에 두 가지 내용이 모두 포함돼 생성된다. 이름을 다르게 해서 생성해도 문제없다.

❹ 인증서 생성 시 필요한 정보를 입력하는데, 먼저 국가 코드를 입력하고

❺ 도시 이름을 입력한 뒤에

❻ 조직 또는 회사의 이름을 입력하고

❼ 그 조직 부서 이름을 입력한다.

❽ 인증서를 제공할 서버의 이름을 입력하고 이메일을 입력하면 완료된다.

❾ VNC 서버 실행을 위해 사용자 lee로 로그인을 한 뒤에

❿ VNC 서버를 시작한다.

⓫ 명령어 websockify는 브라우저를 사용해 애플리케이션으로의 연결을 지원하며, D 옵션은 백그라운드에서 데몬으로 실행하라는 의미다. --web은 사용자가 브라우저를 통해 접속할 때 초기 화면에서 보여줄 내용을 저장한 디렉토리를, cert 옵션은 인증서가 저장된 디렉토리와 파일명, 그리고 6080은 웹 브라우저에서 접속할 포트 번호, 마지막으로 localhost:5901은 VNC 서버가 현재 서비스 제공 중인 포트 번호인데, 이 포트 번호는 ⑫에서 확인한 후에 지정해줘야 한다.

⓬ VNC 서버에서 VNC 서버가 현재 서비스 제공 중인 포트를 확인한다.

14.5.2 웹 클라이언트에서 테스트(windows)

이제 윈도우 클라이언트에서 웹 브라우저를 통해 VNC 서버 접속을 테스트해보자.

A. 브라우저에서 접속

윈도우 클라이언트에서 웹 브라우저를 열고 VNC 서버의 IP 주소 또는 호스트 이름을 입력하고, 그 뒤에 VNC 서버가 제공 중인 포트 6080번을 그림 14-12처럼 입력하고 접속

을 시도한다. 인증서 문제가 있다는 중간의 메시지에서 Continue to this website를 클릭
하고 다음 화면으로 넘어간다.

그림 14-12 NOVNC 접속 시도하기

B. 인증 정보 입력

두 번째 화면에서는 NOVNC 사용을 위한 인증 정보를 그림 14-13의 오른쪽처럼 입력해
야 한다. 이 인증 정보는 VNC 서버의 IP 주소와 포트 번호, 그리고 VNC 서버 사용자
lee의 패스워드를 입력하고 아래쪽의 Connect 버튼을 클릭한다.

그림 14-13 인증 정보 입력하기

C. 접속 성공

그러면 정상적인 리눅스 서버에 사용자 lee의 계정으로 그림 14-14처럼 로그인이 이뤄진다.

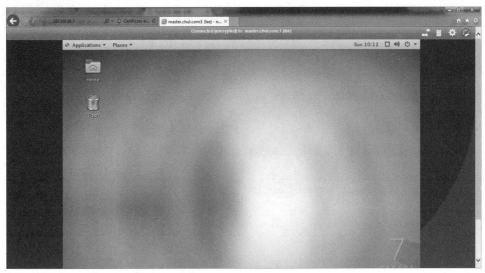

그림 14-14 접속 성공하기

14.6 SSH를 이용한 안전한 VNC 서버 사용

지금까지 VNCSERVER를 구축하는 방법, 그리고 리눅스와 윈도우 클라이언트 시스템에서 이를 연결하는 방법을 설명했다. 앞에서 설명한 것처럼 VNC 서버는 기본적으로 암호화를 지원하지 않는다고 했는데, 좀 더 정확하게 표현하면 세션 연결 시 사용자의 패스워드를 제외한 모든 네트워크 트래픽 및 데이터 전송은 암호화되지 않고 전달된다. 그래서 VNC 전체 데이터의 암호화를 원할 경우 SSH의 터널링 기법을 사용할 수 있다. 이번 절에서는 SSH의 터널링 기법을 사용한 VNC 서버 연결의 암호화 방법을 설명한다.

이번 절에서 구현하고자 하는 VNC 서버와 클라이언트의 정보를 정리하면 다음과 같다.

Master 서버			Node1/Windows 클라이언트	
VNC 서버	포트 5902,5903	❷	VNC 클라이언트	임의의 포트
SSH 서버	포트 22	❶	SSH 클라이언트	포트 5900

즉, 현재 VNC 서버인 Master 노드는 5902와 5903번 포트를 통해 VNC 서비스를 제공하고 있는데, ❶ 클라이언트에서 SSH 클라이언트 포트 5900번을 통해 SSH 서버 포트 22번으로 접속하면 ❷ Master 노드의 SSH 서버는 이 연결을 VNC 서버의 포트로 포워딩하게 된다. 이렇게 되면 Master 서버와 클라이언트 사이는 SSH로 암호화를 지원하는 터널

이 생성되며, VNC 서버와 클라이언트는 이 터널을 통해 연결이 이뤄지므로 이 연결의 모든 데이터가 암호화돼 전달돼 안전한 세션을 생성할 수 있다.

14.6.1 Master 서버 설정

VNC 서버로 사용되는 마스터 호스트에서는 SSH 서버 패키지가 설치된 경우 SSH 서버만 설정하고 시작하면 모든 과정을 마치게 된다.

```
[root@master ~]# vim /etc/ssh/sshd_config        ❶
AllowTcpForwarding yes        ❷
[root@master ~]# systemctl restart sshd          ❸
```

❶ SSH 서버 설정 파일을 명령어 vim으로 연 후에
❷ SSH 서버의 터널 연결을 설정하는 옵션을 yes로 변경한 후에
❸ SSH 서버를 다시 시작해 변경 사항을 적용한다.

14.6.2 클라이언트 설정과 연결 테스트

SSH 서버에서 설정을 마친 후 이제 리눅스와 윈도우 클라이언트에서 SSH를 이용해 VNC 서버에 접속하는 방법을 살펴본다.

A. 리눅스에서 확인

리눅스 클라이언트 node1에서 SSH를 이용한 VNC 서버에 연결하는 방법은 다음과 같다.

```
[root@node1 ~]# ssh -L 5900:192.168.80.5:5902 lee@192.168.80.5 -N      ❶
lee@192.168.80.5's password:

[root@node1 ~]# netstat -nat | grep 5900          ❷
tcp    0    0 127.0.0.1:5900   0.0.0.0:*             LISTEN
[root@node1 ~]# lsof -i tcp:5900        ❸
COMMAND    PID USER   FD   TYPE DEVICE SIZE/OFF NODE NAME
ssh      16509 root    4u  IPv6 222606     0t0  TCP localhost:rfb (LISTEN)
ssh      16509 root    5u  IPv4 222607     0t0  TCP localhost:rfb (LISTEN)
[root@node1 ~]# vncviewer ❹
```

❶ 클라이언트 node1에서 SSH를 이용해 위와 같은 설정을 하면 SSH를 이용한 안전한 VNC 연결을 할 수 있다. 옵션은 각각 다음과 같다.

- **L 5900** L 옵션은 localhost로서 node1를 가리키며, 5900은 node1에서 VNC 서버로 접속하기 위한 포트를 의미한다.

- **192.168.80.5:5902** VNC 서버의 IP 주소와 VNC 서버가 제공하고 있는 접속 포트 번호를 의미한다.

- **lee@192.168.80.5** Master의 SSH 서버로 접속할 때 사용할 인증 사용자 이름이다.

- **N** 원격 명령을 실행하지 말라는 옵션인데, 일반적으로 포트 포워딩에 사용한다.

이 명령어를 실행한 후 사용자 lee의 패스워드를 입력하면 프롬프트는 그대로 멈춰 있는데, 이것은 에러가 발생한 상황이 아니다.

❷ 실제로 node1 로컬 시스템의 포트 5900번이 열렸는지 명령어 netstat를 통해 확인하고

❸ 명령어 lsof를 사용해 포트 5900번을 확인하면 ssh 프로그램이 로컬의 rfb 프로토콜을 사용하고 있음을 알 수 있다.

❹ 접속을 위해 명령어 vncviewer를 실행하면

1. VNC server 공란에 그림 14-15처럼 로컬 호스트와 포트 5900번을 입력하고 Connect 버튼을 클릭한다.

그림 14-15 로컬의 VNC 포트로 접속하기

2. VNC 인증 창 패스워드 공란에 그림 14-16처럼 VNC 서버에서 설정한 패스워드를 입력한다.

그림 14-16 VNC 인증 패스워드 입력하기

3. 그러면 14.3절에서와 마찬가지로 그림 14-17처럼 VNC 서버로 성공적으로 접속할
   수 있다.

그림 14-17 VNC 서버 접속 성공하기

B. 윈도우 클라이언트에서 확인

윈도우 7에서 SSH 클라이언트 프로그램으로서 공개용 프로그램인 Putty를 사용해 SSH
서버와 VNC 서버 연결을 테스트하겠다. Putty는 www.putty.org에서 다운로드 후 사용할
수 있다.

1. 먼저 다운로드한 Putty를 실행한 후 그림 14-18처럼 Session 탭에서 호스트 이름에
   SSH 서버 사용자와 IP 주소, 그리고 포트 22번을 입력한다.

그림 14-18 Putty에서 SSH 서버 정보 입력하기

2. Connecction ➤ SSH ➤ Tunnels에서 소스 포트에 5900번, 그리고 VNC 서버의 IP 주소와 접속할 포트 5902번을 입력하고 Add 버튼을 클릭한 후에 밑의 Open 버튼을 그림 14-19처럼 클릭한다. 이 입력의 내용은 리눅스의 설명과 동일하므로 생략한다.

그림 14-19 Putty에서 VNC 서버 정보 입력하기

3. Putty에서 SSH 서버로의 접속을 시도하면 사용자 lee의 패스워드를 입력하라는 프롬프트가 뜨면 패스워드를 입력한 후 그림 14-20처럼 인증을 마치게 된다.

그림 14-20 SSH 서버로 인증하기

4. 윈도우 7에서 이제 VNC Viewer를 실행한 후에 로컬 호스트와 포트 5900번을 이용해 VNC 서버로의 접속을 시도한다. 그런 후 그림 14-7의 과정과 동일하게 VNC 패스워드 창에서 패스워드를 입력하면 성공적으로 로그인이 된다.

그림 14-21   VNC Viewer에서 VNC 서버 연결하기

참고로 위 과정에서 패스워드를 입력한 후 암호화되지 않은 연결Unencrypted Connection이라는 메시지를 14.4절의 과정과 동일하게 볼 수 있는데, 실제 패킷 캡처 프로그램인 와이어샤크Wireshark로 패킷을 캡처해보면 둘 사이의 통신이 SSHv2 기반에서 이뤄지고 있음을 알 수 있다. 이를 통해 VNC 서버와 클라이언트의 연결이 SSHv2에 기초해 암호화되고 있음을 확인할 수 있다.

5. Putty의 이벤트 로그를 그림 14-22처럼 확인해보면 로컬 포트 5900번이 VNC 서버 192.168.80.5의 포트 5902번으로 포워딩되고 있다는 메시지를 확인할 수 있다. 참고로 이벤트 로그 확인은 그림 14-20에서 왼쪽 상단 lee 옆의 그림을 클릭해 선택하면 볼 수 있다.

그림 14-22   Putty 이벤트 로그 보기

14.7 참고문헌

- https://tools.ietf.org/html/rfc6143
- https://en.wikipedia.org/wiki/Virtual_Network_Computing
- https://bintray.com/tigervnc/stable/tigervnc/1.6.0
- http://www.uvnc.com/component/jdownloads/summary/4/283.html
- https://www.digitalocean.com/community/tutorials/how-to-install-and-configure-vnc-remote-access-for-the-gnome-desktop-on-centos-7
- http://searchnetworking.techtarget.com/definition/virtual-network-computing
- http://www.cyberciti.biz/faq/howto-setup-vnc-server-ssh-client-tunnel-via-internet/
- http://www.slashroot.in/ssh-port-forwarding-linux-configuration-and-examples
- http://www.server-world.info/en/note?os=CentOS_7&p=x&f=10

14.8 요약

1. (   )는 원격지에 위치한 컴퓨터를 관리하기 위해 (   ) 프로토콜을 사용하는 그래픽 환경의 데스크톱을 공유하는 시스템으로서 한 컴퓨터에서 발생하는 모든 키보드와 마우스의 이벤트를 원격지의 다른 컴퓨터로 전달할 수 있다.

2. VNC 서버 제공을 위해 (   ) 패키지를 설치한 이후 서비스 시작을 위해 파일 (   )을 복사하고, 이 파일에 사용자 및 제공할 화면 크기를 설정한다.

3. VNC 서비스를 제공할 사용자로 로그인한 후에 명령어 (   )를 사용하면 VNC 서비스가 시작되며 일반적으로 포트 (   )번을 사용한다.

4. 리눅스 클라이언트 시스템은 VNC 서비스를 사용하기 위해 (   ) 패키지를 설치하고 명령어 (   )를 통해 VNC 서버에 접속할 수 있다.

5. 윈도우 시스템에서 VNC 서버를 사용할 수 있는 클라이언트 프로그램 중 하나인 RealVNC Viewer는 단지 프로그램 설치 후에 VNC 서버의 (   )와 (   ), 그리고 사용자의 (   )를 입력하면 서버에 접속할 수 있다.

6. (   )는 웹 소켓을 이용하는 VNC클라이언트 프로그램으로서 (   ) 기능을 지원하며, 사용하기 위해서는 패키지 (,   ,   ) 설치가 필요하다.

7. NOVNC 를 사용하기 위해 VNC 서버에서 명령어 (   )에 암호화에 사용할 (   ), 웹 브라우저에서 접속할 (   ), 그리고 현재 VNC 서버가 제공 중인 포트 번호를

지정해 사용할 수 있다.

8. VNC 서버는 기본적으로 세션 연결 시 사용자의 (   )를 제외한 모든 네트워크 트래픽 및 데이터 전송은 (   )되지 않고 전달되는데, VNC 전체 데이터의 암호화를 구현할 경우 SSH (   ) 기법을 사용할 수 있다.

9. SSH 서버를 이용한 연결 테스트를 위해 윈도우 7에서 SSH 클라이언트 프로그램인 (   )와 VNC 클라이언트 프로그램인 (   )을 사용해 SSH 서버와 (   ) 연결을 테스트할 수 있다.

10. SSH 서버를 이용한 연결 테스트를 위해 Putty와 VNC 클라이언트 사이의 암호화 연결 테스트를 위해 (   )와 같은 패킷 캡처 프로그램으로 확인하면 둘 사이의 패킷이 모두 (   )돼 전달되고 있음을 확인할 수 있다.

14.9 연습문제

1. VNC 서버 패키지를 설치한 이후에 사용자 kim과 lee의 이름으로 VNC 서버가 시작되도록 설정하라.
2. VNC 서버가 사용하고 있는 모든 포트를 Firewalld 방화벽에 추가하고 확인하라.
3. 리눅스 클라이언트에 VNC 클라이언트 프로그램을 설치하고 이를 사용해 VNC 서버에 접속을 시도해 성공해보라.
4. 윈도우 클라이언트에 프로그램 Putty를 설치하고 이를 사용해 VNC 서버에 접속해 성공해보라.
5. NOVNC를 VNC 서버에 설치하고 이 서비스를 클라이언트에게 제공하기 위한 설정을 완료하라.
6. 클라이언트에서 웹 브라우저를 사용해 VNC 서버가 제공하는 NOVNC 서비스에 접속해 성공해보라.
7. VNC 서버에 SSH 서비스를 적용해서 포트 포워딩을 클라이언트에게 제공하라.
8. 윈도우 클라이언트에서 SSH 서비스가 적용된 VNC 서버에 Putty를 사용해 접속해보라.

14.10 연구과제

1. SSH 서비스가 적용되지 않는 VNC와 적용된 VNC 서버를 와이어샤크로 캡처해서 그 차이점을 비교 분석해보라.
2. 윈도우 서버 시스템에서 제공하는 원격 데스크톱 서비스를 리눅스에서 접근해 사용하도록 설정하고, 이를 리눅스 시스템에서 테스트하라.
3. 리눅스 시스템에서 원격 데스크톱 서비스를 제공하는 패키지를 설치한 이후에 그 서비스를 제공하고, 이를 윈도우 시스템에서 테스트하라.

15장
OpenLDAP 서버

OpenLDAP 서버의 모든 것

15장에서는 리눅스의 중앙 서버에 저장된 정보에 TCP/IP 기반의 네트워크 접근을 허용하는 서비스를 제공하는 OpenLDAP 서버에 대해 설명한다. 주요 내용으로는 OpenLDAP 서버의 개념 및 서버 시스템 시작, 그리고 LDAPS 구현 및 LDAP 서버 복제, 마지막으로 GUI를 통한 LDAP 서버 관리에 대해 구체적인 예제와 더불어 자세히 설명한다.

LDAP^{Lightweight Directory Access Protocol}는 클라이언트-서버 모델로서 중앙 서버에 저장된 정보를 클라이언트가 TCP/IP 기반의 네트워크를 통해 접근해 이 정보를 사용 가능하게 디렉토리 서비스를 제공하는 프로토콜이다. 여기서 정보란 일반적으로 서비스, 사용자, 그리고 객체^{object}를 의미한다. 클라이언트란 이러한 정보를 이용하는 애플리케이션을 의미하며, 이러한 예로서 MariaDB 서버, Samba 서버 등이 있다. 또한 이러한 정보를 저장하는 공간을 디렉토리^{Directory}라고 하는데, 이 디렉토리는 정보 등록, 검색, 삭제, 업데이트를 위해 디자인된 특별한 데이터베이스다. 또한 디렉토리는 논리적이며 계층적인 구조로 조직돼 있고, 비슷한 특성을 가진 객체들의 모임이라고 정의할 수 있다. 디렉토리 서비스의 가장 대표적인 예로 전화번호부가 사용되는데, 데이터들이 순서대로 정렬된 일련의 이름을 갖고 있고 각 이름마다 전화번호와 주소가 포함돼 있기 때문이다. 이러한 전화번호부와 유사한 기본 구조로 인해 LDAP 서버는 Kerberos나 Samba 서버처럼 특히 인증을 위한 여러 서비스에 의해 빈번하게 사용되는 매우 중요한 프로토콜이다.

LDAP는 1988년 개발이 완료된 디렉토리 서비스 X.500에서 시작됐는데, 이 서비스는 DAP^{Directory Access Protocol}에 의해 클라이언트에 서비스가 제공됐다. DAP 프로토콜은 OSI 스택 기반에서 작동하면서 기능 및 코드가 복잡해 사용할 때 여러 문제가 발생했는데, DAP의 문제점을 제거하고 TCP/IP를 기반으로 기능을 더욱 단순하게 개량한 프로토콜이 바로 LDAP이다.

15장에서 OpenLDAP 서버 및 클라이언트 설정과 테스트를 위해 사용되는 호스트의 정보는 다음과 같다.

호스트 이름	IP 주소	OS 버전	역할
master.chul.com	192.168.80.5	CentOS Linux release 7.2	OpenLDAP 서버
node1.chul.com	192.168.80.6	CentOS Linux release 7.2	OpenLDAP 클라이언트

15장에서 다루는 내용은 다음과 같다.

- LDAP 프로토콜 소개
- OpenLDAP 서버 설치와 서비스 시작
- OpenLDAP 서버 설정
- Migrationtools 사용
- OpenLDAP 클라이언트 사용
- LDAP 보안(LDAP+SSL) 사용
- OpenLDAP 복제
- phpLDAPadmin을 이용한 LDAP 서버 관리

15.1 LDAP 프로토콜 소개

OpenLDAP을 사용한 서버의 설정을 시작하기 전에 먼저 LDAP에 대한 간단한 소개를 하겠다. 이번 절에서는 LDAP의 간단한 역사와 구성 요소들을 소개한다.

15.1.1 LDAP의 역사

LDAP의 간단한 역사를 그림 15-1과 함께 소개하면 다음과 같다.

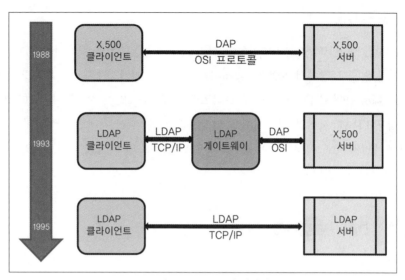

그림 15-1 LDAP의 역사

A. 1988년: DAP

오늘날 많은 디렉토리 서비스의 토대 및 표준이라고 할 수 있는 X.500은 1988년 ITU International Telecommunication Union에 의해 완성됐다. 이러한 X.500 서버에 접속하기 위해 클라이언트는 DAPDirectory Access Protocol를 사용했는데, DAP은 OSI 프로토콜 기반으로 구성됐다. 1990년대 찾아온 인터넷 붐과 함께 이러한 디렉토리에 대한 접근 방식은 OSI 방식이 아니라 TCP/IP를 통한 접근이 중요한 이슈로 부각됐다. 인터넷은 TCP/IP를 사용한 반면 DAP은 OSI 방식을 사용함으로써 변환으로 인한 느린 속도로 인해 사용이 매우 어렵게 됐다.

B. 1993년: DAP과 LDAP

1993년 X.500 서버에 대한 TCP/IP 기반의 접근 방법이 표준화됐는데, 이 프로토콜이 바로 LDAPLightweight Directory Access Protocol다. 이 LDAP은 실제 기능면에서 DAP의 여러 기능을 계승했는데, 일부 DAP의 복잡한 기능을 단순화했고 프로토콜을 좀 더 편리하고 뛰어난 TCP/IP를 사용했다. 초기에 LDAP는 클라이언트와 X.500 서버를 중재하는 게이트웨이의 역할로만 사용됐다. 즉, 클라이언트와는 LDAP, 그리고 X.500 서버와는 DAP를 사용해 통신을 가능케 하는 중재자의 역할에 머물러야 했다.

C. 1995년: LDAP

1995에 미시간 대학교에서 클라이언트와 서버 사이에 LDAP만을 사용하는 최초의 LDAP 서버를 개발했다. 15장에서 사용할 OpenLDAP 서버는 미시간대학교의 LDAP 서버 코드를 기초로 해서 1998년 OpenLDAP 프로젝트 팀에 의해 개발이 시작됐다. 또한 1996년엔 최초의 상용 LDAP 서버인 넷스케이프 디렉토리 서버[Netscape Directory Server]가 네스케이프 사에 의해 개발됐는데, 이 서버는 나중에 마이크로소프트의 액티브 디렉토리와 같은 많은 LDAP 서버의 기초가 됐다.

15.1.2 LDAP 프로토콜 이해

이제 LDAP에서 사용하는 여러 구성 요소에 대한 설명을 통해 LDAP 프로토콜을 더 잘 이해하기 바란다.

A. LDAP 구조
LDAP의 구조를 그림 15-2를 사용해 살펴보면 다음과 같다.

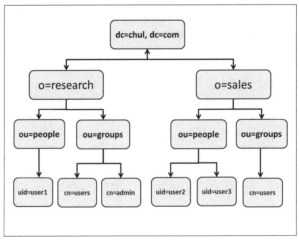

그림 15-2 LDAP의 계층적 구조

LDAP는 그림 15-2처럼 계층적으로 구성돼 있다. 이러한 LDAP의 디렉토리 전체 구조를 DIT[Directory Information Tree]라고 하며, LDAP의 이 구조에서 o=research나 ou=groups 같은 각 객체를 엔트리[Entry]라고 부르고 최상위의 dc=chul, dc=com을 RootDN, base 또는 suffix라고 부른다. 최상위의 엔트리 밑에 또 다른 엔트리, 그리고 그 하위에 또 다른 엔트리가 있는 구조는 루트(/) 디렉토리 밑에 많은 디렉토리가 존재하는 리눅스의 파일 시스템 구조와 매우 유사하다. ou=people과 같은 각 엔트리는 LDAP에서 데이터를 저장하는 단위로 사용된다. 이를 위해 각 엔트리는 DN^{Distinguished Name}을 사용하는데, 이는 그 위치와 고유한 특징을 잘 표현하기 위해서다. 예를 들어 그림 15-2에서 user1 엔트리를 DN으로 표현하면 uid=user1, ou=people, o=research, dc=chul, dc=com으로 표현할 수 있다. 이러한 구조는 나중에 LDAP를 이용해 데이터를 저장하거나 검색할 때 사용된다. 또한 위의 DIT 구조에서 ou=groups와 같이 각 DN에서 한 엔트리 부분만을 분리해서 RDN^{Relative Distinguished Name}이라고 한다. 다시 말하면 DN은 곧 모든 RDN을 통합한 정보를 의미한다.

B. LDAP 구성 요소

그림 15-3을 통해 LDPA를 구성하는 요소들을 살펴보면 다음과 같다.

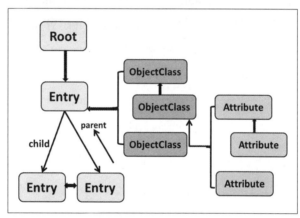

그림 15-3 LDAP 구성 요소

1. 엔트리

엔트리^{Entry}는 LDAP 디렉토리에서 데이터를 저장하는 단위로 사용되는 기본 객체^{object}로서 이러한 각 엔트리는 DN으로 구별된다. 각 엔트리는 한 개의 부모^{parent} 엔트리를 가지며, 하나 또는 그 이상의 자식^{child} 엔트리를 가질 수 있다. 각 엔트리는 하나 또는 그 이상의 ObjectClass로 구성되며, 이러한 ObjectClass는 하나 이상의 속성^{Attribute}을 포함할 수 있다. 이러한 엔트리는 다음에 설명하는 디렉토리 스키마에서 정의한 규칙을 모두 따라야 한다. 이러한 엔트리의 예제를 다음처럼 사용할 수 있다.

```
dn: sn=Jeong,ou=People,dc=chul,dc=com
objectClass: person
sn:Jeong
cn:Jeong Chul
```

2. 속성

LDAP 엔트리는 하나 이상의 속성^{Attribute}으로 구성된다고 앞에서 설명했는데, 속성은
LDAP에서 데이터를 저장하는 요소로서 유형^{type}과 값^{value}으로 구성된다. 이러한 속성은
항상 하나 이상의 `ObjectClass`의 멤버이어야 하고, 각 속성은 또한 포함 가능한 데이터의
유형을 정의해야 한다. 이러한 속성은 한 가지 유형에 하나 또는 여러 값이 올 수 있으며,
한 엔트리 내에서 여러 번 사용될 수 있다. 또한 각 속성은 속한 `ObjectClass`에서 선택적
(MAY)으로 또는 필수적(MUST)으로 사용돼야 되는지 정의돼 있다. 앞의 예에서 사용된 속성
`cn`이란 common name을, `sn`은 sirname을, `ou`는 organization unit을, `o`는 organization을,
`c`는 country를, `uid`는 User ID를 의미하는 속성의 축약어이다. 한 엔트리에서 사용 가능한
속성은 모두 스키마에서 정의되는데, /etc/openldap/schema/core.schema 파일에 저장된
`countryName` 속성을 예제로서 설명하면 다음과 같다.

```
attributetype ( 2.5.4.6 NAME ( 'c' 'countryName' )
        DESC 'RFC4519: two-letter ISO-3166 country code'
        SUP name
        SYNTAX 1.3.6.1.4.1.1466.115.121.1.11
        SINGLE-VALUE )
```

- **2.5.4.6** 구별을 위해 유일하게 사용되는 OID^{Object Identifier}를 의미
- **NAME ('c' 'countryName')** 속성의 이름과 그 축약어를 의미
- **DESC 'RFC4519** 설명을 의미
- **SUP name** 이 속성은 부모(또는 SUPerior) 속성이 있음을 의미
- **SYNTAX 1.3.6.1.4.1.1466.115.121.1.11** 데이터의 유형과 데이터에 적용되는 규칙을
  정의한 OID를 의미
- **SINGLE-VALUE** 한 `ObjectClass`에서 한 번만 사용돼야 함

3. ObjectClass

모든 엔트리는 한 가지 이상의 `ObejctClass`에 속하게 되며, 앞에서 각 속성은 한 개 이상
의 `ObjectClass`에 속한다고 했는데 이는 `ObjectClass`에서 정의한 대로 엔트리가 사용

가능한 속성이 생성된다. 이러한 ObjectClass는 다음에 설명하는 스키마에서 정의해 생성할 수 있고, 한 ObjectClass는 부모 ObjectClass의 모든 속성을 상속받을 수 있다. ObjectClass는 엔트리를 생성하기 위해 사용되는 STRUCTURAL, 기존 엔트리에 추가되는 AUXILIARY, 모든 ObjectClass의 계층에서 최상위를 차지하는 top를 포함하는 ABSTRACT로 구분할 수 있다. 또한 각 ObjectClass는 내부에서 선택적(MAY)으로 또는 필수적(MUST)으로 사용돼야 하는 속성들을 정의할 수 있다. 위의 속성과 마찬가지로 core.schema에 정의된 country ObjectClass를 설명하면 다음과 같다.

```
objectclass ( 2.5.6.2 NAME 'country'
        DESC 'RFC2256: a country'
        SUP top STRUCTURAL
        MUST c
        MAY ( searchGuide $ description ) )
```

- **objectclass (2.5.6.2 NAME 'country')** 그 이름과 유일한 구별자로 사용되는 OID를 의미
- **DESC 'RFC2256: a country'** 이 ObjectClass에 대한 설명
- **SUP top STRUCTURAL** 부모 ObjectClass가 top이며 엔트리 생성이 가능
- **MUST c** 반드시 포함이 돼야 하는 c 속성 정의
- **MAY (searchGuide $ description))** 선택적으로 사용할 수 있는 속성 정의

4. 스키마

스키마Schema는 LDAP를 이해하는 핵심 요소로서 디렉토리에 저장할 수 있는 내용을 결정한 여러 규칙을 통합한 하나의 그룹이라고 할 수 있다. 스키마는 두 가지 기본적인 디렉토리 특징, 즉 엔트리가 속할 수 있는 ObjectClass와 디렉토리에서 사용할 속성의 유형을 정의해줘야 한다. OpenLDAP의 경우 기본적으로 생성되거나 기본 제공되는 스키마는 /etc/openldap/schema/ 디렉토리에 위치하고 있다.

15.2 OpenLDAP 서버 설치와 서비스 시작

이번 절에서는 OpenLDAP 서버 패키지를 설치하고 서비스를 시작하는 방법을 설명한다.

15.2.1 OpenLDAP 패키지 설치

먼저 OpenLDAP 패키지를 설치하는 방법은 다음과 같다.

```
[root@master ~]# yum install openldap openldap-servers \
            openldap-clients migrationtools -y        ❶
[root@master~]# rpm -qa | grep openldap        ❷
openldap-devel-2.4.40-8.el7.x86_64
openldap-clients-2.4.40-8.el7.x86_64
openldap-servers-2.4.40-8.el7.x86_64
openldap-2.4.40-8.el7.x86_64
[root@master ~]# ls -l /etc/openldap        ❸
total 4
drwxr-xr-x. 2 root root  66 Nov 20 04:55 certs
-rw-r--r--  1 root root 363 Nov 20 04:55 ldap.conf
drwxr-xr-x. 2 root root  43 Dec 25 12:31 schema
[root@master ~]# ls -l /var/lib/ldap        ❹
[root@master ~]# chown -R ldap:ldap /var/lib/ldap        ❺
total 0
[root@master ~]# ls -l /usr/sbin/slapd        ❻
-rwxr-xr-x 1 root root 1898976 Nov 20 04:56 /usr/sbin/slapd
```

❶ 명령어 yum을 이용해 OpenLDAP 패키지 네 가지를 설치한다. 각 패키지에 대한 설명은 다음과 같다.

  - **openldap** LDAP 서버 및 클라이언트를 사용하기 위해 필요한 라이브러리를 제공하는 패키지

  - **openldap-servers** LDAP 서버 구축에 필요한 서비스와 유틸리티를 제공하는 패키지

  - **openldap-clients** LDAP 서버에 저장된 데이터를 사용하기 위해 필요한 클라이언트 프로그램을 제공하는 패키지

  - **migration-tools** 기존 이름 서비스의 데이터를 LDAP로 이전하기 위해 사용되는 Perl 스크립트 패키지

❷ 명령어 rpm을 사용해 설치된 패키지들을 확인한다.

❸ 패키지 설치 후 구축에 필요한 설정 파일 경로를 확인한다.

❹ LDAP 데이터가 저장될 디렉토리인데, 나중에 LDAP 서버 시작 이후 그 데이터들이 이 디렉토리에 저장되며 처음에는 아무런 파일이 없다.

❺ LDAP slapd 데몬을 실행하는 사용자 ldap이 디렉토리 접속을 할 수 있도록 소유권자를
ldap으로 변경한다.

❻ LDAP 서버의 데몬이 위치하는 경로를 확인한다.

15.2.2 OpenLDAP 서비스 시작

패키지 설치와 설정에 필요한 파일을 모두 확인했다면 이제 LDAP 서비스를 시작할 수
있다.

```
[root@master ~]# cp /usr/share/openldap-servers/DB_CONFIG.example
/var/lib/ldap/DB_CONFIG    ❶
[root@master ~]# chown ldap:ldap /var/lib/ldap/DB_CONFIG    ❷
[root@master ~]# systemctl start slapd    ❸
[root@master ~]# systemctl enable slapd    ❹
Created symlink from /etc/systemd/system/multi-user.target.wants /slapd.service to
/usr/lib/systemd/system/slapd.service.
[root@master ~]# systemctl status slapd    ❺
slapd.service - OpenLDAP Server Daemon
Loaded: loaded (/usr/lib/systemd/system/slapd.service; disabled; vendor preset:
disabled)
Active: active (running) since Fri 2016-03-25 18:13:23 ICT; 6s ago
    Docs: man:slapd
          man:slapd-config
          man:slapd-hdb
          man:slapd-mdb
          file:///usr/share/doc/openldap-servers/guide.html
  Process: 4761 ExecStart=/usr/sbin/slapd -u ldap -h ${SLAPD_URLS} $SLAPD_OPTIONS
(code=exited, status=0/SUCCESS)
  Main PID: 4763 (slapd)
   CGroup: /system.slice/slapd.service
         4763 /usr/sbin/slapd -u ldap -h ldapi:/// ldap:///
pam_unix(runuser:session): session opened for user...=0)
Mar 25 18:13:23 master.chul.com slapd[4761]: @(#) $OpenLDAP: slapd 2.4.40 (Nov 19 2015
21:55:20) $mockbuild@worker1.bsys.centos.org:/builddir/...apd
Mar 25 18:13:23 master.chul.com slapd[4763]: slapd starting
Mar 25 18:13:23 master.chul.com systemd[1]: Started OpenLDAP Server Daemon.
[root@master ~]# netstat -natlp | grep slapd    ❻
tcp    0    0 0.0.0.0:389      0.0.0.0:*      LISTEN    4763/slapd
tcp6   0    0 :::389           :::*           LISTEN    4763/slapd
```

```
[root@master ~]# lsof -i tcp:389          ❼
COMMAND  PID USER   FD   TYPE DEVICE SIZE/OFF NODE NAME
slapd   4763 ldap    8u  IPv4  76796    0t0  TCP *:ldap (LISTEN)
slapd   4763 ldap    9u  IPv6  76797    0t0  TCP *:ldap (LISTEN)
[root@master ~]# ps -ef | grep slapd      ❽
ldap    4763  1 0 18:13 ? 00:00:00 /usr/sbin/slapd -u ldap -h ldapi:/// ldap:///
[root@master ~]# systemctl stop slapd     ❾
[root@master ~]# systemctl diable slapd   ❿
```

❶ LDAP 데몬을 시작하기 위해서는 LDAP 데이터베이스 설정 파일이 필요하므로 이 파일을 데이터베이스 저장 디렉터리로 복사한다.

❷ 명령어 chown을 사용해 소유권자를 ldap으로 변경한다.

❸ 명령어 systemctl을 사용해 LDAP slapd 데몬을 시작한다.

❹ 명령어 systemctl을 사용해 부팅 시에도 자동으로 서비스가 시작되도록 설정한다.

❺ 서비스 시작 이후 그 상태를 확인하는데, **active**와 데몬이 시작됐다는 메시지를 확인하기 바란다.

❻ LDAP slapd 데몬이 사용하는 포트를 확인하기 위해 명령어 netstat로 확인하면 포트 번호 389번과 프로세스 ID를 확인할 수 있다.

❼ 명령어 lsof를 이용해 포트 389번을 확인하면 slapd 데몬이 사용 중이고, 그 서비스가 ldap임을 확인할 수 있다.

❽ 명령어 ps를 이용해 slpad를 확인한다.

❾ slapd 데몬을 정지하려면 명령어 systemctl을 사용한다.

❿ slapd 데몬을 비활성화시키기 위해 명령어 systemctl을 사용한다.

15.2.3 OpenLDAP 서버를 위한 방화벽 설정

LDAP 서버를 방화벽에서 허용하기 위한 설정은 다음과 같다. 사용자의 환경에 따라 Iptables 방화벽과 Firewalld 방화벽 두 가지 중에서 한 가지만 선택해서 사용하기 바란다.

```
[root@master ~]# grep ldap /etc/services      ❶
ldap         389/tcp
ldap         389/udp
ldaps        636/tcp                    # LDAP over SSL
ldaps        636/udp                    # LDAP over SSL
[root@master ~]# iptables -A INPUT -m state --state NEW -p tcp --dport
```

```
389 -j ACCEPT        ❷
[root@master ~]# iptables -A INPUT -m state --state NEW -p tcp --dport
636 -j ACCEPT        ❹
[root@master ~]# firewall-cmd --add-service={ldap,ldaps} --permanent   ❺
[root@master ~]# firewall-cmd --reload              ❻
[root@master ~]# firewall-cmd --list-services
```

❶ 서비스와 그 프로토콜 및 포트를 정의한 /etc/services 파일에서 ldap 서비스의 포트를
   확인하면 389번임을 확인할 수 있다. LDAP에 SSL을 지원하는 ldaps는 포트 636번을
   사용하고 있음을 확인할 수 있다.

❷ iptables 방화벽에 LDAP 포트 389번을 허용하는 설정을 추가한다.

❸ iptables 방화벽에 LDAPS 포트 636번을 허용하는 설정을 추가한다.

❹ firewalld 방화벽에 ldap 서비스를 추가한다.

❺ 추가한 서비스 적용을 위해 firewalld 방화벽을 다시 시작한 이후에 그 서비스가 등록됐
   는지 확인한다.

15.3 OpenLDAP 서버 설정

OpenLDAP 서버 설치 및 서비스 시작이 완료됐다면 이제 OpenLDAP 서버를 설정한다.

15.3.1 LDAP 패스워드와 스키마 설정

먼저 LDAP 서버에서 사용할 패스워드 및 이미 정의된 스키마를 LDAP 서버에 삽입하는
방법을 살펴본다.

A. LDAP Admin 패스워드 설정

LDAP 관리자가 사용할 패스워드는 앞으로 LDAP 서버에 데이터를 추가 및 변경하거나
삭제할 때 사용된다.

```
[root@master ~]# slappasswd            ❶

New password:
Re-enter new password:
{SSHA} d59j2yXoXrLNppJnPNVuaOGpmvJvcSFv
[root@master ~]# vim /etc/openldap/slapd.d/ldaprootpw.ldif      ❷
```

```
dn: olcDatabase={0}config,cn=config
changetype: modify
add: olcRootPW
olcRootPW: {SSHA} d59j2yXoXrLNppJnPNVuaOGpmvJvcSFv        ❸
[root@master ~]# ldapadd -Y EXTERNAL -H ldapi:/// -f /etc/openldap/
slapd.d/ldaprootpw.ldif        ❹
SASL/EXTERNAL authentication started
SASL username: gidNumber= 0+uidNumber=0, cn=peercred, cn= external ,cn=auth
SASL SSF: 0
modifying entry "olcDatabase={0}config,cn=config"
[root@master ~]# slaptest -v        ❺
config file testing succeeded
```

❶ LDAP 서버 관리자의 패스워드 생성을 위해 패스워드 관리 명령어 slappasswd를 사용해 패스워드를 생성한다.

❷ 위에서 생성한 관리자 패스워드를 {0}config 데이터베이스에 입력하기 위해 ldif 포맷의 파일을 생성한다.

❸ ❶에서 생성한 관리자 패스워드를 이곳에 입력하는데, 이 패스워드는 해시 함수인 SSHA를 이용해 생성됐다.

❹ ❷에서 생성한 ldif 포맷의 파일을 엔트리 생성 명령어 ldapadd를 이용해 LDAP 데이터베이스에 추가한다. 이 명령어가 성공하면 ❸의 olcRootPW 속성이 /etc/openldap/slapd.d/cn\=config/olcDatabase\=\{0\}config.ldif에 추가된다.

여기서 사용된 세 가지의 옵션은 다음과 같다.

- Y LDAP 클라이언트가 LDAP 서버의 데이터 변경을 위해 접속하는 경우 인증이 필요한데, 여기서 EXTERNAL이란 SASL^{Simple Authentication and Security Layer} EXTERNAL 인증 방법을 사용하겠다는 의미다. SASL EXTERNAL은 두 가지 인증 방법, 즉 TLS 또는 Unix IPC^{Inter-process communication}를 사용할 수 있는데, 여기서는 클라이언트 명령어를 실행하는 사용자의 GID와 UID를 이용하는 IPC를 사용하고 있다. 그래서 SASL username를 보면 gidNumber= 0+uidNumber=0를 통해 root의 권한으로 LDAP 서버에 접속해 데이터 변경을 시도한다는 것을 확인할 수 있다.

- H 클라이언트가 LDAP 데이터 추가 또는 변경을 위해 접속할 LDAP 서버의 URL을 정의하는데, 이 URL은 /etc/sysconfig/slapd 파일에 정의돼 있고 변경이 가능하다.

- f 데이터베이스에 추가할 파일을 지정한다.

❺ LDAP 설정 파일 점검 명령어 slaptest를 이용해 설정을 확인하면 설정 파일 테스트가
성공했다는 메시지를 볼 수 있다.

B. 기본 스키마 삽입

LDAP 스키마^{schema}란 객체들이 사용할 수 있는 속성들을 정의한 파일을 의미한다.
OpenLDAP 패키지를 설치하면 기본으로 사용할 수 있는 스키마들을 제공하고 있는데,
이 스키마들을 데이터베이스에 추가하면 다음과 같다.

```
[root@master ~]# cd /etc/openldap/schema            ❶
[root@master schema]# ldapadd -Y EXTERNAL -H ldapi:/// -f cosine.ldif ❷
SASL/EXTERNAL authentication started
SASL username: gidNumber=0+uidNumber=0,cn=peercred,cn=external,cn=auth
SASL SSF: 0
adding new entry "cn=cosine,cn=schema,cn=config"
[root@master schema]# ldapadd -Y EXTERNAL -H ldapi:/// -f nis.ldif     ❸
SASL/EXTERNAL authentication started
SASL username: gidNumber=0+uidNumber=0,cn=peercred,cn=external,cn=auth
SASL SSF: 0
adding new entry "cn=nis,cn=schema,cn=config"
[root@master schema]# ldapadd -Y EXTERNAL -H ldapi:/// -f inetorgperson.ldif  ❹
SASL/EXTERNAL authentication started
SASL username: gidNumber=0+uidNumber=0,cn=peercred,cn=external,cn=auth
SASL SSF: 0
adding new entry "cn=inetorgperson,cn=schema,cn=config"
[root@master schema]# ldapsearch -H ldapi:// -Y EXTERNAL -b
"cn=schema,cn=config" -s sub -Q -LLL dn        ❺
dn: cn={0}core,cn=schema,cn=config
dn: cn={1}cosine,cn=schema,cn=config
dn: cn={2}nis,cn=schema,cn=config
dn: cn={3}inetorgperson,cn=schema,cn=config
```

❶ 기본 스키마 파일이 있는 디렉토리로 이동한다.

❷ X.500 COSINE "pilot" 스키마로부터 파생된 LDAPv3 스키마를 포함하고 있는 파일을
명령어 ldapadd를 이용해 추가한다.

❸ nis.schema가 자동으로 생성한 파일로서 LDAP를 NIS로서 사용하기 위한 접근 방법으
로 사용하며, core.ldif, cosine.ldif 파일과 의존 관계에 있다.

❹ inetorgperson.schema가 자동으로 생성한 파일로서 people에 대한 속성을 정의한 표

준 객체 클래스^{objectclass}이며, core.ldif, cosine.ldif 파일과 의존 관계에 있다.

❺ 앞에서 세 개의 스키마 파일을 추가한 다음에 검색 근거(b)를 cn=schema,cn=config로 지정하고, dn^{Distinguished Name}만을 검색하면 앞에서 추가한 스키마를 모두 확인할 수 있다. 여기서 사용된 옵션은 다음과 같다.

- **b** searchbase의 의미로서 검색을 시작할 위치를 지정한다.
- **s** 검색의 범위를 지정하는데, sub는 subtree를 의미한다.
- **Q** SASL 관련 내용을 보여주지 말라는 옵션이다.
- **LLL** 검색 결과를 보여줄 때 첫 번째 L은 LDIFv1 포맷으로, 두 번째 L은 주석을 보여주지 말고, 세 번째 L은 LDIF 버전 정보를 보여주지 말라는 의미다.

15.3.2 LDAP 데이터베이스에 도메인 설정

이번 절에서는 LDAP 서버에서 사용할 도메인을 설정한다. 이번 설정에서는 패키지 설치 시 LDAP 데이터베이스에 설정된 기존 도메인을 변경하는 과정과 변경된 도메인을 기본 도메인으로 설정하는 방법을 설명한다.

A. 도메인 변경

LDAP 패키지를 설치하고 slapd 데몬을 시작하면 LDAP 데이터베이스 파일에는 기본 도메인이 dc=my-domain,dc=com으로 설정돼 있다. 이 기본 도메인을 변경하는 방법은 다음과 같다.

```
[root@master slapd.d]# vim domain.ldif      ❶
dn: olcDatabase={1}monitor,cn=config        ❷
changetype: modify
replace: olcAccess
olcAccess: {0}to * by dn.base="gidNumber=0+uidNumber=0, cn= peercred ,
cn=external,cn=auth" read by dn.base="cn=Manager,dc=chul,dc=com" read by * none

dn: olcDatabase={2}hdb,cn=config            ❸
changetype: modify
replace: olcSuffix
olcSuffix: dc=chul,dc=com


dn: olcDatabase={2}hdb,cn=config
changetype: modify
```

```
replace: olcRootDN
olcRootDN: cn=Manager,dc=chul,dc=com                    ❹

dn: olcDatabase={2}hdb,cn=config
changetype: modify
add: olcRootPW
olcRootPW: {SSHA} d59j2yXoXrLNppJnPNVuaOGpmvJvcSFv

dn: olcDatabase={2}hdb,cn=config
changetype: modify
add: olcAccess
olcAccess: {0}to attrs=userPassword,shadowLastChange by
  dn="cn=Manager,dc=chul,dc=com" write by anonymous auth by self write by * none   ❺
olcAccess: {1}to dn.base="" by * read
olcAccess: {2}to * by dn="cn=Manager,dc=chul,dc=com" write by * read
[root@master slapd.d]# ldapmodify -Y EXTERNAL -H ldapi:/// -f domain.ldif  ❻
SASL/EXTERNAL authentication started
SASL username: gidNumber=0+uidNumber=0,cn=peercred,cn=external,cn=auth
SASL SSF: 0
modifying entry "olcDatabase={1}monitor,cn=config"
modifying entry "olcDatabase={2}hdb,cn=config"
modifying entry "olcDatabase={2}hdb,cn=config"
modifying entry "olcDatabase={2}hdb,cn=config"
modifying entry "olcDatabase={2}hdb,cn=config"
```

❶ 도메인 변경에 사용되는 ldif 파일을 /etc/openldap/slapd.d/ 디렉토리에 생성한다.

❷ {1}monitor 데이터베이스에서 olcAccess 정보를 변경한다.

❸ {2}hdb 데이터베이스의 olcSuffix에서 기존의 my-domain.com을 chul.com으로 변경한다.

❹ {2}hdb 데이터베이스의 olcRootDN를 cn=Manager,dc=chul,dc=com으로 변경한다.

❺ {2}hdb 데이터베이스에서 olcAccess 정보를 추가한다. 이 데이터베이스 파일들은 모두 /etc/openldap/slapd.d/cn=config에 저장돼 있다.

❻ 명령어 ldapmodify에 생성한 ldif 파일을 입력해 각 데이터베이스에서 도메인을 기존의 my-domain.com에서 chul.com으로 변경한다.

B. 기본 도메인 설정

LDAP에서 기본 도메인을 설정하는 방법은 다음과 같다.

```
[root@master ]# vim /etc/openldap/slapd.d/basedomain.ldif          ❶
dn: dc=chul,dc=com          ❷
objectClass: top
objectClass: dcObject
objectclass: organization
o: Chul Com
dc: Chul

dn: cn=Manager,dc=chul,dc=com   ❸
objectClass: organizationalRole
cn: Manager
description: Directory Manager

dn: ou=People,dc=chul,dc=com   ❹
objectClass: organizationalUnit
ou: People

dn: ou=Group,dc=chul,dc=com    ❺
objectClass: organizationalUnit
ou: Group
[root@master slapd.d]# ldapadd -x -D cn=Manager,dc=chul,dc=com -W -f
basedomain.ldif    ❻
Enter LDAP Password:
adding new entry "dc=chul,dc=com"
adding new entry "cn=Manager,dc=chul,dc=com"
adding new entry "ou=People,dc=chul,dc=com"
adding new entry "ou=Group,dc=chul,dc=com"
[root@master slapd.d]# ldapsearch -x -LLL -H ldap:/// -b dc=chul, dc=com dn   ❼
dn: dc=chul,dc=com
dn: cn=Manager,dc=chul,dc=com
dn: ou=People,dc=chul,dc=com
dn: ou=Group,dc=chul,dc=com
```

❶ 기본 도메인을 설정하기 위해 ldif 파일을 생성한다.

❷ 첫 엔트리에 사용할 도메인 dn을 dc=chul,dc=com으로 설정한다.

❸ 두 번째 엔트리에 관리자로 사용할 이름 cn=Manager를 추가한다.

❹ 세 번째 엔트리에 그룹으로 사용할 이름 ou=People을 추가한다.

❺ 네 번째 엔트리에 그룹으로 사용할 이름 ou=Group을 추가한다.

❻ 명령어 ldapadd를 이용해 생성한 ldif 파일을 LDAP 데이터베이스에 추가한다. 여기서
  사용된 옵션들에 대한 설명은 다음과 같다. 이미 설명된 옵션에 대한 설명은 생략한다.

- **x** SASL이 아니라 단순 인증 방법, 즉 관리 패스워드를 사용하라는 의미다.
- **D** 데이터 입력을 위한 LDAP 디렉토리에 접근할 DN을 정의한다.
- **W** 단순 인증을 위한 프롬프트를 보여주라는 의미다.

❼ 검색 명령어 `ldapsearch`를 이용해 생성한 도메인 정보를 검색하면 추가한 네 가지의 엔트리를 확인할 수 있다.

15.3.3 LDAP 사용자 생성

지금까지 LDAP 서버 시작 및 도메인 정보를 설정하는 방법을 설명했다. 이제 이러한 설정을 완료한 다음에 실제 LDAP 데이터베이스를 이용하기 위한 첫 번째 방법으로서 사용자를 생성 및 삭제하고 패스워드를 변경하는 방법을 살펴본다. 그리고 이 새로운 사용자를 LDAP 데이터베이스에 추가한 후에 실제 클라이언트에서 사용하는 방법을 다음 절에서 설명한다.

A. 사용자 생성

먼저 LDAP 서버에서 사용할 사용자를 생성하는 방법을 살펴본다. 여기서는 사용자 lee를 추가하겠다.

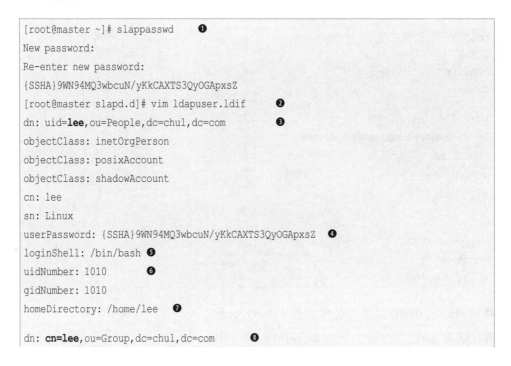

```
[root@master ~]# slappasswd          ❶
New password:
Re-enter new password:
{SSHA}9WN94MQ3wbcuN/yKkCAXTS3QyOGApxsZ
[root@master slapd.d]# vim ldapuser.ldif          ❷
dn: uid=lee,ou=People,dc=chul,dc=com          ❸
objectClass: inetOrgPerson
objectClass: posixAccount
objectClass: shadowAccount
cn: lee
sn: Linux
userPassword: {SSHA}9WN94MQ3wbcuN/yKkCAXTS3QyOGApxsZ          ❹
loginShell: /bin/bash          ❺
uidNumber: 1010          ❻
gidNumber: 1010
homeDirectory: /home/lee          ❼

dn: cn=lee,ou=Group,dc=chul,dc=com          ❽
```

```
objectClass: posixGroup
cn: lee
gidNumber: 1010
memberUid: lee
[root@master slapd.d]# ldapadd -x -D cn=Manager,dc=chul,dc=com -W -f
ldapuser.ldif     ❾
Enter LDAP Password:
adding new entry "uid=lee,ou=People,dc=chul,dc=chul"
adding new entry "cn=lee,ou=Group,dc=chul,dc=chul"
[root@master slapd.d]# ldapsearch -x -b "dc=chul,dc=com" -s sub "cn=lee"     ❿
# LDAPv3
# base <dc=chul,dc=com> with scope subtree
# filter: cn=lee
# requesting: ALL

# lee, People, chul.com
dn: uid=lee,ou=People,dc=chul,dc=com
objectClass: inetOrgPerson
objectClass: posixAccount
objectClass: shadowAccount
cn: lee
sn: Linux
loginShell: /bin/bash
uidNumber: 1010
gidNumber: 1010
homeDirectory: /home/lee
uid: lee

# lee, Group, chul.com
dn: cn=lee,ou=Group,dc=chul,dc=com
objectClass: posixGroup
cn: lee
gidNumber: 1010
memberUid: lee

# search result
search: 2
result: 0 Success
```

❶ 명령어 slappasswd를 사용해 사용자 lee가 사용할 패스워드를 생성한다.

❷ 사용자 lee를 생성하기 위해 ldif 파일을 생성한다.

❸ 기존에 생성한 dn: ou=People,dc=chul,dc=com에 uid=lee를 추가한다. 여기서는 사용자 lee만 생성하지만 다른 사용자를 추가할 경우 아래에 dn를 정의하고 필요한 값을 정의하면 여러 사용자를 동시에 생성할 수 있다.

❹ 명령어 slappasswd를 이용해 생성한 lee의 패스워드 해시 값을 추가한다.

❺ 사용자 lee가 사용할 셸shell을 정의한다.

❻ 사용자 lee의 uid와 gid를 지정한다. 여기서 한 가지 주의할 점은 uid와 gid의 숫자를 클라이언트 시스템의 그것과 겹치지 않게 설정해야 한다는 점이다. 이 숫자들이 겹치는 경우 나중에 클라이언트에서 테스트할 때 문제들이 발생하기 때문이다.

❼ 사용자 lee가 로그인하면 사용할 홈 디렉토리를 지정한다.

❽ 기존에 생성한 dn: ou=Group,dc=chul,dc=com에 cn=lee를 추가한다.

❾ 생성한 ldif 파일을 명령어 ldapadd로 데이터베이스에 추가하면 두 개의 새 엔트리가 추가된다는 메시지를 볼 수 있다.

❿ 새 사용자 lee를 데이터베이스에서 검색하기 위해 명령어 ldapsearch에 엔트리 정보에서 cn=lee를 지정해 검색하면 추가한 사용자 정보를 확인할 수 있다.

B. 사용자 패스워드 변경과 계정 삭제

앞에서 생성한 사용자 lee의 패스워드 변경과 계정을 삭제하는 방법은 다음과 같다.

```
[root@master ~]# ldappasswd -W -D "cn=Manager,dc=chul,dc=com" -a lee1234 -s
lee1234.. "uid=lee, ou=People, dc=chul, dc=com"    ❶
Enter LDAP Password:

[root@master ~]# ldapdelete -x -W -D 'cn=Manager,dc=chul,dc=com'
"uid=lee,ou=People,dc=chul,dc=com" ❷
Enter LDAP Password:
[root@master ~]# ldapdelete -x -W -D 'cn=Manager,dc=chul,dc=com'
"cn=lee,ou=Group,dc=chul,dc=com"    ❸
Enter LDAP Password:
```

❶ 패스워드 변경 명령어 ldappasswd를 이용해 현재 패스워드(a)와 새 패스워드(s)를 지정하고, 사용자 lee의 DN을 입력하면 패스워드 변경이 가능하다. 현재 패스워드는 생략할 수 있으며, 패스워드 변경 시 관리자의 패스워드가 필요하다.

❷ LDAP 사용자 삭제 명령어 ldapdelete를 사용해 사용자 lee의 DN을 입력해 삭제하는데, 이때도 관리자의 패스워드가 필요하다.

❸ 마찬가지로 사용자 lee의 cn=lee,ou=Group 정보도 삭제한다.

15.3.4 OpenLDAP 클라이언트 설정

이제 클라이언트 시스템 node1에서 인증 방법으로서 LDAP를 추가하고 서버에서 생성된 LDAP 사용자가 로그인할 수 있는지를 테스트한다.

A. 클라이언트 설정(node1)

먼저 클라이언트 시스템 node1에서 인증 방법으로서 LDAP를 추가하는 방법은 다음과 같다.

```
[root@node1 ~]# yum -y install openldap-clients nss-pam-ldapd     ❶
[root@node1 ~]# authconfig --enableldap \     ❷
--enableldapauth \     ❸
--ldapserver=master.chul.com \     ❹
--ldapbasedn="dc=chul,dc=com" \     ❺
--enablemkhomedir \     ❻
--update     ❼
[root@node1 ~]# vim /etc/nsswitch.conf     ❽
passwd:        files ldap
shadow:        files ldap
group:         files ldap
[root@node1 ~]# vim /etc/openldap/ldap.conf     ❾
URI ldap://master.chul.com/
BASE dc=chul,dc=com
[root@node1 ~]# vim /etc/nslcd.conf     ❿
uri ldap://master.chul.com/
base dc=chul,dc=com
[root@node1 ~]# systemctl start nslcd     ⓫
[root@node1 ~]# systemctl status nslcd     ⓬
nslcd.service - Naming services LDAP client daemon.
Loaded: loaded (/usr/lib/systemd/system/nslcd.service; enabled; vendor preset:
disabled)
   Active: active (running) since Tue 2016-03-29 14:41:28 KST; 15min ago
 Main PID: 27638 (nslcd)
   CGroup: /system.slice/nslcd.service
        27638 /usr/sbin/nslcd
Mar 29 14:41:28 node1.chul.com systemd[1]: Starting Naming services LDAP client
daemon....
Mar 29 14:41:28 node1.chul.com nslcd[27638]: version 0.8.13 starting
Mar 29 14:41:28 node1.chul.com nslcd[27638]: accepting connections
```

```
Mar 29 14:41:59 node1.chul.com nslcd[27638]: [8b4567] <passwd(all)> (re)loading
/etc/nsswitch.conf
Mar 29 14:43:11 node1.chul.com nslcd[27638]: [7b23c6] <passwd=1010> (re)loading
/etc/nsswitch.conf
```

❶ 클라이언트에서 명령어 yum을 사용해 두 개의 패키지를 설치하는데, 여기서 nss-pam-ldapd 패키지는 LDAP 기반 인증을 사용하기 위한 PAM 모듈을 포함하고 있다.

❷ enableldap 옵션은 /etc/nsswitch.conf 파일에서 사용자 정보 서비스를 설정하기 위해 사용한다.

❸ enableldapauth 옵션은 /etc/pam.d/system-auth 파일을 통한 인증 기능을 설정하기 위해 사용한다.

❹ 사용할 LDAP 서버의 호스트 이름을 지정한다.

❺ LDAP 서버에서 사용하고 있는 Root DN을 정의한다.

❻ 로그인 시 사용자의 홈 디렉토리가 없을 경우 생성을 허용한다.

❼ 변경된 설정 옵션들이 적용되도록 필요한 서비스들을 재시작하라는 의미다.

❽ /etc/nsswitch.conf 파일을 열어 사용자 정보 제공의 소스로서 ldap이 추가돼 있는지 확인하고, 없으면 추가하기 바란다.

❾ LDAP 클라이언트 설정 파일을 열어 마찬가지로 LDAP 서버의 주소 및 Root DN이 설정돼 있는지 확인하기 바란다.

❿ 이 파일은 LDAP 클라이언트 데몬으로 사용되는 nslcd가 사용하는 설정 파일로서 마찬가지로 LDAP 서버 주소 및 Root DN 정보를 확인하기 바란다.

⓫ LDAP 클라이언트 nslcd 데몬을 명령어 systemctl로 시작한다.

⓬ 그 상태의 메시지 중에서 active와 LDAP 클라이언트 데몬이 시작됐다는 메시지를 확인하기 바란다. 이 데몬은 nss-pam-ldapd 패키지를 설치하면 사용할 수 있다.

B. 테스트(node1)

클라이언트에서 LDAP 서버의 데이터를 사용하기 위한 설정을 모두 마쳤다면 이제 서버에서 생성한 LDAP 사용자가 인증 수단으로 LDAP를 추가한 클라이언트 시스템에 로그인이 되는지 테스트한다.

```
[root@node1 ~]# grep lee /etc/passwd          ❶
[root@node1 ~]# getent passwd | grep lee      ❷
lee:x:1010:1010:lee:/home/lee:/bin/bash
```

```
[root@node1 ~]# getent group | grep lee      ❸
lee:*:1010:lee
[root@node1 home]# su - lee      ❹
Creating home directory for lee.
Last login: Tue Mar 29 13:55:05 KST 2016 on pts/0
[lee@node1 ~]$ pwd      ❺
/home/lee
[lee@node1 ~]$ id      ❻
uid=1010(lee) gid=1010(lee) groups=1010(lee)
```

❶ 클라이언트 node1의 로컬 사용자 중 lee가 있는지 확인하기 위해 패스워드 파일을 확인
  하면 존재하지 않는다.

❷ NSS가 제공하는 명령어 getent를 통해 LDAP 사용자 lee를 확인하면 그 정보를 알
  수 있다.

❸ 마찬가지로 그룹 정보도 확인할 수 있다.

❹ 테스트를 위해 LDAP 사용자 lee로 로그인을 시도하면 사용자의 홈 디렉토리가 없으므
  로 생성한다는 메시지를 볼 수 있다.

❺ 접속 경로를 확인하면 생성된 홈 디렉토리임을 확인할 수 있다.

❻ UID 및 GID도 확인할 수 있다.

15.4 Migrationtools 사용

Migrationtools는 LDAP 서버로 사용되는 리눅스 로컬 시스템에 존재하는 사용자 및 그룹
계정 정보를 ldif 파일로 변환해 그 정보를 LDAP 데이터베이스에 추가하기 위해 사용되는
Perl 스크립트다. 15.3.3절에서 LDAP 사용자를 생성하기 위해 ldapuser.ldif 파일을 사용
했는데, 소수의 사용자인 경우 사용하기에 충분할 수 있지만 로컬 시스템에 존재하는 대량
의 사용자를 LDAP 사용자로 변환해 사용하려면 Migrationtools를 사용하는 것이 훨씬 효
과적인 방법이라 할 수 있다.

15.4.1 LDAP 서버에서 설정(master)

먼저 LDAP 서버에서 로컬 시스템에 존재하는 사용자 및 그룹 정보를 변환하기 위한 방법
을 설명하고, 다음에 클라이언트에서 이를 테스트한다.

A. 로컬 데이터 변환

LDAP 서버로 사용되고 있는 master 호스트의 사용자와 그룹을 LDAP 서버의 그것으로 사용하기 위해 migrationtools를 이용해 변환하는 과정은 다음과 같다. 여기서 설명할 migrationtols 패키지가 15.2.1절에서 이미 설치됐는지 확인하기 바란다.

```
[root@master ~]# vim /usr/share/openldap/migration/migrate_common.ph ❶
$DEFAULT_MAIL_DOMAIN = "chul.com";  ❷
$DEFAULT_BASE = "dc=chul,dc=com";   ❸
$EXTENDED_SCHEMA = 1;       ❹
[root@master ~]# cd /usr/share/openldap/migration      ❺
[root@master migration]#./migrate_base.pl > base.ldif ❻
[root@master migration]#./migrate_passwd.pl /etc/passwd user.ldif      ❼
[root@master migration]#./migrate_group.pl /etc/group group.ldif       ❽
```

❶ migrationtools가 저장된 디렉토리에서 모든 migrationtools에 적용되는 기본 정보를 포함하는 파일을 명령어 vim으로 열어서 세 가지 기본 정보를 변경한다.

❷ ❹의 기능이 활성화될 때 사용자 패스워드 파일 변환에 사용되는 migrate_ passwd.pl 에 있는 mail 속성^{attribute}을 위해 사용되는 도메인을 의미한다.

❸ 기본 Root DN으로 사용할 이름을 정의한다.

❹ 확장 스키마 사용을 활성화하는데, 이를 통해 migrate_passwd.pl 스크립트에 의해 변환된 사용자들에게 두 가지 객체 클래스, 즉 organizationalPerson과 inetOrgPerson을 추가하게 된다.

❺ migrationtools 패키지를 설치한 후 이 툴들을 사용하기 위해 이들이 저장된 디렉토리로 이동한다.

❻ Root DN을 위한 LDIF 엔트리를 변환한다.

❼ /etc/passwd 파일에 저장된 사용자들을 변환한다.

❽ /etc/group 파일에 저장된 그룹을 변환한다.

B. 데이터 추가와 검색

앞에서 변환된 ldif 파일들을 데이터베이스에 추가하고 이 정보를 검색하는 과정은 다음과 같다.

```
[root@master migration]# ldapadd -x -W -D "cn=Manager,dc=chul,dc=com" -f
base.ldif  ❶
```

```
[root@master migration]# ldapadd -x -W  -D "cn=Manager,dc=chul,dc=com" -f
user.ldif   ❷
adding new entry "uid=user1,ou=People,dc=chul,dc=com"
adding new entry "uid=user2,ou=People,dc=chul,dc=com"
adding new entry "uid=user3,ou=People,dc=chul,dc=com"
[root@master migration]# ldapadd -x -W  -D "cn=Manager,dc=chul,dc=com" -f
group.ldif   ❸
[root@master migration]# ldapsearch -x -W -D 'cn=Manager, dc=chul, dc=com' -b
'ou=People,dc=chul,dc=com' dn cn   ❹
[root@master migration]# ldapsearch -x -W -D 'cn=Manager, dc=chul, dc=com' -b
'ou=Group,dc=chul,dc=com' dn cn   ❺
```

❶ A절에서 변환한 기본 파일인 base.ldif 파일을 명령어 ldapadd로 LDAP 서버에 추가
   한다.

❷ A절에서 변환한 사용자 파일인 user.ldif 파일을 명령어 ldapadd로 추가한다. 테스트를
   위해 생성한 사용자 user1-3이 추가되고 있음을 확인할 수 있다.

❸ A절에서 변환한 그룹 파일인 group.ldif 파일을 명령어 ldapadd로 추가한다.

❹ 추가한 정보 중에서 ou=People이 속한 모든 dn, cn를 명령어 ldapsearch로 검색한다.

❺ 추가한 정보 중에서 ou=Group이 속한 모든 dn, cn를 명령어 ldapsearch로 검색한다.

15.4.2 LDAP 클라이언트에서 테스트(node1)

이제 새롭게 추가한 LDAP 사용자 정보를 클라이언트에서 테스트한다.

```
[root@node1 ~]# systemctl restart nslcd         ❶
[root@node1 ~]# grep user1 /etc/passwd          ❷
[root@node1 ~]# getent passwd | grep user1      ❸
user1:x:1004:1004:user1:/home/user1:/bin/bash
[root@node1 ~]# su - user1                       ❹
Creating home directory for user1.   ❺
Last login: Fri Mar 25 12:48:53 KST 2016 on pts/2
id: cannot find name for group ID 1004
[user1@node1 ~]$ pwd   ❻
/home/user1
[user1@node1 ~]$ id    ❼
uid=1004(user1) gid=1004 groups=1004
context=unconfined_u:unconfined_r:unconfined_t:s0-s0:c0.c1023
```

❶ LDAP 서버의 변경된 정보를 읽어오기 위해 LDAP 클라이언트 데몬을 다시 시작한다.

❷ 테스트를 위해 먼저 클라이언트 node1의 패스워드 파일에서 사용자 user1이 존재하는지 확인한다.

❸ NSS를 통해 사용자 정보를 읽어오는 명령어 getent로 LDAP 사용자 user1이 검색되는지 확인한 후에

❹ LDAP 사용자 테스트를 위해 user1으로 로그인한다.

❺ 사용자 user1이 로컬 호스트에 존재하지 않으므로 그 홈 디렉토리를 로그인과 동시에 생성하고 있다.

❻ 경로를 확인하면 사용자 user1의 홈 디렉토리로 로그인했고

❼ user1의 UID와 GID를 확인할 수 있다.

15.5 OpenLDAP 클라이언트 프로그램 사용

OpenLDAP 패키지는 OpenLDAP 디렉토리 서버에 접속해 동작하는 다양한 종류의 클라이언트 프로그램을 제공한다. LDAP 서버의 데이터를 잘 다루기 위해서는 이러한 클라이언트 프로그램의 사용법을 알고 있어야 한다. 여기서 소개하는 모든 프로그램은 openldap-clients 패키지를 설치해야 사용할 수 있다. 이번 절에서는 이러한 클라이언트 프로그램을 소개하고 사용 방법을 설명한다.

15.5.1 LDAPSEARCH

명령어 ldapsearch는 LDAP 디렉토리에 저장된 엔트리 정보를 검색하기 위해 사용된다.

```
[root@master ~]# ldapsearch -H ldap:// -x -LLL -s base -b "" namingContexts ❶
dn:
namingContexts: dc=chul,dc=com
[root@master ~]# ldapsearch -x -b 'dc=chul,dc=com' 'objectclass=*'        ❷
Search Base and Scope
[root@master ~]# ldapsearch -H ldap:// -x -D "cn=Manager,dc=chul,dc= com" -W -b
"dc=chul,dc=com" -LLL        ❸
[root@master ~]# ldapsearch -H ldap:// -x -D "cn=Manager,dc=chul,dc= com" -W -b
"cn=Manager,dc=chul,dc=com" -LLL        ❹
Enter LDAP Password:
dn: cn=Manager,dc=chul,dc=com
```

```
objectClass: organizationalRole
cn: Manager
description: Directory Manager
[root@master ~]# ldapsearch -H ldap:// -x -D "cn=Manager, dc=chul, dc=com" -W -b
"dc=chul,dc=com" -s one -LLL dn          ❺
Enter LDAP Password:
dn: cn=Manager,dc=chul,dc=com
dn: ou=People,dc=chul,dc=com
dn: ou=Group,dc=chul,dc=com
dn: ou=NewProject,dc=chul,dc=com
[root@master ~]# ldapsearch -H ldap:// -x -D "cn=Manager,dc=chul,dc= com" -W -b
"ou=people,dc=chul,dc=com" -s children -LLL dn          ❻
[root@master ~]# ldapsearch -H ldap:// -x -D "cn=Manager,dc=chul,dc= com" -W -b
"dc=chul,dc=com" -LLL "(uid=park)" "+"          ❼
[root@master ~]# ldapsearch -H ldap:// -x -D "cn=Manager,dc=chul,dc= com" -W -b
"dc=chul,dc=com" -LLL "(userPassword=*)"          ❽
[root@master ~]# ldapsearch -H ldap:// -x -LLL -s base -b "" supported
SASLMechanisms          ❾
dn:
supportedSASLMechanisms: SCRAM-SHA-1
supportedSASLMechanisms: GSS-SPNEGO
supportedSASLMechanisms: GSSAPI
supportedSASLMechanisms: DIGEST-MD5
supportedSASLMechanisms: CRAM-MD5

[root@master ~]# ldapsearch -H ldapi:// -Y EXTERNAL -b "cn=schema, cn=config" -s
sub -Q -LLL dn          ❿
dn: cn=schema,cn=config
dn: cn={0}core,cn=schema,cn=config
dn: cn={1}cosine,cn=schema,cn=config
dn: cn={2}nis,cn=schema,cn=config
dn: cn={3}inetorgperson,cn=schema,cn=config
```

❶ 현재 LDAP 서버가 사용하는 Root DN 엔트리를 찾기 위해 검색 범위를 Base로 한정하고, 특별한 메타엔트리로 사용되는 namingContexts를 사용하면 그 결과를 확인할 수 있다.

❷ ❶에서 검색한 Root 엔트리 내의 모든(*) objectclass 정보를 검색하기 위해 사용할 수 있다.

❸ Root DN 내의 모든 DN 정보를 관리자의 권한으로 검색할 때 사용할 수 있다.

❹ 관리자 cn=Manager DN 내의 정보를 관리자의 권한으로 검색할 때 사용할 수 있다.

❺ Root DN 내의 정보를 관리자의 권한으로 검색하는데, 그 검색 범위(s)를 one으로만 한정한다. 이는 Root DN으로 사용되는 dc=chul,dc=com 바로 아래 계층의 DN 정보를 검색하라는 의미다. 이를 통해 네 가지의 결과를 볼 수 있다.

❻ DN ou=people,dc=chul,dc=com을 부모로 사용하는 모든 자식 계층^{children}의 DN 정보를 검색하기 위해 사용할 수 있다.

❼ Root DN 내의 사용자 uid=park을 검색한다. 이때 플러스(+)를 추가하면 이 사용자에 대한 메타데이터 정보도 같이 볼 수 있다.

❽ Root DN 내에서 userPassword 엔트리를 포함한 모든 정보를 검색하기 위해 사용할 수 있다.

❾ OpenLDAP이 지원하는 SASL 인증 방법을 검색하기 위해 사용할 수 있다.

❿ 검색할 DN을 cn=schema, cn=config로 지정하는데, 그 검색 범위를 sub, 즉 base와 그 하위 계층의 모든 DN 정보를 검색할 수 있다.

15.5.2 LDAPADD와 LDAPMODIFY

명령어 ldapadd와 ldpamodify는 파일이나 표준 입력을 통해 LDAP 디렉토리에 엔트리를 추가하거나 수정하기 위해 사용되는 프로그램이다. 명령어 ldapadd는 명령어 ldapmodify에 하드링크로 연결돼 있어 대부분의 옵션이 서로 동일하게 사용된다.

```
[root@master ~]# ldapadd -x -D cn=Manager,dc=chul,dc=com -W -f basedomain.ldif  ❶
[root@master ~]# ldapadd -x -D cn=Manager,dc=chul,dc=com -W -f ldapuser.ldif   ❷
[root@master slapd.d]# vim addgroup.ldif        ❸
dn: ou=Project,dc=chul,dc=com
changetype: add
objectClass: organizationalUnit
ou: Project
[root@master slapd.d]# ldapmodify -x -D "cn=Manager,dc=chul,dc=com" -W -f
addgroup.ldif   ❹
Enter LDAP Password:
adding new entry "ou=Project,dc=chul,dc=com"
```

❶ 기본 도메인 설정을 위한 파일을 생성한 후에 명령어 ldapadd와 관리자의 권한으로 이 파일을 데이터베이스에 추가한다.

❷ 사용자 생성을 위한 파일을 생성한 후에 명령어 ldapadd와 관리자의 권한으로 이 파일

을 데이터베이스에 추가한다.

❸ ou=Project 그룹을 추가하기 위해 그 DN과 ou 이름을 지정한 파일을 명령어 vim으로 생성한다.

❹ 명령어 ldapmodify와 관리자의 권한으로 앞에서 생성한 파일을 추가하면 새로운 엔트리가 추가된다는 메시지를 볼 수 있다.

15.5.3 LDAPPASSWD

명령어 ldappasswd는 사용자의 패스워드를 생성하거나 변경하기 위해 사용된다. LDAP 사용자의 패스워드를 변경하는 방법은 바로 명령어를 사용하든지 아니면 파일을 이용해 변경하는 방법이 있다.

```
1. 명령어를 사용해 패스워드 변경하기
[root@master ~]# ldappasswd -x -D "cn=Manager,dc=chul,dc=com" -W -S
"uid=park,ou=People,dc=chul,dc=com" ❶
New password:
Re-enter new password:
Enter LDAP Password: ❷

2. 파일을 이용해 패스워드 변경하기
[root@master slapd.d]# ldapsearch -H ldapi:// -LLL -Q -Y EXTERNAL -b "cn=config"
"(olcRootDN=*)" dn olcRootDN olcRootPW ❸
dn: olcDatabase={2}hdb,cn=config
olcRootDN: cn=Manager,dc=chul,dc=com
olcRootPW: {SSHA}/ziXlKokJHQV5fySs+VlhjkZRT0CqE1E

[root@master slapd.d]# slappasswd          ❹
New password:
Re-enter new password:
{SSHA}qV4Fg50BOmOvSqz66M5DsLuQuNnvDsNG
[root@master slapd.d]# cat rootpw.ldif ❺
dn: olcDatabase={0}config,cn=config
changetype: modify
add: olcRootPW
olcRootPW: {SSHA} qV4Fg50BOmOvSqz66M5DsLuQuNnvDsNG          ❻
[root@master slapd.d]# ldapadd -Y EXTERNAL -H ldapi:/// -f  rootpw.ldif ❼
```

❶ 관리자의 권한으로 명령어 ldappasswd를 이용해 uid=park의 패스워드를 새 패스워드로 변경할 수 있다.

❷ 이때 관리자의 패스워드가 필요하다.

❸ 이번에는 파일을 이용해 관리자의 패스워드를 변경한다. 현재 관리자의 패스워드가 데이터베이스에 저장돼 있는지 명령어 ldapsearch에 해시 패스워드가 저장된 olcRootPW를 검색해 확인할 수 있다.

❹ 새로운 패스워드 생성을 위해 명령어 slappasswd를 사용하고

❺ 그 해시 저장 및 기존 정보 변경을 위해 파일을 생성한 뒤에

❻ 명령어 slappasswd를 사용해 생성한 패스워드 해시 정보를 변경한다.

❼ 명령어 ldapadd를 사용해 생성한 파일을 LDAP 데이터베이스에 추가한다.

15.5.4 LDAPWHOAMI

명령어 ldapwhoami는 LDAP 서버에 연결해 사용자의 ID를 요구하는 명령어 whoami 기능을 수행하기 위해 사용된다.

```
[root@master ~]# ldapwhoami -H ldapi:// -Y EXTERNAL -Q          ❶
dn:gidNumber=0+uidNumber=0,cn=peercred,cn=external,cn=auth
[kim@master ~]$ ldapwhoami -H ldapi:// -Y EXTERNAL -Q           ❷
dn:gidNumber=1053+uidNumber=1012,cn=peercred,cn=external,cn=auth
```

❶ root로 로그인한 상태에서 명령어 ldapwhoami를 사용하면 uid=0, gid=0 정보를 가진 사용자임을 보여준다.

❷ 사용자 kim으로 로그인한 상태에서 명령어 ldapwhoami를 사용하면 uid=1012, gid=1053의 정보를 가진 사용자 정보를 보여준다.

15.5.5 LDAPDELETE

명령어 ldapdelete는 사용자의 입력이나 파일을 통해 LDAP 디렉토리에 저장된 엔트리 정보를 삭제하기 위해 사용된다.

```
1. 표준 입력을 통한 삭제
[root@master ~]# ldapdelete -x -D "cn=Manager,dc=chul,dc= com" -W
"uid=student,ou=People,dc=chul,dc=com"          ❶

2. 파일을 이용한 삭제
[root@master ~]# vim delete.ldif          ❷
dn: uid=student,ou=People,dc=chul,dc=com          ❸
```

```
changetype: delete

dn: cn=student,ou=Group,dc=chul,dc=com        ❹
changetype: delete

[root@master ~]# ldapmodify -x -D "cn=Manager,dc=chul,dc=com" -W -f delete.ldif    ❺
Enter LDAP Password:
deleting entry "uid=student,ou=People,dc=chul,dc=com"
deleting entry "cn=student,ou=Group,dc=chul,dc=com"
```

❶ 명령어 ldapdelete를 사용해 셸상에서 ou=People의 uid=stduent를 바로 입력해 삭제
   할 수 있다.

❷ 두 번째는 파일을 이용한 삭제를 위해 파일을 생성한다.

❸ 삭제할 DN을 정의하고 그 타입을 delete로 지정하면 위의 엔트리를 삭제하게 된다.

❹ 마찬가지로 dn: cn=student,ou=Group를 삭제하기 위해 그 타입 또한 delete로 지정
   한다.

❺ 명령어 ldapmodify에 관리자의 권한으로 삭제할 파일을 지정해 uid=student를 삭제하
   면 두 개의 엔트리를 삭제한다는 메시지를 볼 수 있다.

15.5.6 LDAPMODRDN

명령어 ldapmodrdn은 LDAP 서버에 연결해 엔트리의 RDN^{Relative Distinguished Names} 정보를
수정하기 위해 사용된다.

```
[root@master slapd.d]# cat chrdn.ldif        ❶
ou=Project,dc=chul,dc=com        ❷
ou=NewProject
[root@master ~]# ldapmodrdn -x -W -r -f chrdn.ldif        ❸
Enter LDAP Password:
[root@master slapd.d]# ldapsearch -H ldap:// -x -D "cn=Manager, dc=chul,dc= com"
-W -b "ou=NewProject,dc=chul,dc=com" -LLL        ❹
Enter LDAP Password:
dn: ou=NewProject,dc=chul,dc=com
objectClass: organizationalUnit
ou: NewProject
```

❶ RDN 정보를 삭제하기 위한 ldif 파일을 생성한다.

❷ 현재 이 DN 정보는 DN: ou=Project,dc=chul,dc=com인데, DN을 구성하는 한 요소들

을 각각 RDN이라고 한다. `ou=Project`라는 RDN 엔트리 정보를 `NewProject`로 변경하려고 한다.

❸ 명령어 `ldapmodrdn`에 인증 옵션과 엔트리에서 old RDN 값을 삭제하기 위한 옵션(r)을 사용해 변경한다.

❹ 변경 후에 명령어 `ldapsearch`로 검색해 변경 사항을 확인한다.

15.6 OpenLDAP 보안(LDAP+SSL) 사용

LDAPS는 OpenLDAP에 암호화를 지원하는 SSL/TLS를 적용한 프로토콜이다. LDAP 프로토콜은 기본적으로 네트워크상에서 패스워드와 정보를 암호화 기능이 없는 단순 텍스트 형식으로 전달한다. 이러한 LDAP 연결을 암호화 기능을 통해 안전한 정보 전달이 가능하게 프로토콜 SSL을 적용한 것이 LDAPS다. LDAPS를 사용하기 위해서는 먼저 LDAP 서버에서 SSL/TLS를 적용하고, 그 다음에 클라이언트에서 이를 사용하기 위한 설정 과정이 필요하다.

15.6.1 서버 설정(master)

먼저 LDAPS 설정을 위해 LDAP 서버에서 SSL/TLS를 사용하기 위한 작업을 하고, 그 다음에 이러한 SSL/TLS를 LDAP 서버에 적용하는 방법을 설명한다.

A. 인증서 생성

LDAP 서버에 SSL/TLS를 적용하려면 먼저 인증서를 생성해줘야 한다.

```
[root@master ~]# cd /etc/pki/tls/certs            ❶
[root@master certs]# make ldap.key                ❷
umask 77 ; \
/usr/bin/openssl genrsa -aes128 2048 > ldap.key    ❸
Generating RSA private key, 2048 bit long modulus
..........................................................+++
e is 65537 (0x10001)
Enter pass phrase:
Verifying - Enter pass phrase:
[root@master certs]# openssl rsa -in ldap.key -out ldap.key    ❹
Enter pass phrase for ldap.key:
```

```
writing RSA key
[root@master certs]# make ldap.csr          ❺
  Country Name (2 letter code) [XX]:KR
State or Province Name (full name) []:Seoul
Locality Name (eg, city) [Default City]:Seoul
Organization Name (eg, company) [Default Company Ltd]:
Organizational Unit Name (eg, section) []:Chul Com
Common Name (eg, your name or your server's hostname) []:master.chul.com
Email Address []:tland12@chul.com

Please enter the following 'extra' attributes
to be sent with your certificate request
A challenge password []:
An optional company name []:
[root@master certs]# openssl x509 -in ldap.csr -out ldap.crt -req -signkey ldap.key
-days 365          ❻
Signature ok
subject=/C=KR/ST=Seoul/L=Seoul/O=Default Company Ltd/OU=Chul
Com/CN=master.chul.com/emailAddress=tland12@chul.com
[root@master certs]# cp ldap.* /etc/openldap/certs/          ❼
[root@master certs]# chown ldap. /etc/openldap/certs/ldap.*          ❽
```

❶ 인증서 생성을 위한 디렉토리로 이동한다.

❷ 개인 키^{Private Key} ldap.key를 생성하기 위해 명령어 make를 사용했는데, 명령어 make는 이 디렉토리 내의 Makefile를 실행해 개인 키를 생성하게 된다. Makefile 내부에는 키를 생성할 때 명령어 openssl을 이용해 키를 생성하는 스크립트가 정의돼 있기 때문이다. 패스워드를 입력해 개인 키 생성을 완료한다.

❸ 명령어 make ldap.key는 곧 openssl을 실행하라는 의미가 되는데, 이는 명령어 make 또는 openssl을 이용해 모두 키를 생성할 수 있다는 의미가 된다.

❹ 명령어 openssl을 이용해 키의 패스워드를 삭제한다. LDAP 데몬이 시작될 때마다 이 패스워드를 요구해 매우 번거롭기 때문이다.

❺ 이제 ldap.csr 파일을 생성하는데, 이 CSR^{Certificate Signing Request}은 인증서를 요청한 사용자의 정보가 입력돼 있고, 이 CSR 파일을 기초로 해서 Verisign 같은 CA^{Certificate Authority}는 인증서를 발행하게 된다. 여기서는 자기 서명^{Self-signed} 인증서를 생성하겠다. CSR 파일 생성 시 사용자의 정보, 즉 국가 코드, 도시, 조직 이름, 인증서를 사용할 호스트 이름 및 이메일 주소가 필요한데 이러한 정보는 모두 ❻에서 인증서 생성 시 X.509이 요구하는 형식의 인증서를 생성하기 위해서다.

❻ 이제 CSR 파일과 키를 입력 값으로 해 명령어 openssl을 사용해 인증서 ldap.crt를 생성하는데, 이 인증서는 일년 동안(365일) 유효하게 된다.

❼ 생성한 인증서 파일들을 모두 LDAP 인증서 디렉토리로 복사한다.

❽ 사용자 ldap이 접근 가능하게 그 소유권을 변경한다.

B. 인증서 적용

A절에서 생성한 인증서 파일을 이제 LDAP에 적용한다. 이 파일들을 LDAP 서버에 입력하려면 명령어를 이용하든지 파일을 생성해 입력하는 방법이 있는데, 여기서는 두 번째 방법을 사용하겠다.

```
[root@master slapd.d]# vim ssl.ldif           ❶
dn: cn=config
changetype: modify
add: olcTLSCACertificateFile
olcTLSCACertificateFile: /etc/openldap/certs/ldap.crt        ❷
-
replace: olcTLSCertificateFile
olcTLSCertificateFile: /etc/openldap/certs/ldap.crt          ❸
-
replace: olcTLSCertificateKeyFile
olcTLSCertificateKeyFile: /etc/openldap/certs/ldap.key       ❹
[root@master slapd.d]# ldapmodify -Y EXTERNAL -H ldapi:/// -f ssl.ldif   ❺
SASL/EXTERNAL authentication started
SASL username: gidNumber=0+uidNumber=0,cn=peercred,cn=external,cn=auth
SASL SSF: 0
modifying entry "cn=config"
[root@master ~]# vim /etc/sysconfig/slapd
SLAPD_URLS="ldapi:/// ldap:/// ldaps:///"          ❻
[root@master ~]# systemctl restart slapd           ❼
[root@master ~]# netstat -natlp | grep slapd       ❽
tcp   0  0 0.0.0.0:389    0.0.0.0:*   LISTEN     36603/slapd
tcp   0  0 0.0.0.0:636    0.0.0.0:*   LISTEN     36603/slapd
[root@master ~]# lsof -i tcp:636        ❾
COMMAND  PID USER  FD   TYPE DEVICE SIZE/OFF NODE NAME
slapd  36603 ldap 10u  IPv4 346011   0t0 TCP *:ldaps (LISTEN)
slapd  36603 ldap 11u  IPv6 346012   0t0 TCP *:ldaps (LISTEN)
[root@master ~]# openssl s_client -connect localhost:636 -showcerts   ❿
CONNECTED(00000003)
```

```
---
Server certificate
subject=/C=KR/ST=Seoul/L=Seoul/O=Default Company Ltd/OU=Chul
Com/CN=master.chul.com/emailAddress=tland12@chul.com
issuer=/C=KR/ST=Seoul/L=Seoul/O=Default Company Ltd/OU=Chul
Com/CN=master.chul.com/emailAddress=tland12@chul.com
---
SSL handshake has read 1440 bytes and written 373 bytes
---
New, TLSv1/SSLv3, Cipher is ECDHE-RSA-AES256-GCM-SHA384
Server public key is 2048 bit
Secure Renegotiation IS supported
Compression: NONE
Expansion: NONE
SSL-Session:
    Protocol  : TLSv1.2
    Cipher    : ECDHE-RSA-AES256-GCM-SHA384
    Session-ID: 8EFBA8146F07DF0B7679D2A795FB4716988BAA3025DBE6201F5A1459E38F093E
    --------------------
    Krb5 Principal: None
    PSK identity: None
    PSK identity hint: None
    Start Time: 1459321204
    Timeout   : 300 (sec)
    Verify return code: 18 (self signed certificate)
```

❶ A절에서 생성한 인증서 정보를 LDAP에 적용하기 위해 ssl.ldif 파일을 생성한다.

❷ CA가 제공하는 인증서 파일의 경로를 지정한다.

❸ LDAPS가 사용할 인증서 파일의 경로를 지정한다.

❹ 인증서에 필요한 키가 저장된 파일의 경로를 지정한다.

❺ 명령어 ldapmodify를 이용해 위의 정보를 LDAP 서버에 추가한다.

❻ LDAP 서버의 접속 URL에 ldaps를 추가해 이 프로토콜을 통한 접속도 허용하게 설정한다.

❼ LDAP 서버의 변경 사항을 적용하기 위해 slapd 데몬을 다시 시작한다.

❽ LDAP slapd 데몬이 사용하는 포트를 확인하면 LDAPS가 사용하는 포트 636번도 서비스 제공 준비가 돼 있음을 알 수 있다.

❾ 명령어 lsof를 이용해 그 포트를 확인하면 이 포트를 사용하는 사용자 및 데몬, 그리고 프로세스 및 서비스 이름을 확인할 수 있다.

❿ 명령어 openssl을 이용해 로컬 호스트 LDAPS로의 연결 및 인증서 정보를 볼 수 있는
지 테스트한다.

15.6.2 클라이언트 설정(node1)

LDAP 서버에서의 SSL/TLS 적용을 위한 설정을 모두 완료했다면 이제 클라이언트 시스
템에서 이를 테스트한다.

```
[root@node1 ~]# vim /etc/openldap/ldap.conf        ❶
TLS_REQCERT allow
[root@node1 ~]# vim /etc/nslcd.conf        ❷
tls_reqcert allow
[root@node1 ~]# authconfig --enableldaptls --update        ❸
[root@node1 ~]# systemctl restart nslcd        ❹
[root@node1 ~]# openssl s_client -connect master.chul.com:636 -showcerts        ❺
[root@node1 ~]# ldapsearch -x -b 'dc=chul,dc=com' -D "cn=Manager, dc= chul, dc=com"
'(objectclass=*)' -H ldaps://master.chul.com -W        ❻
Enter LDAP Password:
```

❶ 클라이언트에서 LDAP 서버에 대한 인증서 요청을 허용하는 옵션이다.

❷ LDAP 클라이언트 데몬에서 서버가 제공하는 인증서를 허용할지 결정한다.

❸ LDAP 클라이언트 node1에서 사용하는 인증 방법으로서 LDAPS를 사용하기 위해 설정한다.

❹ 변경 사항을 업데이트하기 위해 LDAP 클라이언트 nslcd 데몬을 다시 시작한다.

❺ LDAP 서버에서와 마찬가지로 LDAPS 연결 테스트를 하는데, 차이점은 서버의 호스트
이름을 지정해야 한다는 점이다. 서버에서와 동일한 결과를 확인할 수 있는데, 위에서
는 그 결과를 생략했다.

❻ 클라이언트에서 명령어 ldapsearch를 이용해 LDAP 서버의 데이터를 검색하는 경우
호스트 이름을 지정할 때 접속 프로토콜을 ldaps로 해서 테스트할 수 있다.

15.7 OpenLDAP 복제

LDAP 복제Replication는 DIT 업데이트가 일정 동작 주기로 하나 또는 그 이상의 LDAP 시스
템으로의 복사가 이뤄지게 허용하는 기능이다. 이 기능은 보통 백업 또는 성능 향상의
목적으로 사용된다. LDAP 복제를 구현하는 방식은 두 가지로 마스터-슬레이브Master-Slave

와 멀티마스터^{Multi-Master}로 구분할 수 있다. 그림 15-4를 이용해서 이 두 가지 방식을 설명하면 다음과 같다.

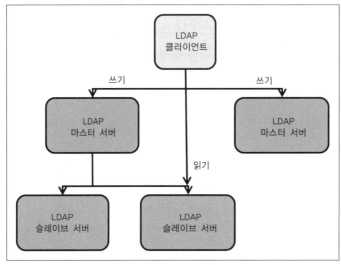

그림 15-4 LDAP 복제하기

A. 마스터-슬레이브

마스터-슬레이브^{Master-Slave} 방식은 마스터의 모든 DIT 정보를 하나 또는 그 이상의 슬레이브 시스템으로 모두 복사하는 방식을 의미한다. 마스터에 저장된 DIT 정보는 언제든지 업데이트가 가능하지만, 슬레이브에 저장된 DIT 정보는 사용자에 의해 업데이트가 이뤄지지 않고 읽기 기능만 제공할 수 있다. 그래서 사용자가 DIT 정보를 업데이트해야 한다면 항상 마스터에 접속해야만 한다. 여기서 DIT 정보를 제공하는 마스터 서버를 공급자^{Provider}, DIT 정보를 복사해서 저장만하는 슬레이브 서버를 소비자^{Consumer}라고 부르기도 한다. 슬레이브 서버는 DIT 정보를 업데이트할 수 없으므로 백업 서버라고만 할 수 있고 마스터 서버가 서비스 제공이 불가하다면 전체 정보의 업데이트를 할 수 없다는 점이 단점이라 할 수 있다.

B. 멀티마스터

OpenLDAP-2.4부터 지원된 멀티마스터^{Multi-Master} 방식에서는 LDAP 마스터로 사용되는 하나 또는 그 이상의 서버에 저장된 DIT 정보가 모두 동일하고, 어느 마스터에서든지 이러한 DIT 정보를 업데이트할 수 있으며, 또한 한 마스터에서의 업데이트 정보는 다른 마스터에게로 모두 전달된다는 점이 마스터-슬레이브 방식과의 차이점이라고 할 수 있다. 이 경우 하나의 마스터가 서비스 불능 상태에 빠져도 다른 마스터가 동일하게 클라이언트에 그 기능을 제공할 수 있기 때문에 기능의 정지 없이 항상 서비스를 제공할 수 있다는 장점이 있다. 멀티마스터 방식에서는 두 가지의 논쟁이 존재하는데, 이를 Value-contention과 Delete-contention이라고 한다.

1. **Value-contention** 복제 작동 주기 내에 같은 속성이 동시에 다른 값으로의 업데이트가 이뤄진 경우 그 속성의 유형이 SINGLE(단일 값) 또는 MULTI-VALUED(복수 값)에 따라 그 엔트리의 결과 값은 틀리거나 불안정한 상태로 될 수 있음을 의미한다.
2. **Delete-contention** 한 사용자가 한 엔트리에 자식 엔트리를 추가할 때 다른 사용자가 복제 작동 주기 내에 그 부모 엔트리를 삭제한 경우 삭제된 부모 엔트리가 다시 나타날 수 있음을 의미한다.

지금까지 LDAP 복제에 대한 설명을 마치고 그 설정하는 방법을 설명하는데, 두 가지 방식 중 여기서는 주로 사용되는 멀티마스터 설정 방법을 설명하겠다. 이번 설정에서 사용할 각 시스템에 대한 정보는 다음과 같다.

호스트 이름	IP 주소	OS 버전	역할
master.chul.com	192.168.80.5	CentOS Linux release 7.2	LDAP 마스터 서버1
node1.chul.com	192.168.80.6	CentOS Linux release 7.2	LDAP 클라이언트
node2.chul.com	192.168.80.7	CentOS Linux release 7.2	LDAP 마스터 서버2

15.7.1 모든 LDAP 마스터 설정(master와 node2)

마스터 서버로 사용되고 있는 master와 node2 시스템에서 공통적으로 사용해야 할 설정을 살펴보자. 한 가지 주의 사항은 다음의 설정은 모두 master와 node2에서 당연히 설정해야 겠지만 앞 절에서 설명한 기본 LDAP 서버로 node2 서버도 설정돼 작동이 되고 있다는 전제하에서 다음 내용을 설정해야 한다는 점이다.

A. synprov 모듈 추가

첫 번째 순서는 모든 멀티마스터 설정에서 LDAP 콘텐츠 동기화를 지원하는 syncprov[Sync Provider] 모듈을 추가해 서로 간 데이터 동기화 기능을 사용하는 것이다.

```
[root@master slapd.d]# vim mod_syncprov.ldif          ❶
dn: cn=module,cn=config          ❷
objectClass: olcModuleList
cn: module
olcModulePath: /usr/lib64/openldap
olcModuleLoad: syncprov.la          ❸
[root@master slapd.d]# ldapadd -Y EXTERNAL -H ldapi:/// -f mod_syncprov.ldif          ❹
SASL/EXTERNAL authentication started
SASL username: gidNumber=0+uidNumber=0,cn=peercred,cn=external,cn=auth
SASL SSF: 0
adding new entry "cn=module,cn=config"

[root@master slapd.d]# vim syncprov.ldif          ❺
dn: olcOverlay=syncprov,olcDatabase={2}hdb,cn=config          ❻
objectClass: olcOverlayConfig
objectClass: olcSyncProvConfig
olcOverlay: syncprov
olcSpSessionLog: 100
[root@master slapd.d]# ldapadd -Y EXTERNAL -H ldapi:/// -f syncprov. ldif          ❼
adding new entry "olcOverlay=syncprov,olcDatabase={2}hdb,cn=config"
```

❶ 명령어 vim을 이용해 모듈 설정 파일을 생성한다. 다른 마스터 node2에서도 이와 동일하게 생성한다.

❷ 전역 설정 데이터베이스에 새로운 DN cn=module을 추가한다.

❸ 추가할 모듈의 이름을 지정하는데, 이 모듈은 openldap-servers 패키지를 설치하면 사용할 수 있다.

❹ 명령어 ldapadd를 이용해 이 ldif 파일을 LDAP 서버에 추가하면 새로운 엔트리가 생성됐다는 메시지를 볼 수 있다. 다른 마스터 node2에서도 동일하다.

❺ olcOverlay=syncprov를 데이터베이스에 추가하기 위해 ldif 파일을 생성한다.

❻ 새로운 DN dn: olcOverlay=syncprov를 데이터 저장 벡엔드로 사용되는 olcDatabase={2}hdb에 생성하라는 의미다.

❼ 명령어 ldapadd를 이용해 생성한 ldif 파일을 LDAP 데이터베이스에 추가한다. 다른 마스터 node2에서도 동일하게 추가하기 바란다.

B. 마스터 서버 설정(master와 node2)

이제 각 마스터 서버에서 필요한 설정을 해야 할 단계다.

```
[root@master slapd.d]# vim master-1.ldif          ❶
dn: cn=config
changetype: modify
replace: olcServerID
olcServerID: 1          ❷

dn: olcDatabase={2}hdb,cn=config
changetype: modify
add: olcSyncRepl
olcSyncRepl: rid=001
  provider=ldap://192.168.80.7:389/          ❸
  bindmethod=simple
  binddn="cn=Manager,dc=chul,dc=com"
  credentials=Password          ❹
  searchbase="dc=chul,dc=com"
  scope=sub
  schemachecking=on
  type=refreshAndPersist
  retry="30 5 300 3"          ❺
  interval=00:00:05:00          ❻
-
add: olcMirrorMode
olcMirrorMode: TRUE

dn: olcOverlay=syncprov,olcDatabase={2}hdb,cn=config
changetype: add
objectClass: olcOverlayConfig
objectClass: olcSyncProvConfig
olcOverlay: syncprov
[root@master slapd.d]# ldapmodify -Y EXTERNAL -H ldapi:/// -f master-1.ldif          ❼
SASL/EXTERNAL authentication started
SASL username: gidNumber=0+uidNumber=0,cn=peercred,cn=external,cn=auth
SASL SSF: 0
modifying entry "cn=config"
modifying entry "olcDatabase={2}hdb,cn=config"
adding new entry "olcOverlay=syncprov,olcDatabase={2}hdb,cn=config"
```

❶ 각 마스터에서 추가할 ldif 파일을 명령어 vim으로 생성한다.

❷ 각 마스터 서버를 구분하기 위해 사용하는 ID 번호다. 이 테스트에서는 master 노드가
   1, node2 노드가 2를 사용한다.

❸ 동기화를 할 다른 마스터 서버의 IP 주소와 포트를 정의한다. 또 다른 마스터가 있는

경우 rid 번호를 다르게 해 추가할 수 있다. node2의 경우 master의 IP 주소 192.168.80.5를 입력해야 한다.

❹ LDAP 서버의 관리자 패스워드를 입력한다.

❺ 동기화 에러가 발생한 경우 재접속을 위해 사용하는 시간 단위다. 이는 에러가 발생하면 30초 단위로 5번 시도하고, 그래도 실패하면 300초 단위로 3번 더 시도하라는 의미다.

❻ 동기화 주기 시간이 5분 단위임을 의미하는데, 이는 dd:hh:mm:ss로 구성돼 있다.

❼ 앞에서 생성한 ldif 파일을 명령어 `ldapmodify`로 데이터베이스에 추가하면 설정 파일에서 세 개의 DN을 수정했으므로 두 개의 엔트리가 변경되고 한 엔트리가 추가된다는 메시지를 볼 수 있다.

15.7.2 LDAP 클라이언트(node1) 설정과 테스트

클라이언트 node1과 마스터node2에서 LDAP 서버의 설정을 테스트하면 다음과 같다.

```
[root@node1 ~]# authconfig \
--ldapserver=master.chul.com,node2.chul.com --update      ❶

[root@master slapd.d]# slappasswd      ❷
New password:
Re-enter new password:
{SSHA}P3eTP6ZzYHO6ti8DcJP8zTw2hXdVIOel
[root@master slapd.d]# ldapadd -x -D cn=Manager,dc=chul,dc=com -W -f
ldapuser2.ldif      ❸
Enter LDAP Password:
adding new entry "uid=studnet,ou=People,dc=chul,dc=com"
adding new entry "cn=student,ou=Group,dc=chul,dc=com"
[root@master slapd.d]# systemctl stop slapd      ❹

[root@node2 ~]# ldapsearch -x -b "dc=chul,dc=com" -s sub "cn=student"      ❺
# extended LDIF
# LDAPv3
# base <dc=chul,dc=com> with scope subtree
# filter: cn=student
# requesting: ALL
#
# student, People, chul.com
dn: uid=student,ou=People,dc=chul,dc=com
objectClass: inetOrgPerson
```

```
objectClass: posixAccount
objectClass: shadowAccount
cn: student
sn: chul
loginShell: /bin/bash
uidNumber: 1015
gidNumber: 1015
homeDirectory: /home/student
uid: student

# student, Group, chul.com
dn: cn=student,ou=Group,dc=chul,dc=com
objectClass: posixGroup
cn: student
gidNumber: 1015
memberUid: student

# search result
search: 2
result: 0 Success

# numResponses: 3
# numEntries: 2
```

❶ LDAP 클라이언트 node1에서 명령어 `authconfig`를 사용해 LDAP 마스터 서버로 사용할 두 호스트 master와 node2를 추가한다.

❷ 테스트를 위해 LDAP 마스터 서버에서 패스워드를 입력하고

❸ 테스트 사용자를 위해 `uid=studnet`가 입력된 ldapuser2.ldif 파일을 LDAP 서버 master에 추가한다.

❹ 이제 LDAP 마스터 서버 master를 중지한다. 이제 새롭게 입력된 데이터가 LDAP 마스터 서버로 사용 중인 node2에도 동일하게 이 정보가 동기화돼야 한다.

❺ LDAP 마스터 서버 master에 입력한 사용자 `cn=student`를 LDAP 마스터 서버로 사용 중인 node2에서 검색해도 서로 동기화됐기 때문에 동일하게 그 결과를 알려준다. 이를 통해 master 서버와 node2 서버가 현재 LDAP 멀티마스터 서버로 동작하고 있음을 확인할 수 있다.

15.8 phpLDAPadmin를 이용한 LDAP 서버 관리

지금까지 LDAP 서버 설정을 위해 커맨드라인만을 사용해 왔는데, LDAP 서버를 웹 브라우저에서 편리하게 관리할 수 있는 프로그램을 소개하고자 한다. 이번 절에서 소개할 phpLDAPadmin 프로그램은 웹 기반의 LDAP 클라이언트 프로그램으로서 LDAP 서버 관리를 위해 사용할 수 있다. phpLDAPadmin이 제공하는 기능은 다양한데, LDAP 트리 및 스키마 보여주기, LDAP 엔트리에 대한 검색, 생성, 삭제와 복사 및 편집이 가능하다. 또한 서버 간의 엔트리 복사도 지원한다.

15.8.1 phpLDAPadmin 패키지 설치와 설정

phpLDAPadmin을 사용하려면 먼저 패키지를 설치하고 웹 서버 관련 설정을 해줘어야 한다. phpLDAPadmin은 웹 서버가 작동 중이어야 사용할 수 있으므로 웹 서버가 작동 중인지 미리 점검해야 한다.

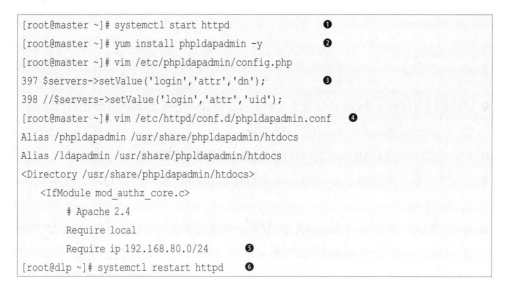

```
[root@master ~]# systemctl start httpd                          ❶
[root@master ~]# yum install phpldapadmin -y                    ❷
[root@master ~]# vim /etc/phpldapadmin/config.php
397 $servers->setValue('login','attr','dn');                    ❸
398 //$servers->setValue('login','attr','uid');
[root@master ~]# vim /etc/httpd/conf.d/phpldapadmin.conf  ❹
Alias /phpldapadmin /usr/share/phpldapadmin/htdocs
Alias /ldapadmin /usr/share/phpldapadmin/htdocs
<Directory /usr/share/phpldapadmin/htdocs>
    <IfModule mod_authz_core.c>
         # Apache 2.4
         Require local
         Require ip 192.168.80.0/24        ❺
[root@dlp ~]# systemctl restart httpd      ❻
```

❶ phpLDAPadmin을 사용하려면 먼저 웹 서버에서 php를 사용할 수 있어야 한다. Apache 웹 서버에서 php 사용을 위한 설정은 6장을 참조하기 바란다.

❷ 명령어 yum을 이용해 패키지를 설치한다.

❸ phpLDAPadmin 설정 파일을 명령어 vim으로 열어서 로그인 시에 인증 방법으로서 DN을 사용한다는 의미의 설정을 한다. 397번 라인을 활성화하고 398번 라인을 비활성화한다.

❹ phpLDAPadmin을 접근이 가능한 네트워크 주소를 설정하기 위한 파일을 열어서

❺ 웹 브라우저상에서 접근 가능한 네트워크 주소를 추가한다.

❻ 변경 사항을 적용하기 위해 Apache 웹 서버를 다시 시작한다.

15.8.2 phpLDAPadmin 사용

phpLDAPadmin을 사용하기 위한 설정을 완료했으므로 이제 사용할 수 있다.

A. phpLDAPadmin 접속

사용 가능한 웹 브라우저를 열어서 서버 주소 http://192.168.80.5/ldapadmin으로 접속하면 그림 15-5와 같은 화면을 볼 수 있다.

그림 15-5 phpLDAPadmin 접속하기

2. phpLDAPadmin 로그인하기

왼쪽 메뉴에서 login을 클릭해 그림 15-6처럼 Login DN에 cn=Manager, dc=chul,dc=com을 입력하고 패스워드를 입력해 로그인을 시도한다.

그림 15-6 phpLDAPadmin 로그인하기

3. LDAP 서버 정보 확인하기

로그인을 성공한 후 그림 15-7처럼 왼쪽의 RootDN을 클릭하면 LDAP 서버에 대한 정보
를 이용할 수 있다.

그림 15-7 phpLDAPadmin 정보 확인하기

15.9 참고문헌

- https://en.wikipedia.org/wiki/Lightweight_Directory_Access_Protocol
- https://ko.wikipedia.org/wiki/LDAP
- https://en.wikipedia.org/wiki/OpenLDAP
- http://www.tldp.org/HOWTO/LDAP-HOWTO/index.html
- https://www.digitalocean.com/community/tutorials/how-to-configure-openldap-and-perform-administrative-ldap-tasks
- http://www.openldap.org/doc/admin24/intro.html
- http://wiki.servicenow.com/?title=LDAP_Integration#gsc.tab=0
- http://www.server-world.info/en/note?os=CentOS_7&p=openldap&f=1
- http://www.unixmen.com/install-and-configure-ldap-server-in-centos-7/
- https://www.centos.org/docs/5/html/Deployment_Guide-en-US/s1-ldap-quickstart.html
- http://www.tecmint.com/setup-ldap-server-and-configure-client-authentication/
- https://directory.apache.org/apacheds/basic-ug/1.2-some-background.html
- https://en.wikipedia.org/wiki/PhpLDAPadmin
- http://www.zytrax.com/books/ldap/ch7/

- http://www.akadia.com/services/ssh_test_certificate.html

15.10 요약

1. ( )은 클라이언트-서버 모델로서 중앙 서버에 저장된 정보를 클라이언트가 ( ) 기반의 네트워크를 통해 접근해 이 정보를 사용 가능하게 ( ) 서비스를 제공하는 프로토콜이다.

2. ( )는 LDAP의 정보를 저장하는 공간으로서 정보 등록, 검색, 삭제, 그리고 업데이트를 위해 디자인된 특별한 (   )이다.

3. LDAP 서비스 제공을 위해 패키지 (,   )를 설치하고 이후 서비스 (   )를 시작하면 그 프로세스와 포트(   )번이 활성화된 것을 확인할 수 있다.

4. LDAP 관리자가 사용할 패스워드는 앞으로 LDAP 서버에 데이터를 추가 및 변경하거나 삭제할 때 사용되는데, 명령어 (   )를 이용해서 생성하고 명령어 (   )를 사용해 LDAP 서버에 삽입한다.

5. LDAP (   )란 객체들이 사용할 수 있는 ( )들을 정의한 파일로서 OpenLDAP 패키지를 설치하면 기본으로 사용할 수 있는 (   )들을 제공하고 있는데, 이 (   )들을 처음에 데이터베이스에 추가해서 사용할 수 있다.

6. LDAP 서버에서 사용자를 생성하기 위해 먼저 명령어 (   )를 사용해 사용자의 패스워드를 생성하고 명령어 (   )를 사용 등록한 다음에 변경할 경우 명령어 (   )를, 계정을 삭제하는 경우 명령어 (   )를 사용한다.

7. 클라이언트 시스템에서 LDAP 인증을 사용하기 위해 명령어 (   )를 사용해 LDAP 활성화 및 서버를 지정하고 클라이언트 (   ) 데몬을 시작해야 한다.

8. (   )는 LDAP 서버로 사용되는 리눅스 로컬 시스템에 존재하는 사용자 및 그룹 계정 정보를 (   ) 파일로 변환해 그 정보를 LDAP 데이터베이스에 추가하기 위해 사용되는 (   ) 스크립트다.

9. (   )는 OpenLDAP에 암호화를 지원하는 (   )를 적용한 프로토콜로서 네트워크상에서 패스워드와 정보를 암호화 기능이 없는 단순 텍스트 형식으로 전달하는 LDAP 연결을 (   ) 기능을 통해 안전한 정보 전달이 가능토록 한다.

10. LDAP ( )는 DIT 업데이트가 일정 동작 주기로 하나 또는 그 이상의 LDAP 시스템으로의 복사가 이뤄지게 허용함으로써 백업 또는 성능 향상의 목적으로 사용되는데, 구현하는 방식은 두 가지 (   )과 (   ) 방식이 사용된다.

11. (   )은 웹 기반의 LDAP 클라이언트 프로그램으로서 LDAP 서버 관리를
    위해 사용되며, LDAP 트리 및 스키마 보여주기, LDAP 엔트리에 대한 검색, 생성,
    삭제와 복사 및 편집, 그리고 서버 간의 엔트리 복사 기능을 지원한다.

15.11 연습문제

1. OpenLDAP 패키지를 설치하고 그 서비스를 시작한 이후에 Firewalld 방화벽에 이 서비
   스를 등록해보라.
2. 관리자 패스워드를 설정하고 이를 파일에 정의한 뒤에 LDAP 서버에 삽입하라.
3. OpenLDAP 패키지 설치 시에 기본으로 제공되는 스키마들을 설치하고 이를 확인하라.
4. 기본 도메인을 chul.com으로 변경하고 변경된 정보를 확인하라.
5. 사용자 lee를 생성하고 이를 LDAP 서버에 등록한 이후에 이를 확인하라.
6. 사용자 lee의 패스워드를 변경하고 명령어를 사용해 이 계정을 삭제하라. 이후에 테스
   트를 위해 다시 생성하라.
7. 클라이언트 시스템 node1에 LDAP 인증을 추가하고 LDAP 클라이언트 데몬을 시작
   하라.
8. 클라이언트 시스템에서 LDAP 서버에서 생성한 사용자 lee의 계정으로 로그인이 되는
   지 테스트하라.
9. migrationtools를 사용해 로컬 호스트 데이터를 변환한 후에 LDAP 서버에 추가하고
   이를 테스트하라.
10. LDAP에 SSL/TLS를 적용하고 클라이언트에서 이를 테스트하라.
11. LDAP 복제 멀티마스터 방식을 구현하고 이를 테스트하라.
12. phpLDAPadmin을 설치하고 설정한 이후에 웹 브라우저에서 접속해 정보를 확인하라.

15.12 연구과제

1. 22장에서 공부할 모니터링 툴 Nagios 서버를 사용해 LDAP 서버를 모니터링하는 방법
   을 연구해보라.
2. OpenLDAP 패키지와 유사한 389 패키지를 사용해 LDAP 서버를 구현해서 OpenLDAP
   서버가 제공하는 유사한 기능을 연구해보라.

16장
Squid 프록시 서버

Squid 프록시 서버의 모든 것

16장에서는 웹 서버와 클라이언트 사이에 위치해 웹 서버의 정보를 캐시에 저장한 후 클라이언트에 제공하는 Squid 프록시 서버에 대해 설명한다. 주요 내용으로는 Squid 프록시 서버의 종류 및 패키지의 설치부터 서버 시스템 시작, 인증, 그리고 리눅스와 윈도우에서 Squid 서버를 이용하는 방법을 구체적인 예제와 더불어 자세히 설명한다.

Squid 서버는 프록시^{Proxy} 서버다. 여기서 프록시란 클라이언트가 웹 서버로의 접근 시 그 요청을 받아 웹 서버에 전달하고 응답을 다시 클라이언트에 전달하는 역할을 하는 프로그램을 의미한다. 이러한 프록시 서버를 사용하는 이유는 웹 페이지나 파일과 같이 웹 서버가 제공하는 정보를 프록시 서버의 캐시에 저장해 클라이언트가 동일한 웹 서버의 정보를 요청 시에 빠른 속도로 프록시 서버에 저장된 정보에 접근하는 것을 허용하기 위해서다. 또한 클라이언트가 이러한 웹 서버의 정보 접근 시 콘텐츠 제어를 통해 안전한 콘텐츠 로의 접근을 보장하기 위한 보안 기능을 제공하기 위해서다. Squid 서버는 또한 웹 서버의 앞에 위치해 클라이언트로부터 오는 모든 요청을 여러 방법으로 필터링해 규칙에 부합한 안전한 요청만이 웹 서버에 전달되게 함으로써 웹 서버의 부하를 줄이고, 서비스를 보호하는 역할도 할 수 있다. 이러한 기능의 서버를 리버스^{Reverse} 프록시 서버라고 한다. 본문에서 이에 대한 설정 방법을 설명한다.

Squid는 1990년대 후반에 개발된 The Harvest Cache Daemon이라는 프로그램에 뿌리를 두고 있으며, 현재 대부분의 리눅스 배포판에서 지원되고 있는 프록시 캐싱 서버 프로그램이다. Squid는 일반적인 경우 HTTP 데이터를 위한 캐싱 서버뿐만 아니라 FTP 서버를 위한 캐싱 서버로도 사용될 수 있다. 또한 다양한 종류의 ACL$^{Access Control List}$ 방법 지원으로 내부 사용자들을 위한 강력한 제어 및 보안 기능을 구현할 수 있다.

16장에서 Squid 서버와 설정, 그리고 테스트를 위해 사용되는 호스트의 정보는 다음과 같다.

호스트 이름	IP 주소	OS 버전	역할
master.chul.com	192.168.80.5	CentOS Linux release 7.2	Squid 서버
node1.chul.com	192.168.80.6	CentOS Linux release 7.2	Squid 클라이언트
windows.chul.com	192.168.80.11	윈도우 7 64비트	Squid 클라이언트

16장에서 다루는 내용은 다음과 같다.

- Squid 서버 서비스 이해
- Squid 서버 서비스 시작
- Squid 서버 인증
- Squid 서버 접근 제어 사용
- 리버스 프록시 서버 사용
- SquidGuard 사용

16.1 Squid 서버 서비스 이해

프록시 서비스에 대한 간단한 소개를 통해 그 서비스를 이해하며, 구체적으로 설정하는 방법은 다음 절에서 설명한다.

16.1.1 프록시 서비스의 종류

프록시 서버는 컴퓨터 네트워크에서 사용되는 매우 유용한 프로그램으로서 다음과 같은 목적으로 사용된다. 로컬의 사용자가 요청한 웹 콘텐츠 중에서 바람직하지 않은 정보들을 필터링함으로써 내부 네트워크를 보호할 수 있고, 사용자들이 자주 요청하는 웹 페이지나 문서들을 캐시에 저장함으로써 웹 콘텐츠를 사용자들에게 더 빨리 전달할 수 있다. 이러한 프록시 서버는 다음과 같이 크게 세 가지 종류로 분류할 수 있는데, 그림 16-1을 참조해 살펴보자.

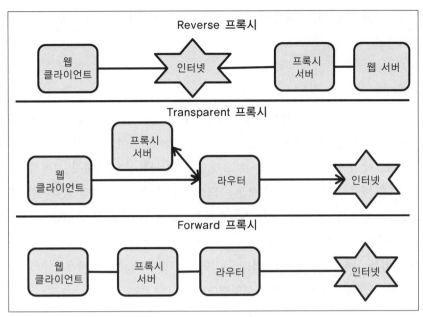

그림 16-1 프록시 서버의 종류

A. Forward 프록시 서버

일반적인 프록시 서버로서 주로 내부 사용자들을 위해 사용하며, 클라이언트 사용자들은 웹 서비스에 직접 접속할 수 없고 브라우저에 프록시 서버를 지정해서 웹 서비스에 접속할 수 있다. 그러나 사용자들은 이러한 설정을 삭제한 후 인터넷에 접속할 수 있지만 관리자의 설정에 따라 이러한 설정을 삭제하지 못하게 할 수 있다. 일반적으로 프록시 서버는 캐싱 서버로 사용되며, 규칙과 정책을 통해 이에 부합하지 않은 요청을 필터링하고, 또한 이에 부합하지 않은 데이터가 내부 네트워크로 전달되는 것을 방지할 수 있다. 이를 통해 클라이언트 사용자에게 빠르고 안전한 데이터를 전달하고, 사용자와 내부 네트워크를 보호하는 역할로 사용될 수 있다.

B. Transparent 프록시 서버

게이트웨이로 사용되는 라우터가 내부 사용자들의 웹 서비스 요청을 받으면 이 요청을 모두 프록시 서버로 보내게 되며, 프록시 서버는 라우터가 보낸 요청을 받아 인터넷의 웹 서버로 전달하고, 다시 그 응답을 클라이언트에게 전달한다. 프록시 서버에 사용자가 요청한 정보가 캐시에 있을 경우 바로 클라이언트에게 응답할 수 있다. 이 과정에서 클라이언트는 직접 프록시 서버를 설정하지 않아도 백엔드에서 라우터와 프록시 서버 사이에서 서비스 요청과 응답이 이뤄지는지 알 수 없기 때문에 Transparent^{투명한}라고 한다. 마찬가지로 Transparent 프록시 서버도 내부 사용자들에게 빠른 정보 전달과 보안을 위해 캐싱 서버로 사용될 수 있다.

C. Reverse 프록시 서버

일반적으로 웹 서버의 앞단에 위치해 클라이언트의 웹 서버로의 접속 요청을 받아 웹 서버에 전달하고, 그 응답을 웹 서버로부터 받아 다시 클라이언트에 전달한다. 이때 웹 서버는 내부 네트워크에 위치할 수 있다. 자주 요청되는 정보의 경우 프록시 서버의 캐시에서 저장된 정보를 바로 클라이언트에게 빠른 속도로 제공할 수 있다. 또한 클라이언트의 불필요한 요청을 필터링함으로써 웹 서버를 보호하고, 웹 서버의 부하를 줄여줌으로써 성능을 높여주는 역할을 담당한다. 또한 웹 서버가 여러 대인 경우 부하 부산 기능을 통해 효과적으로 웹 서버를 사용할 수 있는 장점도 제공한다. 7장의 Nginx 서버에서 Proxy 모듈을 사용해 이를 구현하는 방법을 이미 설명했다.

16.2 Squid 서버 서비스 시작

이번 절에서는 Squid 서버를 시작하는 방법을 살펴본다. 먼저 패키지 설치부터 서비스 시작, 그리고 설정 파일을 사용해 기본 서비스를 시작하고 방화벽에 추가하는 방법을 살펴본다.

16.2.1 Squid 프락시 서버 설치와 서비스 시작

Squid 서버를 사용하기 위한 첫 번째 작업은 패키지를 설치하고, 그리고 어떤 설정도 변경하지 않고 서비스를 시작하는 것이다.

```
[root@master ~]# yum install squid -y        ❶
[root@master ~]# rpm -qa | grep squid        ❷
squidGuard-1.4-20.el7.1.x86_64
squid-3.3.8-26.el7.x86_64
[root@master ~]# systemctl start squid       ❸
[root@master ~]# systemctl enable squid      ❹
[root@master ~]# systemctl status squid      ❺
  squid.service - Squid caching mastery
    Loaded: loaded (/usr/lib/systemd/system/squid.service; enabled; vendor
preset: disabled)
```

```
   Active: active (running) since Sat 2016-01-02 11:18:35 ICT; 11s ago
 Main PID: 16351 (squid)
   CGroup:  /system.slice/squid.service
           16351 /usr/sbin/squid -f /etc/squid/squid.conf
           16353 (squid-1) -f /etc/squid/squid.conf
           16367 (logfile-daemon) /var/log/squid/access.log
           16368 (unlinkd)
Jan 02 11:18:33 master.chul.com systemd[1]: Starting Squid caching mastery...
Jan 02 11:18:35 master.chul.com cache_swap.sh[16140]: init_cache_dir
/var/spool/squid...
Jan 02 11:18:35 master.chul.com squid[16351]: Squid Parent: will start 1 kids
Jan 02 11:18:35 master.chul.com squid[16351]: Squid Parent: (squid-1) process 16353
started
Jan 02 11:18:35 master.chul.com systemd[1]: Started Squid caching mastery.
[root@master ~]# ps -ef | grep squid        ❻
root   16351     1 0 11:18 ? 00:00:00 /usr/sbin/squid -f /etc/squid/squid.conf
squid  16353 16351 0 11:18 ? 00:00:00 (squid-1) -f /etc/squid/squid.conf
squid  16367     3 0 11:18 ? 00:00:00 (logfile-daemon) /var/log/squid/access.log
squid  16368 16353 0 11:18 ? 00:00:00 (unlinkd)
[root@master ~]# lsof -i tcp:3128           ❼
COMMAND  PID USER  FD  TYPE DEVICE SIZE/OFF NODE NAME
squid  16353 squid  16u IPv6 977404      0t0  TCP *:squid (LISTEN)
```

❶ 명령어 yum을 이용해 squid 패키지를 설치한다.

❷ 명령어 rpm을 이용해 그 설치를 확인한다. Squid 패키지와 의존 관계에 있는 다른 패키지도 설치돼 있음을 확인할 수 있다.

❸ 명령어 systemctl을 이용해 어떤 설정도 변경하지 않은 상태에서 squid 서버를 시작한다.

❹ 부팅 시에도 자동으로 이 squid 서비스가 시작되도록 하기 위해 사용한다.

❺ 명령어 systemctl을 이용해 그 상태를 보면 active와 Started Squid caching mastery 메시지를 확인해 Squid 서버가 성공적으로 시작됐음을 확인할 수 있다.

❻ 명령어 ps를 이용해 Squid 서버의 프로세스를 확인한다.

❼ Squid 서버가 기본적으로 사용하는 포트는 3128번인데, 명령어 lsof를 이용해 그 포트를 확인하고 포트의 상태가 LISTEN임을 확인하면 이제 Squid 서버를 사용할 준비가 됐다는 의미다.

16.2.2 Squid 서버 기본 설정 변경

Squid 서버를 성공적으로 설치하고 서비스를 시작했다면 두 번째 해야 할 작업은 기본 설정 파일을 환경에 맞게 수정하고 디렉토리와 파일을 확인하는 것이다.

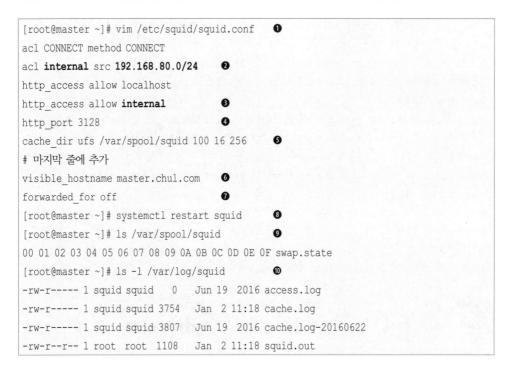

```
[root@master ~]# vim /etc/squid/squid.conf          ❶
acl CONNECT method CONNECT
acl internal src 192.168.80.0/24          ❷
http_access allow localhost
http_access allow internal          ❸
http_port 3128          ❹
cache_dir ufs /var/spool/squid 100 16 256          ❺
# 마지막 줄에 추가
visible_hostname master.chul.com          ❻
forwarded_for off          ❼
[root@master ~]# systemctl restart squid          ❽
[root@master ~]# ls /var/spool/squid          ❾
00 01 02 03 04 05 06 07 08 09 0A 0B 0C 0D 0E 0F swap.state
[root@master ~]# ls -l /var/log/squid          ❿
-rw-r----- 1 squid squid    0   Jun 19  2016 access.log
-rw-r----- 1 squid squid 3754   Jan  2 11:18 cache.log
-rw-r----- 1 squid squid 3807   Jun 19  2016 cache.log-20160622
-rw-r--r-- 1 root  root  1108   Jan  2 11:18 squid.out
```

❶ Squid 서버의 기본 설정 파일을 편집기 vim으로 연 다음에

❷ Squid 서버에 접근을 허용할 클라이언트 네트워크 주소를 키워드 acl(Access Control List) 과 이름 internal을 이용해 지정한다.

❸ ❷에서 지정한 acl internal에서 지정한 클라이언트가 웹사이트로 접근할 수 있도록 허용하기 위해 지정한다.

❹ Squid 서버가 서비스를 제공할 포트 번호를 지정하는데, 클라이언트는 이 포트 번호를 각 브라우저에 설정해야 한다. 기본으로 포트 3128번이 사용된다.

❺ Squid 서버가 캐시 정보를 저장하기 위해 사용할 디렉토리 이름과 크기를 지정한다. 각각의 의미는 다음과 같다.

- **ufs** Squid가 캐시에 저장하는 파일의 형식을 의미한다.
- **1000** 캐시 디렉토리로 사용할 공간의 크기를 지정하며, 단위는 MB다. 기본은 100MB이다.
- **16** 캐시 디렉토리에 생성되는 상위 디렉토리의 숫자를 의미한다.

- **256** 각 16개의 상위 디렉토리 내부에 생성되는 하위 디렉토리의 숫자를 의미한다. 그러면 총 16×256=4096개의 디렉토리가 생성돼야 한다.
❻ 에러 메시지와 같은 곳에 보여줄 호스트의 이름을 지정한다.
❼ 웹 서버로 전달되는 HTTP 요청 정보에 그 정보를 요청한 클라이언트의 IP 주소를 숨기라는 의미다.
❽ 모든 설정을 마쳤으면 변경 사항이 Squid 서버에 적용되도록 서버를 다시 시작한다.
❾ 설정 파일에 정의한 대로 캐시 디렉토리 내에 상위 디렉토리 16개가 생성됐는지 확인한다.
❿ Squid 서버가 사용하는 로그 디렉토리와 파일을 확인한다.

16.2.3 Squid 서버 방화벽 설정

Squid 서버 설치와 서비스 시작, 그리고 기본 설정을 모두 마쳤으면 이 서비스를 방화벽에 등록해 서비스를 클라이언트에게 제공해야 한다. 방화벽은 Firewalld와 Iptables 두 가지를 사용하되 환경에 따라 한 가지만 선택해 사용해야 한다.

```
[root@master ~]# firewall-cmd --zone=public --add-port=3128/tcp --permanent ❶
[root@master ~]# firewall-cmd --reload ❷
[root@master ~]# firewall-cmd --list-ports
[root@master ~]# iptables -t nat -A POSTROUTING -o eth1 -j MASQUERADE ❸
[root@master ~]# iptables -t nat -A PREROUTING -i eth0 -p tcp --dport 80 -j REDIRECT
--to-port 3128    ❹
[root@master ~]# iptables INPUT -m state --state NEW,ESTABLISHED, RELATED -m tcp -p tcp
--dport 3128 -j ACCEPT    ❺
```

❶ Squid 서버가 사용하는 기본 포트 3128번을 firewalld 방화벽에 추가해 방화벽이 클라이언트의 접근을 허용하도록 설정한다.
❷ 변경 사항을 적용하기 위해 Firewalld를 다시 시작하고 추가한 포트 번호를 확인한다.
❸ Iptables에서 머스커레이딩을 허용하기 위해 사용한다. 즉, 내부의 요청 IP 주소를 Squid 서버가 사용하는 IP 주소로 변환해서 외부 네트워크로 보내기 위한 설정이다.
❹ 웹 서버의 목적지 포트 80번으로의 접속 요청을 모두 Squid 서버의 포트로 전달하라는 설정이다.
❺ Squid 서버가 사용하는 포트 3128번으로의 접근을 허용한다.

16.2.4 Squid 서버 사용을 위한 클라이언트 설정

이제까지 Squid 서버의 시작과 기본 설정을 모두 마쳤다. 이제 이러한 설정을 이용해 클라이언트에서 Squid 서버로 접속, 그리고 웹사이트로의 접속이 이뤄지는지 각각 리눅스와 윈도우의 브라우저를 이용해 테스트해본다.

A. 리눅스에서 설정

리눅스에서는 파이어폭스 브라우저를 이용해 테스트를 하겠다. 파이어폭스를 시작한 다음 Preferences ❯ Advanced ❯ Network를 클릭하면 그림 16-2와 같은 화면을 볼 수 있다.

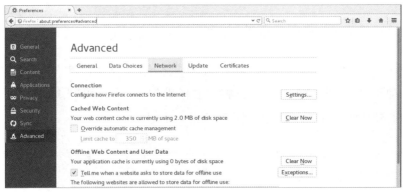

그림 16-2 리눅스 브라우저에서 프록시 서버 설정하기

여기서 Settings를 클릭해 그림 16-3의 화면에서 프록시 서버의 IP 주소와 포트 3128번을 입력하면 설정을 모두 마치게 된다.

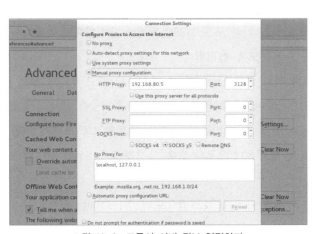

그림 16-3 프록시 서버 정보 입력하기

그리고 나서 브라우저에서 웹사이트를 입력하면 그림 16-4처럼 접속이 이뤄진다.

그림 16-4 웹사이트 접속하기

B. 윈도우에서 설정

윈도우에서는 인터넷 익스플로러를 이용해 테스트를 하겠다. 브라우저를 시작한 다음 인
터넷 옵션 ▶ 연결 ▶ 랜 설정을 클릭하면 그림 16-5와 같은 화면을 볼 수 있다.

그림 16-5 연결 클릭하기

여기에서 프록시 서버에 그림 16-6처럼 IP 주소와 포트 3128번을 입력하면 설정을 모두 마치게 된다.

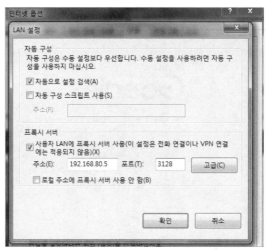

그림 16-6 프록시 서버 정보 입력하기

설정을 모두 마친 후 그림 16-7처럼 외부 웹사이트로의 접속이 되는지 확인하기 바란다.

그림 16-7 웹사이트 접속하기

16.3 Squid 프록시 서버 인증

프록시 서버는 기본적으로 클라이언트의 프록시 서버 접근 시 인증을 사용하지 않는다. 그러나 보안을 위해 프락시 서버에서 인증한 사용자만 접근하도록 허용하고, 웹 서버로의 접근 또한 허용할 경우 인증 방법을 사용할 수 있다. 이러한 목적으로 Squid는 기본적으로

Basic, NTLM, Digest, SPNEGO를 통한 인증, 그리고 Helper 프로그램(SQL 데이터베이스, LDAP, NIS, NCSA, PAM, SMB) 등을 통한 인증을 지원한다. 여기서는 Apache 서버와 유사한 Basic 인증을 설정하는 방법을 살펴본다.

16.3.1 Squid Basic 인증 설정

Squid Basic 인증이란 Squid 서버에서 기본적인 HTTP 인증을 사용할 때처럼 Apache 웹 서버가 사용하는 방식의 사용자와 패스워드 정보를 읽어서 인증하는 방법을 의미한다. 이러한 인증 방식을 위해서는 Apache 서버 툴인 htpasswd를 이용해 사용자와 패스워드를 먼저 생성해야 한다. Squid 서버에서 인증을 사용하기 위해 먼저 htpasswd 툴 패키지를 설치하고, Basic 인증에 관한 내용을 Squid 서버 설정 파일에 정의하면 Squid 서버에서 인증을 사용할 수 있다.

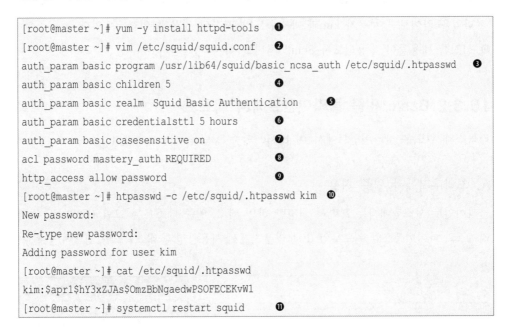

```
[root@master ~]# yum -y install httpd-tools          ❶
[root@master ~]# vim /etc/squid/squid.conf           ❷
auth_param basic program /usr/lib64/squid/basic_ncsa_auth /etc/squid/.htpasswd    ❸
auth_param basic children 5                           ❹
auth_param basic realm  Squid Basic Authentication    ❺
auth_param basic credentialsttl 5 hours               ❻
auth_param basic casesensitive on                     ❼
acl password mastery_auth REQUIRED                     ❽
http_access allow password                             ❾
[root@master ~]# htpasswd -c /etc/squid/.htpasswd kim  ❿
New password:
Re-type new password:
Adding password for user kim
[root@master ~]# cat /etc/squid/.htpasswd
kim:$apr1$hY3xZJAs$OmzBbNgaedwPSOFECEKvW1
[root@master ~]# systemctl restart squid              ⓫
```

❶ 사용자 생성을 위해 필요한 명령어 htpasswd를 사용하기 위해 패키지를 설치한다. 기존에 이미 설치돼 있다면 설치하지 않아도 된다.

❷ Squid 서버의 설정 파일을 명령어 vim으로 열어서

❸ Squid 서버가 인증을 위해 사용할 Helper 프로그램(basic_ncsa_auth)의 경로를 지정하고, 이 프로그램이 인증을 위해 사용할 사용자의 정보가 저장된 파일(.htpasswd)을 지정한다. 이 파일에 Squid 서버에 접근 가능한 사용자의 정보가 저장돼야 하는데, 이 사용자는

명령어 `htpasswd`를 사용해 생성할 수 있다.

❹ 인증을 위해 사용되는 프로세스의 개수를 의미한다.

❺ 클라이언트 인증 시에 Squid 서버가 클라이언트에게 보여주는 텍스트를 의미한다.

❻ Squid 서버가 일정 기간 동안 사용자 및 패스워드를 유효한 것으로 간주해야 한다는 설정이다. 즉 여기서는 Squid 서버가 5시간마다 사용자의 인증 정보를 다시 요구한다는 의미가 된다.

❼ 인증 시에 사용자 이름과 패스워드에서 대문자 및 소문자를 구별하라[case sensitive]는 설정이다.

❽ 프록시 인증에 성공한 사용자들만 모두 acl password에 포함된다는 의미다.

❾ acl password의 http로 접근을 허용한다는 설정이다.

❿ 명령어 `htpasswd`를 이용해 kim이라는 사용자를 생성하고 그 정보를 .htpasswd 파일에 저장하는데, 이 파일은 ❸에서 설정한 파일과 반드시 일치해야 한다. 그리고 생성된 파일을 읽어보면 사용자 kim과 패스워드가 저장된 것을 확인할 수 있다.

⓫ 설정한 내용들이 적용되도록 Squid 서버를 다시 시작한다.

16.3.2 Basic 인증 클라이언트에서 테스트

리눅스와 윈도우 클라이언트에서 이 Basic 인증 방법을 테스트하겠다.

A. 브라우저에서 인증 사용

클라이언트 시스템에서는 프락시 설정만 하면 되고, 인증 테스트는 그림 16-8처럼 각각 리눅스의 파이어폭스와 윈도우의 IE 브라우저에서 사용자명과 패스워드만 입력하면 된다.

그림 16-8 리눅스와 윈도우 브라우저에서 인증 사용하기

B. 인터넷 접속

그러면 앞의 그림 16-4나 16-7처럼 성공적으로 인터넷에 접속할 수 있다.

16.4 Squid 서버 접근 제어(ACL) 사용

Squid 서버는 다양한 종류의 접근 제어 방법을 제공한다. Squid 서버가 접근 제어를 위해 사용하는 방법에는 다음과 같은 것들이 있다.

- 출발지/목적지 IP 주소
- 출발지/목적지 도메인
- 현재의 요일과 시간
- 목적지 포트
- 키워드와 MAC 주소
- 프로토콜(FTP, HTTP, SSL)
- HTTP GET 또는 HTTP POST 같은 HTTP 메소드
- SNMP Community 정보

위의 접근 제어 방법 중에서 몇 가지를 다음 절에서 설정한 이후에 테스트하겠다.

이번 설정에서 한 가지 주의할 점은 16.2.2절의 Squid 서버 기본 설정 변경에서 생성한 acl internal을 http_access allow internal을 이용해서 모든 웹사이트로의 접근을 허용했는데, 이하에서 생성할 acl 및 그 http로의 접근을 올바르게 적용하기 위해서는 http_access allow internal 접근 설정보다 위에 위치시켜야 한다. Squid 서버는 접근 설정 적용을 위해 그 규칙을 순차적으로 실행하기 때문에 acl internal이 아래에서 설정할 규칙보다 상위에 있어서 서로 충돌할 경우 이하의 규칙은 적용되지 않기 때문이다. Squid 서버의 ACL 설정에서 중요한 점은 그 적용할 순서를 고려하면서 생성하고 적용하는 것이다.

16.4.1 도메인을 이용한 접근 제어

첫 번째는 도메인에 대한 접근 제어 방법이다. 특정 도메인을 정의하고 이 도메인에 대해 접근 허용과 접근 금지를 설정할 수 있다.

A. 단일 도메인별로 설정

차단할 각각의 도메인이 속한 각각의 ACL 이름을 생성하고 접근 금지하는 방법은 다음과 같다.

```
[root@master ~]# vim /etc/squid/squid.conf
acl blocksite1 dstdomain yahoo.com              ❶
acl blocksite2 dstdomain www.hackers.com        ❷
http_access deny blocksite1        ❸
http_access deny blocksite2        ❹
[root@master ~]# systemctl restart squid
```

❶ acl blocksite1을 정의하고 여기에 테스트를 위해 차단할 웹사이트 yahoo.com을 지정한다.

❷ acl blocksite2를 정의하고 차단할 웹사이트 www.hackers.com을 지정한다.

❸ ❶에서 정의한 acl blocksite1을 http 프로토콜로 접근을 금지한다.

❹ ❷에서 정의한 acl blocksite2를 http 프로토콜로 접근을 금지한다. 그리고 위 설정의 적용을 위해 Squid 서버를 다시 시작한다.

B. 파일 이용

각각의 도메인을 각각의 ACL로 정의하는 방법은 도메인이 많은 경우 대단히 번거로울 수 있다. 그래서 접근 금지할 도메인을 모두 한 개의 파일에 정의한 후 이 파일에 지정된 도메인으로의 접근을 금지하는 방법을 사용하면 아주 쉽게 도메인에 대한 접근 금지를 설정할 수 있다.

```
[root@master ~]# vim /etc/squid/squid.conf
acl blocksitelist dstdomain "/etc/squid/blockwebsites.lst"        ❶
http_access deny blocksitelist        ❷
[root@master ~]# vim /etc/squid/blockwebsites.lst        ❸
yahoo.com
www.hackers.com
www.creackers.com
[root@master ~]# systemctl restart squid
```

❶ acl blocksitelist를 생성하고 여기에 접속 차단 웹사이트 정보를 저장할 파일을 지정한다.

❷ 이 acl에 기록된 웹사이트로의 접근을 금지한다.

❸ ❶에서 정의한 파일을 명령어 vim으로 생성하는데, 여기에 차단할 웹사이트를 각각 입

력한다. 그리고 설정 적용을 위해 Squid 서버를 다시 시작한다.

C. 접속 차단 테스트

앞의 설정을 테스트하기 위해 윈도우의 브라우저 IE를 사용해 차단 웹사이트 www.yahoo
.com을 입력하면 그림 16-9와 같은 메시지를 볼 수 있다.

그림 16-9 접속 차단 테스트

16.4.2 특정 키워드를 사용한 접근 제어

두 번째 방법은 URL에서 특정한 키워드를 이용해 접근 제어를 수행하는 방법이다.
  이 방법도 마찬가지로 단일 키워드와 여러 개의 키워드를 포함한 파일을 사용할 수 있다.

A. 단일 키워드 사용

각각의 키워드별로 각각의 ACL을 사용해 접근 제어를 하는 방법은 다음과 같다.

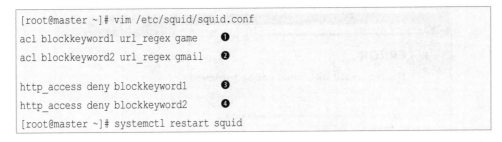

❶ acl blockkeyword1을 생성하고 여기에 URL상에서 차단할 키워드 game을 포함시킨다.

❷ acl blockkeyword2를 생성하고 마찬가지로 테스트를 위해 키워드 gmail을 포함시킨다.

❸ ❶에서 정의한 acl이 http 접속 시 그 요청을 차단한다.

❹ ❷에서 정의한 acl이 http 접속 시 그 요청을 차단한다. 설정 적용을 위해 Squid 서버를
  다시 시작한다.

B. 파일 사용

두 번째 방법은 사용할 키워드가 많은 경우 모든 키워드를 하나의 파일에 정리해 접근을
제어하는 방법이다.

```
[root@master ~]# vim /etc/squid/squid.conf
acl blockkeywordlist url_regex "/etc/squid/blockkeywords.lst"    ❶
http_access deny blockkeywordlist    ❷
[root@master ~]# vim /etc/squid/blockkeywords.lst    ❸
game
msn
facebook
hackers
crack
[root@master ~]# systemctl restart squid
```

❶ 동일하게 acl을 생성하고 acl을 적용할 파일을 지정한다.

❷ ❶에서 생성한 acl이 http로의 요청 시 이를 금지한다.

❸ ❶에서 정의한 파일을 생성해 여기에 금지할 키워드를 입력하고, 이 설정의 적용을 위해
Squid 서버를 다시 시작한다.

C. 키워드 접근 제어 테스트

앞의 설정을 테스트하기 위해 키워드 game이 포함된 웹사이트 www.hangame.com에 접속
을 시도하면 그림 16-10과 같은 메시지를 보여주며 접속이 되지 않는다.

그림 16-10 키워드 접속 테스트하기

그리고 Squid 서버의 로그 파일을 확인해보면 이 웹사이트로의 접근이 금지됐음을 확인할 수 있다.

```
[root@master squid]# tail -f /var/log/squid/access.log
1467170060.245      0 192.168.80.11 TCP_DENIED/403 4132 GET
http://www.hangame.com/ - HIER_NONE/- text/html
```

16.4.3 MAC 주소를 사용한 접근 제어

접근 제어를 위한 세 번째 방법은 각 컴퓨터의 MAC 주소를 이용한 접근 제어 방법이다. 이 방법은 프록시 서버를 사용하는 컴퓨터의 수가 그렇게 많지 않은 경우 주로 사용할 수 있는 방법이다.

A. 단일 MAC 주소 제어

한 개의 MAC 주소는 한 사이트로의 접근만을 제어하는 방법이다.

```
[root@master ~]# vim /etc/squid/squid.conf
acl blocksite3 dstdomain www.facebook.com        ❶
acl mac1 arp 01:23:45:AB:CD:EF        ❷
http_access deny blocksite3 mac1        ❸
[root@master ~]# systemctl restart squid        ❹
```

❶ acl blocksite3를 생성해 접근을 금지할 웹사이트를 지정한다.

❷ acl mac1에 접근을 금지할 MAC 주소를 지정한다.

❸ acl mac1이 acl blocksite3에 지정한 웹사이트로의 접근을 금지한 설정을 추가하고 Squid 서버를 다시 시작한다.

B. 여러 MAC 주소 제어

한 개의 MAC 주소를 위해 한 개의 ACL을 사용하는 방법은 접근 제어할 MAC 주소가 여러 개인 경우 번거로울 수 있으므로 파일을 이용해 다수의 MAC 주소를 제어할 수 있다.

```
[root@master ~]# vim /etc/squid/macaddress.list        ❶
01:23:45:AB:CD:EF
AB:CD:EF:01:23:45
[root@master ~]# vim /etc/squid/squid.conf
acl maclist arp "/etc/squid/macaddress.list"        ❷
```

```
http_access deny maclist          ❸
[root@master ~]# systemctl restart squid
```

❶ 명령어 vim으로 파일을 생성해 접근을 금지할 MAC 주소를 입력한다.

❷ Squid 설정 파일에 acl maclist를 생성하고 ❶에서 생성한 파일을 지정한다.

❸ acl maclist가 http로의 접근 시 그 요청을 금지하도록 설정하고 Squid 설정 파일을 다시 시작한다.

C. 여러 MAC 주소의 단일 사이트 접근 제어

접근 제어할 MAC 주소가 여러 개 있는 경우 파일을 이용해 단일 웹사이트로의 접근을 금지하기 위한 설정은 다음과 같다.

```
[root@master ~]# vim /etc/squid/macaddress.list    ❶
01:23:45:AB:CD:EF
AB:CD:EF:01:23:45
[root@master ~]# vim /etc/squid/squid.conf
acl blocksite2 dstdomain www.hackers.com           ❷
acl maclist arp "/etc/squid/macaddress.list"       ❸
http_access deny blocksite2 maclist                ❹
[root@master ~]# systemctl restart squid
```

❶ 명령어 vim을 이용해 파일을 생성하고 접근을 금지할 MAC 주소를 추가한다.

❷ acl blocksite2에 접근을 허용치 않을 웹사이트를 지정한다.

❸ acl maclist를 생성하고 이를 ❶에서 생성한 파일에 적용한다.

❹ acl maclist에 정의된 MAC 주소에서 acl blocksite2에 설정한 웹사이트로의 접근을 금지하도록 설정한다. 그리고 Squid 서버를 다시 시작한다.

D. 여러 MAC 주소에 여러 사이트 허용

여러 MAC 주소에 여러 웹사이트로의 접근을 허용하고, 나머지 웹사이트로의 접근을 금지하기 위한 설정 방법은 다음과 같다.

```
[root@master ~]# vim /etc/squid/macaddress.list    ❶
01:23:45:AB:CD:EF
AB:CD:EF:01:23:45
[root@master ~]# vim /etc/squid/allowsites.lst      ❷
www.google.com
```

```
www.yahoo.com
www.naver.com
[root@master ~]# vim /etc/squid/squid.conf
acl maclist arp "/etc/squid/macaddress.list"              ❸
acl allowsites dstdomain "/etc/squid/allowsites.lst"      ❹
http_access allow allowsites maclist      ❺
http_access deny maclist      ❻
[root@master ~]# systemctl restart squid
```

❶ 접근을 통제할 MAC 주소가 포함된 파일을 명령어 vim으로 생성한다.

❷ 접속이 허용된 웹사이트의 목록이 포함된 파일을 명령어 vim으로 생성한다.

❸ Squid 서버의 설정 파일에 acl maclist를 생성하고 그 MAC 주소가 포함된 파일, 즉 ❶에서 생성한 파일을 지정한다.

❹ acl allowsites를 생성하고 그 목적지 파일을 ❷에서 생성한 파일로 지정한다.

❺ acl maclist에 포함된 MAC 주소에서 acl allowsites에 포함된 웹사이트로의 접근을 허용한다.

❻ 그러나 나머지 웹사이트로의 접근은 금지되도록 설정하고 Squid 서버를 다시 시작한다.

16.4.4 동시 접속 사이트 숫자 제한

한 클라이언트 IP 주소에서 동시에 접속 가능한 웹사이트의 숫자를 제한할 수 있는 설정 방법은 다음과 같다.

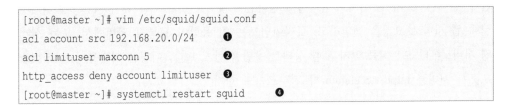

```
[root@master ~]# vim /etc/squid/squid.conf
acl account src 192.168.20.0/24      ❶
acl limituser maxconn 5      ❷
http_access deny account limituser   ❸
[root@master ~]# systemctl restart squid      ❹
```

❶ acl account에 웹사이트 최대 동시 접속 사이트 수를 제한할 네트워크 주소를 할당 한다.

❷ acl limituser에 최대 접속 사이트 수를 5로 설정한다.

❸ acl account에 해당하는 IP 주소에서 오는 모든 http 접속 요청이 단지 최대 5개까지만 허용된다는 내용이다. 변경된 설정을 적용하기 위해 Squid 서버를 다시 시작한다.

16.4.5 특정 포트 접속 제한

클라이언트에서 특정 포트로의 접속을 시도하려고 할 때 그 접속을 제한하기 위한 설정
방법은 다음과 같다.

```
[root@master ~]# vim /etc/squid/squid.conf
acl block_port port 2230                    ❶
acl no_block src 192.168.80.10              ❷
http_access deny block_port !no_block       ❸
http_access allow all                       ❹
[root@master ~]# systemctl restart squid
```

❶ 접근을 금지시킬 포트를 지정하고 acl block_port에 할당한다.

❷ 예외를 허용할 IP 주소를 지정하고 acl no_block에 할당한다.

❸ acl no_block를 제외(!)한 모든 네트워크에서 acl block_port에 지정된 포트로의 접속
을 금지한다.

❹ 위의 네트워크를 제외한 네트워크 주소로부터 오는 웹사이트로의 접근 요청은 모두
허용한다. 변경 사항을 적용하기 위해 Squid 서버를 다시 시작한다.

16.5 리버스 프록시 서버 사용

이번 절에서는 프록시 서버를 웹 서버를 위한 리버스 프록시 서버로 설정하는 방법을 설명
한다. 클라이언트가 웹 서버로 접속을 요청하면 프록시 서버가 이를 받아 백엔드에 위치한
실제 웹 서버로 요청을 전달하고, 클라이언트는 이 응답이 프록시 서버에서, 또는 실제
웹 서버로부터 오는지를 알지 못한 상태로 응답을 받게 된다. 이러한 역할을 하는 리버스
프록시 서버를 httpd-accelerator라고 부르기도 한다.

16.5.1 리버스 프록시 서버 설정

먼저 Squid 서버의 설정 파일에서의 편집은 다음과 같다.

```
[root@master ~]# vim /etc/squid/squid.conf
acl reverse_sites dstdomain www.chul.com           ❶
http_access allow reverse_sites                     ❷
cache_peer_access myAccel allow reverse_sites       ❸
```

```
cache_peer_access myAccel deny all            ❹

http_port 80 accel defaultsite=www.chul.com   ❺
cache_dir ufs /var/spool/squid 100 16 512
cache_peer 192.168.80.6 parent 80 0 no-query originserver name=my Accel  ❻
cache_mem 512 MB  ❼
[root@master ~]# systemctl restart squid      ❽
```

❶ Squid 서버의 설정 파일을 열어서 주 도메인에 대한 acl을 생성한다.

❷ acl reverse_sites에 정의된 주 도메인으로의 접근을 허용한다.

❸ ❻에 설정한 cache_peer에 대한 reverse_sites의 접근을 허용한다.

❹ 나머지 사이트에서의 cache_peer myAcces1에 대한 접근을 금지한다.

❺ Squid 서버에게 이 포트로 들어오는 요청을 마치 자기가 웹 서버인 것처럼 처리하라고
   알린다.

❻ Squid 서버의 백엔드에 위치한 본래의 웹 서버 이름이나 IP 주소를 지정하고, 그 이름을
   myAccel으로 설정한다. 여기서는 테스트를 위해 주 도메인 www.chul.com으로의 요청
   을 192.168.80.6, 즉 node1으로 보내게 설정한다.

❼ 캐시로 사용할 메모리의 양을 할당한다.

❽ 그리고 변경 사항을 적용하기 위해 Squid 서버를 다시 시작한다.

16.5.2 리버스 프록시 서버 테스트

이제 브라우저에서 그림 16-11처럼 주 도메인 www.chul.com을 입력하면 이 요청을
node1으로 전달하고, 현재 node1에서 웹 서버로 사용 중인 Ningx의 초기 화면을 볼 수
있다.

그림 16-11 리버스 프록시 서버 테스트하기

16.6 SquidGuard 사용

SquidGuard는 필터링, 리다이렉팅, 접근 통제를 위해 사용되는 Squid 플러그인 프로그램이다. SquidGuard는 프록시 서버 Squid를 위해 웹 서버 및 URL 정보를 데이터베이스에 저장하고 이 정보를 이용해 사용자들의 웹사이트에 대한 접근을 통제할 수 있다. 또한 사용자들이 접근 금지된 웹 정보로 접근을 시도할 때 설정 파일에서 지정한 사이트로의 리다이렉팅도 지원한다. 또한 시간 및 요일, 날짜에 기반을 둔 규칙을 생성해 그룹별로 다르게 그 규칙을 적용할 수 있는 기능도 제공한다. 이렇게 다양한 기능을 제공하는 SquidGuard를 사용하는 방법을 살펴본다.

16.6.1 SquidGuard 설정

SquidGuard는 설정 파일 편집과 웹 서버 및 URL에 대한 데이터베이스 정보 생성 같은 과정을 마친 후에 사용이 가능하다.

A. SquidGuard 설정 파일 편집

먼저 SquidGuard 패키지 설치 및 설정 파일을 편집하는 방법은 다음과 같다.

```
[root@master ~]# yum install squidGuard -y        ❶
[root@master ~]# vim /etc/squid/squidGuard.conf   ❷
dbhome /var/lib/squidGuard/db    ❸
logdir /var/log/squidGuard       ❹
dest deny {   ❺
        domainlist deny/domains       ❻
        urllist deny/urls             ❼
   }
acl {
   default {
        pass !deny all                ❽
        redirect http://node1.chul.com/  ❾
   }
}
```

❶ SquidGuard 패키지가 설치돼 있지 않다면 명령어 yum을 사용해 설치한다.

❷ SquidGuard가 사용할 설정 파일을 명령어 vim으로 열어서

❸ SquidGuard가 접근 제어를 위해 사용할 데이터베이스 디렉토리를 지정한다.

❹ SquidGuard의 로그 파일이 저장될 디렉토리를 지정한다.

❺ 접근을 금지하기 위한 목적으로 'deny'라는 카테고리를 생성한다.

❻ 접근을 금지할 도메인의 목록이 저장된 디렉토리와 파일명을 정의한다.

❼ 마찬가지로 접근을 금지할 URL 목록이 저장된 디렉토리와 파일명을 정의한다.

❽ 'deny' 카테고리에 저장된 정보를 제외한 모든 사이트로의 접근을 허용한다.

❾ 'deny' 카테고리의 설정과 일치하면 그 요청을 리다이렉트시킬 사이트를 지정한다. 테스트를 위해 node1.chul.com을 지정했다.

B. SquidGuard 시작

SquidGuard 설정 파일 편집을 모두 마쳤다면 다음 단계는 앞에서 설정한 대로 디렉토리 및 데이터베이스 파일을 생성해줘야 한다. 그리고 그 정보를 SquidGuard가 인식하게 명령어를 실행해줘야 한다.

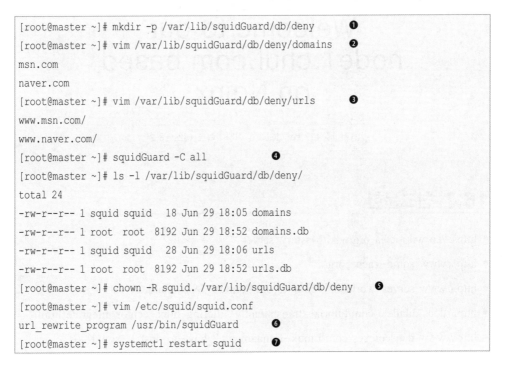

```
[root@master ~]# mkdir -p /var/lib/squidGuard/db/deny          ❶
[root@master ~]# vim /var/lib/squidGuard/db/deny/domains        ❷
msn.com
naver.com
[root@master ~]# vim /var/lib/squidGuard/db/deny/urls           ❸
www.msn.com/
www.naver.com/
[root@master ~]# squidGuard -C all                              ❹
[root@master ~]# ls -l /var/lib/squidGuard/db/deny/
total 24
-rw-r--r-- 1 squid squid   18 Jun 29 18:05 domains
-rw-r--r-- 1 root  root  8192 Jun 29 18:52 domains.db
-rw-r--r-- 1 squid squid   28 Jun 29 18:06 urls
-rw-r--r-- 1 root  root  8192 Jun 29 18:52 urls.db
[root@master ~]# chown -R squid. /var/lib/squidGuard/db/deny    ❺
[root@master ~]# vim /etc/squid/squid.conf
url_rewrite_program /usr/bin/squidGuard                         ❻
[root@master ~]# systemctl restart squid                       ❼
```

❶ SquidGuard가 사용할 데이터베이스 디렉토리를 생성한다.

❷ 그 데이터베이스 파일을 생성해 접근 금지할 도메인 정보를 입력한다.

❸ 마찬가지로 접근 금지할 URL 정보를 입력하고 파일을 생성한다.

❹ SquidGuard가 앞에서 생성한 두 파일을 이용해 이 명령어를 실행하면 컴파일이 이뤄지

고, .db라는 확장자를 가진 DB 파일을 생성한다.

❺ Squid 서버가 SquidGuard 디렉토리에 접근이 가능하도록 소유권을 변경해준다.

❻ Squid 서버 설정 파일의 마지막 줄에 SquidGuard를 사용한다는 설정을 추가한다.

❼ 변경된 정보들이 적용되도록 Squid 서버를 다시 시작한다.

16.6.2 클라이언트 테스트

앞에서 접근 금지한 사이트로의 접속을 시도하고 리다이렉트가 작동하는지 테스트한다.
그림 16-12에서 보는 것처럼 deny에 www.naver.com을 설정했는데, 이 웹사이트로 접근
을 시도하면 node1.chul.com의 index.html 파일로 리다이렉트되고 있는 것을 확인할 수
있다.

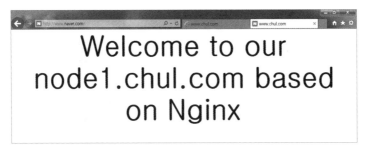

그림 16-12 squidGuard 리다이렉트 테스트하기

16.7 참고문헌

- https://en.wikipedia.org/wiki/Mastery_server
- http://www.squid-cache.org/
- http://www.server-world.info/en/note?os=CentOS_7&p=squid&f=4
- http://docs.diladele.com/tutorials/transparently_filtering_https_centos/integrate.html
- http://www.danscourses.com/Linux-Fundamentals/how-to-install-squid-a-squidguard-in-centos.html
- http://xmodulo.com/squid-transparent-web-mastery-centos-rhel.html
- http://www.cyberciti.biz/tips/howto-rhel-centos-fedora-squid-installation-configuration.html
- http://www.deckle.co.uk/squid-users-guide/squid-configuration-basics.html

16.8 요약

1. (   ) 서버는 (   ) 서버로서 클라이언트가 웹 서버로 접근 시 그 요청을 받아 웹 서버에 전달하고 그 응답을 다시 그 클라이언트에게 전달하는 역할을 하는 프로그램이다.

2. 프록시 서버는 크게 세 가지로 분류할 수 있는데 각각 (   ) 서버, (   ) 서버, 그리고 (   ) 서버로 분류할 수 있으며 일반적인 프록시 서버로 (   ) 서버가 사용된다.

3. 프록시 서버 설정을 위해 (   ) 패키지를 설치하고, (   ) 서비스를 시작하며, 프로세스 (   )를 확인하고 포트 (   )번을 확인해야 한다.

4. (   ) 인증이란 기본적인 (   ) 인증을 사용할 때처럼 Squid 서버가 (   ) 웹 서버가 사용하는 방식의 사용자와 패스워드 정보를 읽어서 인증하는 방법이다.

5. Squid 서버는 다양한 종류의 (   )을 제공하는데, 이를 위해 사용하는 주요한 방법에는 출발지/목적지 IP 주소, (   ), 목적지 포트, (   ) 및 (   ) 등이 사용된다.

6. URL에서 특정한 키워드를 이용해 접근 제어를 수행하는 방법을 사용할 경우 acl 생성 시에 (   )를 포함하고, 그 뒤에 필터링할 단어를 포함시켜야 한다.

7. (   ) 서버는 클라이언트가 웹 서버로 접속을 요청하면 프록시 서버가 이를 받아 백엔드에 위치한 실제 웹 서버로 요청을 전달하고 다시 클라이언트에게 응답하는 서버를 말하는데, 이를 (   )라고 부르기도 한다.

8. (   )는 필터링, 리다이렉팅, 접근 통제를 위해 사용되는 Squid 플러그인 프로그램으로, Squid 서버를 위해 웹 서버 및 URL 정보를 (   )에 저장하고 이 정보를 이용해 사용자들의 웹사이트에 대한 접근을 통제한다.

16.9 연습문제

1. Squid 프록시 서버를 설치하고 그 서비스를 시작한 다음에 Firewalld 방화벽에 서비스를 등록하라.

2. 내부 네트워크 주소를 포함하는 ACL을 생성하고 캐시 메모리로 500메가를 할당하라.

3. 리눅스와 윈도우 클라이언트 시스템에서 Squid 프록시 서버를 설정하고 외부의 웹사이트로 연결이 되는지 확인하라.

4. Squid 서버에 Basic 인증을 설정하고 확인하라.

5. 윈도우 클라이언트 시스템에서 Basic 인증을 사용해 웹사이트에 접근을 시도하라.

6. 5개의 Blacklist 도메인을 선택하고, Squid 서버에 ACL을 사용해 클라이언트가 접근하지 못하게 설정하라.

7. 한 클라이언트 IP 주소에서 동시에 10개 이상의 웹사이트에 접속하지 못하게 설정하라.

8. 클라이언트의 MAC 주소를 등록하고 이 MAC 주소들이 접속하지 못할 Blacklist를 작성한 후 이를 테스트하라.

9. 리버스 프록시 서버를 설정할 때 이를 Apache 서버와 협력해서 다른 호스트에 있는 웹 서버로 클라이언트의 요청을 전달하게 테스트하라.

10. SquidGuard를 Squid 서버에 설치하고, 이를 설정한 다음에 웹사이트 리다이렉트가 잘 작동하는지 테스트하라.

16.10 연구과제

1. Squid 프록시 서버의 인증 방법으로 LDAP 및 Samba 서버를 사용하는 방법을 연구해보라.

2. Squid 프록시 서버에 보안을 위해 SSL을 적용하는 방법을 연구해보기 바란다.

3. Squid 프록시 서버에 안티바이러스 프로그램 SquidClamav를 적용하는 방법을 연구해보라.

17_장
Apache Tomcat 서버

Apache Tomcat 서버의 모든 것

17장에서는 웹에서 자바 프로그램을 사용할 수 있도록 지원하는 Apache Tomcat 서버에 대해 설명한다. 주요 내용으로 Tomcat 서버의 개념 및 패키지의 설치부터 서버 시스템 시작, 그리고 자바 애플리케이션 사용과 Apache 서버와의 연동 방법, 마지막으로 SSL 사용 방법을 구체적인 예제와 더불어 자세히 설명한다.

5장에서 Apache 웹 서버 및 PHP를 사용하는 방법을 살펴봤는데, 웹 서버에서 자바 애플리케이션을 제공하려면 Apache Tomcat 서버를 사용해야 한다. Apache Tomcat 서버는 Apache 서버처럼 웹 서버로서 작동할 수 있지만, 특별히 자바 서블릿^{Servlet}과 JSP^{Java Server Pages} 애플리케이션을 제공하기 위해 Apache 재단에서 개발한 오픈소스 웹 애플리케이션 서버^{WAS}다. Tomcat 서버는 초기에 선마이크로시스템즈에서 개발한 Java Web Server와 Apache 재단에서 개발한 JServ가 결합돼 탄생한 프로젝트로서 2001년 Apache 재단에서 새로운 아키텍처와 코드를 적용해 버전 4.0이 배포됐다.

Tomcat 서버는 Apache와 같은 웹 서버와 연동해 JSP와 자바 서블릿이 실행할 수 있는 환경을 제공함으로써 웹사이트에서 자바 프로그램을 쉽게 사용할 수 있도록 도와준다. Tomcat 서버는 브라우저상에서 GUI 관리용 프로그램을 통해 설정을 변경할 수도 있고 XML로 된 설정 파일을 직접 수정할 수도 있다. 참고로 Tomcat은 사전적 의미로 '숫고양이'를 의미하는데, 설치 후 초기 화면 로고에서 볼 수 있다.

Tomcat 서버와 Apache 서버를 연동해 웹 시스템을 안정적으로 구성할 경우 두 서버 간에 연동 모듈이 필요한데, Apache 2.2 이후 버전에서는 기본적으로 제공되는 모듈 `mod_proxy_ajp`와 그리고 별도로 설치하는 `mod_jk`를 사용할 수 있다.

이에 대한 사용 방법은 본문에서 자세히 설명한다.

17장에서 Aapche Tomcat 서버와 클라이언트 테스트를 위해서 사용되는 호스트의 정보는 다음과 같다.

호스트 이름	IP 주소	OS 버전	역할
master.chul.com	192.168.80.5	CentOS Linux release 7.2	Tomcat 서버
node1.chul.com	192.168.80.6	CentOS Linux release 7.2	Tomcat 테스트
windows.chul.com	192.168.80.11	윈도우 7 64비트	Tomcat 테스트

17장에서 다루는 내용은 다음과 같다.

- Tomcat 서버 이해
- Tomcat 서버 시작
- Tomcat 서버 설정
- 가상 호스트 사용
- Apache 서버와 연동
- SSL/TLS 사용

17.1 Tomcat 서버 이해

Tomcat 서버를 설정하는 방법을 설명하기 이전에 먼저 Tomcat 서버의 역할과 구성 요소를 먼저 살펴보자.

17.1.1 Tomcat 서버의 역할

Tomcat 서버는 WAS[Web Application Server]라고 했는데, 그 역할은 그림 17-1과 같다.

그림 17-1에서 보는 것처럼 기본적으로 Apache 서버는 포트 80번을 통해 서비스를 제공하고, Tomcat 서버는 포트 8080번을 통해 서비스를 제공한다. HTTP 클라이언트는 Apache 웹 서버를 통해 HTTP 연결을 시도하고, html과 같은 정적인 콘텐츠를 요청할 경우 Apache 서버가 직접 그 요청에 응답한다. 그런데 클라이언트가 자바 서블릿이나 JSP 파일 같은 동적 콘텐츠를 요청할 경우 Apache 서버가 Tomcat 서버에게 요청을 전달한다. 이 요청은 Apache 서버가 제공하는 모듈 mod_jk나 mod_proxy를 통해 Tomcat 서버와의

연동을 통해 이뤄진다. 이를 위해 Apache 서버는 프로토콜 AJP^{Apache Jserv Protocol}와
Tomcat 서버 포트 8009번을 사용한다. Tomcat 서버는 Apache 서버가 요청한 서블릿이나
JSP 같은 자바 애플리케이션을 해석해서 다시 Apache 서버에 되돌려주고, Apache 서버는
이 데이터를 다시 클라이언트에 제공하게 된다. Apache 서버는 Tomcat 서버와의 연동을
위해 두 가지의 모듈을 제공하는데, 이 모듈은 서비스 제공을 위해 각각의 설정 파일을
생성해야 한다.

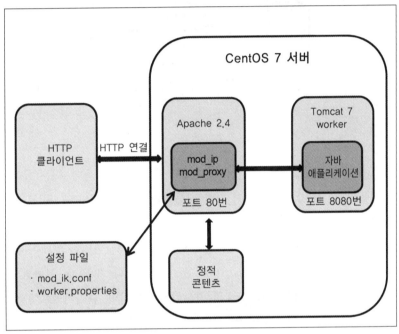

그림 17-1 Tomcat 서버의 역할

17.1.2 Tomcat 서버의 구성 요소와 디렉토리

A. 구성 요소

Apache Tomcat 서버는 여러 구성 요소로 구성된 애플리케이션 서버다. 먼저 Tomcat을
구성하는 요소들에 대한 내용을 그림 17-2를 사용해 설명하겠다.

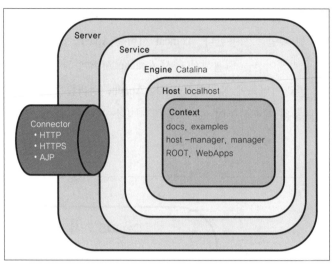

그림 17-2 Tomcat 구성 요소

1. Server

Tomcat 서버를 일반적으로 서블릿 컨테이너^{Servlet Container}라고 하는데, 이는 클라이언트로부터 자바 애플리케이션 요청을 받으면 자바 서블릿을 실행하고 JSP나 JSF를 서블릿으로 변환한 다음에 그 결과를 사용자의 브라우저로 전달하는 역할을 수행한다. 또한 Apache나 Nginx 같은 웹 서버와의 연동을 위해 Connector를 제공한다. 이러한 컨테이너 서버로서 Apache Tomcat, Jetty, Weblogic, Jeus, JBoss 등이 사용된다. Tomcat 서버의 설정 파일 server.xml에서 Server는 다른 구성 요소의 최상위에 위치하며, 클라이언트에게 서비스를 제공하는 Tomcat 서버의 인스턴스^{instance} 역할을 한다. Server는 아래에서 설명할 하나 또는 여러 개의 Service로 구성되며, 이 Service는 각각 Engine과 Connector를 포함하고 있다.

2. Service

Service는 하나의 Container를 공유해서 사용하는 하나 또는 그 이상의 Connector들의 집합이다. Service의 기본 이름으로 Catalina가 사용되며, 각 Service는 하나 이상의 Connector와 Engine으로 구성된다. 하나의 Server에서 여러 Service를 사용할 경우 이름을 각기 다르게 지정해서 사용해야 한다.

3. Connector

Connector는 웹 서버와의 연동을 위해 사용되는 최종 연결 지점으로, 웹 서버로부터의 요청이 도착하고 다시 그 요청을 돌려 보내기 위해 사용된다. 현재 지원되는 Connector로서 일반적인 HTTP를 처리하는 포트 8080, HTTP에 SSL이 적용된 포트 8443번, 그리고 AJP 프로토콜이 사용하는 포트 8009번이 사용된다.

4. Engine

Engine은 서블릿 컨테이너의 인스턴스 이름을 지정하는데, 이는 웹 서버와의 연동을 위해 사용되는 Connector로부터 받은 요청을 실제로 처리하는 역할을 수행한다. Engine은 두 가지의 속성을 사용하는데, 바로 name과 defaulthost다. 여기서 기본 이름은 Catalina이며, 이 이름으로 로그 디렉토리에 로그 파일이 생성된다. Engine은 HTTP 요청 헤더에서 호스트 이름 또는 IP 주소를 분석해 그 요청을 알맞은 가상 호스트에게 전달하는데, 기본으로 localhost가 사용된다. Engine은 기본적으로 여러 개의 가상 호스트를 포함할 수 있다.

5. Host

Engine에서 설정한 가상 호스트 이름을 정의하는데, 이 가상 호스트 내에 여러 Context(즉, webappls)가 저장되는 기본 디렉토리를 지정한다. Engine은 여기서 지정된 가상 호스트 이름에 따라 그 요청을 전달하게 된다.

6. Context

각 가상 호스트마다 실제 사용자 및 관리자가 사용하는 애플리케이션 데이터로서 Tomcat 패키지를 설치하면 webapps 디렉토리 내에 기본적으로 5가지, 즉 docs,examples, host-manager, manager, sample, 그리고 추가로 ROOT가 제공된다. 이러한 디렉토리 이름은 URL에서 접근할 수 있는 디렉토리 이름과 동일하다. 예를 들어 manager인 경우 http://localhost:8080/manager/html과 같이 사용된다.

B. Tomcat 디렉토리

Tomcat 패키지를 설치하면 Tomcat 서버가 사용하는 디렉토리는 /usr/share/tomcat인데, 이 디렉토리에 설치되는 하위 디렉토리는 다음과 같다.

- bin Tomcat 서버의 시작과 종료를 제어할 수 있는 스크립트 및 실행 파일이 저장돼 있다.
- conf Tomcat 서버의 기본적인 설정 파일들이 포함돼 있는데, 이 디렉토리는 /etc/tomcat과 링크로 연결돼 있다. 이 중에서 server.xml 파일이 직접적으로 Tomcat 서버를 제어하

기 위해 사용된다.

- lib 모든 webapp에 적용되는 JAR 파일이 저장돼 있으며, /usr/share/java/tomcat과 링크로 연결돼 있다.
- webapps Tomcat이 기본적으로 클라이언트에게 제공하는 웹 애플리케이션이 저장된 공간으로서 /var/lib/tomcat/webapps와 링크로 연결돼 있다.
- logs Tomcat 서버의 로그 파일이 저장되는 디렉토리로서 /var/log/tomcat과 링크로 연결돼 있다.
- work 호스트별로 JSP 파일을 컴파일한 서블릿 소스 파일이 사용하는 임시 디렉토리로서 디렉토리 내부는 엔진 이름(Catalina)과 호스트 이름(localhost), 그리고 webapp 이름이 계층적으로 구성돼 있다. 이 디렉토리는 /var/cache/tomcat/work와 링크로 연결돼 있다.
- temp Tomcat Engine이 실행 시 생성되는 데이터를 임시로 저장하는 공간이다.

17.2 Tomcat 서버 시작

앞 절에서 Tomcat 서버의 구성 요소를 이해했다면 이번 절에서는 Tomcat 서버를 설치하고 서비스를 시작하는 과정에 대해 설명한다.

17.2.1 Tomcat 서버 설치와 서비스 시작

Tomcat 서버 설치와 서비스 시작 과정은 여타 다른 서버와 유사하다.

A. 패키지 설치

먼저 패키지 설치하는 과정은 다음과 같다.

```
[root@master ~]# java -version            ❶
openjdk version "1.8.0_71"
OpenJDK Runtime Environment (build 1.8.0_71-b15)
OpenJDK 64-Bit Server VM (build 25.71-b15, mixed mode)
[root@master ~]# yum install java -y      ❷
[root@master ~]# yum install tomcat -y    ❸
[root@master ~]# rpm -qa | grep tomcat    ❹
tomcat-7.0.54-2.el7_1.noarch
tomcat-el-2.2-api-7.0.54-2.el7_1.noarch
tomcat-docs-webapp-7.0.54-2.el7_1.noarch
```

```
tomcat-servlet-3.0-api-7.0.54-2.el7_1.noarch
tomcat-lib-7.0.54-2.el7_1.noarch
tomcat-javadoc-7.0.54-2.el7_1.noarch
tomcat-jsp-2.2-api-7.0.54-2.el7_1.noarch
tomcatjss-7.1.2-1.el7.noarch
```

❶ Tomcat 서버를 설치하기 전에 현재 자바 패키지가 설치됐는지 확인하기 위해 자바 버전 정보를 확인한다.

❷ 자바가 설치되지 않았다면 명령어 yum을 사용해 설치하기 바란다.

❸ 명령어 yum을 사용해 Tomcat 서버를 설치하기 바란다.

❹ 명령어 rpm을 사용해 설치된 패키지를 확인한다. Tomcat 패키지를 설치하면 의존 관계에 있는 다른 패키지도 같이 설치된 것을 확인할 수 있다.

B. 서비스 시작

패키지 설치가 완료되면 다른 설정의 변경 없이 바로 서비스 시작이 가능하다.

```
[root@master ~]# systemctl start tomcat        ❶
[root@master ~]# systemctl enable tomcat       ❷
Created symlink from /etc/systemd/system/multi-user.target.wants/ tomcat.service to
/usr/lib/systemd/system/tomcat.service.
[root@master ~]# systemctl status tomcat       ❸
tomcat.service - Apache Tomcat Web Application Container
Loaded: loaded (/usr/lib/systemd/system/tomcat.service; enabled; vendor preset:
disabled)
Active: active (running) since Thu 2016-06-02 12:35:05 KST; 2min 3s ago
Process: 12354 ExecStop=/usr/libexec/tomcat/server stop (code=exited,
status=0/SUCCESS)
 Main PID: 12395 (java)
   CGroup: /system.slice/tomcat.service
  12395 /usr/lib/jvm/jre/bin/java -Djava.security.egd=file:/dev/./urandom
-Djava.awt.hea...
Jun 02 12:35:11 master.chul.com server[12395]: Jun 02, 2016 12:35:11 PM
org.apache.catalina.star...ory
Jun 02 12:35:11 master.chul.com server[12395]: INFO: Deploying web application directory
/var/li...ocs
Jun 02 12:35:11 master.chul.com server[12395]: Jun 02, 2016 12:35:11 PM
org.apache.catalina.star...ory
Jun 02 12:35:11 master.chul.com server[12395]: INFO: Deployment of web application
```

```
directory /va... ms
Jun 02 12:35:11 master.chul.com server[12395]: Jun 02, 2016 12:35:11 PM
org.apache.coyote.Abstra...art
Jun 02 12:35:12 master.chul.com server[12395]: Jun 02, 2016 12:35:12 PM
org.apache.catalina.star...art
Jun 02 12:35:12 master.chul.com server[12395]: INFO: Server startup in 5655 ms
[root@master ~]# lsof -i tcp:8080              ❹
java   12395 tomcat  49u  IPv6 105049    0t0  TCP *:apache (LISTEN)
[root@master ~]# ps -ef | grep tomcat          ❺
tomcat  12395    1 19 12:35 ?        00:01:09 /usr/lib/jvm/jre/bin/java
-Djava.security.egd=file:/dev/./urandom -Djava.awt.headless=true -Xmx512m
-XX:MaxPermSize=256m -XX:+UseConcMarkSweepGC -classpath /usr/share/tomcat/bin/
bootstrap.jar:/usr/share/tomcat/bin/tomcat-juli.jar:/usr/share/java/commons-daemon.
jar -Dcatalina.base=/usr/share/tomcat -Dcatalina.home=/usr/share/ tomcat
-Djava.endorsed.dirs= -Djava.io.tmpdir=/var/cache/tomcat/temp
-Djava.util.logging.config.file=/usr/share/tomcat/conf/logging.properties
-Djava.util.logging.manager=org.apache.juli.ClassLoaderLogManager
org.apache.catalina.startup.Bootstrap start
[root@master ~]# tomcat version                ❻
/usr/sbin/tomcat: line 21: .: /etc/sysconfig/: is a directory
Server version:   Apache Tomcat/7.0.54
Server built:     May 12 2015 08:07:35
Server number:    7.0.54.0
OS Name:          Linux
OS Version:       3.10.0-229.7.2.el7.x86_64
Architecture:     amd64
JVM Version:      1.8.0_71-b15
JVM Vendor:       Oracle Corporation
```

❶ 명령어 `systemctl`을 사용해 Tomcat 서버를 시작한다.

❷ 명령어 `systemctl`을 사용해 부팅 시에도 항상 Tomcat 서버를 자동으로 시작하게 설정한다.

❸ Tomcat 서버를 시작한 후에 상태를 확인하기 위해 사용하는데, 메시지 active를 확인하기 바란다.

❹ Tomcat 서버가 사용하는 포트 8080번을 명령어 `lsof`로 확인하면 사용자, 명령어, 서비스 이름을 확인할 수 있다. 여기서 서비스 이름이 apache인 이유는 /etc/services 파일에 포트 8080번을 사용하는 서비스를 apache로 정의해서 사용하고 있기 때문이다. 편의를 위해 이 포트를 apache가 아닌 tomcat으로 변경해서 사용해도 무방하다.

❺ 명령어 ps를 사용해 Tomcat 서버의 프로세스를 확인한다.

❻ 설치한 Tomcat 서버의 버전 정보를 확인한다.

17.2.2 Tomcat 서버를 위한 방화벽 설정

Iptables 방화벽이나 Firewalld 방화벽을 이용해 Tomcat 서버를 허용하기 위한 설정은 다음과 같다. 효과적인 방화벽 설정을 위해 한 가지만 선택해서 사용하기 바란다.

```
[root@master ~]# iptables -A INPUT -m state --state NEW -m tcp -p tcp --dport 8080
-j ACCEPT       ❶
[root@master ~]# firewall-cmd --add-port=8080/tcp --permanent       ❷
success
[root@master ~]# firewall-cmd --reload       ❸
success
[root@master ~]# firewall-cmd --list-ports       ❹
110/tcp 465/tcp 5902-5903/tcp 9102/tcp 5044/tcp 9103/tcp 995/tcp 25/tcp 5901-5903/tcp
8080/tcp 143/tcp 514/udp 3350/tcp 514/tcp
[root@master ~]# iptables -t nat -A PREROUTING -p tcp -m tcp --dport 80 -j REDIRECT
--to-ports 8080       ❺
[root@master ~]# iptables -t nat -A PREROUTING -p udp -m udp --dport 80 -j REDIRECT
--to-ports 8080
```

❶ iptables 방화벽에 Tomcat 서버가 사용하는 포트 8080번으로의 접속을 허용한다.

❷ firewalld 방화벽을 사용해 Tomcat 서버의 포트 8080번을 추가해 이 서비스로의 접근을 허용한다.

❸ 변경 사항이 적용되도록 firewalld 데몬을 다시 시작한다.

❹ 적용 사항 확인을 위해 포트 목록을 확인하면 추가된 포트 번호를 발견할 수 있다.

❺ Iptables에서 웹 서버 포트 80번으로 들어오는 클라이언트 요청을 Tomcat 서버가 사용 중인 8080번으로 포워딩을 할 경우 사용할 수 있다.

17.3 Tomcat 서버 설정

이번 절에서는 Tomcat 서버를 사용하기 위한 방법을 차례대로 설명한다.

17.3.1 Tomcat 서버 설정

앞의 과정에서 Tomcat 서비스를 시작했지만 아직 그 서비스를 사용할 수 없다. 이번 절에서는 Tocmat 서버의 설정 파일을 편집해서 접속 설정을 완료한 다음에 이를 사용하는 방법을 차례대로 설명한다.

```
[root@master ~]# yum install tomcat-webapps tomcat-admin-webapps        ❶
[root@master ~]# rpm -qa | grep tomcat-webapp        ❷
tomcat-webapps-7.0.54-2.el7_1.noarch
[root@master ~]# rpm -qa | grep tomcat-admin
tomcat-admin-webapps-7.0.54-2.el7_1.noarch
[root@master ~]# vim /usr/share/tomcat/conf/tomcat-users.xml        ❸
<role rolename="manager-gui"/>
<user name="admin" password="adminapasswd" roles="manager-gui" />
[root@master ~]# systemctl restart tomcat        ❹
```

❶ tomcat-webapps 패키지는 Tomcat 서버에 루트 페이지를 제공하며, tomcat-admin-webapps는 웹 애플리케이션 매니저와 가상 호스트 매니저로 사용하기 위해 설치한다. 이 패키지를 설치하지 않아도 브라우저에서 Tomcat 서버로의 접속이 가능하다.

❷ 명령어 rpm을 이용해 패키지 설치 및 그 버전 정보를 확인한다.

❸ 이 파일은 앞에서 설치한 매니저용 웹 애플리케이션을 사용하기 위해 인증 정보를 설정해주기 위해 사용된다. 관리용 인터페이스를 제공하는 manager-gui에 접속할 수 있는 사용자의 이름과 패스워드를 설정한다.

❹ 설정이 적용되도록 Tomcat 서버를 다시 시작한다.

17.3.2 클라이언트에서 연결 테스트

이번 절에서는 17.3.1절에서 설정한 내용들을 테스트하기 위해 직접 브라우저를 이용해 접속을 테스트한다.

A. http://192.168.80.5:8080

먼저 Tomcat 서버가 사용하는 IP 주소와 포트 8080번을 사용해 브라우저에서 접속을 시도하면 다음과 같은 화면을 만날 수 있다. 첫 페이지 접속은 특별한 인증 없이 그림 17-3처럼 누구나 접속이 가능하다.

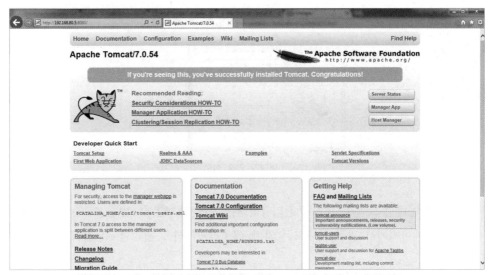
그림 17-3   Tomcat 서버 초기 화면

B. http://192.168.80.5:8080/manager/

17.3.1절에서 설정한 인증 정보를 사용해 그림 17-4처럼 매니저로의 접속을 시도한다.

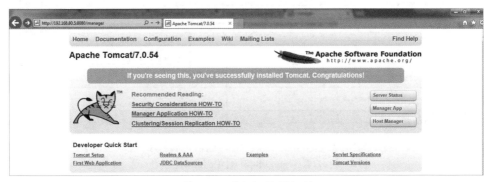
그림 17-4   매니저로의 접속 시도

그러면 그림 17-5처럼 인증 정보를 요구하는 새로운 창을 볼 수 있고, 여기서 인증 정보를 입력한다.

그림 17-5 매니저 인증 정보 입력하기

인증에 성공하면 그림 17-6처럼 관리자의 페이지에 접속할 수 있다. 이 웹 애플리케이션 매니저 페이지에서 관리자는 모든 자바 애플리케이션을 관리할 수 있다.

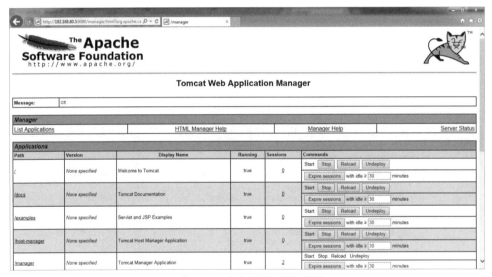

그림 17-6 매니저 접속 성공 화면

C. http://192.168.80.5:8080/host-manager/

매니저로 접속이 성공하면 다시 호스트 정보를 보기 위해 호스트 매니저로 접속을 시도하면 그림 17-7과 같은 화면을 볼 수 있다. 이 페이지에서 17.4절에서 설명할 가상 호스트를 관리할 수 있다.

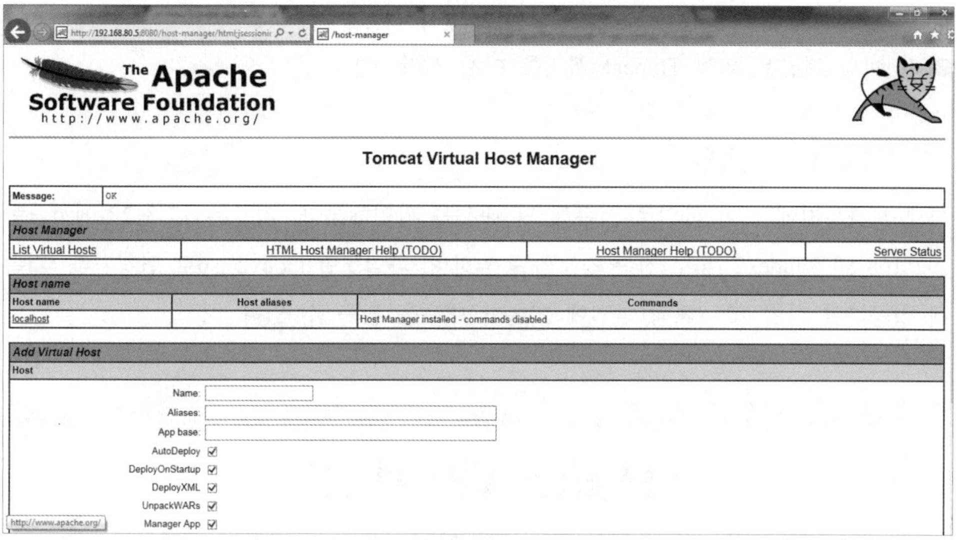

그림 17-7 호스트 매니저 초기 화면

17.3.3 JSP 파일

이제 JSP로 작성된 파일을 Tomcat 서버에서 인식하는 테스트를 해보자.

A. 서버에서 설정

먼저 Tomcat 서버의 루트 디렉토리에 확장자 jsp를 가진 파일을 생성한다.

```
[root@master ~]# vim /usr/share/tomcat/webapps/ROOT/index2.jsp    ❶
<html>
<head>
<title>Jeong Chul Tomcat Server</title>
</head><body>
<div style="width: 100%; font-size: 80px; font-weight: bold; text-align: center;">
<START OF JAVA CODES>
<%
    out.println("Hello World!");                          ❷
    out.println("<BR>This is a first JSP Application");
%>
<END OF JAVA CODES>
</div></body></html>
[root@master ~]# systemctl restart tomcat                 ❸
```

❶ 명령어 vim으로 확장자 jsp를 가진 index2.jsp 파일을 생성한다.

❷ 여기에 기록된 내용이 접속 시에 보여줄 메시지다.

❸ 새 파일 적용을 위해 Tomcat 서버를 다시 시작한다.

B. 브라우저에서 확인

이제 브라우저에서 이 파일로 접속해 그 내용을 확인해본다. 경로는 17.3.2절에서처럼 192.168.80.5/index2.jsp로 접속 경로와 동일하며, 파일명만 index2.jsp로 변경된다. 접속에 성공하면 그림 17-8처럼 파일에 기록한 내용을 읽을 수 있다.

그림 17-8 JSP 테스트 화면

17.4 가상 호스트 사용

가상 호스트는 6장의 Apache 서버에서 설명한 것처럼 한 서버에서 여러 도메인을 제공하는 기능을 의미한다. Apache Tomcat 서버도 동일하게 가상 호스트 기능을 제공한다.

17.4.1 설정 파일 편집

가상 호스트 설정을 위해 6장의 Apache 서버에서 사용했던 주 도메인 chul.com과 추가 도메인 jeong.com을 여기에서도 동일하게 사용하겠다. 이를 위해 DNS 서버에서 이 두 도메인에 대한 모든 설정이 완료됐다는 전제하에 이 설명을 진행한다.

A. 설정 파일 편집

가상 호스트 설정을 위해 먼저 Tomcat 서버의 설정 파일을 수정해줘야 한다.

```
[root@master ~]# host -v www.chul.com      ❶
www.chul.com has address 192.168.80.5
```

```
[root@master ~]# host -v www.jeong.com    ❷
www.jeong.com has address 192.168.80.5
[root@master ~]# vim /usr/share/tomcat/conf/server.xml        ❸
<Host name="www.chul.com" appBase="webapps" unpackWARs="true" autoDeploy="true"> ❹
    <Valve className="org.apache.catalina.valves.AccessLogValve" directory="logs"
        prefix="chul_access_log." suffix=".txt"          ❺
        pattern="%h %l %u %t &quot;%r&quot; %s %b" />
    <Context path="" docBase="/usr/share/tomcat/webapps/ROOT"
        debug="0" reloadable="true"/>
</Host>
<Host name="www.jeong.com"  appBase="webapps" unpackWARs="true"
    autoDeploy="true">        ❻
    <Valve className="org.apache.catalina.valves.AccessLogValve"
        directory="logs"
        prefix="jeong_access_log." suffix=".txt"          ❼
        pattern="%h %l %u %t &quot;%r&quot; %s %b" />
    <Context path="" docBase="/opt/tomcat7/webapps/myapp"    ❽
        debug="0" reloadable="true"/>
</Host>
```

❶ 주 도메인을 명령어 host를 이용해 검색하면 현재 사용 중인 IP 주소를 알 수 있다.

❷ 추가 도메인도 명령어 host로 검색하면 동일한 IP 주소를 사용하고 있음을 알 수 있다.

❸ 가상 호스트 설정을 위해 Tomcat 서버의 설정 파일을 명령어 vim으로 열어서

❹ 호스트 이름에 주 도메인 이름 www.chul.com을 정의한다.

❺ 이 도메인에 대한 로그 파일과 그 유형을 정의하는데, 나중에 로그 디렉토리에서 chul_access_log.2016-06-03.txt와 같은 파일을 발견할 수 있다. 이 로그 파일은 기본적으로 /var/log/tomcat 디렉토리에서 발견할 수 있으며, 이 디렉토리는 /usr/share/tomcat/logs에 링크로 연결돼 있다.

❻ 두 번째 도메인 www.jeong.com을 정의한다.

❼ 이 도메인에 대한 로그 파일을 지정하는데, 설정 이후 jeong_access_log.2016-06-03.txt 와 같은 로그 파일이 생성된다.

❽ 이 도메인에서 제공할 데이터가 저장될 디렉토리를 지정한다. 참고로 주 도메인 www.chul.com은 현재 Tomcat 서버가 사용하는 기본 루트 디렉토리 /usr/share/tomcat/webapp/ROOT를 사용한다.

B. 인덱스 파일 생성

이제 가상 호스트 jeong.com을 위한 테스트용 파일 및 디렉토리를 생성하고 Tomcat 서버를 다시 시작하면 가상 호스트를 브라우저에서 테스트할 수 있다.

```
[root@master ~]# mkdir -p /opt/tomcat7/webapps/myapp        ❶
[root@master ~]# cd /usr/share/tomcat/webapps/ROOT          ❷
[root@master ROOT]# cp index2.jsp /opt/tomcat7/webapps/myapp/index.jsp        ❸
[root@master ROOT]# cd /opt/tomcat7/webapps/myapp
[root@master myapp]# vim index.jsp        ❹
<html>
<head>
<title>Jeong Chul Tomcat Server</title></head>
<body>
<div style="width: 100%; font-size: 80px; font-weight: bold; text-align: center;">
<START OF JAVA CODES>
<%
    out.println("Hello World!");
    out.println("<BR>This is testing for www.jeong.com");        ❺
%>
<END OF JAVA CODES>
</div>
</body></html>
[root@master ~]# systemctl restart tomcat        ❻
```

❶ Tomcat 서버 설정 파일에서 정의했던 디렉토리를 명령어 `mkdir`로 생성한다.

❷ 인덱스 파일 복사를 위해 현재의 루트 디렉토리로 이동해서

❸ index2.jsp 파일을 두 번째 도메인의 루트 디렉토리에 index.jsp 파일로 복사한다.

❹ 복사한 파일을 명령어 `vim`으로 열어서

❺ 내용을 변경한다.

❻ 변경 사항들이 적용되도록 Tomcat 서버를 다시 시작한다.

17.4.2 브라우저에서 확인

설정한 가상 호스트를 브라우저에서 테스트하면 다음과 같다.

A. 주 도메인

주 도메인으로 사용되는 www.chul.com과 포트 8080번, 첫 번째 JSP 파일 index2.jsp을

브라우저상에서 호출하면 그림 17-9와 같은 내용을 확인할 수 있다.

그림 17-9 주 도메인 초기 화면

B. 두 번째 도메인

두 번째 도메인 www.jeong.com을 위와 동일하게 파일 index.jsp를 브라우저상에서 호출하면 그림 17-10과 같이 index.jsp 파일에 입력한 내용을 확인할 수 있다.

그림 17-10 두 번째 도메인 초기 화면

C. 가상 호스트 매니저에서 확인

17.3.2절의 클라이언트 연결 테스트에서 확인했던 호스트 매니저로 접속하면 그림 17-11처럼 두 개의 가상 호스트가 추가된 것을 확인할 수 있다. 그리고 여기에서 직접 가상 호스트 설정도 가능하다.

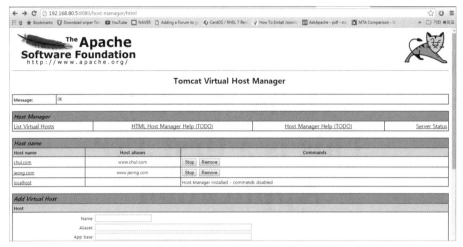

그림 17-11 가상 호스트 매니저 확인하기

17.5 Apache 서버와 Tomcat 서버 연동

이번 절에서는 Apache 웹 서버와 Tomcat 서버를 연동하는 방법에 대해 설명한다.

17.5.1 연동 목적과 모듈 종류

설정에 대한 설명을 하기 전에 이 두 서버를 연동할 필요가 있는지에 대한 목적과 이 기능을 제공하는 모듈에 대해 간단히 설명한다.

A. 연동의 목적

Apache 서버와 Tomcat 서버를 반드시 연동해서 사용할 필요는 없다. 그러나 이 두 가지 서버를 연동하는 목적을 간단히 정리하면 다음과 같다.

- **목적의 차이** Tomcat 서버는 자바 기반의 애플리케이션을 지원하는 서블릿 컨테이너로서, 그리고 Apache 웹 서버는 image나 css 파일 등과 같은 정적 데이터뿐 아니라 PHP 파일을 처리하는 웹 서버로서의 기능에 초점을 맞출 경우 연동이 필요하다.
- **기능의 다양성** Tomcat 서버는 Apache 서버에 비해 기능이 다양하지 않는다. 이에 비해 Apache 웹 서버는 다양한 설정과 모듈을 통해 뛰어나고 편리한 기능을 제공하는데, 연동을 하는 경우 Tomcat 서버는 이러한 Apache 서버의 기능을 활용해 더 다양한 기능을 제공할 수 있다.

- **부하 분산(Load Balancing)** Apache 서버는 mod_jk나 mod_proxy 모듈을 제공하는데, 이러한 모듈은 대규모 사용자 요청을 처리하는 데 효과적으로 사용된다. Apache 서버와 연동을 한다면 이러한 모듈이 제공하는 부하 분산이나 Failover^{시스템 대체 작동} 기능을 통해 Tomcat 서버는 대규모 환경에서도 안정적인 서비스를 제공할 수 있다.

B. 연동 모듈

Apache 웹 서버와 Tomcat 서버를 연동하는 모듈을 분류하면 표 17-1처럼 크게 두 가지로 정리할 수 있다.

표 17-1 Apache와 Tomcat 서버 연동 모듈 비교

이름	설명
mod_jk	mod_jserv를 대체한 Apache 서버의 모듈로서 AJP(Apache JServ Protocol) 프로토콜을 사용해 Tomcat 서버와 Apache 서버와의 통신을 지원한다. 설정 방법이 아래 두 가지 방법에 비해 더 복잡하고 설치 과정이 별도로 필요하며, Tomcat 서버 이외엔 사용할 수 없다는 단점이 있다. 그러나 옵션 jkMount를 사용해 여러 가상 호스트별로 설정이 가능하고 뛰어난 부하 분산 기능과 이상 감지 기능 제공, 그리고 대규모 AJP 패킷 크기 지원 등은 장점이라 할 수 있다.
mod_proxy/ mod_proxy_ajp	6장의 Apache 서버에서 설명한 것처럼 리버스 프록시 기능을 통해 Tomcat 서버와의 연동을 지원한다. 이들은 Apache 서버가 제공하는 기본 모듈로서 별도의 설치 과정이 필요 없고 설정 또한 간단하며, 모든 애플리케이션 서버를 위해 사용 가능하다는 점이 장점이다. 그리고 Apache 서버와의 Connector로서 프로토콜 http, https, ajp를 모두 사용할 수 있다. 그러나 8K 이상의 패킷 크기를 지원하지 못하고 기본적인 부하 분산 기능만 지원하며, 가상 호스트별로 설정하는 방법이 어렵다는 점이 단점 이라 할 수 있다.

17.5.2 mod_proxy_ajp 모듈 사용

6장의 Apache 서버에서 mod_proxy 모듈을 이용해 리버스 프록시를 사용하는 방법을 이미 설명했다. 이번 절에서는 프록시 모듈이 제공하는 또 다른 모듈인 mod_proxy_ajp를 사용해 Apache 서버와 Tomcat 서버를 연동하는 방법을 설명한다.

A. 모듈 설정

먼저 Apache 서버가 사용하는 프록시 모듈 정의 파일에서 이 모듈의 기능을 사용하도록 활성화됐는지 확인이 필요하다. 그리고 이 활성화된 모듈의 기능을 프록시 설정 파일에 추가해줘야 한다.

```
[root@master ~]# vim /etc/httpd/conf.modules.d/00-proxy.conf    ❶
7 LoadModule proxy_ajp_module modules/mod_proxy_ajp.so
[root@master ~]# httpd -M | grep ajp
proxy_ajp_module (shared)
[root@master ~]# vim /etc/httpd/conf.d/proxy.conf    ❷
<IfModule mod_proxy.c>
    ProxyRequests Off
    ProxyPreserveHost On
    ErrorLog /var/log/httpd/tomcat.error.log
    CustomLog /var/log/httpd/tomcat.log combined

    <Proxy *>
        Order deny,allow
        Allow from all
    </Proxy>

    ProxyPass / ajp://localhost:8009/           ❸
    ProxyPassReverse / ajp://localhost:8009/    ❹
</IfModule>
[root@master ~]# vim /usr/share/tomcat/conf/server.xml    ❺
91   <!-- Define an AJP 1.3 Connector on port 8009 -->
92   <Connector port="8009" protocol="AJP/1.3" redirectPort="8443" />
[root@master ~]# vim /usr/share/tomcat/webapp/ROOT/index.html    ❻
<html><head>
<title>Tomcat Integration</title></head>
<body>
<div style="width: 100%; font-size: 80px; font-weight: bold; text-align: center;">
Index Page for www.chul.com based on Tomcat Server
</div>
</body></html>
[root@master ~]# systemctl restart httpd tomcat    ❼
[root@master ~]# lsof -i tcp:8009    ❽
COMMAND  PID   USER   FD   TYPE DEVICE SIZE/OFF NODE NAME
java    1215 tomcat  50u  IPv6 36459     0t0  TCP *:8009 (LISTEN)
```

❶ 먼저 명령어 httpd를 통해 Apache 웹 서버가 mod_proxy_ajp 모듈을 지원하는지
  Apache 모듈 설정 파일을 확인하고 현재 활성화됐는지 확인한다.

❷ Apache 서버에서 프록시 기능을 제공하는 설정 파일을 명령어 vim으로 열어서

❸ Apache 서버가 사용하는 루트(/), 즉 주 도메인 포트 80번으로 들어오는 사용자의 요청
  을 프로토콜 ajp를 통해 Tomcat 서버와의 연결을 위해 사용하는 포트 8009번으로 전달

하라는 설정이다.

❹ 지시어 `ProxyPassReverse`는 웹 서버가 클라이언트의 요청에 응답할 때 그 헤더의 `Location`, `Content-Locatoin`, 그리고 URI 정보에서 URI을 조정하기 위해 사용된다. 즉, 클라이언트가 우회해서 이 리버스 프록시된 로컬 호스트의 포트로 접속하는 것을 차단하기 위해 사용되는데, 응답 헤더의 정보에서 `localhost:8009`는 모두 '/', 즉 루트 도메인으로 사용하는 www.chul.com으로 변경하라는 의미다.

❺ Tomcat 서버의 설정 파일에 AJP 1.3 프로토콜이 사용하는 포트 8009번이 정의돼 있는데, 사용자가 SSL/TLS 요청을 한다면 그 요청을 SSL이 적용된 Tomcat 포트 8443번으로 전달하라는 의미다. SSL이 적용된 Tomcat 서버 설정은 17.6절에서 설명한다.

❻ 테스트를 위해 Tomcat 서버의 루트 디렉토리에 index.html 파일을 생성한다.

❼ 변경 사항 적용을 위해 두 서버를 다시 시작한다.

❽ 명령어 `lsof`를 사용해 프로토콜 AJP가 사용하는 포트 8009번이 현재 서비스 제공을 위해 열려 있는지 확인한다.

B. 연동 테스트

이제 프록시 설정을 모두 완료했으므로 브라우저에서 Tomcat 서버의 루트 디렉토리에 저장된 index.html 파일을 주 도메인과 함께 호출하면 그림 17-12와 같이 파일의 내용을 확인할 수 있다.

그림 17-12 연동 확인하기

한편 Tomcat 서버의 루트 디렉토리에 저장된 index.jsp 파일을 그림 17-13처럼 호출해도 이 요청이 Tomcat 서버로 전달되기 때문에 동일하게 이 파일을 읽을 수 있다.

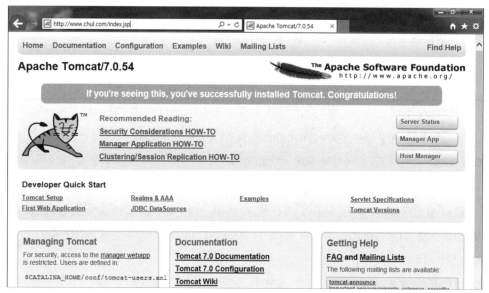

그림 17-13 Apache 서버에서 JSP 파일 호출하기

17.5.3 mod_jk 모듈 사용

17.5.1절의 연동 모듈에서 이미 mod_jk에 대해 설명을 했는데, 장점을 한 가지 더 추가한다면 mod_proxy보다 역사가 오래돼서 사용자가 더 많고, 이로 인해 자료 또한 mod_proxy보다 많다는 점이다. mod_jk 모듈은 기본적으로 제공되지 않기 때문에 별도의 설치 과정이 필요하다. 그리고 이 모듈을 사용하기 위해서 기본적으로 필요한 두 가지 요소는 다음과 같다.

- **mod_jk.so** Apache 서버에서 Tomcat Connector로 사용되는 모듈 라이브러리로서 소스 파일을 다운로드한 뒤에 컴파일을 하면 생성되는 라이브러리 파일이다. 이 라이브러리 파일을 Apache 서버가 인식하는 설정 파일에 정의해 Tomcat 서버와의 연결에 사용한다.

- **workers.properties** Tomcat 프로세스로 사용되는 worker가 사용하는 포트 및 호스트 정보를 정의한 파일이다. 이 파일은 소스로 제공되지 않기 때문에 그 내용을 포함해 새롭게 생성해야 한다.

A. 모듈 설정

mod_jk 모듈을 설치하고 설정하는 과정에 대한 설명이다. 먼저 이 모듈을 설치하기 위해

http://tomcat.apache.org/download-connectors.cgi에서 최신 버전의 모듈을 다운로드한다. 그리고 Apache 서버와 Tomcat 서버에서 설정 파일을 생성 및 수정한 다음 이 서버들을 다시 시작하면 mod_jk 모듈을 사용할 준비를 마치게 된다.

1. 모듈 컴파일하기

먼저 다운로드한 모듈 파일을 컴파일하는 과정은 다음과 같다.

```
[root@master ~]# tar xvzf tomcat-connectors-1.2.41-src.tar.gz    ❶
[root@master ~]# cd tomcat-connectors-1.2.41-src/native
[root@master native]#./configure --with-apxs=/usr/bin/apxs       ❷
[root@master native]# make ; make install         ❸
[root@master native]# ls /usr/lib64/httpd/modules/mod_jk.so       ❹
/usr/lib64/httpd/modules/mod_jk.so
```

❶ 다운로드한 소스코드 파일을 명령어 tar로 압축 해제하고 컴파일을 위해 native 디렉토리로 이동한다.
❷ Apache 서버의 확장 모듈 설치를 위해 사용되는 명령어 apxs를 옵션에 추가해 스크립트 configure를 실행한다. mod_jk 모듈의 컴파일에 사용되는 명령어 apxs가 없다면 명령어 yum install httpd-devel을 사용해 설치하기 바란다.
❸ 모듈을 컴파일하고 컴파일된 라이브러리를 정해진 Apache 모듈 디렉토리에 설치한다.
❹ 컴파일된 라이브러리 mod_jk.so가 제대로 설치됐는지 디렉토리를 확인하면 발견할 수 있는데, 이 디렉토리는 Apache 서버가 사용하는 /etc/httpd/modules에 링크로 연결돼 있다.

2. 설정 파일 수정

두 번째 작업은 컴파일한 모듈을 사용하기 위해 Apache 서버와 Tomcat 서버 설정 파일을 다음과 같이 생성하거나 수정해주는 것이다.

```
[root@master ~]#  vim /usr/share/tomcat/conf/server.xml    ❶
91 <!-- Define an AJP 1.3 Connector on port 8009 -->
92 <Connector port="8009" protocol="AJP/1.3" redirectPort="8443" />
[root@master ~]# vim /etc/httpd/conf.d/mod_jk.conf          ❷
LoadModule jk_module "/etc/httpd/modules/mod_jk.so"         ❸
JkWorkersFile    /etc/httpd/conf/workers.properties         ❹
JkShmFile        /var/run/httpd/mod_jk.shm    ❺
JkLogFile        /var/log/httpd/mod_jk.log    ❻
```

```
JkLogLevel          info        ❼
JkLogStampFormat "[%y-%m-%d %H:%M:%S.%Q] "    ❽
[root@master ~]# mkdir -p /var/run/mod_jk        ❾
[root@master ~]# chown apache:apache /var/run/mod_jk
[root@master ~]# vim /etc/httpd/conf/workers.properties       ❿
workers.apache_log=/var/log/httpd
worker.list=app1Worker              ⓫
worker.stat1.type=status
worker.app1Worker.type=ajp13            ⓬
worker.app1Worker.host=localhost        ⓭
worker.app1Worker.port=8009
[root@master ~]# vim /etc/httpd/conf.d/vhost.conf
<VirtualHost *:80>
    ServerName www.chul.com
    ServerAdmin admin@chul.com
    <IfModule mod_jk.c>
        JkMount /* app1Worker            ⓮
    </IfModule>
</VirtualHost>
[root@master ~]# systemctl restart httpd tomcat        ⓯
```

❶ Tomcat 서버의 설정 파일을 열어 17.5.2절에서 설명했던 mod_proxy_ajp처럼 Apache
서버와 연결할 포트 번호, 프로토콜 AJP와 버전을 확인한다.

❷ 명령어 vim을 사용해 Apache 서버에서 mod_jk를 위해 사용할 설정 파일을 생성한다.
파일명은 임의로 지정할 수 있다.

❸ mod_jk 모듈의 위치를 지정하고 Apache 서버가 서비스 시작 시 이를 메모리에 로딩하
게 설정한다.

❹ Tomcat 프로세스로 사용되는 worker가 정의된 파일의 위치를 지정한다.

❺ 이 모듈이 사용할 공유 메모리의 위치와 파일명을 지정한다.

❻ 이 모듈에 대한 로그를 기록할 파일을 지정한다.

❼ 이 모듈에 대한 로그를 기록할 때 로그의 수준을 표준으로 사용되는 info 이상으로
설정한다.

❽ 로그 파일에 기록할 타임스탬프의 포맷을 지정한다.

❾ ❺에서 지정한 디렉토리를 생성하고 소유권을 Apache 서버의 사용자 apache가 접근해
사용할 수 있도록 변경한다.

❿ ❹에서 지정한 파일을 명령어 vim으로 생성한다.

❶ Tomcat 이 사용할 worker 인스턴스의 이름을 지정한다. 그 아래 status는 worker 프로세스가 부하를 분산하고 있는 통계를 실시간으로 보여주는 지시어다.

❷ Tomcat 서버와의 연결에 사용할 프로토콜을 지정한다.

❸ Tomcat 서버처럼 기본 호스트 이름을 로컬 호스트로 지정한다.

❹ 주 도메인이 사용하고 있는 가상 호스트 파일에 mod_jk 모듈을 포함하는데, 여기서 지시어 JkMount를 사용해 루트(/), 즉 주 도메인(www.chul.com)으로 접속하면 그 요청을 Tomcat 서버가 사용하는 app1Worker 프로세스로 보내라는 의미다. 가상 호스트를 사용하고 있지 않다면 Apache 서버의 설정 파일 /etc/httpd/conf/httpd.conf에 굵은 글씨로 표시된 세 줄을 추가해 사용하기 바란다.

❺ 변경 사항들이 적용되도록 Apache와 Tomat 서버를 다시 시작한다.

B. 연동 테스트

이제 설정들이 제대로 작동하는지 테스트하겠다. 테스트하는 과정은 이전 mod_proxy_ajp와 동일하다. 먼저 주 도메인 www.chul.com과 인덱스 파일 index.html을 브라우저에서 호출하면 그림 17-14와 같이 그 내용을 읽을 수 있다. 이 index.html 파일은 앞 절의 테스트에서 사용한 파일을 동일하게 사용했다.

그림 17-14 인덱스 파일 접속하기

두 번째 파일로 index.jsp 파일에 접속하면 그림 17-15처럼 Tomcat 서버의 초기 화면을 볼 수 있다.

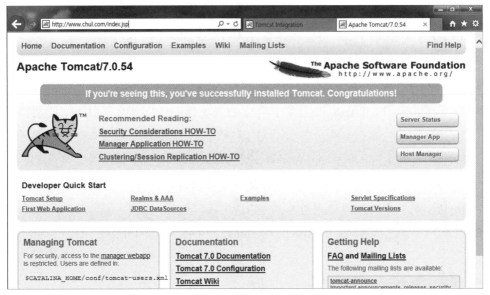

그림 17-15 index.jsp 파일 접속하기

17.6 SSL/TLS 사용

이번 절에서는 6장의 Apache 서버와 유사하게 Tomcat 서버에서 보안을 위해 사용되는
프로토콜 SSL/TLS를 적용하는 방법을 설명한다.

17.6.1 SSL/TLS 설정

Tomcat 서버에서 SSL을 설정하는 과정은 Apache 서버와는 약간 다르다. 키를 생성하고
그 키를 설정 파일에 추가하고 테스트를 진행하는 과정은 동일하지만, 키 생성 과정 및
설정 파일에 추가하는 방법에서 약간의 차이가 있다.

A. 키 생성

먼저 Tomcat 서버에서 SSL/TLS 설정을 위해 사용할 키를 명령어 keytool로 생성한다.

```
[root@master ~]# keytool -genkey -alias tomcat -keyalg RSA -keystore
/etc/pki/keystore        ❶
Enter keystore password:
Re-enter new password:
What is your first and last name?        ❷
```

```
    [Unknown]: localhost
What is the name of your organizational unit?          ❸
    [Unknown]: Education
What is the name of your organization?                 ❹
    [Unknown]: Chul Com
What is the name of your City or Locality?             ❺
    [Unknown]: Seoul
What is the name of your State or Province?
    [Unknown]: Seoul
What is the two-letter country code for this unit?     ❻
    [Unknown]: Kr
Is CN=localhost, OU=Education, O=Chul Com, L=Seoul, ST=Seoul, C=Kr correct?
    [no]: yes        ❼
Enter key password for <tomcat>
        (RETURN if same as keystore password):
Re-enter new password:
[root@master ~]# ls /etc/pki/keystore          ❽
keystore
[root@master ~]# file keystore                 ❾
keystore: Java KeyStore
```

❶ 명령어 `keytool`을 사용해 자바에서 사용할 키를 RSA 알고리즘을 사용해 `tomcat`이라는 이름으로 생성한다. 이 파일을 JKS^{Java KeyStore}라고 하는데, 이는 자바 보안 인증서의 저장소로 사용된다. 명령어 `keytool`은 이러한 **keystore**를 생성하고 관리하기 위해 사용된다.

❷ 위 명령어를 실행하고 패스워드를 입력한 다음에 이 키의 사용자 이름으로 사용할 localhost를 입력한다. 여기서의 이름은 이 키 생성을 요청한 사용자로 기본으로 localhost가 사용된다.

❸ 키를 생성하는 임의의 부서 이름을 입력한다.

❹ 이 키를 발행하는 조직 또는 회사의 이름을 입력한다.

❺ 키 생성자가 속한 도시 이름을 입력한다.

❻ 이 조직이 속한 국가 코드를 입력한다.

❼ 입력한 내용이 맞는지 확인한 뒤에 yes를 입력하고 패스워드를 다시 입력하면 키 생성이 완료된다.

❽ 키가 생성돼 저장된 디렉토리와 그 이름을 확인한다.

❾ 명령어 `file`로 확인해보면 JKS임을 알 수 있다.

B. 설정 파일 편집

이제 생성한 키에 대한 내용을 Tomcat 서버의 설정 파일에 다음과 같이 추가해줘야 한다.

```
[root@master ~]# vim /usr/share/tomcat/conf/server.xml
<Connector port="8443" protocol="HTTP/1.1"      ❶
            connectionTimeout="20000"
            clientAuth="false"         ❷
            SSLEnabled="true"
            scheme="https"              ❸
            secure="true"
            sslProtocol="TLS"           ❹
            keystoreFile="/etc/pki/keystore"      ❺
            keystorePass="PassWord" />       ❻
[root@master ~]# systemctl restart tomcat        ❼
[root@master ~]# lsof -i tcp:8443             ❽
COMMAND  PID   USER   FD   TYPE DEVICE SIZE/OFF NODE NAME
java   8103 tomcat 51u  IPv6  61350    0t0 TCP *:pcsync-https (LISTEN)
```

❶ Tomcat 서버의 설정 파일을 명령어 vim으로 열어서 먼저 SSL이 적용된 포트 8443번과 프로토콜을 정의한다.

❷ 클라이언트가 인증이 적용된 자원을 요청하지 않는 한 인증서 체인이 필요하지 않다는 의미다.

❸ SSL이 적용된 프로토콜의 이름을 정의한다.

❹ 사용할 SSL 프로토콜의 이름인데, 여기에는 SSL, SSLv2, SSLv3, TLSv1, TLSv1.2 등이 올 수 있으며 기본으로 TLS가 사용된다.

❺ JKS 파일의 위치와 이름을 지정한다.

❻ 키 생성 시 사용했던 패스워드를 입력하는데, 이는 인증서 접근 시 필요하다.

❼ 변경 사항들이 적용되도록 Tomcat 서버를 다시 시작한다.

❽ 명령어 lsof를 사용해 SSL이 적용된 포트 8443번이 열려서 서비스 제공 준비가 돼 있는지 확인한다.

17.6.2 SSL 설정 테스트

이제 앞에서 설정한 Tomcat 서버에 SSL을 적용한 웹사이트를 브라우저에서 테스트하겠다. 먼저 Apache 서버에서처럼 브라우저에서 http가 아닌 SSL이 적용된 https 프로토콜을

사용하고 주 도메인 www.chul.com과 포트 8443번을 입력하면 그림 17-16처럼 인증서에
문제가 있다는 메시지를 볼 수 있다.

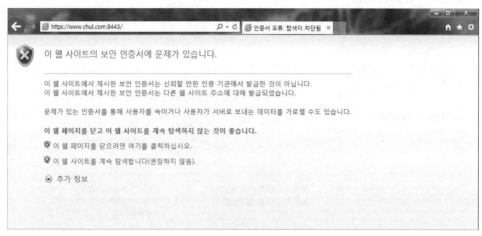

그림 17-16 Tomcat 서버 SSL 테스트하기

　　신뢰할 수 없는 인증서 관련 에러 메시지에서 계속 탐색을 클릭하면 그림 17-17처럼
index.html 파일의 내용을 읽을 수 있다.

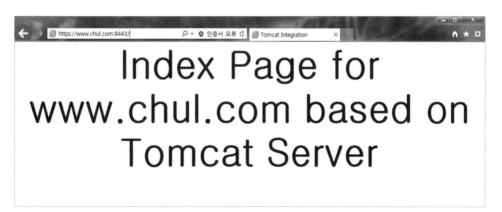

그림 17-17 인덱스 페이지 접속하기

　　그리고 JSP 파일도 동일하게 그림 17-18처럼 읽을 수 있다.

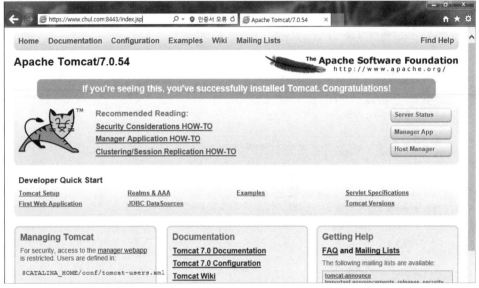

그림 17-18 JSP 파일 읽기

17.7 참고문헌

- http://tomcat.apache.org/
- https://en.wikipedia.org/wiki/Apache_Tomcat
- https://en.wikipedia.org/wiki/아파치_톰캣
- https://www.digitalocean.com/community/tutorials/how-to-install-apache-tomcat-7-on-centos-7-via-yum
- http://searchsoa.techtarget.com/definition/Tomcat
- http://www.akadia.com/download/soug/tomcat/html/tomcat_apache.html
- https://www.ntu.edu.sg/home/ehchua/programming/howto/Tomcat_More.html
- http://www.datadisk.co.uk/html_docs/java_app/tomcat4/tomcat4_arch.htm
- http://www.ramkitech.com/2012/02/understanding-virtual-host-concept-in.html
- http://tecadmin.net/configure-ssl-certificate-in-tomcat/
- http://technobium.com/connect-apache-tomcat-and-apache-http-using-mod_jk/
- http://antoine.hordez.fr/2012/12/30/howto-virtual-host-on-tomcat-7/
- https://jeljo.wordpress.com/2013/11/23/apache-2-4-7-tomcat-7-integration/
- http://www.datadisk.co.uk/html_docs/java_app/tomcat6/tomcat6_apache_server.htm

17.8 요약

1. (　　) 서버는 Apache와 같은 웹 서버와 연동해 (　)와 자바 (　)이 실행할 수 있는 환경을 제공함으로써 웹사이트에서 자바 프로그램을 쉽게 사용할 수 있게 지원하는 (　　　) 서버다.

2. Apache 서버는 포트 (　)번을 통해, Tomcat 서버는 포트 (　　)번을 통해 서비스를 제공하며, (　　　)는 Apache 서버가 직접 응답하고 자바 서블릿 또는 JSP 파일과 같은 (　　　)는 Apache 서버가 (　　　) 서버에게 그 요청을 전달한다.

3. 이러한 요청은 Apache 서버가 제공하는 모듈 (　　　)나 (　　　　)를 통해 Tomcat 서버와의 연동을 통해 이뤄지며, 이를 위해 Apache 서버는 프로토콜 (　)와 Tomcat 서버 포트 (　　)번을 사용한다.

4. (　　　)은 서블릿 컨테이너의 인스턴스 이름을 지정하고 웹 서버와의 연동을 위해 사용되는 (　　　　)로부터 받은 요청을 실제로 처리하며, 또한 (　　)과 (　　　) 두 가지의 속성을 사용한다.

5. Tomcat 서버를 사용하기 위해선 먼저 (　　)가 설치돼 실행 중이어야 하고 (　　) 패키지를 설치한 이후 (　　) 서비스를 시작하면 Tomcat 서버가 사용하는 포트 (　)번을 확인할 수 있다.

6. 가상 호스트 설정을 위해 (　　　　　) 파일을 열어서 Host name 섹션에 사용할 가상 호스트를 추가한다.

7. (　　　)는 AJP 프로토콜을 사용해 Tomcat 서버와 Apache 서버와의 통신을 지원하며, 설정 방법이 복잡하지만 (　　　) 옵션을 사용해 여러 가상 호스트별 설정 가능, 부하 분산 지원, 대규모 AJP 패킷 크기 지원 등의 장점이 있다.

8. (　　　)는 리버스 프록시 기능을 통해 Tomcat 서버와의 연동을 지원하며, 별도의 설치 과정이 필요 없고 간단한 설정이 장점이고, Apache 서버와의 Connector로서 프로토콜 (　, 　, 　)를 모두 사용할 수 있다.

9. 모듈 (　)를 사용하기 위해 Apache 설정 파일이나 가상 호스트 파일에 지시어 (　)를 사용해 설정을 추가하면 루트(/), 즉 주 도메인으로 접속하면 그 요청을 Tomcat 서버가 사용하는 (　　) 프로세스로 보내게 된다.

10. 명령어 (　　)은 자바 보안 인증서의 저장소로 사용되는 (　　)를 생성하고 관리하기 위해 사용되며, 자바에서 사용할 키를 알고리즘 (　)를 사용해 생성한다.

17.9 연습문제

1. Tomcat 서비스 제공을 위해 tomcat 패키지을 설치한 이후에 그 서비스를 시작하고 Firewalld 방화벽에 서비스를 등록하라.
2. 브라우저에서 Tomcat 포트로 접속하는데, 매니저 페이지를 인증을 사용해 접속하라.
3. Tomcat 서버의 루트 디렉토리에 테스트용 jsp 파일을 생성하고, 이를 브라우저에서 테스트하라.
4. Tomcat 서버에 주 도메인 이외에 도메인을 추가해 가상 호스트를 설정하고, 이를 브라우저에서 테스트하라.
5. `mod_proxy_ajp` 모듈을 사용해 Apache 서버와 Tomcat 서버의 연동을 테스트하라.
6. `mod_jk` 모듈을 사용해 Apache 서버와 Tomcat 서버를 연동해서 사용해보라.
7. Tomcat 서버에 SSL을 적용해서 테스트하라.

17.10 연구과제

1. jBoss WAS를 설치하고 그 사용법을 Apache Tomcat 서버와 비교해보라.
2. 본문에서는 Tomcat 7을 사용했는데, 최신 Apache Tomcat 9 버전을 설치해서 그 기능을 Tomcat 7과 비교해보라.

18장
DHCP 서버

DHCP 서버의 모든 것

18장에서는 리눅스 서버에서 클라이언트에게 자동으로 IP 주소를 비롯한 네트워크 정보를 할당하는 DHCP 서버를 구축하는 방법을 설명한다. 주요 내용으로 DHCP의 개념 이해, DHCP 서버의 설치와 설정, 클라이언트에서의 테스트 등을 구체적인 예제와 더불어 자세히 설명한다.

DHCP 서비스는 오늘날 대부분의 가정이나 사무실에서 가장 많이 사용하는 네트워크 서비스 중의 하나로서 아주 편리하면서 유용한 서비스다.

DHCP^{Dynamic Host Configuration Protocol}는 초기에 동적으로 IP 주소를 할당한 RARP^{Reverse Address Resolution Protocol}와 릴레이 에이전트 기능을 처음 소개한 BOOTP^{Bootstrap Protocol}의 뒤를 이어 현재 IP 주소 풀^{Pool}에서 클라이언트에게 IP 주소 및 다른 네트워크 정보(예를 들어 DNS, 게이트웨이, 서브넷 마스크 등의 정보)를 동적으로 할당하기 위해 사용되는 프로토콜로서 RFC 1531, RFC 1541, RFC 2131에 정의돼 있다. DHCP는 IPv4와 IPv6를 모두 지원하고, IPv6인 경우 DHCPv6라고 불리며 RFC 3315, RFC 3633에 정의돼 있다. DHCP는 4단계의 과정, 즉 서버 발견^{Server Discovery}, IP 임대 제안^{IP Lease Offer}, IP 요청^{IP Request}, IP 임대 확인 ^{IP Lease Acknowledgement}을 통해 모든 과정이 이뤄진다. 이 과정의 첫 글자만 가져와서 보통 DORA라고 하며, 본문에서 단계별로 자세히 설명하겠다. 18장에서는 DHCP가 작동하는 원리부터 서버의 설정 방법 및 DHCPv6의 사용 방법, 그리고 클라이언트에서 IP 주소를 할당받기 위한 DHCP를 설정하는 방법을 차례대로 설명한다.

18장에서 DHCP 서버와 클라이언트 설정 및 테스트를 위해 사용되는 호스트의 정보는 다음과 같다.

호스트 이름	IP 주소	OS 버전	역할
master.chul.com	192.168.80.5	CentOS Linux release 7.2	DHCP 서버
node1.chul.com	192.168.80.6	CentOS Linux release 7.2	DHCP 클라이언트/ 릴레이 에이전트
node2.chul.com	192.168.80.7	CentOS Linux release 7.2	DHCP 클라이언트
windows.chul.com	192.168.80.1	윈도우 7 64비트	DHCP 클라이언트

18장에서 다루는 내용은 다음과 같다.

- DHCP 프로토콜 이해
- DHCP 서버 서비스 시작
- DHCP 서버 기능 확장
- DHCP 릴레이 에이전트 설정
- DHCPv6 서버 설정

18.1 DHCP 프로토콜 이해

DHCP 프로토콜을 이해하기 위해 이번 절에서는 DHCP의 작동 과정과 서버의 세 가지 IP 할당 방식, DHCP 서버의 구성 요소에 대해 설명한다.

18.1.1 DHCP의 작동 과정

DHCP는 클라이언트-서버 모델로서 총 4단계의 과정을 거쳐 클라이언트는 서버로부터 IP 주소를 비롯한 네트워크 정보를 할당받아 사용한다. 이때 클라이언트와 서버는 비연결형connectionless 프로토콜인 UDP^{User Datagram Protocol}를 사용해 서로 의사소통을 하게 된다. 이때 두 개의 포트가 사용되는데, UDP 포트 67번은 서버의 목적지 포트와 포트 68번은 클라이언트에 의해 사용된다. 4단계의 과정은 서버 발견^{Server Discovery}, IP 임대 제안^{IP Lease Offer}, IP 요청^{IP Request}, IP 임대 확인^{IP Lease Acknowledgement}인데, 앞 글자만 붙여서 보통 DORA^{Discovery, Offer, Request, Acknowledgement}라고 부르기도 한다. 각 단계별로 그림 18-1을 참조해 자세히 설명하면 다음과 같다.

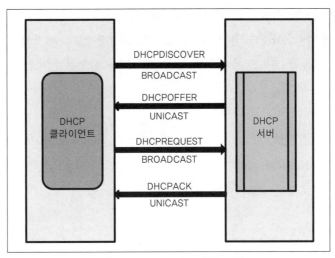

그림 18-1 DHCP의 IP 할당 과정

STEP 1: DHCP Discover

IP 주소가 필요한 클라이언트는 UDP를 이용해 다음과 같은 정보를 브로드캐스트^{Broadcast}
로 네트워크에 보내게 된다.

UDP Src=0.0.0.0	sPort=68
Dest=255.255.255.255	dPort=67

클라이언트는 자신의 IP 주소가 아직 없기 때문에 출발지 주소를 0.0.0.0으로, 출발지
포트를 68번으로 설정한다. 또한 DHCP 서버를 아직 모르기 때문에 브로드캐스트 주소를
의미하는 255.255.255.255를 목적지 주소로, DHCP 서비스를 제공하는 포트 67번을 목적
지 포트로 설정해 네트워크에 보내게 된다.

STEP 2: DHCP Offer

클라이언트가 보낸 DHCPDISCOVER 메시지를 받은 DHCP 서버는 다음과 같은 정보를
포함한 메시지를 클라이언트 포트 68번을 목적지로 해서 보낸다.

UDP Src=192.168.80.5	sPort=67
Dest=255.255.255.255	dPort=68

이 제안 메시지에는 클라이언트의 MAC(하드웨어) 주소, 서버가 제안하는 IP 주소, 서브넷 마스크, 임대 기간, DHCP 서버의 IP 주소 등이 포함돼 있다. 여기서 192.168.80.5은 테스트를 위해 사용할 DHCP 서버의 IP 주소이며, 포트 67번은 서버가 제공하는 DHCP 서비스 포트를 의미한다.

STEP 3: DHCP Request

클라이언트는 이제 DHCP 서버가 제안한 IP 주소를 받아 사용하겠다는 수락 메시지를 서버에게 다시 브로드캐스트를 이용해 보낸다.

UDP Src=0.0.0.0	sPort=68
Dest=255.255.255.255	dPort=67

이때 클라이언트가 여러 DHCP 서버로부터 제안을 받은 상태라면 오직 하나의 서버 제안만 수락하게 되는데, 이를 위해 클라이언트는 선택한 서버의 ID인 Server Identification Option을 사용하게 된다. 이 메시지가 브로드캐스트로 전달되기 때문에 선택되지 않은 DHCP 서버들은 모두 제안을 철회하게 되고, 예약한 IP 주소를 다시 풀Pool에 추가하게 된다.

STEP 4: DHCP Acknowledgement

DHCP 서버가 클라이언트로부터 DHCPREQUEST 메시지를 받으면 서버는 DHCPACK 패킷을 통해 임대 기간 및 DNS 정보를 비롯한 다른 설정 정보를 클라이언트에 보내게 되고, 클라이언트는 이 정보를 네트워크 인터페이스에 할당함으로써 클라이언트에서의 IP 설정 과정을 모두 마치게 된다.

UDP Src=192.168.80.5	sPort=67
Dest=255.255.255.255	dPort=68

참고로 IP 주소를 할당받은 클라이언트의 IP 임대 기간이 만료될 경우 그 기간의 연장을 원한다면 서버와 클라이언트의 통신은 더 이상 브로드캐스트가 아닌 UDP의 유니캐스트Unicast를 통해 이뤄지며, 앞의 DHCPREQUEST와 DHCPACK 과정만 사용된다.

18.1.2 DHCP 서버의 IP 할당 방식

앞 절에서 DHCP가 이뤄지는 과정을 모두 4단계에 걸쳐 설명했는데, 이러한 원리를 이용해 DHCP 서버가 클라이언트에게 IP 주소를 할당하는 세 가지 방식을 살펴보자.

A. 동적 할당

동적 할당^{Dynamic Allocation}은 네트워크 관리자가 일정 범위의 IP 주소를 예약하고 각 클라이언트의 요청에 따라 이 예약된 범위 내의 IP 주소가 할당되는 방식이다. 이 경우 서버가 클라이언트에게 IP 주소를 할당할 때 기본적으로 이 둘 사이의 할당은 시간에 기초한 기간 임대^{lease}의 개념으로 이뤄진다. 즉, 서버는 일정 시간 동안 IP 주소를 클라이언트에게 임대하고 일정 시간의 임대 기간^{lease time}이 지나면 서버는 임대했던 IP 주소를 회수하고 다시 할당하는 방식으로, 현재 가장 많이 사용하는 방식이다.

B. 자동 할당

자동 할당^{Automatic Allocation}은 동적 할당과 비슷하지만 클라이언트의 요청에 따라 할당된 IP 주소가 그 클라이언트에게 영구적으로 사용된다는 점이 동적 할당과 다른 점이다. 이를 위해 DHCP 서버는 과거의 IP 주소 할당 테이블을 갖고 있어야 하며, 이 테이블에 따라 한 클라이언트가 사용한 같은 IP 주소를 기간에 상관없이 할당하게 된다.

C. 수동 할당

수동 할당^{Manual Allocation}은 BOOTP 프로토콜처럼 클라이언트의 MAC 주소에 기반을 두고 고정 IP 주소를 클라이언트에 할당하는 방식으로서 고정 할당^{Static Allocation}이라고도 불리며, 이 IP 주소는 고정돼 다른 클라이언트에게 할당할 수 없다. 한 서브넷 내에서 고정 IP 주소가 필요한 경우 예를 들어 공유 프린터 IP 주소, 파일 서버 IP 주소, 서버 등의 IP 주소를 할당할 때 사용하는 방식이다.

18.1.3 DHCP 서비스의 구성 요소

DHCP 서비스는 크게 다음과 같이 세 가지의 요소로 구성돼 있다.

A. DHCP 서버

클라이언트의 요청을 받아 IP 주소를 비롯한 네트워크 정보를 할당하는 시스템을 의미한다. DHCP 서비스에 필요한 모든 설정과 정보를 갖고 있어야 하며, 할당된 IP 주소에 대한 정보를 데이터베이스 파일에 저장한다. 18장에서는 master.chul.com 호스트가 이 역할을 담당한다.

B. DHCP 클라이언트

IP 주소를 할당받아 사용할 수 있는 클라이언트 시스템을 의미하며, DHCP 서버에 IP 주소를 비롯한 네트워크 정보 설정을 요청하는 역할을 한다. 이를 위해 DHCP 서버와 UDP를 사용해 통신을 한다. 18장에서는 node1, node2, windows 호스트가 이 역할을 담당한다.

C. DHCP 릴레이 에이전트

DHCP 릴레이 에이전트[Relay Agent]는 DHCP 클라이언트와 서버 사이에 위치해 DHCP 클라이언트의 요청을 받아 다른 네트워크에 위치한 DHCP 서버에 이 요청을 전달하는 역할을 하는 시스템을 의미한다. 이 경우 DHCP 서버가 사용하는 IP 주소와 DHCP 클라이언트가 사용하는 IP 주소가 서로 다른 네트워크에 분리돼 있을 때 사용된다. 18장에서는 node1. chul.com 호스트가 이 역할을 담당한다.

이상으로 DHCP의 할당 과정 및 할당 방식, 그리고 구성 요소에 대한 설명을 마치고 다음절부터 DHCP 서버를 구체적으로 설정하는 방법을 설명한다.

18.2 DHCP 서버 서비스 시작

이번 절에서는 DHCP 서버의 기초라 할 수 있는 서버 설치 및 설정 파일을 이용해 DHCP 서버를 구축하는 방법을 설명한다. 모두 3단계의 과정을 통해서 이 과정을 마칠 수 있는데, 서버 패키지 설치, 설정 파일 편집, 서비스 시작 등의 과정이다.

18.2.1 DHCP 서버 설정

DHCP 서비스는 서버 설정과 클라이언트 테스트 두 가지의 과정으로 분류할 수 있는데, 이번 절에서는 DHCP 서버에서 필요한 모든 설정을 설명한다.

A. DHCP 서버 설치

먼저 DHCP 서버 패키지를 설치하고 설정 파일을 생성하는 방법은 다음과 같다.

```
[root@master ~]# yum install dhcp -y              ❶
[root@master ~]# rpm -qa | grep dhcp             ❷
dhcp-common-4.2.5-42.el7.centos.x86_64
dhcp-4.2.5-42.el7.centos.x86_64
dhcp-libs-4.2.5-42.el7.centos.x86_64
[root@master ~]# cat /etc/dhcp/dhcpd.conf        ❸
# DHCP Server Configuration file.
#   see /usr/share/doc/dhcp*/dhcpd.conf.example
#   see dhcpd.conf(5) man page
[root@master ~]# cp /usr/share/doc/dhcp-4.2.5/dhcpd.conf.example
/etc/dhcp/dhcpd.conf         ❹
cp: overwrite /etc/dhcp/dhcpd.conf? y
[root@master ~]# grep bootp /etc/services        ❺
bootps          67/tcp                           # BOOTP server
bootps          67/udp
bootpc          68/tcp          dhcpc            # BOOTP client
bootpc          68/udp          dhcpc
```

❶ 명령어 yum을 사용해 DHCP 서버 패키지 dhcp를 설치한다.

❷ 설치 완료 후 설치 확인을 위해 명령어 rpm을 사용해 조회하면 의존 관계에 있는 다른 두 개의 패키지까지 함께 설치돼 있음을 확인할 수 있다.

❸ dhcp 패키지를 설치하면 기본 설정 파일을 확인할 수 있는데, 별 내용이 없으므로

❹ dhcpd.conf.example이라는 파일을 doc 디렉토리에서 복사하면서 이름을 변경해줘야 한다.

❺ DHCP 서비스가 사용하는 포트를 서비스 파일에서 확인해보면 기본 서버 포트는 67번, 클라이언트 포트는 68번으로 정의돼 있음을 확인할 수 있다.

B. DHCP 서버 설정

A절에서 DHCP 서버를 설치하는 방법을 설명했는데, 이제 DHCP 서버 설정 파일을 구체적으로 살펴보자. 이 예제에서는 DHCP 서버 master가 클라이언트 node1에게는 고정 IP를 할당하고, 클라이언트 node2와 windows에게는 동적 IP 주소를 할당하는 방법을 설명한다. 설정에 사용되는 네트워크 주소는 10.1.1.0/24이며, 마스터 서버의 주소는 10.1.1.5를 사용한다.

```
[root@master ~]# vim /etc/dhcp/dhcpd.conf        ❶
default-lease-time 600;      ❷
```

```
max-lease-time 7200;          ❸
option subnet-mask 255.255.255.0;     ❹
option broadcast-address 10.1.1.255;   ❺
option routers 10.1.1.5;  ❻
option domain-name-servers 192.168.80.2, 192.168.80.5;   ❼
option domain-search "chul.com ";    ❽
option ntp-servers 192.168.80.5;    ❾
subnet 10.1.1.0 netmask 255.255.255.0 {  ❿
    range 10.1.1.21 10.1.1.100;      ⓫
}
host node1 {     ⓬
    option host-name "node1.chul.com ";   ⓭
    hardware ethernet 00:0c:29:92:be:2e;  ⓮
    fixed-address 10.1.1.6;         ⓯
}
```

❶ DHCP 서버 설정 파일을 명령어 vim으로 연 후에

❷ 기본적으로 DHCP 서버가 임대를 허용할 시간을 초 단위로 설정한다.

❸ 최대 임대 시간을 지정한다.

❹ 서브넷 마스크 정보를 정의하는데, 여기서는 24비트를 사용한다고 지정했다.

❺ ❿에서 생성할 네트워크 정보의 브로드캐스트 정보를 지정한다.

❻ ❿에서 생성할 네트워크 정보의 게이트웨이 정보를 지정한다.

❼ DHCP 클라이언트가 사용할 네임 서버를 지정한다.

❽ DHCP 클라이언트가 사용할 기본 도메인 정보를 지정한다.

❾ DHCP 클라이언트가 기본적으로 사용할 NTP^{Network Time Protocol}를 지정한다.

   ❷-❾의 정보는 보통 전역 또는 글로벌 설정이라고 해서 모든 네트워크 정보에 동일하게 적용이 되는 설정이다.

❿ DHCP 서버가 클라이언트에게 할당할 IP 주소의 대역을 넷마스크와 같이 지정한다.

⓫ 구체적으로 몇 개의 IP 주소가 할당 가능한지 그 범위를 지정한다. 여기서는 80개 (21-100)의 IP 주소가 할당 가능하다고 지정했다.

⓬ 고정 IP 주소를 할당할 호스트 node1의 이름을 지정하고

⓭ 그 구체적인 전체 호스트 이름을 지정한다.

⓮ node1에서 DHCP 클라이언트로 사용할 인터페이스의 하드웨어 주소(MAC)를 지정한다.

⓯ 그리고 할당할 고정 IP 주소를 지정한다.

C. DHCP 서버 시작

DHCP 패키지 설치와 설정 파일을 모두 완성했다면 세 번째 단계는 DHCP 서버를 시작
해 서비스를 제공하는 것이다.

```
[root@master ~]# cp /usr/lib/systemd/system/dhcpd.service
/etc/systemd/system/              ❶
[root@master ~]# vim /etc/systemd/system/dhcpd.service
ExecStart=/usr/sbin/dhcpd -f -cf /etc/dhcp/dhcpd.conf -user dhcpd -group
dhcpd -- no-pid eno33554984      ❷
[root@master ~]# systemctl --system daemon-reload       ❸
[root@master ~]# systemctl restart dhcpd      ❹
[root@master ~]# systemctl enable dhcpd       ❺
Created symlink from /etc/systemd/system/multi-user.target.wants/dhcpd.service to
/etc/systemd/system/dhcpd.service.
[root@master ~]# systemctl status dhcpd       ❻
dhcpd.service - DHCPv4 Server Daemon
Loaded: loaded (/etc/systemd/system/dhcpd.service; disabled; vendor preset: disabled)
Active: active (running) since Sun 2016-02-07 09:44:12 ICT; 18s ago
    Docs: man:dhcpd(8)
          man:dhcpd.conf(5)
 Main PID: 29472 (dhcpd)
    Status: "Dispatching packets..."
    CGroup: /system.slice/dhcpd.service
    29472 /usr/sbin/dhcpd -f -cf /etc/dhcp/dhcpd.conf -user dhcpd -group
dhcpd --no-pid en...
Feb 07 09:44:12 master.chul.com dhcpd[29472]: Listening on
LPF/eno33554984/00:0c:29:37:33:50/10..../24
Feb 07 09:44:12 master.chul.com dhcpd[29472]: Sending on
LPF/eno33554984/00:0c:29:37:33:50/10..../24
Feb 07 09:44:12 master.chul.com dhcpd[29472]: Sending on  Socket/fallback/fallback-net
Feb 07 09:44:12 master.chul.com systemd[1]: Started DHCPv4 Server Daemon.
[root@master ~]# lsof -i udp:67          ❼
COMMAND  PID   USER   FD   TYPE DEVICE SIZE/OFF NODE NAME
dnsmasq  4097 nobody   3u  IPv4 35593      0t0  UDP *:bootps
dhcpd   29472 dhcpd    7u  IPv4 355580     0t0  UDP *:bootps
[root@master ~]# ps -ef | grep dhcpd       ❽
dhcpd   30394    1  0 09:49 ?      00:00:00 /usr/sbin/dhcpd -f -cf
/etc/dhcp/dhcpd.conf -user dhcpd -group dhcpd --no-pid eno33554984
```

❶ DHCP 서버의 서비스 자동 시작 스크립트를 복사한다.

❷ 이 파일을 열어 DHCP 서버가 IP 주소 할당을 위해 사용할 네트워크 인터페이스의 이름을 마지막에 추가한다. 현재 네트워크 디바이스 eno33554984가 사용하는 IP 주소 10.1.1.5가 속한 네트워크 주소 10.1.1.0/24를 IP 주소 할당에 사용하기 위해 이곳에 추가했다.

❸ 추가된 DHCP 서비스 정보를 다시 읽어 들이기 위해 명령어 systemctl을 사용한다.

❹ 명령어 systemctl을 이용해 DHCP 데몬을 다시 시작한다.

❺ 부팅 시에도 DHCP 서비스가 자동으로 시작되도록 설정한다.

❻ DHCP 서비스의 상태를 보는 명령어를 이용해 active로, 그리고 DHCP 서버가 정상적으로 시작됐다는 메시지를 확인한다.

❼ DHCP 서버가 사용하는 프로토콜과 포트 67번을 명령어 lsof로 포트가 열려 있고 서비스 준비가 마쳤음을 확인한다.

❽ 프로세스 확인 명령어 ps를 이용해 DHCP 프로세스가 시작됐는지 확인한다. 이때 DHCP를 제공하는 네트워크 인터페이스도 확인이 돼야 한다.

D. DHCP 서버를 위한 방화벽 설정

DHCP 서버 접속을 허용하기 위한 방화벽의 설정은 다음과 같다.

```
[root@master ~]# iptables -I INPUT -i eno33554984 -p udp --dport 67:68 --sport
67:68 -j ACCEPT    ❶
[root@master ~]# firewall-cmd --permanent --add-service=dhcp      ❷
[root@master ~]# firewall-cmd --reload          ❸
[root@master ~]# firewall-cmd --list-services        ❹
dhcp dns ftp http https imaps kerberos mountd mysql nfs ntp pop3s rpc-bind samba smtp ssh
```

❶ DHCP 서비스의 게이트웨이로 사용할 인터페이스의 이름과 DHCP 클라이언트 및 서버에서 사용하는 프로토콜 UDP, 그리고 포트 67번과 68번으로의 접속을 Iptables 방화벽에서 허용하는 설정이다.

❷ Firewalld 방화벽을 이용해 서비스 DHCP를 허용한다는 설정을 한다.

❸ 변경된 정보를 다시 읽어 적용하기 위해 Firewalld 방화벽을 다시 시작한다.

❹ 추가한 서비스 DHCP가 서비스 목록에 있는지 확인한다.

18.2.2 클라이언트 설정 테스트

앞 절에서 DHCP 서버를 성공적으로 시작했다면 다음 단계는 이제 클라이언트에서 실질적으로 이 IP 주소를 할당받아 오는지를 테스트하는 것이다.

A. 리눅스 시스템에서 확인(node1과 node2)

테스트를 위해 리눅스 시스템 node1과 node2에서 설정을 한다. node1은 고정 IP 주소받고, node2는 유동 IP 주소를 받는 것으로 서버에서 설정했으므로 각각의 시스템에서 DHCP 클라이언트를 설정하고 테스트를 진행한다.

```
[root@node1 ~]# nmcli connection                    ❶
NAME    UUID                                    TYPE            DEVICE
eth1    76fec70a-f6b1-4d88-ad1e-2e1ffb456d8e    802-3-ethernet  eno33554984
eth0    bac217b3-f6cb-43f0-af79-9fc0493f6bd9    802-3-ethernet  eno16777736
eth2    95f6ceb1-aa7b-4e23-aa34-397212710296    802-3-ethernet  eno50332208
virbr0  629cc3dd-05fe-40a5-8af0-d74f88d22e60    bridge          virbr0
[root@node1 ~]# nmcli con mod eth1 ipv4.method auto    ❷
[root@node1 ~]# nmcli con down eth1                 ❸
Connection 'eth1' successfully deactivated (D-Bus active path:
/org/freedesktop/NetworkManager/ActiveConnection/5)
[root@node1 ~]# nmcli con up eth1                   ❹
Connection successfully activated (D-Bus active path:
/org/freedesktop/NetworkManager/ActiveConnection/6)
[root@node1 ~]# nmcli dev show eno33554984          ❺
GENERAL.DEVICE:                eno33554984
GENERAL.TYPE:                  ethernet
GENERAL.HWADDR:                00:0C:29:92:BE:2E
GENERAL.MTU:                   1500
GENERAL.STATE:                 100 (connected)
GENERAL.CONNECTION:            eth1
GENERAL.CON-PATH:              /org/freedesktop/NetworkManager/ActiveConnection/5
WIRED-PROPERTIES.CARRIER:      on
IP4.ADDRESS[1]:                10.1.1.6/24
IP4.GATEWAY:                   10.1.1.5
IP4.DNS[1]:                    192.168.80.2
IP4.DNS[2]:                    192.168.80.5
IP4.DOMAIN[1]:                 chul.com
IP6.ADDRESS[1]:                fe80::20c:29ff:fe92:be2e/64
IP6.GATEWAY:
```

```
[root@node2 ~]# ifconfig eno33554960        ⑥
eno33554960: flags=4163<UP,BROADCAST,RUNNING,MULTICAST> mtu 1500
        inet 10.1.1.11 netmask 255.255.255.0 broadcast 10.1.1.255
        inet6 fe80::20c:29ff:fe72:392a prefixlen 64 scopeid 0x20<link>
        ether 00:0c:29:72:39:2a txqueuelen 1000  (Ethernet)
        RX packets 654 bytes 67437 (65.8 KiB)
        RX errors 0 dropped 0 overruns 0 frame 0
        TX packets 100 bytes 14948 (14.5 KiB)
        TX errors 0 dropped 0 overruns 0 carrier 0 collisions 0
```

❶ NetworkManager를 제어하기 위해 사용하는 명령어 nmcli를 사용해 현재 연결된 인터 페이스 정보를 확인해보면 세 개의 물리적 네트워크 인터페이스가 있는데, 그 중에 DHCP를 위해 사용할 eth1을 선택하는데

❷ 인터페이스 eth1은 현재 고정 IP 주소를 사용하고 있지만 이 eth1을 DHCP(auto)로 전환 하기 위해 명령어 nmcli를 사용해 수정한다.

❸ 새로운 IP 주소를 할당받기 위해 현재의 인터페이스 eth1을 비활성화시킨 후에

❹ 다운된 eth1을 다시 활성화시키고

❺ 디바이스 eno33554984의 네트워크 정보를 확인해보면 DHCP 서버에서 할당한 대로 고정 IP 주소 및 다른 정보들이 자동으로 설정돼 있음을 확인할 수 있다.

❻ 클라이언트 node2에서도 node1처럼 명령어 nmcli를 사용해 동일한 과정을 거친 후에 명령어 ifconfig를 이용해 IP 주소를 확인해보면 DHCP 서버의 할당 풀에서 첫 번째 IP 주소인 10.1.1.11이 설정돼 있음을 확인할 수 있다.

B. 윈도우에서 확인

윈도우 7에서 DHCP 클라이언트를 사용하기 위한 설정은 다음과 같다.

1. DHCP 클라이언트 설정하기

윈도우 7 호스트가 사용 중인 VMnet1를 제어판 ❯ 네트워크와 인터넷 ❯ 네트워크 연결을 그림 18-2처럼 클릭한 다음 오른쪽 마우스를 사용해 설정을 클릭한다. 다음에 TCP/IPv4 를 선택하고 아래 설정을 클릭하고서 위의 IP 주소 자동으로 가져오기를 클릭한 다음 빠져 나온다.

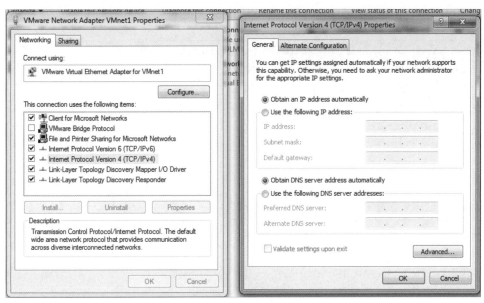

그림 18-2 DHCP 클라이언트 설정하기

2. CMD로 확인하기

프로그램 cmd를 사용해 명령어 `ipconfig /all`을 사용하면 VMnet1에 할당된 IP 주소를 확인할 수 있다. 아래의 결과에서 확인해보면 node2에 이어서 윈도우 클라이언트에 IP 10.1.1.12가 할당돼 있음을 확인할 수 있다.

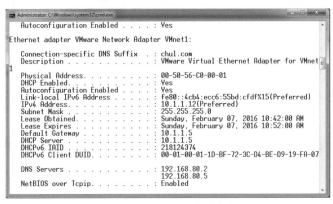

그림 18-3 CMD로 확인하기

C. DHCP 서버에서 할당 정보 확인

A절과 B절에서 할당된 IP 주소에 대한 정보를 DHCP 서버인 master에서 DHCP 할당 데이

터베이스 dhcpd.leases 파일에서 확인할 수 있다.

```
[root@master dhcp]# tail -f /var/lib/dhcpd/dhcpd.leases      ❶
lease 10.1.1.11 {      ❷
    starts 0 2016/02/07 03:55:26;
    ends 0 2016/02/07 04:05:26;
    cltt 0 2016/02/07 03:55:26;
    binding state active;
    next binding state free;
    rewind binding state free;
    hardware ethernet 00:0c:29:72:39:2a;
    client-hostname "node2";      ❸
}
lease 10.1.1.12 {      ❹
    starts 0 2016/02/07 03:57:00;
    ends 0 2016/02/07 04:07:00;
    cltt 0 2016/02/07 03:57:00;
    binding state active;
    next binding state free;
    rewind binding state free;
    hardware ethernet 00:50:56:c0:00:01;
    uid "\001\000PV\300\000\001";
    client-hostname "DELL-PC";      ❺
```

❶ 명령어 `tail`로 DHCP 서버가 IP 할당 정보 저장을 위해 사용하는 파일을 실시간으로 읽어보면

❷ 클라이언트 node2에 할당한 IP 주소 및 그 시간 정보를 확인할 수 있는데

❸ master 서버에 그 IP 주소를 할당받은 호스트가 node2라는 정보가 저장돼 있다

❹ 또한 윈도우에 할당한 IP 주소와 기타 정보를 확인할 수 있고

❺ 그 클라이언트 호스트 이름 또한 저장돼 있음을 확인할 수 있다.

참고로 고정 IP 주소로 할당한 10.1.1.6의 정보는 저장되지 않았음을 확인할 수 있다.

18.3 DHCP 서버 기능 확장

이번 절에서는 DHCP 서버의 기능을 더 확장해서 사용하는 방법을 살펴본다.

A. 여러 네트워크 범위 제공

DHCP 서버가 여러 네트워크 인터페이스를 갖고 있고 각 인터페이스별로 DHCP 서비스를 제공할 경우에 사용하는 설정 방법은 다음과 같다.

```
[root@master ~]# vim /etc/dhcp/dhcpd.conf
default-lease-time 600;
max-lease-time 7200;
option subnet-mask 255.255.255.0;
option domain-name-servers 192.168.80.2, 192.168.80.5;
option domain-search "chul.com ";
subnet 192.168.80.0 netmask 255.255.255.0 {        ❶
    range 192.168.80.21 10.1.1.100;
    option routers 192.168.80.5;
    option broadcast-address 192.168.80.255;
}
subnet 10.1.1.0 netmask 255.255.255.0 {            ❷
    range 10.1.1.21 10.1.1.100;
    option routers 10.1.1.5;
    option broadcast-address 10.1.1.255;
}
subnet 192.168.20.0 netmask 255.255.255.0 {        ❸
    range 192.168.20.21 192.168.20.100;
    option routers 192.168.20.6;
    option broadcast-address 192.168.20.255;
    default-lease-time 6000;
    max-lease-time 7200;
}
[root@master ~]# systemctl restart dhcpd           ❹
```

❶ 현재 DHCP 서버로 사용 중인 master 호스트는 세 개의 네트워크 인터페이스가 있다. 첫 번째 인터페이스 eno16777736에 할당된 IP 주소 192.168.80.5가 속한 네트워크 대역을 사용해 DHCP 풀을 제공할 경우의 설정 방법이다.

❷ 두 번째 인터페이스 eno33554984에 할당된 IP 주소 10.1.1.5가 속한 네트워크 대역을 사용해 DHCP 풀을 제공할 경우의 설정 방법이다.

❸ 세 번째 인터페이스 eno50332208에 할당된 IP 주소 192.168.20.5가 속한 네트워크 대역을 DHCP 풀로 제공할 경우의 설정 방법이다.

❹ 변경 사항이 모두 적용되도록 명령어 systemctl을 사용해 DHCP 데몬을 다시 시작한다.

B. DDNS 적용

5장에서 설명했던 DDNS를 DHCP 서버에 적용할 수 있는데, DHCP 서버도 DNS 서버의 정보를 동적으로 업데이트할 수 있다. 이를 위한 설정 방법은 다음과 같다.

```
[root@master ~]# vim /etc/dhcp/dhcpd.conf
shared-network name {
option domain-search "chul.com ";
option domain-name-servers 192.168.80.2, 192.168.80.5 ;
option routers 10.1.1.5;
ddns-updates on;            ❶
ddns-update-style interim ;    ❷
ddns-domainname "chul.com.";    ❸
allow client-updates;          ❹
include "/etc/named/ddns-key.chul.com";       ❺
zone chul.com. {
    primary 192.168.80.5;        ❻
    key "ddns-key.chul.com";     ❼
}
subnet 10.1.1.0 netmask 255.255.255.0 {
range 10.1.1.11 10.1.1.200;
[root@master ~]# systemctl restart dhcpd       ❽
```

❶ DHCP 서버에서 동적 업데이트 기능을 활성화한다.

❷ ❹의 옵션에 따라 DHCP 서버가 클라이언트의 DNS 서버에 대한 업데이트를 허용하거나 아니면 직접 그 IP 주소에 대한 이름을 할당할지를 허용하는 방식으로서 그전에 사용하던 애드혹[AD-HOC] 방식이 사라지면서 현재 사용하는 방식이다.

❸ 동적 업데이트가 가능한 도메인 이름을 지정한다.

❹ DHCP 클라이언트에서도 DNS 동적 업데이트를 허용하는데, 허용하지 않을 경우 allow 대신 deny나 ignore를 사용한다. 허용할 경우 클라이언트는 자신들의 이름과 할당받은 IP 주소를 DNS 서버에 등록할 수 있게 된다.

❺ 동적 업데이트에 사용할 키를 포함시키는데, 이 키는 5장의 DDNS 설정 시 생성했던 키이고 현재 이 디렉토리에 저장돼 있다. 이 키는 DNS 서버 접속 시에 인증을 위한 수단으로 사용된다.

❻ 존 chul.com에 대한 정보를 제공하는 DNS 서버의 IP 주소를 지정하고

❼ 이 동적 업데이트에 사용할 키의 이름을 지정한다.

❽ 변경 사항을 적용하기 위해 DHCP 데몬을 다시 시작한다.

18.4 DHCP 릴레이 에이전트 설정

DHCP 서버와 이로부터 IP 주소를 할당받아 사용할 클라이언트가 서로 다른 네트워크에 존재하는 경우 사용할 수 있는 방법이 바로 DHCP 릴레이 에이전트^{Relay Agent}이며, DHCP Helper라고도 불리기도 한다. 이 절에서는 먼저 그 개념을 이해하고 다음에 이를 설정하는 방법으로 설명한다.

18.4.1 DHCP 릴레이 에이전트(RFC 3046) 개념 이해

DHCP 릴레이 에이전트는 서로 다른 네트워크에 존재하는 DHCP 클라이언트와 서버 사이의 DHCP 메시지를 전달하는 역할을 하는 프로토콜이다. 앞에서도 설명을 했지만 기본적으로 DHCP 클라이언트는 서버를 찾을 때 브로드캐스트를 사용한다고 했는데, 이 DHCP 서버가 다른 네트워크에 존재하는 경우 브로드캐스트가 전달되지 않기 때문에 그 중간에 릴레이 에이전트가 클라이언트의 요청을 받아 서버에게 전달해주는 역할을 하게 된다. 이때 릴레이 에이전트는 DHCP 서버에 대한 IP 주소를 갖고 있어야만 이러한 요청을 받아서 서버에 전달할 수 있다. 이 DHCP 릴레이 에이전트를 이용하면 각각 다른 네트워크마다 DHCP 서버를 설정할 필요 없이 한 대의 DHCP 서버로 여러 다른 네트워크 대역의 클라이언트에게 IP 주소를 자동으로 할당할 수 있는 장점이 있다. 그림 18-4를 통해 그 개념을 이해할 수 있다.

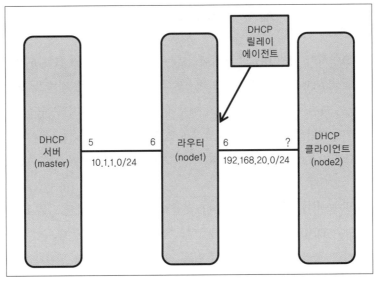

그림 18-4 DHCP 릴레이 에이전트

그림 18-4에서 DHCP 클라이언트 node2는 DHCP 서버가 사용하는 네트워크 주소 10.1.1.0/24와 분리돼 있어 직접 IP 주소를 받을 수 없다. 이때 DHCP 서버와 직접 연결된 node1을 릴레이 에이전트로 사용해 IP 주소를 node2에게 전달할 수 있다. 그림에서 릴레이 에이전트로 node1이 라우터로 표현돼 있지만, 여기서는 리눅스를 사용해 설정 방법을 설명한다.

DHCP 클라이언트가 릴레이 에이전트를 통해 서버를 찾아서 IP 주소를 할당받아 사용하는 과정은 그림 18-5와 같다.

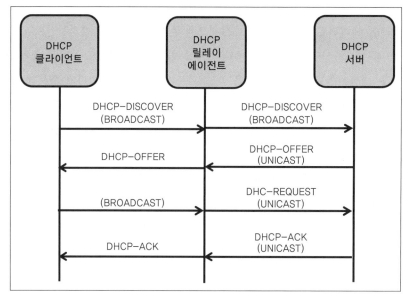

그림 18-5 릴레이 에이전트 IP 할당 과정

1. IP 할당을 요청하기 위해 DHCP 클라이언트는 프로토콜 UDP와 포트 67번을 목적지로 하는 DHCPDISCOVER 메시지를 브로드캐스트를 이용해 서브넷 전체로 보낸다.
2. DHCP 서버는 다른 서브넷에 위치하기 때문에 이 메시지를 받지 못하고 같은 서브넷에 위치한 릴레이 에이전트가 이 메시지를 받으면 먼저 이 메시지 헤더에서 출발지 게이트웨이 IP 주소가 0.0.0.0인 것을 확인하고, 이 위치에 자신의 IP 주소를 채운 후에 DHCP 서버에게로 보낸다.
3. DHCP 서버가 이 메시지를 받으면 헤더의 게이트웨이 필드에 입력된 IP 주소가 속한 서브넷 정보가 DHCP 서버의 데이터베이스에 있는지 검사하는데, 이 검사를 통해 IP 임대를 요청한 클라이언트에게 IP 주소를 제공할지 결정하게 된다.

예를 들어 DHCP 서버가 제공하는 네트워크 풀이 여러 개인 경우 게이트웨이 IP 주소가 10.1.1.5라면 이 주소가 속한 서브넷 주소 10.1.1.1~254 영역이 DHCP 서버가 제공하는 영역에 포함되는지를 검사 후에 그렇다면 그 대역에서 할당 가능한 IP 주소를 선택한다.

4. DHCP 서버는 이렇게 선택한 정보를 DHCPOFFER에 포함해 게이트웨이 필드에 입력된 IP 주소를 가진 릴레이 에이전트에게 다시 보낸다.

5. 서버로부터 이 정보를 유니캐스트를 이용해서 받은 릴레이 에이전트는 요청한 클라이언트에게 브로드캐스트를 이용해 다시 보낸다.

6. 클라이언트는 이 요청을 받아들이겠다는 메시지 DHCPREQUEST를 다시 릴레이 에이전트에 보내고, 릴레이 에이전트가 이 메시지를 서버에 다시 전달하면 DHCP 서버는 그 요청에 대한 확정 메시지 DHCPACK를 다시 릴레이 에이전트에 보낸다. 릴레이 에이전트는 이 메시지를 클라이언트에게 전달함으로써 릴레이 에이전트를 이용한 모든 IP 주소 할당 과정이 종료된다.

18.4.2 DHCP 릴레이 에이전트 설정

앞에서 DHCP 릴에이 에이전트를 이용한 IP 주소 할당 과정을 이해했다면 이번 절에서는 이러한 내용을 사용하는 방법을 설명한다.

A. DHCP 서버 설정(master.chul.com)

먼저 DHCP 릴레이 에이전트 설정 테스트를 위해 사용되는 호스트의 정보는 표 18-1과 같다.

표 18-1 릴레이 에이전트 설정 정보

호스트 이름	IP 주소	IP 역할	역할
master.chul.com	192.168.80.5	관리용 IP 주소	DHCP 서버
	10.1.1.5	DHCP 서버 게이트웨이	
node1.chul.com	192.168.80.6	관리용 IP 주소	DHCP 릴레이 에이전트
	10.1.1.6	릴레이 에이전트 고정 IP	
	192.168.20.6	DHCP클라이언트에 대한 게이트웨이	
node2.chul.com	192.168.80.7	관리용 IP 주소	DHCP 클라이언트
	192.168.20.?	DHCP 클라이언트 IP 주소	

릴레이 에이전트를 위한 DHCP 서버에서의 설정은 다음과 같다. 18.2.1절의 B절과 대부분 설정이 동일하지만, 한 가지 다른 점은 릴레이 에이전트가 제공하고 있는 IP 대역 범위를 하나 더 추가해야 한다는 점이다.

```
[root@master ~]# vim /etc/dhcp/dhcpd.conf
default-lease-time 600;
max-lease-time 7200;
option subnet-mask 255.255.255.0;
option domain-name-servers 192.168.80.2, 192.168.80.5;
option domain-search "chul.com ";
subnet 10.1.1.0 netmask 255.255.255.0 {          ❶
    range 10.1.1.21 10.1.1.100;
    option routers 10.1.1.5;
    option broadcast-address 10.1.1.255;
}
subnet 192.168.20.0 netmask 255.255.255.0 {      ❷
    range 192.168.20.21 192.168.20.100;          ❸
    option routers 192.168.20.6;                 ❹
    option broadcast-address 192.168.20.255;     ❺
    default-lease-time 6000;
    max-lease-time 7200;
}
[root@master ~]# systemctl restart dhcpd         ❻
```

❶ 18.2.1절의 B절에서 설정한 네트워크 정보다. 현재 이 네트워크의 정보는 node2의 네트워크 인터페이스에서 도달할 수 없는 네트워크를 의미한다.

❷ 한 개의 네트워크 정보를 추가하는데, 이 네트워크 정보는 릴레이 에이전트인 node1이 node2에게 제공할 네트워크 정보다. 현재 DHCP 서버인 master는 이 네트워크 정보를 이용하고 있지 않다.

❸ 제공하고 있는 네트워크 대역에서 80(21-100)개의 IP 주소를 DHCP 클라이언트에 제공한다는 의미다.

❹ 이 대역에서 IP 주소를 제공받은 클라이언트가 사용할 게이트웨이인데, 실제 이 IP 주소는 node1의 세 번째 인터페이스의 IP 주소다.

❺ ❷에서 정의한 네트워크 주소의 브로드캐스트 정보다.

❻ 설정한 내용을 적용하기 위해 DHCP 서버를 다시 시작한다.

B. DHCP 릴레이 에이전트 설정(node1.chul.com)

이제 DHCP 릴레이 에이전트로 사용되는 있는 node1에서의 설정이다.

```
[root@node1 ~]# yum install dhcp -y                              ❶
[root@node1 ~]# cp /lib/systemd/system/dhcrelay.service
/etc/systemd/system/                    ❷
[root@node1 ~]# vim /etc/systemd/system/dhcrelay.service         ❸
ExecStart=/usr/sbin/dhcrelay -d --no-pid 10.1.1.5 -i eno50332208    ❹
[root@node1 ~]# systemctl --system daemon-reload  ❺
[root@node1 ~]# systemctl restart dhcrelay        ❻
[root@node1 ~]# vim /etc/sysctl.conf              ❼
net.ipv4.ip_forward = 1
[root@node1 ~]# sysctl -p                         ❽
net.ipv4.ip_forward = 1
[root@node1 ~]# lsof -i udp:67                     ❾
COMMAND   PID   USER   FD   TYPE DEVICE SIZE/OFF NODE NAME
dnsmasq  2970 nobody    3u  IPv4 24279      0t0  UDP *:bootps
dhcrelay 4347   root    8u  IPv4 47789      0t0  UDP *:bootps
```

❶ DHCP 릴레이 에이전트 설정을 위해 명령어 yum으로 DHCP 패키지를 설치한다.

❷ DHCP 릴레이 에이전트가 사용할 시스템 시작 스크립트 파일을 복사한다.

❸ 복사한 이 파일을 명령어 vim으로 연 다음에

❹ DHCP 서버의 IP 주소를 추가하고 node1이 릴레이 에이전트로서 클라이언트의 요청을 응답할 인터페이스를 지정한다. 이는 node1이 클라이언트 node2로부터 DHCP 요청 Request을 인터페이스 eno50332208(192.168.20.6)을 통해 받으면 DHCP 서버의 IP 주소인 10.1.1.5로 전달한다는 내용이다.

❺ 새롭게 추가한 서비스를 위해 명령어 systemctl을 다시 읽어 들인다.

❻ 그리고 dhcp relay 서비스를 시작하거나 재시작한다.

❼ 그리고 커널이 네트워크 인터페이스 간에 포워딩을 허용하게 하기 위해 파일에 그 포워딩 설정 내용을 추가한다. 여기서 숫자 1은 활성화를 의미한다.

❽ 파일에 추가한 포워딩 설정을 다시 읽어 들이기 위해 운영 중인 커널의 파라미터 설정이 가능한 명령어 sysctl을 사용한다.

❾ 릴레이 에이전트 서비스가 시작됐다면 그 포트 67번이 열려서 서비스 준비가 됐는지 명령어 lsof를 이용해 확인한다.

C. 클라이언트 테스트(node2.chul.com)

DHCP 서버와 릴레이 에이전트 설정을 모두 마쳤다면 이제 마지막으로 클라이언트 node2
가 릴레이 에이전트 node1으로부터 IP 주소를 받아오는지 테스트한다.

```
[root@node2 ~]# nmcli con        ❶
NAME        UUID                                      TYPE            DEVICE
eth2        79c01dd9-a0bf-46b6-915d-7328932e05c2      802-3-ethernet  eno50332208
eth0        ca8c5c45-a3b3-49bb-a952-08ee1f7d87f6      802-3-ethernet  eno16777736
eth1        9f84052d-a0bc-4c4a-81c5-513981bff577      802-3-ethernet  --
virbr0-nic  de5ecb5e-3053-439b-8e11-572a0188c98e      generic         virbr0-nic
virbr0      401afd19-ae46-4385-83be-1a9d5ed7e877      bridge          virbr0
[root@node2 ~]# nmcli con modify eth2 ipv4.method auto   ❷
[root@node2 ~]# nmcli con down eth2        ❸
Connection 'eth2' successfully deactivated (D-Bus active path:
/org/freedesktop/NetworkManager/ActiveConnection/91)
[root@node2 ~]# nmcli con up eth2          ❹
Connection successfully activated (D-Bus active path:
/org/freedesktop/NetworkManager/ActiveConnection/92)
[root@node2 ~]# ifconfig eno50332208       ❺
eno50332208: flags=4163<UP,BROADCAST,RUNNING,MULTICAST>  mtu 1500
    inet 192.168.20.21 netmask 255.255.255.0  broadcast 192.168.20.255
    inet6 fe80::20c:29ff:fe72:3934  prefixlen 64  scopeid 0x20<link>
        ether 00:0c:29:72:39:34  txqueuelen 1000  (Ethernet)
        RX packets 14747  bytes 1368675 (1.3 MiB)
        RX errors 0  dropped 0  overruns 0  frame 0
        TX packets 1259  bytes 219142 (214.0 KiB)
        TX errors 0  dropped 0 overruns 0  carrier 0  collisions 0
```

❶ 현재 클라이언트 node2가 사용하고 있는 인터페이스를 확인하기 위해 명령어 nmcli를
  사용했는데

❷ 이 중에서 eth2가 DHCP 클라이언트로서 (auto) IP 주소를 받아오기 위해 수정했다. 한편
  ❶에서 eth0는 192.168.80.7로서 관리용 IP 주소로 사용되고, eth1은 비활성돼 있다.

❸ 그래서 현재 이 인터페이스 eth2의 정보를 변경하기 위해 비활성화시키고

❹ 다시 up 옵션을 이용해 활성화시킴으로써 새로운 정보를 받아 오도록 변경한다.

❺ 그리고 나서 DHCP 클라이언트로서 사용되고 있는 인터페이스를 확인해보면 DHCP
  서버에서 두 번째로 설정한 할당 가능 네트워크 정보의 첫 번째 IP 주소와 기타 정보가
  설정돼 있음을 확인할 수 있다. 이것을 통해 node1이 릴레이 에이전트로서 정상적으로

작동하고 있음을 확인했다.

D. DHCP lease 파일과 로그 확인

DHCP 서버가 할당한 IP 주소 내역에 대한 정보를 저장하는 파일이 lease 파일이다. 각
호스트에서 DHCP IP 주소 할당을 위해 발생한 과정을 이 파일과 로그 파일을 사용해
설명하면 다음과 같다.

```
1. DHCP 서버(master)
[root@master ~]# tail -f /var/log/messages      ❶
Feb  8 14:28:01 master dhcpd: DHCPREQUEST for 192.168.20.21 from 00:0c:29:72:39:34
(node2) via 192.168.20.6      ❷
Feb 8 14:28:01 master dhcpd: DHCPACK on 192.168.20.21 to 00:0c:29:72:39:34 (node2) via
192.168.20.6
Feb  8 14:28:01 master dhcpd: DHCPREQUEST for 192.168.20.21 from 00:0c:29:72:39:34
(node2) via 192.168.20.6
Feb 8 14:28:01 master dhcpd: DHCPACK on 192.168.20.21 to 00:0c:29:72:39:34 (node2) via
192.168.20.6
[root@master ~]# tail -f /var/lib/dhcpd/dhcpd.leases
    client-hostname "node2";
}
lease 10.1.1.11 {
    starts 1 2016/02/08 06:58:17;
    ends 1 2016/02/08 07:08:17;
    tstp 1 2016/02/08 07:08:17;
    cltt 1 2016/02/08 06:58:17;
    binding state free;
    hardware ethernet 00:0c:29:72:39:2a;
}
lease 192.168.20.21 {                 ❸
    starts 1 2016/02/08 07:28:01;
    ends 1 2016/02/08 09:08:01;
    cltt 1 2016/02/08 07:28:01;
    binding state active;
    next binding state free;
    rewind binding state free;
    hardware ethernet 00:0c:29:72:39:34;
    client-hostname "node2";          ❹
}
```

```
2. DHCP 릴레이 에이전트(node1)

[root@node1 ~]# tail -f /var/log/messages        ❺

Feb  8 14:28:01 node1 dhcrelay: Forwarded BOOTREQUEST for 00:0c:29:72:39:34 to
10.1.1.5        ❻

Feb  8 14:28:01 node1 dhcrelay: Forwarded BOOTREPLY for 00:0c:29:72:39:34 to
192.168.20.21        ❼

Feb  8 14:28:01 node1 dhcrelay: Forwarded BOOTREPLY for 00:0c:29:72:39:34 to
192.168.20.21

3. DHCP 클라이언트(node2)

[root@node2 ~]# tail -f /var/log/messages        ❽

Feb  8 14:28:01 node2 dhclient[27223]: DHCPREQUEST on eno50332208 to 255.255.255.255
port 67 (xid=0x3e5dd053)        ❾

Feb  8 14:28:01 node2 dhclient[27223]: DHCPACK from 192.168.20.6 (xid=0x3e5dd053) ❿

Feb  8 14:28:01 node2 NetworkManager[24227]: <info>    address 192.168.20.21        ⓫

Feb  8 14:28:01 node2 NetworkManager[24227]: <info>    plen 24 (255.255.255.0)

Feb  8 14:28:01 node2 NetworkManager[24227]: <info>    gateway 192.168.20.6

Feb  8 14:28:01 node2 NetworkManager[24227]: <info>    server identifier 10.1.1.5

Feb  8 14:28:01 node2 NetworkManager[24227]: <info>    lease time 6000

Feb  8 14:28:01 node2 NetworkManager[24227]: <info>    nameserver '192.168.80.2'

Feb  8 14:28:01 node2 NetworkManager[24227]: <info>    nameserver '192.168.80.5'

Feb  8 14:28:01 node2 NetworkManager[24227]: <info>    domain name 'chul.com'

Feb 8 14:28:01 node2 NetworkManager[24227]: <info> (eno50332208): DHCPv4 state changed
unknown -> bound
```

❶ DHCP 서버 master에서 로그 파일 /var/log/messages를 확인해보면

❷ DHCPREQUEST 패킷을 192.168.20.6, 즉 릴레이 에이전트인 node1을 통해 받았는데 이
   요청은 클라이언트 node2에게 전달되며 할당된 IP 주소는 192.168.20.21라는 사실을
   이후 DHCPACK를 통해서 알 수 있다.

❸ DHCP 데이터베이스 파일 dhcpd.leases를 확인해보면 할당된 IP 주소와

❹ 할당받은 호스트의 이름을 확인할 수 있다.

❺ DHCP 릴레이 에이전트로 사용되는 node1에서 로그 파일을 확인해보면

❻ node2의 MAC 주소 00:0c:29:72:39:34에 IP 할당 요청 패킷 BOOTREQUEST를 DHCP 서
   버의 IP 주소 10.1.1.5로 전달했고

❼ node2의 MAC 주소 00:0c:29:72:39:34에 할당된 IP 주소 192.168.20.21을 DHCP 서버
   로부터 받아 BOOTREPLY 패킷을 이용해 node2에 전달했음을 알 수 있다

❽ 이번에는 DHCP 클라이언트 node2의 로그 파일을 확인해보면

- ❾ 네트워크 인터페이스 eno50332208에 대한 IP 할당 요청 패킷 DHCPREQUEST에 브로드 캐스트 주소 255.255.255.255와 포트 67번을 목적지로 하는 정보를 포함한 패킷을 네 트워크에 보냈는데
- ❿ DHCP 릴레이 에이전트인 192.168.20.6로부터 DHCPACK 패킷을 받았고
- ⓫ 할당받은 IP 주소 192.168.20.21과 넷마스크, 게이트웨이, DNS, 임대 기간 등의 정보 를 NetworkManager가 설정하는 과정을 로그 파일로 확인할 수 있다.

18.5 DHCPv6 서버 설정

IPv4와 더불어 IPv6도 클라이언트에게 할당이 필요한 경우 사용 가능한 프로토콜이 DHCPv6다. 18.2절에서 dhcp 패키지를 설치했다면 DHCPv6도 사용 가능하다. DHCPv6 서버를 설정하는 방법을 이번 절에서 설명한다. DHCPv6 서버에서의 설정, 그리고 클라이 언트인 node1과 node2에서의 확인 과정을 차례대로 설명한다.

18.5.1 DHCPv6 서버 설정(master)

DHCP 서버로 사용되고 있는 마스터 호스트에서의 설정은 다음과 같다.

```
[root@master ~]# yum install dhcp -y                              ❶
[root@master ~]# cp /usr/lib/systemd/system/dhcpd6.service /etc/systemd/system/   ❷
[root@master ~]# vim /etc/systemd/system/dhcpd6.service
[Service]
 ExecStart=/usr/sbin/dhcpd -f -6 -cf /etc/dhcp/dhcpd6.conf -user dhcpd -group dhcpd
--no-pid eno33554984        ❸
[root@master ~]# cp /usr/share/doc/dhcp-4.2.5/dhcpd6.conf.example
/etc/dhcp/dhcpd6.conf       ❹
cp: overwrite /etc/dhcp/dhcpd6.conf? y
[root@master ~]# vim /etc/dhcp/dhcpd6.conf
host node1 {                ❺
    hardware ethernet 00:0c:29:92:be:2e;
    fixed-address6 3ffe:501:ffff:100::6;
}
subnet6 3ffe:501:ffff:100::/64 {         ❻
    range6 3ffe:501:ffff:100::7 3ffe:501:ffff:100::10;      ❼
    option dhcp6.name-servers 3ffe:501:ffff:100::1;
    option dhcp6.domain-search "chul.com";
```

```
}
[root@master ~]# systemctl daemon-reload      ❽
[root@master ~]# systemctl start dhcpd6       ❾
[root@master ~]# systemctl enable dhcpd6      ❿
[root@master ~]# lsof -i udp:547              ⓫
COMMAND  PID USER  FD  TYPE DEVICE SIZE/OFF NODE NAME
dhcpd  10589 dhcpd  5u  IPv6 148832    0t0  UDP *:dhcpv6-server
[root@master ~]# netstat -naulp | grep 547    ⓬
udp6    0    0 :::    547:::*                  10589/dhcpd
```

❶ DHCPv6도 DHCPv4와 동일한 패키지를 사용한다. 설치되지 않았다면 명령어 yum을 사용해 설치하기 바란다.

❷ 서비스 시작을 위해 파일을 복사한다.

❸ 복사한 파일을 명령어 vim으로 열어서 마지막에 DHCPv6를 제공하는 인터페이스를 추가한다.

❹ DHCPv6 서버를 위한 설정 파일을 복사한다.

❺ 설정 파일을 명령어 vim으로 열어서 node1에게는 고정 IPv6를 제공하도록 설정한다.

❻ IPv6를 제공할 네트워크 대역을 설정하고

❼ 테스트를 위해 현재 그 범위를 7-10까지 총 4개의 IPv6 주소를 할당한다.

❽ 명령어 systemctl을 사용해 변경된 DHCPv6의 파일을 읽어 들인다.

❾ 명령어 systemctl을 사용해 DHCPv6 서비스를 시작한다.

❿ 명령어 systemctl을 사용해 DHCPv6 서비스를 부팅 시에 자동으로 시작하도록 설정한다.

⓫ DHCPv6는 프로토콜 udp와 포트 547번을 사용하는데, 이를 명령어 lsof로 확인한다.

⓬ 명령어 netstat를 사용해 포트 547번을 확인하면 현재 열린 상태로 서비스를 제공하고 있다.

18.5.2 DHCPv6 클라이언트 설정

이제 DHCP 클라이언트에서의 설정과 확인 과정을 살펴본다.

A. 고정 IPv6 확인(node1)

먼저 고정 IP 주소를 할당한 node1에서의 확인 과정은 다음과 같다.

```
[root@node1 ~]# cd /etc/sysconfig/network-scripts                    ❶
[root@node1 network-scripts]# vim ifcfg-Wired_connection_1            ❷
HWADDR=00:0C:29:92:BE:2E
TYPE=Ethernet
BOOTPROTO=dhcp          ❸
DEFROUTE=yes
DHCPV6C=yes             ❹
IPV4_FAILURE_FATAL=no
IPV6INIT=yes            ❺
IPV6_AUTOCONF=yes
IPV6_DEFROUTE=yes
IPV6_FAILURE_FATAL=no
NAME=eth1
UUID=76fec70a-f6b1-4d88-ad1e-2e1ffb456d8e
ONBOOT=yes
PEERDNS=yes
PEERROUTES=yes
IPV6_PEERDNS=yes
IPV6_PEERROUTES=yes
[root@node1 network-scripts]# systemctl stop NetworkManager          ❻
[root@node1 network-scripts]# systemctl restart network             ❼
[root@node1 network-scripts]# ip -6 addr show eno33554984
3: eno33554984: <BROADCAST,MULTICAST,UP,LOWER_UP> mtu 1500 qlen 1000
    inet6 3ffe:501:ffff:100::6/64 scope global dynamic             ❽
        valid_lft 2590733sec preferred_lft 603533sec
    inet6 fe80::20c:29ff:fe92:be2e/64 scope link
        valid_lft forever preferred_lft forever
[root@node1 network-scripts]# ping6 -c 3 3ffe:501:ffff:100::5        ❾
PING 3ffe:501:ffff:100::5(3ffe:501:ffff:100::5) 56 data bytes
64 bytes from 3ffe:501:ffff:100::5: icmp_seq=1 ttl=64 time=2.87 ms
64 bytes from 3ffe:501:ffff:100::5: icmp_seq=2 ttl=64 time=0.838 ms
64 bytes from 3ffe:501:ffff:100::5: icmp_seq=3 ttl=64 time=1.07 ms
--- 3ffe:501:ffff:100::5 ping statistics ---
3 packets transmitted, 3 received, 0% packet loss, time 2005ms
rtt min/avg/max/mdev = 0.838/1.596/2.878/0.911 ms
```

❶ 인터페이스에서 DHCP 설정을 위해 파일이 위치한 디렉토리로 이동한다.

❷ DHCP를 적용할 인터페이스 파일을 명령어 vim으로 열어서

❸ DHCP 서비스 사용을 활성화하고

❹ DHCPv6의 클라이언트 사용을 활성화하고

❺ IPv6 사용을 활성화한다.

❻ 변경 사항 적용을 위해 명령어 systemctl을 사용해 NetworkManager를 중지한다.

❼ 변경된 파일을 다시 읽어 들이기 위해 명령어 systemctl을 사용해 **network** 서비스를 다시 시작한다.

❽ 명령어 ip를 사용해 IPv6의 주소를 확인하면 DHCP 서버가 고정 IPv6로 제공하는 IP 주소가 동적 전역 주소로 설정돼 있음을 확인할 수 있다.

❾ 확인을 위해 DHCP 서버가 사용하는 IPv6 주소로 핑을 보내면 응답이 오는데, 곧 네트워크로 서로 연결돼 있음을 확인할 수 있다.

B. 유동 IPv6 확인(node2)

이제 유동 IP 주소를 할당한 **node2**에서의 확인 과정은 다음과 같다.

```
[root@node2 network-scripts]# ip -6 addr show          ❶
1: lo: <LOOPBACK,UP,LOWER_UP> mtu 65536
    inet6 ::1/128 scope host
        valid_lft forever preferred_lft forever
2: eno16777736: <BROADCAST,MULTICAST,UP,LOWER_UP> mtu 1500 qlen 1000
    inet6 fe80::20c:29ff:fe72:3920/64 scope link
        valid_lft forever preferred_lft forever
3: eno33554960: <BROADCAST,MULTICAST,UP,LOWER_UP> mtu 1500 qlen 1000
    inet6 3ffe:501:ffff:100::10/64 scope global dynamic          ❷
        valid_lft 2591097sec preferred_lft 603897sec
    inet6 fe80::20c:29ff:fe72:392a/64 scope link
        valid_lft forever preferred_lft forever
4: eno50332208: <BROADCAST,MULTICAST,UP,LOWER_UP> mtu 1500 qlen 1000
    inet6 fe80::20c:29ff:fe72:3934/64 scope link
        valid_lft forever preferred_lft forever
[root@node2 network-scripts]# ping6 -c 4 3ffe:501:ffff:100::5          ❸
PING 3ffe:501:ffff:100::5(3ffe:501:ffff:100::5) 56 data bytes
64 bytes from 3ffe:501:ffff:100::5: icmp_seq=1 ttl=64 time=4.09 ms
64 bytes from 3ffe:501:ffff:100::5: icmp_seq=2 ttl=64 time=1.04 ms
64 bytes from 3ffe:501:ffff:100::5: icmp_seq=3 ttl=64 time=0.805 ms
64 bytes from 3ffe:501:ffff:100::5: icmp_seq=4 ttl=64 time=0.769 ms
--- 3ffe:501:ffff:100::5 ping statistics ---
4 packets transmitted, 4 received, 0% packet loss, time 3007ms
rtt min/avg/max/mdev = 0.769/1.679/4.095/1.399 ms
```

❶ node2에서도 node1과 마찬가지로 네트워크 인터페이스가 사용하는 설정 파일을 열어 DHCP 설정을 추가한 다음에 네트워크를 다시 시작해야 한다. 명령어 `ip`를 사용해 IPv6 주소를 확인해보면

❷ DHCP 서버에서 할당한 3ffe:501:ffff:100::10/64가 전역 주소로 할당된 것을 확인할 수 있다.

❸ 명령어 `ping6`를 사용해 DHCP 서버의 IPv6 주소로 패킷을 보내면 연결이 성공적으로 이뤄진다.

18.6 참고문헌

- http://www.isc.org/downloads/DHCP/
- https://kb.isc.org/category/78/0/10/Software-Products/DHCP/
- https://en.wikipedia.org/wiki/Dynamic_Host_Configuration_Protocol
- http://www.thegeekstuff.com/2013/03/dhcp-basics/
- https://en.wikipedia.org/wiki/DHCPv6
- https://tools.ietf.org/html/rfc3046
- https://access.redhat.com/documentation/en-US/Red_Hat_Enterprise_Linux/6/html/Deployment_Guide/s1-dhcp_for_ipv6_dhcpv6.html
- https://technet.microsoft.com/en-us/library/dd469685.aspx
- http://linux.ardynet.com/ipv6setup.php
- http://mirrors.bieringer.de/Linux+IPv6-HOWTO/hints-daemons-isc-dhcp.html
- http://www.tldp.org/HOWTO/Linux+IPv6-HOWTO/hints-daemons-dhcpv6..html
- http://www.unixmen.com/how-to-install-dhcp-server-in-centos-and-ubuntu/
- https://www.centos.org/docs/5/html/Deployment_Guide-en-US/s1-dhcp-configuring-server.html
- http://www.cisco.com/c/en/us/td/docs/ios-xml/ios/ipaddr_dhcp/configuration/12-4t/dhcp-12-4t-book/dhcp-overview.pdf

18.7 요약

1. (   )는 초기에 동적으로 IP 주소를 할당한 (   )와 릴레이 에이전트 기능을 처음 소개한 (   )의 뒤를 이어 IP 주소 풀에서 클라이언트에게 IP 주소 및 다른 네트워크 정보를 동적으로 할당하기 위해 사용되는 프로토콜이다.

2. DHCP는 (   ), (   ), (   ), (   )의 4단계로 이뤄지는데, 첫 글자만 가져와서 이를 보통 (   )라고 부른다. 이를 위해 UDP 포트 (   )번은 서버의 목적지, 포트 (   )번은 클라이언트에 의해 사용된다.

3. DHCP 서버의 할당 방식에는 네트워크 관리자가 일정 범위의 IP 주소를 예약하고 각 클라이언트의 요청에 따라 이 범위 내의 IP 주소가 할당되는 (   ), 클라이언트의 요청에 따라 할당된 IP 주소가 그 클라이언트에게 영구적으로 사용되는 (   ) 방식이 있다.

4. 또한 (   ) 방식은 (   ) 프로토콜처럼 클라이언트의 (   ) 주소에 기반을 두고 고정 IP 주소를 클라이언트에게 할당하는 방식으로 고정 할당이라고 불린다.

5. DHCP (   )는 DHCP 클라이언트와 서버 사이에 위치해 DHCP 클라이언트의 요청을 받아 다른 네트워크에 위치한 DHCP 서버에 이 요청을 전달하는 역할을 하며, DHCP 서버가 사용하는 IP 주소와 DHCP 클라이언트가 사용하는 IP 주소가 서로 다른 네트워크에 (   )돼 있을 경우 사용한다.

6. DHCP 서비스를 위해 (   ) 패키지를 설치하고 설정 파일 (   )에 할당할 IP 주소 범위를 정의하며, DHCP 서비스에 사용할 인터페이스를 (   ) 파일에 추가해줘야 한다.

7. DHCP 서버 시작을 위해 설정 파일을 모두 수정한 후 명령어 (   )를 사용해 변경 정보를 적용하고 (   ) 서비스를 시작하면 포트 (   )번과 프로세스 (   )를 확인할 수 있다.

8. 할당된 IP 주소, 임대 기간, MAC 주소 및 클라이언트 이름에 대한 정보를 DHCP 서버의 DHCP 할당 데이터베이스 파일 (   )에서 확인할 수 있다.

9. DHCP 릴레이 호스트는 파일 (   ) 에 DHCP 서버의 (   )와 클라이언트의 요청에 응답할 (   )를 추가하고 (   ) 서비스를 시작하면 포트 67번과 그 프로세스를 확인할 수 있다.

10. DHCPv6 서버 설정은 V4와 대부분 동일한데, 그 설정 파일로 (   )가 사용되고 서비스는 (   )를 이용해서 시작하며, 서비스 포트는 UDP (   )번을 사용한다.

18.8 연습문제

1. 마스터 호스트를 DHCP 서버로 설정하고 클라이언트 node1에겐 고정 IP 주소를, 클라이언트 node2에겐 유동 IP 주소를 할당하게 설정하라.

2. DHCP 서비스를 시작하고 그 서비스를 Firewalld 방화벽에 등록하라.

3. 클라이언트 시스템 node1과 node2에서 각각 DHCP 서버를 통해 IP 주소 할당이 이뤄지는지 확인하라.

4. 윈도우 시스템에 DHCP 클라이언트 설정을 하고 DHCP 서버로부터 IP 주소 할당이 이뤄지는지 확인하라.

5. 호스트 master를 DHCP 서버로, node1을 DHCP 릴레이 에이전트로 설정하고 그 서비스를 시작하라.

6. node2를 DHCP 클라이언트 호스트로 설정하고 IP 주소를 릴레이 에이전트인 node1을 통해 받아오는지 확인하라.

7. 마스터 호스트에 DHCPv6 서버를 설정하고 그 서비스를 시작하라. 설정에서 node1에게는 고정 IPv6를 할당하고, 여타 클라이언트에게는 유동 IPv6를 제공하도록 설정하라.

8. node1에 DHCPv6 클라이언트를 설정하고 그 고정 IPv6 주소를 서버로부터 받아오는지 확인하라.

9. node2에도 클라이언트 설정을 하고 유동 IPv6 주소를 서버로부터 받아오는지 확인하라.

10. 윈도우 호스트에서도 DHCPv6 클라이언트 설정을 하고 이를 확인하라.

18.9 연구과제

1. 22장 Nagios 서버의 플러그인을 사용해 DHCP 서버에 대한 모니터링을 설정하라.

2. ISC가 제공하는 프로그램 KEA를 사용해 DHCPv4, DHCPv6, DDNS 서비스를 구현해보라.

3. DHCP 서버 설정을 위해 LDAP 프로그램을 사용하는 방법을 연구해보라.

19장
NTP 시간 서버

NTP 시간 서버의 모든 것

19장에서는 리눅스에서 정확한 시간과 날짜 서비스를 클라이언트에게 제공하는 NTP 서버에 대해 설명한다. 주요 내용으로는 NTP 서버의 개념 및 패키지 설치부터 서버 시스템 시작, 리눅스와 윈도우에서 NTP 클라이언트 프로그램 이용하는 방법, Autokey를 이용한 인증 등을 예제와 더불어 자세히 설명한다.

NTP^{Network Time Protocol}는 정확한 시간 및 날짜 정보와 네트워크의 컴퓨터 시스템 간의 시간 동기화 서비스를 클라이언트에게 제공하는 프로토콜로서 1985년 이전부터 사용되고 있는 가장 오래된 인터넷 프로토콜 중의 하나다. NTP는 네트워크에 존재하는 서버 및 클라이언트 시스템의 시간 동기화가 필요한 경우 1000분의 1초 단위^{milliseconds}까지의 정확한 시간을 제공함으로써 서로 간에 시간의 불일치로 인해 발생 가능한 문제를 해결하기 위해 사용되고 있는 클라이언트-서버 모델의 프로토콜이다. 예를 들어 서버와 클라이언트 사이에 특정 서비스에 대한 로그를 기록하는 경우 서비스 및 보안 문제들을 조사하기 위해 로그나 패킷에 기록된 정확한 시간 기록^{Timestamp}에 대한 서로 간의 일치는 아주 중요하다. 네트워크에 존재하는 컴퓨터의 수가 많을수록 이러한 시간의 일치는 더욱 중요하다고 할 수 있다. 그러나 실제로 NTP는 클라이언트-서버 관계뿐 아니라 peer-to-peer 관계로도 사용돼서 서로가 시간 서비스를 제공할 수 있는 잠재적인 소스로 간주하기도 한다.

NTP 서비스는 UDP 포트 123번을 이용하며, 시간 동기화를 위해 브로드캐스팅이나 멀티캐스팅 방법을 서로 간에 사용한다. 현재 우리가 사용하는 NTP는 NTPv4로서 RFC 5905에 정의돼 있으며, RFC 1305에 정의된 이전 NTPv3와도 호환되고 있다. 또한 이러한 UTC^{Universal Time Coordinated, 또는 Coordinated Universal Time}를 제공하는 NTP 서버들에 대한 정보를 www.pool.ntp.org에서 제공하고 있다.

19장에서 NTP 서버와 클라이언트 설정 및 테스트를 위해 사용되는 호스트의 정보는 다음과 같다.

호스트 이름	IP 주소	OS 버전	역할
master.chul.com	192.168.80.5	CentOS Linux release 7.2	NTP 서버
node1.chul.com	192.168.80.6	CentOS Linux release 7.2	NTP 클라이언트
windows.chul.com	192.168.80.1	윈도우 7 64비트	NTP 클라이언트

19장에서 다루는 내용은 다음과 같다.

- 시간과 날짜 설정
- NTP 서버 시작
- NTP 서버와 클라이언트 설정
- NTP Autokey 인증 사용

19.1 시간과 날짜 설정

다음 절에서 NTP 서비스 설정을 하기 전에 먼저 리눅스 시스템에서 시간과 날짜를 설정하기 위한 방법을 살펴보겠다. 이러한 시간 관련 명령어들을 사용하기 전에 사전에 알아야 할 리눅스에서 사용하는 시간의 종류에는 다음과 같이 두 가지가 있다.

- **RTC(Real Time Clock)** 하드웨어 또는 CMOS 시간이라고 하며, 컴퓨터 보드의 배터리에 의해 작동되는 시간을 의미한다. RTC의 시간 변경은 컴퓨터 시작 전 BIOS 설정 창이나 운영체제 실행 중에 명령어를 통해 가능하다. RTC는 뒤에서 설명할 현지 시간대localtime 또는 세계 표준시UTC 두 가지 모두 사용 가능한데, UTC를 기본으로 사용하고 있다.

- **시스템 시간(System Clock)** 리눅스 커널이 사용하는 시간으로 소프트웨어 시간이라고도 하며, 하드웨어 시간이 단순히 요일과 날짜 및 시간을 표시하는 데 반해 시스템 시간은 시간 및 표준 시간대Timezone와 DSTDaylight Saving Time, 썸머타임제 표시까지 가능하다. 리눅스 커널은 1970년 1월 1일 자정을 기준으로 시간을 계산해 나타내주며, 초기 시스템 시간은 부팅 시에 하드웨어 시간으로부터 가져와 사용하고 부팅 이후부터는 독립적으로

시간을 계산하기 시작한다.

이러한 기본 지식을 가지고 시간 및 날짜 사용에 관련된 네 가지의 명령어를 차례대로 살펴본다.

19.1.1 명령어 date

명령어 date는 시스템 시간에 대한 정보 제공 및 변경에 사용되는 명령어다.

```
[root@master ~]# date          ❶
Sat Feb 13 11:18:02 KST 2016
[root@master ~]# date --utc    ❷
Sat Feb 13 02:18:05 UTC 2016
[root@master ~]# date --set 09:18:00    ❸
Sat Feb 13 09:18:00 KST 2016
[root@master ~]# date --set 2016-02-14    ❹
Sun Feb 14 00:00:00 KST 2016
[root@master ~]# date -R        ❺
Sat, 13 Feb 2016 11:40:33 +0900
```

❶ 시간 명령어 date를 실행하면 현재의 요일, 날짜 및 시간 정보를 알 수 있다. 결과에서 KST는 Korea Standard Time의 약어로 한국 표준시를 의미한다. 시스템 시간에서 현지 시간대를 Asia/Seoul로 설정했기 때문에 이 표준시를 나타내준다.

❷ 현지 시간대가 아닌 UTC를 알고 싶은 경우 --utc 옵션을 사용한다. 여기서 UTC는 세계 표준시를 의미하며 GMT^Greenwich Mean Time와 동일한 의미로 사용된다.

❸ 현재의 시간을 변경하는 경우 --set 옵션에 시간을 지정하면 그 시간으로 변경된다.

❹ 날짜를 변경하는 경우 --set 옵션에 그 날짜를 지정하면 되는데, 주의할 점은 날짜를 변경하는 경우 시간도 자동으로 자정 시간(00:00:00)으로 변경된다는 점이다.

❺ -R 옵션을 사용하면 지역 시간대의 차이(+0900)까지 알려준다.

위에서 명령어 date를 사용해 시간 및 날짜를 변경해도 ntp 서버를 사용 중이고 그 서버를 시작한다면 ntp 서버가 제공하는 시간으로 변경된다.

19.1.2 명령어 timedatectl

명령어 timedatectl은 systemd 패키지를 설치하면 사용 가능한 명령어로서 시스템 시

간 및 날짜 정보 변경, 표준 시간대 변경, 원격지 서버와의 자동 동기화 등의 기능을
지원한다.

```
[root@master ~]# rpm -qf /usr/bin/timedatectl        ❶
systemd-219-19.el7.x86_64
[root@master ~]# timedatectl        ❷
      Local time: Sat 2016-02-13 12:12:00 KST
  Universal time: Sat 2016-02-13 03:12:00 UTC
        RTC time: Sat 2016-02-13 03:12:00
       Time zone: Asia/Seoul (KST, +0900)
     NTP enabled: no
NTP synchronized: no
 RTC in local TZ: no
      DST active: n/a
[root@master ~]# timedatectl set-local-rtc yes        ❸
[root@master ~]# timedatectl
      Local time: Sat 2016-02-13 12:51:49 KST
  Universal time: Sat 2016-02-13 03:51:49 UTC
        RTC time: Sat 2016-02-13 12:51:49
       Time zone: Asia/Seoul (KST, +0900)
     NTP enabled: yes
NTP synchronized: yes
 RTC in local TZ: yes
      DST active: n/a
Warning: The system is configured to read the RTC time in the local time zone.This mode
can not be fully supported. It will create various problems
with time zone changes and daylight saving time adjustments. The RTC time is never
updated, it relies on external facilities to maintain it.If at all possible, use RTC in
UTC by calling'timedatectl set-local-rtc 0'.
[root@master ~]# cat /etc/adjtime
0.000000 1455339512 0.000000
1455339512
LOCAL
[root@master ~]# timedatectl set-time 12:00:00        ❹
[root@master ~]# timedatectl set-time '2016-02-14 12:00:00'        ❺
[root@master ~]# timedatectl
      Local time: Sun 2016-02-14 12:00:05 KST
  Universal time: Sun 2016-02-14 03:00:05 UTC
        RTC time: Sun 2016-02-14 03:00:06
       Time zone: Asia/Seoul (KST, +0900)
```

```
      NTP enabled: no
 NTP synchronized: no
  RTC in local TZ: no
       DST active: n/a
[root@master ~]# timedatectl list-timezones    ❻
[root@master ~]# timedatectl set-timezone Asia/Seoul    ❼
[root@master ~]# timedatectl set-ntp yes    ❽
[root@master ~]# timedatectl    ❾
        Local time: Sat 2016-02-13 12:33:21 KST
    Universal time: Sat 2016-02-13 03:33:21 UTC
          RTC time: Sun 2016-02-14 03:06:48
         Time zone: Asia/Seoul (KST, +0900)
       NTP enabled: yes
  NTP synchronized: yes
  RTC in local TZ: no
        DST active: n/a
```

❶ 명령어 `timedatectl`을 사용하려면 이 명령어를 포함하고 있는 패키지가 설치됐는지 알기 위해 명령어 `rpm`를 사용해 systemd 패키지가 설치됐음을 확인했다.

❷ 명령어 `timedatectl`을 실행하면 현지 시간^{Local Time}, UTC와 하드웨어 시간^{RTC}, 표준 시간대^{Timezone}, 그리고 NTP 원격지 서버를 사용하는지 등의 정보를 알 수 있다.

❸ 하드웨어 시간은 UTC를 기본으로 사용한다고 앞에서 설명했는데, 하드웨어 시간을 UTC가 아닌 현지 시간대로 변경하는 경우 `set-local-rtc` 옵션에 `yes`를 사용한다. `yes` 대신 숫자 1를 사용해도 가능한데, 단 몇 가지 문제로 인해 현지 시간대 대신 UTC를 사용할 것을 경고하는 메시지를 볼 수 있다. 이 명령어는 /etc/adjtime 파일을 생성하며, 키워드 LOCAL을 통해 확인할 수 있다.

❹ 현재의 시간을 변경하는 경우 `set-time` 옵션과 시간을 지정하면 가능하다

❺ 현재 시간 및 날짜를 동시에 변경하는 경우 `set-time` 옵션과 날짜 및 시간을 지정하면 가능하다. 시간을 지정하지 않으면 자정 시간(00:00:00)이 기본으로 설정된다.

❻ 이번에는 현지 시간대를 변경하기 위해 그 목록을 확인한 다음에

❼ 그 목록에서 Asia/Seoul을 확인하고 현지 시간대를 `set-timezone` 옵션으로 변경한다.

❽ NTP 원격지 서버와 시간을 동기화하는 경우 `set-ntp` 옵션에 `yes`를 사용한다. `yes` 대신에 숫자 1을 사용해도 결과는 동일하다.

❾ 설정한 내용들을 명령어 `timedatectl`로 확인해보면 현지 시간대가 Asia/Seoul로, 그리고 NTP가 활성화 및 동기화돼 있음을 확인할 수 있다. NTP 활성화 옵션은 현재 시스

템에서 NTP 설정이 돼 있어야 한다. 이에 대해서는 나중에 NTP 서버 및 클라이언트 설정에서 설명한다. 그리고 NTP 사용이 활성화된 경우 ❹❺에서 설명한 시간 및 날짜 변경이 지원되지 않는다.

19.1.3 명령어 hwclock

명령어 hwclock은 RTC로 알려진 하드웨어 시간을 관리하기 위해 사용되는 명령어다. 하드웨어 시간은 운영체제의 시간과 독립적으로 작동되며, 시스템이 정지돼도 그 작동을 지속한다. 하드웨어 시간은 시스템 시간과는 다르게 현지 시간대와 같은 다른 정보는 저장하지 않고 단지 연, 월, 일과 기본적인 시간 정보만 저장할 수 있다. 명령어 hwclock은 설정 내용을 /etc/adjtime 파일에 저장하는데, 이 파일은 하드웨어 시간을 시스템 시간과 동기화하는 경우 생성된다. 시스템 시간이 NTP 서버와 동기화된 경우 하드웨어 시간은 리눅스 커널에 의해 매 11분마다 시스템 시간과 동기화하게 된다.

```
[root@master ~]# hwclock      ❶
Sat 13 Feb 2016 01:38:42 PM KST  -0.182663 seconds
[root@master ~]# hwclock --set --date "13 Feb 2016 09:20" --utc  ❷
[root@master ~]# hwclock
Sat 13 Feb 2016 09:20:14 AM KST  -0.202472 seconds
[root@master ~]# hwclock --systohc  ❸
[root@master ~]# hwclock
Sat 13 Feb 2016 01:40:34 PM KST  -0.118417 seconds
[root@master ~]# hwclock --systohc --localtime       ❹
[root@master ~]# cat /etc/adjtime
0.000000 1455339512 0.000000
1455339512
LOCAL
[root@master ~]# hwclock --hctosys   ❺
```

❶ 명령어 hwclock을 사용하면 현재 하드웨어 시간과 날짜 정보를 알 수 있다.

❷ 하드웨어 시간 및 날짜를 변경하는 경우 set --date 옵션을 사용하고, 그 기준을 현지 시간대가 아닌 세계 표준시^{UTC}를 기준으로 변경할 수 있다.

❸ 하드웨어 시간을 시스템 시간으로 동기화하기 위해 사용하는데, NTP 서버를 사용하는 경우에는 자동으로 동기화가 이뤄지므로 이 명령어는 부팅 시에 유용하게 사용될 수 있다.

❹ 하드웨어 및 시스템 시간 동기화 시에 UTC가 아닌 현지 시간대를 기준으로 동기화를 한다. /etc/adjtime 파일을 확인해보면 하드웨어 시간의 기준이 기본인 UTC가 아닌

LOCAL로 변경된 것을 확인할 수 있다. 명령어 `timedatectl set-local-rtc yes`와 동일한 효과를 나타낸다.

❺ 하드웨어 시간으로부터 시스템 시간을 설정하기 위해 사용한다.

19.1.4 ntpdate 서비스

ntpdate 서비스는 ntp 서비스를 사용하지 않는 경우 시스템 부팅 시에 시스템의 시간을 제공하고 있는 ntp 서버로부터의 시간을 설정하기 위해 사용하는 서비스다. 또한 시스템 부팅 이후에 로컬 컴퓨터의 시간과 날짜를 NTP 서버를 이용해 설정하기 위해 사용되는 명령어이기도 한다.

```
[root@master ~]# rpm -qa | grep ntpdate          ❶
ntpdate-4.2.6p5-22.el7.centos.x86_64
[root@master ~]# systemctl enable ntpdate        ❷
Created symlink from /etc/systemd/system/multi-user.target.wants/ntpdate.service to
/usr/lib/systemd/system/ntpdate.service.
[root@master ~]# systemctl start ntpdate         ❸
[root@master ~]# systemctl status ntpdate        ❹
ntpdate.service - Set time via NTP
Loaded: loaded (/usr/lib/systemd/system/ntpdate.service; enabled; vendor preset:
disabled)
Active: active (exited) since Sat 2016-02-13 14:22:23 KST; 4s ago
  Process: 51324 ExecStart=/usr/libexec/ntpdate-wrapper (code=exited,
status=0/SUCCESS)
 Main PID: 51324 (code=exited, status=0/SUCCESS)
Feb 13 14:22:20 master.chul.com systemd[1]: Starting Set time via NTP...
Feb 13 14:22:23 master.chul.com systemd[1]: Started Set time via NTP.
[root@master ~]# cat /etc/ntp/step-tickers      ❺
# List of NTP servers used by the ntpdate service.
0.centos.pool.ntp.org
[root@master ~]# ntpdate 0.centos.pool.org       ❻
15 Feb 14:50:13 ntpdate[31363]: adjust time server 103.245.79.2 offset -0.172031 sec
```

❶ 명령어 rpm을 이용해 ntpdate 패키지가 설치됐는지 확인한다. 설치되지 않았다면 명령어 yum을 이용해 설치하기 바란다.

❷ ntpdate 서비스를 활성화하기 위해 사용한다.

❸ ntpdate 서비스를 시작한다.

❹ ntpdate 서비스의 상태를 확인해 시작됐다는 메시지를 확인하기 바란다.

❺ ntpdate 서비스는 /etc/step-tickers 파일에 정의된 NTP 서버와 동기화를 부팅 시에 시도한다.

❻ 부팅 이후 명령어 `ntpdate`와 NTP 서버를 사용해 시스템의 시간과 날짜를 설정하는 경우 사용한다.

19.2 NTP 서버 시작

이번 절에서는 NTP 서버를 설치하고 서비스를 시작하는 방법, 그리고 NTP 서버를 허용하기 위해 방화벽을 설정하는 방법을 차례대로 설명한다.

19.2.1 NTP 서버 설치와 서비스 시작

NTP 서버 설정을 위해 패키지를 설치하고 그 서비스를 시작하는 방법은 여타 서버들의 경우와 아주 유사하다.

```
[root@master ~]# yum install ntp ntpdate -y     ❶
[root@master ~]# rpm -qa | grep ntp             ❷
ntp-4.2.6p5-22.el7.centos.x86_64
ntpdate-4.2.6p5-22.el7.centos.x86_64
[root@master ~]# systemctl start ntpd           ❸
[root@master ~]# systemctl enable ntpd          ❹
Created symlink from /etc/systemd/system/multi-user.target.wants/ntpd.service to
/usr/lib/systemd/system/ntpd.service
[root@master ~]# systemctl status ntpd          ❺
ntpd.service - Network Time Service
Loaded: loaded (/usr/lib/systemd/system/ntpd.service; enabled; vendor preset:
disabled)
Active: active (running) since Tue 2016-01-05 11:58:20 ICT; 51s ago
 Main PID: 2085 (ntpd)
 CGroup: /system.slice/ntpd.service 2085 /usr/sbin/ntpd -u ntp:ntp -g
Jan 05 11:58:20 master.chul.com ntpd[2085]: Listen normally on 5 eno50332208
192.168.20.5 UDP 123
Jan 05 11:58:21 master.chul.com ntpd[2085]: 0.0.0.0 c016 06 restart
Jan 05 11:58:21 master.chul.com ntpd[2085]: 0.0.0.0 c012 02 freq_set kernel 25.946 PPM
Jan 05 11:58:21 master.chul.com ntpd[2085]: 0.0.0.0 c615 05 clock_sync
```

```
[root@master ~]# lsof -i udp:123                    ❻
COMMAND  PID USER   FD   TYPE DEVICE SIZE/OFF NODE NAME
ntpd    2085  ntp   16u  IPv4 790219      0t0  UDP *:ntp
ntpd    2085  ntp   20u  IPv4 790227      0t0  UDP master.chul.com:ntp
ntpd    2085  ntp   24u  IPv6 790231      0t0  UDP localhost:ntp
[root@master ~]# ps -ef | grep ntp                  ❼
ntp     2085    1  0 11:58 ?  00:00:00 /usr/sbin/ntpd -u ntp:ntp -g
[root@master ~]# systemctl stop ntpd                ❽
[root@master ~]# systemctl disable ntpd             ❾
```

❶ NTP 서버 패키지 설치를 위해 명령어 yum을 이용해 두 개의 패키지를 설치한다.

❷ 패키지 설치 검증을 위해 명령어 rpm을 사용해 두 개의 패키지를 확인한다.

❸ 별다른 설정 변경 없이 단지 NTP 서비스를 명령어 systemctl로 시작한다.

❹ 부팅 시에도 NTP 서비스가 자동으로 시작되도록 설정한다.

❺ 서비스 시작 후에 상태를 확인해서 메시지 Active와 프로세스 ntpd, 그리고 포트 123번 이 준비됐는지 확인한다.

❻ 명령어 lsof를 이용해 프로토콜 UDP와 포트 123번을 확인해 포트가 열려 그 서비스를 제공할 준비가 됐는지 확인한다.

❼ 프로세스 확인 명령어 ps를 이용해 ntpd 프로세스가 시작됐는지 확인한다.

❽ NTP 서비스를 중단할 경우 사용한다.

❾ NTP 서비스를 부팅 시에 자동으로 시작하는 작업을 취소할 경우 사용한다.

19.2.2 NTP 서비스를 위한 방화벽 설정

방화벽 프로그램 Iptables와 Firewalld에서 NTP 서비스를 허용하기 위한 설정은 다음과 같다.

```
[root@master ~]# iptables -A INPUT -s 192.168.80.0/24 -m state --state NEW -p udp
--dport 123 -j ACCEPT ❶
[root@master ~]# firewall-cmd --add-service=ntp --permanent    ❷
[root@master ~]# firewall-cmd --reload  ❸
[root@master ~]# firewall-cmd --list-services
dns ftp http https imaps mountd mysql nfs ntp pop3s rpc-bind samba smtp ssh telnet
```

❶ 방화벽 명령어 iptables를 사용해 NTP 서버가 사용하는 udp 및 포트 123번으로 클라 이언트 192.168.80.0/24 네트워크 주소에서 접근을 허용한다고 설정한다.

❷ firewalld 방화벽을 이용해 ntp 서비스를 추가해 그 접근을 허용한다.

❸ firewalld 방화벽을 다시 시작해 변경된 정보를 업데이트하고 서비스 등록을 확인한다.

19.3 NTP 서버와 클라이언트 설정

이번 절에서는 구체적으로 NTP 서버를 설정하고 이를 클라이언트에서 사용하는 방법을 설명한다.

19.3.1 NTP 서버 설정

먼저 NTP 서버 설정하는 방법을 설명한다. NTP 서버는 설정 파일 /etc/ntp.conf 하나만 이용하면 서버에서의 모든 설정을 마칠 수 있다.

```
[root@master ~]# vim /etc/ntp.conf    ❶
logfile /var/log/ntpd.log            ❷
restrict 192.168.80.0 mask 255.255.255.0 nomodify notrap noquery    ❸
server 0.kr.pool.ntp.org    iburst    ❹
server 1.asia.pool.ntp.org iburst
server 3.asia.pool.ntp.org iburst
[root@master ~]# systemctl restart ntpd    ❺
[root@master ~]# ntpq -p    ❻
remote           refid            st t when poll reach  delay  offset  jitter
==============================================================================
+106.247.248.106 203.248.240.140   3 u  241  256  377   75.163 -21.639  13.937
*202-65-114-202. 218.100.41.254    2 u  114  256  377   70.285 -34.339  32.518
+113.30.137.34   80.241.0.72       2 u  241  256  377  275.386  49.948  73.250
[root@master ~]# date -R    ❼
Tue, 09 Feb 2016 14:12:17 +0700
[root@master ~]# timedatectl    ❽
      Local time: Tue 2016-02-09 14:12:21 ICT
  Universal time: Tue 2016-02-09 07:12:21 UTC
        RTC time: Tue 2016-02-09 07:12:22
       Time zone: Asia/Phnom_Penh (ICT, +0700)
     NTP enabled: yes
NTP synchronized: yes
 RTC in local TZ: no
      DST active: n/a
```

❶ NTP 서버가 사용하는 설정 파일을 명령어 vim으로 열어서

❷ NTP 서버가 사용할 로그 파일을 정의한다. 이 파일을 수동으로 생성하지 않아도 데몬을 시작하면 자동으로 생성된다.

❸ NTP 서버로의 접근이 가능한 네트워크 주소를 정의한 다음 그 클라이언트가 서버에 접근해 설정을 변경하지 못하게(nomodify), 그리고 정보 및 설정 요청도 모두 무시하며 (noquery), Trap 서비스 또한 거절하라는(notrap) 옵션을 사용하는데, 여기서 트랩 서비스란 원격지 이벤트를 로그에 저장하는 프로그램에 의해서 사용되는 제어 메시지 프로토콜의 하위 시스템을 의미한다.

❹ 한국 표준 시간대^{TimeZone}에 해당하는 서버들의 목록을 www.pool.ntp.org/zone/kr에서 정의한 대로 세 개의 서버들을 지정하고 iburst 옵션을 사용했는데, 이는 타임 서버와의 초기 동기화에 걸리는 시간을 줄이기 위해서 사용된다는 의미다. 즉 초기 동기화 시 서버와의 연결이 되지 않을 경우 다시 패킷을 보내 동기화를 시도하는데, 패킷과 그 다음 패킷 사이의 시간은 기본적으로 16초이므로 이렇게 하나씩 보내는 것보다 8개의 패킷을 동시에 보내 서버와의 동기화를 시도함으로써 동기화 시간을 줄이게 하자는 의미의 기본 옵션이다.

❺ 설정을 모두 마쳤으면 NTP 서버를 다시 시작한 후에

❻ 앞에서 설정한 대로 NTP 서버로 정의한 현재 목록을 알기 위해 표준 NTP 질의 명령어 ntpq를 사용했다. ❹에서 정의한 서버들은 임의의 서버들이므로 명령어 ntpq를 사용해 출력된 IP 주소들은 계속해서 변경된다. 현재 세 개의 서버 IP 중 두 번째에 '*'를 볼 수 있는데, 이것은 현재 서버의 시간을 이 IP 주소를 가진 서버로부터 가져왔다는 것을 의미한다.

❼ 현재 타임 서버로부터 가져온 시간을 확인하기 위해서 명령어 date를 사용했다.

❽ 명령어 timedatectl을 사용하면 시간 정보 및 타임 존까지 확인 가능하다.

19.3.2 NTP 클라이언트 설정(node1)

NTP 서버 설정을 마쳤다면 이제 클라이언트 node1에서 이 NTP 서버를 사용한다.

A. 리눅스에서 시간 설정 확인

먼저 리눅스 시스템에서 NTP 서버를 사용하기 위한 설정은 다음과 같다.

```
[root@node1 ~]# yum install ntp -y          ❶
[root@node1 ~]# vim /etc/ntp.conf
server master iburst          ❷
[root@node1 ~]# systemctl start ntpd          ❸
[root@node1 ~]# systemctl enable ntpd          ❹
[root@node1 ~]# systemctl status ntpd          ❺
[root@node1 ~]# ntpq -p          ❻
remote          refid     st t when poll reach  delay   offset  jitter
==============================================================================
*master.chul.com 211.233.40.78  3 u  12  64   37   0.542   -8.662   9.120
[root@node1 ~]# date -R          ❼
Tue, 09 Feb 2016 16:56:15 +0900
[root@node1 ~]# timedatectl list-timezones | grep Seoul          ❽
Asia/Seoul
[root@node1 ~]# timedatectl set-timezone Asia/Seoul          ❾
[root@node1 ~]# timedatectl          ❿
      Local time: Tue 2016-02-09 16:57:14 KST
  Universal time: Tue 2016-02-09 07:57:14 UTC
        RTC time: Tue 2016-02-09 07:57:15
       Time zone: Asia/Seoul (KST, +0900)
     NTP enabled: yes
NTP synchronized: yes
 RTC in local TZ: no
      DST active: n/a
```

❶ NTP 패키지를 명령어 yum으로 설치한다.

❷ NTP 설정 파일에 서버로 master만 지정하고 저장한다.

❸ NTP 데몬을 시작한다.

❹ 부팅 시에도 NTP가 자동으로 시작하게 설정한다.

❺ NTP 데몬이 성공적으로 시작됐는지 상태를 확인한다.

❻ 명령어 ntpq를 이용해 그 서버를 확인해보면 서버가 master이고 '*'를 통해 이 서버로부터 시간 및 날짜 정보를 가져온다는 사실을 알 수 있다.

❼ 시간을 확인하기 위해 명령어 date를 사용했고

❽ 타임존으로 서울이 있는지 명령어 timedatectl로 목록에서 확인한 후

❾ 타임존을 Asia/Seoul로 변경한다.

❿ 변경된 타임존 및 시간과 날짜 정보를 NTP 서버 master로부터 가져오는지 확인한다.

B. 윈도우에서 시간 설정(windows)

윈도우 7의 경우 GUI 또는 명령 창에서 설정이 가능한데, 명령 창인 경우 서비스에서 Windows Time을 시작한 후 다음과 같은 명령어를 사용한다.

```
C:\>w32tm /config /update /manualpeerlist:1.ntp.pool.org
The command completed successfull
C:\>w32tm /query /peers
#Peers: 1
Peer: 1.pool.ntp.org
State: Active
Time Remaining: 979.3925885s
Mode: 3 (Client)
Stratum: 2 (secondary reference - syncd by (S)NTP
PeerPoll Interval: 17 (out of valid range)
HostPoll Interval: 10 (1024s)
C:\>w32tm /resync
Sending resync command to local computer
The command completed successfully.
```

GUI를 이용해서 확인한다면 그림 19-1과 같다.

1. 날짜와 시간 설정하기

그림 19-1처럼 제어판 ❯ 시간, 언어, 지역 ❯ 날짜와 시간을 클릭하면 현재의 날짜와 시간을 확인할 수 있다. 여기서 시간대를 변경할 경우 아래의 시간대 변경을 클릭해서 알맞은 시간대로 변경할 수 있다.

그림 19-1 날짜 및 시간 변경하기

2. 타임 서버 설정하기

타임 서버를 설정하려면 그림 19-2처럼 인터넷 시간을 클릭하고 아래의 **설정 변경**을 클릭하면 그림 오른쪽처럼 타임 서버의 이름을 입력할 수 있다.

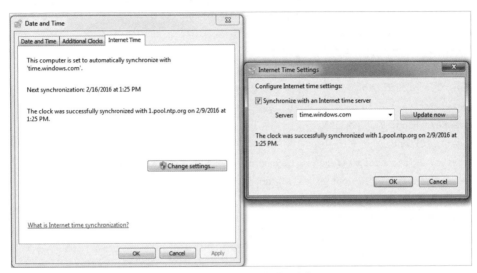

그림 19-2 타임 서버 설정하기

19.4 NTP Autokey 인증 사용

NTP 서버는 클라이언트와의 인증을 위해 NTPv3에서 대칭 키 방식의 인증과 NTPv4에서 공개 키 기반의 Autokey 인증 두 가지의 인증 방법을 모두 지원한다. 대칭 키 방식인 경우 비밀 키를 서버와 클라이언트 간에 교환해 안전한 채널을 생성한 후에 서버로부터 오는 메시지를 인증하기 위해 이 비밀 키를 사용한다.

여기서는 NTPv4에서 소개된 서버와 클라이언트 간에 공개 키 인증 방법에 기초한 Autokey 인증 사용 방법을 설명한다. Autokey는 해시 MD5를 사용해 메시지의 무결성과 공개 키를 사용해 전자 서명의 기능을 구현하고 있다.

19.4.1 NTP 서버의 Autokey 설정

NTP 서버는 Autokey라는 키워드를 이용해 설정 파일에 인증을 설정한다. 먼저 설정 파일에 인증을 사용하기 위한 설정, 그리고 공개 키를 생성해 이 키를 이용하는 방법을 차례대로 설명한다.

A. 설정 파일 편집

먼저 NTP 설정 파일에 인증에 관련된 내용을 설정해줘야 한다.

```
[root@master ~]# vim /etc/ntp.conf
broadcast 192.168.80.255 autokey        ❶
crypt    ❷
includefile /etc/ntp/crypto/pw ❸
keysdir /etc/ntp/crypto        ❹
[root@master ~]# vim /etc/ntp/crypto/pw ❺
crypto pw serverpasswd          ❻
```

❶ 이 브로드캐스트 주소에서 autokey 인증을 사용한다고 정의한다. 이는 Autokey 방식에 의해 인증된 패킷을 보내고 받는다는 의미다.

❷ NTP 서버에서 공개 키 암호화 방식을 활성화한다.

❸ 서버의 패스워드가 저장된 파일을 지정하는데, 이 패스워드는 개인 키를 포함하고 있는 파일을 복호화할 때 사용된다.

❹ 키와 인증서가 저장된 디렉토리를 지정한다.

❺ ❸에서 지정한 파일을 명령어 vim으로 생성하는데

❻ 그 패스워드를 현재 serverpasswd로 설정한다.

B. 인증서와 키 생성

두 번째 과정은 앞에서 설정한 대로 필요한 키와 인증서를 생성하는 것이다. 키와 인증서를 생성하는 과정은 6장의 Apache 웹 서버에서 SSL/TLS를 설정하는 부분에서와 동일하므로 자세한 설명은 6장을 참조하기 바란다.

```
[root@master crypto]# openssl genrsa -des3 -out master.chul.com.key 1024   ❶
[root@master crypto]# openssl req -new -key master.chul.com.key -out
master.chul.com.csr   ❷
Enter pass phrase for master.chul.com.key:
You are about to be asked to enter information that will be incorporated into your
certificate request.
What you are about to enter is what is called a Distinguished Name or a DN.
There are quite a few fields but you can leave some blank
For some fields there will be a default value,
If you enter '.', the field will be left blank.
Country Name (2 letter code) [XX]:KR
```

State or Province Name (full name) []:Seoul

Locality Name (eg, city) [Default City]:Seoul

Organization Name (eg, company) [Default Company Ltd]:

Organizational Unit Name (eg, section) []:

Common Name (eg, your name or your server's hostname) []:master.chul.com

Email Address []:tland12@chul.com

Please enter the following 'extra' attributes

to be sent with your certificate request

A challenge password []:

An optional company name []:

[root@master crypto]# openssl x509 -req -days 365 -in master.chul. com.csr -signkey master.chul.com.key -out ntpkey_cert_master.chul.com ❸

Signature ok

subject=/C=KR/ST=Seoul/L=Seoul/O=Default Company

Ltd/CN=master.chul.com/emailAddress=tland12@chul.com

Getting Private key

Enter pass phrase for master.chul.com.key:

[root@master crypto]# openssl x509 -req -days 365 -in master.chul. com.csr -signkey master.chul.com.key -out ntpkey_cert_node1.chul.com ❹

[root@master crypto]# ntp-keygen -T -I -p serverpasswd ❺

Using OpenSSL version OpenSSL 1.0.1e-fips 11 Feb 2013

Using host master.chul.com group master.chul.com

Generating RSA keys (512 bits)...

RSA 0 0 11   1 11 24   3 1 2

Generating new host file and link

ntpkey_host_master.chul.com->ntpkey_RSAhost_master.chul.com.3675729969

Using host key as sign key

Generating IFF keys (256 bits)...

IFF 0 114 175 1 63 171   2 1 2   3 1 4

Confirm g^(q - b) g^b = 1 mod p: yes

Confirm g^k = g^(k + b r) g^(q - b) r: yes

Generating new iffkey file and link

ntpkey_iffkey_master.chul.com->ntpkey_IFFkey_master.chul.com.3675729969

Generating new certificate master.chul.com RSA-SHA1

X509v3 Basic Constraints: critical,CA:TRUE

X509v3 Key Usage: digitalSignature,keyCertSign

X509v3 Extended Key Usage: trustRoot

Generating new cert file and link

ntpkey_cert_master.chul.com->ntpkey_RSA-SHA1cert_master.chul.com.3675729969

[root@master crypto]# ls ❻

```
master.chul.com.csr              ntpkey_iffkey_master.chul.com
master.chul.com.key              ntpkey_IFFkey_master.chul.com.3675729969
ntpkey_cert_master.chul.com      ntpkey_RSAhost_master.chul.com.3675729969
ntpkey_cert_node1.chul.com       ntpkey_RSA-SHA1cert_master.chul.com.3675729969
ntpkey_host_master.chul.com      pw
[root@master crypto]# systemctl restart ntpd ❼
[root@master crypto]# scp ntpkey_cert_node1.chul.com root@node1:/etc/ntp/crypto/ ❽
root@node1's password:
ntpkey_cert_node1.chul.com            100%  818     0.8KB/s   00:00
[root@master crypto]# scp ntpkey_IFFkey_master.chul.com.3675729969
root@node1:/etc/ntp/crypto/    ❾
root@node1's password:
ntpkey_IFFkey_master.chul.com.3675729969 100%  527     0.5KB/s   00:00
```

❶ 명령어 openssl을 사용해 RSA 기반 1024비트 크기의 개인 키를 생성한다.

❷ 개인 키 master.chul.com.key를 사용해 인증서를 요청한 사용자의 정보가 입력된 CSR 파일을 생성한다. 이 내용은 6장의 Apache 웹 서버에서 SSL 생성과 동일하다.

❸ 위의 CSR 파일과 개인 키를 이용해 서명된 master의 인증서가 생성된다. 여기서 생성된 인증서는 ❺에서 명령어 ntp-keygen을 사용해 새로운 인증서를 생성하기 위해 사용된다.

❹ 동일하게 node1이 사용할 인증서를 생성한다.

❺ 명령어 ntp-keygen을 사용해 인증서와 호스트 키, 그리고 현재 신뢰하고 있는 그룹에서 사용할 IFF 키를 생성한다. 이때의 패스워드는 /etc/ntp/crypto/pw 파일에 저장된 패스워드를 의미한다.

❻ 생성된 키와 인증서를 확인할 수 있다.

❼ 지금까지의 변경 사항이 적용되도록 ntpd 데몬을 다시 시작한다.

❽ 명령어 scp를 사용해 클라이언트 node1이 사용할 인증서를 node1으로 복사하는데, 마찬가지로 이 인증서를 사용해 클라이언트 node1도 NTP에 사용할 새로운 인증서를 생성할 수 있다.

❾ 신뢰할 만한 그룹들 간에 사용할 IFF 키를 클라이언트 node1으로 복사한다.

19.4.2 NTP 클라이언트 Auto 설정

클라이언트도 서버와 마찬가지로 인증을 사용하기 위해 NTP 설정 파일에 Autokey를 설정해줘야 한다.

A. 설정 파일 편집

NTP 서버와 마찬가지로 설정 파일을 먼저 편집해 인증 사용을 알려줘야 한다.

```
[root@node1 crypto]# vim /etc/ntp.conf
server master iburst autokey          ❶
~
crypto          ❷
includefile /etc/ntp/crypto/pw          ❸
keysdir /etc/ntp/crypto          ❹
[root@node1 crypto]# cat /etc/ntp/crypto/pw          ❺
crypto pw clientpasswd
```

❶ ntp 설정 파일에서 키워드 server에 autokey를 추가해 서버와의 사이에 인증을 사용할 것을 설정하는데, 이는 브로드캐스트가 아닌 유니캐스트를 사용한 인증이다.

❷ 암호화를 사용하기 위해 이 옵션을 활성화시켜줘야 한다.

❸ 개인 키를 암호화하기 위해 사용할 패스워드가 저장될 파일을 지정한다.

❹ Autokey가 사용할 키들이 저장될 디렉토리를 지정한다.

❺ ❷에서 지정한 파일에 패스워드를 입력한다.

B. 키 생성과 인증 테스트

Autokey 사용을 위한 설정 파일을 모두 마쳤으면 이제 실제 키를 생성하고 서버와의 인증을 테스트한다.

```
[root@node1 crypto]# ln -s ntpkey_IFFkey_master.chul.com.3664159209
ntpkey_iffkey_master.chul.com          ❶
[root@node1 crypto]# ntp-keygen -H -p clientpasswd          ❷
Using OpenSSL version OpenSSL 1.0.1e-fips 11 Feb 2013
Using host node1.chul.com group node1.chul.com
Generating RSA keys (512 bits)...
RSA 0 3 12      1 11 24       3 1 2
Generating new host file and link
ntpkey_host_node1.chul.com->ntpkey_RSAhost_node1.chul.com.3664159537
Using host key as sign key
Generating new certificate node1.chul.com RSA-SHA1
X509v3 Basic Constraints: critical,CA:TRUE
X509v3 Key Usage: digitalSignature,keyCertSign
Generating new cert file and link
```

```
ntpkey_cert_node1.chul.com->ntpkey_RSA-SHA1cert_node1.chul.com.3664159537
[root@node1 crypto]# ls        ❸
ntpkey_cert_node1.chul.com      ntpkey_IFFkey_master.chul.com.3664159209        pw
ntpkey_host_node1.chul.com      ntpkey_RSAhost_node1.chul.com.3664159537
ntpkey_iffkey_master.chul.com   ntpkey_RSA-SHA1cert_node1.chul.com.3664159537
[root@node1 crypto]# systemctl restart ntpd   ❹
[root@node1 crypto]# ntpq -p        ❺
remote           refid        st t when poll reach delay   offset  jitter
==============================================================================
*master.chul.com 157.7.154.23 3 u  21   64     1   0.206  -32.762   0.140
[root@node1 crypto]# ntpq -c as        ❻
ind assid status  conf reach auth condition  last_event cnt
===========================================================
 1 11671  f63a   yes  yes   ok  sys.peer    sys_peer  3


[root@node1 ~]# ntpq -c "rv 0"        ❼
associd=0 status=0615 leap_none, sync_ntp, 1 event, clock_sync,
version="ntpd 4.2.6p5@1.2349-o Mon Jan 25 14:27:34 UTC 2016 (1)",
processor="x86_64", system="Linux/3.10.0-327.10.1.el7.x86_64", leap=00,
stratum=4, precision=-24, rootdelay=273.604, rootdisp=115.712,
refid=192.168.80.5,
reftime=db17444c.dd0281c1  Fri, Jun 24 2016 14:31:56.863,
clock=db174633.6d177269  Fri, Jun 24 2016 14:40:03.426, peer=61943, tc=6,
mintc=3, offset=-2.609, frequency=10.777, sys_jitter=0.000,
clk_jitter=5.950, clk_wander=0.410, host="node1.chul.com",
flags=0x410001, digest="md5", signature="sha1WithRSAEncryption",
update=201606240524, cert="node1.chul.com master.chul.com 0x4",
until=201706240524, cert="master.chul.com master.chul.com 0x5",
until=201702100600, cert="node1.chul.com node1.chul.com 0x0",
until=201702100605
[root@node1 crypto]# ntpstat         ❽
   synchronised to NTP server (192.168.80.5) at stratum 4
        time correct to within 181 ms
        polling server every 64 s
```

❶ NTP 서버에서 복사한 IFF 그룹 파일에 심볼릭 링크를 생성한다.

❷ 명령어 ntp-keygen을 사용해 클라이언트 node1이 사용할 호스트 키와 인증서를 패스워드를 사용해 생성한다.

❸ 위의 명령어로 생성된 호스트 키와 인증서 정보를 서버와 동일하게 확인할 수 있다.

❹ 변경 사항이 적용되도록 NTP 서버를 다시 시작한다.

❺ 질의 명령어 `ntpq`를 사용해 서버 목록을 확인하면 현재 master가 NTP 서버로 연결돼 있음을 확인할 수 있다.

❻ NTP 질의에 사용되는 명령어 `ntpq`에 연결된 정보를 출력하는 as 옵션을 사용하면 인증을 의미하는 `auth`에 OK를 통해 인증이 NTP 서버 간에 이뤄지고 있음을 알 수 있다.

❼ 현재 ntpd 데몬이 사용 중인 Autokey 인증서를 보기 위해 명령어 `ntpq`를 사용하는데, 여기서 `rv`는 뒤에 오는 변수 값을 보기 위해 사용하며, 숫자 0은 연결 ID다. 현재 사용 중인 master와 node1의 인증서 이름과 유효 기간을 확인할 수 있다.

❽ 명령어 `ntpstat`를 사용하면 NTP 서버와 동기화됐다는 메시지를 볼 수 있다.

19.5 참고문헌

- https://en.wikipedia.org/wiki/Network_Time_Protocol
- https://tools.ietf.org/html/rfc5905
- http://www.server-world.info/en/note?os=CentOS_7&p=ntp
- http://www.pool.ntp.org/zone/kr
- https://www.eecis.udel.edu/~mills/ntp/html/warp.html
- https://www.eecis.udel.edu/~mills/database/reports/ntp4/ntp4.pdf
- http://support.ntp.org/bin/view/Support/WebHome
- http://www.ntp.org/ntpfaq/NTP-s-config-adv.htm
- http://www.gpsntp.com/ntpserver/timeserver-secure-authentication.php
- http://xmodulo.com/setup-ntp-server-centos.html
- http://www.tldp.org/LDP/sag/html/hw-sw-clocks.html
- http://www.pool.ntp.org/ko/use.html
- https://access.redhat.com/documentation/en-US/Red_Hat_Enterprise_Linux/7/html/System_Administrators_Guide/s1-Configure_NTP.html
- http://www.ntp.org/ntpfaq/NTP-s-algo.htm#S-ALGO-BASIC

19.6 요약

1. (　　)는 정확한 시간 및 날짜 정보와 네트워크의 컴퓨터 시스템 간의 시간 동기화 서비스를 클라이언트에 제공하는 프로토콜로서 UDP 포트 (　　)번을 이용하며, 시간 동기화를 위해 (　　　) 또는 (　　　) 방법을 서로 간에 사용한다.

2. (　　)는 하드웨어 또는 CMOS 시간이라고 하며, 컴퓨터 보드의 배터리에 의해 작동되는 시간이다. (　　)은 리눅스 커널이 사용하는 시간으로 소프트웨어 시간이라고도 하며, 하드웨어 시간이 단순히 요일과 날짜 및 시간을 표시한다면 시스템 시간은 시간 및 표준 시간대, 그리고 DST 표시까지 가능하다.

3. 명령어 (　　)는 시스템 시간에 대한 정보 제공 및 변경에 사용되며, 명령어 (　　)은 시스템 시간 및 날짜 정보 변경, 표준 시간대 변경, 그리고 원격지 서버와의 자동 동기화 등의 기능을 지원한다. 명령어 (　　)은 RTC로 알려진 하드웨어 시간을 관리하기 위해 사용된다.

4. (　　) 서비스는 ntp 서비스를 사용하지 않는 경우 시스템 부팅 시에 시스템의 시간을 제공하고 있는 ntp 서버로부터 시간을 설정하기 위해 사용하는 서비스로서 시스템 부팅 이후에 로컬 컴퓨터의 시간과 날짜를 (　　) 서버를 이용해 설정하기 위해 사용되는 명령어다.

5. NTP 서비스를 사용하기 위해 (　　) 패키지를 설치한 이후에 (　　) 서비스를 시작하면 포트 (　　)번을 통해 그 서비스 제공이 가능하며, 설정 파일로 (　　　　)가 사용된다.

6. NTP 설정 파일에서 (　　) 옵션은 타임 서버와의 초기 동기화에 걸리는 시간을 줄이기 위해서 사용되며, (　　) 옵션은 그 클라이언트가 서버에 접근해 설정을 변경하지 못하게 하기 위해 사용된다.

7. NTP 서버는 클라이언트와의 인증을 위해 NTPv3에서 대칭 키 방식의 인증과 NTPv4에서 공개 키 기반의 (　　) 인증 방법을 제공하는데, 대칭 키 방식은 (　　)를 사용해 안전한 채널을 생성해 데이터를 교환한다.

8. (　　　)는 NTPv4에서 소개된 서비스로서 서버와 클라이언트 간에 공개 키 인증에 기초한 인증 방법이다.

9. Autokey 인증을 설정할 경우 설정 파일에서 브로드캐스트 또는 멀티캐스트 주소에 키 워드 (　　)를 추가하는데, 이는 Autokey 방식에 의해 인증된 패킷을 보내고 받는다는 의미이며 (　　)는 공개 키 암호화 방식을 활성화하는 옵션이다.

10. Autokey 인증에 사용할 공개 키와 개인 키를 생성하기 위해 명령어 (   )를 사용하며, 인증 확인을 위해 명령어 (   )에 연결 정보를 확인하는 (   ) 옵션을 사용한다.

19.7 연습문제

1. 명령어 date를 사용해 날짜 및 시간을 변경하고 명령어 timedatectl을 사용해 표준 시간대를 Asia/Seoul로 변경하라.
2. ntp 패키지를 설치하고 서비스를 시작하며, Firewalld 방화벽에 등록하라.
3. 리눅스 클라이언트에 ntp 패키지를 설치하고 NTP 서버로부터 시간을 가져오도록 설정하라.
4. 현재 사용 중인 윈도우 시스템의 타임 서버로 2번 문제에서 설정한 리눅스 서버를 지정해서 사용하라.
5. NTP 서버인 마스터 호스트에 Autokey 인증을 설정하고 필요한 키와 인증서를 생성하라.
6. 리눅스 클라이언트에 Autokey 인증을 위한 설정을 하고 NTP 서버와의 통신에 이 인증을 사용하라.

19.8 연구과제

1. NTP 패키지와 유사한 Chrony를 이용해 NTP 서버를 설정해보라.
2. PTP^Precision Time Protocol를 이용해 NTP 서버 설정을 시도해보라.

20장
iSCSI 서버

iSCSI 서버의 모든 것

20장에서는 리눅스에서 TCP/IP를 이용해 저장 공간을 원격지의 클라이언트에게 제공하는 iSCSI 서버에 대해 설명한다. 주요 내용으로 iSCSI 기본 개념 및 패키지의 설치부터 서버 시스템 시작, 리눅스와 윈도우에서 클라이언트 프로그램을 이용해 iSCSI를 사용하는 방법을 구체적인 예제와 더불어 자세히 설명한다.

최근 IT 업계의 기술 중에서 가장 각광받는 분야 중 하나는 클라우딩Clouding과 클러스터링Clustering 서비스다. 이러한 서비스를 구현하기 위해서는 여러 가지 복잡한 기술이 필요한데, 그중에서도 저장 장치에 대한 관리가 아주 중요하다. iSCSI는 이러한 서비스에서 TCP/IP 프로토콜을 이용해 서버가 제공하는 저장 장치를 원격지의 클라이언트에 제공하고 관리할 수 있게 지원해주는 프로토콜이다.

iSCSI를 사용하는 방법을 잘 이해하려면 네트워크를 통해 저장 공간을 제공하는 SAN Storage Area Network, 디스크 볼륨을 제어하기 위해 사용하는 LVMLogical Volume Management에 대한 지식도 기본적으로 필요하다. LVM에 대한 설명은 이 책에서 제공하지 않지만, 20장에서 iSCSI 설정에 필요한 명령어들을 설명한다. iSCSI 시스템은 서버와 클라이언트로 구성되는데, 여기서 서버를 Target이라 하고, 클라이언트로 사용되는 시스템을 Initiator라고 한다. iSCSI 클라이언트에서 서버로의 접속은 기본적으로 암호화 기능을 사용하지 않는다. 이 서버와 클라이언트 간의 접속 정보에 대해 암호화 기능을 구현하기 원한다면 13장에서 설명한 SSH 서버를 사용할 수 있다.

20장에서 iSCSI 서버와 클라이언트 설정 및 테스트를 위해 사용되는 호스트의 정보는 다음과 같다.

호스트 이름	IP 주소	OS 버전	역할
master.chul.com	192.168.80.5	CentOS Linux release 7.2	iSCSI 서버
node1.chul.com	192.168.80.6	CentOS Linux release 7.2	iSCSI 클라이언트
windows.chul.com	192.168.80.1	윈도우 7 64비트	iSCSI 클라이언트

20장에서 다루는 내용은 다음과 같다.

- iSCSI 서비스 이해
- iSCSI 서버 서비스 시작
- LVM을 이용한 LUN 생성
- 리눅스 클라이언트(Initiator) 설정
- 윈도우 클라이언트(Initiator) 설정

20.1 iSCSI 서비스 이해

iSCSI 설정에 앞서 간단히 iSCSI의 정의와 구성 요소를 설명한다.

20.1.1 iSCSI 정의

iSCSI^{Internet Small Computer System Interface}는 TCP/IP 프로토콜을 이용해 SCSI의 명령어를 LAN 또는 WAN에 위치한 스토리지 장치에 전달하기 위해 사용되는 프로토콜이다. iSCSI는 일반적으로 원격지에 위치한 저장 장치를 관리하기 위해 사용되는 TCP 기반의 프로토콜로서 여기서 저장 장치는 디스크, 테이프, CD/DVD 등이며, 이러한 네트워크 기반의 저장 장치를 보통 SAN^{Storage Area Network}이라고 부른다.

20.1.2 iSCSI 구성 요소

iSCSI의 구성 요소는 크게 두 가지로 나눌 수 있는데, iSCSI 서버(Target)와 iSCSI 클라이언트(Initiator)로 구분할 수 있다.

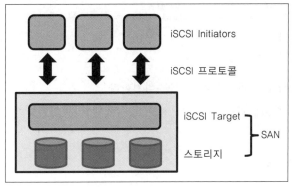

그림 20-1 iSCSI 구성 요소

A. iSCSI 서버: Target

iSCSI Target은 네트워크로 연결된 iSCSI 클라이언트에게 TCP/IP를 통해 SAN을 공급하는 iSCSI 서버를 의미한다. iSCSI 서버는 일반적으로 자신이 제공하는 저장 장치를 LUN^{Logical} ^{Unit Number}이라는 이름으로 클라이언트에 제공하며, 필요한 경우 인증을 요구할 수도 있다.

B. iSCSI 클라이언트: Initiator

iSCSI Initiator는 iSCSI Target이 TCP/IP를 통해 공급하는 SAN을 실제로 이용하는 클라이언트를 의미한다. 여기서 클라이언트는 iSCSI 서버로부터만 저장 장치를 제공받기 때문에 클라이언트라고 하지만, 실제로는 최종 사용자들에게 이러한 저장 공간을 이용해 특정 애플리케이션 서비스를 제공하는 서버라고 할 수 있다.

20.2 iSCSI 서버(Target) 서비스 시작

iSCSI 설정을 위해 먼저 서버 설정, 리눅스 클라이언트 설정, 마지막으로 윈도우 7 클라이언트 설정 순서로 진행한다. iSCSI 서버 서비스를 시작하려면 먼저 패키지를 설치하고 서비스을 시작한 후 마지막으로 방화벽 설정의 3단계 과정을 거쳐야 성공적으로 서비스를 시작할 수 있다.

20.2.1 iSCSI 서버 패키지 설치

iSCSi 서버 패키지는 다음과 같이 한 가지만 설치하면 모든 설치를 마치게 된다.

```
[root@master ~]# yum install scsi-target-utils -y        ❶
[root@master ~]# rpm -qa | grep scsi        ❷
scsi-target-utils-1.0.55-3.el7.x86_64
```

❶ 명령어 yum을 사용해 iSCSI 패키지를 설치한다.

❷ 명령어 rpm을 사용해 패키지가 정상적으로 설치됐는지 확인한다.

20.2.2 iSCSI 서버 시작

iSCSI 서버 패키지 설치 이후에는 iSCSI 데몬을 시작해 서비스를 제공한다.

```
[root@master ~]# systemctl start tgtd        ❶
[root@master ~]# systemctl enable tgtd        ❷
Created symlink from /etc/systemd/system/multi-user.target.wants/tgtd.service to
/usr/lib/systemd/system/tgtd.service.
[root@master ~]# systemctl status tgtd        ❸
tgtd.service - tgtd iSCSI target daemon
Loaded: loaded (/usr/lib/systemd/system/tgtd.service; enabled; vendor preset:
disabled)
Active: active (running) since Fri 2016-01-08 14:49:29 ICT; 28s ago
 Main PID: 56985 (tgtd)
   CGroup: /system.slice/tgtd.service
          56985 /usr/sbin/tgtd -f
Jan 08 14:49:23 master.chul.com systemd[1]: Starting tgtd iSCSI target daemon...
Jan 08 14:49:23 master.chul.com tgtd[56985]: tgtd: iser_ib_init(3436) Failed to
initialize RDMA;...es?
Jan 08 14:49:23 master.chul.com tgtd[56985]: tgtd: work_timer_start(146) use timer_fd
based scheduler
Jan 08 14:49:23 master.chul.com tgtd[56985]: tgtd: bs_init_signalfd(267) could not open
backing-...ore
Jan 08 14:49:23 master.chul.com tgtd[56985]: tgtd: bs_init(386) use signalfd
notification
Jan 08 14:49:29 master.chul.com systemd[1]: Started tgtd iSCSI target daemon.
[root@master ~]# tgtadm --mode target --op show        ❹
[root@master ~]# lsof -i tcp:3260        ❺
COMMAND  PID USER   FD   TYPE DEVICE SIZE/OFF NODE NAME
tgtd    56985 root   6u  IPv4 523020   0t0  TCP *:iscsi-target (LISTEN)
tgtd    56985 root   7u  IPv6 523022   0t0  TCP *:iscsi-target (LISTEN)
[root@master ~]# ps -ef | grep tgtd        ❻
root     56985    1 0 14:49 ?        00:00:00 /usr/sbin/tgtd -f
```

❶ 명령어 systemctl을 사용해 iscsi 데몬을 시작했다. 여기서 iSCSI 데몬으로 사용되는 tgtd는 scsi-target-utils 패키지를 설치하면 사용할 수 있다.

❷ 시스템 부팅 시에도 항상 iscsi 서비스가 시작되도록 명령어 systemctl을 사용했다.

❸ iscsi 데몬 시작 후에 상태를 확인하는데, active와 iscsi target 데몬이 시작됐다는 메시지를 확인해 정상적으로 iscsi 데몬이 시작됐는지 확인해야 한다.

❹ 현재 iscsi 서버의 설정 상태를 확인하기 위해 타겟 관리 명령어 tgtadm을 사용하면 어떤 설정도 전혀 하지 않았기 때문에 아무런 메시지가 없음을 확인할 수 있다.

❺ 명령어 lsof를 통해 iscsi-target 서비스는 포트 3260번을 사용하고 있고, 그 포트가 열린 상태인지(LISTEN)를 확인한다.

❻ 명령어 ps를 통해 iscsi tgtd 데몬이 프로세스에 있는지 확인할 수 있다.

20.2.3 iSCSI 서버를 위한 방화벽 설정

iSCSI 클라이언트가 서버로 접속할 수 있게 하기 위한 방화벽 설정은 다음과 같다.

```
[root@master ~]# grep iscsi /etc/services        ❶
iscsi          860/tcp              # iSCSI
iscsi          860/udp              # iSCSI
iscsi-target   3260/tcp             # iSCSI port
iscsi-target   3260/udp             # iSCSI port
[root@master ~]# iptables -A INPUT -i eth0 -p tcp --dport 860 -m state --state
NEW,ESTABLISHED -j ACCEPT        ❷
[root@master ~]# iptables -A INPUT -i eth0 -p tcp --dport 3260 -m state --state
NEW,ESTABLISHED -j ACCEPT        ❸
[root@master ~]# firewall-cmd --permanent --add-port=860/tcp      ❹
[root@master ~]# firewall-cmd --permanent --add-port=3260/tcp     ❺
[root@master ~]# firewall-cmd --reload        ❻
[root@master ~]# firewall-cmd --list-ports
```

❶ 리눅스가 제공하는 서비스와 포트를 정의한 /etc/services 파일을 조회해보면 포트 860번과 3260번이 iscsi 서비스를 위해 지정돼 있음을 알 수 있다.

❷ 먼저 iptables 방화벽을 사용해 앞에서 확인한 목적지 포트 860번으로의 접속을 허용하는 설정을 추가한다.

❸ 마찬가지로 목적지 포트 3260번으로의 접속을 허용하는 설정을 추가한다.

❹ firewalld 방화벽을 사용해 포트 860번을 서비스에 추가한다.

❺ 마찬가지로 포트 3260번을 추가한다.

❻ Firewalld 방화벽을 다시 읽어 들여 추가 사항이 적용되도록 한 뒤에 포트가 추가됐는지 확인한다.

20.3 LVM을 이용한 LUN 생성

20.2절에서 iSCSI 서버를 성공적으로 시작했다면 이제 클라이언트에게 제공할 스토리지를 생성해야 한다. 스토리지 생성을 위해 볼륨 관리 프로그램인 LVM을 사용해 가상 볼륨을 생성하고 제공하는 방법을 먼저 살펴본다. 이때 iSCSI Target이 LVM을 이용하고 생성해 TCP/IP를 통해 클라이언트에게 제공하는 이러한 논리적 저장 공간의 주소를 LUN Logical Unit Number이라고 한다. 이러한 LUN은 보통 클러스터, 가상 서버, SAN 등에서 사용된다. 여기서는 테스트를 위해 iSCSI 서버인 마스터 노드에서 두 개의 물리적 디스크 /dev/sdb(50G), /dev/sdc(20G)를 이용해 이러한 LUN를 생성한다. 이러한 디스크를 이용해 iSCSI 서버와 클라이언트 설정 및 테스트를 위해 내용을 정리하면 표 20-1과 같다.

표 20-1 iSCSI 설정 내역

Target 이름	LUN	Logical Volume	클라이언트	IP 주소
tgt1	lun1	/dev/iscsi/lv-iscsi1	node1.chul.com	192.168.80.6
	lun2	/dev/iscsi/lv-iscsi2		
tgt2	lun1	/dev/iscsi/lv-iscsi3	windows.chul.com	192.168.80.1
	lun2	/dev/iscsi/lv-iscsi4		

표 20-1을 살펴보면 iSCSI 서버는 두 개의 타겟(tgt1, tgt2)을 제공하는데, 각 타겟은 각각 두 개의 LUN(lun1, lun2)을 제공하며, 이러한 LUN은 Logical Volume에 의해 생성됐다. 그리고 리눅스 iSCSI 클라이언트인 node1은 첫 번째 타겟(tgt1)을 사용하며, 또 다른 클라이언트 windows는 두 번째 타겟(tgt2)을 사용한다는 내용이다.

20.3.1 LVM 이용한 스토리지 생성

먼저 LVM을 이용해 클라이언트에게 제공할 스토리지 공간을 iSCSI 서버인 마스터 노드에서 생성한다.

```
[root@master ~]# yum install lvm2 -y        ❶
[root@master ~]# rpm -qa | grep lvm         ❷
lvm2-libs-2.02.130-5.el7.x86_64
lvm2-python-libs-2.02.130-5.el7.x86_64
lvm2-2.02.130-5.el7.x86_64
[root@master ~]# fdisk -l        ❸
Disk /dev/sdb: 53.7 GB, 53687091200 bytes, 104857600 sectors        ❹
Units = sectors of 1 * 512 = 512 bytes
Sector size (logical/physical): 512 bytes / 512 bytes
I/O size (minimum/optimal): 512 bytes / 512 bytes


Disk /dev/sda: 32.2 GB, 32202254720 bytes, 62914560 sectors        ❺
Units = sectors of 1 * 512 = 512 bytes
Sector size (logical/physical): 512 bytes / 512 bytes
I/O size (minimum/optimal): 512 bytes / 512 bytes
Disk label type: dos
Disk identifier: 0x000ca6fd
   Device Boot      Start         End      Blocks   Id  System
/dev/sda1   *        2048     1026047      512000   83  Linux
/dev/sda2         1026048    17410047     8192000   83  Linux
/dev/sda3        17410048    33794047     8192000   83  Linux
/dev/sda4        33794048    62914559    14560256    5  Extended
/dev/sda5        33796096    37990399     2097152   82  Linux swap / Solaris
/dev/sda6        37992448    60520447    11264000   83  Linux
Disk /dev/sdc: 20.5 GB, 20474836480 bytes, 41943040 sectors        ❻
Units = sectors of 1 * 512 = 512 bytes
Sector size (logical/physical): 512 bytes / 512 bytes
I/O size (minimum/optimal): 512 bytes / 512 bytes
[root@master ~]# pvcreate /dev/sdb /dev/sdc        ❼
  Physical volume "/dev/sdb" successfully created
  Physical volume "/dev/sdc" successfully created
[root@master ~]# pvs        ❽
  PV         VG    Fmt  Attr PSize  PFree
  /dev/sdb         lvm2 ---  50.00g 50.00g
  /dev/sdc         lvm2 ---  20.00g 20.00g
[root@master ~]# vgcreate iscsi /dev/sdb /dev/sdc        ❾
  Volume group "iscsi" successfully created
[root@master ~]# vgs        ❿
  VG    #PV #LV #SN Attr   VSize  VFree
  iscsi   2   0   0 wz--n- 69.99g 69.99g
[root@master ~]# lvcreate -L 5G -n lv-iscsi1 iscsi        ⓫
```

```
WARNING: xfs signature detected on /dev/iscsi/lv-iscsi1 at offset 0. Wipe it? [y/n]: y
   Wiping xfs signature on /dev/iscsi/lv-iscsi1.
   Logical volume "lv-iscsi1" created.
[root@master ~]# lvcreate -L 5G -n lv-iscsi2 iscsi
   Logical volume "lv-iscsi2" created.
[root@master ~]# lvcreate -L 5G -n lv-iscsi3 iscsi
   Logical volume "lv-iscsi3" created.
[root@master ~]# lvcreate -L 5G -n lv-iscsi4 iscsi
   Logical volume "lv-iscsi4" created.
[root@master ~]# lvs     ⓬
LV  VG  Attr  LSize Pool Origin Data%  Meta% Move Log Cpy%Sync Convert
   lv-iscsi1 iscsi -wi-a----- 5.00g
   lv-iscsi2 iscsi -wi-a----- 5.00g
   lv-iscsi3 iscsi -wi-a----- 5.00g
   lv-iscsi4 iscsi -wi-a----- 5.00g
```

❶ 명령어 yum을 사용해 볼륨 관리 lvm2 패키지를 설치한다.

❷ 명령어 rpm을 사용해 이 패키지가 정상적으로 설치됐는지 확인한다.

❸ 현재 하드디스크 공간의 목록을 알기 위해 명령어 fdisk를 사용하면

❹ 디바이스 /dev/sdb에 약 50기가의 디스크가

❺ 디바이스 /dev/sda에 약 30기가의 디스크가

❻ 디바이스 /dev/sdc에 약 20기가의 디스크가 있다는 것을 알 수 있는데, 여기서 /dev/sda
는 현재 리눅스 시스템이 사용 중이고 나머지 /dev/sdb와 /dev/sdc가 클라이언트에 제공
할 디스크 공간으로 사용된다.

❼ lvm2 패키지가 제공하는 명령어 pvcreate를 이용해 두 개의 디바이스를 물리적 볼륨으
로 생성하는데, 이 물리적 볼륨을 이용해 다음 단계에서 볼륨 그룹을 생성하게 된다.

❽ 명령어 pvs를 이용해 물리적 볼륨으로 생성된 두 개의 디바이스를 확인할 수 있다.

❾ ❼에서 생성한 물리적 볼륨을 이용해 iscsi라는 볼륨 그룹을 생성한다. 이 볼륨 그룹을
통해 논리적 볼륨을 생성할 수 있고, 이 논리적 볼륨이 실질적으로 클라이언트에 제공
된다.

❿ 명령어 vgs를 통해 볼륨 그룹 정보를 확인할 수 있다. 현재 iscsi라는 이름을 가진 볼륨
그룹이 있고, 크기는 약 70기가다.

⓫ 명령어 lvcreate를 사용해 5기가 크기의 볼륨(L) lv-iscsi1부터 4의 이름(n)을 가진
모두 4개의 논리 볼륨을 생성하는데, 이 볼륨들은 모두 iscsi라는 볼륨 그룹을 이용해
생성됐다는 의미다.

⑫ **⑪**에서 생성한 논리 볼륨을 확인하기 위해 명령어 lvs를 사용하면 앞에서 생성한 4개의
볼륨 이름과 크기를 확인할 수 있다.

20.3.2 ISCSI 서버 Target과 LUN 생성

이제 iSCSI 서버에서 클라이언트에게 제공할 저장 장치가 준비됐다. 다음 단계는 이러한
스토리지를 제공하기 위해 iSCSI 서버에서 Target 및 LUN을 생성하고 설정 파일에 저장
하는 것이다. 그러면 서버에서의 모든 설정 과정을 마치게 된다. 위의 과정을 모두 5단계
에 걸쳐 차례대로 설명하면 다음과 같다.

A. target 생성

첫 번째 단계는 먼저 target을 생성하는 과정인데, 이를 위해 SCSI Target 관리 명령어
tgtadm을 사용해야 한다.

```
[root@master ~]# tgtadm --lld iscsi --mode target --op new --tid 1 --targetname
iqn.2016-01.com.chul:tgt1          ❶
[root@master ~]# tgtadm --lld iscsi --mode target --op new --tid 2 --targetname
iqn.2016-01.com.chul:tgt2          ❷
[root@master ~]# tgt-admin -s      ❸
Target 1: iqn.2016-01.com.chul:tgt1 ❹
    System information:
        Driver: iscsi
        State: ready
    I_T nexus information:
    LUN information:
        LUN: 0      ❺
            Type: controller
            SCSI ID: IET     00010000
            SCSI SN: beaf10
            Size: 0 MB, Block size: 1
            Online: Yes
            Removable media: No
            Prevent removal: No
            Readonly: No
            SWP: No
            Thin-provisioning: No
            Backing store type: null
```

```
                    Backing store path: None
                    Backing store flags:
        Account information:
        ACL information:
Target 2: iqn.2016-01.com.chul:tgt2            ❻
        System information:
            Driver: iscsi
            State: ready
        I_T nexus information:
        LUN information:
            LUN: 0
                    Type: controller
                    SCSI ID: IET      00020000
                    SCSI SN: beaf20
                    Size: 0 MB, Block size: 1
                    Online: Yes
                    Removable media: No
                    Prevent removal: No
                    Readonly: No
                    SWP: No
                    Thin-provisioning: No
                    Backing store type: null
                    Backing store path: None
                    Backing store flags:
        Account information:
        ACL information:
```

❶ 명령어 tgtadm을 이용해 타겟 ID(tid)와 이름(targetname)을 가진 새로운(new) 타겟(mode target)을 생성하는데 그 이름은 다음과 같이 구성된다.

iqn	2016–01	com.chul	tgt1
iSCSI qualified name	Year and Month	Naming–authority	Unique Name

- **iqn** iSCSI qualified name의 약어로서 iscsi의 이름을 지정하기 위해 사용한다.
- **2016–01** 타겟이 생성되는 연과 월을 지정한다.
- **com.chul** 일반적으로 서버 및 클라이언트가 속한 도메인을 거꾸로 사용하며, 누가 이 타겟을 사용할지를 알린다.
- **tgt1** 클라이언트가 사용할 임의의 이름을 지정한다.

❷ ❶과 동일한 타겟을 생성하는데, Unique Name만 tgt2로 변경한다.

❸ iSCSI 설정 툴인 명령어 tgt-admin에 옵션 s(show)를 사용해 현재 생성된 타겟 정보를 확인해보면

❹ 첫 번째 타겟의 이름을 확인할 수 있고

❺ 생성된 타겟에 속한 LUN를 확인할 수 있는데, 여기서 LUN:0는 실제 클라이언트에 제공하는 LUN이 아니고 각 타겟에 공통적으로 속하게 되는 컨트롤러^{controller}를 의미한다.

❻ 마찬가지로 생성된 두 번째 타겟의 이름을 확인할 수 있다.

B. LUN 생성

두 번째 단계는 LUN을 생성하는 것이다. 명령어 tgtadm을 사용해 이러한 LUN을 생성할 때 각 LUN마다 20.3.1절에서 생성한 논리 볼륨^{Logical Volume}을 지정해줘야 한다. 기본적으로 A절에서 생성한 두 개의 타겟에 각각 두 개의 LUN를 생성하는 과정은 다음과 같다.

```
[root@master ~]# tgtadm --lld iscsi --mode logicalunit --op new --tid 1 --lun 1
--backing-store /dev/iscsi/lv-iscsi1      ❶
[root@master ~]# tgtadm --lld iscsi --mode logicalunit --op new --tid 1 --lun 2
--backing-store /dev/iscsi/lv-iscsi2      ❷
[root@master ~]# tgtadm --lld iscsi --mode logicalunit --op new --tid 2 --lun 1
--backing-store /dev/iscsi/lv-iscsi3      ❸
[root@master ~]# tgtadm --lld iscsi --mode logicalunit --op new --tid 2 --lun 2
--backing-store /dev/iscsi/lv-iscsi4      ❹
[root@master ~]# tgt-admin -s            ❺
Target 1: iqn.2016-01.com.chul:tgt1
    System information:
        Driver: iscsi
        State: ready
    I_T nexus information:
    LUN information:
        LUN: 0
            Type: controller
            SCSI ID: IET      00010000
            SCSI SN: beaf10
            Size: 0 MB, Block size: 1
            Online: Yes
            Removable media: No
            Prevent removal: No
            Readonly: No
```

```
            SWP: No
            Thin-provisioning: No
            Backing store type: null
            Backing store path: None
            Backing store flags:
        LUN: 1
            Type: disk
            SCSI ID: IET     00010001
            SCSI SN: beaf11
            Size: 5369 MB, Block size: 512
            Online: Yes
            Removable media: No
            Prevent removal: No
            Readonly: No
            SWP: No
            Thin-provisioning: No
            Backing store type: rdwr
            Backing store path: /dev/iscsi/lv-iscsi1 ❻
            Backing store flags:
        LUN: 2
            Type: disk
            SCSI ID: IET     00010002
            SCSI SN: beaf12
            Size: 5369 MB, Block size: 512
            Online: Yes
            Removable media: No
            Prevent removal: No
            Readonly: No
            SWP: No
            Thin-provisioning: No
            Backing store type: rdwr
            Backing store path: /dev/iscsi/lv-iscsi2 ❼
            Backing store flags:
    Account information:
    ACL information:
Target 2: iqn.2016-01.com.chul:tgt2
    System information:
        Driver: iscsi
        State: ready
    I_T nexus information:
```

```
LUN information:
    LUN: 0
        Type: controller
        SCSI ID: IET     00020000
        SCSI SN: beaf20
        Size: 0 MB, Block size: 1
        Online: Yes
        Removable media: No
        Prevent removal: No
        Readonly: No
        SWP: No
        Thin-provisioning: No
        Backing store type: null
        Backing store path: None
        Backing store flags:
    LUN: 1
        Type: disk
        SCSI ID: IET     00020001
        SCSI SN: beaf20
        Size: 5369 MB, Block size: 512
        Online: Yes
        Removable media: No
        Prevent removal: No
        Readonly: No
        SWP: No
        Thin-provisioning: No
        Backing store type: rdwr
        Backing store path: /dev/iscsi/lv-iscsi3  ❽
        Backing store flags:
    LUN: 2
        Type: disk
        SCSI ID: IET     00020002
        SCSI SN: beaf22
        Size: 5369 MB, Block size: 512
        Online: Yes
        Removable media: No
        Prevent removal: No
        Readonly: No
        SWP: No
        Thin-provisioning: No
```

```
              Backing store type: rdwr
              Backing store path: /dev/iscsi/lv-iscsi4   ❾
              Backing store flags:
   Account information:
   ACL information:
```

❶ 첫 번째 타겟(tid 1)의 첫 번째 LUN(lun 1)에 논리 볼륨 /dev/iscsi/lv-iscsi1을 할당한다.

❷ 마찬가지로 첫 번째 타겟의 두 번째 LUN(lun 2)에 논리 볼륨 /dev/iscsi/lv-iscsi2를 할당한다.

❸ 두 번째 타겟(tid 2)의 첫 번째 LUN(lun 1)에 논리 볼륨 /dev/iscsi/lv-iscsi3를 할당한다.

❹ 두 번째 타겟(tid 2)의 두 번째 LUN(lun 2)에 논리 볼륨 /dev/iscsi/lv-iscsi4를 할당한다. 앞에서 생성한 4개의 LUN이 모두 tgtd 데몬에 의해 클라이언트에 전달돼 클라이언트에 의해 사용되게 된다.

❺ 앞에서 할당한 LUN 정보를 보기 위해 명령어 tgt-adm을 사용해보면

❻ 첫 번째 타겟의 첫 번째 LUN의 디바이스를 확인할 수 있고

❼ 첫 번째 타겟의 두 번째 LUN의 디바이스도 확인할 수 있다.

❽ 두 번째 타겟의 첫 번째 LUN의 디바이스를 확인할 수 있고

❾ 두 번째 타겟의 두 번째 LUN 디바이스를 확인할 수 있다. 이로써 두 개의 타겟 생성과 각 LUN 할당이 모두 완료됐다.

C. Target을 공유할 클라이언트 지정

세 번째 단계는 이렇게 생성한 LUN을 누구에게 제공할지 클라이언트를 지정하는 것이다. 여기서 일반적으로 클라이언트는 IP 주소를 사용한다. 마찬가지로 설정을 위해 명령어 tgtadm을 사용한다.

```
[root@master ~]# tgtadm --lld iscsi --mode target --op bind --tid 1
--initiator-address 192.168.80.6    ❶
[root@master ~]# tgtadm --lld iscsi --mode target --op bind --tid 2
--initiator-address 192.168.80.1    ❷
```

❶ 첫 번째 타겟(tid 1)은 클라이언트 IP 주소 192.168.80.6를 갖고 있고

❷ 두 번째 타겟(tid 2)은 192.168.80.1 IP 주소를 가진 클라이언트만 사용할 수 있다고 할당(op bind)했다.

D. CHAP 인증 설정

타겟 및 LUN 생성, 그리고 클라이언트 할당까지 모두 마쳤다면 이제 클라이언트가 사용할 인증 정보를 생성할 단계다. 여기서의 인증은 CHAP^{Challenge-Handshake Authentication Protocol} 프로토콜을 사용해 생성한다. CHAP는 인증을 위해 사용자의 ID와 패스워드를 검사하며, 그중에서 패스워드를 암호화해 전송한다.

```
[root@master ~]# tgtadm --lld iscsi --mode account --op new --user iscsiclient1
--password sanpassword     ❶
[root@master ~]# tgtadm --lld iscsi --mode account --op new --user iscsiclient2
--password sanpassword     ❷
[root@master ~]# tgtadm --lld iscsi --mode account --op bind --tid 1  --user
iscsiclient1      ❸
[root@master ~]# tgtadm --lld iscsi --mode account --op bind --tid 2  --user
iscsiclient2      ❹
[root@master ~]# tgt-admin -s  ❺
Target 1: iqn.2016-01.com.chul:tgt1
    System information:
        Driver: iscsi
        State: ready
    I_T nexus information:
    LUN information:
        LUN: 1
            Type: disk
            SCSI ID: IET     00010001
            SCSI SN: beaf11
            Size: 5369 MB, Block size: 512
            Online: Yes
            Removable media: No
            Prevent removal: No
            Readonly: No
            SWP: No
            Thin-provisioning: No
            Backing store type: rdwr
            Backing store path: /dev/iscsi/lv-iscsi1
            Backing store flags:
        LUN: 2
            Type: disk
            SCSI ID: IET     00010002
            SCSI SN: beaf12
```

```
                Size: 5369 MB, Block size: 512
                Online: Yes
                Removable media: No
                Prevent removal: No
                Readonly: No
                SWP: No
                Thin-provisioning: No
                Backing store type: rdwr
                Backing store path: /dev/iscsi/lv-iscsi2
                Backing store flags:
    Account information:
        iscsiclient1          ❻
    ACL information:
        192.168.80.6          ❼
Target 2: iqn.2016-01.com.chul:tgt2
    System information:
        Driver: iscsi
        State: ready
    I_T nexus information:
    LUN information:
        LUN: 1
                Type: disk
                SCSI ID: IET     00020001
                SCSI SN: beaf20
                Size: 5369 MB, Block size: 512
                Online: Yes
                Removable media: No
                Prevent removal: No
                Readonly: No
                SWP: No
                Thin-provisioning: No
                Backing store type: rdwr
                Backing store path: /dev/iscsi/lv-iscsi3
                Backing store flags:
        LUN: 2
                Type: disk
                SCSI ID: IET     00020002
                SCSI SN: beaf22
                Size: 5369 MB, Block size: 512
                Online: Yes
```

```
                Removable media: No
                Prevent removal: No
                Readonly: No
                SWP: No
                Thin-provisioning: No
                Backing store type: rdwr
                Backing store path: /dev/iscsi/lv-iscsi4
                Backing store flags:
    Account information:
         iscsiclient2          ❽
    ACL information:
         192.168.80.1          ❾
```

❶ 인증 정보는 사용자 이름(iscsiclient1)과 패스워드(sanpassword)로 구성돼 생성돼야 한다.

❷ 마찬가지로 두 번째 사용자 이름(iscsiclient2)과 패스워드(sanpassword)를 생성한다.

❸ 첫 번째 타겟(tid 1)은 첫 번째 사용자(iscsiclient1)에게 할당하고

❹ 두 번째 타겟(tid 2)은 두 번째 사용자(iscsiclient2)를 할당해 이 사용자 정보를 가진 클라이언트만 접속이 이뤄지게 설정한다.

❺ 명령어 tgt-adm을 이용해 설정 정보를 확인해보면

❻ 첫 번째 계정 정보가 추가됐고

❼ 그 클라이언트 IP 정보도 추가됐다.

❽ 두 번째 계정 정보도 추가됐고

❾ 두 번째 클라이언트의 IP 주소도 추가된 정보를 확인할 수 있다.

E. 설정 파일 수정

iSCSI 서버 설정의 마지막 단계는 앞에서 설정한 내용을 모두 설정 파일에 저장하는 것이다. 서버의 설정 파일은 /etc/tgt/targets.conf가 사용된다.

```
[root@master ~]# cp /etc/tgt/targets.conf /etc/tgt/targets.conf.orig    ❶
[root@master ~]# tgt-admin --dump >> /etc/tgt/targets.conf    ❷
[root@master ~]# vim /etc/tgt/targets.conf    ❸
# default-driver iscsi    ❹

<target iqn.2016-01.com.chul:tgt1>
    backing-store /dev/iscsi/lv-iscsi1
    backing-store /dev/iscsi/lv-iscsi2
    incominguser iscsiclient1 sanpassword    ❺
```

```
    initiator-address 192.168.80.6
</target>

<target iqn.2016-01.com.chul:tgt2>
    backing-store /dev/iscsi/lv-iscsi3
    backing-store /dev/iscsi/lv-iscsi4
    incominguser iscsiclient2 sanpassword        ❻
    initiator-address 192.168.80.1
</target>
[root@master ~]# systemctl restart tgtd           ❼
[root@master ~]# tgt-admin -s         ❽
```

❶ 원래의 설정 파일 이름을 변경해 복사한다. ❷에서 명령어를 입력해 설정 내용을 설정 파일에 저장하게 되는데, 이 파일에 문제가 생기는 경우 원래의 파일을 이용해 다시 설정하기 위해서다.

❷ 명령어 `tgt-admin`에 `dump` 옵션을 사용하면 현재 **tgtd** 데몬의 모든 설정 내용을 화면에 출력하는데, 이 내용을 모두 설정 파일 /etc/tgt/targets.conf에서 기존 내용 밑에 저장하라는 명령어다.

❸ 이 파일을 명령어 `vim`으로 열어서 확인해보면

❹ 이 내용을 #으로 주석 처리해야 하는데, 이 내용이 ❷에 의해 한 번 더 생성되므로 나중에 서비스 시작 시 에러를 발생하기 때문이다.

❺ 지금까지 설정한 모든 내용이 이 설정 파일에 저장되는데, 단 사용자의 패스워드는 저장되지 않으므로 이렇게 수동으로 추가해줘야 한다.

❻ 마찬가지로 두 번째 사용자의 패스워드도 추가한다.

❼ 지금까지의 모든 설정을 적용하기 위해 **tgtd** 데몬을 재시작한다.

❽ 명령어 `tgt-admin`을 이용해 모든 설정이 맞는지 확인한다.

이상으로 iSCSI 서버 master에서의 모든 설정을 완료했다.

20.4 리눅스 클라이언트(Initiator) 설정

20.3절에서 iSCSI 타겟 서버 설정을 모두 마쳤으므로 이제 iSCSI Initiator 클라이언트에서 이러한 저장 공간을 사용하는 방법을 설명한다. 클라이언트는 이러한 서버에서 제공하는 저장 공간을 Target 서버로부터 가져와 다양한 목적으로 사용할 수 있다. 이번에 클라이언

트에서는 타겟 서버가 제공한 저장 공간을 리눅스 파일 시스템으로 포맷하고, 디렉토리를 생성한 후 사용하는 과정까지 모두 3단계에 걸쳐 설명한다.

20.4.1 iSCSI Initiator 서비스 시작

첫 번째 단계는 클라이언트에서 iSCSI Initiator로서 서비스를 시작하는 단계인데, 그 방법은 다음과 같다.

```
[root@node1 ~]# yum install iscsi-initiator-utils -y    ❶
[root@node1 ~]# rpm -qa | grep iscsi        ❷
iscsi-initiator-utils-iscsiuio-6.2.0.873-32.el7.x86_64
iscsi-initiator-utils-6.2.0.873-32.el7.x86_64
libiscsi-1.9.0-6.el7.x86_64
[root@node1 ~]# systemctl start iscsid      ❸
[root@node1 ~]# systemctl enable iscsid     ❹
Created symlink from /etc/systemd/system/multi-user.target.wants/ iscsid.service to
/usr/lib/systemd/system/iscsid.service.
[root@node1 ~]# systemctl status iscsid     ❺
iscsid.service - Open-iSCSI
Loaded: loaded (/usr/lib/systemd/system/iscsid.service; enabled; vendor preset:
disabled)
Active: active (running) since Mon 2016-01-11 11:34:03 ICT; 41min ago
   Docs: man:iscsid(8)
        man:iscsiadm(8)
 Main PID: 1360 (iscsid)
   CGroup: /system.slice/iscsid.service
        1359 /usr/sbin/iscsid
        1360 /usr/sbin/iscsid
Jan 11 11:35:48 node1.chul.com iscsid[1359]: connect to 192.168.80.16:3260 failed (No
route to host)
Jan 11 11:36:06 node1.chul.com iscsid[1359]: connect to 192.168.80.16:3260 failed (No
route to host)
Jan 11 12:14:47 node1.chul.com systemd[1]: Started Open-iSCSI.
```

❶ 명령어 yum을 이용해 iSCSI 클라이언트 패키지를 설치한다.

❷ 명령어 rpm을 이용해 패키지 설치를 확인하는데, 의존 관계에 있는 두 개의 패키지까지 함께 설치된 것을 확인할 수 있다.

❸ 아무런 설정 변경 없이 바로 iscsid 서비스를 시작한다.

❹ 부팅 시에도 자동으로 이 서비스를 시작하게 설정한다.

❺ iscsid의 상태에서 메시지 active와 이 서비스가 시작됐다는 메시지를 확인한다.

20.4.2 iSCSI Target 서버로 로그인

두 번째 단계는 클라이언트 서비스를 이용해 iSCSI 서버에서 제공하고 있는 LUN으로
접속하는데, 이때 서버에서 설정한 인증 정보가 필요하다.

```
[root@node1 ~]# iscsiadm --mode discoverydb --type sendtargets --portal 192.168.80.5
--discover    ❶
192.168.80.5:3260,1 iqn.2016-01.com.chul:tgt1
[root@node1 ~]# iscsiadm --mode node --targetname iqn.2016-01.com.chul:tgt1 --portal
192.168.80.5:3260 --login    ❷
Logging in to [iface: default, target: iqn.2016-01.com.chul:tgt1, portal:
192.168.80.5,3260] (multiple)
iscsiadm: Could not login to [iface: default, target: iqn.2016-01.com.chul:tgt1, portal:
192.168.80.5,3260].
iscsiadm: initiator reported error (24 - iSCSI login failed due to authorization
failure)    ❸
iscsiadm: Could not log into all portals
[root@node1 ~]# vim /etc/iscsi/iscsid.conf    ❹
node.session.auth.authmethod = CHAP
node.session.auth.username = iscsiclient1
node.session.auth.password = sanpassword
[root@node1 ~]# systemctl restart iscsid    ❺
[root@node1 ~]# iscsiadm --mode discoverydb --type sendtargets --portal 192.168.80.5
--discover    ❻
192.168.80.5:3260,1 iqn.2016-01.com.chul:tgt1
[root@node1 ~]# iscsiadm --mode node --targetname iqn.2016-01.com.chul:tgt1 --portal
192.168.80.5:3260 --login    ❼
Logging in to [iface: default, target: iqn.2016-01.com.chul:tgt1, portal:
192.168.80.5,3260] (multiple)
Login to [iface: default, target: iqn.2016-01.com.chul:tgt1, portal:
192.168.80.5,3260] successful.    ❽
[root@node1 ~]# iscsiadm --mode node    ❾
192.168.80.5:3260,1 iqn.2016-01.com.chul:tgt1
[root@node1 ~]# iscsiadm --mode node --targetname iqn.2016-01.com.chul:tgt1 --portal
192.168.80.5:3260    ❿
# BEGIN RECORD 6.2.0.873-30
```

```
node.name = iqn.2016-01.com.chul:tgt1    ⓫
node.tpgt = 1
node.startup = automatic
~
iface.transport_name = tcp
~
node.discovery_address = 192.168.80.5
node.discovery_port = 3260
node.discovery_type = send_targets
~
node.session.auth.authmethod = CHAP
node.session.auth.username = iscsiclient1
node.session.auth.password = ********
~
node.conn[0].address = 192.168.80.5
node.conn[0].port = 3260
node.conn[0].startup = manual
~
# END RECORD
```

❶ iscsi-initiator-utils 패키지를 설치하면 사용 가능한 iSCSI 관리 명령어 iscsiadm을
   이용해 타겟을 제공하는(sendtargets) iSCSI 서버 IP 주소를 찾기 위한 패킷을 보내면
   (discover) 서버에서 제공하고 있는 타겟 정보(iqn)를 얻을 수 있다.

❷ ❶에서 발견한 타겟 정보로 IP 주소와 포트(3260)를 지정해 로그인을 시도하면

❸ 인증이 실패했다는 메시지를 볼 수 있다. iSCSI 서버에서는 인증 정보를 설정했는데,
   클라이언트에서 이러한 인증 정보 제공 없이 로그인을 시도했기 때문이다.

❹ 인증 정보를 설정하기 위해 /etc/iscsi/iscsid.conf 파일을 명령어 vim으로 열어서 인증에
   사용되는 알고리즘(CHAP), 사용자 정보(iscsiclient1), 그리고 패스워드(sanpassword)를 입력
   해줘야 한다.

❺ 변경 사항을 적용하기 위해 iscsid 데몬을 다시 시작한다.

❻ ❶에서 했던 동일한 과정을 통해 타겟 정보를 다시 확인한다.

❼ ❷에서 했던 것처럼 iSCSI 서버의 타겟으로 로그인을 시도한다.

❽ 그러면 iSCSI 서버로의 로그인이 성공했다는 메시지를 볼 수 있다.

❾ iscsi 클라이언트에 연결된 노드의 정보에서 서버의 IP 주소 및 포트 번호, 그리고 iqn를
   확인한다.

❿ ❾에서 확인한 서버 및 타겟에 대한 더 자세한 정보를 얻기 원하는 경우 사용한다.

❶ 그러면 서버에서 설정한 사용자 정보를 비롯한 모든 내용에 대한 정보를 얻을 수 있다.

20.4.3 iSCSI Target 서버 스토리지 이용

마지막 단계는 이렇게 서버에서 제공하고 있는 스토리지 정보를 실제 클라이언트에서 사용하는 것이다. 클라이언트에서 이 스토리지 공간을 사용하기 위해 이 디스크에 파일 시스템을 생성하고 디렉토리로 마운트를 하면 시스템의 여타 디렉토리처럼 사용이 가능하다. 이제까지의 과정을 통해 클라이언트 node1은 서버가 제공하는 두 개의 LUN 총 10기가의 공간을 사용할 수 있다는 것을 확인했다.

```
[root@node1 ~]# fdisk -l      ❶
Disk /dev/sda: 20.5 GB, 20474836480 bytes, 41943040 sectors
Units = sectors of 1 * 512 = 512 bytes
Sector size (logical/physical): 512 bytes / 512 bytes
I/O size (minimum/optimal): 512 bytes / 512 bytes
Disk label type: dos
Disk identifier: 0x000a7da2

   Device Boot      Start         End      Blocks   Id  System
/dev/sda1   *        2048     1026047      512000   83  Linux
/dev/sda2         1026048    41943039    20458496   8e  Linux LVM

Disk /dev/sdb: 5368 MB, 5368709120 bytes, 10485760 sectors
Units = sectors of 1 * 512 = 512 bytes
Sector size (logical/physical): 512 bytes / 512 bytes
I/O size (minimum/optimal): 512 bytes / 512 bytes

Disk /dev/sdc: 5368 MB, 5368709120 bytes, 10485760 sectors
Units = sectors of 1 * 512 = 512 bytes
Sector size (logical/physical): 512 bytes / 512 bytes
I/O size (minimum/optimal): 512 bytes / 512 bytes

[root@node1 ~]# fdisk /dev/sdb           ❷
Welcome to fdisk (util-linux 2.23.2).

Changes will remain in memory only, until you decide to write them.
Be careful before using the write command.

Device does not contain a recognized partition table
Building a new DOS disklabel with disk identifier 0x6f4fcfb0.
```

```
Command (m for help): n    ❸
Partition type:
  p   primary (0 primary, 0 extended, 4 free)
  e   extended
Select (default p): p    ❹
Partition number (1-4, default 1): 1    ❺
First sector (2048-10485759, default 2048):
Using default value 2048
Last sector, +sectors or +size{K,M,G} (2048-10485759, default 10485759):
Using default value 10485759
Partition 1 of type Linux and of size 5 GiB is set
Command (m for help): w    ❻
The partition table has been altered!

[root@node1 ~]# mkfs.xfs /dev/sdb1    ❼
meta-data=/dev/sdb1          isize=256     agcount=4, agsize=327616 blks
         =                   sectsz=512    attr=2, projid32bit=1
         =                   crc=0         finobt=0
data     =                   bsize=4096    blocks=1310464, imaxpct=25
         =                   sunit=0       swidth=0 blks
naming   =version 2          bsize=4096    ascii-ci=0 ftype=0
log      =internal log       bsize=4096    blocks=2560, version=2
         =                   sectsz=512    sunit=0 blks, lazy-count=1
realtime =none               extsz=4096    blocks=0, rtextents=0
[root@node1 ~]# mkdir /mnt/iscsi    ❽
[root@node1 ~]# mount /dev/sdb1 /mnt/iscsi/    ❾
[root@node1 ~]# ls -l /mnt/iscsi/    ❿
total 0
[root@node1 ~]# df -Th    ⓫
Filesystem                   Type     Size Used Avail Use%  Mounted on
/dev/mapper/centos_node1-root xfs      18G  7.4G  11G   42%   /
devtmpfs                     devtmpfs 902M    0  902M   0%   /dev
tmpfs                        tmpfs    917M  84K  917M   1%   /dev/shm
tmpfs                        tmpfs    917M 9.1M  908M   1%   /run
tmpfs                        tmpfs    917M    0  917M   0%   /sys/fs/cgroup
/dev/sda1                    xfs      497M 269M  229M  55%   /boot
/dev/sdb1                    xfs      5.0G  33M  5.0G   1%   /mnt/iscsi
[root@node1 ~]# vim /etc/fstab    ⓬
/dev/sdb1      /mnt/iscsi     xfs      defaults,_netdev      0 0
```

❶ 현재의 파티션 정보를 알기 위해 명령어 `fdisk`를 사용하면 node1이 기존에 사용하던 디바이스 /dev/sda 이외에 5기가 용량의 /dev/sdb와 /dev/sdc가 추가됐음을 확인할 수 있다.

❷ 디바이스 /dev/sdb에 파티션을 생성하기 위해 명령어 `fdisk`를 사용해

❸ 새로운(new) 파티션을 생성하는데

❹ 이 파티션의 종류는 primary이며

❺ 파티션 번호는 1번이며, 볼륨 크기를 지정하는 First sector와 Last sector에서 그냥 엔터 키를 치면 전체 5기가의 용량이 이 파티션에 할당된다.

❻ 이 정보를 저장한 후(write) `fdisk`에서 빠져 나온다.

❼ 이렇게 생성된 파티션 /dev/sdb1에 파일 시스템 생성을 위해 명령어 `mkfs.xfs`를 실행하면 xfs 파일 시스템으로 이 파티션이 포맷된다.

❽ 이렇게 포맷된 파티션을 마운트하기 위해 디렉토리를 생성하고

❾ /dev/sdb1을 이 디렉토리로 마운트한다.

❿ 이 디렉토리의 목록을 확인해보면 현재 어떤 디렉토리나 파일이 없다.

⓫ 마운트 정보를 확인하기 위해 명령어 `df`에 파일 시스템 타입 프린트 옵션 T와 사람이 읽기 편한 형식으로 보여 달라는 h 옵션을 추가해 실행하면 xfs 파일 시스템을 가진 /dev/sdb1이 /mnt/iscsi 디렉토리로 마운트됐음을 알 수 있다.

⓬ 부팅 이후에도 이 서버에서 제공하는 저장 공간을 자동으로 마운트해 사용하기 위해 /etc/fstab 파일을 열어 디바이스 이름 및 마운트 디렉토리 이름, 그리고 파일 시스템 타입과 네트워크에서 제공하는 디바이스임(_netdev)을 알리는 옵션을 추가해 설정한다.

이제 클라이언트 node1은 부팅 이후에도 자동으로 iSCSI 서버 master가 제공하는 논리적 공간을 자신의 디렉토리로 마운트해 항상 사용할 수 있다.

20.5 윈도우 클라이언트(Initiator) 설정

iSCSI 클라이언트는 리눅스뿐만 아니라 윈도우 7에서도 사용할 수 있다. 윈도우 7에서 iSCSI 클라이언트를 사용하는 방법을 차례대로 이번 절에서 살펴보면 다음과 같다.

A. 제어판 설정

첫 번째 단계는 윈도우 제어판 ▶ 시스템 및 보안 ▶ 관리자 툴에서 그림 20-2처럼 iSCSI Initiator를 선택하기 바란다.

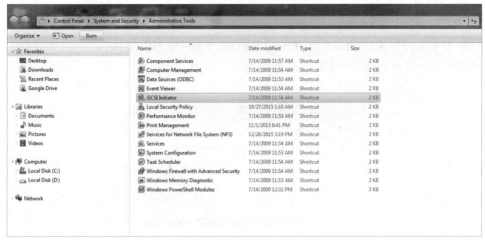

그림 20-2   제어판 확인하기

B. iSCSI 서버 IP 주소와 포트 지정

그런 다음에 그림 20-3처럼 Discovery의 Discover Target Portal을 클릭한 뒤에 서버의
IP 주소와 기본 포트 3260번을 입력하고 OK 버튼을 클릭한다.

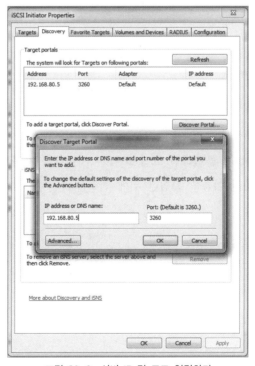

그림 20-3   서버 IP 및 포트 입력하기

C. 서버 정보 확인

다음 단계는 그림 20-4처럼 서버에서 설정한 iqn과 tgt2를 확인할 수 있다. 그러나 아직 연결이 이뤄지지 않아 그 상태가 비활성 상태임을 알 수 있다.

그림 20-4 서버 정보 확인하기

D. 타겟 이름 확인

그림 20-4에서 connect를 클릭하면 그림 20-5는 서버에서 제공 중인 tgt2로의 연결을 시도하는데, 이때 타겟의 이름을 확인한 뒤에 연결을 진행한다.

그림 20-5 타겟 이름 확인하기

E. 연결 확인

연결이 성공하면 그림 20-6처럼 그 상태에 connected라는 메시지를 확인할 수 있다.

그림 20-6 연결 확인하기

F. 장치 관리자 확인

이제 iSCSI 연결이 성공적으로 이뤄졌기 때문에 스토리지 공간을 윈도우에서 그림 20-7 처럼 장치 관리자를 실행해 확인할 수 있다. 기존에 사용하던 Disk 0 외에 Disk 1과 Disk 2가 각각 5기가씩 할당된 것을 확인할 수 있다.

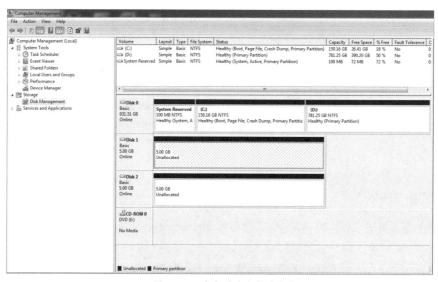

그림 20-7 장치 관리자 확인하기

G. 볼륨 생성

새로운 볼륨을 생성하기 위해 그림 20-7에서 Disk 1를 선택하고 오른쪽 마우스를 클릭한 후 New Simple Volume를 선택하고 그림 20-8처럼 마법사에서 Next를 클릭하면 오른쪽 그림처럼 그 크기를 지정할 수 있다.

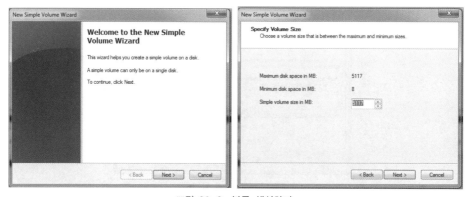

그림 20-8 볼륨 생성하기

H. 파티션 포맷

포맷할 파티션의 디스크 이름을 왼쪽 그림처럼 먼저 지정하고 그 볼륨의 이름 및 파일 시스템을 지정한 후에 그림 20-9처럼 진행하면 새로운 볼륨이 생성된다.

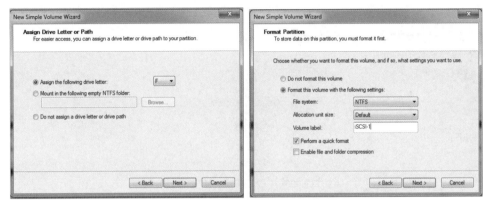

그림 20-9 드라이브 이름과 파티션 포맷 지정하기

I. 파티션 포맷 확인

이제 그림 20-10처럼 다시 장치 관리자에서 새로 포맷된 디스크 F를 발견할 수 있다. 이와 마찬가지로 아직 포맷되지 않은 Disk 2도 동일하게 사용할 수 있다.

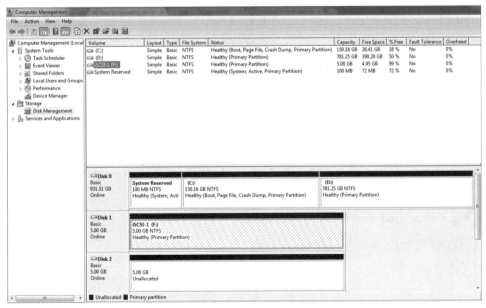

그림 20-10 포맷된 파티션 확인하기

J. 윈도우 디렉토리 확인

그러면 그림 20-11처럼 새로 생성된 디스크 F를 발견할 수 있다. 이 디스크 F를 클릭하고 데이터 저장 및 삭제를 통해 새로운 디스크 사용이 iSCSI를 통해 가능함을 확인할 수 있다.

그림 20-11 새 디스크 확인하기

20.6 참고문헌

- http://searchstorage.techtarget.com/definition/iSCSI
- https://en.wikipedia.org/wiki/ISCSI
- http://ixbtlabs.com/articles2/iscsi/
- http://www.tecmint.com/create-centralized-secure-storage-using-iscsi-targetin-linux/
- https://www.thomas-krenn.com/en/wiki/ISCSI_Basics#iSCSI_Initiator
- https://fedoraproject.org/wiki/Scsi-target-utils_Quickstart_Guide#Firewall
- http://www.certdepot.net/rhel7-configure-iscsi-target-initiator-persistently/
- https://docs.fedoraproject.org/en-US/Fedora/14/html/Storage_Administration_Guide/iscsilogin.html
- http://www.thecus.com/download/howtoguide/HowtoConnecttoaniSCSITargetUsing Windows.pdf
- http://www.windowsnetworking.com/articles-tutorials/windows-7/Connecting-Windows-7-iSCSI-SAN.html

20.7 요약

1. (   )는 (   )을 이용해 SCSI의 명령어를 LAN이나 WAN에 위치한 스토리지 장치에 전달하기 위해 사용되는 프로토콜로서 디스크와 같은 네트워크 기반의 저장 장치를 보통 (   )이라고 부른다.

2. (   )은 네트워크로 연결된 iSCSI 클라이언트에게 TCP/IP를 통해 SAN을 공급하는 iSCSI (   )이며, 자신이 제공하는 저장 장치를 (   )이라는 이름으로 제공하고, (   )은 (   )이 TCP/IP를 통해 공급하는 SAN을 실제로 이용하는 클라이언트를 의미한다.

3. iSCSI 기능 구현을 위해 서버에서 (   ) 패키지를 설치하고 클라이언트에서 (   ) 패키지를 설치해서 사용하며, 서버 서비스를 시작하면 기본 포트 (   )번을 통해 서비스를 제공한다.

4. iSCSI Target 이 (   )을 이용하고 생성해 TCP/IP를 통해 클라이언트에게 제공하는 논리적 저장 공간의 주소를 (   )라고 하며, 이러한 (   )은 보통 클러스터, 가상 서버, 그리고 SAN 등에서 사용된다.

5. 스토리지 관리를 위한 LVM 을 사용하기 위해서 (   ) 패키지를 설치한 후에 물리적 볼륨 생성을 위해 명령어 (   ), 볼륨 그룹 생성을 위해 (   ), 그리고 논리적 볼륨을 생성하기 위해 (   )를 사용한다.

6. 타겟을 생성하기 위해 명령어 (   )를 이용하는데, 이때 (   )은 iscsi의 이름을 지정하기 위해 사용한다.

7. 타겟 및 LUN 생성, 그리고 클라이언트 지정까지 모두 마치면 서버와 클라이언트 간에 사용할 인증 정보를 생성하는데, 이때 인증은 (   ) 프로토콜을 사용한다.

8. iSCSI 클라이언트는 iSCSI 서비스 사용을 위해 데몬 (   )을 시작하고, 명령어 (   )을 사용해 서버에 접근한 뒤에 명령어 (   )로 파티션을 생성하고, (   ) 파일에 등록해 지속적으로 사용할 수 있다.

9. iSCSI 서버가 제공한 파티션을 클라이언트가 (   ) 파일에 등록할 때 옵션으로 네트워크에서 제공하는 디바이스임을 알리는 (   ) 옵션을 추가해야 한다.

10. 윈도우 7에서도 iSCSI 클라이언트 사용이 가능한데 제어판 ❭ 시스템 및 보안 ❭ 관리자 툴에서 (   )를 선택해 설정한 이후에 (   )에서 그 결과를 확인할 수 있다.

20.8 연습문제

1. iSCSI 서버 패키지를 설치한 이후에 그 서비스를 시작하고 Firewaild 방화벽에 추가하라.
2. LVM을 이용해 iSCSI 클라이언트에 제공할 두 개의 SAN 공간을 생성하는데, 각각 10기가의 크기를 갖게 설정하라.
3. target을 생성하기 위해 명령어 tgtadm을 사용해 두 개의 타겟 tgt1, tgt2를 각각 생성하라.
4. 명령어 tgtadm을 사용해 3번 문제에서 생성한 두 타겟에 각각 두 개의 LUN을 생성하는데, 이때 2번 문제에서 생성한 SAN 공간을 설정에서 할당하라.
5. 명령어 tgtadm을 사용해 리눅스 클라이언트와 윈도우 클라이언트의 IP 주소를 추가하라.
6. 명령어 tgtadm을 사용해 리눅스와 윈도우에 대한 각각 다른 인증 패스워드를 설정하라.
7. 앞에서 설정한 모든 내용을 /etc/tgt/targets.conf 파일에 저장하고 필요한 경우 파일을 수정하라.
8. 리눅스 클라이언트에서 iSCSI 패키지를 설치하고 그 서비스를 시작한 다음에 Firewalld 방화벽에 등록하라.
9. iSCSI 서버가 제공하는 타겟 tgt1을 리눅스 클라이언트에게 할당하고, 그 SAN 공간을 포맷하고 디렉토리를 사용해 마운트하라.
10. 윈도우 7에 iSCSI Initiator를 설치하고 서버가 제공하는 tgt2를 할당한 다음에 포맷해서 디렉토리를 생성한 다음에 사용하라.

20.9 연구과제

1. iSCSI 서버에 Device Mapper와 Multipathing을 사용해 각각 두 개의 네트워크 인터페이스가 있는 경우의 iSCSI 서버를 설정해보라.
2. 윈도우 8이나 10에서 iSCSI 클라이언트 사용하는 방법을 연구해보라.

4부

리눅스 보안, 모니터링, 로그, 백업 서버

4부에서는 일반적인 서버 프로그램들에게 특별한 서비스를 제공하는 서버 프로그램들을 정리했다. 21장 Kerberos 보안 인증 서버 관리, 22장 Nagios 모니터링 서버 관리, 23장 Log 서버 관리, 24장 Bacula 데이터 백업 서버 관리를 구체적인 실습 예제와 더불어 자세히 설명한다.

21장
Kerberos 인증 서버

Kerberos 인증 서버의 모든 것

21장에서는 리눅스에서 안전한 인증 서비스를 클라이언트에게 제공하는 Kerberos 서버에 대해 설명한다. 주요 내용으로 Kerberos 작동 원리 및 패키지의 설치부터 Kerberos 서버의 시작, 그리고 클라이언트에서 Kerberos을 이용해 서비스를 사용하는 방법을 구체적인 예제와 더불어 자세히 설명한다.

Kerberos는 MIT^{Massachusetts Institute of Technology}의 Athena 프로젝트에 의해 네트워크 서비스를 보호하기 위해 개발된 네트워크 인증 프로토콜이다. Kerberos는 다양한 버전이 발표됐는데, 버전 1~3은 MIT 내부에서만 사용됐고 버전 4가 1980년대 후반 발표됐다. 버전 4의 한계와 보안 문제를 해결한 버전 5(RFC 1510, 4210)가 1993년 개발돼 현재 리눅스를 비롯한 대부분의 운영체제에서 사용되고 있다. 21장에서도 Kerberos 5를 사용해 설명을 진행한다.

Kerberos는 사용자가 네트워크 서비스를 사용할 때 일반적으로 안전하지 않은 패스워드가 아니라 대칭 키 기반의 암호화 방법, 좀 더 구체적으로 설명하면 키^{Key}와 티켓^{Ticket}을 통해 사용자를 인증하고 그 서비스 사용을 허용하는 프로토콜이다. 일반적인 네트워크 서비스 사용 시 대부분의 인증은 사용자의 ID와 패스워드를 사용하게 되는데, 이런 경우 암호화되지 않은 사용자의 정보가 공격자에게 노출되는 위험성을 방지함으로써 안전한 서비스 사용을 보장한다는 점이 Kerberos의 장점이라고 할 수 있다. 반면 리눅스에서 인증을 위해 표준 패스워드 저장 파일로 사용되는 /etc/passwd 또는 /etc/shadow로부터 사용자 정보의 인증을 위해 Kerberos 데이터베이스로 변환할 수 있는 방법이 부족하고, 리눅스에서 인증 모듈로 가장 많이 사용되는 PAM과 호환이 부족하다는 점은 단점이라 할 수 있다. 그리고 무엇보다도 Kerberos 시스템에서 키를 분배하기 위해 중앙 집중 서비스로 사용되는 KDC^{Key Distribution Center}가 해커의 공격에 노출될 경우 전체 Kerberos 시스템이 위험에 처할 수 있다는 점이 가장 큰 단점으로 지적돼 왔다.

21장에서 Kerberos 서버와 클라이언트 설정 및 테스트를 위해 사용되는 호스트의 정보는 다음과 같다.

호스트 이름	IP 주소	OS 버전	역할
master.chul.com	192.168.80.5	CentOS Linux release 7.2	Kerberos 서버
node1.chul.com	192.168.80.6	CentOS Linux release 7.2	Kerberos 클라이언트

21장에서 다루는 내용은 다음과 같다.

- Kerberos 서비스 이해
- Kerberos 서버 설정과 서비스 시작
- Kerberos 클라이언트 설정
- Kerberos를 이용한 서비스 사용

21.1 Kerberos 서비스 이해

이번 절에서는 Kerberos 서비스를 이해하기 위해 Kerberos 시스템을 구성하는 요소들이 무엇인지, 이러한 구성 요소들이 서로 간에 어떻게 작동하는지 작동 원리를 살펴보고, Kerberos 설정 시 알아야 할 중요한 용어들에 대해 차례대로 살펴본다.

21.1.1 Kerberos 구성 요소

Kerberos 시스템을 구성하는 중요한 요소들을 정리하면 표 21-1과 같다. 여기의 구성 요소들을 이용해 다음 절에서 작동 원리를 설명한다.

표 21-1 Kerberos 시스템 구성 요소

구성 요소	설명
KDC	Key Distribution Center의 약어로서 Kerberos에서 인증을 위해 사용되는 티켓 (Ticket)을 발행하는 서비스이며, 보통 AS와 TGS를 포함하고 있다.

(이어짐)

구성 요소	설명
AS	Authentication Server의 약어로서 클라이언트의 요청을 받아 그 클라이언트를 인증한 후 TGT(Ticket Granting Ticket)를 발행하는 서버인데, 이는 TGS로부터 티켓을 받게 하기 위해서다.
TGS	Ticket Granting Server의 약어로서 AS로부터 인증 받은 클라이언트에게 서비스 사용이 가능한 티켓을 발행하는 서버다.
Service	클라이언트가 사용하기 원하는 특정 네트워크 서비스이며, 클라이언트가 TGS로부터 받은 티켓을 인증하기 위해 사전에 Kerberos 서버에 정보가 등록돼 있어야 한다. SSH, Web 서비스 등이 그 예라 할 수 있다.
Client	Kerberos Realm에 속한 서비스를 사용하기 위해 AS와 TGS로부터 티켓을 받는 사용자나 호스트 또는 애플리케이션을 의미한다.
Realm	티켓을 발행하는 하나 이상의 KDC와 서비스, 그리고 그 서비스 사용을 원하는 여러 클라이언트로 구성된 네트워크 전체를 가리키는 용어다.

21.1.2 Kerberos 작동 원리

표 21-1에서 설명한 구성 요소들과 Kerberos의 작동 원리를 살펴보면 그림 21-1과 같이 크게 3단계로 나눌 수 있다.

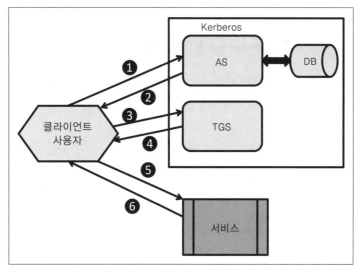

그림 21-1 Kerberos 시스템의 작동 원리

그림을 참조해 각 단계별로 살펴보면 다음과 같다.

STEP 1: 클라이언트 ←——→ KDC:AS(Authentication Server)

1. 첫 번째 단계는 클라이언트가 서비스 사용 요청을 AS에게 보내고 AS가 이에 응답하는 과정으로서 그림의 ❶과 ❷에 해당한다.

2. 클라이언트가 AS에게 서비스 사용 요청 시 보내는 자료는 클라이언트의 이름과 ID, 요청한 서비스의 이름과 ID, 클라이언트의 IP 주소, 그리고 TGT의 유효 기간이다. 이러한 자료는 암호화되지 않은 평문으로 AS에게 보내지게 된다.

3. 이에 대해 AS는 클라이언트의 정보를 Kerberos 데이터베이스에서 조회한 뒤 발견하면 두 가지의 메시지를 클라이언트에게 보내게 되는데, 첫 번째는 TGT로서 클라이언트의 이름과 ID, TGS의 이름과 ID, 타임스탬프^{Timestamp}, 클라이언트의 IP 주소, TGT의 유효 기간, TGT 세션 키이며, 이 TGT는 TGS의 비밀 키$^{Secret Key}$로 암호화돼 있다.

4. 두 번째 메시지는 TGS의 이름과 ID, 타임스탬프, 유효 기간, TGS 세션 키가 포함돼 있고, 클라이언트의 비밀 키로 암호화돼 있다.

5. 여기서 TGS 세션 키는 클라이언트와 TGS 사이에 공유된 키를 의미한다. 클라이언트의 비밀 키란 클라이언트의 패스워드를 의미하는데, 이는 사전에 클라이언트와 AS 간에 이 비밀 키를 서로 공유하고 있다는 의미가 된다.

6. TGS의 비밀 키로 암호화된 TGT는 클라이언트의 캐시에 저장되고 TGS 접속 시 제출하게 된다.

STEP 2: 클라이언트 ←——→ KDC:TGS(Ticket Granting Server)

1. 두 번째 단계는 클라이언트가 AS로 부터 받은 티켓과 더불어 TGS에게 서비스 사용을 위한 티켓을 요청하고, TGS가 이 요청에 대해 티켓을 발행해 전달하는 과정으로서 그림의 ❸과 ❹에 해당한다.

2. 클라이언트가 TGS에게 요청을 보낼 때 TGS 세션 키로 암호화된 Authenticator 안에 클라이언트 이름 및 ID, 타임스탬프 정보, 그리고 암호화되지 않은 서비스 이름 및 ID, 서비스 사용을 위한 티켓의 유효 기간 등의 정보를 전달하게 된다.

3. 또한 AS로부터 받은 티켓도 전달하는데, 이 티켓 안에는 클라이언트 ID, 서비스 ID, IP 주소, 타임스탬프, 유효 기간, 그리고 TGS 세션 키가 저장돼 있다.

4. 이러한 정보를 받은 TGS는 먼저 클라이언트가 요청한 서비스가 데이터베이스에 있는지 확인 후에 그렇다면 그 티켓을 TGS의 비밀 키를 이용해 복호화한다.

5. 이 티켓 내의 TGS 세션 키를 이용해 Authenticator도 복호화한다.

6. 이러한 정보들이 정확하다면 TGS는 서비스 비밀 키로 암호화된 티켓을 생성하는데, 그 내부에는 클라이언트 이름과 ID, 서비스의 이름과 ID, IP 주소, 타임스탬프, 티켓의 유효 기간, 서비스 세션 키의 정보들이 들어있다.

7. 또한 TGS의 세션 키로 암호화된 메시지에는 서비스 이름 및 ID, 타임스탬프, 티켓의 유효 기간, 서비스 세션 키가 들어 있다.

8. 클라이언트는 이 두 번째 메시지를 캐시에 저장된 TGS의 세션 키로 복호화하지만 서비스의 비밀 키로 암호화된 티켓은 복호화하지 못하고 그대로 서비스에 전달해야 한다.

STEP 3: 클라이언트 ◀──────▶ Service(SSH,Web)

1. 세 번째 단계는 클라이언트가 TGS로부터 받은 티켓과 더불어 서비스 제공 서버에게 특정 서비스 사용 요청을 하고 서비스를 제공하는 서버가 이에 대해 그 서비스 사용을 허용하는 과정으로서 그림의 ❺와 ❻에 해당한다.

2. 클라이언트는 이 과정에서 서비스의 세션 키로 암호화된 Authenticator 내부의 클라이언트의 이름과 ID, 타임스탬프 정보, 그리고 서비스의 비밀 키로 암호화된 티켓을 서비스 제공 서버에 전달한다.

3. 이 정보를 받은 서비스 서버는 서비스 비밀 키를 이용해서 티켓을 복호화해 서비스 세션 키를 얻고, 이 키를 이용해 다시 Authenticator를 복호화한다.

4. 서비스 제공 서버는 이러한 정보들을 확인한 다음 이 정보들이 정확하다면 서비스 세션 키를 이용해 암호화한 클라이언트의 ID와 타임스탬프가 포함된 Authenticator를 클라이언트에게 보냄으로써 그 ID의 확인 작업이 모두 끝났음을 확증하게 된다.

5. 이제 클라이언트는 서비스 서버에 의해 확인 작업을 모두 마쳤으므로 서비스 사용이 가능하게 된다. 다시 서비스를 이용할 경우 티켓의 유효 기간이 남아 있다면 다시 이 티켓을 이용할 수 있고, 티켓의 유효 기간이 만료됐다면 다시 티켓을 TGS로부터 받아 Step 3의 단계를 다시 거쳐야 한다.

21.1.3 Kerberos 용어 설명

Kerberos 서버 구축 시에만 특별히 사용되는 용어들을 정리하면 표 21-2와 같다.

표 21-2 Kerberos 서버 구축 시 필요한 용어 정리

용어	설명
GSS-API	Generic Security Service Application Program Interface의 약어로서 보안 서비스를 제공하는 기능이 세트로 구성된 API이며, 클라이언트와 서비스가 서로를 인증하기 위해 사용된다.
Key	어떤 데이터를 암호화 또는 복호화하기 위해 사용되는 데이터로서 Kerberos에서는 두 가지의 키, 즉 세션 키와 비밀 키가 사용된다.
Keytab	Principal과 그 키를 암호화되지 않은 목록으로 저장하고 있는 파일이다.
kinit	Kerberos가 TGT를 받아서 캐시에 저장하기 위해 사용되는 프로그램이다.
principal	Kerberos를 이용한 인증을 사용하기 위해 허용된 서비스나 사용자의 이름을 의미한다. 즉 Kerberos에 principal로 등록되지 못한 서비스나 사용자는 Kerberos 인증을 사용할 수 없다.
ticket	특정한 서비스 사용을 원하는 클라이언트의 ID 확인을 위해 임시로 사용되는 인증서다. Kerberos 인증에서는 두 개의 티켓이 사용된다.
TGT	Ticket Granting Ticket의 약어로서 클라이언트가 TGS로부터 서비스 사용을 위한 티켓을 받게 하기 위해 AS가 발행하는 티켓이다.

21.2 Kerberos 서버 설정과 서비스 시작

21.1절의 Kerberos 시스템 이해를 기반으로 해서 실제로 Kerberos 서버를 구축하는 방법을 이번 절에서 차례대로 설명한다. 총 5단계의 과정을 통해 Kerberos 서버 구축을 완료할 수 있다.

21.2.1 Kerberos 서버 설치

Kerberos 서버 구축을 위한 첫 번째 단계는 다른 서버들과 마찬가지로 Kerberos 서버 사용을 위한 패키지를 설치하는 것이다. Kerberos는 사용 전에 전제 조건이 있는데, 바로 클라이언트 시스템과의 시간 동기화다. 이 내용도 Kerberos 서버 시작 전에 확인돼야 한다.

```
[root@master ~]# systemctl status ntpd   ❶
[root@master ~]# ntpq -p   ❷
remote            refid          st t when poll reach  delay  offset  jitter
===========================================================================
*dadns.cdnetwork 133.100.8.2    2 u  2   64  1     196.238 65.091  7.315
ns2.sol.az       193.79.237.14 2 u  1   64  1     421.520 -1.666  1.011
125.62.193.121   204.152.184.72 2 u  -   64  1     133.540 16.436  1.194
```

```
 192.168.80.255   .BCST.       16 u  -  64 0   0.000    0.000  0.000
[root@master ~]# yum install krb5-server krb5-workstation pam_krb5 -y    ❸
[root@master ~]# rpm -qa | grep krb5    ❹
krb5-workstation-1.13.2-10.el7.x86_64
krb5-libs-1.13.2-10.el7.i686
krb5-libs-1.13.2-10.el7.x86_64
pam_krb5-2.4.8-4.el7.x86_64
krb5-server-1.13.2-10.el7.x86_64
```

❶ Kerberos 서버와 클라이언트는 설정을 위해선 서로 시간 동기화가 필요하다. 그래서 19장에서 설정한 대로 먼저 **ntpd** 데몬이 잘 작동하고 있는지 명령어 systemctl을 이용해 데몬의 상태를 확인한다. 현재 작동 중이 아니라면 명령어 systemctl start ntpd를 이용해서 서비스를 시작해야 한다.

❷ 그 이후에 타임 서버로 사용되고 있는 목록을 보기 위해 명령어 ntpq -p로 확인한다.

❸ Kerberos 서버에서 사용할 패키지 세 가지를 설치한다.

- **krb5-server**   KDC 구축에 사용되는 패키지
- **krb5-workstation**   기본적인 Kerberos 프로그램을 포함하고 있으며, Kerberos를 사용하는 모든 호스트에 설치 필요
- **pam_krb5**   PAM을 사용하는 애플리케이션이 Kerberos 5를 이용해 패스워드를 확인 및 변경, 그리고 TGT를 가져오기 위해서 사용하는 인증 모듈

❹ 명령어 rpm을 사용해 위의 패키지들이 성공적으로 설치됐는지 확인한다.

21.2.2 설정 파일 편집

Kerberos 서버는 다른 서버들과 다르게 먼저 설정 파일을 이용해 KDC 및 서비스, 그리고 클라이언트가 속할 Realm을 정의해줘야 서비스를 성공적으로 시작할 수 있다.

A. 설정 파일 편집

첫 번째는 설정 파일 편집인데, 세 가지의 설정 파일을 Realm의 이름이나 서버의 이름 같은 값을 환경에 맞게 수정해줘야 한다.

```
[root@master ~]# vim /etc/krb5.conf
[libdefaults]
    default_realm = CHUL.COM    ❶
[realms]
```

```
    CHUL.COM = {          ❷
        kdc = master.chul.com          ❸
        admin_server = master.chul.com    ❹
    }
[domain_realm]
.chul.com = CHUL.COM  ❺
 chul.com = CHUL.COM  ❻
[root@master ~]# vim /var/kerberos/krb5kdc/kdc.conf
[kdcdefaults]
    kdc_ports = 88   ❼
    kdc_tcp_ports = 88

[realms]
    CHUL.COM = {          ❽
        master_key_type = aes256-cts     ❾
        acl_file = /var/kerberos/krb5kdc/kadm5.acl
        dict_file = /usr/share/dict/words
        admin_keytab = /var/kerberos/krb5kdc/kadm5.keytab
        supported_enctypes = aes256-cts:normal aes128-cts:normal
des3-hmac-sha1:normal arcfour-hmac:normal camellia256-cts:normal
camellia128-cts:normal des-hmac-sha1:normal des-cbc-md5:normal des-cbc-crc:normal
    }
[root@master ~]# vim /var/kerberos/krb5kdc/kadm5.acl   ❿
*/admin@CHUL.COM          *
```

❶ Kerberos 설정 파일을 열어 Kerberos 5 라이브러리가 사용하는 기본 Realm 정보를 설정한다.

❷ KDC에서 사용할 Kerberos의 Realm을 정의하는데

❸ KDC로 사용될 호스트의 이름을 정의하며, 여기에선 master 호스트가 사용되고 있다.

❹ 어드민 서버로 사용될 호스트의 이름을 정의한다.

❺와 ❻은 도메인 네임을 Kerberos의 Realm으로 변환하기 위해 사용되는 섹션인데, ❺는 도메인 chul.com을 사용하는 모든 호스트(.)에 대해서 CHUL.COM으로

❻ chul.com 도메인 자체도 Realm CHUL.COM으로 변환하라는 의미다.

❼ Kerberos 서버가 사용할 설정 파일을 열어 kdc가 사용할 포트 88번을 지정하고

❽ Realm을 CHUL.COM으로 지정하는데

❾ Principal 데이터베이스에 들어 있는 모든 정보를 암호화하기 위해 사용되는 마스터 키로 사용할 키의 암호화 형식을 지정하고 그 아래 줄에 acl(Access Control List), 즉 접근 제어로 사용할 파일을 지정하는데 이 파일은 어드민 역할을 할 사용자의 권한을 지정한다.

❿ ❾에서 정의한 대로 ACL 파일을 생성해야 하는데, acl 파일의 내용은 다음과 같은 구조로 구성돼 있다.

*	/admin	@CHUL.COM	*
Primary	Instance	Realm	Privileges

위에서 Primary는 **Kerberos**를 이용하는 사용자[user] 또는 호스트[host]가 사용되며, Instance는 옵션으로서 Primary의 자격을 구분하기 위해 사용되는데, 슬래시(/)를 사용해 Primary와 구분한다. Primary, Instance, Realm 이 세 가지를 합쳐 **Principal**이라고 부른다.

그리고 Privileges *은 admcil을 의미하는데, 각각의 의미는 다음과 같다.

- **a** 데이터베이스에 Principal 또는 Policy 추가 허용
- **d** 데이터베이스에서 Principal 또는 Policy 삭제 허용
- **m** 데이터베이스에서 Principal 또는 Policy 수정 허용
- **c** 데이터베이스에서 Principal에 대한 패스워드 변경 허용
- **i** 데이터베이스에 대한 질의 허용
- **l** 데이터베이스의 Principal 또는 Policy 목록 제공 허용

위의 admcil을 대문자로 사용하면 반대의 의미가 된다. 그래서 이 ACL을 해석하면 **Realm CHUL.COM**에서 인스턴스 admin을 가진 어느 사용자 또는 호스트는 관리자로서의 모든 권한을 갖고 있다는 의미가 된다.

B. 데이터베이스 생성

두 번째는 데이터베이스 생성인데, **Kerberos**는 데이터베이스를 생성하고 그 데이터베이스에 데이터를 저장한 후에야 사용이 가능하므로 명령어 kdb5_util을 이용해 먼저 데이터베이스를 생성해줘야 한다.

```
[root@master ~]# kdb5_util create -s -r CHUL.COM    ❶
Loading random data
Initializing database '/var/kerberos/krb5kdc/principal' for realm 'CHUL.COM',    ❷
master key name 'K/M@CHUL.COM'    ❸
You will be prompted for the database Master Password.
It is important that you NOT FORGET this password.
Enter KDC database master key:    ❹
```

```
Re-enter KDC database master key to verify:
[root@master ~]# ls -l /var/kerberos/krb5kdc/principal          ❺
-rw------1 root root 16384 Jan 6 12:37 /var/kerberos/krb5kdc/principal
```

❶ 명령어 `kdb5_util`을 이용해 Realm CHUL.COM의 데이터베이스를 생성하면(s)

❷ 이 데이터베이스가 저장된 디렉토리와 파일명을 보여주고

❸ 마스터 키의 이름 또한 보여주며

❹ 마스터 키의 패스워드를 새롭게 생성한다.

❺ 데이터베이스 파일이 성공적으로 생성됐는지 디렉토리 목록에서 확인한다.

C. Principal 생성

데이터베이스가 성공적으로 생성되면 이제 새롭게 생성된 데이터베이스에 자료를 저장해야 한다. 앞에서 설명한 대로 Principal은 Kerberos 시스템을 사용하기 위한 사용자나 서비스를 의미한다.

```
[root@master ~]# kadmin.local          ❶
Authenticating as principal root/admin@CHUL.COM with password.
kadmin.local: addprinc root/admin          ❷
WARNING: no policy specified for root/admin@CHUL.COM; defaulting to no policy
Enter password for principal "root/admin@CHUL.COM":          ❸
Re-enter password for principal "root/admin@CHUL.COM":
Principal "root/admin@CHUL.COM" created.          ❹
kadmin.local: addprinc lee          ❺
WARNING: no policy specified for lee@CHUL.COM; defaulting to no policy
Enter password for principal "lee@CHUL.COM":
Re-enter password for principal "lee@CHUL.COM":
Principal "lee@CHUL.COM" created.
kadmin.local: ktadd -k /var/kerberos/krb5kdc/kadm5.keytab kadmin/admin          ❻
kadmin.local: ktadd -k /var/kerberos/krb5kdc/kadm5.keytab kadmin/changepw
kadmin.local: listprincs ❼
K/M@CHUL.COM
kadmin/admin@CHUL.COM
kadmin/changepw@CHUL.COM
kadmin/master@CHUL.COM
lee@CHUL.COM
kiprop/master@CHUL.COM
krbtgt/CHUL.COM@CHUL.COM
root/admin@CHUL.COM
```

❶ Kerberos 데이터베이스 관리 프로그램인 kadmin.local로 로그인해

❷ Principal을 생성하기 위한 명령어 addprinc로 사용자 root를 admin으로 등록한다.

❸ 이 Principal을 사용하기 위해서 패스워드가 필요하므로 생성해주면

❹ 성공적으로 한 개의 Principal이 생성됐다는 메시지를 볼 수 있다.

❺ 사용자 lee도 Principal로 등록할 수 있는데, 이 경우 Instance도 없고 Realm도 없는데, Instance는 옵션이므로 생략 가능하며 Realm인 경우 기본 Realm인 CHUL.COM이 사용된다. 이렇게 사용자로 등록되면 Kerberos를 사용하는 서비스에 접근이 가능하게 됨을 의미한다.

❻ keytab 파일에 기본으로 두 개의 Principal을 추가하는데, 이 keytab 파일은 키를 포함하고 있으며, 이 키들은 Kerberos 5 관리 서버인 kadmind가 관리자의 Kerberos 티켓을 복호화하는 데 사용된다. 이 티켓은 Kerberos 데이터베이스에 접근이 허용됐는지를 확인하기 위해 사용된다.

❼ Principal 목록을 보기 위해 명령어 listprincs를 사용해 앞에서 생성한 두 개의 Principal을 확인할 수 있다.

21.2.3 Kerberos 서비스 시작

Kerberos의 설정 파일을 모두 성공적으로 수정했다면 이제 서비스를 시작할 수 있다. 이번 단계에서는 서비스 시작 후 포트 및 프로세스 확인, 그리고 Kerberos가 사용하는 로그 파일을 확인한다.

```
[root@master ~]# systemctl start krb5kdc kadmin      ❶
[root@master ~]# systemctl enable krb5kdc            ❷
Created symlink from /etc/systemd/system/multi-user.target.wants/ krb5kdc.service to
/usr/lib/systemd/system/krb5kdc.service.
[root@master ~]# systemctl enable kadmin             ❸
Created symlink from /etc/systemd/system/multi-user.target.wants/ kadmin.service to
/usr/lib/systemd/system/kadmin.service.
[root@master ~]# systemctl status krb5kdc            ❹
krb5kdc.service - Kerberos 5 KDC
Loaded: loaded (/usr/lib/systemd/system/krb5kdc.service; enabled; vendor preset:
disabled)
Active: active (running) since Wed 2116-01-06 10:40:26 ICT; 7min ago
 Main PID: 36159 (krb5kdc)
   CGroup: /system.slice/krb5kdc.service
```

```
           36159 /usr/sbin/krb5kdc -P /var/run/krb5kdc.pid
Jan 06 10:40:26 master.chul.com systemd[1]: Starting Kerberos 5 KDC...
Jan 06 10:40:26 master.chul.com systemd[1]: Started Kerberos 5 KDC.
[root@master ~]# systemctl status kadmin
kadmin.service - Kerberos 5 Password-changing and Administration
 Loaded: loaded (/usr/lib/systemd/system/kadmin.service; enabled; vendor preset:
disabled)
Active: active (running) since Wed 2116-01-06 10:40:31 ICT; 7min ago
 Main PID: 36519 (kadmind)
   CGroup: /system.slice/kadmin.service
           36519 /usr/sbin/kadmind -P /var/run/kadmind.pid
Jan 06 10:40:31 master.chul.com systemd[1]: Starting Kerberos 5 Password-changing and
Administra......
Jan 06 10:40:31 master.chul.com systemd[1]: Started Kerberos 5 Password-changing and
Administration.
[root@master ~]# lsof -i tcp:88          ❺
COMMAND   PID USER   FD   TYPE DEVICE SIZE/OFF NODE NAME
krb5kdc 36159 root 11u  IPv6 415884   0t0 TCP *:kerberos (LISTEN)
krb5kdc 36159 root 12u  IPv4 415885   0t0 TCP *:kerberos (LISTEN)
[root@master krb5kdc]# lsof -i tcp:464  ❻
COMMAND   PID USER   FD   TYPE DEVICE SIZE/OFF NODE NAME
kadmind 36519 root  11u IPv6 418591   0t0  TCP *:kpasswd (LISTEN)
kadmind 36519 root  12u IPv4 418592   0t0  TCP *:kpasswd (LISTEN)
[root@master ~]# lsof -i tcp:749         ❼
COMMAND   PID USER   FD   TYPE DEVICE SIZE/OFF NODE NAME
kadmind 36519 root 13u IPv4 418593 0t0 TCP *:kerberos-adm (LISTEN)
kadmind 36519 root 14u IPv6 418594 0t0 TCP *:kerberos-adm (LISTEN)
[root@master ~]# ps -ef | grep kdc       ❽
root  36159 1  0 10:40 ?  00:00:00 /usr/sbin/krb5kdc -P /var/run/krb5kdc.pid
[root@master ~]# ps -ef | grep kadmin    ❾
root  36519 1  0 10:40 ?  00:00:00 /usr/sbin/kadmind -P /var/run/kadmind.pid
[root@master ~]# ls /var/log/{krb*,kadmin*}     ❿
/var/log/kadmind.log              /var/log/krb5kdc.log
/var/log/kadmind.log-21160106  /var/log/krb5kdc.log-21160106
```

❶ 명령어 systemctl을 이용해 KDC 서비스와 kadmin 서비스를 시작하는데, kadmin 서비스는 Kerberos 관리 및 사용자 패스워드 변경에 사용된다.

❷ krb5kdc 서비스가 부팅 후에 자동으로 시작되도록 설정한다.

❸ kadmin 서비스가 부팅 후에 자동으로 시작되도록 설정한다.

❹ 서비스 시작 이후에 krb5kdc와 kadmin 상태를 확인하는데, active와 서비스가 시작됐다
는 메시지를 발견할 수 있어야 한다.

❺ 명령어 lsof를 이용해 포트 88번을 확인해보면 krb5kdc 서비스가 사용 중이고 그 상태
가 준비 완료(LISTEN)돼 있음을 알 수 있고

❻ 명령어 lsof를 이용해 포트 464번을 확인해보면 kadmind가 kerberos 패스워드 변경을
지원하는 kpasswd 서비스가 준비돼 있음을 알수 있다.

❼ 명령어 lsof를 이용해 포트 749번을 확인해보면 kadmind가 Kerberos 관리 서비스를
사용하고 있음을 알 수 있다.

❽ 명령어 ps를 이용해 kdc의 프로세스를 확인하고

❾ 명령어 ps를 이용해 kadmind의 프로세스를 확인함으로써 Kerberos 서비스가 성공적으
로 시작됐음을 확인할 수 있어야 한다.

❿ Kerberos의 두 서비스 로그 파일을 확인하기 위해 사용할 수 있다.

21.2.4 KDC 서버를 위한 Principal 생성

21.2.2절의 C절에서 두 개의 새로운 Principal을 생성했는데, 이제 KDC로 사용될 호스트
의 정보를 Principal에 생성해줘야 한다.

```
[root@master ~]# kadmin.local
kadmin.local:  addprinc -randkey host/master.chul.com          ❶
kadmin.local:  ktadd -k /etc/krb5.keytab host/master.chul.com  ❷
kadmin.local:  listprincs ❸
K/M@CHUL.COM
host/master.chul.com@CHUL.COM
kadmin/admin@CHUL.COM
kadmin/changepw@CHUL.COM
kadmin/master@CHUL.COM
lee@CHUL.COM
root/admin@CHUL.COM
```

❶ KDC로 사용되고 있는 호스트 master.chul.com을 Principal에 추가한다.

❷ 이 정보를 저장할 keytab 파일을 지정한다.

❸ Principal 목록을 확인해보면 방금 생성한 Principal을 확인할 수 있다.

21.2.5 Kerberos 서비스를 위한 방화벽 설정

Iptables 방화벽과 Firewalld 방화벽을 이용해 Kerberos 서버를 방화벽에서 허용하는 설정을 살펴보면 다음과 같다. 두 개의 방화벽 중 환경에 따라 한 가지만 선택해서 사용하기 바란다.

```
[root@master ~]# grep 88 /etc/services        ❶
kerberos        88/tcp        kerberos5 krb5  # Kerberos v5
kerberos        88/udp        kerberos5 krb5  # Kerberos v5
[root@master ~]# grep 464 /etc/services       ❷
kpasswd         464/tcp       kpwd           # Kerberos "passwd"
kpasswd         464/udp       kpwd           # Kerberos "passwd"
[root@master ~]# grep 749 /etc/services       ❸
kerberos-adm    749/tcp                       # Kerberos `kadmin' (v5)
kerberos-adm    749/udp                       # kerberos administration
[root@master ~]# iptables -I INPUT -m state --state NEW -m tcp -p tcp --dport 88
-j ACCEPT       ❹
[root@master ~]# iptables -I INPUT -m state --state NEW -m udp -p udp --dport 88
-j ACCEPT
[root@master ~]# iptables -I INPUT -m state --state NEW -m tcp -p tcp --dport 464
-j ACCEPT       ❺
[root@master ~]# iptables -I INPUT -m state --state NEW -m tcp -p tcp --dport 749
-j ACCEPT       ❻
[root@master ~]# firewall-cmd --permanent --add-service=kerberos        ❼
[root@master ~]# firewall-cmd --reload          ❽
[root@master ~]# firewall-cmd --list-services
dns http kerberos mountd nfs rpc-bind smtp ssh
```

❶ Kerberos 서비스가 사용하는 포트 88번이 서비스 파일에 정의돼 있음을 확인한다.

❷ Kerberos 사용자의 패스워드 변경에 사용되는 kpasswd 서비스가 사용하는 포트 464번을 확인한다.

❸ Kerberos 서버 관리에 사용되는 kerberos-adm 서비스가 사용하는 포트 749번을 확인한다.

❹ ❶에서 발견한 포트 88번을 프로토콜 TCP,UDP와 함께 iptables 방화벽에 추가한다.

❺ ❷에서 발견한 포트 464번을 iptables 방화벽에 추가함으로써 kpasswd 서비스로의 접근을 허용한다.

❻ ❸에서 발견한 포트 749번을 iptables에 추가함으로써 kerberos-adm 서비스로의 접근을 허용한다.

❼ firewalld 방화벽에 kerberos 서비스를 추가한 후

❽ firewalld 방화벽을 다시 읽어 새로운 서비스를 적용함으로써 Kerberos 서비스를 firewalld 방화벽에서 허용하고 그 서비스 목록에서 확인한다.

21.3 Kerberos 클라이언트 설정

지금까지 Kerberos 서버에서의 설정을 모두 설명했고 이제 Kererbos 클라이언트 시스템에 서의 설정 방법을 살펴본다. Kerberos 클라이언트 시스템은 Kerberos 패키지를 설치하고 그 설정 파일을 서버로부터 복사한 후에 Principal을 생성하면 설정이 모두 끝날 정도로 설정이 서버에 비해 매우 간단한다.

```
[root@node1 ~]# ntpq -p        ❶
remote          refid           st t when poll reach  delay  offset  jitter
==================================================================
master.chul.com 59.149.185.193 2 u  2  64   1    0.219  -4.428  37.557
[root@node1 ~]# yum install krb5-workstation       ❷
[root@node1 ~]# rpm -qa | grep krb5
krb5-libs-1.13.2-10.el7.x86_64
krb5-workstation-1.13.2-10.el7.x86_64
[root@node1 ~]# scp master:/etc/krb5.conf /etc/    ❸
root@master's password:
krb5.conf                          100%  458    0.5KB/s  00:00
[root@node1 ~]# kadmin -p root/admin
kadmin: addpinc -randkey host/node1.chul.com       ❹
kadmin: ktadd host/node1.chul.com                  ❺
[root@node1 ~]# klist -kt /etc/krb5.keytab          ❻
KVNO Timestamp          Principal
---- ------------------ ---------------------------------------------
 2  02/24/2016 16:59:51  host/node1.chul.com@CHUL.COM
 2  02/24/2016 16:59:51  host/node1.chul.com@CHUL.COM
 2  02/24/2016 16:59:51  host/node1.chul.com@CHUL.COM
 2  02/24/2016 16:59:51  host/node1.chul.com@CHUL.COM
 2  02/24/2016 16:59:51  host/node1.chul.com@CHUL.COM
 2  02/24/2016 16:59:51  host/node1.chul.com@CHUL.COM
 2  02/24/2016 16:59:51  host/node1.chul.com@CHUL.COM
 2  02/24/2016 16:59:51  host/node1.chul.com@CHUL.COM
```

❶ Kerberos 서버와의 시간 동기화를 위해 명령어 ntpq로 master 서버와 시간 동기화가 이뤄지고 있음을 확인한다.

❷ Kerberos 클라이언트 패키지를 명령어 yum으로 설치한 후에 설치 결과를 명령어 rpm으로 확인한다.

❸ 명령어 scp를 이용해 KDC에 저장돼 있는 Kerberos 설정 파일을 클라이언트의 /etc 디렉토리로 복사한다. 그리고 master에서와 마찬가지로 Kerberos 서비스로 로그인하는데, 이때 root/admin(즉 서버에서 생성한 관리자 root)으로 로그인을 한다.

❹ 클라이언트 호스트 node1도 Principal에 추가하고

❺ 그 정보를 keytab 파일에 저장하는데, 기본으로 /etc/krb5.keytab 파일이 사용된다.

❻ Keytab 파일에 저장된 principal과 티켓 목록을 보여주는 명령어 klist에 옵션 k(keytab)와 t(timestamp)를 이용해 호스트 node1.chul.com이 저장돼 있음을 확인할 수 있다.

21.4 Kerberos를 이용한 서비스 사용

지금까지 Kerberos 서버 설정을 통해 서비스 사용 준비를 모두 마쳤다면 이제 직접 이러한 서비스 사용을 통해 Kerberos 설정을 테스트해본다. 이 테스트를 위해 13장에서 설명했던 SSH 서비스를 이용하겠다.

21.4.1 SSH 서버 사용

13장에서 SSH의 인증 방법을 설명할 때 패스워드 및 공개 키, 호스트 인증 방법을 이미 설명했고, Kerberos를 통한 인증 방법이 있다고 설명했다. 이제 여기에서 SSH 서버를 위해 Kerberos를 통한 인증 방법을 테스트한다. 여기서는 master 호스트가 SSH 서버로, node1 호스트가 SSH 클라이언트로 사용된다.

A. SSH 서버에서 설정(master)

SSH에서 Kerberos 인증을 사용하려면 먼저 SSH 서버의 설정 파일에서 인증 방법을 정의해줘야 한다.

```
[root@master ~]# vim /etc/ssh/sshd_config        ❶
KerberosAuthentication yes        ❷
GSSAPIAuthentication yes        ❸
GSSAPICleanupCredentials yes        ❹
[root@master ~]# systemctl restart sshd        ❺
[root@master ~]# authconfig --enablekrb5 --update        ❻
```

❶ 먼저 SSH 서버로 사용 중인 master 노드에서 서버 설정 파일을 vim으로 열어서

❷ Kerberos 인증을 허용하는 옵션을 yes로 설정하는데, 이 옵션은 SSH 버전 1을 지원하기 위해 사용된다.

❸ GSSAPI 인증을 허용하는 옵션을 yes로 설정하는데, 이 옵션은 SSH 버전 2를 지원하기 위해 사용하며, 곧 Kerberos 인증을 위해 사용된다.

❹ 사용자가 로그아웃하면 자동으로 캐시에 저장된 인증 정보를 삭제할지 지정하는 옵션이다.

❺ SSH 서버의 설정을 모두 마치고 업데이트하기 위해 서버를 다시 시작한다.

❻ 인증 방법으로서 Kerberos도 사용하도록 설정을 업데이트한다.

B. SSH 클라이언트에서 설정(node1)

클라이언트에서 SSH 서버의 Kerberos 인증 방법을 사용하기 위한 설정은 다음과 같다.

```
[root@node1 ~]# vim /etc/ssh_config        ❶
Host *.chul.com    ❷
    GSSAPIAuthentication yes               ❸
    GSSAPIDelegateCredentials yes          ❹
```

❶ SSH 클라이언트 설정 파일을 vim으로 열어서

❷ 클라이언트가 SSH 접속을 위해 사용할 호스트 정보를 제한해 지정하는데, 이는 ❸과 ❹의 설정을 이 호스트로의 접속을 위해 사용한다는 의미가 된다.

❸ Kerberos 인증을 사용한다는 옵션을 yes로 설정하고

❹ 인증 정보를 SSH 서버에게 전달하는 옵션 또한 활성화시킨다.

C. Kerberos 인증을 사용한 SSH 로그인 테스트

마지막으로 설정한 내용을 클라이언트 node1에서 테스트하면 다음과 같다.

```
[lee@node1 ~]$ kinit lee          ❶
Password for lee@CHUL.COM:         ❷
[lee@node1 ~]$ klist              ❸
Ticket cache: KEYRING:persistent:0:krb_ccache_hxtGtBS
Default principal: lee@CHUL.COM

Valid starting        Expires              Service principal
04/22/2016 13:40:14   04/23/2016 13:38:26  krbtgt/CHUL.COM@CHUL.COM   ❹
```

```
[lee@node1 ~]$ ssh master.chul.com        ❺
Last login: Fri Apr 22 13:39:01 2016
[lee@master ~]$
```

❶ 명령어 kinit를 이용해 사용자 lee의 티켓을 AS에게 요구하면

❷ 사용자 lee의 패스워드를 요구하는데, 이 패스워드는 21.2.2절의 C절에서 Principal lee
를 생성할 때 사용했던 패스워드를 의미한다.

❸ 패스워드가 맞다면 AS는 사용자 lee의 티켓을 발행하고 그 티켓은 캐시에 저장되는데,
명령어 klist로 확인하면

❹ 이름과 유효 기간이 담긴 티켓을 확인할 수 있다. 티켓을 삭제할 경우 명령어 kdestroy
를 사용한다.

❺ 이 티켓을 이용해 SSH 서버로 사용자 lee의 이름으로 로그인을 시도한다. 이때 티켓을
이용해 로그인을 시도하므로 패스워드 없이 로그인이 이뤄져야 한다. 여기 테스트에서
티켓을 통한 로그인이 아닌 패스워드를 통한 로그인이 이뤄진다면 접속할 때 명령어
ssh에 -vvv 옵션을 추가해서 로그인을 시도하면 에러를 발견할 수 있다.

21.5 참고문헌

- http://web.mit.edu/kerberos/

- https://en.wikipedia.org/wiki/Kerberos_(protocol)

- https://software.intel.com/sites/manageability/AMT_Implementation_and_Reference_
  Guide/default.htm?turl=WordDocuments%2Fintroductiontokerberosauthentication.htm

- http://gost.isi.edu/publications/kerberos-neuman-tso.html

- http://searchsecurity.techtarget.com/definition/Kerberos

- http://www.roguelynn.com/words/explain-like-im-5-kerberos/

- https://www.centos.org/docs/5/html/Deployment_Guide-en-US/ch-kerberos.html

- https://gist.github.com/ashrithr/4767927948eca70845db

- http://blog.scottlowe.org/2006/08/21/native-kerberos-authentication-with-ssh/

- https://www.certdepot.net/rhel7-configure-kerberos-kdc/

- http://web.theurbanpenguin.com/configuring-a-centos-7-kerberos-kdc/

- http://docs.oracle.com/cd/E19253-01/816-4557/6maosrk17/index.html

21.6 요약

1. (   )는 사용자가 네트워크 서비스를 사용할 때 대칭 키 기반의 암호화 방법, 즉 (   )와 (   )을 통해 사용자를 인증하고 그 서비스 사용을 허용하는 프로토콜이다.
2. (   )는 Kerberos에서 인증을 위해 사용되는 (   )을 발행하는 서비스이며, 보통 (   )와 (   )를 포함하고 있다.
3. (   )는 클라이언트의 요청을 받아 그 클라이언트를 인증한 후 (   )를 발행하는 서버이며, (   )는 AS로부터 인증 받은 클라이언트에게 서비스 사용이 가능한 티켓을 발행하는 서버다.
4. (   )은 Principal과 그 키를 암호화되지 않은 목록으로 저장하고 있는 파일이며, (   )은 Kerberos가 TGT를 받아 캐시에 저장하기 위해 사용하는 프로그램이다.
5. Kerberos 서비스를 시작하기 위해 설정 파일 (   )와 (   )의 편집이 필요하며, 데이터베이스 생성을 위해 명령어 (   )를 사용해야 한다.
6. Principal 을 생성하기 위해 명령어 (   )를 사용하며 (   ) 서비스와 (   )를 시작하면 Kerberos 서비스를 사용할 수 있다.
7. krb5kdc 서비스는 포트 (   )번을 사용하고, kadmind가 kerberos 패스워드 변경을 지원하는 kpasswd 서비스는 포트 (   )번을 사용하고, kadmind가 Kerberos 관리 서비스를 위해 포트 (   )번을 사용한다.
8. Kerberos 클라이언트는 Kerberos 패키지를 설치하고 그 (   )을 서버로부터 복사한 후에 (   )를 생성하면 그 설정이 모두 끝나게 된다.
9. SSH 서비스에서 Kerberos를 사용하기 위해 설정 파일 (   )을 편집해야 하며, 사용자 인증 방법으로서 Kerberos도 사용하기 위해서 명령어 (   )를 수정해야 한다.
10. Kerberos가 적용된 서비스 사용을 위해 티켓을 요청하는 명령어 (   )를 사용하며, 이 티켓을 확인하기 위해 명령어 (   )를 사용한다.

21.7 연습문제

1. Kerberos 서버를 마스터 호스트에 설치하고 설정 파일을 편집한 후에 서비스를 시작하라.
2. Kerberos 서비스 시작 이후 사용하는 포트를 모두 Firewalld 방화벽에 추가하고 그 서비스 접근을 허용하게 설정하라.

3. 클라이언트 시스템에 Kerberos 패키지를 설치하고 그 호스트를 Principal에 등록하라.

4. 마스터 호스트의 SSH 서버에 Kerberos 인증을 구현하고 클라이언트 시스템에서 티켓을 사용해 인증을 통과하라.

21.8 연구과제

1. 윈도우 시스템에서 Kerberos 프로그램을 설치하고 사용 방법을 연구해보라.

2. Apache 웹 서버의 인증 방법으로서 Kerberos를 사용하는 방법을 연구해보라.

22장
Nagios 모니터링 서버

Nagios 모니터링 서버의 모든 것

22장에서는 리눅스에서 다양한 기능을 제공하는 모니터링 서버 Nagios에 대해 설명한다. 주요 내용으로 Nagios 서버 설치와 서버 시스템 시작, Nagios로 리눅스와 윈도우 시스템을 모니터링하는 방법, Nagios를 관리하는 GUI 프로그램을 구체적인 예제와 더불어 자세히 설명한다.

　Nagios는 다양한 기능의 모니터링 서비스를 제공하는 오픈소스 서버이자 네트워크 모니터링 프로그램이다. Nagios는 리눅스 및 유닉스, 윈도우 서버를 비롯한 대부분의 서버 시스템에 대한 모니터링 서비스를 제공할 뿐 아니라 IP 주소로 접근 가능한 라우터나 스위치, 방화벽 같은 네트워크 장치에 대한 모니터링 서비스도 제공한다. 또한 서버 시스템에서 운영되는 다양한 애플리케이션(예를 들어 웹 서버나 메일 서버, 그리고 데이터베이스 서버 등의 모니터링 서비스)도 제공한다. 더불어 24(시)×7(일) 동안 중단 없이 서버가 사용하는 자원들(CPU, 메모리 및 그 디스크 사용량)까지도 모니터링할 수 있다. Nagios는 이러한 시스템 및 서비스에 대한 모니터링 도중 문제점을 발견할 경우 관리자에게 알리는 알림 기능 또한 제공한다. 관리자는 Nagios가 실시간으로 보내오는 이러한 문제들을 신속하게 발견하고 수정함으로써 중단 없는 서비스를 클라이언트에게 제공할 수 있다. 또한 관리자는 Nagios가 제공하는 웹 인터페이스를 통해 Nagios가 제공하는 모든 기능을 편리하게 관리할 수 있다.

　Nagios에서 실제 모니터링을 담당하는 시스템을 Nagios 서버라고 하며, 이러한 모니터링되는 대상 시스템을 Nagios 에이전트Agent 또는 타겟Target이라고 부른다. Nagios 서버는 이러한 에이전트 모니터링을 위해 다양한 플러그인을 사용한다. Nagios의 종류에는 22장에서 사용할 오픈소스 버전인 Nagios Core와 상용 버전인 Nagios XI 두 가지가 있다. Nagios도 물론 모니터링 서버로서 뛰어난 성능을 제공하지만, 이외에 성능이 뛰어난 오픈소스 모니터링 프로그램으로 Cacti, Zabbix, Icinga 등도 사용자들로부터 많은 사랑을 받고 있다.

22장에서 Nagios 서버와 클라이언트 설정 및 테스트를 위해 사용되는 호스트의 정보는 다음과 같다.

호스트 이름	IP 주소	OS 버전	역할
master.chul.com	192.168.80.5	CentOS Linux release 7.2	Nagios 서버
node1.chul.com	192.168.80.6	CentOS Linux release 7.2	Nagios 클라이언트
winserver.chul.com	192.168.80.12	윈도우 서버 2012	Nagios 클라이언트

22장에서 다루는 내용은 다음과 같다.

- Nagios 서버 설치와 서비스 시작
- 리눅스 서버 모니터링
- 윈도우 서버 2012 모니터링
- php4Nagios 사용

22.1 Nagios 서버 설치와 서비스 시작

이번 절에서는 Nagios 서버를 설치하고 서비스 시작하는 방법을 단계별로 설명한다.

22.1.1 Nagios 서버 설치

Nagios 서버를 설치하려면 한 가지 전제 조건이 필요한데, 그에 대한 설명과 더불어 패키지 설치하는 방법도 이번 절에서 설명한다.

A. Nagios 서버 설치 전 선행 조건

Nagios 서버는 웹 인터페이스를 관리자에게 제공함으로써 편리한 관리가 가능하다고 설명했는데, 이를 위해 Nagios 시작 전에 웹 서버가 실행되고 있는지 확인해야 한다. 여기에서는 웹 서버로서 6장에서 설명했던 Apache 서버를 사용하며, 또한 PHP가 작동되고 있는지도 확인이 필요하다.

```
[root@master ~]# yum install gcc glibc glibc-common gd gd-devel make net-snmp
openssl-devel xinetd unzip httpd php        ❶
[root@master ~]# systemctl start httpd      ❷
[root@master ~]# cat /var/www/html/index.php ❸
<?php
    phpinfo();
?>
[root@master ~]# systemctl restart httpd    ❹
```

❶ Nagios 서버 설치 전에 필요한 패키지들을 명령어 yum으로 설치한다. 이미 설치돼 있다면 설치하지 않아도 된다.

❷ 명령어 systemctl을 사용해 Apache 웹 서버를 시작한다.

❸ PHP 사용 확인을 위해 Apache 서버의 홈 디렉토리에 PHP 정보를 보여줄 파일을 생성한다.

❹ PHP 파일 생성 후에 Apache 서버를 다시 시작한다. 그 이후에 브라우저에서 이 PHP 파일로 접근이 가능한지 테스트하기 바란다. Apache 서버 및 PHP 사용에 대한 자세한 설명은 6장을 참고하기 바란다.

B. Nagios 서버 패키지 설치

Nagios 서버에 설치해야 할 패키지는 다양한데, 특히 어떤 플러그인을 선택하느냐에 따라 패키지의 종류가 달라진다. 이번 절에서는 모든 플러그인을 설치하는 방법을 설명한다.

```
[root@master ~]# yum install nagios nagios-plugins-all -y    ❶
[root@master ~]# rpm -qa | grep nagios      ❷
nagios-plugins-mrtg-2.0.3-3.el7.x86_64
nagios-plugins-http-2.0.3-3.el7.x86_64
nagios-plugins-ide_smart-2.0.3-3.el7.x86_64
nagios-plugins-hpjd-2.0.3-3.el7.x86_64
nagios-plugins-ntp-perl-2.0.3-3.el7.x86_64
nagios-plugins-dig-2.0.3-3.el7.x86_64
pnp4nagios-0.6.25-1.el7.x86_64
nagios-plugins-real-2.0.3-3.el7.x86_64
nagios-plugins-fping-2.0.3-3.el7.x86_64
nagios-plugins-disk_smb-2.0.3-3.el7.x86_64
nagios-plugins-dns-2.0.3-3.el7.x86_64
nagios-plugins-overcr-2.0.3-3.el7.x86_64
nagios-plugins-wave-2.0.3-3.el7.x86_64
```

```
nagios-plugins-dhcp-2.0.3-3.el7.x86_64
nagios-plugins-file_age-2.0.3-3.el7.x86_64
nagios-plugins-nt-2.0.3-3.el7.x86_64
nagios-plugins-log-2.0.3-3.el7.x86_64
nagios-plugins-flexlm-2.0.3-3.el7.x86_64
nagios-plugins-disk-2.0.3-3.el7.x86_64
nagios-plugins-by_ssh-2.0.3-3.el7.x86_64
nagios-plugins-perl-2.0.3-3.el7.x86_64
nagios-plugins-nwstat-2.0.3-3.el7.x86_64
nagios-plugins-nagios-2.0.3-3.el7.x86_64
nagios-plugins-tcp-2.0.3-3.el7.x86_64
nagios-plugins-smtp-2.0.3-3.el7.x86_64
nagios-plugins-rpc-2.0.3-3.el7.x86_64
nagios-common-4.0.8-1.el7.x86_64
nagios-plugins-snmp-2.0.3-3.el7.x86_64
nagios-plugins-ntp-2.0.3-3.el7.x86_64
nagios-plugins-2.0.3-3.el7.x86_64
nagios-plugins-mrtgtraf-2.0.3-3.el7.x86_64
nagios-plugins-ups-2.0.3-3.el7.x86_64
nagios-plugins-users-2.0.3-3.el7.x86_64
nagios-plugins-ping-2.0.3-3.el7.x86_64
nagios-plugins-game-2.0.3-3.el7.x86_64
nagios-plugins-time-2.0.3-3.el7.x86_64
nagios-plugins-ircd-2.0.3-3.el7.x86_64
nagios-plugins-mysql-2.0.3-3.el7.x86_64
nagios-plugins-procs-2.0.3-3.el7.x86_64
nagios-plugins-icmp-2.0.3-3.el7.x86_64
nagios-plugins-oracle-2.0.3-3.el7.x86_64
nagios-plugins-sensors-2.0.3-3.el7.x86_64
nagios-plugins-mailq-2.0.3-3.el7.x86_64
nagios-plugins-ldap-2.0.3-3.el7.x86_64
nagios-plugins-cluster-2.0.3-3.el7.x86_64
nagios-plugins-swap-2.0.3-3.el7.x86_64
nagios-plugins-ssh-2.0.3-3.el7.x86_64
nagios-plugins-all-2.0.3-3.el7.x86_64
nagios-plugins-load-2.0.3-3.el7.x86_64
nagios-plugins-breeze-2.0.3-3.el7.x86_64
nagios-plugins-dummy-2.0.3-3.el7.x86_64
nagios-plugins-pgsql-2.0.3-3.el7.x86_64
nagios-4.0.8-1.el7.x86_64
```

❶ 명령어 yum을 사용해 Nagios 패키지와 플러그인을 설치한다.

❷ 명령어 rpm을 사용해 설치된 패키지와 플러그인을 확인한다.

21.1.2 Nagios 서버 시작

Nagios 패키지 설치 이후에 할 작업은 Nagios 데몬을 시작해 모니터링 서비스를 시작하는 것인데, Apache 웹 서버도 Nagios 서비스를 위해 설정을 추가해줘야 한다.

A. Apache 웹 서버 설정

Nagios 서버를 사용하려면 Aapche 웹 서버에서 Nagios 관련 정보를 수정하고 Apache 서버를 다시 시작해줘야 한다.

```
[root@master ~]# htpasswd /etc/nagios/passwd nagiosadmin        ❶
New password:
Re-type new password:
Adding password for user nagiosadmin
[root@master ~]# cat /etc/nagios/passwd ❷
nagiosadmin:$apr1$dsn25L16$NZpiLtf6OTF9arD6mPEYw0
[root@master ~]# vim /etc/httpd/conf.d/nagios.conf        ❸
19      # Apache 2.4
20      <RequireAll>
21          # Require all granted
22          # Require local
23          Require valid-user        ❹
24          Require ip 127.0.0.1 192.168.80.0/24        ❺
25      </RequireAll>
50      <RequireAll>
51          # Require all granted
52          # Require local
53          Require valid-user
54          Require ip 127.0.0.1 192.168.80.0/24
55      </RequireAll>
[root@master ~]# vim /etc/nagios/objects/contacts.cfg
define contact{
    contact_name      nagiosadmin          ;      ❻
    use               generic-contact      ;
    alias             Nagios Admin         ; Full name of user
    email             tland12@chul.com     ;      ❼
```

```
        }
[root@master ~]# systemctl restart httpd        ❽
```

❶ 명령어 htpasswd를 이용해 Nagios 서버의 관리자를 생성하고, 그 정보를 passwd 파일에 저장한다. 명령어 htpasswd는 **httpd-tools** 패키지를 설치해야 사용할 수 있다. 여기서 생성된 관리자의 정보는 Nagios를 웹으로 접속할 때 필요하다.

❷ 명령어 cat으로 생성된 passwd 파일을 읽어보면 사용자 이름과 패스워드가 해시 함수 MD5로 암호화돼 저장돼 있다.

❸ Apache 서버가 사용할 Nagios 서버 설정 파일을 명령어 vim으로 열어서

❹ 인증 방법을 설정한다. 이는 ❷에 저장된 정보를 이용해 인증을 허용한다는 의미인데, 인증에 관련된 내용은 6장의 Apache 서버 인증 사용을 참고하기 바란다.

❺ IP 주소를 지정하면 이 네트워크에서 ❷에 정의된 사용자만 웹에서 Nagios 서버에 접속할 수 있다는 의미다. 상황에 따라 두 가지 중에서 한 가지만 사용할 수도 있다. 마찬가지로 53번과 54번 라인도 동일하게 설정하기 바란다.

❻ Nagios 서버가 알림 기능을 제공할 때 그 연락처 정보를 설정하는데, 먼저 관리자의 이름과

❼ 관리자가 사용하는 이메일 주소를 지정한다.

❽ 변경된 설정 내용이 적용되도록 Apache 서버를 다시 시작한다.

B. Nagios 서비스 시작

Apache 웹 서버가 정상적으로 작동하고 있다면 이제 Nagios 서버를 시작할 차례다.

```
[root@master ~]# systemctl start nagios    ❶
[root@master ~]# systemctl enable nagios ❷
Created symlink from /etc/systemd/system/multi-user.target.wants /nagios.service to
/usr/lib/systemd/system/nagios.service.
[root@master nagios]# systemctl status nagios        ❸
nagios.service - Nagios Network Monitoring
Loaded: loaded (/usr/lib/systemd/system/nagios.service; enabled; vendor preset:
disabled)
   Active: active (running) since Mon 2016-01-11 15:17:06 ICT; 14s ago
     Docs: http://www.nagios.org/documentation
 Main PID: 43365 (nagios)
   CGroup: /system.slice/nagios.service
          43365 /usr/sbin/nagios /etc/nagios/nagios.cfg
```

```
        43371 /usr/sbin/nagios --worker /var/log/nagios/rw/nagios.qh
        43372 /usr/sbin/nagios --worker /var/log/nagios/rw/nagios.qh
        43374 /usr/sbin/nagios --worker
/var/log/nagios/rw/nagios.qh
        43464 /usr/sbin/nagios /etc/nagios/nagios.cfg
Jan 11 15:17:06 master.chul.com nagios[43365]: wproc: Registry request: name=Core Worker
43376;p...376
Jan 11 15:17:06 master.chul.com nagios[43365]: wproc: Registry request: name=Core Worker
43377;p...377
Jan 11 15:17:06 master.chul.com nagios[43365]: wproc: Registry request: name=Core Worker
43375;p...375
Jan 11 15:17:08 master.chul.com nagios[43365]: Successfully launched command file worker
with pi...464
[root@master ~]# ps -ef | grep nagios        ❹
nagios   43365     1  0 15:17 ?    00:00:00 /usr/sbin/nagios /etc/nagios/nagios.cfg
nagios   43371 43365  0 15:17 ?    00:00:00 /usr/sbin/nagios --worker
/var/log/nagios/rw/nagios.qh
nagios   43377 43365  0 15:17 ?    00:00:00 /usr/sbin/nagios --worker
/var/log/nagios/rw/nagios.qh
[root@master ~]# nagios -v /etc/nagios/nagios.cfg        ❺
Nagios Core 4.0.8
Copyright (c) 2009-present Nagios Core Development Team and Community Contributors
Copyright (c) 1999-2009 Ethan Galstad
Last Modified: 08-12-2014
License: GPL
Website: http://www.nagios.org
Reading configuration data...
   Read main config file okay...
   Read object config files okay...
Running pre-flight check on configuration data...
Checking objects...
        Checked 8 services.
        Checked 1 hosts.
        Checked 1 host groups.
        Checked 0 service groups.
        Checked 1 contacts.
        Checked 1 contact groups.
        Checked 24 commands.
        Checked 5 time periods.
        Checked 0 host escalations.
```

```
        Checked 0 service escalations.
Checking for circular paths...
        Checked 1 hosts
        Checked 0 service dependencies
        Checked 0 host dependencies
        Checked 5 timeperiods
Checking global event handlers...
Checking obsessive compulsive processor commands...
Checking misc settings...
Total Warnings:   0    ❻
Total Errors:     0
Things look okay - No serious problems were detected during the pre-flight check
[root@master ~]# ls -l /var/log/nagios/    ❼
total 156
drwxr-x--- 2 nagios nagios      6   Sep 20 09:54 archives
-rw-r--r-- 1 nagios nagios  96531   Jan 11 15:22 nagios.log
-rw-r--r-- 1 nagios nagios  12643   Jan 11 15:17 objects.cache
-rw------- 1 nagios nagios  26070   Dec 17 10:29 retention.dat
drwxr-xr-x 2 nagios nagios     22   Jan 11 15:17 rw
drwxr-x--- 3 nagios nagios     25   Jan 11 15:01 spool
-rw-rw-r-- 1 nagios nagios  13602   Jan 11 15:34 status.dat
```

❶ 명령어 systemctl을 이용해 nagios 서비스를 시작한다.

❷ 명령어 systemctl을 이용해 부팅 후에도 nagios 서버가 자동으로 시작되도록 설정한다.

❸ 서비스 시작 이후 그 상태를 확인해 메시지 active와 성공적으로 시작됐다는 메시지를 확인하기 바란다.

❹ 명령어 ps를 이용해 그 프로세스를 확인한다.

❺ 명령어 nagios에 v 옵션을 사용해 Nagios의 기본 설정 파일을 검사한다. 에러가 있는 경우 그 메시지를 출력해준다.

❻ 현재 경고 또는 에러가 없는 것을 확인할 수 있다.

❼ Nagios 서버가 사용하는 로그 파일을 확인한다.

C. 브라우저에서 Nagios 서버 접속

이제 Nagios 서버가 정상적으로 작동하는지 브라우저로 접속함으로써 테스트할 수 있다. 브라우저에 IP 주소와 nagios 디렉토리를 입력하면 접속할 수 있는데, 이때 21.1.2절의 A절에서 설정한 관리자의 이름과 패스워드를 입력하는 인증 과정을 거쳐야 한다.

1. 인증 정보 입력하기

브라우저에서 http://192.168.80.5/nagios를 입력해서 nagios에 그림 22-1처럼 접속해 생성한 인증 정보를 제공하면 접속에 성공할 수 있다. DNS 서버가 작동하고 있다면 IP 주소 대신 도메인 이름을 사용할 수 있다.

그림 22-1 Nagios 인증 정보 입력하기

2. 초기 화면 확인하기

인증에 성공하면 그림 22-2와 같이 Nagios 서버의 초기 화면을 볼 수 있다.

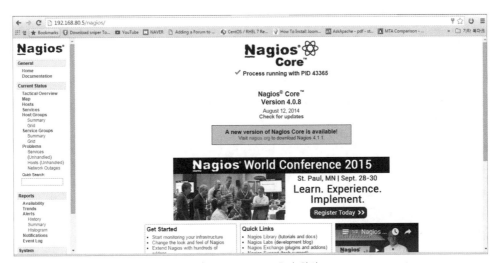

그림 22-2 Nagios 초기 화면

이로써 Nagios 서버 시작과 브라우저를 이용한 접속이 모두 완료됐다.

22.2 리눅스 서버 모니터링

Nagios 서버는 다양한 종류의 운영체제와 네트워크 장비(라우터, 스위치, 방화벽 등)에 대한 모니터링을 수행할 수 있다. 이번 절에서는 리눅스 서버를 호스트로 추가한 뒤에 Nagios 서버를 이용해 모니터링하는 방법을 설명한다.

22.2.1 리눅스 호스트와 Ping 서비스 추가

이번 절에서는 Nagios 서버에 리눅스 호스트로 사용되는 node1과 서비스로서 Ping을 추가하는 방법을 설명한다.

A. 모니터링 서버에서 설정(master)

이를 위해 먼저 Nagios 서버에서 다음과 같이 설정해줘야 한다. 이 설정 파일에서는 node1 모니터링을 위해 호스트 정보와 서비스 정보를 설정해줘야 한다.

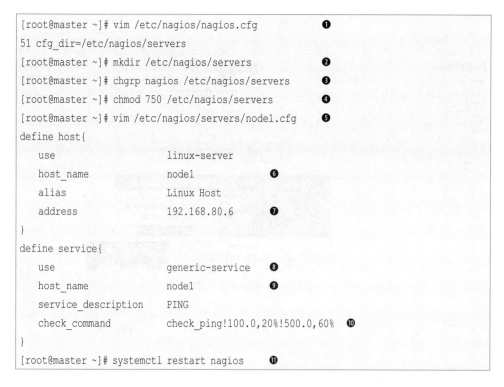

```
[root@master ~]# vim /etc/nagios/nagios.cfg          ❶
51 cfg_dir=/etc/nagios/servers
[root@master ~]# mkdir /etc/nagios/servers           ❷
[root@master ~]# chgrp nagios /etc/nagios/servers    ❸
[root@master ~]# chmod 750 /etc/nagios/servers       ❹
[root@master ~]# vim /etc/nagios/servers/node1.cfg   ❺
define host{
    use                     linux-server
    host_name               node1                    ❻
    alias                   Linux Host
    address                 192.168.80.6             ❼
}
define service{
    use                     generic-service          ❽
    host_name               node1                    ❾
    service_description     PING
    check_command           check_ping!100.0,20%!500.0,60%   ❿
}
[root@master ~]# systemctl restart nagios            ⓫
```

❶ Nagios 서버가 사용하는 설정 파일을 명령어 vim으로 열어서 51번 라인을 활성화한다. 이 디렉토리는 여기서 리눅스를 추가하거나 다음 절에서 윈도우 서버를 추가할 경우

설정 파일을 저장하기 위해 사용된다.

❷ 이 디렉토리가 존재하지 않는다면 명령어 `mkdir`을 사용해 생성하기 바란다.

❸ Nagios 그룹 소유권으로 디렉토리를 변경해 nagios 그룹이 이 디렉토리에 접근할 수 있게 허용한다.

❹ 명령어 `chmod`를 이용해 nagios 그룹에 읽기 및 실행 권한을 부여한다.

❺ 명령어 `vim`으로 리눅스 호스트 모니터링에 사용할 파일을 생성하는데, 이 파일은 /etc/nagios/objects/templates 파일을 복사해서 필요한 부분만 변경하면 된다.

❻ 모니터링을 할 대상의 호스트 이름을 지정한다. 이 이름은 DNS 또는 /etc/hosts 파일을 통해 Nagios 서버가 찾을 수 있어야 한다.

❼ 위 호스트 이름에 해당하는 IP 주소를 지정한다.

❽ 이 서비스 이름은 /etc/nagios/objects/templates 파일에 그 서비스 이름과 어떤 서비스를 제공할지 정의돼 있는데, 여기서 이 서비스 이름을 정의하면 곧 템플릿 파일에 정의된 서비스를 node1 모니터링을 위해 사용한다는 의미가 된다.

❾ 이 서비스를 사용할 호스트 이름을 지정한다.

❿ 먼저 Ping을 위한 명령어 `check_ping`은 /etc/nagios/objects/commands.cfg 파일에 정의 돼 있는데, 이 명령어를 여기에서 사용한다는 의미다. 그리고 여기서 사용된 숫자들은 다음과 같은 의미를 갖고 있다.

- **100.0ms-500.0ms** 이 숫자는 RTT$^{Round\ Trip\ Time}$로서 Ping을 보내 돌아온 시간을 의미하는데, 그것이 이 시간 내에 있는 경우 경고^{Warning} 상태로 표시하고 500ms 이상인 경우 Error 또는 Down 상태로 표시된다. 실제 Nagios 화면에서는 RTA$^{Round\ Trip\ Average}$로 표시된다.

- **20%-60%** 보낸 Ping 패킷의 20%~60%가 손실되면 경고 상태로 표시하고, 그 이상 이라면 Error 또는 Down 상태로 표시하라는 의미다. 이 Ping 명령어는 기본적으로 5개의 패킷을 보내 테스트한다.

⓫ 변경 사항을 적용하기 위해 Nagios 서버를 다시 시작한다.

B. 브라우저에서 확인

이제 브라우저를 이용해 추가한 리눅스 호스트에 대한 정보를 확인한다.

1. 호스트 정보 확인하기

그림 22-3에서는 앞에서 설정한 호스트 정보 node1이 추가됐음을 왼쪽의 Hosts 메뉴를

통해 확인할 수 있다.

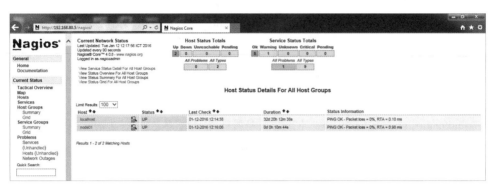

그림 22-3   node1 호스트 확인하기

2. 호스트의 서비스 정보 확인하기

추가한 node1의 Ping 서비스가 작동되고 있음을 그림 22-4처럼 왼쪽의 Services 메뉴를
클릭하면 Status의 OK 메시지를 통해 확인할 수 있다. Ping 서비스는 일반적으로 호스트
가 현재 네트워크상에서 작동되고 있는지 확인하기 위해 사용된다.

그림 22-4   node1 Ping 서비스 확인하기

3. 호스트 전체 정보 확인하기

호스트 전체의 정보를 확인하기 위해 그림 22-4에서 node1을 클릭하면 그림 22-5처럼
현재 Nagios 서버가 수집한 node1에 대한 모든 정보를 확인할 수 있다. 또한 왼쪽 위의
메뉴들을 클릭하면 더 자세한 정보들을 확인할 수 있다.

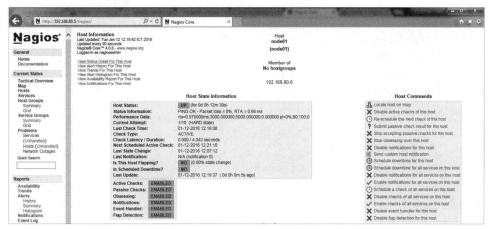

그림 22-5   node1 호스트 전체 정보 확인하기

22.2.2 NRPE 플러그인 사용

22.2.1절에서는 리눅스 호스트 node1과 Ping 서비스를 Nagios 서버에 추가했는데, 리눅스 호스트의 다양한 서비스를 동시에 모니터링하고 싶다면 NRPE 플러그인을 사용할 수 있다. NRPE 플러그인을 사용하면 한 호스트에서 운영 중인 여러 서비스들을 동시에 Nagios 서버에 추가해 모니터링할 수 있다. 이번 절에서 설명할 내용을 정리하면 표 22-1과 같다.

표 22-1   NRPE 플러그인 사용하기

호스트 이름	master.chul.com	node1.chul.com
IP 주소	192.168.80.5	192.168.80.6
역할	모니터링 서버	모니터링 타겟
프로그램	check_nrpe 플러그인	nrpe 데몬

　　모니터링 서버 master는 Nagios 플러그인 check_nrpe를 이용해 모니터링 타겟 호스트인 node1의 nrpe 데몬에 접속해 그 정보를 수집한 다음 Nagios 서버에 저장하게 된다.

A. 리눅스 타겟 호스트(node1)에서 설정

먼저 타겟 호스트로 사용되는 node1에서 NRPE 패키지를 설치하고 서비스를 시작해줘야 한다.

```
[root@node1 ~]# yum install nrpe nagios-plugins-all -y        ❶
[root@node1 ~]# rpm -qa | grep nrpe        ❷
nrpe-2.15-7.el7.x86_64
nagios-plugins-nrpe-2.15-7.el7.x86_64
[root@node01~]# vim /etc/nagios/nrpe.cfg        ❸
allowed_hosts=127.0.0.1,192.168.80.5        ❹
dont_blame_nrpe=1        ❺
# line 209: 모두 주석 처리        ❻
#command[check_users]=/usr/lib64/nagios/plugins/check_users -w 5 -c 10
#command[check_load]=/usr/lib64/nagios/plugins/check_load -w 15,10,5 -c 30,25,20
#command[check_hda1]=/usr/lib64/nagios/plugins/check_disk -w 20% -c 10% -p /dev/hda1
#command[check_zombie_procs]=/usr/lib64/nagios/plugins/check_procs -w 5 -c 10 -sZ
#command[check_total_procs]=/usr/lib64/nagios/plugins/check_procs -w 150 -c 200
# line 223: 모두 주석 제거        ❼
command[check_users]=/usr/lib64/nagios/plugins/check_users -w $ARG1$ -c $ARG2$
command[check_load]=/usr/lib64/nagios/plugins/check_load -w $ARG1$ -c $ARG2$
command[check_disk]=/usr/lib64/nagios/plugins/check_disk -w $ARG1$ -c $ARG2$ -p $ARG3$
command[check_procs]=/usr/lib64/nagios/plugins/check_procs -w $ARG1$ -c $ARG2$ -s
$ARG3$
[root@node1 ~]# systemctl start nrpe        ❽
[root@node1 ~]# systemctl enable nrpe        ❾
[root@node1 ~]# systemctl status nrpe        ❿
nrpe.service - NRPE
Loaded: loaded (/usr/lib/systemd/system/nrpe.service; enabled; vendor preset:
disabled)
 Active: active (running) since Wed 2016-01-13 11:35:43 ICT; 50min ago
 Main PID: 1331 (nrpe)
  CGroup: /system.slice/nrpe.service
        1331 /usr/sbin/nrpe -c /etc/nagios/nrpe.cfg -d
Jan 13 11:35:42 node1.chul.com systemd[1]: Starting NRPE...
Jan 13 11:35:43 node1.chul.com systemd[1]: Started NRPE.
Jan 13 11:35:43 node1.chul.com nrpe[1331]: Starting up daemon
Jan 13 11:35:43 node1.chul.com nrpe[1331]: Server listening on 127.0.0.1 port 5666.
Jan 13 11:35:43 node1.chul.com nrpe[1331]: Listening for connections on port 0
Jan 13 11:35:43 node1.chul.com nrpe[1331]: Allowing connections from: 127.0.0.1,
192.168.80.5
Jan 13 12:25:56 node1.chul.com systemd[1]: Started NRPE.
[root@node1 ~]# netstat -natlp | grep nrpe        ⓫
tcp      0     0 127.0.0.1:5666 0.0.0.0:*      LISTEN  1331/nrpe
[root@node1 ~]# lsof -i tcp:5666        ⓬
```

```
COMMAND PID USER   FD   TYPE DEVICE SIZE/OFF NODE NAME
nrpe   1331 nrpe   4u  IPv4 22581   0t0 TCP localhost:5666 (LISTEN)
[root@node1 ~]# ps -ef | grep nrpe        ⓭
nrpe   1331 1 0 11:35 ? 00:00:00 /usr/sbin/nrpe -c /etc/nagios/nrpe. cfg -d
```

❶ 명령어 yum을 사용해 nrpe 패키지와 플러그인을 설치한다.

❷ 명령어 rpm을 사용해 설치를 확인한다.

❸ 명령어 vim으로 nrpe 설정에 필요한 파일을 열어서

❹ nrpe 서비스로의 접근을 허용할 IP 주소를 지정한다.

❺ nrpe가 모니터링 서비스를 위해 사용할 명령어의 인자 값에 대한 변경을 허용하기 위한
의미로, 숫자 1로 변경한다. 이는 ❼과 관련이 있다.

❻ 209번 라인 아래 다섯 가지 명령어에 #을 추가해 주석 처리한다. 이는 이 명령어들을
사용하지 않는다는 의미인데, 이 명령어들은 사용 시에 인자 값들을 변경할 수 없기
때문이다.

❼ 223번 라인 아래 네 가지의 명령어들에서 앞의 #을 제거해 활성화한다. 이 명령어들은
관리자가 그 명령어에 대한 인자 값을 상황에 따라 변경할 수 있다.

❽ 명령어 systemctl을 이용해 nrpe 서비스를 시작한다.

❾ 명령어 systemctl을 이용해 nrpe 서비스가 부팅 후에 자동으로 시작되도록 설정한다.

❿ 명령어 systemctl을 이용해 nrpe 서비스의 상태를 확인하는데, 그 메시지 중에서 active
와 서비스가 시작됐다는 메시지를 확인하기 바란다. 또한 모니터링 서버의 IP 주소도
확인할 수 있다.

⓫ 명령어 netstat를 사용해 nrpe가 사용하는 포트와 그 PID를 확인한다. 이 포트 번호는
설정 파일에 정의돼 있으며, 변경이 가능하다.

⓬ 명령어 lsof를 사용해 nrpe가 사용하는 포트 5666번, PID, 그리고 서비스가 준비돼
있음을 확인할 수 있다.

⓭ 명령어 ps를 사용해 nrpe의 프로세스가 활성화됐는지 확인한다.

B. Nagios 서버에서 설정(master)

이제 Nagios 서버에서 NRPE를 이용해 타겟 호스트 node1를 모니터링하기 위한 설정을
해야 한다.

```
[root@master ~]# yum install nagios-plugins-nrpe -y          ❶
[root@master ~]# vim /etc/nagios/objects/commands.cfg        ❷
```

```
# 마지막 줄에 추가
define command{
    command_name          check_nrpe
    command_line          $USER1$/check_nrpe -H $HOSTADDRESS$ -c $ARG1$
[root@master ~]# vim /etc/nagios/servers/node1.cfg          ❸
define host{
    use                   linux-server
    host_name             node1
    alias                 Linux Host
    address               192.168.80.6
    }
define service{
    use                   generic-service
    host_name             node1
    service_description   PING
    check_command         check_ping!100.0,20%!500.0,60%
    }
# For disk usage          ❹
define service{
    use                   generic-service
    host_name             node1
    service_description   Root Partition
    check_command         check_nrpe!check_disk\!20%\!10%\!/
    }
# For current users       ❺
define service{
    use                   generic-service
    host_name             node1
    service_description   Current Users
    check_command         check_nrpe!check_users\!20\!50
    }
# For total processes ❻
define service{
    use                   generic-service
    host_name             node1
    service_description   Total Processes
    check_command         check_nrpe!check_procs\!250\!400\!RSZDT
    }
# For current load        ❼
define service{
```

```
    use                     generic-service
    host_name               node1
    service_description     Current Load
    check_command           check_nrpe!check_load\!5.0,4.0,3.0\!10.0,6.0,4.0
    }
[root@master ~]# systemctl restart nagios      ❽
```

❶ 명령어 yum을 이용해 nrpe 플러그인 패키지를 설치한다.

❷ Nagios 서버에서 사용 가능한 명령어가 정의된 파일을 명령어 vim으로 열어서 마지막
줄에 사용할 nrpe 명령어를 추가한다.

❸ 명령어 vim으로 node1에 대한 설정이 저장된 파일을 열어서

❹ 디스크 사용량에 대한 정보를 제공하는 nrpe 명령어를 추가한다. 명령어 check_disk에
서 숫자 20%는 node1의 사용 가능한 디스크 사용량이 20% 이하로 떨어질 경우
Warning 메시지를, 그리고 10% 이하로 떨어질 경우 Critical 메시지를 표시하게 된다.
이 명령어를 직접 테스트하는 방법은 다음과 같다.

```
[root@node1 ~]# /usr/lib64/nagios/plugins/check_disk -w 20% -c 10% -p /dev/sda1
DISK OK - free space: /boot 174 MB (35% inode=99%);| /boot=322MB;396; 446;0;496
```

❺ 현재 사용자에 대한 정보를 제공하는 nrpe 명령어를 추가한다. 이 명령어는 현재 사용
자 수가 20-49인 경우 Warning 메시지를 표시하고, 50 이상인 경우 Critical 메시지를
표시하라는 의미다.

❻ 전체 프로세스에 대한 정보를 제공하는 nrpe 명령어를 추가한다. 명령어 check_procs
에서 숫자 250은 프로세스의 개수가 250-399개인 경우 Warning 메시지를 표시하고,
400개를 초과하면 Critical 메시지를 표시하라는 의미다.

❼ 현재의 CPU 사용량에 대한 정보를 제공하는 nrpe 명령어를 추가한다. 여기서 사용된
숫자들에 설명은 다음과 같다.

- **5.0,4.0,3.0** 가장 최근의 1분, 5분, 15분 동안의 평균 CPU 사용량이 각각 5.0, 4.0,
  3.0인 경우 Warning 메시지로 표시한다.
- **10.0,6.0,4.0** 가장 최근의 1분, 5분, 15분 동안의 평균 CPU 사용량이 각각 10.0,
  6.0, 4.0인 경우 Critical 메시지로 표시하라는 의미다.

❽ 명령어 systemctl을 사용해 위의 변경 사항들이 적용되도록 Nagiios 서버를 다시 시작
한다.

C. 브라우저에서 확인

1. 브라우저에서 다시 추가한 서비스를 확인하기 위해 그림 22-6처럼 왼쪽의 Service 메뉴를 클릭해 확인하면 그림 22-4에서 추가한 Ping 서비스 이외에 4가지의 서비스가 추가됐음을 확인할 수 있다.

그림 22-6 추가한 서비스 확인하기

2. 각각의 서비스를 클릭하면 그림 22-7처럼 각 서비스에 대한 자세한 상태를 알 수 있고, 왼쪽 위를 클릭하면 추가 정보들도 확인할 수 있다.

그림 22-7 각 서비스 확인하기

D. 웹 서버 모니터링 추가

이번에는 앞에서 추가한 네 가지 서비스 이외에 node1에서 운영 중인 웹 서버에 대한 모니

터링을 추가한다. 이 서비스를 추가하는 방법을 이해한다면 웹 서버 이외에 여러 다른
서비스도 추가할 수 있다.

1. 설정하기

먼저 node1에서 추가할 웹 서버가 사용 중인지 확인하고, 이 서비스를 Nagios 서버에서
추가해줘야 한다.

```
1. Node1에서 확인하기
[root@node1 ~]# lsof -i tcp:80                ❶
COMMAND   PID   USER   FD   TYPE DEVICE SIZE/OFF NODE NAME
httpd   20023   root   4u   IPv6 291203     0t0  TCP *:http (LISTEN)
httpd   20033 apache   4u   IPv6 291203     0t0  TCP *:http (LISTEN)
httpd   20034 apache   4u   IPv6 291203     0t0  TCP *:http (LISTEN)
httpd   20035 apache   4u   IPv6 291203     0t0  TCP *:http (LISTEN)
httpd   20036 apache   4u   IPv6 291203     0t0  TCP *:http (LISTEN)
httpd   20037 apache   4u   IPv6 291203     0t0  TCP *:http (LISTEN)
httpd   20038 apache   4u   IPv6 291203     0t0  TCP *:http (LISTEN)
httpd   20039 apache   4u   IPv6 291203     0t0  TCP *:http (LISTEN)
httpd   20040 apache   4u   IPv6 291203     0t0  TCP *:http (LISTEN)
[root@node1 ~]# /usr/lib64/nagios/plugins/check_http -H localhost      ❷
HTTP OK: HTTP/1.1 200 OK - 58811 bytes in 0.025 second response time
|time=0.024912s;;;0.000000 size=58811B;;;0

2. Master 호스트에서 설정하기
[root@master ~]# vim /etc/nagios/servers/node1.cfg
42 define service{           ❸
43     use                    generic-service
44     host_name              node1
45     service_description    Apache Webserver Status
46     check_command          check_http
47 }
[root@master ~]# vim /etc/nagios/objects/commands.cfg
143 # 'check_http' command definition
144 define command{
145        command_name    check_http              ❹
146        command_line    $USER1$/check_http -I $HOSTADDRESS$ $ARG1$
147 }
[root@master ~]# systemctl restart nagios        ❺
```

❶ node1에서 웹 서버가 실행되고 있는지 명령어 lsof를 사용해 포트 80번을 확인한다.

❷ Nagios 서버가 제공하는 check_http 플러그인을 이용해 node1에서 실행되는 웹 서버의 정보를 조회해보면 이 플러그인이 작동하는지 확인할 수 있다.

❸ Nagios 서버에서 타겟 호스트 node1에 대한 정의 파일을 명령어 vim으로 열어서 웹 서버에 대한 서비스를 추가한다. 이때 사용되는 명령어가 check_http인데, 이 명령어는

❹ 사용 가능한 명령어가 정의된 commands.cfg 파일에서 확인이 돼야 한다.

❺ 변경 사항을 적용하기 위해 nagios 서버를 다시 시작한다.

2. 브라우저에서 확인하기

브라우저에서 확인해보면 그림 22-8에서 기존 서비스와 함께 추가된 웹 서버 서비스를 볼 수 있다.

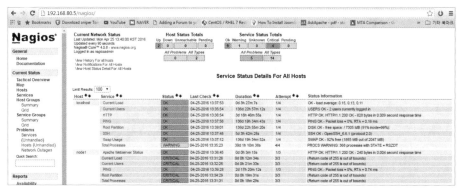

그림 22-8 웹 서버 추가 서비스 확인하기

그런 다음에 웹 서버를 클릭하면 그림 22-9처럼 더 자세한 정보를 확인할 수 있다.

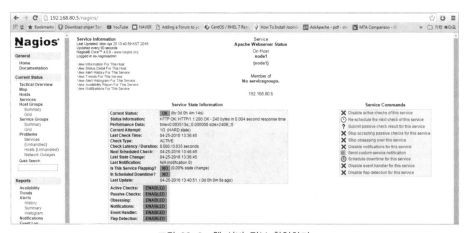

그림 22-9 웹 서버 정보 확인하기

22.3 윈도우 서버 2012 모니터링

Nagios 타겟 호스트로서 리눅스뿐만 아니라 윈도우 서버도 사용될 수 있다. NSClient++ 프로그램을 사용해 윈도우 서버 2012를 Nagios 타겟 호스트로 사용하고 모니터링하는 방법을 이번 절에서 설명한다.

22.3.1 윈도우 서버 2012에 NSClint++ 설치

윈도우 서버에서 Nagios 서버와의 통신을 위해 사용되는 프로그램 NSClient++를 http://sourceforge.net/projects/nscplus/에서 다운로드하기 바란다. 윈도우 서버에서는 이 프로그램을 설치하고 서비스만 확인하면 설정을 모두 마치게 된다.

A. NSClient++ 설치

이 프로그램 설치 시에 Nagios 서버의 IP 주소와 패스워드를 그림 22-10처럼 입력해야 한다. 이 패스워드는 Nagios 서버가 모니터링을 위해 윈도우 서버 접속 시에 인증을 위해 제출하게 되면 윈도우 서버가 접속을 허용하기 위해 사용된다.

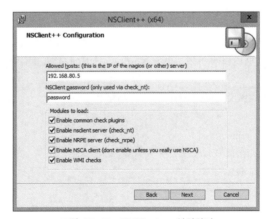

그림 22-10 NSClient++ 설치하기

B. 서비스 확인

NSClient++ 프로그램이 설치되면 윈도우 서버 2012에서 서비스가 자동으로 시작된다. 이 서비스가 시작됐는지 그림 22-11처럼 확인하기 바란다.

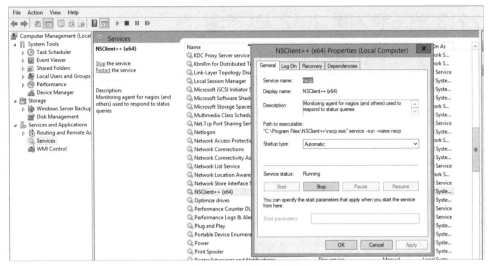

그림 22-11 서비스 확인하기

22.3.2 Nagios에서 설정

이제 Nagios 서버에서 윈도우 서버를 모니터링하기 위한 설정을 해줘야 한다. 리눅스 타겟 호스트처럼 호스트 및 모니터링할 서비스를 정의해주면 된다.

A. 서버 설정

윈도우 서버 2012를 모니터링하기 위한 Nagios 서버에서의 설정은 다음과 같다.

```
        alias                   Windows Servers
}
# Ping 서비스
define service{ ❹
        use                     generic-service
        host_name               winserver
        service_description     PING
        check_command           check_ping!100.0,20%!500.0,60%
}
# NSClient++ 버전 검사
define service{ ❺
        use                     generic-service
        host_name               winserver
        service_description     NSClient++ Version
        check_command           check_nt!CLIENTVERSION
}
# 가동시간
define service{ ❻
        use                     generic-service
        host_name               winserver
        service_description     Uptime
        check_command           check_nt!UPTIME
}
# CPU 사용량
define service{ ❼
        use                     generic-service
        host_name               winserver
        service_description     CPU Load
        check_command           check_nt!CPULOAD!-l 5,80,90
}
# 메모리 사용량
define service{ ❽
        use                     generic-service
        host_name               winserver
        service_description     Memory Usage
        check_command           check_nt!MEMUSE!-w 80 -c 90
}
# 디스크 사용량
define service{ ❾
        use                     generic-service
```

```
        host_name           winserver
        service_description C:\ Drive Space
        check_command       check_nt!USEDDISKSPACE!-l c -w 80 -c 90
}
# IIS 서버 검사
define service{      ❿
    use                 generic-service
    host_name           winserver
    service_description W3SVC
    check_command       check_nt!SERVICESTATE!-d SHOWALL -l W3SVC
}
[root@master ~]# vim /etc/nagios/objects/templates.cfg
87 define host{
88      name            windows-server
89      use             generic-host,host-pnp        ⓫
[root@master ~]# systemctl restart nagios            ⓬
```

❶ 명령어 check_nt를 이용해 모니터링을 위해 윈도우 서버 접속 시에 사용할 패스워드를
  기존 명령어에 추가하는데, 이 패스워드는 윈도우 서버에서 NSClient++ 프로그램 설치
  시 설정한 패스워드다. 여기서 사용되는 nt 플러그인은 윈도우 서버 모니터링을 위해
  NSClient가 제공하는 포트 12489번을 사용하게 된다.

❷ 리눅스 호스트 추가처럼 명령어 vim으로 윈도우 서버 모니터링을 위해 사용할 파일을
  생성한다. 이 파일은 /etc/nagios/objects/windows.cfg 파일을 복사한 다음 수정해서 사
  용할 수 있다. 이 파일을 앞의 위치에서 그대로 사용하기 원하면 리눅스처럼 nagios.cfg
  파일에서 #을 제거하고 파일을 활성화해야 한다.

❸ 먼저 모니터링 대상이 되는 윈도우 호스트의 이름과 IP 주소를 정의한다.

❹ 모니터링을 위해 사용되는 첫 번째 명령어로서 핑 서비스를 추가한다.

❺ 데이터 수집을 위해 윈도우 서버에 설치된 NSClient의 버전 정보 확인을 위한 서비스를
  추가한다.

❻ 윈도우 서버의 가동 시간 정보를 제공할 서비스를 추가한다.

❼ 윈도우 서버의 CPU 사용량 정보를 제공할 서비스를 추가한다. 여기서 숫자는 최근
  5분 동안 CPU 사용량이 80%~89%이면 Warning 메시지를 표시하고, 90% 이상이면
  Critical 메시지를 표시하라는 의미다.

❽ 윈도우 서버의 메모리 사용량 정보를 제공할 서비스를 추가한다. 여기서 숫자는 메모리
  사용량이 80%~89%이면 Warning 메시지를 표시하고, 90% 이상이면 Critical 메시지를

표시하라는 의미다.

❾ 윈도우 서버 C 드라이브의 디스크 사용량 정보를 제공할 서비스를 추가한다. 여기서
숫자는 디스크 사용량이 80%~89%이면 Warning 메시지를 표시하고, 90% 이상이면
Critical 메시지를 표시하라는 의미다.

❿ 윈도우 서버에서 실행 중인 IIS 서버에 대한 정보를 제공할 서비스를 추가한다.

⓫ 윈도우 서버에 다음 절에서 설명할 pnp4nagios 서비스를 사용하기 위해 추가한다.

⓬ 명령어 systemctl을 사용해 수정 사항들이 적용되도록 Nagios 서버를 다시 시작한다.

B. 브라우저에서 확인

앞에서 설정한 윈도우 서버 2012 모니터링 정보를 브라우저에서 확인하면 다음과 같다.

1. 윈도우 호스트 확인하기

호스트 정보에서 추가한 윈도우 서버 정보를 그림 22-12처럼 왼쪽의 **호스트** 메뉴를 통해
확인할 수 있다.

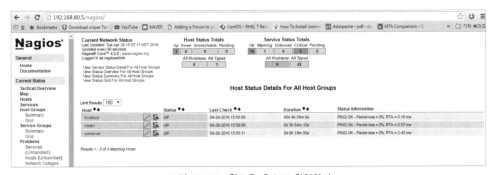

그림 22-12 윈도우 호스트 확인하기

2. 윈도우 서버 서비스 확인하기

윈도우 서버로부터 수집하기 원하는 서비스들의 목록을 그림 22-13처럼 왼쪽의 서비스
메뉴를 클릭하면 확인할 수 있다.

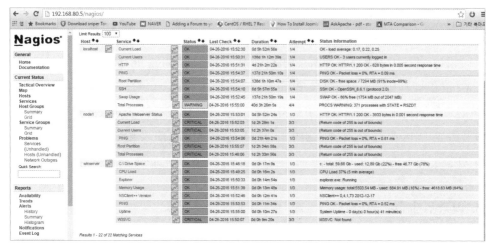

그림 22-13 윈도우 서비스 확인하기

3. pnp4nagios 서비스 확인하기

윈도우 서버를 위해 다음 절에서 설명할 pnp4nagios 서비스를 그림 22-14처럼 확인할
수 있다.

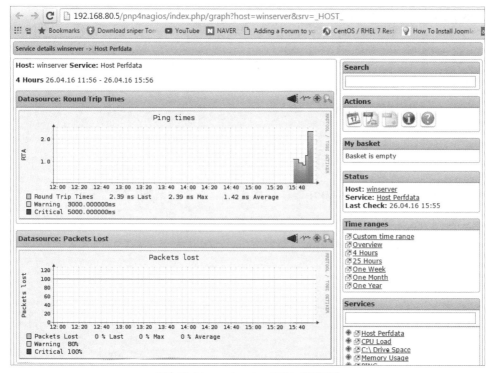

그림 22-14 pnp4nagios 서비스 확인하기

22.4 pnp4nagios 이용

pnp4nagios는 Nagios 플러그인이 제공하는 데이터를 분석하고 그 결과를 RRD 데이터베이스에 자동으로 저장해 성능에 대한 데이터를 Nagios 서버에 제공하는 Nagios 성능 분석 프로그램이다. pnp4nagios가 사용하는 RRD 데이터베이스는 Nagios 서버가 제공하는 타겟 서버 호스트 및 서비스에 대한 성능과 가용성 정보를 그래프를 통해 제공한다. 또한 이러한 정보를 PDF 파일을 통해 리포트로 제공할 수 있고, 가용성에 대한 정보를 시간대별(일별, 주간, 월별, 연별)로 분류해 제공한다. Nagios 서버에 대한 자세한 정보와 통계를 이용해 성능을 좀 더 정확하게 분석하기 원하는 관리자에게 도움을 줄 수 있는 유용한 프로그램이다.

22.4.1 pnp4nagios 사용

이번 절에서는 pnp4nagios의 설치부터 서비스 시작, pnp4nagios의 초기 화면에 접속하기까지의 과정을 설명한다.

A. 설치와 서비스 시작

pnp4nagios를 설치한 뒤에 서비스를 시작하는 방법은 다음과 같다.

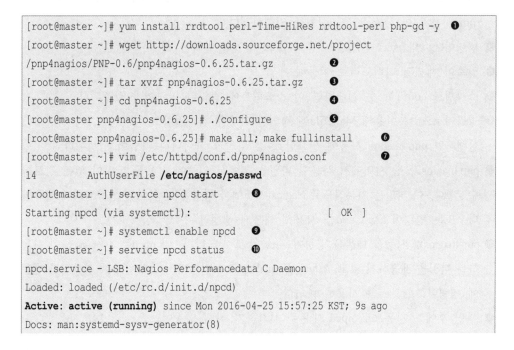

```
[root@master ~]# yum install rrdtool perl-Time-HiRes rrdtool-perl php-gd -y  ❶
[root@master ~]# wget http://downloads.sourceforge.net/project
/pnp4nagios/PNP-0.6/pnp4nagios-0.6.25.tar.gz           ❷
[root@master ~]# tar xvzf pnp4nagios-0.6.25.tar.gz    ❸
[root@master ~]# cd pnp4nagios-0.6.25                 ❹
[root@master pnp4nagios-0.6.25]# ./configure          ❺
[root@master pnp4nagios-0.6.25]# make all; make fullinstall   ❻
[root@master ~]# vim /etc/httpd/conf.d/pnp4nagios.conf        ❼
14        AuthUserFile /etc/nagios/passwd
[root@master ~]# service npcd start       ❽
Starting npcd (via systemctl):                        [ OK ]
[root@master ~]# systemctl enable npcd    ❾
[root@master ~]# service npcd status      ❿
npcd.service - LSB: Nagios Performancedata C Daemon
Loaded: loaded (/etc/rc.d/init.d/npcd)
Active: active (running) since Mon 2016-04-25 15:57:25 KST; 9s ago
Docs: man:systemd-sysv-generator(8)
```

```
Process: 24295 ExecStart=/etc/rc.d/init.d/npcd start (code=exited, status=0/SUCCESS)
  CGroup: /system.slice/npcd.service
        24302 /usr/sbin/npcd -f /etc/pnp4nagios/npcd.cfg -d
Apr 25 15:57:24 master.chul.com systemd[1]: Starting LSB: Nagios Performancedata C
Daemon...
Apr 25 15:57:25 master.chul.com NPCD[24302]: npcd Daemon (0.6.25) started with PID=24302
Apr 25 15:57:25 master.chul.com NPCD[24302]: Please have a look at 'npcd -V' to get
license info...ion
Apr 25 15:57:25 master.chul.com NPCD[24302]: HINT: load_threshold is disabled -
('0.000000')
Apr 25 15:57:25 master.chul.com npcd[24295]: Starting npcd: [  OK  ]
Apr 25 15:57:25 master.chul.com systemd[1]: Started LSB: Nagios Performancedata C
Daemon.
[root@master ~]# ps -ef | grep npcd          ⓫
nagios  24295   1  0 15:57 ?   00:00:04 /usr/local/pnp4nagios/bin/npcd -d -f
/usr/local/pnp4nagios/etc/npcd.cfg
```

❶ pnp4nagios를 설치하기 전에 이 프로그램이 사용하는 데이터베이스 RRD를 지원하는 rrdtool 패키지를 의존성 패키지와 함께 명령어 yum을 사용해 설치한다. 참고로 RRD$^{Round Robin Database}$는 시간대별로 데이터를 저장하고 정보를 보여주기 위한 목적으로 사용되는 프로그램이다.

❷ pnp4nagios 최신 소스 파일(2016년 4월 현재)을 명령어 wget으로 다운로드한다. 여기서는 rpm 설치가 아닌 소스코드 설치를 진행하겠다.

❸ 명령어 tar와 xvzf 옵션을 이용해 소스 파일의 압축을 해제한다.

❹ 압축이 해제된 디렉토리로 이동해

❺ 스크립트 configure를 실행하면 이 스크립트에 정의된 명령어가 실행된다.

❻ 명령어 make를 이용해 Makefile에 정의된 타겟을 컴파일하고 설치한다. 이 명령어를 실행하면 pnp4nagios 사용에 필요한 설정 파일과 바이너리 파일이 생성된다.

❼ pnp4nagios가 웹 서버에서 사용할 파일을 열어서 인증에 사용할 파일이 있는 경로를 수정한다. 이 파일은 기본적으로 Nagios 서버에서 생성한 인증 파일을 동일하게 사용한다. 또는 명령어 htpasswd를 사용해 새롭게 생성할 수 있다.

❽ pnp4nagios가 사용할 데몬을 명령어 service로 시작한다. 이 npcd는 systemctl이 사용하는 파일을 제공하지 않고, /etc/rc.d/init.d/npcd 파일이라는 스크립트로 저장되기 때문에 명령어 service를 사용해야 한다.

❾ 부팅 후에도 자동으로 npcd 데몬을 시작하기 위해 명령어 systemctl을 사용했다.

❿ 명령어 service를 사용해 npcd 데몬의 상태를 확인하는데, active와 이 데몬이 시작됐다는 메시지를 볼 수 있다.

⓫ 명령어 ps를 통해 프로세스도 확인할 수 있다. 이제 pnp4nagios 패키지가 설치되고 데몬이 성공적으로 시작됐다.

B. 초기 화면 접속

초기 화면으로 접속하기 위해 브라우저에서 그림 22-15처럼 IP 주소와 디렉토리 이름 pnp4nagios를 입력하면 그림과 같은 환경 테스트 내용을 볼 수 있다.

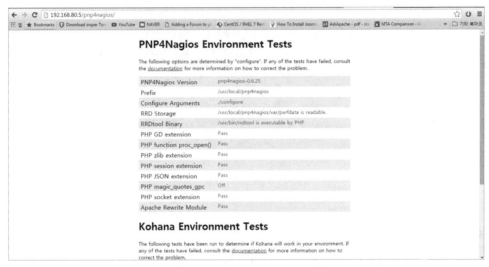

그림 22-15 PNP4Nagios 초기 화면

초기 화면 마지막에 보면 설치 목적으로 사용된 install.php 파일을 변경하라는 메시지가 보이는데, 다음처럼 변경하기 바란다. 설치가 완료됐기 때문에 더 이상 이 파일이 필요하지 않기 때문이다.

```
[root@master ~]# cd /usr/local/pnp4nagios/share/
[root@master share]# mv install.php install.php.ori
```

22.4.2 Nagios 파일 수정

이제 Nagios에서 pnp4nagios를 통합하기 위한 설정이 필요한데, 크게 세 가지의 파일을 수정해줘야 한다. 그리고 파일 수정을 모두 마치면 다시 Nagios 서버를 시작해줘야 한다.

A. nagios.cfg 파일 수정

세 파일 중에서 첫 번째로 nagios.cfg 파일을 수정해줘야 한다.

```
[root@master ~]# vim /etc/nagios/nagios.cfg
812 process_performance_data=1                              ❶
834 host_perfdata_file=/usr/local/pnp4nagios/var/host-perfdata                    ❷
835 service_perfdata_file=/usr/local/pnp4nagios/var/service-perfdata              ❸
850 host_perfdata_file_template=DATATYPE::HOSTPERFDATA\tTIMET::$TIMET
$\tHOSTNAME::$HOSTNAME$\tHOSTPERFDATA::$HOSTPERFDATA$\tHOSTCHECKCOMMAND::$HOSTCHECK
COMMAND$\tHOSTSTATE::$HOSTSTATE$\tHOSTSTATETYPE::$HOSTSTATETYPE$                   ❹
851 service_perfdata_file_template=DATATYPE::SERVICEPERFDATA\tTIMET::
$TIMET$\tHOSTNAME::$HOSTNAME$\tSERVICEDESC::$SERVICEDESC$\tSERVICE
PERFDATA::$SERVICEPERFDATA$\tSERVICECHECKCOMMAND::$SERVICECHECKCO
MMAND$\tHOSTSTATE::$HOSTSTATE$\tHOSTSTATETYPE::$HOSTSTATETYPE$\tSERVICESTATE::$SERV
ICESTATE$\tSERVICESTATETYPE::$SERVICESTATETYPE$                    ❺
861 host_perfdata_file_mode=a            ❻
862 service_perfdata_file_mode=a         ❼
872 host_perfdata_file_processing_interval=15             ❽
873 service_perfdata_file_processing_interval=15          ❾
882 host_perfdata_file_processing_command=process-host-perfdata-file      ❿
883 service_perfdata_file_processing_command=process-service-perfdata-file  ⓫
[root@master ~]# nagios -v /etc/nagios/nagios.cfg          ⓬
```

❶ Nagios 서버와 플러그인이 제공하는 호스트와 서비스의 성능 데이터에 대한 점검 기능을 수행할지 결정한다. 이러한 성능 데이터에 대한 점검은 일반적으로 commands.cfg 파일에 정의된 명령어를 사용하고, 결과를 파일에 저장한다.

❷ 호스트의 성능 데이터를 저장할 파일을 지정한다.

❸ 각 호스트가 제공하는 서비스의 성능 데이터를 저장할 파일을 지정한다.

❹ 호스트 성능 데이터 파일에 어떤 데이터들이 저장될지를 결정하는 템플릿이다.

❺ 각 서비스 성능 데이터 파일에 어떤 데이터들이 저장될지를 결정하는 템플릿이다.

❻ 호스트의 성능 데이터를 파일에 첨부^{append}할지 결정하는 모드다.

❼ 서비스의 성능 데이터를 파일에 첨부할지 결정하는 모드다.

❽ 호스트의 성능 데이터 파일에 대한 진행을 ❿에 정의된 명령어를 사용해 얼마나 자주 실행할지 결정하며, 단위는 초다.

❾ 서비스의 성능 데이터 파일에 대한 진행을 ⓫에 정의된 명령어를 사용해 얼마나 자주 실행할지 결정하며, 단위는 초다.

❿ 호스트의 성능 데이터 파일을 규칙적으로 **❽**에 정의된 시간 간격으로 실행하기 위해 사용되는 명령어를 지정한다.

⓫ 서비스의 성능 데이터 파일을 규칙적으로 **❾**에 정의된 시간 간격으로 실행하기 위해 사용되는 명령어다.

⓬ Nagios 설정 파일 수정 후에 문법을 검사한다.

B. commands.cfg 파일 수정

두 번째는 명령어가 정의된 commands.cfg 파일을 수정하는 것이다. A절에서 정의한 명령 어를 여기에서 생성해줘야 한다.

```
[root@master ~]# vim /etc/nagios/objects/commands.cfg
# 'process-service-perfdata' command definition
241 define command{
242     command_name    process-service-perfdata-file    ❶
243     command_line    /bin/mv /usr/local/pnp4nagios/var/service-perfdata
/usr/local/pnp4nagios/var/spool/service-perfdata.$TIMET$
244 }
245
246 # 'process-service-perfdata' command definition
247 define command{
248     command_name    process-host-perfdata-file    ❷
249     command_line    /bin/mv /usr/local/pnp4nagios/var/host-perfdata
/usr/local/pnp4nagios/var/spool/host-perfdata.$TIMET$
250 }
```

❶ A절의 **❿**에서 정의된 명령어를 여기에 생성해줘야 Nagios가 명령어를 인식하고 실행할 수 있다. 이 명령어는 service-perfdata 파일이 service_perfdata_file_processing_interval 에 정의된 시간이 지나서 파일명에 현재의 타임스탬프 정보를 포함하는 Nagios 매크로 $TIMET$를 추가해 spool 디렉토리에 저장한다. 이 매크로는 새로 저장되는 파일이 이전 파일들을 덮어쓰지 않게 하기 위해 파일에 추가되는 것이다.

❷ 위와 동일하며, 서비스가 아닌 호스트에만 적용된다.

C. templates.cfg 파일 수정하기

템플릿 파일을 수정하고 서비스를 다시 시작해주면 모든 설정을 마치게 된다. 두 가지의 템플 릿을 생성한 후 기존 템플릿에 추가하면 기존 템플릿을 사용하는 타겟 호스트에 적용된다.

```
[root@master ~]# vim /etc/nagios/objects/templates.cfg
66 define host{
67      name            linux-server
68      use             generic-host,host-pnp ❶
161 define service{
162      name           generic-service
163      use            srv-pnp ❷
197 # define pnp host and service
198 define host{
199     name    host-pnp ❸
200     action_url /pnp4nagios/index.php/graph?host=$HOSTNAME$&srv=_HOST_' class='tips'
rel='/pnp4nagios/index.php/popup?host=$HOSTNAME$&srv=_HOST_
201     register    0
202 }
203
204 define service{
205     name    srv-pnp ❹
206     action_url /pnp4nagios/index.php/graph?host=$HOSTNAME$&srv=$SERVICE DESC$'
class='tips' rel='/pnp4nagios/index.php/popup?host=$HOSTNAME$&srv= $SERVICEDESC$
207     register    0
208 }
[root@master ~]# cp pnp4nagios-0.6.25/contrib/ssi/status-header.ssi
/usr/local/nagios/share/ssi/              ❺
[root@master ~]# service npcd restart     ❻
[root@master ~]# systemctl restart nagios httpd    ❼
```

❶ ❸에 새로 정의한 호스트 이름을 기존 linux-server에 추가한다. 이렇게 하면 ❸에 정의
한 액션이 linux-server를 사용하는 모든 호스트에 적용된다. 현재 localhost와 node1이
호스트 이름을 사용하고 있다. 이 액션은 Nagios 서버 화면에서 호스트를 클릭하면
새로운 페이지가 열리면서 호스트와 그 호스트가 사용하는 서비스에 대한 정보를
pnp4nagios가 제공한다는 의미다.

❷ ❹에 정의한 서비스 이름을 기존 generic-service에 추가한다. 이렇게 하면 ❹에 정의한
액션이 generic-service를 사용하는 호스트에 적용된다. 현재 node1과 winserver가 이
서비스를 사용하고 있다.

❸ pnp4nagios가 사용할 호스트 이름을 정의하고 액션을 지정한다. 액션에 대한 설명은
❶과 같다.

❹ pnp4nagios가 사용할 서비스 이름을 정의하고 액션을 지정한다. 액션에 대한 설명은
❶과 같다.

❺ 옵션으로 팝업 스크립트를 Nagios 서버 디렉토리에 복사한다.

❻ pnp4nagios 데몬 npcd를 다시 시작해 변경 사항들이 적용되도록 한다.

❼ Nagios 서버와 웹 서버 데몬 httpd도 다시 시작해 변경된 사항들이 적용되도록 한다.

D. pnp4nagios 사용

이제 pnp4nagios를 브라우저에서 접속해 사용하는 방법을 설명한다.

1. Nagios 접속하기

브라우저에서 Nagios 서비스로 접속하면 호스트와 각 서비스 앞에 그래프처럼 생긴
pnp4nagios를 그림 22-16처럼 확인할 수 있다.

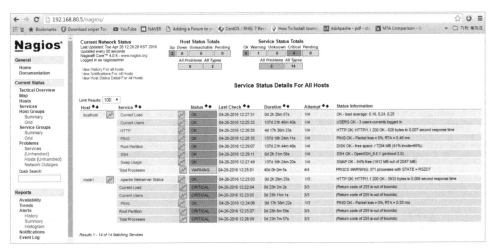

그림 22-16 pnp4nagios가 적용된 Nagios 화면

2. localhost 정보 확인하기

그림 22-16에서 먼저 호스트 정보를 확인하기 위해 로컬 호스트 옆에 위치한 pnp4nagios
를 클릭하면 그림 22-17처럼 localhost에서 실행 중인 서비스들에 대한 정보를 그래프로
편리하게 확인할 수 있다.

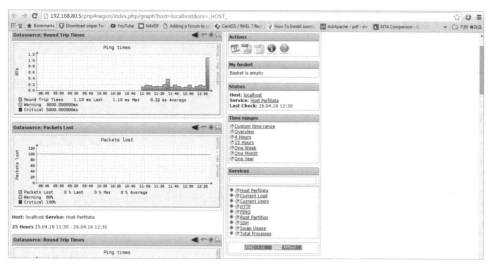

그림 22-17 localhost에 대한 그래프

3. node1 정보 확인하기

마찬가지로 클라이언트 시스템 node1에 대한 정보를 클릭하면 그 서비스들을 그래프로
그림 22-18처럼 자세히 확인할 수 있다.

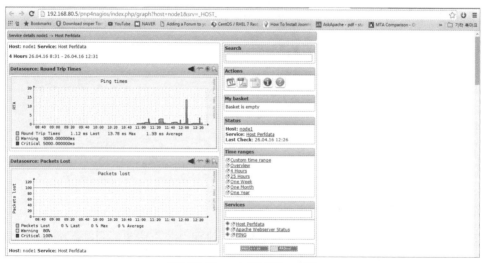

그림 22-18 node1에 대한 그래프

22.5 참고문헌

- http://www.slashroot.in/what-nagios-introduction-enterprise-level-server-monitoring0
- https://www.nagios.org/
- http://www.kernel-panic.it/openbsd/nagios/nagios1.html
- http://www.server-world.info/en/note?os=CentOS_7&p=nagios&f=1
- https://www.nagios.com/products/nagios-xi/
- https://assets.nagios.com/downloads/nagioscore/docs/nagioscore/3/en/monitoring-publicservices.html
- https://geekpeek.net/pnp4nagios-centos-install/
- http://www.eldespistado.com/instalacion-nagios-core-4-pnp4nagios-check_mk-nagvis-centos-7-redhat-7/
- http://blog.muhammadattique.com/installing-pnp4nagios-for-nagios/
- http://www.aboutmonitoring.com/installing-nagios-core-4-pnp4nagios-check_mk-nagvis-centos-7-redhat-7/
- https://assets.nagios.com/downloads/nagioscore/docs/nagioscore/4/en/monitoring-windows.html
- http://docs.pnp4nagios.org/pnp-0.6/config
- http://andrewpuschak.com/dokuwiki/doku.php?id=installing_pnp4nagios_on_centos

22.6 요약

1. Nagios는 (   ) 기능을 제공하는 오픈소스 프로그램으로서 다양한 종류의 서버 및 애플리케이션, 그리고 네트워크 제품들에 대한 (   )을 할 수 있다.

2. Nagios는 모니터링을 담당하는 (   )와 모니터링의 대상이 되는 (   )로 구성된다.

3. (   ) 프로그램은 Nagios 서버와 윈도우 서버 간의 통신을 위해 사용된다. 설정 시에 Nagios 서버의 (   )와 인증을 위해 그 (   )를 설정해줘야 한다.

4. Nagios 서버에 접속할 관리자 생성을 위해 명령어 (   )를 사용하며, 또한 Apache 웹 서버의 설정 파일을 사용해 Nagios 인증과 접속 제한을 위해 (   )를 사용할 수 있다.

5. Nagios 서버가 사용하는 설정 파일은 주 설정 파일로서 (   )가 사용되며, 명령어를 정의한 (   ), 템플릿을 정의한 (   ), 그리고 각 호스트별 설정 파일을 사용할 수 있다.

6. (   ) 플러그인은 여러 서비스를 동시에 모니터링하기 위해 사용되며, 그 서비스 시작을 위해 (   ) 데몬과 포트 (   )번을 사용한다.

7. (   )는 Nagios 플러그인이 제공하는 데이터를 분석하고 그 결과를 (   ) 데이터베이스에 자동으로 저장해, 그 성능에 대한 데이터를 Nagios 서버에 제공하는 Nagios (   ) 프로그램이다.

8. pnp4nagios 서비스는 서비스 제공을 위해 (   ) 데몬을 사용하며, 브라우저를 이용 접속할 때 그 (   )와 디렉토리 이름 (   )를 입력해 접속한다.

9. Nagios 서버 설정 파일을 수정한 후에는 문법 검사를 위해 명령어 (   )에 (   ) 옵션을 추가해 사용할 수 있다.

10. Nagios 서버 이외에 오픈소스로서 뛰어난 모니터링 기능을 제공하는 프로그램에는 Cacti, (   ), (   ) 등이 있다.

22.7 연습문제

1. Apache 웹 서버에 Nagios 사용자를 생성하고 웹 서비스를 시작하라.

2. nagios 패키지를 설치한 이후 그 서비스를 시작하고 브라우저에서 접속이 가능한지 테스트하라.

3. 리눅스 호스트 node1을 Nagios 서버에 추가하고, 이를 브라우저에서 확인하라.

4. 리눅스 호스트 node1에 nrpe 패키지를 설치하고 그 서비스를 시작하라.

5. Nagios 서버에 nrpe 서비스를 사용 중인 node1을 추가하고 브라우저에서 이를 확인하라.

6. node1에서 Apache 웹 서버를 시작하고 이 서버 모니터링을 위한 설정을 Nagios 서버에 추가한 이후에 브라우저에서 확인하라.

7. 윈도우 서버 2012 또는 다른 윈도우 시스템에 NSClint++를 설치하고 모니터링을 허용하도록 설정하라.

8. Nagios 서버에 윈도우 시스템 모니터링을 설정하고 이를 브라우저에서 확인하라.

9. pnp4nagios를 설치하고 그 서비스를 Nagios 서버에 구현한 다음 브라우저에서 확인하라.

10. 윈도우 시스템을 위한 pnp4nagios를 설정하고 이를 브라우저에서 확인하라.

22.8 연구과제

1. Nagios 서버가 수집한 모든 데이터를 MariaDB 서버에 저장하고 이를 사용하는 방법을 연구해보라.
2. Nagios 서버를 사용해 라우터나 스위치, 방화벽 장비를 모니터링하는 방법을 연구해 보라.

23장
로그(Log) 서버

리눅스 로그 서버의 모든 것

23장에서는 리눅스 시스템에서 발생하는 다양한 종류의 로그 파일과 로그 서버를 관리 방법을 설명한다. 주요 내용으로 로그의 종류 및 이러한 로그를 관리하기 위한 Rsyslog 서버와 GUI 로그 관리 프로그램인 ELK 스택의 사용 방법을 구체적인 예제와 더불어 자세히 설명한다.

리눅스 운영체제의 가장 우수한 기능 중 하나는 시스템에서 다양하게 발생하는 대부분의 사건들을 여러 가지 방법으로 로그에 기록한다는 점이다. 이렇게 로그에 기록된 정보들은 시스템이나 애플리케이션의 문제 해결을 위해 가장 중요한 자원으로 사용된다. 시스템 관리자는 로그를 통해 문제 해결을 위해 알아야 할 대부분의 정보를 습득할 수 있기에 로그 관리는 다른 어떤 관리보다 중요하다고 할 수 있다.

그런데 리눅스 시스템에서 발생하는 로그의 양과 종류는 너무나 다양하고 방대할 뿐 아니라, 대부분의 로그는 텍스트 위주의 파일이어서 관리자가 바라는 대로 이들을 편리하게 관리하고 문제 해결을 위해 로그에서 필요한 정보들을 습득하는 과정이 결코 쉽다고 할 수 없다. 이렇게 복잡하면서도 중요한 로그 관리를 위해 리눅스 시스템은 여러 뛰어난 프로그램들을 지원하고 있는데, 23장에서는 리눅스에서 가장 대표적인 로그 관리 데몬인 rsyslogd을 사용한 로그 관리 방법과 오픈소스 GUI 로그 관리 프로그램 ELK를 사용해 로그를 관리하는 방법을 소개한다.

리눅스 시스템이 발생시키는 대부분의 로그는 /var/log 디렉토리에 저장되는데, 이곳에서는 인증과 데몬, 그리고 커널과 시스템 로그를 비롯해서 수많은 애플리케이션이 발생하는 로그들을 확인할 수 있다. 로그 관리 방법을 사용하기 이전에 로그에 대한 전체적인 이해를 위해 먼저 /var/log 디렉토리에 저장되는 로그의 종류를 전체적으로 살펴본다.

23장에서 Log 서버와 클라이언트 설정 및 테스트를 위해 사용되는 호스트의 정보는 다음과 같다.

호스트 이름	IP 주소	OS 버전	역할
master.chul.com	192.168.80.5	CentOS Linux release 7.2	Log 서버
node1.chul.com	192.168.80.6	CentOS Linux release 7.2	Log 클라이언트

23장에서 다루는 내용은 다음과 같다.

- 로그 종류 이해
- Rsyslog 로그 서버 사용
- 로그 GUI 프로그램 ELK 스택 사용

23.1 로그 종류 이해

앞에서 리눅스가 발생시키는 로그는 다양하다고 설명했는데, 이렇게 다양한 로그들을 먼저 종류별로 정리해 설명하면 다음과 같다.

23.1.1 시스템 로그

시스템 로그는 일반적으로 리눅스 시스템 운영에 필요한 로그들을 의미하는데, 사용자들 서비스 제공을 위해 추가한 애플리케이션이 발생시킨 로그와는 성격이 다른 로그 파일들이다. 애플리케이션 로그는 다음 절에 정리돼 있다. 대표적인 시스템 로그들을 정리하면 표 23-1과 같다.

표 23-1 시스템 로그의 종류

로그 종류	설명
인증 로그	사용자 인증을 위해 사용되는 인증 시스템이 발생시키는 로그로서 여기서의 인증은 대부분 패스워드를 사용한다. 이러한 사용자 인증에 관련된 시스템으로 PAM(Pluggable Authentication Module)과 원격지 로그인에 사용되는 SSH가 주로 사용자 인증에 사용되는 예라고 할 수 있다. 이러한 로그들은 /var/log/secure 파일에 저장되는데, 이 로그 파일을 통해 사용자의 로그인 정보를 확인할 수 있다.

(이어짐)

로그 종류	설명
데몬 로그	데몬이란 관리자의 간섭 없이 백그라운드에서 실행되는 프로그램으로, 시스템이 문제없이 실행되도록 하는 중요한 기능을 수행한다. 데몬 로그는 /var/log/daemon.log에 기록되는데 이 파일은 처음에는 생성되지 않으며, /etc/rsyslog.conf 파일에 DAEMON이라는 facility를 정의하면 생성된다. /etc/rsyslog.conf 파일에 관련된 내용은 다음 절에서 설명한다. 또한 규칙적인 서비스 실행에 사용되는 Cron 데몬은 /var/log/cron 파일을 이용해 로그를 기록한다.
커널 로그	리눅스 커널이 발생시킨 로그로서 기록을 위해 /var/log/kern과 /var/log/dmesg 파일이 사용되는데, 커널 컴파일 같이 커널에서 발생하는 여러 에러 관련 문제 해결에 아주 유용하게 사용된다.
시스템 로그	리눅스 시스템에서 발생하는 대부분의 로그를 기록하기 위해 사용되고 가장 많은 양의 정보를 저장하며, 이를 위해 /var/log/messages 파일을 사용한다.

23.1.2 애플리케이션 로그

애플리케이션 로그는 특정 애플리케이션이 발생시킨 로그를 의미하는데, 일반적인 경우 /var/log/ 디렉토리에 하위 디렉토리를 생성해 로그 파일을 저장한다. 애플리케이션 로그는 너무나 다양하고 방대해서 23장에서는 가장 많이 사용되는 로그들을 중심으로 표 23-2에서 정리했다.

표 23-2 애플리케이션 로그

로그 종류	설명
Apache 웹 서버	Apache 웹 서버가 발생시킨 로그를 기록하며, /var/log/httpd 디렉토리에 일반적인 접속 로그인 access_log와 에러를 기록하는 error_log 파일을 사용한다.
Nginx 웹 서버	Nginx 웹 서버가 발생시킨 로그를 기록하며, /var/log/nginx 디렉토리에 Apache 서버처럼 access_log와 error_log를 사용한다.
Samba 서버	Samba 서버가 발생시킨 로그를 기록하며, /var/log/samba 디렉토리에 모든 로그가 저장된다.
SMTP 서버	Sendmail이나 Postfix 같은 메일 서버가 발생시킨 로그를 기록하며, /var/log/maillog 파일이 사용된다.
FTP 서버	VSFTP나 Proftp 같은 FTP 서버가 발생시킨 로그를 기록하며, /var/log/xferlog 파일이 기본으로 사용된다.
MariaDB 서버	MariaDB 데이터베이스 서버가 발생시킨 로그를 기록하며, /var/log/mariadb 디렉토리가 사용된다.

(이어짐)

로그 종류	설명
X11 서버	X11 서버가 발생시킨 로그를 기록하며, /var/log/Xorg.0.log 같은 파일이 사용된다.
Kerberos 서버	Kerberos 인증 서버가 발생시킨 로그를 기록하며, /var/log/krb5kdc.log와 kadmind. log 파일이 사용된다.

23.1.3 바이너리 로그

시스템 로그나 애플리케이션 로그는 대부분 텍스트 파일로 돼 있어 vim이나 cat과 같은 텍스트 편집기를 이용해 바로 사용자가 그 내용을 읽을 수 있다. 그런데 이렇게 텍스트 파일이 아닌 바이너리 파일로 돼 있어 사용자가 직접 파일들을 읽지 못하고 특정 명령어를 사용해야만 읽을 수 있는 바이너리^{Binary} 로그 파일들이 있다. 그 내용을 정리하면 표 21-3 과 같으며, 모두 사용자 정보에 관련된 내용을 포함하고 있다.

표 21-3 바이너리 로그

로그 파일	설명
/var/run/utmp	각 사용자의 현재 로그인 정보를 기록하며, 명령어 who나 w를 이용해 정보 확인이 가능하다.
/var/log/wtmp	사용자의 모든 로그인과 로그아웃을 기록하는 파일이며, 명령어 last를 이용해 확인이 가능하다.
/var/log/btmp	사용자의 로그인 실패를 기록하는 파일이며 명령어 lastb로 확인이 가능한데, 처음에는 생성되지 않으므로 명령어 touch를 이용해 생성해줘야 한다.
/var/log/lastlog	모든 사용자의 가장 최근 로그인 정보를 기록하는 파일이며, 명령어lastlog를 이용해 확인 가능하다.

23.2 Rsyslog 로그 서버 사용

Rsyslog는 RHEL6부터 로그 관리 데몬인 syslog을 대체하기 위해 지원된 프로그램으로서 성능이 뛰어나면서도 관리가 단순한 로그 관리 데몬이다. Rsyslog는 호스트 간 로그 전송을 위해 UDP 프로토콜뿐만 아니라 TCP 포로토콜을 지원해 신뢰도를 높였고 Facility/ Priority, Property, Expression를 이용한 필터링 기능을 통해 더 정확한 로그 기록이 가능하게 됐다. 또한 SQL 데이터베이스를 이용한 로그 저장 기능, TLS를 통한 암호화 기능까지도 지원이 가능하다. 이러한 Rsyslog의 기능들을 이번 절에서 설명한다.

23.2.1 Log 서버 서비스 시작

Rsyslog를 로그 서버로 사용하기 위한 세 가지 과정을 살펴본다.

A. 패키지 설치와 서비스 시작

먼저 Rsyslog 패키지를 설치하고 서비스를 시작한 다음 Rsyslog를 사용할 수 있다. 그 방법을 설명하면 다음과 같다.

```
[root@master ~]# yum install rsyslog rsyslog-doc -y        ❶
[root@master ~]# rpm -qa | grep rsyslog                    ❷
rsyslog-7.4.7-12.el7.x86_64
rsyslog-doc-7.4.7-12.el7.x86_64
[root@master ~]# systemctl enable rsyslog                  ❸
Created symlink from /etc/systemd/system/multi-user.target.wants/rsyslog.service to
/usr/lib/systemd/system/rsyslog.service.
[root@master ~]# systemctl start rsyslog                   ❹
[root@master ~]# systemctl status rsyslog                  ❺
rsyslog.service - System Logging Service
Loaded: loaded (/usr/lib/systemd/system/rsyslog.service; enabled; vendor preset:
enabled)
Active: active (running) since Sat 2016-04-30 10:20:48 KST; 10s ago
 Main PID: 8361 (rsyslogd)
   CGroup: /system.slice/rsyslog.service
   8361 /usr/sbin/rsyslogd -n
Apr 30 10:20:48 master.chul.com systemd[1]: Starting System Logging Service...
Apr 30 10:20:48 master.chul.com systemd[1]: Started System Logging Service.
[root@master ~]# vim /etc/rsyslog.conf                     ❻
21 $ModLoad imtcp
22 $InputTCPServerRun 514
[root@master ~]# netstat -natlp | grep rsyslog            ❼
tcp  0  0 0.0.0.0:514        0.0.0.0:*   LISTEN      8361/rsyslogd
tcp6 0  0 :::514             :::*        LISTEN      8361/rsyslogd
[root@master ~]# lsof -i tcp:514          ❽
COMMAND  PID USER   FD   TYPE DEVICE SIZE/OFF NODE NAME
rsyslogd 8361 root   3u  IPv4 94398     0t0 TCP *:shell (LISTEN)
rsyslogd 8361 root   4u  IPv6 94399     0t0 TCP *:shell (LISTEN)
```

```
[root@master ~]# ps -ef | grep rsyslog    ❾
root      8361     1  0 10:20 ?   00:00:00 /usr/sbin/rsyslogd -n
```

❶ 명령어 `yum`을 사용해 rsyslog 패키지를 설치한다.

❷ 명령어 `rpm`을 사용해 패키지 설치와 버전 정보를 확인한다.

❸ 명령어 `sysetmctl`을 사용해 rsyslog 서비스가 부팅 시에 자동으로 시작되도록 설정한다.

❹ 명령어 `systemctl`을 사용해 rsyslog 서비스를 시작한다.

❺ 명령어 `systemctl`을 사용해 rsyslog 서비스의 상태를 확인하는데, active와 서버가 시작됐다는 메시지를 확인하기 바란다.

❻ rsyslog 데몬이 사용하는 설정 파일을 명령어 `vim`으로 열어서 주석을 제거해 프로토콜 TCP 포트 514번으로 로그를 받아들이기 위한 모듈과 포트를 활성화한다. 여기서 `imtcp`는 Input Module for TCP의 약어다. rsyslog는 TCP와 UDP를 사용해 로그 전송이 가능하다. 여기서는 먼저 TCP를 이용하고 다음 절에서 UDP를 사용해 로그를 전송하는 방법을 설명한다.

❼ 명령어 `netstat`와 `natlp` 옵션을 통해 rsyslog 서비스가 사용하는 포트 번호와 PID를 확인할 수 있다.

❽ 명령어 `lsof`를 통해 rsyslog 서비스가 사용하는 포트를 어떤 명령어가 사용하고 있는지 확인할 수 있다.

❾ 명령어 `ps`를 통해 rsyslog 서비스의 현재 프로세스를 확인할 수 있다.

B. 방화벽 설정

Iptables 방화벽과 Firewalld 방화벽을 사용해 Ryslog 서비스를 허용하기 위한 설정은 다음과 같다. 두 방화벽 중에서 한 가지를 상황에 따라 선택해서 사용하기 바란다.

```
[root@master ~]# iptables -A INPUT -m state --state NEW -m tcp -p tcp --dport 514
-j ACCEPT    ❶
[root@master ~]# iptables -A INPUT -m state --state NEW -m udp -p udp --dport 514
-j ACCEPT    ❷
[root@master ~]# firewall-cmd --permanent --add-port=514/tcp    ❸
[root@master ~]# firewall-cmd --permanent --add-port=514/udp    ❹
[root@master ~]# firewall-cmd --reload         ❺
[root@master ~]# firewall-cmd --list-ports     ❻
5902-5903/tcp 9102/tcp 9103/tcp 514/udp 514/tcp 9101/tcp
```

❶ 명령어 `iptables`를 사용해 rsyslog 서비스가 사용하는 프로토콜 TCP와 포트 514번을 허용한다.

❷ 명령어 `iptables`를 사용해 rsyslog 서비스가 사용하는 프로토콜 UDP와 포트 514번을 허용한다. 아직 UDP를 설정하지 않았지만 다음 절에서 사용할 것이므로 미리 방화벽에 추가해주는 것이다.

❸ 명령어 `firewall-cmd`를 사용해 rsyslog 서비스가 사용하는 포트 514번과 프로토콜 TCP를 추가한다.

❹ 명령어 `firewall-cmd`를 사용해 rsyslog 서비스가 사용하는 포트 514번과 프로토콜 UDP를 추가한다.

❺ 추가된 내용이 적용되도록 방화벽을 다시 시작한다.

❻ 추가된 포트 번호와 프로토콜이 목록에 있는지 확인한다.

23.2.2 Rsyslog 설정 파일 이해

Ryslog 서비스는 /etc/rsyslog.conf 파일을 사용해 설정이 가능한데, 이 파일은 크게 세 개의 섹션으로 구성돼 있다. 각각의 섹션을 설명하면 다음과 같다.

A. Modules 섹션

Rsyslog는 다양한 종류의 모듈을 지원함으로써 기능을 지속적으로 확장할 수 있다. Rsyslog 패키지를 설치하면 이러한 모듈은 기본으로 /usr/lib64/rsyslog 디렉토리에 저장된다. 이러한 모듈을 사용하려면 예를 들어 $ModLoad imudp처럼 $ModLoad 키워드와 모듈 이름(imudp)을 정의하고 필요한 옵션들을 정의만 하면 그 모듈을 사용할 수 있다.

B. Global Directives 섹션

이 섹션은 rsyslog 데몬 전체에 적용되는 내용을 설정하는 부분이다. 예를 들어 메시지 큐의 크기를 지정하거나($MainMessageQueueSize), 외부 모듈을 로딩하기($ModLoad) 위해 사용할 수 있으며, 설정을 위해 반드시 한 줄 앞에 달러 기호($)를 사용해야 한다.

C. Rules 섹션

Rules 섹션은 실질적으로 로그에 대한 관리를 정의하는 부분으로서 Selector와 Action 필드로 구성되고, 다시 Selector는 Facility와 Priority로 이뤄져 있다. Selector와

Action 필드를 구체적으로 설명하면 아래와 같다.

1. Facility

Selector의 Facility란 로그를 발생시키는 서브시스템Subsystem(하나의 시스템을 구성하고 있는 부분이면서 또한 그 자체로도 시스템을 이루고 있는 것)을 의미한다. 종류를 나열하면 kern(0), user(1), mail(2), daemon(3), auth(4), syslog(5), lpr(6), news(7), uucp(8), cron(9), authpriv(10), ftp(11), local0 - 7(16-23)이 있다. 여기서 각 Facility가 갖고 있는 숫자는 코드 번호를 의미하며, 각 운영체제마다 다를 수 있다. local0-7 같은 경우 일반적으로 리눅스 및 유닉스 시스템에서 사용되지 않고 시스코 라우터처럼 네트워크 장비에서 사용된다.

2. Priority 또는 Serverity

Selector의 Priority는 각 syslog 메시지가 갖고 있는 중요도와 우선순위를 지정하기 위해 사용하며, 그 내용을 정리하면 표 23-4와 같다.

표 23-4 Priority의 종류

Priority	설명
debug(7)	애플리케이션이 발생시킨 디버깅에 유용한 정보
info(6)	관리자의 간섭이 전혀 필요 없는 단순한 정보 전달용 메시지
notice(5)	에러는 아니지만 평소와 다른 현상이 발생해 주의가 필요한 경우의 메시지
warning(4)	조치가 없는 경우 에러가 발생할 수 있는 경고 메시지
err(3)	에러가 발생한 경우의 메시지
crit(2)	매우 위험한 상황인 경우의 메시지
alert(1)	즉각적인 관리자의 조치가 필요한 상황인 경우의 메시지
emerg(0)	시스템을 사용할 수 없을 정도로 비상 상황인 경우의 메시지

Priority에서 한 가지 주의할 점은 일반적으로 로그의 한 레벨을 정의하면 그 상위의 레벨도 모두 해당된다는 점이다. 예를 들어 err(3)를 설정하면 그 상위의 crit(2), alert(1), emerg(0)에 해당되는 메시지도 함께 로그에 기록된다.

3. Action

Action 필드는 이렇게 정의된 Selector를 어떻게 처리해야 하는지 정의하는 부분이다. 몇 가지 예를 들어 Action 필드를 설명하겠다.

1) user.err   /var/log/user.log

user라는 서브시스템이 발생시키는 err 이상의 로그를 목적지 user.log 파일에 기록하라는 의미다. 여기서 user는 Facility, err는 Priority, user.log 파일은 Action 필드에 해당된다.

2) *.notice   @192.168.80.5

모든 서브시스템이 발생시키는 notice 이상의 로그를 목적지 IP 주소 192.168.80.5에 저장하는데, 프로토콜 UDP를 사용하라는 의미다. 여기서 '*'은 모든 Facility, '@'는 UDP를 의미한다.

3) mail.*   @@chul.com:6514

mail 서브시스템이 발생시키는 모든 종류의 로그를 도메인 chul.com의 포트 6514번으로 TCP를 이용해 보내 저장하라는 의미다. 여기서 '*'은 모든 로그의 Priority로서 debug(7) 부터 emerg(0)까지를 의미하며, '@@'은 프로토콜 TCP, 6514는 TLS 가 적용된 rsyslog의 포트를 의미한다.

4) *.*   @(z9)192.168.80.5

모든 종류의 서브시스템이 발생시키는 모든 종류의 로그를 9레벨의 압축을 사용해 목적지 IP 주소 192.168.80.5로 UDP를 이용해 보내라는 의미다. 여기서 z9은 zlib를 이용한 압축을 의미하고, 숫자 9는 최대 수준의 압축을 의미하는데, 1이 가장 낮은 압축 수준이다.

5) mail.*   ~

mail 서브시스템이 발생시킨 모든 종류의 로그를 버리라는 의미다. 여기서 틸드(~)는 선택된 메시지를 모두 버리라는 의미로 사용된다.

6) kern.=crit   park & @192.168.80.5

kern 서브시스템이 발생시킨 crit 수준의 로그만을 사용자 park과 IP 주소 192.168.80.5로 프로토콜 UDP를 이용해 보내라는 의미다. 이 경우 Action 필드에 두 가지 이상의 Action을 동시에 사용할 수 있다. 그리고 '='는 상위 Pritory를 포함하지 않은 crit 수준 하나만의 Priority를 의미한다.

7) cron.!info,!debug   /var/log/cron.log

cron 서브시스템이 발생시킨 로그 중에서 info와 debug를 제외한 모든 로그를 cron.log 파일에 기록하라는 의미다. 여기서 느낌표(!)는 특정 Priority를 제외하기 위해 사용된다.

8) *.=emerg   :omusrmsg:*

모든 서브시스템이 발생시킨 emerg 수준의 로그를 시스템에 로그인한 모든 사용자에게 보여주라는 의미다. 여기서 omusrmsg는 User Message Output Module의 약어로서 이 기능을 가능케 해주는 내장 플러그인이다. 또한 '*'는 현재 로그인한 모든 사용자를 의미하며, root와 같이 특정 사용자를 '*' 대신 사용할 수 있다.

23.2.3 Rsyslog 원격지 로그 서버 사용

Rsyslog는 원격지에 있는 다른 서버로부터 로그를 전송받아 저장하는 기능을 지원하는데, 이번 절에서 그 방법을 설명한다.

A. Rsyslog 로그 서버에서 설정(master)

먼저 rsyslog 로그 서버에서 이를 위해 사용할 두 가지 옵션을 활성화하고 서비스를 다시 시작해야 한다.

```
[root@master ~]# vim /etc/rsyslog.conf
15 $ModLoad imudp            ❶
16 $UDPServerRun 514         ❷
[root@master ~]# systemctl restart rsyslog      ❸
[root@master ~]# lsof -i udp:514        ❹
COMMAND    PID USER   FD   TYPE DEVICE SIZE/OFF NODE NAME
rsyslogd 18732 root    3u  IPv4 203360      0t0  UDP *:syslog
rsyslogd 18732 root    4u  IPv6 203361      0t0  UDP *:syslog
```

❶ 설정 파일에서 주석을 제거해 UDP 프로토콜을 사용하기 위한 모듈을 활성화하고

❷ 그 서버가 사용할 포트 번호로 514번을 지정한다.

❸ 변경 사항을 적용하기 위해 ryslog 서버를 다시 시작한다.

❹ 명령어 lsof를 사용해 UDP 포트 514번을 확인하면 서비스 이름에서 syslog를 확인할 수 있다.

B. Rsyslog 로그 클라이언트에서 설정(node1)

이제 클라이언트 시스템 node1에서 로그 서버로 로그를 보내기 위한 설정을 해야 한다.

```
[root@node1 ~]# vim /etc/rsyslog.conf
75 *.*              @192.168.80.5:514        ❶
[root@node1 ~]# systemctl restart rsyslog    ❷
[root@node1 ~]# ps -ef | grep rsyslog        ❸
root    12517    1  0 22:34 ?   00:00:00 /usr/sbin/rsyslogd -n
```

❶ 명령어 vim으로 rsyslog 설정 파일을 열어 모든(*) Facility에서 발생시킨 모든(*) 종류
   의 로그를 프로토콜 UDP를 사용해 로그 서버 192.68.80.5의 포트 514번으로 보내라는
   의미다. 여기서 '@'은 프로토콜 UDP를 의미하고, '@@'이면 TCP를 의미한다.
❷ 변경 사항을 적용하기 위해 명령어 systemctl을 사용해 rsyslog 서버를 다시 시작한다.
❸ rsyslog 서버 이후에 명령어 ps를 사용해 프로세스를 확인한다.

C. Rsyslog 로그 서버 확인

이제 node1에서 실제로 로그 서버로 rsyslog 데몬을 통해 로그를 전송하는지 테스트한다.

```
[root@node1 ~] # systemctl restart sshd       ❶
[root@master ~]# tail -f /var/log/messages    ❷
May  2 11:13:24 node1 systemd: Stopping OpenSSH server daemon...
May  2 11:13:24 node1 systemd: Started OpenSSH Server Key Generation.
May  2 11:13:24 node1 systemd: Started OpenSSH server daemon.
May  2 11:13:24 node1 systemd: Starting OpenSSH server daemon...
[root@master ~]# netstat -naulp | grep rsyslog    ❸
udp    0    0 0.0.0.0:514   0.0.0.0:*           10390/rsyslogd
udp6   0    0 :::514        :::*                10390/rsyslogd
[root@master ~]# netstat -natlp | grep 514        ❹
tcp    0  0 192.168.80.5:514 192.168.80.6:48019   ESTABLISHED 10390/rsyslogd
[root@master ~]# lsof -i tcp:514                  ❺
COMMAND   PID USER   FD   TYPE DEVICE SIZE/OFF NODE NAME
rsyslogd 10390 root   5u  IPv4 102697    0t0  TCP *:shell (LISTEN)
rsyslogd 10390 root   6u  IPv6 102698    0t0  TCP *:shell (LISTEN)
rsyslogd 10390 root  17u  IPv4 114692 0t0TCP master:shell->node1:48019 (ESTABLISHED)
```

❶ 테스트를 위해 로그 클라이언트 node1에서 SSH 서버를 다시 시작한다.
❷ 로그 서버 master에서 로그 파일 messages를 명령어 tail로 실시간 검사해보면 node1
   에서 발생시킨 SSH 서버 관련 로그를 확인할 수 있다.

❸ 명령어 `netstat`를 사용해 연결 상태를 검사해보면 UDP는 연결 정보가 없다. UDP는 서로 통신이 연결되지 않은 상태에서도 정보를 보낼 수 있기 때문이다.

❹ 그러나 명령어 `netstat`를 사용해 TCP 연결을 확인해보면 연결 정보를 확인할 수 있다. TCP는 먼저 연결을 생성한 다음에 데이터를 전송하기 때문이다. 이 결과는 TCP를 이용한 연결을 설정한 경우에 확인할 수 있다.

❺ 명령어 `lsof`를 사용해 TCP 514번 포트를 확인해 봐도 연결 정보를 알 수 있다.

23.2.4 Rsyslog 데이터베이스 사용

Rsyslog는 로그 파일을 데이터베이스에 저장할 수 있는 기능도 지원한다. 여기서 데이터베이스란 MySQL, MariaDB, PostgreSQL, Oracle뿐 아니라 MongoDB 같은 빅데이터 데이터베이스 제품도 해당된다. 이번 절에서는 CentOS 7에서 기본 DBMS로 사용되는MariaDB 서버를 이용해 로그를 데이터베이스에 저장하는 방법을 설명한다.

A. 데이터베이스 생성
먼저 MariaDB 설치와 Rsyslog 서버를 위한 데이터베이스 설정을 해줘야 한다.

```
[root@master ~]# rpm -qa | grep mariadb          ❶
[root@master ~]# systemctl restart mariadb       ❷
[root@master ~]# lsof -i tcp:3306                ❸
mysqld 4651 mysql  14u  IPv4 38997 0t0  TCP *:mysql (LISTEN)
[root@master ~]# mysql -u root -p
Enter password:
MariaDB [(none)]> GRANT all privileges ON Syslog.* TO rsyslog @'local host' IDENTIFIED
BY 'rsyslog';
Query OK, 0 rows affected (0.00 sec)
MariaDB [(none)]> FLUSH PRIVILEGES;              ❹
Query OK, 0 rows affected (0.00 sec)
MariaDB [(none)]> EXIT
```

❶ 현재 MariaDB 데이터베이스 프로그램이 설치됐는지 확인하기 위해 명령어 `rpm`을 사용한다.

❷ 현재 MariaDB 서버가 시작되지 않았다면 명령어 `systemctl`을 사용해 시작한다. MariaDB 설치 및 서비스 시작하는 자세한 방법은 9장을 참고하기 바란다.

❸ 명령어 `lsof`를 사용해 MariaDB 서버가 사용하는 포트 3306번을 확인한다.

❹ MariaDB 서버로 접속해 데이터베이스 Syslog에 대한 관리 사용자 및 패스워드를 SQL 명령문으로 생성한다.

B. Rsyslog 서버에서 설정

두 번째 과정은 Rsyslog 서버의 설정 파일에서 이 모듈을 활성화시켜줘야 한다.

```
[root@master ~]# yum install rsyslog-mysql -y          ❶
[root@master ~]# rpm -qa | grep rsyslog                ❷
rsyslog-mysql-7.4.7-12.el7.x86_64
[root@master ~]# mysql -u root -p </usr/share/doc/rsyslog-7.4.7/
mysql-createDB.sql  ❸
Enter password:
[root@master ~]# vim /etc/rsyslog.conf
6 #### MODULES ####
18 $ModLoad ommysql     ❹
32 #### GLOBAL DIRECTIVES ####
55 $ActionOmmysqlServerPort 3306        ❺
56 *.* :ommysql:127.0.0.1,Syslog,rsyslog,rsyslog         ❻
57 $AllowedSender UDP, 127.0.0.1, 192.168.80.0/24        ❼
58 $AllowedSender TCP, 127.0.0.1, 192.168.80.0/24        ❽
[root@master ~]# systemctl restart rsyslog mariadb      ❾
```

❶ 명령어 yum을 사용해 Rsyslog 서버 로그를 MariaDB 서버에 저장하기 위해 사용할 패키지를 설치하고

❷ 명령어 rpm으로 설치 및 버전 정보를 확인한다.

❸ rsyslog-mysql 패키지가 제공하는 스크립트를 실행해서 이 서비스를 위해 사용할 데이터베이스와 테이블을 생성한다.

❹ 명령어 vim으로 Rsyslog 서버의 설정 파일을 열어서 ommysql 모듈의 주석을 제거해 그 기능을 활성화한다. 여기서 ommysql은 MySQL Database Output Module의 약어며, MySQL(MariaDB) 데이터베이스를 Rsyslog 서버에서 사용하기 위한 모듈이다.

❺ MariaDB 서버가 사용할 포트 번호를 정의한다.

❻ 데이터베이스에 기록할 Action 필드, 모듈 이름, 데이터베이스의 IP 주소, 데이터를 저장할 데이터베이스 이름과 사용자, 사용자 인증에 필요한 패스워드를 저장한다.

❼ 데이터베이스에 로그 전송이 가능한 프로토콜 UDP와 IP 주소, 네트워크 범위를 지정할 수 있다.

❽ 앞과 동일하며 프로토콜 TCP만 다르다.

❾ 변경 사항이 적용되도록 mariadb와 rsyslog 서버를 다시 시작한다.

C. 데이터베이스 확인

세 번째 단계는 앞에서 설정한 대로 로그가 MariaDB 서버에 저장되고 있는지 확인하는 것이다.

```
[root@master ~]# mysql -u root -p
MariaDB [(none)]> USE Syslog;              ❶
MariaDB [Syslog]> SHOW TABLES;             ❷
+-----------------------+
| Tables_in_Syslog      |
+-----------------------+
| SystemEvents          |
| SystemEventsProperties |
+-----------------------+
2 rows in set (0.00 sec)
MariaDB [Syslog]> SELECT * FROM SystemEvents WHERE ID = 1;   ❸
| 1 |NULL | 2016-01-22 14:55:20 | 2016-01-22 14:55:20 |      5 |      6 | master  |
[origin software="rsyslogd" swVersion="7.4.7" x-pid="61453"
x-info="http://www.rsyslog.com"] start |NULL|NULL|NULL|NULL|NULL|NULL |NULL|
NULL|NULL|NULL|NULL| 1 | rsyslogd: |NULL|NULL|NULL|
[root@master ~]# lsof -i tcp:3306           ❹
mysqld    4651 mysql  14u IPv4 38997    0t0  TCP *:mysql (LISTEN)
mysqld    4651 mysql  34u IPv4 103475   0t0  TCP localhost:mysql->**localhost:39759**
**(ESTABLISHED)**
**rsyslogd** 10390  root   11u IPv4 102051   0t0  TCP localhost:39759->localhost:mysql
(ESTABLISHED)
```

❶ 확인을 위해 MariaDB 서버로 접속해 데이터베이스를 선택하면

❷ 스크립트를 이용해 생성한 두 개의 테이블 정보를 볼 수 있고

❸ `SystemEvents` 테이블의 첫 번째 ID 정보를 SQL 명령어로 확인할 수 있다.

❹ 명령어 `lsof`를 통해 rsyslogd와 MariaDB 서버가 서로 연결돼 있음을 확인할 수 있다.

지금까지 Rsyslog 서버에서 모듈을 이용해 MariaDB 서버에 로그를 저장하는 방법을 살펴봤다.

23.2.5 LogAnalyzer 사용

LogAnalyzer는 브라우저를 이용해 데이터베이스에서 수집한 로그 정보를 간편하게 확인할 수 있도록 지원하는 GUI 프로그램이다. LogAnalyzer는 데이터베이스가 텍스트로 제공하는 대량의 로그 정보를 웹에서 그래픽을 통해 편리하게 검색 및 관리할 수 있도록 도와준다. 이 프로그램은 웹사이트 http://loganalyze.adiscon.com/downloads/에서 다운로드할 수 있다.

A. 설정

먼저 소스 파일을 다운로드한 후 LogAnalyzer를 사용하기 위해 Apache 웹 서버의 디렉토리에서 몇 가지를 수정해줘야 한다.

```
[root@master ~]# tar zxvf loganalyzer-3.6.6.tar.gz        ❶
[root@master ~]# mkdir /var/www/html/loganalyzer          ❷
[root@master ~]# mv loganalyzer-3.6.6/src/* /var/www/html/loganalyzer          ❸
[root@master ~]# mv loganalyzer-3.6.6/contrib/* /var/www/html/loganalyzer/          ❹
[root@master ~]# cd /var/www/html/loganalyzer/
[root@master loganalyzer]# chmod +x configure.sh secure.sh        ❺
[root@master loganalyzer]# ./configure.sh        ❻
[root@master loganalyzer]# systemctl restart httpd        ❼
```

❶ 명령어 `tar`를 이용해 다운로드한 소스코드 파일의 압축을 해제한다.

❷ Loganalyzer가 Apache 서버에서 사용할 디렉토리를 명령어 `mkdir`로 생성한다.

❸ 압축을 해제한 디렉토리에서 src 디렉토리의 모든 파일을 Loganalyzer 디렉토리로 이동시킨다.

❹ 마찬가지로 contrib의 두 파일도 이동한다.

❺ 앞에서 이동시킨 두 개의 파일에 실행 권한을 명령어 `chmod`로 부여한다.

❻ 이 파일을 실행하면 나중에 설정을 저장할 config.php 파일이 생성된다. 생성된 이 파일의 권한이 666으로 설정돼 있는지 확인하기 바란다.

❼ 변경 사항들이 모두 적용되도록 Apache 웹 서버를 명령어 `systemctl`로 다시 시작한다.

B. 웹에서 설정

이제 브라우저로 접속해 Loganalyzer의 나머지 설정 과정을 그림으로 설명하겠다. 이때 Apache 웹 서버가 시작됐는지 반드시 확인하기 바란다. Apache 서버의 시작 방법은 6장을 참고하기 바란다.

1. 접속 시도하기

브라우저에서 그림 23-1처럼 웹 서버의 IP 주소와 loganalyzer 디렉토리를 입력하면 처음 에러 메시지를 볼 수 있는데, 가운데 here를 클릭하면 다음 화면으로 넘어간다.

그림 23-1 Loganalyzer 접속하기

2. Step 1: 선행 조건 확인하기

설치 첫 번째 단계는 그림 23-2처럼 Loganalyzer 설치에 필요한 선행 조건이 있는지 확인하는 것이다.

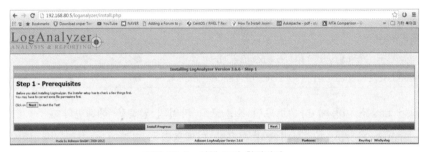

그림 23-2 선행 조건 확인하기

3. Step 2: 파일 권한 검사하기

앞에서 설명한 대로 생성된 config.php 파일의 권한이 제대로 설정돼 있는지 그림 23-3처럼 검사한다. 기본 권한은 666이다. 이 과정에서 설정한 내용들이 모두 이 파일에 저장된다.

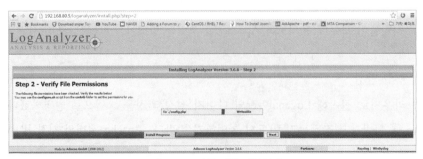

그림 23-3 파일 권한 검사하기

4. Step 3: 데이터베이스 정보 입력하기

23.2.4절의 B절에서 생성한 데이터베이스 정보를 그림 23-4처럼 입력한다. 호스트 정보, 포트 번호, 데이터베이스 이름과 사용자 이름, 마지막으로 사용자의 패스워드 정보를 입력하고 Next를 클릭한다.

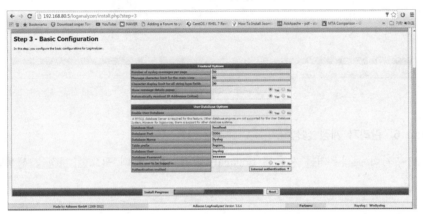

그림 23-4 데이터베이스 정보 입력하기

5. Step 4: 테이블 생성하기

Step 3의 정보를 기초로 그림 23-5처럼 Loganalyzer는 테이블을 생성하게 된다. Next를 클릭하고 다음 단계로 건너간다.

그림 23-5 테이블 생성하기

6. Step 5: SQL 결과 확인하기

그림 23-6처럼 SQL로 인해 나타난 결과를 확인한다.

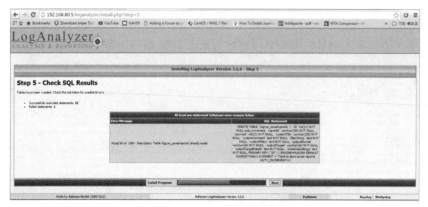

그림 23-6 SQL 결과 확인하기

7. Step 6: 관리자 계정 생성하기

그림 23-7처럼 브라우저를 사용해 Loganalyzer를 접속할 때 필요한 계정을 생성한다.

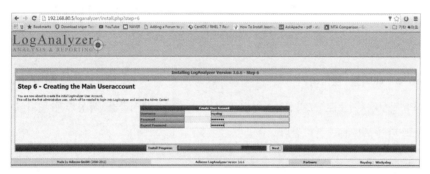

그림 23-7 관리자 계정 생성하기

8. Step 7: 로그 소스 지정하기

Loganalyzer가 로그 정보를 가져올 소스를 그림 23-8처럼 지정한다. 오른쪽 위에서 MySQL Native를 선택하고 아래에서 데이터베이스 정보를 입력한 후 Next를 클릭한다.

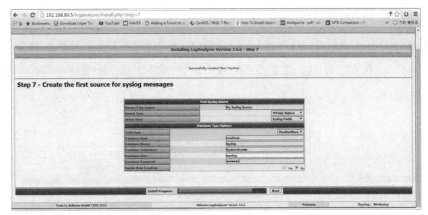

그림 23-8 소스 지정하기

9. Step 8: 완료하기

이제 그림 23-9처럼 Loganalyzer를 사용하기 위한 모든 과정을 마쳤다.

그림 23-9 완료하기

10. 로그인하기

이제 Step 6에서 생성한 관리자 계정으로 로그인을 시도한다.

그림 23-10 로그인하기

11. 로그 정보 확인하기

로그인에 성공하면 그림 23-11처럼 Loganalyzer가 데이터베이스에서 가져온 로그 정보를 그래픽으로 보여준다. 필요한 로그 정보를 검색할 뿐 아니라 로그들에 대한 자세한 정보를 얻을 수 있다.

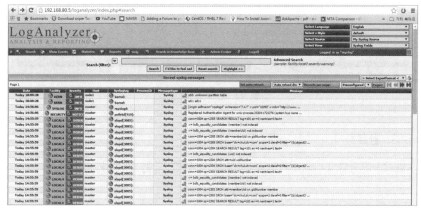

그림 23-11 로그 정보 확인하기

23.3 로그 GUI 프로그램 ELK 스택 사용

ELK 스택이란 ElasticSearch, Logstash, Kibana 프로그램을 의미하는데, 서버 시스템과 애플리케이션 서버들이 발생하는 로그를 GUI 프로그램으로 제공함으로써 관리자가 편리하게 로그에 대한 전반적인 관리를 할 수 있게 지원하는 오픈소스 프로그램이다. 이 ELK 스택을 구성하는 요소들을 구체적으로 먼저 설명하고, ELK 스택을 설치하는 방법과 사용하는 방법을 차례대로 설명한다.

23.3.1 ELK 스택 구성 요소

ELK 스택을 구성하는 요소들은 다음과 같다.

A. Logstash

클라이언트의 플러그인이 보내온 모든 종류의 로그를 수집해 그것을 가공한 다음에 ElasticSearch를 비롯한 여러 외부 프로그램에 전달하는 역할을 하는 서버 프로그램이다.

B. Elasticsearch

모든 로그를 저장해 로그에 대해 실시간 인덱싱 및 검색, 그리고 분석을 하기 위한 클러스터링 솔루션을 제공한다.

C. Kibana

Kibana는 Elasticsearch를 위해 로그를 분석 및 검색하고 시각화하기 위해 사용되는 웹 인터페이스로서 Nginx 웹 서버를 통해 프록시돼 사용될 수 있고, 또한 편리한 관리를 위해 대시보드 기능을 제공한다.

D. Filebeat

클라이언트 시스템에 설치돼 애플리케이션 서버들의 로그를 서버 시스템에 설치된 Logstash로 보내기 위한 로그 전송 에이전트다. 그래서 이 프로그램을 Logstash Forwarder라고 부르기도 한다. Filebeat는 Logstash와의 통신을 위해 Lumberjack 네트워크 프로토콜을 사용한다.

　앞에서 설명한 각 구성 요소들과 관계를 그림 23-12를 통해 정리하면 다음과 같다.

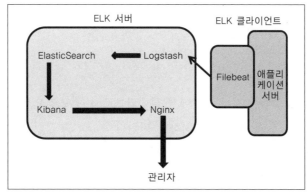

그림 23-12　ELK 스택 구성 요소

23.3.2 ELK 스택 설치

이제 ELK 스택을 이해했다면 패키지들을 차례대로 설치하고 서비스도 시작한다. ELK 스택은 먼저 로그 서버로 사용되고 있는 master 노드에서 세 패키지를 Elasticsearch, Kibana, Logstash 순서대로 설치하고, 다음 절에서 클라이언트 노드로 사용되고 있는 node1에서 Filebeat 패키지를 설치하겠다.

A. Elasticsearch 설치

첫 번째 패키지로서 Elasticsearch를 설치하고 서비스를 시작하는 방법을 설명하겠다.

1. 패키지 설치하기

먼저 Elasticsearch 패키지를 설치하는데, 최신 버전의 패키지를 설치하기 위해 별도로 YUM 저장소 파일을 생성해 사용하겠다.

```
[root@master ~]# yum install java -y        ❶
[root@master ~]# rpm -qa | grep java        ❷
java-1.8.0-openjdk-1.8.0.65-3.b17.el7.x86_64
java-1.8.0-openjdk-headless-1.8.0.65-3.b17.el7.x86_64
[root@master ~]# rpm --import https://packages.elastic.co/GPG-KEY-elasticsearch    ❸
[root@master ~]# vim /etc/yum.repos.d/elasticsearch.repo    ❹
[elasticsearch-2.x]
name=Elasticsearch repository for 2.x packages
baseurl=http://packages.elastic.co/elasticsearch/2.x/centos
gpgcheck=1
gpgkey=http://packages.elastic.co/GPG-KEY-elasticsearch
enabled=1
[root@master ~]# yum install elasticsearch -y        ❺
[root@master ~]# rpm -qa | grep elasticsearch        ❻
elasticsearch-2.3.2-1.noarch
pcp-pmda-elasticsearch-3.10.6-2.el7.x86_64
python-elasticsearch-1.4.0-2.el7.noarch
```

❶ Elasticsearch 프로그램은 자바 기반에서 실행되므로 선행 조건으로서 자바가 설치되지 않았다면 명령어 yum을 사용해 설치하기 바란다.

❷ 명령어 rpm을 사용해 설치 및 버전 정보를 확인하기 바란다.

❸ Elasticsearch 패키지를 설치하기 위해 필요한 키를 명령어 rpm으로 다운로드한 뒤에 설치한다.

❹ Elasticsearch 패키지 설치를 위한 YUM 저장소 파일을 명령어 vim으로 생성한다. 이 파일을 사용해 최신 버전의 패키지를 설치할 수 있다.

❺ 명령어 yum을 사용해 elasticsearch 패키지를 설치한다.

❻ 설치된 패키지의 정보를 명령어 rpm으로 확인한다.

2. 서비스 시작하기

패키지 설치를 완료했다면 이제 서비스를 시작할 수 있다.

```
[root@master ~]# vim /etc/elasticsearch/elasticsearch.yml    ❶
54 network.host: 192.168.80.5
58 http.port: 9200
[root@master ~]# systemctl enable elasticsearch    ❷
Created symlink from /etc/systemd/system/multi-user.target.wants/
elasticsearch.service to /usr/lib/systemd/system/elasticsearch.service.
[root@master ~]# systemctl start elasticsearch    ❸
[root@master ~]# systemctl status elasticsearch    ❹
elasticsearch.service - Elasticsearch
Loaded: loaded (/usr/lib/systemd/system/elasticsearch.service; enabled; vendor
preset: disabled)
Active: active (running) since Tue 2016-05-03 10:21:43 KST; 2h 37min ago
    Docs: http://www.elastic.co
 Main PID: 1288 (java)
   CGroup: /system.slice/elasticsearch.service
        1288 /bin/java -Xms256m -Xmx1g -Djava.awt.headless=true -XX:+UseParNewGC
-XX:+UseConcM...
May 03 10:21:42 master.chul.com systemd[1]: Starting Elasticsearch...
May 03 10:21:43 master.chul.com systemd[1]: Started Elasticsearch.
May 03 12:59:20 master.chul.com systemd[1]: Started Elasticsearch.
[root@master ~]# lsof -i tcp:9200    ❺
COMMAND PID        USER    FD      TYPE DEVICE   SIZE/OFF NODE     NAME
java    1288 elasticsearch 141u    IPv6 42566    0t0      TCP      master:elastic
search (LISTEN)
java    1288 elasticsearch 3947u   IPv6 51965    0t0      TCP      master:elastic
search->master:48575 (ESTABLISHED)
java    3226      logstash 39u     IPv6 53489    0t0      TCP      master:48575->
master:elasticsearch (ESTABLISHED)
[root@master ~]# vim /etc/services    ❻
#wap-wsp        9200/tcp        # WAP connectionless session service
#wap-wsp        9200/udp        # WAP connectionless session service
elasticsearch   9200/tcp        # ElasticSearch Service
elasticsearch   9200/udp        # ElasticSearch Service
```

❶ 먼저 Elasticsearch가 사용하는 설정 파일을 명령어 vim으로 열어서 Elasticsearch가 실행될 IP 주소와 포트 번호를 정의한다. 외부에서 접근할 수 없게 하려면 로컬 호스트 주소(127.0.0.1)를 사용할 수 있다.

❷ 명령어 `systemctl`을 사용해 Elasticsearch가 부팅 후에도 자동으로 시작되도록 설정한다.

❸ 명령어 `systemctl`을 사용해 Elasticsearch 서비스를 시작한다.

❹ 명령어 `systemctl`을 사용해 Elasticsearch 서비스의 상태를 확인하는데, active와 서비스가 시작됐다는 메시지를 통해 성공적으로 서비스가 시작됐음을 알 수 있다.

❺ ❶에서 Elasticsearch가 사용할 포트 번호를 지정했는데, 명령어 `lsof`를 사용해 포트를 확인하면 Java 프로그램이 이 서비스를 사용하고 있음을 알 수 있다.

❻ 서비스를 정의하는 /etc/services 파일을 열어서 기존 wap-wsp가 사용하는 포트 9200번을 Elasticsearch로 변경한다. 이렇게 변경된 서비스 이름은 나중에 방화벽 설정에서 사용된다.

B. Kibana 설치

두 번째로 웹 인터페이스를 제공하는 Kibana 패키지 설치 및 서비스를 시작하는 방법에 대해 살펴본다.

```
[root@master ~]# vim /etc/yum.repos.d/kibana.repo        ❶
[kibana-4.5]
name=Kibana repository for 4.5.x packages
baseurl=http://packages.elastic.co/kibana/4.5/centos
gpgcheck=1
gpgkey=http://packages.elastic.co/GPG-KEY-elasticsearch
enabled=1
[root@master ~]# yum install kibana -y          ❷
[root@master ~]# rpm -qa | grep kibana          ❸
kibana-4.5.0-1.x86_64
[root@master ~]# vim /opt/kibana/config/kibana.yml      ❹
2 server.port: 5601
5 server.host: "192.168.80.5"
15 elasticsearch.url: "http://192.168.80.5:9200"
[root@master ~]# systemctl enable kibana        ❺
Created symlink from /etc/systemd/system/multi-user.target.wants/kibana. service to
/usr/lib/systemd/system/kibana.service.
[root@master ~]# systemctl start kibana         ❻
[root@master ~]# systemctl status kibana        ❼
kibana.service - no description given
Loaded: loaded (/usr/lib/systemd/system/kibana.service; enabled; vendor preset:
disabled)
Active: active (running) since Tue 2016-05-03 14:04:51 KST; 4s ago
```

```
 Main PID: 31679 (node)
   CGroup: /system.slice/kibana.service
    31679 /opt/kibana/bin/../node/bin/node /opt/kibana/bin/../src/cli
May 03 14:04:51 master.chul.com systemd[1]: Started no description given.
May 03 14:04:51 master.chul.com systemd[1]: Starting no description given...
[root@master ~]# netstat -natlp | grep 5601      ❽
tcp      0    0 192.168.80.5:5601 0.0.0.0:*  LISTEN      31679/node
[root@master ~]# lsof -i tcp:5601               ❾
COMMAND  PID   USER  FD   TYPE DEVICE SIZE/OFF NODE NAME
node   31679 kibana 10u  IPv4 381184 0t0   TCP master:kibana(LISTEN)
[root@master ~]# ps -ef | grep kibana           ❿
kibana   31679  1 3 14:04 ?   00:00:06 /opt/kibana/bin/.. /node/bin/node
/opt/kibana/bin/../src/cli
[root@master ~]# vim /etc/services              ⓫
8774 #esmagent       5601/tcp          # Enterprise Security Agent
8775 #esmagent       5601/udp          # Enterprise Security Agent
8776 kibana          5601/tcp          # Kibana Service
8777 kibana          5601/udp          # Kibana Service
```

❶ kibana 패키지 설치를 위한 YUM 저장소 파일을 명령어 vim으로 생성한다.

❷ 명령어 yum을 사용해 최신 버전의 패키지를 설치하는데, 현재(2016년 5월) 4.5 버전이 최신이다.

❸ 명령어 rpm을 사용해 설치 및 버전 정보를 확인한다.

❹ 명령어 vim으로 kibana 설정 파일을 열어서 kibana가 사용할 포트 번호 및 IP 주소, 그리고 Elasticsearch가 사용하고 있는 IP 주소 및 포트 번호를 변경한다.

❺ 명령어 systemctl을 사용해 kibana 서비스가 부팅 후에도 자동으로 시작되도록 설정한다.

❻ 명령어 systemctl을 사용해 kibana 서비스를 시작한다.

❼ 명령어 systemctl을 사용해 kibana 서비스 상태를 확인하는데, active와 서비스가 시작됐다는 메시지를 통해 이 서비스가 성공적으로 시작됐음을 알 수 있다.

❽ 명령어 netstat를 사용해 kibana 서비스가 사용하는 포트 5601번을 보면 그 PID와 IP 주소를 확인할 수 있다.

❾ 명령어 lsof를 사용해 포트 5601번을 확인하면 node라는 명령어가 kibana 서비스를 사용하고 있음을 알 수 있다.

❿ 명령어 ps를 사용해 kibana의 프로세스를 확인한다.

❶ 서비스를 정의하는 /etc/services 파일을 명령어 vim으로 열어서 포트 5601번을 kibana 서비스로 변경한다. 마찬가지로 방화벽 및 포트 번호 확인 시 이 포트를 kibana 서비스로 인식하기 위해서다.

이로써 kibana 패키지 설치와 서비스 시작을 모두 마쳤다.

C. Logstash 설치

세 번째로 Logstash를 설치한다. 마찬가지로 먼저 패키지 설치, 서비스 시작의 순서대로 진행한다.

1. 패키지 설치하기

패키지 설치는 Elasticsearch와 동일하게 YUM 저장소 파일을 생성해 최신 버전의 패키지를 설치한다.

```
[root@master ~]# vim /etc/yum.repos.d/logstash.repo      ❶
[logstash-2.3]
name=logstash repository for 2.3 packages
baseurl=http://packages.elasticsearch.org/logstash/2.3/centos
gpgcheck=1
gpgkey=http://packages.elasticsearch.org/GPG-KEY-elasticsearch
enabled=1
[root@master ~]# yum instal logstash -y        ❷
[root@master ~]# rpm -qa | grep logstash        ❸
logstash-2.3.2-1.noarch
[root@master ~]# vim /etc/logstash/conf.d/logstash.conf        ❹
input {
    beats {
        port => 5044   ❺
        type => "logs"
        ssl => false    ❻
        #ssl_certificate => "/etc/pki/tls/certs/logstash.crt"
        #ssl_key => "/etc/pki/tls/private/logstash.key"
    }
}
filter {
    if [type] == "syslog" {
        grok {
            match => { "message" => "%{SYSLOGTIMESTAMP:syslog_timestamp}
```

```
            %{SYSLOGHOST:syslog_hostname}
            %{DATA:syslog_program}(?:\[%{POSINT:syslog_pid}\])?:
            %{GREEDYDATA:syslog_message}" }
        add_field => [ "received_at", "%{@timestamp}" ]
        add_field => [ "received_from", "%{host}" ]
    }
    syslog_pri { }
        date {
            match => [ "syslog_timestamp", "MMM  d HH:mm:ss", "MMM dd HH:mm:ss" ]
        }
    }
}
output {
    elasticsearch { hosts => ["192.168.80.5:9200"] }      ❼
    stdout { codec => rubydebug }
}
```

❶ 명령어 vim으로 logstash 설치를 위해 사용할 YUM 저장소 파일을 생성한다.

❷ 명령어 yum을 사용해 logstash 패키지를 설치한다.

❸ 명령어 rpm을 사용해 패키지 설치 및 버전 정보를 확인한다.

❹ 명령어 vim으로 logstash가 사용하는 설정 파일을 열어서

❺ logstash가 로그를 클라이언트로부터 받을 때 사용할 포트 번호를 정의하고

❻ 클라이언트가 로그 전송 시 SSL을 사용하지 않는다면 false로, 사용한다면 true로 변경하고 그 아랫줄에 인증서 및 키의 경로를 지정해줘야 한다.

❼ Logstash가 받은 로그 파일을 서버의 포트 9200번, 즉 Elasticsearch로 보낸다는 의미다.

2. 서비스 시작하기

패키지 설치를 모두 마쳤으므로 이제 서비스를 시작할 수 있다.

```
[root@master ~]# service logstash configtest      ❶
Configuration OK
[root@master ~]# systemctl start logstash          ❷
[root@master ~]# chkconfig logstash on             ❸
[root@master ~]# systemctl status logstash         ❹
logstash.service - LSB: Starts Logstash as a daemon.
Loaded: loaded (/etc/rc.d/init.d/logstash)
Active: active (exited) since Wed 2016-05-04 11:00:19 KST; 1min 33s ago
    Docs: man:systemd-sysv-generator(8)
```

```
May 04 11:00:19 master.chul.com systemd[1]: Starting LSB: Starts Logstash as a daemon....
May 04 11:00:19 master.chul.com logstash[6601]: logstash started.
May 04 11:00:19 master.chul.com systemd[1]: Started LSB: Starts Logstash as a daemon.
[root@master ~]# logstash -f /etc/logstash/conf.d/logstash.conf        ❺
Settings: Default pipeline workers: 4
Beats input: SSL Key will not be used {:level=>:warn}
Pipeline main started
[root@master ~]# lsof -i tcp:5044        ❻
COMMAND   PID USER   FD   TYPE DEVICE SIZE/OFF NODE NAME
java    21978 root    5u  IPv6 211673     0t0  TCP *:logstash (LISTEN)
[root@master ~]# vim /etc/services        ❼
8347 #lxi-evntsvc    5044/tcp            # LXI Event Service
8348 #lxi-evntsvc    5044/udp            # LXI Event Service
8349 logstash        5044/tcp            # Logstash Log Server
8350 logstash        5044/udp            # Logstash Log Server
```

❶ Logstash 설정 파일의 문법을 명령어 service로 테스트한다.

❷ 명령어 systemctl을 사용해 logstash 서비스를 시작한다.

❸ 명령어 chkconfig를 사용해 logstash 서비스가 부팅 후에 자동으로 시작되도록 설정한다.

❹ 명령어 systemctl을 사용해 logstash 서비스 상태를 확인하는데, active와 logstash가 시작됐다는 메시지를 볼 수 있다.

❺ 서비스가 시작됐다는 메시지를 볼 수 있지만 실제 logstash 데몬은 시작되지 않고 이 데몬에 설정 파일을 지정해 그 데몬을 시작할 수 있다. 그러면 이 데몬이 로그를 클라이언트로부터 받아서 실시간으로 그것을 화면에 보여주게 된다.

❻ 명령어 lsof를 사용해 포트 5044번을 확인하면 logstash 서비스가 java에 의해서 사용되고 있음을 알 수 있다.

❼ 서비스와 포트 번호를 정의하는 파일을 열어서 기존 포트 5044번을 사용하는 서비스를 logstash로 변경한다. 이렇게 하면 방화벽 및 서비스 확인 명령어에서 앞으로 이 포트 5044번을 모두 logstash 서비스로 인식하게 된다.

D. ELK 스택을 위한 방화벽 설정

ELK 스택 서비스를 허용하기 위한 Iptables 방화벽과 Firewalld 방화벽의 설정은 다음과 같다. 두 가지 방화벽 중에서 한 가지만 선택해서 사용하기 바란다.

```
[root@master ~]# iptables -A INPUT -m state --state NEW -m tcp -p tcp --dport 9200
-j ACCEPT        ❶
```

```
[root@master ~]# iptables -A INPUT -m state --state NEW -m tcp -p tcp --dport 5044
-j ACCEPT       ❷
[root@master ~]# iptables -A INPUT -m state --state NEW -m tcp -p tcp --dport 5601
-j ACCEPT       ❸
[root@master ~]# firewall-cmd --permanent --add-port=9200/tcp       ❹
[root@master ~]# firewall-cmd --permanent --add-port=5044/tcp       ❺
[root@master ~]# firewall-cmd --permanent --add-port=5601/tcp       ❻
[root@master ~]# firewall-cmd --reload       ❼
[root@master ~]# firewall-cmd --list-ports       ❽
5902-5903/tcp 9102/tcp 5044/tcp 9103/tcp 9200/tcp 514/udp 514/tcp 9101/tcp 5601/tcp
```

❶ iptables 방화벽에 Elasticsearch 서비스를 허용하기 위해 포트 9200번을 추가한다.

❷ iptables 방화벽에 logstash 서비스를 허용하기 위해 포트 5044번을 추가한다.

❸ iptables 방화벽에 kibana 서비스를 허용하기 위해 포트 5601번을 추가한다.

❹ firewalld 방화벽에 Elasticsearch 서비스를 허용하기 위해 포트 9200번을 추가한다.

❺ firewalld 방화벽에 logstash 서비스를 허용하기 위해 포트 5944번을 추가한다.

❻ firewalld 방화벽에 kibana 서비스를 허용하기 위해 포트 5601번을 추가한다.

❼ 변경 사항을 적용하기 위해 firewalld 방화벽을 다시 시작한다.

❽ 추가한 포트들이 서비스 허용 목록에 있는지 확인한다.

23.3.3 클라이언트에 Filebeat 설치(node1)

클라이언트 시스템인 node1에서는 filebeat 패키지만 설치하면 설치를 마치게 된다.
Filebeat 프로그램은 클라이언트 시스템에서 발생하는 로그를 수집해 로그 서버의 Logstash
또는 Elasticsearch로 보내 실시간 분석을 가능케 하는 역할을 한다. 이런 이유로 인해
Filebeat를 Logstash Forwarder라는 이름으로도 사용한다. 윈도우 시스템에서도 비슷하게
Winlogbeat라는 프로그램을 사용해 Logstash가 설치된 서버로 로그 전송이 가능하다.

A. 패키지 설치

패키지를 설치하는 과정은 다음과 같다.

```
[root@node1 ~]# rpm --import http://packages.elastic.co/GPG-KEY-elasticsearch       ❶
[root@node1 ~]# vim /etc/yum.repos.d/elastic-beats.repo       ❷
[beats]
name=Elastic Beats Repository
```

```
baseurl=https://packages.elastic.co/beats/yum/el/$basearch
enabled=1
gpgkey=https://packages.elastic.co/GPG-KEY-elasticsearch
gpgcheck=1
[root@node1 ~]# yum install filebeat -y      ❸
[root@node1 ~]# rpm -qa | grep filebeat      ❹
filebeat-1.2.2-1.x86_64
[root@node1 ~]# vim /etc/filebeat/filebeat.yml      ❺
14 paths:      ❻
15      - /var/log/secure
16      - /var/log/messages
17#     - /var/log/*.log
...
74 document_type: syslog      ❼
### Logstash as output
280 logstash:
282     hosts: ["192.168.80.5:5044"]      ❽
```

❶ Filebeat 패키지 설치를 위해 필요한 키를 명령어 rpm으로 다운로드한다.

❷ Filebeat 패키지 설치를 위해 필요한 YUM 저장소 파일을 명령어 vim으로 생성한다.

❸ 명령어 yum을 사용해 패키지를 설치한다.

❹ 명령어 rpm을 사용해 설치된 패키지 및 버전 정보를 확인한다.

❺ 명령어 vim으로 Filebeat가 사용하는 설정 파일을 열어서

❻ Filebeat가 클라이언트 시스템에서 수집해서 보낼 로그의 종류를 지정한다.

❼ 출력되는 문서의 유형을 지정하는데, 이 유형은 Elasticsearch의 출력 유형으로 사용된다.

❽ Filebeat가 로그를 보낼 목적지의 IP 주소와 포트 번호다. 여기서는 logstash가 사용되는
데, 동시에 Elasticsearch로도 전송이 가능하다.

B. 서비스 시작

패키지 설치를 모두 마쳤으므로 이제 서비스를 시작할 수 있다.

```
[root@node1 ~]# systemctl enable filebeat       ❶
[root@node1 ~]# systemctl start filebeat        ❷
[root@node1 ~]# systemctl status filebeat       ❸
filebeat.service - filebeat
Loaded: loaded (/usr/lib/systemd/system/filebeat.service; enabled; vendor preset:
disabled)
```

```
Active: active (running) since Wed 2016-05-04 12:21:23 KST; 7min ago
Docs:https://www.elastic.co/guide/en/beats/filebeat/current/index.html
 Main PID: 8582 (filebeat)
   CGroup: /system.slice/filebeat.service
         8582 /usr/bin/filebeat -c /etc/filebeat/filebeat.yml
May 04 12:21:23 node1.chul.com systemd[1]: Started filebeat.
May 04 12:21:23 node1.chul.com systemd[1]: Starting filebeat...
[root@node1 ~]# ps -ef | grep filebeat          ❹
root    8582  1  0 12:21 ?  00:00:04 /usr/bin/filebeat -c /etc/filebeat/filebeat.yml
[root@node1 ~]# netstat -natlp | grep 5044      ❺
tcp  0  0 192.168.80.6:58840 192.168.80.5:5044  ESTABLISHED 8582/filebeat
[root@node1 ~]# lsof -i tcp:5044        ❻
COMMAND   PID USER   FD   TYPE DEVICE SIZE/OFF NODE NAME
filebeat 8582 root   12u  IPv4 124196     0t0  TCP
node1.chul.com:58840->master.chul.com:lxi-evntsvc (ESTABLISHED)
[root@master ~]# lsof -i tcp:5044       ❼
COMMAND   PID USER    FD   TYPE DEVICE SIZE/OFF NODE NAME
java   17551 root    5u  IPv6 160173     0t0  TCP *:logstash (LISTEN)
java   17551 root   43u  IPv6 159729     0t0  TCP master:logstash->node1:58840 (ESTABLISHED)
```

❶ 명령어 systemctl을 사용해 filebeat 서비스가 부팅 후에도 자동으로 시작되도록 설정한다.

❷ 명령어 systemctl을 사용해 filebeat 서비스를 시작한다.

❸ 명령어 systemctl을 사용해 filebeat 서비스의 상태를 확인하는데, active와 서비스가 시작됐다는 메시지를 확인하기 바란다.

❹ 명령어 ps로 filebeat의 프로세스를 확인하면 그 데몬이 설정 파일도 같이 사용하고 있음을 확인할 수 있다.

❺ Filebeat 서비스를 시작한 다음에 명령어 netstat를 사용해 포트 5044번을 검색해보면 서버의 Logstash 서비스로 연결돼 있음을 알 수 있다.

❻ 명령어 lsof로 포트 5044번을 검색해보면 마찬가지로 master 서버로 연결돼 있음을 확인할 수 있는데, 그 서비스 이름이 lxi-evntsvc로 돼 있다. 클라이언트 서비스 정의 파일에서 포트 5044번이 이 서비스로 정의돼 있기 때문이다.

❼ master 서버에서 마찬가지로 명령어 lsof로 포트 5044번을 확인해보면 logstash 서비스가 클라이언트 node1과 연결돼 있음을 알 수 있다. 이것은 곧 클라이언트 node1이 보내온 로그를 서버의 logstash 서비스가 받아들이고 있다는 것을 의미한다.

23.3.4 Kibana 접속 테스트

브라우저에서 지금까지 설치한 패키지를 테스트하겠다. 여기서 Kibana 서비스 포트로 접속하면 모든 서비스와 작동 여부를 확인할 수 있다. Kibana로 접속하려면 서버의 IP 주소와 포트를 http://192.168.80.5:5901/와 같이 접속할 수 있다. 단 Kibana를 사용하기 위해서 웹 서버가 미리 실행되고 있어야 한다.

A. Kibana초기 화면

Kibana를 처음 접속하면 현재 Elasticsearch가 클라이언트로부터 수집한 로그 정보를 그림 23-13처럼 카운트를 표시한 그래프와 함께 화면에 보여준다.

그림 23-13 Kibana 초기 화면

B. 새 패턴 생성

로그 검색을 위해 특정 패턴을 생성할 경우 위쪽의 메뉴에서 Settings를 클릭하고 예를 들어 그림 23-14처럼 타임스탬프를 입력하고 아래쪽의 Create를 클릭한다.

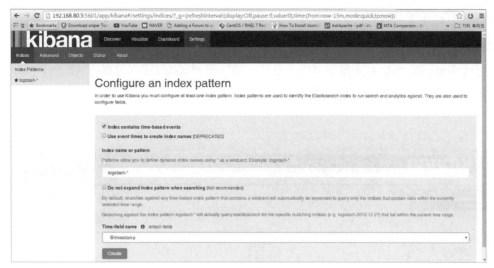

그림 23-14 패턴 생성하기

C. 패턴 이용

그러면 그림 23-15처럼 새 패턴이 생성되고 왼쪽 메뉴에서 생성한 패턴을 클릭하면 패턴에 해당되는 시간대별 로그 목록을 볼 수 있고, 그중 하나를 클릭하면 그 로그들이 중앙에 카운트를 나타내는 그래프와 함께 모두 표시된다.

그림 23-15 패턴 이용하기

D. 기타 패턴 이용

이렇게 새로운 패턴 이외에도 그림 23-16처럼 왼쪽 메뉴에는 다양한 종류의 사용 가능한 패턴이 있는데, 이를 이용해 관리자가 원하는 로그를 검색하고 분석할 수 있다. 이외에도 Kibana는 로그에 관련된 다양한 기능을 제공하고 있다.

그림 23-16 기타 패턴 이용하기

23.4 참고문헌

- http://www.rsyslog.com/doc/v8-stable/tutorials/tls_cert_server.html
- http://thegeekdiary.com/centos-redhat-beginners-guide-to-log-file-administration/
- http://shallowsky.com/blog/linux/rsyslog-conf-tutorial.html
- http://fatmin.com/2014/07/17/rhel6-configuring-encrypted-remote-logging-via-rsyslog/
- http://kb.kristianreese.com/index.php?View=entry&EntryID=148
- https://www.digitalocean.com/community/tutorials/how-to-install-elasticsearch-logstash-and-kibana-elk-stack-on-centos-7
- https://www.elastic.co/webinars/introduction-elk-stack
- http://engineering.chartbeat.com/2015/05/26/logstash-deployment-and-scaling-tips/
- https://www.elastic.co/guide/en/logstash/current/config-examples.html
- https://en.wikipedia.org/wiki/Syslog

- http://www.itzgeek.com/how-tos/linux/ubuntu-how-tos/install-elasticsearch-on-centos-7-ubuntu-14-10-linux-mint-17-1.html

23.5 요약

1. 시스템 로그는 일반적으로 리눅스 시스템 운영에 필요한 로그들이며, 종류에는 (   ), (   ), (   ), (   ) 등이 있다.

2. (   )는 리눅스 시스템에서 발생하는 대부분의 로그를 기록하기 위해 사용되고 가장 많은 양의 정보를 저장하며, 이를 위해 (   ) 파일을 사용한다.

3. (   )들은 텍스트 파일이 아닌 (   )로 돼 있어 사용자가 직접 이러한 파일들을 읽지 못하고 특정 (   )를 사용해야만 읽을 수 있다.

4. (   )는 로그 관리 데몬인 (   )을 대체하기 위해 지원된 프로그램으로서 성능이 뛰어나면서도 관리가 단순한 로그 관리 데몬으로, 호스트 간 로그 전송을 위해 프로토콜 UDP와 TCP를 함께 지원해 그 신뢰도를 높여줬다.

5. Rsyslog를 사용하기 위해서 (   ) 패키지를 설치하고 (   ) 서비스를 시작한 다음에 포트 (   )와 프로세스 (   )를 확인해야 한다.

6. Rsyslog는 설정 파일 (   )를 사용하는데, 이 파일은 다양한 종류의 모듈을 지원하는 (   ) 섹션, rsyslog 데몬 전체에 적용되는 내용을 설정하는 (   ) 섹션, 로그에 대한 관리를 정의하는 (   ) 섹션으로 구성돼 있다.

7. Rules 섹션은 (   )와 (   ) 필드로 구성되고, 다시 (   )는 (   )와 (   )로 구성돼 있다.

8. Rsyslog는 로그 파일을 MySQL, (   ), PostgreSQL, Oracle 같은 데이터베이스 뿐 아니라 (   )와 같은 빅데이터 데이터베이스에 저장할 수 있는 기능을 지원한다.

9. (   )는 (   )가 텍스트로 제공하는 대량의 로그 정보를 웹 브라우저에서 그래픽을 통해 편리하게 검색 및 관리할 수 있게 해주는 GUI 프로그램이다.

10. ELK 스택이란 (   ), (   ), (   ) 프로그램으로서 서버 시스템 및 애플리케이션 서버들이 발생하는 로그를 GUI 프로그램으로 제공함으로써 관리자가 편리하게 로그를 관리하도록 지원하는 오픈소스 프로그램이다.

23.6 연습문제

1. Rsyslog 서비스 제공을 위해 패키지를 설치하고 그 서비스를 시작하며, Firewalld 방화
   벽에 이 서비스를 추가하라.
2. 리눅스 클라이언트 시스템 node1을 Rsyslog 서버의 클라이언트로 설정하고, 그 로그를
   Rsyslog 서버에서 저장하는지 확인하라.
3. MariaDB 서버를 사용해 Rsyslog 서버의 로그를 데이터베이스에 저장하게 설정하라.
4. LogAnalyzer를 다운로드해 설치하고 설정한 다음에 Rsyslog 서버를 웹 브라우저에서
   확인하라.
5. 로그 서버에 프로그램 Elasticsearch를 설치하고 그 서비스를 시작하라.
6. 로그 서버에 프로그램 Kibana를 설치하고 그 서비스를 시작하라.
7. 로그 서버에 프로그램 Logstash을 설치하고 그 서비스를 시작하라.
8. 로그 클라이언트 시스템에 프로그램 Filebeat를 설치하고 그 서비스를 시작하라.
9. 로그 클라이언트 node1의 웹 서버와 MariaDB 서버의 로그가 Filebeat를 통해 Rsyslog
   서버로 전달되게 설정하라.
10. Kibana로 접속해 로그 클라이언트 시스템의 로그가 서버에 저장되고 있는지 확인하라.

23.7 연구과제

1. Rsyslog 서버 대신 syslog-ng 서버를 설치하고 그 사용 방법을 연구해보라.
2. 윈도우 시스템에서 발생하는 로그를 리눅스 시스템에 설치된 Logstash로 전송하는 방
   법을 연구해보라.

24장
Bacula 백업 서버

Bacula 백업 서버의 모든 것

24장에서는 리눅스에서 네트워크를 통해 백업 서비스를 제공하는 Bacula 서버에 대해 설명한다. 주요 내용으로 Bacula 서버의 개념 및 패키지 설치와 서버 시스템 시작, 그리고 리눅스와 윈도우를 Bacula 클라이언트로 추가하고 데이터를 백업 및 복구하는 방법, Bacula 서버를 위한 GUI 프로그램 사용 방법을 구체적인 예제와 더불어 자세히 설명한다.

시스템 관리자가 해야 할 많은 업무 중에서 백업 업무는 가장 중요하지만, 한편 매우 번거로운 작업이라고 할 수 있다. 정기적으로 또는 부정기적으로 발생하는 시스템의 데이터를 백업하는 일과 사용 중인 데이터에 문제가 발생하면 백업 데이터로부터 복구하는 작업은 시스템 관리자로서 반드시 잘 알아야 하고 또 반드시 해야 되는 업무다. 이러한 중요하면서도 번거로운 백업 업무를 자동으로 수행하는 프로그램들이 여러 가지 있는데, 그중 오픈소스로서 사용자들로부터 많은 인기를 얻고 있는 프로그램이 바로 Bacula 백업 서버다. Bacula 서버는 리눅스 및 유닉스, 그리고 윈도우 및 맥 OS 시스템을 클라이언트로서 지원하며 관리자는 콘솔과 GUI, 웹 인터페이스를 통해 시스템을 설정할 수 있다. 또한 카탈로그 정보를 저장하는 백엔드 시스템으로서 MySQL, MariaDB, PostgreSQL, SQLite 등을 사용한다.

Bacula 프로젝트는 2000년 1월 시작됐고 2002년 4월 첫 번째 버전이 발표됐다. 2013년 Bacula 초기 개발자들이 Bacula의 소스코드를 이용해 이와 유사한 Bareos라는 프로그램을 발표하기도 했다. Bacula 서버의 가장 큰 기능은 데이터 백업 및 복구, 데이터 검증이다. 또한 백업 서버로서 여러 특징이 있는데, 그중 몇 가지를 언급하면 패키지 설치 및 서버 설정이 매우 쉽고 증분Incremental과 차등differential 같은 다양한 종류의 백업 방식을 지원한다. 또한 하드디스크를 비롯한 여러 종류의 백업 장치 사용이 가능할 뿐 아니라 백업된 데이터에 대한 암호화 및 압축 기능도 제공한다. Bacula 서버는 이러한 기능 제공을 위해 백그라운드에서 실행되는 여러 데몬을 사용한다.

24장에서 Bacula 서버와 클라이언트 설정 및 테스트를 위해 사용되는 호스트의 정보는 다음과 같다.

호스트 이름	IP 주소	OS 버전	역할
master.chul.com	192.168.80.5	CentOS Linux release 7.2	Bacula 서버
node1.chul.com	192.168.80.6	CentOS Linux release 7.2	Bacula 클라이언트
winserver.chul.com	192.168.80.12	윈도우 서버 2012	Bacula 클라이언트

24장에서 다루는 내용은 다음과 같다.

- Bacula 서버 이해
- Bacula 서버 설치와 서비스 시작
- Bacula 클라이언트 사용
- 백업과 복구 테스트
- Bacula GUI 툴 사용

24.1 Bacula 서비스 이해

Bacula 서버를 설정하는 방법을 설명하기 이전에 먼저 Bacula 시스템을 전반적으로 이해하기 위해 그 정의와 구성 요소들을 이번 절에서 설명한다.

24.1.1 Bacula 시스템 정의

Bacula는 시스템 관리자가 네트워크상에 존재하는 다양한 종류의 컴퓨터 데이터를 백업, 복구, 검증 및 검사할 수 있게 지원하는 컴퓨터 프로그램이다. Bacua 서버가 지원하는 컴퓨터의 규모는 로컬 컴퓨터 한 대에서부터 천 대 이상의 네트워크로 연결된 컴퓨터의 백업까지 가능하다. 이러한 데이터의 백업을 위해 Bacula 서버는 테이프, CD/DVD, 디스크와 같은 백업 미디어를 사용한다. 클라이언트-서버 모델로 동작하는 Bacula 서버는 네트워크에 존재하는 많은 컴퓨터의 데이터를 백업하는데, 이를 위해 뛰어난 스토리지 관리 기능도 제공한다. 이러한 스토리지 기능은 손상된 데이터의 복구를 쉽게 할 수 있게 도와줄 수 있다.

24.1.2 Bacula 구성 요소

Bacula가 어떤 시스템인지 이해했다면 이제 Bacula 서버를 구성하는 요소들을 그림 24-1을 사용해 설명하겠다.

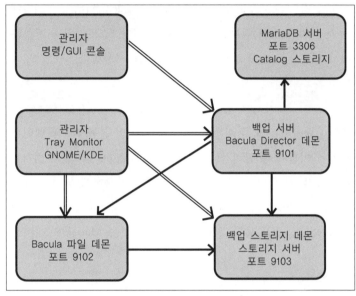

그림 24-1 Bacula 구성 요소

A. Bacula Director

Bacula 디렉터 서비스는 모든 백업과 복구, 검증 및 보관 기능을 감독하는 역할을 한다. 관리자는 백업 스케줄 작성을 위해서도 이 Bacula 디렉터를 사용할 수 있다. Bacula 디렉터 서비스는 백그라운드에서 데몬으로 실행되며, 포트 9101번을 사용한다. 그림 24-1에서 관리자는 명령이나 GUI 콘솔을 사용해 이 서비스에 접근해 사용할 수 있다.

B. Bacula Console

Bacula 콘솔 서비스는 관리자나 사용자가 Bacula 디렉터와 통신이 가능하게 도와주는 프로그램이다. 이를 위해 콘솔 서비스로 세 가지 버전이 제공되는데, 텍스트 기반의 콘솔 인터페이스와 GNOME 그래픽 인터페이스, wxWidget 그래픽 인터페이스가 사용된다.

C. Bacula File

클라이언트 프로그램으로도 알려진 Bacula 파일 서비스는 백업이 필요한 컴퓨터에 설치되는 프로그램으로서 디렉터가 요청하면 백업돼야 할 파일의 데이터를 제공하는 역할을 한다. 이 프로그램이 설치된 컴퓨터에서 데몬으로 실행되며, 포트 9102번을 사용한다.

D. Bacula Storage

Bacula 스토리지 서비스는 디렉터의 명령에 따라 데이터를 물리적 백업 장치에 저장하거나 복구하는 역할을 하는 프로그램이다. 이를 위해 스토리지 서비스는 저장해야 할 하드디스크와 같은 물리적 저장 장치 정보를 갖고 있어야 한다. 스토리지 서비스는 백업 장치가 있는 컴퓨터에서 데몬으로 실행되며, 포트 9103번을 사용한다.

E. Catalog

카탈로그 서비스는 백업되는 모든 파일에 대한 인덱싱 및 볼륨 데이터베이스 정보를 관리하는 프로그램이다. 이를 통해 관리자나 사용자는 필요로 하는 파일의 위치를 빨리 찾아서 복구할 수 있다. 즉, 파일 관리는 쉽게, 그리고 복구는 신속하게 하기 위한 목적으로 사용된다. 이러한 정보를 저장하기 위해 데이터베이스를 사용하는데, 공식적으로 MySQL (MariaDB)과 PostgreSQL, SQLite를 지원한다. 여기에서는 MariaDB 서버를 사용한다.

F. Bacula Monitor

Bacula 모니터 서비스는 관리자나 사용자에게 Bacula 디렉터와 파일 데몬, 그리고 스토리지 데몬의 현재 상태를 확인할 수 있게 도와주는 프로그램이다. 이 모니터 서비스는 GNOME이나 KDE 같은 데스크톱 프로그램에서 동작하며, 이 서비스를 정상적으로 사용하기 위해서는 디렉터와 파일 및 스토리지 데몬, 그리고 카탈로그 서비스가 설정돼 실행되고 있어야 한다.

24.1.3 용어 설명

표 24-1은 데이터를 백업하는 과정에 사용되는 몇 가지 중요한 용어를 정리한 것이다.

표 24-1 Bacul 용어 설명

용어	설명
Volume	테이프나 DVD, 하드디스크의 파일과 같은 저장 장치의 한 단위를 일컫는 용어
Pool	볼륨이 여러 개 모인 집합을 일컫는 용어
FileSet	백업돼야 할 파일들을 의미
Job	수행돼야 할 모든 작업을 의미하는데, 구체적으로 설명하면 무엇이 백업돼야 하는지, 그리고 백업 작업은 언제 해야 하는지, 또한 데이터는 어디에 저장돼야 하는지의 작업을 의미
Catalog	실행되는 모든 작업에 대한 정보를 저장하는 공간
Full Backup	FileSet에 정의된 모든 파일을 복사하는 백업
Incremental	마지막 전체(full), 차등(differential), 또는 증분(incremen tal) 백업 이후에 변경된 모든 파일을 복사하는 백업
Differential	마지막 전체 백업 이후에 변경된 모든 파일을 복사하는 백업

24.2 Bacula 서버 서비스 시작

24.1절에서 Bacula 시스템에 대한 정의 및 구성 요소, 작동 원리에 대해 설명했다. 기본적인 Bacula 서버의 기능을 이해했다면 이제 Bacula 서버를 직접 설정하고 서비스를 제공하는 방법을 이번 절에서 설명한다. 이번 절과 다음 절에서 Bacula 서버와 클라이언트에서 설정 및 실행돼야 할 데몬을 정리하면 표 24-2와 같다.

표 24-2 Bacula 데몬

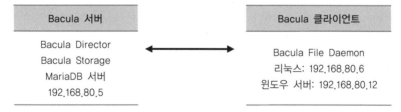

Bacula 서버	Bacula 클라이언트
Bacula Director Bacula Storage MariaDB 서버 192.168.80.5	Bacula File Daemon 리눅스: 192.168.80.6 윈도우 서버: 192.168.80.12

24.2.1 Bacula 서버 패키지 설치와 데이터베이스 생성

Bacula 서버는 세 가지의 패키지를 설치하면 그 서비스를 시작할 수 있다. 그 전에 카탈로그 서비스를 위한 데이터베이스 시스템도 작동되고 있어야 한다.

A. MariaDB 서버 시작

먼저 카탈로그 서비스를 위해 사용할 데이터베이스로서 MariaDB 서버를 설치하고 그 서비스를 시작한다.

```
[root@master ~]# ps -ef | grep mysql        ❶
mysql  2443    1 0 09:19 ?    00:00:00 /bin/sh /usr/bin/mysqld_safe --basedir=/usr
mysql  4788 2443 0 09:20 ?    00:00:19 /usr/libexec/mysqld --basedir=/usr
--datadir=/var/lib/mysql --plugin-dir=/usr/lib64/mysql/plugin --wsrep-provider=none
--log-error=/var/log/mariadb/mariadb.log --open-files-limit=-1
--pid-file=/var/run/mariadb/mariadb.pid --socket=/var/lib/mysql/mysql.sock
--port=3306 --wsrep_start_position=00000000-0000-0000-0000-000000000000:-1
[root@master ~]# yum install mariadb-server -y        ❷
[root@master ~]# systemctl start mysqld ❸
```

❶ 현재 MariaDB 서버가 실행되고 있는지 명령어 ps를 이용해 프로세스를 확인한다.

❷ MariaDB 서버가 설치되지 않았다면 명령어 yum을 사용해 설치한다.

❸ 명령어 systemctl을 사용해 MariaDB 서비스를 시작한다. MariaDB 서버에 대한 자세한 설명은 9장을 참고하기 바란다.

B. 패키지 설치

이제 Bacula 패키지를 설치하겠다. 최신 버전의 Bacula 패키지 설치를 위해 YUM 저장소 파일을 먼저 설치한다.

```
[root@master ~]# wget http://repos.fedorapeople.org/repos/slaanesh
/bacula7/epel-bacula7.repo -O /etc/yum.repos.d/epel-bacula7.repo        ❶
[root@master ~]# yum install bacula-director bacula-storage bacula-console -y  ❷
[root@master ~]# rpm -qa | grep bacula        ❸
bacula-console-bat-7.0.5-7.el7.x86_64
bacula-client-7.0.5-7.el7.x86_64
bacula-traymonitor-7.0.5-7.el7.x86_64
bacula-console-7.0.5-7.el7.x86_64
bacula-libs-sql-7.0.5-7.el7.x86_64
bacula-libs-7.0.5-7.el7.x86_64
bacula-director-7.0.5-7.el7.x86_64
bacula-common-7.0.5-7.el7.x86_64
bacula-storage-7.0.5-7.el7.x86_64
```

❶ 최신 버전의 Bacula 패키지 설치를 위해 명령어 wget으로 YUM 저장소 파일을 다운로드해 저장한다.

❷ 명령어 yum을 사용해 Bacula 패키지를 설치한다.

❸ 명령어 rpm을 사용해 패키지를 확인하면 의존 관계에 있는 패키지도 함께 설치돼 있음을 확인할 수 있다. 이 중에서 세 가지 패키지 bacula-console, bacula-director, bacula-storage가 서버 서비스 시작을 위해 사용된다.

C. 데이터베이스 생성

이제 스크립트를 사용해 Bacula 서버가 사용할 데이터베이스를 MariaDB 서버에서 생성해 줘야 한다.

```
[root@master ~]# alternatives --config libbaccats.so      ❶
There are 3 programs which provide 'libbaccats.so'.

  Selection   Command
-----------------------------------------------
   1          /usr/lib64/libbaccats-mysql.so
   2          /usr/lib64/libbaccats-sqlite3.so
*+ 3          /usr/lib64/libbaccats-postgresql.so
Enter to keep the current selection[+], or type selection number: 1    ❷
[root@master ~]# /usr/libexec/bacula/grant_mysql_privileges -p         ❸
Enter password:
Host   User   Password      Select_priv    Insert_priv    Update_priv
Execute_priv    Repl_slave_priv Repl_client_priv
Create_view_priv     Show_view_priv      Create_routine_priv
Alter_routine_priv    Create_user_priv         localhost    root
*99A9A0CF0A92D601A82FB13B01C5102AF9981802         Y      Y      Y
Y    0
localhost        bacula          N      N      N      N      N
N    N        N        N        0
%      bacula          N      N      N      N      N
N    N        N        N        0
Privileges for user bacula granted on database bacula.
[root@master ~]# /usr/libexec/bacula/create_mysql_database -p    ❹
Enter password:
Creation of bacula database succeeded.
[root@master ~]# /usr/libexec/bacula/make_mysql_tables -p        ❺
Enter password:
Creation of Bacula MySQL tables succeeded.
```

```
[root@master ~]# mysql -u root -p    ❻
Enter password:
Server version: 5.5.40-MariaDB-wsrep MariaDB Server, wsrep_24.11.r4026
Copyright (c) 2000, 2015, Oracle, MariaDB Corporation Ab and others.

MariaDB [(none)]> SET PASSWROD FOR bacula@'%'=password('bacula1234');           ❼
Query OK, 0 rows affected (0.00 sec)
MariaDB [(none)]> SET PASSWORD FOR bacula@'localhost'=password('bacula1234');   ❽
Query OK, 0 rows affected (0.00 sec)
MariaDB [(none)]> SHOW DATABASES;    ❾
+--------------------+
| Database           |
+--------------------+
| information_schema |
| bacula             |
| mysql              |
| performance_schema |
| test               |
+--------------------+
5 rows in set (0.04 sec)
MariaDB [(none)]> SELECT user,host,password FROM mysql.user WHERE user = 'bacula'; ❿
+--------+-----------+-------------------------------------------+
| user   | host      | password                                  |
+--------+-----------+-------------------------------------------+
| bacula | localhost | *CCC35D616A1F829656BF569570583A5F664E1C16 |
| bacula | %         | *CCC35D616A1F829656BF569570583A5F664E1C16 |
+--------+-----------+-------------------------------------------+
2 rows in set (0.00 sec)
MariaDB [(none)]> SHOW tables FROM bacula;    ⓫
+------------------+
| Tables_in_bacula |
+------------------+
| BaseFiles        |
| CDImages         |
| Client           |
| Counters         |
| Device           |
| File             |
| FileSet          |
| Filename         |
| Job              |
```

```
| JobHisto        |
| JobMedia        |
| Location        |
| LocationLog     |
| Log             |
| Media           |
| MediaType       |
| Path            |
| PathHierarchy   |
| PathVisibility  |
| Pool            |
| RestoreObject   |
| Status          |
| Storage         |
| UnsavedFiles    |
| Version         |
+-----------------+
24 rows in set (0.00 sec)
MariaDB [(none)]> FLUSH PRIVILEGES;          ⑫
```

❶ Bacula 라이브러리가 사용할 수 있는 데이터베이스 라이브러리 목록을 명령어 alternatives로 확인하면 세 가지가 있는데, 기본은 PostgreSQL이다.

❷ 여기서 사용할 데이터베이스를 MySQL(MariaDB)로 선택하기 위해 1번을 입력한다.

❸ Bacula 데이터베이스에서 사용할 사용자에게 권한을 부여하기 위해 bacula-director가 제공하는 셸 스크립트를 실행한다.

❹ Bacula 데이터베이스 생성을 위한 셸 스크립트를 실행한다.

❺ Bacula 데이터베이스 내부에 필요한 테이블을 셸 스크립트를 이용해 생성한다.

❻ 데이터베이스 설정을 위해 MariaDB 서버로 접속한다.

❼ 원격지에서도 접속 가능한 사용자 bacula의 패스워드를 변경한다.

❽ 위와 동일한데 로컬 호스트에서만 사용하기 위한 변경이다.

❾ 데이터베이스를 확인하면 bacula 데이터베이스가 생성돼 있음을 확인할 수 있다.

❿ 데이터베이스에서 사용자 bacula에 대한 정보를 확인한다.

⓫ bacula 데이터베이스에 생성된 테이블의 목록을 확인한다.

⑫ 변경 사항 적용을 위해 사용한다.

이로써 Bacula 서버가 사용할 데이터베이스 설정을 모두 완료했다.

24.2.2 Bacula 서버 파일 설정

이제 Bacula 서버 서비스 시작을 위한 파일들을 설정하겠다. 모두 세 가지의 파일을 수정하면 Bacula 서비스를 시작할 수 있다.

A. Bacula Director 설정

첫 번째 파일은 Bacula 디렉터 설정에 필요한 파일이다.

```
[root@master ~]# vim /etc/bacula/bacula-dir.conf    ❶
Director {
    Name = bacula-dir
    DIRport = 9101
    QueryFile = "/usr/libexec/bacula/query.sql"
    WorkingDirectory = "/var/spool/bacula"
    PidDirectory = "/var/run"
    Maximum Concurrent Jobs = 1
    Password = "BaculaPassword"              ❷
    Messages = Daemon
Client {
    Name = bacula-fd
    Address = 192.168.80.6                   ❸
    FDPort = 9102
    Catalog = MyCatalog
    Password = "BaculaPassword"              ❹
    File Retention = 30 days
    Job Retention = 6 months
    AutoPrune = yes
}
Storage {
    Name = File1
    Address = 192.168.80.5                   ❺
    SDPort = 9103
    Password = "BaculaPassword"              ❻
    Device = FileChgr1
    Media Type = File1
}
FileSet {
    Name = "Full Set"
    Include {
```

```
       Options {
              signature = MD5
              compression = GZIP        ❼
       }
       File = /home                      ❽
   }
Catalog {
   Name = MyCatalog
   dbname = "bacula"; dbuser = "bacula"; dbpassword = "bacula1234"   ❾
}
Console {
   Name = bacula-mon
   Password = "BaculaPassword"          ❿
   CommandACL = status, .status
}
[root@master ~]# bacula-dir -tc /etc/bacula/bacula-dir.conf        ⓫
```

❶ 명령어 vim으로 Bacula 디렉터 설정에 필요한 파일을 열어서

❷ Bacula 콘솔과의 통신 시 인증을 위해 필요한 패스워드를 설정한다.

❸ 백업을 수행할 클라이언트의 IP 주소를 입력하고

❹ 파일 데몬과의 인증 시 사용할 패스워드를 설정한다.

❺ 백업된 파일을 저장할 스토리지 호스트의 IP 주소를 지정한다.

❻ 스토리지 서비스 연결 시 사용할 패스워드를 설정한다.

❼ 백업된 파일이 압축돼 저장될 때 사용할 압축 유형을 지정한다.

❽ 백업이 될 디렉토리 또는 파일명을 지정한다.

❾ Bacula 카탈로그 서비스가 사용할 데이터베이스의 이름과 사용자, 패스워드를 설정한다.

❿ 콘솔 서비스 접속 시 사용할 인증 패스워드를 설정한다.

⓫ 설정 파일 수정 후에 파일을 테스트하기 위해 사용한다.

B. Bacula Console 설정

두 번째는 Bacula 콘솔 파일 설정이다. 여기서는 콘솔 프로그램이 통신할 디렉터를 지정해 줘야 한다.

```
[root@master ~]# vim /etc/bacula/bconsole.conf    ❶
Director {
```

```
   Name = bacula-dir
   DIRport = 9101
   address = 192.168.80.5
   Password = "BaculaPassword"          ❷
}
[root@master ~]# bconsole -tc /etc/bacula/bconsole.conf     ❸
```

❶ 명령어 vim으로 콘솔 설정 파일을 열어서

❷ Bacula 디렉터와 통신 시 사용할 패스워드를 설정하는데, 이는 A절의 ❷에서 설정한
패스워드다.

❸ 콘솔 설정 파일을 테스트하기 위해 사용한다.

C. Bacula Storage 데몬 설정

세 번째는 스토리지 데몬에 대한 설정이다. 이는 실제 백업이 이뤄지면 백업된 데이터를
처리하는 방법을 정리한다.

```
[root@master ~]# vim /etc/bacula/bacula-sd.conf     ❶
Director {
   Name = bacula-dir
   Password = "BaculaPassword"          ❷
}
Device {
   Name = FileChgr1-Dev1
   Media Type = File1
   Archive Device = /bacula/backup      ❸
   LabelMedia = yes;
   Random Access = Yes;
   AutomaticMount = yes;
   RemovableMedia = no;
   AlwaysOpen = no;
}
[root@master ~]# bacula-sd -tc /etc/bacula/bacula-sd.conf   ❹
```

❶ 명령어 vim으로 스토리지 서비스가 사용하는 설정 파일을 열어서

❷ 디렉터와 통신 시에 사용할 패스워드를 설정한다. B절과 동일하다.

❸ 백업 데이터를 저장할 디렉토리를 지정한다.

❹ 명령어 bacula-sd를 이용해 설정 파일을 테스트한다.

D. 디렉토리 생성

설정 파일 수정이 완료되면 Bacula 백업과 복구에 사용할 디렉토리를 생성해줘야 한다.

```
[root@master ~]# mkdir -p /bacula/backup /bacula/restore      ❶
[root@master ~]# chown -R bacula:bacula /bacula      ❷
[root@master ~]# chmod -R 700 /bacula      ❸
[root@master ~]# vim /usr/libexec/bacula/make_catalog_backup.pl      ❹
96 exec("HOME='$wd' mysqldump -f -u$args{db_user} -p$args{db_password} --opt
$args{db_name} > '$w   d/$args{db_name}.sql'");
```

❶ 명령어 `mkdir`을 사용해 백업 및 복구에 사용될 두 디렉토리를 생성한다.

❷ 명령어 `chown`을 이용해 생성한 디렉토리의 소유권을 사용자 **bacula**로 변경한다.

❸ 명령어 `chmod`를 사용해 사용자 **bacula**에게 이 디렉토리에 대한 모든 권한을 부여한다.

❹ 백업을 위해 사용되는 명령어 `mysqldump`가 MariaDB 서버에 생성된 데이터베이스에 백업 시 사용할 사용자와 패스워드를 기존 데이터베이스 이름에 추가한다. 이 스크립트는 Perl로 작성됐다.

24.2.3 Bacula 서버 서비스 시작

Bacula 패키지 설치 및 설정 파일 수정 이후에 할 작업은 Bacula 데몬을 시작해 서비스를 제공하는 것이다.

```
[root@master ~]# systemctl start bacula-dir   bacula-sd      ❶
[root@master ~]# systemctl enable bacula-dir bacula-sd      ❷
[root@master ~]# systemctl status bacula-dir      ❸
bacula-dir.service - Bacula-Director, the Backup-server
 Loaded: loaded (/usr/lib/systemd/system/bacula-dir.service; enabled; vendor preset:
disabled)
Active: active (running) since Thu 2016-04-28 10:11:53 KST; 1h 19min ago
 Docs: man:bacula-dir(8)
 Main PID: 4587 (bacula-dir)
 CGroup: /system.slice/bacula-dir.service
        4587 /usr/sbin/bacula-dir -f -c /etc/bacula/bacula-dir.conf -u bacula -g bacula
Apr 28 10:11:53 master.chul.com systemd[1]: bacula-dir.service holdoff time over,
scheduling restart.
Apr 28 10:11:53 master.chul.com systemd[1]: Started Bacula-Director, the Backup-server.
Apr 28 10:11:53 master.chul.com systemd[1]: Starting Bacula-Director, the
```

```
Backup-server...
Apr 28 11:30:50 master.chul.com systemd[1]: Started Bacula-Director, the Backup-server.
[root@master ~]# systemctl status bacula-sd    ❹
bacula-sd.service - Bacula-StorageDaemon, the storage-server
Loaded: loaded (/usr/lib/systemd/system/bacula-sd.service; enabled; vendor preset:
disabled)
Active: active (running) since Thu 2016-04-28 10:11:21 KST; 1h 21min ago
    Docs: man:bacula-sd(8)
 Main PID: 3328 (bacula-sd)
   CGroup: /system.slice/bacula-sd.service
      3328 /usr/sbin/bacula-sd -f -c /etc/bacula/bacula-sd.conf -u bacula -g tape
Apr 28 10:11:21 master.chul.com systemd[1]: Started Bacula-StorageDaemon, the
storage-server.
Apr 28 10:11:21 master.chul.com systemd[1]: Starting Bacula-StorageDaemon, the
storage-server...
Apr 28 11:30:50 master.chul.com systemd[1]: Started Bacula-StorageDaemon, the
storage-server.
[root@master bacula]# netstat -natlp | grep bacula        ❺
tcp    0    0 0.0.0.0:9101  0.0.0.0:*    LISTEN    4587/bacula-dir
tcp    0    0 0.0.0.0:9103  0.0.0.0:*    LISTEN    3328/bacula-sd
[root@master bacula]# lsof -i tcp:9101     ❻
COMMAND    PID   USER   FD   TYPE DEVICE SIZE/OFF NODE NAME
bacula-di 4587 bacula  5u  IPv4  42290  0t0 TCP *:bacula-dir (LISTEN)
[root@master bacula]# lsof -i tcp:9103     ❼
COMMAND    PID   USER   FD   TYPE DEVICE SIZE/OFF NODE NAME
bacula-sd 3328 bacula  3u  IPv4  31757  0t0 TCP *:bacula-sd (LISTEN)
[root@master ~]# ps -ef | grep bacula      ❽
bacula  3328    1 0 10:11 ?   00:00:00 /usr/sbin/bacula-sd -f -c /etc/bacula/bacula-sd.conf
-u bacula -g tape
bacula  4587    1 0 10:11 ?   00:00:00 /usr/sbin/bacula-dir -f -c
/etc/bacula/bacula-dir.conf -u bacula -g bacula
```

❶ 명령어 systemctl을 사용해 Bacula 디렉터와 스토리지 서비스를 시작한다.

❷ 명령어 systemctl을 사용해 두 개의 서비스가 부팅 시에 자동으로 시작되도록 설정한다.

❸ 명령어 systemctl을 사용해 Bacula 디렉터 서비스를 확인하는데, active와 서비스가
시작됐다는 메시지를 확인하기 바란다.

❹ 명령어 systemctl을 사용해 Bacula 스토리지 서비스를 확인하는데, active와 서비스가
시작됐다는 메시지를 확인하기 바란다.

❺ 명령어 netstat를 사용해 Bacula 서버가 사용하는 두 개의 포트를 확인할 수 있다.

❻ 명령어 lsof를 사용해 Bacula 디렉터 서비스가 사용하는 포트 9101번과 PID, 그리고 서비스가 시작됐음을 확인할 수 있다.

❼ 명령어 lsof를 사용해 Bacula 스토리지 서비스가 사용하는 포트 9103번과 PID 및 그 서비스가 시작됐음을 확인할 수 있다.

❽ 프로세스 확인 명령어 ps를 통해 현재 실행 중인 Bacula 데몬을 확인할 수 있다.

24.2.4 Bacula 서버를 위한 방화벽 설정

Bacula 클라이언트가 서버로 접속할 수 있게 하기 위한 방화벽 설정은 다음과 같다. 사용자의 환경에 따라 Iptables 또는 Firewalld 한 가지만 선택해서 사용하기 바란다.

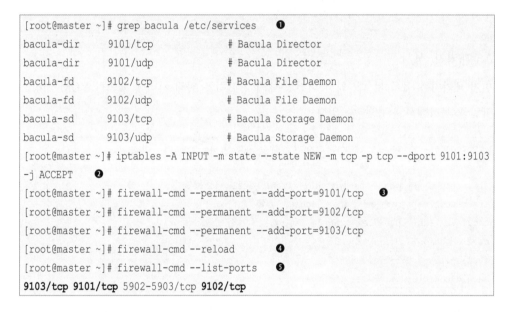

```
[root@master ~]# grep bacula /etc/services       ❶
bacula-dir      9101/tcp              # Bacula Director
bacula-dir      9101/udp              # Bacula Director
bacula-fd       9102/tcp              # Bacula File Daemon
bacula-fd       9102/udp              # Bacula File Daemon
bacula-sd       9103/tcp              # Bacula Storage Daemon
bacula-sd       9103/udp              # Bacula Storage Daemon
[root@master ~]# iptables -A INPUT -m state --state NEW -m tcp -p tcp --dport 9101:9103
-j ACCEPT      ❷
[root@master ~]# firewall-cmd --permanent --add-port=9101/tcp       ❸
[root@master ~]# firewall-cmd --permanent --add-port=9102/tcp
[root@master ~]# firewall-cmd --permanent --add-port=9103/tcp
[root@master ~]# firewall-cmd --reload          ❹
[root@master ~]# firewall-cmd --list-ports       ❺
9103/tcp 9101/tcp 5902-5903/tcp 9102/tcp
```

❶ 서비스를 정의한 파일에서 Bacula 서버가 사용하는 세 개의 포트를 확인한다.

❷ iptables 방화벽을 사용해 Bacula 서버가 사용하는 세 개 포트로의 접속을 허용한다.

❸ firewalld 방화벽을 사용해 Bacula 서버가 사용하는 세 개의 포트를 추가한다.

❹ 변경된 사항이 적용되도록 방화벽을 다시 시작한다.

❺ 추가된 Bacula 포트를 firewalld 방화벽에서 확인한다.

24.3 Bacula 클라이언트 설정

24.2절에서 Bacula 서버를 성공적으로 시작했다면 이번 절에서는 백업을 할 클라이언트 시스템을 Bacula 서버에 추가하기 위한 설정을 설명한다. 여기서 Bacula 클라이언트를 보통 Bacula 타겟^{Target}이라는 표현을 사용해 부르기도 한다. 클라이언트 시스템에서는 앞 절에서 설명한 대로 파일 데몬 서비스만 시작하면 모든 설정을 마치게 된다.

24.3.1 리눅스 클라이언트 설정(node1)

Bacula 리눅스 클라이언트 설정은 패키지 설치, 설정 파일 수정, 서비스 시작의 3단계로 구성돼 있다. 이 과정을 차례대로 설명한다.

A. 패키지 설치

먼저 패키지를 설치하는데, 최신 버전의 패키지 설치를 위해 서버에 설치한 YUM 저장소 파일을 복사해서 사용할 수 있다.

```
[root@node1 ~]# scp root@master:/etc/yum.repos.d/epel-bacula7.repo
/etc/yum.repos.d/        ❶
[root@node1 ~]# yum install bacula-client bacula-console -y        ❷
[root@node1 ~]# rpm -qa | grep bacula        ❸
bacula-client-7.0.5-7.el7.x86_64
bacula-common-7.0.5-7.el7.x86_64
bacula-libs-7.0.5-7.el7.x86_64
bacula-console-7.0.5-7.el7.x86_64
```

❶ Bacula 서버에 저장된 YUM 저장소 파일을 명령어 scp로 복사한다.

❷ 명령어 yum을 사용해 두 가지 Bacula 패키지를 설치한다.

❸ 명령어 rpm을 사용해 설치된 패키지와 버전을 확인한다.

B. 설정 파일 편집

이제 클라이언트 설정에 필요한 파일을 수정해야 한다. 파일 데몬 서비스와 콘솔 서비스에 필요한 파일만 수정하면 서비스를 바로 시작할 수 있다.

```
[root@node1 ~]# vim bacula-fd.conf        ❶
Director {
```

```
    Name = bacula-dir
    Password = "BaculaPassword"              ❷
}
[root@node1 ~]# vim /etc/bacula/bconsole.conf          ❸
Director {
    Name = bacula-dir
    DIRport = 9101
    address = 192.168.80.5                   ❹
    Password = "BaculaPassword"              ❺
}
[root@node1 ~]# bacula-fd -tc /etc/bacula/bacula-fd.conf    ❻
[root@node1 ~]# bconsole -tc /etc/bacula/bconsole.conf      ❼
```

❶ 파일 데몬 설정에 필요한 파일을 명령어 vim으로 열어서

❷ Bacula 서버에 있는 디렉터 서비스에 접속하기 위한 패스워드를 설정한다.

❸ 콘솔 설정 파일을 명령어 vim으로 열어서

❹ 접속할 디렉터 서비스의 IP 주소를 입력하고

❺ 패스워드를 설정한다. 이 콘솔 서비스를 클라이언트 시스템에서 사용하지 않을 경우
설정하지 않아도 된다. 콘솔 서비스는 백업 및 복구 작업에 직접 사용된다.

❻ 명령어 bacula-fd를 사용해 파일 데몬 설정을 테스트한다.

❼ 명령어 bconsole을 사용해 콘솔 설정 파일을 테스트한다.

C. 서비스 시작

이제 파일을 모두 설정했으므로 서비스를 시작할 수 있다.

```
[root@node1 ~]# systemctl start bacula-fd          ❶
[root@node1 ~]# systemctl enable bacula-fd         ❷
Created symlink from /etc/systemd/system/multi-user.target.wants/bacu la-fd.service
to /usr/lib/systemd/system/bacula-fd.service.
[root@node1 ~]# systemctl status bacula-fd         ❸
bacula-fd.service - Bacula-FileDaemon, a Backup-client
Loaded: loaded (/usr/lib/systemd/system/bacula-fd.service; enabled; vendor preset:
disabled)
Active: active (running) since Thu 2016-04-28 13:02:12 KST; 21s ago
    Docs: man:bacula-fd(8)
 Main PID: 16314 (bacula-fd)
  CGroup: /system.slice/bacula-fd.service
```

```
16314 /usr/sbin/bacula-fd -f -c /etc/bacula/bacula-fd.conf -u root -g root
Apr 28 13:02:12 node1.chul.com systemd[1]: Started Bacula-FileDaemon, a Backup-client.
Apr 28 13:02:12 node1.chul.com systemd[1]: Starting Bacula-FileDaemon, a
Backup-client...
[root@node1 bacula]# netstat -natlp | grep bacula          ❹
tcp    0    0 0.0.0.0:9102    0.0.0.0:*    LISTEN  16314/bacula-fd
[root@node1 ~]# lsof -i tcp:9102              ❺
COMMAND    PID USER   FD   TYPE DEVICE SIZE/OFF NODE NAME
bacula-fd 16314 root   3u  IPv4 233504   0t0  TCP *:bacula-fd (LISTEN)
[root@node1 ~]# ps -ef | grep bacula          ❻
root    16314    1  0 13:02 ?       00:00:00 /usr/sbin/bacula-fd -f -c
/etc/bacula/bacula-fd.conf -u root -g root
```

❶ 명령어 systemctl을 사용해 파일 데몬 서비스를 시작한다.

❷ 명령어 systemctl을 사용해 파일 데몬 서비스가 부팅 시에도 자동으로 시작되도록 설정한다.

❸ 명령어 systemctl을 사용해 파일 데몬 서비스의 상태를 알기 위해 메시지 active와 서비스가 시작됐다는 메시지를 확인하기 바란다.

❹ 명령어 netstat를 사용해 bacula 파일 서비스가 사용하는 포트 및 PID를 확인한다.

❺ 명령어 lsof를 사용해 Bacula 파일 서비스가 사용하는 포트 9102번, 그리고 PID 및 서비스가 준비됐음을 확인한다.

❻ 명령어 ps를 사용해 Bacula 파일 서비스의 프로세스를 확인한다.

24.3.2 윈도우 클라이언트 설정(winserver)

윈도우 서버 2012를 Bacula 서버에 클라이언트로서 추가하는 방법을 설명한다. 이를 위해 먼저 https://sourceforge.net/projects/bacula/files/에서 bacula-win64-5.2.10.exe 파일을 다운로드하고 설치하기 바란다. 그런데 이 프로그램은 윈도우 최신 버전에서 백업 및 복구 지원이 완벽하지 않는다. 완벽히 호환 및 작동되는 프로그램을 사용할 경우 상용 제품을 구입해서 사용하기 바란다. 여기에서는 Bacula 서버에 클라이언트로서 추가하는 과정만 설명한다.

A. 윈도우 서버 2012에서 설정

윈도우 서버 2012를 Bacula 서버의 클라이언트로서 추가하기 위한 과정을 그림과 함께 5단계로 설명하면 다음과 같다.

1. 설치와 Bacula 서버 지정하기

먼저 다운받은 파일을 설치하는데 그림 24-2의 오른쪽에서 Bacula 서버에 대한 정보, 즉 이름, IP 주소 및 패스워드를 입력해줘야 한다.

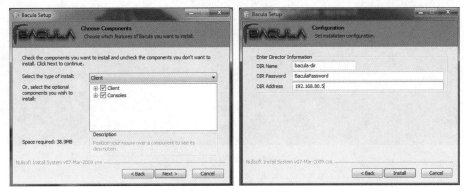

그림 24-2 Bacula 설치하기

2. 서비스 시작 확인하기

이 프로그램이 모두 설치되면 서비스에 들어가서 Bacula File Backup Service가 시작됐는지 그림 24-3처럼 확인하기 바란다.

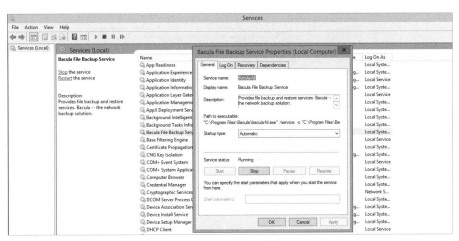

그림 24-3 서비스 시작하기

3. 설정 파일 열기

이에 설정 파일을 열어 수정을 해야 하는데, 시작 메뉴에서 Bacula의 클라이언트 설정 파일을 찾아 그림 24-4처럼 열기 바란다.

그림 24-4 설정 파일 열기

4. 설정 파일 수정하기

설정 파일을 열어 그림 24-5처럼 FileDaemon의 이름을 Bacula 서버에서 설정한 대로 수
정하고 디렉터 접속에 필요한 패스워드도 입력하기 바란다. 그리고 사용하지 않는 모니터
부분을 주석 처리하기 바란다.

```
FileDaemon {                                # this is me
  Name = bacula2-fd
  FDport = 9102                # where we listen for the director
  WorkingDirectory = "C:\\Program Files\\Bacula\\working"
  Pid Directory = "C:\\Program Files\\Bacula\\working"
# Plugin Directory = "C:\\Program Files\\Bacula\\plugins"
  Maximum Concurrent Jobs = 10
}

#
# List Directors who are permitted to contact this File daemon
#
Director {
  Name = bacula-dir
  Password = "BaculaPassword"
}

#
# Restricted Director, used by tray-monitor to get the
#   status of the file daemon
#
#Director {
#  Name = winserver12-mon
#  Password = "GAsuzzdQx+OcX/gXnWzBC2AoT1ZHjaE81uQCGkos8vgg"
#  Monitor = yes
#}
```

그림 24-5 정보 수정하기

5. 방화벽 설정하기

마지막 과정은 방화벽에서 Bacula가 사용하는 포트를 추가해 그 서비스 접속을 허용하는
것이다. 방화벽 서비스에서 서비스 이름을 bacula로, 그리고 허용할 포트를 9101-9103으

로 지정해 그림 24-6처럼 설정하면 Bacula 서버로부터 이 윈도우 서버로 접속해 백업 및 복구 작업을 수행하게 된다. 이렇게 하면 윈도우 서버 2012에서 해야 할 설정을 모두 마치게 된다.

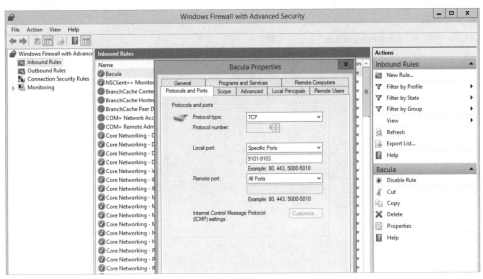

그림 24-6 방화벽 설정하기

B. Bacula 서버에서 설정

이제 Bacula 서버에서 윈도우 서버 호스트를 클라이언트로 추가하기 위한 설정은 다음과 같다.

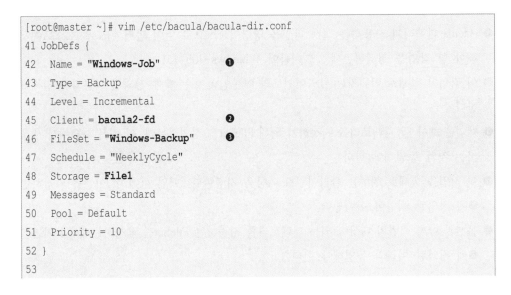

```
54 Job {
55   Name = "Windows-Client1"          ❹
56   JobDefs = "Windows-Job"
57   Write Bootstrap = "/var/spool/bacula/WinClient.bsr"
58 }
156 FileSet {
157   Name = "Windows-Backup"          ❺
158   Include {
159    Options {
160      signature = MD5
161      compression = GZIP
162    }
163    File = "C:/Users/Administrator"   ❻
164   }
165 }
210 Client {
211   Name = bacula2-fd                 ❼
212   Address = 192.168.80.12           ❽
213   FDPort = 9102
214   Catalog = MyCatalog
215   Password = BaculaPassword         ❾
216   File Retention = 60 days
217   Job Retention = 6 months
218   AutoPrune = yes
219 }
[root@master ~]# systemctl restart bacula-dir      ❿
```

❶ Bacula 디렉터가 사용하는 설정 파일을 명령어 vim으로 열어 먼저 윈도우 호스트에서 해야 할 작업을 정의하는데, 그 이름이 Windows-Job이고

❷ 이 작업이 실제로 이뤄지는 클라이언트의 이름인데 이는 ❼에 정의된 이름과 동일해야 한다.

❸ 백업을 해야 할 디렉터리를 지정하기 위해 FileSet을 정의하는데, 이 이름은 ❺에서 생성하는 것과 동일해야 한다.

❹ 이 작업을 실제로 행하는 클라이언트 이름을 지정한다. 백업 시에 이 이름을 지정하면 ❶에 정의된 백업이 이뤄진다.

❺ 옵션과 함께 백업의 대상이 되는 디렉터리를 지정하는 FileSet를 생성하는데, 이 이름은 ❸에 정의된 이름과 동일해야 한다.

❻ 백업의 대상이 되는 디렉토리 이름이다.

❼ 클라이언트의 이름인데, 이 이름은 반드시 **❷**에 정의된 이름과 동일해야 한다.

❽ 이 클라이언트의 IP 주소를 입력하고

❾ 클라이언트 접속 시에 필요한 패스워드를 입력한다.

❿ 변경 사항들이 적용되도록 Bacula 디렉터 서비스를 다시 시작한다.

24.4 백업과 복구 테스트

24.2절과 24.3절에서 Bacula 서버와 클라이언트 설정을 모두 마쳤다. 이제 실제 설정한 대로 데이터 백업과 복구가 제대로 동작하는지 테스트하겠다. 먼저 백업 테스트를 한 다음에 복구하는 방법을 테스트하면 다음과 같다.

24.4.1 Bacula 백업 테스트

먼저 클라이언트의 데이터를 서버로 백업하는 과정을 테스트하겠다.

A. 연결 상태와 정보 확인

테스트를 시작하기 전에 먼저 Bacula 서버와 클라이언트의 연결 및 정보를 확인한다. 테스트를 위해 클라이언트 시스템인 node1에서 콘솔로 Bacula 서버의 디렉터 서비스에 연결한다.

```
[root@node1 ~]# bconsole      ❶
Connecting to Director 192.168.80.5:9101
1000 OK: 1 bacula-dir Version: 7.0.5 (28 July 2014)
Enter a period to cancel a command.
*help            ❷
*version         ❸
bacula-dir Version: 7.0.5 (28 July 2014) x86_64-redhat-linux-gnu redhat Enterprise
release
*time            ❹
Thu 28-Apr-2016 14:54:52
*status storage  ❺
Automatically selected Storage: File1
Connecting to Storage daemon File1 at 192.168.80.5:9103
bacula-sd Version: 7.0.5 (28 July 2014) x86_64-redhat-linux-gnu redhat Enterprise
```

```
release
Daemon started 28-Apr-16 14:35. Jobs: run=0, running=0.
 Heap: heap=135,168 smbytes=152,957 max_bytes=277,806 bufs=79 max_bufs=80
 Sizes: boffset_t=8 size_t=8 int32_t=4 int64_t=8 mode=0,0


Running Jobs:
No Jobs running.
Jobs waiting to reserve a drive:
Terminated Jobs:
 JobId  Level    Files     Bytes    Status  Finished         Name
======================================================================

  12    Incr      0         0       Cancel  25-Apr-16 23:08 BackupClient1
  13    Full      0         0       Cancel  25-Apr-16 23:13 BackupCatalog
Device status:
Autochanger "FileChgr1" with devices:
   "FileChgr1-Dev1" (/bacula/backup)      ❻
   "FileChgr1-Dev2" (/tmp)
Device "FileChgr1-Dev1" (/bacula/backup) is not open.
Device "FileChgr1-Dev2" (/tmp) is not open.
Used Volume status:
*list clients    ❼
Automatically selected Catalog: MyCatalog
Using Catalog "MyCatalog"
+----------+------------+----------------+---------------+
| ClientId | Name       | FileRetention  | JobRetention  |
+----------+------------+----------------+---------------+
|        1 | bacula-fd  |     5,184,000  |    15,552,000 |
|        2 | bacula2-fd |     5,184,000  |    15,552,000 |
+----------+------------+----------------+---------------+
*status client    ❽
The defined Client resources are:
    1: bacula-fd
    2: bacula2-fd
Select Client (File daemon) resource (1): 1    ❾
Connecting to Client bacula-fd at 192.168.80.6:9102
bacula-fd Version: 7.0.5 (28 July 2014)  x86_64-redhat-linux-gnu redhat Enterprise
release
Daemon started 28-Apr-16 13:02. Jobs: run=0 running=0.
 Heap: heap=135,168 smbytes=144,783 max_bytes=144,930 bufs=52 max_bufs=53
 Sizes: boffset_t=8 size_t=8 debug=0 trace=0 mode=0,0 bwlimit=0kB/s
```

```
Running Jobs:
Director connected at: 28-Apr-16 14:52
No Jobs running.
Terminated Jobs:
[root@master ~]# mysql -u root -p
Enter password:
MariaDB [(none)]> USE bacula;
MariaDB [bacula]> SELECT * FROM Client;  ❿
+----------+------------+--------------------------------------------------
| ClientId | Name       | Uname
| AutoPrune| FileRetention | JobRetention |
+----------+------------+--------------------------------------------------
|        1 | bacula-fd  | 7.0.5 (28Jul14) x86_64-redhat-linux-gnu,redhat,Enterprise
release    |      1 |    5184000 |    15552000 |
|        2 | bacula2-fd | 5.2.10 (28Jun12) Microsoft Standard Edition (build 9200),
64-bit,Cross-compile,Win64 |      1 |    5184000 |    15552000 |
+----------+------------+--------------------------------------------------
2 rows in set (0.00 sec)
MariaDB [bacula]> SELECT * FROM Storage;  ⓫
+-----------+-------+-------------+
| StorageId | Name  | AutoChanger |
+-----------+-------+-------------+
|         1 | File  |           0 |
|         2 | File1 |           0 |
+-----------+-------+-------------+
2 rows in set (0.00 sec)
```

❶ 명령어 bconsole을 실행하면 디렉터 서비스로 접속을 시도하는데, 처음에 그 IP 주소와 포트 번호 및 버전 정보를 확인할 수 있다.

❷ bconsole로 접속 후에 사용할 수 있는 명령어를 보기 위해 사용한다.

❸ 현재 사용 중인 디렉터 서비스의 버전 정보를 알 수 있다.

❹ 현재 시간을 알기 위해 사용할 수 있다.

❺ Bacula 스토리지 상태를 알기 위해 사용하는데

❻ 서버의 설정 파일에서 백업 디렉토리로 지정한 이름을 확인할 수 있다.

❼ 클라이언트의 목록을 확인하기 위해 사용한다.

❽ 현재 클라이언트의 상태를 알기 위해 사용하는데, 클라이언트의 이름이 나오면

❾ 그 번호를 선택해 IP 주소를 비롯한 정보를 확인할 수 있다. 이 클라이언트의 이름은

서버의 디렉터 설정 파일에서 지정한 것이다.

❿ 데이터베이스를 테스트하기 위해 MariaDB 서버로 접속해 bacula 데이터베이스로 변경 후에 SQL을 이용해 테이블로부터 두 클라이언트 정보를 확인하고

⓫ 스토리지 정보도 테이블로부터 확인할 수 있다. 이를 통해 Bacula 서버가 데이터베이스와 잘 연동되고 있음을 확인했다.

B. 백업 테스트

이제 실제로 리눅스 클라이언트 node1의 데이터를 Bacula 서버로 백업하는 과정은 다음과 같다.

```
[root@node1 ~]# bconsole
Connecting to Director 192.168.80.5:9101
1000 OK: 1 bacula-dir Version: 7.0.5 (28 July 2014)
Enter a period to cancel a command.
*label  ❶
Automatically selected Catalog: MyCatalog
Using Catalog "MyCatalog"
Automatically selected Storage: File1
Enter new Volume name: Vol-20160428  ❷
Defined Pools:
     1: Default
     2: File
     3: Scratch
Select the Pool (1-3): 2    ❸
Connecting to Storage daemon File1 at 192.168.80.5:9103 ...
Sending label command for Volume "Vol-20160428" Slot 0 ...
3000 OK label. VolBytes=204 DVD=0 Volume="Vol-20160428" Device="FileChgr1-Dev1"
(/bacula/backup)
Catalog record for Volume "Vol-20160428", Slot 0  successfully created.
Requesting to mount FileChgr1 ...
3906 File device ""FileChgr1-Dev1" (/bacula/backup)" is always mounted.
*run   ❹
A job name must be specified.
The defined Job resources are:
     1: Windows-Client1
     2: BackupClient1
     3: BackupCatalog
     4: RestoreFiles
```

```
Select Job resource (1-4): 2
Run Backup job
JobName:    BackupClient1
Level:      Incremental
Client:     bacula-fd
FileSet:    Full Set
Pool:       File (From Job resource)
Storage:    File1 (From Job resource)
When:       2016-04-28 15:47:17
Priority:   10
OK to run? (yes/mod/no): yes
Job queued. JobId=14
You have messages.
*messages    ❺
28-Apr 15:47 bacula-dir JobId 14: No prior Full backup Job record found.
28-Apr 15:47 bacula-dir JobId 14: No prior or suitable Full backup found in catalog. Doing
FULL backup.
28-Apr 15:47 bacula-dir JobId 14: Start Backup JobId 14,
Job=BackupClient1.2016-04-28_15.47.40_10
28-Apr 15:47 bacula-dir JobId 14: Using Device "FileChgr1-Dev1" to write.
28-Apr 15:47 bacula-sd JobId 14: Wrote label to prelabeled Volume "Vol-20160428" on file
device "FileChgr1-Dev1" (/bacula/backup)
28-Apr 15:47 bacula-sd JobId 14: Elapsed time=00:00:13, Transfer rate=131.2 K
Bytes/second
28-Apr 15:47 bacula-sd JobId 14: Sending spooled attrs to the Director. Despooling
103,592 bytes ...
28-Apr 15:47 bacula-dir JobId 14: Bacula bacula-dir 7.0.5 (28Jul14):
  Build OS:           x86_64-redhat-linux-gnu redhat Enterprise release
  JobId:              14
  Job:                BackupClient1.2016-04-28_15.47.40_10
  Backup Level:       Full (upgraded from Incremental)
  Client:             "bacula-fd" 7.0.5 (28Jul14) x86_64-redhat-linux-gnu,
redhat,Enterprise release
  FileSet:            "Full Set" 2016-04-28 15:47:40
  Pool:               "File" (From Job resource)
  Catalog:            "MyCatalog" (From Client resource)
  Storage:            "File1" (From Job resource)
  Scheduled time:     28-Apr-2016 15:47:17
  Start time:         28-Apr-2016 15:47:42
  End time:           28-Apr-2016 15:47:55
```

```
Elapsed time:                13 secs
Priority:                    10
FD Files Written:            447
SD Files Written:            447
FD Bytes Written:            1,657,262 (1.657 MB)
SD Bytes Written:            1,706,566 (1.706 MB)
Rate:                        127.5 KB/s
Software Compression:        80.7% 5.2:1
VSS:                         no
Encryption:                  no
Accurate:                    no
Volume name(s):              Vol-20160428
Volume Session Id:           1
Volume Session Time:         1461821733
Last Volume Bytes:           1,719,014 (1.719 MB)
Non-fatal FD errors:         0
SD Errors:                   0
FD termination status:       OK
SD termination status:       OK
```
Termination: **Backup OK**   ❻

```
28-Apr 15:47 bacula-dir JobId 14: Begin pruning Jobs older than 6 months .
28-Apr 15:47 bacula-dir JobId 14: No Jobs found to prune.
28-Apr 15:47 bacula-dir JobId 14: Begin pruning Files.
28-Apr 15:47 bacula-dir JobId 14: Pruned Files from 7 Jobs for client bacula-fd from
catalog.
28-Apr 15:47 bacula-dir JobId 14: End auto prune.
```
*status director ❼
```
bacula-dir Version: 7.0.5 (28 July 2014) x86_64-redhat-linux-gnu redhat Enterprise
release
Daemon started 28-Apr-16 14:20. Jobs: run=1, running=0 mode=0,0
Heap: heap=270,336 smbytes=252,149 max_bytes=343,553 bufs=255 max_bufs=348
Scheduled Jobs:
Level        Type    Pri  Scheduled          Job Name         Volume
========================================================================
```
```
Incremental  Backup  10   28-Apr-16 23:05    BackupClient1    Vol-20160428 ❽
Full         Backup  11   28-Apr-16 23:10    BackupCatalog    Vol-20160428
Running Jobs:
Console connected at 28-Apr-16 15:51
No Jobs running.
Terminated Jobs:
```

```
 JobId  Level   Files   Bytes   Status   Finished          Name

 ================================================================

 12     Incr      0        0     Error    25-Apr-16 23:08   BackupClient1

 13     Full      0        0     Error    25-Apr-16 23:13   BackupCatalog

 14     Full    447   1.657 M    OK ❾     28-Apr-16 15:47   BackupClient1

[root@master ~]# ls -l /bacula/backup/       ❿

total 1680

-rw-r----- 1 bacula tape 1719014 Apr 28 15:47 Vol-20160428
```

❶ 명령어 bconsole을 이용해 디렉터 서비스로 접속한 다음에 첫 번째 명령어로서 label
  을 사용해 백업되는 데이터의 볼륨 이름을 지정한다.

❷ 실제 저장되는 볼륨 파일의 이름이며, 날짜를 지정하면 편리하게 관리할 수 있다.

❸ 어떤 Pool을 사용할지 결정하는데, 이 세 가지 Pool은 디렉터의 설정 파일 /etc/
  bacula/bacula-dir.conf에 정의돼 있다. 여기서는 2번 File을 선택한다. 여기서 Pool은
  저장되는 볼륨에 적용되는 각 특성을 정의한 것이다.

❹ 실제 백업을 진행하라는 명령어로서 먼저 해야 될 Job을 선택하는데, 여기서는 Bacula
  디렉터 파일 /etc/bacula/bacula-dir.conf의 45번 라인에 정의된 1번을 선택하고 백업을
  진행한다.

❺ 백업을 마치고 그 메시지를 확인하는데

❻ 백업이 모두 잘됐다는 OK 메시지를 확인할 수 있다.

❼ 한편 디렉터의 상태를 확인하면

❽ 증분^{Incremental} 백업을 사용해 저장된 볼륨의 이름을 확인할 수 있고

❾ 백업이 성공했다는 메시지도 확인할 수 있다.

❿ 실제 Bacula 서버의 스토리지 디렉터리에서 백업된 볼륨 데이터를 확인할 수 있다.

  이로써 Bacula 서버를 사용해 클라이언트 node1의 데이터를 백업하는 데 성공했다.

24.4.2 Bacula 복구 테스트

이번 절에서는 이렇게 백업된 데이터로부터 데이터를 복구하는 방법을 설명한다. 데이터
를 복구하는 과정은 서버에 백업된 데이터를 이용해 복구가 필요한 클라이언트 호스트로
이 데이터를 저장하는 순서로 이뤄진다.

```
[root@master ~]# vim /etc/bacula/bacula-dir.conf
87 Job {
```

```
88    Name = "RestoreFiles"
89    Type = Restore
90    Client=bacula-fd
91    FileSet="Full Set"
92    Storage = File1
93    Pool = File
94    Messages = Standard
95    Where = /tmp/bacula-restore    ❶
96 }
```

[root@node1 /]# bconsole
Connecting to Director 192.168.80.5:9101
1000 OK: 1 bacula-dir Version: 7.0.5 (28 July 2014)
Enter a period to cancel a command.
*restore   ❷
Automatically selected Catalog: MyCatalog
Using Catalog "MyCatalog"
First you select one or more JobIds that contain files
to be restored. You will be presented several methods
of specifying the JobIds. Then you will be allowed to
select which files from those JobIds are to be restored.
To select the JobIds, you have the following choices:
     1: List last 20 Jobs run
     2: List Jobs where a given File is saved
     3: Enter list of comma separated JobIds to select
     4: Enter SQL list command
     5: **Select the most recent backup for a client**
     6: Select backup for a client before a specified time
     7: Enter a list of files to restore
     8: Enter a list of files to restore before a specified time
     9: Find the JobIds of the most recent backup for a client
    10: Find the JobIds for a backup for a client before a specified time
    11: Enter a list of directories to restore for found JobIds
    12: Select full restore to a specified Job date
    13: Cancel
Select item: (1-13): **5**   ❸
Defined Clients:
     1: bacula-fd
     2: bacula2-fd
Select the Client (1-2): **1** ❹
The defined FileSet resources are:

```
   1: Catalog
   2: Full Set
Select FileSet resource (1-2): 2      ❺
+-------+-------+----------+-----------+---------------------+--------
| JobId | Level | JobFiles | JobBytes  | StartTime           | VolumeName   |
+-------+-------+----------+-----------+---------------------+--------
|   14  | F     |      447 | 1,657,262 | 2016-04-28 15:47:42 | Vol-20160428 |
+-------+-------+----------+-----------+---------------------+--------
You have selected the following JobId: 14
Building directory tree for JobId(s) 14 ...  ++++++++++++++++++++++++++++++
292 files inserted into the tree.
You are now entering file selection mode where you add (mark) and
remove (unmark) files to be restored. No files are initially added, unless
you used the "all" keyword on the command line.
Enter "done" to leave this mode.
cwd is: /      ❻
$ ls           ❼
home/
$ mark home    ❽
447 files marked.
$ lsmark       ❾
$ done         ❿
Bootstrap records written to /var/spool/bacula/bacula-dir.restore.2.bsr
The Job will require the following (*=>InChanger):
   Volume(s)              Storage(s)          SD Device(s)
===========================================================================
   Vol-20160428           File1               FileChgr1
Volumes marked with "*" are in the Autochanger.
447 files selected to be restored.
Using Catalog "MyCatalog"
Run Restore job
JobName:        RestoreFiles
Bootstrap:      /var/spool/bacula/bacula-dir.restore.2.bsr
Where:          /tmp/bacula-restore
Replace:        always
FileSet:        Full Set
Backup Client:  bacula-fd
Restore Client: bacula-fd
Storage:        File1
When:           2016-04-28 16:40:37
```

```
Catalog:          MyCatalog
Priority:         10
OK to run? (yes/mod/no): yes
Job queued. JobId=15
*messages    ⓫
28-Apr 16:40 bacula-dir JobId 15: Start Restore Job RestoreFiles.2016-04-28_16.40.38_05
28-Apr 16:40 bacula-dir JobId 15: Using Device "FileChgr1-Dev1" to read.
28-Apr 16:40 bacula-sd JobId 15: Ready to read from volume "Vol-20160428" on file device
"FileChgr1-Dev1" (/bacula/backup).
28-Apr 16:40 bacula-sd JobId 15: Forward spacing Volume "Vol-20160428" to file:block
0:204.
28-Apr 16:40 bacula-sd JobId 15: End of Volume at file 0 on device "FileChgr1-Dev1"
(/bacula/backup), Volume "Vol-20160428"
28-Apr 16:40 bacula-sd JobId 15: End of all volumes.
28-Apr 16:40 bacula-sd JobId 15: Elapsed time=00:00:01, Transfer rate=1.706 M
Bytes/second
28-Apr 16:40 bacula-dir JobId 15: Bacula bacula-dir 7.0.5 (28Jul14):
  Build OS:                x86_64-redhat-linux-gnu redhat Enterprise release
  JobId:                   15
  Job:                     RestoreFiles.2016-04-28_16.40.38_05
  Restore Client:          bacula-fd
  Start time:              28-Apr-2016 16:40:41
  End time:                28-Apr-2016 16:40:41
  Files Expected:          447
  Files Restored:          447
  Bytes Restored:          8,600,344
  Rate:                    0.0 KB/s
  FD Errors:               0
  FD termination status:   OK
  SD termination status:   OK
  Termination:             Restore OK
28-Apr 16:40 bacula-dir JobId 15: Begin pruning Jobs older than 6 months .
28-Apr 16:40 bacula-dir JobId 15: No Jobs found to prune.
28-Apr 16:40 bacula-dir JobId 15: Begin pruning Files.
28-Apr 16:40 bacula-dir JobId 15: No Files found to prune.
28-Apr 16:40 bacula-dir JobId 15: End auto prune.
*status director  ⓬
bacula-dir Version: 7.0.5 (28 July 2014) x86_64-redhat-linux-gnu redhat Enterprise
release
Daemon started 28-Apr-16 16:36. Jobs: run=2, running=0 mode=0,0
```

```
Heap: heap=200,704 smbytes=252,428 max_bytes=528,216 bufs=272 max_bufs=300
Scheduled Jobs:
Level        Type    Pri Scheduled        Job Name        Volume
==================================================================
Incremental  Backup   10 28-Apr-16 23:05  BackupClient1   Vol-20160428
Full         Backup   11 28-Apr-16 23:10  BackupCatalog   Vol-20160428
Running Jobs:
Console connected at 28-Apr-16 16:39
No Jobs running.
Terminated Jobs:
 JobId Level    Files Bytes Status  Finished        Name
==================================================================
   12 Incr        0     0   Error   25-Apr-16 23:08 BackupClient1
   13 Full        0     0   Error   25-Apr-16 23:13 BackupCatalog
   14 Full      447  1.657 M OK      28-Apr-16 15:47 BackupClient1
   15        ⓭ 447  8.600 M OK  28-Apr-16 16:29 RestoreFiles
[root@node1 ~]# ls /tmp/bacula-restore/home  ⓮
CHUL jeong kim lee nfstest park student test tland user1 user3 yang
```

❶ Bacula 서버의 디렉터 설정 파일을 명령어 vim으로 열어서 복구 파일이 저장될 디렉토
리를 지정하는데, 주의할 점은 이 디렉토리는 백업된 클라이언트의 디렉토리다. 이전
단계에서 백업된 데이터를 복구하는 경우 node1의 /tmp/bacula-restore에 복구된 데이
터가 저장된다.

❷ 명령어 bconsole로 디렉터에 접속한 뒤에 명령어 restore를 통해 복구 작업을 시작한다.

❸ 어떤 파일로부터 복구를 진행할지 선택하는데 5번을 선택해 최근의 백업으로부터 복구
작업을 하겠다고 선택한다. 상황에 따라 다른 번호를 선택할 수 있다.

❹ 어떤 클라이언트를 위한 백업을 진행할지 선택한다.

❺ FileSet의 종류를 선택하는데, 여기에서는 Full Set를 선택한다. 여기 두 FileSet의 속성
은 모두 서버의 /etc/bacula/bacula-dir.conf 파일에 정의돼 있다.

❻ 백업 데이터 중에서 어떤 파일이나 디렉토리를 복구할지 결정하기 위해 파일 선택 모드
로 들어간다.

❼ 디렉토리 확인을 위해 명령어 ls를 사용한다.

❽ 그중에서 복구할 디렉토리 또는 파일을 명령어 mark를 이용해 선택한다.

❾ 선택된 디렉토리 내의 파일을 확인하면 node1의 /home에 있는 모든 파일과 디렉토리를
볼 수 있다.

❿ 이제 파일 선택 모드에서 벗어나 복구를 진행한다.

⓫ 복구 작업 완료 후에 그 메시지를 보면 백업 소스(/bacula/backup)로부터 복구가 모두 완료됐다는 메시지를 확인할 수 있다.

⓬ 디렉터의 상태를 확인해보면

⓭ 복구 작업 완료에 대한 정보를 볼 수 있다.

⓮ 복구 디렉토리 확인을 위해 클라이언트 node1의 /tmp 디렉토리를 확인하면 백업했던 /home 디렉토리가 복구돼 저장된 것을 볼 수 있다.

24.5 Bacula GUI 툴 사용

관리자는 다양한 GUI 프로그램을 사용해 Bacula 서버를 쉽고 편리하게 관리할 수 있다. 먼저 웹에서 Bacula 서버를 모니터링할 수 있는 Bacula-Web과 데스크톱에서 모든 관리를 지원하는 Bacula Bat 프로그램을 소개하겠다.

24.5.1 Bacula-Web 사용

Bacula-Web은 Bacula의 Job과 풀^{pool}, 그리고 볼륨과 Job 로그 및 클라이언트 백업에 대한 리포트 등 Bacula가 제공하는 다양하고 유용한 정보들을 보고하고 모니터링하기 위해 사용하는 웹 기반의 무료 프로그램이다. Bacula-Web은 설치와 설정이 쉽고 전적으로 웹 기반에서 사용된다는 장점이 있다.

A. 서버 설정

먼저 서버에서의 설정을 마치고 브라우저를 사용해 접속한 뒤에 그 내용을 살펴보자. 참고로 Bacula-Web은 웹 기반에서 사용되므로 웹 서버가 실행되고 있어야 사용할 수 있다. 여기에서는 6장에서 살펴본 Apache 웹 서버를 사용한다.

```
[root@master ~]# curl -O http://www.bacula-web.org/files/bacula-web.org/downloads/
bacula-web-latest.tgz ❶
[root@master ~]# mkdir /var/www/html/bacula-web          ❷
[root@master ~]# tar -xzf bacula-web-latest.tgz -C /var/www/html/bacu la-web      ❸
[root@master ~]# chown -R apache. /var/www/html/bacula-web          ❹
[root@master ~]# cd /var/www/html/bacula-web/application/config       ❺
[root@master config]# cp config.php.sample config.php ❻
```

```
[root@master config]# vim config.php
32 // MySQL bacula catalog
33 $config[0]['label'] = 'Backup Server';
34 $config[0]['host'] = 'localhost';              ❼
35 $config[0]['login'] = 'bacula';                ❽
36 $config[0]['password'] = 'bacula1234';         ❾
37 $config[0]['db_name'] = 'bacula';              ❿
38 $config[0]['db_type'] = 'mysql';               ⓫
39 $config[0]['db_port'] = '3306';
[root@master config]# vim /etc/httpd/conf.d/bacula-web.conf    ⓬
<Directory /var/www/html/bacula-web>
    AllowOverride All
</Directory>
[root@master config]# systemctl restart httpd    ⓭
```

❶ 먼저 Bacula-Web을 제공하는 웹사이트에서 명령어 curl을 사용해 최신 버전을 다운로
드한다.

❷ bacula-web이 사용할 디렉토리를 Apache 웹 서버의 디렉토리 내에 생성한다.

❸ 명령어 tar와 xzf 옵션을 사용해 앞에서 생성한 디렉토리에 압축을 풀어 저장한다.

❹ 이 디렉토리의 소유권자를 사용자 apache가 접근 가능하게 변경한다.

❺ 설정 파일 편집을 위해 디렉토리로 이동한다.

❻ 설정 파일이 현재 없으므로 샘플 파일을 복사한다.

❼ 설정 파일에서는 Bacula 카탈로그 서버로 사용되는 MySQL(MariaDB)에 대한 설정을 해
줘야 하는데, 먼저 호스트 이름을 지정하고

❽ 권한이 있는 데이터베이스 사용자 이름을 입력한다.

❾ 데이터베이스 사용자의 패스워드를 입력한다.

❿ 카탈로그 서비스를 위해 생성했던 데이터베이스 이름을 입력한다.

⓫ 그리고 데이터베이스 유형을 mysql로 설정한다.

⓬ Apache 서버가 사용할 bacula-web 설정 파일을 기본적인 내용을 포함해 명령어 vim으
로 생성한다.

⓭ 변경된 정보들이 적용되도록 Apache 서버를 다시 시작한다.

B. 접속 테스트(192.168.80.5/bacula-web/test.php)

첫 번째는 먼저 브라우저를 이용해 웹 서버의 IP 주소와 디렉토리 이름을 사용해 그림

24-7처럼 접속하는데, test.php 파일을 사용해 테스트한다. 여기에서는 6장의 Apache 서버에서 사용하던 IP 주소를 사용한다.

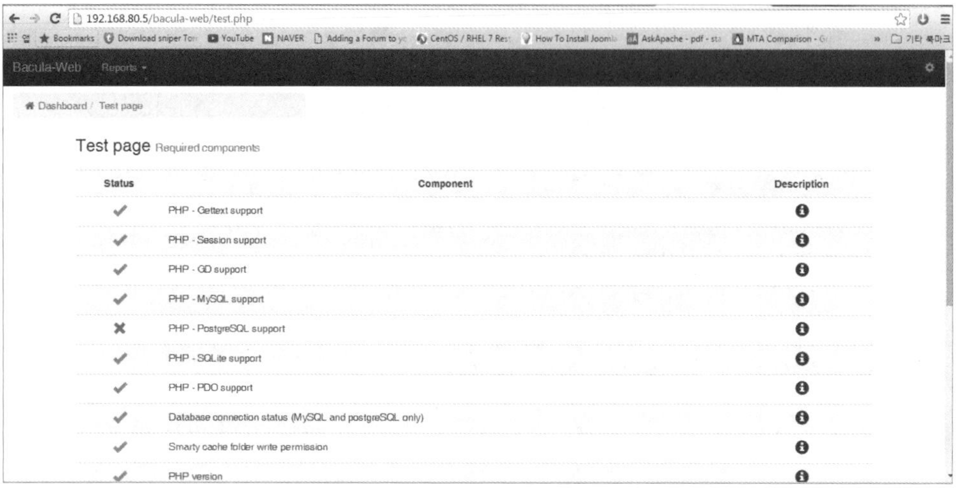

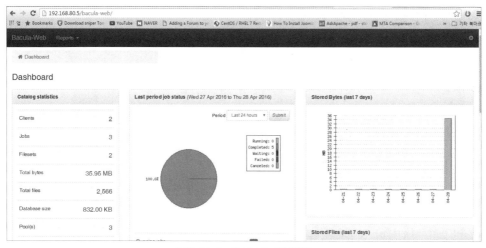

그림 24-7   Bacula-Web 접속하기

두 번째는 그림 24-8처럼 대시보드를 클릭해 Bacula 서버의 현재 상태를 모두 확인할수 있다.

그림 24-8   대시보드 확인하기

세 번째는 그림 24-8에서 그래프를 클릭하면 현재까지 진행된 백업과 복구에 대한 내용을 그림 24-9처럼 상세하게 알 수 있다.

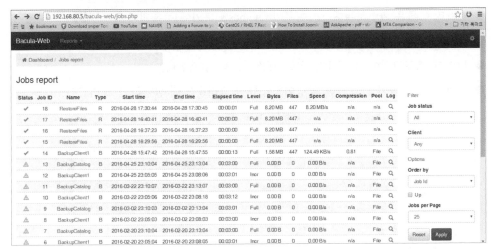

그림 24-9 Job 리포트 확인하기

24.5.2 Bacula Bat 사용

Bacula Bat은 데스크톱에서 Bacula 서버 관리를 지원하는 GUI 기반 관리 프로그램이다.
앞 절에서 했던 백업 및 복구 작업을 GUI로 모두 수행할 수 있다.

A. 파일 설정

Bacula Bat를 사용하려면 먼저 패키지를 설치하고 그 파일을 수정하면 되는데, 그 과정은
매우 간단한다.

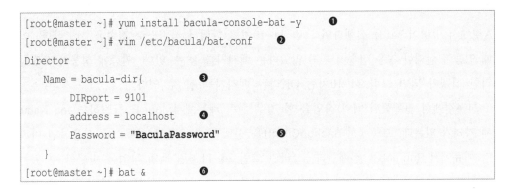

❶ 명령어 yum을 사용해 필요한 패키지를 설치한다.

❷ 그 설정 파일을 명령어 vim으로 열어서

❸ 디렉터의 이름을 확인하고

❹ 호스트 이름을 확인하는데, 이 이름이 /etc/hosts 파일에 등록되지 않은 경우 그 IP 주소 127.0.0.1도 사용할 수 있다.

❺ 디렉터 프로그램에 접속하기 위한 패스워드를 설정한다.

❻ 설정 파일 편집이 완료되면 명령어 bat를 백그라운드로 실행하면 그림 24-10과 같은 그림을 볼 수 있다.

그림 24-10   Bacula Bat 실행하기

B. Bacula Bat 프로그램 사용

A절에서 명령어 bat를 실행하면 그림 24-10처럼 디렉터 서비스로 접속을 시도한다. 이때 인증이 실패한 경우 접속이 되지 않았다는 메시지를 볼 수 있다. 인증에 성공하고 정상적인 실행이 되면 그림 24-10처럼 OK라는 메시지를 볼 수 있다.

24.4절에서 진행했던 백업 작업을 할 경우 왼쪽 메뉴에서 Jobs를 클릭하면 Job Name 세 가지가 있는데, 그중에서 BackupClient1을 선택한 후 오른쪽 마우스를 사용하면 마지막 메뉴에서 Run Job을 선택한다. 그러면 그림 24-11처럼 백업 작업을 진행할 수 있는 창이 뜨고 여기서 필요한 값을 선택한 후 아래쪽의 OK 버튼을 클릭하면 백업 작업을 시작한다.

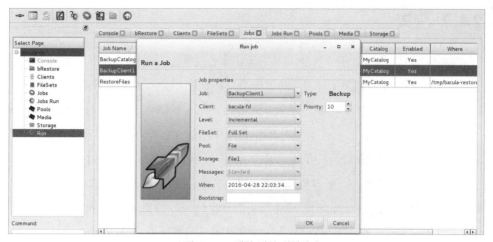

그림 24-11 백업 작업 실행하기

24.6 참고문헌

- http://www.bacula.org/5.1.x-manuals/en/main/main/What_is_Bacula.html
- https://en.wikipedia.org/wiki/Bacula
- https://www.digitalocean.com/community/tutorials/how-to-back-up-an-ubuntu-14-04-server-with-bacula
- https://fedoraproject.org/wiki/User:Renich/HowTo/Bacula
- http://osbconf.org/wp-content/uploads/2014/04/osbconf2009-en-griffin-BaculaSystems.pdf
- http://www.server-world.info/en/note?os=Scientific_Linux_6&p=bacula&f=6
- http://www.bacula.org/5.2.x-manuals/en/main/main/Configuring_Director.html
- http://www.unixmen.com/install-and-configure-bacula-server-in-centos-6-4-rhel-6-4/
- http://www.bacula.org/7.0.x-manuals/en/main/Contents.html
- http://linuxgateway.in/bacula-server-installation-and-configuration-on-centos-6-2/
- http://www.bacula-web.org/docs/installing/configuring-the-web-server.html
- http://www.bacula.org/2.4.x-manuals/en/main/GUI_Programs.html

24.7 요약

1. Bacula 서버는 시스템 관리자가 네트워크상에 존재하는 다양한 종류의 컴퓨터 데이터를 ( ), ( ), 그리고 ( ) 및 ( ) 할 수 있게 지원하는 컴퓨터 프로그램이다.

2. Bacula 서버의 구성 요소 중 일반적으로 ( )와 ( ) 서비스는 Bacula 서버에서, 그리고 ( ) 서비스는 클라이언트 시스템에서 실행돼야 한다.

3. Bacula 서버에서 디렉터 서비스 제공을 위해 사용되는 설정 파일은 ( ) 이고 콘솔 설정을 위해 ( ), 그리고 스토리지 설정을 위해 파일 ( )이 사용된다.

4. Bacula 서버에서 두 가지 데몬, 즉 ( )와 ( )를 시작해 서비스를 제공할 수 있고, 이를 위해 사용되는 각각의 포트는 ( )번과 ( ) 번이다.

5. 백업을 할 Bacula 클라이언트 시스템을 보통 ( )이라 표현하며, ( ) 서비스만 시작하면 모든 설정을 마치게 된다.

6. 윈도우 서버 2012를 Bacula 서버에 클라이언트로 추가하기 위해 ( ) 파일을 다운로드하고 설치하는데, 이 프로그램은 윈도우 최신 버전에서 백업 및 복구 지원이 완벽하지 않으므로 완벽히 작동되는 프로그램을 사용할 경우 상용 제품을 사용해야 한다.

7. 백업을 실행하기 전에 Bacula 서버와 클라이언트의 연결 상태와 정보를 확인하기 위해 명령어 ( )과 데이터베이스 MariaDB 서버에서 ( )와 ( ) 정보를 확인해야 한다.

8. ( )은 Bacula 서버의 Job과 풀, 그리고 볼륨과 Job 로그 및 클라이언트 백업에 대한 리포트 등 Bacula 서버가 제공하는 다양하고 유용한 정보들을 보고하고 ( )하기 위해 사용하는 웹 기반의 무료 프로그램이다.

9. ( )은 데스크톱에서 Bacula 서버 관리를 지원하는 GUI 기반 관리 프로그램으로서 Bacula 서버의 ( ) 및 ( ) 작업을 GUI를 이용해 모두 수행할 수 있다.

10. Bacula Bat를 사용하기 위해 ( ) 패키지를 설치해야 하고 ( ) 파일을 설정한 다음에 명령어 ( )을 실행해야 한다.

24.8 연습문제

1. Bacula 최신 버전을 설치하기 위해 YUM 저장소 파일을 다운받아 설치하고 그 패키지를 설치하라.

2. Bacula 서버 설정을 위해 데이터베이스 MariaDB 서버를 시작하고 스크립트를 이용해 Bacula 데이터베이스를 생성하라.

3. 마스터 호스트에서 Bacula Director와 Storage 서비스에 필요한 설정을 하고, 그 서비스를 시작한 다음에 포트 및 프로세스를 확인하라.

4. Bacula 서비스가 사용하는 모든 포트를 Firewalld 방화벽에 등록하고 확인하라.

5. 리눅스 Bacula 클라이언트 시스템에 파일 데몬 서비스를 설정하고, 그 서비스를 시작하고 Firewalld 방화벽에 등록하라.

6. 윈도우 서버 2008 또는 2012에 Bacula 클라이언트 프로그램을 설치하고, 그 서비스를 시작하라.

7. 리눅스 Bacula 서버에서 윈도우 2008 또는 2012를 클라이언트 시스템으로 추가하라.

8. 리눅스 클라이언트 시스템에서 데이터 백업을 하고 Bacula 서버에서 이를 확인하라.

9. Bacula 서버에 저장된 백업 데이터를 사용해 클라이언트 호스트로의 복구 작업을 실행하라.

10. Bacula-Web과 Bacula Bat를 Bacula 서버에 설치하고, 그 접속과 백업을 테스트하라.

24.9 연구과제

1. Bacula 서버를 22장에서 공부한 Nagios 서버를 이용해 모니터링하는 방법을 연구해보라.

2. Bacula 서버에서 안전한 백업을 위해 SSL/TLS를 사용하는 방법을 연구해보라.

3. Webmin을 설치하고 이 프로그램을 사용해 Bacula 서버를 관리하는 방법을 연구해보라.

1장 사용자 관리

1. (/etc/passwd) (/etc/group) (/etc/shadow) (/etc/gshadow)

2. (useradd) (usermod) (userdel) (groupadd) (groupmod) (groupdel)

3. (/etc/default/useradd) (/etc/login.defs) (/etc/skel)

4. (pwconv) (pwunconv)

5. (id) (salt) (encrypted) (sha-512) (salt)

6. (chage) (1970년 1월 1일)

7. (gpasswd) (/etc/gshadow) (newgrp)

8. (system-config-users)

9. (visudo) (/etc/sudoers)

10. (chown) (chmod)

2장 패키지 관리

1. (RPM Package Manager) (/etc, /usr, /var) (/var/lib/rpm)

2. (Packages) (메타데이터)

3. (-i) (-U,-F) (-e) (-q) (-V) (-K)

4. (/etc/yum.conf) (/etc/yum.repos.d) (/var/cache/yum)

5. (createrepo) (.repo)

10. (머스커레이딩) (포트 포워딩)

5장 Bind DNS 서버

1. (도메인) (IP 주소) (데이터베이스) (Root Level Domain) (Second Level Domain)

2. (Authoritative) (마스터) (슬레이브 네임 서버) (Recursive) (캐시) (Caching Only 네임 서버)

3. (Bind) (/etc/named.conf) (/etc/named.rfc1912.zones) (/var/named)

4. (존) (allow-transfer) (IP 주소)

5. (비밀 키) (해시 알고리즘) (무결성) (dnsec-keygen) (공개 키) (개인 키)

6. (명령어) (named) (953) (HMAC-MD5) (rndc-confgen) (/etc/rndc.conf)

7. (nslookup) (host) (dig) (dig) (7)

8. (DNS 스푸핑) (Cache Poisoning) (무결성)

9. (dnssec-keygen) (ZSK) (KSK) (dnssec-signzone)

10. (Webmin) (https://hostname:10000) (root)

6장 Apache 웹 서버

1. (httpd) (/etc/httpd/conf/httpd.conf) (/var/www/html) (/var/log/httpd)

2. (php, perl, python) (Server Side Script) (CGI)

3. (UserDIR) (/etc/httpd/conf.d/userdir.conf)

4. (디렉토리) (ID) (패스워드) (디렉토리) (Basic) (Digest)

5. (가상 호스트) (IP 기반 가상 호스트) (이름 기반 가상 호스트) (포트 기반 가상 호스트)

6. (HTTPS) (HTTP over TLS) (SSL/TLS) (암호화) (443번) (mod_ssl)

7. (mod_proxy) (리버스 프록시) (부하 분산) (내장 모듈) (httpd)

8. (mod_evasive) (DoS) (DDoS) (ModSecurity) (방화벽)

9. (WordPress) (PHP) (MySQL/MariaDB)

10. (Piwik) (분석)

7장 Nginx 웹 서버

1. (nginx) (/etc/nginx/nginx.conf) (nginx) (nginx)
2. (php-fpm) (mod_php) (메모리)
3. (UserDir) (UserDir)
4. (Sever Block) (Server Block)
5. (Basic) (htpasswd)
6. (HTTPS) (SSL/TLS) (/etc/nginx/nginx.conf) (443)
7. (리버스 프록시) (Apache) (Apache) (Apache)
8. (부하 분산) (upstream)
9. (버전 정보) (동시 접속자 수) (대역폭)
10. (Fail2ban) (로그인 실패)

8장 Postfix 메일 서버

1. (MTA) (MTA) (MUA) (MTA) (MDA) (MTA)
2. (/usr/libexec/postfix) (/var/spool/postfix)
3. (IMAP) (POP3) (Dovecot) (IMAP) (POP3)
4. (Alias) (포워딩) (리다이렉트) (Alias) (로컬 Alias) (가상 Alias)
5. (백업 메일 서버) (큐)
6. (IP 네트워크 주소, SASL, SSL/TLS) (SSL/TLS) (암호화) (암호화)
7. (Roundcubemail) (웹 서버) (데이터베이스 서버)
8. (ClamAV) (Amavisd) (ClamAV) (Spamassassin) (Spamassassin)
9. (PostfixAdmin) (웹 서버) (데이터베이스 서버)
10. (DKIM) (주소 인증) (무결성) (이메일 스푸핑)

9장 MariaDB 데이터베이스 서버

1. (칼럼) (로우) (로우) (칼럼) (로우)
2. (mariadb-server, mariadb) (systemctl start mariadb) (3306) (/var/lib/mysql) (/var/log/mariadb)

3. (CREATE) (SHOW) (DROP)

4. (CREATE) (CREATE) (SELECT)

5. (INSERT, REPLACE) (SELECT) (UPDATE) (DELETE, TRUNCATE)

6. (CREATE USER) (GRANT) (RENAME-TO) (DROP USER)

7. (논리적) (물리적) (mysqldump) (XtraBackup) (mysqlhotcopy)

8. (복제) (마스터) (슬레이브)

9. (SSL) (키) (인증서)

10. (phpMyAdmin) (GUI) (웹 서버)

10장 VSFTP 서버

1. (20번) (21번) (21번) (Control) (20번) (Data)

2. (vsftpd) (systemctl start vsftpd)

3. (/etc/vsftpd/vsftpd.conf) (/var/ftp)

4. (/etc/vsftpd/ftpusers) (/etc/vsftpd/user_list)

5. (/etc/hosts.deny) (/etc/hosts.allow)

6. (가상 사용자)

7. (db_load) (libdb4-utils, libdb4)

8. (/var/log/vsftpd.log) (/var/log/xferlog)

9. (/etc/ssh/sshd_config) (ChrootDirectory) (Subsystem sftp) (internal-sftp)

10. (키) (인증서) (/etc/vsftpd/vsftpd.conf)

11장 Samba 서버

1. (Samba) (SMB/CIFS) (공유 서비스)

2. (smbd) (nmbd)

3. (smbclient) (nmblookup)

4. (Stand-alone)

5. (global) (homes) (printers)

6. (Samba PDC)

7. (sernet-samba) (samba-tool)

8. (AD도메인 멤버) (AD PDC)

9. (DNS) (IP 주소) (도메인)

10. (authconfig-gtk)

12장 NFS 서버

1. (NFS)

2. (/etc/exports) (/etc/sysconfig/nfs)

3. (nfs-utils) (rpcbind) (nfs-server)

4. (no_root_squash) (root_squqsh) (nfsnobody)

5. (rpc.idmapd) (rpc.mountd)

6. (showmount) (mount)

7. (autofs) (autofs) (autofs)

8. (Services for NFS)

9. (RPCSEC_GSS) (암호화) (Kerberos)

10. (sec=krb5p) (nfs-secure-server)

13장 SSH 서버

1. (공개 키, 호스트 기반) (패스워드) (호스트 기반)

2. (/etc/ssh/sshd_config) (/etc/ssh/ssh_config)

3. (systemctl) (netstat, lsof) (ps)

4. (/etc/ssh/ssh_host_rsa_key.pub) (.ssh/known_hosts) (인증)

5. (PubkeyAuthentication) (AuthorizedKeysFile)

6. (ssh-keygen) (id_rsa) (id_rsa.pub)

7. (ssh-copy-id) (ssh-add) (ssh-agent)

8. (포트 포워딩) (터널링) (로컬 포트 포워딩) (원격 포트 포워딩)

9. (scp) (sftp)

10. (AllowUsers) (AllowGroups) (DenyUsers) (DenyGroups)

14장 VNC 서버

1. (VNC) (RFB)

2. (tigervnc-server) (/lib/systemd/system/vncserver@.service)

3. (vncserver) (5901)

4. (tigervnc) (vncviewer)

5. (IP 주소) (포트 번호) (패스워드)

6. (NOVNC) (암호화) (novnc, python-websockify, numpy)

7. (websockify) (인증서) (포트 번호)

8. (패스워드) (암호화) (터널링)

9. (Putty) (RealVNC)

10. (WireShark) (암호화)

15장 OpenLDAP 서버

1. (LDAP) (TCP/IP) (디렉토리)

2. (디렉토리) (데이터베이스)

3. (openldap, openldap-servers) (slapd) (389)

4. (slappasswd) (ldapadd)

5. (스키마) (속성) (스키마) (스키마)

6. (slappasswd) (ldapadd) (ldappasswd) (ldapdelete)

7. (authconfig) (nslcd)

8. (Migrationtools) (ldif) (Perl)

9. (LDAPS) (SSL/TLS) (암호화)

10. (복제) (Master-Slave) (Multi-Master)

11. (phpLDAPadmin)

16장 Squid 프록시 서버

1. (Squid) (프록시)

2. (Forward 프록시) (Transparent 프록시) (Reverse 프록시) (Forward 프록시)

3. (squid) (squid) (squid) (3128)

4. (Basic) (HTTP) (Apache)

5. (접근 제어 방법) (출발지/목적지 도메인) (키워드) (MAC 주소)

6. (url_regex)

7. (리버스 프록시) (httpd-accelerator)

8. (SquidGuard) (데이터베이스)

17장 Apache Tomcat 서버

1. (Tomcat) (JSP) (서블릿) (웹 애플리케이션)

2. (80) (8080) (정적 콘텐츠) (동적 콘텐츠) (Tomcat)

3. (mod_jk) (mod_proxy) (AJP) (8009)

4. (Engine) (Connector) (name) (defaulthost)

5. (java) (tomcat) (tomcat) (8080)

6. (/usr/share/tomcat/conf/server.xml)

7. (mod_jk) (jkMount)

8. (mod_proxy) (http, https, ajp)

9. (mod_jk) (JkMount) (Worker)

10. (keytool) (keystore) (RSA)

18장 DHCP 서버

1. (DHCP) (RARP) (BOOTP)

2. (서버 발견) (IP 임대 제안) (IP 요청) (IP 임대 확인) (DORA) (67) (68)

3. (동적 할당) (자동 할당)

4. (수동 할당) (BOOTP) (MAC)

5. (릴레이 에이전트) (분리)

6. (dhcp) (/etc/dhcp/dhcpd.conf) (/etc/systemd/system/dhcpd.service)

7. (systemctl daemon-reload) (dhcpd) (67) (dhcpd)

8. (/var/lib/dhcpd/dhcpd.leases)

9. (/etc/systemd/system/dhcrelay.service) (IP 주소) (인터페이스) (dhcrelay)

10. (/etc/dhcp/dhcpd6.conf) (dhcpd6) (547)

19장 NTP 시간 서버

1. (NTP) (123) (브로드캐스팅) (멀티캐스팅)

2. (RTC) (시스템 시간)

3. (date) (timedatectl)(hwclock)

4. (ntpdate) (NTP)

5. (ntp) (ntpd) (123) (/etc/ntp.conf)

6. (iburst)(nomodify)

7. (Autokey) (비밀 키)

8. (Autokey)

9. (autokey) (crypto)

10. (ntp-keygen) (ntpq) (as)

20장 iSCSI 서버

1. (iSCSI) (TCP/IP 프로토콜) (SAN)

2. (iSCSI Target) (서버) (LUN) (iSCSI Initiator) (iSCSI Target)

3. (scsi-target-utils) (iscsi-initiator-utils) (3260)

4. (LVM) (LUN) (LUN) (lvm2) (pvcreate) (vgcreate) (lvcreate)

6. (tgtadm) (iqn)

7. (CHAP)

8. (iscsid) (iscsiadm) (fdisk) (/etc/fstab)

9. (/etc/fstab) (_netdev)

10. (iSCSI Initiator) (장치 관리자)

21장 Kerberos 인증 서버

1. (Kerberos) (키) (티켓)
2. (KDC) (티켓) (AS) (TGS)
3. (AS) (TGT) (TGS)
4. (Keytab) (kinit)
5. (/etc/krb5.conf) (/var/kerberos/krb5kdc/kadm5.acl) (kdb5_util)
6. (kadmin.local) (krb5kdc) (kadmin)
7. (88) (464) (749)
8. (설정 파일) (Principal)
9. (/etc/ssh/sshd_config) (authconfig)
10. (kinit) (klist)

22장 Nagios 모니터링 서버

1. (모니터링) (모니터링)
2. (Nagios 서버) (Nagios 에이전트)
3. (NSCleint++) (IP 주소) (패스워드)
4. (htpasswd) (IP 주소)
5. (nagios.cfg) (commands.cfg) (templates.cfg)
6. (nrpe) (nrpe) (5666)
7. (pnp4nagios) (RRD) (성능 분석)
8. (npcd) (IP 주소) (pnp4nagnios)
9. (nagios) (v)
10. (Zabbix) (Icinga)

23장 로그(Log) 서버

1. (인증 로그) (데몬 로그) (커널 로그) (시스템 로그)
2. (시스템 로그) (/var/log/messages)
3. (바이너리 로그파일) (바이너리 파일) (명령어)

4. (Rsyslog) (syslog)

5. (rsyslog) (rsyslog) (TCP:514) (rsyslog)

6. (/etc/rsyslog.conf) (Modules) (Global Directives) (Rules)

7. (Selector) (Action) (Selector) (Facility) (Priority)

8. (MariaDB) (MongoDB)

9. (LogAnalyzer) (데이터베이스)

10. (ElasticSearch) (Logstash) (Kibana)

24장 Bacula 백업 서버

1. (백업) (복구) (검증) (검사)

2. (Bacula Director) (Storage) (Bacula File)

3. (/etc/bacula/bacula-dir.conf) (/etc/bacula/bconsole.conf) (/etc/bacula/bacula-sd.conf)

4. (bacula-dir) (bacula-sd) (1901) (1903)

5. (Bacula 타겟) (파일 데몬)

6. (bacula-win64)

7. (bconsole) (클라이언트) (스토리지)

8. (Bacula-Web) (모니터링)

9. (Bacula Bat) (백업) (복구)

10. (bacula-console-bat) (/etc/bacula/bat.conf) (bat)

찾아보기

에이콘출판의 기틀을 마련하신 故 정완재 선생님 (1935-2004)

리눅스 서버 관리 바이블

CentOS 기반 필수 서버 프로그램 완벽 정리

발 행 | 2016년 8월 26일

지은이 | 정   철

펴낸이 | 권 성 준
편집장 | 황 영 주
편 집 | 조 유 나
디자인 | 박 주 란

에이콘출판주식회사
서울특별시 양천구 국회대로 287 (목동)
전화 02-2653-7600, 팩스 02-2653-0433
www.acornpub.co.kr / editor@acornpub.co.kr

한국어판 ⓒ 에이콘출판주식회사, 2016, Printed in Korea.
ISBN 978-89-6077-892-4
ISBN 978-89-6077-103-1 (세트)
http://www.acornpub.co.kr/book/linux-server

이 도서의 국립중앙도서관 출판시도서목록(CIP)은 서지정보유통지원시스템 홈페이지(http://seoji.nl.go.kr)와
국가자료공동목록시스템(http://www.nl.go.kr/kolisnet)에서 이용하실 수 있습니다.(CIP제어번호: CIP2016020127)

책값은 뒤표지에 있습니다.